© Giuglio Gil/hemis.fr

Le Routard

Écosse

Cofondateurs : Philippe GLOAGUEN et Michel DUVAL

Directeur de collection et auteur
Philippe GLOAGUEN

Rédacteurs en chef adjoints
Amanda KERAVEL
et Benoît LUCCHINI

Directrice de la coordination
Florence CHARMETANT

Directrice administrative
Bénédicte GLOAGUEN

Directeur du développement
Gavin's CLEMENTE-RUIZ

Direction éditoriale
Catherine JULHE

Rédaction
Isabelle AL SUBAIHI
Mathilde de BOISGROLLIER
Thierry BROUARD
Marie BURIN des ROZIERS
Véronique de CHARDON
Fiona DEBRABANDER
Anne-Caroline DUMAS
Géraldine LEMAUF-BEAUVOIS
Olivier PAGE
Alain PALLIER
Anne POINSOT
André PONCELET

Conseiller à la rédaction
Pierre JOSSE

Administration
Carole BORDES
Éléonore FRIESS

2017/18

hachette

TABLE DES MATIÈRES

Traversée vers les Orcades
John o'Groats
Durness — 150 km
110 km — 210 km
190 km
LES HIGHLANDS p. 310
Ulapool
LES ÎLES p. 486
97 km — 136 km
Inverness
LES GRAMPIANS p. 275
166 km
Kyle of Lochalsh — 126 km
92 km — Aberdeen
137 — 63 — Braemar
118 km
Fort William — 121 km
LE CENTRE p. 217
98 km
Pitlochry — 43
70 km — Oban
Perth — 53 km — Saint Andrews
146 km — 70
Édimbourg
ÉDIMBOURG ET LES LOTHIANS p. 78
64 km
Glasgow — 74 km
Melrose
GLASGOW ET LA VALLÉE DE LA CLYDE p. 131
60 — Ayr
LE SUD p. 166
80 km — 102 km
115 km — Dumfries
560
Stranraer — ANGLETERRE
Londres

MER DU NORD
OCÉAN ATLANTIQUE
IRLANDE
IRLANDE DU NORD

PRÉAMBULE

COMMENT Y ALLER ? 35

ÉCOSSE UTILE 49

LA RÉDACTION DU ROUTARD

(sans oublier nos 50 enquêteurs, aussi sur le terrain)

Thierry, Anne-Caroline, Éléonore, Olivier, Pierre, Benoît, Alain, Fiona,
Gavin's, André, Véronique, Bénédicte, Jean-Sébastien, Mathilde, Amanda,
Isabelle, Géraldine, Marie, Carole, Philippe, Florence, Anne.

La saga du *Routard* : en 1971, deux étudiants, Philippe et Michel, avaient une furieuse envie de découvrir le monde. De retour du Népal germe l'idée d'un guide différent qui regrouperait tuyaux malins et itinéraires sympas, destiné aux jeunes fauchés en quête de liberté. 1973. Après 19 refus d'éditeurs et la faillite de leur première maison d'édition, l'aventure commence vraiment avec Hachette. Aujourd'hui, le *Routard,* c'est plus d'une cinquantaine d'enquêteurs impliqués et sincères. Ils parcourent le monde toute l'année dans l'anonymat et s'acharnent à restituer leurs coups de cœur avec passion.

Merci à tous les Routards qui partagent nos convictions : liberté et indépendance d'esprit ; découverte et partage ; sincérité, tolérance et respect des autres.

NOS SPÉCIALISTES ÉCOSSE

Isabelle Al Subaihi : une émigration outre-Manche à l'âge de 4 mois, forcément, ça laisse des traces : un goût prononcé pour l'exotisme ! Depuis, elle cherche à transmettre sa passion du voyage. Ce qu'elle aime partager : un bon plat, des éclats de rire, l'émotion d'un paysage qui bouleverse. Et surtout une vision décalée grâce à des rencontres surprenantes.

Éléonore Friess : de ses escapades au coin de la rue ou un peu plus loin, la benjamine de l'équipe ne veut pas perdre une miette. Elle explore le monde à la recherche de rencontres joyeuses, de beaux panoramas, de fêtes inoubliables ou simplement d'un bon petit plat. Depuis l'école de journalisme, son calepin et sa curiosité ne la quittent plus.

Romain Meynier : il n'était pas si mal, dans son Sud, entre rivières et cigales. Pourtant, à 22 ans, après des études de journalisme, il s'est dit que l'herbe était plus verte ailleurs. Il est allé la vérifier, le long des pistes brûlantes en terre inconnue. L'herbe était jaune. Et c'est bien mieux comme ça, inattendu. Tout à découvrir, et autant à raconter.

UN GRAND MERCI À NOS AMI(E)S SUR PLACE ET EN FRANCE

Pour cette nouvelle édition, nous remercions particulièrement :

• **Katie Daynes,** à Glencoe, pour son temps et ses bons plans ;
• **Sabine Guillemot,** pour sa précieuse aide sur le terrain et sa bonne humeur… même sous la pluie ;
• **Katell Bodin,** qui a tenu le cap tout au long de ce voyage, mais, d'une Celte, on n'en attendait pas moins !
• Et bien sûr **VisitScotland,** pour son soutien sans faille au fil des années.

Pictogrammes du Routard

Établissements

- Hôtel, auberge, chambre d'hôtes
- Camping
- Restaurant
- Boulangerie, sandwicherie
- Glacier
- Café, salon de thé
- Café, bar
- Bar musical
- Club, boîte de nuit
- Salle de spectacle
- Office de tourisme
- Poste
- Boutique, magasin, marché
- Accès Internet
- Hôpital, urgences

Sites

- Plage
- Site de plongée
- Piste cyclable, parcours à vélo

Transports

- Aéroport
- Gare ferroviaire
- Gare routière, arrêt de bus
- Station de métro
- Station de tramway
- Parking
- Taxi
- Taxi collectif
- Bateau
- Bateau fluvial

Attraits et équipements

- Présente un intérêt touristique
- Recommandé pour les enfants
- Adapté aux personnes handicapées
- Ordinateur à disposition
- Connexion wifi
- Inscrit au Patrimoine mondial de l'Unesco

Important : dernière minute

Sauf exception, le *Routard* bénéficie d'une parution annuelle à date fixe. Entre ces deux dates, des événements fortuits (formalités, taux de change, catastrophes naturelles, conditions d'accès aux sites, fermetures inopinées, etc.) peuvent intervenir et modifier vos projets en voyage. Pour éviter les déconvenues, nous vous recommandons de consulter la rubrique « Guide » par pays de notre site • *routard.com* • et plus particulièrement les dernières *Actus voyageurs*.

Tout au long de ce guide, découvrez toutes les photos de la destination sur • *routard.com* • Attention au coût de connexion à l'étranger, assurez-vous d'être en wifi !

© HACHETTE LIVRE (Hachette Tourisme), 2017
Le *Routard* est imprimé sur un papier issu de forêts gérées.

Sites inscrits au Patrimoine
mondial de l'Unesco

les incontournables

Dundee Lieux traités
Dunblane Environs

NORD

Cape Wrath

Phare de Butt of Lewis
Port of Ness

The Minch

Kinlochbervie
Scourie
Drumbeg
Kylesku
Clashnessie
Lochinver
Loch
Assynt
Achiltibuie

Stornoway

Lewis

St Kilda

Hushinish
Anhuinnsuidhe
Tarbert
Ardvourlie
Rhenigidale
Drinishader
Harris
Rodel
Lochmaddy

North
Uist

Scoraig

Ullapool

Inverewe
Gardens
Polewe
Gairloch

A 832

LES HIGHLANDS
p. 310

Kinlochewe

A 832

Uig
Trotternish

South
Uist

Dunvegan

Portree

Torridon

A 890

Lochcarron

Sea
of the Hebrides

Lochboisdale

Skye

Plockton
Luib
Broadford

Kyle of Lochalsh
Dornie

Glen
Urquhart

Kyleakin

Glen
Affric

Canna

Elgol

Fort
Augustus

A 87

Rum

Mallaig

Roy Bridge

Spean
Bridge

LES ÎLES
p. 486

Eigg

Arisaig

Muck

Glenfinnan

A 830

Fort William

Ben
Nevis
1344

Coll

Ardnamurchan

A 861

Onich

Glencoe

Tiree

Tobermory

Scarinish
Staffa

Ben More
Iona
Fionnphort

Craignure

Mull

Oban

Loch
Etive

Tyndrum

A 85

A 828

OCÉAN

ATLANTIQUE

Seil

Colonsay

Jura

Kilmartin

Lochgilphead

ARGYLL

Inveraray

Arrochar

Trossachs
Tarbet
Loch
Lomond
Aberfoyle

Balloch

Port
Charlotte

Tarbert

Bute

Cumbrae

Largs

Islay

Gigha

Lochranza
Ardrossan
Brodick

Arran

Kilmarnock

Prestwick

Ayr

Campbeltown

Mull
of Kintyre

Culzean
Castle

Girvan

North Channel

Ballantrae

Cairnryan

Newton
Stewart

IRLANDE

Londonderry

A 37

A 26

A 6

Larne

Stranraer

IRLANDE
DU NORD

A 5

A 32

M 2

BELFAST

MER
D'IRLANDE

Mull
of Galloway

↑ *Orcades* 🎥🎥🎥 p. 554 ↑ *Shetland* 🎥🎥 p. XXX

0   20   40 km

Durness 🎥🎥

Thurso

Canisbay

Duncansby Head

John o'Groats

Tongue 🎥🎥

Wick

A 836

A 897

A 882

A 9

Lairg

Helmsdale

A 9

Golspie

Dornoch 🎥

Portmahomack

Tain

A 836

Strathpeffer

Elgin 🎥

Pennan 🎥 Fraserburgh

Inverness ✈

Craigellachie

Banff

Peterhead

A 96

A 98

A 95

A 98

A 9

Drumnadrochit

Loch Ness 🎥🎥

Dufftown

Huntly

Fyvie

A 96

Tomintoul

Pitmedden 🎥🎥

Boat

of Garten

Kildrummy

LES GRAMPIANS

p. 275

Aviemore

Kingussie

Ballater

Newtonmore

Braemar

Aberdeen ✈🟥

Dalwhinnie

Balmoral Castle

Stonehaven 🎥🎥

A 9

Kinloch

Rannoch

Blair Atholl

Glen Esk

Vallée de

Glen Clova

Pitlochry 🎥

T A Y S I D E

Kirriemuir

Montrose

Glen Isla

A 90

🎥🎥 Dunkeld

Blairgowrie

Glamis 🎥🎥🎥

Killin

Scone Palace 🎥🎥🎥

🎥 Dundee

Arbroath

A 92

LE CENTRE

p. 217

Perth 🎥🎥

A 85

A 86

Crieff

Falkland 🎥

Saint Andrews 🎥🎥

Callander

Lower

Largo

Crail 🎥

F I F E

Anstruther 🎥

Dunblane

Elie

A 81

Stirling

🎥 Culross

Dunfermline

North Berwick 🎥

🎥🎥

Rosyth

Dunbar 🎥

EDIMBOURG 🎥🎥🎥

Pont du Forth

Linlithgow 🎥

EDIMBOURG ET LES LOTHIANS

p. 78

M 8

S. Queensferry

Haddington

GLASGOW 🟥

LOTHIANS

Eyemouth 🎥

GLASGOW ET LA VALLÉE DE LA CLYDE

Lanark 🎥🎥

p. 131

Peebles 🎥🎥

New Lanark 🎥

Thirlestane

Farne

STRATHCLYDE

Melrose 🎥🎥🎥

Coldstream

B O R D E R S

Galashiels

Wanlockhead

Selkirk 🎥

Kelso 🎥

Moffat 🎥🎥

Drumlanrig

Castle

Hawick

Jedburgh 🎥

GALLOWAY

LE SUD

p. 166

Bonchester

Bridge

A 7

A 68

Dumfries

A 696

D U M F R I E S

Castle

Douglas

Gretna

Mur d'Hadrien

Newcastle

Upon-Tyne

Kirkcudbright 🎥🎥

Carlisle

A 69

Sunderland

A 6

M 6

A N G L E T E R R E

ZEEBRUGGE ↓

M E R

D U   N O R D

L'ÉCOSSE

L'île de Mull, dans les Hébrides intérieures

© Rieger Bertrand/hemis.fr

« May the wind not blow your kilt. »
Proverbe écossais

Écosse, pays de légendes... Si les fantômes et le monstre du loch Ness attirent encore quelques curieux, la plupart des voyageurs recherchent le subtil mélange entre une nature brute et sauvage, une histoire riche et une culture singulière.

Écosse, terre de brume... Les amoureux de landes couvertes de bruyères et de lochs romantiques, de falaises et de cascades rentreront comblés, surtout s'ils s'aventurent dans le nord-ouest du pays, à la découverte des Highlands. **Cette région figure parmi les mieux préservées d'Europe :** moins de dix habitants au kilomètre carré ! Bien plus de moutons, d'ailleurs... et quelques vaches atypiques aux poils longs et à la frange rebelle *(Highland cattle),* ainsi que d'innombrables phoques et oiseaux qui peuplent la multitude d'îles. **Quant aux Écossais, on les découvre particulièrement chaleureux,** à l'image de l'atmosphère qui règne souvent dans les pubs. Leur cuisine révèle aussi quelques bonnes surprises, comme le *haggis,* la fameuse panse de brebis farcie, redoutée chez nous et pourtant plébiscitée « meilleur plat d'Écosse ». Au final, le seul ennemi potentiel du routard reste la pluie. À tel point que l'Écossais prétend avoir inventé le kilt pour ne plus avoir à mouiller le bas de ses pantalons ! Qu'on se rassure : **le temps change vite,** et les paysages rivalisent tellement de beauté entre chaque grain...

Danse traditionnelle des Highlands

© Wysocki Pawel/hemis.fr

NOS COUPS DE CŒUR

NORD

Orcades **11** **12** Shetland **13**

Thurso
John o'Groats

LES HIGHLANDS
p. 310

Lewis
et Harris **9** **10** Péninsule
de Coigach

Ulapool

LES ÎLES
p. 486

LES GRAMPIANS
p. 275

Craigellachie **15**

Skye **8**

Inverness

Loch Ness

14

Aberdeen

16

Braemar

MER
DU NORD

Glennfinnan

7

Fort
William

19

Glen Clova

LE CENTRE
p. 217

6

Blair Atholl

18

Glamis

Glencoe

17

Oban

Perth

Saint Andrews

OCÉAN
ATLANTIQUE

20 **21**

ÉDIMBOURG

ÉDIMBOURG ET
LES LOTHIANS
p. 78

Glasgow

3 **5**

1 **2** **3**

Melrose

GLASGOW
ET LA VALLÉE
DE LA CLYDE
p. 131

Ayr

4 Jedburgh

LE SUD
p. 166

IRLANDE
DU NORD

Stranraer

Dumfries

ANGLETERRE

1 **Sentir battre le cœur médiéval d'Édimbourg** en partant à la découverte de ses passages, venelles et ruelles pittoresques.

Capitale de l'Écosse depuis le XVe s, Édimbourg est une ville imprégnée d'histoire, au patrimoine architectural exceptionnel, d'ailleurs classé à l'Unesco. Le long du Royal Mile, où se trouvent les plus anciennes demeures, ne manquez pas de fureter dans les closes et les courts nichés derrière les bâtisses ; on y découvre souvent des détails architecturaux insolites. Enfin, après l'avoir arpenté au milieu des vieilles pierres, contempler la ville d'en haut, depuis Calton Hill. Un panorama exceptionnel au crépuscule. *p. 107*

Bon à savoir : des agences proposent des visites guidées à pied et en anglais, de jour comme de nuit, sur les traces des écrivains, à la recherche des fantômes, etc. Certaines sont gratuites (pourboire attendu à la fin).

© Boisvieux Christophe/hemis.fr

2 **« Socialiser » dans un pub,** un des sports favoris des Écossais, avec le rugby.

En Écosse, on est inévitablement séduit par la convivialité et la chaleur humaine qui règnent dans les pubs. Pour rencontrer du monde et prendre le pouls de la société, rien ne vaut une immersion dans ce fantastique melting-pot social, que l'on fréquente même en famille pendant la journée. Le soir, de nombreux pubs programment des concerts et diverses animations (soirées à thème, quiz, etc.) ; bref, on ne s'y ennuie jamais ! D'autant qu'au fil des bières et des whiskies les langues se délient facilement… *p. 623*

© Boisvieux Christophe/hemis.fr

Faire une overdose de musées gratuits à Édimbourg et à Glasgow, tous d'une très grande richesse culturelle.

À Édimbourg, ne pas manquer les chefs-d'œuvre de la Scottish National Gallery, célèbre pour ses exceptionnelles collections de peinture européenne, ainsi que les riches collections permanentes des Scottish National Gallery of Modern Art. Glasgow offre également des visites d'une diversité et d'une qualité qui rassasieront les assoiffés de découvertes en tout genre : l'immense Kelvingrove Art Gallery & Museum, le stupéfiant Riverside Museum ou la fantastique Burrell Collection sont là pour le prouver. *p. 107, 152*

National Museum of Scotland © LatitudeStock/Alamy/Hemis

© Pacific–Stock/hemis.fr

♡ 4 **Se pâmer devant une des abbayes du Sud** comme à Jedburgh, un des sites les plus remarquables par la qualité de ses vestiges, ou à Melrose, dont les majestueuses ruines ocre rose combleront les fans d'architecture.

Ces derniers détailleront avec un plaisir infini la finesse des sculptures et l'humour des gargouilles ; un peu plus loin, Sweetheart Abbey retiendra, quant à elle, les romantiques. *p. 175, 182, 198*

Bon à savoir : Historic Environnement Scotland propose plusieurs passes, comme le Regional Explorer Pass qui permet de visiter l'ensemble des sites gérés par l'organisme au sein d'une région (ici, les Borders ou Dumfries et Galloway), sans limite de temps.

© Rieger Bertrand/hemis.fr

5 **Découvrir l'Art nouveau écossais à travers l'œuvre du Glaswegian Charles Rennie Mackintosh.**

D'un point de vue architectural, Glasgow est étroitement associée au nom de Charles Rennie Mackintosh, un architecte-décorateur d'avant-garde. En l'espace d'une dizaine d'années à peine, il a laissé durablement son empreinte sur la ville en inventant le *Glasgow Style,* un style d'Art nouveau version écossaise, inspiré par la simplicité des formes japonaises. *p. 132, 156, 157*

Bon à savoir : la Glasgow School of Art organise des visites guidées à la découverte des principaux édifices légués par Mackintosh. Se renseigner sur place ou consulter
• crmsociety.com •

6 **Succomber devant les paysages époustouflants de Glencoe,** berceau de l'alpinisme écossais, ou mieux, les arpenter le long de sentiers de randonnée (plutôt ardus, qu'on se le dise).

L'équipe de rangers basés au Glencoe Visitor Centre détaille les balades et avertit d'éventuelles contre-indications climatiques. Bien équipé et ainsi paré, on hume alors l'Écosse dans toute sa majesté. *p. 460*

Bon à savoir : le Glencoe Visitor Centre organise des balades thématiques en saison, *parfois de nuit pour observer la faune locale. Programme sur •* nts.org.uk *•*

© Palanque-Denis/hemis.fr

7 **Attendre l'arrivée du train à vapeur qui passe sur le célèbre viaduc de Glenfinnan** et imaginer Harry Potter en route pour de nouvelles aventures.

Photogénique en diable ! On peut aussi, moyennant un budget certain, monter dans la vieille locomotive entre Fort William et Mallaig. *p. 447, 452*

Bon à savoir : il faut réserver longtemps à l'avance en été pour emprunter le train à *vapeur. On peut aussi tenter sa chance directement à la gare très tôt le jour même, le* guard *conserve une trentaine de places. Plus d'infos sur •* westcoastrailways.co.uk *•*

© Mauritius/hemis.fr

8 Marcher au cœur du massif montagneux de Cuillins Hills sur l'île de **Skye.**

Un lieu exceptionnel où cohabitent la mer, la montagne aux cimes hérissées et dentelées et la lande arpentée par les moutons. Les randonnées dans le secteur ne manquent pas et les célèbres Fairy Pools, succession de chutes dévalant au pied des montagnes, apportent un brin de magie supplémentaire à ce paysage à la fois beau et austère qui inspira nombre d'artistes. *p. 531*

Bon à savoir : les moins sportifs peuvent admirer les monts depuis les petites routes qui mènent à Elgol ou à Glenbrittle. Autre possibilité : le bateau au départ d'Elgol jusqu'au loch Coruisk.

© Martin M303/shutterstock.com

9 Parcourir les plages de sable blanc de l'île de Lewis et Harris et **regarder les nuages défiler sur les dunes et le tapis verdoyant du** *machair* **(bord de mer fertile).**

Lewis et Harris, deux noms différents pour désigner les deux parties de la même île, qui forment ensemble la plus grande île britannique en dehors de la Grande-Bretagne et de l'Irlande. Il s'agit d'un véritable concentré d'Écosse, comme en témoignent ses vastes paysages marins, balayés par les vents d'ouest, ses tourbières, ses ruines romantiques et sa culture gaélique encore extrêmement vivace. Pour preuve : les deux tiers des habitants emploient le gaélique écossais dans leur vie quotidienne. *p. 533*

© Jon Arnold Images/hemis.fr

© Alamy/hemis.fr

10 **Se retrouver au bout du monde dans la péninsule de Coigach et plonger depuis Achnahaird vers les îles Summer, îlots rocheux jetés à la mer.**

Achiltibuie est le principal village de la belle et sauvage péninsule de Coigach. Des monts aux versants verts en été (couleur rouille en automne) descendent là vers une plage de sable blanc (à Achnahaird), plongent ici vers une côte dont une multitude de rochers se sont détachés pour saupoudrer la mer (Summer Isles). Sans oublier les petits ports de pêche, les plages, les colonies de phoques… Un paysage grandiose et d'une belle sérénité. *p. 411*

Bon à savoir : plein d'infos sur • coigach.com *•*

11 **Prendre rendez-vous avec la préhistoire dans les Orcades, où les pierres levées de Stenness et le cercle de Brodgar représentent le cœur néolithique de l'archipel.**

Les Orcades forment un archipel de 70 îles, dont une vingtaine sont habitées. Mainland, l'île principale, abrite d'impressionnants sites archéologiques, classés au Patrimoine de l'Unesco. Partir à la découverte des vestiges néolithiques, notamment les pierres dressées de Stenness et du Ring of Brodgar. Forte impression au soleil couchant, surtout quand des moutons broutent au pied des pierres millénaires ! *p. 562*

Bon à savoir : avant de partir, on trouvera plein d'infos sur le site internet des Orcades • visitorkney.com •

© Krinitz Hartmut/hemis.fr

12 **Découvrir l'incroyable Italian Chapel tout en trompe l'œil, construite dans un hangar des îles Orcades par des prisonniers italiens.**

Au cours de la dernière guerre, les Orcades accueillirent un camp de prisonniers italiens. Complètement isolés, ceux-ci tentaient de retrouver un peu de leur pays et ont construit une chapelle avec des matériaux de récupération. Vu de l'extérieur, cela ressemble à une église toute simple. Une fois la porte franchie, c'est le miracle ! Toutes les décorations, l'autel, les bat-flanc et même les pierres sont en trompe l'œil. En 1945, lorsque les prisonniers furent libérés, le prêtre à l'initiative du projet préféra rester pour achever l'édifice ! *p. 569*

© Rieger Bertrand/hemis.fr

© Du Boisberranger Jean/hemis.fr

(13) **Faire le tour de l'archipel des Shetland** en allant de *böd* en *böd*.

À l'extrême nord de l'Écosse, les Shetland forment un archipel d'une centaine d'îles dont à peine une quinzaine sont habitées. Un voyage grandeur nature, où les *böds,* petites maisons utilisées autrefois comme refuges par les pêcheurs au cours de leurs campagnes, servent aujourd'hui d'auberges pour les randonneurs. Un bon plan pas cher et convivial. Pour les amateurs de vieilles pierres, différents vestiges archéologiques (Jarlshof, Broch de Mousa…), parsemés ici et là, compléteront la visite. *p. 575*

Bon à savoir : pour préparer son voyage, consulter • shetland.org *• ; pour réserver un* böd, • camping-bods.co.uk *•*

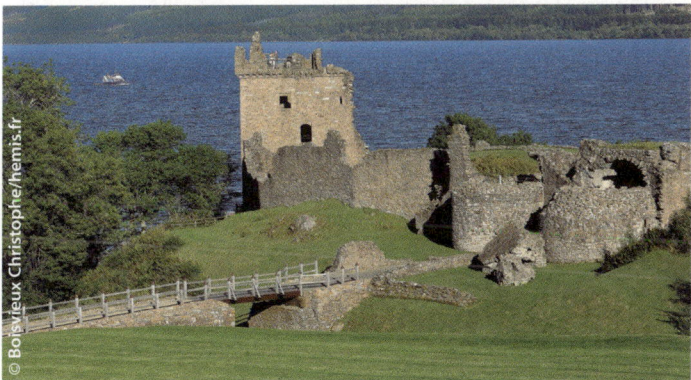

© Boisvieux Christophe/hemis.fr

(14) **Scruter le loch Ness,** au cas où Nessie déciderait de montrer le bout de son nez.

Avec ses 35 km de long et ses eaux noires profondes de plus 200 m par endroits, le loch Ness offre une multitude de cachettes pour son monstre légendaire, qui attire les foules de curieux depuis les années 1930. Dernier plésiosaure réchappé de l'ère secondaire ou simple canular ? En tout cas, si on est las de chercher Nessie en vain, le coin est idéal pour faire de longues balades dans un cadre grandiose, autour du plus grand lac d'Écosse en termes de volume (et le 2e en superficie). *p. 356*

Bon à savoir : Inverness est un bon camp de base pour faire dans la journée le tour du loch Ness.

15 **Mettre un peu d'eau dans son whisky** pour mieux en apprécier la saveur, après avoir visité une distillerie du Speyside.

Les amateurs de whisky en pèlerinage en Écosse se doivent de passer dans le Speyside, qui recense pas moins de 50 distilleries. Quelques-unes sont ouvertes au public, un bon moyen pour découvrir le whisky écossais, au goût légèrement fumé. Après la dégustation, on peut se remettre les idées en place en parcourant (sans tituber !) le Speyside Way, un chemin de randonnée qui longe la rivière. *p. 298*
Bon à savoir : le Speyside est la patrie du célèbre Malt Whisky Trail ; • *maltwhiskytrail. com* •

© Jon Arnold Images/hemis.fr

16 **Assister aux** *Highland Games* **et s'extasier devant un lancer de tronc d'arbre assurément viril ou un jet de panse de brebis farcie. Et tout ça en kilt !**

Ces manifestations estivales très pittoresques sont un peu la version écossaise des douze travaux d'Hercule. Un spectacle extraordinaire que de voir ces hommes en kilt rivaliser de puissance et de technique, dans une ambiance joyeuse rythmée par le son des cornemuses. Lancer d'énormes pierres et de marteaux, tir à la corde, lutte écossaise… L'identité scottish dans toute sa splendeur ! *p. 296, 610*
Bon à savoir : la fête la plus prestigieuse se déroule le 1er sam de sept à Braemar en présence de la reine, rien que ça !

© Ingolf Pompe/Look/Age fotostock

© Jon Arnold Images/hemis.fr

(17) **Se laisser envoûter par les châteaux,** qu'ils s'appellent Scone, Glamis, Ballindaloch, Dunnottar, Stirling ou Dunrobin… Certains abritent encore leur propre fantôme.

Le château en ruine au bord d'un loch embrumé a toujours stimulé l'imagination des âmes romantiques. D'autres ont été restaurés et ouverts à un public plein de respect et d'admiration pour les chères vieilles reliques de l'aristocratie et leurs occupants, fussent-ils fantomatiques. Plusieurs de ces châteaux ont même été reconvertis en hôtels, offrant la perspective inquiétante de dormir dans une chambre hantée. De quoi passer une nuit potentiellement agitée… *p. 598*

© Scottish Viewpoint/Alamy Limited/Age fotostock

(18) **Pénétrer dans la vallée de Glen Clova** aux montagnes érodées par les millénaires.

L'Angus est une région couverte de magnifiques *glens* (mot gaélique désignant de longues et profondes vallées d'origine glaciaire). Glen Clova, lovée au pied de montagnes rondouillardes grattées par les éboulis, en est l'un des plus délicieux exemples. Sur une trentaine de kilomètres, une étroite route sillonne les pâturages dans un cadre bucolique et harmonieux. Tout au bout, on débouche sur les paysages sauvages de Glen Doll et du Cairngorms National Park, propices à des randonnées inoubliables. *p. 270*

Bon à savoir : Kirriemuir est la porte d'entrée de la vallée. • *angusglens.co.uk/clova* •

(19) Pénétrer dans le Blair Castle, fief des ducs d'Atholl depuis le XIIIe s.

Un beau château d'un blanc immaculé, sublimé par la nature qui l'entoure. Il servit tout au long de son histoire de verrou stratégique sur la route des Grampians et d'Inverness. À travers la trentaine de salles ouvertes au public, on s'en met plein les mirettes. Blair Castle est la propriété des ducs d'Atholl depuis près de 8 siècles, et le dernier propriétaire jouit toujours d'un privilège unique en Europe : il dispose de sa propre armée, les Atholl Highlanders, qui défile avec panache chaque année au mois de mai ! *p. 335*

Bon à savoir : à env 7 km au nord de Pitlochry, au cœur des Highlands. • blair-castle.co.uk •

© Rieger Bertrand/hemis.fr

© Pistolesi Andrea/hemis.fr

20 **Taper dans la petite balle** sur l'un des 500 et quelques parcours de golf que compte le pays.

Si Saint Andrews possède le gazon le plus mythique, la plupart des villages ouvrent leurs greens municipaux aux non-membres pour une somme modique. Une belle occasion de s'initier dans un cadre pas du tout élitiste. Et si on vous invite au 19e trou (au club-house), il serait dommage de refuser ! *p. 627*
Bon à savoir : pour les amateurs de golf d'un bon niveau qui rêvent de pratiquer sur le Old Course de Saint Andrews, vous pouvez vous inscrire à un tirage au sort qui se déroule 48h avant et peut-être gagner le droit de fouler le célèbre terrain.

© StockFood/hemis.fr

21 **Dévorer un** *fish & chips* **le nez dans les embruns,** sur le quai d'un port de pêche.

Avec près de 10 000 km de littoral, l'Écosse ne pouvait être qu'un pays de pêcheurs. Égrenant la côte, leurs ports semblent taillés pour lutter contre la fureur des éléments, comme dans le quartier de Fittie, à Aberdeen, où les maisons de pêcheurs préfèrent tourner le dos à la mer, ou dans les minuscules villages de Pennan et Crovie, dans le nord des Grampians, que chaque nouvelle vague manque de submerger. Le long de la péninsule de Fife, c'est tout un chapelet de ports pittoresques qui enserrent autant d'étroites rades, jusqu'à celui d'Anstruther où siège un passionnant musée de la Pêche.

Le château d'Eilean Donan, à Dornie

Lu sur routard.com

Glasgow : l'Art nouveau à tous les coins de rue
(tiré du carnet de voyage de Marie Langlade)

Avec son architecture et sa créativité peu communes, l'industrielle Glasgow n'a rien à envier à la classique Édimbourg. Capitale culturelle au bord de l'eau, la métropole écossaise n'en finit pas de se transformer en ville branchée ! Elle a choisi de vivre au rythme de l'avant-gardisme et du modernisme écossais, dont les racines remontent au XIXe s. **Glasgow avec style : suivez le guide...**

À l'honneur, le grès rouge et miel des façades victoriennes, le verre et l'acier des édifices de l'époque postindustrielle et, surtout, les constructions Art nouveau de la Spook School. Cette célèbre école d'architecture a été fondée par Charles Rennie Mackintosh (1868-1928), qui est à Glasgow ce que Gaudí est à Barcelone, Margaret et Frances Macdonald – femme et belle-sœur de celui-ci – et Herbert McNair. C'est ici qu'on inventa le *célèbre Glasgow Style,* empreint d'un avant-gardisme sans pareil, salué par la critique internationale aux XIXe et XXe s. Impossible de ne pas remarquer les édifices que l'on doit au *Glasgow Style* : il y en a à tous les coins de rue !

En guise d'introduction, le *Lighthouse,* centre d'architecture et du design installé dans les anciens locaux du journal *The Herald,* abrite notamment le Mackintosh Interpretation Center, repérable de loin à sa tour imaginée par l'artiste. Après avoir gravi les innombrables marches de son escalier en spirale, cette tour vous offrira une vue imprenable sur les toits et les avenues de la ville.

À découvrir ensuite, une singulière école des beaux-arts, restant le chef-d'œuvre du génie écossais : la *Glasgow School of Art.* Certes, l'édifice a l'air un peu austère, au point qu'il fut parfois comparé à une prison. Mais l'intérieur ne manquera pas de vous surprendre : un labyrinthe de couloirs clairs-obscurs à l'atmosphère très étrange qui inspire encore les étudiants du monde entier, heureux de servir entre deux cours de guide aux visiteurs, en tablier taché et les mains peinturlurées !

De là, il faut absolument aller boire un thé au *Willow Tearoom,* le dernier salon créé par Mackintosh pour la restauratrice Kate Cranston. Vous pourrez encore admirer des répliques des chaises à haut dossier griffées par le maître du Glasgow Style. Détail amusant, ces dossiers n'ont pas pour motif la rose, choisie par Mackintosh comme signature, mais le saule, du nom de la rue où le salon de thé est installé.

Un peu en retrait du centre, vous pousserez enfin les portes de la *Mackintosh House,* sise dans le quartier de Kelvingrove Park. La reconstitution fidèle du domicile dans lequel Charles et Margaret résidèrent de 1906 à 1914 (au 6 Florentine Terrace) illustre à quel point ces derniers ont souhaité vivre leur propre style au quotidien. Les pièces étudiées jusqu'au moindre détail vous séduiront par leurs effets de lumière naturelle.

Retrouvez l'intégralité de cet article sur

routard
.com

Et découvrez plein d'autres récits et infos

ITINÉRAIRES CONSEILLÉS

En Écosse, c'est la géographie qui impose le rythme du voyage. Percée de fjords et trouée de lochs, déchiquetée sur ses flancs par les assauts de la mer, l'île aime les tours et les détours, rarement les lignes droites. On se familiarise rapidement avec les *single track roads* (à une seule voie) dont les encoches (*passing places*) permettent de se croiser. Ou comment rouler zen ! Sans compter toutes les îles et les traversées en ferry. De plus, même s'il fait nuit plus tard que chez nous, les musées et monuments ferment tôt, difficile donc de tout explorer en

une seule fois. Il faudra revenir, forcément…

Week-ends prolongés

Édimbourg ou Glasgow ? Distantes de seulement 74 km, les deux villes peuvent se targuer d'une identité et d'une ambiance très différentes. Choisir Édimbourg pour son caractère médiéval, ses musées parfois gratuits, son château et ses pubs. Ou Glasgow pour son dynamisme, ses musées novateurs, très souvent gratuits, sa vie nocturne et artistique d'une grande richesse. *Damned !* Et pourquoi pas les deux ?

Édimbourg

Pour sentir battre le cœur médiéval de la ville, on arpente le Royal Mile depuis le château jusqu'au *Palace of Holyroodhouse,* résidence officielle de la reine et autrefois celle de Marie Stuart. On ne manque pas le fascinant *National Museum of Scotland,* l'impressionnante collection de peintres européens de la *Scottish National Gallery* et les *Scottish National Gallery of Modern Art One* et *Two.* On se balade dans *Old Town* et *New Town,* dans *Dean Village* également. Avant, le soir venu, de contempler le tout d'en haut, depuis *Calton Hill.* Les plus courageux visiteront un cimetière au cours d'un *night tour* en écoutant les pires histoires qui y sont liées. Frissons garantis !

Les environs : ceux qui ont encore du temps (et des jambes) peuvent poursuivre leurs explorations jusqu'à Tantallon Castle, Rosslyn Chapel, Blackness Castle, Linlithgow Palace et le pont du Forth, récemment classé au Patrimoine mondial de l'Unesco.

Glasgow

Dans cette ville foisonnante, ne pas manquer les réalisations d'hier et d'aujourd'hui, les œuvres géniales du designer avant-gardiste *Charles Rennie Mackintosh,* la collection de peintures et d'objets d'art de la *famille Burrell* présentée dans un bâtiment conçu en aluminium, la *cathédrale Saint Mungo,* à l'étonnante architecture. Le nouveau quartier de *Clydeside* avec le *Riverside Museum* (consacré meilleur musée européen en 2013 !) et le *Glasgow Science Centre* passionneront petits et grands.

Les environs : rejoindre New Lanark en train et bus pour découvrir un village, une utopie concrétisée à l'ère industrielle. Classé au Patrimoine mondial de l'Unesco, le site est devenu un musée reconstituant les activités de l'époque.

Un aperçu en 8 jours

Édimbourg (1) : picorer quelques idées du week-end prolongé, puis remonter vers le nord jusqu'à Craigellachie pour arpenter la *route du Whisky (2),* en visitant *Scone Palace* en chemin avant de s'attarder dans une (ou plusieurs ?) distilleries de la région. Celles de Strathisla, Cardhu, Glen Grant, Glenfarclas et Macallan, par exemple. Les *Highlands* ne sont ensuite pas loin : *Inverness (3)* offre un bon point de départ pour partir explorer le fameux *loch Ness (4).* Prévoir une journée pour le longer à son rythme et poursuivre plus au sud en direction de *Glencoe,* nichée au cœur d'une région montagneuse à la beauté sauvage, et d'*Oban (5),* au charme balnéaire. Rejoindre ensuite *Glasgow (6) :* lire plus haut.

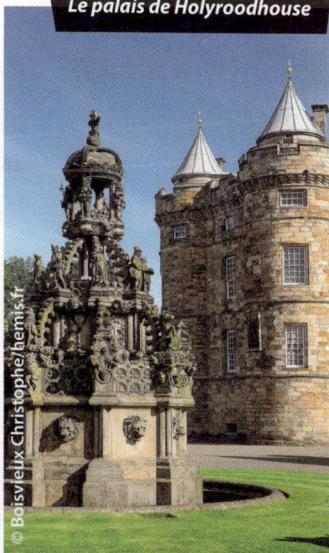

Le palais de Holyroodhouse

© Boisvieux Christophe/hemis.fr

NORD

Durness
4

Scourie

Kylesku
Loch Assynt 5
11
Achiltibuie
6
Inverewe Gardens Ullapool

Gairloch
7
Torridon

Plockton Lochcarron
8 12
Skye
9 13 Kyle of Lochalsh

Inverness
3 10
Loch Ness

Craigellachie
9

Fort Augustus

Mallaig

Braemar
8
Fort William 14
Ardnamurchan

Vallée de Glen Clova

Glencoe
10
Blair Castle 2
Kirriemuir

Dunkeld Glamis
7
Oban
11 15
Saint Andrews
6
Inveraray Crail
Tarbet
16 Aberfoyle Anstruther
Loch Lomond Elie
Stirling
5 Culross

Blackness Castle
1 1
ÉDIMBOURG
4 12
Tantallon Castle
FORTH RAIL BRIDGE
GLASGOW Roslin

Melrose
2
Traquair House
Culzean Castle Jedburgh

Drumlanrig Castle

0 20 40 km

Kirkcudbright
3

1	étape
	itinéraire de 15 jours
	itinéraire de 3 semaines
◎	Sites inscrits au Patrimoine mondial de l'Unesco

15 jours

Édimbourg (1) : même programme que ci-dessus, puis remonter jusqu'à Inverness en faisant halte, au choix, au **château de Stirling**, au **Scone Palace** et/ou au **Blair Castle (2)**. **Inverness (3)** ouvre la porte des **Highlands** du nord, sauvages, aux côtes échancrées par des plages de sable blanc. Continuer jusqu'à **Durness (4)** et redescendre le long du littoral vers Scourie avec, pour les fans d'ornithologie, une excursion éventuelle sur l'île de Handa ; poursuivre jusqu'à Kylesku et se poser vers le **loch Assynt (5),** aux paysages incroyablement romantiques ; admirer Achiltibuie et la péninsule de Coigach, avant de s'arrêter à **Ullapool (6),** sur les rives du loch Broom (départs possibles pour l'île de Lewis et Harris). Sinon opter plus au sud pour les élégants jardins d'Inverewe et **Gairloch (7)**. Ne pas manquer ensuite la fabuleuse petite route entre Torridon et Applecross et reprendre son souffle à **Plockton (8),** un mignon petit port. Avant de rejoindre l'île de Skye, visiter le Eilean Donan Castle, très photogénique. On peut facilement passer 2 jours sur **Skye (9),** le temps de quelques marches ou ascensions pour les plus sportifs. Retourner sur Mainland et prolonger l'aventure jusqu'aux montagnes de **Glencoe (10)** et partir à l'assaut du Ben Nevis, le plus haut sommet britannique, près de Fort William. **Oban (11),** plus au sud, est une halte agréable en bord de mer. De là, de petites routes rejoignent Inveraray, ancien bourg royal au bord du loch Fyne (encore de l'eau), et enfin **Glasgow (12),** pour 1 ou 2 jours encore bien remplis… selon l'appétit (lire les suggestions plus haut).

3 semaines

Édimbourg et environs (1) : même programme que le week-end prolongé. S'immerger dans les terres du sud, une région qui comblera les amoureux de belles demeures et de ruines romantiques. Ne pas manquer les **abbayes de Jedburgh et de Melrose (2),** mais aussi Abbotsford House (la maison de Walter Scott) et Traquair House, puis Drumlanrig Castle dans la région de Dumfries et Galloway, **Kirkcudbright (3),** ses vieilles maisons fleuries et ses bateaux colorés, Culzean Castle et son environnement de rêve. Remonter ensuite sur **Glasgow (4)** et s'y poser 2 jours (lire les suggestions plus haut). Puis sillonner le centre, en commençant par les Trossachs, avec Aberfoyle et Callander, balades en forêt et bateau sur le loch Katrine, le **château** et la **vieille ville de Stirling (5)** ; la péninsule de Fife et son chapelet de petits ports : Culross, Elie, Anstruther, Crail, jusqu'à **Saint Andrews (6),** sa cathédrale, son château et la plage des West Sands ; Scone Palace, **Dunkeld (7)** ; le château de Glamis et la vallée de Glen Clova ; **Braemar (8)** ; **la route du Whisky (9)** : Glenfiddich à Dufftown, Strathisla à Keith et Macallan près de Craigellachie ; les Highlands : **Inverness** et le **loch Ness (10)** ; de Kylesku à Lochinver par la côte, les environs du **loch Assynt (11)** ; longer la côte en direction d'Ullapool, de Gairloch, Torridon

Le port d'Oban

© Jon Arnold Images/hemis.fr

et *Lochcarron (12)* ; l'*île de Skye (13)* ; la péninsule d'Ardnamurchan, *Fort William (14)* ; Glencoe, *Oban (15)* ; le *loch Lomond (16).*

– À noter : le site de l'office de tourisme d'Écosse • *visitscotland.com/fr* • propose également des itinéraires à télécharger.

SI VOUS ÊTES…

Plutôt culture : les chefs-d'œuvre de la *Scottish National Gallery* d'Édimbourg, les collections d'art contemporain et expos temporaires des *Scottish National Gallery of Modern Art One* et *Two.* Les œuvres du génial architecte *Charles Rennie Mackintosh* et le *Riverside Museum,* à Glasgow. Plus tous les châteaux pour passionnés d'histoire, d'art et d'architecture.

En famille : le *Dynamic Earth* et la *camera obscura* d'Édimbourg. À Glasgow, le *Riverside Museum* et la *Scotland Street School Museum* ; le *Highland Folk Museum,* à Newtonmore ; sur les traces de Harry Potter, à *Glenfinnan* ; les parcours accrobranches au *Bowhill House and Countrypark,* dans le Sud, au *Crathes Castle,* dans les Grampians, ou le *Go Ape,* dans les Trossachs ; la *Falkirk Wheel,* un ascenseur à bateaux, unique ; escalade et alpinisme au *Ice Factor,* à Kinlochleven.

Nature : le *parc national du Cairngorm,* les vallées cachées de l'*Angus,* l'*observation des oiseaux* vers Stonehaven, Forvie, sur Handa Island, à Bass Rock avec sa colonie géante de fous de Bassan. Pour les amoureux de grands espaces : la *route côtière de Kylesku à Lochinver,* la *péninsule de Coigach,* l'*île de Jura* ; les fjords *(voes)* des *îles Shetland,* l'*île de Skye* ou l'*île de Lewis et Harris,* aux eaux turquoise.

Le **Old Man of Storr** *sur l'île de Skye*

© Sime/Wasek Sebastian/Photononstop

LES QUESTIONS QU'ON SE POSE AVANT LE DÉPART

➤ Quels sont les documents nécessaires ?

Passeport ou **carte nationale d'identité** en cours de validité pour les ressortissants de l'Union européenne et les Suisses. Un visa n'est pas nécessaire.

➤ Quelle est la meilleure saison ?

D'après les Écossais, l'été dure un week-end, quelque part en juillet-août. L'« optimum » climatique serait en fait en mai et en juin, période la moins mouillée ! Juillet et août sont aussi des mois agréables, avec bien plus d'animation (nombreux festivals). Attention toutefois aux nuages de mi-mai à fin septembre. L'automne se révèle le plus photogénique avec la lande qui s'embrase du roux au brun.

➤ Quel budget prévoir ?

Le coût de la vie en Écosse est globalement plus élevé que chez nous. Cela dit, entre le camping sauvage et le *B & B* à £ 30-40/personne en moyenne et en passant par les AJ privées autour de £ 15-20/personne, chacun peut s'y retrouver. Idem pour la nourriture, pas donnée là encore (environ £ 10-15 le plat), mais les *tearooms* et les *lunchs*, même dans les restos chic, permettent de s'en sortir à bon compte. Le soir, pour bien manger sans se ruiner, opter pour les *early bird menus* (servis vers 17h30-18h).
Les visites représentent un sacré budget, prévoir dans la majorité des sites £ 5-10, et jusqu'à £ 16-17 pour les plus grosses attractions ! Mais certains musées nationaux et municipaux (comme à Glasgow) sont gratuits, et il existe des *passes*.

➤ Comment se déplacer ?

L'île est assez bien desservie par les bus, même les petites localités. Le train relie les grandes villes. Pour ces deux modes de déplacement, il existe des *passes.* Si on souhaite musarder à sa guise, la voiture demeure bien pratique (attention, conduite à gauche). Quant aux petites îles, elles sont accessibles en ferry, mais si on embarque un véhicule les tarifs grimpent sacrément.

➤ Quel est le décalage horaire ?

Été comme hiver, il faut soustraire une heure par rapport à la France. Ce n'est pas qu'ils veulent à tout prix nous embêter, mais leur Ouest est vraiment plus à l'ouest.

➤ Quel est le temps de vol ?

Quelques vols directs pour Édimbourg, Glasgow et Aberdeen depuis Paris et la province (parfois en saison seulement). Compter par exemple min 1h45 entre Paris et Édimbourg. Actuellement, il n'existe pas de vol direct pour Inverness. Notez toutefois que nombre de vols font escale en Angleterre.

➤ Quel est le taux de change ?

Début 2017, la livre sterling valait environ 1,20 €.

➤ Côté santé, quelles précautions ?

Deux problèmes guettent les voyageurs : les *midges* et les tiques. Les premiers sont des petits moucherons qui piquent et démangent à la période estivale (juin-septembre), mais qui n'apprécient pas le vent. Le plus efficace consiste à porter une moustiquaire de tête et des vêtements longs. Pour les tiques présentes en milieu forestier, n'oubliez pas votre tire-tique et éventuellement des sprays répulsifs.

➢ Peut-on y aller avec des enfants ?

L'Écosse ne peut que susciter et développer l'imagination des plus curieux, entre châteaux hantés, monstre du loch Ness, train de Harry Potter, accrobranche et musées extraordinaires, il y en a pour tous les goûts. À table, le *fish & chips* ou le *macaroni & cheese,* certes ni variés ni équilibrés, ne devraient pas soulever trop de réprobation.

➢ Et la conduite à gauche, on s'y fait facilement ?

Passé le stress du premier rond-point, ça roule tout seul, surtout si on a un copilote vigilant. De plus, les Écossais ont la conduite assez cool et, sur les petites routes des Highlands, la circulation est plutôt fluide, quand la voie n'est pas tout simplement réduite à une seule. Du coup, plus de problème de droite ou de gauche...

➢ Le whisky écossais est-il le meilleur du monde ?

Ça dépend des points de vue... et de la nationalité des interlocuteurs. Contrairement au whiskey (le whisky irlandais, avec un « e »), le whisky écossais a souvent un goût fumé et parfois tourbé. On aime ou pas. En revanche, personne ne conteste que l'Écosse en possède le plus grand nombre (plus de 300 !). Petit conseil : hormis les introuvables chez nous, évitez de les acheter sur place, ils sont bien plus chers. Goûtez-les en Écosse, achetez-les à votre retour !

COMMENT Y ALLER ?

EN AVION

Les compagnies régulières

▲ AIR FRANCE
Rens et résas au ☎ *36-54 (service 0,35 €/mn + prix appel ; tlj 6h30-22h), sur ● airfrance.fr ●, dans les agences Air France et dans ttes les agences de voyages. Fermées dim.*
➢ Au départ de Paris-Roissy-Charles-de-Gaulle, Air France propose jusqu'à 3 vols/j. à la fois vers *Édimbourg* et vers *Aberdeen* et jusqu'à 1 vol/j. vers *Glasgow*.
Air France propose des tarifs attractifs toute l'année. Pour consulter les meilleurs tarifs du moment, allez directement sur la page « Nos meilleures offres » sur ● airfrance.fr ● *Flying Blue*, le programme de fidélisation gratuit d'Air France-KLM, permet de cumuler des *miles* et de profiter d'un large choix de primes. Cette carte de fidélité est valable sur l'ensemble des compagnies membres de *Skyteam*.

▲ BRITISH AIRWAYS
Infos et résas : ☎ *0825-825-400 (service 0,18 €/mn + prix appel) et sur ● ba. com ●*
➢ Vols quotidiens vers *Édimbourg, Glasgow* et *Aberdeen* via Londres, au départ de Paris-Roissy-Charles-de-Gaulle et Orly, ainsi que de Lyon, Marseille, Nice et Toulouse. Bagage de 23 kg en soute inclus.

▲ KLM
Rens et résas : ☎ *0892-70-26-08 (service 0,35 €/mn + prix appel). ● klm. fr ● Résas par tél, Internet, dans les agences Air France ou les agences de voyages.*
➢ KLM dessert plusieurs fois/j. *Aberdeen, Édimbourg, Glasgow* et *Inverness* via Amsterdam-Schiphol, au départ de Paris, Bordeaux, Clermont-Ferrand, Lyon, Marseille, Montpellier, Nantes, Nice, Rennes, Strasbourg et Toulouse.

Les compagnies *low-cost*

Plus vous réserverez vos billets à l'avance, plus vous aurez des chances d'avoir des tarifs avantageux. En outre, les pénalités en cas de changement de vols sont assez importantes. Il faut aussi rappeler que plusieurs compagnies facturent maintenant les bagages en soute et limitent leurs poids. En cabine également, le nombre de bagages est strictement limité (attention, même le plus petit sac à main est compté comme un bagage à part entière). À bord, tous les services sont payants (boissons, journaux). Attention également au moment de la résa par Internet à décocher certaines options qui sont automatiquement cochées (assurances, etc.). Au final, même si les prix de base restent très attractifs, il convient de prendre en compte les frais annexes pour calculer le plus justement son budget.

▲ EASYJET
Rens et résas : ☎ *0820-420-315 (service 0,12 €/mn + prix appel). ● easyjet. com ●*
➢ Easyjet assure des liaisons depuis Paris-Roissy-Charles-de-Gaulle vers *Glasgow* et *Édimbourg.* Au départ de Nice (avr-sept), de Lyon et Genève (tte l'année) vers *Édimbourg* ; depuis Bordeaux (juin-août) et Genève (tte l'année) à destination de *Glasgow.*

▲ FLYBE
Résas (en Grande-Bretagne) : ☎ *00-44-207-308-08-12. Ou en ligne ● flybe.com ●*
➢ Au départ de Paris-Charles-de-Gaulle, Flybe dessert *Édimbourg* tlj en vol direct ; via Birmingham, Southampton ou Manchester pour *Glasgow* (desservi également de Paris-Orly via Southampton). De nombreuses villes de province sont également reliées plusieurs fois par semaine à *Glasgow*

et *Édimbourg* via Southampton, Birmingham ou Manchester.

▲ RYANAIR

Rens : ☎ 0892-562-150 (service 0,34 €/mn + prix appel). • ryanair.com •
➢ Ryanair propose des liaisons hebdomadaires pour Édimbourg au départ de Bordeaux, Charleroi ; saisonnières depuis Marseille et Béziers (avr-oct), ainsi que Poitiers (juil-nov). Également des vols toute l'année entre Glasgow et Carcassonne. Attention au surplus...

▲ VUELING

Rens : ☎ 0899-232-400 (service 0,80 €/mn + prix appel). • vueling. com •
➢ Vueling assure 3-7 vols directs/sem entre Paris-Orly et Édimbourg.

LES ORGANISMES DE VOYAGES

En France

▲ ALAINN TOURS

☎ *09-70-71-80-00 ou 00-353-71-91-50-345. • alainntours.fr •*
Spécialiste des pays celtes depuis 1991 (Écosse, pays de Galles et Irlande), Alainn Tours, basé en Irlande, est à votre disposition 7j./7 pour faire de vos vacances, individuelles ou en groupe, un moment inoubliable en toute sécurité. Son équipe est à votre disposition pour vous composer des séjours « sur mesure » et selon vos souhaits. Grâce à un grand choix d'hébergements (du château aux *B & B* en passant par des demeures de charme ou de petits hôtels familiaux), en maîtrisant toutes les activités (randonnée, pêche, golf, équitation, etc.) avec tous les thèmes possibles (culture, nature, gastronomie, ornithologie, archéologie, etc.), en utilisant tous les modes de locomotion (à pied, à vélo, à cheval, en voiture standard ou de collection, en bateau, en autocar, etc.). Alainn Tours a les moyens de répondre à tous vos désirs.

▲ BRITISH MARKETING SERVICES

• contact@bms-voyages.com • bms.voyages@gmail.com •
Sous l'enseigne BMS-Voyages, l'agence, spécialiste de la Grande-Bretagne, organise des voyages sur mesure. On peut y réserver ses hébergements, bien sûr, mais aussi les transports internationaux et intérieurs (*Britrail*, forfait Paris-Brugge/Zeebrugge en *Thalys/SNCB*, puis liaison en ferry jusqu'à Hull, au nord de l'Angleterre, avec *P & O Ferries* ou *Eurostar* jusqu'à Londres, puis continuation vers Édimbourg).

▲ CELTICTOURS

– Paris : Maison de la Scandinavie, 54-56, av. Bosquet, 75007. ☎ 01-55-87-82-05. • celtictours.fr • Ⓜ École-Militaire. Lun-ven 10h-18h.
Celtictours consacre sa programmation à l'Irlande et à l'Écosse. Circuits accompagnés et voyages individuels : transport aérien, maritime, location de voitures, autotours, séjours chez l'habitant, en cottage, en auberge, en hôtel, en château ou encore en manoir.

▲ COMPTOIR DES VOYAGES

• comptoir.fr •
– Paris : 2-18, rue Saint-Victor, 75005. ☎ *01-53-10-30-15.* Ⓜ *Maubert-Mutualité. Lun-sam 9h30 (10h sam)-18h30.*
– Lyon : 10, quai Tilsitt, 69002. ☎ *04-72-44-13-40.* Ⓜ *Bellecour. Lun-sam 9h30-18h30.*
– Marseille : 12, rue Breteuil, 13001. ☎ *04-84-25-21-80.* Ⓜ *Estrangin. Lun-sam 9h30-18h30.*
– Toulouse : 43, rue Peyrolières, 31000. ☎ *05-62-30-15-00.* Ⓜ *Esquirol. Lun-sam 9h30-18h30.*
– Bordeaux : 26, cours du Chapeau-Rouge, 33800. ☎ *05-35-54-31-40.*
– Lille : 76, rue Nationale, 59160. Ouverture prévue en avril 2017.
Comptoir des Voyages s'impose comme une référence incontournable dans le voyage sur mesure, avec 80 destinations couvrant les 5 continents. Ses voyages s'adressent à tous ceux qui souhaitent vivre un pays de façon simple en s'y sentant accueilli. Les conseillers privilégient des hébergements typiques, des moyens de transport locaux et des expériences authentiques pour favoriser

COMPTOIR
DES VOYAGES

ÉCOSSE

Admirez la vue sur Édimbourg depuis la colline d'Arthur's Seat lors d'un pique-nique avec votre greeter, entendez siffler le train à bord du *Jacobite Steam Train*, le train de Harry Potter, apprenez à reconnaître les arômes pleins et épicés d'un whisky des Highlands, laissez le vent tourbillonnant sur les plages de l'île de Mull vous fouetter le visage et osez le *full scottish breakfast* servi dans votre B&B.

BORDEAUX • LILLE • LYON • MARSEILLE • PARIS • TOULOUSE
www.comptoir.fr - 01 85 08 22 92

l'immersion dans la vie locale. Comptoir vous offre aussi la possibilité de rencontrer des francophones habitant dans le monde entier, des *greeters*, qui vous donneront, le temps d'un café, les clés de leur ville ou de leur pays. Comptoir des Voyages propose aussi une large gamme de services : échanges par visioconférence, devis web et carnet de voyage personnalisés, assistance téléphonique 24h/24 et 7j./7 pendant votre voyage.

▲ GAELAND ASHLING

– Paris : 126, rue de Charenton, 75012.
☎ 0825-12-30-03 (service 0,15 €/mn + prix appel). ● gaeland-ashling.com ● Lun-ven 9h30-18h30, sam 10h-17h. Et dans ttes les agences de voyages.

Trois destinations phares pour ce touropérateur spécialisé sur l'ouest de l'Europe (la Grande-Bretagne, l'Écosse et l'Irlande). L'équipe est composée de fanas de la Grande-Bretagne, qui connaissent très bien la destination. Sélection rigoureuse d'hôtels en Angleterre, au pays de Galles ou en Écosse. Du week-end à Londres (hôtels toutes catégories) aux *B & B* ou manoirs de charme dans le reste du pays, les hôtels ont été sélectionnés en privilégiant le charme et la qualité, du plus familial au plus luxueux.

▲ TERRES LOINTAINES

● terres-lointaines.com ●
– Issy-les-Moulineaux : 2, rue Maurice-Hartmann, 92130. Sur rdv slt ou par ☎ 01-75-60-63-50 (lun-ven 9h-19h, sam 10h-18h).
– Bordeaux : 4, rue Esprit-des-Lois, 33000. ☎ 05-33-09-09-10.

Terres Lointaines est le dernier-né des acteurs du Net qui comptent dans le monde du tourisme avec pour conviction : « Un voyage réussi est un voyage qui dépasse les attentes du client. » Son ambition est clairement affichée : démocratiser le voyage sur mesure au prix le plus juste. En individuel ou en petit groupe, entre raffinement et excellence, Terres Lointaines met le monde à votre portée. Europe, Amériques, Afrique, Asie, Océanie, la palette de destinations programmées est vaste, toutes proposées par des conseillers-spécialistes à l'écoute des envies du client. Grâce à une sélection rigoureuse de prestataires locaux, Terres Lointaines crée des voyages de qualité, qui laissent de merveilleux souvenirs.

▲ TUI

Rens et résas au ☎ 0825-000-825 (service 0,20 €/mn + prix appel), sur ● tui. fr ●, dans les agences de voyages TUI présentes dans toute la France.

TUI, numéro 1 mondial du voyage, propose tous les circuits Nouvelles Frontières, ainsi que les clubs Marmara et un choix infini de vacances pour une expérience unique. TUI propose des offres et services personnalisés tout au long de vos vacances, avant, pendant et après le voyage.

Un circuit accompagné dans une destination de rêves, un séjour détente au soleil sur l'une des plus belles plages du monde, un voyage sur mesure façonné pour vous, ou encore des vacances dans un hôtel ou dans un club, les conseillers TUI peuvent créer avec vous le voyage idéal adapté à vos envies. Ambiance découverte, familiale, romantique, dynamique, zen, chic... TUI propose des voyages à deux, en famille, seul ou entre amis, parmi plus de 180 destinations à quelques heures de chez vous ou à l'autre bout du monde.

▲ VOYAGEURS DU MONDE

Voyageurs en Irlande et dans les îles Britanniques

● voyageursdumonde.fr ●
– Paris : La Cité des Voyageurs, 55, rue Sainte-Anne, 75002. ☎ 01-42-86-17-60. Ⓜ Opéra ou Pyramides. Lun-sam 9h30-19h. Avec une librairie spécialisée sur les voyages.
– Également des agences à Bordeaux, Grenoble, Lille, Lyon, Marseille, Montpellier, Nantes, Nice, Rennes, Rouen, Strasbourg et Toulouse. Ainsi qu'à Bruxelles et Genève.

Parce que chaque voyageur est différent, que chacun a ses rêves et ses idées pour les réaliser, Voyageurs du Monde conçoit, depuis plus de 30 ans, des projets sur mesure. Les séjours proposés sur 150 destinations sont élaborés par près de 200 conseillers voyageurs. Spécialistes par pays et même par région, ils vous aideront à personnaliser les voyages présentés

à travers des brochures proches du magazine et sur le site internet où vous pourrez également découvrir les hébergements exclusifs et consulter votre espace client.

Au cours de votre séjour, vous bénéficiez des services personnalisés Voyageurs du Monde, dont la possibilité de modifier à tout moment votre voyage, l'assistance d'un concierge local, la mise en place de rencontres et de visites privées et l'accès à votre carnet de voyage via une application iPhone et Androïd.

Voyageurs du Monde est membre de l'association ATR (Agir pour un tourisme responsable) et a obtenu sa certification Tourisme responsable AFAQ AFNOR.

> Voir aussi au sein de chaque ville les agences locales que nous avons sélectionnées.

Comment aller à Roissy et à Orly ?

Toutes les infos sur le site ● *routard. com* ● à l'adresse suivante : ● *bit.ly/ aeroports-routard* ●

> Conservez dans votre bagage cabine vos médicaments, vos divers chargeurs et appareils, ainsi que vos objets de valeur (clés et bijoux). Et, on ne sait jamais, ajoutez-y de quoi vous changer si vos bagages n'arrivaient pas à bon port avec vous.

En Belgique

▲ AIRSTOP

Tél : ☎ *070-233-188.* ● *airstop.be* ● *Lun-ven 9h-18h30, sam 10h-17h.*
– *Anvers : Jezusstraat, 16, 2000.*
– *Gand : Maria Hendrikaplein, 65, 9000.*
– *Louvain : Mgr. Ladeuzeplein, 33, 3000.*

Airstop offre une large gamme de prestations, du vol sec au séjour tout compris à travers le monde.

▲ CONNECTIONS

Rens et résas : ☎ *070-233-313.* ● *connections.be* ● *Lun-ven 9h-19h, sam 10h-17h.*

Fort d'une expérience de plus de 20 ans dans le domaine du voyage, Connections dispose d'un réseau de 30 *travel shops* dont un à l'aéroport de Bruxelles. Connections propose des vols dans le monde entier à des tarifs avantageux et des voyages destinés à des voyageurs désireux de découvrir la planète de façon autonome. Connections propose une gamme complète de produits : vols, hébergements, location de voitures, autotours, vacances sportives, excursions...

▲ SERVICE VOYAGES ULB

● *servicevoyages.be* ● *25 agences dont 12 à Bruxelles.*
– *Bruxelles : campus ULB, av. Paul-Héger, 22, CP 166, 1000.* ☎ *02-650-40-20.*
– *Bruxelles : pl. Saint-Lambert, 1200.* ☎ *02-742-28-80.*
– *Bruxelles : chaussée d'Alsemberg, 815, 1180.* ☎ *02-332-29-60.*

Service Voyages ULB, c'est le voyage à l'université. Billets d'avion sur vols charters et sur compagnies régulières à des prix compétitifs.

▲ TAXISTOP

Pour ttes les adresses Taxistop : ☎ *070-222-292.* ● *taxistop.be* ●
– *Bruxelles : rue Thérésienne, 7a, 1000.*
– *Gent : Maria Hendrikaplein, 65, 9000.*
– *Ottignies : bd Martin, 27, 1340.*

Taxistop propose un système de covoiturage, ainsi que d'autres services comme l'échange de maisons ou le gardiennage.

▲ TUI

● *tui.be* ●
– *Nombreuses agences dans le pays, à Bruxelles, Charleroi, Liège, Mons, Namur, Waterloo, Wavre et au Luxembourg.*

Voir texte TUI dans la partie « En France ».

▲ VOYAGEURS DU MONDE

– *Bruxelles : chaussée de Charleroi, 23, 1060.* ☎ *02-543-95-50.* ● *voyageurs dumonde.com* ●

Le spécialiste du voyage en individuel sur mesure.

Voir texte dans la partie « En France ».

NOS NOUVEAUTÉS

NOS MEILLEURS HÉBERGEMENTS INSOLITES EN FRANCE
(mars 2017)

Rien de tel pour retrouver son âme d'enfant que de dormir dans un arbre, ou au milieu d'un lac dans une cabane flottante, ou à six pieds sous terre dans une chambre troglodytique. Il y en a pour tous les goûts avec plus de 200 adresses dénichées en France, les « + » et les « - », mais aussi les activités incontournables à faire en famille ou entre amis à proximité de chaque adresse. Sans oublier la photo de chaque établissement. Le plus dur sera de choisir, entre l'île déserte, la réserve animalière, le phare, la roulotte, le combi VW, la bulle transparente au milieu de la forêt ou le vieux camping-car américain en alu, à deux pas de l'Arc de Triomphe !

PAYS BALTES : TALLINN, RIGA, VILNIUS
(avril 2017)

Tallinn, Riga, Vilnius, trois capitales si proches et pourtant si surprenantes. Elles mêlent leurs racines entre des mondes disparates : scandinave, slave et germanique. Estonie, Lettonie, Lituanie, on les mélange souvent, mais très vite, on distingue leurs particularismes. Tallinn, secrète et magique, a gardé le charme d'une cité médiévale. La vieille ville, et son lacis de rues dominées par ses clochers, est classée au Patrimoine mondial de l'Unesco. Même reconnaissance pour le centre historique de Riga, où se mêlent un superbe noyau médiéval à un centre-ville Art nouveau. Après les musées, savourez sa vie nocturne, la plus folle des trois pays. À Vilnius, la baroque au cœur de collines boisées, découvrez le labyrinthe de ruelles étroites et la végétation lui donnant des airs de village. Malgré les 50 ans de présence soviétique, vous serez surpris par la modernité et le dynamisme qui anime leurs habitants.

En Suisse

▲ **STA TRAVEL**
Rens : ☎ *058-450-49-49.* ● *statravel.ch* ●
– *Fribourg : rue de Lausanne, 24, 1701.*
☎ *058-450-49-80.*
– *Genève : Pierre Fatio, 19, 1204.*
☎ *058-450-48-00.*
– *Genève : rue Vignier, 3, 1205.*
☎ *058-450-48-30.*
– *Lausanne : bd de Grancy, 20, 1006.*
☎ *058-450-48-50.*
– *Lausanne : à l'université, Anthropole,*
1015. ☎ *058-450-49-20.*

Agences spécialisées notamment dans les voyages pour jeunes et étudiants. 150 bureaux STA et plus de 700 agents du même groupe répartis dans le monde entier sont là pour donner un coup de main *(Travel Help).*
STA propose des tarifs avantageux : vols secs *(Blue Ticket),* hôtels, écoles de langues, *work & travel,* circuits d'aventure, voitures de location, etc. Délivre la carte internationale d'étudiant ISIC et la carte Jeune.

▲ **TUI**
– *Genève : rue Chantepoulet, 25, 1201.*
☎ *022-716-15-70.*
– *Lausanne : bd de Grancy, 19, 1006.*
☎ *021-616-88-91.*
Voir texte dans la partie « En France ».

Au Québec

▲ **TOURS CHANTECLERC**
● *tourschanteclerc.com* ●
Tours Chanteclerc est un tour-opérateur qui publie différentes brochures de voyages, dont une consacrée à l'Europe en circuits ou en séjours. Il s'adresse aux voyageurs indépendants qui réservent un billet d'avion, un hébergement (dans toute l'Europe), des excursions ou une location de voiture.

EN TRAIN

De la France à l'Angleterre

En TGV Eurostar

Liaisons entre Paris (gare du Nord) et Londres (St Pancras International), comp- ter min 2h15 par le tunnel sous la Man- che ; Paris et Ashford (1h40 de voyage) ; Lille et Londres (min 1h20 de voyage) ; Lille et Ashford (durée : 1h) ; Calais- Frethun-Londres (en 1h). Également des lignes directes à destination de Londres depuis Lyon, Marseille et Avignon, ainsi que de Bruxelles à certaines dates.
Sinon, au départ des principales villes de province, Eurostar propose toute l'année des prix comprenant le trajet en train jus- qu'à Lille-Europe ou Paris, puis le voyage en Eurostar.
– **Précautions particulières :** se pré- senter à l'enregistrement au moins 30 mn avant le départ, muni d'une carte nationale d'identité ou d'un pas- seport en cours de validité.
De plus, comme en avion, certains objets sont interdits à bord, un couteau d'une certaine taille ou des « articles contenant du gaz », par exemple.
Pour plus de détails, consulter le site internet ● *eurostar.com* ●, rubrique « Préparer son voyage ».

Réservation et achat des billets

– **Ligne directe Eurostar :** ☎ *0892- 35-35-39 (service 0,40 €/mn + prix appel ; tlj 7h-22h).*
– **Internet :** ● *voyages-sncf.com* ● *ou directement sur* ● *eurostar.com* ●
– Dans les gares, les boutiques SNCF et les agences de voyages agréées.

Pour voyager au meilleur prix

Eurostar propose de nombreuses réduc- tions. Pour en profiter au maximum, il faut réserver à l'avance. Les billets sont en vente 3 mois avant la date de départ. Les promotions sont aussi fréquentes. Lors de la réservation, demandez tou- jours le meilleur tarif disponible.

En train, puis bateau

Les lignes ferroviaires ne desservent pas les gares maritimes françaises. On conseille donc cette formule aux habitants du Nord, aux claustrophobes (sous le tunnel) et à ceux qui ont vrai- ment le temps.
Il faut prendre le train pour Calais, Boulogne ou Dieppe. À l'arrivée, des

NORD

STROMNESS
John o'Groats
Thurso

Stornoway
The Minch
Helmsdale

Lewis et Harris
Ullapool

Moray

Elgin

Kyle of Lochalsh
Inverness

Skye

Mallaig

ÉCOSSE

Fort William
Pitlochry

Mull
Oban
Perth
Dundee

Jura

GLASGOW
ÉDIMBOURG

Islay

Arran

Ayr

OCÉAN
ATLANTIQUE

Dumfries

Stranraer
Carlisle

IRLANDE
DU NORD
Belfast

Man

MER
D'IRLANDE

Anglesey
LIVERPOOL

Holyhead

Chester

IRLANDE

Saint George's Channel

Cardigan Bay
Shrewsbury

Aberystwyth
PAYS
DE
GALLES

Fishguard

Pembroke
Newport
Cardiff

Bristol Channel

Exeter
Weymouth

Plymouth

Penzance

I. Scilly
ROSCOFF
ST-MALO

0   50 km
0   50 miles

0 50 km
0 50 miles

OCÉAN
ATLANTIQUE

Shetland

Lerwick

Orkney

Stromness Kirkwall

John o'Groats

↓ *ABERDEEN*

Firth

Fraserburgh

Aberdeen

St Andrews

Berwick-
upon-Tweed

Melrose

Newcastle-
upon-Tyne

MER
DU NORD

Middlesbrough

Scarborough

York

LEEDS

Hull

MANCHESTER

SHEFFIELD

Stoke
on-Trent

A N G L E T E R R E

The Wash

Nottingham

Norwich

BIRMINGHAM

Leicester
Coventry

Northampton

Stratford-
upon-Avon

Cambridge
Ipswich

Amsterdam

PAYS-BAS

Rotterdam

Oxford

LONDRES

Bristol
Bath

Windsor

Ramsgate

Dover (Douves)

SOUTHAMPTON

Folkestone

Zeebrugge
Ostende

Brighton

TUNNEL

Dunkerque

BELGIQUE

Portsmouth

Calais

Bournemouth

Poole

Hastings

Chichester Newhaven

Île
de Wight

Manche

Boulogne

F R A N C E

CHERBOURG CAEN ↓ ↓ LE HAVRE ↓ DIEPPE

LA GRANDE-BRETAGNE

navettes sont assurées avec les gares maritimes d'embarquement. Pour les traversées, voir plus loin « En bateau ». Côté britannique, de nombreux trains relient les villes portuaires à Londres.

De la Belgique à l'Angleterre

Plusieurs liaisons quotidiennes entre Bruxelles-Midi et Londres (gare de St Pancras International), par l'Eurostar (2h de voyage). *Rens en Belgique :* ☎ *070-79-79-89 (0,30 €/mn).* ● *b-europe.com* ●

De l'Angleterre à l'Écosse

La plupart des trains à destination de l'Écosse partent de la gare de King's Cross à Londres. Réservation de train-couchette *(Caledonian Sleepers)* auprès de *Scotrail :* ● *scotrail.co.uk* ●
➢ *Pour Édimbourg et Glasgow :* liaisons directes, 1 à 3 départs/h. Durée : min 4h20.
➢ D'Édimbourg et de Glasgow, correspondance pour les autres villes écossaises.

EN VOITURE

De la France à l'Angleterre

Avec Eurotunnel Le Shuttle, via le tunnel sous la Manche

Résas : ● *eurotunnel.com* ● *ou par le centre d'appels au* ☎ *0810-63-03-04 (service 0,32 €/mn + prix appel). Nombreux départs quotidiens 24h/24. Possibilité d'imprimer son titre de transport sur les bornes automatiques du terminal.*
Eurotunnel Le Shuttle est situé sur l'A 16 à Calais, sortie 42. Avec seulement 35 mn de voyage de Calais à Folkestone, c'est le service le plus rapide et le plus respectueux de l'environnement pour traverser la Manche en voiture.
Et pour que toute la famille soit du voyage, les animaux et « leur puce » sont les bienvenus à bord. *Pour avoir accès à la réglementation, consulter* ● *eurotunnel.com* ● *ou le site de l'ambassade :* ● *gov.uk/ take-pet-abroad* ●

Par le ferry

Voir plus loin « En bateau ».

De l'Angleterre à l'Écosse

De Douvres ou Folkestone, prendre la M 20 jusqu'à Londres. À Londres, suivre l'autoroute périphérique M 25 jusqu'à Oxford. De là, emprunter la M 40 jusqu'à Birmingham. Remonter ensuite jusqu'à Carlisle par la M 6, puis prendre l'A 74 en direction de Glasgow. De Glasgow à Édimbourg, suivre la M 8.
En cas de débarquement à Hull (à 400 km au sud d'Édimbourg), prendre la M 62 jusqu'à Leeds, puis l'A 1 *(motorway* jusqu'à Newcastle), et longer la côte jusqu'à Édimbourg. Cette variante permet de remonter la vallée de la Tweed pour visiter les Borders. Mais attention, l'A 1 est souvent encombrée : des lecteurs recommandent de prendre l'A 68 (au niveau de Darlington), qui permet de traverser un beau parc naturel.

EN BATEAU

Les compagnies maritimes

▲ **BRITTANY FERRIES**
Central de résas à Roscoff : ☎ *0825-828-828 (service 0,15 €/mn + prix appel).* ● *brittanyferries.fr* ●

Brittany Ferries propose aussi des séjours en Écosse en *B & B*, hôtels, cottages, ainsi que des circuits en autotours.

▲ **CONDOR FERRIES**
– Terminal ferry du Naye : BP 30651, 35406 Saint-Malo Cedex. ☎ *0825-*

Départ	Arrivée	Durée	Compagnies	Fréquence
De la France au sud de l'Angleterre				
Roscoff	Plymouth	6h (de jour) 7h (de nuit)	Brittany Ferries	1-2 départs/j.
Saint-Malo	Portsmouth	9h	Brittany Ferries	1 départ/j.
Saint-Malo	Poole	4h30	Condor Ferries	liaisons régulières tte l'année
Caen-Ouistreham	Portsmouth	6h (de jour) 7h (de nuit)	Brittany Ferries	2-4 départs/j.
Cherbourg	Poole	3h	Brittany Ferries	1 départ/j.
Dieppe	Newhaven	4h	DFDS Seaways	2-3 départs/j.
Le Havre	Portsmouth	7h (de jour) 8-10h (de nuit) 3h30 (navire rapide)	Brittany Ferries	1-2 départs/j.
Dunkerque	Douvres	2h	DFDS Seaways	ttes les 1 à 2h, tte l'année
Calais	Douvres	1h30	P & O Ferries DFDS Seaways	très nombreux départs quotidiens
De la Belgique ou des Pays-Bas à l'Angleterre				
Zeebrugge	Hull (325 km de Jedburgh, dans les Borders)	12h	P & O Ferries Euromer	1 départ/j.
Rotterdam	Hull	10h	P & O Ferries	1 départ/j.
Amsterdam	Newcastle (90 km de Jedburgh)	15h30	DFDS Seaways	tlj, tte l'année

135-135 (service 0,15 €/mn + prix appel). ● condorferries.fr ● Résas en ligne possibles.

▲ **DFDS SEAWAYS**
Infos et résas : ● dfdsseaways.co.uk ●

Compagnie scandinave. Info et résa directement sur leur site.

▲ **EUROMER & CIEL VOYAGES**
Central de résas France : ☎ 04-67-65-95-12 ou 67-30. ● euromer.com ●

Réserver le plus tôt possible pour bénéficier des meilleurs prix. Les changements sur l'Écosse peuvent intervenir en cours d'année, renseignez-vous ! Devis gratuit. Spécialiste des traversées maritimes, EuroMer propose plus de 100 lignes avec des tarifs attractifs sur l'ensemble des îles britanniques, ainsi que des séjours en *B & B* ou en cottages. Représentant toutes les compagnies maritimes (Brittany Ferries, Condor Ferries, LD Lines, DFDS, P & O), Euro-Mer propose également la traversée Zeebrugge-Hull.

▲ P & O FERRIES

Rens et résas : ☎ *03-66-74-03-25 (en France),* ☎ *02-808-50-20 (en Belgique).* ● *poferries.fr* ● *poferries.be* ● *Et dans les agences de voyages.*
➤ Pour se rendre à **Zeebrugge** : les Français peuvent emprunter les autoroutes A 1 Paris-Lille, puis E 17 jusqu'à Bruges. Également en train jusqu'à Bruges où il existe un service de navettes pour la gare maritime, située à 19 km. Plus d'infos sur le site de P & O.

EN BUS

De la France à l'Angleterre

En bus puis bateau, ou via Eurotunnel

▲ EUROLINES

Rens : ☎ *0892-89-90-91 (service 0,34 €/mn + prix appel). Lun-sam 8h-21h, dim 10h-18h.* ● *eurolines.fr* ●
– Paris : 55, rue Saint-Jacques, 75005. Lun-ven 9h30-18h30 ; sam 10h-13h, 14h-17h. N° d'urgence : ☎ *01-49-72-51-57.*
– Gare routière internationale à Paris : 28, av. du Général-de-Gaulle, 93541 Bagnolet Cedex. Ⓜ *Gallieni.*
– Vous trouverez également les services d'Eurolines sur ● *routard.com* ●
Eurolines propose 10 % de réduc pour les jeunes (12-25 ans) et les seniors. 2 bagages/pers gratuits en Europe.
Première *low cost* par bus en Europe, Eurolines permet de voyager vers plus de 600 destinations en Europe, avec des départs quotidiens depuis 90 villes françaises. Eurolines propose également des hébergements à petits prix sur les destinations desservies.
– Pass Europe : pour un prix fixe valable 15 ou 30 j., vous voyagez autant que vous le désirez sur le réseau entre 51 villes européennes. Également un mini-*pass* pour visiter 2 capitales européennes (7 combinés possibles).

De l'Angleterre à l'Écosse

Il existe des compagnies privées qui organisent des circuits et excursions. Les autocars en Grande-Bretagne parcourent tout le pays et offrent des tarifs généralement plus avantageux que le train. D'autant plus si on voyage avec la compagnie *low cost Megabus*, qui relie notamment Londres à Édimbourg ou Glasgow à prix imbattables (minimum 8-9h de route), mais aussi à Inverness et Orban (env 12h de trajet).
Depuis la Grande-Bretagne : ☎ *(0141) 352-44-44 (infos) ;* ☎ *0900-160-09-00 (résas).* ● *megabus.com* ●
Pour relier la capitale britannique à l'Écosse, la compagnie *National Express* (☎ *0871-781-81-81 depuis la Grande-Bretagne ;* ● *nationalexpress. com* ●) assure, quant à elle, des liaisons de Londres (Victoria Coach Station) vers Édimbourg, Glasgow, Aberdeen et Inverness. Si vous n'avez pas réservé votre place, arrivez à l'avance car le bus part une fois plein, et ce même avant l'horaire prévu.

ÉCOSSE UTILE

ABC de l'Écosse

- ❑ **Superficie :** 78 772 km².
- ❑ **Population :** 5 295 000 hab. (soit un peu moins de 10 % de la population du Royaume-Uni).
- ❑ **Capitale :** Édimbourg.
- ❑ **Monnaie :** la livre sterling (£).
- ❑ **Régime :** démocratie parlementaire. Parlement autonome écossais depuis 1999.
- ❑ **Chef de l'État :** la reine Élisabeth II depuis 1952.
- ❑ **Premier ministre britannique :** Theresa May.
- ❑ **Premier ministre écossais :** Nicola Sturgeon depuis 2014.

AVERTISSEMENT : à l'heure où nous publions ce guide, toutes les consé-quences de la sortie du Royaume-Uni de l'Union européenne ne sont pas connues. Certaines des informations pratiques décrites ici pourraient donc changer... ou pas. Avant votre départ, consultez le site de l'ambassade du Royaume-Uni.

AVANT LE DÉPART

Adresses utiles

ℹ️ **Office de tourisme d'Écosse :** pas d'accueil public, que ce soit en France ou dans les pays francophones, mais un site très complet : ● *visitscotland. com/fr* ● Liste et réservation d'héber-gements, d'événements, infos cultu-relles et pratiques, etc. Commandes et téléchargement de brochures, itinéraires et fiches thématiques en français. N'hésitez pas non plus à contacter directement les *VIC (Visitor Information Centres)* en Écosse. Ils fournissent des brochures gratuites, généralement en anglais, mais les plans, guides et cartes détaillés sont payants.
L'année 2017 sera celle de l'histoire, de l'héritage et de l'archéologie.
VisitScotland a également lancé un forum afin de permettre aux locaux et aux visiteurs d'échanger leur bons plans : ● *community.visitscotland. com/* ●

■ **La boutique en ligne de l'office de tourisme de Grande-Breta-gne :** ● *visitbritainshop.com/france/* ● Achat en ligne de cartes routières, *pas-ses* de train, excursions et spectacles, ainsi que plusieurs *passes* couvrant châteaux, jardins et manoirs.

En France

■ **Consulat de Grande-Bretagne :** 16, rue d'Anjou, 75008 Paris. ☎ 01-44-51-31-00. ● *gov.uk/government/world/ france.fr* ● *Par tél, lun-ven 9h30-18h. Accueil sur rdv slt.* Les demandes de visas, si nécessaire, ne s'effectuent que sur leur site internet.

■ Également des consulats à *Marseille* : *10.3, rue des Docks, 13002. Au 1er étage.* ☎ *04-91-15-72-10.* Et à *Bordeaux* : *353, bd Wilson, 33073.* ☎ *05-57-22-21-10.*

En Belgique

■ *Consulat de Grande-Bretagne :* *av. d'Auderghem, 10, Bruxelles 1040.* ☎ *(02) 287-62-11.* ● *gov.uk/government/world/belgium* ● *Par tél, lun-ven 9h-17h. Accueil sur rdv slt.* Les demandes de visas, si nécessaire, ne se font que par leur site internet.

En Suisse

■ *Consulat et ambassade de* *Grande-Bretagne :* Thunstrasse, 50, 3005 Berne. ☎ 031-359-77-00. ● gov.uk/government/world/switzerland ● Lun-ven 9h-12h (consulat). Les demandes de visas, pour les ressortissants étrangers qui en auraient besoin, se font sur leur site internet uniquement.

Au Canada

■ *Haut-commissariat de la Grande-Bretagne :* 80 Elgin St, Ottawa (Ontario) K1P 5K7. ☎ 613-237-15-30. ● gov.uk/government/world/canada ● Par tél, lun-ven 9h-16h. Accueil sur rdv slt. Demande de visas en ligne si nécessaire.

Formalités

– *Passeport* ou *carte nationale d'identité* en cours de validité (un permis de séjour en France ne suffit pas) pour les ressortissants de l'Union européenne et les Suisses.
La validité des cartes nationales d'identité françaises délivrées entre le 1er janvier 2004 et le 31 décembre 2013 a été prolongée de 5 ans, sans que toutefois rien ne l'indique sur le document. La Grande-Bretagne n'acceptant pas cette validité étendue, il est impératif de voyager avec un passeport dans ce cas particulier.
– Pour les *mineurs français voyageant seuls,* une loi entrée en vigueur en janvier 2017 a rétabli l'autorisation de sortie du territoire. Renseignements auprès des services de votre commune et sur ● service-public.fr ●
Les ressortissants hors de l'Union européenne (hormis les Suisses) et du Canada doivent consulter les sites ● gov.uk/check-uk-visa ● gov.uk/government/organisations/uk-visas-and-immigration ●
– *Pour la voiture :* permis de conduire national, carte grise, carte verte (assurance). Ne pas oublier de se procurer des adaptateurs pour phares pour la conduite de nuit ou par temps de pluie. C'est une obligation, au risque d'éblouir les voitures en face ! On en trouve notamment sur les bateaux.

Pensez à scanner passeport, carte de paiement, *vouchers* d'hôtel. Ensuite, adressez-les-vous par e-mail, en pièces jointes, en même temps que votre billet d'avion électronique. En cas de perte ou de vol, rien de plus facile pour les récupérer. Les démarches administratives en seront bien plus rapides.

Carte européenne d'assurance maladie

Pour un séjour temporaire en Grande-Bretagne, il vous suffit d'appeler votre centre de sécurité sociale ou de vous connecter à son site internet qui vous l'enverra sous quinzaine. Cette carte gratuite est nominative et valable 2 ans : chaque membre de la famille doit avoir la sienne, y compris les enfants. Elle est utilisable dans tous les pays membres de l'UE, ainsi qu'en Islande, au Liechtenstein, en Norvège et en Suisse, sauf pour les soins délivrés dans les établissements privés. Si vous faites votre demande trop tardivement, on vous donnera un certificat provisoire de remplacement valable 3 mois.

Assurances voyage

■ *Routard Assurance :* c/o AVI International : 40-44, rue Washington, 75008 Paris. ☎ 01-44-63-51-00. ● avi-international.com ● Ⓜ George-V. Depuis 20 ans, Routard Assurance en collaboration avec AVI International, spécialiste de l'assurance voyage, propose aux voyageurs un contrat d'assurance complet à la semaine qui inclut le rapatriement, l'hospitalisation, les frais médicaux, le retour anticipé et les bagages. Ce contrat se décline en différentes formules : individuel, senior, famille, light et annulation. Pour les séjours longs (2 mois à 1 an), consultez le site. L'inscription se fait en ligne et vous recevrez dès la souscription tous vos documents d'assurance par e-mail.

■ *AVA:* 25, rue de Maubeuge, 75009 Paris. ☎ 01-53-20-44-20. ● ava.fr ● Ⓜ Cadet. Un autre courtier fiable pour ceux qui souhaitent s'assurer en cas de décès-invalidité-accident lors d'un voyage à l'étranger, mais surtout pour bénéficier d'une assistance rapatriement, perte de bagages et annulation. Attention : franchise pour leurs contrats d'assurance voyage.

■ *Pixel Assur :* 18, rue des Plantes, BP 35, 78601 Maisons-Laffitte. ☎ 01-39-62-28-63. ● pixel-assur. com ● RER A : Maisons-Laffitte. Assurance de matériel photo et vidéo tous risques (casse, vol, immersion) dans le monde entier. Devis en ligne basé sur le prix d'achat de votre matériel. Avantage : garantie à l'année.

Carte internationale d'étudiant (carte ISIC)

Elle prouve le statut d'étudiant dans le monde entier et permet de bénéficier de tous les avantages, services et réductions dans les domaines du transport, de l'hébergement, de la culture, des loisirs, du shopping...
La carte ISIC permet aussi d'accéder à des avantages exclusifs (billets d'avion spécial étudiants, hôtels et auberges de jeunesse, assurances, cartes SIM internationales, location de voiture...).

Renseignements et inscriptions

– *En France :* ● isic.fr ● 13 € pour 1 année scolaire.
– *En Belgique :* ● isic.be ●
– *En Suisse :* ● isic.ch ●
– *Au Canada :* ● isiccanada.com ●

Carte d'adhésion internationale aux auberges de jeunesse (carte FUAJ)

Cette carte vous ouvre les portes des 4 000 auberges de jeunesse du réseau *HI-Hostelling* International en France et dans le monde. Vous pouvez ainsi parcourir 90 pays à des prix avantageux et bénéficier de tarifs préférentiels avec les partenaires des Auberges de Jeunesse *HI*. Enfin, vous intégrez une communauté mondiale de voyageurs partageant les mêmes valeurs : plaisir de la rencontre, respect des différences et échange dans un esprit convivial. Il n'y a pas de limite d'âge pour séjourner en auberge de jeunesse. Il faut simplement être adhérent.

Renseignements et inscriptions

– *En France :* ● hifrance.org ●

- **En Belgique :** ● lesaubergesdejeunesse.be ●
- **En Suisse :** ● youthhostel.ch ●
- **Au Canada :** ● hihostels.ca ●

Si vous prévoyez un séjour itinérant, vous pouvez réserver plusieurs auberges en une seule fois en France et dans le monde : ● hihostels.com ●

ARGENT, BANQUES, CHANGE

Attention, depuis l'annonce du Brexit, *le taux de change est très volatile.* Entre 1,30 € pour £ 1 au cours de l'été 2016, 1,10 € à l'automne, le taux risque encore de fluctuer courant printemps 2017 en fonction du calendrier du Brexit. Pour donner une idée moyenne de conversion, nous appliquerons dans le guide un taux à 1,20 € pour £ 1 (qui est aussi son taux début 2017). *Renseignez-vous bien avant de partir !*

À noter qu'en Écosse on utilise la *livre anglaise* mais aussi la *livre écossaise* qui, de valeur identique, existe en de nombreux modèles, car plusieurs banques ont le droit de l'émettre ! On peut *changer* ses euros, francs suisses ou dollars canadiens sans commission dans les bureaux de change (ouverts généralement du lundi au samedi, parfois le dimanche) ou, à un taux moins avantageux, dans les postes et encore moins dans certaines banques, comme la *Royal Bank of Scotland* (horaires plus limités que les bureaux de change). Mais le mieux, à notre avis, pour régler ses dépenses courantes est de retirer de l'argent aux *distributeurs automatiques* avec une carte *Visa* ou *MasterCard* et/ou de payer avec sa carte. D'autant que dans la zone euro, il n'y a pas de frais bancaires sur les paiements par carte. Les retraits sont soumis aux mêmes conditions tarifaires que ceux effectués en France (gratuits pour la plupart des cartes). Attention, certains coins (comme la péninsule d'Ardnamurchan, sur la côte ouest) en sont dépourvus. Prévoyez donc suffisamment de liquide avant de vous y rendre. Pour dépanner, certains magasins pratiquent le *cash-back* : vous réglez un achat par carte en faisant débiter un montant supérieur (enfin, pas trop !), et le commerçant vous rend la différence en liquide.

Cartes de paiement

Avertissement

Si vous comptez effectuer des retraits d'argent aux distributeurs, il est **très vivement conseillé** d'avertir votre banque avant votre départ (pays visités et dates). En effet, **votre carte peut être bloquée dès le premier retrait** pour suspicion de fraude. C'est de plus en plus fréquent. Bonjour les tracasseries administratives pour faire rentrer les choses dans l'ordre, et on se retrouve vite dans l'embarras !

La plupart des hôtels, auberges de jeunesse, restos et magasins (et bien sûr les pompes à essence) les acceptent (mais plus rarement les B & B).

Avant de partir, demandez à votre banque de relever votre plafond de carte de paiement pendant votre séjour. Utile surtout avec les cautions demandées pour les locations de voiture et les garanties dans les hôtels.

De même, notez bien le numéro d'opposition propre à votre banque (il figure souvent au dos des tickets de retrait, sur votre contrat, ou à côté des distributeurs de billets), ainsi que le numéro à 16 chiffres de votre carte. Bien entendu, conservez ces informations en lieu sûr et séparément de votre carte. Par ailleurs, l'assistance médicale se limite aux 90 premiers jours du voyage et l'assistance véhicule aux cartes haut de gamme (renseignez-vous auprès de votre banque). N'oubliez pas non plus de VÉRIFIER LA DATE D'EXPIRATION DE VOTRE CARTE BANCAIRE avant votre départ !

> Petite mesure de précaution : si vous retirez de l'argent dans un distributeur, utilisez de préférence les distributeurs attenants à une agence bancaire. En cas de pépin avec votre carte (carte avalée, erreurs de code secret...), vous aurez un interlocuteur dans l'agence, pendant les heures ouvrables.

Western Union Money Transfer

En cas de besoin urgent d'argent liquide (perte ou vol de billets, chèques de voyage, carte de paiement), vous pouvez être dépanné en quelques minutes grâce au système *Western Union Money Transfer*. Pour cela, demandez à quelqu'un de vous déposer de l'argent en euros dans l'un des bureaux *Western Union* ; liste sur ● *westernunion.fr* ● L'argent vous est transféré en moins d'un quart d'heure. La commission, assez élevée, est payée par l'expéditeur. Possibilité d'effectuer un transfert en ligne 24h/24 par carte de paiement (Visa ou MasterCard émise en France).

ACHATS

Horaires des boutiques

Horaires habituels : lundi-samedi 9h-17h ou 18h. Dans les grandes villes, ouverture plus tardive le jeudi, pour le *late night shopping*. Quant aux grandes surfaces, beaucoup restent ouvertes très tard le soir et même le dimanche.

À rapporter

– Les CD de musique traditionnelle.
– La joaillerie celtique, dont certains « bijoux-émaux » fabriqués avec des tiges de bruyère *(heathergems)*.
– Les vêtements (shetlands, costumes, chaussettes), pas donnés mais de qualité. Si vous êtes très en fonds, une veste *Harris Tweed,* le fameux tissu fabriqué sur l'île de Lewis et Harris. Pour les budgets plus serrés, il reste les casquettes (dont celles à la Sherlock Holmes), cravates, écharpes, plaids, sacs ou porte-monnaie en tartan, sans oublier les amusants collants écossais imprimés de ces motifs.
– La chaîne de boutiques *Edinburgh Woollen Mill* propose toutes sortes de lainages, aux prix justifiés compte tenu de la qualité.
– Si vous achetez un kilt, n'oubliez pas les accessoires, comme la bourse *(sporran)* et les chaussettes hautes qui mettront en valeur vos mollets d'acier.
– La marmelade (goûtez celle au whisky, un régal !), les sauces, les biscuits *shortbread* et *oatcakes* (même s'ils sont moins chers chez nous !).
– Du whisky, en comparant bien les prix, car il est souvent moins cher en France ! Regarder les promos dans les supermarchés type *Tesco* ; on peut parfois trouver une bonne affaire. Sinon, le choix est évidemment incomparable en Écosse, surtout si vous cherchez des raretés.
– Du saumon : en l'emballant dans un sac isotherme, il attendra volontiers votre retour à la maison. On en trouve dans certains aéroports pour les achats de dernière minute.
– Toutes sortes d'objets originaux ou classiques dans les boutiques du *National Trust*. Vous accomplirez du même coup une B.A. pour la préservation du patrimoine culturel et naturel britannique dont s'occupe cet organisme public.
– Si vous voulez être branché, faites votre shopping dans les *charity shops* (ou *thrifts*) ! Tous les bénéfices vont aux œuvres, et on peut y dégoter des fringues vintage uniques !

BUDGET

Voici certainement la rubrique la moins agréable à aborder ! En effet, le coût de la vie en Écosse est globalement plus élevé que chez nous, même si, après l'annonce du Brexit, la livre sterling avait bien baissé (lire plus haut la rubrique « Argent, banques, change »). Les conversions sont arrondies.

Hébergement

Les campings et AJ sont grosso modo aux mêmes prix qu'en France. En revanche, les *B & B* sont assez chers et les hôtels quasi prohibitifs (raison pour laquelle on vous en indique peu dans ce guide). Attention, certains *B & B* communiquent leurs tarifs par personne, sur la base d'une chambre double. Bien sûr, dans ces établissements, le petit déjeuner est toujours compris. Par ailleurs, ils n'acceptent pas tous la carte de paiement, loin de là. Renseignez-vous.
– *Campings :* env £ 12-25 (14-30 €) pour 2 personnes, avec une tente et la voiture.
– *Bon marché :* £ 10-25 (12-30 €)/pers. Il s'agit surtout des auberges de jeunesse.
– *Prix moyens :* £ 50-85 (60-102 €) pour 2. Principalement les *B & B*.
– *Chic :* £ 85-125 (102-150 €) la double.
– *Plus chic :* plus de £ 125 (150 €).

Restaurants

Tout dépend bien sûr de l'appétit... ou de la gourmandise. Dans les grandes villes (en particulier à Édimbourg et à Glasgow), on trouve des restos à tous les tarifs. En revanche, « à la campagne », ils sont souvent assez onéreux. Nos fourchettes de prix ne concernent généralement qu'un plat de résistance le soir. Le midi, les restos affichent souvent une carte moins chère, ainsi qu'en début de soirée, vers 17h30-18h, les fameux « early birds ».
Pour les pourboires, c'est à la discrétion du client. Rien n'est obligatoire, mais l'usage est de laisser 10 % dans les restos, en allant jusqu'à 15 % si vous êtes particulièrement satisfait. Contrairement à d'autres pays anglo-saxons, on ne laisse pas de pourboires dans les bars ni aux chauffeurs de taxi. Cela ne vous empêche pas, toutefois, d'oublier votre petite monnaie sur le comptoir...
– *Bon marché :* plats £ 5-10 (6-12 €). Dans cette catégorie, entrent surtout les *coffee shops* servant soupes et sandwichs et les échoppes à *fish & chips,* au mieux certains plats de base dans un pub.
– *Prix moyens :* plats £ 8-18 (10-22 €).
– *Chic :* plats £ 15-25 (18-30 €).

Visites

Compter £ 5-10 environ pour visiter un musée, un château, des jardins, une distillerie ou une abbaye. Le château d'Édimbourg et d'autres sites majeurs peuvent réclamer jusqu'à £ 16-17. Ces tarifs sont contrebalancés dans le budget par la gratuité de nombreux sites, notamment les musées nationaux (certains de grande qualité) ou municipaux, comme à Glasgow. **Seniors, étudiants et enfants bénéficient de réductions** et il existe souvent des billets combinés, intéressants quand on visite plusieurs monuments dans le même secteur.
Penser aussi aux *passes* qui permettent d'accéder à plusieurs sites à moindre prix (voir plus loin la rubrique « Musées et monuments »).

Spécial fumeurs

Les cigarettes sont hors de prix ! Fumer des billets de banque revient presque moins cher. Sachez aussi qu'il est interdit de fumer dans tous les lieux publics quels qu'ils soient, pubs inclus.

CLIMAT

> « La vie, ce n'est pas d'attendre que l'orage passe, c'est d'apprendre à danser sous la pluie. »
>
> Sénèque.

Il est clair qu'on ne vient pas en Écosse pour se dorer sur les plages. Victime d'innombrables blagues, la météo en Écosse est un sujet de conversation inépuisable ! Certains prétendent qu'il n'y a ici que deux saisons, celle du parapluie et celle de l'imperméable ! En fait, le temps est extrêmement changeant, il peut pleuvoir ou faire beau plusieurs fois par jour, et comme dit le dicton : « Si tu n'aimes pas le temps qu'il fait, attends 5 mn. » Les pluies atteignent toutefois rarement le stade du déluge. Il s'agit plutôt de bruines, régulières sur l'ensemble de l'année (avec une légère pointe en décembre, janvier et juillet).

LES ROUX : CHAUD DEVANT !

Si certains chercheurs pensent que le gène de la rousseur pourrait disparaître en raison du réchauffement climatique, d'autres estiment le contraire. En attendant qu'ils se mettent d'accord, c'est bien en Écosse que l'on compte le plus grand nombre de rouquins, avec 13 % de sa population arborant une chevelure flamboyante, contre 1 à 2 % dans le reste du monde !

Quelle est la meilleure période ?

– Selon les Écossais, la fin du printemps serait la meilleure saison pour visiter leur pays. Bon compromis entre température, ensoleillement, durée du jour, observation de la faune (sauf celle des *midges*... voir plus loin pour les non-initiés).

DOUCHE ÉCOSSAISE

Dicton écossais : « Si tu peux voir la colline là-bas, c'est qu'il va pleuvoir. Si tu ne la vois pas, c'est qu'il pleut ! »

– L'été, souvent moins ensoleillé que le printemps, enregistre des températures grimpant jusqu'à 18-20 °C à Édimbourg. La canicule, quoi ! En juillet 2013 et à nouveau en 2014, elle monta exceptionnellement à 28-30 °C (probablement la proximité de la campagne pour le référendum !).
– En automne, les couleurs des bruyères embrasent les paysages et le temps est plus changeant.
– En hiver, on peut skier dans les hautes terres d'Écosse à partir de 1 000 m et assister à de magnifiques aurores boréales dans l'extrême Nord, les Shetland et les Orcades.
– Noter que la luminosité en Écosse est souvent magnifique et que les jours d'été y sont nettement plus longs qu'au sud de l'Europe.

Qu'emporter ?

Sans verser dans la sinistrose, il faut prévoir veste imperméable, polaire, pull et bonnet dans son paquetage. Pourquoi pas même un petit parapluie (costaud le parapluie, pour résister au vent). Une seconde paire de chaussures aussi, pendant que la première sèche...
Un tuyau pour ne jamais être pris au dépourvu : la technique

ET L'ÉCOSSE INVENTA L'IMPERMÉABLE

Les mauvaises langues affirmeront que l'imperméable ne pouvait être inventé qu'en Écosse. C'est un fait : Charles Macintosh, un chimiste de Glasgow, mit le procédé au point en 1823, du coton caoutchouté et des coutures collées, non cousues. Aujourd'hui encore, en Grande-Bretagne, on n'attrape pas son « raincoat », mais son « mac ». Et inutile de le brancher !

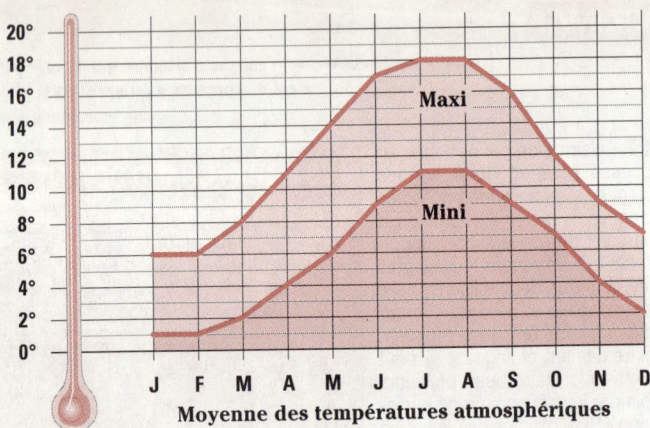

Moyenne des températures atmosphériques

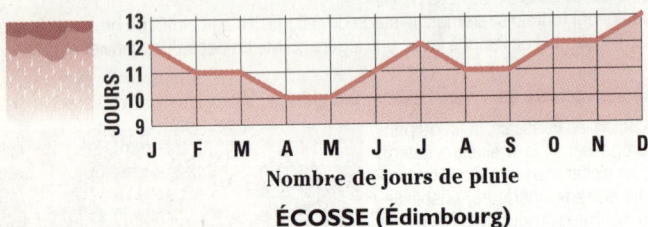

Nombre de jours de pluie

ÉCOSSE (Édimbourg)

du « vêtement en plus ». Les Écossais, endurcis, ont tendance à se vêtir très légèrement. Donc, s'ils sont en T-shirt, ajoutez un pull ; s'ils sont en pull, prévoyez un blouson ; s'ils portent un blouson léger, enfilez votre doudoune ; s'ils sont très couverts, restez à l'intérieur ! On exagère à peine. Hormis les précipitations, le vent peut s'avérer fort désagréable, surtout quand il vient du nord, même en été.

DANGERS ET ENQUIQUINEMENTS

L'Écosse n'est pas une destination à problème. Vous risquez peu de voir votre séjour perturbé par des manifestations de la délinquance. Toutefois, en cas de vol ou d'agression, faites une déclaration au poste de police le plus proche afin d'être couvert par votre assurance.

Avertissement : ne pas voyager avec une **bombe lacrymogène** dans sa voiture, à plus forte raison sur soi. Ici, c'est un délit, qui peut vous coûter la prison et une amende pour port d'arme dangereuse. De même, il est interdit d'avoir sur soi un couteau, y compris type *Opinel*.

Attention aux **tiques,** essentiellement dans les milieux forestiers au printemps et en été. Se procurer un tire-tique en pharmacie avant le départ. Une fois la bestiole enlevée et la peau désinfectée, restez vigilant : il ne faut pas qu'apparaisse d'auréole rose autour de la morsure dans les jours qui suivent, ni de fièvre. La tique est responsable d'une grave maladie, celle de Lyme. Au moindre doute, consultez un médecin.

Les *midges*

Il est des bestioles qu'on préfère voir dans un docu animalier qu'en face de soi. Les *midges* ressemblent à des moucherons (2 mm de long, 1,4 mm d'envergure !) particulièrement voraces, qui se déplacent en formation serrée avant de fondre sauvagement sur leurs proies... vous, en l'occurrence ! Voici un petit proverbe qui résume bien la situation : « Un *midge* tué, cent qui viennent aux funérailles... »

Leur nom français est « simulies », car, par leur aspect et leur comportement, ils simulent les moustiques et attaquent massivement dès le début de l'été. Pervers avec ça ! Les Québécois les appellent « brûlots » (pas très rassurant !). On les trouve le plus souvent près des lochs, et uniquement de mi-mai à fin septembre, donc pile pendant la haute saison touristique, qui constitue un garde-manger géant. Les *midges* sont plus agressifs à l'aube et au crépuscule ; ils n'aiment ni le froid, ni les rayons du soleil, ni le vent (en dessous de 15 km/h, méfiance, paraît-il !), ni la fumée (voilà entre autres pourquoi on trouve tant de traces de feux de bois ou de tourbe le long des lochs).

Les lotions préventives vendues en France contre nos gentils moustiques aoûtiens n'y feront rien... et, à vrai dire, celles vendues sur place ne sont pas toujours plus efficaces. L'un des rares remèdes sérieux (utilisé par l'armée, c'est vous dire !) est une huile sèche pour le corps, *Skin so Soft* d'*Avon*. Il semblerait que ça ne les éloigne pas, mais qu'ils ne piquent pas ou peu. Mais, malheureusement, ça ne marche pas sur tout le monde. La solution la plus efficace (et écolo !) reste la moustiquaire de tête, façon voile de veuve. Pas génial sur le plan esthétique, mais en randonnée ou au camping, c'est une vraie bénédiction ! Des lecteurs conseillent aussi l'huile essentielle de lavande.

Autant le savoir, les piqûres de *midges* démangent furieusement. Se gratter peut provoquer des surinfections, et comme dirait l'autre : plus ça gratte, plus tu grattes et plus tu grattes, plus ça gratte. Opter plutôt pour une bonne douche qui, grâce à l'action antiseptique du savon, vous apaisera un peu. Une lotion calmante peut également aider, comme le *Tégarome du Dr Valnet* (à base d'huiles essentielles) dont une seule goutte sur une piqûre soulage instantanément.

ÉLECTRICITÉ

Voltage : 240 V (aucun risque pour les équipements). Les prises, munies de trois broches et protégées de fusibles, nécessitent un adaptateur peu encombrant, assez facile à trouver sur place. On peut aussi l'acheter avant de partir (ou tout simplement à l'aéroport). Ne pas oublier d'allumer l'interrupteur des prises avant utilisation.

FÊTES, FESTIVALS ET JOURS FÉRIÉS

Le programme est chargé ! Pour les fêtes locales, se reporter aux chapitres concernés. Bonnes infos sur le site ● *whatsonscotland.com* ● Sinon, programme complet de toutes les manifestations sur ● *visitscotland.com/fr* ●

Chaque année, parmi les festivités les plus importantes

– **Up-Helly-Aa :** *le dernier mar de janv, à Lerwick, dans les îles Shetland.* C'est la fête du Feu, dont l'origine remonte au temps des Vikings.
– **Burns Night :** *le 25 janv.* Célébration du poète national Robert Burns. Dégustation de *haggis* avec une goutte de whisky.
– **Festival de la montagne de Fort William :** *en fév.* ● *mountainfestival.co.uk* ● Conférences, films, activités, expositions, pièces de théâtre et concerts.

– **Festival Faune et Flore de Dumfries-Galloway** : *fin mars-début avr. Wild Spring Festival.* Plus de 60 événements, un programme de randonnées, de promenades guidées et d'activités pour la toute la famille.

– **Festival du whisky Spirit of Speyside** : *en mai.* Pendant le festival, visite possible de la plupart des 50 distilleries de la région. Dégustations, dîner de gala, danses folkloriques et des expositions. Pour tout connaître de la boisson nationale.

– **Les Highland Games** ou **Highland Gathering** : *mai-sept.* Organisés par de nombreuses villes. Voir plus loin « Highland Games » dans le chapitre « Hommes, culture, environnement ».

– **Festival international d'Édimbourg, Fringe Festival et Military Tattoo** : *en août.* Voir le chapitre consacré à la ville. En 2017, il fête ses 70 ans.

– **Belladrum Festival** (près d'Inverness) : *début août pdt 2 j.* ● *tartanheartfestival. co.uk* ● Concerts pop, rock, folk en plein air. Beaucoup de monde et ambiance « Woodstock ».

– **Blas Festival** : *début sept, dans les Highlands.* ● *blas-festival.com* ● Célébration de la culture gaélique. Petits concerts d'artistes renommés organisés dans les villages, suivis de *ceilidhs* (fêtes folkloriques). Bonne ambiance.

– **Saint Andrews Day** : *le 30 nov.* Andrew est l'équivalent écossais du saint Patrick irlandais.

– **Jours fériés** *(Bank Holidays)* : les 1er et 2 janvier ; le vendredi précédant Pâques *(Good Friday)* ; le 1er lundi de mai *(May Day)* ; le dernier lundi de mai *(Spring Bank Holiday)* ; le 1er lundi d'août *(Summer Bank Holiday)* ; le 30 novembre *(Saint Andrews Day)* ; les 25 et 26 décembre *(Boxing Day)*. Tout est fermé ces jours-là.

– Enfin, il est à noter que la saison touristique se termine le 31 octobre. Pas de rab pour la Toussaint, que les Écossais ne fêtent pas. Du coup, plusieurs sites, monuments et adresses peuvent être fermés après cette date.

HÉBERGEMENT

Le site internet de l'office de tourisme d'Écosse (● *visitscotland.com/fr* ●) permet de rechercher tous types d'hébergements, de l'hôtel au camping en passant par les châteaux, les lieux insolites et les alternatives écolos, de les localiser sur une carte, d'en vérifier les disponibilités et de faire ses résas en ligne. Pratique ! Sur place, *VisitScotland* fournit la liste gratuite des hébergements et propose un service de résa par téléphone (☎ *0845-859-10-06*) ou via les offices de tourisme, moyennant une commission de £ 4.

Si les *guesthouses* et *B & B* incluent le **petit déj** (on ne le précise plus pour chaque adresse), c'est rarement le cas des AJ et des hôtels.

Les auberges de jeunesse officielles *(SYHA, Scottish Youth Hostels Association)*

La Grande-Bretagne fait partie des pays qui possèdent le plus d'AJ officielles au kilomètre carré. Compter en général £ 16-25 par personne en dortoir. Il n'y a pas de limite d'âge pour y séjourner en AJ.

Rens et résas : ● *syha.org.uk* ● On peut aussi réserver par téléphone au ☎ *(01786) 891-400 (à Stirling).*

– Un numéro de carte de paiement est nécessaire pour toute résa à distance. Sachez aussi que les AJ peuvent vous réserver une nuit dans n'importe quelle autre AJ. Sur place, la carte de membre coûte £ 15 par adulte ; £ 6 pour les moins de 26 ans. Pour les non-membres, supplément de £ 3 à payer par nuit. Au bout de 7 nuits en AJ, tout résident de l'Union européenne devient automatiquement membre.

Enfin, sachez que beaucoup d'AJ sont fermées en hiver, et que la réception n'est généralement pas accessible (du moins dans les AJ en dehors des villes) entre 10h30 et 17h (heures de nettoyage).

– Les auberges sont souvent assez confortables. L'hébergement se fait en principe en dortoirs de 2 à 8 lits (non mixtes !) avec aussi, de plus en plus, des chambres doubles et familiales. Elles disposent toutes de cuisine (le plus souvent bien équipée), de salle à manger, d'espaces communs (genre salon TV), de l'accès à Internet et du wifi, d'une laverie, salle de séchage et parfois d'une épicerie pour dépanner. Des casiers sont souvent disponibles dans les dortoirs (pensez à apporter votre cadenas). Enfin, certaines d'entre elles sont aménagées pour l'accueil des personnes handicapées.
– *Attention,* toutes n'acceptent pas les enfants. Mieux vaut se renseigner avant.
– Il est toujours plus sage de réserver, surtout en été (nécessaire sur l'île de Skye ou au mois d'août à Édimbourg) et pendant les vacances scolaires. Sinon, vous risqueriez bien de finir dans un jardin public à attendre que l'aube pointe son nez...
– Les plus prévoyants peuvent réserver en ligne avant le départ sur le site ● hiho stels.com ●, jusqu'à 6 mois à l'avance. L'intérêt, c'est que tout cela se passe avant le départ, en français et en euros ! En revanche, il faut verser 8 % d'acompte, non remboursables. Vous recevrez un reçu de réservation à présenter à votre arrivée à l'AJ. Renseignez-vous bien sur les modalités d'annulation et de remboursement, variables selon les AJ.

Les AJ indépendantes

Dénommées *Independent Hostels, Bunkhouses* ou encore *Backpackers Houses,* elles sont encore plus répandues que les AJ officielles, sauf dans le sud de l'Écosse où elles sont très rares. Moins strictes, elles se démarquent souvent par une atmosphère plus chaleureuse (déco fantaisiste, soirées à thème...), et sont généralement bien tenues. Tarifs équivalents à ceux des AJ officielles et prix unique pour tous (pas de carte de membre). Autre différence : une partie des dortoirs y sont en général mixtes, et les capacités des plus grands peuvent atteindre les 20 lits (et ça, c'est nettement moins bien !). Sinon, l'équipement de base (cuisine, salon, laverie, wifi et accès Internet...) est grosso modo le même. Les *bunkhouses* sont, en principe, plus rudimentaires. Pour réserver, le plus simple est de téléphoner directement à l'auberge. Certaines acceptent les cartes de paiement, d'autres pas. Parmi les réseaux les plus pratiques :

■ **SIH** *(Scottish Independent Hostels) :* ● hostel-scotland.co.uk ● Association regroupant plus d'une centaine d'auberges à travers toute l'Écosse. Liste complète et détaillée sur le site.
■ **IH** *(Independent Hostels) :* ● inde pendenthostels.co.uk ● Même style d'association que la *SIH,* dont elle partage de nombreuses adresses.
■ **Scotland TopHostels :** ● scotland stophostels.com ● Propose quelques adresses urbaines (à Édimbourg, Oban, Fort William, Inverness, Pitlochry et Skye), mais c'est avant tout une agence organisant des excursions de 2 à 7 jours, les *Mac Backpackers Tours* (voir plus loin « Transports intérieurs. Le bus »).
– Autres bases de données d'adresses bon marché : ● hostels.com ● hostel world.com ● et ● hostelbookers.com ● (pas de frais de résa pour cette dernière).

Les *Bed & Breakfast*

Ce sont les précurseurs de nos maisons d'hôtes. On y loge en principe chez l'habitant. Toutefois, certains *B & B* louent jusqu'à 10 chambres, parfois dans une maison distincte de celle des propriétaires. Dans ce cas, on parle plutôt de *guesthouse,* à mi-chemin entre le *B & B* et le petit hôtel. Quoi qu'il en soit, le *B & B* reste moins cher que l'hôtel (sans que ce soit donné), offre un hébergement de confort équivalent et, souvent, un supplément de charme et de convivialité. C'est aussi une excellente occasion de rencontrer des Écossais et de pratiquer son anglais ! Le prix est parfois annoncé par personne, sur la base d'une chambre double, et inclut évidemment le petit déj, souvent cuisiné et copieux. Nous vous indiquons les prix pour deux. Les personnes seules paieront (presque) toujours plus cher que si elles partageaient une chambre avec quelqu'un d'autre. La plupart des *B & B* proposent des chambres *ensuite*, c'est-à-dire avec salle de bains privée à l'intérieur, et sont équipés du wifi gratuit, même dans les endroits les plus reculés. En revanche, rares sont ceux qui prennent les cartes de paiement.

Côté commodités, la douche est parfois électrique (penser à allumer l'interrupteur). Enfin, le *B & B* n'étant pas un hôtel, il est déconseillé de débarquer après 18h sans avoir prévenu. Surtout si vous êtes en possession de *vouchers* ! Car le propriétaire n'étant pas toujours payé d'avance par les agences, il peut envisager de louer la chambre à quelqu'un d'autre s'il ne voit personne à l'heure prévue !

– Le site de l'office de tourisme d'Écosse ● *visitscotland.com/fr* ● permet la recherche et la résa de *B & B*. Il attribue à ses membres (la cotisation étant assez élevée, certains *B & B* n'y adhèrent pas) un nombre d'étoiles (de 1 à 5) censé refléter la qualité globale du lieu (confort, aménagement, décoration, etc.). Mais l'accueil, lui, n'est pas quantifiable. Le site (en français) ● *scotlandsbestbandbs. co.uk* ● propose uniquement des hébergements ayant reçu un label qualité de 4 ou 5 étoiles.

Pour les amoureux de jardins

■ *Alistair Sawday's Special Places to Stay :* ● *sawdays.co.uk* ● (rubrique « Collections »). Une petite sélection de *B & B* en Écosse, remarquables pour leurs jardins. Des lieux de rêve pour les *Garden Lovers* !

Les self-caterings

Il s'agit de gîtes tout équipés. Une formule sympa en famille ou entre amis, plus économique aussi puisqu'on peut y faire sa popote ! La liste de ces hébergements se trouve dans tous les offices de tourisme et sur le site ● *visitscotland.fr* ● Le *National Trust* propose lui aussi une large gamme d'hébergements de ce type, consultable sur ● *nts.org.uk* ● Voir également les sites ● *uniquescotland.com* ● et ● *embracescotland.co.uk* ● qui proposent aussi bien des appartements que des cottages de caractère.

Manoirs, presbytères et fermes

■ *Wolsey Lodges Ltd :* 9, Market Pl, Hadleigh, Ipswich, Suffolk IP7 5DL. ☎ (01473) 822-058. ● *wolseylodges.com* ● Propose des *B & B* dans de vieux manoirs, d'anciens presbytères et autres maisons de caractère en Écosse... Fantômes non garantis !

■ *Farm Stay :* Stoneleigh Park, Warwickshire, CV8 2LG. ☎ (02476) 696-909. ● *farmstay.co.uk* ● *B & B* et *self-caterings* dans des fermes.

L'échange d'habitations

Il s'agit d'échanger son logement contre celui d'un adhérent du même organisme. Cette formule offre l'avantage de pouvoir passer des vacances à moindre frais, en particulier pour les couples avec enfants.

■ *Intervac :* 230, bd Voltaire, 75011 Paris. ☎ 05-46-66-52-76. ● *intervac.fr* ● L'inscription (à partir de 75 €, valable 1 an) donne droit à la publication d'une annonce sur Internet pour un échange international.

■ *Homelink International :* 19, cours des Arts-et-Métiers, 13100 Aix-en-Provence. ☎ 04-42-27-14-14. ● *homelink. fr* ● Adhésion annuelle : 125 € avec une parution sur Internet.

Les hôtels

On ne s'étendra pas trop sur ce mode d'hébergement, nettement plus cher que le *B & B*, pour un confort assez comparable. Seules les chaînes de type *Premier Inn*, *Travelodge* ou *Ibis* tirent leur épingle du jeu et proposent des tarifs concurrentiels...

le cachet en moins. Les hôtels anciens, souvent d'époque victorienne, dégagent un certain charme dans les parties communes, mais leurs chambres sont souvent exiguës, voire vétustes.

Les résidences universitaires

En été, les universités louent, à la nuit ou à la semaine, les chambres des étudiants partis en vacances. Elles sont souvent assez confortables, bien équipées et desservies par les transports en commun. Tarif préférentiel pour les étudiants.

Les campings

Assez nombreux. Liste complète disponible dans les offices de tourisme. La plupart des terrains sont fermés d'octobre à mars. Vu les aléas de la météo, ils accueillent surtout des camping-cars et des caravanes (une forme de camping appelée *touring*), mais réservent souvent un espace aux tentes, sur du gazon bien épais. Attention toutefois, certains campings (notamment les *caravan parks*) n'ont aucun emplacement pour les tentes !

Leur degré de confort va de l'aire en pleine nature, à peine pourvue d'un bloc sanitaire, au camping 5 étoiles avec magasin, sanitaires chauffés, piscine, pub, etc. Pratiquement tous possèdent des machines à laver, une aire de jeux pour enfants et une connexion wifi. En revanche, il n'y a pas toujours de cuisine. Compter £ 12-25 pour 2 adultes, avec une tente et la voiture. Cartes de paiement souvent acceptées. Si, en arrivant, la réception d'un camping est fermée, pas de panique, plantez votre tente sur un emplacement disponible, vous paierez le lendemain. Certains campings louent aussi des caravanes ou des mobile homes à la semaine, voire pour 2 nuits.

Les campings qui adhèrent au *Camping & Caravanning Club* (● campingandca ravanningclub.co.uk ●) ou au *Caravan Club* (● caravanclub.co.uk ●) sont souvent les mieux équipés mais aussi les plus chers. Si vous comptez privilégier ces campings, mieux vaut souscrire une adhésion à l'année, dans le cas contraire, le supplément peut être salé. L'adhésion au *Camping Caravanning Club* revient à £ 37 pour 2 adultes et 4 enfants, à £ 48 pour *The Caravan Club*. À vous de voir.

Le camping sauvage dans les coins isolés est très bien toléré, à condition de demander l'autorisation au propriétaire du terrain. Lire également les infos sur ● outdooraccess-scotland.com ●

Les **wigwams,** des mini-huttes en bois proposés dans certains campings, offrent pas mal d'avantages : on y dort au sec, au chaud (chauffage électrique) et sur des matelas. Elles peuvent loger 2, 4 ou même 6 personnes et sont souvent équipées d'une kitchenette, ou au moins d'un frigo (pas de sanitaires). Cela dit, on peut s'y sentir à l'étroit, et les fenêtres ne sont pas bien larges non plus. Leurs prix raisonnables en font un bon compromis. Infos sur ● wigwamholidays. com ●

Les refuges *(bothies)*

Indispensables pour les randonneurs qui arpentent la montagne et les îles écossaises. Gratuits, ce sont pour la plupart de simples abris très basiques. Prévoir donc au minimum des provisions (isolement oblige), un bon sac de couchage et du matériel de cuisine. Infos sur ● mountainbothies.org.uk ●

Personnes à mobilité réduite

Les Britanniques ont pensé à eux bien avant nous et sont exemplairement équipés... Liste des hébergements aménagés pour l'accueil des personnes handicapées sur ● visitscotland.com ● (rubrique « Accommodation », puis « Accessible »). En anglais. Pour tous renseignements (en anglais uniquement) et conseils :

■ *Tourism for All :* ☎ 0845- | 0044-1539-726-111 *(depuis la France).*
124-99-71 *(depuis l'Écosse)* ou | ● *tourismforall.org.uk* ●

Petit vocabulaire hôtelier

Le voyageur solitaire demandera une *single room* – souvent assez chausse-pied. Les couples opteront pour la *double room* (un grand lit) ou une *twin* (deux petits lits). La *family room* dispose d'un ou de deux lits supplémentaires pour les enfants. Vous aurez aussi le choix entre chambre *ensuite* (avec salle de bains à l'intérieur) ou non. Dans ce dernier cas, elle peut être privée mais dans le couloir *(private bathroom)* ou partagée avec d'autres chambres *(shared)*.

LANGUE

Un peu de vocabulaire en anglais

je, moi	*I (aïe), me*
tu, toi	*you*
il ; le, lui	*he ; him*
elle ; la, lui	*she ; her*
nous	*we, us*
ils, elles ; les, leur, eux	*they ; them*
hier	*yesterday*
aujourd'hui	*today*
demain	*tomorrow*
maintenant	*now*
plus tard	*later*
salut	*hello, hi*
bonjour (le matin)	*good morning*
bonjour (l'après-midi)	*good afternoon*
bonsoir	*good evening*
bonne nuit	*good night*
au revoir	*good bye ou cheers*
s'il vous plaît	*please*
merci	*thank you ou thanks*
pardon	*sorry*
je ne comprends pas	*I don't understand*
pouvez-vous répéter ?	*can you repeat ?*
pouvez-vous expliquer ?	*can you explain ?*
où ?	*where ?*
combien ?	*how much ? how many ?*
quand ?	*when ?*
à quelle heure ?	*what time ?*
qui ?	*who ?*
quelle heure est-il ?	*what time is it ?*
qu'est-ce qui se passe ?	*what's the matter ? what's going on ?*
pourquoi ?	*why ?*
pouvez-vous me dire	*could you tell me*
comment aller à... ?	*the way to... ?*
à gauche	*on the left*
à droite	*on the right*
tout droit	*straight*
arrêtez	*stop*
gardien, gérant (d'une AJ)	*warden*

Et pour être totalement *aware*, ne pas oublier le ***Guide de conversation du routard en anglais*** avec tous les mots qui sauvent !

Quelques petites particularités écossaises

Les Écossais parlent pour la plupart l'anglais avec un accent bien distinctif, qu'ils tentent d'atténuer ou tout du moins de rendre compréhensible avec les étrangers. Sympa ! Certains s'expriment aussi en écossais (le *scots*) et d'autres, peu nombreux, en gaélique.

– L'anglais parlé par nos amis écossais se distingue par des « r » roulés et des sons très gutturaux, comme le « ch » de *loch*, qui ressemble à la jota espagnole ! Au début, ça surprend.

– La langue écossaise, le *scots*, ressemble à l'anglais mais a hérité de nombreuses influences gaéliques, flamandes et norvégiennes. Reconnue comme langue régionale par le Royaume-Uni et par l'Union européenne, elle serait employée par 1,5 à 3 millions de locuteurs (souvent sous forme d'ajout de termes à l'anglais), notamment dans les Lowlands.

OYEZ, OYEZ, PROOCHEZ MOO

Héritage de l'Auld Alliance oblige, quelques expressions écossaises font référence à notre bon vieux français. Comme Gardy loo (gare à l'eau !), que l'on criait aux passants avant de vider son pot de chambre par la fenêtre. Ou encore Proochez moo (approchez-vous), une manière pour les commerçants de héler les clients. D'ailleurs, on mange toujours du porage (potage) et du haggis (dérivé de hachis), et on aime bien un peu de syboe (ciboulette) dans l'ashet (l'assiette).

– Ça se corse un brin lorsqu'on entame la conversation avec des insulaires ! En effet, le gaélique (environ 59 000 locuteurs réguliers) est encore utilisé dans les îles de l'Ouest, tandis que les habitants des Orcades et des Shetland s'expriment souvent en *scots* très teinté de *norn,* l'ancienne langue scandinave de ces îles. Voici, avant de vous lâcher en Écosse, quelques mots que vous risquez d'entendre :

Toponymie

– *ben :* montagne (du gaélique *beann,* montagne) ;
– *brae :* pente, colline (du gaélique *braigh*) ;
– *cairn :* monticule de pierres (gaélique *carn*) ;
– *croft :* petite ferme ;
– *dùn :* un fort ;
– *eilean :* île ;
– *firth :* estuaire ;
– *glen :* vallée (en gaélique *gleann*) ;
– *inver :* embouchure ;
– *kirk :* église ;
– *loch :* lac (mot gaélique) ;
– *wynd :* rue étroite.

Autres termes souvent rencontrés

– *laird :* propriétaire ;
– *mìzzle :* brouillard et crachin (contraction de *mist* et *drizzle*) ;
– *auld :* vieux ;
– *aye :* oui ;
– *bonnie :* jolie ;
– *ceilidh :* veillée traditionnelle (avec musique, chansons, danse, contes et histoires… – mot gaélique) ;
– *dram :* une dose de whisky.

TO WEE OR NOT TO WEE ?

Les Écossais utilisent à toutes les sauces l'adjectif wee, qualificatif affectueux intraduisible, désignant quelque chose d'à la fois mignon et petit. Le chien de la voisine peut être wee, son cottage aussi. Pour le reste du monde anglophone, en revanche, to wee signifie « faire pipi » !

Enfin, un terme indispensable, compris dans toute l'Écosse (et l'Irlande) : *Slàinte !* (prononcer « Slaantche ») : À la vôtre !

Gaélique et renaissance celtique

Fàilte ! (Bienvenue !), voilà le slogan des Écossais de l'Ouest et des îles qui vous accueillent en *Alba* (« Écosse » en gaélique). Le gaélique d'Écosse, langue officielle depuis 2005, est pratiqué dans certaines crèches, des sections primaires l'enseignent en immersion et les émissions d'*ITV* ou de *Radio-Scotland* diffusent des programmes en gaélique. Une station dédiée de la *BBC* émet presque à 100 % en gaélique. Reste que, contrairement à l'Irlande et au pays de Galles, son étude n'est pas obligatoire mais optionnelle. En Argyll, sur Skye et dans les Hébrides, toutes les indications de lieu sont toutefois dans les deux langues. Mais c'est sur l'île de Lewis et Harris (Hébrides) que la pratique du gaélique et sa défense mobilisent le plus.

Beaucoup de jeunes Écossais sont sensibles à leur héritage celtique, à travers la musique notamment, avec des groupes comme *Capercaille, Runrig* ou encore *Julie Fowlis.* Toute la poésie des ballades, des légendes du pays des brumes s'exprime grâce aux instruments traditionnels – violon, flûteau, harpe – et aux voix cristallines des chanteuses. En janvier, à Glasgow, se tient le festival *Celtic Connections* qui rassemble des artistes venus d'Irlande, de France, d'Espagne, du Canada et des États-Unis.

D'innombrables festivals folks fleurissent tout au long de la saison et attirent de plus en plus de monde autour de *ceilidhs* (concerts de musique traditionnelle ou soirées de danses folkloriques, parfois les deux ; à ne pas manquer pendant votre séjour). Les artisans ne sont pas en reste et remettent au goût du jour la joaillerie celtique et l'illustration proche de l'enluminure médiévale.

LIVRES DE ROUTE

Deux stars dominent le monde de la littérature écossaise : Robert Burns et Walter Scott. Chacun à sa manière contribua à restaurer la conscience nationale et à rendre leurs lettres de noblesse à la langue et aux traditions des Highlands. Autre plume écossaise incontournable, Robert Louis Stevenson. Cependant, la plupart de ses récits et romans *(L'Étrange Cas du Docteur Jekyll et de Mister Hyde, L'Île au trésor, Voyage avec un âne dans les Cévennes...)* ne se déroulent pas en Écosse.

– **Le Fond de l'enfer** (1991), de Ian Rankin (Le Livre de Poche, 2004). Pendant que les touristes mitraillent les monuments de la capitale, l'inspecteur Rébus veille, scrute sans illusion la face cachée d'Édimbourg et traque le crime dans les bas-fonds de Pilmuir ou dans les belles demeures de New Town. Et c'est sans doute ce qui fait l'originalité de l'auteur, la description méticuleuse de l'Édimbourg contemporain. D'ailleurs, le style précis et le rythme haletant de ses romans ont fait de Ian Rankin l'écrivain de polars le plus lu de Grande-Bretagne. Lire également *Le Jardin des pendus* (Gallimard, coll. « Folio »), *L'Étrangleur d'Édimbourg, La Colline des chagrins* et *L'Appel des morts* (Le Livre de Poche) ou *La Mort dans l'âme* (Le Rocher). Pour les fans de l'auteur, rendez-vous sur son site ● *ianrankin. net* ●

– **Trainspotting** (1993), d'Irvine Welsh (Le Seuil, coll. « Points », 2013). Né dans un quartier populaire d'Édimbourg, Irvine Welsh a tâté de tous les métiers avant de devenir écrivain. C'est probablement ce qui fait la force de *Trainspotting,* l'histoire sans concession d'un groupe d'amis miné par la drogue, l'histoire du mal-être d'une partie de la jeunesse anglo-saxonne. Un roman qui dérange autant qu'il fascine, et qui fit l'effet d'un séisme dans le milieu littéraire anglais des années 1990. Irvine Welsh a même joué dans l'adaptation de son œuvre, portée à l'écran par Dany Boyle.

– *L'Île des chasseurs d'oiseaux* (2009), de Peter May (Babel Noir, 2011). Appelé en renfort pour enquêter sur un meurtre, l'inspecteur Fin Macleod est contraint de revenir sur son île natale, Lewis, qu'il a fuie il y a près de 20 ans, enfouissant derrière lui son passé douloureux qui ne peut que refaire surface. Plus qu'un polar, un roman noir, brillant et tourmenté, dont l'île, grandiose et étriquée, est peut-être le personnage principal. De quoi nourrir deux autres tomes, *L'Homme de Lewis* (2011) et *Le Braconnier du lac perdu* (2012). Après un détour par le « continent » avec *Les fugueurs de Glasgow* (2015, Rouergue), Peter May revient sur l'île de Lewis dans *Les Disparus du phare* (2016, Rouergue).

– *Le Fanatique* (2000), de James Robertson (Métailié, 2003). Un chômeur dépressif, ex-étudiant en histoire à la thèse inachevée, se trouve embauché malgré lui pour jouer le rôle d'un fantôme pendant des visites guidées d'Édimbourg. Intrigué, il fait des recherches sur son personnage, un extrémiste religieux du XVIIe s, qui va finir par l'obséder. Une plongée étonnante et effrayante à la fois dans l'Édimbourg d'aujourd'hui (le touriste qui hurle lors des apparitions du fantôme, ça pourrait être vous !) et dans l'Écosse du XVIIe s, où fanatisme religieux, conspirations et corruptions dirigent le pays.

– *Le Poinçonneur Hines* (1984), de James Kelman (Métailié, 1999). Poinçonneur de bus à Glasgow, Robert Hines s'ennuie à mourir. Copains, foot, femme et enfant, et, surtout, une imagination sans limite sont ses remèdes pour échapper à la morne routine de son métier. « Des trous, des petits trous, encore des petits trous... »

– *Lanark* (1981), d'Alasdair Gray (Métailié, 2013). Première œuvre très novatrice de ce poète, dramaturge et peintre (rien que ça !), *Lanark* raconte l'histoire d'un jeune peintre frappé d'amnésie qui voit son univers se décomposer et frôler la science-fiction, entre le Glasgow des années 1960 et un monde surréaliste.

– *Sunset Song* (1932), de Lewis Grassic Gibbon (Métailié, coll. « Suites », 2004). L'Écosse du Nord pendant et après la Première Guerre mondiale vue par Chris Gutherie, déchirée entre son attachement à sa terre natale, si belle, si dure, si sauvage, et une autre vie, plus spirituelle, loin de cette culture paysanne.

– *Whisky à gogo* (1947), de Compton Mackenzie (Terre de Brume, 2004). Le whisky vient à manquer dans une île isolée du nord de l'Écosse. Le drame ! L'abstinence entraîne humeur grise et conflits. Heureusement, un cargo transportant le breuvage sacré s'échoue sur les côtes... Un roman qui date un peu mais encore plein d'humour.

– *Le Cœur de l'hiver* (1975), de Dominic Cooper (Métailié, 2006). Une rencontre entre Alasdair Mór, un pêcheur de homard solitaire sur la côte ouest, et un couple récemment installé près de chez lui. D'un conflit de voisinage à une course tragique vers la violence.

– *Confession d'un pécheur justifié* (1824), de James Hogg (Gallimard, coll. « L'Imaginaire », 1987). Le romantisme gothique des landes décrites par un berger autodidacte.

– Pour poursuivre ce voyage dans la littérature écossaise, citons aussi l'œuvre d'A. L. Kennedy, une des plumes les plus brillantes et les plus originales du monde littéraire anglo-saxon contemporain. Son écriture forte, noire, piquée d'un humour grinçant, marque le lecteur à défaut de le transporter dans un monde léger et optimiste ! Parus aux Éditions de l'Olivier : *Un besoin absolu* (2003), *Paradis* (2006), *Day* (2009) et *Tauromachie* (2010).

– *Écosse, le pays derrière les noms* (2001), de Kenneth White (Terre de Brume, 2010). Ce célèbre écrivain et poète écossais est installé en Bretagne depuis les années 1960. À travers son texte et les photos de Jean Hervoche, Kenneth White dessine les contradictions de ce pays brut et sauvage, qui se cherche encore. Il nous fait pénétrer aux confins de cette « terre de brume ».

– *Marie Stuart* (1935), de Stefan Zweig (Le Livre de Poche, 2001). Cette biographie fouillée de Marie Stuart se lit presque comme un roman et offre une belle approche de l'histoire sombre et violente de l'Écosse au XVIe s.

– *L'Histoire de l'Écosse* (1998), de Michel Duchein (Tallandier-Texto, 2013). Dans un style fluide et plaisant, ce livre retrace l'histoire longue et complexe de ce pays, depuis ses origines jusqu'à 2013 (dans sa version Poche).

– *Le Clan des Mac Douglas, Vasco* (2005), de Gilles Chaillet (Le Lombard). Une B.D. qui mène le héros fétiche de l'auteur dans l'Écosse du XVIIe s, en pleine résistance contre la domination des Godons (les Anglais, évidemment !). Mélange de fiction, d'intrigues et de réalité historique, pour mieux comprendre les enjeux politiques d'une des périodes charnières de ce pays.

– N'oublions pas non plus l'album d'Hergé, *L'Île noire* (Casterman), où Tintin est aux prises avec un monstre qui tient plus de King Kong que de Nessie. Et, pour ne pas faire de jaloux, *Astérix chez les Pictes* (2013), réalisé par le nouveau duo Jean-Yves Ferri et Didier Conrad, où nos Gaulois découvrent cornemuses, tatouages, lancers de troncs, kilts... et l'eau de malt !

> ## INCREDIBLE TINE-TINE
>
> *L'album* L'Île noire *est censé se dérouler en Écosse, du moins en partie. Or Hergé n'y a jamais mis les pieds : l'île dont il s'est inspiré se trouve dans la baie de Morlaix (!). Si bien qu'avant la parution de l'album en anglais l'éditeur britannique répertoria 131 incohérences. Du coup, Hergé chargea un collaborateur de parcourir l'Écosse tel Tintin, appareil photo en bandoulière. Il existe donc une version remaniée datant de 1965.*

MESURES

On ne fait pas que rouler à gauche, les mesures aussi jouent les originales.

Longueur

– 1 *pouce* = 1 *inch* = 2,54 cm.
– 1 *pied* = 1 *foot* = 12 *inches* = 30,48 cm.
– 1 *yard* = 3 *feet* = 91,44 cm.
– 1 *mile* = 1,6 km environ (pour convertir les kilomètres en miles, multiplier par 0,62).

> ## ET COMBIEN MESURE UNE VERGE ?
>
> *La verge (yard, en anglais) servait d'unité de longueur dans tout l'Empire britannique. Elle était énorme puisqu'elle correspondait, dit-on, à la distance entre le nez du roi Henry Ier et le bout de sa main, quand elle était bien raide (0,91 m, quand même !).*

Poids

– 1 *ounce* = 1 *oz* = 28,35 g.
– 1 *pound* (livre) = 1 *lb* (libra) = 0,454 kg.
– 1 *stone* = 1 *st* = 6,348 kg.

Température

0 °C = 32 °F ; température du corps = 98.4 °F (et le thermomètre se met sous le bras ou dans la bouche) ; 100 °C = 212 °F. Les plus matheux peuvent convertir selon la formule suivante : °C = 5 ÷ 9 x (F - 32).

Volume

– 1 *pint* = 0,57 l.
– 1 *gallon* = 4,54 l.

Tailles

Vêtements pour femmes

France	38	40	42	44	46
GB (robes)	10	12	14	16	18
GB (pulls)	32	34	36	38	40

Vêtements pour hommes (pulls et chemises)

France	39	40	41	42	43
GB	15,5	16	16,5	17	17,5

Pour les pantalons, les tailles sont celles que vous connaissez sur les jeans.

Chaussures

France	37	38	39	40	41	42	43
GB	4	5	6	7	8	9	10

Pour les enfants

Stature en centimètres	100	125	155
Âge	3-4	7-8	12
Stature en *inches*	40	50	60

MUSÉES ET MONUMENTS

La plupart des monuments sont très bien entretenus et parfaitement mis en valeur. Les enfants, étudiants et séniors bénéficient de réductions, ne pas oublier de demander. Deux organismes assurent la gestion de la quasi-totalité des sites les plus intéressants d'Écosse : *Historic Environment Scotland (HES)* et le *National Trust for Scotland (NTS).* Pour chaque site, nous précisons l'organisme. Le prix des entrées pouvant être assez élevé, il est préférable de se procurer un *pass*. Chaque organisme a le sien, d'où un problème de choix. En gros, *HES* est mieux implanté au sud *(Lothian, Borders, Dumfries & Galloway)* et NTS au nord *(Grampians, Highlands),* le centre étant également partagé entre les deux. Nous nous efforçons de préciser pour chacun des sites de nos rubriques « À voir » par quel organisme il est géré (mention, entre parenthèses, *HES* ou *NTS*). Noter qu'il est possible d'acheter ces *passes* à l'office de tourisme dans l'aéroport d'Édimbourg. Pratique.

Attention : la crise frappe durement ces organismes qui fonctionnent essentiellement grâce à des donations. Certains sites « mineurs » ont vu leurs horaires d'ouverture diminués ou ont été fermés. Se renseigner sur place ou via Internet.

– *Historic Environment Scotland* (HES) : ☎ (0131) 668-86-00. ● *historicenvironment.scot* ● *Explorer Pass : 3 j. (valide 5 j.) : £ 30 ; pour 7 j. (valide 14 j.) : £ 40 ; réduc. Regional Explorer Pass : £ 16-18.* Le *Regional Explorer Pass* permet de visiter entre 5 et 8 sites d'*Historic Environment Scotland* au sein d'une région (les Borders ; Dumfries et Galloway ; les Orcades et les Shetland ; la côte ouest et ses îles), dans un délai de 30 jours. Les *passes* s'achètent soit directement à la caisse des lieux répertoriés, soit avant le départ, via Internet. *Historic Environment Scotland* gère plus de 75 monuments dans toute l'Écosse, dont les châteaux d'Édimbourg, de Stirling, de Linlithgow et de Dirleton.

– *National Trust for Scotland* (NTS) : *(0131) 458-02-04.* ● *nts.org.uk* ● Le *Discover Ticket s'achète aux guichets des monuments ou sur Internet. Ticket pour 3 j. (valide 7 j. consécutifs) : £ 26,50 ; pour 7 j. (valide 14 j. consécutifs) : £ 31,50 ; pour 14 j. (valide 30 j. consécutifs) : £ 36,50 ; réduc.* Cet organisme gère une soixantaine de propriétés et sites naturels dans toute l'Écosse. Parmi les plus prestigieux : le château et les jardins de Fraser, Crathes, Drum, Culzean...

Dans **les petits musées** et sites touristiques **qui ne sont pas gérés par ces organismes,** l'entrée est souvent gratuite mais une donation est appréciée. L'accueil est bénévole et ces lieux ne survivent que grâce aux dons : soyez généreux !

POSTE

« Bureau de poste » se dit *post office.* Ouvert en général du lundi au vendredi de 9h à 17h30, jusqu'à 12h30 le samedi. Le service postal est néanmoins de plus en plus confié à des librairies-papeteries ou à des épiceries. Gamme complète de services dans les postes des grandes villes (transfert d'argent, poste restante...). Services plus limités en zone rurale.

Les timbres *(stamps)* s'achètent aussi dans les offices de tourisme, les supermarchés et les stations-service. Dans la présentation d'une adresse, le code postal suit le nom de la ville et non l'inverse.

À l'intérieur du Royaume-Uni, on poste le courrier en *first class* (courrier rapide) ou *second class* (lent). Pour l'Europe et le monde, demander *a European stamp* ou *a worldwide stamp (env £ 1).* Compter 3-4 jours pour la France. Pour les colis, la différence entre les tarifs *air mail* (avion) et *surface* (voie terrestre) est significative, mais un paquet envoyé en *surface* mettra jusqu'à 3 semaines pour arriver à destination.

SANTÉ

Les consultations de généralistes sont gratuites dans les *Medical Centres* ainsi que dans les services d'urgence des hôpitaux. Il faut souvent prendre rendez-vous à l'avance à la *surgery* (consultation) : insistez sur l'urgence pour que l'on ne soigne pas la semaine prochaine votre rhume d'aujourd'hui.

Même avec votre carte européenne d'assurance maladie (voir plus haut), il est conseillé de prendre une assurance complémentaire (pour les consultations chez les spécialistes).

Pour l'achat de médicaments, la chaîne *Boots* est présente dans de nombreuses villes. Lire aussi plus haut nos informations sur les tiques et les *midges,* dans « Dangers et enquiquinements ».

SITES INTERNET

Infos pratiques

● *routard.com* ● Le site de voyage n° 1 avec 750 000 membres et des millions d'internautes chaque mois. Partagez vos expériences avec la communauté de voyageurs : forums de discussions, avis, bons plans et photos. Pour s'inspirer et s'organiser, plus de 250 fiches pays actualisées avec les infos pratiques, les incontournables et les dernières actualités, ainsi que des reportages terrains et des carnets de voyage. Enfin, vous trouverez tout pour vos vols, hébergements, activités et voitures pour réserver votre voyage au meilleur prix. Routard.com, votre voyage de A à Z !

● *visitscotland.fr* ● Le site officiel de l'office national de tourisme en Écosse, en français. Une mine d'infos pour préparer votre séjour.

● *undiscoveredscotland.com* ● Des infos sur tous les lieux, avec photos et nombreux liens intéressants. En anglais.

● *bienvenueenecosse.com* ● Une vraie banque de données touristiques en ligne et en français.

● *news.bbc.co.uk/weather* ● La météo... ça peut toujours servir !

Actualités

● *gov.scot* ● L'information officielle délivrée par le gouvernement écossais : dépêches, messages du Premier ministre, infos économiques. En anglais.

● *scotsman.com* ● Site du journal (quotidien) *The Scotsman.* Pratique et très complet. En anglais.

Culture et loisirs

● *franco-ecossaise.asso.fr* ● Parfait pour trouver une brève histoire de l'Écosse et de la « Vieille Alliance », comprendre l'autonomie, les institutions politiques et la presse écossaise, se renseigner sur les études en Écosse, le tout en français. Organise une fois par mois hors vacances scolaires des conférences dans son bureau de Paris.

● *tartans.scotland.net* ● Tout

> ### UN POINT C'EST TOUT
>
> *Depuis 2014, l'année du référendum, les adresses internet peuvent finir par « .scot » au lieu de « .co.uk », connoté trop British aux yeux de certains. L'adresse permet aujourd'hui d'afficher son nationalisme. D'ailleurs, le gouvernement écossais a été l'un des premiers à transformer son « scotland.gov.uk » en « gov.scot ». Tout est dit !*

sur les origines, la fabrication, les formes et l'histoire du célèbre tissu écossais. En anglais.

● *scotch-whisky.org.uk* ● Pour enfin connaître la différence entre le *single* et le *pure malt* whisky et l'orthographe exacte : whisky ou whiskey ? Telle est la question. En anglais.

● *walkhighlands.co.uk* ● Un site très complet sur toutes les randos à faire en Écosse, avec même des adresses de restos, d'hébergements, un forum et un *GPS planner*. En anglais.

TÉLÉPHONE ET TÉLÉCOMMUNICATIONS

– Les vieilles cabines rouges emblématiques laissent progressivement la place à des cabines grises modernes. Tout fout le camp... Elles fonctionnent avec des cartes téléphoniques et souvent aussi des pièces, parfois également avec les principales cartes de paiement. Sachez qu'un lent bip-bip indique que la ligne est occupée !

– *Grande-Bretagne* ➙ *Grande-Bretagne :* composer l'*area code* précédé du « 0 ». Nous l'indiquons dans le bandeau de la ville traitée. Sinon, vous pouvez appeler d'une cabine le ☎ 192 (gratuit), vous serez renseigné par une opératrice. À noter que les numéros sont toujours épelés chiffre par chiffre, et que le zéro se prononce « ziro », ou « O » comme la lettre. Ainsi 20 se dira « two zero » ou « two o » et non « twenty ».

– *Grande-Bretagne* ➙ *France :* 00 + 33 + n° du correspondant (sans le « 0 » initial).

– *France* ➙ *Grande-Bretagne :* 00 + 44 + indicatif « ville » (sans le « 0 » initial) mentionné dans le bandeau de chaque ville traitée + n° du correspondant.

Internet

Wifi disponible quasiment partout, même dans les campings. Du coup, on ne le précise pas pour chaque adresse. Les cybercafés, quant à eux, sont devenus denrée rare.

Téléphones portables

On peut utiliser son propre téléphone portable en Écosse avec l'option « Europe » ou « Monde ».

– *À savoir :* en principe, il n'est pas utile de posséder un téléphone tribande ou quadribande. Mais pour être sûr que votre appareil est compatible avec votre destination, renseignez-vous auprès de votre opérateur.

– *Activer l'option « international » :* pour les abonnés récents, elle est en général activée par défaut. En revanche, si vous avez souscrit à un contrat depuis plus de 3 ans, pensez à contacter votre opérateur pour souscrire à l'option (gratuite). Attention toutefois à le faire au moins 48h avant le départ.

– *Le « roaming » :* c'est un système d'accords internationaux entre opérateurs. Concrètement, cela signifie que lorsque vous arrivez dans un pays, au bout de quelques minutes, le nouveau réseau s'affiche automatiquement sur l'écran de votre téléphone. Vous recevez rapidement un SMS de votre opérateur qui propose un **pack voyageurs** plus ou moins avantageux, incluant un forfait limité de consommations téléphoniques et de connexion Internet. À vous de voir...

– **Tarifs :** ils sont propres à chaque opérateur et varient en fonction des pays (le globe est découpé en plusieurs zones tarifaires). **N'oubliez pas qu'à l'international vous êtes facturé aussi bien pour les appels sortants que pour les appels entrants.** Ne papotez donc pas des heures en imaginant que c'est votre interlocuteur qui paiera.

– **Internet mobile :** utiliser le wifi à l'étranger et non les réseaux 3G ou 4G. Sinon on peut faire exploser les compteurs, avec au retour de voyage des factures de plusieurs centaines d'euros ! Le plus sage consiste à **désactiver la connexion** « données à l'étranger » (dans « Réseau cellulaire »). Il faut également penser à **supprimer la mise à jour automatique de votre messagerie,** qui consomme elle aussi des octets sans vous avertir (option « Push mail »). Optez pour le mode manuel.

Cependant, la majorité des fournisseurs de téléphonie mobile offrent aujourd'hui des **journées incluses dans le forfait,** avec appels téléphoniques, SMS, voire MMS et connexion internet en 3G limitée. Les destinations incluses dans votre forfait évoluant sans cesse, ne manquez pas de consulter le site de votre fournisseur.

Bons plans pour utiliser son téléphone à l'étranger

– **Acheter une carte SIM/puce sur place :** c'est une option très avantageuse pour certaines destinations. Il suffit d'acheter à l'arrivée une carte SIM locale prépayée chez l'un des nombreux opérateurs. On vous attribue alors un numéro de téléphone local et un petit crédit de communication. Avant de signer le contrat et de payer, essayez donc, si possible, la carte SIM du vendeur dans votre téléphone – préalablement débloqué – afin de vérifier si celui-ci est compatible.

Ensuite, les cartes permettant de recharger votre crédit de communication s'achètent dans les boutiques de téléphonie ou en supermarché, stations-service, tabac-journaux, etc. C'est toujours plus pratique pour trouver son chemin vers un B & B paumé, réserver un hôtel, un resto ou une visite guidée, et bien moins cher que si vous appeliez avec votre carte SIM personnelle.

– **Se connecter sur les réseaux wifi** est le meilleur moyen d'avoir accès au Web gratuitement ou à moindre coût. De plus en plus d'hôtels, de restos et bars disposent d'un réseau.

– Une fois connecté grâce au wifi, à vous les joies de la **téléphonie par Internet** ! Le logiciel **Skype,** le plus répandu, vous permet d'appeler vos correspondants gratuitement s'ils sont eux aussi connectés, ou à coût très réduit si vous voulez les joindre sur leur téléphone. Autres applications qui connaissent un succès mondial, **Viber** et **WhatsApp** permettent d'appeler et d'envoyer des SMS, des photos et des vidéos aux quatre coins de la planète, sans frais. Il suffit de télécharger – gratuitement – l'appli sur son smartphone, celle-ci se synchronise avec votre liste de contacts et détecte automatiquement ceux qui ont Viber/WhatsApp.

TRANSPORTS INTÉRIEURS

Pour tout renseignement sur les transports publics en Écosse, qu'il s'agisse des bus, trains ou ferries, appelez Traveline Scotland au ☎ 0871-200-22-33 ou rendez-vous sur ● travelinescotland.com ●

La voiture

La route

L'état des routes est, dans l'ensemble, excellent. N'oubliez pas votre Michelin n° 501 au 1/400 000, l'une des meilleures cartes d'Écosse. Vous y découvrirez que

plus des deux tiers des routes sont bordées de vert, c'est-à-dire « pittoresques ».
Sinon, pour un bon rendu du relief, on peut opter pour la carte *Scotland OS Tour*
map n° 12 *(Ordnance Survey ; 2016)*, au 1/500 000. D'une manière générale, se fier
aux panneaux marron arborant le chardon : ils indiquent les itinéraires et attractions touristiques nationaux. En hiver, les routes sont facilement fermées en cas
d'enneigement ; pensez aux chaînes.
L'essence et le diesel sont grosso modo au même prix que chez nous (environ £ 1,10 à £ 1,30). Plus on monte dans le Nord et/ou dans les îles, plus les
prix augmentent. On trouve des pompes même dans les coins isolés, mais les
prix s'en ressentent, et elles ne sont ouvertes qu'en journée, contrairement aux
villes où beaucoup sont accessibles 24h/24. Essayez de repérer les stations des
supermarchés *Morrison's*. Moins chères, elles sont présentes dans la plupart
des grandes villes, beaucoup moins dans le Nord, au-delà d'Inverness. On paie
généralement à la caisse (même avec une carte). « Essence sans plomb » se dit
unleaded (petrol).
– Attention, pour les véhicules français ou belges, il est impossible de faire le plein
en GPL (LGP en anglais) en raison de la différence de taille des embouts ! Et personne ne propose d'adaptateurs...

Distances entre les principales villes

Distances entre les villes (en km)	ABERDEEN	AVIEMORE	BRAEMAR	DURNESS	EDINBURGH	GLASGOW	GLENCOE	INVERNESS	JOHN O'GROATS	KYLEAKIN (SKYE)	MELROSE	OBAN	PITLOCHRY	STIRLING	ULLAPOOL
ABERDEEN		136	94	446	202	256	264	166	370	302	261	288	152	192	267
AVIEMORE	136		91	243	214	226	126	232	331	224	274	181	102	180	165
BRAEMAR	94	91		306	150	178	208	134	331	294	208	216	66	138	260
DURNESS	446	243	306		456	445	302	174	152	283	515	355	346	421	110
EDINBURGH	202	214	150	456		74	192	285	480	355	64	200	112	58	376
GLASGOW	256	226	178	445	74		142	275	470	275	117	150	136	42	355
GLENCOE	264	126	208	302	192	142		136	326	165	148	64	142	136	211
INVERNESS	166	232	134	174	285	275	136		198	162	342	186	137	250	94
JOHN O'GROATS	370	331	331	152	480	470	326	198		323	540	380	370	446	210
KYLEAKIN (SKYE)	302	224	294	283	355	275	165	162	323		413	218	256	300	173
MELROSE	261	274	208	515	64	117	148	342	540	413		256	171	114	435
OBAN	288	181	216	355	200	150	64	186	380	218	256		150	144	266
PITLOCHRY	152	102	66	346	112	136	142	137	370	256	171	150		94	266
STIRLING	192	180	138	421	58	42	136	250	446	300	114	144	94		342
ULLAPOOL	267	165	260	110	376	355	211	94	210	173	435	266	266	342	

Table de conversion

Miles	Km	Miles	Km
1	1,609	6	9,656
2	3,219	7	11,265
3	4,828	8	12,875
4	6,437	9	14,484
5	8,047	10	16,093

Le code de la route

Vous devez être en possession de votre permis de conduire national. Si vous circulez avec votre propre voiture, il vous faut, comme en France, la carte grise et la carte verte d'assurance.

Attention, la priorité à droite n'existe pas : donc, à chaque carrefour, des feux, un stop ou des lignes peintes sur la chaussée indiquent qui a la priorité.

Aux RONDS-POINTS *(roundabouts)*, À PRENDRE DANS LE SENS DES AIGUILLES D'UNE MONTRE, les automobilistes déjà engagés sont prioritaires.

Les **piétons** sont toujours prioritaires. S'ils sont engagés, bien évidemment, mais aussi s'ils attendent sagement à un passage piéton. Faites-y particulièrement attention, ainsi qu'aux *pelican-crossings* (passages pour piétons entre deux lignes parallèles) et aux *zebra-crossings* (passages cloutés), signalés par des boules jaunes lumineuses.

Les véhicules prioritaires (police, pompiers, ambulances) le sont vraiment ! Là aussi, il vous faudra marquer un arrêt sur le bas-côté de la route et les laisser passer. Ralentir mollement ne suffit pas !

On ne badine pas avec les **limitations de vitesse** :
– en ville : 30 miles (48 km/h) ou, uniquement quand indiqué, 40 miles (64 km/h) ;
– sur la route : 60 miles (97 km/h) ;
– sur les autoroutes *(motorways)* et les quatre voies *(dual carriageways)* : 70 miles (113 km/h).

Vous constaterez vite que les nombreux *roundabouts* ralentissent sérieusement la cadence ! Un détour pour prendre une autoroute, même éloignée, fait souvent gagner du temps. Les autoroutes sont gratuites et de qualité, ça mérite d'être salué ! En cas d'accrochage, il n'existe pas de constat. On s'échange juste les numéros de plaques minéralogiques et les polices d'assurance. Dans les voitures de location, vous aurez sans doute un formulaire dans la boîte à gants. Écrire : *It's not my fault. I am not to blame.* C'est aux assurances de juger !

Le taux d'alcoolémie est officiellement de 0,8 g/l, mais la police comme les politiques militent en faveur du « zéro alcool ». Attention donc aux contrôles.

La conduite à gauche

Pas d'inquiétude, on s'y habitue très vite, même au passage de vitesses de la main gauche (qui ne sont pas inversées). Veillez simplement, lorsque vous sortez du bateau ou de l'aéroport, à prendre le premier rond-point dans le sens contraire à celui auquel vous êtes habitué ! Mais les vieilles habitudes reviennent vite, par exemple après un demi-tour. Demandez à vos passagers de vous surveiller, c'est parfois utile, notamment pour contrer la

PLUS ADROIT À GAUCHE

Dès le Moyen Âge, les cavaliers avaient compris l'avantage de se tenir à gauche de la chaussée. En effet, en cas d'attaque, il était bien plus aisé pour les droitiers de faire face à l'adversaire. Napoléon, toutefois, imposa la conduite à droite dans tous les pays qu'il conquit. Il n'en fallut pas plus pour que les Britanniques, invaincus, conservent leur conduite à gauche...

tendance à trop serrer à gauche... En tant que piéton, quand vous traversez une route ou une rue, attention car les voitures n'arrivent pas du côté habituel.

Sur la route (tout comme en société, d'ailleurs !), les Écossais sont très courtois et fort prudents ; c'est vraiment reposant et appréciable. Revers de la médaille, ils sont parfois timorés au moment de doubler, et de longues files se forment derrière les camions ou camping-cars.

Single track roads *mode d'emploi*

Les routes étroites de campagne n'autorisent le passage que d'un seul véhicule *(single track roads)*. Du coup, des **passing places** (de petits espaces, type encoches) ont été aménagés tous les 100 à 200 m environ pour permettre aux voitures de se croiser. Quelques règles à connaître :

– Si la place se trouve sur la gauche, dans le sens de la conduite donc, on s'y arrête, le temps de laisser passer la voiture d'en face. Il faut parfois anticiper.

– En revanche, si on a loupé un premier espace et que le suivant est situé sur la droite, ne pas regagner ses anciens réflexes en s'y faufilant, mais stopper en face. On a alors l'impression d'être arrêté en plein milieu de la chaussée, ce qui n'est pas faux ! L'autre conducteur utilisera l'encoche pour passer.

– Si les deux conducteurs ont manqué les *passing places,* il est d'usage que celui qui est le plus proche de l'un d'eux (ou qui a l'accès le plus facile) recule. Et traditionnellement, on se salue !

– Enfin, si vous êtes en vacances et souhaitez admirer le paysage, ce n'est pas forcément le cas de ceux derrière vous, profitez donc des *passing places* pour les laisser passer. C'est d'ailleurs ce que vous rappellent parfois les panneaux « *Allow trafic behind you to overtake* » sur les routes à une voie !

Attention, ne jamais s'en servir comme parking !

Le stationnement

Peu problématique dans les coins paumés mais parfois payant à proximité de sites ou centres d'intérêt les plus touristiques (châteaux, départ de randonnées, etc.), compter en général £ 2-3 la journée ; il s'avère beaucoup plus difficile et onéreux lorsqu'on arrive en ville. Même hors des centres-villes, n'espérez pas vous garer dans les quartiers périphériques où n'est autorisé que le parking résidentiel. Gardez toujours de la petite monnaie, il y a des horodateurs partout ou presque.

En ville, pour un stationnement un peu prolongé, préférer le *Long Stay Parking* au *Short Stay Parking*. Même s'il vous faudra souvent marcher un petit peu plus pour rejoindre le centre, les tarifs du premier sont beaucoup plus doux, et on peut payer par carte de paiement. Bon plan, les *Park & Ride* de certaines grandes villes : des parkings gratuits, postés à l'entrée de l'agglomération, et reliés au centre-ville par des bus fréquents.

En revanche, ne comptez pas sur l'indulgence des contractuels ni sur votre ignorance des subtilités de l'anglais. La loi, c'est la loi, et l'addition est salée.

– Les lignes jaunes sur le bord des trottoirs indiquent des restrictions : une ligne unique interdit le stationnement aux heures indiquées sur les panneaux, une double l'interdit totalement.

– En ville, une rue sans voitures garées ou presque, sans parcmètre ni horodateur ? Méfiance : le stationnement y est sans doute réservé aux riverains, avec la mention *residents parking* ou *residents only* peinte sur la chaussée. PV garanti si vous y stationnez, et, là aussi, la somme à payer est cruelle pour le budget.

ATTENTION ! Surtout pas de téléphone au volant. L'automobiliste qui écraserait un piéton en téléphonant se trouverait accusé de « crime volontaire » et risquerait 20 ans de prison !

La location de voitures

Pour louer une voiture, il faut avoir 23 ans minimum chez la plupart des loueurs (parfois 25 ans) et au moins 2 ans de permis et maximum 75 ans. Il peut être appliqué des suppléments si le conducteur ne répond pas à certains de ces critères. On vous demandera votre permis de conduire national et une carte de paiement internationale. Attention, si vous louez sur place et non par un loueur international en réservant avant le départ, l'assurance « tous risques » (souvent obligatoire pour les jeunes conducteurs) n'est généralement pas incluse ; supplément conséquent. De plus, certains loueurs exigent une caution équivalant au montant de la location (ce dernier doit donc être disponible sur votre carte de paiement). Mieux vaut se renseigner à l'avance.

■ *BSP Auto :* ☎ 01-43-46-20-74 *(7j./7).* ● *bsp-auto.com* ● *Remise spéciale de 5 % aux lecteurs de ce guide avec le code « ROUTARD17 ».* Les prix proposés sont attractifs et comprennent le kilométrage illimité et les assurances. BSP Auto propose exclusivement les grandes compagnies de location sur place, assurant un très bon niveau de service. Le plus : vous ne payez votre location que 5 jours avant le départ.

■ *Hertz :* ☎ 0825-861-861 *(service 0,15 €/mn + prix appel) ;* ● *hertz.com* ● *Lun-sam 8h-23h. Avis :* ☎ 0821-230-760 *(service 0,12 €/mn + prix appel) ;* ● *avis.fr* ● *Europcar :* ☎ 0825-358-358 *(service 0,15 €/mn + prix appel) ;* ● *europcar.fr* ● *Tlj 7h-22h.*

Le stop

Vous poireauterez peut-être 3h au bord d'une route à une voie, envahie par les moutons, sous une pluie battante. Ce ne sera tout simplement pas votre jour. Car, en général, les Écossais prennent assez facilement en stop, du moins à la campagne. De plus, si vous leur montrez que vous aimez l'Écosse, ils n'hésiteront pas à faire des détours pour vous faire découvrir des coins qui échappent aux touristes.

Les bicyclettes

Dans les endroits touristiques, il est souvent possible de louer des bicyclettes *(hire a bike)* ou VTT à la journée, à un prix... un peu élevé. On compte peu de pistes cyclables, mais le trafic sur les jolies routes de campagne est vraiment limité. Presque tous les trains ont des fourgons qui permettent d'embarquer les vélos, certes en nombre réduit. Il vaut mieux réserver en demandant le système *bike it by train* (gratuit).

Le bus

C'est le mode de transport public le plus répandu en Écosse, et pour cause : le réseau ferroviaire est relativement limité. La compagnie nationale *Citylink* relie, par les grands axes, les différentes régions du pays. À l'intérieur de celles-ci, c'est une ou plusieurs compagnie(s) locale(s) qui assure(nt) le relais. Pour simplifier, elles sont pour la plupart regroupées sous la bannière de *Stagecoach*. Vous pourrez en obtenir les horaires dans les offices de tourisme ou sur ● *stagecoach bus.com* ● À noter que si les villes d'une certaine importance possèdent leur gare routière, en revanche, dans les petites villes, les bus s'arrêtent simplement à un endroit donné, généralement sur la place principale. Inutile aussi de préciser que plus on s'écarte des grands chemins, plus la fréquence des bus diminue, jusqu'à devenir nulle dans certains coins reculés. Dernier recours alors : les bus (ou fourgons) postaux, qui se rendent jusque dans les petits bleds au moins une fois par jour, sauf le dimanche, bien sûr. Renseignements dans les offices de tourisme de la région concernée ou sur Internet : ● *royalmail.com/you-home/your-community/ postbus/routefinder* ● C'est sympa mais pas forcément rapide, car le facteur s'arrête en chemin pour livrer le courrier ! Pour les bus urbains, toujours avoir l'appoint car on paie à l'aide d'un petit *automate* qui ne rend pas la monnaie.
– *Bon à savoir aussi :* Citylink propose l'*Explorer Pass,* une carte permettant de circuler librement pendant 3 j. sur 5 (£ 41), 5 j. sur 10 (£ 62) ou 8 j. sur 16 (£ 93).

Ce dernier vous donne droit à certaines réduc sur les ferries à destination des îles, sur des attractions et même à la gratuité de la carte des AJ.

■ *Scottish Citylink Coaches :* Buchanan Bus Station, Killermont St, à Glasgow. ☎ 0871-266-33-33. ● citylink.co.uk ● Prix très attractifs. Achat en ligne. Réseau dense couvrant quasi tout le pays.
■ *Megabus :* ● megabus.com ● La compagnie *low-cost* des bus. Plusieurs liaisons entre les villes écossaises et anglaises. Plus vous réservez tôt, moins c'est cher !
■ *National Express :* ● national express.com ● Compagnie desservant les principales villes d'Écosse et d'Angleterre.

Enfin, plusieurs compagnies organisent des tours en minibus avec guide à travers l'Écosse, d'une durée de 1 à 7 jours. En voici quelques-unes :

■ *Mac Backpackers :* 105, High St, à Édimbourg. ☎ (0131) 558-99-00. ● mac backpackers.com ● Tours spécialement conçus pour les routards, accompagnés par des guides écossais qui n'ont pas leur pareil pour vous proposer les meilleurs plans randos ou visites.
■ *Haggis Adventures :* 60, High St, à Édimbourg. ☎ (0131) 557-93-93. ● haggisadventures.com ● Là encore, plutôt pour les routards.
■ *Rabbies :* 207, High St, à Édimbourg. ☎ (0131) 226-31-33. ● rab bies.com ● Agence réputée pour son sérieux, proposant des voyages bien ficelés à travers l'Écosse.

Le train

Pratique pour relier les villes les plus importantes d'Écosse, mais, en gros, ça s'arrête là. Procurez-vous dans les gares (ou offices de tourisme) les brochures horaires. Rens : ☎ 0344-811-0141. ● scotrail.co.uk ● nationalrail.co.uk ● Achat des billets et *passes* en ligne. Voici quelques infos utiles :
– les billets achetés à l'avance (jusqu'à la veille du départ avant 18h) peuvent revenir de 30 à 60 % moins cher. Ça s'appelle les *advance purchase tickets*. Bien se renseigner au guichet des gares, les offres de tarifs variant souvent d'un parcours à l'autre ;
– les *off-peak tickets* sont des billets à prix réduits sur les trajets d'une certaine longueur effectués en dehors des heures de pointe, à savoir le week-end et à certaines heures de la semaine. On peut les combiner avec un *group save*, qui permet de voyager en groupe de trois ou quatre personnes pour le prix de deux.

Plusieurs forfaits intéressants pour les routards

ATTENTION, les trois forfaits suivants ne sont pas vendus en Grande-Bretagne et doivent être achetés sur le continent.
Rens en ligne : ● b-europe.com ● shop.britrail.net ● visitbritainshop.com/france/ ●
– *BritRail Consecutive Pass :* permet de voyager librement sur tout le réseau ferroviaire britannique (Angleterre, pays de Galles, Écosse) du matin à la tombée de la nuit, pendant 2, 4, 8, 15, 22 j. ou 1 mois consécutifs. En 2de classe, 115-567 € pour 2 j. à 1 mois. Tarifs réduits pour les moins de 26 ans (et les plus de 60 ans qui voyagent en 1re) ; gratuité pour les enfants de moins de 5 ans.
– *BritRail Flexipass :* même chose que le *BritRail Euro Consecutive Pass* mais en plus souple. Permet de voyager 2, 4, 8 ou 15 j. (consécutifs ou non) répartis sur 1 mois. Tarifs de 135 € (2 j.) à 475 € (15 j.).
– *InterRail Global Pass :* permet de circuler dans 30 pays, dont le Royaume-Uni en mode *Flexi* (5-10 j.) ou *Continuous* (15-30 j.). Compter 264-626 €/adulte ; réduc moins de 26 ans.

Forfaits disponibles sur ● scotrail.co.uk ● ou dans une gare de Grande-Bretagne :
– *Highland Rover :* seulement pour les Highlands du Nord et de l'Ouest. Forfait de 4 j. sur 8 : £ 82.
– *Central Scotland Rover :* forfait de 3 j. sur 7 à £ 37 pour le centre de l'Écosse, Édimbourg, Stirling et Glasgow (et son métro). Idéal pour faire les festivals.

Les ferries

Comme on l'imagine, l'Écosse dispose d'un excellent réseau de ferries, permettant de passer aisément d'une île à l'autre. À de rares exceptions près, voitures, caravanes et camping-cars y sont acceptés, mais les tarifs sont très élevés. Certaines liaisons ne sont pas assurées le dimanche ni en basse saison. En général, vous devez vous présenter 30 à 45 mn avant l'embarquement. Il est également préférable de réserver son ticket la veille du départ, voire (si vous avez un véhicule) plusieurs semaines à l'avance sur les lignes très touristiques en été, comme celles de Lewis et Harris. Demandez les brochures avec les horaires et les prix *(Timetables and Fares)*.

Pour l'Ouest

■ *Caledonian MacBrayne :* The Ferry Terminal, Gourock PA19 1QP. ☎ (01475) 650-397. Résas : ☎ 0800-066-5000. ● calmac.co.uk ● Propose plusieurs forfaits pour découvrir le maximum d'îles (prix très variables) :
– Island Hopscotch Ticket : permet de choisir parmi une petite vingtaine d'itinéraires prédéfinis. Formule économique pour les voitures et gratuité pour les vélos. Valable 1 mois à partir de la première traversée. Pour autant, vous devez toujours réserver à l'avance.

Pour le Nord

■ *John O'Groats Ferries :* The Ferry Office, John O'Groats. ☎ (01955) 611-353. ● jogferry.co.uk ● Liaisons saisonnières (piétons seulement) entre John O'Groats et Burwick, sur les îles Orcades.
■ *Pentland Ferries :* Pier Rd, Saint Margaret's Hope, Orkney. ☎ (01856) 831-226. ● pentlandferries.co.uk ● 3-4 ferries quotidiens entre Gill's Bay (à l'est de Thurso) et Saint Margaret's Hope aux îles Orcades.
■ *Orkney Ferries :* Shore St, Kirkwall. ☎ (01856) 872-044. ● orkneyferries. co.uk ● Liaisons interîles dans les Orcades.
■ *Northlink Ferries :* Jamiesons Quay, Aberdeen. ☎ 0845-6000-449. ● northlinkferries.co.uk ● La compagnie qui relie les Orcades et les Shetland depuis Aberdeen et Scrabster.

Des *passes* combinant plusieurs moyens de transport

– *Spirit of Scotland Pass :* permet des trajets illimités en train, ferry et bus pendant 4 jours sur un total de 8 jours consécutifs (£ 134 ou 187 €) ou 8 jours sur 15 jours (£ 180 ou 251 €). Achat possible en ligne sur ● scotrail.co.uk ● ou en euros sur : ● britrail.net ● ou ● scotlandrailways.com ●
– D'autres formules comme le *Rail and Sail Ticket* combinent le train et le ferry ; infos sur ● calmac.co.uk ●

URGENCES

Médicales

✚ *Services de secours britanniques, tous services confondus :* ☎ 999 *(appel gratuit).*
■ *NHS :* ☎ 111 ou 0845-46-47 *(appel gratuit).* Pour obtenir 24h/24 des infos médicales urgentes, comme connaître l'adresse de l'hôpital ou du service de santé le plus proche de chez soi et le plus adapté au problème.

☎ **112 :** c'est le numéro d'urgence commun à la France et à tous les pays de l'UE, à composer en cas d'accident, d'agression ou de détresse. Il permet de se faire localiser et aider en français, tout en améliorant les délais d'intervention des services de secours. Mais cela pourrait changer avec le processus de sortie de l'UE qui devait s'engager début 2017. Se renseigner.

Pour les cartes de paiement

En cas de perte, de vol ou de fraude, une carte peut être rapidement remplacée quand on voyage dans la zone euro. En appelant sa banque, un système d'opposition (chaque banque gère elle-même le processus, quelle que soit la carte), d'avance d'argent et de remplacement de carte pourra être mis en place afin de poursuivre son séjour en toute quiétude.

– *Carte Bleue Visa :* numéro d'urgence (Europ Assistance) : ☎ (00-33) 1-41-85-85-85 (24h/24). ● *visa.fr* ●
– *Carte MasterCard :* numéro d'urgence : ☎ (00-33) 1-45-16-65-65. ● *mastercardfrance.com* ●
– *Carte American Express :* ☎ (00-33) 1-47-77-72-00. ● *americanexpress.com* ●

Pour les téléphones portables

Suspendre aussitôt sa ligne permet d'éviter de douloureuses surprises au retour du voyage ! Voici les numéros des quatre opérateurs français, accessibles depuis la France et l'étranger :

– *SFR :* depuis la France : ☎ 1023 ; depuis l'étranger : 📱 + 33-6-1000-1023.
– *Bouygues Télécom :* depuis la France comme depuis l'étranger : ☎ + 33-800-29-1000 (service et appel gratuits).
– *Orange :* depuis la France comme depuis l'étranger : 📱 + 33-6-07-62-64-64.
– *Free :* depuis la France : ☎ 3244 ; depuis l'étranger : ☎ + 33-1-78-56-95-60.

Vous pouvez aussi demander la suspension de votre ligne depuis le site internet de votre opérateur.

Avant de partir, notez (ailleurs que dans votre téléphone portable !) votre numéro IMEI utile pour bloquer à distance l'accès à votre téléphone en cas de perte ou de vol. Comment avoir ce numéro ? Il suffit de taper sur votre clavier *#06# puis reportez-vous au site ● *mobilevole-mobilebloque.fr* ●

ÉDIMBOURG ET LES LOTHIANS

- Carte p. 80.81

ÉDIMBOURG
486 000 hab.   IND. TÉL. : 0131

- Plan d'ensemble p. 82-83 • Centre (zoom I) p. 86-87 • Leith (zoom II) p. 89

La ville tiendrait son nom du roi Edwin, qui, au VIIe s, avait édifié ici son château *(burgh).* Mais les Écossais l'appellent entre eux Embra (raccourci de la version originale Edinburgh qui se prononce « Edinbora »).

Dressée sur sa colline telle une forteresse, sa vieille ville hérissée de monuments d'envergure se drape d'un caractère presque fantasmagorique, dont on ne sait plus s'il évoque un conte de fées ou de sorcellerie. Un patrimoine historique exceptionnel, auquel viennent s'ajouter des musées aux riches collections. Pourtant, portée par son atmosphère tout à la fois énergique et tranquille, Édimbourg est loin d'être une ville musée ; en témoignent les festivals qui enfièvrent la cité aux beaux jours. De quoi faire de la ville une destination culturelle de premier ordre en Europe. Nous, Édimbourg, on adore ! Capitale à l'image du pays, à la fois conviviale et spectaculaire, c'est une ville qui ne laisse personne insensible, une étape incontournable lors d'un périple en Écosse ou pour un week-end prolongé. D'ailleurs, comme sir Walter Scott *himself,* le grand écrivain natif de la ville, on lui attribuerait bien aussi le titre d'« Impératrice du Nord ».

UN PEU D'HISTOIRE

Édimbourg prend vraiment de l'importance quand elle ravit à Perth, au XVe s, le titre de capitale de l'Écosse et que s'y développent les arts et les lettres. C'est ici d'ailleurs que se monte la première presse à imprimer. Pillée à plusieurs reprises par les Anglais, la ville devient le théâtre de nombreuses péripéties politiques sous le règne de Marie Stuart. En 1707, elle perd son Parlement, et la mainmise de l'Angleterre se fait plus pressante, malgré un court intermède en 1745, lorsque Charles Edward, dit Bonnie Prince Charlie, en fait sa capitale provisoire. Une fois la domination britannique achevée, Édimbourg ne sombre pas pour autant dans la morosité. Les XVIIIe et XIXe s témoignent d'une grande richesse littéraire et artistique (voir plus loin « Le berceau de personnages célèbres »). Mais il faut attendre 1999 pour que la ville connaisse un souffle politique nouveau, lorsque Tony Blair met en place la *devolution,* la décentralisation britannique. Cinq ans plus tard, le Parlement écossais est inauguré en plein cœur du vieil Édimbourg.

UN VOLCAN DANS LA VILLE

Édimbourg est construite sur d'anciennes collines volcaniques, dont la plus importante est Arthur's Seat. Aucune construction sur ce *crag* (« rocher » en gaélique), qui offre un point de vue idéal sur l'ensemble de la cité.
Le centre-ville *(Old Town)* est édifié sur les contreforts du volcan, sorte de minicrête constituant une fortification naturelle. Il s'articule autour du Royal Mile, artère principale qui relie la demeure officielle du monarque (palace of Holyroodhouse) au château. De chaque côté de cette noble rue partent les *closes,* des ruelles pentues et autres venelles obscures parfois couvertes. L'ambiance est ici résolument médiévale. Rien à voir avec *New Town,* au nord, séparée du centre-ville par le parc de Princes Street, qui occupe le lit d'un ancien loch. New Town se construite sur un plateau. Aérée et spacieuse, c'est l'antithèse d'Old Town. Son élégant plan tiré au cordeau colle parfaitement aux idéaux de rationalité de l'époque des Lumières à laquelle elle fut conçue.

LE BERCEAU DE PERSONNAGES CÉLÈBRES

La ville a vu naître de nombreux hommes illustres. Tony Blair, Premier ministre de 1997 à 2007. Sean Connery, fervent défenseur de la culture écossaise, qui conserve, quel que soit le rôle qu'il tient, son accent *so Scottish,* une manière à lui de revendiquer son identité. Le philosophe David Hume ; Robert Louis Stevenson, qui signa *L'Étrange Cas du Docteur Jekyll et de Mister Hyde* ; Dickens, l'auteur de *David Copperfield* et d'*Oliver Twist* ; Walter Scott, le père d'*Ivanhoé.* Sans oublier Arthur Conan Doyle, le génial inventeur de *Sherlock Holmes,* et Irvine Welsh, l'auteur du roman *Trainspotting.*

LA POUPONNIÈRE DE HARRY POTTER

Au milieu des années 1990, J. K. Rowling, l'auteure de Harry Potter, *devait terminer d'écrire les aventures de son jeune sorcier au plus vite, avant de prendre un poste de professeur de français à Édimbourg. Tous les jours, maniant sa plume comme une baguette magique, elle inventait son personnage et l'univers qui l'entoure dans un café de la ville (voir plus bas* The Elephant House *dans « Où boire un verre ? Où sortir ? »). Édimbourg est décidément une source d'inspiration inépuisable.*

ÉDIMBOURG ET LES LOTHIANS

Arriver – Quitter

En avion

✈ **Aéroport d'Édimbourg** (carte Édimbourg et les Lothians) **:** situé à env 11 km à l'ouest du centre. ☎ 0844-481-89-89. ● edinburghairport. com ● 🛜

■ **Air France :** ☎ 0207-660-03-37. ● airfrance.fr ●

■ **British Airways :** ☎ 0844-493-07-87. ● britishairways.com ●

■ **Easy Jet :** ☎ 0330-365-50-00. ● easyjet.com ●

■ **Flybe :** ☎ 0371-700-2000. ● flybe. com ●

ℹ **Comptoir d'infos touristiques :** au fond à gauche du terminal, en allant vers la station de tram, tlj 7h30-19h30 (19h sam-dim). Bonnes infos pour ceux qui débarquent. Distributeurs de billets et bureaux de change dans le hall des arrivées.

➤ Location de voitures à gauche en sortant du terminal (après la station de tram). Pour les contacts des agences, lire plus loin « Comment circuler dans Édimbourg et sa région ? ».

Pour rejoindre le centre-ville ou l'aéroport

➤ **Airlink Bus :** à la sortie du terminal. ☎ 555-63-63. ● lothianbuses. com ● 🛜 Départs ttes les 10 mn le jour, ttes les 30 mn la nuit. Achat du billet au

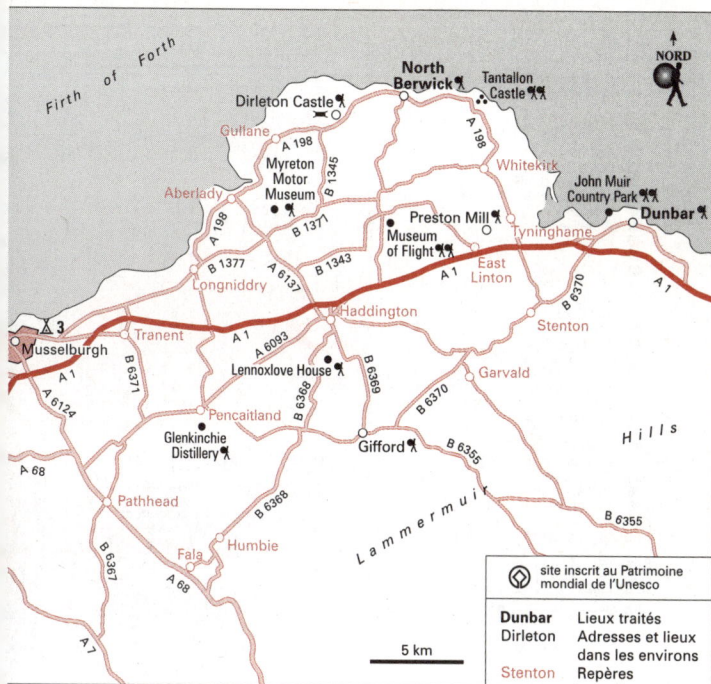

ÉDIMBOURG ET LES LOTHIANS

⚓ **Où dormir ?**	**2** Mortonhall Caravan Park
1 Edinburgh Caravan Club Site	**3** Drum Mohr Caravan and Camping Park

guichet devant l'arrêt de bus, à l'extérieur. Coût : £ 4,50 (£ 7,50 A/R). Billet aller + trajets illimités de 1 journée sur le réseau urbain : £ 9. Dessert Haymarket et West End, terminus à Waverley Bridge, en plein centre-ville *(zoom I, F7, 1)*. **Retour du même endroit** (achat du billet à bord, si on n'a pas déjà acheté l'A/R). Durée : env 30 mn.

➤ **Bus n° 35 :** *à la sortie du terminal.* ☎ 555-63-63. ● *lothianbuses. com* ● Bus urbain qui relie l'aéroport à Leith, via le centre-ville (passe par le Royal Mile). Plus long (env 50 mn) que l'*Airlink Bus,* mais moins cher (£ 1,60). Lun-sam, passage ttes les 12-15 mn 6h (7h30 sam)-18h40 (16h40 sam), puis ttes les 30 mn jusqu'à 23h ; dim, ttes les 30 mn 7h35-23h05. La nuit, le bus *N 22* prend le relais (£ 3 ; fréquences

moindres, ne passe pas par le Royal Mile mais par Princes St).

➤ Également des bus directs pour **Glasgow** avec *Scottish Citylink* (☎ 0871-266-33-33 ● *citylink.co.uk* ●). Départ devant le terminal tlj 5h-23h30 (ttes les 30 mn 7h30-19h30, ttes les heures sinon). Trajet : 1h. Billet £ 11,40 aller.

➤ **En tram :** *vers la gauche en sortant du terminal.* ● *edinburghtrams. com* ● 📶 Très récent, il file jusqu'à York Place en passant notamment par Haymarket, Princes Street et Saint Andrew Square (devant la gare routière). Coût : £ 5,50 (£ 8,50 A/R). Mais en rejoignant la station suivante *(Park & Ride)* à env 15 mn à pied, on passe en tarif « ville » normal, soit slt £ 1,60 ! (Sortir de l'aéroport via

ÉDIMBOURG ET LES LOTHIANS

■ **Adresses utiles**

5 Consulat de France
6 Institut français d'Écosse

🛏 **Où dormir ?**

31 Edinburgh Central
32 Belford Hostel
35 Ramsay's B & B
36 Saint Valery Guesthouse
37 Premier Inn
38 Ardenlee Guesthouse
40 Argyle Backpackers Hostel
41 Pollock Halls of Residence
43 23 Mayfield
44 Dorstan Hotel
45 Gil Dun Guesthouse
46 The Conifers
47 Fraoch House
48 Ardmor House
49 Premier Inn Leith Waterfront
50 Abercorn Guesthouse
51 Fountain Court Apartments

🍽 **Où manger ?**

83 Teuchters -
    A Room in the West End
84 The Atelier
96 Hanedan
98 The Apartment

🎁 **Boutiques, souvenirs du pays**

165 Valvona & Crolla

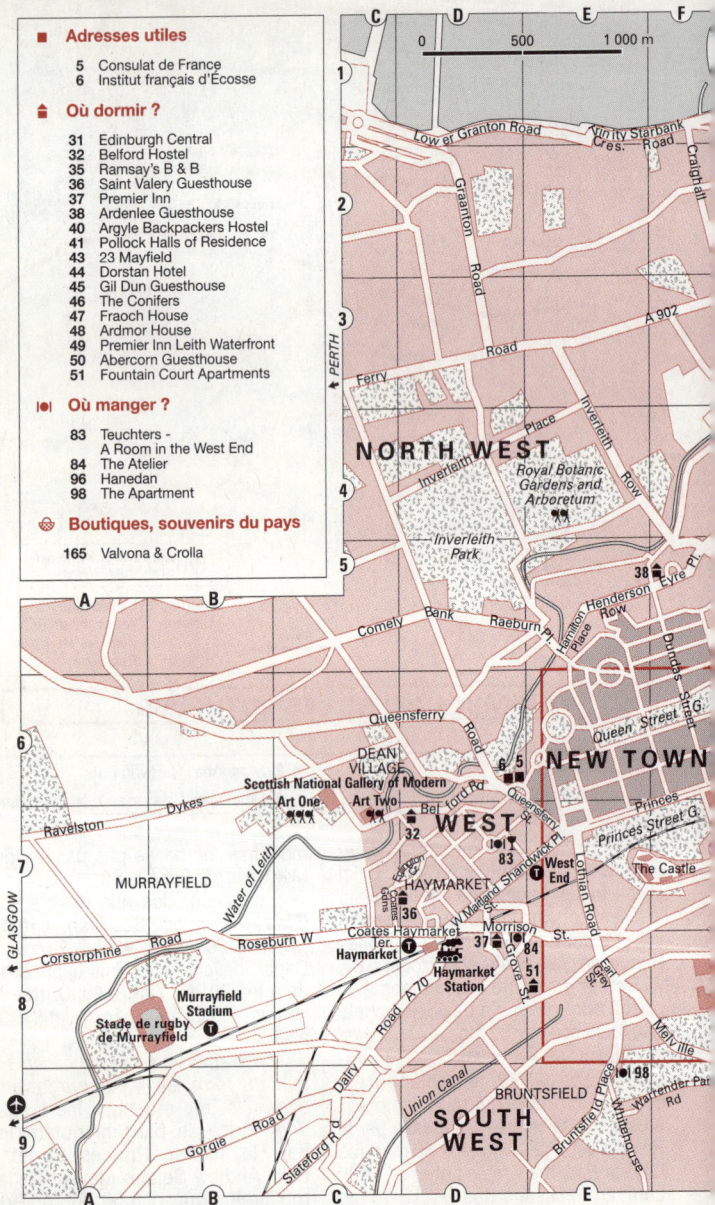

NORTH WEST

Royal Botanic
Gardens and
Arboretum

Inverleith
Park

NEW TOWN

DEAN
VILLAGE

Scottish National Gallery of Modern
Art One   Art Two

WEST
END

MURRAYFIELD

HAYMARKET

Haymarket
Station

Stade de rugby
de Murrayfield

Murrayfield
Stadium

The Castle

BRUNTSFIELD

SOUTH
WEST

ÉDIMBOURG ET LES LOTHIANS

NORD

voir zoom II-Leith

PORT OF LEITH

49

Newhaven Pl.

Lindsay Rd

A 901

NEWHAVEN

N. Commercial St.

Junction Street

Gt. Junction St.

LEITH

Salamander Street

A 199

Seafield Road

Rd

Pilrig

S Street

Bonnington Rd

A 900

Constitution St.

Leith Links

PORTOBELLO

NORTH EAST

Broughton Road

Macdonald Road

Walk

Easter Road

Craigentinny Golf Course

48

47

46

Believue St.

Haddington Place

31 Leith

35

Broughton St.

165

DRUMMOND PLACE

London Road

Playhouse Theatre

Regent Gardens

London Road

Portobello Road

50 PORTOBELLO

NEW TOWN

OMNI

CALTON

St James Centre

Leith St.

Waterloo Pl.

Regent Road

Palace of Holyroodhouse

Willombra ae Road

Street

North Bridge

City Chambers

Waverley Station

High St.

Cathedral

Cowgate

Holyrood St.

OLD TOWN

South Bridge

Nicolson St.

Holyrood Park

Royal Infirmary

SOUTH

Arthur's Seat 251

The Meadows

voir zoom I-Centre

Clerk St.

Queen's Drive

Drive

A 700

Holyrood Park Road

40

W Preston St.

E Preston St.

96

41

Sciennes Rd

NEWINGTON

Dalkeith Rd

Minto Street

Grange Road

45

Prestonfield Golf Course

F   G   H   I   43   44, Craigmillar Castle   J   K

ÉDIMBOURG – Plan d'ensemble

les voitures de location et suivre « *all directions* » au rond-point.) *Dayticket* £ 9 (trajet aéroport inclus ; £ 4 depuis le *Park & Ride*). Départs ttes les 8-10 mn (dim ttes les 12-15 mn) 6h15-22h45. Durée : env 30 mn jusqu'à Princes St.

➤ *En taxi :* prévoir env £ 20-30, en fonction du nombre de passagers et de la destination. Les *black cabs* patientent à l'extérieur des arrivées nationales.

En train

🚆 *Waverley Station* (zoom I, G6) : rens au Scotrail, ☎ *0344-811-0141.* ● *scotrail.co.uk* ● Relie Édimbourg à Londres et quasi toute l'Écosse. Consignes payantes.
🚆 *Haymarket Station* (plan d'ensemble D8) : *à West End.* La plupart des trains en direction (et provenance) de Glasgow, Aberdeen, Stirling, Perth et Inverness s'y arrêtent.

En bus

🚌 *Edinburgh Bus Station* (zoom I, F6) : *entrée à l'angle nord-ouest de Saint Andrew Sq, en sous-sol. Autre accès par Elder St.* ☎ 0871-200-22-33.

● *travelinescotland.com* ● 📶 Bus de et vers toutes les villes du pays. C'est le moyen de transport le moins cher ; réduc pour les moins de 26 ans et les étudiants sur certaines compagnies (préciser à la résa). Consignes payantes.

Principales compagnies et destinations

■ *Scottish Citylink :* ☎ *0871-266-33-33.* ● *citylink.co.uk* ● Liaisons régulières avec : Glasgow (durée : env 1h30) ; Aberdeen via Dundee (3h) ; Perth (1h40) ; Stirling (1h10) ; Inverness (4h-4h30).
■ *Stagecoach :* ● *stagecoachbus.com* ● Bus pour la péninsule de Fife (Saint Andrews par la côte, Perth, Glenrothes) et Dundee.
■ *First :* ● *firstgroup.com* ● Liaisons régulières avec les Borders.
■ *National Express :* ☎ *08717-81-81-81.* ● *nationalexpress.com* ● Liaisons régulières avec les principales villes d'Écosse et d'Angleterre.
■ *Megabus :* depuis la Grande-Bretagne : ☎ *0900-160-09-00* (résas) ; ☎ *0141-352-44-44* (infos). En France : ☎ *04-74-66-78-82.* ● *megabus.com* ● Liaisons régulières avec les principales villes d'Écosse et Londres (durée : 9h30).

Comment circuler dans Édimbourg et sa région ?

En bus et tramway

■ *Lothian Buses :* ☎ *555-63-63.* ● *lothianbuses.com* ● Bon réseau. Trajet simple de jour, £ 1,60 (quelle que soit la distance). Ticket de nuit (minuit-4h30), valable pour un nombre de trajets illimités : £ 3 (£ 3,50 pour bus de jour à partir de 18h et de nuit). Plus avantageux, le *Dayticket*, ticket à la journée : £ 4 ; réduc. Attention : prévoir l'appoint, le chauffeur ne rend pas la monnaie. Les tickets peuvent aussi s'acheter en ligne, via une application pour smartphones. Ces titres sont aussi valables sur l'unique ligne de *tram*, qui relie l'aéroport à York Place en remontant Princes Street, l'artère principale de *New Town*. Circule tlj 5h30-23h depuis York Place ; 6h15-22h45 depuis l'aéroport. Fréquence de 8-10 mn en journée, 12-15 mn le soir et le dimanche. Les billets s'achètent

aux bornes automatiques présentes à chaque arrêt (CB ou pièces, ne rend pas la monnaie). ● *edinburghtrams.com* ● Wifi gratuit à bord.
■ *Ridacard :* carte d'abonnement à la semaine, £ 18. Pour un mois, £ 54 ; prévoir £ 3 pour l'achat de la carte (rechargeable) ; réduc étudiants. *Disponible dans les travel shops : 31, Waverley Bridge (zoom I, F7, 4), 27, Hanover St (zoom I, F6), ou 8, Clifton Terrace, à Haymarket (plan d'ensemble, D7-8). Lun-sam 9h-18h (19h lun et jeu, 17h30 sam), dim (slt travelshop de Waverley Bridge) 10h-17h30.* ● *ridacard.com* ●
■ *Objets perdus* dans les transports : ☎ *475-06-52.*

À vélo

La ville se découvre facilement à pied, mais, cela dit, des pistes cyclables la sillonnent. On peut aussi s'éclater à VTT dans les Pentlands, juste au sud d'Édimbourg. Pour une location de vélos, compter env £ 20/j. avec antivol et casque ; tarifs dégressifs.

■ **Adresses utiles**
- 🛈 Visitor Information Centre
- 1 Airlink Bus
- 2 Bike Trax Cycle Hire
- 3 Cycle Scotland
- 4 Travel Shop Waverley Bridge
- 7 Journaux français
- 8 Pharmacie Boots
- 10 Tickets Scotland

🛏 **Où dormir ?**
- 20 Castle Rock Hostel
- 21 Royal Mile Backpackers
- 22 High Street Hostel
- 23 Kick Ass Hostels
- 24 St Christopher's Inn
- 25 Hub Edinburgh Royal Mile
- 26 Budget Backpackers
- 27 Edinburgh Metro Hostel
- 28 Travelodge Edinburgh Central
- 29 Travelodge Queen Street
- 30 The Baxter Hostel, Haggis Hostels et Princes St Backpackers
- 33 Easyhotel
- 34 Terrace Hotel
- 39 Adria House
- 42 Adam Drysdale House
- 53 Edinburgh Central Guesthouse
- 54 Motel One

🍽 **Où manger ?**
- 60 Oink (Grassmarket)
- 61 Baked Potato Shop
- 62 Pie Maker
- 63 The Scottish Café & Restaurant
- 64 Mums
- 65 Fruitmarket Gallery
- 66 Larder
- 67 Lucano & Ross
- 68 Oink (Royal Mile)
- 69 Arcade Bar
- 70 David Bann
- 71 Under the Stairs
- 72 Ecco Vino
- 73 Petit Paris
- 74 The Tower Restaurant
- 75 Dubh Prais
- 76 The Witchery by the Castle et Cannonball
- 77 Tony Singh
- 78 Henderson's
- 79 Tani Modi
- 80 The Cambridge Bar
- 82 The Dogs
- 85 Urbanangel
- 86 Contini
- 87 Mussel Inn
- 88 Jamie's Italian
- 89 Namaste Kathmandu
- 90 The Tiles
- 91 Basement
- 92 Fishers in the City
- 93 The Dome
- 94 The Mosque Kitchen
- 95 10 to 10 in Delhi
- 97 Kalpna

☕ **Où prendre le thé ? Où goûter ?**
- 65 Fruitmarket Gallery
- 66 Larder
- 85 Urbanangel
- 141 Clarinda's Tearoom

🍷 🎵 🎶 **Où boire un verre ? Où sortir ?**
- 71 Under the Stairs
- 93 The Dome
- 110 The Forest
- 111 Finnegan's Wake
- 112 Bannermans
- 113 The Three Sisters
- 114 Frankenstein Pub
- 115 The Elephant House
- 116 The Royal Oak
- 117 Sandy Bells
- 118 The Devil's Advocate
- 120 Biddy Mulligans et The Last Drop
- 121 The City Café
- 122 The Standing Order
- 123 Greyfriars Bobby's Bar
- 124 The Oxford Bar
- 125 Abbotsford
- 126 Tiger Lily
- 127 Fingers
- 128 Dirty Dick's
- 130 Café Royal et Voodoo Rooms
- 131 Le Monde
- 132 Pear Tree House
- 133 The Brass Monkey

🎵 🎶 **Où écouter de la musique ? Où danser ?**
- 111 Liquid Room
- 119 Espionage
- 150 Henry's Cellar Bar
- 151 Le Cabaret Voltaire
- 152 The Jazz Bar
- 153 The Bongo Club

⊛ **Boutiques, souvenirs du pays**
- 160 Jenners
- 161 Iain Mellis Cheesemonger
- 162 The Fudge House
- 163 Coda Music
- 164 Royal Mile Whiskies
- 166 Stockbridge Market
- 167 Farmers' Market

🏃 **À voir**
- 170 The Real Mary King's Close
- 171 Gladstone's Land

ÉDIMBOURG ET LES LOTHIANS

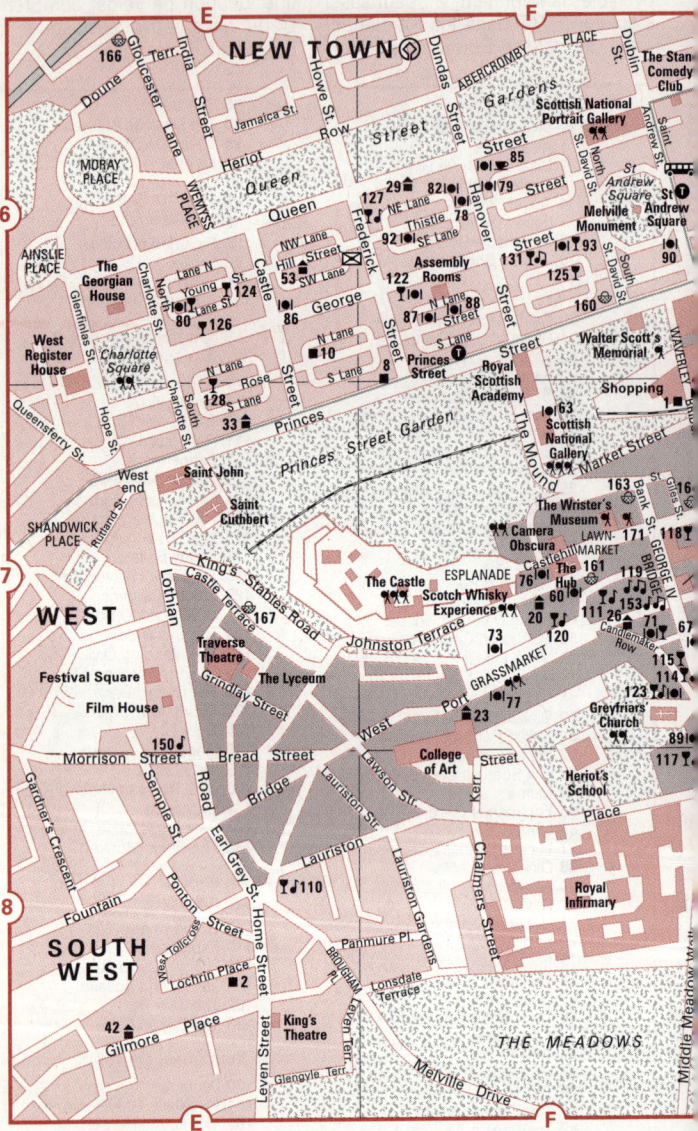

E **F**

NEW TOWN

The Stand Comedy Club

166 Gloucester Terr.

India Street

Doune

PLACE

Dublin St.

Jamaica St.

Howe St.

ABERCROMBY

Dundas Street

GARDENS

MORAY PLACE

Heriot Row

Queen Street

Scottish National Portrait Gallery

St Andrew St.

North St. David St.

AINSLIE PLACE

WEMYSS PLACE

Queen Street

85

St Andrew Square

St Andrew Square

127 29 82 79

The Georgian House

NW Lane

Hill Street

Thistle 78

Melville Monument

93

90

Glenfinlas St.

Young St.

Castle Street

53 SW Lane

92 St Lane

131

125

West Register House

80 124 126

Lane N

122 Assembly Rooms

87 88

160

Charlotte Square

George Street

86

N Lane

S Lane

Walter Scott's Memorial

Shopping

10

8

Queensferry St.

Hope St.

128 Rose Street

Princes Street

Royal Scottish Academy

63

Scottish National Gallery

16

33 Princes

Princes Street Garden

The Mound

Market Street

Saint John

West end

Rutland St.

The Wrister's Museum

163

Bank St.

Giles St.

SHANDWICK PLACE

Saint Cuthbert

Camera Obscura

LAWN- 171 118

Castlehill MARKET

Lothian

King's Stables Road

The Castle

ESPLANADE

Scotch Whisky Experience

76 The Hub 161

60

119

GEORGE IV BRIDGE

WEST

167

Castle Terrace

20

111 26 153

71 67

Candlemaker Row

WEST

Traverse Theatre

Johnston Terrace

73

120

115

Festival Square

The Lyceum

GRASSMARKET

77

123

114

Film House

Grindlay Street

West Port

23

Greyfriars' Church

89

117

150

Morrison Street

Bread Street

Lawson Str.

College of Art

Kirk Street

Heriot's School

Gardner's Crescent

Semple St.

Earl Grey St.

Home Street

Bridge

Lauriston St.

Place

Lauriston Gardens

Chalmers Street

Royal Infirmary

Fountain

110

Lauriston

SOUTH WEST

West Tollcross

Lochrin Place

2

Panmure Pl.

Brougham St.

Leven Terr.

Lonsdale Terrace

THE MEADOWS

42 Gilmore Place

King's Theatre

Leven Street

Glengyle Terr.

Melville Drive

Middle Meadow Walk

E **F**

NEWHAVEN, LEITH

BERWICK

NORD

York Place
91
PICARDY PLACE
York Place
Greenside Row
Leith Street
Elder St.
York Place

Royal Terrace
39
34
Royal Terrace
Regent Gardens

Road

Calton Hill
Observatory
Nelson's Monument
National Monument
WATERLOO PLACE
Register House
30
54
130
Saint Andrew's House
Royal High School
Regent
Calton
Road
Abbey Hill
Burns Monument
Abbey
Palace of Holyroodhouse
Waverley Market
Shopping Centre
The Edinburgh Dungeon
65
City Art Centre
24
72
City Chambers
69
61
High
7
170
St Giles' Cathedral
National Library
Cowgate
113
152
Heriot Watt University
Waverley Station
East Market Street
John Knox St. House
21
75
Museum of Childhood
22
3
66
Iron Kirk
121
151
112
162
27
116
Chambers St.
Infirmary St.
Dunbar's Close Garden
14
Canongate
Canongate Kirk
68
The People's Story
25
162
Morey House
University
Holyrood
Cowgate
OLD TOWN
White Horse Close
Horse Wynd
Scottish Parliament House
Canongate
Museum of Edinburgh
70
Dynamic Earth
Road
The Queen's Drive
Abbey Hill

Old University
133
Drummond Street
Adam St.
Richmond Place
Nicolson
Pleasance
National Museum of Scotland
74
64
BRISTO
Teviot Pl.
Forrest Rd
PLACE
Potter Row
94
95
West Richmond St.
West Nicolson St.
SOUTH
132
New University
George Square
Chapel St.
East Crosscauseway
97
St Patrick Square
Buccleuch Place
Clerk
Buccleuch Street
Rankeillor St.
Montague St.
The Queen's Hall
Bernard Terrace
Saint Leonard's Hill
Saint Leonard's Lane
Saint Leonard's Street
Dumbiedykes
Road
HOLYROOD PARK
The Queen's Drive
East Parkside
The Queen's Drive

0   100   200 m

Tramway

Site inscrit au Patrimoine mondial de l'Unesco

G   H

ÉDIMBOURG – Centre (zoom I)

6

7

8

ÉDIMBOURG ET LES LOTHIANS

■ *Bike Trax Cycle Hire* (zoom I, E8, 2) : 11, Lochrin Pl (Tollcross). ☎ 228-66-33. ● biketrax.co.uk ● Tlj sf dim 9h30-18h (17h30 sam).

■ *Cycle Scotland* (zoom I, G7, 3) : 29, Blackfriars St. ☎ 556-55-60. ● cycles cotland.co.uk ● Tlj 10h-18h. Tours guidés également.

En voiture

Le stationnement en centre-ville est payant lun-sam 8h30-18h30, cher (env £ 2,40-3,60/h !) et limité à 4h d'affilée. Et mieux vaut nourrir l'horodateur, car les *parking attendants* ne sont pas du genre à chômer ! Quelques zones périphériques sont encore gratuites, mais faites gaffe aux places réservées aux résidents. Essayez, entre autres, du côté des *Royal Botanic Gardens* et d'*Inverleith Park* (plan d'ensemble D-E4-5) ou dans les ruelles proches du stade de Murrayfield (plan d'ensemble A-B8-9) ; *le w-e, parking gratuit le long de la London Rd, grande artère au nord de Holyrood Park (plan d'ensemble H-J5-6)*.
– Une bonne solution : les *Park and Rides,* des parkings gratuits aménagés à la sortie de la ville (notamment Ingliston près de l'A 8 et Sheriffhall sur l'A 7). On ne paie que la navette pour gagner le centre-ville, au tarif des bus classiques.

Adresses et infos utiles

Infos touristiques

🛈 *Visitor Information Centre* (zoom I, G6) : 3, Princes St. ☎ 0845-225-51-21. ● visitscotland.com ● edinburgh. org ● Sur une esplanade entre la gare et Princes St. Tlj, tte l'année : 9h (10h dim)-17h (18h juin, 19h juil-août). Vente de cartes routières et de livres. Réservation de chambres, tours guidés, etc. Bureau de change.
– Beaucoup d'infos à glaner aussi sur ● edinburghguide.com ●

Représentations diplomatiques

■ *Consulat de France* (plan d'ensemble D6, 5) : 11, Randolph Crescent. ☎ 225-79-54 ou en cas d'urgence (slt),

Location de voitures
■ *Enterprise Rent a car :* 12, Annandale St. ☎ 557-00-00. À l'aéroport, ☎ 333-04-00 ● enterprise.co.uk ●
■ *Europcar :* Waverley Train Station, Unit 6, Platform 2 (en plein centre). ☎ 456-06-39. À l'aéroport, ☎ 0371-384-34-06. ● europcar.co.uk ●
■ *Avis :* 24, East London St. ☎ 0344-544-60-59. À l'aéroport, ☎ 0844-544-60-04. ● avis.co.uk ●
■ *Hertz :* 10, Picardy Pl. ☎ 0843-309-30-26. À l'aéroport, ☎ 0843-309-30-25. ● hertz.co.uk ●
■ *Budget :* 24, East London St. ☎ 0344-544-90-64. À l'aéroport, ☎ 0844-544-46-05. ● budget.co.uk ●
■ *Celtic Legend :* ● celticlegend. co.uk ● Agence fiable aux tarifs très intéressants. Résa en ligne et paiement à la prise du véhicule.

En taxi

♿ Comme à Londres, ils prennent jusqu'à 5 personnes, profitez-en ! La majorité des taxis sont équipés d'une plate-forme d'accès pour permettre la montée de fauteuils roulants.
■ *City Cabs :* ☎ 228-12-11. ● city cabs.co.uk ●
■ *Central Taxis :* ☎ 229-24-68. ● taxis-edinburgh.co.uk ●

📱 07702-252-555. Lun-ven 9h-13h, l'ap-m sur rdv.
■ *Consulat de Suisse :* 58, Manor Pl. ☎ 225-93-13. Sur rdv slt.
■ *Consulat honoraire de Belgique :* chez Experience Scotland Travel Services, 2, West St, Penicuik (à 10 miles d'Édimbourg). ☎ (1968) 679-969. ● consulbelgiumscotland@gmail.com ●

Culture et agences de voyages

■ *Institut français d'Écosse* (plan d'ensemble D6, 6) : 13, Randolph Crescent. ☎ 225-53-66. ● ifecosse. org.uk ● À côté du consulat. Lun-ven 9h30-18h30, sam 10h-13h. Expos, livres, vidéos, musique, etc.
■ *Journaux français* (zoom I, G7, 7) :

ÉDIMBOURG – LEITH (zoom II)

ÉDIMBOURG ET LES LOTHIANS

|◉| **Où manger ?**		102 Fishers

Où manger ?
99 Teuchters Landing et A Room in Leith
100 The Kings Wark
101 The Shore
102 Fishers

Où boire un verre ?
99 Teuchters Landing
100 The Kings Wark
101 The Shore

International Newsagents, 351, High St, Old Town. Tlj.

■ *Walkabout Scotland :* ☎ 0845-686-13-44. • *walkaboutscotland. com* • Résas sur Internet slt ou par tél. Excursions d'un jour ou d'un week-end, dans les montagnes des Highlands (Ben Lomond, Buachaille Etive Mhor...).

■ *Haggis Adventures : 60, High St.* ☎ 557-93-93. • *haggisadventures. com* • Tlj 7h30-17h45 (16h45 sam, 13h45 dim). Réduc étudiants. Excursions classiques d'une journée ou sur plusieurs jours.

■ *Rabbies : 207, High St.* ☎ 226-31-33. • *rabbies.com* • Excursions : Saint Andrews et Fife, loch Lomond, loch Ness... Également un programme orienté culture et patrimoine.

■ *Timberbush Tours : 555, Castle-hill (juste avt le château, sur la droite).* ☎ 226-60-66. • *timberbush-tours. com* • Tlj 9h (10h dim)-18h. Réduc étudiants. Excursions dans les Highlands : loch Ness, loch Lomond, Glencoe, Oban, Saint Andrews.
Voir également la rubrique « Transports intérieurs » dans « Écosse utile ».

Divers

■ *Supermarchés :* plusieurs le long de Nicholson St *(zoom I, G7-8).*

■ *Pharmacie Boots (zoom I, F6-7, 8) : 103, Princes St.* La partie pharmacie se trouve au fond du magasin, à droite. Lun-sam 8h-19h (20h jeu), dim 10h-18h.

ÉDIMBOURG ET LES LOTHIANS

Où dormir ?

En haute saison (juillet-août), non seulement les prix augmentent, mais il est indispensable de réserver son hébergement bien à l'avance. Sachez par ailleurs que les auberges de jeunesse appliquent systématiquement un supplément le week-end (£ 3/lit en général). Tous les hébergements proposent un accès wifi (souvent gratuit) ; on ne l'indique donc plus systématiquement.

Campings

⚔ **Edinburgh Caravan Club Site** (carte Édimbourg et les Lothians, **1**) : 35-37, Marine Dr, à 5 km au nord-ouest du centre. ☎ 312-68-74. ● cara vanclub.co.uk ● Bus n° 16 depuis le centre (arrêt Marine Dr). Tte l'année. Forfait pour 2 en tente selon saison £ 23-27, plus £ 10 de cotisation pour les non-membres. Situation exceptionnelle pour un camping de ville, coincé entre un golf, la colline où veille le Lauriston Castle et les belles rives du Firth of Forth. Terrain bien équipé, de taille moyenne, aux emplacements tirés au cordeau pour les caravanes et camping-cars. On plante sa tente sur une belle pelouse entourée d'arbres... Pas de resto. Dommage que l'aéroport soit si proche, mais les avions ne volent que pendant la journée. Le gros plus : la mer à deux pas. Accueil routinier.

⚔ **Mortonhall Caravan Park** (carte Édimbourg et les Lothians, **2**) : 38, Mortonhall Gate, Frogstone Rd East. ☎ 664-15-33. ● meadowhead.co.uk ● Au sud de la ville. Suivre l'A 701 en arrivant du centre et tourner à droite au panneau « Fairmilehead Mortonhall » ; c'est à 750 m. Bus n° 11 de Princes St (durée : 30 mn), demander l'arrêt pour le camping au chauffeur. Forfait tente pour 2 selon saison £ 21-25. 🖵 Isolé au bout d'un petit chemin, un immense camping de plus de 500 places, mieux équipé pour les camping-cars que pour les tentes. Sanitaires propres mais en nombre insuffisant en haute saison. Beau site en partie arboré, avec un moelleux gazon (trop peut-être les jours de pluie !). Pub-resto, salle de jeux, épicerie. Également des hébergements locatifs originaux, de type hutte en bois (wigwam).

⚔ **Drum Mohr Caravan and Camping Park** (carte Édimbourg et les Lothians, **3**) : Levenhall, **Musselburgh EH21 8JS**. ☎ 665-68-67. ● drummohr. org ● À l'est d'Édimbourg, en suivant la route côtière (A 199) après Musselburgh. Bus n° 26 ttes les 10-15 mn. Résa très conseillée en juil-août. Forfait pour 2 selon saison £ 20-27. 📶 À la fois simple et convivial, ce caravan park bien entretenu n'a pas oublié les campeurs avec son beau gazon (sans ombre). Blocs sanitaires corrects. En plus des chalets classiques, loue des cabanes en bois octogonales marrantes, avec cuisinette et chauffage (compter £ 30-50 pour 2).

Dans Old Town

Old Town, c'est le coin routard par excellence : ambiance lits superposés et vie en collectivité. Certaines adresses ne proposent pas de petit déj mais mettent à disposition des cuisines équipées.

Bon marché (£ 10-25/pers ; 12-30 €)

🛏 **Castle Rock Hostel** (zoom I, F7, **20**) : 15, Johnston Terrace, au pied du château. ☎ 225-96-66. ● castleroc kedinburgh.com ● Nuitée en dortoir 4-16 lits £ 12-25 selon taille et saison (jusqu'à £ 32 en août). Doubles avec lavabo £ 55-70 selon saison (mais £ 110 en août !). Petit déj en sus. 🖵 Révisons nos livres d'histoire : le mouvement hippie trouve ses racines au Moyen Âge ! Cette adresse le prouve ! Dans les salons grandiloquents, l'un avec billard, mezzanine et belle vue sur la ville, l'autre, plus intime, avec piano, on partage du bon temps dans un environnement médiévalo-kitsch orné de fresques maison. Les dortoirs sont bien sûr plus simples, mais bien tenus, tout comme les sanitaires. Également une vaste cuisine, une salle de cinéma et, en contrebas, une terrasse, avec possibilité de barbecue. Ah, la vie de château, on y prend goût !

🛏 **Royal Mile Backpackers** (zoom I, G7, **21**) : 105, High St. ☎ 557-61-20. ● royalmilebackpackers.com ● Nuitée en dortoir 4-8 lits £ 11-16 (£ 24-28 en août). Petit déj en sus. 🛜 Petite AJ située au cœur de l'animation. Dortoirs et sanitaires simples, propres et corrects pour le prix. Les gros points forts : l'accueil chaleureux et l'atmosphère décontractée, à des prix parmi les plus bas du centre-ville. Certes, les espaces communs (cuisine et salon) sont exigus, mais on y gagne en convivialité !

🛏 **High Street Hostel** (zoom I, G7, **22**) : 8, Blackfriars St. ☎ 557-39-84. ● highstreethostel.com ● Nuitée en dortoir 4-18 lits £ 11-17 selon taille et saison (£ 35 en août). Doubles (3 slt, réserver à l'avance) £ 50-75 selon saison. Petit déj en sus. 🖥 Grosse AJ très vivante dans une maison de caractère du XVIᵉ s. Atmosphère chaleureuse et conviviale, à l'image des salons confortables avec gros sofas, armures médiévales dans les recoins et piano. Dortoirs classiques, simples (literie moyenne et pas de double vitrage). Salles de bains en nombre à peine suffisant. Au sous-sol, salon TV, billard, cuisine et courette pour les fumeurs. Ambiance routarde garantie. Bonne adresse pour le petit déj juste en face, Larder (lire plus bas « Où manger ? »).

🛏 **St Christopher's Inn** (zoom I, G7, **24**) : 9-13, Market St. ☎ 226-14-46. ● st-christophers.co.uk ● Nuitée en dortoir 4-14 lits £ 10-30 (jusqu'à £ 45 en août !). Doubles £ 40-100. Petit déj inclus. 🖥 Les St Christopher's Inn, bien connus à Londres, ont bâti leur réputation sur leur ambiance festive. Ici, les dortoirs disposent pour la plupart de salles d'eau privées, et, au rez-de-chaussée, le Belushi's (le bar attitré de l'hôtel, comme dans tous les autres établissements de la chaîne) facilite les rencontres. Bref, une adresse très fréquentable, même s'il vaut mieux avoir le sommeil lourd ! Pas de cuisine, en revanche.

🛏 **Budget Backpackers** (zoom I, F7, **26**) : 37-39, Cowgate. ☎ 226-63-51. ● budgetbackpackers.com ● Nuitée en dortoir 4-30 lits £ 10-36. 🖥 Cette AJ bien située à deux pas de Grassmarket se repère facilement à son âne à lunettes ! Les couloirs pétaradent de couleurs vives, et les sanitaires comme les dortoirs sont très corrects (lumières individuelles, casiers...). Le plus grand, 30 lits, n'est pas trop impressionnant car réparti en réalité sur 2 niveaux, mais évidemment bruyant et assez mal aéré. Cuisine, salon TV douillet, et un bar insolite aménagé dans un antique van relooké ! Plutôt sympa, même si ce n'est pas le mieux organisée, ni la plus conviviale. La même enseigne tient une seconde adresse dans le même esprit, le **Kick Ass Hostels** (zoom I, F7, **23**) sur Grassmarket (2, West Port ; ☎ 226-63-51. ● kickasshostels.co.uk ●). Même confort, dans des dortoirs de 6-12 lits.

🛏 **Edinburgh Metro Hostel** (zoom I, G7, **27**) : 11/2 Robertson's Close, Cowgate. ☎ 556-87-18. ● syha.org. uk ● Ouv slt juil-août. Env £ 20-25/pers (parfois plus en août). 🛜 On a connu plus glamour, mais cette grande résidence étudiante ouverte à tous l'été ne manque pas d'arguments : stratégiquement située (bruyant côté rue), propre et composée d'appartements de 4 à 6 chambres d'une personne (avec lit simple, armoire et bureau) se partageant à chaque fois cuisine et sanitaires. Austère et fonctionnel : ce qu'on gagne en intimité par rapport à une auberge classique, on le perd en convivialité, faute d'espace commun où socialiser. Bon plan en revanche pour les petits groupes constitués.

De bon marché à plus chic (moins de £ 125 ; 150 €)

🛏 **Travelodge Edinburgh Central** (zoom I, G7, **28**) : 33, Saint Mary St. ☎ 0871-984-61-37. ● travelodge. co.uk ● Doubles env £ 55-110 (jusqu'à £ 170 en août), petit déj en sus. Parking (payant). 🛜 (payant). Il est clair qu'on ne choisit jamais un Travelodge pour son charme. Cela dit, le rapport prix-situation vaut le coup pour qui aspire à plus d'intimité qu'en auberge de jeunesse tout en préservant autant que possible sa tirelire. Autre avantage pour les routards motorisés : un parking à l'arrière. Parmi les autres adresses de la chaîne en centre-ville, le **Travelodge**

Queen Street *(zoom I, F6, 29)*, *situé au 30-31, Queen St, dans New Town.*

Hub Edinburgh Royal Mile *(zoom I, G6-7, 25)* : 37, Market St. *Résa par internet slt sur ● hubhotels.co.uk ● Doubles £ 60-110 (jusqu'à £ 160 en août). Petit déj en sus.* En contrebas du Royal Mile, cette déclinaison *low-cost* de la chaîne *Premier Inn* empile des chambrettes aux allures de cabine de navette spatiale, dans lesquelles on a fait entrer au chausse-pied un bon gros matelas et une salle d'eau vitrée. À peine la place de poser sa valise (on peut prétendre à quelques m² de plus en ajoutant £ 20), mais tenue impeccable, à des tarifs presque abordables pour Édimbourg.

Dans New Town

Bon marché
(£ 10-25/pers ; 12-30 €)

The Baxter Hostel *(zoom I, G6, 30)* : 5, West Register St. ☎ 555-86-09. ● *thebaxter.eu ● Au 1er étage. Nuitée en dortoir 6-12 lits £ 20-36, petit déj inclus. Quadruple privée avec sdb £ 100-115.* La dernière-née des AJ de cet immeuble qui en empile 3 se la joue « Boutique Hostel » avec son élégant *lounge* organisé autour d'une cuisine ouverte et sa déco style vintage industriel, alliant murs de pierre et tapisserie en imitation tartan. Lits superposés en fer sur 3 niveaux, avec matelas de bonne qualité, casier, lumière et prise de courant individuels. Le tout super bien tenu. Vraiment pas le genre d'endroit où l'on laisse ses chaussures crottées traîner au milieu du couloir ! Le bémol, seulement 3 douches à se partager.

Haggis Hostels *(zoom I, G6, 30)* : 5, West Register St. ☎ 557-00-36. ● *haggishostels.co.uk ● Au 2e étage. Nuitée en dortoir 4-10 lits £ 18-35, avec petit déj léger.* Dans le même immeuble fatigué que le Baxter Hostel, une AJ de poche, aménagée dans un ancien appartement modernisé. Pas franchement de caractère, le lieu est avant tout fonctionnel, propre, bien conçu et de bon confort (cuisine équipée, salon TV). Le plus, c'est sa taille (34 lits), qui lui confère une atmosphère conviviale.

Princes St Backpackers *(zoom I, G6, 30)* : 5, West Register St. ☎ 556-68-94. ● *edinburghbackpackers.com ● Au dernier étage. Nuitée en dortoir 4-12 lits £ 11-35. Doubles sommaires et sans sdb £ 65-70.* Encore une AJ dans ce vieil immeuble peu engageant, décidément transformé en nid à routards ! Une centaine de lits dans ce petit établissement recouvert de rigolotes fresques tendance *punk-arty*. Dortoirs acceptables pour qui n'est pas trop regardant, et sanitaires propres. Cuisine, salle TV... Fréquenté par des hordes de routards qui se lèvent et se couchent tard. Bonne ambiance, donc, et accueil franchement sympa !

Edinburgh Central *(plan d'ensemble G5, 31)* : 9, Haddington Pl. ☎ 524-20-90. ● *syha.org.uk ● Nuitée en dortoir 4-6 lits £ 15-30 (jusqu'à £ 40 en août). Doubles avec sdb £ 70-110. Petit déj en sus.* Affilié à la fédération internationale, un vaste établissement moderne et fonctionnel totalisant plus de 250 lits. Les chambres et dortoirs manquent un peu d'âme mais sont parfaitement tenus et tout confort (casiers, lampe individuelle, salle de bains privée avec w-c séparé, et même la TV pour les doubles les plus chères). Resto, cuisine, salle TV et buanderie. Pas l'AJ la plus conviviale, mais prestations impeccables.

De prix moyens
à plus chic
(£ 50-125 ; 60-150 €)

La plupart des adresses suivantes se situent non loin du centre historique.

Easyhotel *(zoom I, E7, 33)* : 125 a, Princes St. ☎ 226-53-03. ● *easyhoteledinburgh.com ● Doubles env £ 35-100 selon catégorie et saison. Pas de petit déj.* (payant). Un hôtel *low-cost* jusqu'au bout des ongles, mais décemment tenu et idéalement situé. Une trentaine de chambres avec mini-salle d'eau, réparties en 3 catégories : les *standard* sont à peine praticables, alors on vous laisse imaginer la taille des *small rooms*. Quant aux moins chères, elles n'ont même pas de fenêtre (remarquez, c'est parfait quand le temps est pourri !). On n'y passera donc pas sa nuit de noces, mais, pour un court séjour, l'option reste valable. Bien sûr, tous les extras sont facturés en plus : wifi, TV, ménage...

⌂ *Terrace Hotel (zoom I, H6, 34) : 37, Royal Terrace.* ☎ 556-34-23. ● *terrace hotel.co.uk* ● *Sur les hauteurs de Regent's Garden, à 15 mn à pied du centre. Ne pas confondre avec son voisin le* Royal Terrace Hotel. *Doubles £ 45-110.* Dans une noble maison de style georgien (XVIIIe s), avec un beau salon. Chambres spacieuses, classiques, certaines plus charmantes que d'autres ; salles de bains parfois minuscules. Joli jardin derrière (accessible, mais c'est compliqué). Le propriétaire est un gentleman un peu excentrique, toujours prêt pour un bon mot. On se sent bien accueilli.

⌂ *Edinburgh Central Guesthouse (zoom I, E6, 53) : 8, Hill St.* ☎ 624-02-88. ● *edinburghcentralguesthouse. co.uk* ● *Doubles £ 60-120 (plus cher en août), petit déj continental inclus.* Dans une rue tranquille de New Town, une dizaine de chambres réparties sur 3 étages, toutes différentes, certaines immenses, d'autres, plus étroites, lovées sous les toits. Salle d'eau privée ou à partager à 3. Tenue impeccable et bon confort partout, dans une atmosphère à la fois sobre et cosy, mêlant moquette épaisse et esquisses contemporaines.

⌂ *Ramsay's B & B (plan d'ensemble G5, 35) : 25, East London St.* ☎ 557-59-17. ● *ramsaysbedan dbreakfastedinburgh.com* ● *Doubles £ 85-120.* 📶 Carton plein pour ce *B & B* tenu par une famille chaleureuse et disponible, bien situé dans un quartier à la fois résidentiel et riche en commerces. Les 4 chambres pimpantes arborent une déco fraîche et très contemporaine, et profitent d'un excellent niveau de confort (TV et salle de bains privée pour tout le monde !). 2 d'entre elles donnent sur le ravissant petit jardin à l'arrière. Et on n'a encore rien dit du bon petit déj... Impeccable de bout en bout.

⌂ *Motel One (zoom I, G6, 54) : 10-15 Princes St (entrée par West Register, réception au 1er étage).* ☎ 550-92-20. ● *motel-one.com* ● *Doubles standard £ 75-105 (jusqu'à £ 155 en août). Petit déj en sus.* Son nom pourrait laisser penser à une adresse petit budget, mais l'immense hall de réception *arty* bouscule vite les préjugés, annonçant un établissement design bien d'aujourd'hui, alignant 140 chambres à la sobriété toute contemporaine. Pour £ 10 de plus, on bénéficie de la vue sur Old Town, qui se fait panoramique depuis les chambres du 1er étage, percées d'immenses fenêtres. Celles sur l'arrière sont plus banales et, pour toutes, les salles d'eau se révèlent plutôt étroites. 2de adresse sur Market St, de l'autre côté du pont. Mêmes prix et prestations, la vue en moins...

⌂ *Ardenlee Guesthouse (plan d'ensemble F5, 38) : 9, Eyre Pl.* ☎ 556-28-38. ● *ardenlee.co.uk* ● *À env 10 mn à pied au nord de New Town. Résa impérative. Doubles £ 60-120 sans ou avec sdb et selon saison. Appart 4 pers £ 80-150 selon saison.* Un *B & B* agréable et bien tenu. L'accueil est aimable et les chambres à la décoration soignée sont de bon confort. Les moins chères, sans salle de bains, sont toutefois minuscules.

⌂ *Adria House (zoom I, H6, 39) : 11-12, Royal Terrace.* ☎ 556-78-75. ● *adriahouse.co.uk* ● *Doubles £ 70-130.* 🖥 Au calme dans un quartier résidentiel verdoyant, un petit hôtel de charme avec la convivialité d'un *B & B*. Les parties communes sont élégantes, et les chambres classiques, agréables et de bon confort. Certaines ont leur salle de bains hors de la chambre, mais elle est toujours privative. Quelques familiales. Accueil pro.

À Haymarket

En bordure ouest du centre (15 mn à pied), un quartier pas trop cher, facilement accessible en tramway (et bus) depuis la station Haymarket.

Bon marché
(£ 10-25/pers ; 12-30 €)

⌂ *Belford Hostel (plan d'ensemble D7, 32) : 6-8, Douglas Gardens.* ☎ 220-22-00 ou 225-62-09. ● *hoppo. com* ● *À l'angle de Belford Rd (env 15-20 mn à pied depuis Princes St).*

Nuitée en dortoir 4-10 lits env £ 10-12 selon taille (jusqu'à £ 25 en août). Doubles £ 40-45 (près du double en août). Petit déj en sus. ⌨ Difficile de la rater, cette AJ occupe une ancienne église ! Dortoirs dans de curieux box en préfabriqué peinturlurés, aménagés dans la vaste nef. L'intimité ici n'a rien d'un confessionnal, au contraire. L'immense salle commune du sous-sol est très sympa, divisée entre la cuisine, le bar, le salon TV et l'espace détente avec *snooker.* Petit patio. L'ensemble fait un peu *cheap,* mais compte parmi les AJ les moins chères de la ville.

De prix moyens à plus chic (£ 50-125 ; 60-150 €)

🏠 *Saint Valery Guesthouse (plan d'ensemble C-D7, 36) :* 36, Coates Gardens. ☎ 337-18-93. *Doubles env £ 80-120 selon période (moins cher l'hiver), avec petit déj. Quelques triples et quadruples pour les familles.* ⌨ À distance raisonnable du centre, une maison de ville cossue dans une rue résidentielle dupliquant à l'infini les mêmes demeures victoriennes. Chambres bien tenues avec salles de bains un peu exiguës (sur le palier pour 2 d'entre elles), moquette, fausses cheminées et papier peint fleuri. On prend le petit déj derrière un large bow-window. Un bon point de chute pour qui recherche calme et classicisme.

🏠 *Premier Inn (plan d'ensemble D8, 37) :* 1, Morrison Link. ☎ 656-43-00. ● *premierinn.com* ● *Même prix pour les doubles et les familiales (2 enfants dormant avec les parents) £ 45-175 selon saison. Petit déj en sus mais gratuit pour les enfants.* La chaîne *Premier Inn,* implantée partout au Royaume-Uni, présente un avantage indéniable pour les familles. D'un très bon rapport qualité-prix, ce giga building occupant tout un pâté de maisons, équivalent d'un 2-étoiles, est certes dénué de charme mais confortable et fonctionnel. Petit déj-buffet varié très correct (en supplément). Plusieurs autres *Premier Inn* dans la capitale, dont un sur Market Street (au pied du Royal Mile) et un à Leith (voir plus loin).

À *South Side et South West*

Au sud-est de la ville, dans un quartier résidentiel. Bus (nos 2, 14, 30, 33, 49, 86...). Arrêts Minto Street ou Mayfield Gardens, entre autres. Pour South West, prendre le bus no 11.

Bon marché (£ 10-25/pers ; 12-30 €)

🏠 *Argyle Backpackers Hostel (plan d'ensemble F-G9, 40) :* 14, Argyle Pl. ☎ 667-99-91. ● *argyle-backpackers. co.uk* ● À côté du parc du Meadow, dans un quartier résidentiel. Bus (le plus facile) no 41 depuis The Mound (angle Princes St), arrêt Wanderpark Rd. *Selon saison et j. de la sem, nuitée en dortoir 4-6 lits £ 22-35 ; doubles £ 60-90.* ⌨ 📶 Dans une rue résidentielle tranquille, ces 2 maisons de villes accolées ont été métamorphosées en une AJ plaisante : dortoirs simples et convenables, sanitaires propres et récents, salon TV douillet, 2 belles cuisines à dispo, ainsi qu'une superbe véranda. Cerise sur le pudding, un jardinet pour profiter du temps qui passe et de l'atmosphère décontractée.

De prix moyens à plus chic (plus de £ 50 ; 60 €)

🏠 *Adam Drysdale House (zoom I, E8, 42) :* 42, Gilmore Pl. ☎ 228-89-52. ● *adamdrysdalehouse.com* ● *Doubles £ 60-90 (plus cher en août), avec petit déj. Également 2 familiales. Parking. CB acceptées (+ 3 %).* Petit *B & B* situé à faible distance de marche du centre. Toutes les chambres ont une salle de bains privée (à l'extérieur pour l'une d'entre elles) ; celles sous les combles sont plus spacieuses. Salle à manger riquiqui en bas. Si c'est complet, la patronne tient aussi la *Cruachan Guesthouse,* de l'autre côté de la rue.

🏠 *23 Mayfield (hors plan d'ensemble par H9, 43) :* 23, Mayfield Gardens. ☎ 667-58-06. ● *23mayfield.co.uk* ● *Dans le prolongement de Minto St. Doubles £ 90-170 (très bon petit déj).*

Parking. ▭ Dans une belle maison cossue, un *B & B* de luxe à l'atmosphère à la fois élégante et décontractée. Chambres pleines de cachet, meublées avec beaucoup de soin et parfaitement équipées : TV et lecteur DVD, chargeur iPod... Les propriétaires débordent de charmantes attentions. Une très bonne adresse.

▲ **Dorstan Guesthouse** *(hors plan d'ensemble par I9, 44) : 7, Priestfield Rd.* ☎ *667-67-21.* ● *dorstan guesthouse.com* ● *Au sud-est du centre-ville, dans une rue perpendiculaire à Dalkeith Rd. Doubles avec sdb £ 60-100. Parking.* Grosse maison cossue dans un quartier vraiment calme. Chambres sobres et agréables de bon confort, salon commun avec piano. Accueil très sympathique.

▲ **Gil Dun Guesthouse** *(plan d'ensemble I9, 45) : 9, Spence St.* ☎ *667-13-68.* ● *realbenidorm.net/gildun.html* ● *Doubles £ 70-130 selon saison, avec petit déj. Plus des familiales pour 3-4 pers.* Situé dans une petite impasse, cet établissement très confortable propose des chambres élégantes et bien tenues. On se sent vite à l'aise dans cette déco presque luxueuse. Accueil très gentil.

▲ **Pollock Halls of Residence** *(plan d'ensemble H-I8-9, 41) : 18, Holyrood Park Rd.* ☎ *651-20-07.* ● *edinburghfirst.com* ● *Au sud-est de la ville. Bus n°* 14, 30 *ou* 33. *Ouv aux touristes slt fin mai-début sept. Chambres individuelles £ 43-111 selon confort, doubles £ 97-142 selon saison, petit déj inclus.* ▭ Chambres en cité universitaire, sobres, impeccables, fonctionnelles et bien équipées. Pas donné et assez à l'écart, mais les prestations sont de bon niveau. Resto, bar à 100 m et le superbe parc de Holyrood au bout de la rue.

À Leith et à Portobello

Quartier résidentiel au nord-est du centre-ville, **Leith** (prononcer « lisse ») compte de nombreux *B & B*, en particulier sur Pilrig Street. Accès par le bus n° 11 en 15-20 mn. Quant à **Portobello,** il s'agit d'un agréable quartier en bord de mer, à environ 4 miles (6 km) à l'est du centre-ville. Idéal pour les routards motorisés.

De prix moyens à plus chic (plus de £ 50 ; 60 €)

▲ *The Conifers (plan d'ensemble H4, 46) : 56, Pilrig St.* ☎ *554-51-62.* ● *conifersguesthouse.com* ● *Doubles sans ou avec sdb £ 70-120.* ☎ Dans une rue résidentielle, une maison de ville britannique classique, avec minijardinet. Calme et agréable. Les chambres, efficacement rénovées, sont confortables et très bien tenues. Accueil cordial.

▲ *Fraoch House (plan d'ensemble H4, 47) : 66, Pilrig St.* ☎ *554-51-53.* ● *fraochhouse.com* ● ♿ *Doubles £ 65-100.* ▭ Parfaitement tenu et bien conçu, ce *B & B* de 9 chambres où s'active une équipe jeune et dynamique assure un très bon niveau de confort (lecteur DVD avec films à dispo, chargeurs iPod...) et un bon choix de petits déj, le tout dans une ambiance contemporaine agréable privilégiant le bois brut. Mention spéciale pour la suite cosy de l'entresol, impeccable pour les amoureux.

▲ *Ardmor House (plan d'ensemble G-H4, 48) : 74, Pilrig St.* ☎ *554-49-44.* ● *ardmorhouse.com* ● *Doubles £ 85-175 selon saison, petit déj inclus.* Tout est question d'atmosphère, dans cette jolie maison associant aux cheminées et moulures d'époque un ameublement contemporain. Les chambres, parfois petites pour les *singles,* sont d'un excellent confort, élégantes et très soignées. Un *B & B* de luxe ! Accueil aimable.

▲ *Premier Inn Leith Waterfront (plan d'ensemble F1, 49) : 51-53, Newhaven Pl.* ☎ *0871-527-83-60.* ● *premierinn.com* ● *Même prix pour les doubles et les familiales (2 enfants dormant avec les parents), £ 45-160 selon saison. Petit déj en sus mais gratuit pour les enfants.* ☎ Sur le plan, c'est excentré, mais comme le bus n° 10 vous dépose devant la porte en 20 mn à peine depuis le centre, le rapport qualité-prix est indiscutable compte tenu de la situation (adossé à la mer : vue géniale depuis certaines chambres), du confort (bonne literie, accessoires modernes...), de l'accueil très sympa et du petit déj très correct à volonté. Un bon plan, surtout pour les familles.

🏠 **Abercorn Guesthouse** *(hors plan d'ensemble par K6, 50)* **:** *1, Abercorn Terrace.* ☎ *669-61-39.* ● *abercorn guesthouse.com* ● *Du centre-ville, bus n⁰ˢ 15 et 26 vers Abercorn Terrace ; arrêt à Saint Phillips Church (env 20 mn de trajet depuis le centre-ville). Doubles £ 50-200 selon saison et confort, avec petit déj.* Dans une belle et imposante maison victorienne flanquée d'un jardin à l'anglaise impeccable (pléonasme !), la dynamique propriétaire propose une poignée de chambres élégantes, toutes différentes et fort confortables, dotées d'une petite salle de bains. Tout est décoré avec beaucoup de goût et parfaitement entretenu. Petit déj servi dans une salle lumineuse prolongée par une véranda. Accueil familial.

Location de studios et d'appartements

🏠 **Ardenlee Guesthouse** *(plan d'ensemble F5, 38)* **:** *voir plus haut « Où dormir ? Dans New Town et West End. De prix moyens à plus chic ».*

🏠 **Fountain Court Apartments** *(plan d'ensemble D-E8, 51)* **:** *siège au 121, Grove St, mais accueil tél slt ou via Internet.* ☎ *622-66-77.* ● *fountain courtapartments.com* ● *À partir de £ 120 pour 2 ; également des apparts* *pour 3.* Plusieurs complexes dans différents lieux : sur Queen Street dans New Town (les plus luxueux, avec jardin), au bord du canal à Fountainbridge, dans les alentours de Haymarket. Tous accessibles à pied depuis le centre. Nécessaire de base pour le petit déjeuner à l'arrivée et ménage fait tous les jours. Bonne tenue générale mais manque évident de personnalité.

Où manger ?

Le soir, mieux vaut réserver.

Dans Old Town

Sur le pouce

🍽 **Oink** *(zoom I, F7, 60)* **:** *34, Victoria St.* 📱 *07771-96-82-33. Tlj 11h-18h (17h dim). Env £ 4-5.* Pas banal ! La devanture est occupée par un cochon rôti qu'on débite au gré de la commande ! Et pas d'angoisse sur la qualité : il provient directement de la ferme des proprios. Il ne reste plus qu'à garnir les petits pains dont la taille dépend de votre appétit, et à choisir l'accompagnement *(haggis,* oignons...). Délicieux ! En revanche, c'est plutôt à emporter, car il n'y a qu'une poignée de tables et tabourets. Autre adresse au 80, Canongate *(zoom I, H6, 68),* avec plus de tables pour dévorer son sandwich assis.

🍽 **Baked Potato Shop** *(zoom I, G7, 61)* **:** *56, Cockburn St ; presque à l'angle de High St. Tlj 11h-20h. Env £ 5-6.* Exclusivement à emporter (sauf si vous arrivez à investir la seule et unique table !). Grosse et rustique, cette patate-ci est maousse, s'évente par le milieu, se charge jusqu'à la gueule de farce délicieuse (végétarienne ou végétalienne) et se savoure avec les doigts.

🍽 **Pie Maker** *(zoom I, G7, 62)* **:** *38, South Bridge.* ☎ *558-17-28. Lun-sam 9h (10h sam)-19h (jeu-sam jusqu'à 23h l'été) ; dim 10h30-19h. Ferme plus tard (2-3h) en août, pdt le festival. Moins de £ 3.* Un plan en or pour manger bon et copieux sans se ruiner ! Dans cette institution très fréquentée à l'heure du *lunch,* les délicieux *pasties* (feuilletés), *pies* (tourtes) et autres *rolls* (roulés) sont préparés en continu et servis tout chauds sortis du four. On peut commander à emporter ou grignoter sa pitance sur place, le long des baies vitrées.

Bon marché
(plats £ 5-10 ; 6-12 €)

🍽 **The Scottish Café & Restaurant** *(zoom I, F7, 63)* **:** Scottish National Gallery, The Mound. ☎ 225-15-50. Accès par le musée ou la galerie extérieure. *Tlj 9h (10h dim)-17h (19h jeu).* 🛜 L'une des plus belles terrasses de la ville ! Niché sous la *National Gallery,* le resto est apprécié pour sa cuisine écossaise de saison, élaborée avec des produits sélectionnés chez les meilleurs fournisseurs du pays, le tout à prix moyens. À la manœuvre, le couple Contini, qui tient d'autres bonnes tables en ville (voir plus loin *Cannonball* et *Contini*). Sert aussi le petit déj. Mais le vrai bon plan pour les budgets serrés, c'est le **comptoir** installé juste en face, dans le hall, proposant sandwichs, soupes du jour et gâteaux délicieux, à déguster face à la baie vitrée s'il fait froid, ou sur l'une des tables en surplomb du parc.

|●| **Mums** *(zoom I, G7-8, 64)* : *4 a, Forrest Rd. Tlj 9h (10h dim)-22h.* Bistrot rétro spécialisé dans LE plat british par excellence : les *sausages and mash* ! Passez votre chemin si vous avez du poids à perdre, sinon, installez-vous dans un box et régalez-vous des saucisses du jour, accompagnées de la purée de votre choix (classique, au bacon, à la fondue de poireaux...) et de la sauce idoine. Également toutes sortes de burgers, *steak & kidney pies* et autres *fish & chips* tout aussi diététiques, ainsi qu'une panoplie de petits déj. Bonne ambiance, pas cher et bien rassérénant.

|●| **Larder** *(zoom I, G7, 66)* : *15, Blackfriars St.* ☎ *556-69-22. Tlj 8h (9h dim)-17h. Brunch le dim.* 🛜 Un bistrot-salon de thé qui propose des spécialités écossaises et végétariennes à base de produits locaux, parfois bio. Bonnes soupes, gâteaux maison, petits déj... Simple, mais convivial et économique.

|●| **Fruitmarket Gallery** *(zoom I, G6-7, 65)* : *Market St, face au City Arts Centre. Lun-sam 11h-18h, dim 12h-17h.* Galerie-café-librairie parfaite pour un *teatime* culturel ou une pause-déjeuner light (sandwichs, salades, soupes) derrière les grandes baies vitrées donnant sur la rue.

Prix moyens (plats £ 8-18 ; 10-22 €)

|●| 🍷 **Arcade Bar** *(zoom I, G7, 69)* : *48, Cockburn St.* ☎ *220-12-97. Tlj 12h (9h30 w-e)-1h ; cuisine jusqu'à 22h (23h ven-sam).* 🛜 Cette *haggis & whisky house* a beau jouer la carte de la tradition, cela n'empêche pas d'y ajouter un zest de créativité et de finesse. Dans la petite salle intime aux murs de pierre, éclairages doux et fauteuils d'antiquaires, on savoure un *haggis* de compétition (avis aux amateurs !) et des plats cuisinés au scotch, aux herbes, au vin. Élaboré, joliment présenté et à prix vraiment sages. Sert aussi de simples *wraps* le midi, des plateaux de fromage et une large gamme de whiskies. Changement d'ambiance – et de breuvage – dans les étages, où l'*Arcade* devient un *vodka bar.*

|●| **Tony Singh** *(zoom I, F7, 77)* : *31-35, Grassmarket, au rdc° de l'hôtel* Apex *(celui – il y en a 2 – en bas de la place, face au pub Beehive).* ☎ *300-34-56. Tlj 11h30-22h.* Derrière d'immenses baies vitrées donnant sur l'animation de Grassmarket, le chef Tony Singh a monté un drôle de bistrot contemporain, relax et épuré, où se mêlent les cuisines du monde sans se soucier de dresser des frontières entre les goûts. Les raviolis chinois voisinent avec le confit de canard, et le traditionnel haggis se fait *pakora,* en une étonnante – et réussie – fusion indo-écossaise. Tout est fin, parfumé, récréatif, pas bien cher, et se déguste en portion tapas, ce qui oblige à commander plusieurs plats. De quoi multiplier les expériences !

|●| **Lucano & Ross** *(zoom I, F7, 67)* : *37-39, George IV Bridge.* ☎ *225-66-90. Tlj 8h-20h (22h ven-sam, 18h dim).* Le midi, les employés du coin se bousculent chez *Lucano* pour s'octroyer une pause-*lunch* de qualité. En soirée, ce sont plutôt les couples qui viennent profiter d'une ambiance plus calme et intimiste pour déguster cette cuisine italienne pleine de saveurs : succulentes pâtes maison, divers sandwichs... Beaucoup de chaleur dans l'accueil.

|●| **David Bann** *(zoom I, G7, 70)* : *56-58, Saint Mary's St.* ☎ *556-58-88. Tlj 12h (11h sam-dim)-22h (22h30 ven-sam). Brunch le w-e.* Ambiance zen et décontractée pour ce resto végétarien réputé à la déco contemporaine élégante. Cuisine soignée et parfumée

(voire épicée) oscillant entre saveurs asiatiques et méditerranéennes, et qui, malgré son inventivité, applique des tarifs raisonnables.

|●| *Cannonball (zoom I, F7, 76)* : *356, Castlehill, Royal Mile.* ☎ 225-15-50. *Tlj sf lun 12h-22h (20h dim). Très abordable à midi, flirte avec le chic le soir. Menu env £ 17 servi 17h30-19h.* Niché aux portes du château, le dernier-né du couple Contini applique la recette qui a fait leur succès à New Town et à la National Gallery (lire par ailleurs) : la primeur donnée aux produits, de saison et locaux, quand ils ne sont pas directement cultivés dans la ferme des proprios. Bons légumes (rare), gibiers, saumon, fromages sélectionnés nourrissent une jolie cuisine d'aujourd'hui, entre tradition et création, servie à l'étage dans une superbe et lumineuse salle réminiscence Art déco, doublée au rez-de-chaussée d'un bar cosy dans le même esprit.

|●| ♟ *Under the Stairs (zoom I, F7, 71)* : *3 a, Merchant St.* ☎ 466-85-50. *Tlj 12h-22h (1h pour le bar).* 📶 Dissimulé à l'entresol, ce resto-bar très tendance attire, avec sa cuisine fusion élaborée et son cadre glamour, une clientèle urbaine et décontractée. Plats à prix accessibles, bons et savamment présentés, mais pas toujours copieux, autant le savoir. On peut prolonger le plaisir avec un cocktail ou un verre de vin.

|●| *Ecco Vino (zoom I, G7, 72)* : *19, Cockburn St.* ☎ 225-14-41. *Tlj 12h-22h (23h w-e).* Un sympathique bistrot italien où les *antipasti*, pâtes et risottos ne sont qu'un prétexte pour tremper ses lèvres dans un verre de chianti. Le bataillon de bouteilles alignées sur le mur donne un aperçu des vins de diverses nationalités. C'est donc en bonne compagnie que l'on s'assoit sur la longue banquette et que l'on accompagne son godet d'un plat bien tourné.

|●| *Petit Paris (zoom I, F7, 73)* : *38-40, Grassmarket.* ☎ 226-24-42. *Tlj 12h-15h, 17h30-23h.* Ambiance, musique et cuisine 100 % tricolore pour ce bistrot pittoresque augmenté d'une très agréable terrasse ! Qu'il s'agisse de moules marinière ou de saucisses de Toulouse, c'est un peu caricatural mais honnête et bien présenté, comme en témoignent les mines réjouies d'une clientèle toujours nombreuse. Pas donné, en revanche, à moins d'opter pour le plat du jour (servi jusqu'à 19h).

|●| *Namaste Kathmandu (zoom I, F7, 89)* : *17-19, Forrest Rd.* ☎ 220-22-73. *Tlj 12h-14h30, 17h-23h (22h30 dim). Résa conseillée le soir.* Une adresse népalo-indienne où l'on est immédiatement accueilli par une bonne odeur d'épices. Déco moderne dans les tons rouges, rehaussée de miroirs. Portions peut-être un peu moins copieuses que d'ordinaire, mais la cuisine est subtile et savoureuse. Équipe fort sympathique.

De chic à plus chic (plus de £ 15 ; 18 €)

|●| *The Tower Restaurant (zoom I, G7, 74)* : *Chambers St, au 5e étage du National Museum of Scotland.* ☎ 225-30-03. *Tlj 10h-23h. Menu env £ 20 servi 12h-18h30, le soir £ 36. Teatime env £ 20 (ou £ 27 au champagne !).* Cadre contemporain chic, derrière de vastes baies vitrées offrant une vue magnifique sur le château. Cuisine écossaise soignée, élaborée avec les meilleurs produits locaux, viandes comme poissons. En choisissant bien son heure, cette expérience culinaire peut s'avérer une bonne affaire. Dans le monde des restos de musées, on tient là une jolie pièce de collection. Service impeccable.

|●| *Dubh Prais (zoom I, G7, 75)* : *123 B, High St.* ☎ 557-57-32. *Tlj sf dim-lun 17h-22h. Résa impérative. Plats £ 15-25.* Un resto intimiste aussi grand qu'un mouchoir de poche. Décor charmant de petite cave chaulée et cuisine écossaise raffinée. On vous recommande surtout le fameux *haggis* en entrée et le saumon des Shetland pour continuer dans le même ton. Nappes blanches et service impeccable.

|●| *The Witchery by the Castle (zoom I, F7, 76)* : *352, Castlehill, Royal Mile.* ☎ 225-56-13. *Tlj 12h-23h30. Le midi et avt 18h30, formule env £ 20 ; le soir, menu 3 plats £ 36.* Un lieu couru par les célébrités et réputé pour la magie de son cadre. Atmosphère

gothique pour la salle (et son donjon !) aux boiseries éclairées à la bougie, romantique pour le *Secret Garden,* un adorable jardin d'hiver aéré et verdoyant. Service impeccable et raffiné, pour une bonne cuisine écossaise de tradition, mais qui connaît à l'occasion quelques petits ratés. Carte des vins du monde entier (au verre ou en demi-bouteille), qui doit bien faire l'épaisseur d'une thèse.

Dans New Town et West End

Quartiers situés au nord et à l'ouest de Princes St.

Bon marché
(plats £ 5-10 ; 6-12 €)

|●| *Henderson's* (zoom I, F6, *78*) : *94, Hanover St.* ☎ *225-21-31. Resto tlj 8h-21h (dim 10h30-16h) ; deli tlj 8h (10h sam, 11h dim)-18h (17h dim). Sur place ou à emporter.* 📶 Ce pionnier de la vague végétarienne est devenu une institution prospère. Désormais, en fonction de ses envies, on a le choix entre le *deli* au rez-de-chaussée, le resto et *salad bar* rustique à l'entresol et le bistrot dans la rue qui fait l'angle *(ouv jusqu'à 20h30 en sem, 21h30 le w-e)* où soupes, salades et créations asiatico-méditerranéennes sont servis dans une atmosphère cosy. Concerts sympas (jazz surtout) programmés en semaine.

|●| *Tani Modi* (zoom I, F6, *79*) : *103, Hanover St.* ☎ *261-54-74. Tlj 7h30 (8h30 w-e)-17h.* 📶 Fréquentée dès le petit déj pour ses pancakes et omelettes, cette sandwicherie se remplit surtout à l'heure du *lunch,* quand les costards-cravates du quartier viennent se sustenter d'une salade ou d'un juteux panini. Le « Meatbal Hero », délicieux et fondant, rassasiera à moindres frais les estomacs les plus avides (ou à vide ?). Salle plaisante en entresol, avec 2 tables dehors, animée par une équipe jeune et souriante.

|●| *Urbanangel* (zoom I, F6, *85*) : *121, Hanover St.* ☎ *225-62-15. Tlj 8h (9h w-e)-17h. Sur place ou à emporter.* Une petite échoppe pimpante en entresol où l'on se précipite sur les plats bio

type *mezze*, salades, etc., préparés avec des produits des environs. Courette en arrière-boutique pour se repaître de *scones* et de pâtisseries (dont une tarte au citron à l'inimitable goût de spéculos), à moins de profiter des brunchs si appréciés des habitués.

|●| 🍷 *The Cambridge Bar* (zoom I, E6, *80*) : *20, Young St.* ☎ *226-21-20. Tlj 12h-23h (minuit jeu-sam).* 📶 *Entre bon marché et prix moyens.* Ce chaleureux pub retiré à l'écart des foules s'est spécialisé dans les burgers, et force est de constater qu'il les prépare à merveille. Copieux, peu chers et à composer selon vos souhaits : cajun, au *haggis*, au camembert-cranberry (!) ou encore végétarien... le tout garni de frites maison. Formidable sélection d'*ales* et de *lagers* (on parle de bière, pour les cancres qui n'ont rien suivi !) à siroter dans de douillets fauteuils en cuir, dans une ambiance très amicale.

|●| 🍷 *Basement* (zoom I, G6, *91*) : *10-12 A, Broughton St.* ☎ *557-00-97. Tlj 11h30-22h30 pour le resto, 1h-2h pour le bar.* 📶 *Entre bon marché et prix moyens.* En sous-sol, ses 2 salles un peu sombres envahies de décibels font la joie d'étudiants assoiffés et de routards en quête de convivialité. Nombreuses bières et cidre à la pression. Apprécié pour ses plats solides et corrects, à tendance mexicaine, à moins de se laisser tenter par son fameux *steak pie. Caramba !*

Prix moyens
(plats £ 8-18 ; 10-22 €)

|●| *The Dogs* (zoom I, F6, *82*) : *110, Hanover St.* ☎ *220-12-08. Tlj 12h-14h30 (16h w-e), 18h-22h.* Il y a bien quelques clins d'œil faisant référence aux chiens du propriétaire (un chef reconnu), mais le talent du *Dogs* est ailleurs ! Dans ses petites salles accueillantes, façon bistrot décontracté avec son mobilier hétéroclite, les gourmands se régalent d'une cuisine de saison qui réinvente le terroir. Goûteux et soigné : un bon rapport qualité-prix, même le soir.

|●| 🍷 *Teuchters – A Room in the West End* (plan d'ensemble D7, *83*) : *26, William St.* ☎ *226-10-36. Tlj 12h-22h (jusqu'à 1h pour le bar). Résa*

conseillée. 🛜 On sait vivre dans ce lieu hybride, pub d'un côté, *Scottish bistro* de l'autre, qui s'est choisi pour nom le sobriquet utilisé par les gens du Sud pour désigner les Highlanders. Atmosphère bourdonnante et conviviale, au service d'une cuisine du cru dont la réputation n'est plus à faire, préparée avec de bons produits locaux qui sortent un peu de l'ordinaire (gibier, truite...). Et plein d'excellentes bières pour faire couler le tout ! Autre adresse à Leith (lire plus loin).

|●| **The Atelier** *(plan d'ensemble D7-8, 84)* : *159-161, Morrisson St.* ☎ *629-13-44. Mar-sam 12h-14h30, 17h30-21h30 (22h30 ven-sam).* Une adresse vite popularisée par le bouche à oreille. On comprend tout de suite pourquoi en découvrant leur cuisine méditerranéo-écossaise raffinée et inventive, à des prix pourtant serrés (surtout les menus du midi, servis jusqu'à 18h15). 2 jolies salles modernes et un service avenant complètent le tableau.

|●| **Mussel Inn** *(zoom I, F6, 87)* : *61-65, Rose St.* ☎ *225-59-79. Tlj 12h-15h, 17h30-22h, ven-dim sans interruption.* Vous l'avez compris, ici, le thème, ce sont les moules. À déguster au kilo ou demi-kilo. Également des pâtes, *stir fry* et fruits de mer. Côté cuisine, ça dépote, et les serveurs ne bullent pas, c'est le moins qu'on puisse dire. Salle d'humeur marine ou terrasse sur la rue piétonne.

|●| **Jamie's Italian** *(zoom I, F6, 88)* : *54, George St.* ☎ *202-54-52. Tlj 12h-22h.* Bonne ambiance dans cette brasserie relax et branchée, l'une des adresses de l'enfant terrible de la gastronomie anglaise, Jamie Oliver, squattant l'impressionnante salle de l'*Assembly Room*, désormais organisée autour d'un comptoir où sont suspendues les charcuteries (en revanche, ça résonne !). Bien sûr, vous ne verrez pas le maître dans la cuisine ouverte, mais son équipe travaille à sa manière les meilleurs produits et livre une carte alléchante de spécialités principalement italiennes. Si le burger ne mérite pas qu'on s'y attarde, les *antipasti* valent le coup, de même que la *pasta* maison et les desserts.

|●| **The Tiles** *(zoom I, F6, 90)* : *1, Saint Andrew Sq.* ☎ *557-32-28. Tlj 12h-21h*

(plus tard pour le bar). Ce vaste pub-resto vaut avant tout pour son décor de faïence et son élégance Art déco. On retrouve ce lustre dans la présentation des plats, particulièrement soignée, et à des tarifs mesurés. *Haggis,* sandwichs, *fish & chips...* rien d'original, mais tout est dans l'ambiance.

Chic
(plats £ 15-25 ; 18-30 €)

|●| **Contini** *(zoom I, E6, 86)* : *103, George St.* ☎ *225-15-50. Tlj 7h30 (9h w-e)-minuit.* 🛜 L'adresse historique du couple Contini, ceux aux manettes de *Cannonball* et de la *National Gallery* à Old Town, logés ici dans une ancienne banque de style florentin. Un superbe cadre, alliant colonnes néoclassiques et design contemporain, pour un excellent resto italien s'appuyant sur des produits de saison, cultivés pour certains dans la ferme des proprios. En y ajoutant un zeste de créativité, ravio-lis, gnocchis et pâtes atteignent leur sommet ! Bonnes pizzas également. Petite terrasse sur l'avenue. Très bon accueil, en italien, même de la part des serveurs écossais...

|●| **Fishers in the City** *(zoom I, F6, 92)* : *58, Thistle St.* ☎ *225-51-09. Tlj 12h-22h. Résa obligatoire. Formules £ 15-18 servies 12h-18h.* Le cadre, façon brasserie chic, est nettement plus élégant que chez son homologue de Leith (voir plus loin), mais la carte est tout aussi appétissante. Il faut dire que la fraîcheur des poissons est irré-prochable. Grillés, ils sont parfaits ! On peut aussi se contenter d'un copieux plat de moules dont la maison s'est fait une spécialité (avec les *fishcakes,* bien croustillants). Bien entendu, la carte change à marée.

|●| 🍷 **The Dome** *(zoom I, F6, 93)* : *14, George St.* ☎ *624-86-24.* ♿ *Tlj 12h-22h (23h w-e). Prix moyens le midi, chic le soir.* 🛜 Une brasserie de luxe dans un cadre exceptionnel : une ancienne banque du XIXe s dont le salon principal est coiffé d'une magnifique coupole de plus de 15 m de haut ! Cuisine classi-que sans défaut et service très soigné. On peut aussi se contenter d'y boire un verre. Également un agréable *Garden Café (ouv l'été slt),* dont l'immense

terrasse à l'écart de la circulation donne sur Rose St. Idéal pour une petite collation à l'ombre des parasols, dès que le soleil pointe le bout de son nez.

À South Side et à Tollcross

Des quartiers cosmopolites qui fourmillent de restos du monde entier, notamment indiens et moyen-orientaux.

Bon marché
(plats £ 5-10 ; 6-12 €)

|●| *The Mosque Kitchen* (zoom I, G8, *94*) : *33, Nicolson Sq. ☎ 667-40-35. Tlj 11h30-22h (interruption le ven 13h-14h pour la prière). Buffet à volonté £ 12 ven-dim 14h-20h.* Fréquentée par le Édimbourg alternatif, les étudiants et les touristes fauchés pour son rapport qualité-prix imbattable, cette vaste cafétéria au cadre neutre et fonctionnel propose des plats de curry simples à base de riz, lentilles, agneau et poulet, servis sur place ou à emporter. Honnête, copieux et bon marché.

|●| *10 to 10 in Delhi* (zoom I, G8, *95*) : *67, Nicolson St. ☎ 510-47-46. Tlj 10h-22h (dernier service 21h).* Dans une salle minuscule à la déco surchargée, on s'installe sur des banquettes garnies de coussins pour manger une bonne cuisine indienne familiale, pendant qu'un écran diffuse en continu les rengaines sucrées de Bollywood. Portion sacrément copieuse.

|●| *Hanedan* (plan d'ensemble G-H9, *96*) : *41-42, West Preston St. ☎ 667-42-42. Bus nᵒˢ 14 et 31 notamment. Tlj sf lun 12h-15h, 17h30-22h. Résa conseillée le soir.* Petit resto turc composé de salles un tantinet étriquées, où tout est très bon et fait maison. Délicieuse moussaka, houmous et autres *mezze*, viande et poisson grillés... Une sympathique adresse familiale plébiscitée par de nombreux habitués.

Prix moyens
(plats £ 8-18 ; 10-22 €)

|●| *Kalpna* (zoom I, G8, *97*) : *2-3, Saint Patrick Sq. ☎ 667-98-90. Tlj sf dim midi (fermé dim tte la journée*

hors saison), 12h-22h30. Formule à volonté £ 8 servie 12h-14h. Resto indien aux spécialités végétariennes soignées. Maintes fois récompensé pour la créativité de ses recettes, il est même populaire chez les « mangeurs de viande ». Cadre et atmosphère agréables. Service aimable.

Chic
(plats £ 15-25 ; 18-30 €)

|●| *The Apartment* (plan d'ensemble E9, *98*) : *7-13, Barclay Pl (entrée sur Bruntsfield Pl). ☎ 228-64-56. Tlj 12h-23h.* À *The Apartment*, ce n'est décidément pas comme à la maison ! Déco *arty* impeccable pour goûter aux fines spécialités inspirées de toutes les cuisines du monde. Pas de jaloux et résultat original fort convaincant ! Service souriant et aimable.

À Leith

Au nord-est du centre, c'est le vieux port d'Édimbourg, qui s'est refait une santé et attire curieux et noctambules dans ses anciens entrepôts réhabilités et ses nombreuses terrasses donnant sur les docks. Coin le plus sympa : *The Shore*, avec ses vieux canaux décatis (bus n° 22 depuis Princes St). Éviter en revanche *Ocean terminal*, un immense *mall* à côté duquel est amarré le *Britannia* (lire plus loin « À voir »).

De bon marché à chic
(plats £ 5-25 ; 6-30 €)

|●| ☍ *Teuchters Landing et A Room in Leith* (zoom II, I2, *99*) : *1 A et 1 C, Dock Pl. ☎ 554-74-27.* Teuchters *ouv tlj 12h-14h30, 17h30-22h (10h30-1h pour le bar)* ; A Room in Leith *le soir slt (résa conseillée). Menus £ 20-25 ou carte à prix chic. Brunch le w-e.* Même maison, mais ambiance radicalement différente. D'un côté, *Teuchters Landing*, logé dans une ancienne et pittoresque maison d'éclusier doublée d'une véranda donnant sur le canal. L'été, c'est carrément sur les pontons flottants que l'on vient s'envoyer une cuisine de pub solide et pas chère, à arroser d'une chopine. En face, cadre

plus intimiste et tables bien mises à *A Room in Leith*, au service de spécialités écossaises bien ficelées. Autre adresse en ville (voir plus haut).

|●| ▼ *The Kings Wark* (zoom II, I2, **100**) : *36, The Shore.* ☎ 554-92-60. *À l'angle du pont. Tlj 12h-22h (23h/ minuit pour le bar). Prix moyens.* Les tables en bois, la cheminée, les murs en grosses pierres apparentes ou la petite terrasse sur le quai sont les attributs d'un pub classique et chaleureux, mais ce qui distingue le *Kings Wark*, c'est sa cuisine soignée. Fraîche et savoureuse, elle ravit les papilles des amateurs de bons poissons joliment apprêtés, de risotto, de burger ou de *haggis...* le tout à prix hyper raisonnables. Un vrai *gastropub*, tenu par une équipe très sympa.

|●| ▼ ♪ *The Shore* (zoom II, I2, **101**) : *3, The Shore.* ☎ 553-50-80. *Tlj 12h-22h (1h pour le bar). Prix moyens. Menus £ 15-18 le midi en sem.* Très fréquenté le soir, à l'apéro ou après

dîner, ses spécialités écossaises, ses huîtres et ses poissons de qualité en font une halte de choix, dans une belle ambiance où tout le monde socialise, entre miroirs, piano et chaudes boiseries. *Live music* certains soirs. Terrasse sur le trottoir, l'œil sur le canal.

|●| *Fishers* (zoom II, I2, **102**) : *1, The Shore.* ☎ 554-56-66. *À l'angle de Tower St (d'ailleurs, c'est sous la tour !). Service continu tlj 12h-22h30. Résa conseillée. De prix moyens à chic. Formules le midi en sem env £ 15-18.* On se dispute âprement les tabourets du comptoir et les quelques tables recouvertes de toile cirée de ce restaurant de poissons connu de longue date pour ses produits de la mer d'une fraîcheur irréprochable. Excellents *fishcakes* et *sticky toffee pudding* mémorable. Malheureusement, c'est le genre d'adresse où la salière peut vite tomber dans l'addition... Autre adresse en ville, *Fishers in the City* (voir plus haut).

Où prendre le thé ? Où goûter ?

☕ *Clarinda's Tearoom* (zoom I, H6, **141**) : *69, Canongate St.* ☎ 557-18-88. *En bas du Royal Mile. Tlj 9h (10h dim)- 16h30.* L'indémodable salon de thé britannique, avec dentelles, faïences et petites fleurs de rigueur, tenu par des dames bien mises au savoir-vivre héréditaire. Idéal pour un *full breakfast*,

un authentique *cream tea* ou de bons gâteaux.

☕ Pour la pause goûter, voir également *Larder* (zoom I, G7, **66**), *Fruitmarket Gallery* (zoom I, G6-7, **65**) et *Urbanangel* (zoom I, F6, **85**), cités plus haut dans « Où manger ? ».

Où boire un verre ? Où sortir ?

De nombreux pubs refusent les moins de 18 ans, voire 21 ou 25 ans (c'est à la discrétion du patron !). Toutefois, la présence d'enfants accompagnés de leurs parents est souvent autorisée jusqu'à 20h. Si vous êtes (ou faites) jeune, il faudra montrer patte blanche et présenter une carte d'identité.

Dans Old Town

▼ ♪ *The Forest* (zoom I, E8, **110**) : *141, Lauriston Pl, quartier de Toll- cross.* ☎ 229-49-22. *Tlj 10h-23h. Programmation sur ● blog.theforest.org. uk ●* L'un des hauts lieux alternatifs

d'Édimbourg, animé par des bénévoles. Café-bar, spectacles, expos, il se passe toujours quelque chose au *Forest*. On aime vraiment beaucoup ce lieu, pour sa déco délirante comme pour son ambiance fraternelle où il est facile de lier conversation. Un coup de cœur.

▼ ♪ *Finnegan's Wake* (zoom I, F7, **111**) : *9 B, Victoria St. Tlj 18h (12h ven- sam, 13h dim)-1h.* Ce pub irlandais coincé dans une ancienne église s'est choisi une nouvelle de James Joyce comme patronyme. Concerts folk ou *new Irish* qui mettent le feu au plancher presque tous les soirs à partir de 22h. Bonne ambiance !

Y ♪ *Bannermans* (zoom I, G7, *112*) : *212, Cowgate St. Tlj 12h-1h. Concerts tlj sf mar.* 📶 Le décor sombre avec piliers massifs et canapés en cuir ménage une atmosphère de taverne plébiscitée par les fidèles. Ses entrailles dissimulent même une bonne salle de concert (payant certains soirs) pour découvrir de talentueux groupes de rock.

Y ♪ *The Three Sisters* (zoom I, G7, *113*) : *139, Cowgate St. Tlj 9h-1h.* Dans ce vaste *beer garden*, ce sont des hecto-litres de bière qui se déversent quotidiennement dans les gosiers assoiffés. Plein à craquer le week-end. Écran géant pour suivre les événements sportifs, bière en main (ah, les sportifs !). Concerts, piste de danse à l'étage (dès 1h)...

Y ♪ *The Royal Oak* (zoom I, G7, *116*) : *1, Infirmary St. Tlj 11h30 (12h30 dim)-2h. Live ts les soirs à 21h. Afternoon sessions le sam 14h30-18h.* Un pub de poche, où vibre depuis les années 1960 l'âme de la folk music. Les grattes s'entassent sur la mezzanine ; chaque soir, coincé sur une banquette au milieu des habitués, un guitariste entonne des rengaines populaires que chacun reprend à pleine voix, couvrant le brouhaha des conversations. Parfois, la soirée se double d'un concert payant, dans le *lounge* du sous-sol.

Y ♪ *Frankenstein Pub* (zoom I, F7, *114*) : *26, George IV Bridge. Tlj 12h-1h (2h ven-dim).* 📶 Dès l'entrée, le gros monstre en bronze ne laisse aucune équivoque : ce bar étalé sur 3 niveaux voue un culte au monstre né sous la plume de Mary Shelley. Sous la haute coupole décorée de statues et d'affiches d'époque, des écrans diffusent même en continu le film de 1931 avec Boris Karloff. Et lorsque, en début de soirée, un Frankenstein mécanique descend sur la piste de danse, ça devient de la folie ! Soirées à thème régulières.

Y *The Devil's Advocate* (zoom I, F-G7, *118*) : *9, Advocate Close (venelle reliant le Royal Mile à Market St). Tlj 12h-1h.* Dissimulé au pied d'une volée de marches, dans un *close* ignoré des touristes, un pub tendance, tout en métal et pierre brute, QG des cadres du coin venus dénouer la cravate à la sortie du bureau, profitant de la vaste terrasse et de la

sélection de 200 whiskies d'Écosse et du monde. On peut y manger.

Y *The Elephant House* (zoom I, F7, *115*) : *21, George IV Bridge. Tlj 8h (9h w-e)-22h (23h ven-sam).* Derrière la 1re salle se cache une belle pièce en arrondi, profitant d'une vue dégagée sur les jardins en contrebas et le château. C'est ici que l'auteure de *Harry Potter* a fini d'écrire le premier tome de sa saga (voir l'encadré dans l'introduction de la ville). Un filon que la maison ne se prive pas d'exploiter... En cas de forte affluence, on vous fait vite comprendre qu'il est temps de céder votre place !

Y ♪ *Sandy Bells* (zoom I, F-G8, *117*) : *25, Forrest Rd. Tlj 12h-1h (minuit dim).* Un petit pub tout en longueur ; certains soirs, il est difficile de s'approcher du comptoir. Concerts folk bon enfant semi-improvisés tous les soirs à 21h30. Atmosphère fraternelle, chaleureuse et sans façons.

Y ♪ *Biddy Mulligans* (zoom I, F7, *120*) : *94-96, Grassmarket. Tlj 8h-3h. Petit concert folk ts les soirs.* 📶 L'un des plus jeunes et des plus bruyants pubs irlandais du coin. Plein à craquer le soir, quand le bar du fond se transforme en *dance floor*. En journée, c'est bien plus calme.

Y ♪ *The Last Drop* (zoom I, F7, *120*) : *76, Grassmarket.* Ce pub tire son nom des anciennes potences d'où les condamnés s'élançaient pour un ultime saut... ce qui explique sans doute pourquoi ce bar est un si bon point de chute ! Terrasse sympa et bonne ambiance.

Y *The City Café* (zoom I, G7, *121*) : *19, Blair St. Tlj 9h-1h.* 📶 Les années passent, mais ce bar reste l'un des plus fréquentés du centre le soir venu. Déco rétro des années 1950, façon *diner* à l'américaine : juke-box, banquettes de moleskine, billard... Petite terrasse sur rue et staff très cool.

Y |●| *Greyfriars Bobby's Bar* (zoom I, F7, *123*) : *34, Candlemaker Row. Lun-sam 11h-minuit (1h sam), dim 12h-23h.* L'un des pubs les plus anciens de la ville, dans une maison de caractère datant de 1722. Aux murs, quelques photos du film inspiré par Bobby le chien. Terrasse bien située.

Y |●| *Under the Stairs* (zoom I, F7,

71) : *voir plus haut « Où manger ? Dans Old Town. Prix moyens »*. Pour un cocktail branché ou un verre de vin.
– Encore soif ? Il reste tous les pubs qui s'alignent sur *High Street* et *Grassmarket*, proposant, souvent, un petit concert le soir.

Dans New Town

Rose Street *(zoom I, E-F6)* est le cœur effervescent de New Town. En soirée, les fêtards remontent la rue en quête d'un nouveau bar où étancher leur soif.

The Oxford Bar *(zoom I, E6, 124)* : *à l'angle de Young St et South Lane. Tlj 11h30-23h.* Un tout petit pub populaire rempli d'habitués. Ici, rien à voir avec les grosses cylindrées *hype* des grands boulevards. D'ailleurs, il n'y a même pas de musique ! Tout est dans l'ambiance tranquille qu'affectionne l'auteur Ian Rankin, l'un des réguliers. Coin de comptoir où chacun se parle debout collé serré, et petite salle attenante conviviale comme tout.

Abbotsford *(zoom I, F6, 125)* : *3, Rose St. Tlj 11h-minuit, dim 12h-23h30.* Cette institution vieille école a conservé sa déco victorienne avec un beau comptoir sculpté en acajou et des moulures au kilomètre. Pas mal d'habitués, accoudés sur de longues tablées en bois (selon une belle légende, on risque d'y assommer 2 poètes en levant trop le coude !). Petite terrasse sur la rue piétonne.

The Standing Order *(zoom I, F6, 122)* : *62-66, George St. Tlj jusqu'à 1h.* La façade est si pompeuse qu'on voudrait réajuster son nœud de cravate avant d'entrer. Passé les portes, l'immense hall de cette ancienne banque est au diapason, avec son plafond verrière baroque où s'entrelacent les stucs. Le cadre en jette, pas l'ambiance. Vous v'là dans un pub populaire, où se mélangent les classes sociales, où les machines à sous clignotent au pied des colonnes à chapiteaux corinthiens, où même le vin est servi à la pression ! Une sorte d'institution, piliers de comptoir inclus. On peut aussi y manger, basique et pas bien cher.

Tiger Lily *(zoom I, E6, 126)* : *125, George St. Tlj 8h-1h (club jusqu'à 3h).* Lieu branché-chic

incontournable pour voir et être vu, tendance *beautiful people* et design contemporain. Plein de recoins aux ambiances glam et raffinées, banquettes moelleuses, luminaires de toutes les formes... Grand choix de cocktails, vins, champagne...

Dirty Dick's *(zoom I, E6-7, 128)* : *159, Rose St. Tlj 11h-1h.* Pub sombre à souhait, encombré d'objets hétéroclites, en référence à l'histoire terrible de Nathaniel Bentley. Ce riche quincaillier, dont la promise décéda la veille de leurs noces, s'enferma dans le désespoir, s'enlisant un peu plus chaque jour dans une saleté repoussante, jusqu'à écoper du sobriquet de *Dirty Dick*. Mais que ce bric-à-brac ne vous rebute pas, on y écluse des pintes aussi bien qu'ailleurs !

Café Royal *(zoom I, G6, 130)* : *17, West Register St.* ☎ 556-18-84. *Plats £ 13-35.* Au rez-de-chaussée, ce restaurant *(12h-22h)*, également appelé l'*Oyster Bar*, est une vénérable institution chic : crustacés, fruits de mer et vin blanc au verre. Sa déco formidable, tout en boiseries, plafonds à caissons et vitraux gravés, mérite à elle seule de pousser la porte. Côté bar *(tlj 11h-23h)*, le décor est le même, mais les tarifs sont plus raisonnables et la carte plus diversifiée. Pour terminer la trilogie, le *Voodoo Rooms (lun-jeu 16h-1h, ven-dim 12h-1h)*, à l'étage, rassemble une clientèle assez sélecte sous des plafonds dorés de style georgien. Dans l'ancienne salle de bal attenante, spectacles musicaux de toutes sortes. Le tout, glamour et baroque, mérite, là encore, le coup d'œil.

Le Monde *(zoom I, F6, 131)* : *16, George St. Tlj 7h-1h. Concerts ven-dim. Dance floor au sous-sol jeu-sam.* Pas moins de 4 bars, avec chacun sa déco et son univers, entre bling-bling et chic rétro. Beaucoup d'esbroufe et de sophistication dans le cadre, mais c'est là que se lâche le beau monde d'Édimbourg, bien mis dans ses souliers vernis.

Fingers *(zoom I, E-F6, 127)* : *61, Frederick St. Ts les soirs, jusqu'à 3h env.* Coincé en entresol, ce piano-bar ne paie pas de mine. C'est pourtant une institution de 3e partie de soirée, le rade où échouent à une heure très avancée ceux qui ne veulent pas rentrer dormir alors que, sûrement, ils devraient, préférant s'entasser autour du pianiste qui joue à la demande des standards de la variété *British*.

🍷 *The Dome* (zoom I, F6, 93) : *14, George St. Voir « Où manger ? Dans New Town et West End. Chic ».* Pour un verre chic dans un cadre époustouflant.

À South Side, Tollcross et dans le sud de la ville

Voici quelques adresses qui méritent de quitter un peu le centre touristique.

🍷 *Pear Tree House* (zoom I, G8, 132) : *38, West Nicolson St. Au sud-est du centre-ville. Tlj 11h-1h (plus tard pdt le festival).* Cette bâtisse du XVIIIe s'abrite l'un des rares *beer gardens* de la ville, dans une immense cour pavée. Ne pas se laisser impressionner par la première salle, très chicos avec ses boiseries patinées et ses fauteuils club. L'ambiance est en réalité plutôt relax et festive. Sport projeté sur grand écran. À fréquenter en particulier pendant le *Fringe Festival*, quand on monte une scène pour des représentations et concerts de jazz. Barbecue certains soirs d'affluence.

🍷 *The Brass Monkey* (zoom I, G7, 133) : *14, Drummond St. Tlj 11h (12h30 dim)-1h.* 📶 La particularité de ce pub, c'est sa salle de ciné où les étudiants s'affalent sur des tapis, à la marocaine, après avoir choisi le film en votant ! Séance quotidienne vers 15h, et on ne paie que les consos. Manque quand même un soupirail pour aérer, mais on peut préférer s'accouder au bar ou se réfugier dans la petite pièce attenante pour disputer une partie d'échecs ou de backgammon. Changement de registre le soir, surtout en fin de semaine, lorsque l'ambiance devient carrément festive. Une adresse qui marque sa différence.

À Leith

🍷 L'ancien port compte une poignée de pubs relax et conviviaux, où tremper sa moustache dans une mousse en bord de canal. Dans ce registre, le tiercé gagnant c'est *The Shore* (zoom II, I2, 101), *The Kings Wark* (zoom II, I2, 100) et *Teuchters Landing* (zoom II, I2, 99), cités plus haut dans « Où manger ? À Leith ».

Où écouter de la musique ? Où danser ?

🎵 *Henry's Cellar Bar* (zoom I, E7, 150) : *8, Morrison St (au sous-sol).* ☎ 221-12-88. ● henryscellarbar.com ● *Tlj 17h-1h (3h ven-sam).* *Concerts plusieurs fois/sem (entrée gratuite ou payante).* Ce petit club promeut tous les styles de musique, avec une nette préférence pour le rock alternatif. Dans le moiteur d'un *basement*, une salle sombre et pas toujours très nette où des chanteurs rock se vident les poumons pendant que les guitares s'électrisent. Une scène underground comme on les aime !

🎵 *Le Cabaret Voltaire* (zoom I, G7, 151) : *36-38, Blair St.* ☎ 247-47-04. *Tlj jusqu'à 3h. Gratuit certains soirs.* 📶 Ce club demeure, année après année, l'un des *hotspots* de la ville, avec sa petite boîte en sous-sol qui fait le plein de fêtards de tous âges. Concerts live et chaudes sessions de DJs : électro, drum'n'bass...

🎵 *Liquid Room* (zoom I, F7, 111) : *9 C, Victoria St.* ● liquidroom.com ● *Entrée payante ; parfois gratuit.* Une ancienne crypte devenue le sanctuaire des oiseaux de nuit. Grosse ambiance pour ses concerts rock ou indie et ses *DJ set* des mercredi et vendredi.

🎵 *The Jazz Bar* (zoom I, G7, 152) : *1, Chambers St.* ☎ 220-42-98. ● thejazzbar.co.uk ● *Tlj 17h (14h30 w-e)-3h. Ferme à 5h en août et pdt le festival de jazz. Concerts tlj, gratuits avt 20h et payants ensuite (env £ 3-5).* Programmation de qualité dans cette boîte à jazz réputée à travers tout le pays. Décor classouille sans être glaçant.

🎵 *The Bongo Club* (zoom I, F7, 153) : *66, Cowgate.* ☎ 558-76-04. ● thebongoclub.co.uk ● *Concerts et soirées tlj ou presque. Programmation réduite l'été. Parfois un petit droit* d'entrée (£ 5-7). Connu de longue date et toujours au top, ce lieu de concert accueille les adeptes de reggae, hip-hop ou encore électro. Plusieurs autres clubs dans la même rue.

♪ *Espionage* (zoom I, F7, **119**) : entrée au 5, Victoria St. Jeu-dim 19h-3h. Généralement gratuit. Ce night-club se décline sur plusieurs niveaux. Au choix, le *Kasbar* et son style oriental, le *Pravda*, le *Mata Hari*... C'est comme l'enfer : plus on descend, plus l'ambiance monte.

♪ Voir également plus haut dans « Où boire un verre ? Dans Old Town », les pubs *Finnegan's Wake* (zoom I, F7, **111**), *The Royal Oak* (zoom I, G7, **116**), *Sandy Bells* (zoom I, F-G8, **117**) et *Biddy Mulligans* (zoom I, F7, **120**), pour leurs soirées folk quotidiennes, et le *Bannermans* (zoom I, G7, **112**), pour ses concerts de rock.

Où assister à un spectacle ?

∞ **Traverse Theatre** (zoom I, E7) : 10, Cambridge St. ☎ 228-14-04. ● traverse.co.uk ● L'une des meilleures troupes théâtrales d'Écosse, plutôt d'avant-garde. Ne présente que des pièces contemporaines.

∞ **The Stand Comedy Club** (zoom I, F6) : 5, York Pl. ☎ 558-72-72. ● thestand.co.uk ● Spectacles comiques tlj dès 19h (12h30 dim). Idéal pour découvrir l'humour écossais, à condition bien sûr d'avoir un niveau d'anglais suffisant. La séance d'impro du dimanche (à 12h30) est gratuite et vraiment tordante !

∞ **The Lyceum** (zoom I, E7) : 30 B, Grindlay St. ☎ 248-48-48. ● lyceum.org.uk ● Théâtre à l'ancienne qui ne propose que des productions (pas de spectacles invités) du répertoire classique.

∞ **The King's Theatre** (zoom I, E8) : 2, Leven St. ☎ 529-60-00 (box office). ● edtheatres.com ● Répertoire dramatique et comédies musicales.

∞ **Playhouse Theatre** (plan d'ensemble G5-6) : 18-22, Greenside Pl. ☎ 0844-871-30-14. ● edinburghplayhouse.org.uk ● Opéras, ballets et comédies.

∞ **The Queen's Hall** (zoom I, G8) : 85-89, Clerk St. ☎ 668-20-19. ● thequeenshall.net ● Théâtre georgien avec balcons en galerie. Programmation variée : classique, jazz, etc.

Pratique pour acheter vos billets :

■ **Tickets Scotland** (zoom I, E6, **10**) : 127, Rose St. ☎ 220-32-34. ● tickets-scotland.com ● Lun-sam 9h-18h (19h jeu), dim 11h30-17h30. Vente pour la plupart des théâtres.

Boutiques, souvenirs du pays

Autant résister à la tentation en se promenant sur le Royal Mile : tartans, kilts et autres babioles touristiques sont de faible qualité et hors de prix (sauf peut-être en période de soldes).

❀ **Jenners** (zoom I, F6, **160**) : 48, Princes St. ● houseoffraser.co.uk ● Lun-ven 9h30-18h30 (20h jeu, 19h ven), sam 9h-19h, dim 10h-18h. Le Harrod's d'Édimbourg, fondé en 1838. Chic et branché mais sans extravagance.

❀ **Iain Mellis Cheesemonger** (zoom I, F7, **161**) : 30 A, Victoria St. ☎ 226-62-15. Lun-sam 9h30-19h, dim 11h-18h. Des merveilles de fromages écossais, irlandais et français, parfaitement affinés, qu'on vous fait souvent tester. De quoi se convaincre définitivement que la Grande-Bretagne est aussi un pays de fromages !

❀ **The Fudge House** (zoom I, H7, **162**) : 197, Canongate. Tlj sf dim 10h-18h. Un demi-siècle que la même famille confectionne ce caramel mou qui reste si agréablement coincé dans le dentier ! Incontournable !

❀ **Coda Music** (zoom I, F7, **163**) : 12, Bank St ; dans Old Town. ☎ 622-72-46. ● codamusic.co.uk ● Lun-sam 9h30-17h30, dim 11h-17h. Une bonne boutique pour se procurer tous les enregistrements de musique écossaise.

❀ **Royal Mile Whiskies** (zoom I, F7, **164**) : 379, High St. ☎ 225-33-83. ● royalmilewhiskies.com ● Tlj 10h-20h (21h jeu-sam). Certes, le whisky est cher en Écosse, mais certaines marques rares s'avèrent pratiquement introuvables sur le continent. À l'inverse de cette boutique célèbre qui aligne plusieurs centaines de références !

❀ *Valvona & Crolla (plan d'ensemble G5, 165) : 19, Elm Row.* ☎ *556-60-66.* ● *valvonacrolla.com* ● *Lun-jeu 8h30-18h, ven-sam 8h-18h30, dim 10h-17h.* Drôle d'épicerie fine à l'ancienne, débordant de fromages, charcut', vins, etc. Elle a l'air petite en entrant, mais plus on avance, plus de nouveaux espaces apparaissent, pour aboutir à un café confidentiel, très bien pour un petit déj ou un *lunch* de *pizze* ou *pasta (plats env £ 7-14).* Tenu par une famille italienne depuis sa création avant la Seconde Guerre mondiale, cet endroit plein d'anecdotes fait presque partie de l'histoire

d'Édimbourg. Annexe mieux située mais plus standardisée sur Rose St, dans New Town.

❀ *Stockbridge Market (zoom I, E6, 166) : 1, Saunders St.* ● *stockbridgemarket.com* ● *Dim 10h-17h.* Sans doute le marché le plus populaire d'Édimbourg : nourriture mais aussi artisanat (souvent original !) et toujours une merveilleuse animation.

❀ *Farmers' Market (zoom I, E7, 167) : Castle Terrace, en contrebas du château.* ● *edinburghfarmersmarket.co.uk* ● *Sam 9h-14h.* Un concentré de ce que l'Écosse produit de meilleur : charcuterie, fromage, pâtisseries, confitures de baies, miel de bruyère, liqueurs artisanales...

À voir

– *Royal Edinburgh Ticket :* ● *edinburghtour.com* ● *Env £ 51 ; réduc. Achat possible en ligne.* Valable 48h, accès aux *Edinburgh Bus Tours* (bus touristiques avec commentaires en français) compris. Ce ticket permet l'accès au château d'Édimbourg, au *Palace of Holyroodhouse,* ainsi que la visite du *Royal Britannia* à Leith. Infos à l'office de tourisme, dans les

MAUVAIS ESPRIT

Visite nocturne la plus populaire d'Édimbourg, celle du cimetière de Greyfriars est aussi la plus effrayante. En passant près du caveau du bourreau George Mackenzie, enterré là depuis le XVIIe s, certains visiteurs témoignent d'étranges sensations : froid soudain, nausées, évanouissements...

lieux concernés et au guichet des bus touristiques sur le Waverley Bridge. Pour le bus seul, compter £ 15/pers/j. *(réduc),* avec système *hop on-hop off* (on monte et descend autant de fois qu'on veut). Quatre circuits possibles.
– À noter aussi, **Historic Environnement Scotland** (● *historic-scotland.gov.uk* ●) et **National Trust for Scotland** (● *nts.org.uk* ●) qui proposent des *passes* valables sur l'ensemble de l'Écosse (voir la rubrique « Musées et monuments » dans « Écosse utile » en début de guide).
– *Pratique :* les sites les plus visités ont un système d'**achat en ligne,** évitant ainsi de faire la queue.
➤ **Visites guidées :** de nombreuses agences proposent des visites guidées à pied *(walking tours)* de la vieille ville (en anglais), de jour comme de nuit, sur les traces des écrivains, à la recherche des fantômes, ou tout simplement culturelles. Les agences démarchent directement le chaland sur High St, dans Old Town. Certaines de ces visites sont même gratuites ! Il n'y a pas de piège mais, comme de juste, un pourboire est attendu à la fin. Les jeunes guides le méritent bien, d'autant que ces tours s'avèrent souvent très intéressants !

Le long du Royal Mile

◈ Les demeures les plus anciennes du cœur historique d'Édimbourg, classé au Patrimoine mondial de l'Unesco, se situent sur l'axe Canongate-High St, baptisé *Royal Mile* puisqu'il relie le château à Holyrood Palace. De part et d'autre de cette longue avenue s'échappent une multitude de venelles (les *closes*) et de *courts*, n'hésitez pas à aller y fureter. Voici, du château vers le palais de Holyrood, les sites les plus intéressants :

The Castle (le château d'Édimbourg ; HES ; zoom I, E-F7) : entrée par Castlehill. ☎ 225-98-46. ● edinburghcastle.gov.uk ● Tlj 9h30-18h (17h oct-mars). Dernière admission 1h avt. Arriver tôt pour éviter la foule (surtout l'été) ou, mieux, réserver en ligne, imprimer le billet à l'avance et venir tout de même tôt pour visiter tout de suite les « joyaux de la couronne » (sinon longue attente assurée). Entrée : £ 16,50 ; réduc. Compris dans le Royal Edinburgh Ticket. Audioguide £ 3,50 ou livret explicatif £ 5. Sinon, des panneaux délivrent le minimum syndical d'infos historiques.

Un vrai livre d'histoire
Voici une citadelle de carte postale posée sur un volcan éteint, telle une couronne sur une tête royale. Sa silhouette altière s'impose aux quatre points cardinaux de la ville. Plus qu'un symbole, cette ancienne résidence royale, tour à tour bastion, caserne ou prison, a donné son nom à la cité, la « forteresse d'Edwin ». Véritable baromètre historique, le château est l'héritier

EAU TROUBLE

Avant d'être asséché en 1821 s'étalait au pied du château un lac, le Nor' Loch, dans ce qui est aujourd'hui le Princes Street Garden. Un réservoir qui servait aussi bien pour l'approvisionnement de la ville en eau que de tout-à-l'égout ! Pas étonnant qu'alors adultes comme enfants buvaient plus de bière que d'eau...

d'une chronologie mouvementée qui se confond avec celle de l'Écosse. Érigé à partir du XIe s sous la houlette de souverains comme Malcolm ou David Ier, il devint ensuite l'un des principaux enjeux lors des conflits anglo-écossais. En 1314, Robert the Bruce préféra même démanteler les fortifications plutôt que de les voir tomber entre les mains des Anglais ! La suite est une succession de batailles rangées et de coups de mains romanesques, comme l'attaque surprise des hommes de Douglas en 1341. Déguisés en marchands, ils s'introduisirent dans la place et réduisirent au silence la garnison anglaise (de retour depuis 1335, vous suivez ?). Le dernier épisode mémorable fut le refus de la garnison anglaise d'ouvrir à Bonnie Prince Charlie en 1745. Tous ces conflits n'ont guère laissé d'espoir aux premières fortifications ; la plupart des ouvrages visibles datent du XVIe s, maintes fois remaniés par la suite.

Par ici la visite...
Les bâtiments les plus significatifs sont :
– *La chapelle Sainte-Marguerite :* le dernier vestige du château du XIIe s. Construit dans le style normand, cet édifice de poche figure parmi les plus anciennes églises d'Écosse. On y célèbre toujours certains mariages. Sur la terrasse précédant le sanctuaire sommeille Mons Meg, une bombarde colossale (ancien canon) offerte par le duc de Bourgogne à Jacques II en 1457. L'un des boulets fut retrouvé à 2 miles du château ! En contrebas, remarquez le cimetière pour... les toutous des soldats.
– *The Great Hall :* construit au début du XVIe s. Charpente chevillée assez impressionnante et cheminée monumentale. Siège de plusieurs parlements écossais.
– *Les appartements royaux (file d'attente en saison) :* portraits de famille et cheminées ouvragées jalonnent quelques belles salles en enfilade. Petite pièce au fond, avec plafond peint, où naquit le fils de Marie Stuart. On enchaîne avec *The Honors of the Kingdom,* une présentation ludique de l'histoire romanesque des joyaux de la Couronne, avec mannequins, montages audio et tout le tralala, avant d'accéder à la salle aux allures de coffre-fort (noter l'épaisseur des portes !) où reposent la couronne, l'épée et le sceptre, ainsi que la célèbre « Stone of Destiny » (lire plus loin le paragraphe qui lui est consacré dans le texte présentant le Scone Palace à Perth). Photos interdites.

– **Le Mémorial national d'Écosse :** bâtiment imposant du XVIIIe s, désormais consacré aux soldats écossais morts pendant les deux guerres mondiales.

– **Les prisons de guerre** (prisons of war) **:** reconstitution fidèle de l'univers carcéral au XIXe s, avec ses sombres dortoirs où s'enchevêtrent les hamacs. Les grognards de Napoléon et bien d'autres laissèrent sur les portes quelques graffitis en souvenir. En face, les *prisons militaires* regroupent une douzaine de cellules plus récentes, utilisées jusqu'en 1923 par la garnison pour les soldats punis.

– **The National War Museum of Scotland :** matériel, armes et étendards illustrent les exploits guerriers de l'armée écossaise depuis 4 siècles. Zieutez au passage les perverses affiches de propagande, promettant une vie de voyages, de vacances et de parties de foot pour recruter du troufion ! Dans le même genre, le **Royal Scots Dragoon Guards Museum,** consacré à ce régiment d'élite.

🏃🏃🏃 **Camera obscura** (zoom I, F7) **:** Castlehill. ☎ 226-37-09. ● camera-obscura.co.uk ● *Avr-oct : tlj 9h30-19h (20h ven-dim et pdt les vac scol, 21h juil-août) ; nov-mars : tlj 10h-18h (19h ven-dim). Entrée : £ 14,50 ; réduc (billet valable tte la journée). Démonstration ttes les 15-20 mn selon affluence, la dernière ayant lieu 1h avt fermeture. Prévoir env 2h de visite.*

L'une des plus vieilles attractions de la ville, qui fera le bonheur des amateurs d'illusion d'optique et des enfants. À visiter de préférence les jours de beau temps, car plus la météo est bonne, plus l'effet sera remarquable.

C'est en 1853 que Maria Theresa Short eut la géniale idée de concevoir et d'installer cette *camera obscura* à Édimbourg. Son procédé est fort simple puisqu'il s'agit juste d'un trou au travers duquel la lumière passe et vient former par réflexion une image sur une surface blanche à l'intérieur de la chambre noire. La particularité de la *camera obscura* d'Édimbourg est d'être montée sur une sorte de périscope mobile qui observe la ville. Du coup, on reste comme des gamins, fascinés par ce panorama animé d'Édimbourg qui bouge sous nos yeux.

La *camera obscura* n'est pas la seule attraction de cet insolite musée de l'illusion d'optique, installé sur plusieurs niveaux (superbe vue sur la ville depuis la terrasse au dernier étage, équipée de lunettes d'observation). On y trouve également un labyrinthe de miroirs, une riche collection d'hologrammes, de vues stéréoscopiques, d'anamorphoses et un tas d'expériences optiques des plus folles, jusqu'au « vortex tunnel », une expérience délirante où l'on perd ses repères et surtout l'équilibre. Hilarant !

🏃🏃 **Scotch Whisky Experience** (zoom I, F7) **:** 354, Castlehill ; à côté du château. ☎ 220-04-41. ● scotchwhiskyexperience.co.uk ● *Tlj 10h-18h (17h sept-mars). Dernière admission env 1h avt. Entrée : £ 14,50-40 en fonction du tour choisi (de 50 mn à 1h30). Dégustation offerte à la fin. Hips ! Réduc. Audioguide en français compris. Également une visite tlj à 18h15 à £ 65 incluant 3 plats et une dégustation, accord mets et whiskies, au resto Amber (résa indispensable).* Bien sûr, ce musée ne prétend pas rivaliser avec le charme d'une balade dans une distillerie, mais sa présentation est audacieuse et ludique. On embarque dans des tonneaux à la façon d'un train fantôme (claustrophobes, s'abstenir), pour suivre de façon interactive (et olfactive !) la fabrication du whisky. De retour sur la terre ferme, on passe aux aspects techniques, avant de rejoindre une salle de test où un expert distille son savoir. On y apprend (en anglais, ou grâce à l'audioguide) à décrypter les odeurs et saveurs du breuvage et à lire les couleurs de sa robe. Un verre à la main, bien sûr, puisque chacun déguste le nectar le plus approprié à son goût ! Pour finir, visite d'une prestigieuse collection de bouteilles anciennes.

🏃 **Milne's Court** *(zoom I, F7)* : pittoresque passage menant vers Princes St, suivi d'une envolée de marches, *Playfair steps*. Accès au début de Lawnmarket, l'ancienne place médiévale où se tenait le marché aux légumes et produits laitiers. Là se dresse le néogothique *Victoria Hall* du XIXe s, qui, sous ses faux airs de cathédrale, abrite aujourd'hui le *Hub*, siège du Festival d'Édimbourg.

🏃 **Gladstone's Land** *(NTS ; zoom I, F7, 171)* : *477 B, Lawnmarket.* ☎ *0844-493-21-20. Avr-oct : tlj 10h-17h. Dernière admission 30 mn avt fermeture. Entrée : £ 6,50. Photos interdites.* Édifice principalement du XVIIe s, avec quelques parties datant du XVIe s. Au rez-de-chaussée, reconstitution d'une échoppe et, au 1er étage, de l'appartement d'un négociant. Intéressants plafonds peints d'origine dans la chambre du maître. Dans chaque pièce, des *volunteers* déroulent volontiers leurs explications. Demander la traduction écrite en français, mais, honnêtement, la visite n'est pas indispensable.

🏃 **The Writer's Museum** *(zoom I, F7)* : *accès par Lady Stair's close, qui donne sur Lawnmarket. Autre accès par North Bank.* ☎ *529-49-01. Mer-sam 10h-17h, dim 12h-17h. GRATUIT.* Belle maison du XVIIe s tout en recoins et escaliers en colimaçon, abritant souvenirs et manuscrits de trois illustres écrivains écossais : Robert Burns (sa canne-épée...), sir Walter Scott (sa pipe, des lettres manuscrites, son échiquier...) et Robert Louis Stevenson (son journal illustré de croquis...). Petite reconstitution d'une imprimerie et de la salle à manger de sir Walter Scott. En sortant, remarquez dans la cour les citations gravées dans les dalles, commémorant les célèbres écrivains écossais.

🏃🏃 **Saint Giles' Cathedral** *(zoom I, G7)* : *High St.* ☎ *225-94-42.* ● *stgilescathedral.org.uk* ● *Mai-sept : tlj 9h (13h dim)-19h (17h w-e) ; oct-avr : tlj 9h (13h dim)-17h. Donation de £ 3 demandée. Thistle chapel : accès £ 2. Droit photo : £ 2.* Très ancienne (ses quatre massifs piliers centraux datent de 1120), l'église brûla au XIIIe s. L'essentiel de la construction actuelle remonte plutôt au XVe s, notamment son élégante tour. À l'intérieur, splendide alignement de voûtes gothiques en pierre de taille. Au fond à droite, confidentielle chapelle de l'ordre du Chardon *(Thistle chapel)* où se réunissent chaque année les chevaliers, nommés par la reine, de cet ordre créé au IXe s. Chacun a son siège, surmonté de l'emblème de son choix. Repérer les adorables angelots jouant de la cornemuse et admirer l'amusant plafond orné de choux-fleurs ! *Tearoom* dans la crypte. 200 m plus bas, la **Tronkirk**, érigée au XVIIe s et désormais désacralisée, abrite derrière ses élégants vitraux colorés quelques boutiques d'artisanat. Étonnant.

🏃 **The Real Mary King's Close** *(zoom I, G7, 170)* : *2, Warriston's Close. Sur High St, par un passage à gauche de la* City Chambers. ☎ *0845-070-62-44.* ● *realmarykingsclose.com* ● *Avr-oct : tlj 10h-21h ; nov-mars : tlj 10h-17h (21h ven et sam). Départ ttes les 15-20 mn. Durée : 1h. Résa conseillée en saison. Prix : £ 15-20 selon formule ; réduc. Audioguide en français inclus.* Dans les soubassements de la *City Chambers* (*Royal Exchange* au XVIIIe s) ont été découverts des passages étroits *(closes)*, restés enfouis pendant plus de 2 siècles. Visite guidée théâtralisée ponctuée d'anecdotes à moitié inquiétantes et de superstitions. Assez touristique et pas donnée. Mais si c'est pour voir un fantôme... Une photo prise par le patron en 2008 prouve « clairement » qu'un esprit se balade quelque part là-dessous... Organise aussi des visites à thème et des soirées « *Murder Mystery* », un genre de Cluedo animé par des comédiens.

🚶 🏃 ***Museum of Childhood*** (zoom I, G7) : *42, High St.* ☎ *529-41-42.* ● *edin burghmuseums.org.uk* ● *Tlj sf mar-mer 10h (12h dim)-17h. GRATUIT.* Sur quatre niveaux, de belles collections de jouets anciens : poupées à têtes de porcelaine, automates, trains, voitures à pédales, dînettes, déguisements...

🚶 ***Canongate Kirk*** (zoom I, H6-7) : *Canongate St. Tlj sf dim mat, 10h30-16h30. GRATUIT.* On raconte que, lors d'une chasse, le roi David Ier aperçut un cerf dont les bois enserraient une croix. Signe du ciel ? Il fit aussitôt ériger une abbaye à l'endroit même de sa vision. D'où le nom de *Holyrood,* la « Sainte Croix ». Nous étions alors au XIIe s. Mais l'édifice ayant subi les affres du temps, on fit construire au XVIIe s la présente église. La légende est évoquée un peu partout, à commencer par le sommet de la façade où trône une tête de cerf. C'est l'église de l'armée d'Édimbourg avec son touchant cimetière. Remarquer au premier rang le banc de la famille royale. Mobilier et boiseries d'un étrange bleu ciel.

🚶 ***Museum of Edinburgh*** (Huntly House ; zoom I, H7) : *142, Canongate.* ☎ *529-41-43.* ● *edinburghmuseums.org.uk* ● *Tlj sf mar-mer 10h (12h dim)-17h. GRATUIT.* Ces trois hôtels particuliers des XVIe et XVIIe s, admirablement restaurés, abritent le musée d'Histoire de la région, dont les petites collections couvrent différentes périodes, de la préhistoire à nos jours. Sacré programme ! Les parquets qui craquent participent à ce voyage dans le temps, de même que la muséographie un peu datée (beaucoup de vitrines). En vrac : porcelaines, armes, costumes, argenterie, maquettes, reconstitutions d'intérieurs, une cloche de la cathédrale Saint Giles, de belles horloges ouvragées du XVIIIe s, etc. Parmi les pièces remarquables, le *National Covenant,* pétition de 1638 (illisible !) qui réclamait le respect des droits des Scots, menacés par les changements imposés par Charles Ier. Également un film de 17 mn sur l'histoire de la ville.
Alentour, de pittoresques *closes* : *Sugarhouse, Bakehouse* et surtout *Achesonhouse.*

🚶 ***Dunbar's Close Garden*** (zoom I, H6) : *137, Canongate St.* Jardin confidentiel datant du XVIIe s, caché du Royal Mile, idéal pour une pause pique-nique. Arbres et jardinets encadrés de haies dégringolent sur plusieurs niveaux.

🚶 ***The People's Story*** (zoom I, H6-7) : *Canongate Tolbooth, 163, Canongate ; en face de* Huntly House. ☎ *529-40-57.* ● *edinburghmuseums.org.uk* ● *Mer-sam 10h-17h, dim 12h-17h. GRATUIT.* Musée un brin fourre-tout mais conçu de manière ludique, qui raconte l'histoire des habitants d'Édimbourg de la fin du XVIIIe s à nos jours. Il occupe une remarquable demeure, l'ancienne mairie-tribunal-prison datant de 1591, surmontée d'une horloge en balcon. La visite, jalonnée de vitrines et de reconstitutions très visuelles (un pub, un *tearoom...* et même une prison !), s'intéresse entre autres aux corporations de métiers, aux mouvements sociaux du XIXe s, aux suffragettes et aux débuts des syndicats. Bien fait et vivant mais uniquement en version anglaise. Film (20 mn) au dernier étage.

🚶 ***White Horse Close*** (zoom I, H6) : *27, Canongate.* Ancienne auberge et relais de poste du XVIIe s habilement restaurée. On y prenait la diligence pour Londres.

🚶🚶 ***Scottish Parliament House*** (zoom I, H6-7) : *devant le* Palace of Holyrood-house. ☎ *348-50-00.* ● *parliament.scot* ● *Lun-sam 10h-17h (9h-18h mar-jeu) ; venir mar-jeu, pour assister aux débats et délibérations (le Parlement ne siège ni lun ni ven-sam). Pas de session juil-août, les députés sont en vacances. Dernière admission 30 mn avt fermeture. Fermé au public en fév, ainsi que les 25, 26 déc et 1er janv. GRATUIT.* Revanche sur l'Histoire, lors du référendum de 1997, presque 3 siècles après l'Acte d'union de 1707 qui arrima l'Écosse à l'Angleterre, 74 % des votants s'exprimèrent en faveur d'un Parlement écossais. Et, suite au référendum de 2014, celui-ci s'est vu confier encore plus de responsabilités. Conçue par l'architecte catalan Enric Miralles, la bâtisse inaugurée en 2004, d'abord très controversée, s'est finalement imposée comme une référence architecturale. Les matériaux s'entrecroisent, avec une prédominance de verre et de bois de syco-more. D'où une silhouette légère, presque aérienne, inspirée en partie de l'archi-tecture traditionnelle écossaise. À l'extérieur, notez par exemple les arcs-boutants, réminiscences des abbayes médiévales. Observez bien, on ne voit pas tout au premier coup d'œil ! À l'intérieur, voir surtout la salle de délibération, accessible à l'occasion des visites guidées (gratuites) ou pendant les débats (sur résa), sorte de cathédrale à l'ambiance feutrée. Un édifice esthétiquement époustouflant et un vrai monument symbolique ! Visite intéressante et dépliant en français pour mieux comprendre les subtilités du transfert de pouvoirs, la *devolution*.

🎭 *Palace of Holyroodhouse* (zoom I, H6) : *en bas du Royal Mile.* ☎ 556-51-00. ● royalcollection.org.uk ● *Avr-oct : tlj 9h30-18h (dernière entrée 16h30) ; nov-mars : tlj 9h30-16h30 (dernière entrée 15h15). Attention, peut être fermé en juil quand la reine est présente. Entrée : £ 12, audioguide en français compris.* **Queen's Gallery :** *£ 6,70. Billet combiné : £ 17 (£ 21 avec tour guidé des jardins). Réduc ; compris dans le* Royal Edinburgh Ticket.

Résidence officielle de la reine lorsqu'elle séjourne à Édimbourg, générale-ment début juillet (le palais est alors fermé au public), *Holyroodhouse* continue d'accueillir toutes sortes de cérémonies. La construction du palais s'est effectuée en plusieurs étapes, à partir de la fin du XVe s, sous le règne de Jacques IV. Après maintes vicissitudes, le palais évolua au XVIIe s vers une architecture de style palladien sous la houlette de William Bruce. Les façades de la cour intérieure s'orientent vers un style Renaissance, somme toute très classique mais non dénué d'élégance.

Visite rapide et vivante. Une fois passé le cloître, parmi les salons, pièces d'appa-rat et autres appartements d'État décorés d'une profusion de tapisseries et de boiseries, on notera les remarquables stucs des plafonds, comme ceux du grand escalier et de la salle du trône (il fallut 10 ans aux artistes pour les réaliser). Dans la grande galerie sont accrochés les 110 portraits, assez sombres, des rois d'Écosse. Puis, à l'étage, visite de l'appartement tragique où Rizzio, le beau secrétaire et amant supposé de Marie Stuart, fut assassiné, probablement sur l'instigation de Darnley, le jaloux de mari. À droite des escaliers se trouve un passage secret datant du XVIe s, qui ne fut découvert que dans les années 1970. Il communique avec la chambre de Lord Darnley et avec l'abbaye. On suppose que les assassins de Rizzio sont passés par là pour perpétrer leur crime. Quelques vitrines ren-ferment des objets remarquables, dont un beau portrait de Marie Stuart réalisé par François Clouet.

La visite se termine par les ruines majestueuses de l'abbaye, romantiques à sou-hait, et une balade dans les jardins avec de belles collines escarpées en toile de fond. En sortant, noter les superbes portes en fer forgé de la cour.

– **Queen's Gallery :** *mêmes horaires.* Expositions temporaires d'œuvres d'art moderne sélectionnées parmi les collections royales.

🍴 *Cafétéria* sur place, agréable et lumineuse, dans la cour qui jouxte l'entrée. Bonnes pâtisseries à déguster en extérieur ou dans une véranda. Accessible sans payer l'entrée au palais.

🎭 *Dynamic Earth* (zoom I, H7) : *Holyrood Rd (derrière le Parlement).* ☎ 550-78-00. ● dynamicearth.co.uk ● *Avr-oct : tlj 10h-17h30 (18h en juil-août), dernière entrée 1h30 avt fermeture ; le reste de l'année, fermé lun-mar. Entrée : env £ 13,50 ; réduc. Achat en ligne possible (réduc). Audioguide en français (payant).* Sous un grand chapiteau blanc qui contraste avec la montagne toute verte derrière, un parcours jalonné d'attractions principalement destinées aux familles détaille les origines de la Terre. D'abord une suite de salles interactives bien conçues, comme celle expliquant la formation des planètes après le big bang et celle sur la tectonique des plaques, qui secoue jusque sous nos pieds... On en vient ensuite à la « soupe originelle » (formation des toutes premières molécules, marquant le début de la vie), l'apparition de la faune et de la flore, illustrée par des animaux préhistoriques grandeur nature. Suit un vaste tour d'horizon des différents milieux naturels : du monde arctique et antarctique à la forêt tropicale, avec simulateur de vol, pluie factice et iceberg plus vrai que nature... Également des films, projetés sur un écran à 360°. Une approche pédagogique et écologique.

Dans Old Town

🚶🚶 **Le quartier de Grassmarket** (zoom I, F7) : vaste et animée, cette place piétonne a accueilli le marché hebdomadaire de la ville de 1477 à 1911. Aujourd'hui, un marché s'y tient de nouveau (10h-17h) chaque samedi, ainsi que le dimanche en août. Moins poétique, la place vit de nombreuses exécutions, dont celle de 100 covenanters morts pour leur foi au XVIIe s. Nombreuses terrasses de restaurants et pubs. De Grassmarket partent plusieurs rues très anciennes. Le soir, dans la faible lueur des réverbères, elles prennent des teintes expressionnistes, notamment sur Candlemaker Row.

🚶🚶 **Greyfriars' Church and Graveyard** (l'église et le cimetière de Greyfriars ; zoom I, F7) : Candlemaker Row. Avr-oct : tlj sf dim (le secteur hanté n'est accessible que dans le cadre de visites guidées) ; en hiver, jeu slt 13h30-15h30. Première église construite en 1620 après la Réforme, on y signa le célèbre National Covenant, pour lequel moururent tant de fidèles. Et il s'agit probablement de la dernière église d'Édimbourg où certains services sont encore officiés en gaélique. Autour, dégringolant une colline, coincé entre les inquiétantes mai-

BOBBY MONTE LA GARDE
À son décès en 1858, John Grey, un policier, fut enterré au cimetière de Greyfriars. Son fidèle terrier, Bobby, monta la garde 14 ans près de la tombe, tout en continuant à mordre les mollets des poivrots comme on le lui avait appris. Placée tout près de son maître, la sépulture de ce chien célèbre fait aujourd'hui l'objet d'une véritable dévotion. Les habitants du quartier lui ont même érigé une statue en haut de Candlemaker Row, qui est devenue la statue la plus photographiée d'Écosse !

sons à pignon du vieux quartier médiéval, s'étend un cimetière pittoresque, aux tombes sculptées très anciennes, véritable empilement d'ossements depuis son ouverture au Moyen Âge. Pas étonnant que l'endroit soit l'un des plus hantés d'Écosse...

🚶🚶🚶 🚶 **National Museum of Scotland** (zoom I, G7) : Chambers St. Infos : ☎ 0300-123-67-89. ● nms.ac.uk ● Tlj 10h-17h. GRATUIT (donations bienvenues). Un musée fascinant, dont les riches collections ont atteint une stature internationale. Aménagée dans d'anciennes caves victoriennes, sa belle entrée ouvre sur la grande galerie, espace colossal aux allures de cabinet de curiosités. De là, on se balade en fonction de ses goûts et de l'humeur dans les sections d'histoire naturelle (de l'infiniment petit au plus musclé Tyrannosaurus rex !), dans celles consacrées aux Arts décoratifs, à la mode et au design, ou encore dans les belles expos sur les cultures du monde (Égypte ancienne mais aussi Chine, Japon, Corée ou encore le Pacifique sud, avec des objets provenant des voyages du capitaine Cook et de précieux souvenirs de Robert Louis Stevenson aux Samoa). Quant aux sections dédiées aux sciences et technologies, elles mêlent activités interactives et retour sur les grandes découvertes des chercheurs écossais, de l'invention de la pénicilline par Alexander Fleming à celle du petit écran par John Logie Baird, sans oublier Dolly, la 1re brebis clonée – et désormais empaillée.
Ludiques et pleines de surprises, ces galeries ne volent pas pour autant la vedette à la star du musée : l'aile entière dédiée à l'Écosse, de sa formation géologique et de l'apparition des premiers hommes à l'évocation de la société contemporaine.

Ses collections remarquables s'intéressent à tous les peuples ayant habité la région, détaillant leur art, leur mode de vie et leurs croyances. On verra notamment les troublantes pièces d'échiquier du XIIe s de l'île de Lewis, les sections consacrées aux héros William Wallace et Robert The Bruce, la copie du gisant de Marie Stuart, ou encore les étonnantes machines à vapeur remontées intégralement pour évoquer la modernisation et l'industrialisation du pays. Incontournable !
– Au sommet de l'édifice, grande terrasse paysagée qui offre un panorama imprenable sur la ville.
|●| ▼ Sur place, *The Tower Restaurant* (voir « Où manger ? »).

⚲ *National Library* (zoom I, F7) : *George IV Bridge.* ☎ 623-37-00. ● *nls.uk* ● *Lunsam 9h30 (10h mer)-17h (13h sam). GRATUIT.* Possède l'une des plus vastes collections de cartes (plus de 2 millions !). Petites expos à l'entrée et café agréable.

⚲⚲ *City Art Centre* (zoom I, G7) : *2, Market St.* ☎ 529-39-93. ● *edinburghmuseums.org.uk* ● *Mer-dim 10h (12h dim)-17h. Entrée payante en fonction de l'expo.* Un élégant musée moderne présentant les collections de la ville, ainsi que des expositions temporaires de peintures, photographies, sculptures... de stature internationale.

⚲ *The Edinburgh Dungeon* (zoom I, G7) : *31, Market St.* ☎ 240-10-00. ● *thedungeons.com* ● *Avr-oct : lun-ven 10h-17h, sam 11h-19h, dim 11h-17h (tlj 10h-19h de mi-juil à fin août) ; le reste de l'année, tlj 11h-16h (19h sam, 17h dim). Les horaires de fermeture correspondent à la dernière admission. Durée de la visite : 1h20 env, par petits groupes qui partent ttes les 10-15 mn. Prix : env £ 17 ; réduc sur Internet.* Descente aux enfers guidée par des comédiens grimaçants, et ponctuée de macchabées de cire atrocement torturés. Les jeunes vampires assoiffés de sang seront peut-être satisfaits, du moins s'ils maîtrisent l'anglais, mais les lecteurs aux pensées moins morbides risquent de ne décrocher qu'un rictus sceptique devant une artillerie si lourdingue.

Dans New Town

Ⓡ Symbole de l'architecture georgienne. Comme pour la ville de Richelieu en France et celle de Noto en Sicile, on confia au même architecte en 1767 la réalisation d'un ample programme de construction visant à désengorger la vieille ville. À la surprise générale, l'élu fut un jeune inconnu de 23 ans, James Craig. Il assuma la première tranche, correspondant au quadrilatère formé par Princes St et Queen St,

UN TRAIN D'AVANCE

Dominant Princes Street, l'horloge de l'imposant Balmoral Hotel avance volontairement de 3 mn. De quoi permettre aux habitants de ne pas manquer leur train, la gare étant située juste à côté ! L'horloge n'est remise à l'heure que le 31 décembre au soir, pour que les fêtards puissent dérouler le compte à rebours.

avec, sur l'arête de la colline, George St, trois avenues monumentales formant le squelette de New Town. Les places Charlotte Square et Saint Andrew Square furent l'œuvre d'autres architectes, mais tous respectèrent les plans et l'esprit de James Craig, à savoir unité architecturale et volonté de géométrie. Résultat : un ensemble original harmonieux avec de grandes places élégantes auxquelles succèdent des rues en demi-lune, joliment proportionnées et agrémentées de belles ferronneries et autres enluminures. Noter les vastes jardins au milieu des places à la gestion plutôt originale : contrairement aux apparences, ils sont privés. Les riverains, contre un droit annuel, en possèdent les clés et peuvent en disposer à leur guise. Marquant la frontière entre New et Old Town, le *Princes Street Garden* offre une délicieuse pause aux flâneurs, avec ses grasses pelouses et ses bancs tournés vers la démesure médiévale de la vieille ville. Beau panorama également depuis le square perché sur le toit de l'office de tourisme.

🐾🐾 *Charlotte Square* (zoom I, E6-7) est considéré comme la partie la plus réussie de New Town. On y trouve, au n° 6, la *Bute House,* résidence officielle du Premier ministre écossais (pas fou !), ainsi qu'au n° 7 une maison meublée dans le style de l'époque, **Georgian House** *(NTS),* intéressant témoignage sur le mode de vie de la bourgeoisie au XVIIIᵉ s. Textes en français ou commentaires live dispensés par de charmantes dames. ☎ 0844-493-21-18. ● nts.org.uk ● *Avr-oct : tlj 10h-17h (18h juil-août) ; le reste de l'année, tlj 11h-16h (fermé lun-mer la 1ʳᵉ quinzaine de déc). Dernière admission 30 mn avt. Fermé de mi-déc à fin fév. Entrée : £ 7 ; réduc.* Voir aussi **Moray Place** (zoom I, E6), **Ainslie Place** (zoom I, E6) et **Drummond Place** *(plan d'ensemble F5).* Parallèlement aux rues, un réseau dense de *lanes* apporte un surcroît de poésie à la balade, surtout la nuit, dans l'aura des réverbères.

🐾🐾 *Scottish National Portrait Gallery* (zoom I, F6) : *1, Queen St ; à l'angle de North Saint Andrew St.* ☎ 624-62-00. ● nationalgalleries.org ● *Tlj 10h-17h (19h jeu). GRATUIT (sf certaines expos temporaires).* Dans un superbe édifice gothico-victorien qui vaut à lui seul le coup d'œil, gigantesque trombinoscope de tous ceux qui ont compté dans l'histoire de l'Écosse, rassemblés sur une fresque couvrant les arcades de l'atrium central. Une interminable photo de famille, façon « Où est Bonnie Prince Charlie ? » (légende affichée sur un mur). Suivent, dans les étages, de grandes sections thématiques (les scientifiques, les sportifs, les militaires...), recélant des chefs-d'œuvre réalisés par Gainsborough, Allan Ramsay, Raeburn, Kokoschka... Quant aux belles collections de photographies, elles dévoilent le nouveau visage de l'Écosse moderne, soulignant l'apport déterminant des récentes vagues d'immigration. Très intéressant. Agréable café sur place.

🐾🐾🐾 *Scottish National Gallery* (zoom I, F7) : *Princes St et The Mound (le bâtiment de Princes St étant dédié aux expos temporaires).* ☎ 624-62-00. ● nationalgalleries.org ● *Tlj 10h-17h (19h jeu). GRATUIT pour les collections permanentes.* L'un des grands musées européens de peinture. Ses nombreux chefs-d'œuvre sont présentés géographiquement et chronologiquement à la faveur d'une belle muséographie.

– On attaque la visite avec la peinture européenne du XVIᵉ au XIXᵉ s, regroupant au fil des salles les compositions de maîtres italiens (Lotto, Bassano, Véronèse), flamands et hollandais (Steen, Van Ruysdael, Van Dyck, Hals), ou espagnols (Velázquez, Zurbarán). Parmi celles de Titien, *Les Trois Âges de l'homme,* intéressante œuvre de jeunesse. On s'intéressera également à une *Déposition du Christ* du Tintoret, à la grâce des tableaux de Murillo (*Jeune Homme avec un panier de fruits* et une *Vierge à l'Enfant),* au vivant *Festin d'Hérode* de Rubens ou encore aux toiles du Greco. Également un *Autoportrait* de Rembrandt où se devine la maîtrise de la technique du clair-obscur, et une *Jeune Femme aux fleurs,* réalisé par son atelier.

– Parmi les artistes britanniques, Constable se distingue avec ses magnifiques paysages comme celui de *Vale of Dedham ;* Gainsborough reste fidèle à ses portraits aristocratiques avec *Mrs Graham.*

– Poussin est à l'honneur dans la galerie 6, dont la salle entière est dévolue à ses *Sept Sacrements.*

– Le sous-sol est en revanche exclusivement consacré aux peintres écossais. *Le Patineur* de Henry Raeburn constitue la pièce maîtresse, presque un symbole de l'art écossais. Mais certains affirment que ce serait en fait un tableau du peintre français Henri-Pierre Danloux...

– Enfin, à l'étage, la section nord réunit des peintures formidables des XIVᵉ et XVᵉ s (dont les chefs-d'œuvre de Raphaël et Botticelli), tandis que la section sud permet de finir en apothéose : Greuze, Delacroix, Van Gogh et tous les impressionnistes. En vrac, Gauguin *(Trois Tahitiens),* Monet, Seurat, Pissarro, Sisley, Cézanne, Renoir, Degas... Que du beau linge !

🏃 **Walter Scott's Memorial** (zoom I, F6) **:** *impossible d'échapper, sur Princes St, à ce monument d'un gothique pompeux, élevé en 1846.* ☎ *529-40-68. Avr-sept : tlj 10h-19h ; oct-mars : tlj 10h-16h (dernière admission 15h30). Entrée : £ 5.* Une fois gravies les 287 marches, les courageux grimpeurs seront récompensés par une belle vue sur la ville et ses environs. Avant ça, il aura fallu passer l'épreuve des escaliers, car, compte tenu de leur étroitesse, il est parfois impossible de se croiser. Et attention à la tête ! Bref, une vue qui se mérite...

🏃🏃 **Calton Hill** (zoom I, G6) **:** la colline, dans les Regent Gardens, qui se prend pour l'Acropole. Panorama sublime au coucher du soleil, d'un côté sur la vieille ville, de l'autre sur le Firth of Forth et la mer. Et d'immenses pelouses pour en profiter.

Dans Dean Village

L'occasion d'une superbe balade le long de la rivière, depuis le centre-ville (env 15-20 mn pour s'y rendre). Hormis quelques portions en travaux, suite à des glissements de terrain (suivre les déviations), les berges se parcourent aisément à pied, à vélo et même avec une poussette. Voir plus loin « Balades pittoresques ou bucoliques ».
– Les deux musées ci-dessous sont desservis par une navette gratuite au départ de la **Scottish National Gallery** sur Princes St (pas de service en hiver). Attention en revanche, petite curiosité locale, le bus urbain qui passe devant les musées (le n° 13) n'appartient pas à la même compagnie que les autres bus circulant en ville. Le *Dayticket* n'y est donc pas accepté.

🏃🏃🏃 **Scottish National Gallery of Modern Art One and Two** (plan d'ensemble C6-7) **:** *75, Belford Rd ; à l'ouest de la ville.* ☎ *624-62-00.* ● *nationalgalleries. org* ● *Tlj 10h-17h (18h pdt le festival). GRATUIT pour les collections permanentes (payant pour les expos temporaires).* Musées d'art contemporain de la ville, les *Galleries One* et *Two* sont situées face à face, dans deux imposants bâtiments néoclassiques séparés par une rue, et entourés chacun de grands parcs paysagers. Édifice principal, la *Gallery One* s'efforce de présenter un panorama complet de l'art à partir de la fin du XIXᵉ s : Nabis, fauvisme, cubisme, primitivisme, expressionnisme ou encore art naïf russe. Très riche, le musée aligne une belle brochette d'artistes : Picasso, Braque, Bacon, Mondrian, Kirchner, Kokoschka, Léger, Delaunay, Matisse... et bien entendu la palette complète des Écossais contemporains ! Remarquez la liste impressionnante des personnes rencontrées par un certain Douglas Gordon. Une œuvre comme une autre ! Continuant d'acquérir des œuvres à un bon rythme, le musée fait régulièrement tourner ses collections (sauf les écossaises, pardi !). La *Gallery Two* accueille principalement des expos temporaires, ainsi que la collection Eduardo Paolozzi, un sculpteur écossais, dont l'incontournable (difficile de faire autrement !) Vulcain de plusieurs mètres de haut se dresse dans le grand hall. Allez aussi faire un tour aux toilettes ; dans le genre psychédélique, on n'a pas trouvé mieux ! Ne pas manquer enfin les sculptures et le Land Art dans les parcs des deux musées.

À Leith

🏃🏃 **The Royal Britannia** (zoom II, H1) **:** *amarré dans le port de Leith, accès par le centre commercial Ocean Terminal. Guichet au 2ᵉ étage.* ☎ *555-55-66.* ● *roya lyachtbritannia.co.uk* ● *En voiture, suivre « Leith », puis « Britannia ». Bus nᵒˢ 11, 22 et 35 du centre-ville. Avr-oct : tlj 9h30-16h30 (16h oct ; dernière admission) ; nov-mars : tlj 10h-15h30. Prévoir 1h30 de visite, avec audioguide (inclus) en français. Entrée : env £ 15 ; réduc. Compris dans le* Royal Edinburgh Ticket. *Achat en ligne possible.* Pour les inconditionnels de la famille royale, un des yachts les plus connus au monde, le « palais flottant de la reine », mis à la mer en 1953 et désarmé en 1997. Manœuvré par plus de 220 marins, il parcourut plus de 1 million de miles au cours des nombreux voyages à travers le monde de la reine Élisabeth, recevant la visite d'hôtes prestigieux tels que Mandela, Eltsine, Clinton... À voir à bord, après la petite expo historique en guise d'introduction : le poste de pilotage, les appartements royaux, mais aussi la salle des machines, les quartiers de l'équipage (avec pubs de rigueur !), la blanchisserie, l'infirmerie, avec son bloc opératoire datant des années 1950, la chambre de l'amiral (car le capitaine était toujours choisi parmi les amiraux de la *Royal Navy*)... le tout agrémenté de commentaires et anecdotes historiques. Allez, une petite pour le plaisir : la reine ne se déplaçait jamais sans ses 5 t de bagages ! Avant de partir, possibilité de s'offrir un thé sur le pont supérieur, en profitant de la vue sur le port.

Balades pittoresques ou bucoliques

➤ **Dean Village** *(plan d'ensemble C6)* **:** pépite déposée comme par mégarde au creux d'une luxuriante coulée verte, cet ancien village de meuniers déroule ses belles demeures le long d'une rivière bruissante. À pied, descendre *Queensferry St* vers la gauche jusqu'à la Leith River ; juste avant le pont, emprunter *Bell's Brae* ; en longeant la berge en aval *(Miller Row)*, on parvient à un joli point de vue sur de petits rapides noyés sous les frondaisons. Au XVIIe s, pas moins de 11 moulins à eau y puisaient leur énergie. Le sentier glisse sous *Dean Bridge*, considéré en 1832 comme l'un des plus hauts ponts du monde, et file vers Stockbridge puis le quartier de Leith. En amont, en revenant sur ses pas, la ruelle pavée de *Hawthornbank Lane* conduit à une passerelle d'où l'on aperçoit sur l'autre rive l'architecture originale d'une cité ouvrière de la fin du XIXe s. Grès rouge et façade à la flamande, hérissée de pignons crantés. Après avoir traversé la passerelle, le chemin bucolique poursuit sa route à fleur d'eau. En suivant la berge 5 mn encore en amont, un escalier au niveau d'un pont conduit aux *Scottish Galleries of Modern Art One* et *Two*. Une promenade irréelle d'une rare quiétude, à 15-20 mn à peine de la très affairée Princes St.

➤ **Arthur's Seat** *(plan d'ensemble I8)* **:** à Holyrood Park culmine un ancien volcan éteint de 251 m de haut. À côté du palais, l'occasion d'effectuer une super balade vivifiante, sortie populaire des familles. Un petit coin des Highlands avec sa lande, sa bruyère, ses lapins et ses roches abruptes, étonnant ! D'agréables sentiers permettent une ascension facile au départ de l'unique route, *Queen's Drive*, qui serpente à travers le parc. Balade de 1h30-2h. Magnifique panorama sur la région.

🐾 **Royal Botanic Gardens** *(plan d'ensemble D-E4)* **:** *Inverleith Row.* ☎ 552-71-71. ● rbge.org.uk ● Bus n° 8 de North Bridge. De Hanover St, bus nos 23 et 27. *Tlj 10h-18h (17h en fév et oct, 16h nov-janv). GRATUIT. Dernière admission pour les serres 1h avt. Visite des serres : £ 5 ; réduc.* Un royaume végétal de 28 ha. La plus grande exposition de rhododendrons du monde. C'est sûrement vrai et c'est très beau ! Magnifiques serres, un jardin chinois, un arboretum, etc. Plein d'écureuils gris adorables.

Comment assister à un match de rugby ?

– **BT Murrayfield Stadium** *(plan d'ensemble A-B8)* **:** *Roseburn St.* ☎ 346-51-06. *Calendrier des matchs et résa des billets sur ● scottishrugby.org ● Desservi par le tram.* Enceinte du XV du chardon depuis 1925, le mythique stade de Murrayfield s'est vu, mode du *naming* oblige, affubler d'un vilain *BT* (un opérateur télécom). Les fans peuvent suivre une visite guidée des entrailles du stade *(résa par Internet slt : £ 10 ; réduc).*

Manifestations

– **Edinburgh Tradfest :** *de fin avr à mi-mai.* ● *tracscotland.org* ● Festival de culture écossaise. Au programme des réjouissances, danse au son des cornemuses, de la harpe et du violon, mais aussi du *storytelling*.

– **Beltane Festival :** *Calton Hill, la nuit du 30 avr au 1er mai.* ● *beltane.org* ● Fête celtique « monstrueuse » (déguisements, feu et musique) pour célébrer l'arrivée de l'été. Au petit matin, la foule se retrouve au sommet de Holyrood pour se laver le visage dans la rosée.

– **Festival international d'Édimbourg** (Edinburgh International Festival) : *les 3 dernières sem d'août. The Hub (zoom I, F7), Castlehill, Edinburgh, EH1 2NE.* ☎ *473-20-00.* ● *eif.co.uk* ● *Résa conseillée à l'avance (à partir de mi-avr).* C'est l'un des événements culturels les plus importants du monde, et il a lieu chaque année depuis 1947 ! Créé pour fêter la fin de la guerre, le festival rassemble chaque été toutes sortes de manifestations musicales, théâtrales, chorégraphiques ou lyriques. Des spectacles de qualité et une folle animation pendant 3 semaines (d'ailleurs, pubs et magasins ferment bien plus tard pour l'occasion)...

– Parallèlement et tout aussi important se déroule le **Edinburgh Festival Fringe :** *3 sem en août. 180, High St, Edinburgh, EH1 1QS.* ☎ *226-00-26.* ● *edfringe. com* ● Troupes de théâtre d'avant-garde ou amateurs, arts de la rue... Le programme de ce festival off est indispensable pour s'y retrouver.

– **Edinburgh Military Tattoo :** *3 sem en août. Tattoo Office, 32, Market St, Edinburgh, EH1 1QB.* ☎ *225-11-88.* ● *edintattoo.co.uk* ● Grande parade militaire sur l'esplanade du château. Kilts, cornemuses et tambours celtes des quatre coins du globe, jusqu'à 1 000 figurants devant 9 000 spectateurs ! Le show s'achève par le chant plaintif d'un cornemuseur illuminé, debout sur le donjon, alors que les projecteurs plongent lentement la forteresse dans la pénombre. Pour la petite histoire, le terme *tattoo* signifie « fermer les robinets »... des tonneaux. Incontournable mais à réserver très longtemps à l'avance (à partir de début janvier !). En 2017, le festival célèbre ses 70 ans !

– Durant l'été, plusieurs autres événements tels que le **Festival international du film** (● *edfilmfest.org.uk* ●) en juin, le **Edinburgh Jazz & Blues Festival** (● *edinburghjazzfestival.co.uk* ●) en juillet, **Edinburgh International Book Festival** (● *edbookfest.co.uk* ●) en août ou encore un **Festival politique** (● *festivalofpolitics.co.uk* ●) en août également, avec débats mêlant politique, médias et art...

– **Hogmanay :** *autour du Jour de l'an. Résas : 180, High St, Edinburgh, EH1 1QS.* ☎ *0844-573-84-55.* ● *edinburghshogmanay.com* ● *Attention, résa à l'avance fortement conseillée.* Festival de fin d'année, dont l'apogée est bien sûr la Saint-Sylvestre, la nuit du 31 décembre au 1er janvier. Celui d'Édimbourg est considéré comme le plus grand Hogmanay Festival du monde. Plusieurs centaines de milliers de personnes participent aux concerts de rue et festivités en tout genre. Ambiance indescriptible, toute la ville est cernée !

– **Musselburgh Racecourse :** ☎ *665-28-59.* ● *musselburgh-racecourse.co.uk* ● Ce célèbre hippodrome à l'est d'Édimbourg propose tout un programme de courses au long de l'année, dont *Ladies Day* début juin, au cours duquel est remis le prix de la plus belle tenue vestimentaire.

– Enfin, n'hésitez pas à fureter dans les journaux : on y trouve des entrées gratuites pour certains spectacles !

DANS LES ENVIRONS D'ÉDIMBOURG

🏃🏃 **Craigmillar Castle** (HES ; hors plan d'ensemble par I9, et carte Édimbourg et les Lothians) : *à 3 miles (5 km) au sud-est du centre.* ☎ *661-44-45.* Prendre Dalkeith Rd, puis, au très discret panneau indiquant « Craigmillar Castle », tourner à gauche ; c'est plus loin sur la gauche. En bus : *nos 2, 14, 30 et 33 de North Bridge.*

Arrêt à l'hôpital (demander « Little France »), puis 10 mn de marche par un sentier. Avr-sept : tlj 9h30-17h30 ; oct-mars : tlj sf jeu-ven 9h30-16h30. Entrée : £ 5,50 ; réduc. Ni audioguide ni panneaux explicatifs, mais un livret payant (£ 2,50) dispo en français. Aux portes de la ville, ce petit coin de campagne est dominé par les imposants vestiges du *Craigmillar Castle,* l'un des mieux conservés d'Écosse et un bel exemple de château médiéval érigé au début du XVᵉ s. Si les charpentes et toitures ont aujourd'hui en grande partie disparu, les remparts, la courtine intérieure crénelée et les tours d'angle sont pratiquement intacts. Le donjon massif ne dépare pas, à l'image de ses chambres au confort luxueux pour l'époque (elles avaient leur propre cheminée et des latrines privées), ou de la grande cuisine, avec son large âtre et son four à bois. Celliers, caves, prisons ou poterne livrent les derniers secrets de ce vaste château historique, où Marie Stuart vint séjourner après l'assassinat de son secrétaire Rizzio et la naissance de son fils Jacques (James, en anglais). C'est également ici que fut ourdi le meurtre de lord Darnley, son tendre époux... Belle petite vue sur les collines de Holyrood et Édimbourg depuis les chemins de ronde.

🏃 *Blackford Hill (carte Édimbourg et les Lothians) : au sud du centre-ville. Bus nᵒ 41 depuis The Mound, arrêt Blackford Ave, puis 10 mn de grimpette. Parking.* Une balade vivifiante sur les hauteurs d'Édimbourg. Plusieurs sentiers partent du parking et s'égarent à travers la colline. Beaux points de vue sur Édimbourg.

🏃 *Lauriston Castle (carte Édimbourg et les Lothians) : Cramond Rd South ; à 5 km au nord-ouest d'Édimbourg. ☎ 336-20-60. Bus nᵒ 42 de Princes St jusqu'à Davidson's Mains High St. Avr-oct : visites guidées tlj sf ven à 14h ; nov-mars, sam-dim à 14h. Entrée : £ 5 ; réduc. Jardins en libre accès tlj 7h30 (9h w-e)-20h.* Avec ses échauguettes et ses faisceaux de cheminées, cette ancienne maison forte modestement appelée « villa » a fière allure. Les parties les plus anciennes datent du XVIᵉ s, mais la plupart des bâtiments ont été copieusement remaniés au XIXᵉ s. Léguée à l'État en 1926 par son dernier propriétaire, la demeure a traversé les décennies sans avoir connu la moindre modification. Les appartements figés offrent par conséquent un bon aperçu de la vie bourgeoise à l'époque édouardienne. Coquet !

🏃🏃 🏃 *The Scottish Mining Museum (carte Édimbourg et les Lothians) : Lady Victoria Colliery, à Newtongrange. ☎ 663-75-19. ● scottishminingmuseum.com ● Au sud-est d'Édimbourg, sur l'A 7, au-delà du by-pass. Bus nᵒˢ 29 et 33 depuis North Bridge (env 45 mn de trajet). Tlj 10h-17h (16h nov-fév). Attention, dernière admission à 15h l'été, 14h l'hiver. Entrée : £ 8,50 (audioguide en français inclus). Prévoir env 2h de visite. Cafétéria.* Réhabilitation réussie pour cette ancienne mine de charbon fermée en 1981 et rouverte au public sous la forme d'un musée à la fois vivant et didactique. Le 1ᵉʳ étage aborde de manière assez visuelle les dimensions géologiques, techniques et économiques des mines. On réalise à quel point toute l'énergie et, donc, l'essor industriel du pays reposaient au XIXᵉ s sur le charbon. Le 2ᵉ étage est encore plus intéressant, car consacré aux aspects sociaux et sanitaires, ainsi qu'aux dangers de la mine. Évocation du travail des enfants, des grèves historiques comme celle des années 1980, écrasée par la Dame de Fer... Maintenant que vous êtes incollable sur la théorie, on passe à la pratique, avec le tour guidé par d'anciens mineurs du site, casque arrimé sur la tête. Quand le virtuel devient réalité ! Une visite passionnante, y compris pour les enfants, même s'il y a beaucoup à lire et à écouter.

🏃 🏃 *Pentland Hills (carte Édimbourg et les Lothians) : accès par le Midlothian Ski Centre, à Hill End, à 8 km au sud du centre-ville. ☎ 529-24-01. ● pentlandhills. org ● En bordure de l'A 702, peu après la sortie du by-pass direction Penicuik et Biggar. Bus nᵒˢ 4 et 15, arrêt Hill End.* Dans cette ministation de ski à 450 m d'altitude, on trouve l'une des plus longues pistes artificielles d'Europe. C'est le point de départ de nombreuses balades à pied, à cheval ou à vélo dans le parc régional des collines de Pentland. Un vrai paradis pour ceux qui veulent s'évader un instant de la ville. Dès que l'on monte un peu, belle vue sur Édimbourg. Possibilité d'y pratiquer le parapente et de louer tout le matos pour skier.

🏃🏃🏃 *Rosslyn Chapel : à Roslin* (carte Édimbourg et les Lothians). ☎ 440-21-59. ● rosslynchapel. com ● À 11 km au sud d'Édimbourg par l'A 701 direction Penicuik. Bus n° 37 de North Bridge (vérifier qu'il indique « via Roslin »). Lun-sam 9h30-18h (17h oct-mars), dim 12h-16h45. Dernière admission 30 mn avt fermeture ; en raison de l'affluence estivale, parfois vraiment pesante, on conseille de venir 2h avt la fermeture (moins de monde). Entrée : £ 9 ; réduc. Photos et vidéos

interdites dans la chapelle (du moins en théorie, car beaucoup le font !). Cafétéria dans le hall. Un petit bijou du XVe s déposé dans un bel écrin de verdure et toujours en service (messe et *evensong* le dimanche). Construit à la demande du seigneur de Rosslyn William Saint Clair qui, pour laisser à la postérité une œuvre unique, fit venir des maîtres artisans de l'Europe entière. De leurs talents conjugués naîtra un chef-d'œuvre architectural, une église à la décoration d'une rare complexité, digne d'un travail d'orfèvre. Les scènes bibliques sculptées et les voûtes à clefs pendantes, nervurées et ornées de rosaces, d'étoiles et de patères habillent l'édifice d'une aérienne dentelle de pierre, courant le long des piliers et de la voûte comme autant de vigne vierge. La plus belle pièce, le « pilier de l'apprenti » (derrière l'autel, à droite), provoqua une telle scène de jalousie du maître maçon qu'il trucida le jeune artisan qui l'avait réalisée. Derrière, un escalier descend à la crypte (celle que l'on aperçoit dans le film *Da Vinci Code*), la plus ancienne partie de la chapelle, où reposeraient les dépouilles des barons de Rosslyn. En découvrant ce site déjà exceptionnel, on ne peut qu'imaginer quelle aurait été sa destinée si les travaux n'avaient pas été abandonnés à la mort de William, car le projet prévoyait bien plus grand... Expo interactive dans le bâtiment d'accueil (écrans tactiles, casques, panneaux en français...) et conférences gratuites données dans la nef par un spécialiste *(ttes les heures 10h-17h l'été, 10h-16h l'hiver ; moins fréquent le dim).*

L'EAST LOTHIAN

De la banlieue est d'Édimbourg aux plages de la mer du Nord et jusqu'aux contreforts nord des Lammermuir Hills s'étend une contrée plutôt agréable, faite de petites stations balnéaires populaires au charme rétro, d'une profusion de terrains de golf et d'une campagne plane et riante, où trônent encore les ruines de quelques fiers châteaux.

DUNBAR   9 400 hab.   IND. TÉL. : 01368

On dit d'elle que c'est la ville la plus ensoleillée d'Écosse (en fait, la moins pluvieuse !). C'est aussi un mignon petit port, bien abrité au creux d'une côte déchiquetée, et dont l'entrée est dominée par les maigres ruines d'une forte-resse démantelée en 1567. Dunbar est connue pour ses sorcières qui y ont sévi il y a quelques siècles et qui ont terminé, le plus souvent, sur le bûcher. La ville abrite également l'une des grandes brasseries d'Écosse, *Belhaven Brewery*.

Arriver – Quitter

En bus

■ *First :* ☎ 0871-200-22-33. ● *firs tgroup.com* ● Bus ttes les 30 mn, nos 106, X6 ou X8 de et vers *Édimbourg* et *Haddington.* Durée : 1h pour Édimbourg.

■ *Perryman's Buses :* ☎ (01289) 30-87-19. ● *perrymansbuses.co.uk* ●

Rejoint Édimbourg via Dunbar et Haddington. Env 8 bus/j. (6 le w-e) ; 2h de trajet.

En train

➢ Liaisons ttes les heures avec *Édimbourg.* Scotrail : ☎ 0330-303-0111. ● *scotrail.co.uk* ● Trajet : 20-25 mn.

Adresses utiles

i *Infos touristiques :* 126, High St. ☎ 865-899. *Tlj 10h (13h dim)-17h. Fermé lun-mar en hiver.* En l'absence d'office de tourisme, c'est le personnel du musée John-Muir

qui renseigne gentiment les visiteurs. Vend un itinéraire détaillé du *John Muir Way.*

P *Parking gratuit :* à côté de la piscine (Leisure Pool), au-dessus du port.

Où dormir ? Où manger ?

⚊ *Belhaven Bay Camping :* Edinburgh Rd. ☎ 865-956. ● *meadowhead. co.uk* ● À l'entrée de Dunbar en venant de l'ouest. Ouv mars-oct. Compter £ 17-21 pour 2 avec tente et voiture selon saison et emplacement. Wigwam (hutte en bois) £ 27-38 pour 2. 🛜 On y plante sa tente dans de vastes clairiè-res disséminées dans de frais bocages. Ensemble familial et propret. Accès à pied au village.

⚊ |●| *The Rocks :* Marine Rd. ☎ 862-287. ● *therocksdunbar.co.uk* ● Dans une petite rue sur le haut des falaises en empruntant Bayswell Rd. Doubles £ 85-95 selon confort. Resto tlj 12h-14h, 18h-21h (service non-stop le w-e). Prix moyens. 🛜 Spécialités locales réputées, servies dans de petits salons au charme suranné, avec vue lointaine sur la mer et les ruines du château (demander une table près de la fenêtre). À l'étage,

chambres cossues avec vue sur la mer (côté château ou plage). Balcon et jacuzzi pour les plus chères. Accueil attentionné.

|●| *The Food Hamper :* 124, High St. ☎ 865-152. Lun-ven 8h-16h, sam 9h-16h30, dim 10h-16h. Bon marché. Épicerie fine où l'on peut déguster salades, soupes, sandwichs, petit déj... et quelques fromages du coin. Simple et très correct.

|●| 🍷 *The Volunteer Arms :* 17, Victoria St. ☎ 862-278. Tlj 12h-23h (minuit jeu et dim, 1h ven-sam). Cuisine jusqu'à 21h. Prix moyens. 🛜 Ce gros pub impose sa façade rouge au-dessus du port, en plein quartier des pêcheurs. Dans la salle au cadre chaleureux ou en terrasse, on y mange de bons classiques (*seafood pie,* haddock fumé...) et quelques plats du jour inscrits sur ardoise. Goûter la bière locale, la *Belhaven Best.*

À voir. À faire

🧍 *John Muir Birthplace :* 126, High St. ☎ 865-899. ● *jmbt.org.uk* ● 🧍 Tlj 10h (13h dim)-17h. Fermé lun-mar en hiver et pdt les vac de Noël. GRATUIT (donation bienvenue). Maison natale d'un Écossais peu connu dans son pays : émigré aux

États-Unis en 1849, alors qu'il avait 11 ans, il a ensuite beaucoup œuvré à la création des grands parcs nationaux américains. On lui doit le Yosemite notamment. Présentation de ses réalisations, aventures, mais aussi de ses dessins et extraits d'écrits. La maison a été vidée de son contenu pour laisser place à une expo moderne qui s'intègre parfaitement entre les murs chaulés. L'ensemble est une belle réussite architecturale.

🦅 Pas étonnant, donc, de trouver au nord de Dunbar et au bord de Belhaven Bay le *John Muir Country Park,* une réserve naturelle incluant l'estuaire de la Tyne. Plusieurs parkings. Accessible à pied des ruines du château de Dunbar (2 km) par le *Cliff top trail,* une promenade des plus agréable, qui mène à travers des bois d'essences rares jusqu'aux falaises et aux plages fréquentées par de nombreuses espèces d'oiseaux marins.

🦅 Et, tant que nous y sommes, évoquons le *John Muir Way,* un itinéraire bucolique de 134 miles (215 km) traversant l'Écosse d'est en ouest (ou l'inverse !). Entre Dunbar et Helensburgh, le chemin est divisé en dix sections parcourables chacune en 4 à 7h de marche et 2h30 à 3h de vélo. En route, on longe la mer, on traverse des parcs naturels et on peut même visiter quelques châteaux. Prévoir 7 à 10 jours pour boucler le parcours à pied, 4 à 5 jours pour les cyclistes. ● *john muirway.org* ●

🦅 *Dunbar Town House :* sous l'horloge de High St. Avr-sept, tlj 13h-17h ; oct-mars, w-e slt. GRATUIT ; visite guidée sur demande. Cette ancienne chambre de conseil du XVIe s présente désormais une petite expo sur l'histoire locale.

🏃 *Dunbar Leisure Pool :* au-dessus du port (accès par Victoria St). ☎ 866-040. ● *enjoyleisure.com* ● Horaires variables, en gros tlj 9h-21h (16h jeu, 17h ven-dim). Perchée sur les falaises, une grande piscine couverte d'une verrière, avec toboggans, plage, machine à vague, etc. De quoi se baigner, même en Écosse...

DANS LES ENVIRONS DE DUNBAR

🦅 *Preston Mill (NTS) :* près d'East Linton, à env 6 miles (9,5 km) de Dunbar vers Haddington, sur l'A 1. ☎ 0844-493-21-28. ● nts.org.uk ● Mai-sept : tlj sf mar-mer, 12h30-17h. Visites guidées slt, env ttes les 45 mn. Entrée : £ 6,50 ; réduc. Pittoresque moulin à eau du XVIe s, en parfait état de marche, dans un environnement bucolique. Toit conique et tuiles rouges. À 700 m au-delà d'un petit pont blanc, le *Phantassie Doocot,* pigeonnier circulaire du XVIe s. Fréquents à cette époque, les colombiers servaient à pourvoir aux besoins en viande fraîche et en œufs en hiver, où l'on ne disposait que de viande salée et séchée. Capacité : 500 volatiles !

NORTH BERWICK   6 600 hab.   IND. TÉL. : 01620

La « Biarritz du Nord » a connu un boom à la fin du XIXe s, grâce à l'arrivée du chemin de fer amenant les habitants d'Édimbourg goûter aux nouveaux plaisirs balnéaires. La station en a gardé un petit parfum victorien. Deux belles plages de chaque côté d'un port tout mignon à la pointe du village. Au large, de gros rochers émergent de l'eau.

Arriver – Quitter

En bus

■ *First :* ☎ 0871-200-22-33. ● *firstgroup.com* ●

➢ *Édimbourg :* bus ttes les 30 mn, nᵒˢ 124 ou X5 (express).

En train

➢ Liaisons fréquentes avec *Édimbourg.* Env 1 train/h et 30 mn de trajet. Moins onéreux que le bus.

Où dormir ? Où manger ?

⚊ **Tantallon Caravan and Camping Park :** *à env 1,5 mile du centre (2,5 km), sur l'A 198 direction Dunbar.* ☎ 893-348. ● *meadowhead.co.uk* ● *Mars-oct. Env £ 18-33 selon saison et services pour 2 avec tente. Wigwams £ 40-57 pour 2.* 📶 Splendide étendue de gazon en surplomb de la mer. Le coin des tentes ne profite pas de la vue, mais les équipements compensent : sanitaires impeccables, billard, aire de jeux avec tyrolienne, *putting green...* Également des *wigwams* (genres de huttes).

⛺ **The Wing :** *13, Marine Parade.* ☎ 893-162. ● *thewing.co.uk* ● *À l'extrémité est de la plage. Doubles avec sdb £ 80-90, petit déj inclus. L'été,* réserver bien à l'avance. 📶 Dans une maison qui fait face à la mer, 3 chambres (dont une un peu étroite) confortables, lumineuses et tenues avec soin. Les charmants proprios mettent à disposition une lunette pour observer les oiseaux depuis l'agréable salon du 1ᵉʳ étage. L'une des bonnes adresses de la côte.

|●| **The Grange :** *35, High St.* ☎ 893-344. *Tlj sf lun 17h30-21h (20h dim), et le midi 11h-14h ven-sam. Prix moyens.* Parmi les meilleures options en ville, pour sa cuisine bien travaillée. Spécialités de burgers et steaks (chers), parmi d'autres classiques écossais. Service amical dans une plaisante salle tout en bois. Bonne carte des vins.

À voir. À faire

➢ **North Berwick Law :** *au sud de la ville, promenade d'env 40 mn.* Elle mène jusqu'au sommet d'un cône volcanique (187 m). Magnifique panorama, table d'orientation et curieux monument en forme d'arche constitué de deux os de baleine.

🎣 🚶 **The Scottish Seabird Centre :** *sur le port.* ☎ 890-202. ● *seabird.org* ● *Avr-août : tlj 10h-18h ; nov-janv : tlj 10h-16h (17h w-e) ; fév-mars et sept-oct : tlj 10h-17h (17h30 w-e). Entrée : env £ 9 ; réduc. Seafaris (promenade en mer, Pâques-sept ou oct selon météo) £ 17-45 selon formule.* Les îles du Firth of Forth et leur faune vues sous tous les angles et même en direct, grâce à des caméras et des télescopes. Modèle réduit de Bass Rock, projection sur grand écran de films sur les phoques et la colonie de fous de Bassan qui passe l'été dans l'estuaire. Aquarium et jeux pour les enfants. Autant pour les familles que pour les amateurs d'ornithologie. On peut ensuite se délasser au très agréable café, dont la terrasse domine la mer.

UNE HISTOIRE DE FOUS

Bass Rock constitue l'une des deux plus grandes colonies de fous de Bassan de la planète. Les 140 000 fous massés sur l'île rejettent des dizaines de tonnes de fiente qui donnent une coloration blanc-gris au rocher. Abandonné par ses parents à l'âge de 2 mois, le petit fou apprend tout seul à se débrouiller sans savoir encore voler. S'il survit, il devient alors un grand fou capable de plonger à 15 m de profondeur et de vivre plus de 30 ans.

➤ **Excursion autour de Bass Rock :** le spectaculaire rocher en face de North Berwick est d'origine volcanique. Outre un phare, il abrite, une population de phoques au pied de grottes marines, et surtout une colonie géante de fous de Bassan. Pour aller les observer, s'adresser à la famille *Marr :* ☎ 880-770. ● *sulaboattrips. co.uk* ● *Compter £ 15 pour la traversée et le tour de l'île en bateau ; réduc. Durée : env 1h15.* On ne débarque pas sur l'île. Les sorties dépendent évidemment de l'état de la mer (en théorie, 1 ou 2 fois par jour en saison). D'autres excursions sont organisées par le *Seabird Centre* (voir plus haut) par petits groupes avec un spécialiste, mais c'est presque deux fois plus cher.

Manifestations

– **Highland Games :** *1er sam d'août.*
– **Festival Fringe by the sea :** *2e sem d'août. Programmation sur* ● *fringebythesea. co.uk* ● Une extension du Fringe Festival.

DANS LES ENVIRONS DE NORTH BERWICK

🏯 **Tantallon Castle** *(HES) : à 3 miles (5 km) à l'est de North Berwick, sur la route de Dunbar.* ☎ 892-727. *Tlj 9h30-17h30 (10h-16h oct-mars). Dernière admission 30 mn avt. Entrée : £ 5,50 ; réduc.* Pittoresque forteresse de grès rouge dominant un éperon rocheux et le déferlement de la houle mugissante. Un vrai château de roman d'aventures. Construit par les Douglas dès la fin du XIVe s et modifié au XVIe s pour en faire un solide ouvrage défensif aux murailles de plus de 15 m de haut, il fut pourtant investi en 1651 par les troupes du général Monck, après 12 jours de bombardements. Les excellents panneaux explicatifs permettent de se faire une bonne idée de l'usage des différentes salles et systèmes défensifs. Au large, *Bass Rock* semble se trouver là comme un avant-poste de Tantallon Castle dans l'océan.

🏯 **Dirleton Castle** *(HES) : à 3 miles (5 km) à l'ouest de North Berwick.* ☎ 850-330. *Tlj 9h30-17h30 (10h-16h oct-mars). Entrée : £ 5,50 ; réduc.* Au milieu de la délicieuse bourgade du même nom, parsemée de coquets cottages et de jardins fleuris, les ruines de Dirleton méritent une brève halte. En partie du XIIIe s, elles évoquent encore sans trop de difficultés la vie des habitants de Dirleton. De plus, grâce aux explications des panneaux illustrés, on peut identifier la fonction des différentes pièces. Au fond du jardin, un mignon pigeonnier en forme de ruche.

🏯 **Myreton Motor Museum :** *à 7,5 miles (12 km) de North Bernick. Du centre d'Aberlady, prendre la route côtière vers l'est ; c'est indiqué à droite.* ☎ (01875) 870-288. ● *myretonmotormuseum.co.uk* ● *Tlj 10h30-16h30. Entrée : £ 7 ; réduc.* Collection privée un peu hétéroclite de tout ce qui roule en faisant de la fumée depuis 1897.

🏯 **Museum of Flight :** *à* **East Fortune Airfield.** ☎ 0300-123-67-89. ● *nms.ac.uk/flight* ● *À proximité de la B 1347, au sud de North Berwick. Avr-oct : tlj 10h-17h ; nov-mars : slt w-e 10h-16h. Entrée : £ 12 ; réduc.* Sur une base désaffectée de la RAF, un rassemblement impressionnant de machines volantes de toutes tailles. Du bombardier atomique géant Vulcan au supersonique Concorde (dans lequel

SAGESSE BRÉSILIENNE

Durant la guerre des Malouines, qui opposa en 1982 le Royaume-Uni à l'Argentine, un bombardier nucléaire Vulcan, qui participait aux opérations, dut se poser d'urgence au Brésil, victime d'une avarie. Il y fut retenu 7 jours, jusqu'à ce que le gouvernement Thatcher s'engage à ne plus l'utiliser dans le conflit.

on peut monter), en passant par le redoutable Spitfire, trois hangars se partagent des machines amoureusement entretenues. Sur le tarmac, un de Havilland Comet, 1er jet de passagers lancé dans les années 1950. Ça n'a pas tellement évolué depuis, en tout cas pour ce qui est de l'aménagement intérieur... Dans une baraque, petits et grands enfants s'essaieront aux simulateurs de vol et autres jeux interactifs. À défaut de prendre les commandes d'un jet, on peut y plier des avions en papier...

À VOIR ENCORE DANS L'EAST LOTHIAN

🎒 **Lennoxlove House :** *à env 8 miles (13 km) au sud de North Berwick et à 1 mile au sud de Haddington, sur la B 6369.* ☎ *(01620) 823-720.* ● *lennoxlove.com* ● *Tours guidés slt, Pâques-oct : mer-jeu et dim 13h30, 14h30 et 15h30. Entrée : £ 7,50 ; réduc. Durée : 1h15.* Résidence du duc de Hamilton (la famille habite toujours sur la propriété), entourée d'un superbe parc et dont la partie la plus ancienne date du XIVe s. Collection artistique rassemblant les portraits des propriétaires successifs et de leur prolifique parentèle. Porcelaines, mobilier et, dans la tour, un masque mortuaire de Marie Stuart (encore un !), accompagné d'un coffret d'argent dans lequel furent trouvées les lettres qui l'accusèrent de complot contre la couronne d'Angleterre et conduisirent à son exécution.

🎒 **Glenkinchie Distillery :** *à 2 miles de Pencaitland par l'A 6093 (indiqué), au sud-ouest de Haddington.* ☎ *(01875) 342-012.* ● *malts.com* ● *Tlj 10h17h (16h nov-fév). Dernière entrée 1h avt. Entrée : £ 8 avec dégustation, £ 12 avec plus de dégustations ; réduc. Compter 1h de visite. Sur résa, transport possible par navette depuis Édimbourg.* Le Glenkinchie fait partie des plus grands *single malt* écossais, et c'est l'un des rares à être distillé dans le Sud. Lors de la visite guidée des installations, toutes les étapes de fabrication sont abordées : du maltage à la maturation en passant par les alambics de cuivre et la mise en fûts *(casks)*. On finit, bien sûr, par une dégustation. Un coupon de réduction est offert pour les achats à la sortie. N'oubliez pas ensuite de faire un tour dans Pencaitland, un village à l'architecture vraiment ravissante !

🎒 **Gifford :** *à 4 miles (env 6 km) au sud de Haddington par la B 6369.* À partir de ce mignon village, on part explorer les **Lammermuir Hills,** recouvertes d'un manteau de bruyères et parsemées de lacs étincelants et de rivières. De nombreux sentiers de randonnée les sillonnent.

LE WEST LOTHIAN

La région à l'ouest d'Édimbourg, sur les bords du Firth of Forth jusqu'aux abords de Stirling, joua un rôle essentiel dans l'histoire de l'Écosse. Il en reste de nombreuses traces.

| **SOUTH QUEENSFERRY** | 9 400 hab. | IND. TÉL. : 0131 |

Située sur un emplacement stratégique, puisque c'est à cet endroit que trois ponts spectaculaires franchissent le Firth of Forth. Auparavant bourg royal, vivant du droit de péage dont s'acquittaient les voyageurs, la ville vit la mise en service du premier ferry-boat au monde. La construction du Forth Rail

Bridge en 1890 et surtout du Forth Road Bridge mirent l'activité des ferries en veilleuse dans les années 1960. Aujourd'hui, la rue principale (High
Street) garde tout son charme, tapissée de pavés et bordée de jolies maisons
anciennes façon cottage de pêcheurs avec vue sur le fleuve.

Arriver – Quitter

En bus

➤ *De et vers Édimbourg :* bus
n° 40 de la compagnie *Stagecoach.*
☎ (01592) 645-680. ● *stagecoachbus.
com* ● Trajet ttes les 10-30 mn.

En train

🚆 *Gare de Dalmeny :* à 2 km du village. Sur la ligne **Édimbourg-Fife.**
Scotrail : ☎ 0330-303-0111. ● *scotrail.
co.uk* ● Durée : 15 mn.

Où dormir ? Où manger ? Où boire un verre ?

🏠 ▮●▮ *Hawes Inn/Innkeepers Lodge :*
7, Newhalls Rd ; au pied du Forth Rail
Bridge. Central de résas : ☎ 08451-
551-551. ● innkeeperslodge.com ●
Doubles £ 50-100 selon confort, petit
déj inclus. Resto à prix moyens. Parking. 📶 Mythique auberge du XVIIe s
dont s'inspira Robert Louis Stevenson pour *Kidnapped* lors d'un
séjour en 1886. Walter Scott y fait
également référence dans *Antiquary.*
Mais ces honneurs ne lui sont pas
montés à la tête, car l'établissement,
désormais avalé par une chaîne hôtelière, assure toujours un service efficace. Une adresse chic et décontractée, nichée dans un ensemble de

maisonnettes face à la berge, au pied
du pont. Demandez une chambre avec
vue sur Firth of Forth. Cuisine de pub
soignée, servie dans une enfilade de
salons cossus.

▮●▮ 🍷 *Orocco Pier :* 17, High St.
☎ 0870-118-16-64. Tlj 7h-1h (cuisine
jusqu'à 22h). Prix moyens le midi, chic
le soir. Cette bâtisse de 1664 a troqué
sa vieille patine pour une tenue chic et
sobre résolument branchée. Mais son
vrai atout est sa baie vitrée offrant une
vue fabuleuse. Du coup, on s'y installe
volontiers pour l'apéro, voire pour goûter
un plat de la mer (moules, huîtres, langoustines...) tout en contemplant l'ossature du géant étiré entre deux rives.

À voir. À faire

◈ 🚶‍♂️🚶‍♂️ *Forth Rail Bridge :* classé par l'Unesco au Patrimoine mondial de l'humanité en 2015, il fait partie des cartes postales de l'Écosse. Inauguré en 1890 par
Édouard VII, la petite histoire raconte que Sa Gracieuse Majesté posa un dernier
rivet... en or. Longue de 2 413 m, cette puissante structure métallique s'appuyant
sur trois piles est construite en porte-à-faux sur les parties centrales, une technique architecturale particulière. Cet ouvrage d'art constitue un sublime témoignage
du savoir-faire de l'ère industrielle. Il faut plus de 30 t de peinture pour lui refaire en
permanence une beauté. Quand vous serez au pied du pont, écoutez-le chanter
sa complainte à chaque passage d'un train. C'est un grognement qui monte du
temps de la révolution industrielle et qui vient du plus profond de ses rivets. On
ne peut s'empêcher d'avoir une pensée pour les nombreux ouvriers qui périrent
durant les 7 années de sa construction.

🚶‍♂️🚶‍♂️ *Forth Road Bridge :* pont suspendu achevé en 1964. Élégance de la travée
principale qui mesure plus de 1 km entre les deux piliers. Accessible aussi à pied
ou à vélo. Et comme si deux ponts ne suffisaient pas, un troisième devrait être
achevé d'ici mi-2017 juste à côté, le **Queensferry Crossing,** pont à haubans
connectant les autoroutes M 90 et M 9.

🏃 ***South Queensferry Museum :*** *53, High St (la rue principale) ; dans une maison blanche au bord de l'eau.* ☎ *331-55-45. Lun et jeu-sam 10h-13h, 14h15-17h ; dim 12h-17h. Fermé mar-mer. GRATUIT.* Histoire de la ville et de la construction des ponts. On peut y voir les deux derniers tickets du ferry qui faisait la traversée du fleuve, en date du 4 septembre 1964. Également une amusante vitrine sur le *Ferry Fair,* une fête de village qui a lieu le 1er vendredi d'août. On promène alors dans les rues un homme couvert de fleurs de bardanes séchées *(burs)* qui sont hérissées d'épines.

➤ ***Croisières sur le Firth of Forth :*** *départs et rens sur le Hawes Pier, sous le Forth Rail Bridge, à l'agence* **Maid of the Forth.** ☎ *331-50-00.* ● *maidoftheforth. co.uk* ● *Bureau tlj 9h30-17h30. Compter env £ 19 pour 3h de balade avec escale, £ 13 pour l'option sans arrêt, durée : 1h30. Env 4 départs/j. mai-sept ; slt le w-e avr et oct ; aucun départ nov-mars.* Escapades jusqu'à Inchcolm Island à bord du *Maid of the Forth.* Visite de la charmante **abbaye d'Inchcolm** *(HES ; entrée : £ 5,50),* souvent appelée l'« Iona de l'Est », incluse ou non dans le ticket. Sa situation exceptionnelle en fait un endroit très convoité pour les mariages. Nombreux oiseaux de mer et vue sans égale sur les ponts du Firth of Forth. L'agence **Forth Tours** propose une excursion plus courte (1h30) pour £ 14.
– Noter qu'il existe une formule combinée A/R bus avec Édimbourg + bateau sur le Firth of Forth pour £ 20 avec le Forth Belle. ☎ *0870-118-18-66.* ● *forthtours.com* ●
– Pour les sorties ornithologiques en bateau, plus intimes que les précédentes, s'adresser à la **RSPB** *(Royal Society for the Protection of Birds) :* ☎ *(0141) 331-09-93.* ● *rspb.org.uk* ● *Sur résa slt.*

DANS LES ENVIRONS DE SOUTH QUEENSFERRY

🏃🏃 ***Hopetoun House :*** *à env 1,5 mile (2,5 km) à l'ouest par l'A 904 direction Linlithgow.* ☎ *331-24-51.* ● *hopetounhouse.co.uk* ● *Pas de bus pour s'y rendre. Avr-sept : tlj 10h30-16h (dernière admission). Entrée : £ 10 ; £ 4,60 pour les jardins slt ; réduc.* Considéré comme les Versailles écossais, cet impressionnant château georgien du XVIIIe s est toujours habité par le quatrième marquis de Linlithgow. Du moins, une aile lui suffit amplement... Les visiteurs s'approprient les autres, profitant de la superbe décoration intérieure (les pièces sont encore meublées), rythmée de tapisseries d'Aubusson et de peintures de maîtres classiques (atelier de Rubens, école de Bologne, Gainsborough, etc.). La rumeur prétend que le tableau de Rembrandt serait une copie... Amusant : la salle du coffre-fort, où sont gardées les archives du château. Vue assez chouette du haut des toits. Profitez-en pour noter les différences de style entre les architectes qui se succédèrent lors de la construction du colosse. Le premier, William Bruce, se distingua sur le chantier du *Palace of Holyroodhouse* d'Édimbourg, tandis que les Adam père et fils qui reprirent le flambeau sont admirés pour le fantastique Charlotte Square dans la New Town d'Édimbourg, signé Robert Adam. Du beau monde ! À l'extérieur, trois sentiers sillonnent le parc et les agréables jardins d'où l'on peut admirer le célèbre pont suspendu.
☕ Un *tearoom* est installé dans les anciennes écuries *(prix moyens).*

🏃 🏃 ***Deep Sea World :*** *à North Queensferry.* ☎ *(01383) 411-880.* ● *deepsea world.com* ● *À env 5 miles (8 km) de South Queensferry. Traverser Forth Road Bridge ; prendre la 1re sortie après le pont (panneaux indicateurs). Par le train, arrêt à North Queensferry. Sous le Forth Rail Bridge. Tlj 10h-17h (18h w-e). Ferme 1h plus tôt en hiver. Dernière admission 1h avt fermeture. Entrée : £ 15 ; réduc. Moins cher sur Internet.* À la découverte du monde sous-marin. En guise de mise en bouche, différents aquariums répartis en fonction de leurs origines géographiques présentent plusieurs espèces attachantes, comme les poissons-clowns, ou peu sympathiques, comme les poissons-pierres et les piranhas. Un long couloir débouche sur un gigantesque aquarium. On traverse alors les 4 millions de litres d'eau sur un tapis roulant, dans un tube de verre, taquinant raies, pieuvres et autres requins qui dansent au-dessus de nos têtes. D'adorables phoques sont accueillis à l'extérieur, mais leur pataugeoire fait un peu peine à voir. Pourvu que ça ne soit qu'un « long chemin vers la liberté » ! Visite sympathique, surtout pour les enfants, mais on a déjà vu des aquariums bien plus spectaculaires. Possibilité de plonger (y compris avec les requins) et de nourrir les poissons après les heures d'ouverture. Aucune compétence particulière n'est requise, mais mieux vaut passer à la banque avant !

🏃 **Dalmeny House :** *à 2 km à l'est, signalé depuis l'A 90.* ☎ *331-18-88.* ● *dalmeny.co.uk* ● *Juin-juil : dim-mer, visites guidées à 14h15 et 15h30. Entrée : £ 10 ; réduc.* Demeure familiale des comtes de Rosebery depuis plus de 3 siècles. Collections de meubles, tapisseries, porcelaine et souvenirs napoléoniens. Beau parc. Promenade sur le rivage du Firth of Forth.

LINLITHGOW

13 400 hab.   IND. TÉL. : 01506

Ancien bourg royal aux belles demeures des XVIe et XVIIe s disposées le long de High Street, Linlithgow entretient soigneusement ce qui reste du palais où naquirent Jacques V et sa fille Marie Stuart. Mérite le détour pour ce château impressionnant et la charmante place du marché dominée par un hôtel de ville du XVIIe s. Balades possibles sur un canal, à bord de pénichettes. Également un musée sur l'histoire de la ville et de la région, ainsi qu'un intéressant festival de danses écossaises en juillet-août *(Scotch Hop),* autour du château.

Arriver – Quitter

En bus

➤ **De et vers Édimbourg :** bus n° 38 de la compagnie *First.* ☎ *0871-200-22-33.* ● *firstgroup.com* ● Durée : 1h.

En train

🚆 **Gare :** *sur High St.* Depuis **Édimbourg** (Waverley ou Haymarket). *Scotrail :* ☎ *0330-303-0111.* ● *scotrail.co.uk* ● Départs ttes les 15-30 mn. Durée : 20 mn.

Où dormir ? Où manger ?

🏕 **Beecraigs Caravan Park :** *à env 2 miles (3 km) au sud de Linlithgow.* ☎ *844-516.* ● *beecraigs.com* ● *Prendre à gauche sur Preston Rd (fléché). Visitor Centre 100 m plus bas que le resto, sur la gauche. Avr-oct slt pour les tentes. Compter £ 16-24 pour 2 avec tente.* Perdu en pleine campagne, en bordure d'une pinède, ce *caravan park* est un havre de tranquillité. Au fond, un petit enclos est prévu pour les tentes. Emplacements camping-cars moins bucoliques, sur des places de parking en gravier. Nombreuses activités : randonnée,

pêche à la mouche, escalade... Restaurant à la vue superbement dégagée.

🏠 **Belsyde House B & B :** *Belsyde Country Estate, à env 2 miles (3 km) au sud-ouest par l'A 706, direction Lanark.* ☎ *842-098.* ● *belsyde.com* ● *Doubles avec sdb £ 80-90, petit déj et afternoon tea inclus.* 📶 Un vrai *B & B* tenu par un adorable couple âgé. Cette maison du XVIIIe s, tout en hauteur et entourée de prairies à moutons, a conservé son âme à l'heure où tant d'autres succombent à la standardisation. Ici, les 3 chambres, impeccables et bien arrangées, arborent une déco à mi-chemin entre l'ancienne mode et le confort moderne. Grand choix de petits déj à base de produits locaux. Une adresse géniale pour goûter à l'hospitalité écossaise !

🏠 *Arden Country House :* à côté de la Belsyde House. ☎ 670-172. ● ardencountryhouse.com ● Doubles £ 90-120. 📶 Tenu par la fille de la *Belsyde House.* N'ayez crainte, mère et fille ne se font pas la guerre, mais se disent complémentaires... Cette maison moderne et cossue joue la carte de l'élégance. Salle commune claire et aérée, 3 vastes chambres joliment décorées, beau parquet et vue reposante sur la campagne. Idéal pour ceux qui cherchent le calme absolu ! Petit déj copieux et très varié.

🍴 *Taste :* 47, High St. ☎ 844-445. Tlj 8h30 (9h sam, 10h dim)-17h30 (16h30 dim-mer). Bon marché. Un café-*deli* très recommandé pour le petit déj et pour ses savoureux sandwichs, salades et *rolls* à base de produits typiques (*haggis,* fromage...). Quelques tables pour grignoter sur place.

🍴 🍷 *Four Mary's :* 65-67, High St. ☎ 842-171. Tlj 12h-23h (0h30 ven-sam). Cuisine jusqu'à 21h. Prix moyens. Un vieux pub écossais cosy en diable, truffé de recoins douillets où les habitués enfournent des plats classiques, solides et bien préparés. Sachez que dans cette honorable maison naquit l'inventeur du chloroforme. Mais, on vous rassure, ambiance pas soporifique pour un sou, vu le beau choix de whiskies et *real ales.*

À voir

🏰🏰🏰 *Linlithgow Palace (HES) :* en plein centre. ☎ 842-896. Tlj 9h30-17h30 (10h-16h oct-mars). Dernière admission 45 mn avt fermeture. Entrée : £ 5,50 ; réduc. Panneaux en français.

Dominant le charmant loch où s'ébattent des cygnes, le palais royal occupe le site d'un ancien manoir édifié vers 1302 par Édouard Ier. Marie Stuart y vint au monde en 1542 et y résida fréquemment. Dans l'allée qui y mène, noter les plaques portant les noms de tous les souverains britanniques depuis Marie Stuart. C'est l'occasion de réviser ! Il reste un petit bout de mur après Élisabeth II...

Une visite hors du commun que ce palais à l'ossature quasi intacte vue de l'extérieur, mais dont il ne reste ni plancher ni charpente ni huisseries. Pourtant, on peut s'y promener librement, arpenter les escaliers de pierre et parcourir les galeries des étages nobles. Le grand salon à ciel ouvert prend des proportions remarquables. L'escalier à côté des appartements royaux mène à un point d'observation au sommet de l'édifice, duquel on peut jouir d'une belle vue sur la cour du château et les environs. Il faut se laisser envahir doucement par la magie des lieux.

Dans la cour intérieure du palais, aux façades nettement inspirées de la Renaissance, une splendide fontaine octogonale du XVIe s attire le regard. Remarquer le *portail* monumental où l'on observe différents blasons.

– En ressortant du château, jeter un œil à l'*église Saint-Michel,* de style gothique flamboyant, qui fut la plus grande église bâtie en Écosse avant la Réforme. Elle est surmontée d'une flèche moderne plus ou moins controversée. Quant au toit d'origine, il a été ravagé par un incendie en 1746.

DANS LES ENVIRONS DE LINLITHGOW

🏛 *The House of the Binns* (NTS) : à env 7 km à l'est de Linlithgow, par l'A 904. ☎ 0844-493-21-27. ● nts.org.uk ● Bus no 180 de Linlithgow. Juin-sept : tlj sf jeu-ven, 14h-17h (dernière visite 16h15). Entrée : £ 10,50 ; réduc. Demeure historique du XVIIe s, mélange de manoir féodal et de résidence de prestige, posée sur une colline au cœur d'un vaste parc. La visite présente les appartements à l'aménagement confortable des Dalyell, dont l'ancêtre fit fortune comme négociant à Édimbourg. Portraits de famille et plafonds en stuc. On dit que le fantôme du général Tam, rival de Cromwell, y ferait de temps à autre une apparition.

⚔⚔ *Blackness Castle* (HES) : *non loin de* House of the Binns, *par la B 903.* ☎ *834-807. Bus n° F49 (4 liaisons/j. sf dim) depuis Linlithgow. Avr-sept : tlj 9h30-17h30 ; oct-mars : tlj sf jeu-ven 10h-16h. Fermeture des caisses 30 mn avt. Entrée : £ 5,50.* Une forteresse de roman de cape et d'épée, dont l'enceinte a la forme d'une coque de bateau. Fermement agrippée à la roche, elle semble défier les éléments en enfonçant un angle de ses remparts dans les flots du Firth of Forth. Le donjon massif du XIVᵉ s et les courtines construites en gros appareillage présentent un aspect austère, dont l'allure sévère est renforcée par les rochers bruts affleurant dans la cour intérieure. Consolidée au XVIᵉ s, elle fut tour à tour résidence royale, prison et dépôt d'armes. Sa conversion fut cinématographique, puisqu'elle accueillit, entre autres, le tournage du *Hamlet* (1996) de Franco Zeffirelli avec Mel Gibson ou celui de *Macbeth* (1997) avec Jason Connery (oui, le fils de l'autre !). Un classeur, disponible à l'accueil, montre d'ailleurs quelques photos de ces tournages. Tables de pique-nique avec une vue magnifique sur le Firth of Forth.

GLASGOW ET LA VALLÉE DE LA CLYDE

GLASGOW   env 600 000 hab.   IND. TÉL. : 0141

- Plan d'ensemble *p. 134-135* • Centre (zoom I) *p. 140-141*
- West End (zoom II) *p. 143*

Misant sur sa formidable énergie créatrice, Glasgow a tourné avec brio la page de son passé industriel pour se muer en une métropole moderne et dynamique. Architectes, designers et artistes réhabilitent, construisent et habillent quartiers et rues de cette cité autrefois prospère. Tour à tour Capitale européenne de la culture, Capitale britannique de l'architecture et du design, elle reçut le titre de Cité de la musique en 2008 par l'Unesco et accueillit en 2014 les Jeux du Commonwealth.

Malgré cette mutation, c'est toujours à Glasgow que vous rencontrerez l'Écosse, la vraie. À l'université d'Édimbourg, 50 % des étudiants sont anglais. Ici, on les compte sur les doigts d'une main, l'université de Glasgow étant 100 % écossaise. Vous serez aussi frappé par la gentillesse des habitants ; le poids de la classe ouvrière, majoritaire dans la région, solidaire dans les luttes passées, y est sûrement pour quelque chose. Et puis – est-ce un hasard ? – la communauté celtique est importante à Glasgow. Bien rares sont les Glaswegians qui ne trimbalent pas aussi un peu de sang irlandais dans leurs veines... Alors, venez vous laisser entraîner par une bande d'étudiants en goguette, goûter à la convivialité des pubs, assister à des concerts enfiévrés ou à des spectacles de théâtre d'avant-garde... Vous l'avez deviné, Glasgow nous a touchés droit au cœur !

UN PEU D'HISTOIRE

Longtemps dans l'ombre des ports anglais, Glasgow ne connut un véritable développement qu'au XVIIIe s, lorsque l'Écosse passa sous domination britannique. La ville s'enrichit grâce au commerce avec les colonies, en particulier celui du tabac.

Puis on découvrit du charbon et du fer dans la région. Cette double conjonction de grand port et de producteur de minerais fut à l'origine du considérable essor de la ville et de la vallée de la Clyde au XIXe s, lors de la révolution industrielle. James Watt, qui sut adapter la machine à vapeur à l'industrie, est natif du coin. La ville se couvrit alors de grands édifices publics, belles demeures et jardins, avec leur contrepoint inévitable, les quartiers ouvriers misérables où s'entassaient immigrés irlandais et petits paysans des Highlands chassés par les *clearances*. L'industrialisation forcenée, la course aux profits juteux ignorèrent, bien sûr, les problèmes d'équilibre écologique. C'est à cette époque que Glasgow se forgea une réputation (difficile à effacer !) de ville sale, asphyxiée par les fumées d'usines. La tuberculose et l'alcoolisme, qui ravageaient les ghettos ouvriers, contribuèrent à alimenter les lugubres descriptions à la Dickens.

Ce qui fut vrai ne l'est plus. *The Gorbals*, le quartier de l'autre côté de la Clyde, symbole de la misère ouvrière, a été pour l'essentiel rasé dans les années 1960. Avec la crise économique, beaucoup d'usines – dont les fameux chantiers navals de la Clyde d'où sortirent le *Queen Mary* et le *Queen Elizabeth* – ont fermé, laissant place à des monuments innovants (pour ne pas dire futuristes !), signés par les plus grands architectes. La ville s'efforce aujourd'hui de conserver sa position de capitale économique en diversifiant ses activités : industries de transformation, services et tourisme.

LA VILLE DE CHARLES RENNIE MACKINTOSH

Architecturalement, Glasgow est étroitement associée au nom de Charles Rennie Mackintosh (voir aussi la rubrique « Personnages célèbres » dans « Hommes, culture, environnement » en fin de guide), qui créa à la fin du XIXe s, avec quelques confrères, le *Glasgow Style* : un style Art nouveau version écossaise, inspiré par l'épure du graphisme japonais. Né en 1868, Mackintosh jouit déjà d'une certaine réputation dans le milieu lorsqu'en 1896 il réalise son chef-d'œuvre, la Glasgow School of Art, édifiée en deux temps. Mais il contribuera à d'autres projets un peu partout dans Glasgow, et – même si les traces qu'il a laissées dans l'architecture de la ville ne sont pas aussi visibles que celles, par exemple, d'un Victor Horta à Bruxelles ou d'un Gaudí à Barcelone – plusieurs édifices lui doivent leur caractère unique et l'originalité de leur déco intérieure, y compris l'ameublement. Si le sujet vous intéresse, il existe un *Mackintosh Trail Ticket* vendu à l'office de tourisme : pour 10 £, il comprend la visite des principales réalisations du maître ainsi que l'accès au métro et aux bus *First* pendant 1 j. Plus d'infos sur ● glasgowmackintosh.com ● crmsociety.com ●

LES FRÈRES ENNEMIS DU FOOT !

Il y a à Glasgow un cas d'intolérance qui contraste singulièrement avec la réputation de convivialité et d'hospitalité de la ville. Glasgow possède deux clubs de foot. Ce qui, en soi, n'a rien d'exceptionnel. Non, ce qui fait la spécificité des clubs de Glasgow, c'est que pendant longtemps ils furent véritablement ennemis, victimes tous deux d'un virus dont l'origine se trouve... en Irlande.

Tout remonte au XIXe s, lorsque de nombreux Irlandais viennent chercher du travail en Écosse. Ils sont d'emblée dénigrés comme concurrents sur le marché de l'emploi par la classe ouvrière locale. Un violent racisme anti-Irlandais se développe. Cette division touche aussi le foot.

Ainsi, l'une des deux équipes, les *Glasgow Rangers,* est traditionnellement le club des protestants fidèles à la Couronne et partisans du maintien de l'Irlande du Nord dans le Royaume-Uni. Bien que ce ne soit pas écrit dans sa charte, le club s'est longtemps refusé à recruter des catholiques. Du moins jusqu'en 1989, lorsque le joueur écossais Mo Johnston intégra les *Rangers,* au détriment de son ancien club, le *Celtic*... non sans avoir dû combattre, au sens propre comme au figuré, quelques réticences et désirs de vengeance.

L'autre club, le *Celtic,* est donc identifié aux catholiques et aux Irlandais. Les couleurs des clubs démontrent d'ailleurs bien les antagonismes. Pour les *Rangers,* ce sont le bleu, le rouge et le blanc de l'Union Jack, copieusement agité pour la circonstance ; pour le *Celtic,* il s'agit du vert et du blanc, et nombre de ses supporters brandissent le drapeau irlandais lors des matchs. De fermes mesures ont été prises pour combattre ce sectarisme, mais des incidents surviennent encore parfois. À tel point que beaucoup de pubs de Glasgow interdisent à leurs clients d'arborer les couleurs de leur club fétiche, histoire d'éviter les séances de bourre-pifs d'après match ! Difficile en tout cas de contourner la *Old Firm,* ainsi que l'on désigne conjointement les deux clubs : depuis la Seconde Guerre mondiale, à eux deux, ils ont remporté plus des deux tiers des titres de champion d'Écosse ! À parité quasi égale. Mais les temps sont durs pour les *Rangers,* rétrogradés en 4e division en 2012 en raison d'une dette colossale. Vite ressuscité, le club a déjà rejoint la 2e division et vise à court terme la remontée en *Scottish Premier League.* Et puis il existe maintenant deux autres clubs de foot, les *Queens Park* et *Partick Thistle,* qui ne font, eux, aucun cas de la religion.

Arriver – Quitter

■ **Traveline :** ☎ 0871-200-22-33. ● travelinescotland.com ● Infos sur tous les transports publics d'Écosse et de Grande-Bretagne.

En avion

✈ **Aéroport de Paisley** *(hors plan d'ensemble) :* le plus proche de Glasgow, à 13 km à l'ouest du centre-ville. Rens : ☎ 0844-481-55-55. ● glasgowairport.com ●
ℹ **Tourist Information :** au niveau 1. ☎ 0844-481-55-55 et (0141) 848-440. Lun-sam 7h30-17h, dim 8h-15h30.
■ **Change :** Bureaux Travelex aux niveaux 1 et 2. Taux défavorables et commission de 3 £. Sinon, plusieurs **distributeurs automatiques.**
■ **British Airways :** ☎ 0844-493-07-87 (n° national). ● britishairways.com ● **Easy Jet :** ☎ 0843-104-50-00. ● easyjet.com ● **Flybe :** ☎ 0871-700-20-00. ● flybe.com ●

Pour rejoindre le centre-ville ou se rendre à l'aéroport
➢ Les navettes **First 500 Glasgow Shuttle** sont très pratiques, avec des départs ttes les 10-30 mn 24h/24. Compter £ 6,50/pers et 20-25 mn de trajet, par l'autoroute. Dessert Buchanan Bus Station via les gares de Central et Queen. Billet vendu à bord, aux *Travel Centres* ou en ligne. Rens : ☎ 423-66-00. ● firstgroup.com ●
➢ **En taxi,** compter env £ 22 la course.

✈ **Aéroport de Prestwick** *(hors plan d'ensemble) :* à 32 miles (51 km) au sud-ouest de Glasgow, en bordure de la ville d'Ayr. Rens : ☎ 0871-223-07-00. ● glasgowprestwick.com ● Glasgow Prestwick Airport accueille surtout les compagnies *low-cost* (comme *Ryanair* assurant une liaison avec Carcassonne). Sur place : **loueurs de voitures, bureaux de change** et **distributeurs.**
■ **Ryanair :** ☎ 0871-246-00-00. ● ryanair.com ●

Pour rejoindre le centre-ville
➢ **En train :** ttes les 30 mn (ttes les heures après 18h le dim) 5h (9h dim)-23h ; arrivée à Glasgow Buchanan Bus Station. Durée : env 1h. Infos : ☎ 0845-755-00-33. ● scotrail.co.uk ●
➢ **En bus :** le bus n° 4 de *Stagecoach* rejoint Glasgow (Buchanan Bus Station) via Kilmarnock en 1h30, ttes les 30-60 mn. De Glasgow, départs 7h25 (8h sam, 8h45 dim)-22h35. Infos : ● stagecoachbus.com ●
– Pour les vols très matinaux, on peut envisager de dormir à Prestwick (voir nos adresses dans « Où dormir ? Aux abords de l'aéroport de Prestwick »).

En bus

🚌 **Buchanan Bus Station** *(zoom I, C1) :* Killermont St. ☎ 333-37-08. Le hall est ouv tlj 6h-23h (guichets du Travel Centre tlj 6h30 (7h dim)-22h30). On y trouve une consigne automatique (£ 5-7/j.). Plan du réseau urbain disponible à l'accueil.

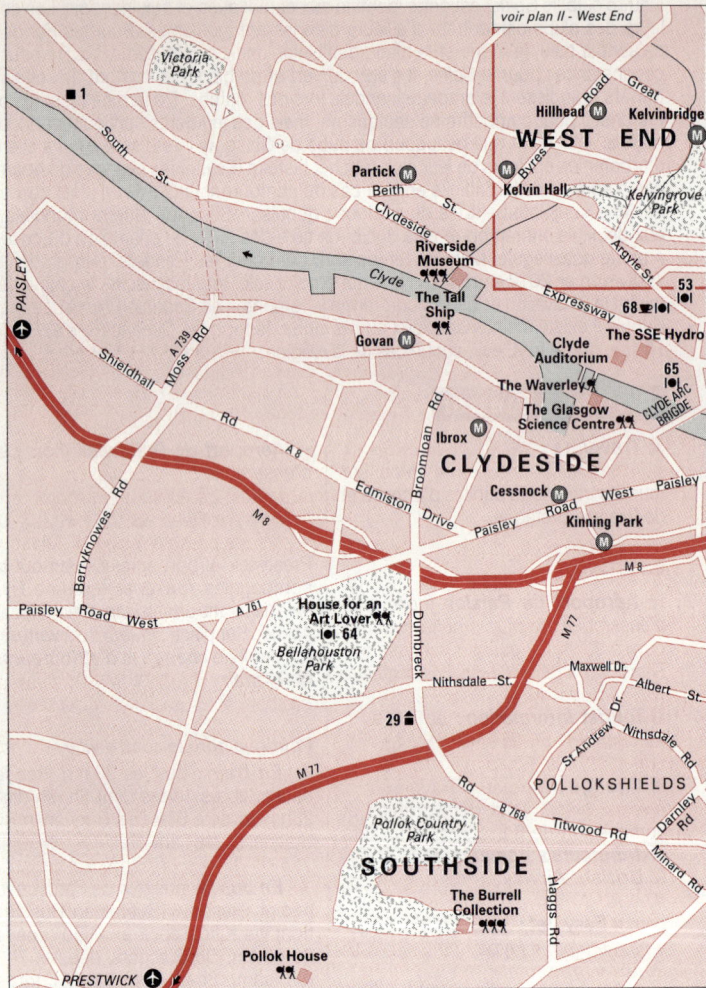

> La plupart des villes d'Écosse sont desservies par *Scottish Citylink.* ☎ *0871-266-33-33.* ● *citylink.co.uk* ● Destinations : ***Édimbourg*** (n° 900), ***Fort William*** (via ***Glencoe***), ***Oban*** (n° 976), ***Inveraray*** et ***Campbeltown*** (n° 926), ***Stirling, Perth, Pitlochry, Aviemore*** et ***Inverness, Dundee*** et ***Aberdeen,*** ainsi que toutes les villes du sud et de l'ouest de l'Écosse. Également vers ***Belfast*** (n° 923) et ***Edinburgh Airport.*** Pour ***Lanark,*** ligne n° 240X de *Stuart's Coaches.*

> Pour les autres villes de ***Grande-Bretagne,*** utiliser *National Express.* ☎ *0871-781-81-78.* ● *nationalexpress. com* ● Ou encore *Megabus* : ☎ *0871-266-33-33.* ● *megabus.com* ●

Map of Glasgow with the following legend:

■ **Adresse utile**

1 Arnold Clark (location de voitures)

▲ ⋏ **Où dormir ?**

10 Craigendmuir Caravan & Camping
11 Strathclyde Country Park Caravan Club
27 Alison Guesthouse
28 Craigpark Guesthouse
29 Glasgow Guesthouse

|O| **Où manger ?**

53 Piece
63 Tibo
64 Art Lovers' Café
65 La Rotunda

♨ **Où prendre le thé ?**

68 The Hidden Lane

∞ **Où assister à un spectacle ?**

100 Citizens Theatre
101 Tramway

GLASGOW – Plan d'ensemble

En train

■ ***Scotrail :*** ☎ *0330-303-0111.* ● *sco trail.co.uk* ●

Il existe 2 grandes gares ferroviaires, à 10 mn à pied l'une de l'autre. Le bus n° 398, gratuit pour les voyageurs munis d'un titre de transport, assure la navette entre la gare routière

Buchanan et Queen Street Station ou Central Station.

🚂 ***Queen Street Station*** *(zoom I, C2) : juste au nord de George Sq.* Dessert les régions des Highlands, du Centre et du Nord-Est.
■ ***Consigne à bagages (Left Luggage) :*** *à côté de* Costa Cafe. *Tlj*

7h-22h. Prévoir £ 5-7 par bagage selon taille, par tranche de 24h. Les bagages sont fouillés manuellement avant admission.

➤ Pour *Édimbourg,* départs ttes les 15-30 mn, 6h (7h30 dim)-23h30. Trajet : 50 mn-1h20.

➤ C'est aussi le point de départ de la pittoresque ligne des West Highlands pour *Oban, Fort William* et *Mallaig.* Également des trains pour *Inverness, Stirling, Perth* et *Aberdeen.*

■ *Central Station (zoom I, B2) :* pour les destinations en Angleterre (Londres et les villes de la côte ouest), l'ouest et le sud de l'Écosse (*Ayr, Dumfries, Stranraer, aéroport de Prestwick, Lanark,* etc.).

■ *Consigne à bagages : à côté du Burger King. Tlj 6h (7h dim)-minuit. Prévoir £ 6-8.* Les bagages sont scannés.

■ *Douches : dans les toilettes de la gare (à côté du Burger King). Accès 4h (7h dim)-minuit. Compter £ 5, shampoing et serviette inclus.* Très propres.

Comment circuler dans Glasgow et sa région ?

Glasgow et la vallée de la Clyde

Une formule intéressante

La *SPT (Strathclyde Partnership for Transport)* propose une formule hebdomadaire (du dimanche au samedi), la *Zone Card,* qui permet d'utiliser le train, le métro, la plupart des bus et 2 ferries dans la région de *Strathclyde* (comprenant Glasgow, Ayr, Lanark, l'aéroport de Prestwick...). Ce *pass* fonctionne par zone géographique, à définir lors de l'achat. À partir de £ 18,30 la semaine dans le centre. Très pratique pour ceux qui veulent sortir de Glasgow et se balader dans les environs. En vente dans les gares ferroviaires et les *SPT Travel Centres.* Prévoir une photo d'identité. Autre option : le *Roundabout Ticket,* un forfait à la journée pour le métro et les trains dans un rayon de 50 km. *Valable lun-ven à partir de 9h, w-e et j. fériés pdt 24h. Prix : £ 6,50 ; réduc.*

■ *SPT Travel Centres : ce sont les bureaux d'infos du* **Strathclyde Partnership for Transport.** ● *spt.co.uk* ● *On en trouve un dans la gare routière de Buchanan (tlj 6h30 (7h dim)-22h30).* Rens sur les bus, trains, bateaux et métro ; achat des billets et *pass.*

Le bus

Le réseau de bus est dense, complexe et, pour ne rien simplifier, assuré par un paquet de compagnies différentes. De plus, difficile de mettre la main sur une carte synthétisant le tout. Le mieux pour organiser vos déplacements et connaître les différentes lignes : ☎ *0871-200-22-33.*

● *travelinescotland.com* ● Pensez à vous munir de monnaie, le chauffeur en manque souvent. Sinon, le *FirstDay Ticket* (£ 4,30) permet de circuler librement en bus pendant une journée, ou le *FirstWeek* (£ 17) pour une semaine.

Le métro

Le métro est surnommé *Clockwork Orange* (orange mécanique), en référence à sa couleur, *of course,* et à sa ligne unique en forme de cercle restée inchangée depuis sa création en 1896 (ce qui fait de lui, soit dit en passant, le 3e plus vieux métro au monde, après Londres et Budapest). Intéressant : le *All Day Ticket* (£ 4) permet la circulation illimitée toute la journée sur le réseau du métro. Également un forfait à la semaine (£ 13). Sinon, un trajet simple coûte £ 1,60. *Circule lun-sam 6h30-23h30, dim 10h-18h. Infos :* ● *spt. co.uk* ●

Location de voitures

■ *Arnold Clark (plan d'ensemble, 1) : 1330, South St.* ☎ *954-19-62.* ● *arnoldclarkrental.com* ● *Lun-ven 8h-20h, sam 8h-17h, dim 10h-17h. Autre bureau à l'aéroport de Paisley :* ☎ *847-86-02. À partir de £ 25/j., assurance et taxes incluses. Âge min : 21 ans avec un an de permis.* Compagnie très sérieuse, à prix compétitifs, possédant de nombreuses succursales en Écosse.

Circulation et parkings

Très peu d'embouteillages et trafic assez peinard. Cela dit, la complexité des sens uniques et des voies de bus mais surtout le coût ruineux du stationnement en centre-ville peuvent vite vous faire regretter de ne pas avoir pris les transports en commun ! Alors, à moins d'avoir l'intention de renflouer les caisses du royaume, évitez d'entrer la fleur au fusil dans Glasgow sans avoir étudié la question du parking.

Les emplacements le long des rues sont payants (horodateurs) de 8h à 18h, sauf le dimanche ; compter £ 3/h (mazette !) pour 2h max au même endroit. Pour les parkings fermés, prévoir £ 15-20 pour 24h, comme aux parkings de Jamaica St *(zoom I, B2)* ou St Enoch *(zoom I, C3)*, très centraux. Quand vous ne voyez pas d'horodateurs, prudence, vous êtes peut-être dans une zone où s'applique la règle des *vouchers* (des tickets à gratter s'achetant chez le buraliste du coin ou auprès de votre hébergement) valables pour une durée de stationnement prédéfinie. Certaines zones sont aussi réservées aux résidents (si vous y logez, votre hébergement vous vendra des *vouchers*). Sinon, dans le centre, demandez à votre hôtel s'il a un accord avec un parking voisin ; les tarifs proposés sont alors plus intéressants.

■ ***Fourrière*** *(Vehicle Pound) :* Avenue St, Bridgeton ; à l'est du centre-ville (env 20 mn à pied). ☎ 276-08-61. Lun-sam 7h30-20h, dim 9h-16h30.

Taxis

On trouve, jour et nuit, une file de taxis devant Central Station et Queen Street Station. On peut aussi en héler un n'importe où, si sa lumière jaune est allumée. Autrement, appeler :
■ ***Glasgow Taxis :*** ☎ 429-70-70.

Adresses et infos utiles

Infos touristiques

🅸 ***Visitor Information Centre*** *(zoom I, C2) :* dans la Gallery of Modern Art, Queen St. ☎ 0845-22-55-121. ● peoplemakeglasgow.fr ● visitscotland.com ● Lun-sam 9h-18h, dim 10h-17h (l'hiver, dim 12h-16h). Bornes en libre-service et de rares guichets (souvent la queue, donc !). Résa d'hébergements (avec la traditionnelle commission de £ 4), vente de billets de spectacle et d'excursions.

Services

📶 Glasgow est la 1re ville écossaise à s'être dotée d'un réseau **wifi gratuit**, disponible notamment dans les principales rues du centre-ville, les gares ferroviaires et la gare routière.
✉ ***Poste*** *(zoom I, B2) :* 47, Saint Vincent St. Lun-sam 9h-17h30.

Argent, change

■ ***International Currency Exchange*** *(zoom I, B2, 3) :* 66, Gordon St. Juste en face de Central Station. Lun-sam 8h-19h, dim 10h-18h. Change le cash sans commission.

Culture

■ ***Alliance française de Glasgow*** *(zoom II, F5, 4) :* 3, Park Circus. ☎ 331-40-80. ● afglasgow.org.uk ● Lun-jeu 9h30-13h30, 15h30-18h30 ; ven 9h30-13h, 14h-16h ; sam 9h30-13h30. Fermé dim et fin juil-début août. Partage les locaux avec le *Goethe Institut* allemand. Médiathèque *(lun-ven 12h-18h – 16h ven),* expos (à l'occasion), manifs culturelles, journaux et revues en français.
■ ***Français à Glasgow :*** ● francaisaglasgow.co.uk ● Ce site de la communauté française à Glasgow recèle de nombreuses infos utiles pour ceux qui s'installent.
■ ***Librairie Waterstone's*** *(zoom I, B1, 5) :* 153-157, Sauchiehall St. Lun-ven 8h30-19h (20h jeu), sam 9h-19h, dim 10h-18h. L'une des plus grandes librairies de Glasgow. On y trouve tout, dont le magazine culturel *The List* (● list.co.uk ●) : concerts, expos, bonnes petites adresses, et même un café au sous-sol.

Objets perdus

■ **Police Station** (zoom I, B1, **6**) : 50, Stewart St. ☎ 532-20-00. Lun-ven 9h-17h.

■ **National Inquiries :** ☎ 0870-606-20-31 (Scotrail).

Où dormir ?

Campings

⚊ **Craigendmuir Caravan & Camping** (hors plan d'ensemble, **10**) : Clay House Rd, à **Stepps**. ☎ 779-41-59. ● craigendmuir.co.uk ● À 6 miles (10 km) à l'est de Glasgow (par l'A 80) et 15 mn en train. Tte l'année. Env £ 16-18 pour 2 avec tente. Correctement équipé, mais on atteint le coin réservé aux tentes après avoir traversé un champ de bungalows, comme souvent. Laverie. Bon accueil.

⚊ **Strathclyde Country Park Caravan Club** (hors plan d'ensemble, **11**) : Bothwellhaugh Rd, à **Bothwell**. ☎ (01698) 853-300. ● caravanclub. co.uk/str ● À env 13 miles (21 km) au sud-est de Glasgow (par la M 74). Tte l'année. Env £ 20-30 pour 2 avec tente. 🛜 (payant). L'atout majeur de ce vaste camping est d'être situé à 10 mn de marche d'un parc de 1 000 ha agrémenté d'un joli lac. L'essentiel du terrain est occupé par les caravanes, alignées comme à la parade. La partie camping compte une cinquantaine d'emplacements, avec sanitaires impeccables et bien équipés. Laverie et aire de jeux pour enfants.

Dans le centre

Bon marché (£ 10-25/pers ; 12-30 €)

🏠 **Easy Hotel** (zoom I, B1, **12**) : 1, Hill St. ☎ 353-67-29. ● easyhotel. com ● En moyenne, doubles £ 19-40 (selon fréquentation et moment de la résa). Le principe est simple : plus vous réservez tôt, moins c'est cher. Prix plancher, mais tout se paie, y compris la TV. Et, compte tenu de la taille des chambres, mieux vaut voyager léger ! La salle de bains entière mesure l'équivalent d'une cabine de douche. De plus, l'insonorisation faiblarde entre les chambres laisse peu de place à l'intimité ! À part ça, c'est aseptisé, nickel et très bien situé.

🏠 **Euro Hostel** (zoom I, B3, **13**) : 318, Clyde St. ☎ 222-28-28. ● euro-hostels.co.uk ● Accueil 24h/24. Nuitée en dortoir 4-14 lits £ 8-25/pers ; doubles avec sdb £ 36-100, petit déj inclus. 🖥 (payant). On vous l'indique parce que c'est l'auberge la plus centrale, mais pour le charme et la convivialité, vous repasserez : 120 chambres (rénovées mais pas folichonnes) empilées sur 9 niveaux, espaces communs sans attrait et ambiance anonyme. L'ensemble fait franchement usine, néanmoins équipé d'une laverie, d'une salle de jeux, d'un café-bar, d'un billard et d'un local de sécurité (payant).

De prix moyens à chic (£ 50-125 ; 60-150 €)

🏠 **The Piper's Tryst** (zoom I, B1, **14**) : 30-24, McPhater St. ☎ 353-55-51. ● thepipingcentre.co.uk ● Doubles avec sdb £ 65-90. Agréable petite structure hôtelière rattachée au Museum of Piping. Qu'on se rassure, les clients ne sont pas réveillés au son de la cornemuse ! Les chambres, tenues avec soin, sont habillées de couvre-lits et de rideaux en tartan. Une tradition qui semble avoir disparu de la plupart des hôtels de Glasgow ! On appréciera aussi la situation pratique et l'accueil charmant. Le petit déj est servi en bas, au bon café-resto géré par la maison (voir la rubrique « Où manger ? »).

🏠 **Adelaides Guest House** (zoom I, B1, **15**) : 209, Bath St. ☎ 248-49-70. ● adelaides.co.uk ● Double £ 75, petit déj continental inclus. 🖥 Établissement plutôt sage, puisqu'il se situe dans l'enceinte d'une église baptiste... Chambres classiques, calmes et fraîches, réparties sur 3 niveaux, dont certaines sont suffisamment spacieuses pour accueillir une petite famille. Propreté irréprochable et accueil aimable.

🏠 *Citizen M* (zoom I, B1, **16**) : *60, Renfrew St.* ● *citizenm.com* ● *Doubles £ 65-145 selon saison, mais en général env £ 70-80 ; petit déj en sus. Accord avec le parking voisin.* 🖥 Un concept hollandais : à peine quelques employés pour gérer cet établissement de 200 chambres où presque tout est automatisé, de la réservation – uniquement par Internet (pas de numéro de téléphone !) – à l'enregistrement, que l'on effectue soi-même sur des bornes tactiles. Ce n'est pas tout : les chambres, préconstruites, au look futuriste, ont été acheminées jusqu'ici et posées les unes sur les autres comme des Lego ! Malgré leur exiguïté, elles sont agencées intelligemment : le lit occupe toute la largeur de la pièce, les coffres en dessous permettent de ranger les bagages, TV avec films gratuits à la demande et le tout télécommandé : on peut même choisir la couleur des parois de la salle de bains ! On pourrait penser l'endroit déshumanisé, et l'aspect branché à outrance peut agacer. Mais les vastes espaces communs design et vitrés sont conçus pour favoriser la convivialité entre clients et, étonnamment, ça fonctionne plutôt bien ! Petits plats frais à la cafétéria, à prix raisonnables. Au final, un très bon rapport qualité-prix.

🏠 *Grasshoppers Hotel* (zoom I, B2, **17**) : *87, Union St.* ☎ *222-26-66.* ● *grasshopperglasgow.com* ● *Au 6e étage (ascenseur). Doubles £ 85-135.* Cet hôtel élégant et hyper central offre un petit luxe de bon aloi, entre ses murs d'une blancheur immaculée et ses hauts plafonds garnis de ventilateurs. Les chambres diffèrent par la taille et la déco, mais toutes sont bien équipées et misent sur un style chic et sobre bien apaisant. Au dîner, on peut s'orienter vers le café *(ouv 18h30-20h30)* qui sert de bons menus sains à prix moyens.

🏠 *Travelodge Glasgow Central* (zoom I, B1, **18**) : *5-11, Hill St.* ☎ *08719-84-84-84.* ● *travelodge.co.uk* ● *Doubles £ 35-140.* À la différence de l'austère façade, les chambres sont confortables et plutôt agréables, dans les tons bleu et blanc, avec lit *king size.* Rien à redire

pour le prix (notamment certaines familiales au même prix que l'on soit 2 ou 4), et le centre-ville est à deux pas.

Plus chic (plus de £ 125 ; 150 €)

🏠 *Malmaison* (zoom I, B1, **19**) : *278, West George St.* ☎ *572-10-00.* ● *malmaison.com* ● *Doubles env £ 90-250, sans petit déj.* La *Malmaison* est une chaîne de luxe qui compte une douzaine d'hôtels à travers tout le Royaume-Uni. On est bien loin ici des établissements standardisés. Cette *Malmaison* revisitée, installée dans une ancienne église orthodoxe grecque, s'inspire, pour sa déco, de la demeure de Joséphine près de Paris ! Grand hall avec un superbe escalier en fer forgé reproduisant le sacre de Napoléon, tons sombres et cossus... Une vraie réussite, servie par des chambres grand confort au design moderne, les plus agréables (et les plus chères !) en duplex. Au sous-sol, salon à champagne avec affiches publicitaires françaises des années 1950 et salle de petit déj de style Art nouveau. Resto gastronomique *(The Honours)* sur place.

🏠 *Hotel Indigo* (zoom I, B2, **20**) : *75, Waterloo St.* ☎ *226-77-00.* ● *hotelindigoglasgow.com* ● *Doubles env £ 125-200 ; promos intéressantes sur Internet. Accord avec parking voisin.* 🖥 Boutique-hôtel installé dans un beau bâtiment victorien. Décor très tendance mêlant styles et époques, couleurs denses ou plus neutres, avec ici et là une touche originale. Grand confort, fidèle à ce qu'on peut attendre dans cette gamme de prix.

Dans West End, le quartier de l'université

Notre quartier préféré pour dormir : architecturalement plus beau et homogène, plus résidentiel, plus tranquille, plus vert, il y souffle un vent bohème (bobo, diront certains). C'est aussi le quartier d'un certain nombre de musées. Et, pour couronner le tout, les cafés et restos sympas y sont légion. Ceux que la marche n'effraie pas rejoindront sans peine le centre-ville à pied (env 20-30 mn). Les autres

GLASGOW ET LA VALLÉE DE LA CLYDE

Adresses utiles

- Visitor Information Centre
- 3 International Currency Exchange
- 5 Librairie Waterstone's
- 6 Police Station (objets perdus)

Où dormir ?

- 12 Easy Hotel
- 13 Euro Hostel
- 14 The Piper's Tryst
- 15 Adelaides Guest House
- 16 Citizen M
- 17 Grasshoppers Hotel
- 18 Travelodge Glasgow Central
- 19 Malmaison
- 20 Hotel Indigo
- 23 Blue Sky Independent Hostel

Où manger ?

- 14 The Piper's Tryst
- 40 Where the Monkey Sleeps
- 41 Mono
- 42 Martha's
- 43 The Chippy Doon The Lane
- 44 Ichiban Noodle Café
- 45 Café Gandolfi
- 46 The Italian Caffè
- 47 Fratelli Sarti
- 48 Mussel Inn
- 49 Guy's
- 50 City Merchant
- 51 The Rogano

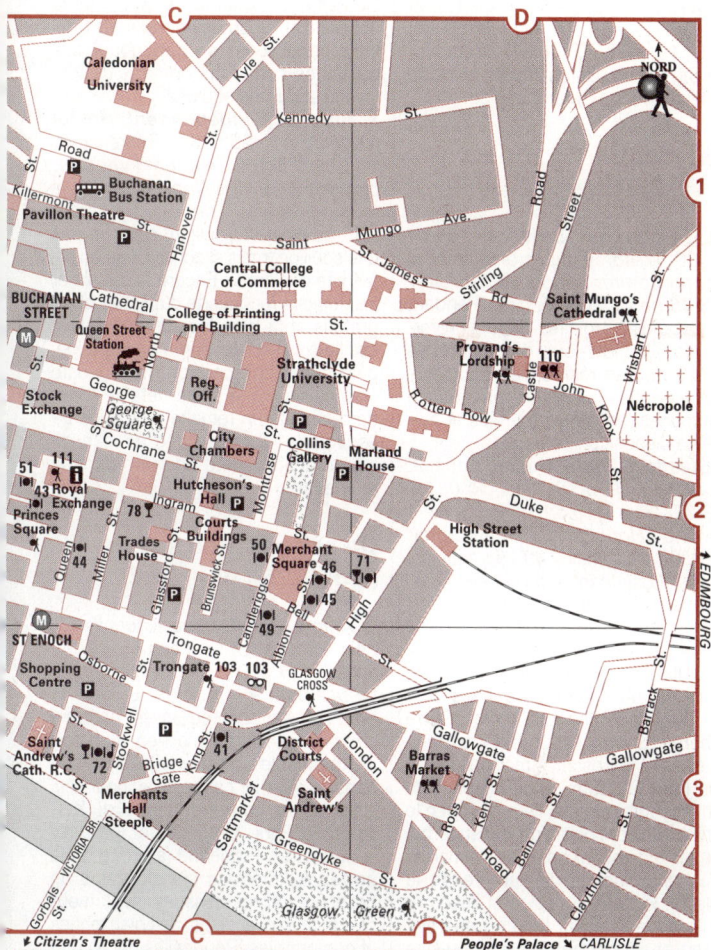

GLASGOW – Centre (zoom I)

GLASGOW ET LA VALLÉE DE LA CLYDE

☕ **Où prendre le thé ?**

67 The Tea Rooms
& The Butterfly and
The Pig

🍸♪ **Où boire un verre ? Où écouter de la bonne musique ?**

70 Horse Shoe Bar
71 Babbity Bowster
72 The Scotia
73 Pot Still
74 Molly Malone's

75 Nice'n'Sleazy
76 Drum & Monkey
77 Stereo
78 The Corinthian Club

♪♫ **Où écouter un bon concert ? Où danser ?**

90 King Tut's Wah Wah Hut
91 The Tunnel
92 The Garage
93 The Cathouse Rock Club

∞ **Où assister à un spectacle ?**

102 Theatre Royal
103 Tron Theatre

À voir

110 Saint Mungo Museum of Religious Life and Art
111 The Gallery of Modern Art
112 The Lighthouse
113 Willow Tearoom

prendront les bus nᵒˢ 6 et 6A (Great Western Rd), 4 et 4A (Woodlands Rd) ou 3, 19, 19A, 77 ou 747 (Sauchiehall St) depuis Union Street et Hope Street autour de Central Station.

Bon marché
(£ 10-25/pers ; 10-30 €)

🛏 *Résidences universitaires :* ☎ 330-47-43. ● gla.ac.uk/services/cvso/accommodation ● *Compter £ 26-46/pers selon l'édifice.* Pendant les vacances scolaires d'été, l'université de Glasgow loue des chambres dans 5 de ses résidences pour étudiants. Salles de bains privées ou communes, serviettes fournies et cuisines à disposition.

🛏 *Glasgow Youth Hostel (zoom II, F5, 21) :* 8, Park Terrace. ☎ 0845-293-73-73. ● syha.org.uk ● Bus nᵒˢ 4 ou 4A de Hope St. *Nuitée en dortoir £ 15-30/pers, twins £ 40-65 ; petit déj en sus. Également 1 appart avec cuisine (jusqu'à 6 pers) £ 120-185. Vend des vouchers pour stationner dans la rue.* 🖥 Dortoirs assez spacieux, non mixtes, tous équipés d'une salle de bains, ou chambres privées de 4 à 8 lits, 3 doubles et 7 twins. Cette auberge a pris ses quartiers dans 2 vieilles et imposantes maisons accolées l'une à l'autre, d'où l'aspect un peu labyrinthique des lieux. Si, avec le temps, elles ont perdu de leur superbe, il en reste de beaux vestiges : la magnifique cheminée et la verrière de la salle TV, le lustre du salon et l'escalier sculpté s'accordent bien au quartier, cossu et résidentiel. Laverie, cuisine bien équipée, salle de jeux et billard, ainsi qu'une grande cafétéria-cantine en sous-sol (déjeuner et dîner possibles). Notre AJ préférée à Glasgow.

🛏 *Bunkum Backpackers (zoom II, F4, 22) :* 26, Hillhead St. ☎ 581-44-81. ● bunkumglasgow.co.uk ● Ⓜ Hillhead. *Bus nᵒˢ 6 ou 6A depuis le centre. Env £ 14-16/pers en dortoir ; twins (lits jumeaux) £ 36-40. Parking gratuit.* Dans un quartier résidentiel calme, une petite AJ privée décontractée, installée dans une demeure victorienne datant de 1870. L'ensemble est basique, mais l'ambiance estudiantine plutôt sympa.

Seulement 2 chambres *twins* (résa impérative), sinon des dortoirs de 3 ou 4 lits superposés se partageant des sanitaires communs corrects. Salon, laverie et cuisine équipée.

🛏 *Blue Sky Independent Hostel (zoom I, A1, 23) :* 65, Berkeley St. ☎ 221-17-10. ● blueskyhostel.com ● *Env £ 13-17/pers selon dortoirs (4-14 lits) ; double sans sdb £ 36.* 🖥 *Hostel* brouillon, pour ne pas dire souillon, mais si convivial qu'on s'y fait vite des amis ! Encore faut-il aimer les couloirs recouverts d'affiches et de graffitis et la promiscuité inhérente à ces lieux : l'espace commun regroupe, pêle-mêle, la réception, le modeste coin cuisine et le salon-détente. Bref, de quoi faire un remake de *L'Auberge espagnole* ! Il existe une annexe du même acabit, juste en face, dans la même rue.

De prix moyens à chic
(£ 50-125 ; 60-150 €)

🛏 *Alamo Guesthouse (zoom II, F5, 24) :* 46, Gray St ; à l'angle de Bentinck St. ☎ 339-23-95. ● alamoguesthouse.com ● *Doubles £ 70-165, avec sdb partagée ou privée, petit déj compris.* 🖥 *Alamo* n'a rien d'un fort inexpugnable : c'est une jolie maison dans un quartier calme, avec pour seul vis-à-vis les courts de tennis du Kelvingrove Park. Commencez par tirer la sonnette victorienne (à droite de la porte). À l'intérieur, une douzaine de belles chambres cossues, avec meubles et miroirs anciens, très bien tenues et confortables. Pour celles qui en disposent, une superbe salle de bains en ardoise noire. Salle de petit déj chic et cosy, avec plancher et plafond mouluré. Bel accueil.

🛏 *Kelvingrove Hotel (zoom II, F5, 25) :* 944, Sauchiehall St. ☎ 339-50-11. ● kelvingrove-hotel.co.uk ● *Fermé env 10 j. autour de Noël. Résa impérative l'été. Doubles £ 55-120. Vouchers pour le parking.* 🖥 Hôtel à taille humaine, abritant des chambres petites mais douillettes et lumineuses, dans les tons crème, marron et blanc. Celles sur rue peuvent s'avérer bruyantes. Pour le prix, on pourrait aussi espérer

GLASGOW – WEST END (ZOOM II)

■ **Adresse utile**

   4 Alliance française

🛏 **Où dormir ?**

  21 Glasgow Youth Hostel
  22 Bunkum Backpackers
  24 Alamo Guesthouse
  25 Kelvingrove Hotel
  26 Kirklee Hotel

|●| **Où manger ?**

  52 Roots Fruits and Flowers
  54 Kember & Jones
  55 Pub Hillhead Book Club
  56 The Hanoi Bike Shop
  57 The Crabshakk
  58 Number 16

  59 Ox and Finch
  60 The Bothy
  61 Stravaigin
  62 Ubiquitous Chip

🍷 🎵 **Où boire un verre ? Où écouter de la bonne musique ?**

  52 Inn Deep
  79 Dram !
  80 The 78
  81 Oran Mor
  82 Cottiers
  83 Brel
  84 Tennents Bar

⚙ **Achats**

  52 The Glasgow Vintage Co

des salles de bains moins étriquées. Accueil et ambiance néanmoins agréables.

🛏 *Kirklee Hotel* (zoom II, E4, **26**) : 11, Kensington Gate. ☎ 334-55-55. ● kirkleehotel.co.uk ● Double env £ 85. Cette vénérable demeure édouardienne de grès rouge, entourée d'un jardin soigné, abrite une dizaine de chambres classes et confortables, meublées d'antiquités. Les équipements ne sont pas à la pointe de la modernité (notamment les salles de bains), mais cette atmosphère surannée plaira à certains. Si le quartier, résidentiel et très calme, peut sembler excentré, on est en fait idéalement situé pour profiter des commerces, musées et restos-bars de West End.

À l'est du centre-ville, dans le quartier de Dennistoun

Plusieurs *B & B* et *guesthouses* dans ce joli petit quartier tranquille, situé à 15 mn à pied du centre. La cathédrale Saint Mungo est à 5 mn. Bus n°s 38, 41 et 60.

Prix moyens (£ 50-85 ; 60-102 €)

🛏 *Alison Guesthouse* (plan d'ensemble, **27**) : 26, Circus Dr. ☎ 556-14-31. ● alisonguesthouse.co.uk ● Doubles £ 60-70, sans ou avec sdb, petit déj inclus. Une maison classique aux chambres soignées, aux plafonds hauts, lourds rideaux et moquette épaisse, dont certaines familiales. Jardinet derrière la maison.

🛏 *Craigpark Guesthouse* (plan d'ensemble, **28**) : 33, Circus Dr. ☎ 554-41-60. ● craigparkguesthouse.com ● Presque en face d'Alison Guesthouse. Doubles £ 55-70, petit déj inclus. Dans une maison victorienne précédée d'un jardin taillé de près, chambres claires, calmes, hautes de plafond et très propres, dont une seulement avec sanitaires privés (les autres, à l'étage, partagent 2 salles de bains). Accueil pro.

Au sud de la ville

Prix moyens (£ 50-85 ; 60-102 €)

🛏 *Glasgow Guesthouse* (plan d'ensemble, **29**) : 56, Dumbreck Rd (panneau discret). ☎ 427-01-29. ● glasgow-guest-house.co.uk ● ♿ Entre le Pollock Country Park et la House for an Art Lover. *Station de train Dumbreck, puis 5 mn à pied par Fleurs Ave. Sur la M 77, sortie (junction) 1. Double env £ 65, appart (jusqu'à 4 pers) £ 120, petit déj compris. Parking gratuit.* Jolie maison en grès rouge de style victorien, précédée d'un jardinet fleuri. Intérieur classe mais pas pompeux, abritant des chambres bien arrangées, aux salles de bains impeccables. À l'arrière, un joli appartement comprenant 2 chambres et une cuisine. Dans la maison, autre cuisine à disposition, collective cette fois, et véranda pour déguster l'excellent petit déj (options végétariennes). Bon accueil, à la fois décontracté et attentif. Notre *B & B* préféré à Glasgow, c'est dit !

Aux abords de l'aéroport de Prestwick

Pour dépanner, voici une adresse à Monkton, proche de l'aéroport. Mieux vaut toutefois pousser jusqu'à Ayr, un peu plus loin mais nettement plus sympa.

Prix moyens (£ 50-85 ; 60-102 €)

🛏 *The Barrels B & B* : 52, Main St, à Monkton. À 2,2 miles (3,6 km) de l'aéroport. ☎ (01292) 67-13-91. 📱 07749-21-55-93. ● thebarrelsbandb.co.uk ● Doubles £ 55-70. Au cœur du village, dans une petite maison au style traditionnel modernisé, Rosie Carr bichonne ses 3 chambres confortables et mignonnes (dont 2 familiales très spacieuses). Si vous repartez très tôt le lendemain, elle vous préparera votre petit déj la veille au soir et vous réservera un taxi.

Où manger ?

Les meilleurs quartiers pour se restaurer sont l'agréable West End *(zoom II, E4-5)* au cœur de la ville universitaire, autour de Byres Road et Asthon Lane, où pullulent les restos à la mode ; ainsi que Merchant City *(zoom I, C2)* dans le centre des affaires, avec ses bars design et ses adresses chic.

Pour compléter cette rubrique, sachez que nombre de pubs cités dans votre rubrique favorite (« Où boire un verre ? Où sortir ? ») servent de copieux plats du jour, souvent bon marché. Comme ça, on fait d'une bière deux coups !

Dans le centre

Bon marché
(plats £ 5-10 ; 6-12 €)

|●| Where the Monkey Sleeps *(zoom I, B1, 40)* : *182, West Regent St ; en soubassement.* ☎ 226-34-06. *Lun-ven 7h-15h.* Endroit bohème proposant un large choix de sandwichs aux drôles de noms, type bagels ou paninis, mais aussi des salades et petits déj, gâteaux, vrais café et jus d'orange, à emporter ou à consommer sur place, avachi sur des canapés devant des tables basses. Bon et pas cher, idéal pour la pause de midi !

|●| Mono *(zoom I, C3, 41)* : *12, King's Court.* ☎ 553-24-00. *Au fond d'une place donnant sur le parking de King St. Cuisine tlj 12h-21h (bar ouv plus tard).* Le « mono » version duo réunit dans un même espace un bon disquaire (sélection réduite mais choisie) et un café-resto *vegan* (aucun produit d'origine animale). Le menu propose des plats piochés dans toutes les cuisines du monde, réinterprétés par la maison. Délicieux *wraps* et soupes, notamment. Concerts de temps à autre.

|●| Martha's *(zoom I, B2, 42)* : *142, Saint Vincent St.* ☎ 248-97-71. *Lun-ven 7h30-18h, sam 9h-16h.* Un *lunch* sain, savoureux et équilibré à déguster dans un cadre propret : voilà une formule qui fait recette auprès des employés du centre-ville. *Wraps,* soupes, salades, porridge et *smoothies* sont tout à petits prix et servis avec le sourire.

|●| The Chippy Doon The Lane *(zoom I, C2, 43)* : *McCormick Lane.* ☎ 225-66-50. *Tlj 12h-21h (21h30 w-e).* Quelle surprise de trouver là, dans un immeuble décati exilé au fond d'une impasse peu engageante, ce joli resto au décor postindustriel chiadé (brique nue, tuyauterie apparente) complété d'une terrasse chauffée ! On s'y régale, à prix très modiques, de *fish & chips* frais et croustillants réalisés dans la tradition. Un grand classique populaire.

Prix moyens
(plats £ 8-18 ; 10-22 €)

|●| The Piper's Tryst *(zoom I, B1, 14)* : *30-24, McPhater St.* ☎ 353-55-51. Endroit tout indiqué pour un repas en fanfare (au sens propre !), entre des murs ornés de photos de joueurs de cornemuse et sur fond musical *ad hoc.* Du haddock, on en trouve d'ailleurs à la carte, ainsi que du saumon ou du *scotch beef,* pour une cuisine fièrement écossaise et bien tournée. Également de bons sandwichs (servis 12h-14h45). Le tout dans un cadre moderne, boisé et apaisant, où l'on est adorablement accueilli.

|●| Ichiban Noodle Café *(zoom I, C2, 44)* : *50, Queen St.* ☎ 204-42-00. *Tlj 12h (13h dim)-22h (23h ven-sam).* Une autre adresse au 184, Dumbarton Rd, dans le West End. Ce *noodle bar* japonais a élu domicile au 1er étage, dans une salle sobre aux très longues tables, où l'on s'installe par ordre d'arrivée. *Soba, ramen, udon,* toutes les nouilles japonaises sont là, succulentes et en portions copieuses. Vous pourrez aussi opter pour les *bento boxes,* ou encore les sushis préparés à la commande, comme il se doit.

|●| Café Gandolfi *(zoom I, C2, 45)* : *64, Albion St.* ☎ 552-68-13. *Tlj 8h (9h dim)-23h30.* Loin des néobars design, son décor en bois au parquet brut et tables épaisses fait toujours mouche et ne lasse pas les habitués. Bon petit déj, salades, soupes, pâtes et *black pudding* en provenance directe des Hébrides extérieures, mais aussi quelques grands classiques écossais, parmi lesquels un superbe *haggis*, peut-être le meilleur de Glasgow ! Le **Gandolfi Fish,** dans la même rue, affiche des tarifs un peu plus élevés. Au programme : poisson et fruits de mer écossais de première qualité.

|●| **The Italian Caffè** *(zoom I, C2, 46)* : *92, Albion St.* ☎ 552-31-86. *Tlj 11h-22h (23h w-e). Menus tlj sf sam 12h-18h30.* L'œnothèque à l'italienne, offrant un grand choix de vins au verre, y rencontre le bar à tapas à l'espagnole, en version citadine et épurée. On s'installe sur des banquettes en cuir vert olive ou au comptoir pour apprécier les bons crus maison devant une assiette de charcuterie ou une *pizzette* de fruits de mer, des pâtes ou un risotto. Glaces maison et autres bons desserts.

|●| **Fratelli Sarti** *(zoom I, B1, 47)* : *133, Wellington St.* ☎ 248-22-28. *Également 121, Bath St, et 42, Renfield St. Tlj 8h-22h30. Menus tlj 12h-18h30.* Quel Glaswegian n'a pas encore dîné au *Fratelli Sarti*, mélange bien dosé d'épicerie fine et de trattoria ? Entre les crus toscans et les salamis suspendus au-dessus du comptoir, le cœur balance, mais la concurrence est rude avec les pâtes merveilleusement *al dente*.

|●| **Mussel Inn** *(zoom I, B2, 48)* : *157, Hope St.* ☎ 572-14-05. *Lun-ven 12h-14h30, 17h-22h ; sam-dim en continu. Formule midi et pre-theatre (17h-18h30).* Envie de fruits de mer ? Le *Mussel Inn*, propriété d'une coopérative de la côte ouest, est spécialisé dans les huîtres, coquilles Saint-Jacques, moules et poissons du jour hyper frais à des tarifs très abordables. La grande salle lumineuse, avec mezzanine et cuisine bien en vue, change agréablement des restos de fruits de mer aux cadres empesés.

Chic
(plats £ 15-25 ; 18-30 €)

|●| **Guy's** *(zoom I, C2, 49)* : *24, Candleriggs.* ☎ 552-11-14. *Tlj 12h-22h30 (23h30 ven). Menus £ 14-17 (sf ven-sam soir et dim midi). Résa très conseillée le soir.* L'une des tables les plus en vue du moment. Un resto très romantique, où les chandelles se reflètent dans de grands miroirs, mais dont l'ambiance reste totalement détendue. La passion du patron pour la cuisine méditerranéenne se retrouve tout au long de la carte : produits de choix superbement travaillés. Mention spéciale pour le charmant service et les musiciens (piano, contrebasse) qui agrémentent certains soirs le repas. Dans son ancienne carrière, Guy nourrissait des stars de cinéma ; désormais vos papilles sont les vedettes !

|●| **City Merchant** *(zoom I, C2, 50)* : *97-99, Candleriggs.* ☎ 553-15-77. *Lun-sam 12h-22h30, dim 16h30-21h. Résa conseillée. Formule déj £ 10.* Le *City Merchant* ne déçoit pas ses fidèles avec ses produits de qualité bien travaillés. À l'image de la déco étudiée, hésitant entre le rendez-vous de chasse et le bistrot marin, la carte fait la part belle au gibier en saison, steaks épais et poissons régionaux. Bonne sélection de fromages locaux.

|●| **The Rogano** *(zoom I, C2, 51)* : *11, Exchange Pl.* ☎ 248-40-55. *Tlj 12h-14h30, afternoon tea 15h-17h, dîner 18h-22h30. Résa indispensable (même pour le teatime).* Un resto classieux au style Art déco totalement dans son jus : banquettes, boiseries et miroirs taillés. Serveurs en tenue de garçons de café pas trop guindés. Excellente cuisine de la mer servie généreusement. Petite terrasse chauffée.

Dans West End, le quartier de l'université

Mettez le cap sur Byres Road, une rue animée, pleine de restos et de bars.

Bon marché
(plats £ 5-10 ; 6-12 €)

➥ **Roots Fruits and Flowers** *(zoom II, F4, 52)* : *451-457, Great Western Rd. Lun-sam 7h30-19h, dim 9h-18h30.* Il s'agit d'un primeur-épicerie bio (et fleuriste !), qui propose de bons petits plats inventifs, ainsi que des gâteaux maison. Parfait pour combler un creux en journée avec un bon café, ou pour se ravitailler en produits bio.

IOI Piece *(plan d'ensemble, 53)* : *1056, Argyle St.* ☎ *221-79-75. Tlj 8h (10h sam, 12h dim)-17h.* Seulement 2 tables et 1 comptoir dans cette sandwicherie gourmet dont le succès ne se dément pas avec les années. À raison, car tout est délicieux, sain et frais, à base d'ingrédients choisis : sandwich au *pastrami* (bœuf fumé), au maquereau fumé, au falafel... On peut aussi venir déguster un café et une pâtisserie ou commander à emporter. Extra et pas cher.

IOI Kember & Jones *(zoom II, E4, 54)* : *134, Byres Rd.* ☎ *337-38-51. Tlj 8h-22h (18h dim).* Ce petit *deli* accueillant, au cadre de bois et brique, s'appuie sur des produits de qualité pour proposer salades bien fraîches, quiches et feuilletés, excellents sandwichs, pâtisseries et assiettes de charcuterie ou fromage. Miam !

IOI Pub Hillhead Book Club *(zoom II, E4, 55)* : *17, Vinicombe St.* ☎ *576-17-00. Tlj 11h (10h w-e)-minuit.* Superbe décor d'ancienne bibliothèque, avec boiseries et plafonds moulurés. Service toute la journée et souvent très fréquenté le soir. Excellents brunchs et sandwichs en tout genre, mais aussi des plats végétariens.

IOI The Hanoi Bike Shop *(zoom II, E4, 56)* : *8, Ruthven Lane.* ☎ *334-71-65. Tlj 11h-23h.* Une petite virée en Asie, avec *pho* (soupe), *bo bun* (nouilles, bœuf et herbes fraîches) et autres spécialités du Vietnam. En fait, c'est surtout le lieu qui nous a séduits, plus que la cuisine, honorable mais pas inoubliable. Cette petite maison traditionnelle, calée dans l'un des coins les plus charmants de Glasgow, prend des airs de campagne aux beaux jours, avec ses tables posées dans la ruelle. Et si, par hasard, la météo manquait de clémence (!), la petite salle décorée de vélos est bien sympa aussi !

Prix moyens
(plats £ 8-18 ; 10-22 €)

IOI The Crabshakk *(zoom II, F5, 57)* : *1114, Argyle St.* ☎ *334-61-27. Tlj sf dim 11h (12h dim)-minuit.* On s'installe où l'on peut (au bar, en mezzanine ou aux tables près du comptoir) dans ce mini-resto spécialisé dans les produits de la mer, toujours très animé : réserver, venir tôt ou faire la queue ! À la carte, crabe sous toutes ses formes, moules, bisque, *fish & chips*, pâtes aux coquillages, ou (pour les plus fortunés) homard et plateau de fruits de mer. Succulent, prix honnêtes, et tout est extrafrais, préparé à la commande derrière le bar.

IOI Number 16 *(zoom II, E5, 58)* : *16, Byres Rd.* ☎ *339-25-44. Tlj 12h (13h dim)-22h (dernière commande à 20h30).* Même en semaine, peu de chance de trouver ici un coin de table sans avoir réservé. Normal, le lieu est minuscule... Mais surtout on y déguste une cuisine sacrément réussie ! Les produits sont travaillés avec délicatesse dans un style nouvelle cuisine généreuse et joliment mise en scène, à savourer dans un petit écrin intime et chaleureux.

IOI Ox and Finch *(zoom II, F5, 59)* : *920, Sauchiehall St.* ☎ *339-86-27. Lun-ven 12h-23h, w-e jusqu'à 1h (cuisine 22h).* Un resto dont on parle à Glasgow ! Déco tendance sans être prétentieuse, assurée par un mur couvert des bonnes bouteilles de la maison, un bar joliment carrelé et une cuisine ouverte où s'affaire une ribambelle de marmitons. Cuisine tout en finesse elle aussi, inventive et raffinée, servie en portions réduites (mais pas très chères non plus) dans un esprit tapas améliorées. Le tartare de cerf... hum, un régal ! Service efficace et adorable.

IOI The Bothy *(zoom II, E4, 60)* : *11, Ruthven Lane.* ☎ *334-40-40. Tlj 12h-22h. Résa conseillée le w-e.* Une excellente adresse pour s'initier à la cuisine écossaise. Un *bothy* désigne une cabane des Highlands. Déco rustico-chic, avec tables et chaises en bois, parquet, vieilles loupiotes, fauteuils cuir... Toutes les recettes traditionnelles (modernisées) sont à l'honneur et les plats, apportés par des serveurs en kilt, remarquables. Aux beaux jours, on profite d'une adorable courette.

Chic
(plats £ 15-25 ; 18-30 €)

IOI Stravaigin *(zoom II, F5, 61)* : *28, Gibson St.* ☎ *334-26-65. Tlj 9h*

GLASGOW ET LA VALLÉE DE LA CLYDE

(11h w-e)-1h. Menus £ 25-30. Il doit sa réputation à sa cuisine écossaise bien vue : *haggis,* moules, *Aberdeen Angus steaks,* agneau... dont on connaît la provenance exacte, jusqu'aux herbes aromatiques, fruits et légumes. Atmosphère conviviale (et bruyante) de bistrot marin cossu dans un décor évoquant l'Écosse éternelle : coque de bateau, bois de cerfs, et même une luge ! Également une salle au sous-sol.

I●I Ubiquitous Chip *(zoom II, E4, 62) :* *12, Ashton Lane.* ☎ *334-50-07. Ruelle partant de Byres Rd. Tlj jusqu'à 23h. Musique live le 1er sam du mois 13h-16h.* Pas donné, certes, mais on mange dans un exquis jardin d'hiver tapissé de plantes, au cadre clair, frais et élégant. Gibier et poisson joliment tournés. Pour les moins fortunés, il y a aussi une carte moins chère (plats £ 9-17) disponible uniquement à la brasserie, sous une verrière au-dessus du jardin. Également 2 pubs au rez-de-chaussée, et même un espace sur le toit, pour boire un coup !

À l'est du centre-ville, dans le quartier de Dennistoun

Prix moyens (plats £ 8-18 ; 10-22 €)

I●I ▼ Tibo *(plan d'ensemble, 63) : 443, Duke St.* ☎ *550-20-50. Tlj 10h-22h (23h jeu-sam).* Une de ces adresses qui donnent des couleurs à ce quartier en pleine mutation, où poussent les boutiques et restos sympas. Déco chaleureuse, objets sans prétention par-ci, expos temporaires par-là, banquettes accueillantes et ambiance bohème. Dans l'assiette, une cuisine elle aussi dans l'air du temps : plats simples et

frais, hamburgers, sandwichs, salades... Une pause agréable pour contenter toutes les faims de la journée, du petit déj au dîner, ou simplement pour boire un verre en passant.

Au sud de la ville, dans le Southside

Prix moyens (plats £ 8-18 ; 10-22 €)

I●I Art Lovers' Café *(plan d'ensemble, 64) : 10, Dumbreck Rd, Bellahouston Park.* ☎ *353-47-79. Tlj 10h-17h.* Que vous veniez visiter la *House for an Art Lover* dessinée par Rennie Mackintosh ou les musées voisins, vous ne serez pas déçu par cette cuisine de saison légère aux produits locaux relevés de touches méditerranéennes. Excellentes pâtisseries pour le dessert ou le *teatime.* Salle élégante, prolongée d'une terrasse.

I●I La Rotunda *(plan d'ensemble, 65) : 28, Tunnel St.* ☎ *375-11-11. Tlj 12h-22h (22h30 w-e).* À la fin du XIXe s, cette rotonde était reliée à sa jumelle, sur l'autre rive de la Clyde, par un tunnel permettant le passage des piétons et des calèches. Un énorme ascenseur hydraulique desservait les étages. Aujourd'hui, cet héritage unique de l'époque trône dans le quartier des docks réhabilité où explosent les édifices contemporains. La rotonde nord abrite 4 restos (un par niveau), dont celui-ci qui navigue sous pavillon italien avec un certain talent (à l'exception des pizzas !). On regrettera juste le manque de vue, voire de lumière... Alors on regarde les vieilles photos aux murs pour mieux comprendre ce que fut ce lieu étonnant.

Où prendre le thé ?

☕ I●I ▼ The Tea Rooms & The Butterfly and The Pig *(zoom I, B1, 67) : 151-153, Bath St.* ☎ *243-24-59. Tlj 8h30 (10h dim)-20h. High tea/afternoon tea £ 12-13.* Selon l'heure de la journée, on fréquente le pub *(The Butterfly and The Pig,* en contrebas de la rue) ou le vaste salon de thé avec plusieurs salles par étage, décoré à

l'ancienne (napperons, porcelaine à fleurs...). Mais on a aussi (surtout) craqué pour ses gros gâteaux aussi beaux que bons. Également des soupes, sandwichs et plats du jour bien troussés le midi.

☕ I●I The Hidden Lane *(plan d'ensemble, 68) : 1103, Argyle St.* ☎ *237-43-91. Tlj 10h (12h dim)-18h.*

Formules £ 6-15. Dans une jolie petite maison de poupée dissimulée au fond d'une impasse. Impossible de tomber dessus par hasard, mais l'adresse est connue pour ses gâteaux et sandwichs à s'en lécher les doigts, ainsi que sa sélection géniale de thés. Service jeune et gentil.

Où boire un verre ?
Où écouter de la bonne musique ?

Comme Édimbourg, Glasgow garantit une vie nocturne et artistique vraiment riche. Un peu partout, gens ouverts engageant facilement la conversation et étudiants chaleureux, ça vous promet de bonnes soirées. À la fermeture des pubs (en général vers minuit), vous avez le choix entre boîtes et salles de concerts survoltées, où l'ambiance frise parfois l'hystérie !

Pour savoir ce qui se passe, soir par soir et genre par genre, consultez le *Gig Guide,* un dépliant mensuel gratuit qu'on trouve un peu partout, notamment dans les pubs, ou disponible sur Internet : ● gigguide.co.uk ● Ou encore ● list.co.uk ● aussi disponible en version papier hebdomadaire, payante mais plus complète.

Dans le centre

♈ |●| *Horse Shoe Bar (zoom I, B2, 70) : 17-19, Drury St. Tlj 9h (10h dim)-minuit.* Un pub fondé en 1884 qui n'a pas pris une ride. Il détient même le record du plus long comptoir d'Écosse, en forme de fer à cheval (comme son nom l'indique) – ou de trèfle à trois feuilles, si l'on préfère. Ça donne une petite idée du débit des boissons : torrentiel le week-end ! Ambiance animée garantie. Également, à l'étage, un karaoké très populaire. Dernière qualité digne d'éloges : ses prix serrés pour le *lunch* (correct, surtout les burgers) !

♈ |●| *Babbity Bowster (zoom I, D2, 71) : 16-18, Blackfriars St. Tlj 11h (12h30 dim)-minuit.* Glasgow n'étant pas bien riche en terrasses ou *sidewalk cafés,* le *Babbity Bowster* fait l'unanimité pour son *beer garden* paisible donnant sur une rue piétonne. Mais c'est aussi un charmant pub à la déco lumineuse où, pourtant, excepté le samedi, on n'entend jamais une note de musique : le patron préfère privilégier les échanges verbaux ! Le lieu est réputé aussi pour sa bonne cuisine à l'ardoise.

♈ |●| ♪ *The Scotia (zoom I, C3, 72) : 112, Stockwell St.* ● *scotiabar.net* ● *Tlj 11h (12h30 dim)-minuit. Jeu-dim, musique live (rock, folk, blues).* Ce pub vieille école prétend être le plus ancien de Glasgow encore debout, fondé en 1792. Ses plafonds bas et ses recoins sombres plaident en sa faveur. Fréquenté d'abord par les ouvriers, lorsque Bridge of Stockwell était le terminus des bateaux circulant sur la Clyde, devenu ensuite un asile pour écrivains, poètes et musiciens, il est aujourd'hui renommé pour ses bons concerts 4 fois par semaine.

♈ *Pot Still (zoom I, B1, 73) : 154, Hope St. Tlj 11h (12h30 dim)-minuit.* Les amateurs de whisky viennent du monde entier tester les *single malt* de la maison, fondée au début du siècle dernier. Plus de 300 bouteilles s'alignent le long des murs ! Le patron a même besoin d'une échelle pour aller chercher les plus haut perchées...

♈ ♪ *Molly Malone's (zoom I, B1, 74) : 244, Hope St. Tlj 11h-minuit. Concert ven-sam à 21h30.* Vaste pub irlandais qui ne déroge pas aux règles du genre : TV calées sur le sport, maillots de rugby encadrés aux murs et vibrante atmosphère entretenue par une clientèle qui transcende les générations. Le lieu est réputé pour sa musique live (souvent du folk irlandais, ben tiens !) et tire, à ce qu'il paraît, la meilleure *Guinness* de la ville... À croire que certains énergumènes les ont toutes goûtées !

♈ ♪ *Nice'n'Sleazy (zoom I, A1, 75) : 421, Sauchiehall St.* ● *nicensleazy. com* ● *Tlj 12h-3h. Club night ven-sam dès 23h.* Le *Nice'n'Sleazy* est désormais un peu plus « gentil » que « louche », fréquenté par une clique d'étudiants qui viennent y écluser des bières sur des rythmes à dominante punk et *new wave*. Quelques têtes bien loo-kées, billard au fond, tapisserie seven-ties, banquettes en skaï. Et, pour une fois, ni télé ni match de foot ! Bonne scène alternative au sous-sol, connue pour ses vigoureux concerts de rock indépendant.

♈ |●| ♪ **Drum & Monkey** *(zoom I, B2, 76) : 93, Saint Vincent St. Tlj 11h-23h (minuit ven-sam).* Une ancienne banque reconvertie en débit... de boissons. Magnifiques boiseries, moulures, lus-tres ou colonnes de marbre encadrant une cheminée de château. Le tout fait assez classe mais n'est pas guindé pour un sou. Pour dîner en tête à tête, s'esquiver vers la salle du fond – où se trouvait jadis le bureau du directeur... Cuisine bien tournée, continentale et écossaise, un peu chérote.

♈ |●| ♪ **Stereo** *(zoom I, B2, 77) : 22-28, Renfield Lane.* ● *stereocafebar. com* ● *Tlj 11h-1h (3h pour les concerts).* Les fans de Mackintosh viendront d'abord pour admirer le bâtiment dessiné en 1900 par le célèbre archi-tecte pour le journal *Daily Record*. Celui-ci accueille désormais un café-bar au cadre brut et industriel, popu-laire auprès des étudiants. La cuisine végétalienne (aucun produit d'origine animale) réserve quelques surprises, comme les petites pizzas, bonnes mais peu conformes à l'idée que l'on se fait d'une pizza. Avis aux sensibles de la feuille : l'endroit est très sonore. Concerts réguliers au sous-sol.

♈ |●| **The Corinthian Club** *(zoom I, C2, 78) : 191, Ingram St.* ● *thecorinthian club.co.uk* ● *Tlj 7h-6h (le temps de donner un coup de balai !).* Ancienne banque, puis tribunal jusque dans les années 1930, avant de devenir un resto et un club, ce lieu s'est offert une nou-velle jeunesse. Le résultat est épous-touflant : sur 5 niveaux, plusieurs salles (réservées aux réceptions privées pour la plupart), bars et un casino. Notre préférence va à l'immense et gran-diose bar-resto au rez-de-chaussée : superbe coupole, luminaires à la mesure du lieu (énormes, donc), pla-fond aux moulures en stuc sculpté. Le lieu étant toujours ouvert, on peut venir ici pour un café le matin, un thé dans l'après-midi ou un verre en début de

soirée, d'autant que, malgré les appa-rences, ce n'est pas si sélect et les prix restent raisonnables.

Dans West End, le quartier de l'université

Sur Argyle Street, des pubs et encore des pubs, tous plus sympas les uns que les autres. Parmi nos préférés, citons **The Islay, The Park Bar, Kel-vingrove Café, The Brass Monkey** et **The Finnieston.**

♈ ♪ **Dram !** *(zoom II, F5, 79) : 232, Woodlands Rd. Au niveau de Wood-lands Dr. Tlj 12h (11h w-e)-minuit. Musique dim à 19h.* Parquet, tableaux et vieilles banquettes de cuir donnent aux différentes salles de ce bar une ambiance indéniablement chaleureuse. Ambiance qui monte encore d'un cran quand l'écran géant éclabousse la salle de matchs de foot, rugby et autres tournois de tennis ou de golf !

♈ |●| ♪ **The 78** *(zoom II, F5, 80) : 10-14, Kelvinhaugh St. Tlj 12h30-minuit (1h w-e). Concert jazz gratuit dim soir.* Lieu paisible et fraternel, un peu *roots/bobo* sur les bords, fréquenté par les étudiants du quartier et par des végé-taliens attirés par une bonne cuisine *vegan* et *gluten-free* à prix modiques. Une fois vautré dans les profonds canapés, un jus ou une bière artisanale en main, on ne voit plus le temps pas-ser ! Petits concerts de temps à autre.

♈ |●| ♪ **Oran Mor** *(zoom II, E4, 81) : à l'angle de Byres Rd et de Great Wes-tern Rd.* ● *oran-mor.co.uk* ● *Tlj 9h (10h dim)-2h (3h jeu-dim). Night club dès 23h jeu-sam.* Au rez-de-chaussée de cette ancienne église, le pub est plu-tôt orienté cocktails et whiskies (280, rien de moins !). En dessous, le club propose de nombreux concerts et spectacles (théâtre, comédie...). Bonne ambiance, cadre sensationnel. Réso-lument branché !

♈ |●| **Cottiers** *(zoom II, E4, 82) : 93-95, Hyndland Rd.* ☎ *357-58-25. Entrée sur le côté.* Encore une ancienne église, cette fois transformée en théâtre et en resto-bar, où l'on s'installe autour de tables éclairées le soir à la bou-gie, assis sur d'anciens bancs de prière. On y fait même du feu en hiver.

En été, direction l'agréable *beer garden* entouré de verdure, où les barbecues fument du vendredi au dimanche (brochettes, sardines, cochon de lait...).

🍷 Inn Deep *(zoom II, F4, 52) : 445, Great Western Rd. Tlj 12h-minuit.* Niché dans une salle voûtée ouvrant sur la Kelvin River, l'endroit passerait inaperçu s'il n'était réputé pour sa remarquable sélection de bières artisanales. Certaines sont des raretés et, régulièrement, de petites nouvelles s'invitent à la pompe. La bande sonore (rock, punk) et les dessins rigolos sur les murs s'accordent à la clientèle jeune et désinvolte. Le bonus, ce sont ces tables posées en surplomb de la rivière... prises d'assaut dès que le soleil ose pointer son nez !

🍷 Brel *(zoom II, E4, 83) : Ashton Lane.* *Tlj 11h (12h dim)-minuit.* Si, si, le nom fait bien allusion au grand Jacques, ce qui surprend un peu dans cette ville. L'explication est simple, l'ancien patron en était fan... Et, pour rester dans la note, le bar propose une trentaine de bières belges ! Intérieur fort chaleureux, prolongé d'un très sympathique jardin à l'arrière.

🍷 ✦ Tennents Bar *(zoom II, E4, 84) : 191, Byres Rd. Tlj 7h-11h (1h ven-sam). Le w-e, soirée DJ au sous-sol.* Décoré de vieilles gravures et de boiseries, ce vrai pub populaire, fondé en 1884, est si blindé en fin de semaine que la plupart des clients en sont réduits à siroter leur *real ale* debout. Et, les jours de match, difficile de ne pas être happé par les écrans envahisseurs ! Cuisine de pub honnête à prix sages.

Où écouter un bon concert ? Où danser ?

♪ King Tut's Wah Wah Hut *(zoom I, B1-2, 90) : 272 A, Saint Vincent St. ● kingtuts.co.uk ● Concerts tls les soirs sf lun ; ouverture des portes à 20h-20h30. Entrée : £ 5-20.* Cette incontournable salle de concerts tient la dragée haute à ses concurrents avec l'une des meilleures programmations musicales de Glasgow. Pub sympa à l'entresol pour se mettre en jambes... ou se remettre de ses émotions.

♪ The Tunnel *(zoom I, B2, 91) : 84, Mitchell St. ● tunnelglasgow.co.uk ● Ven-sam dès 23h. Entrée : £ 6-10.* On n'en voit toujours pas le bout ! Les années passent, et les meilleurs DJs drainent toujours autant de monde. Amateurs de house, hip-hop et R'n'B bienvenus, mais gare au *dress code* : pour les mecs, c'est l'hécatombe... Boissons pas chères, en revanche.

♪ ♫ The Garage *(zoom I, A1, 92) : 490, Sauchiehall St. ● garageglasgow. co.uk ● Tlj à partir de 23h (22h30 sam). Entrée : £ 4-6 (hors-concerts) ; gratuit avt 23h30 lun-mer.* Facile à repérer avec son faux camion jaune qui défonce la façade ! Boîte sur 3 niveaux, très populaire parmi les étudiants, peut-être pour les tarifs avantageux dont ils bénéficient. Le week-end, c'est carrément l'hystérie ! Accueille aussi pas mal de concerts.

♪ ♫ The Cathouse Rock Club *(zoom I, B2, 93) : 15, Union St. ● cathouseglasgow.co.uk ● Mer-dim dès 22h30. Entrée : £ 2-6 (gratuite avt 23h).* Une excellente boîte rock, *hardcore*, métal et punk. Des groupes locaux y font régulièrement leurs débuts. Boissons bon marché et atmosphère cool.

Où assister à un spectacle ?

♾ Citizens Theatre *(plan d'ensemble, 100) : 119, Gorbals St ; après Victoria Bridge. ☎ 429-00-22. ● citz. co.uk ● Ⓜ Bridge St. Bus nᵒˢ 5, 6, 7, 75 et 267, arrêt sur Gorbals St. Billetterie lun-sam 10h-18h (21h les j. de spectacle) ou résa en ligne.* L'un des meilleurs théâtres de Grande-Bretagne. Datant du XIXᵉ s, il s'appelait alors *Princess' Theatre.* Toujours d'excellents programmes, et prix permettant à tous d'accéder à la culture (certains coûtent 50 p !). On peut aussi assister aux répétitions à prix réduit.

♾ Tramway *(plan d'ensemble, 101) : 25, Albert Dr, Pollockshields.*

☎ 0845-330-35-01. ● tramway.org ● Station de train (juste à côté) : Pollock-shields East Station. Dépôt de tramway entre 1820 et 1945, puis 1er musée des Transports de la ville quand cette dernière abandonna le tram pour le bus. Devenu trop étroit, il fut menacé de destruction quand le musée déménagea à la fin des années 1980. Une équipe d'enragés transforma alors le lieu en une salle de spectacle. Depuis, la qualité est toujours au programme de cet endroit qui héberge aussi le Scottish Ballet, des expos temporaires d'art visuel et un café (tlj jusqu'à 16h30).

∞ **Theatre Royal** (zoom I, B1, **102**) : Hope St et Cowcaddens Rd. Résas :

☎ 0844-871-76-27. ● atgtickets.com ● Accueil lun-sam 10h-18h, ou résa en ligne. Le temple victorien du grand opéra écossais et lieu de passage obligé des troupes de danse prestigieuses. On peut aussi y voir des comédies musicales ou de la danse sur glace !

∞ **Tron Theatre** (zoom I, C3, **103**) : 63, Trongate. ☎ 552-42-67. ● tron.co.uk ● Entrée dans la ruelle derrière. Accueil lun-sam 10h-18h (19h45 les soirs de spectacle), ou résa en ligne. Il occupe une ancienne église du XVIIe s mais produit des spectacles parmi les plus expérimentaux et innovants d'Écosse. Sur le côté, un café avec terrasse permet de grignoter avant les représentations.

Achats

Glasgow est une destination de choix pour le shopping. Dans le centre, les artères commerçantes autour Buchanan Street (zoom I, B2-C1) sont jalonnées de centres commerciaux clinquants, marques de luxe et chaînes internationales. Pour les boutiques indépendantes, notamment les fringues et objets vintage, mieux vaut aller dans le West End, sur Byres Road (zoom II, E4) et Great Western Road (zoom II, F4), ou encore dans Merchant City, autour de Trongate et King Street (zoom I, C3).

🕸 **The Glasgow Vintage Co** (zoom II, F4, **52**) : 453, Great Western Rd. Lun-sam 11h-18h, dim 12h-17h. C'est là que courront les amateurs de fringues vintage où ils trouveront un très beau choix de chemises, robes de bal, vestes de l'armée, pantalons, pulls shetland, chapeaux, chaussures et on en passe !

À voir

Pour qui aime marcher, la ville n'est pas si étendue qu'on ne l'imagine, et la plupart des sites peuvent se rejoindre à pied. Les poètes urbains y découvriront plein de détails pittoresques et une belle palette d'immeubles de la fin des XVIIIe et XIXe s. Les autres profiteront de l'animation de ses artères piétonnes, avant de se plonger avec délectation dans les trésors de ses merveilleux musées... Pour les découvrir, ainsi que les expos temporaires qui se tiennent en ville, consultez ● glasgowlife.org.uk ● peoplemakeglasgow.fr ●

Petite précision et coup de chapeau : non seulement tous les musées municipaux de Glasgow sont gratuits, mais tous, à l'exception du Provand's Lordship, sont accessibles aux personnes à mobilité réduite.

À l'est de George Square

🎋 **George Square** (zoom I, C2) : gardée par une statue de Walter Scott (qui sert de perchoir et de latrines aux mouettes !), la place est bordée d'imposants immeubles du XIXe s. Parmi eux, la City Chambers de style Renaissance italienne (GRATUIT pour les visites guidées lun-ven à 10h30 et 14h30), dont on peut découvrir librement le rez-de-chaussée (caryatides, mosaïques, etc.).

🏃🏃 **Provand's Lordship** (zoom I, D2) : *3, Castle St. ☎ 552-88-19. Tlj sf lun 10h (11h ven et dim)-17h. GRATUIT. Fiche en français disponible à l'accueil.* Construit en 1471, c'est l'unique bâtiment rescapé du Glasgow médiéval et, par conséquent, la plus ancienne maison de la ville. D'abord résidence du directeur de l'hôpital Saint-Nicolas, elle fut vendue au XVIIe à des familles bourgeoises avant de devenir un pub, puis une galerie commerciale. Caractéristique de son époque, elle renferme une série de pièces recréant l'ameublement et l'atmosphère d'antan. À l'étage, chambre à coucher et superbe salle à manger.
Voir le jardin Saint-Nicolas attenant, de conception médiévale, avec sa fontaine entourée de haies et ses plantes médicinales.

🏃🏃 **Saint Mungo's Cathedral** (zoom I, D1-2) : *Castle St. ♿ Avr-sept : lun-sam 9h30-17h30, dim 13h-17h ; oct-mars : tlj 10 (13h dim)-16h ; fermeture des portes 30 mn avt. GRATUIT.* Reconstruite au XIIIe s sur le site de la première église élevée 700 ans plus tôt par saint Kentigern, alias Mungo, patron de la ville. C'est la seule cathédrale ayant survécu à la Réforme en Écosse (avec celle d'Orkney), protégée par les habitants dès les premières heures des émeutes. À l'intérieur, où l'impression d'unité architecturale domine malgré les différentes phases de construction, l'œil est attiré par le très beau jubé en pierre et le chœur de style gothique paré d'une voûte en chêne. L'étonnant découpage de l'espace donne l'impression de visiter plusieurs cathédrales en une. Tout au fond de la nef, belle sacristie du XVe s. Dans l'église basse (crypte), la tombe de saint Mungo est noyée dans une forêt de piliers et d'arcs brisés.
À côté, la nécropole mérite vraiment de s'y attarder (pas trop longtemps quand même !). Ses monuments funéraires imposants, juchés sur une colline herbeuse, dominent une grande partie de la ville.

🏃🏃🏃 **Saint Mungo Museum of Religious Life and Art** (zoom I, D2, **110**) : *2, Castle St. ☎ 276-16-25. ♿ Tlj sf lun 10h (11h ven et dim)-17h. GRATUIT. Fiche en français disponible à l'accueil.* Ce musée, en sensibilisant le public aux religions majeures du globe (chrétienne, juive, musulmane, hindoue, sikh et bouddhiste) et aux croyances animistes, est formidablement bien conçu. Une petite galerie expose quelques trésors d'art religieux, dont un masque de momie égyptienne datant de 500 av. J.-C., un autel des ancêtres nigérians, une imposante statue en bronze de Shiva Nataraj du XIXe s, et de superbes vitraux. La seconde salle s'intéresse aux différentes formes d'expression de la foi et aux approches propres à chaque religion de la vie, de ses grandes étapes, de la mort ou encore la persécution. Une dernière salle, à l'étage, est consacrée à la place des différentes religions en Écosse et à l'histoire de la cathédrale Saint-Mungo. Puis une section destinée aux enfants, avec toute une série de petits jeux aussi intelligents que rigolos. Dans la cour, le premier jardin zen permanent de Grande-Bretagne, dessiné par un expert japonais.

🏃 **Glasgow Cross** (zoom I, C3) : *à l'intersection de High St et Trongate.* Ancien centre du Glasgow médiéval. Tour carrée, vestige du *Tolbooth* (mairie-prison) datant de 1626. La petite *Mercat Cross,* en face, est une réplique récente de celle du XVIIe s.

🏃 **Trongate 103** (zoom I, C3) : *103, Trongate. ☎ 276-83-80. ● trongate103.com ● Tlj sf lun 10h (12h dim)-17h. GRATUIT.* Dans un ancien entrepôt (tellement restauré qu'on a du mal à imaginer l'ancienne bâtisse), plusieurs galeries d'art visuel, de photos notamment, proposant des expos temporaires. Parmi celles-ci :
– *Sharmanka Kinetic Theatre :* ☎ 552-70-80. ● sharmanka.com ● *Représentations mer-dim à 15h, plus jeu et dim à 19h. Entrée : £ 6-8 ; réduc. Durée : 45 ou 70 mn. Résa conseillée.* Il abrite les incroyables sculptures mécaniques d'Eduard Bersudsky, façonnées avec de vieux morceaux de bois et de métal, qui s'animent en musique et en lumière. Étrange et fascinant.

🏃🏃 Barras Market *(zoom I, D3)* : *entre Gallowgate et London Rd. Chaque w-e 10h-17h.* Il s'agit de l'un des plus pittoresques marchés aux puces d'Europe. De vieux bâtiments victoriens regorgent de trésors et des centaines de boutiques vendent vraiment de tout : de la collection de *Dinky Toys* aux bibelots les plus divers en passant par les frusques les plus folles. Nombreux bars, petits restos et salons de thé pour récupérer.

🏃 Glasgow Green *(zoom I, C-D3)* : *le long de la Clyde, au sud de Barras.*
Plus qu'un simple parc, c'est tout un symbole. Très cher au cœur des Glaswegians, il concentre toute l'histoire de la ville et fourmille d'anecdotes. Pour tous, il est *property of the people*. Beaucoup d'historiens le considèrent comme l'un des sites historiques les plus importants d'Écosse. Jugez-en ! D'abord, il existe depuis 800 ans. On ne sait pas exactement quand le Green devint propriété du peuple, mais, déjà en 1450, l'évêque de Glasgow accorda droit de pacage dessus. Des vaches y pâturèrent jusqu'en 1870, puis des moutons.
Le Green vit ensuite naître la révolution industrielle : James Watt, y méditant un dimanche de 1765, découvrit ici les applications possibles de la compressibilité de la vapeur. En 1746, Bonnie Prince Charlie y passa ses troupes en revue avant la célèbre bataille de Culloden. À l'ouest du parc, devant le palais de justice, il y eut 71 exécutions publiques de 1814 à 1865. Toutes les grandes batailles sociales et manifestations ouvrières s'y déroulèrent : le *one man, one vote,* puis le droit de vote pour les femmes, les manifs pour les chantiers de la Clyde en 1971, la grande grève des mineurs en 1984. Comme les *Speakers' Corner* de Londres, le Green fut longtemps une tribune permanente où les *orange men* pourfendaient le pape, les athées et les évêques, les syndicalistes, les patrons, les ligues de tempérance, l'alcool, etc. Cela dura jusqu'à la Seconde Guerre mondiale, la radio se substituant au Green par la suite comme lieu de débat. Nombre de leaders syndicalistes, politiciens et membres du Parlement firent cependant leur éducation politique ici. On disait d'eux qu'ils étaient diplômés de la « Glasgow Green University ».
Et puis il faudrait parler des grandes batailles écologiques. Toute la population se mobilisa en 1847 pour empêcher le train de passer au milieu du Green, puis, à plusieurs reprises tout au long du XIXe s, contre l'ouverture de mines de charbon ! La dernière bataille eut lieu en 1981, quand les autorités projetèrent d'y tracer une autoroute urbaine. La décision fut reportée. Nos lecteurs sportifs doivent aussi savoir que les *Glasgow Rangers* (en 1873) et le *Celtic* (en 1888) virent le jour sur le Green. Bref, l'histoire de ce jardin est bien plus intéressante que sa visite ne le laisse supposer !

🏃🏃 🏃 People's Palace *(plan d'ensemble)* : *Glasgow Green.* ☎ 276-07-88. ✆ *Bus nos 16, 18 ou 263. Tlj sf lun 10h (11h ven et dim)-17h. GRATUIT.*
Le palais du Peuple, bâtiment de style Renaissance française qui n'a de palais que le nom, fut construit en 1898 pour offrir aux habitants des quartiers défavorisés de l'East End un centre culturel ainsi qu'un lieu de mémoire. Il est devenu naturellement le musée de l'Histoire de Glasgow et de ses habitants. Rares sont les musées reflétant autant l'attachement d'une population pour son histoire.
Les petites sections, bien documentées, passent en revue la vie sociale, les relations commerciales, les conditions de logement, les métiers et corporations à travers les siècles. Toutes sortes de souvenirs rappellent les

AMENDES À MÈRES

Vers 1900, pour empêcher les problèmes de surpopulation chronique, les propriétaires apposèrent des plaques en fer (tickets) *sur les appartements, indiquant le volume en mètres cubes et le nombre de personnes autorisées à y vivre ! Des inspecteurs passaient, la nuit, pour vérifier (au-delà de 30 % de surpeuplement, le locataire récoltait une amende). En 1914, 22 000 immeubles étaient hors norme.*

bons et les mauvais moments : maillots de bain des premières vacances *doon the watter* (en aval de la Clyde), belle collection de matraques des années 1900, abri antiaérien de 1940, charrette pour raccompagner les poivrots chez eux, affiches de suffragettes, bannières des syndicats... Le syndicalisme écossais fut d'ailleurs l'un des plus combatifs d'Europe. On voit aussi le bureau de John MacLean, le plus grand leader socialiste du début du XXᵉ s, abonné aux maisons d'arrêt et mort à 44 ans à cause des mauvaises conditions d'emprisonnement. Pour finir, témoignages divers sur la vie artistique, sportive et religieuse de Glasgow.

☛ Salon de thé installé dans un élégant jardin d'hiver.

🍴 Parmi les autres curiosités du Green figure l'***usine de tapis Templeton,*** cet extraordinaire édifice en brique polychrome qui ressemble à un palais vénitien à côté du *People's Palace.* Il fut construit en bordure du Green en 1892. La municipalité exigea que, du fait de cette proximité, l'architecture de l'usine fût esthétique. James Templeton, le patron, demanda à l'architecte quel était, selon lui, le plus beau monument du monde. Il répondit « le palais des Doges » à Venise. Templeton lui suggéra donc de le prendre comme modèle pour réaliser son usine. Et si l'architecte avait répondu le Taj Mahal ?

La production des tapis cessa en 1979. Aujourd'hui, le bâtiment est reconverti en centre d'affaires, avec une brasserie pour l'épauler. Une nouvelle vie...

Autour de Central Station

🍴 ***Le Glasgow victorien et commerçant :*** quelques bâtiments et lieux significatifs, comme le *Royal Exchange Square (zoom I, C2),* de style néoclassique, entre Queen Street et Buchanan Street, l'une des principales artères commerçantes de Glasgow.

Voir aussi, sur Buchanan Street, le *Stock Exchange (zoom I, B-C2),* à l'architecture néogothico-vénitienne, construit en 1875, témoin de la florissante époque du commerce colonial.

🍴 ***The Gallery of Modern Art*** *(zoom I, C2, **111**) :* Queen St. ☎ 287-30-62. ♿ *Dans le* Royal Exchange. *Tlj 10h (11h ven et dim)-17h (20h jeu). GRATUIT.* La galerie s'étend sur quatre niveaux consacrés à des artistes contemporains du monde entier. Expos temporaires exclusivement : peinture, photo, sculpture, vidéo, collages... Les œuvres sont exposées autour d'un élégant atrium surmonté d'une verrière et dans le grand hall du rez-de-chaussée.

🍴 ***Princes Square*** *(zoom I, C2) :* 48, Buchanan St. Là, on a hésité entre les rubriques « À voir » et « Achats ». En fait, c'est selon l'état de vos finances ! Jugez plutôt : une magnifique bâtisse du XIXᵉ s, superbement transformée en centre commercial de luxe, style Art déco. Boutiques très chic, très mode et très chères.

🍴🍴 ***Willow Tearoom*** *(zoom I, B-C2, **113**) :* 97, Buchanan St. ☎ 332-05-21. ● wil lowtearooms.co.uk ● *Tlj 9h (11h dim)-17h. Dernière admission à 16h30.* Ce *Willow Tearoom* a été entièrement recréé. On y découvre la salle à manger blanche et la pièce chinoise conçues par Mackintosh. L'original, au 217, Sauchiehall St *(zoom I, B1),* est fermé jusqu'en 2018.

🍴🍴 ***The Lighthouse*** *(zoom I, B2, **112**) :* 11, Mitchell Lane. ☎ 276-53-65. ● the lighthouse.co.uk ● ♿ *Tlj 10h30 (12h dim)-17h. GRATUIT.* Ce n'est que justice, le centre de design et d'architecture de Glasgow occupe les 7 niveaux d'un bâtiment dessiné par Charles Rennie Mackintosh. L'ajout d'une belle façade de verre, loin d'avoir défiguré l'ancien siège du journal *The Herald,* constitue un heureux mariage d'ancien et de moderne. La petite rétrospective Mackintosh (3ᵉ étage), seule expo permanente des lieux, laisse un peu sur sa faim, avec sa présentation peu lisible et, finalement, très peu d'œuvres. On y voit cependant une intéressante série de projets (sous forme de maquettes) imaginés par l'artiste... qui ont tous, hélas, été refusés ! Les autres étages abritent des expos temporaires. Tout en haut de la tour (ascenseur), superbe vue sur la ville.

🍴 Agréable café, le *Doocot,* au 5ᵉ étage.

🎯 ***Museum of Piping*** (zoom I, B1) : *30-34, McPhater St.* ☎ *353-02-20.* ● *thepipingcentre.co.uk* ● *Lun-sam 9h-19h (17h ven et 15h sam). Entrée : £ 4,50 ; réduc.* Il en fallait un ! Ce petit centre culturel niché dans une église a pour vocation de promouvoir la cornemuse. Exposition (sur fond sonore que vous imaginez !) évoquant l'histoire de l'instrument national écossais depuis 300 ans, avec une collection empruntée au *National Museum of Scotland,* parmi laquelle on remarque quelques cousins bretons et même un italien. On peut aussi voir le drôle de pipeau du poète Robert Burns taillé dans un os ! Propose également des cours et accueille des *piping Recitals* (Piper en solo) pendant le festival d'été (en août), parfois même des *ceilidhs* (danses écossaises) dans le resto-bar attenant. Boutique avec cornemuses, CD...

Autour de Charing Cross Station

Rejoindre ensuite ***Sauchiehall Street*** (zoom I, B1), l'une des rues les plus animées de Glasgow. Elle est piétonne jusqu'à Rose Street vers l'ouest. Quantité de magasins et cafés, plus quelques beaux exemples d'Art nouveau.

🎯 ***Centre for Contemporary Arts*** (zoom I, B1) : *350, Sauchiehall St.* ☎ *352-49-00.* ● *cca-glasgow.com* ● ♿ *Expos ouv mar-sam 10h-18h ; café tlj 10h (12h dim)-minuit (1h ven-sam). GRATUIT.* Un vaste complexe très réussi offrant à la fois des espaces pour des expos éclectiques d'artistes internationaux, des projections, des concerts, mais aussi un bar où se produisent des DJs *(ven-sam)* et un resto. Les expos tournent toutes les 6 semaines, avec 2 semaines sans rien entre deux.

🎯🎯 ***Glasgow School of Art*** (zoom I, B1) : *11, Dalhousie St (entrée pour les visites).* ☎ *353-45-26.* ● *gsa.ac.uk* ● Ⓜ *Cowcaddens.* Suite à l'incendie qui a dévasté la bibliothèque en 2014, ***les visites sont interrompues.*** En attendant la réouverture prévue en 2018, on peut se rabattre sur l'aile moderne, juste en face, qui abrite des expos temporaires, ou entreprendre une visite guidée des principales réalisations de Mackintosh avec ***GSA Tours*** *(circuits de 1h à 2h15 ; compter £ 10-20). Rens et billets à la boutique (tlj 10h-16h30).*

🎯🎯 ***Tenement House Museum*** (NTS ; zoom I, A1) : *145, Buccleuch St, Garnethill.* ☎ *0844-493-21-97.* Ⓜ *Cowcaddens. Mars-oct, tlj 11h (13h dim)-17h (dernière admission à 16h30). Entrée : £ 6,50 ; réduc.* Pour faire face à la terrible crise du logement qui frappait Glasgow à la fin du XIXᵉ s, corollaire du formidable essor industriel de la région, les autorités encouragèrent la construction d'appartements souvent modestes, les *Tenement Houses.* Avec ses deux pièces et sa cuisine séparée, celui de Buccleuch St fait figure de privilégié en comparaison des *single-ends* (pièce unique) où certaines familles s'entassaient. Le *National Trust* a choisi de conserver en l'état cet appartement « témoin » habité, de 1911 à 1965, par Miss Toward, une sténodactylo, vieille fille et un peu maniaque, qui gardait tout... Ça tombe bien ! Rien n'a bougé, des ustensiles de cuisine aux boîtes de médicaments, en passant par le lit remisé dans une armoire et les pots de confiture. Le plus ancien date de 1929 ! L'éclairage fonctionne au gaz, d'où l'odeur dans l'appartement.

Dans West End, le quartier de l'université

Accessible en 20-30 mn à pied depuis le centre-ville en continuant sur Sauchiehall Street, après Charing Cross. Au passage, noter le bel alignement en courbe des demeures victoriennes sur Royal Crescent *(zoom II, F5).*

Kelvingrove Park *(zoom II, E-F5)* : *bus nos 2, 3, 7, 19 et 747.* Parc très agréable, avec des arbres et des fontaines partout. Lieu de pique-nique favori des familles le week-end.

L'université *(zoom II, F5)* : *University Ave, Gilmorehill.* ☎ *330-53-60.* ● *src. glasgow.ac.uk/tours* ● Ⓜ *Hillhead. Bus nos 4, 4A et 15 à prendre diection Central Station.* ♿ *Visitor Centre ouv lun-sam 9h30-17h. Visites guidées jeu, ven et w-e ap-m. Tarif : £ 10 ; réduc.* Le grandiose édifice, de style gothique écossais, date de 1870, mais l'université fut fondée en 1451 par l'évêque William Turnbull. Elle compta parmi les éminents professeurs l'économiste Adam Smith et James Watt, le père de la révolution industrielle. Ne manquez pas les cours intérieures avec leurs forêts d'arcades. Ça donnerait presque envie d'étudier !

Hunterian Museum *(zoom II, F5)* : *dans le bâtiment principal de l'univer-sité.* ☎ *330-42-21.* ● *hunterian.gla.ac.uk* ● Ⓜ *Hillhead.* ♿ *Mar-sam 10h-17h, dim 11h-16h. GRATUIT.* Le plus vieux musée de Glasgow a constitué au fil des géné-rations un fonds de plus de 1 million d'objets ! Beaucoup de ses anciens étudiants devenus riches et/ou célèbres lui ont fait don de leurs collections, à commencer par l'anatomiste William Hunter, qui ouvrit le meilleur musée privé de Londres au XVIIIe s. Le résultat ? Une exposition aux thèmes assez disparates, façon cabinet de curiosités : animaux difformes conservés dans le formol, fragments archéo-logiques romains, armes et outils primitifs du monde entier, précieux fossiles, squelette de plésiosaure (cousin de Nessie...), œufs de dinosaures, momie égyp-tienne... À l'étage de la principale galerie, instruments de mesure ou de chirurgie, appareils scientifiques et autres innovations technologiques réalisées à Glasgow au XIXe s, notamment celles de Lord Kelvin. Ne manquez pas la splendide carte du monde de Ferdinand Verbiest, de 1674, réalisée pour l'empereur chinois (en chinois, donc !).

Hunterian Art Gallery *(zoom II, F5)* : *entrée au 82, Hillhead St, rue qui part de University Ave.* ☎ *330-42-21.* ● *hunterian.gla.ac.uk* ● ♿ *Mar-sam 10h-17h, dim 11h-16h. GRATUIT.*
Les collections comptent une belle section d'estampes et de gravures des XVIe et XVIIe s, en particulier du Parmesan (on ne vous parle pas de fromage mais du contemporain de Michel-Ange !). Suivent quelques toiles de grands maîtres, dont *La Mise au tombeau* de Rembrandt, un minuscule dessin à l'encre de Rubens et un superbe portrait de vieil homme de sa main, un Canaletto, ainsi qu'une très impor-tante sélection d'œuvres de James Abbott McNeill Whistler, un intéressant peintre américain du XIXe s, Parisien d'adoption, lié aux impressionnistes.
– Les fervents d'Art nouveau et d'Art déco iront aussi faire un tour à la **Mackintosh House,** dans le même édifice : superbe reconstitution de l'appartement du célèbre architecte-designer glaswegian. On y retrouve la plupart des meubles qu'il a créés. *GRATUIT ; visite guidée slt (rens à l'accueil).*

Botanic Gardens *(zoom II, E-F4)* : *Great Western Rd.* ☎ *334-24-22.* Ⓜ *Hill-head. Bus nos 6 et 6A au coin de Hope et George St. Jardins ouv tlj de 7h au coucher du soleil. Serres accessibles 10h-18h (16h15 en hiver). GRATUIT.* Fondés en 1817, les jardins s'étendent sur près de 20 ha, de part et d'autre de la rivière Kelvin. N'y manquez pas le *Kibble Palace* (1872), une splendide serre victorienne arrondie. Belle *Palm House* également, collection d'orchidées, carnivores, cac-tées, etc. Une halte rafraîchissante que l'on peut prolonger à la terrasse d'un joli *tearoom (mêmes horaires).*

Kelvingrove Art Gallery and Museum *(zoom II, E5)* : *dans le parc de Kelvingrove, sur Argyle St.* ☎ *276-95-99.* Ⓜ *Kelvin Hall. Bus nos 4 et 4A au coin de Hope et Gordon St.* ♿ *Tlj 10h (11h ven et dim)-17h. Fermé Noël et Boxing Day, 1er et 2 janv. GRATUIT.*
La première attraction d'Écosse et, sans conteste, l'édifice préféré des Glaswe-gians ! Et pour cause, c'est tout sauf un musée classique ou élitiste, et la diversité

des œuvres présentées est vraiment étonnante. Dans un premier temps, l'ensemble déroute un peu, donnant l'impression de feuilleter une encyclopédie au hasard. Puis on comprend que dans chaque section, la ville reste le fil conducteur et que les légendes offrent un regard différent et permettent de faire le lien avec le reste de l'exposition. Ce drôle de musée, donc, présente ses collections par thème, sans unité de temps ni de valeur. Au rez-de-chaussée, par exemple, la section égyptienne se cache au milieu d'une vaste expo sur le milieu naturel et la faune (empaillée), tandis que, dans l'aile est, les masques africains voisinent avec les marbres néoclassiques, la peinture écossaise et le design du XVIIIᵉ s à nos jours. Entre autres choses, superbe section consacrée à Mackintosh et l'Art nouveau, avec de très belles pièces de mobilier et d'ornementation.

À l'étage, on retiendra la fantastique section consacrée aux « conflits » en tout genre, où voisinent armes et armures incroyables (dont de très belles du Japon), de rares objets du Bénin et du détroit de Torres, ainsi que la partie dédiée aux *First People* d'Écosse. Voir aussi l'épée du Kiribati (archipel de l'océan Pacifique), plutôt inhabituel. Très intéressantes également, les sections de peinture française, italienne, espagnole et flamande.

> ### LE CHRIST DE DALÍ
>
> *Cette œuvre est unique. Le Christ est vu de haut, Dalí ayant voulu saisir le regard de Dieu qui observe son fils Jésus mourant pour le salut des hommes. On ne voit pas le visage du Christ (mais qui connaît son vrai visage ?). Pour ce tableau, il utilisa un cascadeur de Hollywood qu'il suspendit des heures à un portique... D'où un Christ tout en muscle et non pas malingre.*

On retrouve de grands impressionnistes, pointillistes et fauvistes – même s'il y a peu d'œuvres majeures. C'est tout de même l'occasion d'admirer, entre autres, le célèbre *Christ de saint Jean de la Croix* de Dalí, chef-d'œuvre de perspective, ou encore *L'Homme en armure* de Rembrandt. Bref, un musée riche et foisonnant, où les enfants prennent autant de plaisir que les adultes !

– Chaque dimanche à 15h, *récital d'orgue* donné gratuitement dans le hall central, avec parfois des organistes de renom.

Au sud de la ville – Southside

🏃 **Scotland Street School Museum** *(plan d'ensemble)* **:** 225, Scotland St. ☎ 287-05-00. Ⓜ Shields Rd. Tlj sf lun 10h (11h ven et dim)-17h. GRATUIT.
La réalisation de cette école fut confiée à l'architecte Charles Rennie Mackintosh qui, à l'époque déjà, n'était plus un inconnu. Ouverte en 1906, l'école ferma ses portes en 1979, suite à la transformation du quartier (construction des autoroutes qui cernent la ville, crise de la construction navale et autres industries vidant peu à peu le quartier de ses habitants, etc.). Conçue pour accueillir 1 250 élèves, elle n'en comptait plus que 89 à la fin. Le hall à lui seul pose l'endroit, et le plaisir se poursuit aux étages. Le 1ᵉʳ retrace l'histoire de la construction de l'édifice, en resituant celui-ci dans l'œuvre de Mackintosh. On apprend ainsi que l'architecte dut composer avec ses propres désirs (notamment « ses » immenses fenêtres s'étendant sur plusieurs étages) et ceux de ses commanditaires. Il fut ainsi obligé de renoncer à l'intérieur en carreaux de faïence colorés dont il rêvait pour un ensemble plus neutre et formel. Au 2ᵉ étage, salle de classe d'époque et petite expo sur ce qu'était l'école en Écosse au début du XXᵉ s.
Pendant ce temps, Junior pourra jouer à la marelle dans le couloir, se rendre dans les anciens vestiaires où il est invité à revêtir l'une des tenues d'écolier de l'époque, ou encore jouer à la dînette dans la superbe *cookery room*, où les petites filles apprenaient à cuisiner. Ce n'est peut-être pas le travail le plus impressionnant de Mackintosh, mais c'est celui où l'on sent le mieux son souci de marier design et fonctionnalité.

🗣🗣🗣 **The Burrell Collection** (plan d'ensemble) : 2060, Pollokshaws Rd. ☎ 287-25-50. ● glasgowlife.org.uk/museums ● Dans le plus grand parc de Glasgow, Pollock Country Park. En train depuis Central Station, arrêt à Pollokshaws West, continuer à pied (station et arrêts de bus à 800 m du musée). Bus n°s 34 et 57. Tlj 10h (11h ven et dim)-17h. GRATUIT. Parking payant (pas cher). Au cœur d'un superbe parc, dans une bâtisse moderne tout en aluminium, verre et grès rouge, conçue spécialement pour l'occasion (mais qui ne vieillit pas très bien), on peut admirer la prestigieuse collection de peinture, meubles et objets d'art de sir William et lady Burrell, dans une présentation claire et aérée, même si elle manque parfois de cohérence. Patron d'une compagnie maritime prospère, sir William (1861-1958) passa sa très longue vie à collectionner les plus beaux objets (près de 8 000) dans tous les domaines artistiques, avant de les léguer à la Ville en 1944. Il y en a pour tous les goûts, avec un accent sur les périodes médiévale et Renaissance. Antiquités égyptiennes et grecques, meubles gothiques, armes et armures, vitraux (y compris ceux d'une église de Rouen qui n'existe plus), éléments d'architecture romane et gothique souvent incorporés au bâtiment (portail d'église, fenêtres...), splendides tapisseries, objets rares d'Extrême-Orient, peintures et gravures superbes : primitifs religieux, Lucas Cranach l'Ancien, Géricault, Rembrandt, Dürer, Sisley, Cézanne, Courbet, Manet et une importante série de danseuses de Degas. Nombreuses sculptures de Rodin, contemporain de Burrell. Plus inattendu, le vestibule, la salle de réception et la salle à manger de Hutton Castle – la demeure de sir William Burrell – ont été reconstitués à sa demande... Peut-être pour ne pas défaire le lien quasi charnel qui l'unissait à sa collection ?

🗣🗣 **Pollok House** (NTS ; plan d'ensemble) : à 10 mn à pied de la Burrell Collection. ☎ 0844-493-22-02. Tlj 10h-17h. Dernière entrée 30 mn avt. Entrée : £ 6,50 ; réduc. Brochure en français dispo à l'accueil.
Ce très beau manoir du XVIIIe s, de style palladien, fut légué à la Ville, avec son immense et superbe parc de 146 ha, par Mrs Maxwell en 1966. Le dernier étage est encore réservé à ses descendants qui y... descendent de temps en temps. Grâce à ce don, la Ville hérita de la riche collection de Mr Maxwell et trouva enfin un site adéquat pour construire le musée destiné à accueillir la collection Burrell (voir ci-avant). La collection ne contient cependant plus que la moitié des trésors jadis accumulés par sir William Stirling Maxwell. En effet, à sa mort en 1878, ils furent répartis entre ses deux fils... et le cadet flamba tout au jeu !
Sur deux étages, la Pollok House regroupe un bel ameublement des XVIIIe et XIXe s, de superbes collections de porcelaines, ainsi qu'une remarquable sélection d'œuvres majeures de grands maîtres espagnols : Murillo, El Cano et surtout le Greco pour sa Femme à la fourrure, etc.
🍽 🚬 Salon de thé et restaurant dans la cuisine de style édouardien, aux superbes vieux fourneaux.
– Également de beaux jardins où coule une rivière enjambée par un superbe pont.

🗣🗣 **House for an Art Lover** (plan d'ensemble) : 10, Dumbreck Rd, Bellahouston Park. ☎ 353-47-70. ● houseforanartlover.co.uk ● Ⓜ Ibrox ; train jusqu'à Dumbreck ; bus n° 9 depuis Buchanan Station. Tlj 10h-16h (12h30 ven-dim). Entrée : £ 4,50 ; réduc. Audioguide en français inclus. Attention ! Le lieu est souvent fermé pour des événements privés.
À la fin des années 1980, un architecte de Glasgow se lance dans un projet fou : bâtir la « maison pour un amoureux des arts » conçue par Mackintosh en 1901 – toujours restée au stade des plans. Malgré bien des difficultés, elle est finalement inaugurée en 1996 dans le joli cadre du parc de Bellahouston. On découvre donc cette demeure comme Mackintosh l'a conçue, dans le cadre d'un grand concours lancé par un magazine allemand. Son projet étant parvenu hors délai, il ne fut pas sélectionné, mais reçut néanmoins un prix spécial pour son audace. Il est vrai que les lignes de la maison, d'apparence encore très moderne aujourd'hui, tranchent radicalement avec les années 1900.

On visite le hall principal, la salle à manger, la superbe salle ovale et le salon de musique, où les lignes droites et allongées propres à Mackintosh rencontrent les courbes et les ornements typiques de l'Art nouveau. Expo consacrée à Mackintosh et à sa compagne Margaret Macdonald, décoratrice de son état, qui participa largement à l'élaboration du projet... et à bien d'autres d'ailleurs !

🍴 🍺 Si la faim vous titille, poussez la porte de l'excellent **Art Lovers' Café,** au rez-de-jardin (voir « Où manger ? Au sud de la ville »).

🚶 🚶 *Scottish Football Museum* (plan d'ensemble) : *Hampden Park.* ☎ 616-61-39. ● *scottishfootballmuseum.org.uk* ● *Du centre, bus n°⁵ 5, 7, et 75. Tlj 10h (11h dim)-17h (dernière admission à 16h15). Fermé les j. de match. Visites guidées du stade 4 fois/j. 11h-15h. Entrée : £ 8 ; réduc. Visite guidée du stade £ 8 ou billet combiné £ 12.*

Le célèbre stade de Hampden Park abrite un vaste musée très bien conçu, rappelant, si besoin est, la passion des Écossais pour le football, l'histoire du jeu depuis ses origines et la grande épopée des clubs du royaume. Reconstitution des anciens vestiaires et des tribunes de presse, vitrines d'objets ayant appartenu à de célèbres joueurs écossais (soulier d'or d'Ally MacCoist...) et de trophées (notamment la plus vieille coupe encore existante dans le monde).

Pour ceux qui ont choisi le tour guidé, visite des vestiaires, de la salle d'échauffement (où l'on peut tirer au but et... mesurer la vitesse du ballon !), avant d'accéder au stade sous des bruits pré-enregistrés de supporters. On est alors face aux tribunes (52 000 places officielles, mais en 1937, lors du match Angleterre-Écosse, il y eut pas moins de 149 000 spectateurs debout !), où l'on vous proposera de soulever une coupe... en carton-pâte.

🚶 *The Gorbals* (plan d'ensemble) : *juste de l'autre côté du Glasgow Green.*

Il y a encore quelques décennies, c'était le quartier populaire et ouvrier par excellence, symbole de la dure condition de prolétaire à Glasgow. Il tient son nom de Gorbals Street, qui le traverse. Logements insalubres, surpopulation, délinquance... au seul

AU DOIGT ET À L'ŒIL

Dès l'origine, le quartier des Gorbals a mal débuté. Son nom découle de gory bells, ces cloches que les lépreux devaient jadis secouer pour annoncer leur passage. On les avait parqués ici, de l'autre côté de la rivière, loin des regards des bonnes gens de la ville.

mot de « Gorbals », les bourgeois tremblaient. Le quartier a produit Benny Lynch, un grand boxeur qui fut champion du monde, plus de prestigieux footballeurs que n'importe quelle ville britannique et, plus étonnant, un Premier ministre. Les maisons n'étaient pas moches en soi, bien des rues comportaient de solides demeures de granit ou de grès rouge, que les classes supérieures avaient abandonnées sous la pression des pauvres. Le photographe Oscar Marzaroli, dans son album *Glasgow's People 1956-1988* (Mainstream Publishing, 1993), a réuni de remarquables photos des rues de Gorbals et de leurs habitants. On en a même fait des statues !

Dans les années 1960, les autorités rayèrent le quartier de la carte, pressées de débarrasser la ville de l'une de ses verrues les plus voyantes, sans chercher à sauver ce qui aurait pu l'être. Dans la foulée, on liquida des églises bien saines, comme Saint John's, qui avait été dessinée par Pugin, l'architecte du Parlement de Londres. On a jeté l'eau du bain, le bébé et la baignoire avec ! Comme témoins de cette époque, il ne reste que le *Citizens Theatre* sur Gorbals Street et un *tenement* en sursis, au n° 162-168, presque en face, au carrefour avec Bedford Lane. Ironie de l'histoire, certaines HLM récentes sont déjà en ruine et abandonnées. Nos lecteurs poètes nécrophiles pourront faire une promenade jusqu'au vieux cimetière **(*Southern Necropolis ; plan d'ensemble),* en bordure de Caledonia Road, à 1,3 km au sud-est. Beaucoup de tombes sculptées pittoresques dans un joyeux et romantique désordre. On y trouve celle de sir Thomas Lipton, l'inventeur du *teabag,* mort en 1931 (c'est une colonne carrée surmontée d'une urne, dans le 2e enclos, au fond à gauche, près du mur, côté Braehead Street).

À l'ouest de la ville – Clydeside

Les bords de la Clyde, réhabilités après la fermeture des chantiers navals, symbolisent l'incroyable audace du renouveau architectural de Glasgow. On y trouve désormais des monuments aussi contemporains qu'ambitieux, tels que le **Riverside Museum,** le **Clyde Auditorium** (signé de Norman Foster, une salle de 3 000 places surnommée « le tatou »), **The SSE Hydro** (un palais des sports de 12 000 places également conçu par Foster) et le **Glasgow Science Centre.** Un ensemble futuriste assez extravagant dont les parois, généralement recouvertes de titane, jouent avec les reflets du fleuve et du ciel. D'autres bâtiments complètent le site, comme celui de la **BBC Scotland,** tout en verre. Les rives sont reliées par le **Clyde Arc,** inauguré en 2006, l'un des premiers ouvrages de Glasgow que l'on aperçoit en arrivant du sud par la M 8.

> 🏃🏃🏃 🏃 *Riverside Museum (plan d'ensemble) : 100, Pointhouse Pl, au point de rencontre de la Clyde River et de la Kelvin River.* ☎ *287-27-20.* Ⓜ *Partick, puis 10 mn à pied par un sentier piéton. Bus nos 1 et 1A.* ♿ *Tlj 10h (11h ven et dim)-17h. GRATUIT (donation bienvenue).* En 2011, l'architecte Zaha Hadid livre à Glasgow un magnifique ouvrage ultra-contemporain pour accueillir le musée des Transports, mélangeant lignes anguleuses comme un pliage et courbes douces comme un ruban. La façade, en bord de Clyde, évoque un électrocardiogramme. Une structure et un contenu tellement réussis et surprenant que ce lieu reçut en 2013 le prix du meilleur musée européen, rien que ça ! À l'intérieur, c'est toute l'histoire du glorieux passé de Glasgow dans la construction navale et l'histoire de ses transports qui sont mis en scène dans de vastes espaces d'une créativité réjouissante ! Tel ce spectaculaire vélodrome aérien, ou encore la reconstitution de Kelvin Street telle qu'elle était au début du XXe s, avec toutes ses échoppes. Puis un festival de machines toutes plus épatantes les unes que les autres : locomotives à vapeur rutilantes, wagon de luxe du roi George VI, tramways à impériale ou hippomobiles, rame de métro de 1898, avion primitif *(The Bat)* qui tua son inventeur, voitures de rêve, mur de motos, corbillards, anciens camions de pompiers, vélo en bois de 1846 (qui serait le plus vieux au monde) et même des landaus ou des fauteuils roulants... Sans oublier les maquettes de navires qui défilent dans une vitrine.
> Mais le musée ne se résume pas à une histoire de moteurs, ce sont aussi des bouts de vie, des témoignages et anecdotes qui sont racontés ici, de façon vivante et ludique, intelligemment replacés dans leur contexte (vêtements d'époque et mobilier à l'appui). De quoi y passer des heures sans s'ennuyer une seconde !

> 🏃🏃 🏃 **Glasgow Science Centre** *(plan d'ensemble) : 50, Pacific Quay.* ☎ *420-50-00.* ● *glasgowsciencecentre.org* ● Ⓜ *Cessnock, puis 10 mn à pied.* ♿ *En été, tlj 10h-17h. Mer-dim le reste de l'année. Entrée : £ 10,50 ; réduc. Planétarium et projection Imax £ 2,50 en sus. Glasgow Tower (slt l'été, tlj 11h-17h) : £ 3,50 en sus ou £ 6,50 seule.* Encore un monument qui nous en met plein les mirettes, avec sa robe en titane ! Sur trois vastes étages, des expos, installations, ateliers et spectacles racontent les sciences et le fonctionnement du corps humain. On y trouve aussi l'un des plus grands planétariums et la plus haute tour rotative au monde (127 m), rien de moins ! Un musée très bien pensé, interactif et ludique, plutôt à l'intention des enfants. Seul bémol : ceux qui ne parlent pas la langue de Shakespeare se retrouvent vite exclus, puisque tout est en anglais...

🏃 🚶‍♀️ *The Tall Ship* (plan d'ensemble) : *Glasgow Harbour, devant le River-side Museum.* ☎ *357-36-99.* ● *thetallship.com* ● Ⓜ *Partick, puis 10 mn à pied par un sentier piéton (parfaitement fléché).* ♿ *Fév-oct : tlj 10h-17h ; nov-janv : tlj 10h-16h. Dernière admission 30 mn avt fermeture. GRATUIT (mais audioguide payant).* Pour les nostalgiques des grands voiliers, le *Glenlee* est l'un des seuls trois-mâts construits par les chantiers de la Clyde à avoir survécu. Il est transformé en bateau-école en Espagne jusqu'en 1981, puis abandonné avant d'être retrouvé et rapatrié dans sa ville natale en 1992. Aujourd'hui restauré, le navire se visite du pont à la cale, en passant par les cuisines, les cambuses et les quartiers de l'équipage et du capitaine. Ne pas rater non plus le vieux film projeté dans la cale, qui montre le quotidien à bord : sympa par gros temps ! Très intéressant, et, là encore, les enfants adorent.

🏃 *The Waverley* (plan d'ensemble) : *départs du Glasgow Science Centre.* ☎ *0845-130-46-47.* ● *waverleyexcursions.co.uk* ● *Fin juin-fin août slt, j. de croi-sière affichés sur le site. Prix selon parcours (dès £ 15) ; réduc.* Il s'agit d'un bateau à aubes, le dernier (dans le monde) à voguer en mer. Propose différentes croisières sur la Clyde.

Manifestations

– *Celtic Connections Festival :* *en janv.* ☎ *353-80-00.* ● *celticconnections.com* ● Pendant 2 semaines, des musiciens célèbrent la culture celte au Glasgow Royal Concert Hall et dans différents théâtres, pubs, salles de spectacles et espaces publics.

– *West End Festival :* *en juin.* ☎ *341-08-44.* ● *westendfestival.co.uk* ● 3 semaines de concerts en plein air, du théâtre et d'autres animations, telle la parade de l'été. Ambiance garantie.

– *Glasgow International Jazz Festival :* *fin juin ou début juil.* ☎ *552-35-52.* ● *jazzfest.co.uk* ● *Billets : quelques concerts gratuits, la majorité £ 12-25.* Étape obligée du circuit des grands festivals européens de jazz.

– *Merchant City Festival :* *10 j. fin juil.* ● *merchantcityfestival.com* ● Un peu partout dans Glasgow, spectacles de danse, musique, théâtre, et nombreuses manifestations autour de l'art contemporain, la mode, la littérature, le cinéma...

– *Piping Live ! :* *1 sem pdt la 1ʳᵉ quinzaine d'août.* ☎ *353-02-20.* ● *pipinglive. co.uk* ● Toutes sortes de manifestations à la gloire de la cornemuse : concerts payants en salle ou gratuits en ville, expos, lectures... Le festival a lieu la semaine précédant le *World Pipe Band Championships,* qui, lui, se déroule le 2ᵉ ou 3ᵉ samedi du mois d'août. Cette compétition rassemble sur une journée plus de 200 *pipe bands* venus du monde entier au Glasgow Green...

LA VALLÉE DE LA CLYDE

Au sud-est, en amont de Glasgow, la vallée de la Clyde par l'A 724 (qui devient ensuite l'A 72) vous fera découvrir les berges riantes d'un fleuve qui joua son rôle dans le développement économique de la région.

🏃 🚶‍♀️ *Bothwell Castle* (HES) : *à* **Uddingston.** ☎ *(01698) 816-894. Quitter Glasgow par l'A 74, prolongée par l'A 724, puis entrer dans Uddingston. Fléché depuis Main St. Bus nº 255 direction Motherwell : descendre à Uddingston Cross, puis 10-15 mn à pied le long de Castle Ave. Avr-sept : tlj 9h30-17h30 ; oct-mars : tlj sf jeu-ven 10h-16h. Fermeture des caisses 30 mn avt fermeture. Entrée : £ 4,50 ; réduc.* Construite à partir de 1242 avec l'aide de maçons français, la forteresse de Bothwell a intégré certaines techniques propres au continent. Ce puissant ouvrage défensif dominant la vallée fut par la suite plusieurs fois pris et repris, démantelé et reconstruit au cours des guerres d'indépendance. Les bâtiments ont souffert, mais les imposants vestiges des remparts et du donjon circulaire en grès rouge ne manquent pas de prestance. Dans les celliers, une brève expo rappelle quelques faits marquants (comme le siège de 1301 conduit par plus de 6 800 Anglais !), tandis qu'une escapade dans les niveaux supérieurs du donjon permet de profiter d'une belle vue sur les environs. Autour, de jolies prairies où pique-niquer en famille.

➤ Possibilité de rejoindre le *David Livingstone Centre* à pied en 30-35 mn en longeant la Clyde (itinéraire fléché).

🏃 *David Livingstone Centre* (NTS) : *165, Station Rd, à **Blantyre** ; accessible par l'A 724. ☎ 0844-493-22-07. Le bus n° 205 depuis East Kilbride Station s'arrête devant. Avr-sept, ven-lun 11h-16h (dernière entrée 45 mn avt). Entrée : £ 6,50 ; réduc.* Un musée vieillot mais très intéressant, à la gloire du fameux explorateur David Livingstone, installé dans le bâtiment où il naquit en 1813. Jadis, ces lotissements modestes étaient divisés en appartements d'une pièce, réservés aux familles des ouvriers de la filature de coton voisine. C'est d'ailleurs dans cette manufacture que le jeune David travailla en tant que fileur, comme tous ses camarades, avant de suivre les cours du soir et d'obtenir son sésame pour la faculté de médecine. La ténacité du jeune homme annonce déjà celle de l'explorateur. L'expo relate, objets personnels à l'appui, l'enfance ouvrière et la vie passionnante du médecin-missionnaire-explorateur qui réalisa la première traversée de l'Afrique équatoriale d'ouest en est, et les nombreux combats qu'il mena (contre l'esclavage notamment). Sa rencontre avec le journaliste Stanley en 1871 reste une référence en matière de savoir-vivre british. À sa mort en 1873, cet infatigable marcheur aurait parcouru en 30 ans plus de 29 000 miles à travers l'Afrique. Il est enterré à l'abbaye de Westminster.

➤ Possibilité de rejoindre *Bothwell Castle* à pied en 30-35 mn en longeant la Clyde (itinéraire fléché).

LANARK
8 250 hab.   IND. TÉL. : 01555

Ville de marché, spécialisée dans les bovins, reconnue bourg royal depuis 1140. C'est en s'emparant de la place fortifiée anglaise de Lanark, en 1297, tuant au passage le shérif en charge du secteur, que William Wallace déclencha la première guerre d'indépendance écossaise. Ne présente d'intérêt que pour sa proximité avec l'étonnante aventure de New Lanark.

Arriver – Quitter

🚃 De Glasgow Central, trains env ttes les 30 mn (1h dim) 6h-23h. Trajet : 50 mn. *Scotrail :* ☎ 0330-303-0111. ● *scotrail.co.uk* ● Pour ensuite rejoindre **New Lanark,** bus n° 135 ttes les heures depuis la gare routière.

🚌 Avec *Stuarts Coaches,* bus n° 240X depuis ou vers **Glasgow** ; départ ttes les 30 mn à 1h, 8h-18h depuis Glasgow, 6h30-19h depuis Lanark. Durée : 1h10.

Adresse utile

ℹ️ *Visitor Information Centre :* Horsemarket, Ladyacre Rd.* ☎ 661-661. *À deux pas de la gare. Tlj sf dim 10h-17h.*

Où dormir ?

Camping

⚊ **Clyde Valley Caravan & Camping Park :** *à 1 km de Lanark sur l'A 72 direction Glasgow.* ☎ *663-951.* ● *san dramcwhinnie@gmail.com* ● *Avr.-oct. Env £ 15 pour 2.* Un camping classique, avec de nombreux mobile homes et leurs jardinets entretenus à la perfection. Non loin de la rivière, l'endroit est reposant et propice à la pêche, mais parfois envahi de *midges* en saison.

Bon marché (£ 10-25/ pers ; 12-30 €)

🏠 **Wee Row Youth Hostel :** *Wee Row, Rosedale St.* ☎ *666-710.* ● *newlanark hostel.co.uk* ● *Mars-fin nov. Nuitée env £ 30/pers, £ 40 pour 2 ; petit déj en sus. Dîner sur résa (menus £ 7-12).* 🖳 AJ très bien tenue installée dans l'ensemble restauré de New Lanark. On a connu plus festif, mais le niveau de confort est bon : grande cuisine bien équipée, laverie, salon TV/lecture, et surtout des chambres privées pour 2 à 4 personnes (pas de dortoir) dotées de douches et de toilettes. Le luxe !

🏠 **Bankhead B & B :** *Braxfield Rd.* ☎ *666-560.* 📱 *07598-229-800.* ● *new-lanark.co.uk* ● *Peu avt le site de New Lanark, après le virage serré (ne pas tourner). Doubles env £ 44-60, sans ou avec petit déj.* À voir le mur d'enceinte surplombant la vallée, le site devait jadis abriter une ferme fortifiée. Dorénavant, la cour intérieure dessert plusieurs petites maisons simples et très bien tenues. Celle réservée aux hôtes, à côté de celle des proprios, renferme une salle de petit déj pimpante (servi en option sous forme de buffet mais sans rien de cuisiné) et une poignée de chambres tout confort. Accueil très sympathique.

DANS LES ENVIRONS DE LANARK

⊗ 🥾 🚶 **New Lanark :** *à 2,5 km de Lanark. À pied ou bus n° 135 ttes les heures depuis la gare.* ℹ **New Lanark Visitor Centre :** ☎ *661-345.* ● *newlanark.org* ● *Tlj 10h-17h (16h nov-mars). Fermé Noël et 1er janv. Entrée : £ 9,50 pour tt le site ; réduc.*

C'est l'ensemble du village qui est classé par l'Unesco au Patrimoine mondial de l'humanité, autant pour sa valeur symbolique que pour son harmonie architecturale. Lovés au creux d'une vallée encaissée, les différents bâtiments (encore en partie habités !) et le complexe des manufactures s'intègrent parfaitement au paysage. Il faut dire que New Lanark fut fondé au Siècle des lumières sur un concept de vie sociale idéale. Une utopie, quoi, mais qui, dans ce cas, connut une réalisation concrète et durable.

En 1785, à la suite de l'effondrement de l'industrie du tabac (guerre de l'Indépendance américaine), l'industriel David Dale profita de l'énergie hydroélectrique produite par les chutes de la Clyde pour implanter dans la vallée des filatures qui, dès 1799, faisaient vivre plus de 2 000 personnes. Son gendre, Robert Owen, reprit l'affaire en 1800 et mit en application des théories de réformes sociales novatrices. Le succès commercial lui permit de développer ses idées, en créant un atelier d'apprentissage, une crèche, une cantine publique, une coopérative d'achat, une école obligatoire pour tous les enfants jusqu'à 10 ans, ainsi que des cours du soir et une caisse d'assurance maladie. Sa doctrine sociale, l'« owenisme », lui valut un engouement populaire, mais aussi l'aversion de ses pairs patrons et la réticence très nette des gouvernants. Ces théories inspireront par la suite le parti travailliste et le chartisme, un mouvement britannique d'émancipation ouvrière actif entre 1837 et 1848. Les filatures fonctionnèrent jusqu'en 1968. Un programme de restauration ambitieux a permis de sauver le site.

Dans les bâtiments principaux, **The Annie McLeod Experience** est une attraction un peu superficielle qui restitue au moyen d'un parcours de 10 mn en nacelle l'univers d'une petite fille au temps de la révolution industrielle. Plus captivante, la seconde partie de l'expo s'intéresse au fonctionnement d'une filature de coton (machine à filer en activité) et à l'organisation propre à New Lanark. Depuis la **terrasse** aménagée sur le toit, on jouit d'une belle vue sur le site.

La visite se poursuit dans le village, avec ses fidèles reconstitutions d'un logement ouvrier des années 1820 et 1930, du magasin général, de la **Robert Owen's House,** meublée et décorée comme du temps de l'industriel, et de l'école (c'est la plus ancienne école pour petits au monde !). En conclusion, film d'environ 10 mn sur le projet de société imaginé par cet entrepreneur éclairé, le bien-vivre ensemble, qui prend les traits d'une petite fille appelée Harmony. Un message universel.

|●| **Mill café :** *lun-sam 9h-17h30, dim 10h-17h. Env £ 5-8.* Une cafétéria au choix limité, mais qui fait le travail. Peu d'alternatives dans le coin : les restos-pubs du centre de Lanark sont un peu loin et pas folichons non plus. Autant apporter son sandwich et le manger dans le parc !

⚔ Craignethan Castle (HES) **:** *à 9 km de Lanark (par l'A 72), indiqué à gauche.* ☎ *860-364. Avr-sept : tlj 9h30-17h30. Dernière admission 30 mn avt fermeture. Entrée : £ 4,50 ; réduc.* Achevée vers 1530, la dernière forteresse médiévale privée construite en Écosse aligne la panoplie complète des techniques de défense. Mais parmi toutes les finesses dernier cri, c'est la caponnière qui suscite l'intérêt des spécialistes d'architecture militaire. Cette casemate tapie au fond des douves, d'où les artilleurs pouvaient tirer sur les assaillants comme à la foire, est un exemplaire unique en Grande-Bretagne ! Sinon, la maison forte a encore fière allure, déroulant ses fortifications en partie ruinées dans un très bel environnement, complètement isolé en pleine campagne. Une curiosité : pour accéder à la cuisine, pourtant située au rez-de-chaussée, il faut passer par les caves.

➤ **Falls of Clyde :** sentier fléché au départ de New Lanark (suivez le blaireau !). Un des paysages les plus peints par les artistes du passé. À l'entrée, mini-expo sur la faune et la flore *(donation de £ 3 demandée).*

GLASGOW ET LA VALLÉE DE LA CLYDE

LE SUD

Visiter le Sud, c'est avoir l'assurance de déambuler presque seul dans les vestiges romanesques de superbes abbayes, d'arpenter les remparts de forteresses ruinées par les incessantes guerres frontalières des Borders, de se baguenauder de collines en falaises au gré des *single tracks*, avant, peut-être, de s'offrir un (modeste) bain de foule dans les stations balnéaires familiales de l'une ou l'autre côte, qu'il s'agisse de la petite Eyemouth ou de la plus conséquente Ayr. Visiter le Sud, c'est aller à la source de l'inspiration du poète Burns, et comprendre la magie qui enflamma l'imagination de Walter Scott.

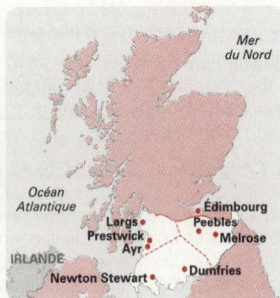

Mer du Nord

Océan Atlantique

IRLANDE

Largs • Prestwick • Ayr •
Édimbourg • Peebles •
• Melrose
• Dumfries
Newton Stewart •

LES BORDERS

- **Eyemouth** 168
  - Saint Abbs Visitor Centre • Saint Abb's Head Nature Reserve
  - Manderston House
- **Coldstream** 170
- **Kelso** 171
  - Floors Castle • Smailholm Tower • Mellerstain

House à Gordon
- **Jedburgh** 174
- **Hawick** 176
  - Hermitage Castle
  - Newcastleton
- **Selkirk** 178
  - Bowhill House and Countrypark
- **Melrose** 180

- Abbotsford House
- Dryburgh Abbey
- Scott's View • Thirlestane Castle
- **Peebles** 184
  - Dawyck Botanic Garden • Robert Smail's Printing Works à Innerleithen • Traquair House

● Carte *p. 167*

Doux vallonnements et campagne verdoyante (très verdoyante !), rivières sinueuses où frétillent saumons et truites, falaises et plages de sable face au soleil levant, abbayes pluriséculaires à la silhouette romantique, bourgs chargés d'une histoire souvent tourmentée, richesse des petites cités que le boom du textile rendit prospères, les Borders, chantées par Walter Scott, sont sans doute ce que l'Écosse a de plus bucolique à offrir. Tous les ans, au début de l'été, les *Common Ridings* rassemblent des milliers de cavaliers qui commémorent à leur manière l'époque troublée des pillages et des razzias, où un bon cheval était une garantie de sécurité.

Notre itinéraire descend le long de la côte est pour ensuite remonter la vallée de la Tweed jusqu'à Peebles.

– Infos touristiques et renseignements sur cette région : ● *discovertheborders. co.uk* ●

LES BORDERS

Comment se déplacer dans les Borders ?

En bus

– **Traveline :** ☎ 0871-200-22-33. ● tra
velinescotland.com ● Pour s'informer
sur les horaires.
Plusieurs compagnies se partagent le
réseau et garantissent de bonnes liaisons et des fréquences fiables.
■ **First Group :** ☎ 0871-200-22-33.
● firstgroup.com ●
■ **Perryman's Buses :** ☎ (01289) 308-
719. ● perrymansbuses.co.uk ●

À pied

L'itinéraire le plus connu reste le Southern
Upland Way partant de Cockburnspath
sur la côte pour rejoindre Portpatrick

dans Dumfries & Galloway, via Melrose,
soit près de 340 km. Plus modeste mais
tout aussi intéressant, le Saint Cuthbert's
Way (100 km), de Melrose à Lindisfarne
(près de Holy Island), permet de découvrir les Cheviot Hills, barrière naturelle
entre l'Angleterre et l'Écosse.

À vélo

Chaque localité propose des boucles
locales comme Eyemouth, Kelso, Melrose ou Peebles. Renseignez-vous sur
des itinéraires comme la Tweed Cycleway (145 km) parcourant la rivière Tweed,
ou encore la 4 Abbeys Cycleway (88 km)
ou la Borderloop (environ 400 km).

LE SUD

EYEMOUTH

3 400 hab.   IND. TÉL. : 018907

Petit port encore en activité, qui a toujours vécu de la mer. La ville paya un lourd tribut à celle-ci en perdant, au cours d'une nuit d'octobre 1881, 129 de ses marins dans une effroyable tempête. Les habitants s'en sont souvenu 100 ans plus tard en confectionnant une tapisserie commémorative que l'on peut voir au Eyemouth Museum. Si Eyemouth peut laisser sur sa faim, Coldingham Bay et le port minuscule de Saint Abbs, repaire de tous les plongeurs britanniques, ne manquent en revanche pas de charme.

Arriver – Quitter

En bus

À Eyemouth, les bus s'arrêtent sur Albert Street ou High Street.
➢ Le bus n° 253, ttes les 2h, de **Perryman's**, dessert la côte est en passant par **Coldingham, Dunbar, Haddington** et **Édimbourg**. Le n° 235 fait la navette entre **Berwick** (à la « frontière » anglaise) et **Coldingham,** via **Eyemouth.**
➢ Pour **Galashiels** et **Melrose** avec le bus n° 60 depuis Berwick.
➢ Pour **Kelso** ou **Jedburgh,** il faut passer par **Berwick.**

Adresse utile

🛈 Visitor Information Centre : *Auld Kirk, Market Pl.* ☎ *517-01.* | *Fin mars-début nov, tlj 10h (12h dim)-16h.*

Où dormir à Eyemouth et dans le coin ?

De prix moyens à chic (£ 50-125 ; 68-150 €)

🏠 Dunlaverock Guesthouse : *à Coldingham Bay.* ☎ *714-50.* ● *dunlaverock.com* ● ♿ *Doubles £ 75-95.* Grosse villa cossue, qui jouit d'un emplacement exceptionnel au-dessus de la charmante baie de Coldingham. Un chemin privé part même du jardin et descend jusqu'à la plage. Chambres spacieuses, agréablement meublées d'ancien et de bon confort (toutes avec salle de bains attenante, sauf une sur le palier mais privée). Les meilleures sont bien sûr celles qui donnent sur la mer : formidable ! Sinon, on profitera de la vue depuis la salle du petit déj, ou du petit kiosque dans le jardin. Accueil très sympa.
🏠 The Home Arms Guesthouse : *High St.* ☎ *513-16.* ● *thehomearms. co.uk* ● *Double env £ 70.* Très bon rapport qualité-prix pour cette grosse maison située en plein centre, qui abritait auparavant un pub. Rénovée de fond en comble par un jeune couple énergique, elle renferme désormais des chambres sobres, modernes et pimpantes, très confortables (salles de bains impeccables, TV avec lecteur DVD...), et plus qu'agréables lorsqu'elles donnent sur la mer. Une excellente option, notamment pour les plongeurs, car les proprios sont des pros du sujet et ont même prévu une salle spécifique pour le matériel.

Où manger ? Où déguster une glace ?

🍽 The Contended Sole : *Old Quay, Harbour Rd.* ☎ *502-68. Plats env* | *£ 7-11.* Au bout du port où se balancent les petits bateaux de pêche multicolores. Cuisine de pub rustique et copieuse qui ne porte pas atteinte au porte-monnaie. Accueil chaleureux.

I●I ♥ Giacopazzis : *18, Harbour Rd.* ☎ *503-17. Snacks et plats £ 8-11.* Boutique à la devanture verte. C'est l'adresse idéale pour déguster une glace maison. L'établissement propose aussi un *fish & chips* de bonne réputation.

I●I The Old Smiddy Coffee-shop : *à l'entrée de Saint Abbs.* ☎ *717-07. Avr-oct, tlj 10h-17h. Snacks env £ 4-5.* C'est le long bâtiment bas (jadis une remise à charrues), au bord de la route qui mène au village. Cuisine maison pour un déjeuner léger (sandwichs, soupes et petits plats) à savourer à l'intérieur ou sur la belle pelouse qui s'étend devant l'établissement.

I●I Voir aussi plus haut le *Churches Hotel & Seafood Restaurant.*

À voir

⚓ Eyemouth Museum : *au* Visitor Information Centre. ● *eyemouthmuseum.org* ● *Mêmes horaires. Entrée : £ 3,50 ; gratuit moins de 16 ans.* Petit musée d'art et traditions populaires consacré au monde de la pêche et à la vie quotidienne d'autrefois à Eyemouth. On y trouve la fameuse tapisserie commémorant la tragédie de 1881.

⚓ 👫 Eyemouth Maritime Centre : *sur le port.* ☎ *510-20.* ● *worldofboats. org* ● *Avr-oct : tlj 10h-17h (16h dim). Donation suggérée : £ 3.* Le marché aux poissons a été métamorphosé au point de ressembler à une vieille et immense frégate. À l'intérieur, évocation des grandes aventures maritimes des XVIIIe et XIXe s, comme le commerce et la pêche, avec comme thème de prédilection la contrebande, très active dans le secteur à cette période : vitrines remplies d'objets nautiques, exposition de quelques embarcations, et petites reconstitutions bien fichues de l'intérieur d'une frégate, avec sa bordée de canons, la cabine du capitaine et les quartiers de l'équipage. Par la baie vitrée, on donne directement sur le port où sont amarrés plusieurs bateaux de collection.

⚓ Gunsgreen House : *Gunsgreen Quay.* ☎ *520-62.* ● *gunsgreenhouse.org* ● *Avr-oct : tlj 11h-16h (dernière admission). Entrée : £ 6,50 ; réduc.* Stratégiquement située sur le port, cette grande maison construite en 1753 par John Adam, l'un des frères de cette incontournable famille d'architectes, a comme particularité d'avoir appartenu à un *smuggler* ! Et comme tout contrebandier qui se respecte, il a truffé la bâtisse de caches pour ses cargaisons de thé importées en fraude, aménageant un véritable réseau de passages secrets. La visite commence dans les celliers où l'on évoque en détail l'histoire épique de ce commerce frauduleux, avant de se poursuivre dans les étages pour découvrir cette maison pas comme les autres. Amusant mais un peu cher.

Manifestation

– Eyemouth Herring Queen Festival : *une sem en juil.* La foire de village par excellence, avec au programme : cornemuses, danses écossaises, concerts, artisanat et stands de produits de la mer...

DANS LES ENVIRONS D'EYEMOUTH

⚓ Saint Abbs Visitor Centre : *Coldingham Rd, à Saint Abbs, à 4,5 miles (7 km) au nord d'Eyemouth.* ☎ *716-72.* ● *stabbsvisitorcentre.co.uk* ● *De fin mars à mi-oct : tlj 10h-17h. GRATUIT.* Propose une petite introduction sur le secteur : l'histoire du village, de ses habitants, et bien entendu de la pêche, illustrée par quelques vitrines.

🏃🎥 Saint Abb's Head Nature Reserve (NTS) : *un peu au nord de Saint Abbs, emprunter la route signalée sur la gauche, sur la B 6438, juste avt le village. Parking (payant en saison) près du phare.* ☎ 714-43. ● nts.org.uk ● *Accueil fin mars-fin oct : tlj 10h-17h ; mais accès libre à la réserve tlj tte l'année.* Sanctuaire des oiseaux migrateurs du printemps à l'automne, la réserve comporte à la fois des falaises vertigineuses, des plages de sable et de galets et des prairies côtières très vertes, constellées de moutons. Par beau temps, la vue porte jusqu'à *Bass Rock* (lire plus haut, dans le chapitre « L'East Lothian », « North Berwick. À voir. À faire ») et l'estuaire du *Firth of Forth.*

🏃🎥 Manderston House : *à env 15 miles (24 km) à l'ouest d'Eyemouth et à env 2 miles (3 km) de Duns par l'A 6105.* ☎ *(01361) 883-450.* ● *manderston.co.uk* ● *Mai-sept : slt jeu et dim 13h30-17h (dernière admission à 16h15). Jardins accessibles de 11h30 à la tombée de la nuit. Entrée : £ 10 ; £ 6 pour les jardins seuls ; réduc.* Splendide manoir de style édouardien avec juste ce qu'il faut d'extravagant dans la déco pour rendre la visite attrayante. Lorsqu'il fut commandé par un nouveau riche, sir James Miller, l'architecte eut pour consigne de ne pas regarder à la dépense. Cela se voit... D'ailleurs, c'est le seul endroit au monde avec un escalier en argent ! Les pièces sont spacieuses et, un peu partout, les matériaux luxueux : soies, velours, damas, marbres et boiseries précieuses. Le domaine des domestiques est à l'avenant : immense cuisine et garde-manger. Les étables sont décorées de teck et de cuivre, la laiterie est en marbre et jouxte un *tearoom* lambrissé de chêne. L'heureux proprio actuel s'appelle lord Palmer.

COLDSTREAM   1 800 hab.   IND. TÉL. : 01890

La première ville écossaise lorsqu'on vient du sud par l'A 697. Un pont sur la Tweed qui vit défiler un gros paquet d'armées : les *Coldstream Guards,* le plus vieux régiment britannique encore existant. Il fut formé en 1650 par le général Monck qui, 10 ans plus tard, marcha avec eux sur Londres pour rétablir la monarchie après l'intermède de Cromwell. Bon, à part le petit musée qui leur est consacré, rien d'excitant.

Arriver – Quitter

En bus

➤ Le bus n° 67 de la compagnie *Perryman's Buses* relie Coldstream à **Melrose, Kelso** et **Berwick** en Angleterre. 4-6 bus/j. sf le dim.

Adresse utile

🛈 Vous trouverez quelques infos touristiques au **Charity Shop** : *Marquet Sq,* *à deux pas du musée. Tlj 10h-16h (13h sam).*

Où manger ? Où boire un verre ?

🍽 🍸 **The Besom Inn** : *75-77, High St.* ☎ *882-391. Plats £ 8-15.* Derrière la belle façade fleurie, on trouve un sympathique pub de village, rempli d'habitués après les heures de travail. L'endroit est chaleureux comme tout pour déguster une bonne cuisine traditionnelle ou descendre une pinte au coude à coude avec les locaux. La cheminée réchauffe l'atmosphère. *Beer garden* à l'arrière. Une excellente adresse pour le visiteur de passage.

À voir

✹ **Coldstream Museum :** *12, Market Sq.* ☎ *882-630. Fin mars-fin sept : lun-sam, 9h30-12h30, 13h-16h ; dim 14h-16h. Oct : lun-sam 13h-16h. GRATUIT.* Dans la maison où séjourna Monck, le fondateur du célèbre régiment, un tout petit musée qui retrace toute la saga guerrière des *Coldstream Guards,* depuis les mousquetaires du XVIIe s jusqu'à leur engagement en Bosnie, en passant par l'épisode glorieux de la bataille de Waterloo. À admirer : leur costume rouge de parade avec le haut bonnet noir à poils, toujours, paraît-il, en peau d'ours... Également des sections sur l'histoire locale et la bataille de Flodden (1513). Pas indispensable...

KELSO
5 100 hab.   IND. TÉL. : 01573

Ville de marché au centre d'une riche région agricole, Kelso se présente comme un gros bourg tout pimpant au confluent de la Tweed et de la Teviot. Ses maisons georgiennes forment un ensemble plaisant, notamment sur l'imposante place centrale.

LE SUD

Arriver – Quitter

En bus

➢ Avec la compagnie *Perryman's Buses,* le bus n° 67 assure la liaison avec **Melrose, Coldstream** et **Berwick** en Angleterre. Pour **Jedburgh** et **Hawick,** prendre le n° 20 ; service fréquent. Enfin, les nos 30 et 52 font le trajet vers **Édimbourg** ; env 6 bus/j.

Adresses utiles

🛈 **Visitor Information Centre :** Town House, *The Square.* ☎ *221-119. Avr-oct : lun-sam 10h-17h (15h30 en moyenne saison), plus dim l'été.*
■ **Location de vélos :** **Simon Porteous,** *30, Bridge St.* De Kelso, on rattrape facilement le *Tweed Cycle Way,* un itinéraire permettant de rejoindre Coldstream, Melrose...

Où dormir à Kelso et dans les environs ?

Camping

⚑ **Kirkfield Caravan Park :** *à Town Yetholm, village à 7,5 miles (12 km) au sud-est de Kelso, par la B 6352.* ☎ *420-346.* 📱 *07791-291-956.* ● *kirk fieldcaravanpark.co.uk* ● *Ouv avr-oct. Forfait pour 2 env £ 16-18.* Au pied des collines, dans un cadre bucolique avec une chapelle abandonnée près de la réception. Grande pelouse bien grasse où il fait bon planter sa tente. Le terrain est, par endroits, en légère pente. Bloc sanitaire correct.

Bon marché (£ 10-25/ pers ; 12-30 €)

⌂ **Youth Hostel de Kirk Yetholm :** ☎ *420-639.* ● *thefriendsofnature.org. uk* ● *À 8 miles (13 km) au sud-est de Kelso, par la B 6352. En contrebas du village (panneau). Ouv 1 sem avt Pâques à début nov. Sur résa slt. Env £ 18-19 la nuitée (plus £ 2 pour les non-membres).* Cette adorable AJ de poche a investi l'ancienne école du village. Avec une vingtaine de couchages, répartis entre des chambres de 2 à 4 lits et deux dortoirs pour 6 et 8 personnes, l'atmosphère est forcément conviviale, d'autant que la jolie cuisine et le petit salon facilitent les rencontres ! Située dans un environnement champêtre à souhait, elle se trouve par ailleurs au point de départ (ou d'arrivée) du *Pennine Way* (le sentier de grande randonnée qui parcourt le nord de l'Angleterre) et juste sur le *Saint Cuthbert's Way* (autre sentier).

De prix moyens à plus chic (plus de £ 50 ; 60 €)

🛏 *Queens Head :* *Bridge St.* ☎ 228-899. • *queensheadhotelkelso.com* • *Doubles env £ 80-90.* Si ce pub historique a préservé sa belle façade, il a en revanche entièrement repensé ses 13 chambres. Celles-ci offrent un confort irréprochable avec des salles de bains modernes et nickel. Un excellent compromis, en somme ! Très bon accueil et ambiance familiale.

🛏 *The Black Swan Hotel :* *7, Horse Market.* ☎ 224-563. • *theblackswan hotel.co.uk* • *Double avec sdb env £ 70.* Petit pub à l'atmosphère amicale, stratégiquement situé au cœur de la ville. Quelques chambres classiques, dotées de tout le confort et convenablement tenues à l'étage. Rien d'extraordinaire, mais c'est l'une des adresses les moins chères du coin.

🛏 *Ednam House Hotel :* *Bridge St.* ☎ 224-168. • *ednamhouse.com* • *Doubles £ 135-170. Possibilité de ½ pens.* Austère manoir du XVIIIe s, agrémenté d'un beau jardin qui descend jusqu'au bord de la rivière Tweed. Intérieur d'époque bien plus chaleureux, évidemment assez classe et dédié à la pêche au saumon. Confort cossu et chambres de charme, le tout dans une débauche de bibelots, de dorures et de stucs. Atmosphère délicieusement désuète. Les prix sont sans doute un peu élevés, mais que voulez-vous, il s'agit d'un établissement de caractère... C'est, en outre, une excellente table (voir « Où manger ? »).

LE SUD

Où manger ?

🍽 *Caroline's Coffee Shop-Tearoom :* *45, Horse Market.* ☎ 226-996. *Lun-sam 8h-18h ; parfois dim en été. Snack env £ 5.* Paninis, sandwichs, omelettes maison et suggestions au tableau noir. Sans prétention mais frais. Bien aussi pour un café et une pâtisserie sur le coup de 16h. Excellent accueil.

🍽 *Cobbles Inn Restaurant :* *7, Bowmont St.* ☎ 223-548. *Tlj. Bar menus (sf dim) £ 9-13 ; au resto, plats £ 12-17, menu £ 21.* Ce pub nouvelle génération est régulièrement récompensé pour la qualité de sa cuisine. La liste des fournisseurs est mise à l'honneur et inspire déjà confiance. Les produits locaux sont simplement mais habilement travaillés. Cuisine de terroir et de saison, qui s'autorise des échappées exotiques. L'adresse la plus sympa en ville, assurément, d'autant que l'atmosphère est conviviale et chaleureuse ! En revanche, c'est souvent pris d'assaut, surtout le week-end.

🍽 *Ednam House Hotel :* *Bridge St.* ☎ 224-168. *Plats £ 10-15 le midi ; le soir, menu env £ 35.* Le resto se révélant plus abordable que l'hôtel (voir « Où dormir... ? »), vous avez là l'occasion idéale de goûter à cette atmosphère georgienne si envoûtante et de découvrir une cuisine écossaise dépoussiérée et soignée. De la grande salle à manger, belle vue sur la rivière et les jardins, abondamment fleuris.

À voir

Un circuit permet de suivre les pas de Walter Scott, qui passa une bonne part de son enfance à Kelso et dans ses environs proches. Brochure disponible au *Visitor Information Centre* (gratuite et traduite en français).

%% *Kelso Abbey* (HES) : *de l'élégante place centrale (The Square), prendre direction Bridge St vers les ruines de l'abbaye. Avr-sept : tlj 9h30-17h30 ; oct-mars : tlj sf jeu-ven 9h30-16h30. GRATUIT.* Une des plus puissantes des Borders après sa fondation en 1128 par des moines picards. Prospère, influente, convoitée, détruite et pillée, il ne reste plus de l'église que le transept ouest flanqué d'une tour en partie ruinée, qui sert de résidence aux corneilles croassantes. Tout autour, cimetière aux tombes émouvantes où, pour l'éternité, se côtoient officiers et maîtres d'école, magistrats et artisans.

% Derrière le cimetière de l'abbaye, voir l'*église octogonale* pour son genre unique en Écosse.

% Un peu plus loin, le *Kelso Bridge,* dont les cinq arches enjambent gracieusement la Tweed. Jolie perspective en amont dans la direction de Floors Castle.

DANS LES ENVIRONS DE KELSO

%% *Floors Castle :* *accès par Roxburgh St (bien indiqué).* ☎ 223-333. ● *floors castle.com* ● *Mai-sept : tlj 10h30-17h ; oct, le w-e slt. Dernière admission 30 mn avt fermeture. Entrée : £ 12,50 (incluant les jardins et le parc) ; £ 6,50 pour les jardins et le parc (sans le château) ; réduc.* Résidence des ducs de Roxburgh, construite en 1721 selon des plans de William Adam, puis largement agrandie au XIXe s par William Playfair qui ne s'est pas privé d'y ajouter quantité de fantaisies pittoresques. Immense (c'est le plus grand château habité d'Écosse !) et auréolée de tourelles, de dômes, de créneaux et de cheminées, sa silhouette a quelque chose de la folie romanesque digne d'un conte de fées. La visite des appartements permet d'admirer de somptueuses tapisseries de Bruxelles et des Gobelins, un mobilier Louis XV et Louis XVI, et une solide collection de peintures rassemblée par la duchesse May, née Goelet, une riche Américaine mariée en 1903 au huitième duc. Des toiles de Turner, Bonnard, Redon, Gainsborough et Reynolds, ainsi qu'une *Corbeille de fleurs* de Matisse font partie des pièces maîtresses incontournables. Plus insolite, une galerie dédiée à l'histoire naturelle présente d'innombrables animaux empaillés, tandis qu'une autre renferme de belles porcelaines chinoises. Des fenêtres du salon, on vous montrera un massif de houx planté à l'endroit où Jacques II fut tué par l'explosion d'un canon en 1460, alors qu'il assiégeait le château de Roxburgh sur la colline en face. Les fans de Christophe Lambert reconnaîtront à Floors les décors du film *Greystoke*. *Garden Centre* avec serres et jardins *(ouv tte l'année)*.
|●| ☕ Restaurant-salon de thé sur place.

% *Smailholm Tower* (HES) : *à env 6 miles (9 km) à l'ouest de Kelso, par la B 6397.* ☎ 460-365. *Près du village du même nom et bien indiqué. Avr-sept : tlj 9h30-17h30. Entrée (audioguide en anglais compris) : £ 4,50 ; réduc.* Tour de défense puissante du XVe s, un peu lugubre, qui se dresse sur un affleurement rocheux dans un environnement sauvage superbe. Elle a appartenu à la famille de Walter Scott, qui avait l'habitude de venir s'y balader lorsqu'il séjournait dans la ferme toute proche de ses grands-parents. On dit même que c'est l'atmosphère mystérieuse des lieux qui aurait nourri l'imagination et le goût pour les histoires épiques du futur romancier ! Restaurée, elle abrite une petite expo sur l'historique du château et sur la famille de Walter Scott, dont les principaux textes sont illustrés par des saynètes parfaitement inintéressantes mettant en scène des poupées. En revanche, la vue panoramique du dernier étage vaut vraiment le coup.

%% *Mellerstain House :* *à* **Gordon** *(8 miles, soit 13 km, au nord-ouest de Kelso), par l'A 6089 (suivre le fléchage).* ☎ 410-225. ● *mellerstain.com* ● *Pâques puis mai-sept : ven-lun 12h30-16h15 (dernière entrée). Fermé le reste de l'année. Entrée : £ 8,50 ; £ 5 pour le parc seul ; réduc. Plaquettes en français dans chaque salle.*

LE SUD

Encore une réalisation de la famille Adam : William se chargea du début en 1725 et son fils Robert, dit le roi des stucs, paracheva le boulot en 1778. Résultat : une vaste demeure classique qui a fière allure, avec une enfilade de pièces à la décoration très soignée, voire sophistiquée, surtout concernant les plafonds et les cheminées. On n'en visite pas moins de 17, dont la superbe bibliothèque aux frises hellénisantes et une galerie où sont exposés de vieux documents et des costumes anciens. Enfin, comme toujours dans ce genre d'endroit, on découvre des toiles d'exception, comme celles de Van Dyck, Gainsborough et Véronèse. Terrasses à l'italienne surplombant un parc à la française, et *tearoom* pour jouer aux *ladies* et *gentlemen*.

JEDBURGH 4 100 hab. IND. TÉL. : 01835

Sur l'A 68, au sud de Kelso, un ancien bourg royal un peu assoupi. On vient à Jedburgh pour les ruines de sa superbe abbaye et la maison où logea Marie Stuart. Passages voûtés *(closes)* aux noms pittoresques.

Arriver – Quitter

➤ Liaisons en *bus* avec *Kelso* et *Hawick* : le *Munro's* n° 20, ttes les heures. Le n° 68 fait la liaison avec *Melrose*, ttes les heures. Enfin, prendre le n° 51 pour *Édimbourg* (près de 2h de trajet) ; env 6 bus/j.

Adresse utile

𝑖 *Visitor Information Centre :* *Murray's Green ; entre le parking et l'abbaye.* ☎ *863-170. Juil-sept : lun-sam 9h-17h30, dim 10h-17h ; oct-juin,* *tlj 9h30-17h (fermé dim nov-mars).* Le plus important de la région. Doc très abondante et pas mal de brochures gratuites en français.

Où dormir à Jedburgh et dans les environs ?

Camping

⛺ *Jedwater Caravan Park :* *à env 4 miles (6 km) au sud de Jedburgh par l'A 68.* ☎ *840-219.* ● *jedwater.co.uk* ● *Ouv de mi-mars à fin oct. Forfait pour 2 env £ 15-17.* Petit camping dans un joli vallon au bord d'une rivière (ce qui rend le lieu assez humide, bien se couvrir la nuit). Sanitaires basiques. Magasin, billard, ping-pong et une super aire de jeux pour les enfants (avec une tyrolienne !). Possibilité de pêcher.

Prix moyens (£ 50-85 ; 60-102 €)

🏠 *Meadhon House :* *48, Castlegate.* ☎ *862-504.* ● *meadhon.co.uk* ● *Doubles avec sdb £ 65-70.* Situation on ne peut plus centrale pour ce *B & B* posté à mi-chemin de la vieille prison et de l'abbaye. Mais ce n'est pas son seul atout : l'accueil est souriant et attentionné, et les chambres nickel et tout confort, à la déco très classique. Cerise sur le gâteau, certaines d'entre elles profitent d'une vue sur le beau jardin à l'arrière... et surtout sur les tours de l'abbaye ! Un bon point de chute.
🏠 *Hundalee House :* *à 1,3 mile (2 km) au sud de Jedburgh, par l'A 68 (accès fléché).* ☎ *863-011.* ● *accommodation-scotland.org* ● *Mars-oct. Doubles £ 60-70.* En pleine nature, une vaste et belle demeure vieille de 3 siècles. Déco ancienne, bien sûr, avec scènes de chasse aux murs, 2 chiens sympas et des paons qui braillent. Les chambres,

équipées de salle de bains, sont à l'image du reste, avec meubles de style et papier peint, bibelots et, pour certaines, un lit à baldaquin. Salle à manger Belle Époque. Bon accueil ; bref, un très bon *B & B*.

Où manger ? Où boire un verre ?

I●I *Simply Scottish :* 6-8, High St. ☎ 864-696. En plein centre, à côté de Market Sq. Tlj 10h-16h. Snacks et plats env £ 5-9. L'un des cafés les plus recommandables de la ville, tous les gens d'ici vous le diront. Vaste salle claire avec grande baie vitrée garnie de plantes vertes, murs pâles, parquet et mobilier en bois. Cuisine sans prétention mais soignée, du genre salades, burgers et panini, avec parfois une touche d'originalité dans les associations.
I●I ⦚ *The Carters Rest :* Abbey Pl,

juste en face de l'abbaye. ☎ 864-745. Tlj (dernière commande à 20h30). Restauration à tte heure, carte réduite dans l'ap-m. Plats env £ 9-14. Le pub traditionnel avec sa devanture noire et ses quelques tables en terrasse. Les repas sont servis dans un vaste *lounge* chaleureux aux boiseries foncées affichant quelques vieilles photos noir et blanc. L'ambiance est plaisante et la cuisine plutôt réussie. Le soir, l'endroit est animé pour boire un pot. Une belle adresse.

À voir

🎭🎭🎭 *L'abbaye* (HES) : ☎ 863-925. Tlj 9h30-17h30 (10h-16h oct-mars). Dernière admission 30 mn avt fermeture. Entrée : £ 5,50 ; réduc. Audioguide en français compris. Après une intéressante exposition présentée dans le bâtiment d'accueil (vitrines renfermant différents objets découverts lors des fouilles), on pénètre sur l'un des sites les plus remarquables des Borders. En 1138, David Ier fit venir des chanoines augustiniens de Beauvais pour fonder ici un monastère. L'église abbatiale servit de cadre à plusieurs événements royaux et l'abbaye connut 4 siècles de prospérité malgré les razzias et les coups de main endurés à l'occasion des conflits anglo-écossais. Point final en 1545, après un saccage sévère et le départ des chanoines, suite aux conflits entre Rome et l'Église d'Écosse. Toutefois, l'église ayant nettement moins souffert que les autres bâtiments, elle servit encore au culte paroissial pendant 3 siècles, ce qui permit de la préserver. Ses vestiges sont spectaculaires ! Question architecture, on ne peut s'empêcher d'être sensible aux belles proportions de la nef et à la rythmique très maîtrisée des travées, reliées par des arcs romans que surplombe un triforium couronné d'arcs brisés et de colonnes à claire-voie délicates. Des escaliers permettent d'ailleurs d'accéder à la galerie supérieure, pour profiter d'une vue plongeante sur l'ensemble. Bon, en clair : c'est pas mal !

🎭🎭 🚶 *Castle Jail & Museum :* ☎ 864-750. Pâques-fin oct : lun-sam 10h-16h30, dim 13h-16h. Dernière admission 30 mn avt fermeture. GRATUIT. Audioguide payant. Prison construite en 1823 à l'endroit où s'élevait le château médiéval de Jedburgh. Petit musée d'histoire locale sur deux étages (dans la maison du geôlier), avant de passer aux blocs carcéraux, la partie la plus intéressante. Grâce à des petites reconstitutions et des panneaux

DE « BA » EN HAUT

Chaque année, à la mi-février, les habitants de Jedburgh s'animent le jour du Hand Ba. Ceux qui sont nés en haut de la Market Place, les Uppies, affrontent les Doonies (ceux du bas) dans une espèce de rugby géant. À l'origine, c'étaient des têtes de prisonniers anglais fraîchement coupées qui faisaient office de balle. Les têtes ne sont plus disponibles, mais ce sont toujours les pelouses de la prison qui accueillent les buts.

LE SUD

explicatifs bien faits disposés dans les cellules, on découvre à quoi ressemblait la vie « privilégiée » de ces détenus qui bénéficiaient des réformes d'un certain John Howard. Un modèle d'humanité... pour l'époque. Malheureusement, la prison, devenue trop petite, dut fermer ses portes en 1886, peut-être au grand regret de ses pensionnaires qui, du coup, durent aller purger leur peine ailleurs.

⚲ *Mary, Queen of Scots House :* *Queen St.* ☎ *863-331. Mars-nov : tlj 9h30 (10h30 dim)-16h30. GRATUIT. Audioguide payant (petite brochure en français payante également).* Évocation de la vie tragique de Marie Stuart, reine légendaire qui échoua dans cette belle maison forte du XVIe s un beau jour de 1566, après une folle chevauchée de 80 km pour rejoindre Bothwell, son futur mari blessé à Hermitage Castle (voir plus loin « Dans les environs de Hawick »). Tombée gravement malade (on la crut morte), elle y passa plusieurs semaines de convalescence. Au gré de différentes pièces joliment restaurées, certaines renfermant quelques surprises (comme ces toilettes habilement dissimulées derrière une cloison !), vous verrez des objets qui lui ont appartenu (et notamment une mèche de cheveux), ainsi qu'un masque mortuaire.

HAWICK

14 500 hab.   IND. TÉL. : 01450

À 20 km de Jedburgh, sur la rivière Teviot, ce gros bourg sans grand charme, à la fois agricole et industriel, est réputé pour sa fabrication de tricots. Un *Common Riding* (cavalcade) est organisé chaque année début juin en souvenir de tous les soldats de la ville, morts à la bataille de Flodden Fields.

Arriver – Quitter

En bus

➢ Le bus n° 95 de la compagnie *First* assure une liaison régulière avec *Selkirk* et *Édimbourg* (2h de trajet) ;

ttes les 30 mn.
➢ Le bus n° 20 de *Munro's* fait la liaison avec les villages de *Kelso* et *Jedburgh,* ttes les heures.

Adresse et info utiles

🛈 @ *Visitor Information Centre :* Tower Mill, *Kirkstile.* ☎ *373-993. Tte l'année, lun et mer 10h-17h, mar et jeu 10h-18h, ven-sam 10h-19h, dim 12h-15h.* La *Tower Mill* est un espace

culturel aménagé dans un ancien moulin. On peut encore voir le mécanisme de la roue en action au travers d'une vitre.
– Plus d'infos sur ● *hawick.net* ●

Où dormir ?

Camping

⚴ *Riverside Caravan Park :* *Horns Hole Bridge,* sur l'A 698 en direction de Jedburgh. ☎ *373-785.* ● *riversidehawick.co.uk* ● Ouv mars-oct. Résa conseillée. Forfait pour 2 env £ 12-15. Camping situé au bord de la route, mais le secteur dévolu aux tentes occupe un terrain en contrebas, au bord d'une belle rivière. Possibilité de pêcher.

Prix moyens (£ 50-85 ; 60-102 €)

🏠 *Hopehill House :* *Wilton Crescent, Mayfield (sur les hauteurs de la ville).* ☎ *375-042.* ● *hopehill.co.uk* ● *Doubles £ 60-70.* Dans une grande et belle maison dominant la ville, des chambres de taille, confort et prix variables. Certaines sont mansardées et se partagent la salle de bains, d'autres sont vastes, tout confort et cosy à souhait. Dans tous les cas, c'est charmant, bien tenu et l'on s'y sent bien. Beau jardin et bon accueil.

🛏 *Bridgehouse :* au bord de la rivière. ☎ 370-701. ● bridgehouse-bistro-hotel.co.uk ● 🍴 Doubles env £ 65-75 avec petit déj. En plein centre-ville (un peu bruyant en journée), cette

guesthouse moderne et fonctionnelle propose une dizaine de chambres simples et sans charme, mais impeccables et de bon confort, qui ont l'avantage de donner pour la plupart sur la rivière (certaines disposent même d'un balcon). Café-snack au rez-de-chaussée, bien pratique pour dépanner. Accueil sympathique.

Où manger ?

De bon marché à prix moyens (plats £ 5-18 ; 7-24 €)

|●| *Damascus Drum Cafe :* 2, Silver St. ☎ 07-707-856-123. Juste derrière la Tower Mill. Tlj sf dim 10h-17h (22h ven-sam). Un petit café-librairie à la déco hétéroclite et intemporelle, où tout Hawick aime à se retrouver à l'heure du *lunch.* Soupes, bagels, paninis, *mezze,* etc., sont

tout simples mais préparés à base de produits locaux... Le patron, un parfait routard, a su créer une atmosphère conviviale, chaleureuse, un rien bohème. Idéal donc pour un déjeuner rapide.

|●| *Sergio's :* ☎ 370-094. Juste à côté de Bridgehouse. Tlj sf dim-lun. L'intérieur est quelconque, mais l'endroit a bonne réputation à Hawick. Cuisine italienne honnête, avec son cortège de grands classiques. Le midi, formules copieuses à prix imbattables.

LE SUD

Où dormir ? Où manger dans les environs ?

🛏 |●| *The Horse and Hound Country Inn :* à *Bonchester Bridge,* à 6 miles (10 km) à l'est de Hawick ; la route qui y mène est superbe. ☎ 860-645. Double env £ 65 ; ½ pens intéressante. Plats £ 7-15 ; un peu moins cher le midi. Auberge de campagne au cadre rustique (poutres en chêne, rangées de chopes au-dessus du comptoir...), proposant une dizaine de chambres pas

immenses mais très coquettes, tout confort, et équipées pour certaines de douche-balnéo ! Vraiment idéal pour se détendre après une journée de randonnée. De plus, charmant accueil et bonne petite cuisine servie dans une salle de resto champêtre. Sans oublier le joli choix de bières ! Un super rapport qualité-prix (surtout si l'on opte pour le forfait demi-pension).

À voir. À faire

🎭 🚶 *The Borders Textile Towerhouse :* 1, Tower Knowe. ☎ 377-615. Tt au bout de la rue principale, en face de la Tower Mill. Avr-oct : lun-sam 10h-16h30, dim 12h-15h ; nov-mars : tlj sf mar et dim 10h-16h. GRATUIT. Ce joli musée retrace l'histoire locale du textile et du tissage de la laine, de l'artisanat familial à la haute couture en passant par l'industrialisation. Au rez-de-chaussée, historique du bâtiment (c'est la plus ancienne bâtisse de la ville). Au 1er étage, évocation de la fabrication du tissu en général et de l'apparition des premières manufactures, tandis que le 2e étage est dédié à la création contemporaine. Également une section de peinture, et une belle boutique avec articles de jeunes créateurs.

🎭 🚶 *Wilton Lodge Park :* Wilton Park Rd. Ouv du lever au coucher du soleil. GRATUIT. Grand parc faisant office à la fois de jardin botanique et d'espace de loisirs. On y trouve également le *Hawick Museum* (galerie d'art proposant aussi une expo permanente sur Jimmie Guthrie et Steve Hislop, coureurs moto originaires de la ville).

🍴 *Hawick Cashmere Visitor Centre :* Arthur St. ☎ 371-221. ● hawickcashmere. com ● Lun-sam 9h30-17h. GRATUIT. Fabrique (et bien sûr... boutique) de tricots, où l'on peut assister, à travers une vitre, au processus de fabrication des vêtements *Hawick Cashmere*. Prix d'usine, mais c'est tout de même très cher.

DANS LES ENVIRONS DE HAWICK

🍴 *Hermitage Castle* (HES) : à 12 miles (20 km) au sud de Hawick, par la B 6399. ☎ (01387) 376-222. Avr-sept : tlj 9h30-17h (dernière entrée). Entrée : £ 4,50 ; réduc. Austère place forte médiévale isolée dans un décor de landes, Hermitage Castle est un lieu à la mémoire chargée de tragédies. C'est entre ses murs puissants que Marie Stuart vint rendre visite à son futur mari blessé. Il n'y a plus grand-chose à voir à l'intérieur, mais, avec un peu de chance et de persévérance, vous croiserez peut-être le fantôme de la maison, le familier d'un seigneur que les gens du coin ont trucidé pour sorcellerie.

🍴 Au sud du joli village de *Newcastleton,* on peut infléchir sa route vers l'ouest et Langholm, et aborder la région de Dumfries et Galloway.

SELKIRK   5 700 hab.   IND. TÉL. : 01750

Au nord de Hawick, par l'A 7, le bourg royal de Selkirk est connu pour ses cordonniers qui confectionnèrent les godillots de l'armée de Bonnie Prince Charlie. Dans ses murs est né l'explorateur du fleuve Niger, Mungo Park. Walter Scott, qui fut shérif du comté pendant une trentaine d'années, a sa statue face au tribunal. *Common Riding* très couru (c'est le cas de le dire) le deuxième vendredi de juin, pour commémorer un certain Fletcher, seul rescapé de la bataille de Flodden Fields (1513) et qui, de désespoir, jeta sur la place du Marché l'étendard pris aux Anglais.

Arriver – Quitter

En bus

➤ Le bus n° 95 assure une liaison régulière avec *Hawick* et *Édimbourg* (2h de trajet) ; ttes les 30 mn. Le n° 72 fait la liaison avec *Melrose,* quasi ttes les heures.

Adresse utile

🛈 *Visitor Information Centre :* Halliwell's House. ☎ 200-54. Avr-oct : lun-sam 11h-16h, dim 12h-15h.

Où dormir ?

🛏 *B & B Hillholm, Mrs Hannah :* 36, Hillside Terrace. ☎ 212-93. À l'entrée du village en venant de Hawick. Double env £ 65. Petite maison typiquement britannique, toute fleurie et parfaitement alignée sur ses jumelles. Chambres coquettes, aux couleurs douces, confortables (salles de bains attenantes ou sur le palier) et impeccablement tenues. Presque un cliché ! La rue n'est guère fréquentée la nuit, mais si l'on est sensible au bruit, choisir une chambre donnant sur l'arrière.

Où manger ?

|●| The Selkirk Deli : *High St. Ouv en journée. Bien pour un déj léger pour moins de £ 4.* Un petit *deli* proposant toutes sortes de sandwichs, de soupes, de milk-shakes. Voir les suggestions du jour au tableau. Très simple, mais ça dépanne bien. Quelques tables sur place.

|●| Taste of Spice : *3, Market Pl.* ☎ *202-10. Tlj. Repas £ 10-15.* Le resto indien classique avec son lot d'habitués. Les assiettes sont toujours copieuses, la cuisine de qualité et le service convenable.

|●| Philipburn House Hotel : *de l'autre côté de la rivière en venant de Hawick, à env 800 m du centre, sur la route de Peebles.* ☎ *207-47. Carte « bistrot » : plats £ 10-18. Carte « resto » plus chère et sans intérêt.* Si l'on n'est pas fan de la déco intérieure, plutôt impersonnelle, il fait vraiment bon manger au jardin, au milieu des fleurs. Cuisine traditionnelle sans surprise mais convenable. Ambiance décontractée sous des faux airs guindés.

Achats

Pour ceux qui auraient manqué celles de Hawick, on trouve aussi, à Selkirk, quelques boutiques de lainages et de tweed.

⬟ **Lochcarron of Scotland :** *Waverley Mill, Rogers Rd.* ☎ *726-025.* ● *lochcarron.com* ● *À la sortie de la ville, dans un ancien quartier industriel réhabilité en zone commerciale, en direction de Galashiels (A 7). En principe, lunven 8h-17h (16h ven). Visites guidées possibles lun-jeu 10h30, 11h30, 13h30, 14h30.* Si vous deviez ne visiter qu'un seul magasin d'usine, que ce soit celui-là ! Tweeds et tartans (plus de 700 !) y sont déclinés à l'infini, du modèle le plus traditionnel à la création la plus moderne, la plus décalée ; preuve que la tradition est bien vivante ! Les prix sont intéressants même si ça reste très « haut de gamme » (il leur arrive de fournir Vivienne Westwood, Paul Smith ou Jean-Paul Gaultier !). On y trouve de tout : des coupons bradés pour patchworks, du tissu au mètre, des sacs à main, des écharpes, des kilts, des fins de série, etc., et même la possibilité de se faire faire un modèle sur mesure.

À voir

🏃 **Halliwell's House Museum :** *dans le même bâtiment que l'office de tourisme.* ☎ *200-54. Avr-oct : lun-sam 10h-17h (16h oct), dim 11h-15h. GRATUIT.* Jolie reconstitution d'une ancienne quincaillerie avec sa collection d'objets usuels, évocation des activités de cordonnerie dans le secteur, et expo retraçant l'histoire du bourg, dont la célèbre bataille de Flodden.

🏃 **Sir Walter Scott's Courtroom :** *Market Pl.* ☎ *207-61. Tt près de l'office de tourisme. Mars-oct : lun-ven 10h-16h, sam 11h-15h (plus dim 11h-15h mai-août). Fermé nov-avr. GRATUIT.* Reconstitution grandeur nature de la *Town House*, à l'endroit même où elle fut construite en 1803, et où sir Walter Scott a rendu justice pendant une trentaine d'années. Quelques mannequins en tenue dans le tribunal illustrent sa vie de « shérif » (c'est-à-dire de juge), tandis qu'une poignée de vitrines évoquent sa carrière d'écrivain.

DANS LES ENVIRONS DE SELKIRK

🎯🎯 🛶 ***Bowhill House and Countrypark :*** *à 3 miles (env 5 km) à l'ouest de Selkirk.* ☎ *222-04.* ● *bowhill.org* ● *Visites guidées de la résidence à Pâques, en juil (tlj), en août et sept (w-e slt) ttes les 30 mn, 13h-15h (dernière visite). Parc ouv fin mars-fin sept tlj sf mar (tlj en juil-août), 10h-17h. Visite guidée :* £ 10 *;* £ 4,50 *pour le parc seul ; réduc.* Résidence des Borders de la famille Montagu-Douglas-Scott, ducs de Buccleuch et de Queensberry. Aménagée au début du XIXᵉ s par le quatrième duc, dit « Old Q ». De silhouette un peu sévère, la propriété est magnifiquement située sur une hauteur au confluent de la Yarrow et de l'Ettrick. Elle comblera d'aise les amateurs de beaux meubles et de décoration raffinée. Marqueterie hollandaise, porcelaine de Sèvres, brocarts, meubles recouverts d'Aubusson, cabinet Boulle. À remarquer, des tapisseries de Mortlake et des toiles de très grande valeur : Léonard de Vinci *(La Dame au dévidoir),* Holbein, Canaletto, Guardi, Claude Lorrain, Gainsborough et Reynolds. Les portraits proviennent de l'atelier de Van Dyck, très en vogue à la cour des Stuart. Une pièce est consacrée à sir Walter Scott, un pote du quatrième duc. C'est grâce à Walter Scott, qui avait convaincu le roi George IV de porter la tenue des Highlands lors de sa visite en Écosse, que la mode du kilt fut lancée. Dans le parc, jeux pour enfants.

🍽 ☕ Salon de thé sur place, pour le *lunch* ou le *teatime.*

➤ Le long de la rivière Yarrow, la route A 708, qui conduit vers Saint Mary's Loch, prend déjà des airs de Highlands en moins haut. Par la B 709, on rejoint la vallée de la Tweed au milieu des landes et des moutons.

MELROSE   1 600 hab.   IND. TÉL. : 01896

S'étalant au pied de la triple couronne des Eildon Hills, Melrose est l'une des bourgades les plus mignonnes des Borders grâce, notamment, aux ruines de son abbaye en pierre... quasi rose. Elle a aussi l'avantage de se trouver sur deux sentiers de grande randonnée : le *Southern Upland Way* (long de 340 km) et le *Saint Cuthberts Way,* qui commence ici et s'achève 100 km plus loin, à Lindisfarne. Très touristique en été.

Arriver – Quitter

En bus

➤ Le bus nᵒ 67 de la compagnie *Perryman's* assure la liaison avec les villages de ***Kelso, Coldstream*** et jusqu'à ***Berwick*** en Angleterre. Pour ***Berwick,*** on peut également prendre le nᵒ 60, via ***Duns.*** Enfin, le nᵒ 68 dessert ***Jedburgh*** (ttes les heures).

➤ Avec *First,* prendre le nᵒ 62 ou le nᵒ 95 pour ***Peebles*** et ***Édimbourg,*** ttes les 30 mn à 1h. Le nᵒ 72 fait la liaison avec ***Selkirk*** quasi ttes les heures.

Adresses utiles

ℹ ***Visitor Information Centre :*** *Abbey St ; en face de l'abbaye.* ☎ *822-283.* ● *melrose.bordernet. co.uk* ● *Tlj 10h (12h dim)-16h. Fermé dim nov-mars.*

■ *Location de vélos :* ***Active Sports,*** *Chain Bridge Cottage, Annay Rd.*

Où dormir ?

Camping

⋉ **Gibson Park :** *High St.* ☎ 822-969. ● *caravanclub.co.uk* ● *À Melrose même, non loin du centre. Ouv slt de mi-mai à mi-sept pour les tentes. Forfait pour 2 env £ 16-19.* Pratique mais pas très champêtre. Seulement une dizaine d'emplacements pour les tentes, isolés au fond du site. Tarifs excessifs, mais c'est le seul camping de la ville.

Prix moyens (£ 50-85 ; 60-102 €)

🛏 **B & B Braidwood :** *Buccleuch St.* ☎ 822-488. ● *braidwoodmelrose.co. uk* ● *Doubles env £ 60-65.* À deux pas de l'abbaye, un *B & B* nickel et très accueillant. 4 chambres doubles, dont une mansardée, mignonnes comme tout et possédant chacune sa propre salle de bains (attenante ou non).

Où dormir dans les environs ?

Camping

⋉ **Thirlestane Caravan Park :** *derrière le château de Thirlestane, à env 12 miles (20 km) au nord de Melrose et à moins de 1 km au sud de Lauder, par l'A 68.* ☎ *(01578) 718-884.* ● *thirlesta necastlepark.co.uk* ● *Avr-sept. Forfait pour 2 env £ 14.* Pas très bien équipé et sans ombre mais mignon, et prix correct pour une étape.

De prix moyens à chic (£ 50-125 ; 60-150 €)

🛏 **Binniemyre Guesthouse :** *Abbotsford Rd.* ☎ 757-137. ● *binniemyre guesthouse.co.uk* ● *Juste un peu avt Galashiels (côté gauche de la route) en venant de Melrose. Doubles sans ou avec sanitaires privés £ 60-80.* Avec ses tourelles photogéniques, cette grande demeure victorienne ne manque pas de prestance. Les chambres de bon confort sont toutefois très classiques, sauf si l'on envisage de loger dans l'ancienne chapelle, prévue pour accueillir jusqu'à 7 personnes. Mais il faudra alors partager les lieux avec le fantôme de la maison ! Très jolie salle à manger et agréable salon. Accueil sympathique.

🛏 **Clint Lodge :** *Abbey St, à Saint Boswells.* ☎ 822-027. ● *clintlodge. co.uk* ● *À env 4 miles (6 km) au sud-est de Melrose ; de Saint Boswells, prendre la B 6404 puis, au bout de 2,5 km env, la B 6356 sur la gauche ; le Clint Lodge se situe 1,5 km plus loin. Double env £ 120. Table d'hôtes le soir sur résa env £ 35.* Élégante demeure située au bord d'une petite route paisible qui domine toute la région. Parfait, vraiment, pour les routards plutôt à l'aise dans leur budget et qui cherchent un lieu de charme. Les chambres, vastes, sont toutes personnalisées, un brin rétro et dotées de superbes salles de bains. Vraiment classe ! Certaines profitent d'une vue géniale sur la campagne environnante. Jardin et salon-véranda pour se relaxer.

Où manger à Melrose et dans les environs ?

De bon marché à prix moyens (plats £ 5-18 ; 6-22 €)

|●| **Russell's Restaurant :** *28, Market Sq. Tlj sf dim-lun 9h30-17h.* Joli salon de thé à la déco classique, impeccable pour sa petite restauration tout aussi classique le midi (sandwichs, salades et plats simples), mais bien aussi pour un thé et un gâteau sur le coup de 16h. Sans prétention.

|●| **Marmions Brasserie :** *Buccleuch St.* ☎ 822-245. *Tlj sf dim.* Fort bonne cuisine, imaginative et variée, dans le cadre plaisant d'un bistrot chaleureux (boiseries claires, miroirs

et rayonnages pour les bouteilles au-dessus du comptoir). Carte réduite le midi, axée principalement sur les sand-wichs, *baked potatoes* et autres en-cas à petits prix, auxquels s'ajoutent les plats du jour. Une très bonne adresse.

|O| Burts Hotel : *Market Sq.* ☎ *822-645.* Cette table assez chic est connue pour sa cuisine de terroir élaborée avec les meilleurs produits d'Écosse. *Lunch* à prix doux, à déguster au choix côté pub, à l'atmosphère cosy et feu-trée, ou à l'arrière, au jardin. Délicieux *fish & chips.* Une valeur sûre.

|O| Buccleuch Arms : *The Green, à Saint Boswells.* ☎ *(01835) 822-243.*

À env 3 miles (5 km) au sud par l'A 68, au carrefour de la B 6404. Tlj jusqu'à 21h. Dans une grande bâtisse de caractère, c'est la belle auberge de campagne... mais dans un registre totalement dépoussiéré ! Car le *Buc-cleuch Arms* est bien ancré dans son temps : la cuisine de terroir est soignée et préparée avec d'excellents produits locaux, tandis que la déco fait dans le bistrot néovintage, avec son mobilier hétéroclite, ses bibelots de récup et son fond sonore jazzy. Très chaleureux, comme l'accueil ! Côté pub, c'est plus classique et très cosy : impeccable pour un burger ou un *pie* à prix doux.

Où boire un verre ?

🍷 Ship Inn : *East Port. Fermé janv-fév.* Le pub le plus animé de la ville, surtout le samedi soir, lorsque l'équipe de rugby locale a joué *at home.* Ambiance garantie !

À voir

🏯🏯🏯 Melrose Abbey *(HES) :* ☎ *822-562. Tlj 9h30-17h30 (10h-16h oct-mars). Dernière entrée 30 mn avt fermeture. Entrée :* £ *5,50 ; réduc. Audioguide en français compris.* En 1136, à l'instigation de David Ier, les moines cisterciens de Rievaulx y bâtirent une première église. Ravagée par les Anglais en 1385, elle fut reconstruite au XVe s et devint la plus riche abbaye d'Écosse. On dit que le cœur de Robert the Bruce y est enterré... Quoi qu'il en soit, les fanas d'architecture se régaleront à détailler les sculptures décoratives et admireront le transept sud et sa remarquable fenêtre finement ciselée en gothique perpendiculaire. Les autres tomberont tout simplement sous le charme de ces majestueuses ruines à la curieuse couleur ocre rose, et s'amuseront à repérer les gargouilles humoristiques et le petit cochon joueur de cornemuse sur le toit du côté sud de la nef. Pour terminer, le site comprend éga-lement un petit musée renfermant quelques collections lapidaires, ainsi qu'une série d'objets d'époque romaine découverts lors des fouilles dans le secteur.

🏯 Priorwood Garden *(NTS) :* à *côté de l'abbaye.* ☎ *0844-493-22-57. Avr-oct : tlj 10h (13h dim)-17h ; nov-Noël : lun-sam 10h-16h ; janv-mars : mar-sam 11h-16h ; fermé pdt les fêtes de fin d'année. GRATUIT ; donation bienvenue.* Beau jardin qui privilégie les fleurs à sécher et les différentes variétés de pommes. Également un petit coin pique-nique.

🏯 Harmony Garden *(NTS) :* à *côté du* Priorwood Flower Garden. *Mêmes horaires que pour le* Priorwood Garden. Celui-ci présente un agréable mélange de plantes herbacées, de fruits et de légumes.

À faire

➤ Du centre, il ne faut marcher que 5 km pour atteindre l'un des sommets des *Eildon Hills.* Solide grimpette, parcours fléché et panorama sur la région à 400 m d'alti-tude. Pour l'itinéraire, demander la brochure à l'office de tourisme. De nombreuses anecdotes se rattachent à ces « pics » d'origine volcanique, liés à la légende du roi Arthur et au mystérieux alchimiste Michael Scott (le Scotto de *L'Enfer* de Dante).

Manifestation

– *Melrose Rugby Sevens :* *le 2e sam d'avr.* Le rugby à 7, au contraire de sa version classique à 15, fut inventé à Melrose en 1883. Au programme, tournois de rugby, évidemment. C'est l'événement de l'année...

DANS LES ENVIRONS DE MELROSE

🎿🎿🎿 *Abbotsford House :* *sur la B 6360, à 3,5 miles (5,6 km) de Melrose vers Galashiels.* ☎ *752-043.* ● *scottsabbotsford.com* ● *Visitor Centre ouv tte l'année, tlj 10h-17h (16h nov-mars). Maison et jardins ouv avr-oct tlj 10h-16h (dernière entrée), mars et nov 10h-15h. Entrée : gratuite pour le* Visitor Centre*, £ 9 pour le site ; jardins seuls £ 3,60 ; réduc.* C'est à quelque distance de la ferme de ses grands-parents que sir Walter Scott, l'un des plus fameux hérauts de la littérature écossaise, acquit un petit domaine qu'il métamorphosa en quelques années en une extraordinaire résidence de fantaisie de style « baronial », idéalement située au bord de la Tweed.

Avant d'aller découvrir ce site surprenant (audioguidé avec beaucoup d'humour par l'écrivain lui-même !), arrêt obligatoire au *Visitor Centre,* une vaste bâtisse contemporaine bien intégrée dans le paysage. Une exposition à la muséographie moderne et soignée retrace avec brio l'enfance, puis toute la carrière de Walter Scott, illustrée par différentes vitrines renfermant des effets personnels, des premières éditions et des documents d'époque. Très complet.

Walter Scott vécut ici de 1812 à 1832 et y écrivit la majorité de ses 40 romans. Depuis, rien n'a bougé : le hall délirant décoré de blasons, d'armures et de trophées de chasse, le cabinet de travail, la bibliothèque avec ses 9 000 livres, la collection d'objets insolites, l'armurerie...

En sortant, on profite du superbe parc qui comprend trois jardins clos de toute beauté.

🎿🎿 *Dryburgh Abbey (HES) :* *à env 5 miles (8 km) à l'est de Melrose (près de Saint Boswells), par la B 6404.* ☎ *(01835) 822-381. Tlj 9h30-17h dernière entrée ; 15h30 oct-mars (et parfois fermé pdt l'heure du déj). Entrée : £ 5,50 ; réduc.* Superbe cadre bucolique pour ces majestueuses ruines au creux d'un méandre de la Tweed. Fondée par les prémontrés au XIIe s, l'abbaye fut tour à tour la proie des flammes et des guerres, dont la dernière, en 1544, la laissa en piteux état. En dehors de la salle du chapitre restaurée et du bâtiment conventuel qui renferme une collection lapidaire, on se balade essentiellement dans les imposants vestiges de l'église et du cloître. Sir Walter Scott est inhumé dans ce bel endroit, qui appartenait à sa famille. On le comprend : une pelouse où broutent des moutons, égayée par le gazouillis des oiseaux, c'est le repos éternel garanti. Il y est d'ailleurs en compagnie de la dépouille du maréchal Haig, commandant des troupes britanniques en France de 1915 à 1918.

🎿🎿 *Scott's View :* *à env 4 miles (6 km) à l'est de Melrose.* Un petit détour par la B 6356 pour aller se repaître du paysage préféré du romancier. Le panorama des méandres de la Tweed embrasse aussi les Eildon Hills et les paysages typiques des Borders. Superbe le soir, quand la lumière commence à décliner. Un vrai tableau !

🎿🎿 *Thirlestane Castle :* *dans les environs de Lauder, sur l'A 68, vers Édimbourg.* ☎ *(01578) 722-430.* ● *thirlestanecastle.co.uk* ● *Mai-sept : mar-jeu et dim 10h-15h (17h pour les jardins). Prix : £ 8 ; réduc.* Vaut surtout pour son aspect extérieur : un agglomérat de tours rondes et carrées autour d'un donjon central, le tout surmonté de toits pointus. On se croirait presque devant un château de conte de fées. Malheureusement, on déchante à l'intérieur, le mobilier étant banalement victorien. Promenez-vous donc le nez en l'air pour regarder les plafonds tarabiscotés. On peut se contenter de rester dehors. Aire de jeux et de pique-nique.

LE SUD

PEEBLES

8 000 hab.   IND. TÉL. : 01721

Autrefois cité ecclésiastique, puis centre de l'industrie textile, Peebles est désormais la dernière ville d'importance en remontant la vallée de la Tweed. C'est aussi le point de départ de nombreuses balades à faire dans la magnifique nature qui l'environne, notamment dans les forêts de Cardrona et Glentress. Une bonne étape pour se restaurer, se ravitailler, louer des vélos ou tout simplement se renseigner.

Arriver – Quitter

En bus

➤ Le bus n° 62 assure la liaison avec *Melrose* (ttes les heures) et *Édimbourg* (ttes les 30 mn).

Adresses utiles

🅸 *Visitor Information Centre :* High St. ☎ 0845-225-51-21. Lun-sam 9h-17h (17h30 juil-août), dim 11h-15h (16h juil-août). Fermé dim janv-mars. Expos temporaires à l'étage.
■ *Location de vélos : The Hub, au* *parking du* Mountain Biking *Centre de* *Glentres Forest (à 3 km de Peebles en* *direction de Melrose).* C'est un des spots les plus réputés du pays pour le VTT, totalisant plus de 60 km de pistes aménagées.

Où dormir ?

Campings

⚠ *Rosetta Holiday Park : Rosetta Rd.* ☎ *720-770.* ● *rosettaholidaypark.* *com* ● *À env 1 km au nord du centre.* *Ouv avr-oct. Env £ 12-24 pour 2.* Calme et bien situé, dans un joli cadre face aux collines, avec des lapins et des écureuils qui s'ébattent sur la pelouse. Attention, pas d'ombre dans les espaces réservés aux tentes. Bien organisé et équipé : épicerie, bar, salle de jeux, salon TV, ping-pong et billard.
⚠ *Crossburn Caravan Park : sur la* *route d'Édimbourg, là encore au nord* *de la ville.* ☎ *720-501.* ● *crossburnca* *ravans.co.uk* ● *Avr-oct. Forfait pour 2* *env £ 20.* Au bord d'un bras de la Tweed, des emplacements convenables mais en coude-à-coude. Boutique avec nécessaire de camping, ping-pong, jeux d'arcades et *patting* (version élémentaire du golf).

Prix moyens (£ 50-85 ; 60-102 €)

🛏 *Rowanbrae B & B, Mrs O'Hara :* *103, Northgate.* ☎ *721-630.* ● *abouts* *cotland.com* ● *Dans une petite rue en* *cul-de-sac à 5 mn à pied au nord de la* *rue principale. Double env £ 65.* Dans une maison en pierre toute mignonne, avec une rivière juste derrière. Jolies petites chambres très bien tenues, chacune avec salle de bains privée (attenante ou sur le palier). Bon petit déj varié, avec de bonnes confitures et marmelades maison. Bref, un bon choix, d'autant que l'accueil est très sympathique.

Où dormir dans les environs ?

🛏 *Drochil Castle Farmhouse : à* *7 miles (11 km) à l'ouest de Peebles.* ☎ *752-249.* ● *drochilcastle.co.uk* ● *Prendre l'A 72 direction Glasgow,* *puis, au bout de 7 miles (11 km), la* *petite route à droite vers West Lin-* *ton ; la ferme est un peu plus loin* *sur la gauche. Doubles sans ou avec sdb env £ 60-75.* Une grande maison blanche perchée sur une butte à côté d'un château en ruine. Petite rivière en contrebas et, tout autour, des collines pleines de moutons. Tranquillité assurée ! À l'intérieur, 5 jolies chambres, impeccablement tenues, dont 3 qui se partagent 2 salles de bains (un bon ratio, donc). Excellent accueil des propriétaires, attentifs et généreux. Petit déj varié servi dans une véranda lumineuse ouvrant sur le superbe paysage. Une très bonne adresse.

🏠 *Torview House B & B :* **Lyne**
Station. ☎ 740-255. ● torviewhouse.co.uk ● À 3 miles (5 km) de Peebles par l'A 72 en direction de Glasgow, tourner à gauche dans Lyne Station, puis traverser le pont étroit : la maison est juste après. Doubles avec sdb env £ 70-80. Arran n'en est pas à son premier B & B et n'a donc rien laissé au hasard en aménageant cette vaste maison moderne, plantée dans un beau jardin : salon cosy pour les hôtes, chambres contemporaines soignées, salles de bains pimpantes (sèche-cheveux...). Du sur mesure !

Où manger ?

Bon marché
(plats £ 5-10 ; 6-12 €)

|●| *Coltman's :* 71, High St. ☎ 720-405. Tlj 10h-17h (22h jeu-sam). Formules très bon marché à emporter. Plus cher le soir. Séduisante épicerie fine aux effluves gourmands ! Soupes, salades, quiches et sandwichs du jour ne manquent pas d'originalité et se dégustent à l'une des quelques tables disposées entre les rayonnages, ou dans une salle coquette à l'arrière de la boutique. Délicieux ! Si vous êtes en fonds, revenez le soir pour découvrir une cuisine à prix « chic » mais fraîche, soignée et savoureuse.

De prix moyens à chic
(plats £ 8-25 ; 10-30 €)

|●| *The Prince of India :* 86, High St. ☎ 724-455. Tlj. La cuisine est bonne, la carte variée, et, comme tous les restos indiens, ça ferme tard. Cadre un peu chargé mais agréable, ce qui ne gâche rien.

|●| *Tontine :* High St. ☎ 720-892. Tlj. Les locaux apprécient à juste titre la cuisine traditionnelle de cet hôtel-restaurant. Simple, très correcte et copieuse, elle se déguste de préférence côté bar, où l'atmosphère est conviviale, plutôt que dans la grande salle à manger un peu formelle. Service efficace et sympathique.

|●| *Sunflower Restaurant :* 4, Bridge-gate. ☎ 722-420. Juste derrière High St, presque à l'angle de North-gate. Lun-sam 12h-15h, plus jeu-sam 18h-21h. Menu £ 22. L'une des bonnes tables du secteur, à l'atmosphère décontractée et conviviale. On savoure une belle cuisine de terroir, contemporaine, métissée et ensoleillée, dans un cadre agréable, misant sur le bois clair. Très connu également pour ses spécialités végétariennes.

|●| *Osso :* Innerleithen Rd. ☎ 724-477. Dans le prolongement de High St en direction de Galashiels. Tlj sf dim soir et lun soir. C'est tout petit et cosy : on se sent bien dans ce bistrot où le chef ne cuisine qu'avec de bons produits. Le matin, on avale sur le pouce un café bio et une viennoiserie ; le midi, on se régale d'un sandwich ou d'une salade ; et le soir, dans une atmosphère plus chic, on découvre une cuisine locale revisitée au goût du jour et joliment mise en scène.

Où boire un verre ?

🍷 *Crown Hotel :* High St. Pub indémodable dont le parquet, la boiserie et la bonne humeur en font un lieu incontournable. Les amateurs de bonnes bières se trouveront vite des copains.

LE SUD

DANS LES ENVIRONS DE PEEBLES

🦌🦌 *Dawyck Botanic Garden :* à 8 miles (13 km) au sud-ouest de Peebles, sur la B 712. ☎ 760-254. ● rbge.org.uk ● Avr-sept : tlj 10h-18h ; mars et oct : tlj 10h-17h ; fév et nov : tlj 10h-16h. Dernière entrée 1h avt fermeture. Entrée : £ 6,50 ; réduc. L'un des quatre jardins botaniques royaux d'Écosse. Et on ne s'en lasse pas. Superbe variété d'arbres et d'arbustes, notamment des conifères vieux de plus de 300 ans.

🦌 *Robert Smail's Printing Works* (NTS) : 7-9, High St, à **Innerleithen.** ☎ (01896) 830-206. À 6 miles (env 10 km) à l'est de Peebles sur la Tweed. Fin mars-fin oct : ven-lun 11h (13h dim)-17h. Entrée : £ 6,50 ; réduc. Pour les passionnés d'histoire des techniques, intéressant atelier d'imprimerie du XIXe s. Après la visite des anciens bureaux et de la salle des typographes, démonstration de fabrication d'un journal avec des machines en parfait état de marche.

🦌🦌 *Traquair House :* à proximité d'Innerleithen, en bordure de la B 709, à env 7 miles (11 km) de Peebles. ☎ (01896) 830-323. ● traquair.co.uk ● Avr-oct : tlj 11h-17h (16h en oct) ; nov : slt le w-e 11h-15h. Fermé déc-mars. Entrée : £ 9 ; £ 4,50 pour les jardins slt ; réduc. Demander le livret de visite en français. La plus ancienne demeure seigneuriale d'Écosse encore habitée est une adresse prisée : pas moins de 27 monarques anglais et écossais y sont venus ! Le dernier en date fut Bonnie Prince Charlie ; après quoi, le proprio de l'époque fit sceller les grilles de l'entrée d'honneur (la porte aux Ours). On ne les rouvrira que lorsqu'un Stuart remontera sur le trône de Grande-Bretagne ! Comme ça ne risque pas d'arriver de si tôt, on passe par la porte de service. Le manoir a un look vraiment féodal avec ses bâtiments un peu sévères flanqués de tours d'angle, édifiés autour du donjon d'origine. Résidence du baron Darnley qui y accueillit Marie Stuart, et bastion du catholicisme et du parti jacobite, on peut y voir des correspondances et des documents historiques de première importance. Parmi les curiosités, un lit à baldaquin où dormit Marie et le berceau de son fils, le futur roi Jacques VI. Passages et placards secrets (dont celui qui permettait au prêtre de fuir), bibliothèques, chambres, salle à manger, chapelle privée, dépendances et une brasserie traditionnelle jalonnent aussi la visite, agrémentée de collections de costumes anciens, de meubles et de porcelaines. Un superbe parc pour finir... On raconte que l'on y croise parfois le fantôme de Lady Louisa Stuart, la sœur du dernier comte de Traquair, morte vierge dans sa centième année...

DUMFRIES ET GALLOWAY

Moins fréquentée que les Borders, car moins dans l'axe d'Édimbourg, cette région du sud-ouest de l'Écosse a pourtant, elle aussi, quelques bonnes raisons de détourner le voyageur de sa course effrénée vers les Highlands. Vous y trouverez autant de châteaux et de richesses historiques que chez sa voisine « orientale », avec en plus un rivage très découpé de multiples baies aux fortes marées et un arrière-pays encore sauvage, composé de landes et de bruyères. La forêt de Galloway ravira les marcheurs, et certains coins feront irrésistiblement penser au bocage normand et aux côtes bretonnes. N'hésitez pas à consacrer un peu de temps à cette contrée qui le mérite. Elle vous le rendra.
– Infos utiles sur ● *visitdumfriesandgalloway.co.uk* ●

Comment se déplacer dans Dumfries et Galloway ?

En bus

– *Traveline :* ☎ *0871-200-22-33.* ● *travelinescotland.com* ● *Infos sur les horaires de bus.*
Plusieurs compagnies assurent les services de bus :
■ *Stagecoach West Scotland :* ☎ *(01387) 253-496 (bureaux de Dumfries).* ● *stagecoachbus.co.uk/western* ●
■ *MacEwan's Coach Service :* ☎ *(01387) 266-528.*
■ *King of Kirkcowan :* ☎ *(01671) 830-284.* ● *kingscoachhire.com* ●

En train

Le sud-ouest de l'Écosse possède un réseau ferroviaire plutôt performant, notamment grâce à l'agglomération de Glasgow, jamais très loin. La région est traversée par 2 lignes principales : une vers Ayr et Stranraer avec correspondance en ferry pour l'Irlande ; une autre vers Dumfries et l'Angleterre. Les trains partent de la gare de Glasgow Central.
– *Scotrail :* ☎ *0330-303-0111.* ● *scotrail.co.uk* ● *Pour les rens sur les horaires.*

LE SUD

WANLOCKHEAD   140 hab.   IND. TÉL. : 01659

À 500 m d'altitude, le village le plus haut perché d'Écosse s'est développé grâce à l'exploitation du minerai de plomb, principalement entre le début du XVIIIe s et le milieu du XXe s. Il en reste de nombreux vestiges, que la commune a entrepris de faire visiter au gré d'un parcours adaptable en fonction de ses envies. C'est aussi un étonnant petit bout du monde, où ne poussent que bruyères et fougères et où le

L'ENVERS DU DÉCOR

Qui pourrait croire que dans cet environnement si bucolique et paisible se déroulent des épreuves si extrêmes ? À la mi-juillet, une course dans la boue (tough mudder) *avec 9 000 participants est organisée par les commandos britanniques au château de Drumlanrig, non loin de Wanlockhead. Au total, 12 miles de souffrance et de dépassement de soi. Réjouissez-vous, le concept est arrivé en France ! Infos sur :* ● *themudday.com* ●

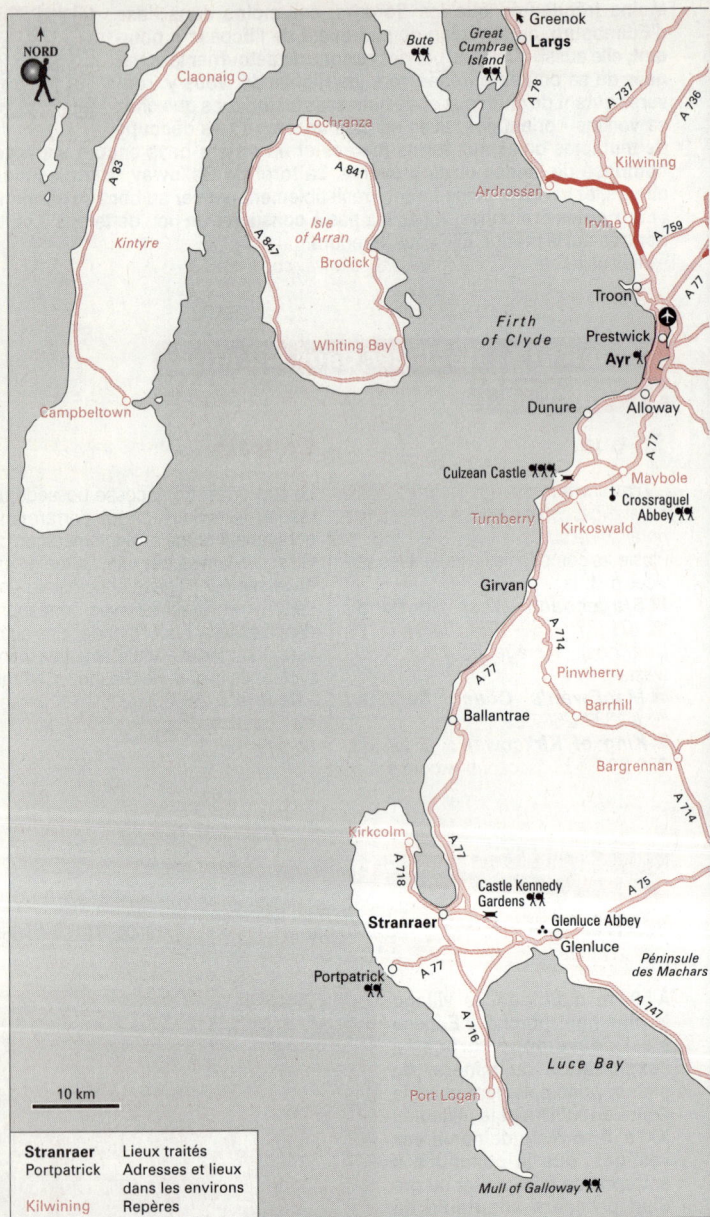

LE SUD

NORD

Claonaig

Lochranza

A 841

A 83

A 847

Kintyre

Isle of Arran

Brodick

Whiting Bay

Campbeltown

Bute

Great Cumbrae Island

Greenok

Largs

A 78

A 737

A 736

Kilwining

Ardrossan

Irvine

A 759

Troon

A 77

Prestwick

Ayr

Firth of Clyde

Dunure

Alloway

Culzean Castle

Maybole

Crossraguel Abbey

Turnberry

Kirkoswald

A 77

Girvan

A 714

Pinwherry

Barrhill

Ballantrae

Bargrennan

A 714

Kirkcolm

A 718

A 77

Castle Kennedy Gardens

A 75

Stranraer

Glenluce Abbey

Glenluce

Péninsule des Machars

Portpatrick

A 77

A 716

A 747

Luce Bay

Port Logan

Mull of Galloway

10 km

Stranraer   Lieux traités
Portpatrick   Adresses et lieux
                        dans les environs
Kilwining   Repères

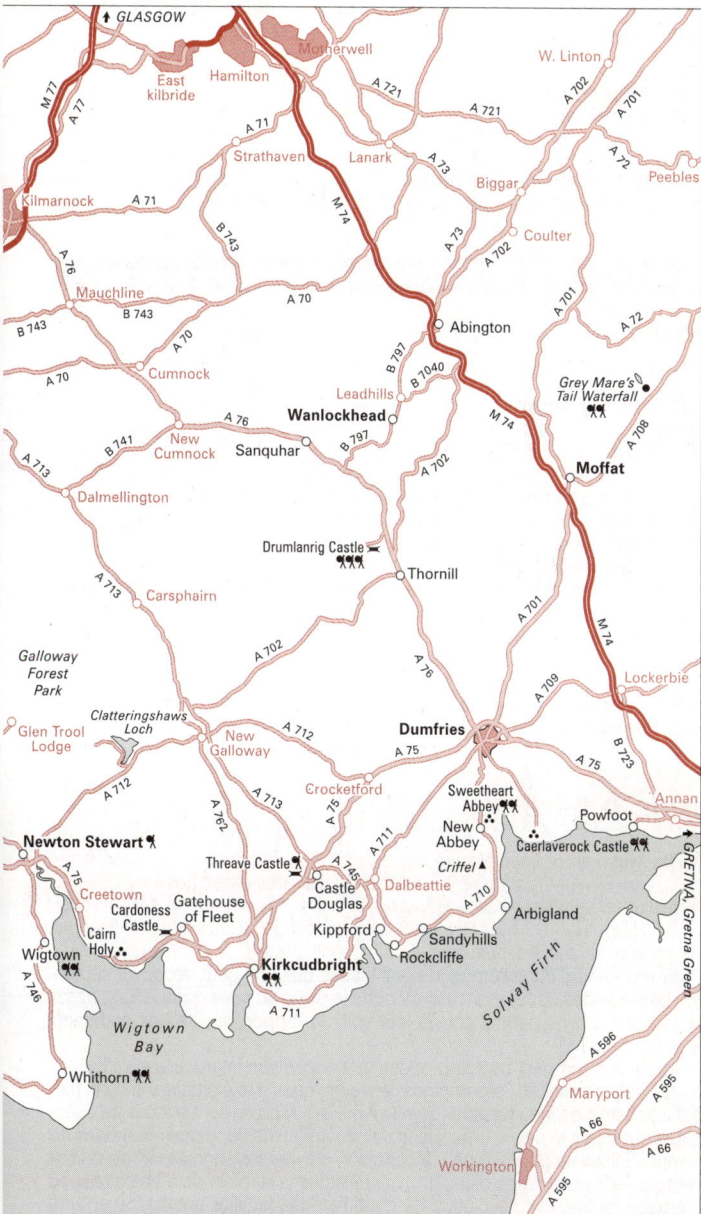

↑ GLASGOW

M 77
A 77
East kilbride
Hamilton
Motherwell
W. Linton
A 721
A 721
A 702
A 701
Kilmarnock
A 71
A 71
Strathaven
Lanark
A 73
Biggar
A 72
Peebles
B 743
Mauchline
B 743
M 74
A 73
Coulter
A 702
A 76
A 70
A 70
Abington
A 701
A 72
B 743
B 743
A 70
B 797
B 7040
Grey Mare's Tail Waterfall
A 70
Cumnock
Leadhills
Wanlockhead
M 74
A 708
B 741
New Cumnock
A 76
Sanquhar
B 797
Moffat
A 713
Dalmellington
A 702
Drumlanrig Castle
Thornill
A 701
M 74
A 713
Carsphairn
A 702
A 76
A 709
Lockerbie
Galloway Forest Park
Clatteringshaws Loch
New Galloway
A 712
Dumfries
A 75
B 723
Glen Trool Lodge
A 712
A 713
A 762
Crocketford
A 75
A 711
Sweetheart Abbey
New Abbey
Powfoot
Caerlaverock Castle
Annan
GRETNA Gretna Green
Newton Stewart
A 75
Creetown
Threave Castle
A 745
Castle Douglas
Dalbeattie
A 710
Arbigland
Cardoness Castle
Gatehouse of Fleet
Kippford
Sandyhills
Rockcliffe
Wigtown
Cairn Holy
A 746
Kirkcudbright
A 711
Solway Firth
Wigtown Bay
Whithorn
A 596
Maryport
A 595
A 66
A 66
Workington
A 595

LA RÉGION DE DUMFRIES ET GALLOWAY

calme est rompu par les seuls bêlements des moutons. La nature alentour est superbe et propice à de belles balades.

Arriver – Quitter

➤ **Wanlockhead-Sanquhar :** le n° 221 de *Stagecoach* (6-8 bus/j.), dans les 2 sens (moitié moins dim).

Compter 25 mn de trajet. La route est magnifique et traverse une nature véritablement sauvage.

Où dormir à Wanlockhead et dans les environs ?

Camping

⚐ **Lettershaws Farm :** à 2 miles d'**Abington,** en direction de Wanlockhead. ☎ (01864) 502-369. ● letters haws.com ● Forfait pour 2 env £ 6,50. Isolée en pleine campagne, une aire naturelle de camping au confort rudimentaire (un champ, un bloc sanitaire et basta !). Sur place, pas grand-chose à faire, à part profiter du superbe panorama. Pour les amateurs de grands espaces ! Prévoyez une petite laine, les nuits sont fraîches à cette altitude.
⚐ Sinon, **camping sauvage** toléré un peu partout dans le défilé.

Prix moyens (£ 50-85 ; 60-102 €)

🏠 **B & B chez Mrs Clark :** 4, Baron's Court, à **Sanquhar.** ☎ 503-61. Sur l'A 76 entre Dumfries et Kilmarnock ; à 9 miles env (14,5 km) au sud-ouest de Wanlockhead. Dans une impasse piétonne donnant sur la rue principale, sur la gauche en venant de Dumfries, peu après la Public Library. Double avec sdb env £ 60. Josephine Clark propose 2 chambres modestes (1 double et 1 twin, cette dernière étant accessible par un escalier un peu raide), se partageant un petit salon. Rien d'extraordinaire, mais la simplicité et la chaleur de l'accueil changent des autres B & B souvent très professionnalisés. Bien pour une étape.

À voir. À faire

🚶🚶 **The Museum of Lead Mining :** ☎ 743-87. ● leadminingmuseum.co.uk ● Avr-sept : tlj 11h-16h (dernière entrée) ; en saison, départ des visites ttes les 30 mn env. Entrée pour l'ensemble des sites (le musée, les mines, le cottage et la bibliothèque) : env £ 8,50 ; sinon env £ 3,50-4,50 par site (mine et cottage ou musée et bibliothèque) ; 10 % de réduc en présentant le billet du Drumlanrig Castle (voir plus loin) ; réduc.
Il s'agit en réalité d'un ensemble de petits sites que l'on peut découvrir séparément. La durée des visites étant assez courte (environ 30 mn à chaque fois), mieux vaut prendre le billet permettant de tout voir, au rapport qualité-prix nettement plus intéressant.
En introduction, un petit musée propose une exposition instructive sur l'histoire minière de Wanlockhead : ses origines, les techniques d'exploitation, la construction d'un chemin de fer pour acheminer le minerai... Mais ce sont surtout les visites guidées qui valent la peine, organisées aux quatre coins du village : tour dans les anciennes mines (le plus sympa... à condition d'éviter les sandales et de prévoir la petite laine !), découverte d'engins miniers exposés en plein air, d'un cottage où l'on retrace rapidement l'évolution du quotidien des familles entre 1750 et 1910 et, enfin, de la *Miner's Library.* Avec un supplément, les amateurs peuvent même s'essayer à la recherche de pépites d'or à la manière des prospecteurs, mais c'est un peu cher pour ce que c'est.
🍴 *Tearoom* où l'on peut manger, juste à côté du musée.

LE SUD

🥾 👫 ***The Leadhills & Wanlockhead Railway :*** ● leadhillsrailway.co.uk ● *Ouv w-e Pâques-fin sept, 11h-17h. Tarif : £ 4 ; réduc.* À 500 m au-dessus du niveau de la mer, il s'agit du petit train le plus haut de Grande-Bretagne. 25 mn de promenade dans ce paysage minier quasi lunaire.

DANS LES ENVIRONS DE WANLOCKHEAD

🥾🥾🥾 👫 ***Drumlanrig Castle :*** à **Thornhill.** ☎ (01848) 331-555. ● drumlanrig.com ● *À 10 miles (16 km) de Sanquhar par l'A 76 et à 14 miles (22,4 km) de Wanlockhead. Visite guidée du château Pâques, puis juil-août tlj 11h-16h (dernière admission) ; parc ouv avr-sept tlj 10h-17h. Entrée : £ 10 ; £ 6 pour le parc seul ; 10 % de réduc en présentant le billet de The Museum of Lead Mining de Wanlockhead ; réduc. Livret de visite en français. Nombreux événements et manifestations.*

C'est au centre d'un immense domaine de bois et de prairies que trône ce château, ou plutôt cette petite folie de palais en pierre rose, édifiée vers 1679 par le premier duc de Queensberry.

HAUT LES CŒURS !

Si Mel Gibson a décidé d'accoler le surnom de Braveheart à son héros William Wallace, la réalité historique est tout autre. Il s'agit en fait de sir James Douglas, fervent partisan du roi d'Écosse Robert the Bruce. À la mort de celui-ci, Douglas mit le cœur de son ami dans un coffret d'argent et partit en guerre en Espagne, accomplissant ainsi le vœu de Robert. Or, Douglas fut mortellement blessé pendant la bataille. Juste avant de mourir, il lança le cœur de Robert en criant « Forward Braveheart ! » (littéralement : « En avant, cœur brave ! »). C'est, depuis, la devise de la famille, d'où ces cœurs ailés que l'on peut observer un peu partout dans le château de Drumlanrig...

Écœuré par le coût de la construction, celui-ci, dit-on, n'y passa qu'une seule nuit ! Mais qu'importe, vous avez devant vous un compromis habile entre l'architecture régionale traditionnelle (les tours d'angle) et le style Renaissance (façade principale précédée de terrasses et d'un escalier en fer à cheval). Passant par succession aux Scott et Montagu, il s'enrichit au fil du temps de mobilier précieux et de remarquables toiles. Parmi les principaux chefs-d'œuvre, on distingue la *Vieille Femme lisant,* de Rembrandt, un *Portrait de Sir Nicholas Carew,* de Hans Holbein, ou la *Duchesse de Montagu,* par Gainsborough. Au registre des curiosités, notons, au gré des nombreuses pièces que comprend la visite, une étonnante tête de bélier empaillée, des tapisseries de Bruxelles, la cassette abandonnée (vide !) par Bonnie Prince Charlie lorsqu'il passa la nuit dans l'une des chambres en 1745, et un cabinet offert par Louis XIV à son oncle par alliance, Charles II.
– Petit *musée de la Bicyclette* dans les écuries (amusant, avec des vélos de toutes les époques, dont un grand bi, et de vieilles publicités du Tour de France) et aires de jeux dans le parc pour les enfants.

🍽 Nul besoin de courir pour le *lunch,* d'autant plus que Drumlanrig se trouve loin de tout. Le salon de thé aménagé dans les anciennes et majestueuses cuisines du château propose de bons plats du jour, ainsi que les classiques soupes et sandwichs... Pâtisseries maison pour le *teatime.*

MOFFAT

2 100 hab.   IND. TÉL. : 01683

Centre agricole, foire aux moutons et ancienne ville thermale, Moffat s'avère une étape tranquille et agréable, à proximité immédiate de la M 74.

Le centre-ville est coquet et animé, et on y trouve quelques jolies boutiques dont la plus ancienne pharmacie d'Écosse. Les paysages environnants sont magnifiques. Possibilité de bifurquer vers les Borders. Au cimetière est enterré l'ingénieur John Loudon Mac Adam, l'inventeur du revêtement routier qui porte son nom.

Arriver – Quitter

Seul le bus permet de se rendre à Moffat car, malgré la ligne de train toute proche, la première gare se trouve à Lockerbie !

➤ Depuis **Lockerbie,** prendre le bus n° 380 ; service assuré par *Stagecoach.* Env 9 fois/j. (4 slt le dim).

➤ Le bus *Stagecoach* n° X74a assure 4 trajets/j. avec **Dumfries.** Le n° X74 assure 7 fois/j. la ligne **Dumfries-Glasgow** via Moffat.

➤ Prendre le bus n° 100 ou 101 avec *Stagecoach* pour **Édimbourg.** 4 bus/j.

Adresse utile

🛈 *Informations touristiques : dans le Moffat Mill, Ladyknowe, juste avt la place principale en arrivant du sud.* ☎ *220-134. Tlj 9h-17h (18h juil-août).*

Cette immense boutique dispose d'un comptoir bien fourni en cartes et brochures. En revanche, pas vraiment d'accueil.

Où dormir ?

Camping

⚑ **Moffat Camping & Caravan Site :** à 5 mn du centre à pied. ☎ 220-436. ● campingandcaravanningclub.co.uk/moffat ● Forfait pour 2 env £ 13-20. Parfait pour faire étape à Moffat. Le terrain est bien ouvert sur les collines environnantes et possède toutes les commodités de base. Prix un peu exagérés, mais c'est le seul camping du village.

Prix moyens (£ 50-85 ; 60-102 €)

🛏 **Queensberry House :** 12, Beechgrove ; à 200 m du centre. ☎ 220-538. ● queensberryhouse.com ● Doubles env £ 70-75. Vous trouverez dans cette coquette maison de jolies chambres confortables (salle de bains nickel et literie de qualité), une ravissante petite salle pour le petit déj et un salon pour les hôtes avec la carafe de sherry en bonne place pour les amateurs de digestif. Accueil souriant et attentif.

🛏 **Summerlea House :** *Eastgate.* ☎ *220-476.* ● *moffattown.com* ● *Mars-oct. Double avec sdb env £ 60.* Mignonne petite façade rose et fleurie située derrière High Street, dans l'angle d'une rue très calme. À l'intérieur, 3 chambres coquettes, colorées, très bien tenues. Agréable salon prolongé par la salle du breakfast, donnant sur un jardinet fleuri. Un excellent rapport qualité-prix, d'autant que l'accueil est gentil comme tout.

🛏 **Hartfell House :** *Hartfell Crescent.* ☎ *220-153.* ● *hartfellhouse.co.uk* ● *Légèrement à l'écart du centre. Double avec sdb env £ 75.* Cette adresse se trouve être également le meilleur resto de Moffat (voir plus loin *The Limetree Restaurant*). Dans une rue calme et résidentielle, une belle maison de caractère datant de 1850, lumineuse avec ses grandes baies vitrées et ses bow-windows. 7 chambres, plus cossues que charmantes, tout à fait confortables. *Full Scottish breakfast* tout bonnement exceptionnel.

Où manger ?

Bon marché
(plats £ 5-10 ; 6-12 €)

|●| Cafe Ariete : *10, High St.* ☎ *220-313. Tlj 9h-17h.* Tables en marbre blanc et vieilles affiches publicitaires placardées aux murs... en français ! Avec cette agitation à l'heure du repas, on se croirait dans une petite brasserie parisienne. Délicieux et sympathiques en-cas genre salades, sandwichs, *baked potatoes,* le tout servi dans une ambiance familiale. Propose aussi de bons gâteaux, des glaces et du vrai café.

Chic (plats £ 15-25 ; 18-30 €)

|●| The Limetree Restaurant : *Hartfell Crescent.* ☎ *220-153. Tlj sf dim-lun. Résa conseillée. Menu env £ 30.* L'adresse est très prisée car c'est la table gastronomique du secteur, un rien bourgeoise. Recettes créatives utilisant des produits de première qualité, façon nouvelle cuisine.

À voir

🏛 **Moffat Museum :** *The Neuk.* ☎ *220-868.* ● *moffatmuseum.co.uk* ● *Au fond d'une venelle donnant dans la rue principale, face à l'église. Ouv Pâques-sept, tlj sf mer 10h45 (13h15 dim)-16h15. GRATUIT.* Dans l'ancienne boulangerie du village et dans une maison voisine, modeste musée historique avec évocation de la vie religieuse, à la ferme, des thermes, du bowling, du curling (deux sports locaux)...

DANS LES ENVIRONS DE MOFFAT

🏛🏛 **The Grey Mare's Tail Waterfall** *(NTS) :* *à 15 miles (24 km) de Moffat par l'A 708 direction Selkirk. Accès libre, mais parking payant.* Spectaculaire chute d'eau de plus de 60 m. À l'origine, une vallée glaciaire. Les plus courageux suivront le chemin qui permet de découvrir l'amont et d'autres chutes jusqu'au superbe petit loch Skeen (compter 1h). Vous pouvez aussi apporter votre canne à pêche, c'est libre et gratuit. Merci au lecteur qui nous a filé le tuyau ! Sur place, en saison, « point I » du *National Trust* avec présentation de la faune et de la flore, et même une vidéo permettant d'observer les faucons.

DUMFRIES   31 000 hab.   IND. TÉL. : 01387

● Plan *p. 195*

Ville la plus importante du Sud-Ouest, arrosée par la Nith et ses cascades. Centre piéton commerçant animé en journée jusqu'à 17h. Le soir, pas un chat dans les rues, un peu tristoune ! On y trouve l'un des rares *Marks & Spencer* du sud de l'Écosse, ouvert le dimanche (comme la plupart des commerces), ainsi qu'un grand supermarché *Morrisons.* Ce qui fait de Dumfries une halte stratégique pour ceux qui veulent faire le plein de produits britanniques. Le souvenir de Robert Burns, le barde écossais qui y passa ses dernières années, y est fiévreusement entretenu.

Arriver – Quitter

En bus

🚌 **Gare routière** (plan A2) : *Whitesands.* Certains bus partent également de la gare ferroviaire.

➤ Avec *Stagecoach*, le bus n° X74a assure 4 liaisons/j. avec **Moffat.** Pour **Newton Stewart** et **Stranraer,** prendre le n° 500 ou le n° X75. Une dizaine de bus/j. ; moins fréquents dim. Le n° X74 assure la liaison avec **Glasgow** (2h de trajet) avec un arrêt à **Moffat.** Pour **Carlisle** (1h30 de route) en Angleterre, prendre le bus n° 79 ; ttes les 30 mn.

➤ Enfin, *Stagecoach* opère 7 fois/j. un service, bus n° 100 pour **Édimbourg** (2h45 de voyage).

En train

🚆 **Gare ferroviaire** (plan B1) : *à 5 mn à pied à l'est du centre.*
➤ Une dizaine de trains/j. pour **Glasgow Central.** Compter 1h30 de trajet. Moins fréquent dim. Davantage de trains pour **Carlisle** (à 40 mn) en Angleterre.

Adresse utile

🛈 **Visitor Information Centre** (plan A2) : *64, Whitesands.* ☎ 253-862. ● *visitdumfriesandgalloway.co.uk* ●

Lun-sam 9h30-17h ; en été : lun-sam 9h-17h30, dim 11h-16h.

Où dormir ?

Camping

⛺ **Barnsoul Caravan & Camping :** *non loin de Shawhead* (fléché), *à env 6 miles (10 km) à l'ouest de Dumfries par l'A 75.* ☎ (01557) 814-351. ● *barnsoulcaravanpark.co.uk* ● *Forfait pour 2 env £ 15. Loue également des wigwams env £ 35 pour 2, plus £ 4/pers (jusqu'à 6 pers).* Camping en pleine campagne, entre vaches et moutons. Bien organisé, très bien équipé (sanitaires corrects, cuisine à dispo, laverie) et calme garanti. Idéal pour pêcheurs et randonneurs, avec des plans d'eau sur le site et une belle nature tout autour. Accueil aux petits soins des proprios qui sont aussi de bon conseil.

Prix moyens (£ 50-85 ; 60-102 €)

🛏 **Inverallochy Guesthouse** (plan B1, 10) : *15, Lockerbie Rd.* ☎ 267-298. ● *inverallochy.com* ● *Double avec sdb env £ 60.* Non loin du centre et de la gare, dans une jolie petite maison de ville, 2 chambres doubles très soignées, parfaitement équipées et réalisées dans de jolis tons. Si c'est complet, n'hésitez pas à aller chez la fille de la sympathique propriétaire, dont le *B & B Lochenlee Guesthouse,* situé dans une rue paisible à deux pas, dispose de chambres contemporaines élégantes au confort irréprochable (● *lochenlee.co.uk* ● *Doubles env £ 60-65).*

🛏 **Hazeldean Guesthouse** (plan B1, 11) : *4, Moffat Rd.* ☎ 266-178. ● *hazeldeanhouse.com* ● *Double avec sdb env £ 65.* Élégante maison victorienne dans un quartier résidentiel. Chambres impeccables d'un excellent niveau de confort (belles salles de bains, méga TV à écran plat...), à la déco thématique très (très) chargée mêlant bibelots, tapis et froufrous. Certaines possèdent même un lit à baldaquin ! Quant au petit déj, il est servi dans une véranda lumineuse donnant sur le jardin fleuri. Une adresse des plus cosy, qui doit son originalité à la passion du sympathique propriétaire pour les antiquités.

DUMFRIES

	Adresse utile		21	Cavens Arms
8	Visitor Information Centre		22	Hullabaloo
	Où dormir ?	**Y**		**Où boire un verre ?**
			30	Globe Inn
10	Inverallochy Guesthouse			
11	Hazeldean Guesthouse	**✹**		**À voir**
			40	Burns Statue
	Où manger ?		41	The Old Bridge House
20	Old Bank Restaurant			

Où manger ?

De bon marché à prix moyens (plats £ 5-18 ; 6-22 €)

Old Bank Restaurant *(plan A2, 20)* : 94, Irish St. ☎ 251-880. *Lun-sam 9h-16h30.* Un *tearoom* à la déco chargée bien britannique, offrant une restauration très simple et légère le midi, du genre *baked potatoes,* paninis et plat du jour. On vient surtout pour les *scones,* desserts et gâteaux qui font la réputation du lieu.

Cavens Arms *(plan A2, 21)* : 20, Buccleuch St. ☎ 252-896. *Tlj sf lun.*

LE SUD

Bonne cuisine de pub, copieuse et sans surprise, servie dans un cadre chaleureux mêlant papier peint à motifs, boiseries et banquettes confortables. Un classique, plébiscité par les locaux.

I●I **Hullabaloo** (plan A2, **22**) : à l'étage du Robert Burns Centre. ☎ 259-679.

Tlj sf dim soir et lun soir. Résa conseillée. On s'installe dans un couloir en brique, percé de petites fenêtres donnant sur la rivière. Agréable. La cuisine, plutôt éclectique, aux accents largement méditerranéens, est copieuse et bien réalisée. L'un des meilleurs endroits où se restaurer à Dumfries !

Où dormir ? Où manger dans les environs ?

Camping

⚐ **Queensberry Bay :** à **Powfoot.** ☎ (01461) 700-205. ● queensberrybay. co.uk ● À 29 miles (47 km) au sud de Moffat, par la M 74, en allant vers Gretna Green. Forfait pour 2 £ 11-18. Un peu venteux, mais quel site ! Beaucoup de mobile homes privés, mais les tentes et les touristes restent néanmoins les bienvenus, regroupés sur une bande de gazon déroulée sur la berge. Superbe ! Épicerie, aire de jeux et miniferme pour les enfants.

Chic
(£ 85-125 ; 115-170 €)

🛏 I●I **Powfoot Golf Hotel :** *Links Ave,* à **Powfoot.** ☎ (01461) 700-254.

● *thepowfootgolfhotel.co.uk* ● À 29 miles (47 km) au sud de Moffat, par la M 74, en allant vers Gretna Green. Doubles £ 70-150. Snacks et plats £ 6-20. Pour les inconditionnels de la vue sur mer, voici une adresse sur mesure. La petite maison de bord de plage a été agrandie, devenant un hôtel d'un certain standing où il fait bon vivre, les yeux tournés vers l'Angleterre et la Queensberry Bay. Toutes les chambres (de très bon confort, les plus chères avec balnéo) ne disposent pas de la vue, mais chacun peut profiter du salon cosy à l'étage, ouvert sur une large terrasse panoramique. Honnête cuisine traditionnelle que l'on peut déguster derrière une grande baie vitrée ou, dehors, sur de grandes tables en bois.

Où boire un verre ?

🍷 **Globe Inn** (plan A2, **30**) : *56, High St (accès par un passage).* C'est ici que le poète-paysan Burns avait ses aises. Quelques gravures commémorent le passage de cet hôte prestigieux, mais pour le reste, c'est un pub traditionnel classique avec son lot d'habitués.

À voir

🗡 Tous les **lieux liés à Robert Burns,** si le cœur vous en dit. Au programme (circuit disponible au *Visitor Information Centre*) : le *Burns Mausoleum (plan B2)* où lui, sa femme et cinq de ses proches sont enterrés ; la **Burns Statue** *(plan A2,* **40***),* le *Robert Burns Centre (plan A2),* dans un moulin à eau restauré de l'autre côté de la rivière...

🗡 **The Old Bridge House** (plan A2, **41**) : *avr-sept, tlj 10h (14h dim)-17h. GRATUIT.* La plus vieille maison de la ville (1660). Auberge au XVIIe s, on y voyait traîner... devinez qui ? Robert Burns ! À présent, on peut y voir du matériel de chirurgien dentaire du XIXe s (brrr...), ainsi que les reconstitutions d'une cuisine et d'une chambre, et toutes sortes d'objets de la vie quotidienne.

🗡 🚶 **Dumfries Museum** (plan A2) : *derrière le* Robert Burns Centre, *sur une colline.* ☎ 253-374. *Avr-sept : tlj 10h (14h dim)-17h ; oct-mars : mar-sam 10h-13h, 14h-17h ; dim 14h-19h. Entrée gratuite, mais accès payant pour la camera obscura.*

(avr-sept slt) : £ 3. Moulin à vent et ses dépendances aménagés pour abriter des collections relatives à l'histoire (et préhistoire) de la région. Joli musée, agencé à l'ancienne mode, avec un joyeux et touchant bric-à-brac où l'on verra aussi bien des vestiges archéologiques que des instruments de mesure, ou encore des costumes et des animaux empaillés. Au dernier étage, la *camera obscura* : un jeu de miroirs qui permet, surtout par beau temps, de produire des vues panoramiques spectaculaires des environs. Toutes les pièces sont d'origine. Totalement magique bien qu'absolument scientifique...

DANS LES ENVIRONS DE DUMFRIES

🏃 *The Twelve Apostles* (Les Douze-Apôtres) : *à 1 mile (1,6 km) au nord par la B 729. Pas facile à trouver, se faire expliquer l'accès par l'office de tourisme car aucune indication sur place.* Le cercle de menhirs le plus important d'Écosse, qui ne compte d'ailleurs que 11 pierres. D'après la légende, on aurait escamoté le 12e menhir puisqu'il s'agit de celui de Judas ! Pour les motivés.

🏃🏃🏃 🏃 *Drumlanrig Castle* : *à 17 miles (27 km) au nord de Dumfries par l'A 76. Voir plus haut « Dans les environs de Wanlockhead ».*

🏃🏃 *Caerlaverock Castle* (HES) : *à 7 miles (11 km) au sud de Dumfries par la B 725.* ☎ 770-244. Tlj 9h30-17h (dernière entrée) ; 10h-16h oct-mars. Entrée : £ 5,50 ; réduc. Construite vers 1270, Caerlaverock est le prototype de la forteresse médiévale : larges douves, porte au corps de garde flanqué de deux grosses tours, meurtrières, créneaux et mâchicoulis se reflétant dans l'eau. Une vraie carte postale ! À l'intérieur, changement de registre, puisqu'on découvre les vestiges conséquents d'un corps de logis Renaissance décoré de motifs héraldiques, plus adapté aux goûts et aux besoins de la noblesse aux XVIe et XVIIe s. Dans les dépendances, à côté du salon de thé, petite expo sur l'époque médiévale (les blasons, la féodalité...), et film sur le siège (très équitable) de 1300 conduit par plus de 3 000 Anglais contre une garnison de quelques dizaines d'Écossais.
N.B. : *Caerlaverock* signifie « nid d'alouette ».

🏃 *Caerlaverock Nature Reserve* : *à 8 miles (13 km) au sud de Dumfries par la B 725.* Marécages et prés-salés recouverts par la marée. L'habitat de milliers de canards et d'une espèce d'oie bernache. Circuit fléché à suivre, à pied, à vélo, voire en voiture. Tout au long de l'estuaire, passerelles et points d'observation. Pittoresque village de *Glencaple.*

🏃 *Gretna Green* : *à 25 miles (40 km) à l'est de Dumfries par l'A 75. Bus n° 79.*
Un lieu bien connu de tous les romantiques... La légende débute en 1754, lorsqu'une nouvelle loi fut votée par le Parlement anglais, interdisant le mariage en dehors de l'Église et fixant l'âge légal à 21 ans. La législation écossaise, plus favorable, se contentait de deux témoins pour conclure le mariage pour un âge légal à 16 ans. Une aubaine ! Les jeunes couples ne tardèrent pas à fuir l'Angleterre pour se marier dans le premier village au-delà de la frontière, en l'occurrence Gretna. Par hasard, l'une des premières habitations après la frontière était une forge... Le forgeron a rapidement endossé le rôle du pasteur, et l'enclume est devenue l'emblème de la célébration. Un coup de marteau concluait la cérémonie ! Cette pratique a pris fin en 1940 avec l'introduction des officiers d'État pour rendre le mariage légitime. Toutefois, la loi, assouplie en 1977 puis en 2002, a rendu les mariages à nouveau possibles, et l'on vient aujourd'hui de loin pour bénéficier des facilités administratives accordées aux futurs candidats. Pas moins de 5 000 mariages sont célébrés chaque année à Gretna, dont 1 500 dans la forge historique ! Le film *Les Grandes Vacances,* avec Louis de Funès, évoque cette tradition de Gretna Green.

– L'histoire est bien évidemment évoquée en détail dans cette fameuse forge, le *Famous Blacksmith's Shop* : ☎ *(01461) 338-441.* ● *gretnagreen.com* ● *Tlj 9h-18h (17h oct-mars). Entrée : £ 3,50.* L'exposition, en partie traduite en français, se révèle plutôt ludique car pleine d'anecdotes rocambolesques. Quelques petites reconstitutions permettent d'évoquer le contexte de l'époque, et, clou de la visite, on peut même contempler l'enclume mythique ! Mais le plus étonnant, c'est tout de même de croiser tous ces couples qui font la queue pour se marier. Surréaliste ! En revanche, on peut regretter que des malins aient exploité le filon à outrance en ouvrant des boutiques attrape-touristes en pagaille...

LA ROUTE CÔTIÈRE DE DUMFRIES À KIRKCUDBRIGHT

La route côtière A 710/A 711 de Dumfries à Kirkcudbright offre de magnifiques perspectives sur le *Solway Firth* et ses immenses étendues de sable découvertes à marée basse (un peu comme au Mont-Saint-Michel). De petits ports adorables, des criques rocheuses et une campagne pleine de charme donnent envie de s'y attarder.

➤ Le bus n° 372 de *Stagecoach* assure la desserte le long de la côte par l'A 710 jusqu'à Dalbeattie. Ensuite, c'est le n° 505 qui continue jusqu'à Kirkcudbright par l'A 711.

🏃🏃 *Sweetheart Abbey* (HES) : à *New Abbey*. ☎ *(01387) 850-397. Avr-oct : tlj 9h30-17h30 ; oct-mars : tlj sf jeu-ven 10h-16h. Dernière admission 30 mn avt. Entrée : £ 4,50 ; réduc.* La beauté du site provient, entre autres, du contraste entre la pierre rose des importantes ruines de l'église abbatiale et le vert tendre des pelouses qui l'entourent. Pour info, nul besoin de payer pour profiter de ce site grandiose : on le voit parfaitement de l'extérieur !

🍵 Salon de thé juste en face (voir plus loin « Où manger dans le coin ? »).

> ### DE BATTRE MON CŒUR...
>
> *Lady Devorgilla, femme de John Balliol (le prétendant au trône d'Écosse), fonda l'abbaye en 1273, avec l'aide des cisterciens. Le monument a pris le nom de Sweetheart Abbey (« cœur-chéri »), car elle y est enterrée avec le cœur embaumé de son cher époux, qu'elle trimbala avec elle tout au long de ses 16 années de veuvage.*

🏃 *New Abbey Corn Mill* (HES) : ☎ *(01387) 850-260. Mêmes horaires et prix que la* Sweetheart Abbey. Ce splendide moulin à eau a été entièrement restauré, et avec la manière. Le mécanisme d'origine a été reconstitué scrupuleusement et, en fonction de la disponibilité du personnel et du niveau des eaux (car il n'y a pas d'apport d'énergie en dehors de la roue à aubes !), on peut assister en saison à la mouture du grain d'avoine. Le reste du temps, on se console avec une petite vidéo de présentation, avant de découvrir le site librement.

🏃 *John Paul Jones Cottage :* à *Arbigland, accessible par une petite route mal entretenue qui part de Kirkbean (panneaux).* ☎ *(01387) 880-613.* ● *jpj.demon. co.uk* ● *Avr-sept : tlj sf lun 10h-17h (tlj juil-août). Entrée : £ 4,50 ; réduc.* C'est dans cette toute petite maison, face à la mer, que John Paul Jones, le fondateur de l'US Navy, est né en 1747. Histoire de sa vie, reconstitution d'une cabine de son bateau et description de la vie au XVIIIe s dans le cottage. Pour les insatiables.

🏃 Passé la masse granitique du Criffel (569 m) et la grande plage de Sandyhills, *Rockcliffe* est un coquet petit village de vacances au bord d'une crique rocheuse et en face d'une île où les oiseaux sont protégés par le *National Trust of Scotland*. Petit look breton. Ça souffle !

⚔️ *Kippford,* que l'on peut rejoindre par un sentier au départ de Rockcliffe, est un joli port de plaisance très fréquenté, dans l'estuaire de l'Urr. Très séduisant : rochers, petites criques et collines verdoyantes dominant l'estuaire. Comme le coin nous a paru vraiment sympa et le cadre idéal, on vous a dégoté quelques adresses (voir plus loin « Où dormir ? Où manger dans le coin ? »).

⚔️🍴 *Threave Garden and Estate* (NTS) : *à la sortie de **Castle Douglas** par la B 736, au sud-ouest de la ville. ☎ 0844-493-22-45. Parc ouv avr-oct : tlj 10h-17h ; hors saison : ven-dim slt 11h-15h (tlj nov à mi-déc) ; visite guidée de la maison avr-oct slt sur résa : les mer, ven et dim à 11h30 et 13h30. Dernière entrée 30 mn avt fermeture. Fermé de mi-déc à début janv. Entrée : £ 12,50 ; réduc ; jardins seuls £ 7,50.* Très paysager, un superbe domaine de 26 ha de forêts où s'entremêlent jardins thématiques, plans d'eau et serres pour les espèces les plus fragiles. La meilleure époque pour les visiter est le début du printemps, au moment de la floraison des narcisses et des jonquilles. On peut, en saison, visiter l'intérieur du manoir, de style « baronial » et entièrement meublé. Sinon, on se contentera de la petite expo sur la faune et la flore présentée dans les anciennes écuries. Cafétéria et aire de jeux pour les enfants.

⚔️ *Threave Castle* (HES) : *à 3 miles (5 km) à l'ouest de **Castle Douglas** (indiqué depuis l'A 75), sur une île de la rivière Dee. ☎ 07711-223-101. Le château est accessible par un bac. Avr-oct : tlj 10h-16h30 (dernière traversée ; 15h30 en oct). Fermé nov-mars. Entrée : £ 4,50 ; réduc.* Une petite visite insolite au parfum d'aventure, puisque, pour parvenir au château, il faut d'abord suivre un sentier à travers champs pendant près de 1 km, puis sonner la cloche sur la berge pour attirer l'attention du passeur qui viendra vous chercher ! Car cette grosse tour somme toute modeste, construite fin XIVe s par Archibald le Sinistre, a pour principal intérêt d'occuper un îlot inondable perdu en pleine nature, où les cygnes, loutres et autres rapaces abondent. Très sympa.

⚔️ *Orchardton Tower* (HES) : *à 5 miles (8 km) de Dalbeattie par l'A 711, en direction d'Auchencairn ; c'est fléché sur la gauche. GRATUIT.* Une bien curieuse tour en pierre, isolée en pleine campagne. Datant du milieu du XIVe s, il s'agit d'un habitat fortifié unique en son genre. Son plan est circulaire et non en forme de Z, L ou T habituellement observée en Écosse. L'un de ses occupants fut un certain Sir Robert Maxwell, un jacobite militant capturé à la bataille de Culloden. Plus tard, ce personnage aurait inspiré le romancier Walter Scott dans *Guy Mannering*. Aujourd'hui, l'ensemble est bien restauré, et on peut accéder au chemin de ronde par un escalier étroit aux marches bien raides. Ambiance !

⚔️ *Dundrennan Abbey* (HES) : *à env 7 miles (11 km) avt Kirkcudbright, sur l'A 711. ☎ (01557) 500-262. Avr-sept : tlj 9h30-17h (dernière entrée). Fermé oct-mars. Entrée : £ 4,50 ; réduc.* Merveilleuse simplicité empreinte de paix et de majesté pour ces ruines cisterciennes qui virent Marie Stuart y faire halte lors de sa fuite vers l'Angleterre. Là encore, parfaitement visible de l'extérieur, d'autant qu'il ne reste pas grand-chose en dehors des imposants vestiges de la nef.

Où dormir dans le coin ?

Campings

⛺ *Sandyhills Bay Leisure Park :* en bord de mer, juste à côté de la plage de *Sandyhills.* ☎ (01557) 870-267. ● gillespie-leisure.co.uk ● Ouv avr-oct. Forfait pour 2 env £ 14-19. Petit et très agréable, dans un site splendide ouvert sur des falaises enserrant une belle plage. Équipements de base, mais vous y trouverez néanmoins un magasin de dépannage et un snack.

⛺ *Kippford Holiday Park :* sur une colline à 0,6 mile (moins de 1 km) *de la plage, juste avt la petite route pour Kippford (en venant de Sandyhills).* ☎ (01556) 620-636. ● *kippfordholidaypark.co.uk* ● *Tte l'année. Forfait pour 2 env £ 20-24.* Très plaisant, vallonné et verdoyant, avec plein de recoins tranquilles semi-ombragés. Boutique. Possibilité de pêcher.

De prix moyens à chic (£ 50-125 ; 60-150 €)

⌂ *Rosemount Guest House :* à *Kippford, sur le front de mer.* ☎ *(01556) 620-214.* ● *rosemountguesthouse.com* ● *Fév-oct. Doubles £ 60-90.* Dans une maison dotée d'une agréable véranda face à la mer, 3 chambres classiques décorées

dans un style sobre et moderne, dont 1 suite profitant d'une vue géniale depuis son salon indépendant. Également 1 familiale dans une annexe à l'arrière de la maison. Accueil sympathique.

⌂ |●| *The Anchor Hotel :* à *Kippford, sur le port.* ☎ *(01556) 620-205.* ● *anchorhotelkippford.co.uk* ● *Double £ 70, familiale env £ 100. Snacks et plats £ 5-17.* Une poignée de chambres modernes, impeccables et tout confort au-dessus du pub (la familiale dispose d'un lit double et d'un lit superposé), la plupart avec une belle vue sur l'estuaire. Terrasse très agréable sur le port et 2 salles traditionnelles à l'intérieur. Classique cuisine de pub. Très populaire.

Où manger dans le coin ?

|●| *Abbey Cottage :* 26, Main St, à *New Abbey.* ☎ *(01387) 850-377. Tlj 10h-17h (slt mer-dim 11h-16h nov-mars). Congés : janv. Snacks £ 5-8.* Salon de thé stratégiquement situé juste en face de l'abbaye, avec une terrasse braquée sur les superbes vestiges de la nef. À la carte, *baked potatoes,* sandwichs, soupes, salades et, bien entendu, des pâtisseries à l'heure du *teatime.* Produits bio et fermiers ; cuisine maison.

|●| *Clonyard House Hotel :* sur l'A 710, entre Kippford et Rockcliffe. ☎ *(01556) 630-372. Plats £ 8-21.* Cachée dans un bois épais, cette vénérable demeure, aux allures un peu chic, s'avère une gentille adresse, familiale et chaleureuse, où les enfants sont d'ailleurs les bienvenus. Le midi, on déjeune de façon informelle (soupes, salades, club sandwichs, grillades, ainsi que quelques plats traditionnels), tandis que le soir on s'installe dans l'élégante salle à manger, pour une cuisine plus élaborée.

KIRKCUDBRIGHT   3 500 hab.   IND. TÉL. : 01557

Niché au fond d'un estuaire, cet ancien bourg royal plein de bonnes surprises est une séduisante petite ville (prononcer « cœur-cul-brie »), où il fait bon séjourner et d'où l'on peut facilement rayonner. Elle vit de la pêche, des revenus de l'agriculture et du tourisme. À la fin du XIXe s, elle attira un groupe d'artistes prolifiques ; elle essaie aujourd'hui de renouer avec cette tradition.

Arriver – Quitter

➤ Liaisons régulières en bus avec **Dumfries,** prendre le n° 501 ou 502 de la compagnie *Stagecoach* ; env 6 bus/j.

Pour **Newton Stewart,** prendre le n° 431 de *King of Kirkowan* et changer à Gatehouse of Fleet.

Adresses et info utiles

Visitor Information Centre : Harbour Sq. ☎ 330-494. Lun-sam 9h30-17h (18h juil-sept), plus dim en saison. Demander, outre la brochure *The Kirkcudbright Collection*, le *Visitor's Guide*. Propose des visites guidées de la ville en été.
– Infos sur ● kirkcudbrightartiststown. co.uk ●
Location de vélos : William Law, 19, Saint Cuthbert St. Tlj sf dim.

Où dormir ?

Campings

Silvercraigs Caravan & Camping Site : juste au-dessus du village. ☎ 07824-528-482. Ouv avr-oct. Forfait pour 2 env £ 17. Simple mais très agréable, car il occupe une situation géniale à deux pas du centre, au calme, avec une superbe vue sur la ville et la campagne vallonnée.

Brighouse Bay Holiday Park : à env 6 miles (9,5 km) au sud de Kirkcudbright (prendre la direction de Borgue). ☎ 870-267. ● gillespie-leisure.co.uk ● Tte l'année. Forfait pour 2 env £ 16-23. Un véritable centre de vacances à deux pas de la plage, avec un large terrain réservé aux campeurs de passage. La nature alentour est superbe, propice aux balades. Équipement et palette d'activités sur place archi-complets : bar, resto, magasin, salle de muscu, piscine, golf, équitation, pêche, bowling et animation musicale durant l'été.

Prix moyens
(£ 50-85 ; 60-102 €)

Anchorlee B & B : 95, Saint Mary St. ☎ 330-197. ● anchorlee. co.uk ● À deux pas du centre, à côté de la station-service en arrivant du nord par l'A 711. Double avec sdb £ 70. Parking. Accueil sympa et décontracté dans ce B & B typique, dont les chambres bien douillettes et tout confort occupent les étages d'une jolie maison de caractère, avec bow-windows de rigueur et vitraux en bonne place dans l'escalier. Jardin fort mignon à l'arrière. Impeccable.

Rivergarth B & B : Tongland Rd. ☎ 332-054. ● rivergarth.net ● À l'entrée de la ville en arrivant du nord par l'A 711. Double avec sdb £ 80. Largement en surplomb de la route, cette grande villa contemporaine profite d'une vue géniale sur la rivière Dee. Les adorables propriétaires mettent d'ailleurs des lunettes à disposition pour qui voudrait observer les tribulations des canards ! Quant aux chambres, modernes et élégantes, elles sont cosy à souhait (la familiale comprend 2 chambres voisines formant une suite). Une halte de choix.

Où manger ?

Bon marché
(plats £ 5-10 ; 6-12 €)

Solway Tide Café : Harbour Sq. ☎ 330-735. Sur la place principale, face au parking de l'office de tourisme. Lun-sam 10h30-16h30. Snacks env £ 5-7. Café bio, thé issu du commerce équitable, légumes frais : pas de doute, ce café-salon de thé gai et pimpant choisit bien ses produits. Mais la vraie cerise sur le *cake*, c'est l'adorable terrasse aménagée dans un jardinet à l'arrière ! Impeccable pour savourer au calme la soupe du jour, un panini et un *smoothie*.

De prix moyens à chic
(plats £ 8-25 ; 10-30 €)

Selkirk Arms Hotel : High St. ☎ 330-402. Snacks et plats au bistrot ;

LE SUD

plus cher côté resto. On n'est pas franchement fan de la déco un peu impersonnelle, apprêtée et compassée, mais on s'attable avec plaisir pour se régaler de spécialités classiques de très bonne tenue, notamment le célèbre *fish & chips,* servi (petit clin d'œil) dans son papier journal. Une institution locale !

|●| Castle Restaurant : *5, Castle St.* ☎ *330-569. Slt le soir. Tlj sf dim. Résa conseillée. Formules et menu env £ 17-20, plats env £ 13-20.* Un tout petit resto, mais une grande table ! Car le chef ne sélectionne que les meilleurs produits locaux pour élaborer une cuisine de terroir personnalisée et joliment présentée. Une adresse intimiste et chaleureuse.

|●| Kirkpatrick's Restaurant : *29, Saint Cuthbert St.* ☎ *330-888. Tlj sf dim-lun. Slt le soir. Résa conseillée.* Salle quelconque à l'étage d'un bâtiment discret, mais ne vous y fiez pas : l'endroit jouit d'une excellente réputation ! Cuisine inspirée d'anciennes recettes écossaises remises au goût du jour : agneau du Galloway, ragoût de haddock, etc. Le jeudi, dégustation de *Scottish tapas* !

Où boire un verre ?

♟ Masonic Arms : *19, Castle St.* Avec son *beer garden* et sa salle de billard, c'est LE pub sympa de Kirkcudbright. Pas de charme particulier, mais assurément une bonne ambiance.

LE SUD

À voir

ᛉ MacLellan's Castle (HES). ☎ *331-856. En face de Harbour Sq. Avr-sept : tlj 9h30-17h (dernière entrée). Entrée : £ 4,50 ; réduc.* Ruines d'un petit château du XVIe s qui a comme particularité de ne pas avoir été conçu comme une forteresse. Il y a bien quelques éléments de défense, histoire de dissuader les éventuels importuns, mais il s'agit en réalité d'un *open castle* où l'on a privilégié le confort, le seul de ce type en Écosse, témoin de l'évolution de l'habitat seigneurial. La courte visite permet de découvrir les cuisines reconstituées, les celliers, la salle d'apparat et quelques chambres à ciel ouvert puisque les autres niveaux ont aujourd'hui disparu ! À partir de mi-juillet, concert de cornemuses tous les jeudis soir devant le château, jusqu'au grand *Tattoo* organisé un samedi fin août et qui s'achève par un feu d'artifice.

ᛉ High Street et ses maisons à l'architecture pleine de charme. Elle est construite à l'emplacement des anciens remparts, d'où ce tracé en courbe et cette belle homogénéité. Jetez un coup d'œil aux passages *(closes)* pittoresques et, au bout, à la *Market Cross* et au *Tolbooth* (mairie-prison), preuve que la ville avait droit à sa propre juridiction. Celle-ci abrite à présent un *Art Centre* proposant régulièrement des expos temporaires.

ᛉᛉ Broughton House and Garden (NTS) : *12, High St.* ☎ *0844-493-22-46. Avr-oct : tlj 12h-16h30 (dernière admission) ; fév-mars (jardins slt) : lun-ven 11h-16h (GRATUIT, mais donation bienvenue). Fermé nov-janv. Entrée : £ 6,50 ; réduc.* Musée de peinture dans une maison de style georgien. Elle a appartenu au peintre Edward Hornel, membre de l'école de Glasgow, qui y habita de 1901 à 1933. On visite l'intérieur demeuré intact, riche en mobilier, et on admire au passage son œuvre, son atelier. Influences impressionnistes très marquées dans certaines toiles. Tapis lumineux et frises antiques dans la galerie. Également de superbes jardins japonisants à l'arrière, aménagés par l'artiste lui-même.

ᛉ The Stewartry Museum : *Saint Mary St.* ☎ *331-643. Juil-août : tlj 10h (14h dim)-17h ; le reste de l'année : lun-sam 11h-17h (16h oct-avr). GRATUIT.* Petit musée attachant, dont la présentation franchement vieille école a tout du cabinet de curiosités : dans une vaste salle surplombée par une galerie courant le long des murs, plein d'objets divers et d'animaux empaillés retraçant l'histoire naturelle et humaine de la région. Également quelques œuvres d'artistes locaux.

Manifestation

– **Kirkcudbright Jazz Festival :** *en juin.* ● *kirkcudbrightjazzfestival.co.uk* ● C'est sans doute l'époque la plus animée.

DANS LES ENVIRONS DE KIRKCUDBRIGHT

🎒 🚶 **Gatehouse of Fleet :** *à 8 miles (13 km) à l'ouest de Kirkcudbright par l'A 755.* ● *gatehouse-of-fleet.co.uk* ● Bourg autrefois prospère, vivant de constructions navales, de tanneries et de filatures. Tout son intérêt vient de sa cohérence architecturale, fruit du souci de planification urbaine dans lequel elle fut conçue à la fin du XVIIIe s.

– **The Mill on the Fleet :** ☎ *814-099.* ● *millonthefleet.co.uk* ● *Pâques-oct : tlj 10h-17h. GRATUIT.* Cette ancienne filature de coton soigneusement restaurée a fière allure, avec sa roue toujours en bonne place dans le bief et sa jolie terrasse en surplomb des flots. Impeccable pour une pause (café au rez-de-chaussée), avant d'aller découvrir les petites expos dans les étages traitant de l'historique de la ville et des paysages caractéristiques du secteur.

🎒 **Cardoness Castle** *(HES) :* *à côté de* Gatehouse of Fleet. ☎ *814-427. Avr-sept : tlj 9h30-17h (dernière entrée). Entrée : £ 4,50 ; réduc.* Maison forte caractéristique du XVe s, située sur un rocher à l'embouchure de la Fleet. La tour puissante, qui renfermait le logis seigneurial des MacCullough, repose sur un socle élargi où l'on avait aménagé les caves et celliers. Belle vue de la baie depuis le sommet, où l'on peut observer le mouvement des marées.

🎒 **Cairn Holy :** *à env 7 miles (11 km) de Kirkcudbright ; très bien fléché depuis l'A 75.* Après 1 km d'une étroite route criblée de nids-de-poule, on débouche sur un modeste site mégalithique aménagé sur une colline, avec la mer à l'horizon. On trouve tout d'abord une poignée de menhirs fièrement dressés et les vestiges d'une petite chambre funéraire, puis un sentier mène un peu plus haut à une autre série de mégalithes. Très photogénique, tout ça !

🎒 🍴 ⊛ **Marrbury Smokehouse :** *Carsluith Castle, à 15 miles (24 km) à l'ouest de Kirkcudbright sur l'A 75 vers Newton Stewart.* ☎ *(01671) 820-476. Tlj 10h-17h30. En-cas env £ 7-8.* Non loin des mégalithes, une fumerie de poissons (mais pas seulement) installée au pied d'une petite maison forte en ruine. En bord de route mais face à la mer, là encore, le site ne manque pas de charme. On trouve sur place de quoi casser merveilleusement la croûte, en salle ou en terrasse. Plusieurs autres fumeries dans le secteur, ainsi que des pêcheries dans la baie et des prés-salés où paissent les moutons de Galloway.

NEWTON STEWART   3 600 hab.   IND. TÉL. : 01671

Sur la poissonneuse rivière Cree, petite cité bucolique qui commande l'entrée de la péninsule des Machars et constitue la porte d'accès à l'immense forêt

LE SUD

de Galloway, sillonnée de nombreux sentiers pédestres et cyclistes. Rien à voir de particulier en ville. En revanche, vous y trouverez de nombreuses possibilités d'hébergement pour explorer le Galloway Forest Park.

Arriver – Quitter

➢ Avec *Stagecoach* ou *King of Kirkcowan*, prendre le bus n° 500 ou le n° X75 pour **Dumfries** ou **Stranraer**. Le bus n° 430 assure la liaison avec **Stranraer** ; ttes les heures env. Enfin, pour **Ayr**, prendre le bus n° 359 pour Girvan, puis le n° 60 (correspondance pour Glasgow également).

Adresses utiles

🛈 *Visitor Information Centre :* Dashwood Sq. ☎ 402-431. *Avr-oct, mar-sam 10h-16h (11h-15h sept-oct).*
■ *Location de vélos :* au Visitor Centre de *Kirroughtree (voir plus loin « Galloway Forest Park »)* et au **Break Pad.**

☎ 401-303. ● *thebreakpad.com* ● Newton Stewart offre de belles perspectives de balades comme Kirroughtree Forest à 3 miles (5 km) du village. La péninsule des Machars est tout aussi intéressante à découvrir en deux-roues.

Où dormir ?

Camping

⛺ *Creebridge Caravan Park :* à **Minnigaff**, *de l'autre côté de la rivière, à 300 m du centre.* ☎ 402-324. ● *creebridgecaravanpark.com* ● *Forfait pour 2 env £ 15.* En contrebas de la rue, un grand carré de gazon pas très bucolique mais qui fait l'affaire pour une étape.

Prix moyens (£ 50-85 ; 60-102 €)

🛏 *B & B Kilwarlin :* 4, Corvisel Rd. ☎ 403-047. ● *hazel@kilwarlin.plus.com* ● *Double env £ 60.* Dans une petite maison de ville nichée dans une rue tranquille, 3 chambres (1 *single* et 2 doubles) qui se partagent une salle de bains. Simple mais impeccable. Bon accueil.
🛏 *Stables Guesthouse :* Corsbie Rd. ☎ 402-157. ● *stablesguesthouse. com* ● *Doubles avec sdb attenante ou à l'extérieur £ 65-70 selon nombre*

de nuits. Parking. Tout près du centre, maison pavillonnaire proposant une demi-douzaine de chambres classiques, confortables et parfaitement tenues. Petit salon pour les hôtes, avec jeux et livres, et une agréable salle à manger où la très sympathique propriétaire sert un copieux petit déj. Un bon rapport qualité-prix.
🛏 *Flowerbank Guesthouse :* Millcroft Rd, à **Minnigaff.** ☎ 402-629. ● *flowerbankgh.com* ● *De Newton, traverser le pont, puis prendre à gauche. Doubles £ 60-70.* Avec son superbe jardin parsemé de bancs donnant directement sur la rivière Cree et son feu de cheminée dans le *lounge,* cette grande maison de caractère a du charme à revendre. Les 5 chambres (dont 2 familiales), avec salle de bains privée attenante ou sur le palier, sont coquettes et de bon confort. Excellents petits déj concoctés au maximum avec les produits du jardin et les œufs du poulailler...

Où manger ?

Bon marché (plats £ 5-10 ; 6-12 €)

|●| *The Chatterbox :* 73, Victoria St

(Main St). ☎ 404-460. *Tlj sf dim 9h-17h.* Toute petite échoppe avec une poignée de tables. Gros sandwichs, paninis, soupes, *baked potatoes* et plat du jour : rien de gastronomique,

c'est sûr, mais c'est bien pratique pour un en-cas costaud servi à toute heure. Accueil très sympa.

Prix moyens (plats £ 8-18 ; 10-22 €)

I●I *Galloway Arms Hotel :* *54-58, Victoria St.* ☎ *402-653.* La façade de cet ancien relais de poste mériterait un bon rafraîchissement, mais l'intérieur est nettement plus rieur, d'autant qu'on y sert une cuisine écossaise classique, variée et revigorante. Comme souvent, vous avez le choix entre 2 salles et 2 ambiances, ainsi qu'entre une carte « bistrot » (uniquement pour le déjeuner) et une carte plus élaborée.

I●I *Creebridge House Hotel :* *de l'autre côté de la rivière ; entrée à côté de la station-service.* ☎ *402-121.* Cet hôtel chic s'avère tout à fait abordable à l'heure du déjeuner, surtout côté bar. Très belle terrasse au jardin.

DANS LES ENVIRONS DE NEWTON STEWART

GALLOWAY FOREST PARK

L'attraction naturelle n° 1 du sud-ouest de l'Écosse, à découvrir à pied, à cheval, en voiture ou à vélo... par n'importe quel temps. Au programme : quelque 750 km² de landes, bruyères, lochs et conifères jalonnés de curiosités... naturelles mais aussi, par endroits, historiques.

🛈 *Visitor Centres :* *aux abords du parc, ts ouv, en principe, tlj en saison 10h-16h. Horaires sur le site ● forestry. co.uk* ● Il y en a 3 :
– *Kirroughtree :* *à 3 miles (5 km) à l'est de Newton Stewart par l'A 75.*

– *Clatteringshaws :* *sur l'A 712, à env 13 miles (20 km) au nord-est de Newton Stewart.*
– *Glentrool :* *à env 13 miles (20 km) au nord de Newton Stewart par l'A 714.*

➤ Chacun d'entre eux constitue le point de départ de diverses randonnées fléchées, de couleur, longueur et difficulté variables.

LA PÉNINSULE DES MACHARS

🎭🎭 *Wigtown :* *à 6 miles (env 10 km) au sud de Newton Stewart par l'A 714.* Ce village littéraire s'est proclamé « National Book Town ». On ne trouve pas moins d'une vingtaine de boutiques vendant près de 250 000 livres, neufs et d'occasion. Le village organise même ses festivals du Livre, le *Wigtown Spring Festival* en mai et le *Scottish Book Town Festival* en septembre.

🎭🎭 *Whithorn :* *à 22 miles (35 km) de Newton Stewart par l'A 714.* C'est ici que la christianisation de l'Écosse a commencé, sous la direction de saint Ninian, venu d'Irlande aux alentours de l'an 400. Dans le village, près du prieuré, un musée *(HES)* abrite une incomparable collection de croix paléochrétiennes. À proximité, à l'ouest, une grotte naturelle aurait servi de refuge à saint Ninian.

STRANRAER   11 000 hab.   IND. TÉL. : 01776

Station balnéaire peu intéressante, mais c'est le port de départ pour l'Ulster (Irlande du Nord). C'est aussi la ville principale de la presqu'île du Rhins qui, elle, ne manque pas de centres d'intérêt. En bref, on ne s'y attardera pas.

LE SUD

Arriver – Quitter

En bus

🚌 *Arrêt de bus :* les bus partent de Port Rodie, devant le terminal de la Stena Line.

➤ Avec *Stagecoach*, liaison avec *Ayr* en prenant le n° 358 (6-8 bus/j.).
➤ Avec *Stagecoach*, prendre le n° 367 pour *Portpatrick* ; env 7 bus/j. Autrement, le bus n° 430 assure la liaison avec *Newton Stewart* ; env 10 bus/j.

En train

🚂 *Gare :* Ross Pier, à côté du terminal de la Stena Line.

Liaisons en ferry avec l'Irlande du Nord

■ *Stena Line :* rens au ☎ 0844-770-70-70. ● stenaline.co.uk ● Jusqu'à 6 liaisons/j. entre Cairnryan (à 9 km au nord de Stranraer) et Belfast. Durée : 2h15.
■ *P & O Ferries :* rens au ☎ 0825-120-156 (en France ; 0,15 €/mn). ● poferries.fr ● Plusieurs traversées/j. tte l'année, au départ de Cairnryan (à 9 km au nord de Stranraer) et à destination de Larne (à 30 km au nord de Belfast). Durée du voyage : 1h en *high speed craft,* 2h en ferry.

Adresse utile

🄸 *Visitor Information Centre :* Harbour St. ☎ 702-595. Lun-sam 10h-16h. Vous pouvez y acheter vos billets de ferry pour l'Irlande du Nord.

Où dormir ? Où manger ?

N'oubliez pas que d'autres villes plus riantes vous tendent les bras !

⚴ *Aird Donald Caravan Park :* à l'entrée de la ville, sur la gauche en venant de Newton Stewart par l'A 75. ☎ 702-025. ● aird-donald.co.uk ● Ouv avr-sept. Forfait pour 2 env £ 12-14. Sur une vaste pelouse où s'ébattent des lapins. L'environnement est sans charme particulier, mais le coin est tranquille car largement à l'écart de la route. Sanitaires basiques mais propres.

🛏 *Glenotter :* Leswalt Rd, à la sortie de la ville en prenant l'A 718 vers l'ouest. ☎ 703-199. ● glenotter.co.uk ● À 1 km du centre, non loin du front de mer. Doubles £ 60-70. Belles chambres cosy et *so British,* tout comme l'accent de notre hôte et son jardinet abondamment fleuri où l'on profite d'une bien agréable terrasse. Bon petit déjeuner.

🍽 *Bayhouse Restaurant :* Ladies Walk. ☎ 707-388. Dans la longue rangée de maisons sur le front de mer, peu avt la sortie de la ville par l'A 77 vers Ayr. Plats env £ 5-8 le midi, £ 8-20 le soir (en majorité env £ 10-13). Situation exceptionnelle pour cette villa moderne plantée face au loch : depuis la petite terrasse, la vue est superbe ! C'est un peu moins vrai depuis la jolie salle contemporaine, la baie vitrée n'étant pas si large, mais on se console avec une cuisine locale bien exécutée et de qualité, qu'il s'agisse de sandwichs tout simples le midi ou d'un filet de poisson, d'un poulet au *haggis* ou d'un burger le soir. Une des meilleures adresses de la ville.

Où dormir ? Où manger dans les environs ?

⚴ *Castle Bay Holiday Park :* à env 1,5 km au sud du village par la route côtière. ☎ 810-462. ● castlebayho lidaypark.co.uk ● Ouv mars-oct. Forfait pour 2 env £ 14-17. Une vraie carte postale ! Car le terrain réservé aux tentes est un large champ bien vert flanqué de ruines romantiques, le tout dégringolant vers les falaises et la mer d'Irlande. Si le temps se gâte, c'est évidemment venteux, mais ça fait partie du charme ! Infrastructures un peu basiques en revanche (sanitaires simples).

🏠 **Carlton Guest House :** *21, South Crescent,* **Portpatrick.** ☎ *810-253.* ● *carlton-portpatrick.co.uk* ● *Doubles avec sdb £ 60-65 selon vue.* Petite *guesthouse* un peu fatiguée mais d'un bon rapport qualité-prix compte tenu de sa belle situation sur le port. Les 7 chambres sont simples, suffisamment confortables et bien arrangées (toutes avec salle de bains attenante, sauf une sur le palier mais privée).

Certaines possèdent une superbe vue sur la mer d'Irlande. Impeccable pour une étape.

|●| **The Crown :** *9, North Crescent,* **Portpatrick.** ☎ *810-261. Sur le port. Tlj jusqu'à 21h. Snacks et salades env £ 5-15, plats £ 9-20.* Pub réputé pour servir les meilleurs *bar meals* du monde... euh, du coin. Cadre très chaleureux où l'on se réfugie au coin de la cheminée, sur des tables fabriquées à partir d'anciennes machines à coudre. En saison et en fonction de l'arrivage, ne ratez pas les bonnes spécialités à base de crabe et de poisson. Super terrasse sur le port.

À voir

🏛 **Stranraer Museum :** *George St (dans* Old Town Hall*). Lun-sam 10h-17h. GRATUIT.* Pour se remettre les idées en place sur l'histoire de la région, avant de partir à sa découverte.

DANS LES ENVIRONS DE STRANRAER

🏛 **Glenluce Abbey** (HES) : *près du village de* **Glenluce**, *à env 9 miles (15 km) à l'est de Stranraer par l'A 75.* ☎ *(01581) 300-541. Avr-sept : tlj 9h30-17h (dernière entrée). Entrée : £ 4,50 ; réduc.* Ruines poétiques de l'abbaye cistercienne fondée au XIIᵉ s, dont il ne subsiste que les fondations de l'église abbatiale, la salle du chapitre et quelques vestiges de colonnades dans le cloître. L'alchimiste Michael Scott aurait réussi à y enfermer, sous une voûte, la peste qui ravageait la région. Le site est beau, mais un coup d'œil depuis le mur d'enceinte suffit.

🏛🏛 **Castle Kennedy Gardens :** *à 4 miles (6,5 km) de Stranraer, sur l'A 75.* ☎ *702-024.* ● *castlekennedygardens.co.uk* ● *Avr-oct : tlj 10h-17h. Entrée : £ 5 ; réduc.* Un site superbe : coincé entre les rivages rieurs de deux adorables petits lochs, on découvre un château en ruine du XVIᵉ s entouré de magnifiques massifs de rhododendrons, d'azalées et de magnolias, dans un parc de plus de 30 ha. L'ensemble fut complété en 1864 par *Lochinch Castle,* somptueuse résidence du comte de Stair.
|●| ♟ Bonne cafétéria dans le jardin.

🏛🏛 **Mull of Galloway :** les rivages sud de la presqu'île du Rhins of Galloway présentent des paysages de toute beauté, alternant entre plages de sable et falaises déchiquetées par les vagues de la mer d'Irlande. À la pointe sud, les falaises du Mull of Galloway sont gérées par la *Royal Society for the Protection of Birds,* qui veille à la préservation des nombreuses espèces d'oiseaux qui y nichent. Du cap le plus au sud de l'Écosse, vue sur l'île de Man et l'Irlande du Nord. Infos sur le site ● *mull-of-galloway.co.uk* ●
En route, allez donc jeter un œil à **Kirkmadrine Stones,** un ravissant site avec de belles pierres tombales, toutes bancales et plantées dans la lande. Romantiquissime ! Certaines de ces pierres remontent au Vᵉ s, ce sont les plus anciennes pierres chrétiennes de Grande-Bretagne. Grâce au Gulf Stream, le climat est d'une douceur permanente, ce qui permet aux plantes exotiques et subtropicales

de pousser dans le fameux **Logan Botanic Garden,** près de **Port Logan** (● rbge. org.uk ●). De mi-mars à fin oct : tlj 10h-17h, dim slt en fév (jusqu'à 16h) ; entrée : £ 6, réduc.

🎣 🏠 **Portpatrick :** à env 8 miles (13 km) à l'ouest par l'A 716 puis l'A 77. Bus n° 367 depuis Stranraer. Coup de cœur pour ce petit port de pêche aux maisons colorées qui surplombent un sympathique front de mer. Churchill et Eisenhower avaient pris pour habitude de s'y retrouver pour des entrevues discrètes pendant la guerre. On y a dégoté quelques bonnes adresses (voir plus haut « Où dormir ? Où manger dans les environs ? »).

L'AYRSHIRE

Si l'on ne vient pas dans la patrie de Robert Burns pour les paysages, moins spectaculaires que dans les autres régions d'Écosse, on y séjourne volontiers pour ses habitants, particulièrement accueillants. Et puis rien ne vous empêche de faire comme les Glasgewians qui descendent ici le week-end, dans l'une des nombreuses stations balnéaires victoriennes de la côte. D'ailleurs, des lignes de bus régulières relient les principales villes.

LA TENTATIVE ÉCOSSAISE DE RUDOLPH HESS

Rudolph Hess était l'ami intime de Hitler. Il participa à la rédaction de Mein Kampf *et fut présent en 1940 lors de l'armistice à Rethondes. Stupeur : en 1941, il atterrit seul en Écosse, dans l'Ayrshire, pour signer, dit-on, la paix avec les Britanniques. Sans succès. Il fut emprisonné à la Tour de Londres et resta en Grande-Bretagne jusqu'à la fin de la guerre. Jugé à Nuremberg, il fut condamné à la prison à perpétuité. On le retrouva pendu dans sa geôle en 1987, à l'âge de 93 ans.*

– Infos touristiques et renseignements sur l'Ayrshire : ● ayrshire-arran.com ●
– Notre itinéraire remonte par l'A 77, le long de la mer d'Irlande et du Firth of Clyde.

Comment se déplacer dans l'Ayrshire ?

En bus

– **Traveline :** ☎ 0330-303-0111. ● travelinescotland.com ● Infos sur ts les horaires.
Se renseigner auprès des compagnies suivantes :
■ **Stagecoach West Scotland :** ☎ (01292) 613-500 (bureaux à Ayr). ● stagecoachbus.co.uk/western ●

■ **Citylink :** ☎ 0870-550-50-50. ● citylink.co.uk ● Opère aussi sur quelques lignes dans la région.

En train

Trains réguliers sur la ligne **Glasgow-Stranraer,** longeant la côte.
– **Scotrail :** ☎ 0845-755-00-33. ● scotrail.co.uk ●

LA ROUTE CÔTIÈRE DE STRANRAER À AYR

🏃 *Ballantrae :* petite station balnéaire tristoune où l'on débouche sur la mer après avoir franchi le *Glen App,* étonnante préfiguration en miniature des paysages des Highlands.

🏃 *Girvan :* port autrefois animé d'où il est possible de rejoindre le sanctuaire des oiseaux qu'est *Ailsa Craig,* l'île en forme de meule de foin flottant sur l'eau que l'on aperçoit en permanence tout au long du voyage. Les fous de Bassan y pullulent. On peut y aller d'avril à septembre-octobre, mais la meilleure période va de fin mai à fin juin, lorsque les petits fous essaient d'apprendre à voler. Achat des billets chez :

■ *Mark MacCrindle :* 7, Harbour St. | *selon formule choisie.* Possibilité de
☎ (01465) 713-219. ● ailsacraig.org. | partir à la pêche.
uk ● *Résa conseillée. A/R 3h : £ 20-25*

➤ Girvan est aussi le point de départ pour l'exploration de la **Carrick Forest,** la partie nord du *Galloway Forest Park* (voir plus haut « Dans les environs de Newton Stewart », dans la partie « Dumfries et Galloway »). Randos à pied et à vélo.

🏃🏃🏃 🚶 *Culzean Castle* (NTS) : *prononcer « Couléine ». Dans la baie de Culzean, à env 13 miles (21 km) au sud d'Ayr par l'A 719.* ☎ 0844-493-21-49. ● nts.org.uk ● *Bus n°ˢ 60 et 360 depuis Ayr ou Girvan. Avr-oct : tlj 10h30-17h (dernière admission à 16h). Jardins accessibles 9h30-17h30 ou jusqu'au coucher du soleil s'il est plus tôt. Entrée : £ 15,50 ; £ 10,50 pour les jardins seuls ; réduc ; forfaits famille. Dans chaque pièce du château, fiches descriptives en français très bien faites.*
Une des plus belles réalisations de la famille Adam, dans un environnement de rêve, perché sur une falaise. Propriété traditionnelle du clan Kennedy et des comtes de Cassilis, le manoir, d'origine féodale, fut profondément remanié par Robert Adam, qui pimenta la sauce médiévale de condiments néoclassiques. Le résultat de cette mixture, à priori indigeste, est une réussite géniale. L'aspect extérieur de forteresse un peu moyenâgeuse est contrebalancé par un intérieur raffiné où le credo classique des *Adam brothers* (Robert et James) éclate en particulier dans l'*escalier ovale,* chef-d'œuvre d'élégance et de sobriété.
La visite débute par un hall d'entrée, où s'entassent de délirantes panoplies de pistolets, sabres, baïonnettes, couleuvrines et bombardes. Il n'y aurait que la reine pour posséder à Windsor une collection plus importante ! Puis, dans la très *smart* salle à manger, on découvre les portraits d'une poignée de Kennedy (qui s'appelaient tous Archibald), avant de pénétrer dans le salon en rotonde, contrastant par ses tons pastel et ses stucs délicats avec la nature sauvage que l'on aperçoit par les fenêtres. Un escalier ovale et majestueux permet d'accéder aux étages. Les pièces suivantes, décorées, entre autres, de peintures marines, rivalisent d'élégance et d'harmonie par leurs tons subtils et leur mobilier choisi. Parmi les curiosités, noter l'indulgence plénière accordée par Benoît XIV à sir Thomas en 1740, qui couvrait les péchés de 50 membres de la famille ! Enfin, on arrive dans la grande cuisine, où l'on voit une broche tourner grâce au système (recréé) de l'époque. Après 1945, une partie des appartements fut réservée à vie au général Eisenhower, en hommage aux services rendus à la cause alliée. Il n'y vint que quatre fois. Depuis, le *National Trust* porte un soin maniaque à la restitution des lieux en recherchant ou en restaurant le mobilier d'origine, en retrouvant les coloris d'époque. Pour les amateurs de jardins et de potagers, débauche de fleurs et de couleurs au *Walled Garden.*
Nombreuses manifestations dans le château et son parc, notamment des concerts classiques.

⛺ *Camping du château de Culzean :* | de la mer, avec une vue superbe.
☎ (01655) 760-627. Fin mars-fin oct. | En revanche, les équipements sont
Forfait pour 2 env £ 15-20. À proximité | basiques.

LE SUD

|●| Au *Swan Pound*, splendide *aire de pique-nique* tout autour du bassin des cygnes. Sur place, vente de sandwichs, de soupes et de boissons fraîches. Et sinon, plus près du château, *caféteria* aménagée dans l'ancien corps de ferme *(sandwichs et plat du jour env £ 5-8),* pratique et rapide.

🗺🏃 *Crossraguel Abbey* *(HES) : entre Maybole et Kirkoswald sur l'A 77.* ☎ *(01655) 883-113. Avr-sept : tlj 9h30-17h (dernière entrée). Entrée : £ 4,50 ; réduc.* Fondée par les moines de l'abbaye clunisienne de Paisley, cette abbaye bénédictine a largement prospéré jusqu'au XVIe s sous la houlette d'abbés influents... et riches. En témoignent les vestiges du donjon qui abritait les appartements privés des derniers abbés, et le puissant châtelet parfaitement restauré, dont on explore les différents niveaux avant d'apprécier la vue depuis la terrasse du guet. Les autres bâtiments conventuels sont en ruine, à l'exception de la salle du chapitre, ainsi que de la sacristie qui flanque la jolie ossature de l'église. Un bel endroit.

🏃 *Electric Brae* : curiosité naturelle entre Croy et Dunure. On croyait auparavant qu'il s'agissait d'un phénomène électrique, ce n'est en fait qu'une illusion d'optique qui vous fait croire que la déclivité de la route est dans un sens, alors qu'en fait elle est dans l'autre ! Stoppez, mettez au point mort et vous verrez, c'est surprenant !

🏃 *Dunure* : petite localité qui a aussi ses ruines au bord de la mer. Très sympa et tranquille. Port croquignolet. On y trouve une sympathique auberge.

🛏 |●| *Dunure Inn* : *sur le minuscule port de Dunure.* ☎ *(01292) 500-549.* ● *dunureinn.co.uk* ● *Double £ 80 en sem et £ 90 le w-e. Bar menu env £ 6-8, plats £ 11-20 £. Venir tôt ou réserver.* Agréable auberge où il fait bon se poser après une promenade vivifiante sur la plage aux environs du sinistre château. Entièrement rénovée, elle offre 4 chambres confortables au-dessus du pub, avec vue sur le port, et 2 autres sur l'arrière, dans 2 petits cottages. Côté resto, on a le choix entre pub classique ou salle de resto. Dans tous les cas, bonne cuisine à base de produits locaux. Bondé le week-end.

AYR
46 000 hab. IND. TÉL. : 01292

● Plan *p. 211*

Ancien port de commerce avec la France et les Antilles, Ayr est devenu une opulente station balnéaire en vogue à l'époque victorienne. Des wagons entiers de citadins tout étonnés de découvrir la mer débarquaient. On y retrouve tous les attributs des villégiatures du genre : longue plage de sable, hippodrome, parc d'attractions, golf, esplanade en front de mer et faubourgs cossus. Robert Burns y a sa statue en plein centre, et son souvenir est évoqué à tous les coins de rue.

Arriver – Quitter

En bus

🚌 *Gare routière* *(plan A-B2) : sur Sandgate, en plein centre.* Avec *Stagecoach* :
➤ Pour **Glasgow** (1h de trajet) et l'*aéroport de Prestwick* (à 15 mn), bus express n° X77. Ttes les 30 mn en sem ; ttes les heures le dim. Le n° 4 assure aussi cette liaison mais est lent : prévoir 2h.
➤ Pour **Stranraer,** prendre le n° 358.
➤ Le bus n° 585 permet de remonter

AYR

|

la côte ouest jusqu'à **Greenock** en passant par **Largs.** Service assez fréquent : ttes les 30 mn, sf dim.
➤ Pour **Newton Stewart,** prendre le bus n° 60 pour Girvan, puis le n° 359.

En train

🚂 **Gare ferroviaire** (plan B2) : *à moins de 10 mn à pied au sud-est du centre.*

LE SUD

LE SUD

> Liaisons régulières avec **Glasgow Central** (à 1h env). Également quelques liaisons pour **Stranraer** (1h20 de trajet) avec un arrêt à **Girvan**.

En avion

✈ **Aéroport de Prestwick :** *à env 4 miles (6 km) au nord d'Ayr. Rens au ☎ 0871-223-07-00.* ● *glasgowprestwick.com* ● Les bus nos X77, X99 et X100 assurent la navette avec Glasgow et Édimbourg. Il accueille surtout les compagnies

Adresses utiles

ⓘ **Visitor Information Centre** *(plan A-B1)* **:** *22, Sandgate.* ☎ *290-300. Lun-sam 9h-17h, plus dim avr-sept 10h-17h.* Compétent pour toute la région d'Ayrshire et l'île d'Arran.

Où dormir ?

Camping

⚕ **Heads of Ayr :** *à 5 miles (8 km) au sud d'Ayr, sur l'A 719.* ☎ *442-269.* ● *headsofayr.com* ● *Entre la route côtière et le bord de mer. Bus nº 361. Ouv mars-oct. Forfait pour 2 env £ 15-21.* 📶 Un camping accueillant, où les emplacements pour les tentes sont regroupés sur un terrain calme et agréable mais sans délimitations. Épicerie de dépannage, aire de jeux sympa pour les enfants, bar et resto.

Prix moyens (£ 50-85 ; 60-102 €)

Les *B & B* s'alignent en brochettes sur Castlehill Rd et Queens Terrace. Les premiers dans un quartier plus populaire et meilleur marché (en face du supermarché *Morrisons*), les autres non loin de la plage, dans une coquette voie résidentielle.

low-cost telles que *Ryanair* (voir « Comment y aller ? » en début de guide).

En bateau

■ **P & O Ferries :** *rens au ☎ 0825-120-156 (en France ; 0,15 €/mn).* ● *poferries.fr* ● Entre mars et octobre, traversées quotidiennes au départ de Troon (à 15 km au nord de Ayr) et à destination de Larne (à 30 km au nord de Belfast). Liaisons en ferry (durée : 4h30) ou en *high speed craft* (2h).

■ **Location de vélos** *(plan B2, 1)* **: AMG Cycles,** *55, Dalblair Rd. Tlj sf dim.* 🚕 **Taxis :** *file d'attente sur Smith St (plan B2), en face de la gare.*

🏠 **Heston Guesthouse** *(plan B2, 10)* **:** *19, Castlehill Rd.* ☎ *288-188.* ● *hestonguesthouse.co.uk* ● *Derrière la gare. Double £ 50.* 3 chambres cosy à la déco *so British*, qui se partagent une salle de bains moderne pimpante et un salon douillet. Bien tenu et pas cher : une excellente option, d'autant que l'accueil est très gentil.

🏠 **Daviot Guesthouse** *(plan A1-2, 11)* **:** *12, Queens Terrace.* ☎ *269-678.* ● *daviothouse.co.uk* ● *Double env £ 65.* 📶 Chambres pas immenses mais tout confort, coquettes et bien aménagées (salle de bains sur le palier pour l'une d'entre elles, mais privée). Accueil chaleureux. Une très bonne adresse.

🏠 **Craggallan Guesthouse** *(plan A2, 12)* **:** *8, Queens Terrace.* ☎ *264-998.* ● *craggallan.com* ● *Doubles avec sdb env £ 55-70.* 📶 Un bon choix. Les chambres, nickel, arborent une déco traditionnelle modernisée, colorée et de bon goût. L'ensemble a beaucoup de charme.

Où manger ? Où déguster une glace ?

Prix moyens (plats £ 8-18 ; 10-22 €)

🍴 **Saffy's** *(plan B2, 21)* **:** *2, Dalblair Rd.* ☎ *288-598. Tlj sf lun, jusqu'à 21h (20h*

dim). Parquet, bouquins à dispo sur les étagères, toiles contemporaines aux murs : on se sent bien dans ce bistrot convivial. Mais on se sent encore mieux après avoir goûté la très bonne cuisine à prix raisonnables, qu'il s'agisse du poulet au *haggis* (sauce whisky !) ou d'un burger original, à moins d'opter pour l'un des plats aux saveurs plus méditerranéennes. Très populaire.

l●l *The Rupee Room* *(plan A2, 23) : 26A, Wellington Sq.* ☎ *283-002.* La cuisine indienne y est tout simplement excellente. Les plats, copieux et épicés à merveille, sont servis dans une salle moderne sobre et agréable. On voit même les cuisines, vous pourrez ainsi assister à la cuisson du *naan* ; un spectacle en soi ! Accueil adorable.

l●l *Stage Door Café* *(plan B2, 24) : 12, Carrick St.* ☎ *280-444. Tlj 10h-20h45*

(20h30 dim). Formules avantageuses jusqu'à 18h30. Au *Gaiety Theatre,* la vraie vedette, c'est le café ! Car cette brasserie contemporaine au cadre sobre et chaleureux ne fait pas de la figuration : le spectacle est dans l'assiette, avec des spécialités écossaises plus ou moins modernisées, bien réalisées dans l'ensemble et joliment apprêtées. Un bon rapport qualité-prix. Bien aussi pour un petit déj.

♥ *Renaldo's* *(plan A1, 22) : 98, Sandgate. Tlj 10h (11h dim)-21h.* Le glacier offrant le meilleur choix de la ville. Une institution locale.

Où boire un verre ?

♟ *Tam O'Shanter Inn* *(plan B2, 30) : 230, High St.* En plein centre. Encore Burns, puisque c'est de ce tout petit pub *old school* que Tam, le personnage du poème épique le plus connu du barde écossais, partit pour vivre sa nuit de folie.

♟ ♪ *O'Brien's* *(plan B2, 31) : à l'angle de Smith St (près de la gare), en face de la statue de... Robert Burns.* Le plancher a dû se ramasser des hectolitres de *Guinness.* Clientèle nombreuse et éclectique pour ce pub irlandais

chaleureux, en particulier les soirs de *live music,* le vendredi et le samedi.

♟ *The West Kirk* *(plan A1, 32) : Sandgate St.* 🛜 À ceux qui ne connaissent pas la chaîne *J. D. Wetherspoon,* on signale qu'il s'agit d'établissements servant de l'alcool à des prix imbattables, toujours dans de vastes endroits réaménagés. Celui-ci s'est installé dans une ancienne église : hauteur sous plafond hors norme, chaire en bonne place pour qui voudrait prêcher la bonne parole, et terrasse sur le parvis. Original.

Achats

🕸 *Dobbies* *: Old Toll, Holmstom.* ☎ *294-750. À la sortie d'Ayr par l'A 70. Tlj 9h-18h (20h jeu).* Dans ce grand magasin spécialisé, on trouve tout pour recréer chez soi son jardin « anglais » : des bottes en caoutchouc à fleurs jusqu'aux graines rares et aux bulbes improbables, en passant par les gants de travail *Laura Ashley.* À vous petits

pois verts, brocolis violets, courges *pumpkin* et autres panais parfumés ! Sans oublier une belle collection de chardons écossais. Un grand rayon épicerie permet de faire le plein de produits fins mais aussi de produits frais fermiers (attention tout de même, on trouve quelques-uns des produits les plus courants moins chers au *Morrisons* voisin).

À voir

🪓 *Auld Brig* *(plan B1) :* pont du XIIIe s encore pavé et chanté par l'ineffable Burns.

Manifestation

– **Burns an' a' that Festival :** *pdt 1 w-e fin mai.* ● *burnsfestival.com* ● Un festival mettant en scène des interprétations de Robert Burns par des artistes contemporains.

DANS LES ENVIRONS D'AYR

✗ ***Robert Burns' Birthplace Museum*** *(NTS)* **:** *à **Alloway,** une banlieue chic à 3 miles (5 km) au sud d'Ayr.* ☎ *0844-493-26-01.* ● *burnsmuseum.org.uk* ● *Compter 10 mn avec les bus nos 57 et 361. Tlj 10h-17h30 (17h oct-mars). Entrée payante pour le musée et le cottage : ticket combiné à £ 8,50 ; réduc.* Les fans de Burns seront aux anges ! Car il s'agit en réalité d'un circuit, qui comprend plusieurs sites échelonnés dans le village. Début du parcours là où tout a commencé, dans une petite chaumière ravissante où naquit Robert Burns, le 25 janvier 1759... Les quelques pièces modestes du cottage ne laissent pas deviner la formidable destinée du futur poète ! Si le cœur vous en dit, vous pouvez emprunter le *Poet's Path,* une courte balade jalonnée de girouettes faisant référence à l'œuvre de Burns, qui conduit au musée. Bien intégré dans le paysage, ce bâtiment contemporain renferme une exposition interactive moderne et soignée, dont les différentes sections s'intéressent autant à l'homme (nombreux objets personnels dans les vitrines) qu'à son œuvre (extraits, mises en scène des textes les plus marquants). Mais mieux vaut bien maîtriser l'anglais, sous peine de passer totalement à côté. En sortant, reprise du parcours jusqu'au *Burns Monument* (hommage posthume de la ville à son poète), en passant par l'*Auld Kirk* (église où son père est enterré, qui a également inspiré son poème le plus connu, *Tam O'Shanter*) et *Brig O'Doon,* le pont où Tam échappa aux sorcières. Si vous voulez à tout prix épuiser le sujet, on vous signale charitablement qu'il vous faudra encore passer par le *Bachelors Club* à Talborton, le *Burns Club and Museum* à Irvine, le *Burns House Museum* à Auchline, etc.

✗ ***Troon :*** *sur la côte au nord d'Ayr.* Il s'agit d'un centre de villégiature attirant golfeurs et estivants. Il rappellera certaines stations balnéaires normandes.

⛴ D'Ardrossan, après Irvine, partent les ferries pour l'*île d'Arran. Rens :* ● *cal mac.co.uk* ● *en ce qui concerne les traversées et* ● *ayrshire-arran.com* ● *pour les infos touristiques.*

LARGS

11 000 hab.   IND. TÉL. : 01475

Largs, où l'on vient pratiquer la voile. Les Vikings quittèrent définitivement les côtes d'Écosse en 1263. Un monument commémore la bataille au cours de laquelle les Écossais les chassèrent, mais un festival viking se tient toujours, tous les ans en août et septembre, pour se souvenir, sans doute, des frayeurs que leurs raids provoquaient. À part ça, ville touristique sans grand intérêt où flottent, l'été, quelques odeurs de barbe à papa. Juste bien comme point de chute d'une nuit sur la côte, ou comme point de départ pour l'île de Cumbrae. En revanche, belle balade en voiture jusqu'à Glasgow par la côte, avec l'île de Bute en toile de fond.

Arriver – Quitter

En bus

➢ Pour ***Glasgow,*** prendre les bus nos 901 et 906 avec *Mc Gill's* ; ttes les 30 mn en sem ; ttes les 2h le dim.
➢ Avec *Stagecoach,* le bus n° 585 longe la côte ouest jusqu'à ***Ayr*** et jusqu'à ***Greenock*** dans l'autre direction.

Service assez fréquent : ttes les 30 mn en sem ; ttes les 2h le dim.

En train

Largs est le terminus de la ligne depuis Glasgow. Liaisons régulières (ttes les heures) avec ***Glasgow.*** Prévoir 1h de trajet.

Adresse utile

ℹ️ Visitor Information Centre : *88, Main St, au rond-point de la gare.* ☎ *676-182. Avr-oct : en principe, lun-sam 10h-16h, plus dim en été 13h-16h.* Petite antenne tenue par des bénévoles. Accueil sympa, mais horaires par définition un peu flous.

Où dormir ? Où manger ? Où manger une glace ? Où sortir ?

🛏️ Carlton Guesthouse : *10, Aubery Crescent.* ☎ *672-313.* ● *carlton.guesthouse@usa.net* ● *Doubles £ 50-60. Parking.* 📶 Idéalement située dans une rue tranquille du front de mer, juste en face de l'île de Cumbrae, une petite maison classique précédée par un jardinet et sa terrasse. Elle renferme 4 chambres très bien tenues et agréables, avec ou sans salle de bains (mais il y en a suffisamment pour ne pas avoir à faire la queue longtemps !). 3 d'entre elles ont vue sur la mer. Bon accueil.

🍽️ 🍷 👤 Nardini : *2, Greenock Rd.* ☎ *675-000. Tlj 9h-21h. Plats env £ 6-8 côté café (plus chers côté resto).* Avec sa belle architecture Art déco, voici un endroit populaire en diable. La terrasse, face au port, est littéralement prise d'assaut aux beaux jours, tandis que l'intérieur (bruyant comme une ruche) ne désemplit pas. Si les plats ne laissent pas un souvenir impérissable, les glaces artisanales font fureur. Le choix est plus large à emporter... il suffit ensuite d'aller déguster son cornet sur le front de mer en observant le ballet des ferries.

🍽️ 🍷 🎵 The Lounge : *33-43, Main St (à l'étage).* ☎ *689-968. Au-dessus de la Royal Bank of Scotland, non loin du terminal de ferries. Formule déj env £ 12, plats £ 9-18.* Déco tout en bois dans une vaste salle plutôt classieuse, avec lustres et cheminée. Le soir, dîner aux chandelles, parfois sur fond de jazz. En été, possibilité de manger sur la terrasse du toit. Enfin, le vendredi et le samedi côté bar, l'établissement accueille des DJs et se transforme en boîte de nuit. Une ambiance résolument différente ! Concerts le dimanche après-midi.

À voir

🎫 🚶 Vikingar ! : *Greenock Rd.* ☎ *689-777. Tlj 10h30 (11h30 le w-e l'été)-14h30 (15h30 l'été). Fermé déc-janv. Entrée : £ 4,50 ; réduc.* La réplique d'un petit drakkar devant la bâtisse annonce la couleur : *Vikingar,* c'est une plongée dans l'univers viking, qui retrace leur saga depuis leurs premières reconnaissances sur les côtes écossaises jusqu'à la bataille de Largs en 1263. La visite comprend la présentation (en anglais) par des guides costumés d'une maison longue reconstituée, un film de 20 mn diffusé sur 5 écrans en simultané, et une exposition interactive plus généraliste. Pas indispensable mais sympa.

DANS LES ENVIRONS DE LARGS

🎫 L'île de Cumbrae : *on l'atteint en 10 mn env par ferry avec la compagnie Calmac. Rens :* ● *calmac.co.uk/destinations/cumbrae.htm* ● *Départ ttes les 30 mn (15 mn en été).* Pas loin de Glasgow et pourtant sauvage. Il faut s'y promener à vélo pour profiter de ses charmes aux dimensions modestes (possibilité de louer un vélo – et de camper – à Millport). Cumbrae s'enorgueillit de posséder la plus petite cathédrale d'Europe. Et puis encore au programme : voile,

LE SUD

pêche, plongée et observation d'oiseaux. Il n'est pas rare non plus de croiser des phoques, voire un dauphin, dans le Firth of Clyde.

Greenok : *à env 13 miles (21 km) au nord de Largs. En venant de Gourock, monter jusqu'à Lyle Hill.* Là, petit monument érigé en l'honneur des marins français postés à Greenok et morts pendant la Seconde Guerre mondiale. Somptueux couchers de soleil sur la péninsule de Bute.

L'île de Bute : *au large de Largs. Au départ de Wemyss Bay (à 20 mn au nord de Largs), compter 35 mn de traversée (ttes les 45 mn-1h env en saison). Rens :* ● *calmac.co.uk/destinations/bute.htm* ● On y vient avant tout pour le joyau de l'île, à savoir le superbe château néogothique **Mount Stuart.** ☎ *(01700) 503-877.* ● *mountstuart.com* ● *En principe, avr-sept : 11h-17h (dernière visite à 16h) ; jardins tlj 10h-18h (dernier accès à 17h). Mais il est conseillé de vérifier les horaires de visite pour éviter tte déconvenue. Entrée : £ 11,50 ; jardins slt £ 6,50.* L'île offre quantité de trésors au promeneur et d'activités au vacancier : balade autour du loch Fad, jardins, châteaux, musées, pêche, etc.

LE CENTRE

Entre Édimbourg, Glasgow et les Highlands, le centre de l'Écosse présente trois visages : mi-industriel dans le triangle Édimbourg-Glasgow-Stirling, agricole vers la péninsule de Fife et l'Angus, et sauvage dans les Trossachs. Sans avoir la notoriété des Highlands, il offre un éventail de villes, villages, sites historiques et paysages uniques. L'idéal, grâce à sa proximité avec Édimbourg et Glasgow, serait de faire une balade à la fraîche dans les collines des Trossachs, de visiter la capitale historique de Stirling, puis de terminer dans un bon resto de poisson dans l'un des charmants villages de Fife. Le tout en trois journées bien remplies !

STIRLING ET LES TROSSACHS

• Carte p. 219

STIRLING

36 000 hab.   IND. TÉL. : 01786

• Plan p. 221

Stirling mérite un détour pour son beau château qui, entouré d'un pittoresque quartier médiéval, domine la ville et la campagne alentour. La visite permet de plonger dans l'histoire particulièrement riche de la cité. Pour le reste, des quartiers modernes sans intérêt où l'on ne s'éternise pas.

UN PEU D'HISTOIRE

Véritable verrou entre les Lowlands et les Highlands, Stirling occupa de tout temps une position stratégique majeure, âprement disputée par les troupes écossaises et anglaises. Parmi les plus fameuses batailles, celle du pont de Stirling, livrée en 1297 par William Wallace, symbolise dans toute l'Écosse la lutte pour la liberté. C'est également à Bannockburn, au sud de la ville, que Robert the Bruce infligea, en 1314, une sévère défaite aux Anglais. Jacques VI, le fils de Marie Stuart, fut couronné alors qu'il était enfant dans l'église paroissiale. En 1746, lors de la dernière guerre pour l'indépendance de l'Écosse, Bonnie Prince Charlie échoua dans sa tentative de s'emparer de la citadelle.

Arriver – Quitter

En bus

🚌 **Gare routière** *(plan B2) :* *Goosecroft Rd ; en dessous du centre commercial The Thistles.* ● *travelines cotland.com* ● Sauf mention contraire, tous les trajets ci-dessous s'effectuent en moins de 1h.
➤ Avec *Scottish Citylink* : ☎ *0871-266-33-33.* ● *citylink.co.uk* ● bus pour **Glasgow, Édimbourg** (1h40), **Perth** et **Dundee.** Départs fréquents tlj.
➤ Avec *First Edinburgh* : ☎ *0871-200-22-33* (Traveline). ● *firstgroup.com* ● Bus pour **Édimbourg, Dunfermline, Perth, Callander, Aberfoyle.**

➤ Avec *National Express* : ● *natio nalexpress.com* ● Bus pour **Glasgow, Perth** et **Inverness** (3h30).
➤ Avec *Stagecoach Fife* : ☎ *0871-200-22-33.* ● *stagecoachbus.com* ● Bus pour **Saint Andrews** (2h).

En train

🚆 **Gare ferroviaire** *(plan B2) :* *Goosecroft Rd ; non loin de la gare routière.*
➤ **Glasgow, Édimbourg, Perth, Dundee, Aberdeen** et **Inverness :** Scotrail, ☎ *0344-811-0141.* ● *scotrail.co.uk* ● Stirling est un important nœud ferroviaire.

Adresse et infos utiles

ℹ **Visitor Information Centre** *(plan A2) :* *Old Town Jail, Saint John St.* ☎ *475-019.* ● *visitscotland.com* ● *destinationstirling.com* ● *Tlj 10h-17h.* 📶 Abondance de brochures et cartes. Point de départ des visites guidées (payantes) de la ville et du château. Pratique : pour zapper la file d'attente en saison, on peut acheter ici son billet pour le château.
– Le **parking** de la gare ferroviaire *(plan B2)* permet de stationner à la journée

pour une somme modique. Également un système **Park & Ride** : 2 grands parkings gratuits aux abords de la ville (Castleview au nord-ouest, Springkerse au sud-est ; fléchés), reliés au centre par un bus *(£ 1,20 A/R).* Enfin, de juillet à début septembre seulement, un **bus touristique** fait le tour des principaux sites de la ville (château, Wallace Monument, Battle of Bannockburn), au départ de la gare routière. *Day ticket :* £ 2,50.

Où dormir ?

Camping

⊼ **Witches Craig Caravan & Camping Park** *(hors plan par B1, 9) :* *sur l'A 91, à env 2 miles (3 km) de la ville en direction de Saint Andrews.* ☎ *474-947.* ● *wit chescraig.co.uk* ● *Bus n° 23 depuis*

le centre-ville. Avr-oct. Env £ 17-20 pour 2. Un large terrain plat et bien entretenu mais sans ombre, au pied des replètes Ochils Hills, propices à de belles balades. Essayer de planter vos sardines vers le fond, la route est passante. Sanitaires propres, aire de jeux.

STIRLING ET LES TROSSACHS

Bon marché
(£ 10-25/pers ; 12-30 €)

🏠 **The Willy Wallace Backpackers Hostel** (plan B2, **11**) : *77, Murray Pl.* ☎ *446-773.* ● *willywallacehostel. com* ● *Nuitée en dortoir 6-18 lits env £ 14-22. Doubles env £ 36-52.* 🖥 Un bazar joyeux et coloré. Salle commune immense et chaleureuse, ornée de toiles rigolotes. Côté confort, c'est basique : dortoirs simples se partageant des sanitaires impec', quelques chambres doubles ou *twins* et cuisine à dispo. Accueil sympa, comme l'ambiance.

🏠 **Youth Hostel** (plan A2, **10**) : *Saint John St.* ☎ *473-442.* ● *syha.org.uk* ● *Tte l'année. Env £ 15-24/pers en dortoir ; doubles £ 34-52 ; réduc pour les membres. Parking.* En plein centre historique, cette ancienne église du XVIIe s reconvertie en AJ a troqué son âme contre des équipements fonctionnels : vaste cuisine, salon TV, laverie. Dortoirs non mixtes de 6 lits et chambres privées monacales de 2 à 4 lits avec douche, lavabo et lampe de chevet. Si le confort est bon, un brin de fantaisie serait le bienvenue.

Prix moyens
(£ 50-85 ; 60-102 €)

🏠 **Castlecroft** (hors plan par A1, **13**) : *Ballengeich Rd.* ☎ *474-933.* ● *castle croft-uk.com* ● ♿ *Doubles £ 65-80. À 10 mn à pied du château et de la vieille ville par un petit chemin.* Grande maison moderne et lumineuse construite à l'emplacement des anciennes écuries du château, sur le flanc d'une colline boisée en contrebas des fortifications. Vue dégagée depuis le salon cosy prolongé d'une belle terrasse panoramique. Quant aux 5 chambres, elles sont pleines de charme, décorées avec soin et dotées d'un excellent niveau de confort. 2 d'entre elles disposent même de terrasses privées ! Savoureux petit déj avec pain maison et produits locaux. Accueil adorable de Laura, qui parle un peu le français. Vraiment tip-top !

🏠 **Dunard B & B** (hors plan par B1, **14**) : 92, Causewayhead Rd. ☎ 849-079. ● dunardbnb.co.uk ● En allant vers le Wallace Monument, 300 m après le pont. Doubles £ 65-75. Dans une maison traditionnelle de la fin du XIXe s, 2 chambres modernisées, claires et confortables, partagent une salle de bains. Également 1 triple, avec sa salle d'eau privée, le tout rigoureusement tenu par un charmant couple de quadras. Une bonne adresse, à 20 mn à pied du centre.

🏠 **Munro Guesthouse** (plan B1, **12**) : 14, Princes St. ☎ 472-685. ● munro guesthouse.co.uk ● Double £ 65. B & B au calme dans une impasse à un jet de pierre de la principale rue commerçante. Chambres simples, pas bien grandes et un peu datées, mais assez confortables (salle d'eau privée). Familiale pour 4 (lits superposés). Accueil sympa.

Où manger ?

Bon marché (plats £ 5-10 ; 6-12 €)

🍴 **Darnley Coffee House** (plan A2, **20**) : 18, Bow St. ☎ 474-468. Tlj 10h-16h. Résidence de lord Darnley, époux de Marie Stuart, cette enfilade de petites salles voûtées datant du XVIe s abrite désormais un charmant salon de thé. Bons gâteaux, et une sélection de baked potatoes, sandwichs et autres petits plats, chauds ou froids.

🍴 **No. 2 Baker Street** (plan B2, **21**) : au 2, Baker St, pardi ! ☎ 448-722. Cuisine tlj 11h-21h. Musique live ts les w-e. Ne cherchez pas Sherlock Holmes (sa Baker Street est à Londres) dans ce pub sans prétention, fréquenté autant par les locaux que par les touristes pour ses concerts et soirées animées. Cuisine de pub, simple, pas chère.

Prix moyens (plats £ 8-18 ; 10-22 €)

🍴 **Brea** (plan B2, **22**) : 5, Baker St. ☎ 446-277. Tlj 11h-21h (21h30 w-e). 📶 Bistrot jeune et convivial, qui se distingue par sa bonne cuisine écossaise modernisée et sa belle sélection de burgers originaux. Salades moins chères le midi. Accueil très sympa.

🍴 **Henderson's Bistro** (plan A2, **23**) : Albert Pl, Dumbarton Rd. ☎ 469-727. Tlj sf dim 9h-17h (20h30 ven-sam). Une belle salle, chic mais pas guindée, dans l'enceinte de l'auditorium Albert Hall. On y savoure une cuisine anglaise soignée jusque dans la présentation, complétée de spécialités écossaises agréablement revisitées, le tout à base de produits frais, issus des fermes environnantes. Également des sandwichs le midi. Et de délicieux desserts pour les gourmands !

🍴 **Friars Wynd** (plan B2, **25**) : 17, Friars St. ☎ 473-390. Tlj. Bistrot de poche, intime et chaleureux, fréquenté autant pour sa bonne cuisine traditionnelle écossaise préparée maison (cullen skink, burger au haggis), que pour sa belle sélection de whiskies, vins, cocktails et bières artisanales. Une étape à la fois simple et gourmande, doublée d'un accueil adorable.

🍴 **Portcullis Hotel** (plan A1, **24**) : Castle Wynd (au pied du château). ☎ 472-290. Tlj 11h30-minuit (cuisine jusqu'à 22h). Résa conseillée. Établissement de caractère, bardé de boiseries et de banquettes où l'on s'enfonce avec délectation, autour d'une honnête cuisine de pub. Atmosphère conviviale, parfois très animée en soirée. Quelques tables en terrasse dans la jolie cour fermée.

Où boire un verre ? Où écouter de la musique ?

🍷 🎵 **Settle Inn** (plan A1, **30**) : 91, Saint Mary's Wynd. ☎ 474-609. Tlj sf dim 11h-minuit (1h ven-sam). 📶 Le plus vieux pub de la ville (1733), fréquenté par des habitués du quartier, accoudés sans façon au bar ou profitant des

Wallace Monument et Old Bridge, 14, ST ANDREWS

STIRLING

confortables banquettes de la salle sombre et rustique. *Real ale* en version *cask* (au tonneau). Parfois des concerts en fin de semaine.

🍷 *Brewdog* (plan B2, **22**) : *7, Baker St. Tlj 12h-minuit (1h ven-sam).* Déco industrielle nappage rock dans ce pub prisé de la jeunesse du coin pour sa quinzaine de bières artisanales brassées maison, dont les spécificités sont détaillées sur un petit livret posé sur les tables. Bonne mousse, bonne atmosphère et service vraiment cool.

🍷 *Kilted Kangaroo* (plan B2, **31**) : *9, Upper Craigs. Tlj.* Immense pub repeint aux couleurs de l'Australie, bondé en fin de semaine, tous âges mélangés. Animation différente chaque soir avec, en principe, scène ouverte le mardi et DJ le week-end. Grand *beer garden* à l'arrière. Comme d'hab, on peut y manger, pas forcément bien.

🍷 Voir également plus haut **No. 2 Baker Street** (plan B2, **21**) et **Portcullis Hotel** (plan A1, **24**).

🎵 *The Tolbooth* (plan A1-2, **32**) : *Jail Wynd.* ☎ 274-000. ● *culturestirling. org* ● Autrefois lugubre, cette ancienne prison vibre aujourd'hui au rythme d'une programmation musicale aussi dense que variée. Pas une semaine sans son concert (payant).

À voir

🚶🏃 *Le château* (HES ; plan A1) : ☎ 450-000. ● *stirlingcastle.gov.uk* ● Tlj 9h30-18h (17h oct-mars). Dernière admission 45 mn avt. Entrée : £ 14,50 (Argyll's Lodging inclus) ; réduc. Pour éviter de faire la queue en saison, possibilité d'acheter son ticket au Visitor Centre. Audioguide en français : £ 3. Parking : £ 4 (espèces slt). Perché depuis le XIIe s sur l'éperon rocheux dominant Stirling, voici l'un des châteaux d'Écosse les plus imposants. Site majeur dans l'histoire du pays, le panorama, qui porte loin sur les plaines alentour, permet de mesurer son importance stratégique. Rien qu'entre 1296 et 1342 il dut soutenir huit sièges ! Ce que l'on voit aujourd'hui, datant principalement des XVe et XVIe s, a été superbement restauré, d'où une visite d'une grande richesse.

– Dans les anciennes casemates, aussitôt à gauche après la porte intérieure, une expo efficace retrace l'histoire de l'Écosse sur laquelle se greffe celle du château, le tout agrémenté de digressions sur la féodalité ou le quotidien des nobles. La dernière section se penche sur la restauration du site.

– Dans la cour principale, le *Great Hall* a retrouvé sa splendeur après... 35 ans de travaux. Ne manque plus que sa patine pour parfaire la couleur jaune sable de la façade. Plus grand *Hall* jamais construit en Écosse, de style gothique tardif, il accueillit le premier Parlement écossais sous Jacques IV. Après le départ de la Cour pour Londres en 1603, il servit successivement d'étable, de parking à charrettes puis de baraquement de soldats. À gauche, sous les voûtes du palais, ateliers pour les enfants (déguisements, etc.).

– Dans la cour supérieure, le *palais Renaissance,* édifié en 1538, arbore une étonnante façade rehaussée de gargouilles et de sculptures qui rappellent le style manuélin, faisant à l'époque fureur au Portugal. Jacques V commanda ces travaux pour marquer son entrée dans la cour des grands et compenser la taille modeste du palais, conséquence du manque de terrain. Même logique dans les appartements royaux récemment restaurés, dont les plafonds aux couleurs éblouissantes, avec médaillons figurant des personnages réels ou mythologiques, ont été entièrement reconstitués. Les originaux en bois, d'une grande finesse de détails et d'expressions, sont exposés dans une galerie voisine, la *Stirling Heads Gallery.* Quant aux époustouflantes copies de la mythique série de tapisseries la *Chasse à la Licorne* (les originaux se trouvent au MET de New York), elles ornent à nouveau avec panache les murs des appartements. Il fallut 13 ans de travail pour les tisser, dans un *atelier* ouvert à la visite situé dans les anciennes poudrières du château.

– À voir encore dans la cour supérieure, la *chapelle royale* et le *musée des Argyll and Sutherland Highlanders,* aménagé dans la résidence de Jacques IV (souvenirs des expéditions auxquelles a participé ce régiment cantonné ici jusqu'en 1964).

– Une curiosité : le ***King's Knott,*** que l'on aperçoit du haut des remparts, près des anciennes casemates. Ce talus octogonal couvert de gazon est le seul vestige des anciens jardins qui entouraient le château. Enfin, avant de repartir, détour par les vastes ***cuisines*** reconstituées, où une brigade de marmitons sont mis en scène avec une ribambelle de poulardes et toutes sortes de gibier. Très visuel !

🏛 ***Argyll's Lodging*** *(HES ; plan A1) :* Castle Wynd, peu avt l'esplanade du château (même billet). Tlj 12h45-17h15 (dernière entrée). Plaquette en français. Visites guidées possibles (horaires variables ; inclus dans le tarif). Largement remaniée au XVIIᵉ s par Archibald Campbell, neuvième duc d'Argyll, cette belle demeure ornée de portes et de fenêtres Renaissance est précédée par une majestueuse cour. Après une courte exposition sur les Campbell et le mode de vie de l'aristocratie, on visite quelques pièces dont l'ameublement a été reconstitué d'après un inventaire de 1680 : chambre, pièces à vivres et cuisines. Vous noterez, au passage, la passion d'Archibald pour le mauve. Rapide mais intéressant.

🏛🏛 ***La vieille ville*** *(plan A1-2) :* en l'absence d'architecture victorienne, Stirling est l'une des rares villes d'Écosse à avoir conservé son apparence médiévale, ponctuée de belles et nobles demeures. En sortant du château, on découvre successivement au-delà d'*Argyll's Lodging* :

> ## QUERELLE DE CLOCHER
>
> *En 1656, une querelle entre paroissiens entraîna la division de l'église du Holy Rude en deux. Séparé par une cloison, chaque groupe priait de son côté, autour de son pasteur. Un schisme qui dura 3 siècles. La cloison ne fut retirée qu'en 1936 !*

– ***Mar's Wark,*** ruines de l'hôtel particulier bâti au XVIᵉ s pour John, comte de Mar, tuteur de Jacques VI peu avant l'abdication de sa mère. La somptueuse façade comporte encore armoiries, niches, masques, gargouilles, etc.

– À côté, l'***église du Holy Rude,*** du début XVᵉ s, et sa tour-clocher *(mai-sept, tlj 11h-16h).* Belle charpente d'origine sous laquelle John Knox prêcha et Jacques VI fut couronné en 1567. Dans le cimetière, certaines tombes très anciennes portent des symboles de la profession des défunts.

– En face, l'***hôpital Cowane*** (1634). On raconte que, à la nouvelle année, le personnage figé au-dessus de l'entrée descend danser dans la cour...

– Sur ***Broad, Saint John et Bow Streets,*** vieilles demeures du XVIIᵉ s. Broad Street est l'ancienne place du marché, avec sa *Mercat Cross* et le *Tolbooth,* la mairie-prison qui fonctionna de 1472 jusqu'à l'ouverture de la nouvelle prison au XIXᵉ s.

🏛 ***Old Town Jail*** *(plan A2) :* Saint John St, derrière l'office de tourisme. ☎ 464-640. ● destinationstirling.com ● Juin-sept slt, départ des tours ttes les 30 mn 10h15-16h15. Entrée : £ 6,50 ; réduc. Visite guidée dans l'ancienne prison de la ville, une *reform jail* qui prit, en 1847, le relais des cachots collectifs du Tolbooth, situés juste en face. Son objectif, favoriser la réhabilitation des prisonniers en réformant les conditions de détention : cellules individuelles, travail obligatoire, etc. Faute de moyens, l'expérience tourna court, et les lieux furent convertis dès 1888 en prison militaire, fermée en 1935. La visite prend la forme d'une véritable performance théâtrale, le guide sautant sans cesse d'un personnage à l'autre : gardien, prisonnier, directeur. Amusant, à condition d'avoir un bon niveau d'anglais. Pour finir, ascenseur jusqu'à une terrasse panoramique.

🏛 ***Smith Art Gallery*** *(plan A2) :* Dumbarton Rd. ☎ 471-917. Tlj sf lun 10h30 (14h dim)-17h. GRATUIT. Pour approfondir l'histoire de la ville, un vaste espace fourre-tout à la muséographie datée où l'on voit, entre autres, le plus vieux ballon de foot au monde, retrouvé dans la chambre de la reine au château de Stirling ! Expos temporaires de qualité variable.

LE CENTRE

🏛 **The National Wallace Monument** (hors plan par B1) **:** Hillfoot Rd. ☎ 472-140. ● nationalwallacemonument.com ● Bus n°s 62 et 63 depuis le centre-ville. Navette gratuite du parking au sommet de la colline. Tlj : avr-oct, 10h-17h (18h juil-août) ; nov-mars, 10h30-16h. Entrée : £ 9,99 ! Réduc. Audioguide en français £ 1. Plantée depuis 1867 au faîte d'une colline dominant la région, cette tour néogothique de 67 m de haut glorifie William Wallace, héros du nationalisme écossais. À chaque étage, de petites expos sur la construction (querelles de clochers, divergences d'opinions architecturales) ou sur les grandes figures écossaises. L'une, sous forme de mise en scène audiovisuelle, évoque justement la victoire de William Wallace contre les Anglais en 1297, puis sa capture et son procès en 1304. Une vitrine renferme même l'épée longue du héros. Cette visite très touristique s'achève en haut des 246 marches par un panorama splendide qui récompense l'effort consenti.

🏛 **Old Bridge** (hors plan par B1) **:** sur la route du Wallace Monument. Pendant plus de 4 siècles, tout le trafic entre le nord et le sud de l'Écosse emprunta cet ouvrage aux lignes harmonieuses. Si on peut toujours le traverser à pied, il coule une retraite méritée, à deux pas du New Bridge.

Manifestation

– **Highland Games :** 3ᵉ sam d'août. ● stirlinghighlandgames.com ●

DANS LES ENVIRONS DE STIRLING

🏛🏛 🏃 **Battle of Bannockburn :** à 2 miles au sud de la ville, direction M 9. ☎ 0844-493-21-39. ● battleofbannockburn.com ● Bus n°s B1, W1, X39. Tlj 10h-17h30 (17h nov-fév). Entrée : £ 11,50 ; réduc ; audioguide en français inclus. Résa conseillée (par Internet). Cet espace high-tech interactif recrée la victoire emblématique de Robert the Bruce sur les Anglais d'Edward II en 1314. On commence par planter le contexte historique avec un court film en 3D, avant de tailler une bavette avec des personnages en hologrammes qui participèrent à la bataille. Puis vient le moment de ferrailler dur ! Une salle obscure dotée d'une table interactive permet aux visiteurs de se mettre dans la peau d'un chef de guerre, à la manière d'un jeu vidéo de stratégie. Écossais ou Anglais, choisissez votre camp (sachant que les locaux sont en infériorité numérique, comme à l'époque) et écrasez votre adversaire ! Un maître du jeu est bien sûr chargé de guider les participants (en anglais seulement). Au final, une activité plutôt fun et bien conçue, d'autant qu'il ne reste vraiment rien à voir sur le site réel de la bataille...

🏛🏛 **Castle Campbell** (HES) **:** à côté de **Dollar,** sur l'A 91, à 11 miles au nord-est de Stirling. ☎ (01259) 742-408. Bus n° 23 depuis Stirling (ligne pour Saint Andrews). Avr-sept : tlj 9h30-17h30 ; oct-mars : tlj sf jeu-ven 10h-16h. Dernière admission 30 mn avt. Entrée : £ 5,50 ; réduc. C'est d'abord un site ravissant. Du parking, il faut marcher quelques minutes à flanc de colline avant de parvenir à une trouée entre les arbres, où se dessine la silhouette altière du Castle Campbell. Perché entre les monts Ochils et la verdoyante vallée de Dollar, ce château fut construit du XVᵉ au XVIᵉ s par le puissant clan Campbell, autour d'un donjon du XIVᵉ qu'il avait reçu d'un mariage. Sa partie la plus ancienne, la maison forte, dépourvue de tout mobilier, est la seule à être intacte (celliers, pièces à vivre, etc.). Sur le plafond voûté du 2ᵉ étage apparaissent deux étranges visages coiffés de feuillages auxquels étaient autrefois suspendus des lustres. Depuis le chemin de ronde, au sommet de l'édifice, superbe vue panoramique. L'aile sud et le bâtiment est furent eux en grande partie détruits par les royalistes, furieux du soutien des Campbell à Cromwell. À l'entrée, un érable sycomore vieux de 250 ans s'élève presque aussi haut que le donjon. Joli jardin en terrasses en contrebas.

➤ **Balade entre le château et Dollar :** *compter env 40 mn de balade pour tte la boucle.* Pour profiter pleinement de ce superbe site, emprunter le chemin qui démarre au village, entre le pont de pierre et le musée (panneau). Après avoir longé le golf sur environ 500 m, prendre la branche centrale de la fourche qui suit une rivière à travers bois pour monter jusqu'au château. Au retour, emprunter le sentier qui redescend à gauche de l'entrée.

🏃🏃 **Dunblane Cathedral :** *au nord de Stirling. Bus nos 47, 48 et 58 depuis la gare routière. Également sur la ligne de train Stirling-Perth.* ☎ *(01786) 825-388. Tlj sf dim mat 9h30 (10h oct-mars)-12h30, 13h30 (14h dim)-17h30 (16h oct-mars) ; dernière entrée 30 mn avt. Commentaires en français disponibles à l'entrée.* Cette imposante cathédrale gothique du XIIIe s, en partie remaniée au XVe s, se dresse dans un quartier paisible aux allures de village. Si l'architecture extérieure est sobre, hormis le portail de la façade ouest, l'entrée révèle une nef surprenante : élancée en raison de l'absence de transept et marquée par l'ancienne existence de deux chœurs opposés. On doit la réorientation classique nef-chœur aux travaux du célèbre architecte Robert Lorimer (voir Kellie Castle à Elie), terminés au début du XXe s. Superbes vitraux et belles stalles délicatement sculptées, dont ces étonnants motifs de chauve-souris, chardon et *green man* (homme à tête de feuillage). Au plafond, les blasons des protecteurs féodaux sont disposés comme des clefs de voûte. En contrebas de la cathédrale, petit **musée** historique vite parcouru *(lun-sam 10h-16h30 ; GRATUIT).* En face, dans une maisonnette blanche, siège la vénérable **Leighton library,** bibliothèque fondée en 1687 par l'évêque local. Elle compte près de 4 500 ouvrages en 89 langues, parus entre 1504 et le début du XIXe s *(horaires variables).*

🏃🏃 🚶 **Doune Castle** (HES) : *entre Dunblane et Callander.* ☎ *(01786) 841-742. Bus no 59 depuis Stirling. Avr-sept : tlj 9h30-17h ; 10h-16h oct-mars (dernière admission). Entrée : £ 5,50 ; réduc. Audioguide inclus (anglais slt).* Construite à la fin du XIVe s par Robert Stewart (duc d'Albany et régent d'Écosse), cette forteresse, l'une des mieux préservées d'Écosse, a gardé tout son cachet médiéval (mais pas son mobilier). C'est aussi un lieu de pèlerinage pour les fans des Monthy Python : bon nombre des scènes cultes de *Sacré Graal* furent tournées ici, comme le rappellent les commentaires audio contés avec humour par Terry Jones, l'un des membres de la troupe. Plus récemment, le château servit de décor pour la série *Outlander* (2014).

L'imposant corps de garde de 30 m de haut renfermait les appartements privés, notamment le salon où se distrayait la duchesse et la chambre des ses époux, munie d'une trappe pour fuir en cas de danger. Dans le bâtiment contigu, le grand hall (restauré au XIXe s) servait tour à tour de salle de justice ou de festin. Il communique avec la tour des cuisines où l'on voit encore l'immense cheminée et les traces d'affûtage des couteaux sur les murs ! À l'extérieur, des pierres en saillie et un mur percé de fenêtres sont les seuls indices de projets d'agrandissement jamais réalisés.

🏃🏃 **Deanston Distillery :** *à Deanston, à 8 miles (13 km) au nord-ouest de Stirling par la A 84.* ☎ *843-010.* ● *deanstonmalt.com* ● *Bus no 59 depuis Stirling. Visites (50 mn, en anglais) ttes les heures 10h-16h. Tarif : £ 9-20 selon nombre de whiskies dégustés à l'issue du tour (1 à 3).* C'est d'abord le lieu qui intrigue, une ancienne filature de coton bâtie en bord de rivière à l'orée du XIXe s, dans laquelle trimèrent jusqu'à 1 500 ouvriers, logés dans une cité voisine bâtie pour eux, jusqu'à la fermeture du site en 1965. Deux ans plus tard, il était converti en distillerie fonctionnant, aujourd'hui comme à l'époque du coton, grâce à l'énergie de l'eau. La visite, intéressante, suit pas à pas le processus, passant des moulins à orge à la chaleur des alambics de cuivre pour déboucher dans le vaste entrepôt où vieillissent les whiskies. Une sorte de bunker, qui fut jadis l'atelier principal de la filature et dans lequel furent tournées des scènes du film *La Part des Anges*, de Ken Loach, qui a laissé son autographe sur une barrique. On termine, bien sûr, par une dégustation de ces *single malt* non tourbés, dans lesquels les fins palais décèleront des notes de miel.

🏌🚶 *Falkirk Wheel :* à *Falkirk*, *17 miles au sud-est de Stirling ; 23 miles à l'ouest d'Édimbourg.* ☎ *0870-050-02-08.* ● *scottishcanals.co.uk* ● *De Stirling, train jusqu'à Falkirk (station High & Grahamston) ou Camelon, puis First Bus n° 3 ou 4 (départ ttes les 20 mn) ; en voiture, autoroute M 9 direction Édimbourg (panneaux). Mars-oct, tlj 10h-17h30 ; l'hiver, mer-dim 11h-16h. Bateau (50 mn) : 11h10-16h10. Tarif : env £ 13 avec le bateau ; réduc ; expo et vue extérieure de la roue gratuites.*
Inauguré en 2002, ce chef-d'œuvre d'ingénierie et d'esthétique mécanique raccorde les canaux de *Forth & Clyde* et *Union*, séparés par une déclivité de 35 m. Sorte d'ascenseur à bateaux rotatif pourvu d'une nacelle à chaque extrémité, il fonctionne en s'appuyant notamment sur le bon vieux principe d'Archimède, d'où une consommation d'énergie ridicule : £ 10 par jour seulement pour faire grimper les bateaux de 25 m (les 10 m restants étant gravis par deux écluses).
Prévue dès l'origine pour le tourisme fluvial, la roue de Falkirk est devenue une attraction en tant que telle : expo didactique et divertissante, embarquement dans une péniche qui entre dans l'écluse-nacelle, belle vue jusqu'au Ben Lomond et redescente vers le point de départ. Le tout avec vidéo et commentaires de l'équipage. Également des locations de vélos, canoës, pénichettes, etc.

🚶 *The Kelpies :* près de *Falkirk*, en bordure de la M 9. ☎ *(01324) 590-600.* ● *the helix.co.uk* ● *Parc ouv tlj 24h/24. GRATUIT. Visite guidée des statues tlj 10h-17h, £ 7 ; réduc. Parking : £ 2.* Si vous passez par l'autoroute M 9, impossible de rater ces deux colossales têtes de chevaux en métal trônant au milieu d'un parc. Les *kelpies* sont des créatures imaginaires issues du folklore celtique, sortes de chevaux aquatiques qui hantent les lacs et rivières... La visite payante n'a que peu d'intérêt : on voit mieux les statues de l'extérieur !

LES TROSSACHS

« Si merveilleusement sauvage, l'ensemble paraîtrait un paysage de rêve » (Walter Scott). On allait le dire ! Les Trossachs, pays des poètes et de Rob Roy MacGregor (voir la rubrique « Personnages célèbres » dans « Hommes, culture, environnement » en fin de guide), sont depuis le XIXᵉ s l'une des régions les plus visitées d'Écosse. Parcouru de chemins forestiers et baigné de lochs, ce sanctuaire écologico-touristique, refuge des randonneurs et des pêcheurs, abrite notamment le Queen Elizabeth Forest Park, un parc naturel de 25 000 ha. Il est bordé par les petites villes d'Aberfoyle et de Callander.

Comment se déplacer ?

➤ *Demand Responsive Transport :* ☎ *(01877) 38-25-87 ou (01877) 38-56-66 (zone d'Aberfoyle) ;* ☎ *(01877) 33-04-96 (zone de Callander). Service dispo tlj 7h-21h30 ; résa si possible 24h avt.* Un système de transport à la demande, en voiture particulière ou minibus en fonction du nombre de passagers. Pour aller là où les bus ne vont pas : Inversnaid (rive droite du loch Lomond), Stronachlachar (loch Katrine) et la route du loch Venachar (vers Callander). Malin et pas très cher.

ABERFOYLE

660 hab.　　　　IND. TÉL. : 01877

Porte méridionale des Trossachs, ce petit village très prisé en période estivale est un bon point de départ pour les randonnées.

Arriver – Quitter

En bus

➤ **Aberfoyle-Stirling :** avec *First*

Edinburgh. ☎ 0871-200-22-33. ● *firstgroup.com* ● Ligne n° C11 : 6 bus/j. (sf dim).

Adresses utiles

@ Visitor Information Centre : Main St. ☎ 382-352. ● *visitscottishheartlands.com* ● Avr-oct : tlj 10h-17h ; le reste de l'année : w-e slt 10h-16h. 🖥 Cartes de la région et conseils de randonnées. Petite expo constituée de panneaux et vidéos présentant l'histoire, la géologie, la faune et la flore régionales.

The Lodge : à 1,5 mile (env 2 km) d'Aberfoyle, en direction du loch Katrine et de Callander. ☎ 0300-067-66-15. ● *forestry.gov.uk* ● Tlj 10h-18h (juil-août), puis jusqu'à 15h, 16h ou 17h selon période. Parking payant. Renseignements sur les randos à pied ou à vélo dans le Queen Elizabeth Forest Park. Départ de plusieurs balades ici même. Expo sur la faune et la flore, avec des images de balbuzards (*osprey* en anglais) filmés en direct. Café, terrasse (voir « Où manger ? Où boire un verre ? »).

✉ **@ Poste :** Main St. Lun-sam 9h-17h30 (13h sam). Fait bureau de change.

Où dormir ?

Campings

Cobleland Campsite : à 2 miles (3 km) au sud d'Aberfoyle, en direction de Glasgow puis Gartmore. ☎ 382-392. ● *campingintheforest.co.uk* ● De mi-mars à fin oct. Selon saison, £ 15-27 pour 2 avec tente ; réduc. Pas d'équipement superflu dans ce charmant camping à sensibilité écolo, situé au bord de la rivière Forth, en retrait de l'A 81. Emplacements bien verts, certains ombragés par de beaux chênes et au bord de l'eau (gare aux *midges* !). Le *Rob Roy Way* et la piste cyclable n° 7 passent juste à côté : vous voilà à pied d'œuvre !

Trossachs Holiday Park : à 1,5 mile (2 km) au-delà du Camping in the Forest, sur l'A 81. ☎ 382-614. ● *trossachsholidays.co.uk* ● Mars-oct. Selon saison, £ 15-22 pour 2 avec tente. Min 2 nuits en hte saison. Un camping réputé dans un fantastique site vallonné. Beaucoup de mobile homes et de caravanes, mais la partie réservée aux tentes est la mieux placée, sans vis-à-vis, face à la nature. Salle de jeux et TV. Jolis *lodges* (2-6 personnes) à louer.

Prix moyens (£ 50-85 ; 60-102 €)

The Bield : Trossachs Rd, à la sortie nord du village par l'A 821. À 10 mn à pied du Waterfall Trail. ☎ 382-351. ● *thebield.net* ● Double £ 65 ; réduc dès la 2ᵉ nuit. 📶 Belle maison centenaire en grès rose, sur les hauteurs du village. Chambres claires et spacieuses, dotées d'une petite salle de bains nickel. Salon avec cheminée, canapé profond et jolie vue sur le jardin. Accueil attentif et souriant.

🛏 **Corrie Glen B & B :** *Manse Rd, à env 1 km au sud d'Aberfoyle.* ☎ 382-427. ● *corrieglen.co.uk* ● *Accès par la petite route qui part du* Visitor Centre. *Avr-oct. Double £ 70 (£ 60 dès la 2e nuit).* 📶 Cette maison moderne plantée au milieu des champs propose

3 chambres d'une grande simplicité mais d'un confort correct (2 avec salle de bains et 1 avec sanitaires privés dans le couloir). Depuis la véranda et la salle de petit déj, on observe les chevaux des proprios en train de paître benoîtement. Accueil chaleureux et spontané.

Où manger ? Où boire un verre ?

🍴🍷 **The Forth Inn :** *dans la rue principale.* ☎ 382-372. *Tlj 9h-minuit (1h ven-sam). prix moyens.* Cuisine solide, poutres apparentes, moquette tartan, cheminée et service chaleureux... tous les ingrédients pour satisfaire les passants et retenir les habitués. Tables en terrasse aux beaux jours. Ceux qui auraient du mal à repartir peuvent loger sur place, les chambres se louent à prix correct pour une auberge.

🍴🍷 **Café du Queen Elizabeth Forest Park :** *voir* The Lodge *dans « Adresses utiles ».* ☎ 382-900. *Bon marché.* Grande cafétéria dont la terrasse jouit d'une vue imprenable sur la forêt du loch Ard et le Ben Lomond. Sélection de *scones,* gâteaux, sandwichs et petits plats cosmopolites, frais et sans prétention. Vaut surtout pour sa situation, vraiment exceptionnelle.

DANS LES ENVIRONS D'ABERFOYLE

🏰 **Inchmahome Priory** (HES) **:** *sur une île du* lake of Menteith. ☎ 385-294. *Accès depuis* **Port of Menteith,** *entre Aberfoyle et Callander sur la B 8034. Avr-oct : tlj 10h-16h15 ou 15h15 en oct (dernier départ du bateau). Entrée et traversée : £ 4,40 ; réduc. Retourner le panneau côté blanc vers l'île pour appeler le bateau.* Les ruines encore vaillantes de ce prieuré augustinien fondé en 1238 se dressent sur une île minuscule. Menacées par l'envahisseur anglais, Marie de Guise et sa fille Marie Stuart, alors âgée de 4 ans, s'y réfugièrent pendant 3 semaines avant de fuir vers la France. L'église a conservé une bonne partie de son clocher et de belles arches. À côté, quelques vestiges du cloître. Dans la petite salle capitulaire, un émouvant couple de gisants enlacés (XIIIe s). La promenade autour de l'île, sur un sentier ponctué de vénérables châtaigniers, complète l'impression de sérénité.

🏰 **Three Lochs Forest Drive :** *bifurcation sur la droite (panneau) à 3 miles (env 5 km) d'Aberfoyle, en direction de Callander. Avr-oct : tlj 10h-17h. Péage (voiture slt) £ 2.* Seule route forestière ouverte aux véhicules motorisés (compter alors 45 mn), elle serpente majestueusement sur une dizaine de kilomètres dans le **Queen Elizabeth Forest Park,** en longeant d'abord le *loch Drunkie* puis le *loch Achray* avec, en toile de fond, les *Ben Venue* et *Ben A'an.* Nombreux départs indiqués de circuits à vélo ou pédestres.

🏰🚶 **Go Ape :** *à côté de* The Lodge *(voir « Adresses utiles »).* ☎ 0845-519-30-23. ● *goape.co.uk* ● *Avr-oct : tlj 9h-17h (mais variable selon affluence et météo) ; fermé déc-mars. Départs en principe ttes les 30 mn. Résa conseillée. Âge min : 10 ans. Entrée : £ 25-33 selon l'âge, pour env 2h30-3h de parcours ; réduc. Parking payant.* Accessible à partir de 10 ans pour tous ceux qui parviennent à grimper sur une échelle de corde sans vertige et ne souffrent pas du vertige, voici un beau parc d'aventure du type « accrobranche », doté d'une tyrolienne de 430 m, d'un passage à plus de 22 m de haut, de ponts de corde, etc. Géré par une compagnie sérieuse au staff très sympa.

🏃🏃 *Waterfall Trail :* départ depuis The Lodge *(voir « Adresses utiles »).* Jolie et facile balade de 30 mn menant à une cascade. Splendide panorama sur les Trossachs.

LOCH KATRINE

La séduisante beauté du loch Katrine inspira à Walter Scott sa célèbre *Lady of the Lake.* Lorsque les dernières heures du jour habillent le loch d'un drapé cardinalice, il faut contempler les nuances de couleurs de ses eaux pourpres pour saisir pleinement les vers du poète. La route reliant Aberfoyle à Inversnaid, superbe, est à elle seule une invitation lyrique... *Ah ! Lovely !* Le lac, à la pureté très contrôlée, alimente Glasgow en eau potable depuis 1859.

Comment y aller ? Où embarquer ?

➤ La route suivant la rive nord (22 km) se parcourt uniquement *à pied ou à vélo.* Certaines côtes sont ardues, avis aux sportifs !
➤ *Trossachs Pier :* à *6 miles (env 8 km) d'Aberfoyle, par un embranchement sur la A 821. Parking payant.* À la pointe sud-est du loch, c'est le principal lieu d'embarquement.
➤ *Stronachlachar Pier :* à *11 miles (18 km) d'Aberfoyle par la B 829. Parking payant.* Certains bateaux y font escale. La pittoresque route *single track* mène également aux chutes d'Inversnaid.

Adresse utile

■ *Location de vélos « Katrine-wheelz » :* Trossachs Pier. ☎ 376-366. ● katrinewheelz.co.uk ● Tlj 9h-17h. Env £ 20/j. Vélos en tout genre, dont des tandems. Pour une balade le long du loch, éviter les vélos de ville, non adaptés.

Où dormir ? Où manger ? Où boire un thé ?

⚠ 🏠 |❖| *Inversnaid Bunkhouse :* à Inversnaid, à 4 miles (6 km) de Stronachlachar. ☎ 386-249. ● inversnaid. com ● ♿ Ouv avr-oct. Résa conseillée. Camping £ 10/pers. Nuitée en dortoir 2-5 pers £ 22/pers. Double £ 57. Log cabin £ 57 pour 2. Petit déj en sus. Resto tlj 12h-15h, 18h-21h ; plats £ 8-13 et poste. Une église convertie en refuge ! On adore la grande salle commune faisant office de resto, bar et salon, avec instruments de musique à dispo si l'envie vous prend de faire un bœuf. Hébergement pour tous les goûts : dortoirs et chambres un peu cellulaires et rudimentaires (lits de type couchettes, parfois superposés) mais pas glauques. Les randonneurs du West Highland Way les trouveront très bien... Quant aux 2 chambres en *log cabin,* elles sont sympas et se partagent une salle de bains. Cuisine, laverie. Pas de casiers, mais un jacuzzi dehors pour se délasser les pattes après la rando ! Le caractère inhabituel du lieu et l'accueil complice des proprios musiciens emportent la décision. Pas loin, les chutes d'Inversnaid (lire « À voir »).
|❖| 🚬 *The Pier Tea Room :* à Stronachlachar. ☎ 386-374. Mars-nov, 10h-17h. Plats env £ 6-8. Halte bienvenue pour les promeneurs et cyclistes, pile sur le quai où accoste le SS Walter Scott. Plus mignon que le café-resto du Trossachs Pier. Gâteaux, *scones,*

paninis, pizzas, sélection de thés et cafés, à déguster au bord de l'eau.

IOI ☛ The Wee Blether Tea Room : *au bord du loch Ard, sur la B 829, à Kinlochard.* ☎ 387-337. *Avr-oct, tlj 10h-17h (la cuisine ferme à 16h). Plats env £ 6-12.* Encore un adorable salon de thé au bord de l'eau ! Et pourtant,

on ne s'en lasse pas ; jolie petite salle égayée d'affiches et de cartes humoristiques, avec une poignée de tables et une terrasse. Idéal pour savourer un copieux *toastie*, un burger ou un *pie & beans*. À l'heure du goûter, bons gâteaux, *scones* et meringues maison. Accueil adorable.

À voir. À faire

🎿🎿🎿 🚶 **Croisières sur le lac :** ☎ 376-315 ou 316. ● lochkatrine.com ● Attention : horaires sous réserve des conditions météo et du nombre de résas.
– **SS Walter Scott :** *tlj fin mars-début janv ; avec escale à Stronachlachar, départ à 10h30 du Trossachs Pier, retour à 12h30 ; croisière sans escale (durée 1h), départs à 10h30 du Trossachs Pier ou 11h30 de Stronachlachar ; ou Scenic Cruise (1h), départs à 13h et 14h30 (ainsi qu'à 16h juin-sept). Tarifs : £ 13-16 selon formule ; réduc.*
– **Lady of the Lake :** *tlj fin mai-début oct ; sans escale (durée 1h), départs à 13h30 et 16h15 du Trossachs Pier, 1h plus tard de Stronachlachar ; avec escale à Stronachlachar et Glengyle (durée 2h), départs à 13h30 et 16h15. Tarifs : £ 11-14 selon formule ; réduc.*

🎿🎿🎿 **Balade combinée vélo-bateau :** *en hte saison, résa conseillée (vélo et croisière).* Le matin, embarquez avec votre vélo à Trossachs Pier sur le célèbre et magnifique vapeur *SS Walter Scott* (construit en 1900), pour une croisière avec stop à Stronachlachar Pier. Retour par la route de la berge, à la force des mollets... Attention, ça grimpe sec par moments. On peut faire l'inverse en récupérant le *Lady of the Lake* vers 15h30 à Stronachlachar Pier.

🎿🎿 **Inversnaid Falls** (les chutes d'Inversnaid) – **Rob Roy View Point :** *à Inversnaid, au nord-ouest d'Aberfoyle (30 mn de route) par la route B 829, une magnifique route* single track. *Accès avec* Demand Responsive Transport *depuis Aberfoyle (voir plus haut « Comment se déplacer ? ») ; ou bateau jusqu'à Stronachlachar Pier, puis vélo ou marche (6 km).* Derrière l'hôtel *Inversnaid*, un sentier file parmi les arbres jusqu'aux chutes, puis escalade la montagne jusqu'au *Rob Roy View Point*. Panorama superbe sur le loch Lomond et les Arrochar Alps, mais attention aux *midges*. Compter 1h aller-retour. Faisable en sens inverse depuis *Inversnaid Bunkhouse* (voir « Où dormir ? »).

CALLANDER
2 930 hab.　　IND. TÉL. : 01877

Trait d'union entre les Highlands et les Lowlands, Callander gagna ses lettres de noblesse grâce à Walter Scott et au séjour de la reine Victoria. Depuis, la patrie du clan MacGregor et de son illustre représentant, Rob Roy, est la ville la plus touristique des Trossachs.

Arriver – Quitter

En bus

➤ **Ligne Édimbourg-Fort William :** avec *Scottish Citylink.* ☎ 0871-266-33-33. ● citylink.co.uk ● Liaisons fréquentes.

➤ *Stirling-Callander (ligne nº 59) :* avec *First Edinburgh.* ☎ *0871-200-22-33.* ● *firstgroup.com* ● 13 bus/j.

(sf dim), 7h-19h. Avec ou sans changement à Falkirk.

Adresses utiles

ℹ @ Visit Scotland Callander : *52-54, Main St.* ☎ *330-342.* ● *visitscottish heartlands.com* ● *Tlj 9h30-17h (16h en hiver).* 📶 Super accueil et doc de qualité. Vend des cartes de rando.

■ Location de vélos : Square Wheels, *4, Ancaster Sq, à côté de l'église.* ☎ *331-052. Mars-oct, tlj 9h-17h. Compter £ 20/j.*

Où dormir ?

Camping

⚕ Keltie Bridge Caravan Park : *à 2 miles (3 km) en direction de Stirling.* ☎ *330-606.* ● *stay@keltiebridge. co.uk* ● *De mi-avr à fin oct. Selon saison, £ 16-28 pour 2 avec tente et voiture. Également des* pods *(huttes en bois) pour 2-4 pers env £ 38-50.* À l'écart de la route, un terrain calme et arboré, avec les collines en toile de fond et pas mal de caravanes. Les tentes s'installent devant, assez loin des sanitaires. Accueil perfectible.

Bon marché
(£ 10-25/pers ; 12-30 €)

🛏 Callander Hostel : *6, Bridgend.* ☎ *330-141.* ● *callanderhostel.co.uk* ● *À 2 mn de marche de Main St, direction Glasgow, juste après le pont. En dortoir (6-8 lits) £ 22/pers. Double £ 65. Également des quadruples. Parking.* AJ aménagée dans une ancienne auberge. Le confort est excellent : chambres privées lumineuses dignes d'un hôtel, dortoirs avec salle de bains. Chaque lit dispose d'une lampe, d'une prise de courant et même de prises USB ! Équipements communs au diapason : cuisine, café-bar, laverie et un barbecue dans le joli jardin. Un très bon point de chute.

Prix moyens
(£ 50-85 ; 60-102 €)

🛏 Highland Guesthouse : *8, South Church St.* ☎ *330-269.* ⚕ *Tte l'année.*

Double avec sdb £ 75. Une jolie maison dans le centre, tenue par un musicien passionné. Si vous aimez la cornemuse, l'accordéon ou le saxo, Dennis pourra accompagner votre petit déj en musique ! Chambres assez banales mais agréables et bien tenues. Jardinet à l'arrière. Accueil chaleureux et super petit déj.

🛏 Annfield B & B : *18, North Church St.* ☎ *330-204.* ● *annfield guesthouse.co.uk* ● *Tlj mars-oct ; ven-dim nov-fév. Double avec sdb env £ 85.* Grande et élégante maison bourgeoise en plein centre-ville mais au calme dans une rue transversale. Les 6 chambres, immaculées et confortables, offrent une déco pomponnée. Celles du 1er étage sont plus grandes que les mansardées du 2d. Seule une possède une salle de bains privée à l'extérieur de la chambre. Agréable salle de petit déj.

🛏 Invernente B & B : *14, South Church St.* ☎ *339-924.* ● *invernente. com* ● *Doubles sans ou avec sdb £ 45-75 selon saison.* Un gentil *B & B* situé dans une ruelle calme (à côté du poste de police !) et à un jet de pierre du centre. Petites chambres agréables et bien tenues, aux coloris marqués, dont les moins chères se partagent une salle de bains. Bon accueil et petit déj digne d'éloges.

Plus chic
(plus de £ 125 ; 150 €)

🛏 Roman Camp Hotel : *Off Main St.* ☎ *330-003.* ● *romancamphotel. co.uk* ● *Doubles £ 160-220 selon* *confort.* Aménagé dans une ancienne maison de chasse de 1625, cet hôtel déborde de charme. Salons feutrés avec vrai feu qui crépite dans la cheminée, meubles anciens au détour des couloirs tarabiscotés. Immense parc, somptueux, et une promenade bucolique le long de la rivière. Dommage que l'atmosphère y soit si prétentieuse...

Où manger ? Où boire un verre ? Où écouter de la musique à Callander et dans les environs ?

|●| 🍽 Meadows : *24, Main St.* ☎ *330-181. Tlj sf mar-mer 12h-21h. Résa conseillée. Prix moyens.* Coquet resto proposant une fine cuisine. Les menus sont l'occasion rêvée de goûter aux excellents desserts : si vous êtes plusieurs, craquez pour l'assiette de dégustation « Wave ». Le midi, également des omelettes et soupes copieuses. Entre les repas, thés, gâteaux et *scones* à prendre dans le jardin s'il fait beau.

|●| Poppies Hotel : *Leny Rd.* ☎ *330-329. À 5 mn à pied du centre, sur la route des lochs. Tlj 12h-14h, 18h-21h. Résa conseillée le soir. Plats et menus (servis 18h-19h) à prix moyens.* Sans doute l'une des meilleures tables du coin pour sa cuisine fine qui rend honneur aux produits du terroir : agneau, saumon, gibier se retrouvent sublimés par une cuisson parfaite et des sauces parfumées. Même soin apporté au cadre, avec une petite salle sobrement décorée de tableaux contemporains et des fleurs fraîches sur chaque table. Accueil prévenant et souriant. En un mot, tout y dénote un amour du travail bien fait !

|●| 🍷 🎵 Crown Hotel : *13, Main St.* ☎ *330-040. Tlj 12h-15h, 17h30-21h. Bar jusqu'à minuit (1h ven-sam). Prix moyens. Concerts le w-e.* Locaux et gens de passage apprécient la qualité constante de la cuisine prodiguée par ce pub. Rien de très recherché, mais de bons plats du cru tels la *venison* ou *lamb casserole*, le *Scottish haddock*... Salle aux murs beiges garnie de banquettes et de TV calées sur le sport. En fin de semaine, c'est la musique folk qui prend le dessus ! Accueil et service très chaleureux.

|●| 🍷 🎵 The Lade Inn : *à Kilmahog, 0,5 mile (env 1 km) de Callander. Au* carrefour de l'A 84 et de l'A 821. ☎ *330-152. Tlj 12h-23h (1h ven-sam, 22h30 dim). Cuisine ouv jusqu'à 21h. Bar meals bon marché, carte à prix moyens. Bœuf de musique écossaise ven-sam à partir de 20h30.* Un resto-pub souvent bondé rassemblant une salle rustique, une grande véranda et un bucolique *beer garden*. Au-delà du service aux petits oignons et de la cuisine typique et soignée, le plus de l'endroit, c'est la bière brassée maison en 3 déclinaisons de couleur et degrés.

|●| The Byre Inn : *à la sortie de Brig O'Turk, hameau situé à 2,5 miles (4 km) à l'ouest de Callander, sur l'A 821.* ☎ *376-292. Avr-oct, tlj 12h-22h. Résa conseillée le soir. Prix moyens.* Belle et romantique auberge nichée au milieu des bois. Cuisine écossaise de bonne facture à prix doux. Terrasse et même un terrain de pétanque ! Accueil convivial.

🍷 🎵 The Waverley Hotel : *94, Main St.* ☎ *330-245.* Pub de l'hôtel du même nom, bondé de locaux. Billard. Terrasse à l'arrière. *Real ale* à la pression. Concerts le week-end.

🍷 🎵 The Dalgair : *115, Main St.* ☎ *330-283.* Dans ce petit pub de quartier, pas de déco séduisante ni de clichés de carte postale. Malgré les coups de peinture et le mobilier neuf qui tentent de cacher la misère, l'endroit reste fondamentalement miteux. Et pourtant on adore, car des habitués hauts en couleur s'y retrouvent pour écouter de la musique écossaise les soirs de week-end. Et tout le monde de reprendre en chœur les standards du pays, entre deux pintes de bière !

DANS LES ENVIRONS DE CALLANDER

Bracklinn Falls : *à 1,2 mile (env 2 km) à l'est de Callander.* Belles cascades.

Falls of Leny : *au nord par l'A 84, 1 mile env après Kilmahog.* Courte balade jusqu'aux petites chutes.

Rob Roy's Grave *(la tombe de Rob Roy)* **:** *à **Balquhidder,** à 9,3 miles (15 km) au nord de Callander par l'A 84 (direction Lochearnhead, puis bifurquer à Kingshouse).* C'est dans ce hameau perdu dans la campagne que le célèbre brigand des Highlands s'éteignit en 1734. Il y repose avec sa femme et deux de leurs quatre fils, sous une pierre tombale où l'on distingue ses emblèmes, l'épée et la croix, couverts de la menue monnaie de ses admirateurs et ornée de rubans de tartan. En guise d'épitaphe, cette ultime bravade : « *MacGregor despite them* » (comprendre : « Fier d'être un MacGregor, et tant pis si ça ne leur plaît pas ! »). Derrière l'église voisine, un chemin longe la rivière jusqu'à de petites cascades. Également un départ de sentier pour *Kirkton Glen* (3 km).

➤ **La piste cyclable Callander-Strathyre :** longe la rive ouest du *loch Lubnaig* sur environ 6 miles (10 km environ), selon l'ancien tracé de la voie ferrée menant à Oban.

➤ **Ben Ledi :** *départ depuis la piste cyclable Callander-Strathyre.* Une belle randonnée pour ceux qui ont un minimum d'expérience. Compter 4h de marche aller-retour. Du sommet, vue imprenable sur les lochs de la région.

DE LA PÉNINSULE DE FIFE À PERTH

LE CENTRE

Séparé d'Édimbourg par le Firth of Forth, l'ancien royaume de Fife épouse la forme d'une langue dans cette grande bouche de terre ouverte sur la mer du Nord qu'est la côte est. On recommande de prendre la route côtière égrenant d'adorables ports de pêche jusqu'à la ravissante ville de Saint Andrews, puis de passer par l'intérieur des terres pour remonter jusqu'à Perth.

CULROSS   400 hab.   IND. TÉL. : 01383

Le temps semble s'être arrêté dans le petit village de Culross. Lieu de naissance supposé au VIe s de saint Mungo, fondateur et patron de Glasgow, ce fut un grand centre religieux, doté d'une abbaye en 1217. Mais comment deviner que Culross fut l'une des cités les plus prospères du pays, consacrée bourg royal par Jacques VI ? À cette époque (XVIe s), le commerce florissant du sel et l'extraction du charbon, dont regorge son sous-sol, le transforment

LE CENTRE

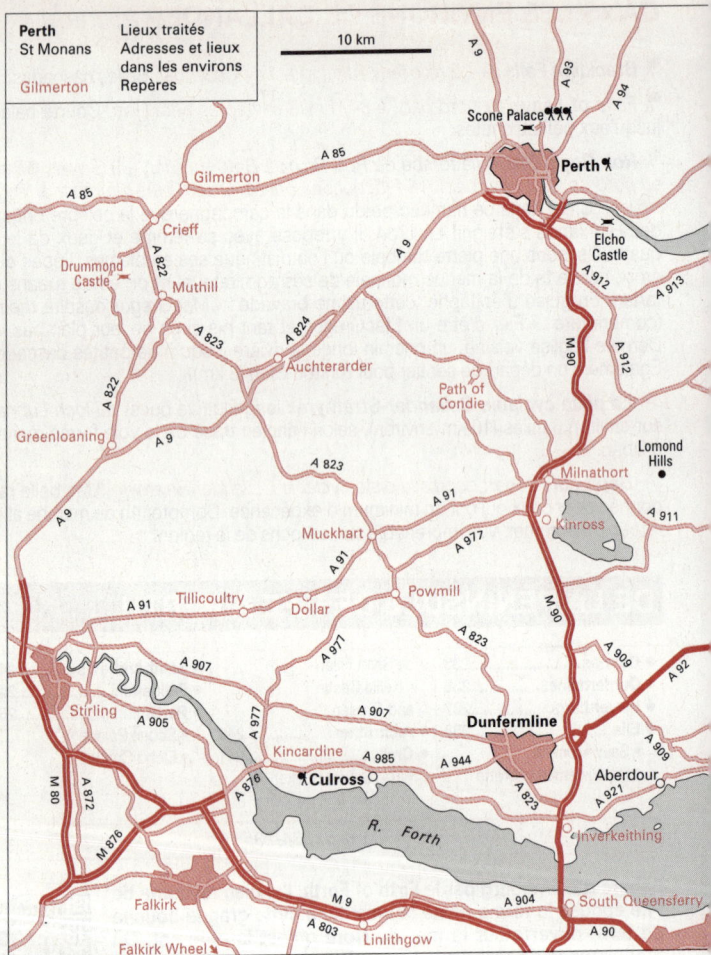

en un port très actif tourné vers la Scandinavie et les Pays-Bas. Au XVIIIe s, le déclin s'installe. Dans les années 1930, le *National Trust* entreprend un programme de restauration des habitations des XVIe et XVIIe s. Aujourd'hui, les visiteurs musardent avec plaisir dans de charmantes ruelles qui ont retrouvé leur patine d'antan.

Arriver – Quitter

➤ *En bus :* liaison ttes les heures env avec le bus n° 78 **Dunfermline-Stirling** de *Stagecoach Fife.* ☎ *0871-200-22-33* (Traveline). ● *stagecoachbus.com* ●

NORD

MER DU NORD

DUNDEE

A 90

Firt of Tay

Tentsmuir Forest

A 914

A 92

A 919

Leuchars
Guardbridge

Newburgh   A 913

A 913   Dairsie

Strathkinness

St Andrews

Cupar

A 91

A 91

B 939

A 915

B 9131

A 917

Auchtermuchty

A 914

A 91

Secret Bunker

A 912   Falkland

B 940

Kellie Castle

A 916   Largoward

A 915

Arncroach

A 917   Crail

A 917

Lower Largo

Elie

Anstruther
Pittenweem
St Monans

A 911

A 915

Glenrothes

A 92   A 955

Île de May

Kirkcaldy

B 9157

Firth of Forth

Burntisland

North Berwick

A 198   A 1

A 198

Aberlady

Dunbar

EDIMBOURG

LE CENTRE

DE LA PÉNINSULE DE FIFE À PERTH

Où manger ? Où boire un verre ?

Biscuit Café : *Little Sandhaven.* ☎ *88-21-76. À deux pas du* Royal Burgh, *à l'étage d'une boutique de poterie. Tlj 10h-17h. Bon marché.* Courte carte de soupes du jour, sandwichs toastés (excellent pain !) et pâtisseries maison, confectionnés avec des produits frais, voire bio. À déguster sans hâte dans les jolies petites salles ou, mieux, dans l'adorable jardin bien touffu caché à l'arrière. Parfait pour une pause gourmande.

Red Lion Inn : *Low Causeway.* ☎ *88-02-25. Côté estuaire, avt d'arriver au* Palace. *Tlj 12h-21h, service continu. De bon marché à prix moyens.*

Dans une vieille maison blanche, une mignonne auberge, au plafond tapissé de blasons de marques de bières et whiskies. Plats classiques de pub, simples, bons et copieux. En outre, gage de sérieux, de la *real ale* au tonneau.

À voir. À faire

🎬🍴 **Royal Burgh** (NTS) **:** *au cœur du village.* ☎ *0844-493-21-89. Juin-août : tlj 12h-17h ; avr-mai et sept-oct : mer-dim 12h-17h. Dernière entrée 30 mn avt. Entrée (également valable pour la* Town House *et le* Study*) : £ 10,50 ; réduc. Augioguide en français et visite guidée inclus (départ ttes les heures).*
Rien de royal, mais une vaste demeure de riche négociant de la fin du XVIe s. Après une intéressante vidéo de présentation, on visite les appartements de deux maisons et les cuisines entièrement reconstituées. Les petites pièces sont très cossues, à l'image des magnifiques plafonds peints d'époque et du beau mobilier de style. Noter aussi la curieuse chambre forte où le propriétaire, George Bruce, conservait les taxes perçues sur les bateaux de commerce au mouillage. Un joli magot, le port de Culross en accueillant jusqu'à 200 à son apogée ! Terminer par un tour au jardin dont la composition médiévale, plus utilitaire (verger, potager, herbes aromatiques et médicinales) que décorative, a été méticuleusement recréée. On peut compléter la visite par celles, obligatoirement guidées, du conseil de la *Town House,* bâtiment du XVIIe s dominant Mercat Cross, et du *Study* (plafond de style norvégien). Renseignements au guichet.

🚶 *Promenade dans le village :* la voie pavée de gros galets qui monte vers l'abbaye passe par une pittoresque petite place où trône la *Mercat Cross,* la traditionnelle croix du marché, ici curieusement surmontée d'une licorne. Tout autour et dans les allées avoisinantes, bel alignement d'élégantes maisons blanches avec pignons à redents et tuiles rouges, typiques de l'architecture écossaise de l'époque. Au sommet du village trône *l'abbaye (tlj 9h30-17h30 – 16h30 oct-mars ; GRATUIT).* Datant du XIIIe s, elle est en ruine à l'exception du chœur, transformé en église paroissiale et doté d'une grande tour crénelée au XVIIe s. Dans le vénérable cimetière adjacent, des pierres tombales couvertes de symboles rappellent les professions des défunts.

DUNFERMLINE   49 700 hab.   IND. TÉL. : 01383

Aujourd'hui assoupie, cette ancienne capitale de l'Écosse servit de résidence royale jusqu'à l'union des deux couronnes en 1603. Andrew Carnegie, grand industriel et philanthrope américain, naquit ici en 1835. Il légua le parc qui aère l'atmosphère d'une ville un peu falote, surtout visitée pour son abbaye médiévale.

Arriver – Quitter

En bus

➢ *Édimbourg, Glasgow, Saint Andrews, Perth* et *Stirling,* avec *Stagecoach Fife.* ☎ *0871-200-22-33.* ● *stagecoachbus.com* ● Pour les villages de la côte, passer par Kirkcaldy.

En train

➢ Liaisons directe avec *Édimbourg.* ☎ *0344-811-0141.* ● *scotrail.co.uk* ●

Adresse et info utiles

i *Visitor Information Centre :* 1, High St. ☎ 720-999. ● visitscotland. com ● Tlj 9h30-17h, plus dim de début juin à mi-sept 11h-16h.

– Nombreux *pubs et cafés* dans les ruelles du centre, à proximité de l'abbaye.

À voir

🏃🏃 *Dunfermline Abbey and Palace* (HES) : Kirgate St. ☎ 739-026. ● dun fermlineabbey.co.uk ● Avr-sept, tlj 9h30-17h (dernière entrée) ; oct-mars, tlj sf jeu-ven 10h-12h30, 13h30-16h. Entrée : £ 4,50 ; réduc. Environnée par un cimetière romantique aux pierres tombales des XVIIᵉ et XVIIIᵉ s (l'ancien terrain de pétanque de Charles Iᵉʳ !), l'abbaye fut d'abord un prieuré, fondé au XIᵉ s par la jeune reine Margaret, canonisée pour sa grande piété et sa lutte contre des rites celtes. Son fils David Iᵉʳ le transforme en abbaye, puis en mausolée royal (22 tombeaux !). Au XIIIᵉ s, des bâtiments domestiques sont ajoutés, puis, en 1600, Anne de Danemark s'installe son palais, où elle donne naissance au roi Charles Iᵉʳ.
Du *palais* ne subsiste qu'une longue façade dressée en surplomb d'une ravine, vestige de ce qui fut à l'origine une des maisons d'hôtes de l'abbaye. On y circule dans les ruines du réfectoire et de la cuisine. Quelques belles sculptures sont exposées dans de petites salles adjacentes au magasin de souvenirs. *L'abbaye* quant à elle est surtout célèbre pour sa nef de style roman (XIIᵉ s), présentant de nombreuses similitudes avec la célèbre cathédrale de Durham en Angleterre, construite à la même époque. Les quatre piliers monumentaux et étonnamment ciselés étaient à l'origine colorés. Des portes conduisent au chœur, construit sur les ruines du couvent au début du XIXᵉ s pour servir d'église paroissiale, toujours utilisée aujourd'hui (accès libre). Sous la chaire, la pierre tombale en bronze et porphyre du roi Robert the Bruce (1274-1329), posée en 1889 suite à la redécouverte de sa dépouille, enveloppée dans un linceul d'or.

🏃 *The Pittencrieff Park :* en bordure de l'abbaye. Surnommé The Glen par les habitants, ce magnifique parc fut acheté à des lords, puis offert à Dunfermline par Andrew Carnegie, célèbre millionnaire et philanthrope américain originaire de la ville. Petite rivière et jardin à la française. Agréable comme tout.

LOWER LARGO

1 900 hab.   IND. TÉL. : 01333

À une trentaine de miles de Dunfermline, environ 12 miles (20 km) après la ville industrielle de Kirkcaldy, ce paisible village de pêcheurs aux rudes maisons blotties les unes contre les autres, dos à la plage, est posé à l'embouchure de la rivière Kiel of Burn qui se jette dans le Firth of Forth. Il est surtout connu comme le

SEUL AU MONDE

Vers 1700, le lieutenant de marine Alexander Selkirk fut abandonné par ses chefs, pour insoumission, sur l'île de Juan Fernandez, au large du Chili. Il y resta 4 ans et 4 mois dans la plus totale solitude (pas de Vendredi !). L'écrivain Daniel Defoe, ému par l'histoire, en tira le best-seller que l'on connaît.

LE CENTRE

lieu de naissance du marin Alexander Selkirk. Au 99 Main Street se dresse la statue de ce dernier, qui inspira à Daniel Defoe son fameux *Robinson Crusoé*.

Arriver – Quitter

En bus

➤ Bus n° 95 *Leven-Saint Andrews* avec *Stagecoach Fife*. ☎ 0871-200-22-33. ● *stagecoachbus. com* ● Passage ttes les heures, tlj. Dessert les villages de la côte jusqu'à Saint Andrews.

Où dormir ? Où manger ?

🏠 |O| *Crusoe Hotel :* sur le port. ☎ 320-759. ● *crusoehotel.co.uk* ● Doubles £ 90-110 selon vue, petit déj inclus. Resto bon marché le midi, prix moyens le soir. Dominant le minuscule port, cette charmante auberge loge ses chambres modernes et tout confort dans une aile chatouillée par les vagues à marée haute. Les plus chères ont vue sur la mer, les autres sur l'étroite rade. Également une suite avec terrasse, regardant des deux côtés. Salles communes rustiques et chaleureuses ou terrasse géniale sur la jetée, impeccables pour apprécier une bonne cuisine classique : haddock, saumon, haggis, salades et, si arrivage, du délicieux crabe frais. Et puis de la *real ale...*

🏠 *Seascape Largo B & B :* 21, Temple. ☎ 320-008. ● *seascapelargo. co.uk* ● Tout au bout du village, à 800 m à l'est du port, dans le petit quartier balnéaire qui finit en cul-de-sac. Doubles avec sdb £ 70-85. Dans un modeste cottage aux couleurs marines posté face à la plage, 2 chambres simples, claires et confortables, avec salon à partager. La plus chère donne sur la mer, l'autre est un peu étroite. Accueil bonhomme et vraiment sympa de Matt, qui cuisine son petit déj avec des produits du coin.

ELIE   677 hab.   IND. TÉL. : 01333

À 5 miles (8 km) de Largo, cette petite station balnéaire coquette et un tantinet bourgeoise déroule un front de mer très photogénique, formé par son port de plaisance suivi d'une belle anse abritant une plage de sable.

Arriver – Quitter

En bus

➤ Bus X60 et X62 *Édimbourg-Saint Andrews* (via *Kirkcaldy*) avec *Stagecoach Fife*. Ttes les heures. Desservi également par le *bus 95* Leven-Saint Andrews (par la côte ; ttes les heures).

Où dormir ? Où manger ?

⚡ *Elie Holiday Park :* à 2 miles à l'ouest d'Elie. Bien indiqué depuis l'A 917. ☎ 330-283. ● *abbeyford. com* ● Ouv fin mars-fin oct. Selon saison, forfait pour 2 env £ 15-22. Le chemin d'accès file dans la campagne avant de déboucher sur un site au charme sauvage, isolé entre collines et plage. Le terrain se résume à un vaste espace sans ombre ni délimitations, mais les infrastructures sont bonnes : bar, resto, épicerie, et une super aire de jeux pour les enfants, façon *Pirates des Caraïbes* !

|●| **Ship Inn :** *sur la digue du port.* ☎ *330-246. Tlj 12h-15h, 17h-21h. Résa conseillée. Prix moyens.* Emplacement idéal pour cette auberge blanc et bleu ciel, dont la terrasse en surplomb des vagues profite d'une vue formidable. S'il pleut, on se réfugie dans les petites salles claires et chaleureuses, autour d'une cuisine classique fraîche et soignée faisant la part belle au poisson.

DANS LES ENVIRONS D'ELIE

🎥🎥 **Saint Monans :** *env 3 miles (5 km) plus loin. Mêmes bus que pour Elie.* Plus petit village de la péninsule, Saint Monans mérite une halte par ses ruelles frangées de maisonnettes de pêcheurs typiques, avec leurs toitures rouges, leurs pignons à redents et leurs escaliers extérieurs. Elles enserrent un rustique port de pêche, où loge un *musée* minuscule rappelant son passé marin *(mai-sept : mar, jeu et sam-dim 11h-13h, 14h-16h ; GRATUIT).*
À l'autre extrémité, sur un petit cap au bout du village, l'église construite en deux temps du XIIIᵉ s au XIVᵉ s semble se pelotonner au creux d'un cimetière, giflé par les embruns les jours de forte tempête.

🏠 **Camping :** *dans le haut du village.* ☎ *01333-730-778.* ● *abbeyford.com* ● *De mi-mars à fin oct. Env £ 15-20.* Camping aussi paisible que basique, étendu sur une large pelouse.

|●| **East Pier :** *au bout de la rade.* ☎ *01333-405-030. Juin-août, tlj 11h-17h, et pour le dîner ven-sam ; mai et sept, mer-dim slt ; avr et oct le w-e slt. Bon marché.* Poisson fumé maison servi dans une modeste *smokehouse.* Terrasse.

🎥🎥 **Pittenweem :** *env 2 miles (3 km) plus loin. Mêmes bus que pour Elie.* Encore un petit port de pêche typique, qui s'anime le matin pendant la criée. De pittoresques maisons du XVIᵉ s, restaurées par le *National Trust,* expliquent sa popularité auprès d'artistes devenus résidents, rejoints par de nombreux invités durant une semaine début août pour le *Arts Festival.* À cette occasion, jardins, garages et maisons se transforment en autant de galeries d'art *(● pittenweemartsfestival. co.uk ●).*
Autre curiosité, la **grotte de Saint Fillan,** dissimulée dans un passage qui grimpe du port vers High St. Selon la légende, ce vieux rocher aux profonds méandres souterrains servit de refuge au premier missionnaire chrétien. Lieu saint depuis des siècles, on y célèbre encore des messes. *Entrée : £ 1. Clé disponible au Cocoa Tree Café sur High St (tlj 10h-18h).*

🎥🎥 **Kellie Castle and Garden** (NTS) : *à env 6 miles (10 km) au nord-est d'Elie, sur la B 9171.* ☎ *0844-493-21-84.* ● *nts.org.uk* ● *Avr-oct, tlj sf ven (tlj juin-août) 11h-17h. Fermeture des caisses 45 mn avt. Entrée : £ 10,50 ; réduc. Jardins seuls : £ 3.* C'est dans ce château édifié du XIIIᵉ au XVIᵉ s que Robert Lorimer, célèbre architecte associé à la restauration de nombreux monuments écossais, a passé une partie de sa jeunesse. Son père avait découvert cette bâtisse à l'abandon à la fin du XIXᵉ s. L'élégant aménagement intérieur datant de cette époque révèle quelques éléments anciens comme les panneaux en trompe l'œil de la salle à manger et le spectaculaire plafond stuqué de la *Vine Room,* copie de la chambre du roi à Holyrood. À voir encore, la pièce devenue une bibliothèque où dormit Jacques VI lors de son passage, une chambre d'enfant pleine de jouets d'époque, un jardin clos exceptionnel regorgeant de parfums et de couleurs, et l'atelier du sculpteur Hew Lorimer qui vécut ici jusqu'en 1970.

ANSTRUTHER
3 450 hab.　　IND. TÉL. : 01333

Tout près de Pittenweem, un autre port, plus grand. Autrefois prospère grâce à la pêche du hareng qui se fait désormais rare, le village se reconvertit peu à peu dans le tourisme, via notamment son remarquable musée de la pêche.

➤ Même *bus* que pour Elie.

Où dormir ? Où manger ?

🛏 **Murray Library Hostel :** *7, Shore St (sur le port, face à la plage).* ☎ 311-123. ● murraylibraryhostel.com ● *Lit en dortoir £ 20-22, doubles £ 46-56. Pas de petit déj.* Adorable *hostel*, installé dans une ancienne bibliothèque qui a conservé son superbe escalier verni et ses parquets craquants, distribuant dans les étages 3 dortoirs basiques de 4-6 lits avec lavabo, et autant de chambres privées, toutes simples mais joliment aménagées. Beaucoup de lumière, et pour cause, toutes les piaules donnent sur la mer. Sanitaires communs étincelants, grande cuisine et salon convivial, lové dans l'ancienne salle de billard. Bref, une excellente adresse. En plus, le bus s'arrête juste devant !

🛏 **The Spindrift :** *Pittenweem Rd.* ☎ 310-573. ● thespindrift.co.uk ● *À la sortie du village, direction Pittenweem. Doubles £ 66-92 selon saison.*

Dîner sur résa £ 25. Belle maison alignant 8 chambres très confortables sur 2 étages, le dernier mansardé. L'une, dessinée par le premier propriétaire de la maison, un capitaine de clipper, ressemble à une cabine de bateau. Impeccable et douillet (salles de bains modernes, frigo, micro-ondes). Accueil pro.

🍽 **Anstruther Fish Bar & Restaurant :** *44, Shore St (sur le port).* ☎ 310-518. *Tlj 11h30-21h30 (jusqu'à 22h à emporter). Bon marché.* Une star, et pas une nouvelle, parmi les *fish & chips* écossais. En témoignent les nombreux prix obtenus et les longues files d'attente. Haddock, mais aussi sole, crabe, crevettes, saumon. Copieux et super frais, voire du jour pour le *catch of the day.* Si on déguste sur place (30 % plus cher), le prix inclut pain-beurre et boisson chaude. Glaces maison.

À voir. À faire

🏃🚶 **Scottish Fisheries Museum :** *sur le port.* ☎ 310-628. ● scotfishmuseum.org ● *Avr-sept : lun-sam 10h-17h30, dim 11h-17h ; oct-mars : tlj 10h (12h dim)-16h30 ; dernière admission 1h avt. Entrée : £ 8 ; réduc ; gratuit jusqu'à 16 ans. En anglais slt.* Un immense musée, incontournable dans son genre, tant par l'intérêt des innombrables pièces exposées dans plusieurs bâtiments d'époque, que par son analyse sociologique et historique, nostalgie comprise. Cabine d'un bateau de pêche grandeur nature, moteurs de toutes sortes, appareils de navigation et de

COMME UN LUNDI

L'ouvrage commencé un lundi sera vite fini. Débuté un samedi, il prendra sept jours de plus. Ne jamais se couper les cheveux le mercredi. Jadis, les pêcheurs associaient à chaque jour de la semaine une superstition. Et, bien sûr, le dimanche, leurs bateaux restaient à quai. Sauf à Stonehaven et Dunbar, qui bravaient l'interdit. De quoi expliquer, selon leurs rivaux jaloux, le développement plus rapide de ces deux ports.

détection du poisson, cordages, lampes-tempête en cuivre, bouées décorées, belles maquettes... La collection est aussi riche que passionnante, avec, cerise sur le gâteau, plusieurs vrais bateaux alignés dans un vaste hangar. Sur le côté, on peut même observer l'atelier où des artisans restaurent des antiquités qui viendront enrichir le musée. La visite se termine dans une maison de marins du début du XXᵉ s, dont l'intérieur a été reconstitué.

✗ *La vieille église :* au bout, à droite de la plage en regardant la mer. Tour carrée, bordée d'un cimetière. En face, une maison au mur recouvert de coquillages.

➤ **Excursion vers l'île de May :** kiosque et résas sur le port. ☎ 07957-585-200. ● isleofmayferry.com ● Avr-sept, tlj (selon conditions climatiques). Résa très conseillée. Tarifs : env £ 25-28/pers selon type de sortie ; réduc. Durée : 5h pour la croisière classique, avec accostage, ou env 1h30-2h pour la sortie en bateau rapide, sans accostage. Également une sortie cabotage de 30 mn le long de la côte, sans aller jusqu'à l'île (£ 18/pers). L'île de May est une réserve d'oiseaux, connue notamment pour son importante colonie de macareux moines, idéalement observée de mai à juillet. Également beaucoup de phoques. Au choix, selon la formule : navigation le long de ravines et criques en contrebas des falaises ou/et accostage et balade sur un sentier qui traverse l'île de long en large (env 2h30 à terre).

CRAIL   1 639 hab.   IND. TÉL. : 01333

Élevée au rang de cité royale par Robert the Bruce en 1310, ville commerçante jusqu'au XVIIIᵉ s, Crail s'enorgueillit aujourd'hui de son croquignolet port miniature, vieux de 400 ans et l'un des plus photographiés d'Écosse. Depuis la ville haute, les ruelles descendent vers la mer en se faufilant entre les maisons de pêcheurs blotties les unes contre les autres. À gauche du port, des jardins en surplomb ornent le rivage d'une guirlande colorée. De là démarre une belle balade le long de la côte et des remparts de la Castle Walk, avec vue imprenable sur le Firth of Forth. Beaucoup de charme.

➤ Desservi par le bus 95 **Leven-Saint Andrews** (par la côte) de *Stagecoach*. Ttes les heures.

Adresse utile

🛈 **Visitor Information Centre :** dans la rue principale, proche du parking et de Mercat Cross. ☎ 450-869. ● crailtic@ visitscotland.com ● Juin-sept : tlj 11h (13h dim)-16h. Abrite un petit musée gratuit dont les expos annuelles illustrent divers aspects de l'histoire locale. Section sur la base aérienne qui fut installée dans le coin pendant les deux guerres mondiales.

Où dormir ? Où manger ?

🏠 🍴 **The Honeypot Guesthouse and Tearoom :** 6, High St. ☎ 450-935. ● honeypotcrail.co.uk ● Salon de thé ouv tlj sf mar 10h30-16h (fermé mar-mer hors saison). Double env £ 70, petit déj inclus. En-cas bon marché 🛜 C'est d'abord l'accueil sincère et généreux qui fait la différence : on se sent tout de suite reçu comme des amis ! Et dès qu'on a vu les jolies chambres modernes et tout confort lovées sous les toits, on n'a plus envie de repartir. Vue sur la mer depuis l'une d'entre elles. Côté salon de thé, la cuisine, servie dans une petite salle pimpante et lumineuse, est à l'image de la maison, simple, fraîche et savoureuse (bons gâteaux, paninis originaux, soupe). Grand jardin à l'arrière. Sait-on jamais, peut-être y aura-t-il du soleil… Une excellente adresse.

🛏 *Selcraig House :* *47, Nethergate.* ☎ *450-697.* ● *selcraighouse.co.uk* ● *De l'office de tourisme, descendre Toolbooth Wynd, puis à droite. Tte l'année. Doubles £ 70-80.* 📶 Atmosphère surannée dans cette maison du XVIIe s, flanquée d'un *conservatory* (véranda) converti en salle de lecture où trône un authentique Gramophone en état de lire ses 78 tours ! Dans les étages, chambres confortables au mobilier d'antiquaire, dont 2 avec lit à baldaquin. Accueil souriant de Margaret, qui parle le français.

🛏 *Marine Hotel :* *54, Nethergate South.* ☎ *450-207.* ● *marinecrail. co.uk* ● *Double env £ 70.* 📶 Plutôt attachant, le côté désuet et un rien négligé du salon s'efface devant l'honnête qualité des chambres et la bonhomie du patron. Bon, il ne faut pas être trop regardant non plus, l'entretien général est à l'image de l'atmosphère bohème de la maison. Si on adhère, on passe un bon moment, d'autant que la situation est idéale, avec la mer qui s'agite en contrebas du jardin.

🍴 *Crail Harbour Gallery :* *en descendant vers le port, sur la gauche.* ☎ *451-896. Tlj de 10h30 jusqu'à 18-20h selon l'humeur. En-cas bon marché.* Ah, cette petite terrasse gravillonnée qui surplombe la mer dans laquelle se noie le ciel ! Si le temps se gâte, cadre mignon d'ancien cellier, garni d'objets et d'œuvres à vendre, bien dans le ton maritime. Un lieu agréable, pour grignoter *cakes, scones* chauds à la crème et confiture ou, côté salé, des paninis servis avec de bonnes frites et une petite salade. Service attentionné.

À voir

🥾 *L'église Saint Mary :* *au bout de la rue principale, sur la gauche. Juil-sept : mar-jeu 14h-16h.* Construite au XIIIe s, et entourée du bucolique cimetière de rigueur. John Knox y prononça l'un de ses célèbres sermons. Notez la pierre sur la gauche du portail, contre le pignon d'une jolie demeure de Market Gate. On raconte que le diable, entré dans une rage folle (diable sait pourquoi !), la lança depuis l'île de May pour détruire l'église (raté !). Légende, direz-vous ? Mais, fait troublant, cette *blue stone* (plutôt verdâtre, d'ailleurs, mais elle changerait de couleur avec le temps) ne se rencontre que sur l'île de May. Alors…

DANS LES ENVIRONS DE CRAIL

🥾 *The Secret Bunker :* *à 3,5 miles au nord de Crail sur la B 940. Bien indiqué.* ☎ *310-301.* ● *secretbunker.co.uk* ● *Mars-oct : tlj 10h-17h (dernière admission). Entrée : £ 12 ; réduc. Audioguide en français £ 2.* Sous cette petite maison autour de laquelle veillent quelques blindés légers se cache un immense bunker construit de 1951 à 1953. D'abord l'un des postes radars établis par la RAF le long des côtes britanniques, il fut réaménagé pour servir de refuge au gouvernement local et à l'état-major en cas de conflit nucléaire. Démilitarisé après l'effondrement du bloc soviétique, il est ouvert au public

AFFAIRE DE DISCRÉTION

Comment le bunker destiné à abriter les plus hautes autorités écossaises en cas de conflit a-t-il pu rester top secret malgré les barbelés, les antennes-radars et autres véhicules militaires qui s'y rendaient régulièrement ? Même le voisin de l'époque, un fermier, l'avait pris pour un simple réservoir d'eau… Imaginez alors sa surprise lorsqu'il visita les installations quelques années plus tard !

depuis 1994. Au bout d'un long tunnel, centre des opérations, salles de contrôle, armurerie, dortoirs, réfectoire, infirmerie et chapelle répartis sur deux niveaux donnent une idée de la vie des 300 hommes de l'ombre qui se relayaient ici. Également un cinéma, projetant d'anciens films « pédagogiques », genre « comment fabriquer chez soi son abri anti-atomique ? »... Une plongée plutôt glauque, voire oppressante, dans les années de guerre froide, intéressante pour ce qu'elle révèle de la paranoïa de l'époque.

SAINT ANDREWS   16 900 hab.   IND. TÉL. : 01334

• Plan *p. 245*

Aussi vieille qu'Édimbourg, la ville fut longtemps le centre religieux de l'Écosse, gardienne des reliques de saint André (Andrews) rapportées de Grèce au IVᵉ s par saint Rule. C'est également ici que fut créée la première université du pays et que se développa ce qui allait devenir un sport national : le golf. Les greens s'étirant jusqu'au centre-ville sont devenus depuis indissociables de l'image de la cité. Regarder les play-boys à casquette *putter* sur des moquettes d'un vert éblouissant n'est cependant pas le seul attrait de Saint Andrews, qui demeure toujours une ville étudiante, s'assoupissant l'été quand ceux-ci cèdent la place aux touristes. Surtout, il y a cette pierre omniprésente qui, baignée par une lumière marine transcendant son austérité, unit des ruines impressionnantes aux immeubles et villas d'aujourd'hui.

LE CENTRE

DES TROUS PARTOUT

Véritable sport national depuis des temps immémoriaux, le golf fut banni au XVᵉ s par Jacques II car la population finissait par délaisser le maniement des armes. Férue de petites balles blanches, la reine Marie Stuart brava l'interdit juste après la mort de son époux, ce qui ne manqua pas de contrarier la bonne société de l'époque.
Les passionnés peinent à s'accorder sur le nom du plus

POURQUOI LES PANTALONS DE GOLF SONT-ILS FERMÉS EN BAS ?

En général, un élastique serre le pantalon contre le mollet, comme celui de Tintin. Il s'agit d'éviter la triche. Il serait sinon facile de glisser discrètement une balle le long de la jambe et de la faire tomber, au bon endroit, sur le green.

vieux green du monde : Saint Andrews ou Édimbourg ? Même si le second semble devoir emporter le titre (1744), l'*Old Course* de Saint Andrews reste le plus couru, le must. Précisons tout de même qu'ici comme dans toute l'Écosse le golf n'est pas le privilège d'une élite fortunée mais un sport démocratique. Rares sont les cercles aux tarifs inabordables. Il faut dire que l'arrosage naturel facilite beaucoup l'entretien des greens...

Arriver – Quitter

En bus

🚌 **Gare routière** *(plan A1) : City Rd.*

➤ *Édimbourg, Dundee, Stirling* et *villages côtiers du Fife* avec *Stagecoach Fife.* ☎ *0871-200-22-33.*

● *stagecoachbus.com* ● Liaisons régulières. Pour Perth ou Glasgow, changement à Glenrothes.

En train

➤ *Édimbourg* ou *Dundee* avec

Scotrail. ☎ 0330-303-0111. ● *scotrail.co.uk* ● Le *Saint Andrews Railbus Ticket* combine le train jusqu'à la gare de *Leuchars* (la plus proche de Saint Andrews) et la correspondance en bus vers le centre-ville.

Adresses utiles

🛈 @ **Visitor Information Centre** *(plan B2)* : 70, Market St. ☎ 472-021. ● *visits cotland.com* ● Lun-sam 9h15-17h (18h juil-août), plus dim 10h-17h avr-sept. Doc abondante. Vente de timbres.

■ **Location de vélos** *(plan B2, 1)* : **Spokes**, 37, South St. ☎ 477-835. ● *spokescycles.com* ● Tlj sf dim 8h45-17h30 (retour à 17h). £ 20/j.

Où dormir ?

Les hébergements sont chers, et tous pris d'assaut début septembre pour la rentrée universitaire.

Camping

⚊ **Cairnsmill Caravan Park** *(hors plan par A2, 15)* : *Largo Rd.* ☎ 473-604. ● *cairnsmill.co.uk* ● À 0,5 mile de la sortie sud de la ville, en suivant l'A 915. Avr-oct. Forfait tente pour 2 env £ 16-18. Huttes avec kitchenette pour 2-4 pers £ 40-50. Le long d'une route assez passante, proche d'un petit étang (pêche possible), un vaste camping sans arbres mais bien tenu et équipé. Sanitaires fonctionnels impeccables. Piscine couverte chauffée, épicerie, bar. Beaucoup de camping-cars et de mobile homes, c'est la tendance.

⚊ **Saint Andrews Holiday Park** *(hors plan par B2, 16)* : *Kinkell Braes.* ☎ 474-250. ● *abbeyford.com* ● À env 0,5 mile à la sortie sud de la ville par l'A 917 direction Crail. De mi-mars à fin oct. Forfait tente pour 2 env £ 15-20. Étalé sur un vaste promontoire dominant au loin la ville et la mer, ce camping bien équipé n'accorde qu'une dizaine de places aux tentes, le reste étant dévolu aux mobile homes. Aire de jeux, resto-bar. Là aussi, un peu proche de la route.

Bon marché
(£ 10-25/pers ; 12-30 €)

🛏 **St Andrews Tourist Hostel** *(plan A2, 10)* : *Inchcape House, Saint Mary's Pl.* ☎ 479-911. ● *standrews hostel.com* ● Réception 8h-14h, 19h-22h. En dortoir (5-8 lits) env £ 12-16/pers. Petite AJ idéalement située en centre-ville, dans les étages d'une vieille demeure bourgeoise aux beaux volumes. Pour le reste, du très classique : dortoirs basiques corrects, cuisine et salon TV sympa avec baby-foot. Bonne atmosphère.

Prix moyens
(£ 50-85 ; 60-102 €)

🛏 **Abbey Cottage** *(plan B2, 11)* : *Abbey Walk.* ☎ 473-727. ● *coull@ lineone.net* ● Résa conseillée. Double avec sdb £ 70. Parking privé gratuit. Derrière une enceinte, un jardinet au désordre exubérant précède cette maison adossée aux remparts depuis la fin du XVIIIe s. À l'intérieur, 2 chambres confortables et meublées d'ancien, ainsi qu'une étonnante salle de petit déj toute ronde. Accueil adorable et plein de personnalité de Margaret Coull, photographe de renom et grande voyageuse (du coup, la maison est parfois fermée !).

LE CENTRE

SAINT ANDREWS

■ **Adresses utiles**	**24** The Doll's House
	et Café in the Square
@ Visitor Information Centre	**25** The Vine Leaf
1 Location de vélos	**26** Tailend
	28 Cromars
Où dormir ?	**29** Forgan's
10 St Andrews Tourist Hostel	
11 Abbey Cottage	**Où manger une glace ?**
13 Burness House	
14 Anderson House B & B	**23** Bibi's
15 Cairnsmill Caravan Park	**27** B Jannetta
16 Saint Andrews Holiday Park	
	Où boire un verre ?
Où manger ? Où goûter ?	**Où écouter de la musique ?**
20 Central	**20** Central
21 Ziggy's	**31** The Rule
22 Balaka	**32** Vic
23 Bibi's	

■ **Anderson House B & B** (hors plan par B2, **14**) : 122, Lamond Dr. ☎ 477-286. ● andersonhousestandrews.com ● Double avec sdb £ 60. Situé dans un quartier résidentiel à 10-15 mn à pied du centre, ce pavillon moderne tenu par un couple dynamique abrite 3 chambres aussi modestes qu'impeccables et bien équipées (douche, TV), à un prix ras du plancher pour la ville. Un bon plan.

■ **Burness House** (plan A1, **13**) : 1, Murray Park. ☎ 474-314. ● burnesshouse.com ● Doubles £ 70-90. Dans une maison victorienne coquette, 2 chambres modernes, sobres et confortables. Petit déj copieux. Nombreux **autres B & B** dans la même rue, un à chaque pas de porte, pratiquant tous des tarifs élevés.

Où dormir dans les environs ?

🏠 **Mansedale House :** *35, Main St, à Strathkinness.* ☎ *850-850.* ● *manse dalehouse.co.uk* ● *À 3 miles (5 km) à l'ouest de Saint Andrews par la B 939. Le bus n° 64 s'arrêt devant. Double env £ 80.* 📶 Cette jolie maison tenue par des proprios sympas ne manque pas d'arguments : au cœur d'un village proche de Saint Andrews, elle rassemble 3 ravissantes chambres tout confort (minifrigo) à la déco rustico-chic très aboutie, chacune avec entrée indépendante (la première est à l'étage, avec escalier privé, tandis que les 2 autres se partagent un cottage dans le jardin). Vraiment parfait.

🏠 **Spinkstown Farmhouse :** *à 2 miles de Saint Andrews, sur l'A 917 en direction de Crail.* ☎ *473-475.* ● *spinkstown.com* ● *Double env £ 80.* Il suffit de s'éloigner un peu jusqu'à cette maison récente isolée en pleine campagne pour dénicher un rapport qualité-prix incomparable avec le centre-ville, doublé d'une hospitalité à l'écossaise aussi simple que sincère. Les 4 chambres sont vastes, nickel et de bon confort. La route est plutôt calme la nuit, mais on peut demander à loger sur l'arrière, face aux champs.

Où manger ? Où goûter ?

Bon marché
(plats £ 5-10 ; 6-12 €)

|◉| **Café in the Square** (plan A2, **24**) : *Church Sq. Lun-sam 10h30-16h30.* À l'angle de la place, une salle lumineuse prolongée d'une terrasse en courette, où l'on se pose avec plaisir pour caler une petite faim avec un sandwich, une soupe ou une salade. Tout simple, frais, bon et à petits prix.

|◉| 🍴 **Bibi's** (plan A1, **23**) : *5, Ellice Pl. (North St). Tlj 9h30 (10h dim)-17h.* Agréable café tout de bois tapissé, mignon et convivial, fréquenté à toute heure par les étudiants pour ses petits déj, grandes salades, sandwichs toastés, gâteaux maison et glaces artisanales. Petit patio.

|◉| **Tailend** (plan A2, **26**) : *130, Market St.* ☎ *474-070. Tlj jusqu'à 22h.* C'est l'histoire du *fish & chips* de quartier qui, fort de son succès, a aménagé une grande salle pimpante pour le service à table, allongeant sa carte d'une sélection de soupe, poissons du jour, etc. On peut toujours emporter sa portion au comptoir (environ 30 % moins cher). Si vous voulez comparer la qualité de la friture, son rival, **Cromars** (plan B1, **28**), lauréat d'un prix national, est installé à peine 200 m plus loin (*1, Union St, angle Market St ;* ☎ *475-555 ; Tlj 12h-22h30*). Même principe, on commande au comptoir ou on s'attable dans une petite salle qui fait scintiller l'inox. Terrasse. Sert également saucisses, poulet et burger pour les allergiques à l'iode.

Prix moyens
(plats £ 8-18 ; 10-22 €)

|◉| **Central** (plan A-B1, **20**) : *Market St (angle College St). Service jusqu'à 21h30.* Une copieuse cuisine de pub et un large choix d'excellentes bières (dont plusieurs *real ales*) attirent toute la société locale, sans nuance de classe. Convivialité assurée, que l'on s'accoude au comptoir central ou que l'on investisse les banquettes. Une valeur sûre dans son genre.

|◉| **Forgan's** (plan A1-2, **29**) : *110, Market St.* ☎ *466-973. Tlj 12h-22h. Résa conseillée.* Il y a d'abord le décor, formidable, comme une immense grange en pleine ville, aménagée version chic, avec du bois brut, du cuir, des recoins intimes façon salle à manger de campagne. S'appuyant sur de bons produits, la carte, à la fois courte et plurielle, offre autant de viandes que d'options végétariennes, en témoignent les caisses de légumes formant une haie d'honneur à l'entrée. De quoi proposer une fourchette de prix extensible (qui grimpe vite côté grill), et faire

de l'adresse une des plus courues de la ville. Belle sélection de vins et alcools.

|●| **The Doll's House** (plan A2, **24**) : 3, Church Sq. ☎ 477-422. Résa conseillée. Tlj 12h-22h. Formule déj intéressante et early bird menu. Bistrot sobre et élégant, agrémenté de bougeoirs, de tables en bois massif et de quelques objets insolites. À la belle saison, on s'attable en terrasse, sur la placette au pied de Holy Trinity Church. Présentée sur une courte carte, la cuisine, soignée, évolue au gré des saisons et du marché mais aligne toujours quelques classiques écossais comme le saumon national ou l'*Angus steak*. Service agréable. Jazz et violons de temps à autre.

|●| **Ziggy's** (plan A1, **21**) : 6, Murray Pl. ☎ 473-686. Service jusqu'à 22h (23h le we). Résa conseillée en hte saison. Le choix du nom d'un personnage créé par David Bowie annonce la couleur : ennemis du rock, s'abstenir ! Les autres s'attableront sous les photos d'artistes, instruments de musique et albums dédicacés pour jouer leur partition de

viandard : steaks, burgers et spécialités tex-mex. Excellente ambiance avec évidemment de la bonne musique !

|●| **Balaka** (plan A2, **22**) : 3, Alexandra Pl ; en sous-sol. ☎ 474-825. Tlj 17h-23h, et le midi ven-sam. Apprécié pour ses curries, même si certains ne les trouvent pas assez épicés! Une partie des aromates et légumes utilisés viennent du jardin attenant. Salle au classicisme égayé par de ravissants tableaux brodés.

Chic
(plats £ 15-25 ; 18-30 €)

|●| **The Vine Leaf** (plan A2, **25**) : 131, South St. ☎ 477-497. Le soir slt, mar-sam, à partir de 18h. Formules et menus £ 28-30. De la rue, on remarque à peine la modeste porte verte qui donne accès, au bout d'un long passage, à ce resto réputé. Poisson, viande, gibier et plats végétariens à savourer dans une salle coquette, combinant couleurs vives et peintures marines. Service diligent.

LE CENTRE

Où manger une glace ?

♀ ☛ **B Jannetta** (plan B2, **27**) : 31, South St. ☎ 473-285. Tlj 9h-22h. Un des grands glaciers de la région, couvert de récompenses. Même par temps de pluie, le cœur des gourmands balance entre 52 parfums, tous

excellents. Possède également un café juste à côté, bien pratique pour une pause salée (sandwichs et soupes).
♀ Lire également plus haut **Bibi's**, pour ses glaces artisanales.

Où boire un verre ? Où écouter de la musique ?

♀ ♪ **Vic** (plan A2, **32**) : 1, St Mary's Pl. ☎ 476-964. À l'étage, un pub étudiant à la déco étudiée, mêlant pierres apparentes et éléments modernes, banquettes moelleuses et tables hautes, bar en mosaïques et lustres en armatures métalliques. Plutôt réussi. Fréquenté pour sa cuisine pas chère et ses soirées DJ.

♀ ♪ **The Rule** (plan A2, **31**) : 116, South St. Immense bar avec mezzanine où se presse la jeunesse locale. Déco mêlant bois, cuir et acier, comptoir interminable et *beer garden* à l'arrière. Soirées DJ en fin de semaine.
♀ **Central** (plan A-B1, **20**) : voir « Où manger ? ».

À voir. À faire

٭٭٭ La cathédrale (HES ; plan B1-2) : à la rencontre de South et North St. ☎ 472-563. Tlj 9h30-17h30 (10h-16h oct-mars). Dernière admission 30 mn avt. Entrée (Saint Rule's Tower et musée) : £ 4,50 ; billet combiné avec le château £ 8 ; réduc ; **accès gratuit aux ruines.**

Dominant la baie de Saint Andrews, le site, délimité par les ruines de ce qui fut jadis l'enceinte la plus impressionnante du pays, comprend aujourd'hui *Saint Rule's Tower,* seule rescapée d'une église du XIIᵉ s (l'ascension, 157 marches quand même, est récompensée par une vue imprenable sur la région !), ainsi que les vestiges du prieuré et de la plus grande cathédrale jamais construite en Écosse. Consacrée en 1318, la cathédrale reflétait l'importance de la cité, à la fois capitale religieuse, haut lieu de pèlerinage et grand centre monastique. Condamnée par la Réforme, elle servira de carrière de pierres... Témoin de sa splendeur passée, l'une des tours d'entrée se dresse contre un haut mur percé de baies ouvertes sur le ciel. Les magnifiques pierres tombales scellées dans le sol de la nef affleurent aujourd'hui sur un gazon verdoyant, comme les bases des colonnades qui conduisent à une haute façade du XIIᵉ s, flanquée de deux tourelles.

Le *musée* aménagé dans deux salles de l'ancien prieuré recèle une belle collection de stèles, sceaux, croix et sarcophages, ainsi que quelques fragments de chapiteaux et de gargouilles. En contrebas du site niche le *vieux port (old harbour),* pittoresque canal où dodelinent quelques barques, séparé d'une longue plage de sable par une langue de terre.

🏃🏃 *Le château (HES ; plan B1) : en suivant le bord de mer vers l'ouest depuis la cathédrale.* ☎ 477-196. *Mêmes horaires que la cathédrale. Entrée : £ 5,50 ; £ 8 avec la cathédrale ; réduc.* Posées sur une falaise surplombant la baie, voilà encore de romantiques ruines bercées par le bruit des vagues... Mais l'histoire de ce château, bien illustrée au fil de la très visuelle petite expo qui précède la visite (en anglais), n'a rien d'un roman à l'eau de rose ! Il fut construit à l'aube du XIIIᵉ s pour les évêques de la ville. Le cardinal Beaton y réprima sévèrement la Réforme au XVIᵉ s et brûla l'un des meneurs, George Wishart, au pied des remparts. En représailles, les réformateurs se déguisèrent en maçons pour s'introduire dans la place (en 1546), étripèrent Beaton et soutinrent pendant plus de 1 an le siège lancé par le comte d'Arran (il faut dire que, son fils faisant partie des otages, les choses traînèrent en longueur...). Mais ce qui a marqué les esprits, c'est la prouesse des assiégés qui réussirent à percer un « contre-tunnel » pour intercepter celui des assaillants. Les deux se visitent, claustrophobes s'abstenir et talons aiguilles au vestiaire... Autre lieu célèbre, le *bottle dungeon,* un cachot en forme de bouteille creusé à même la roche. Le corps de Beaton y aurait été conservé dans du sel pendant tout le siège.

🏃🏃 *College Saint Salvator (plan B1) : North St.* Créé en 1450 pour enseigner l'art et la théologie, c'est le plus vieux collège de Saint Andrews. Seules la tour et la belle chapelle gothique sont d'origine, les ailes donnant sur la cour datent du XVIIᵉ s.

🏃 *Museum of the University of Saint Andrews (MUSA ; plan B1) : 7 a, The Scores.* ☎ 416-660. ● st-andrews.ac.uk/musa ● *Avr-oct : lun-sam 10h-17h, dim 12h-16h ; nov-mars : jeu-dim 12h-16h. GRATUIT. Brochure en français.* Ce petit musée illustre l'histoire de l'université de Saint Andrews, la plus ancienne (début du XVᵉ s) et l'une des plus prestigieuses du pays, qui compte aujourd'hui 7 000 étudiants. On y apprend pêle-mêle qu'il fallut une pétition pour que les étudiants obtiennent l'ajout de manches à leurs toges, et que Saint Andrews fut le berceau de nombreuses inventions, comme celle du kaléidoscope par le recteur David Brewster au XIXᵉ s. Pas mal de beau monde, d'ailleurs, parmi les recteurs successifs : Rudyard Kipling, J.M. Barrie et même le Monty Python John Cleese ! Collection assez hétéroclite sinon (ouvrez aussi les tiroirs sous les vitrines), comptant notamment de magnifiques masses du XVᵉ s (objet d'apparat entre le sceptre et la crosse), ornées des symboles de chaque collège. Pour clore la visite, admirez la baie de Saint Andrews depuis la terrasse du 1ᵉʳ étage, grâce à une longue-vue parlante (anglophone).

🏃🏃 *Old Course (plan A1) : club house réservé aux membres.* ● standrews.com ● *Tirage au sort quotidien pour jouer le surlendemain. Rens :* ☎ 466-666. *Tarifs faramineux.* Entre une rangée de nobles demeures et la mer, ce green de rêve fait la fierté de la ville depuis 1754 et attire amateurs et professionnels du monde entier. Les non-membres aux poches pleines peuvent tenter leur chance au tirage au sort *(ballot)* qui permet aux gagnants de fouler ce mythique gazon. Les autres se contenteront de comparer le swing des golfeurs en flânant le long du green.

🏌 *Ladie's Putting Club « Himalayas » (plan A1) : après l'Old Course, à gauche de la route de West Sand.* ☎ *475-196.* ● *standrewsputtingclub.com* ● *Ouv aux non-membres ts les mat sf jeu et dim.* Beaucoup plus abordable que l'*Old Course (slt £ 3 au lieu de £ 175 !).*

🏌 *British Golf Museum (plan A1) : en face du* Old Course. ☎ *460-046.* ● *british golfmuseum.co.uk* ● *Avr-oct : tlj 9h30 (10h dim)-17h ; nov-mars : tlj 10h-16h. Dernière admission 45 mn avt fermeture. Entrée : £ 7 ; réduc.* Toute l'histoire du golf détaillée au moyen d'une muséographie claire et moderne (en anglais), abordant l'évolution de l'équipement (quelques curiosités dans les vitrines), des compétitions (le premier tournoi recensé s'est tenu à Édimbourg en 1744), l'apparition du professionnalisme dès 1819 à Saint Andrews, ou l'ouverture des clubs aux femmes. Nombreux souvenirs et trophées de joueurs célèbres et mini-*practice* pour tester son swing. À réserver aux enthousiastes.

🏌🏃 *Saint Andrews Aquarium (plan A1) : à deux pas du* Golf Museum, *en bord de mer.* ☎ *474-786.* ● *standrewsaquarium.co.uk* ● *Tlj 10h-18h (17h nov-mars). Fermeture des caisses 1h avt. Entrée : £ 10,50 ; réduc.* Succession d'aquariums présentés de façon thématique, où évoluent des créatures des mers du Sud et du littoral écossais. Malgré quelques beaux moments, comme les circonvolutions des phoques dans les bassins extérieurs, les cabrioles des pingouins et les galipettes des suricates, l'ensemble manque un peu de matière pour le tarif, et la magie opère surtout sur les enfants.

⛱ *La plage des West Sands (plan A1) :* l'une des plus belles d'Écosse. C'est là que furent tournées des scènes du film *Les Chariots de feu,* immortalisé par la musique de Vangelis. Lieu de promenade et d'activités sportives liées au vent : windsurf, kitesurf, skatesurf.

🏌 *Botanic Garden (plan A2) : à* **Canongate,** *au sud-ouest du centre-ville.* ☎ *476-452.* ● *st-andrews-botanic.org* ● *Avr-sept : tlj 10h-18h ; oct-mars : tlj 10h-16h. Entrée : £ 5 ; £ 8 avec la serre aux papillons ; réduc. Gratuit jusqu'à 18 ans et pour ts le 1er ven du mois.* Fondé à la fin du XIXe s, le jardin s'étend sur une dizaine d'hectares de prairies, mare et forêts, peuplées de plantes et d'arbres du monde entier. Certains spécimens datent de 1906. Également des serres tropicales. L'été, concerts et projections de films dans le parc.

Manifestations

– *Saint Andrews Highland Games :* le dernier dim de juil. ● *standrewshighland games.co.uk* ●

FALKLAND   1 100 hab.   IND. TÉL. : 01337

Isolé au milieu de la péninsule, ce village paisible et fleuri au charmant cachet médiéval fut le fief des comtes de Fife, les Macduff's, avant d'être proclamé bourg royal en 1458 par Jacques II et de devenir l'un des lieux de chasse favoris des Stuart. Le château témoigne majestueusement de ce passé. Pendant la révolution industrielle, le filage du lin devint une activité florissante,

LE CENTRE

entraînant l'édification de nombreux cottages de tisserands. Remarquer leurs linteaux gravés d'une date de construction ou de mariage. Des trois usines d'alors, l'une est encore visible au-dessus de Back Wynd.

Arriver – Quitter

En bus

➤ Lignes 36 *Glenrothes-Perth* et 64

Glenrothes-Saint Andrews avec *Stagecoach Fife.* ☎ 0871-200-22-33. ● *stagecoachbus.com* ●

Où manger ? Où faire ses provisions ?

|●| *The Bruce :* 23, High St. ☎ 857-226. Tlj 12h-23h. Bon marché. Depuis 1607, on a choyé ici, face au château, des générations d'habitués venus boire leurs pintes quotidiennes. De nos jours, voisins et touristes s'y repaissent de plats de pub de bonne tenue et, si le soleil pointe le bout de son nez, profitent du super *beer garden* fleuri et ombragé à l'arrière.

|●| ✿ *Pillars of Hercules :* sur l'A 912, à 1 mile au nord-ouest du bourg (panneaux). ☎ 857-749. Tlj 9h-17h (épicerie jusqu'à 18h). Bon marché. Ferme, épicerie, café et resto bio, installé dans une salle rustique, style chalet, avec terrasse. Plus bucolique encore, des tables semées en bordure du potager, de l'autre côté du chemin... Ambiance sereine, presque recueillie devant la simplicité et la qualité des goûts retrouvés. Boissons et gâteaux à l'avenant.

À voir. À faire

✦✦✦ *Falkland Palace* (NTS) : ☎ 0844-493-21-86. Mars-oct : tlj 11h (12h dim)-16h30 (dernière admission). Entrée : £ 12,50 ; réduc. Plaquette en français dans chaque pièce.
Postée au cœur du village médiéval, cette ancienne résidence de chasse fut édifiée au début du XVIe s par Jacques IV, sur le site d'une maison forte des comtes de Fife, dont les ruines sont visi-

UN REDOUTABLE ANTIMITE

Jacques V avait la surprenante habitude de ranger ses vêtements dans les toilettes, pensant que la puanteur des lieux ferait fuir les mites, fléau d'une époque riche en fourrures, lainages et soieries. En fait, c'est toute la Cour qui fuyait le roi, l'excès d'odeur fétide rendant le monarque nauséabond !

bles dans les jardins. Ses successeurs n'eurent de cesse d'agrandir et d'embellir la demeure, comme en témoigne la façade Renaissance de l'aile sud due à Jacques V, mort ici en 1542.
Dans le bâtiment principal, notez le magnifique lit en chêne sculpté du XVIIe s de la chambre du gardien ; la splendide chapelle royale (XVIe-XVIIe s) tout en chêne, où l'on célèbre toujours l'office dominical ; la galerie tendue d'impressionnantes tapisseries flamandes et l'étonnante bibliothèque édouardienne aux murs et plafonds entièrement peints. Après un détour par la boulangerie, remarquable reconstitution des chambres de Marie Stuart et de son fils, Jacques VI – les véritables appartements royaux furent détruits en 1654.
Au fond du parc, planté d'arbres d'une rare majesté, ne pas manquer le *Royal Tennis Court.* Datant de 1539, il revendique le titre du plus vieux court de *Royal Tennis* du monde encore en activité (un ancêtre du jeu actuel, inspiré par le jeu de paume). Marie Stuart y fit scandale en y jouant en simple pantalon...

➤ *Lomond Hills :* démarrant du village, la balade, facile, permet d'embrasser l'un des plus beaux paysages de la région, saisissant au crépuscule. Compter 2h30 aller-retour.

PERTH

45 100 hab.   IND. TÉL. : 01738

● Plan *p. 253*

Capitale de l'Écosse pendant 3 siècles, Perth n'a pas gardé grand-chose de son prestigieux passé. Il faut dire que la ville souffrit beaucoup des guerres jacobites dont elle fut un enjeu permanent. Toutefois, on se balade avec plaisir dans ses quartiers piétons où l'on trouve quelques restaurants sympathiques. C'est à Perth, au XVIe s, que John Knox prononça son premier et fameux sermon antipapiste.

Arriver – Quitter

En bus

🚍 *Gare routière (plan A2) : Leonard St.*
➢ *Aberdeen, Édimbourg, Glasgow, Dundee* avec *Scottish Citylink.* ☎ *0871-266-33-33.* ● *citylink.co.uk* ● Liaisons env ttes les heures, ttes les 2h pour Édimbourg. Env 7 bus directs/j. pour *Inverness.* Un peu moins fréquents vers *Newtonmore* et *Aviemore.*
➢ *Crieff* avec *Stagecoach.* ☎ *(01592) 645-680 (lun-ven)* ou *(01592) 642-394 (sam 9h-14h).* ● *stagecoachbus.com* ●

Bus n° 15 ttes les heures (moins fréquents dim).

En train

🚆 *Gare ferroviaire (plan A2) : Leonard St. Rens :* ☎ *0330-303-0111.* ● *scotrail.co.uk* ●
➢ *Dundee, Abroath, Montrose, Aberdeen, Stirling, Glasgow et Édimbourg :* liaisons pratiquement ttes les heures.
➢ *Dunkeld et Birnam, Pitlochry, Blair Atholl, Aviemore et Inverness :* env 10 trains/j.

Adresses utiles

🛈 *Visitor Information Centre (plan B2) :* 45, *High St.* ☎ *450-600.* ● *perth@ visitscotland.com* ● *Avr-oct : lun-sam 9h30-17h (18h août), dim 10h30-15h30 (16h30 juil-août) ; nov-mars : lun-sam 9h30-17h, dim 11h-16h.*
✉ *Poste (plan A-B2) :* 91-97, *High St. Dans la papeterie W.H. Smith. Lun-sam 9h-17h30, dim 12h-16h.* Fait aussi bureau de change.

@ *Internet (plan A2) : à la bibliothèque, York Pl. Mer et ven 9h30-17h ; mar et jeu 9h30-20h ; sam 9h30-13h. Gratuit sur inscription.*
■ *Laverie (plan A2, 1) : Fair City Laundry, 44, North Methven St. Lun-ven 8h30-17h30, sam 9h-17h.*
■ *Toilettes publiques (plan A2, 2) : dans un passage reliant South St à Canal St. Tlj 9h-17h50. Payant.*

Où dormir ?

Camping

⚊ *Scone Camping & Caravanning Club (hors plan par B1, 10) : à Scone,* 2 miles (3 km) *au nord de Perth par l'A 93. Proche du palace et à côté de l'hippodrome Perth Racecourse.* ☎ *552-323.*

● *campingandcaravanningclub.co.uk/ scone* ● *Bus n° 58, arrêt sur l'A 93, puis marcher env 2 km. Fermé janv-fév. Compter £ 22-25 pour 2 avec tente.* 📶 *Aménagé sur les superbes terres du domaine du palace qui n'est qu'à 1,5 km à pied. Terrain bien plat dans un cadre arboré.*

Prix moyens
(£ 50-85 ; 60-102 €)

Nombreux *B & B* concentrés sur Pitcullen Crescent et Dunkeld Road, offrant tous un confort assez similaire. Toutefois, rien de bien ébouriffant...

🛏 *Westview (hors plan par A1, 11) :* 49, Dunkeld Rd. ☎ 627-787. ● westview-guesthouse.co.uk ● Double env £ 70. CB acceptées. Intérieur romantique, dans les tons beige, avec des animaux en peluche, plein de bibelots et objets décoratifs dans toutes les pièces, y compris dans les 6 chambres.

🛏 *Clunie Guesthouse (plan B1, 12) :* 12, Pitcullen Crescent. ☎ 623-625. ● clunieguesthouse.co.uk ● Doubles £ 70-80. CB acceptées. 🛜 7 chambres soignées dont 4 doubles et 1 familiale, simples et impeccables. Salon à dispo. Malgré l'insonorisation, on pourra préférer la chambre à l'arrière, avec vue sur le jardin. Petit déj généreux et excellent accueil d'Ann et de Bill.

🛏 *Rosebank Guesthouse (hors plan par A1, 13) :* 53, Dunkeld Rd. ☎ 621-737. ● rosebankguesthouseperth.co.uk ● Doubles £ 70-80 selon chambre. Également 2 familiales pour 3 pers. 🛜 Dans la partie d'origine de la maison, les 5 chambres, à la déco classique mais néanmoins agréable, offrent un confort douillet. La plupart sont mansardées. Préférez celles donnant sur le jardin, plus calmes. Dans la partie la plus récente, 4 autres chambres très spacieuses. Accueil chaleureux de Caroline, qui vous préparera un bon petit déj selon votre goût, végétarien ou pas.

De chic à plus chic
(plus de £ 85 ; 102 €)

🛏 *The Town House (plan A2, 14) :* 17, Marshall Pl. ☎ 446-179. ● thetownhouseperth.co.uk ● Doubles £ 80-140 selon taille de la chambre. David, un natif de la région, a vécu 30 ans à Saint-Barthélemy, aux Antilles. Il a donc eu le temps d'apprendre le français ! Aujourd'hui, dans sa belle maison cossue de style georgien, il propose 5 chambres allant de « grande » (qu'il appelle la « petite ») à « immenses » pour les 2 avec vue sur le parc. Meubles anciens, confort optimum (king size beds) et du charme à revendre. Très bon accueil.

🛏 *The Parklands Hotel (plan A2, 15) :* 2, Saint Leonard's Bank, mais entrée depuis King's Pl, à l'extrémité du jardin. ☎ 622-451. ● theparklandshotel.com ● Doubles standard £ 110-140. Parking gratuit. 🛜 Un petit 4-étoiles de 15 chambres, proche de la gare et doté d'un beau jardin qui descend vers le parc South Inch. Chambres plus ou moins grandes, meublées et équipées de façon plutôt moderne. Demander à en voir plusieurs, certaines sont plus souriantes que d'autres. Les supérieures donnent sur le jardin. Véranda-bistrot avec terrasse et resto élégant.

🛏 *Salutation Hotel (plan B2, 16) :* 34, South St. ☎ 630-066. ● strathmorehotels.com ● Double env £ 120, petit déj compris. Central. Comme le laisse supposer la façade gardée par 2 fiers Highlanders, l'hôtel ne date pas d'hier, la déco non plus. Ce serait même l'un des plus anciens d'Écosse (1699), et il accueillit Bonnie Prince Charlie en 1745 ! Les 84 chambres, desservies par un labyrinthe de couloirs et d'escaliers, varient en taille, en couleur et en modernité (certaines sont plus vieillottes que d'autres). Literie moyenne. Ambiance assez impersonnelle.

Où manger ?

Bon marché
(plats £ 5-10 ; 6-12 €)

🍽 *Duo (plan B2, 20) :* 2, Princes St. ☎ 628-152. Tlj 9h-21h. Intéressante formule 11h-17h. Derrière le resto Pig'Halle (mêmes proprios), on pénètre dans ce deli comme dans un moulin pour avaler pâtes et pizzas, soupes et pain maison. De la farine dans tous ses états.

🍽 *Caffé Canto (plan B2, 21) :* 62-64, George St. Tlj sf lun 9h30 (10h30

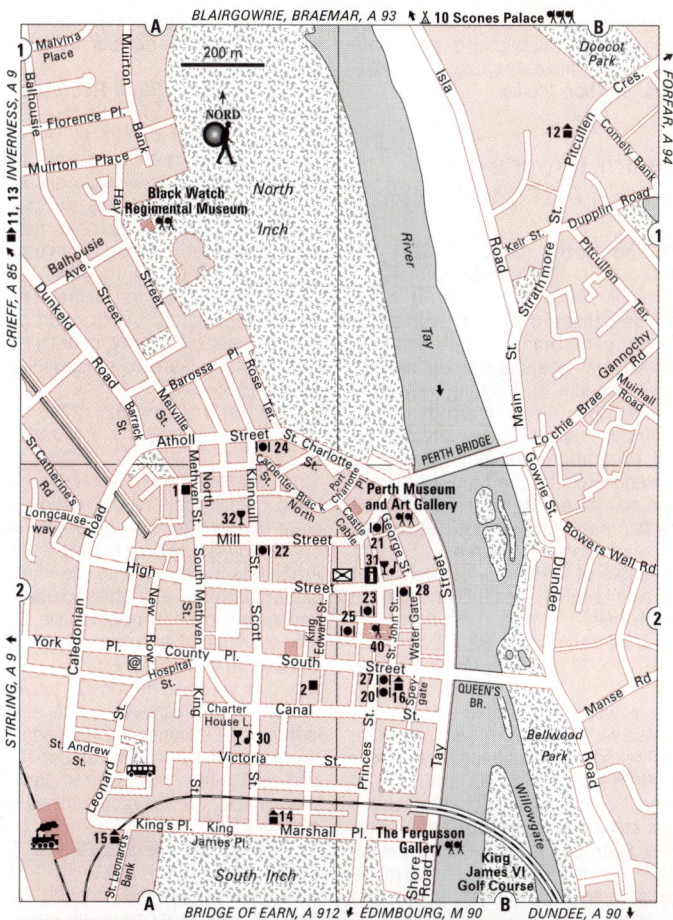

PERTH

■	**Adresses utiles**		**21** Caffé Canto
			22 The Bothy
🛈	Visitor Information Centre		**23** Café Tabou
@	Bibliothèque		**24** Deans@Let's Eat
	1 Laverie		**25** Santé Wine
	2 Toilettes publiques		Bar & Restaurant
			27 Pig'Halle
⚐ 🏠	**Où dormir ?**		**28** Reid's Café
	10 Scone Camping	▼ ♪	**Où sortir ?**
	& Caravanning Club		
	11 Westview		**30** Twa Tams
	12 Clunie Guesthouse		**31** Old Ship Inn
	13 Rosebank Guesthouse		**32** Foundry
	14 The Town House		
	15 The Parklands Hotel	⚔	**À voir**
	16 Salutation Hotel		
🍴	**Où manger ?**		**40** Saint John's Kirk
	20 Duo		

dim)-16h. Petite restauration plutôt bien faite à accompagner d'un vrai café dans une petite salle claire et sans chichis. Très bon accueil.

De prix moyens à chic (plats £ 8-25 ; 10-30 €)

|●| The Bothy *(plan A2, 22)* : *33, Kinnoull St.* ☎ *0845-659-59-07. Tlj 10h-23h (0h30 jeu-sam).* Au vaste rez-de-chaussée d'un immeuble victorien, cette brasserie-pub combine les styles : petites tables rondes avec fauteuils ou longues avec banquettes, grand bar en arc de cercle, journaux, casier à vin, serveurs en kilt et citations au mur. Ce joyeux mélange fonctionne bien, porté par une cuisine au diapason, déclinaison de *bar meals* un peu plus aventureux et soignés que la moyenne. Service agréable et, notons-le car cela peut sauver la mise, tardif. Bien pour un verre aussi.

|●| Café Tabou *(plan B2, 23)* : *4, Saint John's Pl.* ☎ *446-698. Tlj dès 9h que le petit déj (12h le dim) jusque tard.* Les actuels propriétaires polonais ont conservé le style bistrot et la carte de leurs prédécesseurs français. Tout rappelle l'Hexagone, jusqu'à la musique *so Frenchy* et probablement très exotique aux oreilles écossaises ! Salades, crêpes, fruits de mer, entrecôte, bavette, etc., servis copieusement. Grande terrasse agréable donnant sur une rue piétonne.

|●| Deans@Let's Eat *(plan A1, 24)* : *77-79, Kinnoull St (façade verte à l'angle d'Atholl St).* ☎ *643-377. Tlj sf dim-lun. Prix intéressants pour les plats le midi et le pre-theatre menu du soir (mar-jeu, ven jusqu'à 19h, pas le sam).* Cuisine écossaise raffinée,

servie dans un cadre moderne-chic, rouge et noir. L'une des bonnes tables de la ville.

|●| Santé Wine Bar & Restaurant *(plan B2, 25)* : *10, South St/John's Pl.* ☎ *449-710. Tlj 9h30-22h (23h w-e).* Un joli petit écrin contemporain servant une cuisine française aux accents méditerranéens. Assiettes de charcuterie franco-ibérico-italiennes, petits plats goûteux et soignés – genre tapas améliorées – ou des recettes plus consistantes, toujours joliment mis en scène dans les assiettes. Un des meilleurs restos de la ville, pour un bon repas déjà presque chic, sans se ruiner. Très bon accueil.

|●| Pig'Halle *(plan B2, 27)* : *38, South St, à l'angle de Princes St.* ☎ *248-784. Tlj 12h-15h, 17h30-21h (22h ven-sam). Résa conseillée le soir.* Déco réussie pour la 4e création de cette famille française, à l'origine de *Café Tabou*, *Santé Wine* et *Café Breizh*. Ambiance urbaine (plan de métro gravé sur verre) et feutrée, dans les tons rouges pour rappeler Pigalle. Les prix, quant à eux, restent sages devant le défilé de plats internationaux (français, bien sûr : pied de cochon, bouillabaisse « *like in Marseille* », mais aussi ibériques et italiens). Pain maison et excellents desserts. Menu au bon rapport qualité-prix, mais attente parfois interminable. Service pro et enjoué de madame.

|●| Reid's Café *(plan B2, 28)* : *32-34, High St.* ☎ *636-310. Lun-jeu 8h30-18h (20h30 ven-sam en été), dim 10h-17h.* Un chef grec proposant une cuisine écossaise aux influences cosmopolites... Rien de renversant, mais il y en a pour tous les goûts et toutes les faims de la journée, du burger aux gros gâteaux pour l'heure du thé. À déguster dans une salle conviviale ou sur l'agréable terrasse.

Où sortir ?

De nombreux établissements entourent Saint John's Kirk *(plan B2, 40)*. Musique live parfois, grandes tablées ou ambiance plus cosy, il y en a pour tout le monde !

♀ ♪ Twa Tams *(plan A2, 30)* : *79-81, Scott St. Concerts ven-sam soir et dim ap-m.* Un des meilleurs endroits pour écouter de la musique live. Programmation plutôt éclectique : jazz, rock, folk... *Beer garden* aux beaux jours. Bonne ambiance. Petite restauration.

🍷 🎵 ***Old Ship Inn*** *(plan B2, 31) : Skinnergate. Dans une petite ruelle perpendiculaire à High St, au niveau du n° 31. Concerts le sam de temps à autre.* Pub traditionnel tranquille, fréquenté par les anciens attirés par le choix de *real ales* à la pression. L'établissement date de 1665...Très bon accueil.

🍷 ***Foundry*** *(plan A2, 32) : 1, Murray St.* Situé dans une ancienne fonderie plutôt impressionnante. Plus d'une vingtaine de bières à la pression et quelques autres en bouteille, au cas où...

À voir

🗡 ***Saint John's Kirk*** *(plan B2, 40) : Saint John's St. Mai-sept : tlj sf dim 10h-16h.* La majeure partie de l'église date du XVe s. Il s'agit du dernier monument historique de la ville.

🎥🎥 ***The Black Watch Regimental Museum*** *(plan A1) : Balhousie Castle, Hay St.* ☎ *638-152.* ● *theblackwatch.co.uk* ● *Tlj 9h30-16h30 (10h-16h nov-mars). Entrée : env £ 8 ; réduc.*

LA PLUS ANCIENNE ÉGLISE... ET POUR CAUSE !

En 1559, le célèbre réformateur John Knox prononça le premier de ses discours antipapistes incendiaires à Saint John's Kirk. Les fidèles se répandirent sur-le-champ en ville et détruisirent toutes les églises et monastères catholiques à l'exception de Saint John's Kirk, où ils entendirent le sermon, et que, du coup, ils épargnèrent !

Quelque deux siècles et demi d'histoire sur les 42e et 73e régiments écossais créés en 1725 par les Anglais pour maintenir l'ordre dans les Highlands suite au soulèvement de 1715. Une stratégie qui n'a pas dissuadé les jacobites de mener une seconde révolte en 1745, durement réprimée par les *Black Watch*, accusés du coup par leurs compatriotes de trahir leur pays. Le régiment participa à de nombreuses batailles, notamment contre les Français, mais fut aussi l'un des premiers à mettre les pieds dans l'Hexagone au début de la Première Guerre mondiale. Contrairement aux *Coldstream Guards*, leurs gros bonnets noirs sont en plumes d'autruche. Quand on pense qu'ils combattirent en kilt jusqu'en 1940 ! Voir l'amusante maquette d'une bataille les opposant en même temps aux Français et aux Indiens dans l'État de New York, en 1756. Et puis ce portrait du général Lachlan Macquarie, véritable sosie de Rod Steward !

🎥🎥 ***Perth Museum and Art Gallery*** *(plan B2) : 78, George St.* ● *pkc.gov.uk/museums* ● *Mar-dim 10h-17h (dim slt avr-oct). GRATUIT.* Le bâtiment a été construit en 1935 pour accueillir dès l'origine un musée. L'éclectisme de son contenu rappelle les cabinets de curiosités d'antan. Les expositions permanentes couvrent l'histoire géologique et humaine du Perthshire, la diversité de sa faune et de sa flore, la richesse de son artisanat (belles collections d'argenterie, de mobilier et de verreries, une industrie majeure dans les années 1930 à Perth), sans oublier la création artistique. Trois salles sont réservées à des expositions temporaires variées et de qualité.

🎥🎥 ***The Fergusson Gallery*** *(plan B2) : Marshall Pl.* ☎ *783-425. Mar-sam 10h-17h (dim 12h-16h30, avr-oct slt). GRATUIT.* Reconversion réussie d'un beau château d'eau du XIXe s en écrin des œuvres de John Duncan Fergusson (1874-1961). Figure majeure de l'école coloriste écossaise, Fergusson exprima avec force et talent son attachement aux plaisirs de la vie. L'exposition par roulement révèle un effacement progressif de l'influence impressionniste au profit d'une palette plus vive en larges aplats rappelant les fauvistes. Également de nombreuses toiles et photos représentant Margaret Morris, sa compagne. Précurseur de la danse moderne, elle était persuadée que la pratique de l'exercice était bonne pour la santé. Plutôt novateur pour l'époque (on était en 1917). À l'image de ces artistes, la galerie expose une œuvre vivante et colorée.

🏃 ***Branklyn Garden*** *(NTS) :* *en bordure de la ville, sur la route de Dundee.* ☎ *0844-493-21-93.* ● *nts.org.uk* ● *Accès bien fléché. Parking gratuit au-dessus des jardins. Avr-oct : tlj 10h-17h. Entrée : £ 6,50 ; réduc.* Pour les amateurs de plantes chinoises, argentines et himalayennes, une visite très plaisante, accompagnée d'agréables senteurs. À l'entrée, la maison des créateurs du jardin, Dorothy et John Renton, qui l'aménagèrent en 1922, grâce à leurs liens avec des « chasseurs de plantes rares ».

Manifestations

– ***Perth Festival of the Arts :*** *la 2de quinzaine de mai.* ● *perthfestival.co.uk* ● Jazz, folk, théâtre, opéra, classique...
– ***Rewind Festival :*** *un w-e mi-juil.* Dans un champ près de *Scone Palace*. Musique des années 1970 et 1980. Le succès de ce festival s'amplifie d'année en année.
– ***Highland Games :*** *mi-août sur le South Inch (plan A2).*

DANS LES ENVIRONS DE PERTH

🏃🏃🏃 🏃 ***Scone Palace*** *(hors plan par B1) :* prononcer « Scoun ». *À 2 miles (3 km) de Perth, par l'A 93 en direction de Braemar.* ☎ *552-300.* ● *scone-palace.co.uk* ● *Avr-oct : tlj 10h-17h (dernière admission mai-sept ou 16h en mars-avr, oct) ; jardins jusqu'à 17h45. Entrée : £ 11 (env £ 7 pour les jardins slt) ; réduc. Accès gratuit aux jardins en hiver (nov-mars, mais fermé en janv), ven-dim 10h-16h. Ticket combiné avec Glamis Castle et Blair Castle £ 28 ; réduc. Livret-jeu fourni aux enfants à l'entrée.*

Scone Palace, propriété des comtes de Mansfield, comblera les amateurs de châteaux : plus de 40 rois y furent couronnés, le Parlement écossais y tint séance, et la qualité comme la rareté des meubles et objets exposés, datant du XVIIe au XIXe s, sont inestimables. Ainsi cette collection de céramiques du monde entier, la table d'écriture dessinée par Riesener pour Marie-Antoinette et donnée par celle-ci à son ami David Murray, comte de Mansfield, qu'elle connut alors qu'il était ambassadeur à Vienne, puis en France. Ne pas manquer non plus les 70 pièces de papier mâché « vernis Martin », provenant de la collection des rois de France et utilisées pour décorer les carrosses (l'autre moitié disparut du musée de l'Ermitage de Saint-Pétersbourg en 1916, tandis que six vases furent volés en 1994, puis récupérés), du mobilier signé Boulle, Topino, Nicolas Petit..., sans oublier, dans la dernière salle, des copies parfaites d'épées, de sceptres et de couronnes royales écossaises.
À l'extérieur du château, près de la chapelle gothique, se trouve la réplique de la pierre de Scone (ou pierre du Destin) sur laquelle les rois d'Écosse et de Grande-Bretagne se font couronner depuis plus d'un millénaire. L'originale se trouvait bien à Scone depuis le IXe s quand, en 1296, Édouard Ier s'en saisit comme butin de guerre pour l'installer à l'abbaye de Westminster. Mais, pour certains, les Anglais n'emportèrent qu'une vilaine copie, l'authentique ayant été cachée dans une chambre secrète. Mystère ! Toujours est-il qu'en l'absence du précieux symbole

l'importance du palais déclina peu à peu. Après exactement 7 siècles d'exil, la pierre fut restituée en 1996 par les Anglais, lors d'une cérémonie très solennelle. On l'admire aujourd'hui au château d'Édimbourg.

Pour finir, il faut absolument s'imprégner de la magie du grand parc, abondamment fleuri d'éblouissants massifs de rhododendrons et d'azalées, fier d'un arboretum d'une majesté intimidante (dont un fameux pin Douglas, un géant, issu de la première graine envoyée d'Amérique du Nord par David Douglas, célèbre botaniste originaire de Scone), d'un labyrinthe que l'on découvre du haut d'une passerelle, et patrouillé par une cinquantaine de paons dont des blancs immaculés, faux albinos.

🏃 *Elcho Castle* (HES) : *à la sortie de Perth, direction Édimbourg, à env 1 mile du supermarché Tesco, tourner à gauche (fléché) et suivre la route de campagne sur 3 miles (5 km).* ☎ *639-998. Avr-sept : tlj 9h30-17h (dernière admission). Entrée : £ 4,50 ; réduc. Fiche en français. Pique-nique sur place possible.* Cadre champêtre : on traverse une ferme pour y arriver. Construit par la famille Wemyss, toujours propriétaire du lieu, ce château exemplaire de l'architecture à la fois défensive et résidentielle du XVIe s n'a conservé que la grande et élégante section entourant le donjon. Visite de la cuisine et de salles brutes, sans mobilier ou presque mais garnies de panneaux explicatifs. Bien sûr, un fantôme hante les lieux, celui de la quatrième femme du comte David. Sa chemise de nuit blanche a brûlé (et elle avec) un soir, au cours du XVIIe s.

DUNDEE ET L'ANGUS

Région agricole tournée vers la culture de fruits rouges, l'Angus est souvent oubliée des circuits touristiques. Pourtant, pour peu qu'on s'y intéresse, elle recèle de nombreux attraits. D'abord, ses vallées *(glens),* magnifiques, verdoyantes et sauvages, taillées dans les premiers contreforts du massif du Cairngorm. Puis vient la plaine, semée de témoignages de l'histoire, dont le château de Glamis, sans doute l'un des plus courus d'Écosse, et une foultitude de pierres levées, dressées dans la campagne, un héritage des Pictes à découvrir en suivant le *Pictish Trail.* Un passé que les musées de Dundee, la capitale régionale, mettent aussi en valeur en interrogeant l'histoire sociale, comme celle des grandes expéditions jusqu'à l'Antarctique. Enfin, terminons par la côte, où les plus curieux poseront le pied à Arbroath, port de pêche spécialiste du haddock fumé et siège d'une belle abbaye médiévale aux ruines évocatrices.

Comment circuler dans la région ?

➤ La compagnie de bus *Stagecoach* (● stagecoachbus.com ●) dessert toute la région. Le *Day Rider* permet de se déplacer autant que l'on veut sur une journée. Fiches horaires sur ● angus. gov.uk/transport ●

BRAEMAR

0   5   10 km
0   5 miles

NORD

Glen Doll   Clova

Cairn of Bams
649

Finbracks
755

Glen Clova

Spittal of
Glenshee

Auchavan

Badendun
Hill
740

Cairn
Daunie
603

Glen Prosen

Glen Prosen Village

A 93

Glen Shee

Glen Isla

B 951

Clackavoid

B 926

B 955

Kirkton
of Glenisla

Backwater
Reservoir

B 950

Blacklunans

Dykehead

Pearsie

A 93

B 951

Dykends

A 924

Loch of Lintrathen

B 951

Kirriemuir

A 926

Tullymurdoch

Bridge
of Craigisla

Bridge of Cally

B 954

Hill of Alyth
294

Craigton
of Airlie

A 928

A 93

Alyth

A 926

Ruthven

Glamis Castle

A 923

Blairgowrie

A 926

Glamis

A 94

DUNKELD

Rattray

A 94

Meigle

A 928

B 947

A 93

A 923

Kinpurney Hill
345

Craigowl Hill
455

A 984

A 984

Coupar Angus

B 954

Caputh

Meikleour

B 9099

Auchterhouse

A 94

A 923

PITLOCHRY

Sidlaw   Hills

A 9

Kings Seat
376

A 923

A 90

Dundee

Guildtown

B 953

Abernyte

Tay Road
Bridge

A 93

Balbeggie

A 94

A 90

Firth of Tay

PERTH

PERTH

LE CENTRE

STONEHAVEN, ABERDEEN

Fettercairn

Waterhead

Hill of Wirren
677

Glen Esk

B 9120

Laurencekirk

Edzell
Castle

B 974

A 90

B 9120

Hill of
Garbet
579

Edzell

A 90

A 937

Bridgend

B 966

A 92

Fern

Brechin

A 935

Montrose

STONEHAVEN, ABERDEEN

A 90

Montrose
Basin

Scurdie
Ness

A 933

Aberlemno ● **Sculptured Stones**

A 934

B 957

B 9113

A 92

Boddin Point

A 90

B 9134

Lunan Bay

A 926

A 932

A 932

B 965

Inverkeilor

Lang Craig

A 94

B 9128

Friockheim

Forfar

B 9127

B 961

A 923

Inverarity

Redford

A 92

Auchmithie

B 9127

Carrot
Hill
259

B 978

B 961

B 9128

A 92

Arbroath

Muirdrum

A 92

B 978

B 961

A 930

B 962

Carnoustie

A 92

Broughty Ferry

Buddon Ness

Dundee	Lieux traités
Brechin	Adresses et lieux dans les environs
Inverarity	Repères

Tentsmuir Point

Inchcape
or Bell Rock

PERTH, ÉDIMBOURG

A 92

DUNDEE ET L'ANGUS

LE CENTRE

DUNDEE

155 000 hab.   IND. TÉL. : 01382

● Plan *p. 262-263*

Dundee, quatrième agglomération écossaise, s'étend le long de l'estuaire de la Tay River, à quelques miles de la mer. Son histoire fut suffisamment turbulente pour qu'on n'y trouve que peu de monuments anciens. Surtout conçu pour les bagnoles, son centre-ville est tout de même doté d'une petite zone piétonne, mais qui se prête plus au shopping qu'à la flânerie. En revanche, on visite avec plaisir ses musées

DES ORANGES EN DÉCONFITURE

À l'époque des colonies, les bateaux écossais ne revenaient jamais à vide. Un jour, l'un d'eux chargea des oranges en Espagne, mais les fruits arrivèrent en état de décomposition avancée. Un petit malin eut alors l'idée d'en faire de la confiture... qui devint la célèbre marmelade.

et vieux navires qui racontent le développement de la ville autour de la chasse à la baleine, la confection de la toile de jute et la fabrication de la *marmelade.*

Arriver – Quitter

En bus

🚌 **Gare routière** *(plan C2) : Seagate, à 5 mn à pied du centre-ville. Billetterie ouv lun-ven 8h15-17h, sam 8h30-12h.*
➤ Avec *Scottish Citylink* (● citylink.co.uk ●), liaisons ttes les 45 mn à 1h, 6h-22h30 avec *Glasgow* (env 2h30 de trajet), *Édimbourg* (env 2h de trajet) et *Perth* (env 45 mn de trajet, liaison avec le bus n° 16 également). Liaison directe pour *Aberdeen* (1h30 de trajet) ttes les heures 5h30-22h30.
➤ Pour rejoindre *Aberdeen,* on peut aussi emprunter la ligne n° X7 de *Stagecoach* (● stagecoachbus.com ●). 14 bus/j. (slt 6 le dim). Passe par *Arbroath* (1h de trajet) et *Stonehaven* (env 1h45 de trajet).
➤ Avec *Stagecoach* : pour *Kirriemuir,*

bus n° 20 (direct) ttes les 30 mn à 1h (7 slt le dim). Trajet : 1h. Autrement, le n° 22 (2 bus/j. en sem, 1 sam, aucun dim) passe par *Glamis.* Trajet : 1h. Pour *Blairgowrie,* bus nos 57 et 59 ttes les heures (slt 2 le dim). Trajet : 1h.

En train

🚆 **Gare ferroviaire** *(plan B3) : en face du Discovery Point, à 5 mn à pied du centre-ville.*
➤ Plusieurs trains/h, 6h-minuit de/vers *Édimbourg, Perth, Glasgow* et *Aberdeen.*

En voiture

Parkings partout, tous payants jusqu'à 18h, voire 20h. Compter env £ 8/j.

Adresses utiles

ℹ **Visitor Information Centre** *(plan C2) : 16, City Sq.* ☎ *527-527. Lun-sam 9h30-17h, dim 10h-16h.*
✉ **Poste** *(plan B2) : Meadowside. Lun-sam 9h-17h30 (12h30 sam).* Bureau de

change. Distributeur de timbres sur la façade.
◼ **Location de voitures** *(plan C2, 1) :* **Arnold Clark,** *East Dock St.* ☎ *225-382.* ● arnoldclarkrental.com ● Très

LE CENTRE

compétitifs sur les prix (à partir de £ 25/j. pour une petite voiture). Être âgé de 23 ans min. Règlement par carte de paiement obligatoire.

Où dormir ?

De bon marché à prix moyens (moins de £ 85 ; 102 €)

🏠 **Dundee Backpackers Hostel** (plan B2, **10**) : *71, High St.* ☎ 224-646. ● hoppo.com ● *Nuitée en dortoir £ 15-23 ; doubles sans ou avec sdb £ 45-50. Ajouter £ 5 de caution pour la clé.* 📶 La seule AJ de la ville, située en plein cœur de la zone commerciale piétonne, à 5 mn à pied de la station de bus et de la gare des trains. Dortoirs clean de 4 à 6 lits, donnant sur la rue ou sur un puits de lumière à l'arrière. Cuisine. Salle de billard au dernier étage, sous une verrière.

🏠 **Cullaig Guest House** (plan B1, **11**) : *1, Rosemount Terrace, Upper Constitution St.* ☎ 322-154. ● cullaig.co.uk ● *Bus nº 4 ou nº 22 depuis High St. Doubles £ 50-60 sans ou avec sdb.* Maison victorienne située sur les hauteurs de la ville, à 15 mn à pied du centre dans un quartier résidentiel. Chambres confortables et coquettes, avec une belle vue sur le fleuve ou sur la Law Hill à l'arrière.

🏠 **Shaftesbury Lodge** (hors plan par A3, **12**) : *1, Hyndford St.* ☎ 669-216. ● shaftesburylodge.co.uk ●

À env 1,5 km du centre. Doubles £ 80-85. 📶 Dans un quartier tranquille, une grande et ancienne maison reconnaissable à sa façade rosée. Chambres spacieuses pour la plupart, confortables et claires, dans des tons doux et contemporains. Accueil sympathique de Heather, qui soigne ses hôtes dès le matin avec un délicieux petit déj.

Chic (£ 85-125 ; 102-150 €)

🏠 🍴 **Taypark House** (hors plan par A3, **13**) : *484, Perth Rd.* ☎ 643-777. ● tayparkhouse.co.uk ● *À env 3 km du centre. Doubles £ 80-130, petit déj inclus. Resto tlj 9h-17h (20h ven-sam).* 📶 Dans un élégant manoir du XIXᵉ s, une déco très réussie déclinant un mélange de moderne et d'ancien, avec quelques meubles recyclés en guise de clin d'œil décalé. Les chambres les plus chères sont évidemment les plus séduisantes (salles de bains immenses !), mais toutes sont très plaisantes, avec vue sur la mer pour certaines. Une très belle adresse, ne serait-ce que pour savourer un *afternoon tea* ou quelques snacks dans le superbe jardin en terrasses, ou dans la belle salle à la fois chic et conviviale.

Où manger ? Où boire un verre ?

De bon marché à prix moyens (plats £ 5-18 ; 6-22 €)

🍴 **Fisher & Donaldson** (plan B2, **20**) : *12, Whitehall St. Tlj 8h-17h.* Boulangerie-pâtisserie-chocolatier de bonne réputation, idéale au breakfast ou pour manger sur le pouce. Quelques tables, au milieu des gâteaux.

🍴 🍸 **Jute Bar & Restaurant** (plan B3, **24**) : *152, Nethergate ; dans le* Dundee Contemporary Arts (DCA). ☎ 909-246. *Tlj 12h-21h30 (20h30 dim). Le bar*

ferme à minuit. Prolongée d'une grande terrasse, cette immense salle épurée s'est lovée dans un vaste édifice dédié à l'art contemporain. La carte, créative, propose une cuisine urbaine délicate... et sans *gravy* ! Bonne musique, ambiance gentiment branchée.

🍸 **Speedwell Bar** (plan A3, **21**) : *165, Perth Rd.* ☎ 667-783. *Tlj 11h-minuit.* Un des pubs les plus authentiques de la ville, dans le pur style édouardien, avec jolis verres Art nouveau sur les portes. Pas facile de se faufiler pour atteindre le bar... ce qui laisse le temps de choisir parmi les 180 whiskies

LE CENTRE

LE CENTRE

A   **B**

Crescent

Dundee Law

Law Hill

NORD

Law

Law

Kinghorne

Lawside Ave.

Adelaide

Albany

Inveraw Pl.

Dudhope

Dudhope Park

Lochee

Polepark Rd

Brewery La.

Milbank Rd.

Forest Park Rd

Brook

Blackness Rd

Blackness Rd

Amfield Rd

Bellfield

Miller's Ave.

Hawkhill

Perth

Seafield Rd

Thomson St.

Steprow

Magdalen Yard Rd

Hill

Bruce St.

St.

Carmichael St.

Law Rd

Law Rd

Upper Constitution St.

Place

Terrace

Terrace

Infirmary

Douglas

Ash

W. Henderson's Wynd

Blinshall St.

Miln St.

St.

St.

Guthrie

Larch St.

Old Hawkhill

Smalls Wynd

Road

Road

Roseangle

Westfield Pl.

Riverside

Main

St.

Road

Rosebank

SOMERVILLE PL.

11

Constitution

Constitution

Brown St.

West

Brae

North

Ward

South Ward Rd

Barrack St.

Mark019

Park Place

South Tay St.

Dundee Science Centre

Hillown

Alexander

Ann St.

Forebank

Hillown

Victoria

Dudhope St.

Market

Bell St.

W. Bell St.

The McManus

Meadows Rd

Panmure St.

Meadowside

Reform St.

Meadows

Verdant Works

Overgate Shopping Centre

Nethergate

High

Whitehall

Nethergate

22

Greenmarket

24

Drive

CENTRE CITY Sq.

10

20

P

P

P

21

12 13

PERTH

Country Park, COUPAR ANGUS

Dundonald St.

Dens
Hillbank Rd.
Erskine St.
Dura Road
Albert St.
Arthurstone Ter.
Cotton Rd.
William St.
Stn. George St.
Ann
Nelson St.
Lyon St.
Victoria St.
Crescent
Road
Princes
King St.
Blackscroft
Gait
East
Cowgate
Murraygate
Seagate
Trades La.
Candle La.
Gellatly St.
Commercial St.
Castle St.
Marketgait
East Dock St.
Camperdown
City Quay
St.
The Frigate Unicorn
Victoria Dock Rd.
South Victoria Dock Rd.
South
Dock
South
TAY ROAD BRIDGE
Leisure Centre
Discovery Point

Broughty Ferry

1

2

3

200 m

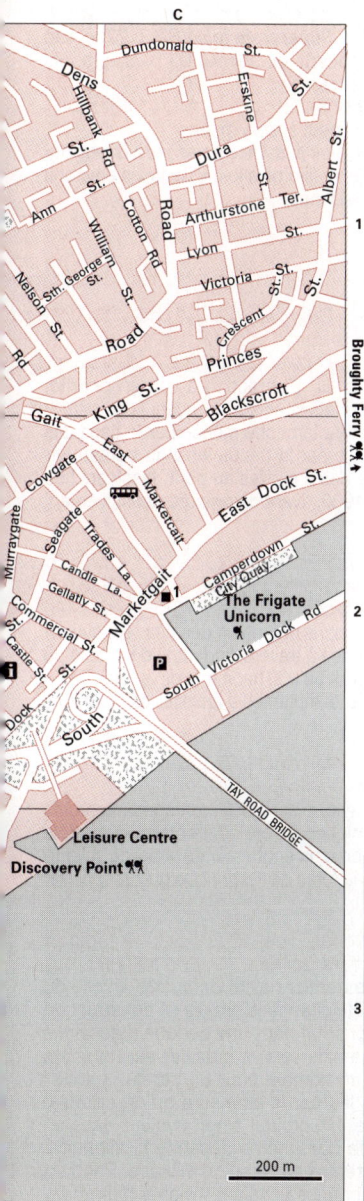

- **Adresses utiles**

  ℹ Visitor Information Centre
  1 Location de voitures

- **Où dormir ?**

  10 Dundee Backpackers Hostel
  11 Cullaig Guest House
  12 Shaftesbury Lodge
  13 Taypark House

- **Où manger ? Où boire un verre ?**

  20 Fisher & Donaldson
  21 Speedwell Bar
  22 South Tay Superstore
  24 Jute Bar & Restaurant

DUNDEE

ou les nombreuses bières et *ales* à la pression. Ambiance et volume sonore garantis !

I●I ♈ Pour manger popu et pas cher et enchaîner sur une bière, pas mal de snacks de cuisine d'un peu partout (turc et arabe notamment) et de pubs squattés par les étudiants sur **Nethergate Rd et autour** (plan B2-3).

Une adresse parmi d'autres, le **South Tay Superstore** (plan B2-3, **22**) et ses concerts ou soirées DJ plusieurs fois par semaine (10, South Tay St. ● south taysuperstore.co.uk ● Tlj midi-minuit). On peut aussi y manger.

I●I Voir aussi nos adresses à **Broughty Ferry** (lire plus loin « Dans les environs de Dundee »).

À voir

🏃🏃 🚶 **Discovery Point** (plan C3) : Discovery Quay ; en face de la gare. ☎ 309-060. ● rrsdiscovery.com ● Avr-oct : tlj 10h (11h dim)-18h ; nov-mars : tlj 10h (11h dim)-17h (dernière entrée 1h avt). Entrée : £ 9 ; billet combiné avec le Verdant Works £ 15,50 ; réduc. Audioguide en français. L'attraction à voir en priorité. Musée très pédagogique, avec films, son et effets spéciaux retraçant la construction du navire *Discovery* puis l'expédition en Antarctique menée par le capitaine Scott de 1901 à 1904. Le parcours s'achève par la découverte du bateau lui-même, à voile et à vapeur, que l'on explore des entrailles au pont, fascinant ! Le *Discovery* remit le cap sur l'Antarctique en 1930, avant de prendre définitivement sa retraite.

🏃🏃 **Verdant Works** (plan A2) : West Henderson's Wynd. ☎ 225-282. ● rrsdiscovery.com ● Avr-oct : tlj 10h (11h dim)-18h ; nov-mars : mer-dim 10h30 (11h dim)-16h30. Entrée : £ 9 ; billet combiné avec le Discovery Point £ 15,50 ; réduc. Au cœur d'un ancien quartier de manufactures, dans une usine désaffectée, évocation intéressante de l'histoire sociale de Dundee à travers l'industrie de la toile de jute qui, il y a un peu plus de 1 siècle, employait 50 000 habitants de la ville. Tout a été réuni pour donner vie à la visite, du matériel multimédia aux vieilles machines remises en état de marche.

🏃 🚶 **Dundee Science Centre** (plan B3) : Greenmarket. ☎ 228-800. ● dundee sciencecentre.org.uk ● Tlj 10h-16h (dernière admission). Entrée : £ 7,50 ; réduc. Un de ces musées où l'on touche à tout, avec plus de 60 montages interactifs permettant de tenter des expériences chimiques, de se confronter à des effets d'optique, d'entrer dans la peau d'un singe ou d'un enquêteur de la police scientifique, et même de faire bouger une balle par la force de l'esprit ! De quoi réconcilier les gosses avec les cours de physique.

🏃 **The Frigate Unicorn** (plan C2) : Victoria Dock. ☎ 200-900. ● frigateu nicorn.org ● Avr-oct : tlj 10h-17h ; nov-mars (sf fêtes de fin d'année) : jeu-dim 12h-16h. Entrée : £ 5 ; réduc. Voici le dernier navire de guerre à voile du monde, dont seules 10 % des pièces ont été changées depuis sa construction en 1824, ce qui est rarissime. En réalité construit dans une période d'accalmie après la guerre contre Napoléon, il n'a jamais servi à batailler sur les mers et n'a jamais été équipé de ses mâts... un comble pour un bateau à voile ! Ce n'est qu'en se faufilant courbé dans les ponts inférieurs qu'on éprouve vraiment la sensation de visiter un navire. On croirait sinon évoluer dans un musée, un peu cheap qui plus est. Reste que, même désarmé (il alignait à l'époque 46 canons), le navire garda longtemps sa vocation militaire. Pendant les deux guerres mondiales, les jeunes hommes venaient y signer leur engagement dans la marine.

🏃 **The McManus** (plan B2) : Albert Sq. ☎ 432-350. ● themcmanus-dundee.gov. uk ● Lun-sam 10h-17h, dim 12h30-16h30. GRATUIT. Construit en 1867, ce grand bâtiment néogothique aux allures de cathédrale abrite un musée aux collections

LE CENTRE

un rien fourre-tout. Au rez-de-chaussée, évocation de l'histoire de Dundee à travers une foultitude d'objets hétéroclites : pierres pictes, barque en chêne du Ve s, réfrigérateur, caisse enregistreuse et casquette Michelin de l'autre... À l'étage, galerie de tableaux de peintres écossais du XVIIIe au début du XXe s, un peu entassés les uns sur les autres. Enfin, et c'est sans doute le plus intéressant, une grande salle rassemble divers objets rapportés de leurs voyages par des explorateurs originaires de la région : statues et masques africains et océaniens, statuettes du Bouddha, sarcophages égyptiens... Faut dire que, dès 1872, le voyagiste Thomas Cook organisait pour ses clients un tour du monde en 212 jours ! Assez cher cependant, il n'y avait pas encore de charters... Expos temporaires. Cafétéria.

🗡 **Law Hill** (plan A1) : *du centre-ville, compter 25 mn à pied par des quartiers pas toujours folichons. En bus, prendre le n° 202 sur Meadowside (plan B2).* Site d'un ancien fort et point le plus haut de la ville (174 m). La balade vaut pour le panorama et la vue sur les deux ponts du fleuve Tay, l'un ferroviaire datant de 1887 et l'autre routier inauguré en 1966.

🗡 **Camperdown Country Park** (hors plan par A1) : *à 3 miles (env 5 km) au nord-ouest par la route de Coupar Angus. Bus n°s 57 et 59 de la gare routière.* Le plus beau et le plus grand parc de la ville. Promenades en barque sur l'étang et intéressant parc animalier.

DANS LES ENVIRONS DE DUNDEE

🗡🗡 **Broughty Ferry :** *à 3,5 miles (6 km) à l'est du centre par l'A 92. Bus n°s 39, 73, 75, 78 et X7 de la gare routière ou de High St ; les n°s 39 et X7 continuent jusqu'à Arbroath. Compter env 15 mn de trajet.*
Élégante petite ville résidentielle et animée, postée face à la mer au bout de l'estuaire de la Tay river, et bordée d'une longue plage.
On peut y visiter le **Broughty Castle Museum** : ☎ 436-916. ● dundeecity.gov.uk/broughtycastle ● *Avr-sept : tlj 10h (12h30 dim)-16h ; oct-mars : mêmes horaires, fermé lun. GRATUIT.* Un château du XVe s gardien de l'estuaire, dans lequel on fabriquait jadis des mines flottantes. Superbe panorama du haut de la tour. À l'intérieur, musée consacré à l'histoire locale, et notamment à la chasse à la baleine, dont la graisse était utilisée pour travailler les fibres de jute.

Où manger ? Où boire un verre ?

🍴🍷 **The Ship Inn :** *121, Fisher St. Sur le quai, près du Life Boat.* ☎ 779-176. *Plats env £ 8 au pub, £ 11-15 au resto.* Sur le front de mer, un pub feutré où les habitués discutent autour d'une bonne bière, l'œil sur le quai. À l'étage, le resto tout en lambris ressemble à une cabine de bateau, avec son étroite baie vitrée ouverte sur la mer. Les plats proposés au pub sont un peu moins chers qu'au resto et pourtant délicieux. Entre autres, préparations du fameux haddock fumé d'Arbroath, une merveille.

🍴 **Bruach Bar and Restaurant :** *328, Brook St. La 2e rue parallèle au quai.* ☎ 739-878. *Menus midi env £ 9, soir £ 10-18.* Ambiance *lounge* en bas, petit resto cosy à l'étage, pour déguster un délicat repas à des prix défiant toute concurrence... Une aubaine ! Dès le premier menu, les belles assiettes tricotent tradition locale et saveurs méditerranéennes avec brio, privilégiant les produits frais et de saison, soigneusement cuisinés.

🍷 **The Fishermans Tavern Hotel :** *10-16, Fort St. À deux pas du Life Boat. Quiz certains soirs, live music jeu.* L'un des meilleurs pubs d'Écosse, toujours très animé, maintes fois primé pour sa sélection de *real ales* à la pression. On peut aussi y manger.

LE CENTRE

LE CENTRE

BLAIRGOWRIE
8 400 hab.   IND. TÉL. : 01250

Petite bourgade animée au cœur du Strathmore, une région productrice de fruits rouges. Édifiée en bordure de la rivière Ericht, elle gouverne l'accès au Glenshee.

Arriver – Quitter

➢ Les bus n°s 57 et 59 de *Stagecoach* (ttes les heures ; slt 6 le dim) assurent la liaison avec *Perth* ou *Dundee*. Compter un peu moins de 1h de trajet pour les deux.
➢ Pour se rendre à *Spittal of Glenshee,* bus n° 71, slt 2 j./sem (2 le mer, le mat et dans l'ap-m ; 3 le sam).

Adresses utiles

🛈 @ *Tourist Information :* 26, Wellmeadow. ☎ 872-960. Dans le centre. En hte saison : lun-sam 9h30-17h (17h30 sam), dim 10h30-15h30 ; horaires restreints le reste de l'année. Fermé dim en hiver.
■ *Supermarchés Cooperative Food et Tesco :* dans le centre.

Où dormir dans les environs ?

Camping

⛺ *Five Roads Caravan Park :* à *Alyth,* 5 miles (8 km) à l'est de Blairgowrie par l'A 926. ☎ (01828) 632-255. ● fiveroads-caravan-park.co.uk ● Tte l'année. Compter £ 16 pour 2 en été. 📶 Camping propret, tout simple et pas bien grand, avec une petite pelouse centrale (caravanes et mobile homes autour) pour planter sa tente. Aire de jeux pour les enfants. Sanitaires et équipements corrects. Lave-linge.

Prix moyens
(£ 50-85 ; 60-102 €)

🏠 *Gulabin Lodge :* à *Spittal of Glenshee,* sur la route de Braemar (à env 18 miles, soit 30 km, au nord de Blairgowrie). ☎ 885-255. ● gulabin lodge.co.uk ● Sortir de l'A 93 sur la gauche en venant de Blairgowrie ; la maison se trouve sur la gauche après le pont. Tte l'année. Double £ 55, familiales (5-6 pers) £ 75-85. Dans un cottage blanc, petites chambres très simples, certaines avec mezzanine. Petits salons avec gros canapé, murs en pierre et cheminée, ambiance gros godillots et vrai feu de bois pour les soirées frisquettes (traduisez « souvent » !). Cuisine à disposition. Location de VTT en été et de skis en hiver. Le proprio, moniteur à la station de Glenshee, encadre aussi des activités (VTT, randos, escalade...). Pour se chauffer les muscles avant de partir en excursion, miniparcours accrobranche autour du *lodge.*

🏠 *Ecocamp Glenshee :* à env 15 miles (24 km) au nord de Blairgowrie. Prendre l'A 93 direction Braemar, puis tourner à droite après une dizaine de miles direction Blacklunans. ☎ 882-284. ● ecocampglenshee. co.uk ● Compter £ 60-85 pour 2 selon type de hutte et saison. Yourtes £ 110-130. Draps et serviettes en sus (£ 2). Min 2 nuits parfois. Un campement aussi rigolo qu'écolo, paumé en pleine nature, entre les vallées Glen Shee et Glen Isla. Les huttes en bois, en forme de demi-barrique, et les yourtes sont dispersées sur un promontoire dominant la campagne. Matelas au sol dans certaines cabanes, chauffage d'appoint au cas où et sanitaires communs. Camping possible également. Adorable *bothy* où se réfugier autour de la cheminée. Une adresse certes atypique, mais tout de même pas donnée !

🛏 *Dalhenzean Lodge :* sur l'A 93, à mi-chemin entre Blairgowrie et Braemar, un peu avt Spittal of Glenshee. ☎ 885-217. ● dalhenzean.co.uk ● Doubles £ 60-70. 🛜 Perdue en pleine nature dans les paysages désolés du Glenshee, une maison mignonne proposant 2 chambres à la déco classique, dotées de salles de bains rutilantes. Salon calé au chaud, dans une véranda. Accueil paisible, à l'instar du lieu.

Chic (£ 85-125 ; 102-150 €)

🛏 |●| *Lands of Loyal :* à **Alyth,** paisible petit village traversé par un ruisseau, à env 8 km à l'est de Blairgowrie par l'A 926. Sur les hauteurs du village (fléché). ☎ (01828) 633-151. ● landsofloyal.co.uk ● Double env £ 110. 🖥 🛜 Cher mais exceptionnel. Ce genre de lieu, d'habitude on le visite sans avoir le droit de toucher. Ici, on se glisse dans les draps d'une chambre cossue, entouré de tableaux, on s'attable autour du mobilier d'époque, pour se rêver lord l'espace de quelques heures. Ce manoir du XIXe s, comme surgi d'un autre temps, est d'une élégance et d'un luxe incroyables. À défaut d'y dormir, on peut déjà y manger (voir ci-après « Où manger... ? »).

Où manger à Blairgowrie et dans les environs ?

|●| *The Dome :* 20, Leslie St ; dans une rue derrière l'office de tourisme. ☎ 874-888. Tlj sf dim 9h-17h. Plats £ 4-15. La salle joue les précieuses, avec colonnes et plafond en forme de dôme (sans dec' ?). On y sert des snacks classiques, des alléchantes pâtisseries mais aussi 2 ou 3 plats copieux, faute d'être originaux. De quoi se sustenter sans se ruiner.

|●| *Cargill's :* Lower Mill St ; proche de la rivière. ☎ 876-735. Résa conseillée. Plats £ 6-24, menus £ 15-18. 🛜 Une grande salle de bistrot, avec parquet, éclairage

bien pensé et illustrations du Blairgowrie d'antan sur les murs. Des produits frais et des assiettes bien remplies. Agréable terrasse quand le soleil l'autorise...

|●| *Resto du Lands of Loyal :* à **Alyth** ; voir coordonnées plus haut. Résa conseillée. Plats £ 7-25. Pas tellement plus cher qu'ailleurs (si l'on se passe de vin), surtout compte tenu du décor. Après l'apéritif pris dans l'un des salons, on vous invite à passer dans l'une des 3 magnifiques salles à manger. Cuisine raffinée, service royal. Une véritable expérience.

DANS LES ENVIRONS DE BLAIRGOWRIE

🏛 *Meigle Sculptured Stone Museum* (HES) : à **Meigle,** à 8 miles (13 km) à l'est de Blairgowrie. ☎ (01828) 640-612. Prendre le bus n° 57 depuis Blairgowrie. Avr-sept : tlj 9h30-17h30. Entrée : £ 4,50 ; réduc. Pour les amateurs de vieilles pierres, collection unique de croix et pierres tombales finement sculptées de l'époque des Pictes.

🏛🏛 *Glen Shee :* rude vallée que parcourt l'A 93 pour rejoindre Braemar, située à 56 km au nord de Blairgowrie. Bus n° 71 jusqu'au hameau de **Spittal of Glenshee.** La route franchit le Cairnwell, le col routier le plus haut de Grande-Bretagne (665 m). À partir de Spittal of Glenshee, le paysage change du tout au tout, les montagnes s'élèvent, la vallée se dépouille de ses cultures, de ses arbres, de ses maisons. À mi-chemin, possibilité de rejoindre Kirkton of Glenisla en prenant la B 951. Randos possibles.

GLAMIS

80 hab.   IND. TÉL. : 01307

Prononcez « Glams ». Un village endormi et très pittoresque. On y passe, le temps de visiter son château et son musée du Folklore.

Arriver – Quitter

➤ Le bus n° 22 assure la liaison avec *Kirriemuir* ou *Dundee* (2 bus/j. en sem, slt 1 le dim).

À voir

✶✶✶ *Le château de Glamis :*
☎ 840-393. ● *glamis-castle.co.uk* ● *Avr-oct : tlj 12h-16h30 (dernière visite). Entrée : £ 11 pour le château et les jardins ; £ 7 pour les jardins seuls; billet combiné (The Treasure Ticket) avec Scone Palace (à Perth) et Blair Castle (à Pitlochry) £ 28 ; réduc. Visite guidée slt (1h), en anglais, mais feuillet d'explication en français.*

Au bout d'une interminable allée rectiligne se détache ce majestueux château à tourelles, un des plus visités d'Écosse. Ancienne résidence royale de chasse, il appartient depuis 1372 aux comtes de Strathmore et Kinghorne, qui habitent toujours l'aile privée. Une famille aux racines

JEUX INTERDITS

Une fenêtre sur la façade, mais pas de porte à l'intérieur... Le château de Glamis dissimule dans sa crypte une pièce secrète. Dans les temps anciens, un samedi soir, le comte jouait aux cartes avec un ami sans se soucier du dimanche qui approchait, jour de prière où jouer, c'est pécher. « Je suis le comte, s'exclamait-il, je peux jouer si je le souhaite jusqu'au Jugement dernier ! » Un étranger arriva, vint prendre part au jeu et le matin se dévoila. C'était le diable. Il exauça le « vœu » du comte, enferma les deux hommes derrière un mur et, depuis, la partie continue. On dit que, en collant l'oreille, on peut entendre battre les cartes...

françaises, en témoigne son nom, Lyon. D'ailleurs, hormis dans la chapelle, on peut voir des représentations de lions partout ! Shakespeare fait assassiner Duncan par Macbeth à Glamis, une belle page de littérature mais loin de la réalité historique puisque le château n'existait pas à cette époque. En revanche, Élizabeth Bowes-Lyon, mère d'Élisabeth II y passa bien son enfance et la princesse Margaret y naquit.

De la construction du XIe s subsiste le donjon, le reste ayant été saccagé par les troupes de Cromwell, puis restauré au XVIIe s. On y découvre, entre autres, un élégant salon orné de portraits de famille, inchangé depuis le temps où la reine mère y jouait enfant, début 1900. Au-dessus de la cheminée, rose et chardon s'entrelacent, pour symboliser l'alliance de l'Angleterre et de l'Écosse. Dans un coin, une pièce discrète où les hommes allaient se repoudrer... la perruque. Plus loin, la superbe chapelle est entièrement décorée de panneaux de bois du peintre néerlandais Jacob de Wet, du XVIIe s (noter la toile représentant le Christ affublé d'un chapeau hollandais !). On la dit hantée par le fantôme de lady Janet, accusée de sorcellerie et brûlée vive par Jacques V en 1537, qui voulait faire main basse sur le château. Dans la salle de billard, très beau *Marché aux fruits* de Frans Snyders, un disciple de Rubens. Il en a peint deux autres, identiques, dont l'un est exposé au musée de l'Ermitage à Saint-Pétersbourg. La table de billard du XIXe s porte encore les marques des cigarettes écrasées par les soldats pendant la Première Guerre mondiale ; le château servait alors d'hôpital militaire. Quant aux jardins italiens, ils contrastent singulièrement avec les murs épais et mystérieux du château. I●I Sur place, bon resto à base de produits locaux et à prix démocratiques.

🕱 *Le cimetière* de l'église aligne de bien jolies tombes sculptées, certaines datant du XVIIIe s. En face, dans le jardin privé, pierre picte à admirer.

KIRRIEMUIR 6 000 hab. IND. TÉL. : 01575

Porte d'entrée de la superbe vallée de Glen Clova, ce petit village aux ruelles pavées vit naître le papa de Peter Pan, sir James Matthew Barrie (et non Walt Disney). Toutes les maisons et tous les bâtiments civils sont en grès rouge, d'où son surnom de « *little red town* »... Cela donne un certain charme au centre du village, avec la statue de Peter Pan sur le Square.

Arriver – Quitter

Stagecoach assure des liaisons avec :
➤ *Dundee :* bus n° 20 ttes les 30 mn à 1h, 6h30-22h (7 slt le dim).
➤ *Glamis :* bus n° 22 (2/j. en sem, 1 le dim).

➤ *Blairgowrie :* 7 bus/j. Prendre le n° 128 et changer à Alyth avec le n° 57.
➤ *Arbroath :* bus n° 27. 2 bus/j. (aucun le dim).

Où manger ?

I●I *88° :* 17, High St. Sur le Square, en plein centre. Mer-dim 9h30 (10h30 dim)-17h. Plats £ 3-8. Un petit café sympa et accueillant, avec quelques revues à feuilleter et des douceurs à s'offrir, joliment présentées sur les étagères. La grande ardoise propose bagels, paninis, sandwichs, quiches et un grand choix de fromages artisanaux. Gâteaux délicieux, chocolats fins et café parfait. À propos, pourquoi 88° ? C'est tout simplement la température idéale de l'eau pour faire un bon *espresso*. Cerise sur le pudding, l'adorable Johanna parle le français !

À voir

🕱 L'incontournable figure locale est bien sûr *sir James Matthew Barrie,* romancier très populaire en Grande-Bretagne (mais curieusement assez peu connu en France), auteur de *Peter Pan*. Sa pièce de théâtre connut un succès fulgurant et lui rapporta en 2 ans la modique somme de 500 000 livres. Selon la petite histoire, Barrie, après un mariage raté, se serait mis à ressembler à Peter Pan vers la fin de ses jours... On peut visiter dans le village la modeste maison blanche

INCH ALLAH

Fondu de cricket, J. M. Barrie monta une équipe amateur avec ses copains acteurs et écrivains – dont sir Arthur Conan Doyle, le père de Sherlock Holmes. Il la baptisa les Allahackbarries, en référence à l'incantation musulmane AllahAkbar (« Dieu est grand »). Il pensait que cela signifiait « Avec l'aide de Dieu ». Pas fort en langues étrangères.

LE CENTRE

(et non rouge) dans laquelle il naquit en 1860, **Barrie's Birthplace** (NTS). Un peu cher tout de même (9, Brechin Rd ; ☎ 0844-493-21-42 ; Pâques-juin et sept-oct, tlj sf sam-lun 12h-17h ; juil-août, tlj sf mar-mer 11h-17h ; £ 6,50, réduc). On pourra enchaîner avec la **camera obscura,** logée dans le pavillon de cricket, sur Kirrie Hill, la colline au-dessus du village. Il s'agit d'un système ingénieux, précurseur de l'appareil photo, qui permet d'observer le paysage. Il fut offert par J. M. Barrie à la ville en 1929. Il n'en reste que quatre en Écosse de ce type. Prévoir une visite par beau temps pour y voir quelque chose (tlj 10h-17h ; GRATUIT, donation bienvenue). Enfin, pour boucler le pèlerinage, une minute de recueillement sur la tombe de Barrie dans le cimetière voisin.

Manifestation

– **Festival of Traditional Music & Song :** 1er w-e de sept. Le petit festival du coin où l'on se raconte des histoires en musique, concerts dans les pubs, compétition de cornemuse... Camping pas cher pour l'occasion.

LA VALLÉE DE GLEN CLOVA

IND. TÉL. : 01575

Après avoir traversé Kirriemuir, on aborde la large et verdoyante vallée de Glen Clova, l'une des plus délicieuses de la région, lovée au pied de hautes montagnes rondouillardes grattées par les éboulis. Sur une bonne vingtaine de kilomètres, une étroite route, ludique à souhait, chevauche les pâturages dans un paysage paisible et harmonieux. Bruyère, vertes prairies, collines peuplées de moutons, de grives, de faisans, et des lapins partout. À Clova, fin de la B 955 et début d'une petite route (indiquée sans issue) encore plus étroite qui s'achève à Glen Doll, 6 km plus loin. Ne la négligez pas, c'est la partie la plus sauvage et la plus spectaculaire de la vallée ! De là, nombreux départs de balades.
– Des infos sur les glens sur ● angusglens.co.uk ●

Arriver – Quitter

➤ La dèche, pas de bus pour **Clova** ou **Glen Prosen.** Mieux vaut être véhiculé, donc.

Où dormir ? Où manger dans le coin ?

🛏 |●| **The Clova Hotel :** à **Clova.** ☎ 550-350. ● clova.com ● Compter £ 20/pers en dortoir au bunkhouse et £ 90 la double à l'hôtel. Au resto, plats £ 9-23. 📶 Complètement isolé au cœur de la vallée, ce vaste établissement est le seul endroit où loger (et manger) du Glen Clova. Belles chambres modernes et confortables, avec salle de bains très soignée. Dans une annexe, les dortoirs, fonctionnels et bien équipés, disposent de plusieurs chambres de 4 lits et d'une de 10, ainsi que d'une cuisine. Côté resto, cuisine traditionnelle maison, fraîche et variée, idéale pour se requinquer après une bonne balade dans la vallée. Également un pub chaleureux, ambiance trappeur.

🛏 **Prosen Hostel :** dans la vallée voisine de **Glen Prosen.** En voiture, tourner à Dykehead dès l'entrée dans le Glen Clova. ☎ 540-238. ● prosenhostel. co.uk ● Tte l'année. Nuitée en dortoir

£ 20 (4 ou 8 lits). 🖥 📶 Dominée par une prairie et une forêt de pins, cette petite auberge de jeunesse d'une vingtaine de lits s'est postée au bout du monde, au sommet du bucolique petit hameau de Prosen, enfoui sous les arbres et baigné par 2 ruisseaux. Cuisine à disposition et salon aux profonds canapés stratégiquement calés près du poêle à bois. Barbecue. Une étape pour promeneurs amoureux de la nature. Un sentier de 4 miles (6,5 km) mène à Clova.

Balades et randonnées

➤ La plupart démarrent du **parking payant** (£ 2) **de la forêt du Glen Doll,** au bout de la route. S'y trouve un petit *Visitor Centre* tenu par les rangers, qui pourront vous donner toutes les infos nécessaires. Sinon, un panneau sur le parking détaille plusieurs circuits accessibles à tous, à parcourir en 1h à 2h30. Avec un peu de chance, on croisera des animaux sauvages (cerfs notamment).
– La balade la plus populaire, *Corrie Fee* (3,5 km), serpente dans un amphithéâtre de montagnes. En poussant une heure de plus, on atteint le *plateau du Cairngorm*. Autre option, rallier les magnifiques *cascades,* distantes de 5 km environ, qu'on aperçoit au fond de la vallée.
– Pour un itinéraire plus long, on peut s'engager sur *Jock's Road* et rejoindre *Braemar*, à 22 km. Itinéraire facile en été (sauf météo défavorable), dans un paysage de montagne évidemment fantastique, doux et sauvage à la fois. Beaucoup plus dangereux en hiver. Dans le même genre, possibilité de gagner *Ballater via Capel Mounth*. Se munir de la carte *Explorer 388* ou *Landranger 44* avant de partir. Camping sauvage autorisé sur des aires réservées (mais, feux interdits, la nuit risque d'être fraîche...).
– Enfin, autre rando, au départ de Clova cette fois, une bonne grimpette (400 m de dénivelée) jusqu'au *loch Brandy (cheers !)*. Compter 4 km et environ 2h30 aller-retour.

LE CENTRE

LA VALLÉE DE GLEN ISLA

IND. TÉL. : 01575

Prononcez « Aïla ». Là encore, une vallée charmante et rieuse, qui se consomme à chaque virage. D'elle, on dit : « Ou quelqu'un vous en a déjà parlé, ou vous vous êtes perdu... » Bon, pour ne rien vous cacher, on préfère quand même celle de Clova...

Arriver – Quitter

➤ Le bus n° 122 assure la liaison depuis **Blairgowrie,** mais le mercredi seulement et sur demande au ☎ *(01307) 461-775.*

Où dormir ? Où manger ?

🛏 🍴 *The Glenisla Hotel : dans le hameau de* **Kirkton of Glenisla.** ☎ *582-223.* ● *glenisla-hotel.com* ● *Fermé mar midi et lun. Double £ 80, petit déj compris. Au resto, plats midi et soir £ 8-15.* 📶 *Une charmante auberge du XVIIe s,* disposant de chambres simples et claires, toutes avec salle de bains. Bar cosy, avec poutres et cheminée, et agréable salle pour le petit déj. Aux beaux jours, on mange, dans le jardin, une cuisine du coin. Aire de jeux pour les bambins.

ARBROATH

24 300 hab.   IND. TÉL. : 01241

Ce petit port de pêche actif et populaire est célèbre pour ses fameux *smokies* (haddocks fumés). Mais Arbroath est aussi connu pour les ruines de son abbaye médiévale et la signature de la déclaration d'Arbroath en 1320, garantissant une Écosse libre et indépendante.

Arriver – Quitter

➤ Avec la ligne de bus n° X7 de *Stagecoach*, liaisons régulières (une quinzaine de bus/j.) avec **Dundee** (40 mn de trajet), **Stonehaven** (via **Montrose**, env 1h30 de trajet) et **Aberdeen** (1h30 de trajet).

➤ Trains fréquents de **Dundee, Aberdeen** et **Stonehaven**.

Adresse utile

🛈 *Visitor Information Centre :* *3-4, Fishmarket Quay, sur le port.* ☎ *872-609. En été : lun-sam 10-17h, dim 12h-16h ; le reste de l'année : lun-sam 10h-16h.* Très bien documenté.

Où dormir ? Où manger ?

🛏 *Harbour Nights Guesthouse :* *4, Shore ; sur le port.* ☎ *434-343.* ● *harbournights-scotland.com* ● *Doubles £ 80-85.* 📶 Facile à trouver, c'est la jolie maison bleue sur le port. Les chambres sont inégalement décorées, quelques souvenirs de voyage par-ci, objets bien kitsch par-là, plus de sobriété pour d'autres. Mais globalement les plus chères sont nettement plus spacieuses et profitent de la vue sur les bateaux. Bien sûr, *Arbroath smokie* au petit déj !

🍽 *The Old Brewhouse :* *Danger Point, en bas de High St ; à l'extrémité nord du port.* ☎ *656-099. Tlj. Plats £ 9-22.* Un pub mignon, posé au bout du port. Quand le soleil est de la partie, tout le monde prend place autour des tables installées sur le quai. Un endroit agréable pour goûter les fameux *Arbroath smokies.* Fait aussi *B & B.*

🍽 Nombreux *Fish & Chips* en ville pour un en-cas pas cher.

Où manger dans les environs ?

🍽 *The But'n'Ben :* *à Auchmithie, à 2 miles (env 3 km) au nord d'Arbroath dans la direction de Montrose par la A 92.* ☎ *877-223. Tlj sf mar, midi et soir (dim jusqu'à 17h30). Résa conseillée. Plat le midi env £ 10 ; plus cher le soir. High tea dim £ 14.* Petit cottage blanc, niché au cœur d'un village posé sur une belle falaise dominant la mer. LA bonne adresse du coin, réputée pour ses excellents produits de la mer, son fameux *smokie pancake*, son irrésistible chariot de pâtisseries maison et son *high tea* du dimanche après-midi. Pour ne rien gâcher, service charmant et menu traduit en français !

À voir

🐪 *L'abbaye d'Arbroath* (HES) : *dans le centre-ville.* ☎ *878-756. Avr-sept : tlj 9h30-17h ; oct-mars : tlj 9h30-16h. Entrée : £ 5,50 ; réduc.* Fondée en 1178, l'abbaye est célèbre pour la déclaration d'Arbroath de 1320. Lors des conflits du

XVIe s, sa toiture en plomb aurait servi à fabriquer des balles. En 1951, elle abrita la fameuse *Stone of Destiny* (la pierre utilisée lors des couronnements) avant qu'elle soit rapidement récupérée par la police londonienne et replacée à Westminster. Aujourd'hui, il ne reste de l'abbaye que de superbes et fantomatiques ruines en grès rouge, dressées au cœur du centre-ville. Le lieu a des airs de Saint Andrews. – Le *Saint Vigean's Museum,* dépendance de l'abbaye, offre à voir de belles pierres pictes.

🏛 **The Signal Tower :** *musée logé dans un phare très élégant du XIXe s.* ☎ 875-598. *Mar-sam 10h-17h. GRATUIT.* Exposition sur la construction du phare de Bellrock érigé sur un rocher isolé au large, et une section consacrée aux *Arbroath smokies.*

Balade

➤ **Seaton's Cliffs** (les falaises de Seaton) **:** *départ au nord du port, au bout de Victoria Park.* Le chemin de 8 km mène à la communauté de pêcheurs d'Auchmithie (compter 2h30), le long d'une falaise en grès rouge. Superbe ! Possibilité de revenir à Arbroath avec les bus nos 35 et 140.

DANS LES ENVIRONS D'ARBROATH

🏛 **Les pierres levées d'Aberlemno :** *sur le bord de la route B 9134, à env 10 km de Forfar. Mai-sept (les pierres sont protégées en hiver). GRATUIT.* Seuls les passionnés feront le détour pour découvrir ces pierres sculptées au cours des VIIe et IXe s par les Pictes. La plus intéressante se trouve dans le cimetière de l'église, on y voit une scène de la bataille de Dunnichen. Les cavaliers et guerriers sont remarquablement mis en valeur. Belle croix celtique sur l'autre face. D'autres pierres similaires se situent 500 m plus loin, en bordure de route. Voir celle avec la scène de chasse.

🏛🏛 **Edzell Castle** (HES) **:** *à 21 miles (env 34 km) au nord d'Arbroath.* ☎ (01356) 648-631. *De l'A 90 (Dundee-Aberdeen), sortir à Edzell. D'Arbroath, passer par Brechin et l'A 933. Bus no 21A de Forfar, Brechin et Dundee (8/j. ; moins le w-e). Avr-sept : tlj 9h30-17h. Entrée : £ 5,50 ; réduc.* Ruines d'un château en grès rouge du XIVe s, isolé dans la campagne. Surtout intéressant pour son magnifique petit jardin créé en 1604, entouré d'un mur de pierre gravé de médaillons représentant les dieux mythologiques des planètes, les vertus cardinales et les « arts libéraux » (des études que l'on jugeait nobles). Le jardin de lord Edzell devait stimuler à la fois les sens et l'esprit.

🏛🏛 **La vallée de Glen Esk :** *au nord-ouest de Montrose. De l'A 90 (Dundee-Aberdeen), sortir à Edzell, puis suivre le fléchage.* Large vallée verdoyante encadrée de monts ventrus tapissés de bruyère, ce *glen* se veut le plus long de l'Angus. Une belle petite route s'y enfonce sur 20 km, serpentant au milieu des collines et des landes. Après 8 miles (13 km), petit *Visitor Centre* et intéressant *musée folklorique (The Retreat ; mai-oct slt, tlj 10h-17h ; GRATUIT).* On peut y prendre le *lunch.* Au bout de la route, départs de plusieurs balades au cours desquelles vous croiserez des faisans, peut-être un cerf ou un aigle. Il est indispensable de bien se renseigner sur la météo.
Du parking, trois possibilités :
– S'engager dans la vallée sur sa droite, large et parsemée de bruyères (magnifique en septembre). Après 3,5 km, on atteint le *Queen's Well* (puits avec une belle architecture en forme de couronne), ainsi nommé suite à une visite de la reine Victoria en septembre 1861 au cours d'un séjour à Balmoral. Ensuite, le chemin commence à grimper pour atteindre le *Mount Keen* (939 m), but de la balade. La

LE CENTRE

vue sur le massif du Cairngorm est splendide. Une randonnée de 12 km en tout (compter 4h). Attention, le chemin est mal balisé après le *Queen's Well*.
– Partir tout de suite vers la gauche en quittant le parking. En une petite heure, après être passé au pied de la tour fortifiée de l'Invermark Castle, on découvre le loch Lee. Possibilité de poursuivre sur un bon sentier dans le Glen Lee aux parois très escarpées, pour atteindre deux cascades. Compter 17 km et 5h de marche aller-retour si vous poussez jusqu'à la seconde cascade. Une bonne solution de rechange si les nuages vous empêchent de tenter le Mount Keen.
– Partir à l'opposé, de l'autre côté du parking, pour 4 km (aller) de marche facile à travers la lande et d'anciennes terres agricoles. Jolis points de vue sur la vallée.

Où camper dans le coin ?

☒ **Glenesk Caravan Park :** *à l'entrée de la vallée.* ☎ *(01356) 648-565.* ● *gleneskcaravanpark.co.uk* ● *Avr-oct. Compter £ 12 pour 2 avec une petite tente.* Un mignon petit camping, paisible, presque sauvage. Les emplacements sont dispersés dans une forêt de bouleaux au bord d'un étang. Sanitaires chauffés, lave-linge. Salon avec TV, ping-pong et billard. Accueil relax.

LES GRAMPIANS

● Carte *p. 276-277*

La région des Grampians correspond au nord-est de l'Écosse, un vaste triangle dont Aberdeen est la capitale. Avec près de 70 châteaux et plus de la moitié des stocks de whisky, c'est la région des distilleries et des nobles demeures par excellence. Elle offre une grande diversité de paysages, allant des inquiétantes montagnes du Cairngorm aux villages de pêcheurs balayés par le ressac, en passant par de longues vallées bucoliques où coulent la Dee et la Spey.

– **Infos :** ☎ *(01224) 288-800.* ● *aberdeen-grampian.com* ●

Transports

– Le ticket *Bluebird Explorer* permet pour £ 16 de circuler sur toutes les lignes de bus *Stagecoach* de la région pendant une journée, et même de rejoindre Inverness et Dundee.

ABERDEEN ET SA RÉGION

● **Aberdeen** .... 275 ● Castle Trail ● Castle Fraser ● Craigievar Castle ● Kildrummy Castle ● Huntly	Castle ● Fyvie Castle ● Pitmedden Garden ● Haddo House and Garden ● Bennachie ● **Stonehaven** 287	● Dunnottar Castle ● Fowlsheugh Seabird Colony à Crawton

ABERDEEN   200 000 hab.   IND. TÉL. : 01224

● Centre (plan I) *p. 280-281* ● Old Aberdeen (plan II) *p. 283*

La découverte des gisements pétroliers en mer du Nord a transformé Aberdeen, l'austère « cité de granit », en capitale européenne du pétrole. Dans le vaste port, les impressionnants cargos d'approvisionnement des plates-formes ont remplacé les bateaux de pêche. La présence d'un centre

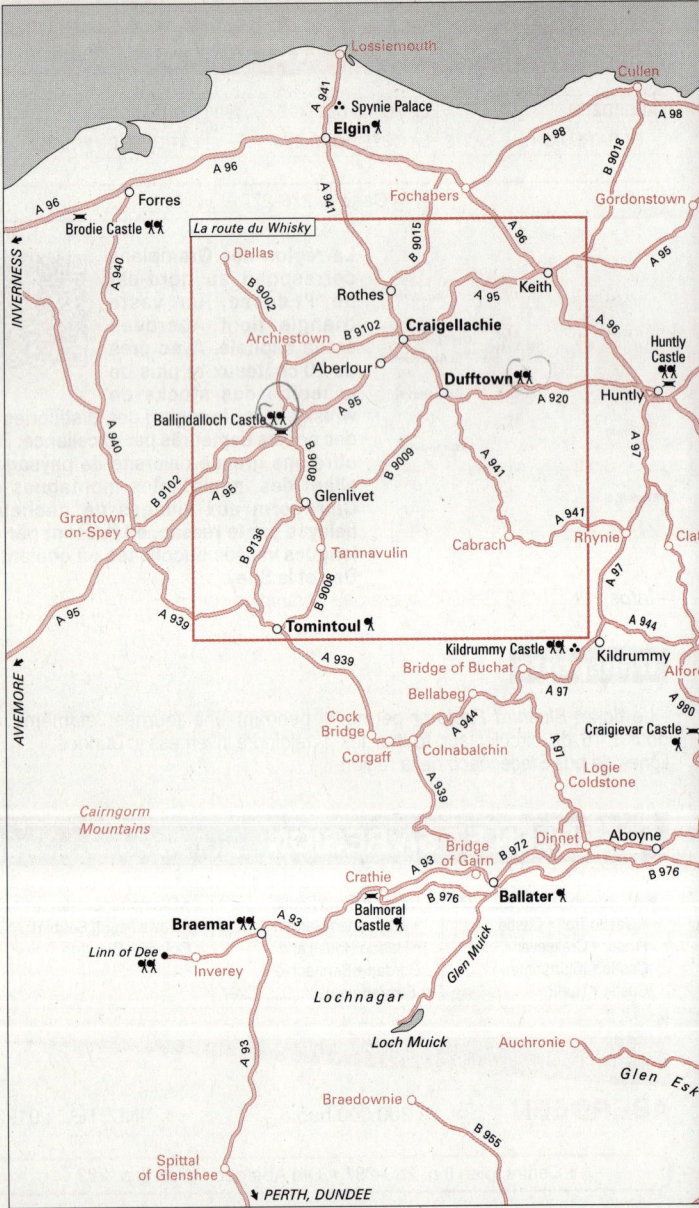

Lossiemouth

Cullen

A 941

Spynie Palace

Elgin

A 98

B 9018

A 96

Gordonstown

INVERNESS

A 96

Forres

Fochabers

A 941

A 95

Brodie Castle

A 940

Dallas

La route du Whisky

B 9015

A 96

B 9002

Rothes

Keith

Craigellachie

A 95

Archiestown

B 9102

Aberlour

Dufftown

Huntly
Castle

A 95

A 920

Huntly

A 96

Ballindalloch Castle

B 9008

A 95

A 97

B 9009

Glenlivet

A 941

Grantown
on-Spey

B 9102

A 95

A 941

Cabrach

Rhynie

Cla

B 9136

Tamnavulin

A 97

B 9008

Tomintoul

A 939

Kildrummy Castle

Kildrummy

A 95

A 939

Bridge of Buchat

A 944

Alfor

A 980

AVIEMORE

Bellabeg

A 944

Craigievar Castle

Cock
Bridge

Colnabalchin

A 97

Corgaff

Logie
Coldstone

Cairngorm
Mountains

A 939

Dinnet

Aboyne

Bridge
of Gairn

B 972

B 976

Crathie

A 93

B 976

Ballater

Braemar

A 93

Balmoral
Castle

Linn of Dee

Glen Muick

Inverey

Lochnagar

Loch Muick

Auchronie

Glen Esk

A 93

Braedownie

B 955

Spittal
of Glenshee

PERTH, DUNDEE

NORD
Portsoy
Crovie
Gardenstown
Fraserburgh
Banff
Pennan
B 9139
B 9031
B 9031
B 9031
Duff House
A 98
A 98
A 95
A 97
A 947
A 981
A 90
A 98
A 950
A 952
B 9025
Aberchirder
A 950
Turriff
B 9170
B 9170
A 97
A 947
New Deer
B 9029
Mintlaw
A 950
Peterhead
Boddam
B 992
Fyvie Castle
B 9170
A 948
A 952
A 90
Fyvie
Methlick
Hatton
Bullers of Buchan
Slains Castle
Cruden Bay
A 96
Kirkton of Culsalmond
A 947
Haddo House
A 90
A 975
Ellon
A 920
B 999
A 920
A 920
Collieston
A 96
Oldmeldrum
Pitmedden
Forvie National Nature Reserve
528
Bennachie
Pitcaple
B 999
Newburgh
Inverurie
A 947
Newmachar
A 96
A 90
Whitehouse
Castle Fraser
B 977
A 96
Dyce
Dunecht
A 944
A 944
ABERDEEN
Lumphanan
B 993
A 980
Drum Castle
A 93
Peterculter
Kincardine O'Neil
Crathes Castle
A 93
Maryculter
A 93
Banchory
A 90
B 974
A 957
Bridge of Dye
Stonehaven
Dunnottar Castle
B 974
Crawton
A 90
A 92
Fettercairn
Inverbervie
B 974
Castle
Laurencekirk
Edzell
10 km
DUNDEE, PERTH
Stonehaven Lieux traités
Aboyne Adresses et lieux dans les environs
Inverbervie Repères

LES GRAMPIANS

universitaire a certes développé une petite vie culturelle et nocturne, mais c'est surtout l'activité commerciale florissante qui domine. Une étape sans grand charme, à dire vrai, à l'intérêt touristique somme toute limité, où l'on croise davantage de travailleurs dans les *B & B* que de vacanciers...

Arriver – Quitter

✈ **Aéroport :** *à 7 miles (env 11 km) au nord-ouest du centre-ville, en direction d'Inverness. Rens :* ☎ 0844-481-66-66. Bus env ttes les 30 mn.

⛴ **Gare maritime** *(plan I, D2) : non loin des gares routière et ferroviaire.* Infos sur les liaisons avec les îles Orkney et Shetland auprès de *Northlink :* ☎ 0845-600-04-49. ● *northlink ferries.co.uk* ●

En bus

🚌 **Gare routière** *(plan I, C2) : à deux pas de la gare ferroviaire.* Infos trafic auprès de la compagnie *Stagecoach :* ☎ 597-590. ● *stagecoachbus.com* ●

➤ Avec *Scottish Citylink* et la ligne n° X7 de *Stagecoach*, liaisons régulières avec **Stonehaven** (40 mn de trajet), **Dunnottar Castle** (50 mn), **Arbroath** (1h30 de trajet) et **Dundee** (1h30 de trajet). *Scottish Citylink*

poursuit jusqu'à **Perth** (env 2h de trajet), **Édimbourg** et **Glasgow** (env 3h30 de trajet).

➤ Avec *Stagecoach*, bus n⁰ˢ 201, 202 et 203 pour le **Royal Deeside** (vallée de la Dee) et **Braemar**, et n° 10 pour **Inverness** (ttes les heures env, trajet env 4h).

En train

🚆 **Gare ferroviaire** *(plan I, C2-3) : Guild St. Rens voyageurs :* ☎ 0845-601-59-29. Consigne à bagages dans le hall de la gare.

➤ Liaisons régulières avec **Stonehaven** (env 20 mn de trajet), **Dundee** (1h de trajet), **Perth** (env 1h15 de trajet), **Stirling** (env 1h45 de trajet), **Édimbourg** et **Glasgow** (2h de trajet). Trains presque ttes les heures. Également une dizaine de trains/j. de et pour **Inverness** (env 2h de trajet).

Adresses utiles

ℹ @ **Aberdeen Visitor Information Centre** *(plan I, D1) : 23, Union St.* ☎ 633-690. ● *aberdeen-grampian.com* ● *En hte saison, lun-sam 9h-18h30, dim 10h-16h ; horaires plus restreints le reste de l'année, en principe tlj sf dim 9h30-17h.*
■ **Change** *(plan I, C1-2, 1) : 3-5, Saint Nicholas St, au sous-sol de* WH Smith

(dans la galerie marchande). Lun-sam 9h-17h30, dim 11h-17h. Change également dans les bureaux de poste *(plan I, C1)* et chez *Marks & Spencer.*
■ **Location de voitures** *(hors plan I par C-D1) :* **Arnold Clark,** *Canal Rd.* ☎ 622-714. ● *arnoldclarkrental.com* ● Un des moins chers de la ville.

Où dormir ?

En semaine, malgré le nombre impressionnant de *B & B*, il peut s'avérer difficile de trouver un hébergement en raison de la présence des employés des compagnies pétrolières. Les prix sont souvent plus doux le week-end, mais globalement les adresses de charme ne sont pas légion.

Camping

⛺ **Deeside Holiday Park :** *à Maryculter, à 6 miles (env 10 km) au sud-ouest d'Aberdeen.* ☎ 733-860. ● *holiday-parks.co.uk* ● *Prendre l'A 90 vers Perth, puis la B 9077 sur la droite vers Maryculter. Tte l'année. Compter £ 18-22 pour 2 avec* *tente.* 🖥 🛜 Beaucoup de mobile homes et de caravanes à l'année, avec quelques petits spots pour planter sa tente. Aire de jeux pour les enfants et petite épicerie de dépannage. Rien d'inoubliable mais bien situé si l'on veut se rapprocher d'Aberdeen.

Bon marché (£ 10-25/pers ; 12-30 €)

🛏 *Youth Hostel (hors plan I par A3, 10) :* 8, Queens Rd. ☎ 646-988. ● syha.org.uk ● À 1,5 km à l'ouest du centre. Bus nos 14 et 15 de Union St. Tte l'année. Nuitée £ 19-27 selon saison en dortoirs de 4 lits pour les femmes, jusqu'à 14 lits pour les hommes. Également 2 doubles env £ 50. Parking. 🖥 🛜 Grande bâtisse victorienne un brin sévère et à la déco inexistante, mais fonctionnelle et bien tenue. Vaste cuisine à disposition, salles TV et de lecture avec pas mal de jeux.

Prix moyens (£ 50-85 ; 65-102 €)

🛏 *Aldersyde Guesthouse (hors plan I par B3, 12) :* 138, Bon Accord St. ☎ 580-012. ● aldersydeguesthouse. co.uk ● Doubles sans ou avec sdb

£ 55-70. 🛜 Dans une jolie maison, quelques chambres assez spacieuses pour la plupart, meublées sans imagination mais claires et pas désagréables. Accueil convivial et bon *full Scottish breakfast* servi dans la salle à manger à la moquette façon tartan, histoire de se mettre dans l'ambiance dès le matin !

🛏 *Denmore Guesthouse (hors plan I par B3, 13) :* 166, Bon Accord St. ☎ 587-751. ● denmoreguesthouse @hotmail.co.uk ● Doubles £ 55-60. 🛜 Belle et grande maison tenue par un couple sympathique. Une dizaine de chambres plus simples que la déco chaleureuse des parties communes pourrait le laisser supposer, mais elles sont néanmoins confortables. Le coin breakfast, avec ses banquettes en bois sombre, a un petit côté bistrot sympathique.

🛏 *Brentwood Hotel (plan I, C3, 14) :* 101, Crown St. ☎ 595-440. ● brentwood-hotel.co.uk ● Double avec sdb £ 120 en sem et £ 60 le w-e. Bien situé en plein centre, ce petit hôtel modernisé propose des chambres pas bien grandes mais plaisantes, dans un style contemporain un peu convenu. Si les prix sont injustifiés en semaine, ils deviennent très compétitifs le week-end.

Où manger ?

Bon marché (plats £ 5-10 ; 6-12 €)

🍴 *West End Chocolates (plan I, A2, 20) :* 2 C, Thistle St. Tlj sf w-e, 9h-15h. Petite boutique toute mignonne proposant un beau choix de sandwichs, bagels, paninis et fajitas à emporter. Également une sélection alléchante de chocolats belges.

🍴 *Nombreux snacks* où manger varié et pas cher dans le bâtiment de la gare routière *(plan I, C2).*

Prix moyens (plats £ 8-18 ; 10-22 €)

🍴 *Musa Art & Music Cafe (plan I, C-D2, 22) :* 33, Exchange St.

☎ 571-771. Mar-sam 12h jusque tard. Musique live ven-sam soir. 🛜 Une église du XIXe s convertie en resto, avec une jolie mezzanine devant l'ancien vitrail en rosace, et cuisine ouverte sur la salle... ou sur la nef, on ne sait plus ! Carte assez limitée, mais les produits sont frais et les assaisonnements reposants. Tous les lundis, le lieu se transforme en rendez-vous musical (pas de resto ce jour-là) pour un mégabœuf ouvert à tous.

🍴 *Café 52 (plan I, C2, 23) :* 52, The Green. ☎ 590-094. Tlj sf dim soir. Dans une petite rue piétonne, avec une belle terrasse aux beaux jours. À l'intérieur, déco style entrepôt théâtralisé aux éclairages étudiés, bougies et épaisses tentures.

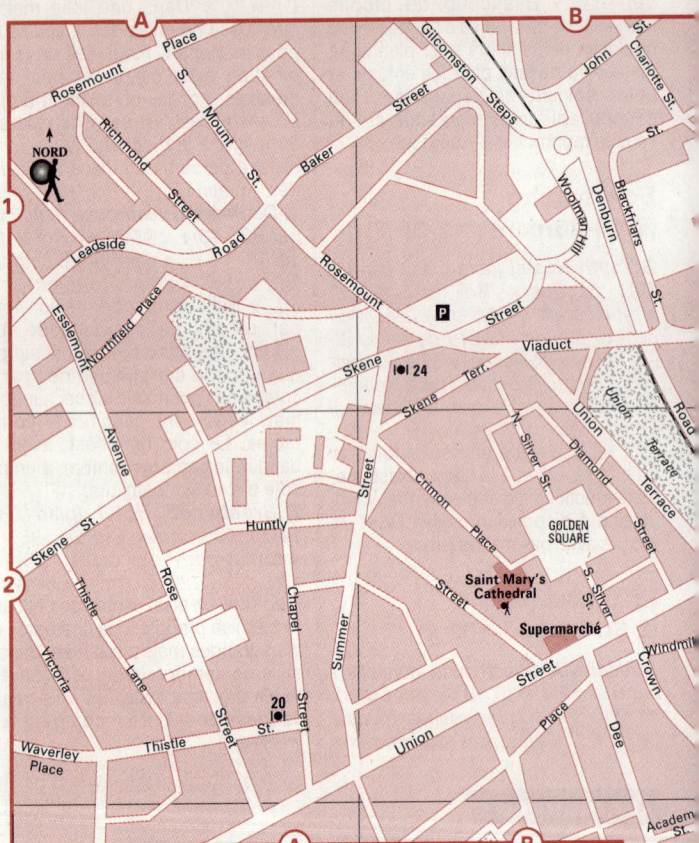

↓ FORFAR, DUNDEE, A 90

■ Adresses utiles

ℹ Aberdeen Visitor
 Information Centre
1 Change

⌂ Où dormir ?

10 Youth Hostel
12 Aldersyde Guesthouse
13 Denmore Guesthouse
14 Brentwood Hotel

◉ Où manger ?

20 West End Chocolates

22 Musa Art & Music Cafe
23 Café 52
24 Nargile
26 The Adelphi Kitchen
27 Silver Darling Restaurant

🍷♪ Où boire un verre ? Où sortir ?

30 Prince of Wales
31 Slains Castle
33 The Blue Lamp
34 The Priory
35 Revolution

♪ Où assister à un concert ?

38 The Lemon Tree

LES GRAMPIANS

↑ *FRASERBURGH, A 90*

C · D

George · Street · Loch St. · 33

Andrew · Street · Berry · Gallowgate · West · Mealmarket St. · Princes · St. · Park · St.

Crooked Lane · Little · John · St. · North · St. · King · St. · E. · North · St.

Loch · St. · Shoe Lane · 38 · Street · Street · 1

Harriet · St. · Upper Kirkgate · Broad · Queen · Justice

Schoolhill · Fleurmill Lane · St. · Castle St. · Marischal · Street

Belmont · St. · Saint · Nicholas Kirk · St. Nicholas · Netherkirgate · Street · Exchequer · Row · Street

34 · Little · Belmont St. · 30 · 1 · Street · Exchequer

35 · St. Nicholas · Lane · Adelphi · 26 · Shiprow · Virginia · St. · Regent

31 · Union · Aberdeen Maritime · Market · Shore · Brae · Quay

Gardens · UNION · BRIDGE · 23 · Museum · Trinity · Quay

Bridge · 22 · Upper · Dock · Victoria · Dock

Brae · Wapling · St. · Street · Blaikies · Quay

Guild · Street · Regent · Rd · Quay · 2

Crown · St. · College · Commercial · Quay

St. John's · Terrace · Street

14 · St. Mary's · Pl. · Albert · Basin

Pl. · Marywell St. · Street · P

Crown · Affleck st. · Road · Albert Quay

Terrace · Wellington Pl. · Road · 3

Palmerston · Poynernook · W.

South College St. · Esplanade

100 m

C · D

LES GRAMPIANS

Dans l'assiette, présentation soignée et saveurs parfois inspirées. Tout de même un peu cher au dîner. On peut aussi y manger quelques tapas de 15h à 18h.

|●| *Nargile (plan I, B1, 24) : 77-79, Skene St. ☎ 636-093. Tlj 17h-tard.* Restaurant turc très populaire. Cadre sobre pour une cuisine copieuse et goûteuse. Si vous aimez l'agneau, les aubergines, les tomates, le riz et les oignons, vous ferez un excellent dîner.

De prix moyens à chic (plats £ 8-25 ; 10-30 €)

|●| *The Adelphi Kitchen (plan I, D2, 26) : 28, Adelphi. ☎ 211-414. Tlj sf dim soir.* 📶 Tout petit, tout mignon, ce resto combine harmonieusement les tissus écossais, les voliges en bois brut et les murs gris. La maison est

réputée pour ses viandes cuites au feu de bois, dont le degré de vieillissement augmente la saveur, la tendreté... et l'addition. Osez donc l'entrecôte de 45 jours ! Si le concept vous laisse perplexe, optez pour les poissons et fruits de mer, bien préparés et servis avec des accompagnements assez délicats.

|●| *Silver Darling Restaurant (plan II, F7, 27) : Pocra Quay North Pier. ☎ 576-229. Dans le coin des docks, au bout de Beach Esplanade, à côté du phare. Tlj sf sam midi et dim. Résa impérative.* Le meilleur resto de poisson de la ville, avec une vue partielle sur le large. Même si, bien que chic, l'ambiance n'est pas guindée, on vous conseille tout de même de mettre un jean propre (le soir surtout) pour ne pas vous sentir trop décalé ! Bonne carte des vins et desserts à se damner...

Où boire un verre ? Où sortir ?

En gros, les pubs ferment à minuit en semaine et à 1h le week-end, les boîtes vers 3h.

🍷 |●| *Prince of Wales (plan I, C1-2, 30) : Saint Nicholas Lane. Scène ouverte dim soir.* Un pub on ne peut plus *Scottish*, au parquet noir et à l'éclairage timide, pourvu du plus long bar d'Aberdeen. Grande variété de bières et d'*ales*. Réputé aussi pour son honorable restauration du midi.

🍷 *Slains Castle (plan I, C2, 31) : 14-18, Belmont St.* Fait partie de la chaîne *Eerie pubs*, c'est-à-dire des pubs de l'étrange qui donnent des frissons... Vaut le coup d'œil pour ceux qui ne connaissent pas le *Jekyll and Hyde Pub* d'Édimbourg. Pour les autres, l'endroit aura évidemment un air de déjà-vu...

🍷 🎵 *The Blue Lamp (plan I, C1, 33) : 121, Gallowgate.* Dans une petite salle intime, concerts de musique celtique, folk et blues plusieurs soirs par semaine. Clientèle variée mais, comme dit le patron, *young at heart*.

🍷 🎵 *Revolution (plan I, C2, 35) : Belmont St.* Ici, on sert la vodka à tous les parfums : chocolat, piment, caramel, moutarde, *bubble-gum*, etc. Soirée DJ tous les week-ends, plutôt house et *chillout* (relaxante).

🍷 🎵 *The Priory (plan I, C2, 34) : Belmont St ; à 20 m du Revolution.* Décidément, la reconversion des édifices religieux va bon train dans ce pays ! Ici, le DJ est dans le chœur et des croix lumineuses sont en suspension au-dessus des tables et du bar... On y passe de tout, pourvu que ça remue la clientèle !

Où assister à un concert ?

🎵 *The Lemon Tree (plan I, D1, 38) : 5, West North St. ☎ 337-688. ● boxoffi ceaberdeen.com ● Entrée : £ 6-12.* Le grand centre de rassemblement

de la musique rock, folk, jazz, blues et alternative de la ville. Groupe pratiquement tous les soirs, spectacles de danse et pièces de théâtre également.

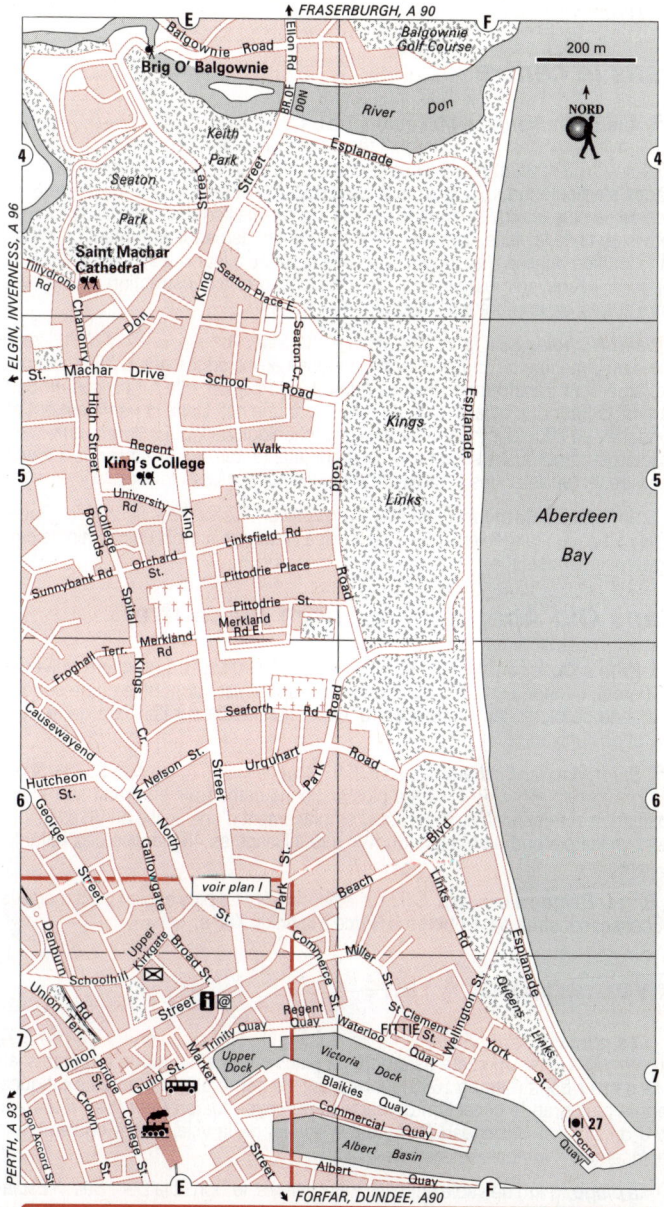

LES GRAMPIANS

↑ FRASERBURGH, A 90

Brig O' Balgownie
Balgownie Road
Ellon Rd
BRIG DON
Balgownie Golf Course

200 m

NORD

River Don

Esplanade

Keith Park
Seaton Park

Street

Saint Machar Cathedral

Tillydrone Rd
Chanonry
Don
St. Machar Drive
High Street
King Street
Seaton Place E.
Seaton C.
School Road
Walk

Kings Links

Esplanade

King's College

Regent
University Rd
College Bounds
Sunnybank Rd.
Orchard St.
Spital
King Street
Linksfield Rd.
Pittodrie Place
Pittodrie St.
Merkland Rd
Merkland Rd E.

Gold Road

Aberdeen Bay

Froghall Terr.
Kings Rd
Seaforth Rd.

Park Road

Causewayend
Hutcheon St.
W. Nelson St.
North Street
Urquhart Road

Blvd

George Street
Gallowgate

Links

voir plan I

Beach

Denburn Rd
Upper Kirkgate
Broad St.
Schoolhill

Commerce St.
Miller St.
St. Clement St.
Wellington
Queens Links
Esplanade

Union Terr.
Street
Regent Quay
Waterloo Quay
FITTIE St.
York St.

Union Bridge
Crown St.
Market St.
Guild St.
College St.
Trinity Quay
Upper Dock
Victoria Dock
Blaikies Quay
Commercial Quay
Albert Basin
Albert Quay
Pocra Quay

○ 27

↓ FORFAR, DUNDEE, A90

ELGIN, INVERNESS, A 96

PERTH, A 93

Bon Accord St.

4
5
6
7

E
F

ABERDEEN – OLD ABERDEEN (plan II)

À voir

Dans le centre

⚔ Aberdeen Maritime Museum *(plan I, D2)* **:** *Shiprow.* ☎ *337-700.* ● *aagm. co.uk* ● *À deux pas de l'office de tourisme. Mar-sam 10h-17h, dim 12h-15h. GRATUIT.* Intéressant musée sur la mer du Nord et son exploitation. Les trois étages s'articulent autour d'un modèle réduit de plate-forme pétrolière de 8,5 m de haut (la plus grande du monde dans le genre) que l'on découvre dans tous ses détails au fil de la visite. Ceux qui se sont toujours demandé comment on installe un tel édifice dans la mer auront enfin une réponse à leur question ! Sections sur la pêche, l'écosystème de la mer du Nord, ainsi que la construction navale avec, entre autres, de nombreuses maquettes de bateaux.

⚔ Saint Nicholas Kirk *(plan I, C1)* **:** *Union St. Mai-sept, lun-ven 12h-16h.* Précédée d'un cimetière à l'anglaise, cette immense église érigée dès le XIIᵉ s a depuis été largement transformée. Dès les guerres de Religion, elle fut divisée en deux parties, la East Kirk et la West Kirk, reliées par une nef. Dans la partie est ont été conduites en 2006 d'importantes fouilles archéologiques, qui ont notamment mis au jour de nombreuses sépultures. On peut jeter un œil aux excavations à travers une vitre, et feuilleter des albums détaillant les résultats des fouilles.

⚔ Saint Mary's Cathedral *(plan I, B2)* **:** *Huntly St. Tte l'année, tlj 8h-17h.* Cathédrale catholique fondée en 1860. Peu à voir à l'intérieur, hormis un chemin de croix moderne en mosaïque.

Dans Old Aberdeen (au nord du centre)

⚔ King's College *(plan II, E5)* **:** *tlj 10h-17h. GRATUIT.* La première université d'Aberdeen, fondée en 1495. La tour de la chapelle est surmontée d'une superbe couronne de pierre. Au *Visitor Centre,* expo multimédia sur l'histoire de la vieille ville et de l'université.

⚔ Saint Machar Cathedral *(plan II, E4)* **:** *Chanonry St. Tlj : avr-oct, 9h30-16h30 ; nov-mars, 10h-16h. GRATUIT.* La plus ancienne cathédrale en granit au monde. Édification commencée au XIIIᵉ s, sur l'emplacement d'une église du VIᵉ s. À l'intérieur, un joli plafond héraldique du XVIᵉ s réunissant les 48 blasons des notables de la région.

⚔ Brig O'Balgownie *(plan II, E4)* **:** *sur le fleuve Don.* Le plus ancien pont médiéval d'Écosse, construit par Robert the Bruce à la fin du XIIIᵉ s.

À voir encore. À faire

➤ Les parcs : *Duthie Park,* à 1 mile (1,6 km) au sud du centre. Bus n° 17. Tlj 8h-19h. GRATUIT. Un vaste parc doté de plans d'eau et surtout d'étonnants jardins d'hiver construits en 1880 qui recèlent de nombreuses plantes exotiques, dont la plus grande collection de cactées du pays. *Seaton Park (plan II, E4),* au bord du Don, et *Hazlehead Park* (tout à l'ouest de la ville) valent également le déplacement. Nombreuses activités.

➤ La plage : 3 km de sable entre les deux rivières, le Don et la Dee. *Beach Esplanade* aligne les bars, les glaciers, les *fish & chips,* un complexe de cinéma et un parc d'attractions. Rien de bien séduisant à dire vrai...

⚔ Fittie (ou *Footdee*) **:** *entre la plage et le port.* Dessiné par John Smith en 1808, ce pittoresque ancien village de pêcheurs témoigne d'une tranche d'histoire prolétaire inscrite dans l'urbanisme. Son unité est parfaite, un peu à la manière des anciennes courées des cités ouvrières du nord de la France. Les maisons basses encadrent trois jolis squares dont elles partagent les pelouses et les cordes à linge. Chacune y dispose aussi d'une coquette cabane de jardin, *so charming* ! Blotties les unes contre les autres, les maisons tournent par ailleurs le dos à la mer pour mieux se protéger de ses violentes colères. Une aubaine aujourd'hui pour s'épargner la vue sur les gigantesques citernes du port !

🏃 **Torry Battery :** *au sud du fleuve Dee, dominant la ville.* Fort de la fin du XIXᵉ s d'où l'on a un super panorama sur le port et la ville.

Manifestations

Détails de tous les événements dans les offices de tourisme d'Aberdeen et des Grampians.
– **Highland Games :** *généralement le 1ᵉʳ sam de juil. Dans un des parcs de la ville, souvent Hazlehead Park. Entrée payante.*
– **Festival international de la jeunesse :** *la 1ʳᵉ quinzaine d'août (en principe).* Musique (surtout classique, mais également jazz et musique du monde), danse et théâtre non-stop.

DANS L'ABERDEENSHIRE

➤ Cet arrière-pays un peu oublié offre de jolis paysages et, surtout, de quoi rassasier les amateurs de châteaux : vous en trouverez une quinzaine sur la route du **Castle Trail,** qui part d'Aberdeen pour aller jusqu'à Braemar à l'ouest et Fyvie au nord. Toute la région est desservie au départ de la gare routière d'Aberdeen par la compagnie de bus *Stagecoach.* Cependant, les bus sont lents car ils s'arrêtent partout, et vous déposent parfois à plusieurs kilomètres des châteaux. *Rens :* ● *stagecoachbus.com* ●

🏰🏰🏰 **Castle Fraser** (NTS) **:** *à 15 miles (25 km) à l'ouest d'Aberdeen.* ☎ *(01330) 833-463. Fléché sur la droite après une vingtaine de km sur l'A 944, direction Alford. Bus nᵒˢ 220 ou X20 jusqu'à Kemnay, situé à 4,5 km du château. Pâques-juin et sept-oct : mer-dim 12h-17h ; juil-août : tlj 11h-17h. Dernière entrée 45 mn avt fermeture. Jardins accessibles tte l'année. Entrée : £ 10,50 ; réduc. Infos en français dans chaque pièce.* Château en Z de style « baronial », construit entre le XVᵉ et le XVIIᵉ s. L'une des résidences les plus spectaculaires de la région. Le *Great Hall,* splendide, occupe le premier niveau. Avec ses 3 m de large, la cheminée du XVIᵉ s est à sa (dé)mesure. Les autres pièces sont relativement petites pour un château de cette taille, chaleureuses et intimes, richement meublées et truffées de charmantes alcôves. Dans la *chambre aux broderies,* outre les remarquables... broderies, ne manquez pas l'accès au « Laird's Lug », d'où l'on écoutait discrètement les conversations qui se tenaient dans la salle du dessous. Les tables dressées (vaisselle magnifique), les innombrables objets, tableaux et souvenirs de la dynastie Fraser rendent la visite passionnante et très vivante. Beaux jardins dessinés au XVIIIᵉ s, dont la vue est superbe du haut de la tour (au 6ᵉ étage quand même !). Terrains de jeux pour les enfants.

🏰 **Craigievar Castle** (NTS) **:** *à 26 miles (42 km) à l'ouest d'Aberdeen et 6 miles (10 km) au sud d'Alford par l'A 980. Bus nᵒ 210 d'Aberdeen avec changement à Torphins (arrêt à 10 km du château !).* ☎ *(01339) 883-635.* ● *nts.org.uk* ● *Avr-sept : tlj sf mer-jeu (tlj juil-août), 11h-16h45 (dernière admission). Visite guidée obligatoire : £ 12,50 ; réduc. Durée : 45 mn. Parc ouv tlj tte l'année (gratuit).* Dominant une plaine agricole, ce manoir fortifié du XVIᵉ s semble tout droit sorti d'un film de Disney, avec ses tourelles d'angle et son crépi rose. Complété au XVIIᵉ s, il fut remodelé au XIXe s dans le style « baronial » pour servir de résidence d'été à la famille Forbes, propriétaire des lieux pendant 350 ans. À l'intérieur, sur sept niveaux, portraits de famille et mobilier ancien avec quelques pièces Art déco. Dans le parc, jeter un œil au potager et pousser même la balade un peu plus loin à travers les bois en suivant 2 sentiers balisés (1,2 et 3,2 km). Le plus long offre de beaux points de vue sur les monts Bennachie et Lochnagar.

Ж Kildrummy Castle (HES) : *à Kildrummy.* ☎ *(01975) 571-331. À 40 miles (env 60 km) à l'ouest d'Aberdeen, sur l'A 97. Bus n° X20 jusqu'à Kildrummy puis env 10 mn de marche. Avr-sept : tlj sf mar 9h30-17h (dernière admission). Entrée : £ 4,50 ; réduc.* Château en ruine du XIIIe s, construit sur le modèle du château de Coucy, près de Laon. Ce fut le fief des comtes de Mar, d'où partit la révolte jacobite de 1715. À côté, beau jardin avec une réplique du Brig O'Balgownie, le pont médiéval d'Aberdeen.

Ж Huntly Castle (HES) : *à Huntly.* ☎ *(01466) 793-191. À 40 miles (env 60 km) au nord-ouest d'Aberdeen, par l'A 96. Bus n° 10 d'Aberdeen ou d'Inverness, et bus n° 301 de Banff et Macduff. Accès en train également (ligne Aberdeen-Inverness). Avr-sept : tlj 9h30-17h30 ; oct-mars : sam-mer 9h30-16h30 (dernière admission 30 mn avt). Entrée : £ 5,50 ; réduc.* Posté sur les bords de la rivière Deveron, encadré d'arbres centenaires, ce beau château en ruine appartenait aux Gordon, l'une des familles les plus puissantes de la région. Habité dès le XIIe s, il fut plusieurs fois détruit. Rebâti une dernière fois en 1602, il fut définitivement abandonné en 1650, victime de la guerre civile. Le *Huntly Castle* retrace à lui seul l'évolution du château écossais, de la forteresse normande au palais du XVIIe s, avec une nette influence française puisque les décorations étaient inspirées du château de Blois. Noter le frontispice au-dessus de l'entrée du donjon, et, à l'étage, la cheminée encadrée par les portraits du marquis George Gordon et de sa femme, sculptés dans la pierre. Dans la cour, les vestiges de la brasserie où l'on buvait un gallon (4,54 l) de bière par personne et par jour. Devaient avoir les idées claires, ces gens-là... Avant de partir, n'oubliez pas d'aller saluer Ed et Tim, qui végètent dans l'ancienne prison.

▲ Highlander Bunkhouse : *The Square, au centre de Huntly.* ☎ *(01466) 792-288.* ● *highlander bunkhouse.com* ● *Réception au Gordon Arms Hotel. Nuitée en dortoir £ 17/ pers. Double £ 43.* Sur 2 niveaux, une AJ privée aux allures d'hôpital. C'est pas gai mais propre et fonctionnel. Dortoirs 4-6 personnes avec lits superposés. Également des chambres doubles. 2 cuisines à disposition.

Ж Fyvie Castle (NTS) : *à Fyvie.* ☎ *(01651) 891-266. Sur l'A 947, à 25 miles (40 km) au nord-ouest d'Aberdeen. Bus n° 35 (puis 25 mn de marche). Avr-mai et sept : sam-mer 12h-17h ; juin-août : tlj 11h-17h ; oct : w-e slt. Dernière admission à 16h15. Jardins ouv tte l'année tlj de 9h au coucher du soleil. Entrée : £ 12,50 ; réduc.* À côté du petit loch Fyvie, ce château compte cinq tours, qui portent les noms des cinq familles qui se sont succédé pour construire l'une des plus belles demeures de style « baronial » de la région. Restauré au début du XXe s, il possède toujours le plus large escalier circulaire d'Écosse. Belles collections de portraits, d'armes anciennes et surtout de superbes tapisseries du XVIe s, notamment dans l'élégante salle de bal qui clôture la visite.

Ж Pitmedden Garden (NTS) : *à 13 miles (env 20 km) au nord d'Aberdeen et à 1 mile (1,6 km) du village de Pitmedden direction Ellon, sur l'A 920.* ☎ *(01651) 842-352. Bus n°s 290 et 291 (jusqu'à Pitmedden puis 10 mn de marche ; env 7 bus/j.). Mai-sept : tlj 10h-17h (dernière admission). Entrée : £ 6,50 ; réduc. Parking £ 2.* Magnifiques jardins du XVIIe s, dessinés par Alexander Seton, un lord déchu, grand admirateur de Le Nôtre et de Vaux-le-Vicomte. Suite à l'incendie du château en 1818, le jardin fut laissé à l'abandon, enfin pas tout à fait puisqu'on y cultiva par la suite pommiers et poiriers. En 1952, le *National Trust for Scotland* décida de raviver son prestige, et plus d'une dizaine de milliers de plantes et 180 variétés de pommiers ornent aujourd'hui les jardins. Deux parcours (25 et 45 mn) serpentent à travers bosquets, fontaines et sous-bois. Belle vue du haut du belvédère. Également un petit *musée de la Vie rurale,* qui rassemble outils et mobilier d'une ancienne ferme. *Teashop.*

🍴🍴 **Haddo House and Garden** *(NTS) : à 7,5 miles (12 km) au nord de Pitmedden. ☎ (01651) 851-440. Sur la B 999, prendre à droite à l'entrée de Tarves. Bus n°s 290 et 291 jusqu'à Tarves (à 3 km du château). Visite guidée slt, dim et lun à 11h et 14h. Entrée : £ 10,50 ; réduc. Résa conseillée. Jardins gratuits ouv tte l'année, tlj de 9h au coucher du soleil. Parking payant (horodateur).* Flanquée d'une chapelle privée et d'un élégant escalier à double rampe, cette belle et immense demeure du XVIIIe s de style palladien fut construite par William Adam pour William Gordon, le deuxième comte d'Aberdeen. Le domaine fut prospère jusqu'à ce que l'un de ses héritiers, surnommé « le Polisson », soit ruiné : il y entretenait trois maîtresses, enfants et domestiques. Trop pour une seule bourse ! Le patrimoine familial périclita. Au milieu du XIXe s, un Gordon fut nommé Premier ministre, et le domaine retrouva son prestige passé. Même la reine Victoria y séjourna. La famille Gordon occupe toujours une partie de la maison. À l'intérieur, plafonds peints, mobilier d'époque et d'épais tapis qui donnent envie d'ôter ses chaussures... Outre la visite, on peut se promener dans le superbe parc flanqué d'un lac et ses canards. La *Haddo House* accueille aussi des représentations théâtrales, concerts, opéras.

🚶🚶 **Bennachie :** *point de repère dans l'Aberdeenshire, à env 22 miles (35 km) au nord-ouest d'Aberdeen. Prendre l'A 96, puis, après Inverurie, la direction Chapel of Garioch sur la gauche.* Cette petite montagne offre un large choix de randonnées familiales. Carte et guide disponibles au *Bennachie Centre.*

STONEHAVEN   9 800 hab.   IND. TÉL. : 01569

Ce centre de villégiature estival bordé d'une morne plage débouche sur un pittoresque petit port du nord, calé au creux de falaises replètes. Pour ceux qu'Aberdeen ne retiendrait pas, Stonehaven peut être une alternative plaisante pour visiter la vallée de la Dee et ses châteaux. Du village, un sentier court le long des falaises jusqu'au fantasmagorique château de Dunnottar.

Arriver – Quitter

En bus

Arrêt sur Barclay St, à deux pas de Market Square.
➤ Le bus n° X7 (ttes les heures, 6h-23h) de *Stagecoach* relie **Aberdeen** (40 mn) au nord, et **Dunnottar** (10 mn), **Montrose** (50 mn), **Arbroath** (1h10) et **Dundee** (1h50) au sud. On peut également rejoindre Aberdeen avec les bus n°s 7, N7 et 7A.
➤ Pour **Édimbourg** et **Glasgow,** changement à **Aberdeen** ou **Dundee.**

En train

🚆 **Gare ferroviaire :** *Arduthie Rd, sur les hauteurs de la ville. ☎ 08456-60-57-021 et 08456-60-15-929. Moins de fréquences le dim.* Liaisons avec :
➤ **Aberdeen :** ttes les 30 mn env, 24h/24. Trajet : 20 mn. Plus rapide que le bus, plus cher aussi.
➤ **Arbroath :** ttes les 30 mn, 6h-23h. Trajet : 35 mn.
➤ **Dundee :** ttes les 30 mn, 6h-23h. Trajet : 1h.

➤ *Édimbourg :* ttes les heures, 6h-21h45. Trajet : env 2h15.

➤ *Glasgow :* directs ttes les 1 à 2h env, 6h-22h15. Trajet : env 2h15.

Adresses utiles

ℹ️ *Visitor Information Centre :* 66, Allardice St (la rue principale). ☎ 762-806. Pâques-fin oct : lun-sam 10h-17h (18h juil-août), dim en été 11h-16h.

■ *Banque* (distributeur), *supermarchés et pharmacie : sur Market Sq.* Service postal dans le *Spar.*

Où dormir ?

Camping

⛺ *Queen Elizabeth Caravan Park :* en bordure de la ville, face à la mer. ☎ 760-088. ● aberdeenshire.gov.uk/ caravanparks ● Du centre de Stonehaven (10 mn à pied), suivre la direction d'Aberdeen. Ouv Pâques-oct. Env £ 20 pour 2 avec tente (slt 3 emplacements réservés aux campeurs !). Un terrain nu, peu séduisant et bien chargé en été. Mais la mer est devant et la piscine à côté.

De prix moyens à chic (£ 50-125 ; 60-150 €)

🛏 *Twentyfourshorehead* (Chez Mrs Hawkes) : 24, Shorehead ; au bout du port, sur la droite. ☎ 767-750. ● twentyfourshorehead.co.uk ● Double £ 80 avec sdb. 📶 Anne dispose de 3 chambres : une à l'étage, les autres sous les combles. Elles sont petites mais modernes, claires et souriantes, avec une jolie vue sur le port et la mer. Petite attention sympa, une paire de jumelles posée sur la table de nuit pour observer les oiseaux et, avec un peu de chance, quelques phoques. Une adresse un peu chère mais idéalement située.

🛏 *Adina B & B :* 17, Arduthie Rd.

☎ 765-233. ● adinabbstonehaven. co.uk ● Sur les hauteurs de la ville, à 5 mn à pied de la gare et du centre. Avr-oct. Doubles £ 70-80 sans ou avec sdb. 📶 Quelques chambres soignées avec TV, dans les tons grenat ou vert pomme, c'est au choix. En bas, la déco est classique, avec une grande table pour prendre le petit déj, un canapé en cuir pour regarder la télé et un petit micro-ondes à la disposition des hôtes. Accueil disponible de la propriétaire qui se fera une joie de vous donner quelques bons tuyaux pour visiter la région.

🛏 *Bay View B & B :* 24, Beachgate Lane ; derrière le Visitor Information Centre. ☎ 224-227. ● bayviewbandb. co.uk ● Doubles £ 80-120. Apparts £ 185-205 (pour 4 pers). 📶 Idéalement posé au bord de l'eau, ce *B & B* cumule les bons points. Presque toutes les chambres offrent de grandes ouvertures sur la mer et disposent d'un balcon, mini pour les moins chers, spacieux pour les autres. Partout, déco moderne et joyeuse, animée par quelques touches de couleurs vives et les peintures de la très sympathique propriétaire, sur des thèmes voyageurs (Japon, Inde...). Et, pour ajouter au plaisir de séjourner dans cette maison pleine de charme et d'esprit, de délicieux petits déj !

Où manger ? Où boire un verre ?

Bon marché (plats £ 5-10 ; 6-12 €)

🍴 *The Bay Fish & Chips :* Promenade ; après le petit pont.

☎ 762-000. Tlj 12h-22h. Pour les amateurs de *fish & chips* à avaler en regardant la mer. Pour les autres, pas mal de choix de plats du jour et autres snacks, toujours accompagnés de frites !

Prix moyens
(plats £ 8-18 ; 10-22 €)

|●| ♟ *The Ship Inn : 5, Shorehead ; sur le port.* ☎ *762-617. Tlj. Service en continu sam-dim.* Pub dans la grande tradition, avec ses bouteilles de *single malt* alignées au-dessus du comptoir. Tables serrées les unes contre les autres au bar, salle modernisée et plus tranquille sur le côté, puis terrasse bien sympa, face au port. L'ambiance est bonne, les bières délicieuses. Dans l'assiette, honnête cuisine de pub, à commencer par le goûteux *Haddock Mornay,* gratin de haddock au fromage servi avec des légumes croquants.

|●| ♟ *The Marine : 9, Shorehead ; sur le port.* ☎ *762-155. Tlj.* Au rez-de-chaussée, le minuscule pub prolongé d'une terrasse donnant sur le quai propose un choix impressionnant de bières, *ales* et whiskies. À l'étage, la salle de resto, plus contemporaine, sert une cuisine soignée jusque dans la présentation. Pour un dîner un rien chic.

Chic
(plats £ 15-25 ; 18-30 €)

|●| *The Tolbooth Restaurant : Old Pier ; au bout du port, sur la gauche.* ☎ *762-287. Tlj sf lun. Résa recommandée le soir.* La grande salle, à l'étage du plus ancien bâtiment de Stonehaven, bien pimpante avec sa déco claire et ses tables nappées de blanc, offre une belle vue sur le port et les falaises. Cuisine traditionnelle revisitée avec quelques saveurs venues d'ailleurs, mais peu généreuse, dommage.

À faire

– *Piscine en plein air :* à côté du camping. ☎ *762-134.* ● *stonehavenopenairpool. co.uk* ● *Piscine de taille olympique ouv début juin-début sept : lun-ven 13h (10h en été)-19h30, w-e 10h-18h. Bain de minuit le mer en juil-août. Entrée : £ 5,50 ; réduc.* Unique en Écosse, l'eau de mer est chauffée à 29 °C. Les frileux seront ravis ! On nage avec le cri des mouettes en fond sonore.

Manifestations

– *Stonehaven Folk Festival : mi-juil.* Un événement qui prend de la graine au fil des années, suivi des *Highland Games.*
– *Stonehaven Fireball Festival : pour le Nouvel An.* À minuit, défilé dans les rues de la ville. Les participants, vêtus de kilts, font tournoyer des boules de feu pour chasser les mauvais esprits...

DANS LES ENVIRONS DE STONEHAVEN

🎫🎫🎫 🏃 *Dunnottar Castle : à 2 miles (3 km) au sud de Stonehaven par l'A 92.* ☎ *762-173.* ● *dunnottarcastle.co.uk* ● *Bus n° X7 de Stonehaven et d'Aberdeen. Si les conditions météo le permettent, ouv avr-sept, tlj 9h-18h ; le reste de l'année, tlj 10h-17h. Dernière admission 30 mn avt fermeture. Entrée : £ 7 ; réduc enfants. Feuillet d'explications en français.* Dunnottar est un site à voir absolument, même si l'on ne fait pas la visite de l'intérieur. Balayée par le vent du large, dressée sur un piton rocheux s'enfonçant dans la mer, encadrée de hautes falaises et de criques de galets, c'est l'une des ruines les plus fabuleuses de toute l'Écosse, ne serait-ce que pour le panorama. Son histoire est rythmée d'événements dramatiques : en 1297, William Wallace y brûla vivante toute une garnison anglaise. Quatre siècles plus tard, 122 hommes et 45 femmes, tous *covenanters* (presbytériens, disciples de John Knox), furent emprisonnés et torturés dans la prison du château, le *Whig's Vault.* 19 hommes tentèrent alors de s'échapper, 2 firent une chute mortelle, 17 furent rattrapés et exécutés. Quant aux autres, ils furent ensuite déportés aux Antilles, et beaucoup moururent durant la traversée... On peut rejoindre les ruines du château à pied depuis Stonehaven, par un sentier côtier serpentant sur les falaises. Compter 5,5 km aller-retour. On passe alors par le mémorial de la Première Guerre mondiale, un simili-temple grec que l'on aperçoit au loin, juché sur une colline.

CIEL, MES BIJOUX !

Les joyaux de la couronne écossaise, considérés comme parmi les plus anciens d'Europe, furent transportés à Dunnottar Castle en 1651 durant la guerre civile britannique, pour les protéger du républicain Cromwell qui voulait détruire ce symbole de la monarchie. Pourtant, quand après 8 mois de siège ses troupes finirent par prendre le château, les soldats ne trouvèrent nulle trace des joyaux. Volatilisés ! On raconte que c'est la femme d'un pasteur qui les enterra dans la nef de l'église. Ils réapparurent 9 ans plus tard quand le roi remonta sur le trône et sont désormais à l'abri dans le château d'Édimbourg.

♣ ♀♂ ***Fowlsheugh Seabird Colony :*** *à **Crawton,** à env 5 miles (8 km) au sud de Stonehaven. De Dunnottar, continuer sur l'A 92 en direction de Montrose et prendre la 1re à gauche env 1 km plus loin : c'est une voie sans issue mais qui permet d'accéder à la réserve.* C'est le royaume des oiseaux, qui s'y entassent de mai à août pour nicher sur la falaise (goélands, mouettes, guillemots, quelques macareux). Superbe ! Après cette période, tout ce petit monde s'envole vers d'autres cieux. Reste alors la vue sur les falaises...

LE ROYAL DEESIDE

Une vallée riche en paysages... et en histoire depuis que la reine Victoria vint s'y aérer les bronches au milieu du XIXe s. Cet itinéraire quitte Aberdeen par l'ouest et suit la route A 93 qui se termine en cul-de-sac un peu après Braemar. Dans sa partie inférieure, on peut visiter les châteaux de *Drum* et *Crathes,* avant de traverser les villages de *Kincardine O'Neil, Aboyne* et *Ballater.* Mais c'est après le château royal de *Balmoral* que la vallée dévoile tous ses atouts, quand la route rattrape la rivière Dee et que se détachent au-dessus des forêts les montagnes pelées du parc national des *Cairngorm Mountains.* Un petit paradis pour randonneurs.

➤ Parcours desservi tte l'année par les bus nos 201, 202 et 203 de *Stagecoach.* Env 1 bus/h, 5h-23h (moins de fréquences dim). ● stagecoachbus.com ●

♣♣ ♀♂ ***Drum Castle*** (NTS) : à 10 miles (16 km) à l'ouest d'Aberdeen. ☎ (01330) 700-334. ● nts.org.uk ● Arrêt de bus à env 2 km. Ouv 11h-16h (dernière admission) : avr-juin et sept, tlj sf mar-mer ; juil-août, tlj ; oct, w-e slt. Jardin ouv tte l'année de 9h30 au coucher du soleil. Entrée : £ 12,50 ; réduc. Parking payant (£ 2). Feuillet d'explications en français. Plutôt original, ce château combine un donjon médiéval de 1286, une résidence jacobite et une extension victorienne. On y est accueilli par un guide différent dans chaque pièce, intarissable sur la vie de la famille Irving qui occupa les lieux pendant près de 700 ans. Richement meublé, le château donne l'illusion d'être encore habité – il n'a été légué au *National Trust of Scotland* qu'en 1976. Dans la superbe bibliothèque, ne manquez pas l'impressionnant autoportrait d'un des descendants de la famille, rejeton excentrique et audacieux qui s'est vu en archange saint Michel pour le moins narcissique ! Dans la salle à manger, un portrait d'Alexander Irving qui a attendu 83 ans pour devenir laird (ou lord)... et qui semble effectivement très las. Le salon de thé installé dans l'ancienne cuisine et la petite chapelle dans le parc méritent aussi une visite. Pour terminer, petite grimpette jusqu'au sommet de la tour médiévale, partie la plus ancienne du château dans laquelle nobles, soldats et domestiques vivaient collés-serrés au XIIIe s. Agréables jardins et petite aire de jeux pour les enfants.

✹✹✹ 🏃 *Crathes Castle* (NTS) : *à 14,5 miles (23 km) d'Aberdeen, sur l'A 93. ☎ (01330) 844-525. Arrêt de bus à 1 km du château. Avr-oct : tlj 10h30-17h ; nov-mars : w-e slt, 10h30-15h45. Dernière admission 45 mn avt fermeture. Jardins ouv tte l'année, tlj de 9h au coucher du soleil. Entrée : £ 12,50 ; réduc. Feuillet d'explications en français. Parking payant (£ 2).*

Léguée au *National Trust of Scotland* dans les années 1950, la demeure appartenait à la famille Burnett depuis le XVIe s. Le père fondateur s'appelait en réalité Burnard, mais il décida de faire changer son nom, allez savoir pourquoi... Si l'on ne succombe pas au charme extérieur du château, l'intérieur séduit immédiatement. Dans cet ensemble de petites pièces qui paraissent comme imbriquées, le temps semble s'être arrêté au XVIIIe s. Le mobilier est exceptionnel, en témoigne le superbe lit en bois sculpté dans la chambre du laird. Dans celle de sa dame, c'est un étonnant tableau de l'époque victorienne qui retient l'attention. Selon l'angle d'où on le regarde, le motif change. Un précurseur des hologrammes, en somme ! La *Long Gallery* abrite la célèbre *Horn of Leys* (la corne de Leys), datant de 1323 et offert par Robert the Bruce.

La visite s'effectue aussi le nez en l'air, pour découvrir les extraordinaires plafonds peints. Sur celui de la salle des neuf nobles se côtoient Charlemagne, le roi Arthur, Godefroy de Bouillon, Alexandre le Grand, Hector de Troie et Jules César, agrémentés de morceaux choisis de la Bible écrits sur les poutres. Admirer également la salle des neuf muses et la salle de la dame verte. Il paraît que son fantôme hante toujours les murs. Dans chaque pièce, un guide se tient à disposition pour de plus amples explications.

Somptueux jardins encadrés de haies taillées, comme dans le labyrinthe d'Alice. Également d'agréables balades balisées de 1 à 6 km à faire dans le domaine forestier (accès gratuit). La forêt abrite aussi un *parc accrobranche* (Go Ape), proposant des parcours accessibles dès 4 ans. *Compter £ 30-35 selon les parcours (fév-oct, en principe tlj sf mer hors saison de 9h au coucher du soleil ; ouv le w-e en nov. ☎ 0333-331-76-04. ● goape.co.uk/adventure ●).* Resto et cafétéria.

🏃 *Kincardine O'Neil :* le village le plus ancien de la vallée (Ve s). Son importance passée est étroitement liée à son site, carrefour est-ouest et nord-sud pour les voyageurs, le bétail et les marchandises.

🏃 *Aboyne :* village conçu en 1676 autour d'une esplanade accueillant les *Highland Games.* Peu de raisons de s'y arrêter, sauf au moment des jeux, évidemment.

LES GRAMPIANS

BALLATER

1 800 hab.   IND. TÉL. : 013397

Cette petite bourgade pimpante sortit de l'anonymat au milieu du XIXe s, lorsque la reine Victoria vint prendre possession de sa nouvelle résidence

d'été, le château de Balmoral, situé à une vingtaine de kilomètres. La famille royale y vient encore en villégiature. Ballater est devenue du coup assez touristique mais reste finalement d'un intérêt plutôt limité. Belles balades aux environs tout de même. Cependant, pour loger, mieux vaut pousser jusqu'à Braemar, plus charmante.

– *Highland Games :* 2e jeu d'août.

ROYAL PROTOCOLE

Si vous êtes invité à l'anniversaire de la reine, ce sera pour le 12 juin, même si elle est née un... 21 avril ! Pourquoi ? Car le climat est moins pluvieux et plus propice aux défilés et manifestations en extérieur. Pas de panique : on s'adresse à la reine aussi bien en anglais qu'en français (ouf !). Elle est bilingue à tel point qu'elle connaît même des chansons de Tino Rossi. En revanche, on évitera « Majesté ». Elle préfère « Madame ». Il ne vous reste plus qu'à attendre le carton d'invitation.

Arriver – Quitter

➤ Ttes les heures 5h-23h, les bus nos 201, 202 et 203 relient Ballater à *Aberdeen* (env 2h de trajet) et à *Braemar* (env 30 mn de trajet). Moins de fréquences dim.

Adresses utiles

🛈 *Visitor Information Centre :* dans l'ancienne gare. ☎ 55-306. Juin-sept : tlj 9h-18h ; oct-mai : tlj 10h-17h. La gare abrite également sur son quai un petit musée (entrée : £ 2). Mise en scène de l'arrivée de la reine Victoria en 1867 plutôt réussie et d'un kitsch attendrissant, avec mannequins grandeur nature.

■ *Location de vélos : Bike Station,* Station Sq. ☎ 54-004.

● bikestationballater.co.uk ● À côté de l'office de tourisme. Ouv tte l'année : tlj en été 9h-17h ; fermé lun-mar en hiver. Une piste cyclable tranquille suit le tracé de l'ancien chemin de fer jusqu'à Dinnet (environ 30 km et 3h30 aller-retour). Les mollets endurcis pourront aussi grimper jusqu'au loch Muick, par la route. Les autres opteront pour des vélos électriques.

Où dormir ? Où manger ?

⚂ *Ballater Caravan Park :* Brachlie Rd, à deux pas du centre. ☎ 55-727. ● ballatercaravanpark. com ● Prendre à gauche en arrivant en ville depuis Aberdeen (fléché). Ouv avr-oct. Compter £ 15 pour 2 avec tente. Pas d'arbres ni d'intimité, on plante sa sardine dans celle du voisin entre chaos camping-cars. Mais bon, c'est propre et pas cher, et plutôt convivial.

🛏 *Habitat@Ballater : Bridge Sq.* ☎ 537-52. ● habitat-at-ballater.com ● S'il n'y a personne, s'adresser en face au resto La Mangiatoia. Nuitée £ 18-20/ pers selon nombre de nuits. Doubles £ 45-50, familiale 4 pers £ 75. 🛜 Dans une bâtisse en vieille pierre, une AJ privée fringante qui semble s'être entièrement meublée dans un fameux magasin suédois... Au choix, 3 dortoirs de 8 lits, 1 chambre double et 3 familiales. Au rez-de-chaussée, grande cuisine et salon confortable où s'allongent d'interminables canapés. Lave-linge.

🍴 *La Mangiatoia : Bridge Sq.* ☎ 55-999. Mar-ven slt le soir et w-e tte la journée (ferme à 21h30). Congés : de mi-nov à mi-déc. Pâtes et pizzas env £ 10, plats £ 15-20. Un fac-similé de resto italien, profitant d'un cadre rustique. La cuisine est sans prétention, mais l'adresse est populaire et toujours bondée le week-end. Petite terrasse.

🍴 *Rocksalt & Snails : Bridge Rd,*

en plein centre. Tlj 10h-18h (22h jeu-sam). Sandwichs et plats £ 5-10. Un minuscule café tout propret, tout patiné, où croquer une pâtisserie, un panini, un petit plat simple et léger genre camembert rôti ou truite fumée, à arroser d'une bière artisanale ou d'un verre de vin. Rafraîchissant.

DANS LES ENVIRONS DE BALLATER

🏛 *Balmoral Castle* (le château de Balmoral) : *entre Ballater et Braemar, sur l'A 93. ☎ (013397) 42-534. ● balmoralcastle.com ● Quand la cour est absente, jardins et salle de bal ouv au public avr-juil, tlj 10h-16h30 (dernière admission). Entrée : £ 11,50 ; réduc.* Construit en 1853, c'est la résidence écossaise de la famille royale. Aurait-elle été obligée de déménager si l'Écosse avait

TRADITION ROYALE

La reine Victoria était convaincue (!) de descendre, soi-disant, de David, roi d'Israël. Voilà pourquoi ses fils ont été circoncis. Cette coutume perdura 150 ans dans la famille royale jusqu'à la princesse Lady Diana, qui refusa que ses deux fils suivent ce rituel.

obtenu son indépendance ? À vrai dire, les jardins ne sont pas terribles, et on ne visite qu'une seule salle du château. De plus, celle-ci regorge de toutes les horreurs dont la famille royale ne saurait que faire. Comment dit-on « lèse-majesté » en anglais ?

➤ La B 976, 1 km plus loin à droite, permet de rejoindre la *route du Whisky* (voir plus loin). Un superbe raccourci chevauchant les immensités désolées du massif des *Cairngorm Mountains*.

➤ *Le loch Muick : sortir de Ballater par le pont sur la Dee, tourner à droite et prendre la petite route du Glen Muick. Au bout, parking payant (£ 3).* Une dizaine de kilomètres de route à travers la forêt puis les landes conduisent à une réserve naturelle, un cirque spectaculaire de montagnes rabotées par les millénaires, tapissées de bruyère et léchées par les eaux métalliques du loch Muick. Une vraie carte postale des Highlands, et l'un des lieux favoris de la reine Victoria (on la comprend). Avec un peu de chance, il est possible d'apercevoir des cerfs le long de la route, surtout en automne. Départ de randonnées très populaires, y a du monde sur les chemins l'été. Possibilité d'effectuer le tour du loch Muick à pied (11 km). Compter au moins 3h. Pour d'autres randos plus soutenues (l'ascension du *Lochnagar* par exemple, qui culmine à 1 000 m), renseignements au point d'information des rangers, qui organisent aussi des randos guidées. Exposition sur la vie sauvage dans le même bâtiment. Du loch, un sentier permet aussi de rejoindre la superbe vallée de *Glen Clova* dans l'Angus (lire plus haut).

LES GRAMPIANS

BRAEMAR   600 hab.   IND. TÉL. : 013397

Lové à l'écart des grands axes au confluent des rivières Dee et Clunie, ce charmant village encadré par des reliefs tapissés de bruyère est avant tout le point de départ (ou d'arrivée) de nombreuses excursions et promenades dans les superbes environs. Une halte coquette, bucolique et touristique, où les *B & B* sont un peu plus chers qu'ailleurs, mais aussi plus séduisants. Stevenson y a écrit *L'Île au trésor*.

Arriver – Quitter

➤ Les bus n°s 201, 202 et 203 de la *Stagecoach* relient env 8 fois/j., 7h-21h (moins de fréquences dim) Braemar à **Aberdeen.** ● *stagecoach.bus.com* ● Compter 2h15 de trajet.

Adresses utiles

🛈 *Visitor Information Centre :* Mar Rd (la rue principale). ☎ 41-600. ● brae marscotland.co.uk ● Tlj 9h-17h (18h en août). Vente de topoguides et cartes topographiques.
■ *Location de vélos : Braemar Mou-tain Sports,* Mar Rd ; à l'entrée du village. ☎ 41-242. Tlj 9h-18h. Compter £ 18/j., £ 25 pour un vélo électrique. Bon matériel et accueil très sympa.
■ *Supermarché Co-Operative Food :* Mar Rd, en plein centre. Tlj 7h-22h. Pour faire le plein avant de partir en rando.

Où dormir ?

Camping

⛺ *Braemar Caravan Park :* Glen-shee Rd ; à la sortie du village en allant vers le sud. ☎ 41-373. Fermé de mi-oct à mi-déc. Compter £ 16-21 pour 2 avec tente. En partie abrité sous des bouleaux, un camping bien au calme et bien situé, face aux collines. Canards et lapins partagent la tendre prairie avec les campeurs. Les emplacements pour camping-cars font un peu parking, en revanche. Tables de pique-nique, sanitaires chauffés, laverie. Superbe aire de jeux pour les enfants avec, entre autres, une vraie tyrolienne. Bien sympa, tout ça.

Bon marché
(£ 10-25/pers ; 12-30 €)

🏠 *Youth Hostel :* 21, Glenshee Rd. ☎ 41-659. ● syha.org.uk ● Un peu avt le camping, à 5 mn à pied du centre. Congés : de début nov à mi-fév. Nuitée en dortoir (2-8 lits) env £ 20. Petit déj, pique-nique et dîner £ 4-6. 🖥 📶 Grosse et belle maison en pierre posée sur une petite colline, au milieu des arbres. Sympa, calme et confortable, c'est le rendez-vous des randonneurs. Salon TV, snooker, cartes détaillées de la région et salle à manger donnant sur la forêt. Cuisine. Laverie.
🏠 *Braemar Lodge & Bunkhouse :* 6, Glenshee Rd, à deux pas du centre. ☎ 41-627. ● braemarlodge.co.uk ● Tte l'année. Nuitée en dortoir £ 16/ pers. Log cabins à partir de £ 65 pour 2 et £ 80 pour 4. Installé dans un ancien pavillon de chasse de l'époque victo-rienne, ce sympathique hôtel-resto familial propose à l'arrière, dans une longue bâtisse lambrissée, 12 lits superposés répartis en box de 4. Cui-sine, salle à manger, lave-linge. Autre option, les log cabins, une série de grands bungalows en bois indépen-dants alignés sur la pelouse, équipés d'une cuisine et d'un coin salon. Les plus grands logent 6 personnes. Atmo-sphère conviviale, un bon plan.
🏠 *Rucksacks Braemar :* 15, Mar Rd. ☎ 41-517. À deux pas de l'office de tourisme. Nuitée env £ 16 en dortoir 4-8 lits ; £ 16-18 en chambre double ; £ 10 avec son propre sac de cou-chage. 🖥 À côté de la maison en pierre où vit l'adorable propriétaire, 2 petites dépendances en bois, 2 dortoirs (style refuge de montagne), 2 cuisines et même un sauna (payant). Là encore, sympa, très simple et parfaitement tenu.

Prix moyens
(£ 50-85 ; 60-102 €)

🏠 *Cranford B & B :* 15, Glen-shee Rd (A 93). ☎ 41-675. ● cranfor dbraemar.co.uk ● Doubles avec sdb £ 60-76. 🖥 📶 Le jardin fleuri devant la maison annonce un intérieur coquet...

et c'est bien le cas. Les 5 chambres ne sont pas bien grandes pour la plupart mais mignonnettes et soignées. Certaines, les plus lumineuses, sont percées de grands bow-windows. Également une familiale. Salon et salle à manger accueillants. Excellent breakfast, avec pain maison, servi avec le sourire de Sarah, la sympathique propriétaire. On se sent décidément bien chez cette petite famille très relax.

♦ *Ivy Cottage :* Cluniebank Rd. ☎ 41-642. • ivycottagebraemar. co.uk • Double £ 75, dégressif à partir de 2 nuits. Derrière le Visitor Information Centre. 📶 L'extérieur n'est pas des plus spectaculaire, mais ce *B & B* de 3 chambres se révèle vraiment charmant, avec sa déco fraîche, moderne et chaleureuse. Les chambres, comme le salon où est servi le petit déj, donnent sur un mignonnet jardin réservé aux hôtes. Accueil

délicat et tranquille de Jennifer, à l'image de son accueillante petite maison.

♦ Voir aussi les *log cabins* du *Braemar Lodge* plus haut.

Chic
(£ 85-125 ; 102-150 €)

♦ *Callater Lodge :* 9, Glenshee Rd. ☎ 41-275. • callaterlodge.co.uk • Double £ 90. 📶 Une belle maison victorienne, aménagée avec l'élégance de la simplicité. Les 6 chambres dégagent une atmosphère sereine, avec leurs tonalités douces et leurs jolis meubles en bois clair. Salons cosy pour siroter un whisky, à choisir dans la belle sélection des accueillants propriétaires, Katy l'Écossaise et son mari Julian, un Néerlandais polyglotte qui partage avec enthousiasme sa passion pour le *single malt.* Très belle adresse !

Où manger ?

De bon marché
à prix moyens
(plats £ 5-18 ; 6-22 €)

|●| *Taste :* à la sortie du village vers Linn of Dee. ☎ 41-425. Tlj sf dim 10h-17h. Dans une petite salle neutre ouverte sur de grandes baies vitrées, quelques soupes et bons sandwichs à composer soi-même pour un *lunch* sans prétention. Gâteaux bien sympathiques pour le *teatime,* et un vrai bon café !

|●| *Gordon's Tearoom and Restaurant :* 20, Mar Rd. ☎ 41-611. Tlj 10h-20h (plus tôt en hiver). Là aussi, pas de décorum particulier, seules quelques photos anciennes assurent la déco. Plats classiques, soupes et gâteaux. Rien de bien subtile, mais copieux et bon marché.

|●| *Braemar Lodge :* voir « Où dormir ? ». Tlj midi et soir. Plats £ 6-22. Cuisine traditionnelle pour se requinquer après une bonne marche, servie dans une salle classique ou en terrasse si le

soleil daigne se montrer. Également un petit bar à whisky dans une salle voisine.

Chic
(plats £ 15-25 ; 18-30 €)

|●| *Moorfield :* Chapel Brae. ☎ 41-244. Prendre la direction de Linn of Dee et tourner à gauche au niveau du resto Taste. Monter la rue sans issue. Le resto est éloigné 200 m plus loin sur la gauche. Slt le soir tlj 18h-21h. Résa obligatoire. Menu unique (3 plats) env £ 22. Pas de carte. Ce resto d'hôtel accueille ses clients dans un petit bar jaune poussin. C'est là qu'un monsieur très distingué, en kilt, prendra votre commande (peu de propositions sur la grande ardoise, le choix est vite fait). Puis le gentleman vous accompagnera jusqu'à votre table, dans une salle toute vitrée, avec moquette presque assortie à son kilt. Plats assez simples finalement mais plutôt réussis.

À voir

🏹 *Le château de Braemar :* à 1 km sur la route d'Aberdeen (A 93). ☎ 41-219. • braemarcastle.co.uk • Ouv avr-oct, mer-dim 10h-16h (tlj juil-août). Fermé nov-mars. Entrée : £ 8 avec visite guidée obligatoire (env 1h) ; réduc. Construit en 1628 au bord de la rivière

Dee, un curieux château crépi de béton, aux allures de blockhaus à tourelles. L'intérieur est presque cosy, en revanche. Incendié au moment des guerres jacobites, il abrita ensuite une garnison, avant d'être remodelé au XIXe s dans le style Gothic revival.

Manifestations

– 🧍 *Braemar Junior Highland Games :* *en juil.* Unique en Écosse, puisque seuls les enfants peuvent y participer. Une bonne occasion de constater que la relève est assurée et que cette tradition a encore un bel avenir !

– *Royal Highland Gathering :* *le 1er sam de sept.* ● *braemargathering.org* ● Le plus célèbre rassemblement pour les traditionnels jeux écossais. Il attire près de 20 000 personnes... et la reine, qui ne manquerait ce rendez-vous annuel sous aucun prétexte ! Spectacle extraordinaire, l'identité *Scottish* dans toute sa splendeur, avec hommes en kilt qui rivalisent de puissance et d'élégance. Ambiance incroyable. Réserver le logement très longtemps à l'avance.

DANS LES ENVIRONS DE BRAEMAR

🥾 *Linn of Dee :* *à 6 miles (env 10 km) à l'ouest de Braemar, juste après l'Invercauld Bridge, un pittoresque pont enjambant de modestes gorges. Parking payant (£ 2). Cahute avec plans sommaires gratuits des sentiers.* Départs de plusieurs balades tranquilles (trois circuits balisés de 30 mn à 2h) le long de la Dee et du Glen Lui, à travers une grande forêt de pins calédoniens. Avec de la chance, vous croiserez peut-être un cerf.

Pour une expédition plus costaude, on peut aussi suivre le *Lairig Ghru,* un sentier qui mène au loch Morlich, près d'Aviemore, à travers les montagnes sauvages du Cairngorm. En route, on longe le *Ben Macdhui,* deuxième sommet d'Écosse. Ceux qui veulent aller jusqu'au bout (32 km, au moins 9h de marche) trouveront un refuge sommaire *(Corrour Bothy)* à 4h de marche du point de départ.

LA CÔTE NORD DES GRAMPIANS

● Forvie National Nature Reserve	Cruden Bay	à Fraserburgh
● Les ruines de Slains Castle et le port de	● Bullers of Buchan ● The Museum of Scottish Lighthouses	● Pennan, Crovie et Gardenstown ● Duff House à Banff

Un itinéraire ponctué de rudes falaises, de dunes balayées par les vents, de petits villages de pêcheurs assaillis par le ressac.

🥾 *Forvie National Nature Reserve :* *juste au sud de Collieston, à 18 miles (30 km) au nord d'Aberdeen. Prendre l'A 90, puis l'A 975 à droite et, enfin, la B 9003 direction Collieston. En bus, ligne n° 63. GRATUIT, mais secteurs en partie fermés avr-août pour préserver la reproduction de certaines espèces.* Cette réserve naturelle réputée pour sa vie sauvage (oiseaux, phoques) dévoile des paysages côtiers spectaculaires : douce lande, plages et dunes de sable fin, hautes falaises, estuaires et baies aux rocs saillants chahutés par le ressac. Du *Forvie Centre* *(tlj sf w-e nov-mars 10h-17h ; petite expo sur la faune),* départ d'une boucle de 3,4 km, que l'on peut prolonger par un détour jusqu'à Hackley Bay (ajouter 4 km aller-retour). Autre accès à la réserve, plus au sud, à Waterside, d'où part un autre sentier (boucle de 5,5 km, connexion possible avec Hackley Bay).

🥾 *Les ruines de Slains Castle :* *à 25 miles (40 km) au nord d'Aberdeen par la A 975. Parking à la sortie nord du village de* **Cruden Bay,** *au bord de la route côtière (pas de panneau, mais le château se voit de loin). Bus n°s 61 et 63 de la gare* *routière d'Aberdeen. Accès en 15 mn à pied depuis le parking. Attention, on ne peut pas accéder à l'intérieur du château.*

Perché au bord de falaises déchiquetées, le château, dont il ne reste plus grand-chose, est abandonné aux corneilles et aux lapins. C'est ici que Bram Stoker conçut l'histoire de *Dracula.* Les ruines sont vraiment impressionnantes de loin.

En passant, détour possible par le petit port de **Cruden Bay,** à la physionomie étonnante. Les maisons basses du quartier des pêcheurs se blottissent les unes contre les autres à l'écart de la mer, le long d'un estuaire étroit. Son embouchure donne naissance à une jolie plage de sable que l'on rejoint en traversant une passerelle de bois. Au creux des dunes, un petit golf.

🦞 ***Bullers of Buchan :*** *au bord de la route côtière (A 975), à 2 miles (3 km) au nord de Cruden Bay.* D'abord une poignée de maisons basses, juchées en surplomb d'une échancrure taillée dans les falaises. À 50 m, en suivant le sentier de gauche (direction Boddam), un bassin vertigineux dans lequel la mer se faufile par un tunnel naturel creusé dans la roche. Sans doute une ancienne grotte sous-marine dont le dôme se serait effondré, et où des oiseaux marins viennent désormais nicher. On peut rejoindre Cruden Bay ou Boddam par des sentiers serpentant au sommet des falaises (environ 4 miles, soit 6,5 km).

🏠 **Buchan Ness Lightouse :** *à Boddam,* sur l'A 90, *à 2,5 miles (4 km) au sud du port industriel de Peterhead et à env 6 miles (9,6 km) au nord de Cruden Bay. Bus n°s 61 et 63 d'Aberdeen.* ☎ *(01779) 470-476.* 🖨 *0773-400-79-50.* ● *buchannesslighthouseholidays. co.uk* ● *Cottage pour 4 pers £ 105 la nuit (min 2 nuits).* On dort au pied du phare rouge et blanc de Boddam, confortablement installé dans les anciens logements des gardiens, réaménagés en 2 cottages cosy. Cuisine équipée, 2 chambres, salon avec poêle ou cheminée, terrasse et vue sur la mer pour l'un des 2 cottages. Majestueuse vigie érigée en 1827 au bout d'un promontoire par l'oncle du romancier Robert Louis Stevenson, le phare fonctionne toujours mais est désormais géré à distance depuis Édimbourg.

🦞🦞 **The Museum of Scottish Lighthouses :** *à Fraserburgh.* ☎ *(01346) 511-022.* ● *lighthou semuseum.org.uk* ● *Bus n°s 267 et 268 d'Aberdeen. Avr-oct : tlj 10h-16h (dernière admission). En hiver, tlj 11h-16h. Visites guidées (45 mn) à 11h, 13h, 14h et 15h ; plus 16h en juil-août. Entrée : £ 6 ; réduc.* Visite guidée du premier phare officiel d'Écosse, érigé dans le château de *Kinnaird Head* en 1787 et reconstruit en 1824, à la suite d'une vague de tempêtes particulièrement dévastatrices. Intéressant si vous n'avez jamais

ROUTARD AVANT L'HEURE

Plutôt que de se spécialiser, comme son grand-père et ses oncles, dans la construction de phares, l'écrivain Robert Louis Stevenson, auteur de L'Île au trésor, *préféra larguer les amarres. Ses pérégrinations le conduisirent des Cévennes à un campement abandonné de chercheurs d'or aux États-Unis, avant qu'il ne pose définitivement ses valises dans les îles Samoa. Il y mourut en 1894, rebaptisé par les indigènes* Tusitala, *« le conteur d'histoires ».*

vu un phare de l'intérieur, et encore plus si vous comprenez bien l'anglais, car la visite fournit plein de détails amusants sur le fonctionnement de l'édifice et tout ce qui se rattache au métier de gardien de phare. Du haut de la tour, superbe vue sur la mer du Nord. On redescend ensuite pour visiter les salles du musée, consacré notamment à la famille Stevenson, à qui l'on doit les principaux progrès réalisés en matière de phares.

🦞🦞 **Pennan et Crovie :** *en continuant vers Banff par la B 9031, une superbe route panoramique. Bus n° 273 (ligne Fraserburgh-Banff) de Stagecoach (6/j. sf dim).* Deux microvillages de pêcheurs, coincés sur d'étroites bandes de terre au pied des falaises. Les maisons se serrent les unes contre les autres, comme pour mieux faire face aux paquets de mer qui sautent allègrement la grève. Autrefois, ce furent des sites privilégiés pour la contrebande de soie et liqueurs. *Pennan* a servi de lieu de tournage en 1983 pour le film *Local Hero*, un classique avec Burt Lancaster, qui attire encore aujourd'hui des fans en pèlerinage. D'ailleurs, la traditionnelle cabine téléphonique rouge située en face de l'hôtel est devenue un monument histo-rique... même si ce n'est pas celle qui a servi pour le tournage !

Environ 6 km après Pennan, *Crovie,* construit sur le même modèle, dégage un aspect plus austère depuis qu'une terrible tempête a détruit une partie de ses habitations en 1953. Aujourd'hui, les maisons sont si près de la mer que seul un étroit passage les empêche d'avoir les pieds dans l'eau. La vue est magnifique du haut de la route. On peut ensuite pousser 2 km plus loin jusqu'à *Gardenstown,* bourgade dévalant la falaise jusqu'à une petite rade où s'entassent les barques de pêche. Au bord de l'eau, un quartier conçu comme les villages précédents. Du port, jolie vue sur Crovie.

🛏 🍴 *The Pennan Inn :* à *Pennan, sur le quai.* ☎ (01346) 561-201. ● thepen naninn.co.uk ● *Doubles £ 75-95, petit déj inclus. Resto ouv tlj sf lun en hiver 12h-23h. Plat env £ 12.* La seule auberge du village loge dans une maison typique aux espaces étriqués. Minuscule bar chaleureux, où piocher au gré d'une carte changeante un inévitable *fish & chips* ou de plus inattendus *stir fry* (le *Pennan Inn* est tenu par un couple thaïlando-écossais). À l'étage, 5 cham-bres modernes dont 2 avec vue sur mer, mais sans grand charme et étroites (TV).

🎬 *Duff House* (HES) : à *Banff.* ☎ (01261) 818-181. ● duffhouse.org.uk ● *À l'entrée de la ville en venant d'Aberdeen. Bus Stagecoach n° 35 d'Aberdeen et Inverness (une douzaine/j.). Avr-oct : tlj 11h-17h ; nov-mars : jeu-dim 11h-16h. Entrée : £ 7,50 ; réduc.* Ancienne demeure de style baroque des *Earls of Fife* (comtes de Fife), qui en firent don aux villages de Banff et Macduff en 1899. En 1906, 200 lots comprenant des meubles, des tableaux et des tapisseries furent vendus aux enchères par *Christie's.* C'est dire qu'il ne reste presque plus rien du mobilier original. La maison fut ensuite transformée en hôtel et en sanatorium, avant d'héberger des prisonniers allemands, puis des troupes norvégiennes et polonaises (on voit encore leurs drapeaux peints sur les murs). Finalement, *Historic Scotland* s'est chargé de la restauration, pendant que *National Galleries* puisait dans ses stocks pour meubler la demeure. Il en résulte quel-ques tapisseries des Gobelins, de beaux tableaux (dont le *Saint Jérôme en pénitence* du Greco), des peintures marines, et surtout des portraits. À l'arrière du magasin, petit commentaire audiovisuel gratuit de 15 mn, expliquant l'histoire du lieu. On peut aussi se promener dans le parc et dans la forêt voisine. Grande aire de jeux pour les enfants.

⛺ *Banff Link Caravan Park :* à *Banff, après la ville, direction Inverness (c'est fléché).* ☎ (01261) 812-228. 📱 0774-872-39-88. ● banfflinkscaravanpark. co.uk ● *Ouv avr-oct. Env £ 15 pour 2 avec tente.* 📶 Petit camping posé face à la mer, au bord de la plage. On plante sa tente dans l'herbe, au bout d'une déprimante allée de mobile homes. Pas un arbre, pas une fleur ; on a connu plus gai, mais c'est pas trop cher. Aire de jeux, lave-linge, petit magasin et *fish & chips.* ⛺ Plusieurs *campings* du même genre dans le coin, notamment à *Portsoy,* 5 miles (8 km) plus loin, direction Inver-ness *(*☎ *01261-842-695).*

LA ROUTE DU WHISKY

● Carte p. 299

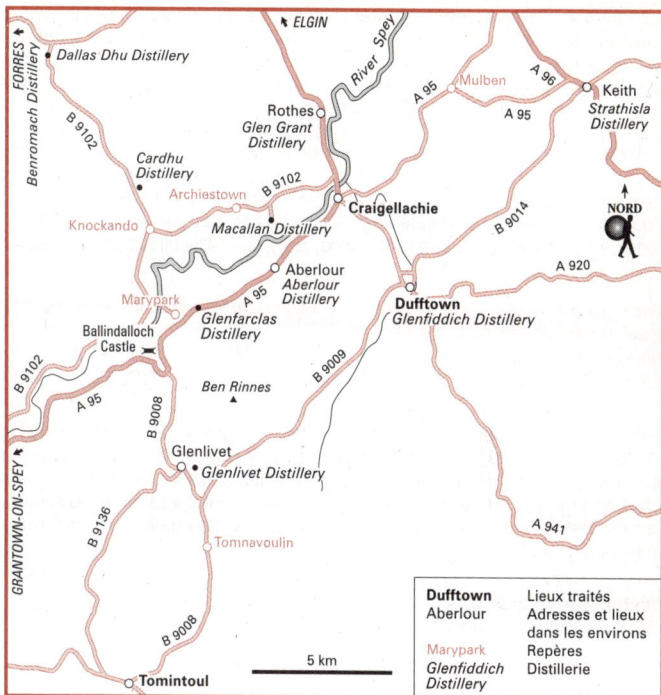

LA ROUTE DU WHISKY

Dufftown	Lieux traités
Aberlour	Adresses et lieux dans les environs
Marypark	Repères
Glenfiddich Distillery	Distillerie

On entre dans le Speyside, patrie du célèbre *Malt Whisky Trail* (● maltwhiskytrail.com ●), grosso modo compris entre les petites villes de Keith à l'est, Tomintoul au sud et Forres à l'ouest. Une région bucolique où ondulent forêts et prairies vallonnées, semées de minuscules patelins en pierre grise. Et au milieu coule la Spey, dont l'eau claire vient nourrir des whiskies moins fumés qu'à Islay, mais révélant plutôt aux palais aguerris de subtiles notes de bruyère. Un parcours

METAL'HIC

Si les alambics des distilleries sont en cuivre, ce n'est pas pour faire joli. Outre sa malléabilité – pratique pour façonner la tuyauterie – , le cuivre agit comme un catalyseur, éliminant les substances toxiques sécrétées au début de la distillation. Ainsi, pendant la prohibition aux États-Unis, de nombreux buveurs impénitents s'empoisonnèrent en consommant du whisky de contrebande fabriqué dans des alambics sans cuivre. Le fameux whisky frelaté...

qui comblera les amateurs puisqu'on y recense la moitié des distilleries écossaises ! Si quelques-unes seulement (et une tonnellerie) sont ouvertes au public, rassurez-vous, c'est bien suffisant. À moins d'être expert, vous ne noterez guère de différences entre elles, le processus de fabrication étant quasi identique de l'une à l'autre. Notre conseil donc : en visiter une ou deux et poursuivre sa route, ou se contenter d'un arrêt pour une petite dégustation. Toutes les distilleries sont clairement fléchées sur des panneaux marron.

– *Petites précisions avant de vous lâcher :* les enfants de moins de 8 ans ne sont pas admis dans les distilleries. Certaines ferment leurs portes aux mineurs (en raison des vapeurs d'alcool), mais même pour celles qui autorisent l'accès aux jeunes, quand arrive le moment de la dégustation, c'est niet ! Tâchez d'y aller en semaine, car le week-end les distilleries sont souvent à l'arrêt. Enfin, sachez que certaines ferment en juillet (voire jusqu'à mi-août parfois), afin d'effectuer un nettoyage complet des installations. On appelle cette période la *Silent Season*.

– Pour les marcheurs, le *Speyside Way* offre un joli parcours ininterrompu de 90 km le long de la Spey, d'Aviemore à la mer (Spey Bay), sans difficultés particulières.

TOMINTOUL   500 hab.   IND. TÉL. : 01807

Une brochette de jolies maisons en pierre grise alignées de part et d'autre de la route... c'est à peu près tout ce qu'il y a à voir à Tomintoul. Sa situation à proximité du massif du Cairngorm et à mi-chemin entre Deeside et Speyside en fait néanmoins une étape possible pour découvrir cette superbe région. Avec ses 345 m d'altitude, il se déclare le village le plus haut d'Écosse, mais il n'est pas le seul !

Arriver – Quitter

➤ Slt 1 bus/sem pour **Aberlour, Craigellachie** et **Elgin**.

Adresse utile

🛈 **Visitor Information Centre :** *au centre du village, sur la place.* ☎ 580-285. ● visittomintoul.co.uk ● *Pâques-oct : tlj 10h-17h.* Bien documenté et vend un livret très complet des balades à faire dans la région.

Où dormir ?

Bon marché (£ 10-25/pers ; 12-30 €)

🏠 **Youth Hostel :** *presque au bout de la rue principale, juste après l'église.* ☎ 580-364. ● syha.org.uk ● *De mi-avr à nov. Nuitée env £ 17 en dortoir de 6-7 lits.* Juste une grosse douzaine de lits dans cette petite maison en granit, ancienne école communale. Cuisine, salle à manger et quelques fauteuils autour d'une petite table.

Prix moyens (£ 50-85 ; 60-102 €)

🏠 **Argyle Guesthouse :** *7, Main St.* ☎ 580-766. ● *argyletomintoul.co.uk* ● *Doubles £ 65-75 ; quadruple £ 125. Parking.* 📶 Les très sympathiques propriétaires ont quitté leur Afrique du Sud natale pour s'installer en Écosse, dont ils sont tombés fous amoureux. Dans leur jolie maison en pierre du XIXe s., ils proposent 6 chambres simples et sobres mais au confort suffisant, les moins chères partageant la salle de bains. Également 2 familiales spacieuses et tranquilles, dont une indépendante, à l'arrière (un peu sombre, en revanche, et au bord de la route... mais le trafic est vraiment limité). Petit déj soigné, avec pain maison et bons produits locaux.

Où manger ?

|●| **The Old Fire Station :** *dans la rue principale.* ☎ *580-485. De mi-fév à mi-nov, tlj 9h-17h. Petite restauration et gâteaux autour de £ 4.* Un *tea-room* sans chichis, pour manger un morceau dans une salle aux murs en pierres apparentes où sont accrochés d'anciennes lances d'incendie et autres accessoires du genre... ancienne caserne de pompiers oblige. Petite terrasse à l'arrière.

Achats

⊛ **The Whisky Castle :** *6, Main St.* ☎ *580-213. Tlj 10h-18h (17h en hiver).* Pas moins de 500 whiskies ici, dont de très rares introuvables ailleurs. Certains affichent 60 ans d'âge, c'est dire ! Dégustation gratuite, accompagnée d'informations aux cas où vous auriez raté quelques détails lors des visites de distilleries !

DANS LES ENVIRONS DE TOMINTOUL

※※ **The Glenlivet Distillery :** *à* **Glenlivet.** ☎ *(01340) 821-720.* ● *theglenlivet. com* ● *À 10 miles (16 km) au nord de Tomintoul. De mi-mars à mi-nov : tlj 9h30 (12h dim)-16h (dernière visite). GRATUIT. Visite classique (audioguide en français) avec dram de whisky offert à la fin.* C'est l'une des plus importantes de la région. Elle recèle aussi un petit musée sur l'histoire de George Smith, qui fonda la distillerie en 1824. Celui-ci, craignant pour sa vie (et sa production !), vivait et dormait en permanence avec deux revolvers. Désormais, *Glenlivet* appartient, comme d'autres grosses distilleries du coin, au groupe Pernod-Ricard. C'est tout de suite moins exotique...

🏠 **Bank House :** *à* **Glenlivet,** *à l'intersection de la B 9008 et la B 9009.* ☎ *(01807) 590-321.* ● *bankhouseglenlivet.co.uk* ● *Double £ 65.* 📶 Un *B & B* installé dans l'ancienne banque de ce minuscule village, dont le coffre-fort a été recyclé en placard dans la salle à manger. Les 3 chambres, spacieuses et douillettes, offrent une vue bucolique sur la campagne. Une bonne maison où l'on est accueilli avec beaucoup de gentillesse, dans une ambiance intime et paisible.

LES GRAMPIANS

DUFFTOWN   1 500 hab.   IND. TÉL. : 01340

« Si Rome s'est construite sur sept collines, Dufftown s'est développée autour de sept distilleries. » Cette petite bourgade élégante fondée au XIXᵉ s est ainsi devenue synonyme de *Scotch whisky*. Certains estiment même qu'en un sens c'est la ville qui rapporte le plus de taxes par habitant en Grande-Bretagne !

Arriver – Quitter

➤ Avec *Stagecoach*, bus n° 36 pour se rendre à **Aberlour, Craigellachie,** **Rothes** et **Elgin.** Départ ttes les heures, 7h-22h (pas de bus dim).

Où dormir ?

Prix moyens (£ 50-85 ; 60-102 €)

Davaar B & B : 17, Church St. ☎ 820-464. ● davaardufftown.co.uk ● Double £ 65. Dans une petite maison de caractère, 3 chambrettes simples et claires, dotées de petites salles d'eau et d'une TV avec lecteur DVD (vidéothèque dans le salon commun). Petit déj copieux et varié. Le charmant couple de propriétaires peut vous conduire au pied du Ben Rinnes (voir plus loin « Randonnée »).

Fernbank B & B : Keith Banff-shire, à 1 mile du centre, sur la route de Keith. ☎ 820-136. ● fernbankdufftown. co.uk ● Double £ 75. Posée au bord de la route (peu passante le soir), une mignonne maison victorienne tenue avec soin par la sympathique propriétaire. Seulement 3 chambres, toutes très différentes. Déco cerf pour l'une (un clin d'œil à la distillerie Glenfiddich située un peu plus loin), une autre tout tartan (notre préférée), la troisième plus neutre mais tout aussi agréable. Bon confort, et délicieux petit déj pour goûter aux produits locaux.

Où manger ?

De prix moyens à chic (plats £ 8-25 ; 10-30 €)

A Taste of Speyside : 10, Balvenie St ; à deux pas de l'office de tourisme. ☎ 820-860. Tlj sf dim-lun, 12h-14h, 18h-21h. Congés : janv. Une salle chaleureuse pour découvrir les meilleures spécialités régionales et une belle sélection de whiskies. Saumon de la Spey, Cullen skink, cerf et autre gibier selon la chasse, Aberdeen Angus steak, fromages, et le Taste of Speyside Platter qui permet de goûter un peu de tout.

Noah's Bistro : Fournet House, Balvenie St. ☎ 821-428. ● fournet thouse.co.uk ● À côté du Taste of Speyside. Tlj. Un lieu haut en couleur, porté par le credo d'Alison : « manger sain » et « bien-être ». On a l'impression d'être reçu dans sa salle à manger, un rien foutraque, ouverte sur sa cuisine. Tout est fait maison (même le pain), avec une préférence pour les plats végétariens. Copieux mais pas donné. Alison, aussi surprenante que son petit univers, parle un peu le français et loue aussi des chambres (£ 75-95).

À voir. À faire

The Glenfiddich Distillery : à la sortie de la ville, direction Craigellachie. ☎ 820-373. ● glenfiddich.com ● Tlj 9h30-16h (11h-15h en hiver). Fermé 2de quinzaine de déc. Visite guidée de 1h30 : £ 10, en français sur demande à l'avance. Interdit au moins de 18 ans. Dégustation gratuite à la fin de 4 single malt. Derrière des airs pittoresques, élégants même avec toits en ardoise, bosquets de fleurs, bassin et pagodes, se cache la plus connue et la plus grosse des distilleries, celle produisant le single malt le plus vendu au monde. Pas moins de 24 cuves de 50 000 l en sapin de Douglas, et 28 alambics. Impressionnant ! Glenfiddich – « vallée des cerfs » en gaélique – est dirigée par la même famille depuis cinq générations. La première goutte du précieux nectar y coula le jour de Noël 1887. C'est la seule distillerie des Highlands qui assure son propre embouteillage (mais cette partie ne se visite pas), ce qui fait que l'on assiste presque au procédé complet de production. Pour ceux qui auraient fait quelques économies, le nectar le plus cher a de la bouteille (quelques décennies au compteur) : il se vend £ 16 500 ! À défaut, on pourra se rabattre sur un plus modeste 15 ans d'âge, réputé pour ses notes de vanille et de poivre. Accueil inégal toutefois.

Keith & Dufftown Railway : départ de l'ancienne gare, à la ville direction Craigellachie, à côté de la distillerie Glenfiddich. ☎ (429 en sem, 821-181 le w-e. ● keith-dufftown-railway.co.uk ● 3 dép Pâques-sept ; départs supplémentaires le ven juin-août. Aller simple £ 0,00 ; £ 10 ; réduc. 1h de trajet. Tiré par une loco diesel des sixties, un trajet de 11 miles (17,6 km) sur l'ancienne *Whisky Line,* ouverte en 1862 et fermée en 1991. On traverse des forêts et, avec un peu de bol, on pourra voir un cerf. Et si les voyages ça vous creuse, direction le wagon-restaurant posté à la gare de Dufftown.

➢ **Whisky Nosing and Tasting :** ts les mer de juil à mi-sept à 20h, au Commercial Hotel, sur Church St. ☎ 820-313. Entrée : £ 10. On plonge son pif dans 10 whiskies différents. L'odorat le plus fin repart avec une bouteille, les autres avec un verre.

Randonnée

➢ **Ben Rinnes** *(840 m) :* la plus haute colline du coin, panorama superbe sur le pays du whisky. Le sentier part de la route B 9009, entre Dufftown et Glenlivet. Balade à entreprendre uniquement par beau temps.

Manifestations

– **Whisky Festivals :** *début mai* (Spirit of Speyside Whisky Festival) *et fin sept* (Autumn Speyside Whisky Festival). Un bon moyen d'en apprendre plus sur le malt. Journées portes ouvertes dans toutes les distilleries du coin, avec dégustation. Également des concerts, spectacles et autres festivités de rue. Infos sur ● spiritofspeyside.com ●
– **Highland Games :** *le dernier sam de juil.* Réputé pour son défilé de *pipers* sur High St.

DANS LES ENVIRONS DE DUFFTOWN

Huntly Castle *(HES) : à 12,5 miles (20 km) à l'est de Dufftown, par l'A 920.* Voir plus haut « Dans l'Aberdeenshire ».

CRAIGELLACHIE   130 hab.   IND. TÉL. : 01340

Bordé par la rivière Spey et un important axe routier, Craigellachie est un minuscule village stratégiquement posté en plein cœur de la route du Whisky.

Arriver – Quitter

➢ Avec *Stagecoach,* bus n° 36 pour **Dufftown, Aberlour, Rothes** et **Elgin.** | Ttes les heures, 7h-22h (pas de bus dim).

Où dormir dans le coin ?

Camping

Aberlour   Gardens   Caravan | **& Camping Park :** *sur l'A 95, entre Aberlour et Craigellachie.* ☎ 871-586. ● aberlourgardens.co.uk ●

LES GRAMPIANS

Mars-nov. Env £ 16-19 pour 2 avec petite tente. Également des bungalows £ 35-55. 🛜 Un des rares campings du Whisky Trail. Paisible petit terrain plat protégé par une enceinte de brique, à 500 m de la rivière. Beaucoup de caravanes et de mobile homes. On plante sa tente au fond, dans l'herbe et sous les pins, à côté de tables de pique-nique. Sanitaires nickel, avec même des sèche-cheveux. Aire de jeux pour les gosses.

Prix moyens (£ 50-85 ; 60-102 €)

🛏 *Bridge View B & B :* Leslie Terrace, à Craigellachie. ☎ 881-376. ● visitcraigellachie.com ● Dans la partie haute du village. Doubles £ 70-80. 🛜 Dans une petite maison dominant le village et la rivière, 2 agréables chambres à l'étage, une double d'un côté, une familiale de l'autre disposant d'une jolie salle de bains avec baignoire d'époque. Le petit déj (copieux) se prend dans le salon, où se dresse fièrement la collection de malts du propriétaire. Loue également quelques chambres en self catering.

🛏 *Ardoch Lodge B & B :* en pleine campagne, à 6 miles (env 10 km)

de Craigellachie sur l'A 95 direction Keith, un peu avt **Mulben.** ☎ (01542) 860-279. 📱 0777-862-24-88. ● PFBplmnsmmchts@aol.com ● (à vos souhaits !). Double £ 65. Postée au sommet d'une colline, à l'orée d'un bois, la petite maison en pierre de Jennifer embrasse le panorama sur la plaine vallonnée en patchwork de cultures. À l'étage, 2 chambres ouvertes sur la vue, avec salle d'eau privée et TV. Accueil chaleureux.

Chic (£ 85-125 ; 102-150 €)

🛏 *Craigellachie Lodge :* à Craigellachie. ☎ 871-374. ● craigellachielodge.co.uk ● À la sortie du village, sur la route de Dufftown. Double £ 100. 🛜 Une allée grimpe jusqu'à une jolie demeure victorienne de 1860, entourée d'un grand et beau jardin où gambadent les lapins. Déco moderne assurée par des couleurs denses dans le salon et la salle à manger, plus douces dans les chambres parfaitement cosy et de bonne taille. Une belle adresse, autant pour le cadre que pour l'accueil, jeune et dynamique.

Où manger ? Où boire un verre dans le coin ?

|●| *Mash Tun :* Elchies Rd, à **Aberlour,** à 50 m de la grande place centrale. ☎ 881-771. Tlj jusqu'à 21h (service en continu sam-dim). Sandwichs et plats £ 8-23. Pub chaleureux dans une maison en pierre à la façade en forme de poupe de navire. C'est le rendez-vous des locaux pour prendre un bon repas, qui plus est consistant. *Baguette* et burgers pour les petits budgets, saumon et viandes en sauce pour les autres. Sympathique balade digestive le long de la Spey qui coule juste en face, bordée d'un grand parc et sautée par un petit pont de bois. On y pêche à la mouche.

|●| 🍷 *The Highlander Inn :* 10, Victoria St, au centre de **Craigellachie.** ☎ 881-446. ● whiskyinn.com ● Tlj 12h-23h (la cuisine ferme à 21h30 ; service en continu le w-e avr-oct).

Plats £ 9-15. 🛜 On dévale quelques marches pour pénétrer dans cet antre à whisky, un pub tapissé de *single malt,* d'aquarelles et de photos des distilleries du Speyside. Une fois son verre vide, on se penche sur l'assiette, simple et cuisinée maison, piochant dans les recettes et les produits du coin. Terrasse. Loue également des chambres à l'étage, chères (env £ 110).

🍷 *Fiddichside Inn :* cottage blanc au bord de la rivière Fiddich, sur l'A 95 direction Keith, au niveau du pont à la sortie de Craigellachie. ☎ 881-239. Lun-ven 11h-14h30, 17h-23h ; sam 11h-minuit ; dim 12h30-23h. Pub microscopique, on ne peut plus typique, où tous les travailleurs et pêcheurs du village se retrouvent en fin de journée pour descendre quelques *ales*, mais aussi un certain nombre de whiskies. Joe, une légende dans la région, n'a pas quitté son comptoir depuis une soixantaine d'années ! Au moindre rayon de soleil, tout le monde migre dans le jardin en terrasses qui descend vers la rivière. Une véritable immersion dans la vie locale, à ne pas manquer !

Achats

⚜ *Walkers :* à *Aberlour.* ☎ 871-555. *Au sud de Craigellachie, sur l'A 95. Magasin d'usine ouv tte l'année et tlj 8h30-17h.* On ne peut pas voir la processus de fabrication des fameux *shortbreads,* biscuits au beurre mondialement connus, mais la boutique vend, entre autres, des paquets de rejets (refusés à la commercialisation) bien moins chers que la normale. Bonjour les kilos !

À voir

🎋 *Telford Bridge :* pont métallique, type Eiffel, flanqué de quatre tourelles inattendues, conçu par Thomas Telford en 1812. Il enjambe la Spey sur une cinquantaine de mètres.

🎋🎋 *Speyside Cooperage :* à *l'entrée de Craigellachie en venant de Dufftown.* ☎ 871-108. ● speysidecooperage.co.uk ● *Visite guidée tte l'année et ttes les 30 mn : lun-ven 9h-16h (dernière entrée 15h30). Entrée : £ 3,50 ; réduc. Audioguide en français. Résa conseillée.* Après le contenu, voici le contenant : les tonneaux. Leur rôle est majeur

CERCUEIL FLOTTANT

Dans les tonneaux, on ne met pas que du whisky. En 1805, c'est dans un tonneau de cognac que les marins anglais placèrent le corps de l'amiral Nelson, tué pendant la bataille de Trafalgar, pour le rapatrier en Angleterre. À l'arrivée au port, le corps était intact...

dans la coloration des whiskies, et 70 % de la saveur d'un *single malt* est apportée par le bois dans lequel il a vieilli. Les distilleries utilisent d'anciens tonneaux à bourbon ou à sherry qu'elles achètent en pièces détachées. Ici, on les restaure, on les remonte, ou on les fabrique de toutes pièces pour contenir du cidre ou du vin. Un film (en français) détaille tout le processus, avec odeur, fumée, etc. On passe ensuite dans une galerie surplombant l'atelier, où les tonneliers, payés à la pièce, triment dans le vacarme assourdissant des coups de marteaux, dépiautant et reformant les tonneaux le plus vite possible. Aussi instructif que spectaculaire !

DANS LES ENVIRONS DE CRAIGELLACHIE

🎋🎋 *Ballindalloch Castle :* à *10 miles (16 km) au sud-ouest de Craigellachie, sur l'A 95 en direction de Grantown-on-Spey.* ☎ (01807) 500-205. ● ballindalloch castle.co.uk ● *Pâques-fin sept : tlj sf sam 10h-17h (dernière admission 15h45). Entrée : £ 10,50 ; réduc ; jardins slt £ 5. Feuillet explicatif en français.* Château privé, toujours habité par les Macpherson-Grant, descendants du baron de Ballindalloch. En sortant, vous connaîtrez les moindres détails de la vie du lord et de ses trois rejetons, les murs sont tapissés de photos, un vrai album de famille. Nous, on aurait bien aimé rencontrer George, l'aïeul excentrique qui mit le feu au chapeau d'une spectatrice qui lui masquait la vue au théâtre d'Aberdeen ! Les parties les plus anciennes de l'édifice datent du XVIe s. Aujourd'hui, l'architecture est plutôt de style victorien, suite aux modifications effectuées en 1850. On peut visiter l'aile destinée à recevoir les invités. Belle collection de peintures espagnoles du XVIIe s,

LES GRAMPIANS

grande bibliothèque (2 500 volumes)... Couloirs toujours hantés par le fantôme du général James Grant, qui se rendrait régulièrement dans la cave à vins ! Immense parc et jardins tout aussi intéressants, avec une jolie balade le long d'un ruisseau envahi de nénuphars, et même un cabanon abritant un train électrique. C'est dans la ferme de ce château que, en 1860, on commença l'élevage de l'*Aberdeen Angus,* bœuf écossais dont la viande est très réputée.

🎄🎄 *Macallan Distillery :* à env 2 km au sud-ouest de Craigellachie, par la B 9102 en direction d'Archiestown. ☎ 872-280. ● themacallan.com ● Pâques-fin sept : lun-sam 9h30-18h ; le reste de l'année : lun-ven 9h30-17h. Visite guidée de 1h45 : £ 15. Résa obligatoire. Si le Macallan compte parmi les meilleurs whiskies écossais, on ne peut pas dire que la distillerie soit la plus séduisante du coin. Cela dit, outre le procédé habituel de fabrication, on vous montre le vieil entrepôt où repose le breuvage, et la grange où sont stockés les fûts en chêne, originaires des États-Unis (utilisés pour le bourbon) ou d'Espagne (pour le xérès). Dans la qualité des fûts réside un des secrets de fabrication du whisky Macallan, réputé pour sa maturation mais aussi pour ses alambics.

🎄🎄 *Glen Grant Distillery :* à Rothes. ☎ 832-118. ● glengrant.com ● Tlj 9h30 (12h dim, nov-mars)-16h (dernier tour). Visite : £ 5. Créée en 1840 par les frères Grant, c'est la seule distillerie portant le nom de ses fondateurs. La maison produit un whisky doux et pâle, exporté à 75 % vers l'Italie. Après la visite, intéressante et ponctuée d'humour, on peut se balader dans le superbe jardin victorien semé d'essences américaines et asiatiques. Il abrite le *dram pavilion,* le repaire du Major Grant qui fut le premier des Highlands à posséder une voiture, et le premier à électrifier sa distillerie.

🎄🎄 *Aberlour Distillery :* à Aberlour. ☎ 881-249. ● aberlour.com ● Sur rdv slt : tlj avr-oct, 2 tours/j. à 10h et 14h ; slt en sem nov-mars. Entrée : £ 14. Pour les plus de 18 ans slt. La visite dure env 2h, avec dégustation de 5 single malt, parmi leurs meilleurs ! D'autres tours pour les spécialistes (£ 35-50 !). Résa dans ts les cas. Vous l'avez compris, cette distillerie s'adresse aux amateurs chevronnés. On hume, on teste, et on tente de reconnaître le fût de provenance. Dur labeur que celui de ces hommes obligés d'enivrer leur odorat pour obtenir le juste équilibre propre à la marque. Aberlour, la « bouche du ruisseau bavard » en gaélique, appartient désormais au groupe Pernod-Ricard.

🎄🎄 *Strathisla Distillery :* à Keith. ☎ (01542) 783-044. ● maltwhiskydistilleries. com ● De mi-mars à mi-nov : tlj 9h30 (12h dim)-16h (dernière entrée) ; en hiver, visites sur résa lun-ven à 10h et 14h. Entrée : £ 7,50. Jamais deux sans trois, nous revoilà chez Pernod-Ricard, qui a mis la main sur la plus ancienne distillerie des Highlands, datant de 1786. C'est aussi l'une des plus élégantes, avec son toit en double pagode et ses vénérables murs noircis par les vapeurs d'alcool. Aujourd'hui, Strathisla est le siège du prestigieux *Chivas Regal.* Pas moins de 55 litres d'eau de source sont nécessaires pour produire ici un litre de whisky, un record dans la région. En fin de visite, dégustation de deux *Chivas Regal,* un *Strathisla* et un *Grain.* Pas mal !

🎄 Si vous n'êtes pas rassasié (ou plutôt suffisamment abreuvé !), vous pouvez encore visiter la distillerie indépendante de **Glenfarclas,** perdue dans la lande entre Aberlour et Ballindalloch, et propriété de la famille Grant, dont les fils s'appellent obligatoirement John ou George depuis 1864, date de la création de la distillerie.

DU KILT AU KIMONO

L'Écosse a du souci à se faire car, désormais, certains single malt parmi les plus réputés au monde sont produits au... Japon ! En 2010, c'est même un Yamazaki (non, ce n'est pas une moto) 18 ans d'âge qui a remporté une double médaille d'or aux États-Unis. Et même l'Inde se met au whisky. Les malts de la distillerie d'Amrut, à Bangalore, sont fameux... tout comme le nectar distillé en Birmanie, à Mandalay et Yangon.

(● glenfarclas.co.uk ●). Enfin, détour possible par les distilleries de **Cardhu** (après Archiestown), où l'on produit le *Johnnie Walker,* et de **Dallas Dhu** et **Benromach** à Forres (lire plus loin « Dans les environs d'Elgin »).

ELGIN
21 000 hab. IND. TÉL. : 01343

Ville commerçante élégante, jadis important centre médiéval, comme en témoignent aujourd'hui les imposantes ruines de sa cathédrale. Elle commande l'accès de la route du Whisky par le nord. On y trouve par ailleurs tous les services et une bonne douzaine de restos asiatiques !

Arriver – Quitter

En bus

🚌 *Gare routière : Alexandra Rd (A 96 Aberdeen-Inverness), dans le Saint Giles Shopping Centre. ☎ 544-222. Billetterie ouv lun-ven 9h-17h.*
Avec *Stagecoach* :
➢ La ligne n° 10 relie Elgin à **Inverness** (1h15 de trajet) via **Forres** ou à **Aberdeen** (2h30 de trajet) via **Huntly.** Départ ttes les 50 mn, 6h-23h20 (7h-21h dim). La ligne n° 35 relie aussi Elgin à Aberdeen mais par la côte, via **Cullen, Banff** et **Macduff** (ttes les 30 mn, 5h-22h45 ; moins de fréquences dim).
➢ Le bus n° 36 est très pratique pour se rendre à **Rothes, Craigellachie, Aberlour** et **Dufftown** sur la route du Whisky. Ttes les heures, 7h-18h (pas de bus dim). Compter 1h de trajet entre Elgin et Dufftown.

En train

🚃 *Gare ferroviaire : Station Rd. Infos et résas : ☎ 08457-48-49-50. Billetterie lun-sam 6h25-19h30, dim 10h25-18h.*
➢ Une quinzaine de trains/j. (slt 5 le dim) de et vers **Inverness** ou **Aberdeen,** via **Huntly** et **Forres.** Départs 5h30 (7h pour Inverness)-22h30.

Adresse utile

🛈 @ *Visitor Information Centre : Cooper Park, dans la* **Public Library,** *en retrait d'Alexandra Rd (A 96), à 300 m de la gare routière et 200 m de la cathédrale. ☎ 562-608. ● moray.gov. uk ● Tte l'année : lun-sam 10h-20h (16h sam).* 🖥 🛜

Où dormir ? Où manger ? Où goûter ?

🏠 *Moraydale Guest House : 276, High St. ☎ 546-381. ● moraydaleguesthouse.com ● Double £ 75.* 🛜 Dans une maison victorienne devancée d'un jardinet propret, 7 chambres douillettes et assez spacieuses, habillées de couleurs fraîches. Moquette partout, belle comme un kilt neuf, jusqu'à dans l'accueillante petite salle où est servi le petit déj, lui aussi aux couleurs de la tradition écossaise. Accueil gentil et attentionné.

I●I 🍽 *Scribbles : 154, High St. ☎ 542-835. Tlj 10h (12h dim)-22h. Plats £ 5-10.* Un grand café sympatoche et coloré, pour les adeptes du manger sain. Au menu, salades, soupes, pâtes et pizzas, avec plusieurs propositions *veggie* et *gluten free.* Bonnes pâtisseries maison. Pour accompagner, *smoothies* et multiples cafés, thés et chocolats. Les portions sont un peu chiches, mais ça repose du *fish & chips.* Pour

LES GRAMPIANS

tuer le temps ou occuper les loustics, seaux de jouets et crayons de couleur. ▮●▮ *Akash :* 21, South St. ☎ 544-000. *Tlj midi et soir. Plats £ 9-15.* Dans une salle nette et claire, animée par quelques tableaux kitsch et un fond musical de Bollywood, une cuisine indienne pleine de saveurs et généreusement servie. Bonne chance pour faire votre choix, la carte est longue !

Où dormir dans les environs ?

🛏 *Invercairn House :* à **Brodie** (env 16 miles, soit 26 km à l'ouest d'Elgin). ☎ (01309) 641-261. ● *invercairn house.co.uk* ● *Au bord de l'A 96, à deux pas du Brodie Castle. Fermé de mi-nov à mi-fév. Doubles sans ou avec sdb £ 60-80. Parking privé.* Dans l'ancienne et mignonnette gare de Brodie, transformée en *B & B.* Chambres simples mais cosy et confortables, dont 2 avec lavabo, partagent une salle de bains. La 3ᵉ dispose de la sienne. On se sent tout de suite à l'aise, rassuré par la gentillesse de Nick, qui bichonne amoureusement son jardinet.

Achats

🛍 *Gordon & MacPhail :* 58-60, South St, au centre d'Elgin. ☎ 545-110. ● *gordonandmacphail.com* ● *Lun-sam 9h-17h (vente d'alcool à partir de 10h !).* Dans cette vénérable boutique abreuvant ses clients depuis 1895, on ne présente pas moins de 1 000 références de *single malt* ! Également une superbe épicerie fine, où piocher au hasard des rayonnages thés, cafés, sauces, douceurs et chocolats, fromage et charcuterie à la coupe. On peut aussi se faire confectionner un sandwich.

À voir

🎥🎥🎥 *La cathédrale* (HES) : à 500 m du centre, en retrait de l'A 96. *Avr-sept : tlj 9h30-17h30 ; oct-mars : tlj jeu-ven nov-mars 10h-16h. Entrée : £ 5,50 ; billet combiné avec* Spynie Palace *£ 7,50 ; réduc.* Érigée au XIIIᵉ s, cette cathédrale gothique surnommée la « lanterne du Nord » n'a pas été gâtée par l'Histoire.

Incendiée en 1390 par le comte de Buchan (surnommé « le Loup de Badenoch ») furieux d'avoir été excommunié, elle fut rebâtie puis dévalisée et laissée à l'abandon après la Réforme en 1560, avant que la tour centrale ne s'effondre en 1711. De cet ensemble complexe et majestueux ne subsistent donc que de superbes ruines, dont une magnifique façade comptant parmi les fiertés de l'architecture écossaise. Autour, arches et voûtes s'élancent dans le vide, magique. Au sommet de la tour nord, plate-forme panoramique donnant une autre perspective du site. Ceux qui ne veulent pas payer l'entrée pourront se faire une idée en jetant un œil à travers les grilles.

🎥 *Spynie Palace* (HES) : à quelques km au nord sur la route de Lossiemouth. Bus nº 33 d'Elgin. ☎ (01667) 546-348. *Avr-sept : tlj sf mar 9h30-17h30. Fermé le reste de l'année. Entrée : £ 4,50 ; billet combiné avec la cathédrale £ 7,50 ; réduc.* En pleine campagne, dans un site bucolique à souhait, se dressent les ruines de l'ancienne demeure de l'évêque (jusqu'en 1689), presque entièrement détruite, à l'exception de la tour de David (XVe s), dans laquelle on peut grimper. Il semblerait que ce lieu soit un des plus hantés du coin. Pas de chance, on a seulement croisé des écureuils et des petits lapins !

DANS LES ENVIRONS D'ELGIN

Benromach Distillery : à **Forres,** *à 12 miles (env 19 km) à l'ouest d'Elgin par l'A 96. Bus nos 10 ou 35 depuis Elgin ou Inverness.* ☎ *(01309) 675-968.* ● *benromach.com* ● *Lun-sam 9h30-17h (dernier tour à 15h), plus dim en juin-sept 12h-16h. Tours £ 6-30 selon durée (30 mn à 2h), avec dégustations. Donne droit à £ 3 de remise sur la boutique à partir de £ 25 d'achat.* Toute blanche – excepté sa vieille cheminée de brique rouge –, Benromach est la plus petite distillerie du Speyside, comptant seulement deux alambics. Fondée en 1898, elle ferma ses portes en 1983, victime d'une crise de surproduction du whisky écossais. Rachetée 10 ans plus tard par Gordon & MacPhail, négociants en whisky installés à Elgin, elle a rouvert ses portes en 1998, adoubée par le prince Charles, qui dédicaça le premier fût (toujours visible dans l'entrepôt). Ici, tout est contrôlé manuellement par les deux maîtres de chai, pour une production annuelle que les plus grosses distilleries de la région atteignent en seulement 3 jours ! Benromach élabore aussi le seul whisky garanti bio de l'orge aux barriques, en bois non traité. Entorse à la tradition, celles-ci n'ont jamais servi auparavant et colorent donc l'alcool très vite. Le résultat, marqué par un goût fumé très prononcé, est plutôt séduisant.

Sueno's Stone : dans le village de **Forres,** *à 12 miles (env 19 km) à l'ouest d'Elgin par l'A 96. Bus nos 10 ou 35 depuis Elgin ou Inverness.* Pierre levée picte la plus haute d'Écosse (plus de 6 m), gravée de figures humaines et animales. Elle est protégée par une cage de verre.

Brodie Castle (NTS) : à **Brodie,** *à 16 miles (env 26 km) à l'ouest d'Elgin, sur l'A 96. Bus nos 10 ou 35 depuis Elgin ou Inverness.* ☎ *(01309) 641-371. Avr-oct : tlj 10h30-17h (sf ven-sam en mai-juin et sept-oct). Dernière entrée 1h avt fermeture. Tarif : £ 10,50 ; réduc. Visite guidée obligatoire (1h). Jardins ouv tte l'année de 9h30 au coucher du soleil (gratuit).* Joli château du XVIe s, planté dans un immense parc particulièrement majestueux au printemps, quand les pelouses se transforment en une épaisse moquette de jonquilles. Pièces richement décorées dont certaines dévoilent de spectaculaires plafonds sculptés, ou encore des choix de couleurs parfois audacieux qui tranchent avec le classicisme du mobilier. Large collection de porcelaines, de tableaux, et belle bibliothèque riche de 6 000 volumes. Agréable *teashop.*

LES HIGHLANDS

De beaux paysages rudes et sauvages, empreints de romantisme, des reliefs hostiles recouverts d'un manteau de tourbe et de lande, des lochs profonds et mystérieux, des rivages déchiquetés, les « hautes terres » n'en finissent pas d'aiguiser notre imaginaire.

De cette région, le pays a adopté le tartan, ce tissu quadrillé aux couleurs du clan, dont les accessoires (kilt et cornemuse) complétaient la panoplie du parfait Highlander pour devenir le costume d'un peuple, le symbole d'une nation. Et pourtant, jusqu'au XIXe s, tout semblait séparer les Highlanders des Lowlanders. Les premiers étaient considérés comme de vulgaires barbares par les habitants des « basses terres », plus raffinés, *of course* ! Il fallut attendre la reine Victoria pour que les Highlands deviennent à la mode et suscitent un engouement jamais démenti depuis.

On a souvent tendance à associer les « hautes terres » à l'extrême nord du pays. En fait, les Highlands naissent dans les environs de Dunkeld (au nord de Perth), montent jusqu'à Inverness, traditionnellement considérée comme la porte des Highlands du Nord, puis déroulent leurs reliefs acérés jusqu'à la pointe septentrionale pour revenir s'écraser contre les côtes occidentales et, plus au sud, contre celles de l'Argyll. Chaque territoire de ce vaste espace qui refuse l'uniformité mérite une attention particulière.

LE LOCH LOMOND

● Carte *p. 313*

Ce nom, qui rappellera des souvenirs aux tintinophiles, est d'abord celui du plus grand loch du pays, situé en plein milieu du premier parc national écossais. Ballon d'oxygène pour la ville de Glasgow, à seulement 45 mn en voiture, il attire beaucoup de citadins qui viennent s'y divertir et pratiquer de nombreux sports (nautiques, randonnée...).

– Infos touristiques sur ● *visits cottishheartlands.com* ● *lochlo mond-trossachs.org* ● Valable aussi pour l'Argyll, Stirling et les Trossachs.

Arriver – Quitter

La rive ouest du loch Lomond est bien desservie par la route A 82 et la *West Highland Line.* Côté est, c'est plus compliqué. Les bus venus de Glasgow s'arrêtent à Balmaha, d'où une route à voie unique remonte jusqu'à Rowardennan, fin du goudron.

En bus

➢ **Ligne Glasgow-campbeltown, Glasgow-Fort William-Skye** et **Glasgow-Oban** avec *Scottish Citylink.* ☎ 0871-266-33-33. ● *citylink.co.uk* ●

Dessert régulièrement les villages de la rive ouest.

En train

– **Scotrail :** ☎ 0330-303-0111. ● *sco trail.co.uk* ●
➢ **West Highland Line, Glasgow (Queen Street Station)-rive ouest du loch Lomond :** 3 trains/j. dans chaque sens.
➢ **Glasgow-Balloch :** ttes les 30 mn env.

Circuler sur et au-dessus du loch Lomond

En bateau

Plusieurs trajets permettent de relier une rive à l'autre. Compter en principe £ 8 aller, £ 12 A/R ; réduc enfants. Env 3 à 6 départs/j. en saison selon les parcours. Vélos parfois embarqués gratuitement. 2 compagnies se partagent les lignes (elles organisent aussi des croisières, voir plus loin à Balloch et Tarbet) :
■ **Sweeney's :** *à* **Balloch,** *près du Visitor Centre.* ☎ (01389) 752-376. ● *sweeneycruises.com* ●
➢ Balloch-Luss et Luss-Balmaha.
■ **Cruise Loch Lomond :** *à l'embarca-*

dère de **Tarbet.** ☎ (01301) 702-356. ● *cruiselochlomond.co.uk* ●
➢ Rowardennan-Luss ; Tarbet-Rowardennan ; Tarbet-Inversnaid ; Inversnaid-Inveruglas.

En hydravion

■ **Loch Lomond Seaplanes :** *au* Cameron House Hotel, *au sudouest du lac, non loin de Balloch.* ☎ (01436) 675-030. ● *lochlomond seaplanes.com* ● *Tour de 40 mn :* £ 120-150.

Infos pratiques

– Attention, jusqu'à présent, *ni banque, ni distributeur* autour du loch Lomond. On trouve juste une banque à Alexandria, au sud de Balloch.
– Une *station-service* à Arrochar.

BALMAHA ET DRYMEN   70 et 930 hab.   IND. TÉL. : 01360

Deux petits villages sur la rive est, de loin la plus paisible du loch. Le passage de nombreux randonneurs, en route pour Rowardennan et Inversnaid, n'altère pas la sérénité de ces rives encore sauvages.

Adresses utiles

Visitor Information Centre : *à Balmaha.* ☎ *(01389) 722-100. Pâques-sept : tlj 9h30-16h30 (18h juil-août) ; le reste de l'année : w-e slt 9h30-16h30.* Infos sur les randonnées et les campings.
■ *Location de vélos : Lomond*

Activities, à Drymen, sur Main St. ☎ *660-066. En été, tlj 9h (10h dim)-17h ; horaires restreints hors saison. Compter £ 15/j.*
⛴ *Marina de Balmaha :* point d'embarquement pour les îles du loch Lomond (lire la rubrique « À faire »).

Où dormir dans le coin ?

Campings

⊼ *Cashel Caravan & Camping Site :* à 5 km au nord de Balmaha, sur le West Highland Way. ☎ 870-234. ● *campingintheforest.co.uk/scotland/cashel-campsite* ● *Arrêt de bus le plus proche à Balmaha. Ouv mars-oct. Barrières fermées 22h30-7h30. Selon saison, £ 12-25 pour 2 avec tente et voiture ; £ 8 sans voiture.* Dans un joli site au bord du loch, un beau terrain traversé par une rivière. Sanitaires simples mais propres. Aire de jeux, épicerie.
⊼ *Millarochy Bay Club Site :* à env 1 mile (1,6 km) au nord de Balmaha. ☎ 870-236. Ouv avr-oct. Prévoir £ 7-11/pers. Terrain ombragé au bord du lac. Situé sur le *West Highland Way*, pas mal de randonneurs, donc.

De bon marché à prix moyens (£ 10-25/pers ; 12-30 €)

■ *Rowardennan Youth Hostel :* à Rowardennan, à 7 miles (env 11 km) au nord de Balmaha, au bord du loch Lomond. ☎ 870-259. ● *syha. org.uk* ● Mars-début oct. En dortoir 6-8 lits £ 16-22/pers ; doubles sans sdb £ 40-47 ; £ 3 en plus pour les *non-membres.* Ancienne résidence de chasse superbement située sur le parcours du *West Highland Way*, entre la forêt et le loch Lomond. Confort simple et déco banale, mais, du salon, vue magnifique sur le lac et la nature environnante. L'annexe, en revanche, abrite des chambres minuscules. Cuisine, petite épicerie. Possibilité d'y dîner.

■ *Balmaha House :* à Balmaha, face au loch. L'une des dernières maisons du village en allant vers le nord. ☎ 870-218. ● *balmahahouse.co.uk* ● Résa conseillée. Dortoir £ 20/pers (draps et serviettes en plus) ; double £ 70 ; chalet (pour 4) £ 80. Petit déj compris. 📶 Emplacement idéal pour cette maison moderne qui offre plusieurs types d'hébergement susceptibles de convenir à tous les budgets, même un chalet pour 4 avec cuisine et une petite véranda donnant sur le lac (un bon plan). Location de canoës pour partir explorer les îles. Très bon accueil. Une excellente adresse du coin.

■ *The Oak Tree Inn :* à Balmaha, à l'angle du chemin de la marina. ☎ 870-357. ● *oaktreeinn.co.uk* ● Dortoir (4 pers, lits superposés) £ 30/pers ; doubles £ 85-110 selon confort et des familiales (4-5 pers). Que ce soit dans la maison principale, à

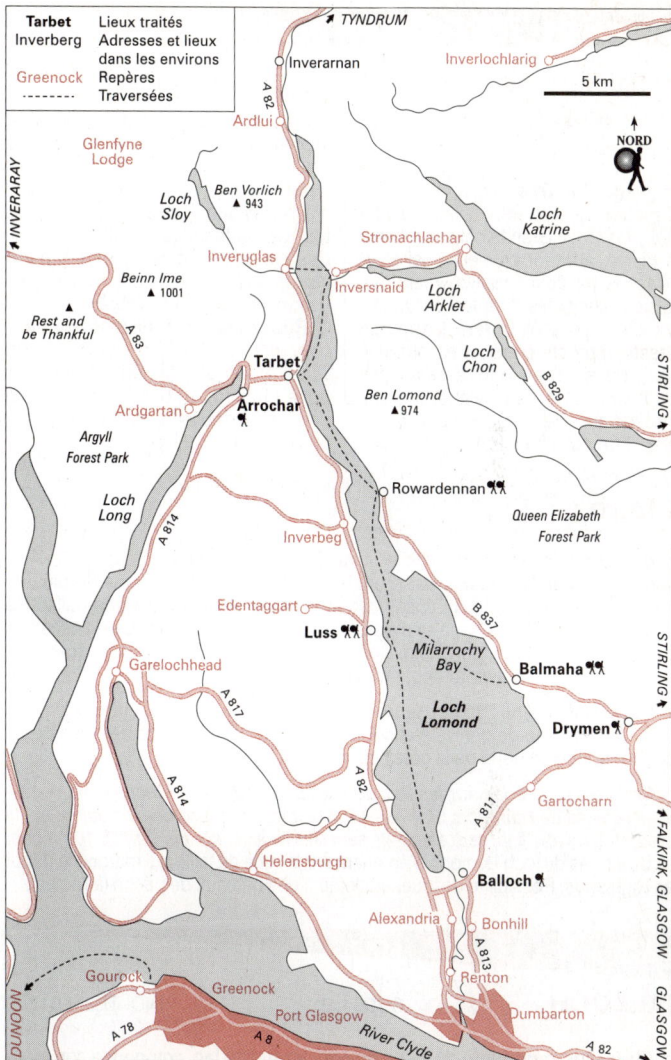

LA RÉGION DU LOCH LOMOND

l'arrière ou dans les maisons du village (avec parfois vue sur le loch), la petite entreprise familiale voit grand. Attention toutefois aux chambres au-dessus du pub et du resto, bruyantes en raison d'une mauvaise insonorisation, plus encore aux beaux jours lorsque les clients s'attardent en terrasse. Sinon, tout est confortable et bien tenu.

Où manger ? Où boire un verre ?

De bon marché à prix moyens (plats £ 5-18 ; 6-22 €)

|●| ▼ **The Oak Tree Inn :** *voir plus haut « Où dormir ? ». Tlj. Petits plats (jusqu'à 17h), puis dîner.* Grande bâtisse récente en pierre, abritant plusieurs salles et terrasses au décor rustico-maritime. Cuisine allant des simples *bar meals* aux plats plus élaborés. L'auberge brasse sa propre bière, et en propose bien d'autres. Grande terrasse animée aux beaux jours. Convivial et familial. Possède aussi le *Village Shop* à côté.

|●| ▼ **The Clachan Inn :** *à Drymen,* The Square (la place principale). ☎ 660-824. *Tlj 11h-minuit (22h pour la cuisine).* 📶 Licencié depuis 1734, c'est le premier pub d'Écosse à avoir obtenu l'autorisation de vendre du whisky. Pas aussi mignon que l'extérieur, l'intérieur n'a pas grand-chose d'antique mais tout de l'authentique « pub du coin ». *Bar meals* plutôt bons et généreusement servis. Bières et whiskies, évidemment ! Accueil chaleureux.

▼ **Rowardennan Hotel :** *à Rowardennan, juste avt l'auberge de jeunesse. Ouv Pâques-oct, tlj.* On y vient pour boire un verre au *beer garden,* vaste pelouse face au loch, moins pour tenter une expérience culinaire.

À faire

➤ **Ben Lomond** (974 m) : *départ de la rando à Rowardennan. Compter 5h A/R.* Géré par le *National Trust*, c'est probablement le *munro* (montagne de plus de 914 m) le plus fréquenté d'Écosse. Chemin assez évident mais pas balisé, se munir d'un plan. De plus, ça grimpe pas mal, prévoir même un peu d'escalade au début. Le panorama porte loin. Consulter l'évolution météo (très variable à cet endroit) et ne pas s'y aventurer par mauvais temps.

➤ **Conic Hill** (316 m) : *départ depuis Balmaha (rens au* Visitor Centre*). Compter 2h30 A/R.* Pas trop de dénivelée pour cette balade qui offre l'une des plus belles vues sur le loch Lomond de la côte est.

➤ **Croisières, balades sur les îles du loch Lomond :** *avec Macfarlane,* comptoir à la marina de **Balmaha.** ☎ 870-214. ● balmahaboatyard.co.uk ● *Juil-août : tlj sf mar et dim ; mai-juin, sept : lun, jeu, sam slt. Résa conseillée. Tarif : £ 10 ; réduc.* Les belles îles du loch Lomond s'égrènent sur la ligne de faille qui marque le début des Highlands. Possibilité de louer également des bateaux de pêche (à rames).

BALLOCH   6 790 hab.   IND. TÉL. : 01389

La ville la plus importante du loch Lomond, au sud du lac, compense son manque de charme par des activités naturellement tournées vers l'eau et plus largement vers la nature. Voici une bonne halte pour occuper les loupiots curieux.

Adresses utiles

🖬 **Visitor Information Centre :** Old Station Building, *Balloch Rd.* ☎ 753-533. *Juil-sept : tlj 9h30-18h ; oct-juin : tlj 10h-17h.* Abondance de doc et brochures sur tout ce qu'il y a à voir et à faire dans la région. Conseille sur les balades aux alentours et vend des billets à prix réduits pour le *Sealife Centre* et le *Bird of Prey Centre.* Intéressant ! ■ **Can You Experience :** *Loch Lomond*

Shores, près de l'Aquarium. ☎ 756-251. ● canyouexperience.com ● Avr-oct : tlj 10h-17h. Location de canoës, bateaux à moteur, VTT, tandems pour se balader sur ou autour du Loch.

■ **Sweeney's :** *à env 20 m de la gare en traversant Balloch Rd, à côté de* l'office de tourisme. ☎ 752-376. ● sweeneycruises.com ● *Croisières sur le loch Lomond. Tarifs : £ 10-17 selon formule ; réduc.* Choix entre une boucle de 1h au sud-ouest du lac (départs ttes les heures) ou un tour de 2h (départs l'après-midi).

Où dormir ? Où boire un verre ?

Prix moyens
(£ 50-85 ; 60-102 €)

🏠 **Dumbain Farm :** *assez excentré. Du* Visitor Centre, *traverser le pont et conti-nuer jusqu'à Main St, tourner à droite et tt de suite à gauche dans Dumbarton Rd, et à nouveau à gauche dans Dumbarton Crescent ; c'est plus loin sur la gauche.* ☎ 752-263. ● dumbainfarm.co.uk ● *Tte l'année. Doubles env £ 75.* Juste au-dessus de la ville, dans les champs. Cadre bucolique, donc, et beaucoup de charme pour les 7 chambres ins-tallées dans les anciennes étables de la ferme. Elles sont spacieuses, claires et décorées avec goût. L'une des familiales (pour 4) possède une mezzanine et une cuisine. Une belle adresse, au calme.

🍷 **Maid of the Loch :** *au bout des quais. Juil-sept, tlj 11h-17h.* L'un des derniers bateaux à vapeur construit en Grande-Bretagne et ayant navigué sur le lac. Transformé aujourd'hui en café. Agréable quand il fait beau et que quelques tables sont installées sur le pont.

À voir

🍴🏃 **Sealife Centre :** *Loch Lomond Shores, grand bâtiment circulaire facilement repérable sur les quais.* ☎ 721-500. ● sealife.co.uk/loch-lomond ● *Tlj 10h-16h (dernière admission). Entrée (très chère) : £ 13,20 ; réduc.* Cet aquarium présente la plus grande variété de requins (neuf) en Écosse. Ils évoluent dans un bassin de 250 000 l, qu'on observe à travers un tunnel de 5 m de long. À voir aussi : raies, hippocampes, tortues, poissons-clowns, poissons-lions, etc.

🍴🏃 **Bird of Prey Centre :** *entrée depuis le parking, près de l'Aquarium (fléché).* ☎ 729-239. ● llbopc.co.uk ● *Tlj 9h30-18h (16h30 nov-fév). Entrée : £ 8 ; réduc.* Centre conçu pour la préservation de l'habitat et géré de façon durable. Le milieu existant n'a pas été négligé (grenouilles, rongeurs y évoluent en liberté). Il s'agit aussi du seul centre d'Écosse à posséder un aigle royal et les cinq espèces de hiboux britanniques. Une balade relaxante.

LUSS   200 hab.   IND. TÉL. : 01436

Voici le village le plus charmant de la rive occidentale du loch Lomond. Quel-ques petites rues bordées de maisons basses mènent à un ponton et à une plage. Évidemment très touristique, même hors saison.

Adresse utile

ℹ️ **Luss Visitor Centre :** *à l'intérieur du café Purdie's, à l'entrée du village, sur le parking.* ☎ 860-229. *Pâques-fin août : tlj 8h-18h ; sept-déc et début fév-fin mars : tlj sf mer, jeu (plus dim en déc) 10h-16h. Fermé fin déc-début fév.* Infos sur la région et petite expo et vidéo sur l'histoire de Luss.

Où dormir ? Où manger ?

De bon marché à prix moyens (plats £ 5-18 ; 6-22 €)

|●| **Coach House Coffee Shop :** *par la rue principale en direction du ponton, puis vers la droite avt la plage.* ☎ 860-341. *Tlj 10h-17h.* Bâtisse en pierre bien restaurée et modernisée, avec une cheminée dans chaque pièce. Soupe maison, *haggis* et délicieux gâteaux. Derrière, terrasse pour les beaux jours. Convivial, ambiance retour de balade.

|●| **The Village Rest :** *dans le village, par la perpendiculaire qui part de la route en face de* Colquhoun Arms Hotel. ☎ 860-220. *Tlj 9h-21h ; fermé le soir en hiver. Plats £ 11-12.* Grande salle installée dans une maison typique, sans charme particulier si ce n'est le dépaysement procuré par l'assemblée de locaux et d'estivants écossais. Cuisine fraîche et peu chère, allant du sandwich à la viande, en passant par les gros gâteaux pour le goûter.

🍸 ♦ **Purdie's :** *à l'entrée du village, sur le parking, côté gauche. Mêmes horaires que le* Visitor Centre. Agréable café grâce à ses larges baies vitrées donnant sur le lac. Les gourmands fondront pour les bonnes glaces.

De prix moyens à chic (£ 50-125 ; 60-150 €)

🏠 **Culag Lochside Guesthouse :** *sur la berge du lac, par un chemin d'accès à 1 mile (1,6 km) au nord de Luss.* ☎ 860-248. ● *culag.info* ● *Tte l'année. Selon catégorie, doubles £ 70-100.* Dans la maison principale, 4 chambres classiques (dites « traditionnelles »), mansardées à l'étage, à la déco un peu datée. D'autres plus grandes et modernes (certaines avec mezzanine, convertibles en familiales) sont joliment aménagées dans les 2 pavillons en pierre. La plupart ont vue sur le lac. Plage et jardin, grande véranda pour le petit déj. Efficacement tenu par l'aimable proprio, un ancien hôtelier. Il peut organiser de vrais séjours avec kayak, tours en bateau, hydravion (qui atterrit devant la maison !), etc.

À voir

Ne pas manquer la **petite église** au-delà du *Coach House Coffee Shop* : beau plafond en coque de bateau renversée et **cimetière,** avec notamment une pierre tombale viking.

Manifestation

– **Luss Highland Games :** *en juil.* ● *lusshighlandgames.co.uk* ●

TARBET ET ARROCHAR

1 350 et 800 hab.   IND. TÉL. : 01301

Deux petits villages, l'un sur le loch Lomond, l'autre sur le loch Long, qui cristallisent la beauté des environs. De Tarbet, possibilité de croisières.

Adresses utiles

ℹ️ **Visitor Information Centre :** *à* Tarbet. ☎ *et fax :* 702-260. ● *info@* | *tarbet.visitscotland.com* ● *Face au* Tarbet Hotel. *Avr-oct : tlj 10h-17h (18h*

juil-août). La même doc qu'à Balloch, avec 10 fois moins de monde.
■ *Cruise Loch Lomond :* Tarbet Pier. ☎ 702-356. ● *cruiselochlomond. co.uk* ● *Avr-oct :* tlj 8h30-16h. Tarifs : £ 9-15 selon formule ; réduc. Pour une traversée vers Rowardennan, où l'on peut randonner avant de reprendre le bateau à Inversnaid, ou inversement.

Où dormir ?

Camping

⛺ *Glenloin Caravan Park :* derrière la station-service d'*Arrochar.* 📞 07810-194-259. *Réception 8h (8h30 sam, 9h dim)-16h (plus tard en saison). Env £ 5/ pers. En hte saison, grandes tentes acceptées slt selon dispo.* Petit terrain séparé du loch Long par la route. Laverie. En dépannage, si vous n'avez pas le temps de rejoindre les campings de l'autre rive, au nord de Balmaha (voir plus haut).

Prix moyens
(£ 50-85 ; 60-102 €)

🛏 *B & B Braemor :* à *Arrochar,* dans le centre. ☎ 702-535. 📞 07814-786-193. ● *braemorscotland.com* ● *Tte l'année. Doubles £ 55-65 selon saison.* 📶 Si le portail est fermé, c'est juste pour éviter que les cerfs ne viennent faire la java dans le jardin ! De cette maison, moderne, on ne peut rêver meilleure situation face au loch et au Cobbler. De l'une des chambres, vue sur le loch, même depuis la douche. On aime aussi la sobriété élégante de la déco intérieure et l'accueil charmant de Reg, qui vous concoctera un petit déj typiquement écossais, avec produits locaux et œufs de la maison ! Notre adresse préférée dans la région.

🛏 *Innischonain House :* 800 m après la gare de *Tarbet* en venant d'Arrochar, avt un grand virage, prendre à gauche (panneau blanc « B & B »). ☎ 702-726. ● *innischonainhouse. co.uk* ● *Tte l'année. Selon saison, doubles £ 60-75.* Dans une grande maison moderne habillée de parquets et lambris, 3 chambres au confort douillet, une avec lit à baldaquin, coquette et romantique. Vue sur le jardin et les montagnes.

Où manger ? Où boire un verre ?

Prix moyens
(plats £ 8-18 ; 10-22 €)

|●| 🍴 *The Village Inn :* à la sortie d'*Arrochar* en direction de Helensburgh, sur l'A 814. Ne pas confondre avec 3 Villages Cafe, au début de la route ; The Village Inn se trouve 500 m plus loin. ☎ 702-279. *Tlj 10h-22h (cuisine), 23h (bar). Musique live dernier ven du mois. Résa conseillée le w-e. Plats £ 10-14.* 📶 Auberge blanche au bord du loch Long mais aussi de la petite route... Belle salle de pub chaleureuse (cheminée, parquet) ou *lounge* plus classique. Pas mal d'habitués au bar, moins au resto. *Real ale* et large sélection de whiskies, mais cuisine de pub peu imaginative. Terrasse sur la pelouse, face au lac.

|●| 🍴 *Drovers Inn :* à *Inverarnan.* ☎ 704-234. *Tlj 11h-23h. À 20 km env au nord du loch Lomond, par l'A 82 vers Fort William. Tlj 11h-23h (1h ven-sam). Également des chambres. Musique live ts les sam.* Ce pub d'au moins 300 ans est l'un de nos favoris dans la région : faune endormie par un taxidermiste, salle charmante avec son feu dans la cheminée, pleine de coins et de recoins, bougies, vieux tableaux et serveurs en kilt. Dans l'assiette, *pub food* bien rustique et très généreusement servie. Il n'est pas rare qu'après la fermeture des portes les soirées continuent jusqu'à 3h !

À faire

➤ **The Cobbler** (ou Ben Arthur) : *départ du sentier sur la rive ouest du loch Long, à l'ouest d'Arrochar. Pour les randonneurs expérimentés uniquement. Partir avec une bonne carte.* Au sein du massif des Arrochar Alps, c'est le classique du coin. Vous n'y serez pas seul. Malgré les apparences, un bon sentier grimpe (compter environ 4h30) dans les cailloutis jusqu'à la partie sommitale, culminant à 884 m. Ceux qui veulent atteindre le « vrai » sommet devront négocier une difficulté majeure sur le dernier bloc. De là-haut, vue notamment sur Gareloch, Firth of Clyde et l'île d'Arran.

➤ **Argyll Forest Park** : *rens et brochures auprès du* Visitor Information Centre *de Tarbet (voir « Adresses utiles »).* Une multitude d'activités sont possibles : randonnées, vélo, etc.

LES HIGHLANDS DU CENTRE

• Carte p. 319

Pour découvrir toute la diversité des Highlands, le chemin de l'école buissonnière passe par le centre et les charmants villages de Dunkeld et Birnam, ou encore Pitlochry aux environs si riches. Sans oublier les nombreuses randonnées, dont certaines, du côté d'Aviemore, conduisent vers des sommets presque vertigineux... pour l'Écosse !

Arriver – Quitter

Cette partie des Highlands est la mieux desservie grâce à l'axe Perth-Inverness, parcouru par l'A 9 et la quasi-totalité des trains montant vers le nord. Attention : le col *Drumochter Pass* (462 m) est parfois fermé en hiver pour cause d'enneigement.

En bus

➤ **Ligne Perth-Inverness** avec *Scottish Citylink.* ☎ *0871-266-33-33.* ● *citylink.co.uk* ● Une dizaine de liaisons/j., certaines via **Birnam, Pitlochry** et **Aviemore.**
➤ **Ring of Breadalbane :** ☎ *(01877) 384-768 pour le bus qui démarre de Killin ou* ☎ *(01764) 681-231 pour celui qui part de Crieff. De juin à mi-oct, les* *mar, mer et dim, plus sam en juil-août, 4 fois/j., 9h (1er départ)-21h (dernière arrivée).* ● *breadalbane.org* ● *Billet à la journée :* £ 10 ; *réduc enfants.* Bus circulaire selon le principe hop-on, hop-off, on monte et on descend aux arrêts qu'on veut. Sur résa, possibilité d'embarquer des vélos. 2 circuits : Killin, Lochearnhead, Saint Fillans, Comrie, Crieff, Aberfeldy, Kenmore, Killin. Ou Crieff, Comrie, Saint Fillans, Lochearnhead, Killin, Kenmore, Aberfeldy, Crieff.

En train

➤ **West Highland Line** avec *Scotrail.* ☎ *08457-55-00-33.* ● *scotrail.co.uk* ● Service régulier.

Aviemore	Lieux traités
Dalwhinnie	Adresses et lieux
	dans les environs
Catlodge	Repères

10 km

LES HIGHLANDS DU CENTRE

LES HIGHLANDS

KILLIN

790 hab.

IND. TÉL. : 01567

Village pittoresque à l'extrémité ouest du loch Tay, coupé par la rivière d'où dévalent des chutes. Un point d'ancrage idéal pour se balader dans la région.

Arriver – Quitter

En bus

➤ **Ligne Édimbourg-Fort William** avec

Scottish Citylink. ☎ 0871-266-33-33. ● *citylink.co.uk* ● 6 bus/j. dans les 2 sens via **Stirling**, **Callander** et **Glencoe**.

Adresses utiles

🛈 **Centre d'information et musée local :** *dans le vieux moulin voisin des chutes d'eau.* ☎ 820-628. *Mars-oct, tlj 10h-16h ; horaires réduits en hiver.* 📶 Pour conserver ce vieux moulin du XIXe s au sein du patrimoine communautaire (que la municipalité voulait vendre), les habitants ont décidé de le racheter. Ils financent leur action grâce à une boutique de vêtements d'occasion et d'artisanat, et ça marche ! De plus, les touristes y passent forcément pour obtenir des infos sur le coin et faire un tour au petit musée à l'étage. Ils y découvrent, entre autres, la vie de saint Fillan, moine irlandais venu prêcher dans les parages avec ses pierres guérisseuses. Très connues, celles-ci attirent encore de nombreux adeptes, qui prennent rendez-vous pour pouvoir les utiliser (sur place uniquement).

■ **Killin Outdoor Centre & Mountain Shop :** *Main St.* ☎ 820-652. ● *killinoutdoor.co.uk* ● *En allant vers Aberfeldy depuis le centre. Tlj 8h45-17h45.* Location de VTT *(£ 25/j.),* de doubles kayaks *(£ 20-40 pour 1 à 3h)* et de tentes. Plan, outils et bouée fournis. Vente de matériel. Donne volontiers des infos sur les randos à pied ou à VTT (la fameuse piste cyclable Sustrans 7 passe par Killin). Météo affichée sur la porte.

■ **Grant's Laundry :** *Main St.* ☎ 820-235. *Tlj 9h (10h dim)-22h30.* Laverie en self-service ou pressing à l'arrière.

■ Et tous les services habituels : **banque, poste** et **alimentation.**

Où dormir ? Où manger ?

⚕ **Cruachan Farm Caravan & Camping Park :** *à 3 miles (env 5 km) de Killin, sur l'A 827 en direction d'Aberfeldy.* ☎ 820-302. ● *cruachanfarm.co.uk* ● *Ouv de mi-mars à fin oct. En hte saison, £ 15-17 pour 2 selon taille de la tente.* Vaste camping familial, situé entre les collines et le loch Tay. Aire de jeux pour enfants, beau gazon et terrain tendre. Vente de lait et d'œufs fermiers. Resto à l'entrée. Du camping, un chemin mène au loch en 10 mn. Les plus courageux pourront s'y baigner.

🛏 **The Riverview B & B :** *Main St, près du moulin et au-dessus du Café Bistro Riverview.* ☎ 820-619. ● *theoldsmiddykillin.co.uk* ● *Doubles £ 56-60. Également une familiale.* 3 chambres dont la déco moderne tranche avec les vieilles pierres de cette ancienne forge. Elles sont plus ou moins grandes mais bien équipées et offrent un rapport qualité-prix indiscutable. *The Old Smiddy,* le resto en dessous, est correct, mais rien d'inoubliable. Accueil aimable.

🛏 **The Old Bank :** *Manse Rd, mais façade principale sur Main St.* ☎ 829-317. ● *theoldbankkillin.co.uk* ● *Sur la gauche en direction d'Aberfeldy depuis les chutes. Tte l'année. Doubles £ 70-80 sans ou avec sdb. CB acceptées.* 📶 Inutile d'entrer par effraction dans cette belle maison cossue du XIXe s. Jennie, la sympathique proprio, vous accueillera chaleureusement à l'intérieur de cette ancienne banque (avec le nom, on s'en serait douté !), dont il reste encore quelques vestiges. Ne pas manquer, par exemple, le coffre-fort protégé par une lourde porte dans l'actuelle salle du petit déjeuner. Chambres spacieuses et confortables. Petit déj à base de produits bio. Un bon rapport qualité-prix. Bref, on n'est pas volé...

🛏 🍽 🍸 **The Courie Inn :** *Main St.* ☎ 831-000. ● *thecourieinn.com* ● *Doubles £ 60-120. Également des familiales pour 3-4 pers.* 📶 Chambres spacieuses et modernes, dans les tons blanc et gris. L'une des suites fami-liales, particulièrement vaste, possède des lits superposés pour les enfants. Ceux qui sont sensibles au bruit évite-ront la suite junior, située à la verticale du pub (par ailleurs chaleureux). Fait également resto. Sinon, même proprio que le *Riverview B & B* et même poli-tique de prix raisonnables.

|●| The Falls of Dochart Inn : *Gray St.* ☎ *820-270. Face au pont au-dessus des rapides. Plats £ 8-10.* Pub local où les habitués viennent échanger les potins en se réchauffant autour de la cheminée ou en admirant les chutes depuis la terrasse. Repas solide composé de plats typiques.

|●| Shutters : *Main St.* ☎ *820-314. Sur la gauche en direction d'Aberfeldy depuis les chutes. Pâques-oct, tlj 10h (11h dim)-17h. Plats £ 4-15.* Bien pour la petite terrasse quand le temps est de la partie. Plutôt pour un repas léger : divers sandwichs, burgers, *baked pota-toes,* gâteaux et *scones.*

À voir. À faire

🎥🎥 Falls of Dochart : *en plein centre du village.* À voir surtout après de fortes pluies, quand le bruit des rapides résonne loin dans le village.

🎥 Cimetière du clan MacNab (Clan MacNab burial ground) **:** *situé sur une île, accessible depuis le portail au milieu du pont. Demander la clé au centre d'infor-mation.* Un chemin à travers la petite forêt mène à l'enclos protégeant 15 tombes (d'autres à l'extérieur) appartenant aux chefs du clan. Assez insolite.

🎥 Moirlanich Longhouse (NTS) **:** *dans le Glen Lochay. Par une petite route sur la gauche après la sortie de Killin en allant vers Aberfeldy.* ☎ *0844-493-21-36. Mai-sept : slt mer et dim 14h-17h. Entrée : £ 3,50 ; réduc.* Visite d'un cottage tradi-tionnel du milieu du XIXᵉ s, aux murs blanchis, malheureusement coiffé d'un toit de tôle rouge. Beaucoup de meubles originaux, expo de vêtements de travail et du dimanche...

➤ Ben Lawers : *au nord-est de Killin, par l'étroite route de montagne qui relie l'A 827 au loch Lyon (voir aussi plus loin « Dans les environs de Pitlochry. Glen Lyon »). Départ de la rando depuis le Visitor Centre désaffecté. Prévoir env 5h A/R.* Le Ben Lawers surplombe le loch Tay du haut de ses 1 214 m. Après environ 45 mn de marche, on tombe sur une fourche : par la droite, ça grimpe plus ; par la gauche, c'est plus long mais moins pentu. Les deux chemins se rejoignent avant l'ascension finale, plutôt raide. Plus corsée, la *Tarmachan Ridge,* une classique de la région.

TYNDRUM

140 hab.   IND. TÉL. : 01838

Au carrefour des routes pour Oban et Fort William, Tyndrum est essentiel-lement un lieu de passage. Les randonneurs empruntant le fameux *West Highland Way* trouvent ici de quoi se requinquer pile à mi-parcours entre Glasgow et Fort William. Les automobilistes, quant à eux, font le plein de victuailles, café et essence avant de rejoindre d'autres horizons.

Arriver – Quitter

En bus

– **Scottish Citylink :** ☎ *0871-266-33-33.* ● *citylink.co.uk* ●
➤ **Ligne Édimbourg-Fort William :** 2 bus directs/j., via *Stirling, Callander* et *Glencoe,* et 5 avec changement à Glasgow.
➤ **Ligne Glasgow-Oban :** 4-5 bus/j., via le *loch Lomond.*

En train

Attention ! Il y a **2 gares** à Tyndrum où la *West Highland Line* en provenance de Glasgow se scinde en deux.

☎ 0845-755-00-33. ● *scotrail.co.uk* ●
➢ **Pour Fort William :** gare d'Upper Tyndrum. 3-4 trains/j.
➢ **Pour Oban :** gare de Lower Tyndrum. 3-4 trains/j.

Adresse utile

🛈 @ *Visitor Information Centre :* ☎ 400-324. ● *tyndrum @visitscotland. com* ● Tlj 10h-17h avr-oct ; fermé le reste de l'année. 🖳 *(payant).* Vaste espace avec nombreuses cartes et bouquins de randos en vente.

Où dormir à Tyndrum et dans les environs ?

🏕 🏠 **By the Way Hostel :** à l'entrée de Tyndrum en venant de Killin, prendre à gauche (fléché). ☎ 400-333. ● *tyndrumbytheway.com* ● Tente £ 8/ pers ; dortoir et doubles £ 20-22/pers ; cabanes en bois (2-5 pers) £ 30-55 ; hobbits (petits chalets ronds) £ 40-50 pour 2-4 pers. Également des chalets en loc à la sem. En bordure de forêt, plusieurs types d'hébergement qui conviendront aux randonneurs en camping ou préférant être au sec. Dortoirs un peu exigus, mais tout est impeccable. Laverie, cuisine à dispo et salle de séchage *(drying room).* Les plus aventuriers pourront même jouer les chercheurs d'or dans la rivière (l'auberge loue des tamis). Quelques pépites ont déjà été découvertes, si, si.
🏕 **Strathfillan Farm Wigwams :** à Auchtertyre ; entre Crianlarich et Tyndrum. ☎ 400-251. ● *sruc.ac.uk/wig wams* ● Tte l'année. Env £ 16 pour 2 avec tente ; wigwam £ 45 pour 2 + £ 10/adulte (jusqu'à 5) ; yourte £ 70 pour 2 ; draps et couverture en sus, sanitaires communs (douche payante). Également des lodges (4-8 pers) avec cuisine et sdb £ 60-80 pour les 2 premières pers. 📶 (à la réception ; payant). Beaucoup de randonneurs croisant sur le *West Highland Way* font halte sur ce terrain au milieu des montagnes. Les *wigwams* disposent d'une petite table et d'un plan de travail de cuisine (sans réchaud ni plaques mais avec frigo). Également une yourte pour 5. Épicerie avec produits de la ferme voisine, cuisine et salon TV à disposition.

Où manger ?

🍴 **The Real Food Café :** partage le parking de l'office de tourisme. Lun-jeu 10h-21h, ven-dim 8h30 (7h30 sam)-21h30. Repas £ 8-10. Un vaste et bon fish & chips, mais pas seulement puisqu'il propose aussi d'honnêtes petits plats frais, de bons gâteaux et des cafés goûteux. Bref, une bonne halte.
🍴 **The Green Welly Stop :** au niveau de la station-service. ☎ 400-271. Tlj 8h30-17h30 (17h nov-mars). Petits et grands plats £ 4-8. « Petite entreprise » regroupant un snack, un resto, des magasins de souvenirs, un bureau de change et... la station-service. Soupes, boissons chaudes et sandwichs, spécialités écossaises, c'est sans chichis et bon marché. Très fréquenté, surtout si vous arrivez après un car de touristes !

CRIEFF
6 600 hab.
IND. TÉL. : 01764

À 25 km à l'ouest de Perth par l'A 85, cette bourgade se situe au cœur du *Strathearn,* une région charmante. Ville d'eaux d'une certaine renommée,

Crieff vécut son apogée au XIXᵉ s, comme en témoigne encore l'architecture victorienne de nombreuses maisons du centre-ville. Bonnie Prince Charlie y séjourna, en route vers Culloden.
– *Crieff Highland Gathering : mi-août, généralement un dim. Sur Market Park.*

Arriver – Quitter

➤ **Crieff-Perth :** bus réguliers avec *Stagecoach*. ☎ 0871-200-22-33. ● *stage coachbus.com ●*

Adresse utile

🅸 *Visitor Information Centre :* High St. ☎ 652-578. ● crieff@visitscot land.com ● Avr-oct : lun-sam 10h-16h, | dim 10h30-15h30 ; nov-mars : tlj sf mer et dim 10h30-15h30.

Où dormir ? Où manger dans le coin ?

De bon marché à prix moyens

⚊ *West Lodge Caravan Park :* à 6 miles (9,5 km) de Crieff sur l'A 85 en direction de Saint Fillans. ☎ 670-354. ● westlodgecaravanpark.co.uk ● Ouv avr-oct. Env £ 12-20 pour une tente (selon taille), plus £ 1/pers. Douches chaudes gratuites. 🛜 Petit camping en bord de route. Également des mobile homes à louer pour 3-4 personnes. Petite épicerie. Bien tenu et bon accueil.
⚏ ⚊ *Comrie Croft :* à 4 miles (6 km) sur la route de Comrie. ☎ 670-140. ● comriecroft.com ● Camping : £ 8-10/pers selon durée et j. de la sem. Katas (tentes nordiques) pour 4 pers : £ 75, loc aussi au w-e et à la sem (dégressif). Dortoir 3-8 lits £ 20-22/pers ; doubles sans ou avec sdb £ 54-60 ; également des familiales. Petit déj en sus. Corps de ferme et grange aux intérieurs chaleureux et colorés. Encore plus original, les tentes nordiques *(katas),* sorte de tipis installés dans la forêt à 2 mn des commodités. Cuisine et grand salon à disposition. Parmi les activités proposées : ping-pong, vélo à louer ou pêche dans un loch voisin. Très bon accueil.
|●| *Tullybannocher Farm Food Bar :* à la sortie de *Comrie* en direction du loch Earn, sur l'A 85. ☎ 670-333. Avr-oct. Service tlj sf mar jusqu'à 17h. Plats £ 4-8. Une sorte de vaste chalet de plain-pied, posé sur une pelouse bien grasse. Self-service le midi avec des quiches, salades, gâteaux... Très familial et bon enfant. Terrasse. Concerts de jazz à l'occasion.

De chic à plus chic

⚏ |●| *Yann's at Glenearn House :* à l'entrée de *Crieff* en venant de l'est, sur la droite. ☎ 650-111. ● yannsat glenearnhouse.com ● Resto ouv ts les soirs, plus le midi jeu-dim. Fermé 1 sem en fév et en oct. Doubles env £ 95. Plats £ 13-19. Cette vénérable demeure victorienne a été entièrement restaurée par un couple franco-écossais. Madame s'occupe des 5 chambres douillettes et spacieuses, aménagées avec goût. Monsieur concrétise devant ses fourneaux une *auld alliance* qui lui est chère. En plus des raclettes, tartiflettes et autres pierrades, forcément exotiques ici, Yann, d'origine savoyarde (on s'en serait douté !), concocte une savoureuse cuisine essentiellement écossaise réalisée avec le savoir-faire français. Un mariage fort réussi, tout est goûteux et inventif. Si on ajoute la déco rustico-chic chaleureuse de la salle et le service, impeccable, on tient là l'une des plus belles adresses du coin.
⚏ *The Four Seasons Hotel :* à la sortie de *Saint Fillans* vers Lochearnhead. ☎ 685-333. ● thefourseasonshotel. co.uk ● Fermé janv-fév. Doubles

LES HIGHLANDS

£ 125-170 ; chalet env £ 110 pour 2. Adresse romantique proposant une douzaine de chambres luxueuses et spacieuses, dont certaines tournées vers le lac. Les chalets, lambrissés et confortables, sont perchés sur la colline, derrière l'hôtel. Bon restaurant et bistrot.

À voir

🍴🥃 *Glenturret Distillery & The Famous Grouse Experience :* *à la sortie de Crieff en direction de Comrie.* ☎ 656-565. ● thefamousgrouse.com ● *Tlj 9h-18h (dernière visite à 16h30) ; janv-fév, tlj 10h-17h (dernier tour à 15h30). Tarif : £ 10-20 selon le tour.* La doyenne des distilleries écossaises encore en activité (1775) accueille inconditionnels et néophytes pour une visite couvrant toutes les étapes de fabrication du *Famous Grouse* : fermentation dans des cuves en pin Douglas, distillation dans un alambic au cou très fin qui assure la légèreté de ce *single malt,* et vieillissement en fût de chêne. Visite un peu rapide toutefois et, en saison, prévoir de l'attente. Au bout du parcours, dégustation d'un *dram* de 10 ans d'âge ! Film interactif avec l'impression de voler. Plaît aux enfants.

🥃 *Caithness Glass :* Muthill Rd. ☎ 654-014. ● caithnessglass.co.uk ● *Boutique : tlj 9h (12h dim déc-fév)-17h (16h en janv-fév). Ateliers : lun-ven 9h-16h15. GRATUIT.* Vente d'objets décoratifs en verre soufflé.

DANS LES ENVIRONS DE CRIEFF

🍴🥃 *Drummond Castle Gardens :* ☎ 681-433. ● drummondcastlegardens. co.uk ● *De Crieff, prendre l'A 822 en direction de Stirling sur env 4 km. Ouv w-e de Pâques, puis mai-oct : tlj 13h-17h (dernière entrée). Entrée des jardins : £ 5.* Une très longue allée de hêtres conduit à l'imposant château (privé), surplombant de magnifiques jardins créés par lord Drummond en 1630. Géométrie et symétrie règnent sur les bosquets et parterres parsemés de sculptures. À l'intersection des allées formant une croix de Saint-André, un cadran solaire du XVIIe s. Reconnus comme l'un des plus beaux exemples du style classique, ces jardins furent choisis pour tourner certaines scènes du film *Rob Roy,* avec Liam Neeson. Sept jardiniers travaillent aujourd'hui à l'année pour parvenir à ce résultat !

🥃 *Le loch Earn :* *au-delà de Comrie.* Un beau loch cerné de montagnes noyées dans la brume et de forêts épaisses. Très populaire pour ses eaux poissonneuses. *Saint Fillans,* à l'extrémité est du loch, est un endroit idéal pour les sports nautiques (planche à voile, ski nautique...). À la sortie du village, devant le *Four Seasons Hotel* (voir plus haut), remarquer *la statue d'acier,* les pieds dans l'eau, qui miroite dans le loch Earn. Une œuvre originale, créée par le sculpteur Rob Mulholland, à la demande de l'hôtel, pour refléter la beauté du lac.
La route A 85 longe la rive nord du loch jusqu'à Lochearnhead, d'où il est facile de rejoindre les Trossachs ou Killin.

DUNKELD ET BIRNAM	2 300 hab.	IND. TÉL. : 01350

Accessibles depuis l'A 9 par une bretelle circulaire, les petits villages jumeaux de Dunkeld et Birnam sont reliés l'un à l'autre par un élégant pont bicentenaire à sept arches qui s'étire au-dessus de la séduisante rivière Tay. D'un charme certain, ils méritent plus qu'un détour. Si les jacobites et les soldats de Cameron incendièrent sans discernement ses maisons et la cathédrale en 1689, Dunkeld a retrouvé en partie son aspect originel grâce aux efforts du *National Trust*.

Arriver – Quitter

En bus

➢ *Ligne Édimbourg-Perth-Pitlochry-Inverness* avec *Scottish Citylink*. ☎ 0871-266-33-33. ● *citylink.co.uk* ● Env 5 bus/j. depuis Birnam.
➢ *Ligne Glasgow-Stirling-Perth-Pitlochry-Aviemore-Inverness* avec *Scottish Citylink*. 1 bus/j., en soirée, depuis Birnam.
➢ *Blairgowrie* avec *Stagecoach*.

☎ 0871-200-22-33. ● *stagecoach bus.com* ● Ligne n° 60. 2 bus/j. slt au départ de Birnam, en passant par Dunkeld.

En train

➢ *Ligne Édimbourg-Glasgow-Perth-Inverness :* 8 trains/j. (5 le dim) s'arrêtent à Dunkeld, ainsi qu'à *Pitlochry, Kingussie* et *Aviemore.*

Adresses utiles

🅸 *Visitor Information Centre :* The Cross (la place principale de Dunkeld). ☎ 727-688. ● *visitdunkeld.com* ● Juil-août : lun-sam 9h30-17h30, dim 10h30-17h ; Pâques-juin et sept-oct :

lun-sam 10h-16h30, dim 11h-16h ; nov-Pâques : ven-dim 11h-16h. Compétent et bien documenté sur la région.
■ *Bank of Scotland :* High St.

Où dormir ?

La majorité des *B & B* se trouvent à Birnam.

Camping

⚠ *Invermill Farm Caravan Park :* à *Inver,* à env 1 mile (1,6 km) de Dunkeld-Birnam. ☎ 727-477. ● *invermillfarm.com* ● En venant de Perth par l'A 9, prendre à gauche l'A 822, puis tt de suite à droite ; au-delà du terrain des mobile homes, après le pont. Ouv fin mars-fin oct. Env £ 16-18 pour 2 avec tente. CB refusées. Pas de résa possible pour les tentes. Un camping de taille moyenne au bord de la rivière Braan, affluent de la Tay (baignade possible). Bien équipé et bien tenu, mais peu d'ombre et bondé les week-ends en été. Atmosphère conviviale et très familiale. Un joli chemin pédestre relie le camping à Dunkeld en 20 mn.

De bon marché à chic (£ 10-125 ; 12-150 €)

🛏 *Jessie Mac's :* à *Birnam,* Perth Rd

(la rue principale), après Beatrix Potter Exhibition, côté gauche depuis Dunkeld. ☎ 727-324. ● *jessiemacs.co.uk* ● ⚒ Tte l'année. En dortoir 2-4 lits (superposés) £ 20/pers ; double près de £ 60 et familiale £ 70 selon nombre de pers (jusqu'à 5). 🛜 Cet ancien presbytère est l'un des meilleurs plans du coin. Confortablement équipée pour recevoir aussi bien les voyageurs seuls qu'en couple ou en famille, cette auberge bien cosy accorde, de plus, pas mal de flexibilité. Un petit déj complet est proposé (en supplément), mais on peut également se le préparer soi-même dans la cuisine à disposition des hôtes. Beaucoup de clarté et de charme aussi, notamment pour les chambres à l'étage, mansardées. Les randonneurs apprécieront la *drying room* et l'abri à vélos. Accueil à la fois sympa et discret.
🛏 *Atholl Arms Hotel :* à *Dunkeld, en face du pont.* ☎ 727-219. ● *athollarmshotel.com* ● Tte l'année. Doubles £ 80-130, petit déj compris. 🛜 La reine Victoria séjourna en 1844 dans cet ancien relais de

poste du XVIIIe s. Un hôtel, un peu de guingois, aux chambres toutes différentes, plutôt spacieuses et correctement équipées, qui supporteraient toutefois un petit rafraîchissement. Mobilier *cheap*.

Où manger ? Où boire un verre ? Où écouter de la musique ?

De bon marché à prix moyens (plats £ 5-18 ; 6-22 €)

|●| *Scottish Deli* (Robert Menzies) : *à Dunkeld, à l'angle de la rue principale (Atholl St) et de la place.* ☎ 728-028. *Lun-sam 9h30 (9h sam)-17h30, dim 10h30-16h30.* Cette crémerie-épicerie combine des produits de qualité, certains bio et la plupart locaux (hormis quelques fromages français et italiens) pour composer sandwichs et salades. Sélection de bons gâteaux et autres délices (des glaces, entre autres). Et bon *espresso*. À consommer sur place (comptoir et petite salle tapissée de bouteilles) ou à emporter pour un pique-nique dans le parc de la cathédrale, par exemple.

|●| *Darjeeling* : *3-5, Atholl St, à Dunkeld (proche de l'Atholl Arms).* ☎ 727-427. *Tlj 12h-14h, 17h-23h.* Cuisine indienne adaptée pour plaire au plus grand nombre. Du coup, tous les curries finissent par se ressembler... Peut-être, mais tout cela reste très convenable, copieux, servi tard et avec attention.

|●| 🍷 🎵 *The Taybank* : *Tay Terrace, à Dunkeld.* À côté du pont. ☎ 727-340. *Tlj 11h-23h, cuisine jusqu'à 20h30. Souvent de la musique le soir.* Dans cette ancienne taverne relookée, les instruments attendent les musiciens de passage ou les habitués, et les bœufs s'improvisent au hasard des rencontres. On pousse les tables quand les groupes s'étoffent ou si l'envie de danser s'impose. Pas de programmation, que de l'impro. Un de ces lieux qui impriment de bons souvenirs. Cuisine de pub. Terrasse devant et *beer garden* au bord de l'eau.

|●| *Atholl Arms Bistro et Riverview Restaurant* : *à Dunkeld, en face du pont.* ☎ 727-219. *Tlj midi et soir.* L'ancien chef d'un resto français de Perth renoue avec ses racines écossaises pour proposer une cuisine locale agrémentée, çà et là, de « dauphinois potatoes » ou « bean cassoulet ». Carte de bistrot classique et abordable, plats plus recherchés (et chers) le soir, dans la partie restaurant.

|●| *Salons de thé : Spill the Beans* (littéralement « vendre la mèche »), *à Dunkeld, 6, Cathedral St. Tlj sf mar 10h-15h45 (dernière commande).* Plus pour les amateurs de cafés. Également des gâteaux sans gluten. Quelques tables dehors, à l'arrière. Et *Palmerston's*, *à Dunkeld, 20, Atholl St.* Thé et rooibos (plante d'Afrique du Sud sans théine, réputée pour ses vertus antioxydantes), *scones, buns* et confitures maison.

Où dormir dans les environs ?

Bon marché (£ 10-25/pers ; 12-30 €)

🏠 *Wester Caputh Steading Hostel* : *Manse Rd, à Caputh, à 4 miles (6 km env) de Dunkeld sur l'A 894, direction Coupar Angus.* 📱 07977-904-198. ● *westercaputh.co.uk* ● ♿ *Après l'église, prendre 2 fois à droite. Ouv Pâques-sept. Fermé 10h-16h.* *Compter £ 20/pers en dortoir 2-6 lits.* Long cottage blanc face aux champs. Aménagement chaleureux : cuisine décontractée, salon cosy où le poêle ronronne entre la chaîne hi-fi et toutes sortes d'instruments de musique (à disposition). Petites chambres claires et sans fioritures... mais rien que des lits superposés ! Accueil sympa.

Prix moyens
(£ 50-85 ; 60-102 €)

🏠 **Upper Hatton :** *à env 3 miles (5 km) de Dunkeld.* ☎ *728-830.* 📱 *07762-276-693.* ● *upper-hatton.co.uk* ● *Prendre l'A 9 en direction d'Inverness et tourner à droite vers Blairgowrie (A 923) ; 2e à gauche env 200 m plus loin, au niveau d'une maison grise, puis suivre les indications le long d'une piste de 1,3 mile (2 km). Double £ 70 avec sdb ou sdb privée sur le palier.* 📶 En grimpant

cette petite route qui s'enfonce da[...] la forêt, on devine un lieu peu banal... et on n'est pas déçu ! Une ferme du XVIIe s apparaît, perdue dans une nature superbe. Dans les 3 chambres confortables, comme dans le reste de la maison, mélange improbable de précieux meubles anciens et d'objets complètement désuets. Accueil charmant de Marjory qui aime les paons (nombreux à faire leur numéro de charme dans le jardin !) et les biches qui gambadent devant ses fenêtres.

À voir. À faire

🥾🥾 **La cathédrale de Dunkeld** (HES) : *au bout de la ruelle partant de la place principale.* ● *dun keldcathedral.org.uk* ● *Lun-sam 9h30-17h30, dim 14h-16h30 ; oct-mars, tlj 10h (14h w-e)-16h. GRATUIT.*
Située dans un charmant parc arboré en bord de rivière, elle fut édifiée de 1260 à 1501 et détruite en deux temps : suite aux bons conseils de John Knox au milieu du XVIe s et durant la bataille opposant jacobites et caméroniens en 1689. Le chœur, transformé en église, est la seule partie restaurée. Les restes de saint

ATTENTION AU LOUP !

On ne badinait pas avec l'adultère au XIVe s. Alexander Stewart, fils du roi Robert II, en sait quelque chose : pour avoir batifolé et délaissé son épouse, il fut excommunié. Sauf que le fiston le prit mal, mais alors très mal. Par vengeance, il brûla les villes de Forres et d'Elgin, avant de mourir exécuté sur la place publique... Sa cruauté lui valut le surnom de « loup de Badenoch » (du nom du district qu'il gouvernait). On peut voir son gisant en armure dans le sanctuaire de la cathédrale.

Columban, grand propagandiste de la foi et bâtisseur de monastères au haut Moyen Âge, y seraient enterrés. Noter la petite niche à gauche de la chaire : ce serait non pas un « judas » pour que les lépreux n'entrent pas en contact avec les fidèles, comme on l'a longtemps pensé, mais un œilleton permettant à l'enfant de chœur qui assistait le prêtre de suivre la messe et d'intervenir au bon moment. Il est aujourd'hui muré. Dans la petite salle du chapitre, une expo sur l'histoire de la ville, d'anciens livres et quelques vestiges du monastère primitif construit par Kenneth MacAlpin (roi des Scots), dont une pierre picte sculptée du IXe s.
Dans le prolongement de l'église, les ruines de la nef demeurent le clou visuel de la visite : hauts murs percés de deux étages de voûtes béantes, tour gothique...

🥾 **Le parc Stanley Hill :** *accès depuis The Cross (place principale de Dunkeld), au-delà de l'office du tourisme.* Superbe panorama et belles collines.

🥾🥾 **The Hermitage :** *à 1 mile (1,6 km) au nord de Dunkeld sur l'A 9. Parking : £ 2.* Bois enchanteur aménagé au XVIIIe s pour l'agrément du duc d'Atholl et d'artistes comme Turner et Mendelssohn. Depuis le parking, le sentier principal (compter 1h de marche environ) longe la rivière Braan, rejoint un intimidant bosquet de pins Douglas et la célèbre rotonde avec vue sur une vigoureuse cascade, puis passe par une petite grotte artificielle et s'incurve pour rejoindre le point de départ.

🥾🚶 **The Beatrix Potter Exhibition :** *centre de Birnam.* ☎ *727-674.* ● *birna marts.com* ● *Tlj 10h-17h. Entrée : £ 3.* Naturaliste à une époque où les femmes étaient peu reconnues dans le milieu scientifique, Beatrix Potter tint sa revanche en 1902, le livre illustré pour enfants, à travers la série des *Peter* dans le même bâtiment, le *Birnam Arts & Conference Centre* présente des expos temporaires, essentiellement de peintures *(GRATUIT)*. Organise aussi, régulièrement, des concerts. Joli parc à côté. *Tearoom* et boutique.

Randonnées pédestres

Carte sur les balades de la région en vente au *Visitor Centre*.

➤ **Birnam Hill** (404 m) : *compter env 7 km et 2h30 de marche. Départ de la gare de Birnam.* On conseille d'emprunter le *Birnam Hill and Inchewan path* qui traverse un sous-bois avant d'atteindre le sommet. Plus agréable et plus court que l'autre sentier avec sa volée de marches raides. Cette superbe balade grimpe pas mal, mais, une fois là-haut, les efforts sont récompensés. Moins sympa, le passage des trains en bruit de fond.

➤ On peut aussi se promener sur les bords de la Tay à la recherche des **Birnam Oaks,** les deux derniers chênes survivants de la forêt royale rendue célèbre par Shakespeare dans *Macbeth*.

Manifestation

– **Birnam Games :** *dernier sam d'août.* Célèbre fête folklorique, parmi les plus anciennes du pays.

DANS LES ENVIRONS DE DUNKELD ET DE BIRNAM

🥾🚶 ***Loch of the Lowes Wildlife Reserve :*** *à 2 miles (3 km) à l'est de Dunkeld par la route de Blairgowrie (A 923).* ☎ *727-337. Accessible à pied par le Fungrath Path. Mars-oct : tlj 10h-17h ; nov-fév : slt ven-dim 10h30-16h. Entrée : £ 4 ; £ 3,50 en hiver.* Ce site est consacré en priorité à l'observation et à la protection de l'*osprey* (balbuzard), un rapace pêcheur dont la taille se situe entre celle de l'aigle et celle du faucon. Sur les 240 couples vivant en Écosse, 50 se trouvent dans le comté et 10 à 15 ici. Ces derniers sont filmés en live 24h/24. Les superbes images sont retransmises dans le centre, où l'on appréciera également de remarquables panneaux explicatifs. Autrefois considéré comme nuisible, ce migrateur est aujourd'hui protégé et revient progressivement dans la région. Deux cabanes d'observation permettent de s'adonner à l'une des grandes passions britanniques, le *birdwatching*.

🥾 **Cluny House Gardens :** *à 18,5 miles (30 km) au nord-ouest de Dunkeld.* ☎ *(01887) 820-795.* ● *clunyhousegardens.com* ● *Par l'A 9 en direction de Pitlochry, bifurquer à gauche vers Aberfeldy au niveau de Ballinluig. À Grandtully, 5 miles (8 km) plus loin, traverser le pont sur la droite et continuer sur cette petite route pdt 3,5 miles env (5,5 km). Tlj 10h-18h. Entrée : £ 5 à déposer dans une box ; réduc moins de 16 ans. Meilleures périodes : avr-juin et sept-oct*

QUAND LE FEU DONNE LA VIE

Les feux de forêt ont au moins une utilité : ils dispersent les graines des pommes de pin du séquoia. Sans eux, elles peuvent rester accrochées à leurs branches pendant plus de 20 ans. Le tronc, lui, résiste naturellement aux flammes, grâce à son épaisse couche d'écorce molle (30 cm !).

pour les couleurs automnales. Les jardins de Cluny sont célèbres pour leurs séquoias dont l'un serait le conifère le plus large de Grande-Bretagne, avec 11 m de circonférence. Ce n'est pourtant qu'un blanc-bec de 150 ans, qui pourrait atteindre le millénaire ! Mais l'attrait de ce jardin paumé dans une campagne splendide réside aussi dans sa collection exceptionnelle de plantes, en majorité himalayennes et nord-américaines. Suivre la numérotation de 1 à 33 pour découvrir et s'éblouir de variétés et coloris souvent rarissimes de lys géants, pivoines, digitales, orchidées, pavots bleus, etc. Il n'y a pas d'autres légendes en chemin, seule une fiche indique les best-of du mois. Un peu dommage pour les néophytes, mais le proprio, gentiment excentrique, ne souhaite pas diffuser le nom de ses trésors pour protéger leur rareté. Enfin, signalons qu'aucun pesticide n'a jamais franchi les portes de ce jardin !

ABERFELDY

IND. TÉL. : 01887

Gentille petite bourgade le long de la rivière Tay, où furent créés les régiments des *Black Watch* (voir plus haut, à Perth, le musée qui leur est dédié). Un mémorial est érigé en leur honneur au bord de la rivière, près du pont Wade. Ville agréable le temps d'une halte.

Adresses utiles

❶ Visitor Centre : *dans un recoin de la place centrale.* ☎ 820-276. *Avr-oct : tlj 10h-17h ; nov-mars : fermé jeu et dim. Toilettes à l'étage.*

✖✖ ⊛ I●I ▼ The Watermill : *Mill St.* ☎ 822-896. *Tlj 10h (11h dim)-17h30*

(17h en hiver). Cette librairie, salon de thé et galerie d'art occupe l'ancien moulin de la ville. Murs et contenus intéressants, donc. Pour la pause : terrasse ou coin canapé, bons gâteaux et café.

À voir. À faire dans le coin

⚒ Wade's Bridge : *à la sortie nord d'Aberfeldy.* Construit en 1733, le pont fait partie d'un réseau d'infrastructures militaires établi sous le commandement du général Wade. C'est longtemps resté le seul ouvrage permettant d'enjamber la Tay, la plus longue rivière d'Écosse.

➤ Plusieurs **balades** possibles, notamment le circuit *The Birks of Aberfeldy* (les bouleaux d'Aberfeldy), titre d'un poème du célèbre barde écossais Robert Burns à la fin du XVIIIe s, apportant ainsi à la ville une certaine notoriété. Compter environ 1h30 pour une marche en boucle avec comme point d'orgue une cascade. Attention, ça grimpe. Plus de renseignements auprès du *Visitor Centre.*

✖✖ 🏃 Crannog Centre : *à Kenmore, au bord du loch Tay. À env 6,5 miles (10,5 km) à l'ouest d'Aberfeldy. Juste à côté de la marina.* ☎ (01887) 830-583. ● *crannog.co.uk* ● *Visites guidées slt : avr-oct : tlj 10h-17h30 ; nov : w-e slt 10h-16h. Dernière entrée 1h avt fermeture. Entrée :* £ 8,50 *; réduc. Compter env 1h. Crannog ?* C'est un type d'habitat lacustre apparu en Écosse à la fin de l'âge de bronze-début de l'âge du fer (IXe-VIIe s av. J.-C.) et utilisé jusqu'au IIIe s apr. J.-C. Mais certains ont servi jusqu'au XVIIe s. Illustrées par l'expo introductive, les recherches archéologiques menées dans le loch Tay ont identifié près d'une vingtaine de *crannogs,* désormais transformés en îlots gagnés par la végétation ou submergés par les flots. Ces constructions, érigées sans doute dans un but défensif, permettaient aux familles les plus riches de protéger leurs biens. Les indices découverts ont permis de reconstituer un *crannog* de l'âge du fer, sorte de grande cabane circulaire sur pilotis, reliée à la rive par un ponton de rondins. Les guides y évoquent le quotidien des hommes qui vivaient ici avec leur bétail, puis, de retour sur la terre ferme, vous initient aux techniques employées il y a plus de 2 000 ans pour tourner le bois, piler le grain ou allumer un feu. On s'y croirait !

PITLOCHRY

2 900 hab. IND. TÉL. : 01796

● Plan *p. 331*

La visite de la reine Victoria en 1842 explique le style architectural et la popularité de cet important centre de villégiature. Pas désagréable mais finalement sans grand cachet et très touristique, c'est surtout une bonne base pour rayonner vers les nombreux sites des alentours.

Arriver – Quitter

En bus

➢ **Ligne M91 Perth-Inverness** avec *Scottish Citylink.* ☎ *0871-266-33-33.* ● *citylink.co.uk* ● Env 5 bus/j.

En train

🚊 **Gare ferroviaire** (plan A2).
➢ **Ligne Perth-Inverness :** env 10 trains/j. passent par Pitlochry, avec arrêts à **Dunkeld, Kingussie** et **Aviemore.**

Adresses utiles

🛈 **Visitor Information Centre** (plan B2) : *22, Atholl Rd (rue principale).* ☎ *472-215. Juil-août : lun-sam 9h-18h, dim 9h30-17h30. Le reste de l'année : lun-sam 9h30-17h30, dim 10h-16h.* Cartes très bien faites sur les randonnées de la région (peu chères).
■ **Banques** *(plan A2) : sur Atholl Rd.*
@ **Accès Internet :** *à l'office de tourisme (payant) et à la* **Library** *(plan A-B2), 26, Atholl Rd. Horaires variables et compliqués. Gratuit sur inscription.*
■ **Location de vélos** *(plan B2, 1) :* **Escape Route,** *3, Atholl Rd.* ☎ *473-859.* ● *escape-route.co.uk* ● *Lun-sam 9h-17h30, dim 10h-17h. Résa conseillée. À partir de £ 24 les 24h.* Boutique très bien approvisionnée, sorte de caverne d'Ali Baba pour cyclistes et randonneurs.
■ **Laundrette Dry Cleaning** *(plan A2, 2) : 32, Atholl Rd. Mar-sam 9h15-17h (12h sam). Fermé dim-lun.*

🐑 **Robertsons of Pitlochry** (plan A2, 3) : *46, Atholl Rd.* ☎ *472-011. Lun-sam 8h30-18h (17h30 sam), dim 10h-16h.* Large choix de whiskies, un poil moins prohibitif que la moyenne. Intéressant pour dénicher la perle rare, sinon ça ne vaut pas le coup. Les mêmes marques vendues en France coûtent beaucoup moins cher.
🐑 **Co-operative Food** (plan A2, 4) : *Park Terrace. Tlj 6h-23h.* Supermarché bien fourni, aux horaires étendus.
■ **Sweeney Todd – Demon Barber** (plan A2, 5) : *4, Bonnethill Rd, quasi à l'angle d'Atholl Rd.* ☎ *470-194. Tlj sf mer et dim 10h-17h (16h sam). Pour hommes slt.* Ceux qui n'ont pas vu le film de Tim Burton avec Johnny Depp ne seront pas effrayés de passer sous la lame de ce barbier. Quoique... Et dire que les Anglais pourraient un jour être privés de cet humour écossais !

PITLOCHRY

■ **Adresses utiles**

🛈 Visitor Information Centre
@ Accès Internet
1 Location de vélos
2 Laundrette Dry Cleaning
3 Robertsons of Pitlochry
4 Co-operative Food
5 Sweeney Todd – Demon Barber

🏠 **Où dormir ?**

11 Pitlochry Backpackers Hotel
12 Youth Hostel
13 The Poplars Guesthouse
14 Ardvane
15 Dalshian Guesthouse

|●| 🍴 **Où manger ? Où boire un verre ?**

20 Scottish Deli
21 Auld Smiddy Inn
22 The Old Mill Inn
24 The Port-Na-Craig Inn
25 Moulin Inn and Brewery
26 Pitlochry Golf
27 Fern Cottage Restaurant

🗡 **À voir**

30 Barrage et l'« échelle à saumon »
31 Explorers Garden
32 Fabrique Heathergems

LES HIGHLANDS

Où dormir ?

Campings

⊠ **Faskally Caravan Park** (hors plan par A2) : à 2 miles (3 km) au nord de Pitlochry, sur la B 8019, direction Killiecrankie et Kinloch. ☎ 472-007. ● faskally.co.uk ● Mars-oct. Prévoir £ 21-23 pour 2 avec tente. CB acceptées. 🛜 Vaste camping bien situé en bordure d'un parc forestier, avec vue sur les collines, mais généralement bondé. La partie réservée aux campeurs se trouve après le champ de mobile homes bien serrés les uns contre les autres. Petit supermarché, resto, pub et piscine couverte équipée de sauna et jacuzzi (payant). Également des chalets et mobile homes à louer.

⊠ **Blair Castle Caravan Park** : à 4,3 miles (7 km) au nord de Pitlochry, dans le parc de Blair Castle. ☎ 481-263. ● blaircastlecaravanpark.co.uk ● Ouv mars-nov. Env £ 12-21 pour 2 avec tente, avec ou sans voiture. Min 2 nuits en juil-août. 🖥 (à la bibliothèque). 🛜 Immense terrain aménagé dans la propriété des ducs d'Atholl, rien que ça ! Sanitaires impeccables. Randos à poney dans les Highlands (● blaircastletrekking.co.uk ●).

Bon marché
(£ 10-25/pers ; 12-30 €)

🛏 **Pitlochry Backpackers Hotel** (plan A2, **11**) : 134, Atholl Rd. ☎ 470-044. ● scotlandstophostels.com ● Avr-nov. Dortoir (4-8 lits) env £ 18/pers ; doubles avec sdb £ 50-52. 🛜 En pierre, flanqué d'une tourelle, ce bâtiment cache un intérieur coloré et bien routard. Peut s'occuper de la résa d'activités outdoor (rafting, canyoning, rando, pêche, bateau, location de vélos) à prix négociés, salle avec billard et accueil en phase : cool.

🛏 **Youth Hostel** (plan B2, **12**) : Knockard Rd. ☎ 472-302 ou 0845-293-73-73. ● syha.org.uk ● À 15 mn à pied de la gare. Ça grimpe ! Mars-oct ; le reste de l'année, w-e slt. Nuitée en dortoir de 4-6 lits, avec petite sdb, env £ 20 en hte saison. Twin £ 45 ; £ 70-120 pour les familiales, quadruples ou chambres privées pour 6. Supplément pour les non-membres. 🖥 🛜 Sur les hauteurs de la ville, l'ensemble est bien fatigué. Pièces communes faites de bric et de broc. L'endroit le plus agréable de la maison est... sa terrasse offrant une jolie vue sur la ville et les collines... ouf ! Mais certaines chambres profitent aussi de la même perspective.

De prix moyens à chic
(£ 50-125 ; 60-150 €)

🛏 **The Poplars Guesthouse** (plan B2, **13**) : 27, Lower Oakfield. ☎ 472-129. ● poplars-pitlochry.com ● Doubles £ 70-100. 🛜 Nathalie, franco-anglaise d'origine (elle parle un peu le français), accueille avec sourire et enthousiasme ses hôtes dans sa belle et cossue maison victorienne. Les chambres offrent un très bon niveau de confort et le petit déj, concocté par son mari, Jason, apporte une touche originale : le porridge légèrement allongé (selon les goûts) de whisky, étonnant et délicieux ! Une belle adresse... hips !

🛏 **Ardvane** (plan B2, **14**) : 8, Lower Oakfield. ☎ 472-683. ● ardvane. co.uk ● Doubles £ 70-75. Une maison moderne sans éclat qui se révèle chaleureuse à l'intérieur, décorée dans un style familial, conforme à l'atmosphère et à l'accueil. Demander de préférence la chambre double, de plain-pied, qui dispose d'une entrée privée et de sa propre terrasse. Breakfast copieux et délicieux. Salon et petite terrasse avec vue sur le village.

Où dormir dans les environs ?

🛏 **Dalgreine Guest House** : à **Blair Atholl**, 7 km au nord de Pitlochry par l'A 9 (panneau indicateur sur la gauche). ☎ 481-276. ● dalgreineguesthouse.co.uk ● Doubles £ 80-90 avec sdb (l'une avec sdb privée, à l'extérieur *de la chambre).* 🛜 Dans une petite rue calme, cette maison centenaire abrite des chambres claires (dont une familiale pour 4), au confort exemplaire. Tout en haut, la *loft retreat* mansardée, avec salle de bains attenante, est un must ! Choix de petits déj aussi délicieux que l'accueil de Colin et Lena.

🏠 *Dalshian Guesthouse (hors plan par B3, 15) : Old Perth Rd, à Dalshian.* ☎ *472-173. ● dalshian.co.uk ● À env 2 miles (3 km) au sud de Pitlochry. Prendre la route de Perth et tourner* à gauche vers Dalshian. La maison se situe à env 500 m, sur la droite. Doubles £ 70-75 si résa en direct. Une belle maison du XVIIIᵉ s élégamment posée dans un splendide jardin tout britannique, un paradis pour *garden lovers.* Chambres spacieuses et douillettes, mansardées à l'étage, à la déco classique, tout comme le salon et la salle à manger. Ambiance feutrée, mais le bruit de la route (l'A 9 passe non loin) se fait entendre en journée (double vitrage néanmoins efficace).

Où manger ? Où boire un verre ?

Sur le pouce

🍴 *Scottish Deli (plan A2, 20) : 96, Atoll Rd.* ☎ *473-322. Lun-sam 8h30-17h, dim 9h30-16h.* La crèmerie-épicerie sœur de celle de Dunkeld. On apprécie ses produits de qualité, impeccables pour manger sur le pouce ou se préparer un pique-nique.

Prix moyens
(plats £ 8-18 ; 10-22 €)

🍴 *Auld Smiddy Inn (plan A2, 21) : 154, Atholl Rd.* ☎ *472-356. Tlj 11h-23h. Restauration 11h-14h30, 17h-20h45 (dernière commande).* Une ancienne forge reconvertie en pub-restaurant, fréquenté autant par des habitués que par des touristes. Cuisine de pub plutôt soignée (dont des moules de Shetland), plus quelques incursions méditerranéennes. Déco rustico-moderne, ambiance relax et conviviale. Terrasse. *Real ale* à la pression.

🍴 *The Old Mill Inn (plan A2, 22) :* ☎ *474-020. Tlj sf lun 11h-23h (minuit ven-sam). Pas de résa.* Dans ce grand pub, en retrait de la route principale, on s'installe en terrasse devant la roue du moulin, dans le coin canapés près du bar, à une table ou un box dans les deux autres parties. Cuisine sans surprise, mais l'ambiance est décontract' surtout les soirs de concert (en fin de semaine), le service efficace, et les prix s'avèrent plutôt raisonnables.

🍴 *The Port-Na-Craig Inn (plan A3, 24) : en contrebas du* Pitlochry Festival Theatre *(de l'autre côté de la rivière).* ☎ *472-777. Tlj 12h-21h. Résa conseillée. Menus le midi £ 13-16.* Dans cette pittoresque et mignonnette maison en pierre au bord de la rivière, on savoure une cuisine de marché, joliment présentée. Glaces maison. Atmosphère intime dans un décor contemporain tamisé. Superbe terrasse au bord de l'eau.

🍴 *Moulin Inn and Brewery (plan B1, 25) : à 1 mile (1,6 km) de Pitlochry par West Moulin Rd, sur la route de la distillerie Edradour.* ☎ *472-196. Résa conseillée le soir.* Dans les anciennes étables d'une superbe demeure du XVIIᵉ s, un pub qui brasse 4 types de bières délicieuses dans sa microbrasserie *(visite lun-jeu 10h-16h).* On s'installe dans ce cadre rustique et vieillot, puis on va commander au bar des plats traditionnels corrects, qui nourrissent avant tout. À avaler au coin de la cheminée ou vers le bar, dans une ambiance de retour de rando, chaleureuse et détendue.

🍴 *Pitlochry Golf (plan A1, 26) : Golf Course Rd.* ☎ *472-334. Avr-oct, tlj 9h-21h ; en hiver, ouv slt midi mar et dim, ven et sam tte la journée. Accessible à ts. Résa conseillée le soir.* On y vient pour la situation, forcément bucolique devant le terrain de golf et pour les prix, souvent plus raisonnables que dans les restos du centre. Intéressant menu familial et formule « rôtisserie » *(carvery)* qui rencontre un franc succès le dimanche midi. En outre, cuisine très correcte. L'idéal est de s'installer devant les larges baies vitrées ou

LES HIGHLANDS

carrément en terrasse pour boire un verre et admirer un swing ou parfois les cerfs (qui tentent d'éviter les balles).

I●I *Fern Cottage Restaurant* (plan A2, 27) : *Ferry Rd.* ☎ *473-840. Tlj 10h30-21h. Résa conseillée le soir.* Adresse familiale qui bénéficie d'une bonne réputation en ville. Les nappes rouges dynamisent la grande salle en pierre, et les tables joliment dressées complètent l'impression de gentiment chic. Dommage que la cuisine ne suive pas tout à fait (accompagnements pauvres) et que les prix soient surévalués.

À voir. À faire

🎣 *Le barrage et l'« échelle à saumon »* (Fish Ladder ; plan A3, 30) : *à 5 mn à pied du* Pitlochry Festival Theatre. ☎ *473-152. Avr-oct : lun-ven 10h-17h30. GRATUIT.* D'avril à octobre, les saumons quittent l'Atlantique pour se reproduire dans leurs rivières natales. Au printemps suivant, leurs œufs écloront. Au barrage de Pitlochry, un ingénieux système a été mis en place pour permettre à plusieurs milliers d'entre eux de rejoindre les eaux claires en amont. « L'échelle » consiste en une série de bassins en escaliers que les saumons franchissent. Un compteur relève le nombre de passages. Un poste d'observation a été aménagé pour les chanceux qui apercevront peut-être un bestiau passer.

🎣 *Edradour Distillery* (hors plan par B1) : *sur les hauteurs, à 4 km à l'est de Pitlochry par l'A 924.* ☎ *472-095.* ● edradour.com ● *De mi-avr à mi-oct slt : tlj sf dim 10h-16h (dernier tour). Entrée : £ 7,50. Durée : 1h. Feuillet en français. Un dram de whisky offert à chaque visiteur.* Lovée dans un joli site, voici la distillerie la plus petite et l'une des plus artisanales du pays ! Projection d'un film (8 mn, en anglais).

🎣 *Fabrique Heathergems* (plan B2, 32) : *22, Atholl Rd.* ☎ *474-391.* ● heathergems.com ● *Derrière l'office de tourisme. Tlj 9h-17h30 (17h nov-avr).* Fabrique unique en son genre, qui produit, à partir de tiges de bruyère, des petits objets et bijoux originaux vendus dans toute l'Écosse. Les tiges sont mélangées à de la résine d'époxyde colorée, séchées, compressées, puis cuites. Vidéo en anglais présentant cet étonnant procédé, panneaux explicatifs en français, aperçu de l'atelier, et boutique bien sûr !

🎣 *Explorers Garden* (plan A3, 31) : *de l'autre côté de la rivière, près du* Pitlochry Festival Theatre. ☎ *484-626.* ● explorersgarden.com ● *Avr-oct : tlj 10h-16h15 (dernière entrée). Tarif : £ 4 ; réduc. Toilettes sèches dans le jardin.* Jardin de 2,6 ha essentiellement consacré aux arbres, il rend hommage aux *plant hunters* et permet de comprendre comment l'exotisme envahit à ce point les jardins écossais, grâce à ces aventuriers botanistes qui ont parcouru le monde à partir du XVIIIe s en quête d'espèces et d'essences rares. Ainsi, David Douglas, à qui est dédié un pavillon en forme de bateau, rapporta d'Amérique le célèbre pin du même nom. Ne pas manquer non plus les *blue poppies,* pavots bleus originaires de l'Himalaya qui s'acclimatent très bien à la région et fleurissent (en toute légalité) fin mai, début juin.

– *Loch Faskally* (hors plan par A2) : *à la sortie de Pitlochry, par Atholl Rd, vers le nord-est, suivre la route descendant sur la gauche en direction de la* Boating Station. *Mars-oct : tlj 8h30-17h.* De l'autre côté du barrage, dans un cadre bucolique en bordure de forêt, location d'embarcations à pédales et de bateaux, permis de pêche. Petite restauration sur place.

Manifestations

– *Pitlochry Festival Theatre :* de l'autre côté de la rivière. ● pitlochry.org.uk ● Programmation de pièces et concerts toute l'année, particulièrement dense en été.

LES HIGHLANDS

– **Highland Night :** *juin-sept, ts les lun à partir de 19h30, sur le* Recreation G. *Parking : £ 2,50.* Soirée de danse et musique traditionnelles écossaises.
– **Highland Games :** *2ᵉ sam de sept, sur le* Recreation Ground.
– **The Enchanted Forest :** *en oct.* ● *enchantedforest.org.uk* ● Son et lumière dans l'enceinte de l'*Explorers Garden.*
– **Amber Festival :** *en oct, dans tte la région.* Musique et artisanat.

DANS LES ENVIRONS DE PITLOCHRY

🎭🎭🎭 🏃 **Blair Castle :** *à 4,5 miles (env 7 km) au nord de Pitlochry sur la route d'Inverness, à la sortie de Blair Atholl.* ☎ *(01796) 481-207.* ● *blair-castle.co.uk* ● *Avr-oct : tlj 9h30-16h30 (dernière admission). Entrée : £ 11 ; jardins slt £ 6 ; réduc. Ticket combiné avec Glamis Castle et Scone Palace : £ 26 ; réduc.* D'une blancheur immaculée sublimée par la nature qui l'entoure, ce château est la propriété des comtes et ducs d'Atholl depuis le XIIIᵉ s. La tour de Cumming est l'unique vestige médiéval. L'édifice fut

L'UNIQUE ARMÉE PRIVÉE D'EUROPE !

Saviez-vous que le duc d'Atholl dispose depuis 1778 d'une garde personnelle ? En 1843, enthousiasmée par son séjour au château, la reine Victoria accorda même aux 80 Highlanders qui la composaient le droit de porter les armes. Mais pas de s'en servir ! Survivance clanique purement honorifique, la garde défile avec panache, chaque année, au mois de mai. L'occasion pour le 12ᵉ duc, qui vit en Afrique du Sud, de revenir sur la terre de ses ancêtres !

agrandi au XVIᵉ s, époque à laquelle Marie Stuart y organisa une chasse tristement célèbre où trois domestiques subirent le même sort que 350 cerfs et 5 loups... Un siècle plus tard, Cromwell installa ses troupes dans ce repaire royaliste. En 1745, le château passa aux mains des jacobites soutenus par les propres frères du duc d'Atholl. Bonnie Prince Charlie y fit même halte sur la route de Culloden. Une fois le calme revenu, le château fut transformé en un luxueux manoir. Cependant, les créneaux et tourelles extérieures furent rétablis au XIXᵉ s.
Depuis 1936, une trentaine de salles sont ouvertes au public, qui s'en met plein les mirettes ! Après l'époustouflante collection d'armes ornant le hall d'accès, le magnifique escalier des peintures mène à une enfilade de salles de tailles et fonctions diverses. Quelques moments forts : la profusion des stucs rococo de la salle à manger, l'incroyable lit orné de plumes d'autruche et encadré de tapisseries réalisées pour Charles Iᵉʳ, et l'austérité inattendue de la chambre des jacobites. Partout, une surabondance de tableaux, porcelaines, œuvres d'ébénistes renommés et, détail amusant, de nombreuses factures d'époque des pièces exposées. Un espace est consacré aux Atholl Highlanders. Pour finir, balade dans le bosquet de Diane, le jardin clos d'Hercule et aux abords du parc aux cerfs rouges.

🎭 🏃 **Queen's View :** *à 6 miles (env 10 km) de Pitlochry.* Visitor Centre : ☎ *(01796) 473-123. Tlj 9h30-17h (horaires plus restreints nov-mars). Parking : £ 2.* Conduite à ce point de vue sur le loch Tummel en 1866, la reine Victoria ne put retenir un cri d'admiration devant la beauté du paysage. Une plate-forme d'observation a été aménagée pour jouir de cette perspective « royale ». De l'autre côté du loch, des paysages encore plus sauvages défilent le long d'une petite départementale. Au *Visitor Centre,* petit espace pour les enfants avec jeux et quiz sur la faune et la flore du coin, et boutique vendant quelques objets locaux.

: accès par le village de **Kinloch Rannoch,** à 12 miles (env
...e Queen's View. La B 846 file sur 23 km le long de la rive nord
...ité duquel prend forme un paysage austère et majestueux,
... granitiques. Terminus à *Rannoch Station,* une gare ferroviaire
... des West Highlands. Miracle, un réconfortant *salon de thé*
...ch Rannoch Tearoom, ouv mars-oct, tlj sf ven 8h30-16h30 ;
☎ 07557-271-880)! À des dizaines de miles alentour, dominées par les monts
Glencoe, rien d'autre que des landes, parmi les plus hostiles et fascinantes du
pays !

🏃🏃 **Glen Lyon :** *depuis Kinloch Rannoch, suivre la direction de South Loch Rannoch puis d'Aberfeldy sur la B 846 ; à Keltneyburn, prendre à droite la route à une voie. Prévoir env 1h30 de route d'Aberfeldy jusqu'au bout de la vallée.* S'étendant d'est en ouest sur 35 miles (environ 50 km), Glen Lyon est l'une des plus longues et des plus belles vallées d'Écosse.

<aside>

À EN PERDRE SON LATIN

Le lieu de naissance de Ponce Pilate est généralement situé à Lyon, capitale des Gaules. Or, on raconte également qu'à Glen Lyon naquit celui qui condamna Jésus, fruit des amours d'une jeune villageoise et d'un émissaire romain perdu dans le coin.

</aside>

À gauche de la petite route bordée de grands hêtres, la rivière Lyon d'abord tumultueuse s'apaise peu à peu en traversant un paysage pastoral parsemé de rares cottages. Halte agréable à **Fortingall,** un hameau qui se targue de posséder le plus vieil arbre du monde (ou plutôt ce qu'il en reste, une sorte de moignon de tronc), un if trois fois millénaire, caché au milieu de sa descendance dans un enclos bordant la petite église. Si seulement il pouvait parler...
Plus loin, la route se divise au lieu-dit *Bridge of Balgie.* Bon salon de thé, *Glenlyon Tearoom* (☎ (01887) 866-221. Tlj en été 10h-17h ; fermé mar et jeu nov-mars). Tout droit, elle conduit à *loch Lyon,* un cul-de-sac. À gauche, elle franchit le pont, se fait plus étroite et grimpe magnifiquement à travers des landes désertiques jusqu'au pied du Ben Lawers, après le barrage de *Lochan Na Lairige.* Il suffit alors de redescendre vers l'A 827 reliant Killin et Aberfeldy sur la rive nord du loch Tay, où s'achève ce superbe itinéraire de traverse.

– Voir aussi plus haut les **Cluny House Gardens** (« Dans les environs de Dunkeld »), **Aberfeldy** et **Crannog Centre.** À 5,5 miles (9 km) au sud de Pitlochry, bifurquer à droite en direction de Killin.

Randonnées

Pour ceux qui ne supportent pas la foule, voici quelques courtes balades assez plaisantes à faire dans les environs (se procurer les différents dépliants à l'office de tourisme), ainsi qu'une idée d'activité pour les plus courageux.

➤ **Killiecrankie :** *à 5 km au nord de Pitlochry sur l'A 9.*
Killiecrankie signifie en gaélique la « forêt du pivert ». L'endroit, protégé par le *National Trust,* fut le théâtre en 1689 d'une fameuse bataille entre Anglais et Écossais. Dans cet étroit défilé empruntant autrefois la seule route vers le nord, ces derniers infligèrent une sévère défaite à leurs envahisseurs.
Depuis le *Visitor Centre (Pâques-fin oct : tlj 10h-17h30 ; assez intéressant et bien documenté),* un sentier mène en 10 mn au *Soldier's Leap,* où un soldat anglais sauta entre deux rochers distants de 18 pieds et 6 pouces (5,50 m), par-dessus la rivière Garry, pour échapper aux Highlanders. Après cette dérouillée, les Anglais décidèrent de construire les *Military Roads,* plus rapides et moins dangereuses pour leurs troupes.

Avant le *Soldier's Leap,* un sentier part sur la gauche vers Garry Bridge, Coronation Bridge et Linn of Tummel. Ceux qui ont le temps pourront pousser jusqu'à Pitlochry et même retourner vers Killiecrankie par l'autre rive (18,5 km en tout). Également un départ de sentier pour Ben Vrackie (voir plus loin).

– **Saut à l'élastique** *(Bungee Jumping) : bureau dans le Visitor Centre de Killiecrankie.* ☎ *0845-366-58-44.* ● *bungeejumpscotland.co.uk* ● *Tlj 10h-17h. Résa 1 à 2 sem avt en saison. Âge min 14 ans. Env £ 75 (reporté en cas de mauvais temps), pas de remboursement si refus de sauter !* Plongeon de 40 m du haut du Garry Bridge au-dessus de la rivière. Chiche !

➤ **Graigower Hill** *(450 m) : entre Pitlochry et Killiecrankie. Départ depuis la rue principale.* Pas très haute, cette colline offre un chouette panorama sur toute la région.

➤ **Ben Vrackie** *(841 m) : départ proche de Moulin Inn (voir « Où manger ? Où boire un verre ? »). Compter 4-5h l'A/R sur un bon sentier.* On ne pouvait oublier la montagne de Pitlochry par excellence. Environ 5 km jusqu'au sommet, 700 m de dénivelée. Une balade superbe mais assez physique, surtout quand le vent souffle... ce qui n'est pas rare !

➤ **Schiehallion** *(1 083 m) : départ du parking de la Forestry Commission, sur la route reliant Kinloch Rannoch à Aberfeldy. Compter 6h.* Un vrai point de repère, au sommet coiffé de quartzite d'où l'on jouit d'une magnifique vue panoramique sur la région, dont le loch Rannoch. Depuis ce dernier, la vue sur la silhouette conique du Schiehallion est également impressionnante... Randonnée plus sérieuse que les précédentes. Impossible de se perdre, le chemin est clairement tracé.

BON PIED, BON ŒIL

C'est du haut du Schiehallion, culminant à un peu plus de 1 000 m d'altitude, que l'astronome royal Neil Maskelyne estima le poids de la Terre en 1774. Travaux confirmés par la science moderne ! Il développa également la cartographie des reliefs grâce aux courbes de niveau, que vous continuez, chers randonneurs, à lire aujourd'hui...

➤ **Edradour Walk** *: départ du parking d'Atholl Rd. Compter 2h.* Une balade facile de 5 km qui conduit aux distilleries de Blair Athol et d'Edradour, puis chemine dans la forêt de Black Spout où l'on découvre une cascade dévalant 60 m dans une végétation luxuriante. Quelques beaux points de vue sur la rivière Tummel et les collines environnantes.

KINGUSSIE ET NEWTONMORE

1 400 et 2 500 hab. | IND. TÉL. : 01540

Deux bourgades endormies, à 4 km l'une de l'autre, un peu à l'écart des grands axes routiers. Pas beaucoup d'ambiance, donc, on s'y arrête pour visiter l'un des deux chouettes musées sur les traditions populaires, notamment celui de Newtonmore.

Arriver – Quitter

En bus

➤ Bus fréquents avec *Scottish* *Citylink.* Prendre le bus n° M90 ou le n° M91, qui assurent tous 2 la ligne *Perth-Inverness.*

En train

➤ Entre **Perth** et **Inverness.** Arrêts à **Dunkeld, Pitlochry, Kingussie,** **Newtonmore** (ts les trains ne s'y arrêtent pas) et **Aviemore.** Env 8 trains/j. (moins le dim).

Adresses utiles

🛈 *Visitor Information Centre :* Duke St, à **Kingussie** (dans le Highland Folk Museum). ☎ et fax : 661-307. Avr-août : tlj sf dim 10h-17h ; sept-oct :

lun-ven 10h-16h.
🛈 Un autre **point infos** : à **Newtonmore** dans le Craft Centre, dans la rue principale.

Où dormir dans la région ?

Camping

⚠ *Invernahavon Holiday Park :* à 3,2 miles (env 5 km) de Newtonmore sur l'A 9 en direction de Perth. ☎ 673-534. Ouv avr-sept. Env £ 19 pour 2. Grand camping sur un vaste terrain dégagé (donc peu d'intimité), avec panorama sur les montagnes. Propre.

Bon marché

🏠 *The Laird's Bothy :* à **Kingussie,** dans la rue principale. ☎ 661-334. ● thetipsylaird.com ● S'adresser au Tipsy Laird. Nuitée en dortoir env £ 12/ pers. Cuisine bien équipée pour faire sa popote, mais dortoir minuscule. Jardinet avec tables à l'arrière.

Où manger ?

Bon marché
(plats £ 5-10 ; 6-12 €)

I●I *Pam's Coffee shop :* à **Kingussie,** dans la rue principale. ☎ 661-020. Tlj sf dim 10h-17h. Devanture noire. Intérieur tout en bois, et nappes en toile cirée. Petits sandwichs bien préparés comme on les aime. Bon et vraiment pas cher.

I●I *The Wild Flour :* à **Newtonmore,** dans la rue principale. ☎ 670-975. Tlj sf mer 9h30-16h30. Familles et marcheurs s'installent dans la partie salon, ou 3 marches plus haut dans une petite salle toute simple, ouverte sur un jardinet planté de quelques tables. Plat et soupe du jour, sandwichs, burgers et gâteaux. Tout est fait maison, pas très cher et plutôt bon.

À voir

🎭👣 *Highland Folk Museum de Newtonmore :* ☎ 672-230. ● highlandfolk. com ● Avr-août : tlj 10h30-17h30 ; sept-oct : tlj 11h-16h30. GRATUIT (donation appréciée). Cafétéria pour déjeuner. Un vrai voyage dans le passé qui retrace l'histoire de l'habitat des Highlands, de 1700 à 1960, à travers une trentaine de constructions aménagées et soigneusement reconstituées. Parmi elles, un village de chaumières du début du XVIIIe s, une ferme des années 1930, une scierie de l'époque victorienne, une école de 1925 (avec une vraie leçon d'écriture à la plume !), et on en passe. Compter 3h pour tout voir, le site est immense !

🎭👣 *Highland Folk Museum de Kingussie :* Duke St. ● highlandfolk.com ● Mêmes coordonnées que l'office de tourisme. Slt sur rdv. Fiche-résumé en français. Un peu le pendant théorique de celui de Newtonmore, en moins bien, il faut le dire. À faire plutôt s'il pleut (celui-ci est principalement couvert) ou si vous manquez de temps.

DANS LES ENVIRONS DE KINGUSSIE ET DE NEWTONMORE

🍴 🏃 *Highland Wildlife Park :* à 4,5 miles (env 7 km) de Kingussie vers Kincraig, sur la B 9152. ☎ 651-270. ● highlandwildlifepark.org ● Avr-oct : tlj 10h-17h (18h juil-août) ; nov-mars : tlj 10h-16h. Dernière admission 1h avt. Entrée : £ 15 ; réduc. Dans un parc naturel de 100 ha, chevaux sauvages, cerfs, singes des neiges, pandas rouges, tigres, bisons et ours polaires (les stars du parc !), à découvrir au volant de sa voiture. Des petits tunnels permettent à certains animaux de circuler au-dessus des visiteurs.

🍴 *La distillerie Dalwhinnie :* à *Dalwhinnie.* ☎ 672-219. Sur l'A 889, à 10 miles (16 km) au sud de Newtonmore, par l'A 9. Avr-oct : tlj 9h45-17h30 (18h juil-août) ; nov-déc : tlj 10h-16h. Env 4 visites guidées/j. Dernière visite 1h avt fermeture. Entrée : £ 8 (une dégustation comprise ; plus cher si on en teste plusieurs). Résa obligatoire. Grande bâtisse blanche au toit noir. Dalwhinnie signifie « lieu de rendez-vous » en gaélique. Une visite intéressante mais un peu usine à touristes tout de même.

AVIEMORE
2 600 hab.   IND. TÉL. : 01479

Porte d'entrée du Cairngorm Mountains National Park, Aviemore est une petite station touristique sans grand charme, composée essentiellement de boutiques et de restaurants qui se succèdent le long de sa rue principale. On y séjourne pour aller skier en hiver, randonner, faire du VTT ou de l'escalade en été et, très vite, on retrouve l'immensité des grandes solitudes, des interminables forêts de pins tachées de loch, des montagnes pelées couvertes de bruyère, des panoramas sans ligne d'horizon...

Arriver – Quitter

En bus

➢ La ligne n° M91 de *Scottish Citylink* assure la liaison **Perth** (env 2h de trajet)-**Inverness** (40 mn de trajet). Arrêts à **Kingussie** et **Newtonmore, Pitlochry** et **Dunkeld.** 4 bus/j. (1 seul bus dim).
➢ **Glasgow :** le bus n° G10 assure le trajet en 3h, 4 fois/j. (1 seul bus dim). Sinon, 8 bus/j. avec changement à Perth (trajet : 3h40).
➢ **Cairngorm** (station de ski), via le loch Morlich : bus n° 31, env ttes les heures, 7h-17h (1er bus à 9h dim). Trajet : 20 mn.

En train

➢ Une dizaine de trains/j., 7h30-22h (slt 7 bus dim) entre **Perth** (env 1h30 de trajet) et **Inverness** (env 40 mn de trajet). Arrêts à **Dunkeld, Pitlochry** et **Kingussie.** Certains poursuivent vers **Glasgow** ou **Édimbourg** (2h30 de trajet).

Adresses utiles

ℹ️ *Visitor Information Centre :* Unit 7, The Parade, Grampian Rd (route principale) ; presque en face de Tesco. ☎ 810-930. En été : tlj 9h-18h30 (18h dim) ; horaires un peu plus restreints en hiver.
✉️ *Poste :* Grampian Rd, à 5 mn à pied au nord de l'office de tourisme.

LES HIGHLANDS

Lun-sam 9h-17h30 (12h30 sam). Change.

■ *Royal Bank of Scotland : Grampian Rd, en plein centre.* Distributeur.

■ *Location de vélos : Mikes Bikes, à Inverdruie, à env 1 km à l'est d'Aviemore, sur la route du loch Morlich.* Succursale plus modeste à AVIEMORE, dans le Myrtlefield Shopping Centre. ☎ 810-478. ● aviemorebikes.co.uk ● *Ouv tte l'année, tlj sf dim 9h30-17h30 (10h-17h nov-mars). Compter £ 15 la ½ journée et £ 20/j. ; tarifs dégressifs pour plusieurs j.* Large gamme de bécanes (même des tandems) et tout l'équipement qui va avec. Vélos enfants.

■ *Active Aviemore : Grampian Rd, à l'entrée de la ville en venant du Cairngorm.* ☎ 780-000.

● activeoutdoorpursuits.com ● *Tlj 9h-17h.* À la fois un magasin d'articles de sport (matos de rando, d'escalade, recharges de gaz, etc.) et une agence encadrant des activités de pleine nature : raft, canoë, escalade, ski... Loue aussi des VTT *(£ 15 la ½ journée ; £ 21/j.).*

■ *Laverie : derrière la poste. Lun-sam 9h-17h.*

@ *Baztex : Grampian Rd (la rue principale), minuscule cybercafé dans une bicoque en face du Visitor Information Centre.* ☎ 811-799. *Lun-sam 10h-17h30.*

■ *Supermarché Tesco : Grampian Rd, en plein centre. Lun-sam 7h-22h, dim 9h-20h.* Pour faire le plein avant de partir en rando.

Où dormir à Aviemore et dans les environs ?

Campings

⚑ *Rothiemurchus Camp : à Coylumbridge.* ☎ 812-800. ● *rothiemurchus. net* ● *Sur la route du loch Morlich, à env 2 miles (3 km) d'Aviemore. Fermé nov. Compter £ 16-22 pour 2.* Un vaste et beau terrain, partiellement installé dans la forêt et bordé par un ruisseau. On plante sa tente tout au fond du camping, sous les pins. Nombreuses activités de plein air aux alentours.

⚑ *Glenmore Camping Park : au bord du loch Morlich, à 5,5 miles (9 km) à l'est d'Aviemore.* ☎ 861-271. ● *cam pingintheforest.co.uk* ● *Bus n° 31 d'Aviemore. Tte l'année. Compter £ 16-26 pour 2.* Dans un superbe site, un immense terrain entouré de forêts. C'est le plus proche du Cairngorm, on peut partir en rando depuis sa tente ! Un défaut cependant, l'humidité... Sanitaires impeccables. En surplomb du camping, au bord de la route, café-supérette de dépannage *(tlj 8h30-20h)* et loueur de skis et VTT.

⚑ *Dalraddy Holiday Park : à Alvie, à 3 miles (5 km) au sud d'Aviemore direction Kingussie par la B 9152.* ☎ 810-330. ● *alvie-estate.co.uk* ● *Tte l'année. Prévoir £ 8-14 pour 2 avec tente.* 🖥 📶 Ce sympathique camping s'est installé au milieu d'une forêt de

bouleaux, à deux pas de la rivière et d'un joli loch. Les emplacements pour les tentes sont dispersés dans un coin tranquille, bien séparés les uns des autres par les sapinettes. Sanitaires impeccables. Épicerie de dépannage. Grande aire de jeux. Laverie.

Bon marché (£ 10-25/ pers ; 12-30 €)

⚑ *Youth Hostel : 25, Grampian Rd, à Aviemore.* ☎ 810-345. ● *syha.org.uk* ● *À gauche juste à l'entrée de la ville en venant de Kingussie et à 10 mn à pied de la gare et du centre. Résa conseillée en été. Nuitée £ 18-22/pers en dortoir de 6 lits. Chambre double £ 48. Petit déj en sus (£ 5).* 🖥 À l'écart de la route, au creux d'un bois, une grande AJ impeccable et fonctionnelle à défaut d'avoir du charme. Immense cuisine et salle TV équipée d'un billard. C'est le QG de tous les groupes de randonneurs. Équipe sympa et disponible, connaissant bien la région.

⚑ *Aviemore Bunk House : Dalfaber Rd, à Aviemore.* ☎ 811-181. ● *aviemore-bunkhouse.com* ● *À côté du resto* The Old Bridge Inn *(même propriétaire). Nuitée en dortoir 6-8 lits £ 19/pers ; double et familiale £ 50-65.* 📶 Déco inexistante, beaucoup de monde en saison, mais tout est fonctionnel, propre, bon marché, et c'est bien situé (proche de la rivière, de la gare et du centre). Cuisine à disposition.

■ **Cairngorm Lodge Youth Hostel :** *au* **loch Morlich** *(9 km à l'est d'Aviemore), quasi en face du* Glenmore Camping Park. ☎ *861-238.* • *syha. org.uk* • *Bus n° 31 d'Aviemore ttes les heures. Fermé nov-janv ou fév selon enneigement. Résa recommandée. Compter £ 18/pers en dortoir 3-9 lits, petit déj en sus. Dîner à partir de £ 8. Panier pique-nique.* ☐ ☏ Vaste maison surplombant le lac, face aux montagnes. Évidemment plus proche de la nature que l'AJ d'Aviemore, plus cosy aussi, avec des dortoirs et sanitaires d'une propreté irréprochable. Immense cuisine, salon TV avec jeux, billard, coin lecture et même une véranda... bref, plutôt classe pour une AJ ! Location de vélos, canoës et windsurfs juste en face.

■ **Fraoch Lodge :** *à* **Boat of Garten.** ☎ *831-331.* • *scotmountainholidays. com* • *Paisible village à env 10 km au nord d'Aviemore par l'A 95. Bus n°s 34 et 34X ttes les heures, 7h-21h pour Aviemore. Compter £ 25-30/pers en chambre double ou triple, sans ou avec sdb (min 2 nuits). Petit déj léger compris (ajouter £ 3 pour un petit déj plus costaud). Dîner sur demande.* On ôte ses chaussures pour pénétrer dans cette mignonne maison en pierre à l'ambiance très sympa. Petites chambres avec lavabo ou salle de bains. Cuisine et salon à disposition. Les proprios sont bien placés pour vous donner des tuyaux sur les balades à faire dans le coin, ils possèdent une agence organisant des randos à pied et à VTT. Une adresse très simple et conviviale, style AJ miniature.

⚒ ■ **The Lazy Duck :** *à* **Nethy Bridge** *(à env 20 km au nord-est d'Aviemore), à la sortie du village direction Tomintoul. Bus n°s 34 et 34X ttes les 2h, 7h-21h pour Aviemore.* ☎ *821-092.* • *lazyduck.co.uk* • *Nuitée £ 19-23/pers dans le gîte 6-8 lits, pour une famille ou à partager d'autres voyageurs. Camping (slt des petites tentes de 3 pers max) £ 20 pour 2.* Woodman's Hut *et* Duck's Nest *£ 95-115*

pour 2. ☏ *(dans la maison).* Au bord d'un ruisseau, dans un coin bucolique à souhait, un drôle de petit gîte avec une cuisine riquiqui, une table, un poêle norvégien, un auvent flanqué d'une cheminée et des lits répartis sur 2 niveaux. Barbecue et hamacs. Également une prairie où planter sa tente, à partager avec les moutons (la prairie, pas la tente...). Dernière option, 2 cabanes en bois : la *Woodman's Hut,* isolée au milieu des pins, et le *Duck's Nest,* doté d'une terrasse, au bord d'une jolie marre où s'ébattent des canards. Toilettes sèches dans un cabanon et douche à la citerne dans les 2 cas. Enfin, pour faire son frichti, légumes du jardin en libre-service (ou supérette au village). Bien sympa tout ça, mais tout de même pas donné pour un retour à la vie simple !

Prix moyens
(£ 50-85 ; 60-102 €)

■ **Ardlogie Guesthouse :** *Dalfaber Rd, rue parallèle à la rue principale, de l'autre côté de la voie ferrée (en voiture, prendre la route du Cairngorm puis la 1re à gauche).* ☎ *810-747.* • *ardlogie.co.uk* • *Doubles avec sdb £ 65-80.* ☏ Une grande maison postée à l'écart et pourtant à seulement 5 mn à pied du centre. 5 chambres, claires et confortables, avec TV, dont 1 familiale et 2 donnant sur les montagnes et la rivière Spey, qui coule en contrebas du grand jardin. Également un bungalow pour 2 en *self-catering,* avec kitchenette *(£ 255-380 la sem).* Bon petit déj, frais et très complet.

■ **Ravenscraig Guesthouse :** *141, Grampian Rd, à 500 m au nord du centre d'Aviemore.* ☎ *810-278.* • *aviemoreonline.com* • *Doubles £ 75-92.* ☐ ☏ Une jolie maison victorienne, dont la façade rivalise d'élégance avec celle de la villa voisine. La moquette chamarrée et les parties communes supporteraient un p'tit coup de jeune, mais les chambres sont claires et plaisantes, faute d'être imaginatives côté déco. D'autres chambres dans un petit bâtiment sur l'arrière, tout aussi confortables et dans le même esprit.

Où manger ? Où boire un verre ?

Prix moyens
(plats £ 8-18 ; 10-22 €)

|●| Mountain Café : *111, Grampian Rd (la rue principale) ; en face du poste de police, au 1er étage d'un magasin de sport.* ☎ 812-473. *Tlj 8h30-17h30.* Grande café† chaleureuse, un mélange de style scandinave et de chalet d'altitude, avec une jolie vue sur les montagnes. En fonction de l'heure, on y prend un solide petit déj (bon café), un snack sur le pouce, un déjeuner goûteux ou un thé gourmand. Tout est frais et (bien) fait maison. Choix de pâtisseries à faire frémir un diététicien ! Notre adresse préférée, hélas fermée le soir.

|●| ▼ Cafe Mambo : *dans la rue principale ; à côté du Visitor Information Centre.* ☎ 811-910. *Resto jusqu'à 21h, puis bar. DJs le sam.* 📶 Grande salle design où se la jouer jeune et branché. Snacks, hamburgers... Pas de folies gastronomiques en vue. Quelques tables sur le trottoir.

|●| ▼ The Old Bridge Inn : *sur Dalfaber Rd, rue parallèle à la rue principale, de l'autre côté de la voie ferrée.* ☎ 811-137. *Tlj midi-minuit (1h ven-sam). Plats £ 6-17 (résa impérative le w-e).* 📶 Un vrai pub des Highlands, populaire comme il se doit, avec son ambiance rugissante, ses *live* – DJ ou scène ouverte certains soirs. On peut aussi y manger (jusqu'à 21h) une cuisine plutôt élaborée, une des meilleures de la ville.

|●| ▼ Cairngorm Hotel : *en face de la gare, dans la rue principale.* ☎ 810-233. *Tlj jusqu'à 21h30. Musique live sf mar (quiz) et dim.* Au rez-de-chaussée d'un hôtel cossu, le premier édifice construit à Aviemore au XIXe s. La grande salle ne manque pas d'allure, avec ses lustres en bois de cerf, ses tableaux et ses boiseries. Sans être inoubliable, la cuisine y est variée (carte interminable), bonne et généreuse, l'endroit animé et le service amical. Particulièrement intéressant le jeudi soir pour son buffet à volonté. Fait aussi pub.

Où manger dans les environs ?

|●| Andersons Restaurant : *à Boat of Garten, dans la rue principale.* ☎ 831-466. *Tlj midi et soir. Plats £ 9-20.* 📶 La pimpante façade invite à entrer, la salle gaie et chaleureuse à s'installer. Sur les grandes ardoises, plats du jour inspirés par la Méditerranée sans pour autant faire d'infidélités aux classiques écossais, rajeunis ici avec talent. Glaces maison aussi créatives que délicieuses. Une bonne adresse, en dehors de l'agitation touristique d'Aviemore.

À faire

🚶 🚶‍♀️ **Strathspey Steam Railway :** *une balade sympa sur l'ancienne ligne du train à vapeur mise en service en 1865. Rens :* ☎ 810-725. ● strathspeyrailway.co.uk ● *Ticket A/R : £ 14 ; réduc. 3 voyages/j. 1er départ à 10h30. Pas de train de début nov à mi-mars.* De la charmante gare d'Aviemore à Broomhill (18 miles aller-retour, soit 29 km), on regarde doucement défiler le superbe paysage, tiré par une vieille locomotive à vapeur. Il y a même un wagon-restaurant.

🚶 🚶‍♀️ **Cairngorm Reindeer Herd :** *au loch Morlich, à côté du Visitor Centre.* ☎ 861-228. ● cairngormreindeer.co.uk ● *Tlj 10h-17h. Tour tlj à 11h (2e tour à 14h30 mai-sept et dernier tour à 15h30 juil-août, lun-ven). Compter £ 3,50 pour la visite du paddock (avr-déc), £ 13 pour le tour ; réduc. Prévoir des bottes.* Ici broutent les seuls rennes sauvages de Grande-Bretagne, réintroduits en 1952 par un Lapon suédois. On peut se contenter de les caresser dans un enclos accessible toute la journée (le paddock), ou aller leur rendre visite sur leur territoire, une colline où ils gambadent en semi-liberté. Au programme, 5 mn de voiture, 30 mn de marche, puis 1h30 sur place pour faire connaissance. Alors, pas trop lourd à tirer, le traîneau ?

Randonnées dans les environs

La région offre de nombreuses possibilités de randonnées et excursions diverses. Se munir de la carte *Ordnance Survey, Explorer 403* (couverture orange) au 1/25 000 ou de la *Landranger 36* (couverture rose). Très bien faites, elles signalent à la fois les refuges et les sentiers.

➤ **Le loch Morlich et ses environs :** *entre Aviemore et le Cairngorm. Bus n° 31. Parkings payants partout (env £ 2). Ttes les infos sur les activités au* Visitor Centre du loch Morlich, en face du camping (☎ 861-565 ; tlj 9h30-16h30). *Vente de cartes topographiques. Consulter également* ● *rothiemurchus.net* ● Plein de balades et d'activités possibles. Profitez-en pour découvrir la nature intacte de la **forêt de Rothiemurchus,** avec ses pins calédoniens, une espèce endémique. Les lapins sont généralement de la partie et, parfois, même les daims et les cerfs. Plusieurs circuits plus ou moins longs permettent aussi d'arpenter la **forêt voisine de Glenmore,** à pied comme à VTT. Possibilité également de pratiquer divers sports nautiques non motorisés sur le loch Morlich, depuis la base nautique installée juste avant le camping : planche à voile, paddle, petit voilier, kayak, canoë... *(compter £ 8-23/h et £ 25-50/j. selon embarcation ;* ● *lochmorlich.com* ●*).* À faire encore, de la pêche, et même du tir au pigeon ! Bref, y en a pour tous les goûts...

➤ **Le loch an Eilein :** *à quelques km d'Aviemore en direction du Cairngorm, puis sur la droite à* **Inverdruie** *(fléché). Parking : £ 2.* Un chemin fait le tour du loch, plutôt paisible. Une belle balade accessible à tous, d'environ 1h15, entre pins, bruyère et champignons, écureuils et faisans. Isolé sur un îlot au milieu du lac, un petit château en ruine ploie sous les assauts de la végétation.

➤ **L'ascension du Cairngorm** *(1 244 m) :* le grand classique du coin. N'y allez que par beau temps, pour profiter de la vue. *Bus n° 31 de la gare d'Aviemore jusqu'au* Cairngorm Ski Centre *(☎ 861-261 ;* ● *cairngormmountain.org* ●*).* De là, chemins bien balisés à travers la lande jusqu'au sommet. Compter 3h pour l'atteindre (ne pas oublier sa petite laine). En route, peut-être rencontrerez-vous les seuls rennes d'Écosse (lire plus haut « À faire. Cairngorm Reindeer Herd »). Les moins courageux emprunteront le **funiculaire** du *Cairngorm Ski Centre :* *départs ttes les 20 mn env, 10h-16h – dernière montée –, 16h30 pour la dernière descente. Prix A/R : £ 11,50 ; réduc et ticket familial.* Au sommet, restaurant panoramique *(tlj le midi slt).* Mais **attention** : s'il est possible de monter à pied et de redescendre par le funiculaire, l'inverse n'est pas autorisé, on ne peut même pas sortir du bâtiment ! Une restriction destinée à éviter qu'un trop grand nombre de randonneurs ne piétinent la flore du Cairngorm (typique d'un climat subarctique). Seule option pour redescendre à pied, se faire accompagner d'un guide de la station *(compter alors env £ 15/pers, funiculaire compris).* Sinon, il faudra redescendre comme on est monté, avec le funiculaire. Frustrant ! Reste à revenir en hiver et à redescendre à skis... Une consolation estivale : le panorama. Il ne se décrit pas, il se déguste. Et puisque vous êtes en haut, profitez-en pour aller rendre visite au **Ben Macdui** *(1 309 m),* le deuxième sommet d'Écosse (à condition de ne pas être monté par le funiculaire, bien sûr). Là non plus, pas de difficultés majeures, à part les conditions météorologiques. Ne continuez pas si le temps se gâte, on insiste, vous pouvez vous faire prendre par un brouillard à couper au couteau en quelques instants. Comptez environ 2h pour l'atteindre.

➤ **Lairig Ghru :** *sentier d'env 30 km reliant Aviemore à Inverey (près de Braemar dans les Grampians).* Il s'agit d'une randonnée à travers les paysages sauvages du Cairngorm. Mieux vaut l'effectuer sur deux jours (refuge sommaire à *Corrour Bothy).* Nécessité d'être bien équipé : vêtements chauds et de pluie adéquats, bonnes chaussures de marche, nourriture, petite pharmacie et boussole car le sentier n'est quasi pas balisé ! Mais le plus gros problème reste la météo. Un grand ciel bleu n'implique pas forcément le feu vert pour se mettre en route. Ne partir qu'avec l'avis d'un professionnel. Ce ne sont pas tant les difficultés de terrain que les brusques changements climatiques qui sont à craindre : froid, brouillard et neige (même en été).

🏠 *Auberge de jeunesse* à Braemar à la fin du parcours (lire plus haut le chapitre consacré aux « Grampians »).

INVERNESS ET LE LOCH NESS

INVERNESS   65 000 hab.   IND. TÉL. : 01463

● Plan *p. 345*

C'est la capitale des Highlands, située à l'embouchure de la rivière Ness (*inver* signifie « embouchure »), elle-même alimentée par le fameux loch du même nom. Cette ville-étape obligée pour tous ceux qui montent au nord n'a rien d'exceptionnel. C'est une ville calme, plutôt agréable avec de vastes pelouses au bord de la rivière et un centre qui ne manque pas de caractère, en somme un bon camp de base pour faire dans la journée le tour du loch Ness ou pour préparer son tour des Highlands.

Attention, quasi impossible de s'y garer : conseillé de mettre sa voiture au parking (celui à côté de la station des bus, elle-même centrale, est immense et pas cher du tout).

Arriver – Quitter

En avion

✈ *Aéroport (hors plan par B1) :* à env 9 miles (15 km) à l'est d'Inverness. ☎ (01667) 464-000. ● hial.co.uk/ inverness-airport.html ● Bus n°s 10, 11 et 11A jusqu'à la gare routière, dans le centre. Depuis l'aéroport, ttes les 30 mn env, 6h15-22h20 ; dans l'autre sens, même fréquence 5h55-21h45. En taxi, compter env £ 16-20 de jour et autour de £ 20-25 de nuit, dim et j. fériés. Bureau d'informations ouvert de 5h jusqu'au dernier vol. Distributeur automatique, mais pas de change. Loueurs de voitures (*Hertz, Avis* et *Europcar,* entre autres).

➤ Inverness est le *hub* des Highlands.

La ville est notamment reliée à *Londres (Gatwick), Stornoway* sur l'île de Lewis, *Kirkwall* aux Orcades, *Sumburgh* aux Shetland, ainsi qu'à *Belfast, Birmingham* et *Manchester.*

En train

🚆 *Gare ferroviaire (plan B1) :* Academy St. Scotrail : ☎ *0330-303-0111.* ● scotrail.co.uk ● Consigne à bagages.

Liaisons avec :
➤ *Édimbourg ou Glasgow :* env 10 trains/j., 6h50-20h15 (dim 6 trains). Durée : env 3h30. Arrêts à *Aviemore, Kingussie, Pitlochry, Dunkeld, Perth, Stirling* et *Kirkcaldy.*

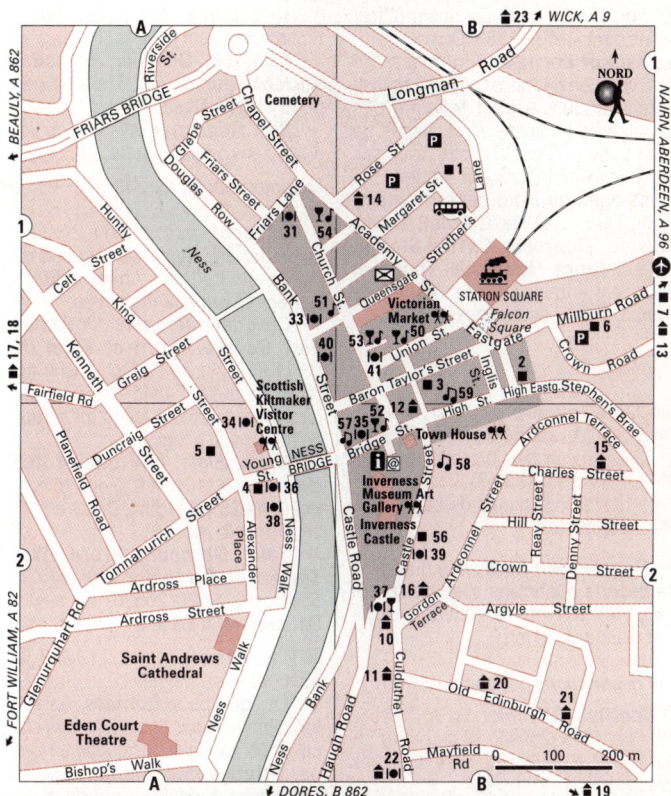

INVERNESS

LES HIGHLANDS

Map labels (streets and landmarks):

BEAUTY, A 862 • FRIARS BRIDGE • Riverside St. • Longman Road • WICK, A 9 • NORD • NAIRN, ABERDEEN, A 96 • Cemetery • Chapel Street • Glebe Street • Friars Street • Friars Lane • Douglas Row • Rose St. • Margaret St. • Academy St. • Strother's Lane • Huntly Street • Ness • Celt Street • King Street • Kenneth Street • Fairfield Rd • Greig Street • Duncraig Street • Planefield Road • Tomnahurich Street • Alexander Place • Ness Walk • Ardross Place • Ardross Street • Bank Street • Church Street • Bank Street • Queensgate • Union St. • Baron Taylor's Street • Inglis St. • High St. • High Eastg. • Stephen's Brae • Station Square • Falcon Square Eastgate • Crown Road • Millburn Road • Victorian Market • Ardconnel Terrace • Charles Street • Reay Street • Denny Street • Hill Street • Crown Street • Argyle Street • Gordon Terrace • Culduthel Road • Scottish Kiltmaker Visitor Centre • Young St. • NESS BRIDGE • Castle Road • Inverness Museum Art Gallery • Inverness Castle • Town House • Saint Andrews Cathedral • Eden Court Theatre • Bishop's Walk • Ness St. • Haugh Road • Old Edinburgh Road • Mayfield Rd • DORES, B 862 • FORT WILLIAM, A 82 • Glenurquhart Rd

0 100 200 m

■ Adresses utiles

- **ᗷ @** Visitor Information Centre
- 1 Public Library
- 2 Bureau de change, Marks & Spencer
- 3 Inverness Mobile Phone Centre
- @ 4 New City Launderette
- 5 Tesco
- 6 The Cooperative Food
- 7 Recharges de camping-gaz

⌂ Où dormir ?

- 10 Bazpackers Hostel
- 11 Inverness Student Hotel
- 12 City Hostel
- 13 Inverness Youth Hostel
- 14 Inverness Tourist Hostel
- 15 Carbisdale Guesthouse
- 16 Craigside Lodge
- 17 Amulree B & B
- 18 Glen Fruin Guesthouse
- 19 Sunnyholm Guesthouse
- 20 Kinkell House
- 21 Eildon Guesthouse
- 22 Rocpool Reserve
- 23 Old Drynie House

⑩ Où manger ?

- 31 Leakey's Cafe
- 33 The Mustard Seed
- 34 The Kitchen Brasserie
- 35 Zizzi's
- 36 Rocpool Restaurant
- 37 The Castle Tavern
- 38 Riva Pizzeria y Ristorante
- 39 Café One
- 40 Riverside Restaurant
- 41 The White House

⛾ ♪ Où boire un verre ?
Où écouter de la musique ?

- 50 Mac Callum's
- 51 Hootananny
- 52 Gellions
- 53 Old Market Inn
- 54 Blackfriars et Phoenix Pub

■ Où jouer au billard ?

- 56 Pockets

♪ Où sortir ? Où danser ?

- 57 Johnny Foxes Pub & The Den
- 58 G's Nightclub et Vinyl
- 59 Miami Night Club

➤ *Aberdeen :* env 12 trains/j. (2 fois moins dim), 4h53-21h33. Durée : 2h15.

➤ *Kyle of Lochalsh* (pont vers l'île de Skye) : env 4 trains/j. (dim 3 trains). Durée : 2h30. Le train traverse des paysages grandioses et sauvages de toute beauté. C'est l'Écosse, avec ses lochs, ses montagnes, ses landes.

➤ La ligne du Nord dessert notamment **Tain**, l'AJ de **Culrain, Lairg, Golspie, Dunrobin Castle Station** (en été), **Brora, Helmsdale, Thurso** et **Wick** : env 4 trains/j. Durée : 4h jusqu'à Thurso, 4h30 jusqu'à Wick.

En bus

🚌 **Gare routière** (plan B1) : *Farraline Park (Academy St).* ☎ *222-244. N° national pour ttes infos sur les bus :* ☎ *0871-200-22-33. Tlj 7h45 (8h45 dim)-18h15.* Indicateurs de bus et guichet. Cafétéria.

➤ *Pour le Loch Ness :* une quinzaine de départs quotidiens avec les n°s 19, 19B, 19C, 917 et 919. Arrivée à Urquhart Castle en 30 mn.

Les destinations par compagnies

■ *Scottish Citylink :* ☎ *0871-266-33-33 et 0871-200-22-33 (infos sur les horaires).* • *citylink.co.uk* • Liaisons avec :

➤ *Glasgow et Édimbourg :* env 12 bus/j. en saison. Durée : env 3h30-4h30, selon les arrêts (**Aviemore, Kingussie, Pitlochry, Perth** et **Stirling**). Env 8 directs. Bien moins cher que le train.

➤ *Ullapool :* 2-3 bus/j. (n° 961), selon saison et j. de la sem. Durée : 1h15. Correspondance pour Stornoway (île de Lewis).

➤ *Drumnadrochit, Urquhart Castle, loch Ness* (Youth Hostel), *Invermoriston, Fort Augustus et Fort William :* env 5 bus/j. Durée : 40 mn jusqu'à l'AJ du loch Ness et 2h jusqu'à Fort William.

➤ *Portree (île de Skye) :* 3 bus/j.

(n° 917). Durée : 3h15. Les bus du matin continuent jusqu'à Uig.

➤ *Dornoch, Golspie, Helmsdale, Wick et Thurso :* env 6 bus/j. Durée : 3h45 jusqu'à Thurso.

➤ *Fort Augustus* (au sud du loch Ness) : env 5 bus/j. Durée : 1h.

■ *Stagecoach :* ☎ *233-371.* • *stagecoachbus.com* •

➤ *Ullapool* (bus n° 61) : 2-5 bus/j. selon saison ; réduit sam, aucun dim. Durée : 1h30-2h10. Arrêts à **Strathpeffer** et **Contin,** entre autres.

➤ *Culloden, aéroport d'Inverness, Fort George, Nairn et Elgin* (bus n°s 11 et 11A jusqu'à Elgin) : une trentaine de bus/j., 4h45-23h25 ; réduit dim. Durée : 25 mn jusqu'à l'aéroport et 1h30 jusqu'à Elgin.

➤ *Nairn, Elgin, Inverurie et Aberdeen* (bus n°s 10 et X10) : env 15 bus/j., 6h20-20h25 (12 le dim). Durée env 4h.

➤ *Dores* (bus n° 16).

➤ *Tain, Dornoch, Brora, Wick, Thurso et Scrabster* (bus n° X99) : 5-6 bus/j., 9h30-20h20 (en saison). Durée : env 3h jusqu'à Thurso.

■ *Tim Dearman :* ☎ *(01349) 883-585.* • *timdearmancoaches.co.uk* •

➤ La ligne pour **Durness,** au nord, fonctionne fin avr-fin sept (le dim slt en juil-août). L'unique bus quotidien passe par **Strathpeffer, Contin, Ullapool, Lochinver, Kylesku, Scourie** et **Kinlochbervie.** Départ d'Inverness le mat, retour depuis Durness dans l'ap-m. Accepte les vélos à bord. Très pratique pour les randonneurs et les cyclotouristes pour aller de village en village dans l'ouest des Highlands.

■ *The Orkney Bus :* avec John O'Groats Ferries. ☎ *(01955) 611-353.* • *jogferry.co.uk* •

➤ Le bus vous emmène jusqu'à John O'Groats, au bout du bout des Highlands, ou directement à Kirkwall, sur les *îles Orcades,* à bord d'un ferry. Juin-août : 2 bus/j. Départ le mat et en début d'ap-m dans les 2 sens. Durée : 4h30.

Adresses utiles

ℹ @ *Visitor Information Centre* (plan B2) : *Castle Wynd* (donne sur *Bridge St).* ☎ *252-401.* • *inverness@*

visitscotland.com • *visitscotland. com* • *Juin-août : lun-sam 9h-18h30 (18h juin), dim 9h30-18h (17h juin) ;*

sept-mai : lun-sam 9h-17h, seuls les horaires du dim changent pdt cette période : sept-oct 10h-16h, nov-mars 10h-15h et avr-mai 10h-17h. Tous les dépliants et cartes possibles. Service de réservation (hébergements et ferries) très utile en juillet-août. Accès Internet gratuit pour les résas d'hôtels, sinon payant. Excellent accueil et bonnes infos. Vente de carte routières et de randos, ainsi que des petits guides sur les balades en Écosse, par région.

✉ **Poste** (plan B1) : Queensgate. Tlj 9h-17h30. Fait aussi du change, mais taux très défavorable.

■ **Inverness Mobile Phone Centre** (plan B1, 3) : 21, Lombard St. Prendre le petit passage qui mène au Highlander Hostel, c'est juste après l'auberge, sur la droite. Lun-sam 9h-5h du mat. On y débloque son portable, achète des cartes SIM et des recharges, et même un chargeur si on a oublié le sien.

■ **Bureau de change** (plan B1, 2) : au 1er étage du magasin **Marks & Spencer,** dans High St. Lun-sam 8h-18h (20h jeu), dim 11h-17h. Accepte les espèces et les cartes de paiement. Taux de change très correct mais moins bon qu'aux distributeurs automatiques.

🚕 **Taxis** : on en trouve jour et nuit devant le Visitor Information Centre, sur Castle Wynd (plan B2) et sur Eastgate (plan B1), entre la gare et Marks & Spencer. **Inverness Taxi,** 24h/24 au ☎ 222-222 ou 0800-136-890 (gratuit).

■ **Location de vélos :** **Monster Bike** (hors plan par A2), 7, Canal Rd (excentré). ☎ 729-500. Tlj sf dim 10h-18h. Compter env £ 20/j., puis dégressif. Possibilité de livraison à votre hôtel. **Happy Tours,** rens auprès du Visitor Centre. 📱 07828-154-6-83. ● happytours.biz ● Env £ 25-30/j. selon le 2-roues (casque et carte de circuits inclus). Loue des vélos de route, des VTT et des hybrides, ainsi que des VTT électriques (pour les flemmards !). Organise également un tour du loch Ness en 3h. Également **Inverness Bike Hire** (plan A-B1), 12, Church St. ☎ 710-664. L'un des moins chers.

■ **Visites guidées : Happy Tours** (coordonnées ci-dessus) programme des visites guidées d'Inverness à pied, en principe entre mi-juin et fin octobre. Env £ 6/pers. Durée 1h.

🅿 **Parkings :** la plupart des stationnements sont payants, que ce soit dans la rue ou dans les parkings. L'un des moins chers dans le centre est le parking couvert à étages (multilevel) situé derrière la gare routière et la Public Library (plan B1). Bon plan : le parking gratuit du supermarché Tesco (voir ci-dessous), limité toutefois à 3h, sinon gare à l'amende !

■ **@ Laverie** (plan A2, 4) : **New City Launderette,** 17, Young St. Lun-ven 8h-20h, sam 8h-18h, dim 10h-16h. Également une petite connexion Internet.

■ **Supermarchés : Tesco** (plan A2, 5), King St, après le Ness Bridge à droite. Lun-sam 7h-22h, dim 8h-20h. **The Cooperative Food** (plan B1, 6), 59, Church St. Tlj 6h-22h. Sans oublier la partie épicerie de **Marks & Spencer** (plan B1, 2). Au rdc. Lun-sam 8h-18h (20h jeu), dim 11h-17h.

■ **Recharges de camping-gaz** (hors plan par B1, 7) : **Farm & Household Store,** 7, Millburn Rd. ☎ 222-765. Au nord-est de la ville, avt l'échangeur de l'A 9 et de l'A 96. À 5 mn à pied du centre. Cette quincaillerie est la seule en ville à vendre des recharges de camping-gaz (gas cartridges) !

■ **Toilettes publiques** (plan B2) : au pied du château, derrière le Visitor Centre. Tlj 10h-16h. Fait aussi consignes à bagages (payant) et vente de parapluies... Bien pratique !

LES HIGHLANDS

Où dormir ?

Réserver impérativement pour juillet et août !

Campings

⛺ **Bunchrew Caravan and Camping Park :** ☎ 237-802. ● bunchrewca ravanpark.co.uk ● ♿ À env 3 miles (5 km) à l'ouest d'Inverness, sur l'A 862 (direction Beauly). Bus n° 28, ttes les heures jusqu'à 23h. Ouv de mi-mars à fin nov. Env £ 15-20 pour 2 selon taille de la tente (avec voiture). Bungalows £ 50-60 pour 2, + £ 5/pers (jusqu'à

6 pers). Min 4 nuits en juil-août. En saison, vente à emporter du petit déj au dîner (bon rapport qualité-prix). 🖥 Très belle situation, au bord du *Beauly Firth*. Une cinquantaine d'emplacements. Des sanitaires très corrects. Terrain de jeux, laverie, petite épicerie, location de vélos. C'est avec gentillesse que le patron vous expliquera tout sur la région.

🏕 *Bught Caravan Park & Campsite :* ☎ 236-920. ● invernesscaravanpark. com ● À 1,2 mile (2 km) du centre, au sud-ouest d'Inverness, sur l'A 82 (direction Fort William). À 25 mn à pied du centre en longeant la rivière Ness. Entrée au niveau du Leisure Centre. Ouv fin mars-fin sept. Env £ 17 pour 2-4 pers avec tente. 🖥 Pas le plus charmant mais le plus proche de la ville (pas trop quand même pour lui assurer un côté bucolique) et surtout juste à côté des installations sportives (piscine, patinoire, terrain de foot et de rugby). Idéal donc en famille. Pas d'emplacements délimités. Machine à laver et sèche-linge. Beaucoup de monde en été.

Bon marché
(£ 10-25/pers ; 12-30 €)

🏠 *Bazpackers Hostel (plan B2, **10**) :* 4, Culduthel Rd. ☎ 717-663. ● baz packershostel.co.uk ● Réception tlj 7h30-minuit. En dortoir 6 lits £ 17-20/ pers. Double £ 45. Appart pour 4 (2 lits superposés) £ 70-80. 🖥 Auberge à taille humaine, répartie dans 2 bâtiments, avec une jolie vue sur la Ness, le château et les lumières de la ville. Chambres pas bien grandes, avec couettes, et un dortoir pour les filles. Un peu courts. Petites chambres doubles sympas. *Lounge* avec fauteuils accueillants et cheminée. Kitchenette à disposition. Barbecue en été. Machine à laver et sèche-linge. Casiers individuels. Très agréable, l'une de nos AJ préférées.

🏠 *Inverness Student Hotel (plan B2, **11**) :* 8, Culduthel Rd. ☎ 236-556. ● invernessstudenthotel.com ● Réception fermée la nuit entre 2h30 et 7h. Nuitée en dortoirs 6 ou 10 lits env £ 15-18/pers. Copieux petit déj non inclus (env £ 2). Loc de serviettes. CB acceptées. La façade est décrépie,

l'intérieur un peu usé et le tout est situé à un carrefour un peu passant (pas de double vitrage !). Néanmoins, l'ambiance y est plutôt sympa, voire très cool. Une dizaine de dortoirs (évitez ceux côté rue), une cuisine et un salon à dispo. Boissons chaudes à volonté. S'occupe également de laver le linge.

🏠 *City Hostel (plan B1-2, **12**) :* 23 A, High St. Dans un passage couvert accessible par High St. ☎ 221-225. ● highlanderhostel.com ● Ouv 24h/24. Dortoir £ 15/pers, petit déj possible. CB acceptées (10 % de com'). Cette AJ privée compte des dortoirs de 3 à 16 lits, sans charme, un peu vieillots et mal insonorisés. Salle de bains dans les dortoirs de 8 et 12 lits ; insuffisant compte tenu du nombre de personnes. Machine à laver, *TV room*, billards, thé et café gratuits, cuisine à dispo. Ni personnalité ni atmosphère, peu fonctionnel, mais on ne peut plus central (pratique pour rentrer des pubs !).

🏠 *Inverness Youth Hostel (hors plan par B1, **13**) :* Victoria Dr. ☎ 231-771. ● syha.org.uk ● ♿ Rue perpendiculaire à Millburn Rd. À 15 mn à pied du centre-ville. Réception tlj 7h-10h, 15h-22h30. Nuitée env £ 17-22/ pers, doubles £ 50-55 et chambre 5 pers £ 100, + £ 2/pers pour les non-membres. Repas £ 11-13. 🖥 Énorme AJ propre et fonctionnelle mais un poil excentrée et vraiment sans charme. Chambres de 4 à 6 lits (avec couettes) distribuées de part et d'autre des couloirs, ambiance paquebot soviétique. Rien à redire sur la propreté et l'équipement. Machine à laver et sèche-linge, casiers individuels, cuisine, salle TV et salons communs.

🏠 *Inverness Tourist Hostel (plan B1, **14**) :* 24, Rose St. ☎ 241-962. ● inver nesstouristhostel.com ● Tte l'année. 44 lits. Env £ 10-15/pers selon dortoir (4-10 lits) et saison. L'une des AJ les moins chères et les plus centrales de la ville. Bien tenue dans l'ensemble.

Prix moyens
(£ 50-85 ; 60-102 €)

🏠 *Carbisdale Guesthouse (plan B2, **15**) :* 43, Charles St. ☎ 225-689.

LES HIGHLANDS

● *carbisdale-inverness.co.uk* ● *Prévoir £ 60-65 sans ou avec sdb.* Dans cette rue calme sans être trop éloignée du centre, on aime bien cette *guesthouse* : les 4 chambres, certes pas immenses, se révèlent confortables (2 d'entre elles se partagent une salle de bains, en principe pour une famille). Les produits du petit déj viennent en grande partie de la ferme bio des enfants, le pain et la confiture sont faits maison. Petit jardin où il fait bon se poser le soir. Une adresse au très bon rapport qualité-prix-accueil.

🛏 **Craigside Lodge** *(plan B2, 16)* : *4, Gordon Terrace.* ☎ *231-576.* 🖥 *07779-004-191* ● *craigsideguesthouse. co.uk* ● *Doubles avec sdb £ 65-75. CB acceptées.* Tenu par un jeune couple très sympa, un *B & B* dans une jolie maison cossue à la façade fleurie, proposant 5 chambres ton sur ton, spacieuses et de bon confort. Essayez d'obtenir la n° 1 ou la n° 4 qui ont toutes deux une belle vue sur le château. Salon et salle de petit déj agréables. Véranda. Un excellent rapport qualité-prix.

🛏 **Amulree B & B** *(hors plan par A1, 17)* : *40, Fairfield Rd.* ☎ *224-822.* ● *amulree@btinternet.com* ● *Fermé pour les fêtes de fin d'année. Doubles £ 60-70.* Une maison de style victorien douillette, avec 3 petites chambres claires et fraîches (dont une triple), dotées de fort belles salles de bains et TV. Excellent *Scottish breakfast,* végétarien sur commande. Accueil aussi attentionné que discret.

🛏 **Glen Fruin Guesthouse** *(hors plan par A1, 18)* : *50, Fairfield Rd ; à l'angle de Ross Ave.* ☎ *712-623. Tte l'année. Doubles £ 60-70, avec petit déj.* Dans une rue où les *B & B* poussent comme des champignons, une belle maison d'angle, bourgeoise et cossue, qui dépasse le siècle d'existence. Chambres confortables, coquettes et lumineuses, tenues par une gentille mamie. Intéressant : une familiale pouvant accueillir jusqu'à 5 personnes.

🛏 **Sunnyholm Guesthouse** *(hors plan par B2, 19)* : *12, Mayfield Rd.* ☎ *231-336.* ● *invernessguesthouse.com* ● *Doubles avec sdb env £ 80 ; cottage £ 410-450/sem ou env £ 60-70/nuit*

(3 nuits min). Parking privé. Agnès, la souriante propriétaire, reçoit dans sa belle véranda donnant sur l'agréable jardin. Elle propose des chambres confortables ou un agréable cottage, au calme à l'arrière de la maison. Celui-ci convient pour 2 ou 3 personnes (1 seule chambre). Un bon plan si l'on veut se faire la cuisine et économiser des notes de resto. Chauffage central.

🛏 **Kinkell House** *(plan B2, 20)* : *11, Old Edinburgh Rd.* ☎ *235-243.* ● *kin kellhouse.co.uk* ● *Pâques-début oct. Doubles env £ 70. CB acceptées (petite commisssion). Parking privé.* Dans une grande maison en pierre de 1836, avec une cour et une fontaine. Belle atmosphère à l'ancienne. Les couloirs parsemés de trophées de chasse mènent à 3 grandes chambres confortables. Grand salon avec cheminée et TV. Clare parle un peu le français : logique, elle passe la moitié de l'année en France.

🛏 **Eildon Guesthouse** *(plan B2, 21)* : *29, Old Edinburgh Rd.* ☎ *231-969.* ● *eildonguesthouse.co.uk* ● *Doubles env £ 60-70.* Dans une élégante maison en pierre, un *B & B* de standing avec 5 chambres décorées au goût du jour et pas mal de cuir lui donnant un aspect cossu et raffiné. Toutes avec salle de bains, écran plat et petit frigo. En revanche, pas de salon commun ni de jardin, dommage. Bon accueil de la charmante Jacqueline.

Spécial folies

🛏 ▮●▮ **Rocpool Reserve** *(plan B2, 22)* : *Culduthel Rd.* ☎ *240-089.* ● *roc pool.com* ● *Doubles £ 195 (la « Hip Room »)-400 (la « Extra Decadent ») suivant saison. ½ pens possible.* Du chic et du charme pour cette belle bâtisse moderne qui abrite une dizaine de chambres très spacieuses, à la déco contemporaine, toutes différentes : l'une possède une grande salle de bains avec douche à l'italienne, l'autre un jacuzzi sur la terrasse, etc. Également un resto réputé sur place (cher mais intéressant le midi).

Où dormir dans les environs ?

🏠 **Old Drynie House** *(hors plan par B1, 23)* : *à Kilmuir, près de North Kessock, à 7 miles (11 km) au nord d'Inverness (10-15 mn en voiture).* 📱 *0798-938-76-76.* ● *drynie.com* ● *Voir itinéraire sur le site ou se faire expliquer par tél. Ouv slt en juil-août. Compter env £ 90-100 pour 2 ; suite familiale de 2 chambres (pour 4-5 pers) £ 180-190 ; réduc de 10 % à partir de 3 nuits.* Ce *B & B,* c'est d'abord un accueil, celui absolument adorable de Deirdre et d'Alasdair ; c'est ensuite une situation, au bord de l'estuaire, une vue dont on profite depuis le grand et beau jardin et de 3 des 4 chambres. Celles-ci bénéficient de tout le confort et notamment de belles salles de bains (une avec baignoire balnéo), tandis que la suite du bas s'ouvre par de larges baies vitrées sur l'immense pelouse du jardin. Billard. Une adresse au calme absolu, bien aussi pour rayonner dans la région. D'ailleurs, cerise sur le *scone* : les proprios donnent plein d'infos pour organiser le séjour, cartes à l'appui.

Où manger ?

Bon marché
(£ 5-10 ; 6-12 €)

|●| **Leakey's Cafe** *(plan A1, 31)* : *Church St. Tlj sf dim 10h-16h30.* Dans une église gaélique de la fin du XVIIIe s reconvertie en boutique de livres d'occase. Un immense volume plutôt insolite. Avec sa tribune de bois sculpté, décor quasi inchangé et douce atmosphère spirituelle et feutrée. Grand poêle à bois en plein milieu. On mange en mezzanine, au calme. Cuisine sans prétention mais fraîche. De plus, on peut y acheter pour pas cher des cartes *Landranger* (récentes), mais aussi de vieilles cartes routières, des gravures, estampes, photos sépia garanties un siècle au moins (à 10 £)...

Prix moyens
(£ 8-18 ; 10-22 €)

Pour toutes ces adresses, ne pas oublier les formules déjeuner et début de soirée *(early bird),* souvent très intéressantes. Une façon de bien manger sans trop se ruiner. Rappel : impossible de se garer dans le quartier des restos, utiliser les parkings publics (et pas chers). **En saison, il est conseillé de réserver le midi ; c'est indispensable le soir.**

|●| **Riverside Restaurant** *(plan A1, 40)* : *10, Bank St.* ☎ *714-884. Tlj sf dim (tlj juin-sept) 12h-21h30.* Cadre contemporain sobre, salle assez intime, tables cependant bien séparées pour une belle et fraîche cuisine de marché et un sympathique côté familial. C'est soigné jusque dans les plus petits menus. Service jeune et souriant.

|●| **The Mustard Seed** *(plan A1, 33)* : *16, Fraser St (et Bank).* ☎ *220-220. Tlj jusqu'à 22h.* Encore une ancienne église, mais cette fois c'est un décor de bistrot branché qui s'est glissé à l'intérieur. Salle et mezzanine avec vue sur la rivière (demandez la vue à la résa) ou plongée sur le bar avec son mur de bouteilles de vin, ses miroirs et les cuisines juste derrière. Côté cuisine, les produits sont frais et superbement travaillés. N'oubliez pas de jeter un œil aux *specials,* souvent originaux, avec des mélanges du style agneau à la bière ! De plus, l'accueil est vraiment gentil. Certains pourraient en prendre de la graine (de moutarde).

|●| **The Kitchen Brasserie** *(plan A2, 34)* : *15, Huntly St.* ☎ *259-119. Tlj 12h-22h. Même proprio que le* Mustard Seed. La bâtisse s'élance sur 3 niveaux face à la rivière dont on profite grâce à de larges baies vitrées. Inutile de dire qu'on se dispute les places du dernier étage, qui offre même quelques tables à l'extérieur. Cuisine élaborée et délicieuse. Carte assez courte, mais ça tourne. Service adorable. Un vrai bon plan le midi.

|●| **The White House** *(plan B1, 41)* : *50, Union St.* ☎ *226-767. Tlj midi et soir jusqu'à 21h.* Cadre postmoderne

branché (camaïeu de blanc, fauteuils en osier tressé) plutôt plaisant, atmosphère doucement tamisée, musique discrète pour une savoureuse cuisine écossaise traditionnelle. Même les plats les plus classiques possèdent une petite *touch* originale.

I●I *Zizzi's* *(plan B2, 35) : 20, Bridge St ; à l'angle de Bank St, immanquable.* ☎ *237-735. Tlj 11h30-23h (23h30 w-e et 22h l'hiver).* Grande salle tout en longueur, très lumineuse grâce à ses baies vitrées donnant sur la rivière. Resto touristique, certes, mais original dans sa conception puisque les pizzaïolos exécutent leurs commandes dans une cuisine ouverte sous les yeux des clients, réchauffés par le feu du four qui crépite. Si les pizzas *rustica* sont particulièrement goûteuses et craquantes, les autres plats se défendent aussi. Bonnes salades et *pasta* notamment. Atmosphère bruyante.

I●I *Rocpool Restaurant* *(plan A2, 36) : 1, Ness Walk.* ☎ *717-274. Tlj sf dim. Rien à voir avec l'hôtel cité plus haut.* Curieux agencement, tout en longueur, avec une partie sur estrade. La 2ᵉ surprise arrive dans l'assiette : cuisine raffinée, pleine de saveurs et joliment présentée. Tout cela met en appétit, d'autant que l'accueil est cordial sans être du tout guindé. L'une des très bonnes adresses de la ville, tout de même pas donnée ; raison de plus pour venir y déjeuner ou dîner tôt.

I●I ▼ *The Castle Tavern* *(plan B2, 37) : 1, View Pl ; à l'angle de Castle St et Culduthel Rd.* ☎ *718-178. Restauration 12h-22h30, mais reste ouv jusqu'à* 1h en sem, minuit le w-e. Restaurant style bistrot, mais bar au décor sophistiqué (fer forgé, bois, cuivre). Petite terrasse pour boire un verre à l'extérieur (ou pour manger si le resto est plein et... si le temps le permet), offrant une jolie vue sur le château. Honnête cuisine de pub, avec quelques propositions pour végétariens et snacks. Coins et recoins. Sympa et décontracté.

I●I *Riva Pizzeria y Ristorante* *(plan A2, 38) : 4-6, Ness Walk.* ☎ *226-686 (pizzeria) et 237-377 (restaurant). Tlj sf dim midi pour le resto au rdc, slt le soir pour la pizzeria à l'étage.* 2 styles, 2 cuisines : à l'étage, ambiance détendue et plutôt familiale dans la petite salle design de la pizzeria, avec une jolie vue sur le château. Au rez-de-chaussée, le restaurant joue la carte du branché avec sa terrasse aux beaux jours. On y sert une cuisine italienne plus élaborée mais aussi plus onéreuse qu'à l'étage. Bonnes bières brunes locales.

I●I *Café One* *(plan B2, 39) : 75, Castle St.* ☎ *226-200. Lun-ven 12h-21h30 non-stop ; sam 12h-14h30, 18h-21h30. Fermé dim.* Façade blanche, intérieur rouge foncé dans ses 2 grandes salles à la déco moderne, qui joue habilement avec le design et les éclairages. Mais plus agréable, du coup, le soir qu'en journée (un peu sombre). Bonne cuisine écossaise *in the wind* (dans le vent, pour les non-initiés !), aux élans inspirés et à base de bons produits locaux ou venant de la production familiale. C'est aussi un *wine-bar*, super carte des vins.

Où boire un verre ? Où écouter de la musique ?

Le samedi soir, ne manquez pas le spectacle de la rue avec ces cortèges de jeunes filles sur leur trente et un, voire leur trente-trois, en minijupe, bras et jambes nus, ignorant le froid pour aller guincher et se défouler dans tous les pubs et boîtes de la ville... Attention, on ne peut plus entrer dans les pubs après minuit.

▼ ♪ *Mac Callum's* *(plan B1, 50) : Union St. Tlj 11h-1h du mat (0h30 sam, minuit dim) ; musique live mer-jeu dès* 20h, ven 18h, sam 15h et dim 19h. Accès à partir de 18 ans slt. L'un des pubs les plus authentiques et les plus déjantés de la ville. Comptoir en bois orné de photos anciennes. Le soir, on y croise des habitués, gentiment éméchés, qui n'hésitent pas à danser sur le plancher en bois usé parfois avec le premier (la première) venu(e), le tout au son d'une vieille gloire locale venue faire chauffer l'accordéon ou la guitare. Le week-end, c'est souvent de la folie... Drôle et pas touristique pour un sou.

♪ *Hootananny* *(plan A-B1,* **51***) : 67, Church St.* ☎ *233-651. Lun-sam 12h-1h, dim 18h-minuit. Entrée libre la plupart du temps (sf certains soirs, en fonction des groupes).* Un endroit typique, à ne pas manquer si vous voulez écouter de la musique traditionnelle, programmée quasi tous les soirs vers 21h30. Au 1er, rock, jazz et blues du mercredi au samedi. Bonne atmosphère.

♈ ♪ *Gellions* *(plan B2,* **52***) : 12, Bridge St. Tlj 11h (12h30 dim)-1h. Musique live (folk, pop-rock) ts les soirs en été, très régulièrement le reste de l'année.* Un pub populaire datant de 1841, sans artifice, souvent bondé, surchauffé et alcoolisé. Bien sûr, on s'y restaure aussi.

♈ ♪ *Old Market Inn* *(plan B1,* **53***) : Market Lane (une impasse dans Church St, signalée par un panneau « Victorian Market »). Tlj 9h-1h en sem. Musique live ts les soirs à 22h30.* En haut de l'escalier, dans un petit local. Un pub populaire fréquenté par une clientèle d'habitués. Atmosphère animée, sur fond de musique pop ou concerts. Très sympa. Les anciens, les fumeurs et les types bourrés se retrouvent plutôt au rez-de-chaussée...

♈ ♪ *Blackfriars* *(plan A-B1,* **54***) : Academy St. Tlj 11h-minuit. Juil-sept, ceilidhs certains mer à 21h30, sinon concerts live mer, ven et sam à partir de 21h30.* Immense, tout en bois et chargé d'histoire. Date de 1793. Fut successivement entrepôt de marchandises, hôtel et pubs sous différents noms, dont *The Foundry* (du nom de la fonderie de métaux, abritée jadis dans le beau bâtiment juste en face)... Parquet, cheminée, banquettes patinées et grande variété de bières. Accueil bourru, mais quand même élu pub de l'année en 2013.

♈ ♪ *Phoenix Pub* *(plan A-B1,* **54***) : 110, Academy St, en face du Blackfriars.* ☎ *240-300.* Pour son long comptoir en bois sculpté d'origine et tout en ellipse. Impressionnante rangée de pompes. Ici, ils savent tirer la bière (notamment la *light* et la *dark Ness* !). *Pub grub,* musique le samedi soir.

Où jouer au billard ?

■ *Pockets* *(plan B2,* **56***) : 55-67, Castle St.* ☎ *229-780. Tlj 12h-1h du mat (minuit dim). Compter env £ 5/h ; réduc moins de 16 ans et étudiants. Différentes formules (genre 2h de jeu et 4 pintes à £ 20).* Une grande salle pour jouer au billard anglais, au billard américain ou au *snooker* pour ceux qui ont le bras long et le goût des grands espaces. Possibilité de se restaurer. Correct et pas cher.

Où sortir ? Où danser ?

♫ *Johnny Foxes Pub & The Den* *(plan B2,* **57***) : 26, Bank St.* ☎ *236-577. Tlj. Enfants acceptés au pub jusqu'à 22h, s'ils mangent.* Certes, ce pourrait être le nom d'un groupe de rock... Mais il s'agit d'un pub irlandais avec de la musique live en fin de semaine et, juste à côté, la boîte branchée de la ville, **The Den** *(tlj 22h30-1h30 ; DJ mer-dim jusqu'à 3h du mat ; entrée payante).* On y fait la queue le samedi soir, quitte à risquer la pneumonie... À l'intérieur, on trouve un bar à vins, une cave voûtée et une piste de danse, le tout assez branchouille. Vin, cocktails et tapas un peu chers.

♫ *Miami Night Club* *(plan B1-2,* **59***) : 38, High St.* ☎ *232-602.* ● *miaminigh tclub.co.uk* ● L'une des boîtes les plus centrales et populaires. Concerts live parfois (réduc avant 23h).

♫ *G's Nightclub et Vinyl* *(plan B2,* **58***) : Castle St.* ☎ *233-322. Ven-sam slt, 21h (22h pour G's)-3h. G's : accès à partir de 18 ans le ven soir, 21 ans le sam soir. Vinyl : à partir de 21 ans. Entrée payante pour G's.* 2 lieux côte à côte, avec de la musique à tendance R'n'B, *pop dance* à G's, années 1960-1980 pour *Vinyl*.

LES HIGHLANDS

Où s'équiper pour le *bagpipe,* le *low whistle...* ?

À force d'entendre les musiciens traditionnels dans la rue, on peut avoir envie de les imiter... Pour s'initier, le mieux est de commencer par le *low whistle,* c'est-à-dire la flûte seule. David Garrett, un des bons musiciens de la région, a écrit une méthode. Ceux qui veulent passer à l'étape supérieure et rapporter des instruments peuvent se rendre au **Music Shop** : *27, Church St.* ☎ *233-374. Tlj sf dim 9h15-17h30.*

À voir

Vous aurez assez vite fait le tour de la ville. Il ne reste évidemment plus rien du château de Macbeth où ce dernier, dans la pièce de Shakespeare, assassine Duncan Ier d'Écosse (voir aussi le texte sur le Cawdor Castle dans les environs d'Inverness). À sa place, un pastiche du XIXe s. La plupart des vieilles maisons ont disparu, elles aussi, mais les vénérables immeubles du XIXe s possèdent bien du caractère.

Et puis, par une belle soirée d'été, le coucher de soleil se fait charmeur sur le *quai de Huntly Street* et de part et d'autre du vieux pont suspendu qui y mène. *Douglas Row,* qui prolonge Bank Street vers l'embouchure de la Ness, aligne encore d'élégantes demeures de grès rouge, ainsi que de belles églises de style victorien et leurs romantiques cimetières (incroyable le nombre de lieux de culte construits à l'époque). Promenade bien agréable également sur les quais verdoyants et fleuris partant au pied du château.

🎎 👫 ***Inverness Museum and Art Gallery*** *(plan B2) : Castle Wynd.* ☎ *237-114. En saison, tlj sf dim-lun 10h-17h ; nov-mars, jeu-sam 10h-17h. GRATUIT.* Juste derrière l'office de tourisme, un sympathique petit musée d'histoire locale et sur les Highlands, illustré de peintures et photos. Plaisante muséologie, véritable atmosphère d'intimité et une *discovery room* pour les enfants fort bien faite. Intéressante section géologique dont un arbre fossilisé de 150 millions d'années, les premiers Highlanders et le développement d'une société guerrière, les pierres pictes gravées... Puis les Scots, Vikings, Normands, les fondations de l'Écosse moderne. En cours de visite, pour les mômes, possibilité de reconstituer des poteries de l'âge du bronze, des symboles pictes ou de jouer au *hnefatafl* ! (un jeu viking). Dioramas d'animaux bien réussis, bijoux, costumes, musique. Puis encore l'histoire, la rébellion jacobite, les *clearances,* etc. Plus une galerie d'art.

🎎 ***Les monuments et les maisons caractéristiques :*** dans un périmètre très restreint. Sur High Street, *Town House* de style gothico-XIXe s et sa *Market Cross.* – ***Town House*** *(plan B2) : en restauration jusqu'en 2018. Si les visites guidées devaient reprendre lors de votre séjour, sachez qu'elles avaient lieu en juin-sept, mar et jeu à 14h30 : £ 4,50 ; réduc. Résa au Visitor Information Centre (voir plus haut).* Beaux vitraux. Il s'y tint en 1921 le premier Conseil des ministres de l'histoire en dehors de Londres, avec à l'ordre du jour la question irlandaise.
– En face, à l'angle de Bridge et Church Streets, le ***Tolbooth Steeple*** (1791), une tour, dernier vestige de l'ancien palais de justice et de la prison du XVIIIe s.
– Dans Church Street (et Friars Lane), l'***Old Gaelic Church*** de 1649 (reconstruite en 1792). Elle abrite aujourd'hui ***Leakey's Cafe,*** une immense librairie de livres anciens et un café-resto (voir plus haut « Où manger ? Bon marché »)... un vrai monument ! Même rue, l'***Abertarff House,*** la maison la plus ancienne d'Inverness (1593), restaurée, abrite désormais le siège régional du *National Trust for Scotland* et ne se visite plus. Juste à côté, l'***Old High Church*** ou *Parish Church,* du XVIIIe s, possède une chapelle à ciel ouvert avec des crânes et des os sculptés. Sur le trottoir opposé, le ***Dunbar Centre,*** vieil hôpital de 1688, aux élégants chiens-assis, accueille désormais un café et un club du troisième âge.

LES HIGHLANDS

– Jeter également un œil à la *bibliothèque municipale (Public Library ; plan B1, 1)*, majestueux bâtiment noirci par les années, construit en 1841 pour abriter une école. Il servit ensuite de palais de justice, de commissariat et de théâtre, avant d'être transformé en bibliothèque.

– Sur *Academy Street,* quelques bâtiments intéressants, notamment au n° 96, l'ancienne usine *Foundry* qui ferma en 1988. Les jolies mosaïques sous les pignons en rappellent l'activité. On y fabriqua les tubes pour les pipelines et le propulseur du célèbre Spitfire. Pittoresques également, à deux pas, la *Church of Scotland* et les immeubles qui suivent...

🦌🦌 *Victorian Market (plan B1) : entrée par Academy St ou Church St (au niveau du n° 32). Tlj 8h-17h30.* Marché couvert datant de la fin du XIXe s qui abrite aujourd'hui une quarantaine de petites échoppes. Pas désagréable, notamment quand il pleut et, surtout, il présente quelques pittoresques boutiques, comme ce marchand de modèles réduits dont le petit train passe à plusieurs reprises au-dessus de la tête des clients dans le passage. On aime bien aussi *Cabar Fèidh,* le réparateur de cornemuses, ainsi que le magasin de farces, attrapes et autres colifichets qui, de son côté, envahit littéralement son passage...

🦌🦌 *The Scottish Kiltmaker Visitor Centre (plan A2) : 4-9, Huntly St.* ☎ *222-781. De début mai à mi-oct : tlj 9h-22h ; le reste de l'année : tlj 9h-18h (sf dim janv-mars).*
Pour tout savoir des kilts et des tartans, aller faire un tour au magasin *Highland House of Fraser,* avec ses écharpes, ses kilts de toutes les tailles et tous les accessoires qui vont avec. Pas donné, mais c'est de la qualité, avec également de beaux pulls en laine.

– À l'étage, *petite expo (entrée : £ 2,50 ; réduc)* sur l'évolution du kilt. Modeste mais très sympathique et instructive. Passage devant la salle où les couturières, à peine distraites par votre présence, confectionnent des kilts pour l'Écosse et le monde entier (venir en semaine de 9h à 17h pour les voir à l'œuvre). Vidéo très marrante, avec une plongée dans l'Écosse des clans et du kilt, ainsi qu'une vidéo plus technique (disponible en français) sur la fabrication du kilt au fil des ans.

Manifestations

– *Inverness Music Festival : fin fév-début mars.* ● *invernessmusicfestival.org* ● Festival de musique traditionnelle.
– *RockNess Music Festival : mi-juin, à Dores, au sud d'Inverness.* ● *rockness. co.uk* ● Festival de musiques actuelles en plein air sur les rives du loch Ness.
– *Highland Games : fin juil, dans le Bught Park, proche du Sports Centre.* ● *inver nesshighlandgames.com* ● Un des rassemblements les plus importants des Highlands, à ne pas manquer !
– *Belladrum Festival : 1ers ven-sam d'août, à env 11 miles (18 km) à l'ouest d'Inverness.* ● *tartanheartfestival.co.uk* ● Musique folk. Ambiance familiale. On peut aussi y camper.

DANS LES ENVIRONS D'INVERNESS

🦌🦌 *Culloden Battlefield (NTS) : Culloden Moor.* ☎ *0844-493-21-59.* ● *nts.org. uk/culloden* ● 🚶 *À 5 miles (8 km) vers l'est, sur la B 9006. Bus n° 1A ttes les heures d'Inverness, de Falcon Sq. Avr-oct : tlj 9h-17h30 (18h juin-août) ; nov-mars (mais fermé de Noël à fin janv) : tlj 10h-16h. Prévoir 1h30 de visite. Entrée : £ 11 ; réduc. Audioguides en français. Parking : £ 2, mais gratuit au second parking, un peu plus loin. Visite du champ de bataille libre et gratuite ou guidée tlj à 10h et 14h. Prévoir une petite laine, le coin est venteux !*

La bataille de Culloden (1746) marqua l'échec de la dernière tentative pour réinstaller la lignée des Stuarts (exilée en France depuis 1688) sur le trône d'Écosse. Menée par Charles Edward Stuart (Bonnie Prince Charlie) et soutenue par l'armée jacobite, largement constituée de Highlanders, la rébellion fut une sanglante défaite pour Bonnie Prince Charlie et ses *clansmen*, vaincus par le duc de Cumberland à la tête des troupes anglaises. Un musée du souvenir in situ commémore cet affrontement historique. Scénographie bien ficelée et installations interactives plutôt vivantes pour un champ de bataille, il présente Culloden et ses enjeux de manière efficace. Grande maquette audiovisuelle, dialogues reconstitués, bornes interactives et un film de 4 mn projeté sur quatre murs reconstituant « l'ambiance » de la bataille, si l'on ose dire (mais on n'y apprend rien). Sur le *battlefield* (champ de bataille), émouvantes et simples roches marquant les tombes des *clansmen*. On y trouve également un mémorial français, l'armée jacobite, soutenue par la France, ayant compté quelques soldats de l'Hexagone.

|●| 🍷 ⊛ Restaurant, café et boutique.

🍴🍴 Un peu plus loin, à environ 1,5 mile (2,4 km), ***Clava Cairns*** : trois sites funéraires datant de l'âge du bronze. Bien fléché de Culloden. L'endroit, d'accès libre, respire la quiétude, et les cairns sont vraiment imposants.

🍴🍴 ***Cawdor Castle :*** ☎ *(01667) 404-401.* ● *cawdorcastle.com* ● *À env 14 miles (22,5 km) au nord-est d'Inverness sur la B 9090. Début mai-début oct : tlj 10h-17h (dernière admission). Entrée : env £ 10,50 ; réduc. Sacs à dos et photos interdits. Attention, évitez le w-e : beaucoup de groupes, et la circulation dans le château s'en ressent fortement...*

La tour centrale date du milieu du XIVᵉ s et les ailes remontent aux XVIIᵉ et XVIIIᵉ s. Quant aux magnifiques tilleuls à l'entrée, ils veillent sur les lieux depuis 1720. Ce château vous donne rendez-vous avec l'histoire, la légende (voir encadré) et la littérature, puisque Macbeth est fait duc de Cawdor dans la tragédie de Shakespeare. Cela dit, dans la pièce, l'assassinat du roi d'Écosse par Macbeth a lieu dans le château d'Inverness et l'action se déroule bien avant l'existence du château actuel de Cawdor. On raconte d'ailleurs que le cinquième comte de Cawdor aurait lâché un jour : « J'aurais préféré que le Barde (surnom de Shakespeare – ndlr) n'ait jamais écrit cette satanée pièce ! » Au fait, que serait un tel château sans son fantôme ? Il s'agit ici d'une femme sans mains qui erre dans les couloirs depuis le XIXᵉ s. Son père les lui aurait coupées pour l'empêcher d'étreindre son amoureux...

Au fond de la *Thorn Tree Room*, la petite prison *(small dungeon)* fut découverte en 1979 à la suite de travaux de réfection des murs. Elle aurait servi de cachette pour femmes et enfants en période de troubles, de salle de jeux (!) et bien sûr de geôle.

Sinon, le château, toujours habité (hors saison), reste très vivant. Preuve en est la cuisine moderne et pratique que l'on traverse avant d'accéder aux anciennes cuisines. L'ensemble des pièces, tantôt sobre, tantôt cosy, possède un charme indéniable (que de belles tapisseries !). Visite vraiment très plaisante, d'autant qu'on peut ensuite se balader dans le beau parc et ses superbes jardins entourant le château.

|●| 🍷 Café-restaurant sur place.

> ## L'OMBRE D'UN DOUTE
>
> *On raconte qu'au XIVᵉ s, à la suite d'une vision, le comte de Cawdor remplit un coffre d'or et le chargea sur un âne. Un château devait être construit là où l'âne se reposerait pour la nuit. L'animal se coucha sous un arbre et la bâtisse fut donc édifiée autour de celui-ci, symbole de vie. On peut voir la pièce du château (Thorn Tree Room) qui abrite toujours le tronc du vénérable végétal. Cette histoire est peut-être véridique puisque, grâce au carbone 14, les scientifiques ont constaté que l'arbre était mort en 1372... privé de lumière.*

🏃🏃 **Fort George** (HES) **:** *près de Nairn, sur une pointe du Moray Firth.* ☎ *(01667) 460-232.* 🍴 *À 10,5 miles (17 km) à l'est d'Inverness. Bus n° 11A depuis Falcon Sq. Tlj 9h30-18h30 (16h30 oct-mars). Dernière admission 45 mn avt fermeture. Entrée : £ 9 ; réduc. Audioguide inclus.* Fort historique qui défendait la baie d'Inverness, toujours habité par un régiment de Highlanders, qui doit désormais cohabiter avec un régiment de touristes. Fortifications à la Vauban, musée des *Queen's Own Highlanders,* reconstitution de l'habitat des soldats à travers les époques, visite de la poudrière. Vue panoramique superbe sur le Moray Firth et la péninsule de Black Isle, au nord. Animations quotidiennes de mi-juin à fin août, avec des comédiens habillés en soldats du XVIIIᵉ s.

LE LOCH NESS

• Carte *p. 359*

Curieux accident géologique que ce Great Glen coupant les Highlands en deux, entre Inverness au nord-est et Fort William au sud-ouest, sur une centaine de kilomètres. La faille est semée de lochs fins et étirés : le plus long est le loch Ness (35 km pour 2 km de large au plus), prolongé par les lochs Oich, Lochy et Linnhe. Construit de 1803 à 1822, le canal Calédonien, long de 35,4 km et ponctué de 29 écluses, relie les plans d'eau aux deux mers. Sa réalisation fut décidée pour éviter aux navires marchands le dangereux contournement de la pointe nord-ouest de la Grande-Bretagne. Mais, à son achèvement, les voiliers avaient été remplacés par des vapeurs pour lesquels les voyages en mer ne présentaient pas les mêmes périls. De plus, leur tonnage était souvent supérieur au gabarit du canal...

LA NAISSANCE DE NESSIE

Le loch Ness se révèle plus profond que la mer du Nord et maints secteurs côtiers de l'océan Atlantique (jusqu'à 230 m face au château d'Urquhart). Nul mystère donc à ce que les légendes aient fait vivre dans ses eaux troubles et sombres le fameux Nessie. Tout remonte au VIᵉ s : saint Columban, moine évangélisateur irlandais, chasse un monstre émergeant de la rivière Ness d'un simple signe de croix. Une peccadille pour les saints de cette époque ! Notez bien, d'ailleurs, que l'on parle ici de la rivière Ness, et non du loch (lac). Quelques témoignages refont surface 1 000 ans plus tard, mais il faut attendre les années 1930 pour que la *Nessie frenzy* s'empare des lieux. En 1933, une route bordant le loch est construite, facilitant l'accès à celui-ci. Un premier témoignage paraît dans les journaux. Puis, l'année suivante, le *Daily Mail* publie une photo du monstre prise par un certain Mr Wilson. La publicité faite autour de l'événement attire les foules, désireuses elles aussi d'apercevoir la queue de *Nessie*. Comme par hasard, les témoignages se multiplient. En 1962, le *Loch Ness Investigation Bureau* est fondé. Le temps passant, on en vient à utiliser le matériel le plus sophistiqué (sonar, sous-marin de poche, etc.) pour tenter de débusquer la bête. On sait maintenant que la photo du *Daily Mail* était une supercherie montée par cinq plaisantins, dont le dernier a révélé l'astuce en mourant. Le « monstre » saisi par la photo était en fait un petit sous-marin mécanique doté d'une tête de serpent en plastique d'une quinzaine de centimètres ! Cela n'a néanmoins pas diminué le pouvoir d'attraction du lac et de son monstre.

SCIENCE ET LÉGENDE

Ces dernières décennies, avec les différentes recherches menées sur et à l'intérieur du lac, les tentatives d'explication scientifique du phénomène se sont naturellement multipliées, comme celle de l'ingénieur britannique Robert P. Craig. Selon lui, les trois lacs « habités par des monstres » en Écosse, les lochs Ness, Morar et Tay, ont en commun d'être très profonds et bordés de vieilles forêts de *Pinus sylvestris*. Il pense que les troncs de pins, tombant dans les lacs, finissent par couler au fond, où règne une très forte pression : 25 kg/cm^2. Lors de leur décomposition, du gaz apparaîtrait à l'intérieur des troncs, jus-

LA SURVIE D'UN MYTHE ERRANT

Et si, pour compléter toutes les thèses scientifiques tentant d'expliquer les soudaines « apparitions monstrueuses » dans le loch Ness, on faisait simplement appel à notre bon sens ? En effet, l'environnement même du loch s'avère hostile à la survie de tout reptile ou autre grand animal. D'abord, parce que l'eau y est trop froide pour un reptile, ensuite parce qu'il n'y a pas de nourriture suffisante pour subvenir aux besoins d'un hypothétique animal. Les mythes ont la vie dure, et il faut bien plus que ces raisonnements pour dénoncer les bobards qui favorisent la promotion touristique.

qu'à provoquer des bulles qui les remettent à flot – leur remontée s'accompagnant de « fuites de gaz » qui peuvent prendre l'apparence d'une soudaine apparition du « monstre ». Une fois vidés de leurs gaz, les troncs, à nouveau plus lourds que l'eau, replongent. Et maintenant, vous y croyez toujours ? Tout aussi technique, une autre thèse s'appuie sur la différence de température entre les masses d'air du lac et de l'eau, ce qui provoquerait une distorsion des objets en surface. À moins que ce ne soit tout simplement la vitalité d'un banc d'ombles qui crée des bulles à la surface du lac... Et enfin, grosse question : depuis le temps qu'on nous en parle, y a-t-il plusieurs générations de Nessie ? Et donc plus d'un monstre dans le lac... ?

Par quel bout prendre le monstre ?

➢ **En bus**
– La rive nord-ouest du loch est desservie env 8 fois/j. par le bus n° 919 de la *Scottish Citylink*. ☎ *0871-266-33-33.* ● *citylink.co.uk* ● Arrêts à Drumnadrochit, Urquhart Castle, Loch Ness (Youth Hostel), Invermoriston, Fort Augustus et Fort William. Et 7 fois/j. (fréquence réduite le w-e) par les lignes n°s 17 et 19 de la compagnie *Stagecoach.* ☎ *(01463) 233-371.* ● *stagecoachbus.com* ●).
– La rive sud-est, vers Foyers, est desservie (sf dim) par la compagnie *Stagecoach*, à raison d'env 3 bus/j. en sem et 2 le sam.
➢ **En bateau et bus :** vers le loch Ness et le canal Calédonien.
– *Jacobite Experience Loch Ness :* ☎ *(01463) 233-999.* ● *jacobite.co.uk* ● *Départs à 1,5 mile au sud d'Inverness, sur l'A 82 en direction de Drumnadrochit ou du ponton du Clansman Hotel (avt Drumnadrochit). Résa conseillée. Plusieurs circuits de 1h à 6h30, env £ 13-40.*

Les plus longs combinent bateau et bus, et certains incluent une visite d'*Urquhart Castle* et du *Loch Ness 2000 Exhibition Centre* à Drumnadrochit.
➢ **À cheval : Borlum Farm,** *à la sortie de Drumnadrochit, en direction de Fort William.* ☎ *(01456) 450-220.* ● *borlum. co.uk* ● *Balades de 1h à 3h, à partir de £ 24. CB acceptées.* Ils ont des poneys pour les enfants. Louent également des cottages à la semaine.
➢ **À vélo :** le meilleur moyen de découvrir la région à son rythme, mais prévoir une centaine de kilomètres pour faire le tour du loch Ness. Au début, suivre la *Great Glen Cycle Route*, sur pistes à travers la forêt. Nous vous déconseillons la route A 82, sujette à un trafic intense en plein été. Arrivé à Fort Augustus, vous avez le choix entre poursuivre jusqu'à Fort William ou bien revenir par l'autre rive. La B 852, assez vallonnée, qui folâtre au milieu d'une nature superbement préservée, livre de beaux panoramas sur le loch.

D'INVERNESS À FORT AUGUSTUS
PAR LA RIVE EST

On peut évidemment suivre la rive ouest pour rejoindre Fort Augustus, mais elle est très fréquentée et surtout beaucoup moins belle, même si la vue sur le loch Ness est plus immédiate. Voici donc un petit itinéraire superbe...
Pour quitter la ville, suivre la direction de Dores (la B 862). À Dores, prendre de la hauteur et continuer la B 862 vers Torness plutôt que de longer le lac. Entre Dores et Torness, possibilité de faire un crochet supplémentaire par la jolie petite route à gauche, entre les lochs Duntelchaig et Ruthven, jusqu'à Croachy, avant de reprendre à droite jusqu'à Errogie et la route principale. Paysage doux et serein, peu de touristes. La région devient même très attachante. La route épouse le relief et serpente dans une nature de landes tapissées de bruyère. Attention aux moutons, il y en a vraiment beaucoup !

➤ **Dores,** à 8 miles (environ 13 km) au sud d'Inverness, est le premier village rencontré en bordure du lac. De la plage de galets, belle perspective sur la longueur du loch et son encaissement. Vous y croiserez sans doute Steve Feltham, installé dans sa caravane au bout du parking depuis... 1991. Cet ancien graphiste anglais a tout abandonné pour se consacrer entièrement à son rêve d'enfant : chercher le monstre. Il est d'ailleurs inscrit dans le *Livre des records* pour la longévité de sa quête ! Pour subvenir à ses besoins, il vend des petites figurines en argile d'un Nessie dans tous ses états. Drôle et original. Plus d'infos sur son site ● *nessie hunter.com* ●

➤ À **Errogie,** ne pas hésiter à prendre à droite vers *Inverfarigaig*. Balade délicieuse, en suivant un ru, dans une gorge profonde à la végétation touffue et moussue. Au loch, tourner à gauche.
À la sortie du village en direction de Fort Augustus, arrêtez-vous à la cabine téléphonique noyée sous les herbes hautes. Plutôt étonnante, elle abrite, outre des nains de jardin, des livres déposés par les voyageurs de passage et que l'on peut échanger. Une initiative privée (et poétique) pour empêcher *British Telecom* de démonter ces cabines pourtant emblématiques mais balayées par l'utilisation des portables... Merci au lecteur qui a déniché l'endroit.

➤ Ne pas rater, juste avant Foyers, le croquignolet *cimetière de Boleskine,* avec ses très vieilles tombes sculptées et sa vue sur le loch.

➤ **Foyers** est un gentil petit bourg, offrant une superbe promenade dans une gorge encaissée. Parcours totalement aménagé d'escaliers très pentus avec garde-fou (facile en descente, c'est au retour qu'on s'essouffle !). Au bout de vos efforts, une belle cascade qui inspira un poème à Robert Burns.

Où dormir ? Où manger ?

🛏 *B & B Intake House :* chez Mrs Grant. ☎ *(01456) 486-258.* ● *intakehouse. co.uk* ● *À la sortie de* Foyers, *en direction de Fort Augustus, prendre la petite route à droite ; c'est la dernière maison sur la gauche. Mars-oct. Double £ 70.* Un *B & B* tenu par une charmante mamie qui soigne sa maison et ses hôtes avec la plus grande attention. 2 chambres à la déco coquette et un rien chargée. Jolie vue sur la rivière depuis les chambres et la salle de petit déj. À proximité, chutes d'eau et réserve accessible gratuitement pour pêcher la truite.

🛏 ❘●❘ *Foyers Bay Country House :* à *Lower Foyers.* ☎ *(01456) 486-624.* ● *foyersbay.co.uk* ● *1 mile (1,6 km) avt d'entrer dans Foyers (en direction de Fort Augustus), prendre une petite route sur la droite. Doubles avec sdb £ 90-110. Résa conseillée. Possibilité de dîner (env £ 25/pers).* Jolie maison victorienne dans un parc. Si les parties communes et le salon conservent un

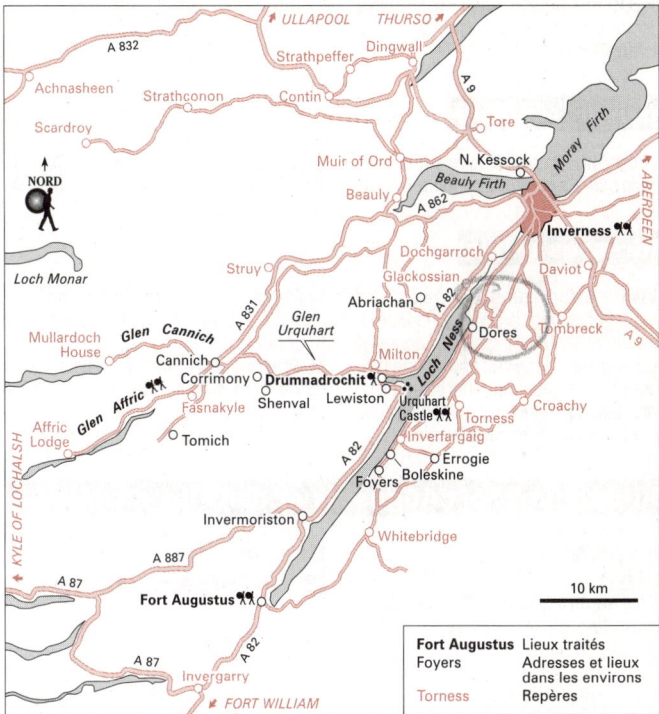

LA RÉGION DU LOCH NESS

charme désuet, les 7 chambres ont été rénovées dans un style plus moderne (bois clair, couette blanche...). Salon de thé et restaurant sous une véranda *(conservatory)*. Bar et salon avec cheminée. Le patron est membre de la *Whisky Society,* donc dégustation toujours possible... Cascades à proximité.

|●| ♟ *Dores Inn : dans le village de Dores,* à l'extrémité nord du lac. ☎ (01463) 751-203. *Plats £ 10-15. Résa conseillée en saison. Resto tlj* *12h-21h (à partir de 10h pour le café).* Les pieds dans le loch, on est aux premières loges en cas d'apparition monstrueuse. Endroit d'autant plus stratégique qu'il incite à la patience. On se sent bien dans cette auberge, tout en bois, réchauffé par le feu de la cheminée ou installé à l'extérieur dès les beaux jours (pas côté lac, malheureusement, mais bien agréable quand même). Bonne cuisine écossaise et... thaïe pour réveiller les papilles. Accueil très aimable.

FORT AUGUSTUS   500 hab.   IND. TÉL. : 01320

Ce bourg, très touristique en été, devint fort au XVIIIe s pour compenser la faiblesse du site, révélée à l'occasion du soulèvement jacobite. À voir, sur 300 m environ, une succession de cinq belles écluses entourées de pelouses bien vertes, qui relient le loch Lochy au loch Ness par le *Caledonian Canal*.

Arriver – Quitter

➤ Fort Augustus se trouve sur la ligne **Inverness-Fort William** assurée par le bus n° 919 de la *Scottish Citylink*. ☎ *0871-266-33-33*. ● *citylink.co.uk* ●

Adresses utiles

🛈 **Visitor Information Centre :** *devait déménager le long du canal.* ☎ *345-156. Juil-août, tlj 9h-18h ; le reste de l'année, tlj sf jeu-ven 10h-16h.* Peut fournir une brochure avec les hébergements et restos de la ville, ainsi qu'un feuillet sur les balades et randonnées à faire dans le coin.

■ **Parking :** *derrière l'office de tourisme. Payant en hte saison (assez bon marché).*

■ **Station-service et distributeur** *(carte Visa slt) : à côté de l'office de tourisme.*

Où dormir à Fort Augustus et dans les environs ?

Campings

⛺ **Stravaigers Lodge & Cumberlands Campsite :** *sur la petite route B 862, direction Whitebridge.* ☎ *366-257.* ● *highlandbunkhouse.co.uk* ● *Réception 8h-12h, 16h-20h. Pâques-sept. Camping env £ 10/pers. En chambre, compter £ 46 pour 2 dans le lodge. Familiale à £ 80.* Cet ancien foyer de jeunes travailleurs propose 2 grandes pelouses pour les campeurs, avec des sanitaires à proximité. Également des chambres dans les baraques en bois (toit en tôle), simples et pas bien grandes. Sanitaires collectifs. Grande cuisine et salle à manger à dispo.

⛺ **Loch Ness Holiday Park :** *à Invermoriston.* ☎ *351-207.* ● *lochnessholidaypark.co.uk* ● *De Fort Augustus, prendre l'A 82 vers le nord, c'est avt Invermoriston à droite. Ouv mars/avr-oct. Pas de tentes ici. Pour une caravane, compter env £ 20. Loc de hobbits £ 35 pour 4 pers.* Un petit *caravan park* le long du loch Ness. Possibilité de louer des *hobbits*, de tout petits chalets ronds... comme des fûts ! Hips ! Pas bien grands (ne pas être claustro), ils sont tout de même chauffés, équipés de frigo et de l'indispensable bouilloire. Apporter son sac de couchage. Sanitaires communs. Jeux pour enfants.

Bon marché
(£ 10-25/pers ; 12-30 €)

🛏 **Morag's Lodge :** *quartier de Bunoich Brae.* ☎ *366-289.* ● *morags lodge.com* ● *À 5 mn à pied du centre. Prendre la 1ʳᵉ à gauche après l'office de tourisme, direction Inverness par la rive ouest (A 82). Nuitée £ 24/pers en dortoir avec sdb ; double avec sdb env £ 60 ; petit déj en sus. Également des familiales. Dîner sur résa (avt 16h) £ 8 ; le menu change.* Dans un joli coin verdoyant et tranquille, un hôtel reconverti en *bunkhouse* proposant des chambres de 2 à 7 lits. Salle commune lumineuse ouverte sur le jardin, à laquelle parquet et meubles de bois clair donnent un petit air scandinave. Cuisine commune, bar, laverie, location de vélos, activités au bar tous les soirs et résa de sorties type canoë possible directement à l'*hostel*. Ambiance jeune et internationale. Une très bonne étape.

De prix moyens à chic
(£ 50-125 ; 60-150 €)

🛏 **Craik Na Dav :** *à Invermoriston, au nord de Fort Augustus par l'A 82. De l'A 82 en venant du sud, tourner à gauche dans l'A 887 et 50 m plus* *loin grimper sur la droite.* ☎ 351-277. ● *craik-na-dav.co.uk* ● *Double avec sdb £ 80-85 (réduc via leur site).* Adorable petite demeure fleurie dans un cadre verdoyant, tenue par 2 sœurs d'origine anglaise vraiment chaleureuses. Chambres confortables et salon accueillant, le tout sous la garde des 3 western terriers de la maison. Une bonne adresse.

🛏 *Lorien House : au début de Station Rd.* ☎ 366-576. ● *orien-house. co.uk* ● *Doubles avec sdb (dont une à l'extérieur) £ 65-75.* Tenue par un couple anglo-écossais. La plupart des chambres se trouvent sous la mansarde, avec une moquette au style certes un brin vieillot, mais la couette est bien moelleuse et l'accueil souriant et attentionné. Bons gâteaux maison au petit déj.

🛏 *Sonas B & B : sur la route principale.* ☎ 366-291. ● *fortaugustus-sonas. com* ● *À 10 mn à pied du Visitor Information Centre, en direction d'Inverness. Double avec sdb £ 70.* 3 chambres à la déco fleurie (un peu chargée), correctes pour une nuit. Notez que, en principe, on n'entend pas le bruit de la route le soir. Petit jardin. Accueil courtois.

🛏 *King's Inn B & B : 1, Station Rd ; dans le centre.* ☎ 366-406. ● *kingsinn lochness.co.uk* ● *En venant d'Inverness par l'A 82, prendre la 2e à droite après le canal. Double avec sdb env £ 75.* Seulement 2 petites chambres au rez-de-chaussée (donnant sur rue) d'une maison sans prétention, sobres mais confortables, avec TV et quelques bouquins sur les étagères. Simple et bon rapport qualité-prix.

🛏 *Old Pier House : chez Mrs J. Mac-Kenzie.* ☎ 366-418. ● *oldpierhouse. com* ● *À la sortie nord du village, sur la droite. Pâques-oct. Double env £ 85. Cabanes (log cabins) £ 350-850/sem selon taille (2-5 pers) et saison (2 nuits min selon dispo, sinon à la sem).* Le site est magnifique : une vaste ferme en bord de loch, au calme, comme retirée du monde tout en étant à 2 mn du village... Mrs MacKenzie, qui parle le français, travaille avec son petit-fils, à qui elle transmet peu à peu les rênes de la propriété. Ils louent des chambres dans la maison et quelques *log cabins* en bois à proximité. Location de canots et de petites chaloupes pour les enfants.

Où manger ?

Tout le long du canal, des commerces (épiceries, boucheries, snacks, *fish & chips*) et même des restos permettent d'acheter des sandwichs ou d'emporter des plats, à manger ensuite sur les tables au bord de l'eau. En été, les rives du canal sont littéralement prises d'assaut. De même, par mauvais temps, la petite salle du *Lock Inn (Canalside ;* ☎ 366-302) est bien agréable et chaleureuse avec sa table en bois massif. On peut aussi se contenter d'y écluser (c'est le cas de le dire) une bière, tout comme au bar du *Bothy,* un peu plus bas.

🍽 *The Boathouse : accès à pied, avt le pont quand on vient du sud, chemin sur la droite.* ☎ 366-682. *Résa conseillée.* Chalet posé au bord du lac avec une poignée de tables dehors et une grande salle où se pressent habitués comme touristes de passage, séduits par la situation, les prix très raisonnables, la cuisine généreuse et un peu plus originale qu'ailleurs. À côté des inévitables classiques, quelques bons plats turcs s'invitent à table du fait de l'origine du proprio. Service efficace.
Avant de repartir, ne pas manquer d'aller jeter un œil au bout de la jetée, un télescope stratégiquement posé à l'extrémité du loch Ness vous permettra peut-être de surprendre un monstre...

À voir. À faire

🎣 *Caledonian Canal Visitor Centre : Canalside, un peu plus haut que la supérette* Macveans. *Avr-oct : tlj 9h-17h. GRATUIT.* Petite expo sur l'histoire du canal, creusé entre 1803 et 1822. En reliant les deux côtes, il permettait aux bateaux naviguant sur la mer Baltique d'éviter les dangereuses côtes écossaises en cas de tempêtes. Grâce aux quatre lochs qui s'étirent dans le prolongement les uns des autres (les lochs Ness, Oich, Lochy et Linnhe), « seuls » 35 km de canal furent nécessaires pour les relier entre eux... mais ils furent percés à la main. Et, malgré la faible distance, 29 écluses durent être installées. Les bateaux à aubes firent rapidement leur apparition, permettant ainsi aux touristes de découvrir la région, à l'instar de la reine Victoria qui entreprit le voyage en 1873 pour rejoindre son château de Balmoral.

➤ **Cruise Loch Ness :** *au bord du canal.* ☎ *366-277.* • *cruiselochness.com* • *Avr-oct : tlj, départs ttes les heures 10h-16h (résa conseillée l'ap-m) ; nov-déc : 2 départs/j. à 13h et 14h, plus 17h en juil-août et même 20h mai-août (sf le ven). Durée : 1h. Prix : £ 14 ; réduc. D'autres balades plus chères.* Attention, beaucoup de monde à bord en été. Équipement sonar prévu en cas de rencontre monstrueuse ! Sorties également en *power boats* (bateaux gonflables rapides) jusqu'au château d'Urquhart pour les amateurs de sensations fortes.

DRUMNADROCHIT   810 hab.   IND. TÉL. : 01456

Le village, établi sur la rive nord-ouest du loch Ness, dans un petit renfoncement et gardé, à quelques encablures, par le château d'Urquhart, est le cœur touristique de la région. Incontournable, car c'est aussi la porte d'accès au Glen Affric.
– **The Glenurquhart Highland Games :** *le 4e sam d'août.*

Arriver – Quitter

➤ **De/vers Inverness :** 8 bus/j. (8h45-17h45 d'Inverness) avec *Citylink* et 7 bus/sem (un peu moins le w-e) avec *Stagecoach.*
➤ **De/vers Fort William :** 5 bus/j. avec *Citylink* (8h45-16h45 de Fort William) et 2 bus/j. avec *Stagecoach.*

Ils desservent au passage le château d'Urquhart et le *Loch Ness Youth Hostel.*
➤ **De/vers Portree** *(Skye) :* 3 bus/j. avec *Citylink,* répartis dans la journée. Correspondance pour Uig.

Adresse utile

🛈 **Visitor Information Centre :** *dans le centre.* ☎ *459-086.* • *visitdrumnadrochit.com* • *Juil-août : lun-sam 9h-18h,* *dim 10h-16h ; sept-juin : mar-sam 10h-15h.* Personnel accueillant. On y trouve des brochures et cartes sur le coin.

Où dormir ?

Camping

⚐ **Borlum Farmhouse :** *à Lewiston.* ☎ *450-220.* • *borlum.co.uk* • *À 0,6 mile (1 km) de Drumnadrochit, direction Fort Augustus. Env £ 16 pour 2 avec tente ; douche payante. Loue également des cottages à la sem.* Un camping à la ferme, d'où l'on voit un petit bout du lac. En haut, terrain légèrement en pente et plus frais. Dans le pré, plus bas, les emplacements sont plats mais près de la route. À vous de choisir ! Possibilité de faire du cheval.

Bon marché
(£ 10-25/pers ; 12-30 €)

🛏 **Loch Ness Backpackers Lodge :** *Coiltie Farm House, East Lewiston.* ☎ *450-807.* 📱 *0798-598-80-15.* • *lochness-backpackers.com* • *À la sortie de Drumnadrochit en direction* *de Fort Augustus, juste avt le pont, prendre à gauche. Arrêt de bus à la pompe Esso, à 200 m. Résa conseillée en été. Env £ 18/pers en dortoirs 6-7 lits ; £ 20/pers en chambre double ou familiale (4-5 pers).* ▯ AJ indépendante, accueillante et très bien située (à 20-25 mn à pied du château d'Urquhart). Chambres ou petits dortoirs, soit à l'étage de la maison principale (sanitaires communs au rez-de-chaussée), soit de plain-pied dans le second bâtiment. Insonorisation pas terrible. Cuisines, barbecue, supérette à 5 mn. Pas mal d'employés francophones viennent y travailler pour la saison. Bonne ambiance routarde. Wendy, la proprio, est très impliquée dans son affaire.

Prix moyens
(£ 50-85 ; 60-102 €)

🏠 **Glenkirk B & B :** *à la sortie de Drumnadrochit en allant vers Cannich (route A 831), sur la droite.* ☎ 450-802.

• *lochnessbandb.com* • *Fermé déc-fév. Doubles £ 85-95.* Dans une ancienne petite église en pierre (qui a fêté ses 100 ans en 2010), joliment rénovée. À l'intérieur, c'est clair, spacieux et très bien tenu, avec une jolie baie vitrée en demi-lune dans le salon pour les hôtes. Belles chambres (dont 1 triple) à l'étage, avec salle de bains, dans des tons beige et bois. Pas de TV privée, mais on peut la regarder dans la salle commune ou papoter... Accueil charmant de Mr Urquhart, toujours prêt à prodiguer de bons conseils.

🏠 **Drumbuie Farm :** *à l'entrée du village sur la droite en venant d'Inverness, env 500 m avt le Loch Ness Centre.* ☎ 450-634. • *loch-ness-farm.co.uk* • *Double env £ 80, petit déj inclus.* Encore une Mrs Urquhart ! Tout aussi accueillante, celle-ci propose 3 jolies chambres avec douche, dont l'une donne sur le loch et les prés où paissent des vaches des Highlands et autres limousines. Salon pour les hôtes très cosy. Et bon petit déj, servi dans une salle où l'on retrouve la belle vue sur le loch.

|●| **Loch Ness Inn :** *à Lewiston, pas loin de l'AJ.* ☎ 450-991. *À la sortie de Drumnadrochit, en direction de Fort Augustus, juste avt le pont, prendre à droite. Plats £ 10-20 le soir, moins de £ 10 le midi. Résa conseillée.* Installé dans un bâtiment de plus de 160 ans. Les produits de la région servent une cuisine généreuse, avec même quelques plats végétariens ou sans gluten. Poêles pour réchauffer les soirées frisquettes. Excellent accueil et cadre agréable.

|●| 🍷 **Benleva Hotel :** *à la sortie de Drumnadrochit (direction Fort Augustus), prendre à gauche, c'est 500 m plus loin sur la gauche.* ☎ 450-080. *Tlj. Plats £ 9-12.* Cadre verdoyant pour cette adresse rustique avec sa salle de resto en bois et sa cuisine roborative. Plats classiques à base de produits locaux : *steak pie, haggis,* saucisse-purée. Que du costaud, le tout arrosé d'une bonne *ale,* puisqu'ils brassent leur propre bière. Bref, on en ressort repu. Quelques tables à l'extérieur.

🏠 **Bearnock Country Centre :** *à 7 miles (11 km) à l'ouest de Drumnadrochit sur l'A 831 en direction de Cannich.* ▯ 0778-060-30-45. • *bcclochness hostel.co.uk* • *Compter £ 15-20/pers en chambres et £ 12-15/pers dans les hobbits selon la taille.* ▯ Ce « centre d'hébergement », un peu aseptisé mais très bien tenu, dispose de chambres

carrelées au mobilier en bois clair pour 1 à 8 personnes, avec sanitaires privés. Attention, elles ne fonctionnent pas comme des dortoirs, le proprio n'y loge que des gens qui voyagent ensemble. Cuisine à dispo. Sur le terrain d'en face, quelques *hobbits* pour 3-6 personnes, juste au bord de la rivière. Bucolique.

🏠 **Shenval Organic B & B :** *à Shenval.*

☎ 476-363. • shenval-welcome.co.uk • À 7,5 miles (12 km) de Drumnadrochit en direction de Cannich, chemin sur la gauche (indiqué). Bus n° 17 (3/j. sf dim) ou demandez aux proprios de venir vous chercher à Drumnadrochit. Doubles £ 60-70, petit déj bio inclus. Repas à base de produits bio, sur résa, env £ 25. Tenu par un couple de Français, Écossais d'adoption, écolos et très sympas. 3 chambres douillettes, une avec douche, les autres avec salle de bains à partager, à prix très corrects. Variété de pains biologiques faits maison au petit déj, tisane du soir et conseils en tout genre, en particulier pour les randonneurs et l'observation des tétras-lyres dans la réserve de Corrimony voisine (on en parle plus loin). Une adresse attachante.

À voir. À faire

🗡️🍴 🚶 **Urquhart Castle** (HES) **:** à 2 miles (3 km) de Drumnadrochit, sur l'A 82 en direction de Fort William. ☎ 450-551. Le bus n° 19 d'Inverness s'y arrête. Tlj 9h30-18h (17h en oct et 16h30 en nov-mars). Dernière admission 45 mn avt fermeture. Entrée : £ 8,50 ; réduc. Construit vers le XIIIe s et agrandi au XVIe s, il fut l'une des nombreuses victimes des guerres jacobites, puis de l'appétit des promoteurs au XXe s ! Plusieurs millions de livres ont servi à sa restauration au début des années 2000, mais également à l'aménagement de ce qui l'entoure : on ne peut plus le visiter sans passer par la boutique... qui occupe plus de place que le petit musée sur l'histoire du site (et heureusement qu'une vidéo de 10 min complète l'ensemble) ! Soyons justes, cependant : grâce aux travaux, on peut désormais visiter les ruines (souvent égayées par un joueur de cornemuse), monter sur les terrasses pour admirer la vue sur le loch... et, croyez-nous, les enfants s'en donnent à cœur joie !

🗡️ 🚶 **Loch Ness Exhibition Centre :** ☎ 450-573. • lochness.com • C'est le 1er gros bâtiment à l'entrée de Drumnadrochit quand on arrive d'Inverness par l'A 82. Pâques-juin et sept-oct : tlj 9h30-17h ; juil-août : tlj 9h30-18h ; nov-Pâques : tlj 10h-15h30. Dernière admission 45 mn avt. Entrée : £ 7,50 ; réduc. En juil-août, on peut faire mettre en début ou en fin de journée la version française de l'expo ; sinon demander. Pour les fans du monstre (ou ceux que le sujet titille !), projections audiovisuelles à travers sept salles... relatant les origines du mythe et faisant état des recherches scientifiques qui ont été conduites pour tenter de démêler le vrai du faux. La dernière salle est consacrée aux témoins qui ont aperçu... une forme, quelque chose... Assez complet sur la question, mais prix d'entrée un peu gonflé. Compter 30 mn de visite. Si l'anglais vous pose problème, feuille explicative disponible en français à l'entrée. Seul problème, il fait noir quasi tout le temps, difficile de lire, donc. À la sortie, on tombe, comme d'hab, dans la boutique... particulièrement bien fournie en peluches de Nessie.

🗡️ **Glen Urquhart :** une belle balade dans une jolie vallée, relayée par celle du Glen Affric. Elle se fait sur une piste forestière balisée (discrètement) aux intersections. Mieux vaut, avant de s'embarquer, se munir de la carte Ordnance Survey Landranger n° 26 (au 1/50 000), en vente à l'office de tourisme. Le Glen Urquhart fait partie d'un sentier de randonnée qui relie les rives du loch Ness à la côte ouest (il aboutit au loch Duich, pas très loin d'Eilean Donan Castle) en passant par le **cercle de pierres (cairn) de Corrimony** (accessible aussi en voiture par l'A 831). Dégagé dans les années 1950, ce dernier daterait de 2 000 ans av. J.-C. environ. Les fouilles avaient montré que la tombe ne contenait qu'un corps, probablement celui d'une femme. On rejoint ensuite le pittoresque village de Tomich, les Plodda Falls et le Glen Affric.

🗡️ **Corrimony RSPB Nature Reserve :** entre Cannich et le Glen Urquhart (stationnement au Corrimony Cairns Car Park). ☎ (01463) 715-000. • rspb.org.uk •

Cette réserve a pour espèce emblématique le tétras-lyre, dont la spectaculaire parade nuptiale peut être observée en avril, à l'aube, en compagnie du garde naturaliste des lieux (3-4 matins par semaine). On peut aussi espérer le voir en été, à condition de se lever dès potron-minet et de se planquer (dans une tente, par exemple). Pierre-Marie et Christiane, du *Shenval Organic B & B* (voir plus haut « Où dormir ? Où manger dans le coin ? »), vous en diront plus si vous êtes intéressé.

🏔 ***Abriachan Forest Trust :*** *à env 7 miles (11 km) au nord de Drumnadrochit, en retrait de l'A 82. Balades de 1h à 3h30.* Dans le but de valoriser le milieu naturel local, les habitants d'Abriachan ont aménagé un réseau de sentiers au cœur de la forêt et de la lande de bruyère, qui permet de découvrir une reconstitution d'une hutte de l'âge du bronze, un buron de berger-vacher du XIXe s, un poste d'observation ornithologique, une distillerie « clandestine » et des points de vue superbes sur le loch Ness et les montagnes du Glen Affric.

LE GLEN AFFRIC

IND. TÉL. : 01456

Véritable paradis pour les randonneurs et amoureux de la nature, promu réserve naturelle nationale en 2002. Beaucoup de monde en été, c'est inévitable, mais il y a de la place pour tous. Pour se repérer, la ville de *Cannich*, qui est au carrefour de quatre *glens* : Strathglass, Cannich, Urquhart et Affric. Si vous manquez de temps, privilégiez le Glen Affric. Le *Glen Cannich*, plus isolé, plus rude, s'adresse plutôt aux marcheurs vraiment confirmés.

Arriver – Quitter

➢ La compagnie *Stagecoach* relie 6 fois/j. en sem (4 fois le sam) ***Drumnadrochit*** et ***Cannich*** (certains bus vont jusqu'à ***Tomich***).

➢ De début juil à mi-sept slt, le *Ross's Minibus* complète l'offre de *Stagecoach* en reliant, les lun, mer et ven (3 fois/j.), ***Drumnadrochit*** et le parking d'où part le sentier de la *Glen Affric Youth Hostel. Infos :* ☎ *(01463) 761-250.*

Adresse et info utiles

■ ***Infos :*** ● glenaffric.org ● Tout sur les balades et les activités, la culture, les transports locaux, l'hébergement, etc.

■ ***Distributeur :*** *un seul dans le coin, au **Glen Affric Bar**, à **Cannich**.*

Où dormir ?

Camping

⚠ ***Cannich Caravan & Camping Park :*** *à **Cannich**. ☎ 415-364. ● high landcamping.co.uk ● Tte l'année. Env £ 16 pour 2 avec tente. Loue également des huttes en bois (camping pods) env £ 22-40 pour 1-3 pers.* Site très agréable, paisible, aux beaux espaces environnés d'arbres. Sanitaires (un seul bloc à l'entrée) et bac à vaisselle basiques. Machines à laver et café-snack au toit herbeux. Patrons chaleureux et de bon conseil sur les balades à faire dans la région. Vélos à louer.

Bon marché
(£ 10-25/pers ; 12-30 €)

🏠 ***Glen Affric Youth Hostel :*** *Allt Beithe, dans le Glen Affric. ☎ 0845-293-73-73. ● syha.org.uk ● Suivre la route du Glen Affric jusqu'au bout (avec le Ross's Minibus), puis emprunter le* sentier pour 3h30 de marche env. Ne pas prendre le pont en contrebas ni traverser la rivière. *De Pâques à mi-sept. Résa nécessaire en juil-août. Nuitée env £ 23/pers. Double (lits superposés) £ 47.* Plutôt qu'une AJ, c'est une sorte de refuge d'une vingtaine de lits sur le sentier de la côte ouest. Rien alentour, il faut donc apporter ses provisions et son sac de couchage. Vous y trouverez néanmoins une douche (chaude !) et une gazinière. Si vous souhaitez crapahuter dans le coin, demandez conseil au gardien de l'auberge qui vous renseignera sur les périodes de chasse (particulièrement après le 12 août). Et n'oubliez pas d'emporter vos ordures.

De prix moyens à chic (£ 50-125/pers ; 60-150 €)

🏠 **Kerrow House :** *un peu avt Cannich en venant de Drumnadrochit, prendre un chemin sur la gauche en direction de Tomich ; c'est env 2 km plus loin (bien indiqué).* ☎ 415-243. ● kerrow-house. co.uk ● *Doubles £ 80-90.* Très joli manoir dans un grand parc. Les vastes chambres, au charme suranné, ne sont pas dénuées de classe, surtout la plus chère avec son lit à baldaquin. Salles de bains attenantes ou dans le couloir mais toutes privées. Bon petit déj.

Où manger ?

🍴 **The Tomich Hotel :** *au cœur du village de Tomich (à 4 miles, soit 6,5 km, de Cannich), face à la poste.* ☎ 415-399. *Plats env £ 10-14.* Les chambres de cet hôtel sont un peu hors de prix, mais on peut manger au *Black Pennell Bar* ou encore, s'il fait beau, sur les grosses tables en bois façon pique-nique. Pas de grandes envolées culinaires (spécialité de *venison pie*), mais le cadre est assez plaisant et il faut bien avouer que les adresses sont rares dans le coin. À part ça, le village de Tomich est charmant avec sa grosse dizaine de maisons en pierre joliment retapées, cernées par une campagne paisible.

À voir. À faire à Glen Affric et dans les environs

🏃 Le charme du **Glen Affric** réside dans la douceur, la variété de ses paysages et les tonalités de vert. Encore plus beau en mai, quand il est en fleurs, ou en automne, lorsque la lande s'enflamme du violet de la bruyère.

☞ L'office de tourisme de Drumnadrochit donne *The Forest Walks of Glen Affric*, un dépliant très bien fait sur le Glen, avec une description détaillée, plans à l'appui, de 6 petites promenades allant de 15 mn à 1h30, accessibles chacune depuis une aire de parking. Parmi celles-ci, on peut citer la balade jusqu'aux *Dog Falls* (une boucle de 3,2 km), un sentier qui vous conduit de part et d'autre de la route, près de la rivière, sous les arbres, jusqu'à la jolie cascade (qu'on devine loin en bas plus qu'on ne la voit), ou encore un chemin qui mène jusqu'à un point de vue. La route qui longe le loch Beinn a' Mheadoin s'arrête au bout de 8,5 miles (environ 14 km) sur une aire de pique-nique. C'est de là, entre autres, qu'on rejoint la *Glen Affric Youth Hostel* (voir plus haut « Où dormir ? »), en 3h30 de marche par un chemin de grande randonnée, avec pour objectif la côte ouest. Magnifique. Les fameuses *Falls of Glomach* sont à une dizaine de kilomètres au-delà de l'AJ.

🏃 De Cannich, une route mène à **Tomich,** un village croquignolet à la lisière d'une belle forêt de pins, puis une mauvaise piste se dirige jusqu'aux abords des **Plodda Falls** (gare aux crevaisons !), une jolie cascade (à 10,5 km) surplombée par une passerelle. Vertigineux !

¤¤ Si vous avez plus de temps, poussez jusqu'au *loc...* nich. Balade de 45 km bien agréable à vélo dans des *p...* sant par les glens Strathglass et Strathfarrar. Les voitu... au-delà de Struy.

LE NORD DES HIGHLANDS

• Carte *p. 368-369*

Voilà qu'ici l'imaginaire rejoint la réalité d'un pays sauvage qu'un habitat dispersé trouble à peine. Des routes à une voie *(single track roads)* sillonnent à travers vallées et lochs en multitude, modifiant sans cesse l'environnement, et débouchent moins sur des châteaux (comparé au reste du pays) que sur des petits et grands ports ou des plages de sable blanc, alanguies dans un paysage du bout du monde.
Si l'on dispose de quelques jours, il est possible d'effectuer la boucle : longer la côte nord-est jusqu'à Helmsdale, Wick et John O'Groats, puis suivre la route côtière nord jusqu'à Durness avant de redescendre sur l'ouest. À notre humble avis, les amoureux de randonnée qui ont un emploi du temps serré devraient monter directement à Tongue et rejoindre la côte ouest. C'est dans cette partie que la nature est la plus époustouflante.

Se déplacer

Sans véhicule, il n'est pas pratique de se déplacer le long de la côte nord entre Durness et John O'Groats. Il faut repasser par Lairg. Et les trajets en bus ou en train s'avèrent assez longs. Pensez-y pour organiser vos déplacements.

LES HIGHLANDS

STRATHPEFFER

1 500 hab.   IND. TÉL. : 01997

Une ancienne station thermale qui mérite un détour, ne serait-ce que pour le plaisir des yeux. Elle a conservé une architecture victorienne raffinée qui lui donne un certain charme. L'eau de Strathpeffer, sulfureuse, au goût très particulier, était supposée soulager les tuberculeux mais, hélas, on ne peut

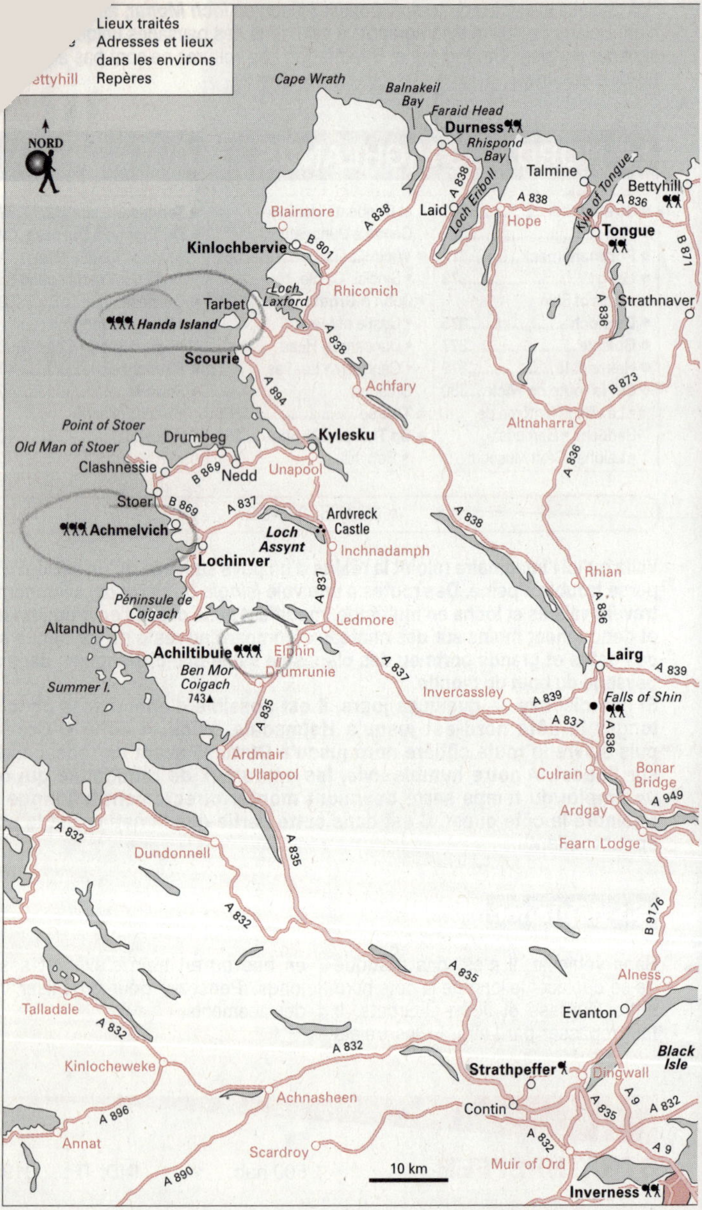

Lieux traités
Adresses et lieux dans les environs
ettyhill Repères
NORD
Cape Wrath
Balnakeil Bay
Faraid Head
Durness
Rhispond Bay
Talmine
Bettyhill
Kyle of Tongue
Loch Eriboll
Laid
Hope
Tongue
Blairmore
Kinlochbervie
Rhiconich
Loch Laxford
Tarbet
Handa Island
Scourie
Strathnaver
Achfary
Altnaharra
Point of Stoer
Old Man of Stoer
Drumbeg
Kylesku
Clashnessie
Nedd
Unapool
Stoer
Achmelvich
Ardvreck Castle
Loch Assynt
Inchnadamph
Lochinver
Rhian
Péninsule de Coigach
Altandhu
Ledmore
Elphin
Achiltibuie
Ben Mor Coigach
743
Drumrunie
Summer I.
Lairg
Invercassley
Falls of Shin
Ardmair
Ullapool
Culrain
Bonar Bridge
Ardgay
Fearn Lodge
Dundonnell
Alness
Evanton
Talladale
Black Isle
Kinlocheweke
Strathpeffer
Dingwall
Achnasheen
Contin
Annat
Scardroy
Muir of Ord
10 km
Inverness
A 838
B 801
A 836
B 871
A 894
B 873
B 869
A 837
A 835
A 839
A 949
A 832
B 9176
A 896
A 890
A 9

Dunnet Head

↑ Orkney Islands
(Îles Orcades)

Mey
Duncansby Head ⚔⚔
Scrabster
Dunnet
John O'Groats
A 836
Gills
Canisbay
Castletown
Freswick
A 836
Thurso
B 876
Strathy
Reay
Roadside
A 99
Keiss
A 836
Halkirk
Reiss
B 871
Mybster
A 882
Sinclair Castle ⚔⚔
A 897
Bilbster
A 9
Wick
Forsinard
Grey Cairns
of Camster ⚔⚔
Ulbster
B 871
Lybster
A 99
A 897
Latheron
A 9
Dunbeath ⚔
Kildonan
Lodge
Berriedale ⚔⚔
A 897
Badbea ⚔⚔
Helmsdale ⚔
A 9
MER DU NORD
Rogart Station
Brora
Golspie
Dunrobin Castle ⚔⚔
A 9
Clashmore
Dornoch
Dornoch Firth
A 836
Tain ⚔
Portmahomack
B 9165
Hill of
Fearn
A 9
Moray Firth
Cromarty
Elgin
A 832
A 96
Rosemarkie
Chanonry Point
A 96
Forres
Keith
Fortrose
Nairn
A 941
A 95
A 96
A 940
A 839
A 96
Craigellachie

LE NORD DES HIGHLANDS

plus désormais y goûter à l'office de tourisme (les autorités de Bruxelles ont trouvé que ce n'était pas hygiénique !).

Arriver – Quitter

➤ **Strathpeffer-Inverness :** liaison en bus ttes les heures jusqu'à 17h45 lun-sam ; ttes les 2h dim, 10h55-18h55. | Bus n° 27 avec *Stagecoach*. ☎ *0871-200-22-33.* ● *stagecoachbus.com* ●

Adresses utiles

🖪 **Office de tourisme :** *Main Rd, dans la Pump House, juste à côté du* Spa Pavilion. ☎ *421-415.* ● *strathpeffer village.org.uk* ● *De juin à mi-sept : tlj sf dim-lun 10h-17h.* En fait, un vrai petit et pittoresque musée. Expo intéressante sur les bains. Installation qui délivrait l'eau sulfurée aux curistes toujours en place. Reconstitution du « bain de boue de Mrs Mitchell en 1905 », ainsi que du bureau du directeur de la station thermale... Accueil chaleureux de la part du personnel (tous bénévoles). On peut aussi y récupérer une demi-douzaine de fiches fort bien faites sur d'intéressantes petites randonnées locales. Boutique.

■ **Square Wheels Cycles :** *The Square. À côté du* White Lodge. ☎ *421-000.* 🖪 *07739-084-115.* La providence des cyclistes ! Propose tout : vente et loc de vélos, réparations, accessoires et pièces détachées, vêtements de pluie, conseils divers. Super pro et équipé !

Où dormir dans le coin ?

Campings

⛺ **Black Rock Caravan & Camping Park :** *à* **Evanton.** ☎ *(01349) 830-917.* ● *blackrockscotland.co.uk* ● *À la sortie d'Evanton, vers Alness. Ouv avr-oct. Env £ 11-20 en juil-août pour 2 selon taille de la tente ; £ 9-18 en basse saison ; dans la bunkhouse, en dortoir de 4 lits (plus 1 single), £ 13-15/pers. Chalet 6 pers £ 275 (3 nuits), £ 450/sem. CB refusées.* Terrain bien agencé. Grande pelouse pour les tentes mais sans vue. Sanitaires avec portes à code. Cuisine à disposition. Petit parc à jeux pour enfants. Machines à laver, sèche-linge. Accueil simple. Juste pratique.

⛺ **Riverside Campsite :** *à* **Contin.** ☎ *(01463) 513-599.* ● *lochness-chalets.co.uk* ● *Compter £ 12-16 pour 2 selon taille de la tente. Camping ouv avr-oct, loc de chalets tte l'année.* À côté de la rivière Blackwater. Petit camping aux installations basiques, mais propre et bien situé. Minimarket à proximité.

Prix moyens (£ 50-85 ; 60-102 €)

🛏 **White Lodge :** *à côté de la place principale.* ☎ *et fax : 421-730.* ● *the-white-lodge.co.uk* ● *En été, doubles £ 70-75 selon nombre de nuits.* Dans une maison blanche avec agréable jardin qui ne manque pas de charme. 2 chambres bien tenues, avec salle de bains. À l'arrière, un adorable petit salon de thé.

🛏 **Craigvar :** *The Square.* ☎ *421-622.* 🖪 *0773-283-71-50.* ● *craigvar.com* ● *Double £ 90. CB acceptées. Parking privé.* 🖥 Dans une charmante maison de 1839 de style georgien, 3 chambres amoureusement décorées par Margaret, la très souriante hôtesse de maison. Toutes avec salle de bains, écran plat et lecteur DVD. Au petit déj, beaucoup de choix et souvent du poisson (haddock, maquereau). Thé, café, cherry, fruits et gâteaux servis toute la journée. Petit salon et jardin. Le mari de Margaret parle le français. Une excellente adresse.

Très chic
(plus de £ 125 ; 150 €)

🏠 |●| **Kiltearn House :** *à Evanton.*
☎ *830-617.* ● *kiltearn.co.uk* ● *À la sortie de l'A 9 ; avt Evanton, suivre la petite route à droite au panneau « Kiltearn/Burial Ground ». Doubles £ 150-220 selon confort. Dîner sur résa £ 30 (ouv aux non-résidents à 19h sf dim).* Une très belle adresse chic perdue en pleine campagne. Au bout de la petite route, à côté d'une église et d'un cimetière militaire, l'ancien presbytère de 1894 est devenu une maison cossue au bord du Cromaty Firth (où la pêche est autorisée). Très belle pelouse avec banc pour rêvasser tranquillement. À l'intérieur de la demeure en pierre de taille, de belles chambres spacieuses et lumineuses avec bow-windows. Vue sur l'eau ou sur la campagne et quelques chevaux. Impeccablement tenu. Accueil fort aimable.

Où manger ?

Bon marché
(plats £ 5-10 ; 6-12 €)

|●| **Museum Coffee-Shop :** Old Victoria Station. 📱 *0775-969-04-59. À l'ancienne gare ferroviaire. Tlj 10h (11h dim)-17h en saison ; hors saison, slt jeu-dim. CB refusées.* Côté cuisine, c'est plutôt classique, genre soupe, sandwichs, snacks, paninis, gâteaux et glaces. Demandez le plat du jour, plus appétissant. Le principal intérêt de l'adresse, c'est le décor croquignolet de l'ancien quai de gare et la verdure autour, où les enfants peuvent jouer tranquillement.

|●| **Red Poppy :** *Main St, en face de la Pump House.* ☎ *423-332. Tlj sf lun 12h-20h (15h dim). Mer 17h-19h45 menu spécial et copieux à £ 25 (avec un verre de vin).* Une salle de style contemporain pour une honnête cuisine régionale. Du classique, mais bien tourné : pâtes, agneau, *Scottish beef...* Bons sandwichs aussi.

TAIN
3 500 hab. IND. TÉL. : 01862

Bourg royal qui eut un saint Duthac, de l'Église celtique, parmi ses natifs. Mort en Irlande, il fut rapatrié ici au XIIIe s, faisant du village un haut lieu de pèlerinage fréquenté par les nobles et les rois. James IV y vint 18 fois en 20 ans ! Le village souffrit énormément de Cromwell, ainsi que de la famine de 1696. En 1715, il fut pris par les jacobites. C'est aujourd'hui un village de caractère offrant de vénérables demeures de pierre et des maisons nobles, à l'image de la place où s'élève le *Royal Hotel. Tolbooth* de 1631, avec à sa base le *Mercat Cross.* On y faisait les annonces publiques, et elle servait éventuellement de pilori... La cloche sonne encore le couvre-feu tous les soirs. Bref, à ne pas rater !

Arriver – Quitter

En bus

➤ **Thurso-Wick-Tain-Inverness :** tlj, 5-6 départs/j. avec le bus nº X99 de la compagnie *Stagecoach.* ☎ *0871-200-22-33.* ● *stagecoachbus.com* ● Bus nᵒˢ 25, 25A, 25B, 25X et X98 (quasi direct). Depuis Tain, env 20 départs/j., 6h-20h21 (moins le dim). Env 1h30 de trajet.

En train

➤ **Thurso-Wick-Tain-Inverness-Kyle of Lochalsh :** env 4 trains/j. (2 le dim). ☎ *0845-755-00-33.* ● *scotrail.co.uk* ●

Où dormir ? Où manger ?

⋔ **Dornoch Firth Caravan Park :** Meikle Ferry South, sur l'A 9, après le pont, au niveau du rond-point. ☎ 892-292. ● dornochfirth.co.uk ● Ouv mars-oct. Env £ 12 pour 2 avec tente. Terrain convenable mais sans charme. Sanitaires corrects. Beaucoup de mobile homes. Jeux pour enfants. Quelques atouts : la tranquillité et l'accueil.

🏠 **Golf View House B & B :** 13, Knockbreck Rd. ☎ et fax : 892-856. ● bedandbreakfasttain.co.uk ● Venant du sud, dans la rue principale, c'est à droite (bien indiqué). Tte l'année. Doubles £ 75-85 sans ou avec sdb. Maison victorienne entourée d'un beau jardin fleuri. 5 chambres avec lits king size ou twin, TV, etc., vue sur la mer et le golf. En fin d'après-midi, profitez du beau lounge, avec sa lunette qui vous expédie au cœur du golf ou en pleine mer. Le matin, superbe salle du petit déj, avec parquet, tables en bois... et toujours la vue. Plein la vue, quoi !

🏠 |●| **St. Duthus Hotel :** Tower St (rue principale). ☎ 894-007. 📱 0754-274-9171. ● stduthussalan@btinternet.com ● Tte l'année. Double £ 70, sanitaires communs, petit déj inclus. Grande demeure de pierre aux chambres correctes. Pub fort populaire et animé. Cadre style années 1950, fauteuils en skaï, photos anciennes... Bonne bar food, terrasse prise d'assaut.

|●| **Sunflower Café :** 18, High St. ☎ 892-458. Dans la rue principale, sur la droite, 100 m avt d'arriver au Royal Hotel. Lun-ven 8h30-16h30 (14h mer), sam 9h-15h, dim 10h-14h. Plat env £ 6. CB refusées. Dans une petite salle toute jaune, des petits déj et des snacks (haddock, lasagnes, quiches, burgers et même un haggis veg'...) aimables et abordables.

|●| **Lounge Bar du Royal Hotel :** Hight St. ☎ 892-013. Dans le centre du village. Tlj 17h30-21h. Plats env £ 6-8 au bar et £ 9-23 au resto. Architecture de caractère avec sa monumentale entrée à colonnes. Salle de resto toute blanche (mais avec une vieille pendule). Plats cuisinés avec soin et servis avec attention. Bon green curry chicken et grandes variétés de viandes. Bon choix de home made pies, sandwichs et plats veg'. Ambiance plutôt chic sans pour autant lever le petit doigt pour boire son thé. Bon accueil.

À voir

🏭 **Glenmorangi Distillery :** à la sortie de Tain sur la route de Wick. ☎ 892-477. ● glenmorangie.com ● Lun-ven 10h-17h, plus w-e juin-août 10h (12h dim)-16h ; attention, dernière visite 1h-1h30 avt fermeture. Visite guidée (ttes les 30 mn juin-août ; ttes les heures hors saison ; durée 30-40 mn) obligatoire, car la distillerie est toujours en activité. Résa conseillée en été, sinon risque d'attente. Entrée : £ 5 ; réduc. Une visite pour comprendre l'élaboration d'un des single malt favoris des Écossais. Le clou de la visite est la salle des alambics (avec le plus haut d'Écosse). On se croirait dans le ventre d'une machine tout droit sortie d'un roman de Jules Verne. Petit musée gratuit exposant des alambics et de vieilles machines. Film sur la distillerie et dégustation à la fin.

PORTMAHOMACK   100 hab.   IND. TÉL. : 01862

À 10 miles (16 km) à l'est de Tain, voici un petit port de pêche isolé et vraiment adorable, aux longues plages de sable fin. Un vrai bout du monde.

Où dormir ? Où manger ?

🛏 I●I *Oystercatcher : sur le front de mer.* ☎ *871-560. Tlj sf lun-mar, dim soir et mer midi. Doubles £ 82-108. Plats env £ 13-28 ; moins cher le midi. Résa ultra-conseillée.* L'adresse référence pour les fruits de mer dans toute la région. Cuisine sans faille, avec beaucoup de poisson à la carte.

Des recettes originales comme cette sole de 5 façons (à l'écossaise, à la rhubarbe, au saumon fumé...). Remarquable carte des vins. Déco marine, évidemment. 3 chambres sympas au-dessus du resto et couchers de soleil d'anthologie.

À voir. À faire

🏹 *Tarbat Discovery Centre :* ☎ *871-351.* ● *tarbat-discovery.co.uk* ● *Avr-oct : 14h (10h mai-sept)-17h ; dernier ticket à 16h15. Fermé dim en avr-mai. Entrée : £ 3,50 ; réduc.* Centre d'interprétation archéologique logé dans une petite église blanche, au milieu d'un cimetière. Il y eut jusqu'à six églises dans le village ! Le musée présente les vestiges de l'atelier monastique, une crypte et une section à l'étage consacrée à l'histoire locale. Mais le clou du musée, ce sont les *Pictish stones* du VIIIe s. Certaines de ces pierres pictes sont des copies (ainsi, l'original de *The Inscription Stone* se trouve à Édimbourg), mais d'autres sont d'origine comme *The Boarstone* (le Sanglier) ou celle du *Dragon,* dont la face B raconte une conversion au christianisme. Le musée propose aussi un *Pictish Trail* pour faire une balade à la recherche d'autres pierres pictes disséminées dans le secteur.

➤ *Balade :* au bout de la pointe de Tarbat Ness, vous pourrez apercevoir (de loin, on ne visite pas) le troisième phare de l'Écosse par sa taille. De là part une très chouette promenade de 2-3h vers le hameau de Rockfield, par un sentier longeant la falaise. Avec un peu de chance, vous verrez des dauphins.

LAIRG   800 hab.   IND. TÉL. : 01549

À 97 km au nord d'Inverness sur la route A 836, qui mène à Tongue, Lairg est un gros bourg au cœur du Sutherland. Tous les ans, mi-août, on y organise pendant une journée le plus grand marché aux moutons d'Europe. Mais si vous voulez apercevoir les fameux *Highlands cattle,* il vous faut passer le pont, prendre la route à droite (Saval Road) et, après le premier virage, continuer tout droit.

POISSONS PAS NÉS

Depuis la construction de la centrale hydraulique de Lairg, le nombre de saumons a beaucoup chuté. Pour compenser cette forte diminution, les œufs sont aujourd'hui prélevés sur site et élevés dans un alevinier. Mais sur les 500 000 alevins relâchés au mois d'avril, seulement 1 % d'entre eux deviendront adultes. En effet, ils seront à leur tour victimes de prédateurs, de la pollution ou de la pêche. Quant aux survivants, ils batailleront encore contre le courant pour rejoindre leur lieu de naissance et boucler ce cycle infernal.

Arriver – Quitter

Lairg constitue un point de jonction pour relier le nord-est au nord-ouest en transport en commun. Ainsi de Durness ou Tongue, il faut repasser par Lairg pour continuer vers Helmsdale ou John O'Groats.

En bus

➤ *Lairg-Tain :* 4-5 minibus/j. sf dim. Plusieurs arrêts en route. Minibus *MacLeod's Coaches* (accès handicapés possible) : ☎ *(01408) 641-354.* ● *macleodscoaches.co.uk* ● Trajet : 45 mn.
➤ *Lairg-Helmsdale :* avec *MacLeod's*

Coaches. 3 minibus/j. lun-ven. Trajet : env 30 mn.
➤ *Lairg-Tongue :* postbus tlj sf dim, départ en milieu de journée de Lairg ; le mat de Tongue. Env 1h de route.
➤ *Lairg-Lochinver-Drumbeg :* postbus tlj, départ de Drumbeg tôt le mat, retour de Lairg sur le coup de midi.

En train

🚆 **Gare ferroviaire :** *à 1 mile (1,6 km) au sud de la ville.*
➤ **Ligne Inverness-Wick :** 3-4 passages/j. par Lairg (1 seul dim). Prévoir env 2h30 de trajet entre Lairg et Wick.

Adresses utiles

ℹ️ *Visitor Information Centre :* Ferrycroft Countryside Centre, *à l'entrée de Lairg sur la gauche en venant du sud.* ☎ et fax : 402-160. Avr-oct : tlj 10h-16h (17h juil-août). Fermé novmars. 🖥️ *(payant).* Petite expo gratuite sur la vie rurale. Le personnel, en plus d'être très aimable, propose des

brochures bien ficelées sur les balades du coin, notamment celle à vocation archéologique de 1h (aller-retour) qui mène à *The Ord.*
■ *Bank of Scotland :* au centre-ville. *Ouv slt lun et jeu-ven 9h15-12h30, 13h30-16h45.*

Où dormir dans le coin ?

Campings

⛺ *Dunroamin Caravan Park : en sortant du village sur la route de Golspie.* ☎ 402-447. ● *lairgcaravanpark.co.uk* ● *À 300 m du loch Shin. Réception ouv avr-oct : tlj 9h-20h (pause 12h30-14h dim). Prévoir £ 13-15 pour 2 selon taille de la tente. Douche chaude payante. Loc de mobile homes.* 📶 *(payant).* Terrain bien entretenu où les tentes sont dotées d'un bel espace. Sanitaires propres mais peu nombreux. Accueil sympa. Attention aux *midges* en saison. Location de vélos (idéal pour découvrir la région). Un resto jouxte le camping.
⛺ *Woodend Caravan Site : Achnairn, Lairg.* ☎ 402-248. ● *woodendcampsite.com* ● *Ouv mai-sept. Env £ 15 pour 2. Douche chaude payante.* Au nord-ouest de Lairg, sur la droite en remontant l'A 836 côtière. Dans une

délicieuse campagne, avec un panorama extra quasi tous azimuts. Bonnes installations, sanitaires impeccables et emplacements bien distanciés. Aire de jeu pour les enfants... Salle pour se restaurer et échapper aux *midges.*

Bon marché (£ 10-25/pers ; 12-30 €)

🛏️ *Sleeperzzz : Rogart Station.* ☎ *(01408) 641-343.* 📱 *07833-641-226.* ● *sleeperzzz.com* ● *Sur l'A 839, à une dizaine de miles (17 km) en quittant Lairg par l'est. Sur la ligne de bus Lairg-Helmsdale opérée par MacLeod's Coaches (voir « Arriver – Quitter »). Mars-sept. Nuitée £ 16-22/pers ; réduc de 10 % pour les cyclistes et ceux qui circulent en train.* Original en diable : un fan de trains a transformé et restauré d'anciens wagons en hébergement bon marché. Douches, living-room et cuisine dans chacun des 2 wagons de 8 couchages (2 lits par compartiment, literie un poil rustique, mais c'est bien tenu). Pour plus d'intimité, demandez le petit pour 2 ou celui prévu pour 4 personnes. Magasin tout près pour acheter de quoi faire sa popote. Un véritable succès pour Franck (ancien professeur de français) et Kate, fous de randonnées cyclistes, qui vous donneront un tas de tuyaux sur les alentours. Possibilité de prêt de vélo. L'une de nos adresses les plus insolites et chaleureuses.

🏠 *Kincora B & B : juste avt la sortie de Lairg, direction Tongue.* ☎ *402-062.* ● *kincorahouse.com* ● *Fermé à Noël. Env £ 35/pers.* 2 chambres coquettes mansardées, salle de bains à partager. Accueil charmant de Kathy. Une excellente adresse.

Où manger ?

🍽 *The Pier Café : Lochside.* ☎ *402-223.* 📱 *07766-186-866. Tlj sf lun 10h-16h (plus 17h30-21h ven-sam), dim 10h-18h. Bon marché.* En bord de lac, dans un chouette environnement bucolique, avec des tables quasi les pieds dans l'eau. À l'intérieur, cadre en bois blanc, intime et agréable. Service jeune et souriant pour une petite cuisine simple, mais pleine de fraîcheur : bons produits, frites coupées main, goûteux burgers, *fish & chips, ploughman lunch,* salades copieuses, sandwichs, gâteaux maison... Prix fort modérés.

Où dormir ? Où manger ?
Où boire un verre dans le coin ?

🏠 🍽 🍷 *Invershin Hotel : à 10 miles (env 15 km) de Lairg.* ☎ *421-202.* ● *invershin.com* ● *Immanquable. Juste avt le pont en pierre, c'est un grand bâtiment à droite en venant du sud. Nov-mars, 2 nuits min, se renseigner. Bunk bed £ 20/pers (petit déj en sus). Nuitée env £ 45/pers en été, petit déj inclus.* Au calme, à bonne distance de la route. Tenu par un couple de jeunes qui a super bien rénové l'hôtel. Les 7 chambres sont agréables et assez spacieuses. Demandez-en une sur l'arrière. Également une familiale. Pour les petits budgets, une annexe avec quelques doubles et *bunk beds* fort bien tenus également (sanitaires communs, draps fournis mais pas les serviettes). Véranda de charme avec ses profonds fauteuils, bar chaleureux. Bons petits plats écossais.

DANS LES ENVIRONS DE LAIRG

🎣🎣 *Falls of Shin : Achany Glen, sur la B 864, à 5 miles (8 km) au sud de Lairg.* ● *fallsofshin.co.uk* ● Une jolie petite chute, surtout réputée pour le spectacle qu'elle procure : même si le nombre de saumons qui remontent la rivière a diminué, on peut souvent, de fin avril à mi-novembre, les observer lorsqu'ils tentent de venir à bout des tonnes d'eau qui dévalent. Leurs sauts spectaculaires sont alors salués par les spectateurs massés sur la plate-forme d'observation ! Aux alentours, plusieurs promenades balisées, très fréquentées.

DORNOCH   1 200 hab.   IND. TÉL. : 01862

Agréable station de villégiature à l'embouchure du Dornoch Firth. Parfois appelée la « Saint Andrews du Nord », elle offre des kilomètres de sable et de dunes, l'un des plus vieux golfs au monde et un petit air de plage normande.

Pas mal de belles demeures de pierre blonde reconverties en *B & B* ou en hôtels, parmi lesquels le château, une ancienne demeure épiscopale du XVIᵉ s, dont l'annexe servit également de prison, aujourd'hui fréquentée par des touristes argentés. Place centrale de charme.

Arriver – Quitter

➤ *Thurso-Dornoch-Inverness :* 5-6 bus/j. Bus nº X99 de la compagnie

Stagecoach. ☎ *0871-200-22-33.* ● *stagecoachbus.com* ●

Adresses utiles

🛈 *Point information :* Sheriff Court, à gauche du Dornoch Castle Hotel, *en face de la cathédrale.* ☎ *811-645.* Lun-ven 9h-12h30, 13h30-17h ; sam 10h-16h ; dim 11h-16h. Fermé w-e en hiver.

■ *Dornoch Cycle Hire :* Grannies Hei-lan Ham Holiday Park, Embo. ☎ 338-985 ou 810-383. 📱 07776-134-810. Location de vélos. Excellent matériel, accessoires et pièces détachées.

Où dormir dans le coin ?

Camping

⛺ *Dornoch Caravan & Camp Park :* The Links, à 400 m du centre. ☎ et fax : 810-423. ● *dornochcaravans.co.uk* ● Ouv avr-oct. Env £ 14-17 pour 2 avec tente et voiture. Entre plage et golf, à 5 mn du centre-ville. Beaucoup de mobile homes et de caravanes. Beau cadre, grands espaces, mais parfois très venteux ! Pas mal de petits services : eau chaude gratuite, machine à laver, sèche-linge, épicerie en dépannage, salle de jeux.

Prix moyens
(£ 50-85 ; 60-102 €)

🏠 *Highcroft B & B :* chez Sheila et Hugh Anderson, 312, **Hilton of Embo.** ☎ 810-259. 📱 0797-493-29-39. ● *high cro**fthilton.com* ● Du Square, à Dor-noch, quand on vient du sud, prendre Bridge St à gauche sur 1,5 mile. Dou-bles avec sdb env £ 65-70. Une char-mante *croft house* (petite ferme) réno-vée et toute blanche, dans un hameau face au Dornoch Firth, qui offre une jolie vue et une belle luminosité grâce à ses bow-windows. 2 chambres, l'une avec vue sur l'eau, l'autre, à l'étage, donnant côté jardin. Moquette couleur sable et un agréable style campagnard. Jardin à l'arrière. Accueil souriant de Sheila.

Si vous voulez faire une balade sympa, continuez la route côtière vers l'A 839.

🏠 *Tordarroch B & B :* Castle St. ☎ 810-855. ● *rosematheson@btinter net.com* ● À droite du Dornoch Castle Hotel. Mars-oct. Double env £ 65. Au cœur du village, une belle maison en pierre cachée dans un adorable jardin fleuri. Les 3 chambres sont très simples mais propres et pas chères pour le sec-teur. Toutes avec salle de bains privée (à l'extérieur pour celle de l'étage). Salon pour les hôtes. Bon accueil.

Chic
(£ 85-125 ; 102-150 €)

🏠 *The Bank House :* Castle St. ☎ 811-717. ● *dornochbankhouse. com* ● Avr-oct (hors saison, télépho-ner). Doubles £ 70-100 selon confort. CB acceptées. Parking privé. Dans la rue principale, cette maison en pierre de la fin du XIXᵉ s abrita une banque jusqu'en 2005. Paul et Irene l'ont trans-formée en *B & B* cossu. 5 chambres lumineuses dont 3 vraiment spa-cieuses, avec baignoire-jacuzzi et petit frigo pour la plupart, grande salle de bains, TV et ventilateur. Une autre, avec jacuzzi aussi mais moins vaste et moins chère. Décoration très vieille Écosse dans l'ensemble, mobilier ancien, pla-fond mouluré ! Grande table pour le petit déj. Accueil décontracté. Certes, pour loger ici, il vous faudra peut-être faire sauter la banque. Mais ne cherchez pas de billets sous les matelas, on a déjà vérifié...

Où manger ?

|●| **Sutherland House :** *Argyle St ; à l'angle du Square.* ☎ *811-023. Ouv slt le soir mars-oct. Résa conseillée. Plats env £ 10-23.* Dans une bâtisse avec échauguette, une salle assez élégante avec pierre, bois façon acajou et papier peint vert. On ne voudrait pas se faire l'avocat(-crevettes) du diable ni vous pousser à la dépense, mais les médaillons de daim *(venaison)* sont un pur délice. Sinon, plein de plats moins chers et typiques comme le *cullen skink* (soupe de haddock et pommes de terre), le *haggis* ou le *home made* *steak & Guinness pie.* Bonne carte de vins.

|●| **The One Up :** *The Square.* ☎ *810-376.* Resto du Dornoch Inn. *Au 1er étage. Tlj jusqu'à 20h30. Plats £ 8-10, steacks plus chers.* Cadre chaleureux (légèrement mansardé, poutres, pierre apparente) et cuisine éclectique : *haggis, scampi,* burgers, haddock, lasagnes, sandwichs, etc. Possibilité de se restaurer au pub aussi (c'est la même cuisine), si on souhaite se fondre avec les locaux. Cadre banal mais ambiance joyeusement animée.

À voir

🎿 *La cathédrale : ouv tte l'année.* ● *dornoch-cathedral. com* ● *GRATUIT.* Elle date du XIIIe s mais fut quasi entièrement détruite en 1570 lors d'une querelle (de clocher ?) entre deux clans rivaux de la région. Elle fut partiellement restaurée au début du XVIIe s, avant de l'être tout à fait au XIXe s. Les dimensions sont modestes et la silhouette se révèle un peu lourde. À noter toutefois de nombreuses gargouilles, ainsi que de jolis vitraux des deux derniers siècles, plus un autre, moderne, honoré par le prince Charles. Une légende raconte qu'un passage souterrain reliant le château permettait de mettre à l'abri les objets de valeur pendant la Réforme...

LA DERNIÈRE SORCIÈRE D'ÉCOSSE

Du Square, prenez Church St, qui devient River St en allant vers le golf, et arrêtez-vous à l'angle de la dernière maison à gauche. Derrière le muret, dans le jardin, une pierre marquée (à tort) 1722 est là pour rappeler l'histoire de Janet Horne. C'est en fait en 1727 que cette ancienne servante devenue sénile fut accusée par ses voisins d'avoir transformé sa fille, dont certains membres étaient déformés, en « poney du diable »... Condamnée à mort, elle fut enduite de goudron, enfermée dans un tonneau et brûlée vive. 9 ans plus tard, une loi abrogeait cette torture.

– Notez que de juin à septembre, chaque samedi à 20h, on peut assister devant la cathédrale à une démonstration gratuite de danse et de cornemuse pendant environ 1h.

GOLSPIE

1 400 hab. IND. TÉL. : 01408

Le village se résume à peu de choses, mais son magnifique château vaut à lui seul le détour !

Arriver – Quitter

En bus

➤ **Thurso-Golspie-Inverness :** tlj, env 6 bus/j. ☎ 0871-266-33-33. ● citylink.co.uk ●

En train

➤ **Thurso-Golspie-Inverness :** env 4 trains/j. En été, arrêt possible sur demande au Dunrobin Castle ! ☎ 0845-755-00-33. ● scotrail.co.uk ●

Où dormir ?

Camping

⛺ **Green Park Caravan & Campsite :** un peu après Brora (5 miles, soit 8 km au nord de Golspie), à droite côté mer. ☎ 621-513. Ouv fin avr-fin sept. Env £ 8 par tente. Un petit camping familial tout simple et sympa. Vaste pelouse bien verte où il est convenu de laisser 6 m entre chaque tente. Sanitaires rudimentaires. Vieilles cartes postales rigolotes à la réception !

Prix moyens (£ 50-85 ; 60-102 €)

🛏 **AR Dachaidh :** ☎ 621-658. ● badnellan.co.uk ● En arrivant à Brora, en direction de Helmsdale, prendre juste après le pont la 1ʳᵉ à gauche ; au discret panneau « Badnellan », prendre tt de suite à droite, puis aller au bout du chemin. Mars-oct. Double env £ 55. Une adresse du bout du monde, authentique, cachée entre champs et chèvres, dans un joli coin de campagne. 3 chambres mélangeant bois, lambris et broderies. Salle de bains et douche communes. Breakfast avec marmelade maison au whisky et jus d'orange fraîchement pressé. Bikers bienvenus, les proprios étant eux-mêmes de vieux motards (que jamais, bien sûr).

🛏 **B & B Blar Mhor :** chez Irene et Georgie Jack, à l'entrée sud du village. ☎ 633-609. ● blarmhor.co.uk ● Dans une allée à gauche en arrivant. Double env £ 70, familiale £ 90. 📶 En retrait de la rue principale, une maison grise de 1924, avec des rhododendrons trentenaires dans le grand jardin. Excellent accueil d'Irene qui vous conduira à l'une de ses 6 chambres avec salle de bains (à l'extérieur pour la n° 7, mais privée). Elles sont vastes, confortables et décorées au goût du jour. Certaines, à l'étage, ont vue sur la mer. Toutes avec TV. Lumineux lounge avec bow-windows. Pour l'anecdote, Georgie est guitariste, et ses fils ont monté un groupe, les Jacks, visible sur YouTube...

À voir. À faire

🐾🚶 **Dunrobin Castle :** au nord du village. ☎ 633-177. ● dunrobincastle.co.uk ● Début avr-oct : tlj 10h30 (12h dim)-16h30 (juin-août : tlj 10h-17h). Dernière admission 30 mn avt fermeture. Entrée : £ 10,50 ; réduc. Livret en français (payant). Photos interdites à l'intérieur. Démonstration de dressage de faucons tlj sf dim (mais tlj juil-août), à 11h30 et 14h. Salon de thé au rdc, compter env £ 9. Imposant château de style « baronial », avec sa tour du XIIIᵉ s agrandie au cours des siècles. À l'intérieur, nombreuses pièces joliment décorées et des souvenirs de la famille des comtes et ducs de Sutherland. Il n'y eut que deux ducs du XIIᵉ au XIXᵉ s. Beau mobilier Louis XV, nombreuses peaux de bêtes et tableaux de quelques-uns des plus grands portraitistes anglais et étrangers. Voir notamment, dans le salon français, les pastiches du palais des Doges, les tapisseries XVIIIᵉ s, ou encore, dans la salle de musique, le tableau du Tintoret au-dessus de la cheminée et le portrait du chef de clan irlandais O'Neil, avec son armure japonaise à ses pieds. Intéressant surtout pour son étage, consacré aux souvenirs de voyages collectés aux quatre coins du monde. On se dit que les malles devaient être grandes, à l'époque... Le château a servi d'hôpital durant la Seconde Guerre mondiale. Dans les beaux jardins à l'écossaise réalisés en 1850 et inspirés par ceux de Versailles, le bâtiment blanc expose de nombreux trophées de chasse du monde entier, ainsi que des pierres pictes et celtiques.

🏃 **Carn Liath** (HES) : *en direction de Brora, sur la droite.* Ruines d'un ancien *broch* (fortification celte du IVᵉ s av. J.-C., aux murs très épais).

➤ **Big Burn Walk** : *départ du pont à la sortie de Golspie. Env 20 mn aller.* Une des balades les plus prisées de la région. Le chemin traverse le ruisseau par une série de passerelles pour aboutir à des chutes d'eau.

HELMSDALE   500 hab.   IND. TÉL. : 01431

Petit port encore en activité de la côte nord-est des Highlands. Belle balade le long de la rivière, réputée pour ses saumons et la ruée que la découverte d'or provoqua aux alentours de 1869. Une halte sympa et reposante.
– *Highland Games* : *en principe, 3ᵉ sam d'août.*

Arriver – Quitter

En bus

➤ **Thurso-Helmsdale-Inverness :** env 6 bus/j. ☎ *0871-266-33-33.* ● *citylink.co.uk* ●

En train

➤ **Thurso-Helmsdale-Inverness :** env 4 trains/j. ☎ *0845-755-00-33.* ● *scotrail.co.uk* ●

Adresses utiles

ℹ **Point information :** *kiosque dans la boutique* Strath Ulli Crafts *sur le port.* 🖥 Peu d'infos.
@ **Internet :** *à la* **Public Library,** *dans* la rue principale. ☎ 821-742. Ouv lun et ven tte la journée et le mat mar-jeu. Gratuit.

Où dormir ?

Bon marché
(£ 10-25/pers ; 12-30 €)

🏠 **Helmsdale Hostel :** *Old Caithness Rd.* ☎ 821-636. 📱 *0797-151-62-87.* ● *helmsdalehostel.co.uk* ● *Avt la sortie nord de la ville (route de Wick). Pâques-sept. Env £ 18/pers en dortoir et £ 23/pers en chambre double.* C'est un bâtiment assez banal, situé à une patte-d'oie, avec un petit jardin. Auberge très simple, mais fort bien tenue. Grand volume presque entièrement lambrissé, avec 2 dortoirs de 8 lits. Également 2 chambres familiales pour 4 personnes. Toutes avec salle de bains privée et linge fourni. Coin cuisine, machine à laver, sèche-linge, BBQ et garage à vélos. Accueil sympa.

🏠 **Customs House :** *Shore St, sur le port.* ☎ 821-648. *Env £ 40-50 pour 2.* Vieille demeure de 1818. Chez une mamie bien sympathique, dont la famille fait *B & B* de génération en génération. Impressionnante galerie de portraits aux murs. 4 chambres assez mignonnes, dont 1 familiale, avec 2 salles de bains à partager. Jardinet plein de roses odorantes et terrasse en pleine rue, face aux bateaux. Bon petit déj avec confitures maison. Excellent accueil.

Prix moyens
(£ 50-85 ; 60-102 €)

🏠 **Kindale House :** *Lilleshall St.* ☎ 821-415. 📱 *07810-440-909* ● *kindalehouse.co.uk* ● *Dans la rue à l'angle* du resto Mirage. *Doubles £ 55-60. Dîner sur résa £ 15-18.* 🛜 Dans une maison de village en pierres de taille, 2 chambres à l'étage avec bains et une autre pour 3-4 personnes au rez-de-chaussée. Elles sont vastes et bien décorées. Bien tenu. Pas de *lounge.* Souvent du poisson au petit déj.

🏠 |●| 🍸 *Belgrave Arms Hotel : Dunrobin St.* ☎ 821-242. ● belgravearmshotel.com ● *Doubles £ 60-80 sans ou* avec sdb. 🛜 À l'entrée de la rue principale, l'hôtel bicentenaire donne sur une grande place. Ancienne auberge tout en longueur qui offre 9 chambres cosy et de bon confort. Accueil particulièrement affable. Pub sympa, resto correct et *beer garden.* Pendant la Seconde Guerre mondiale, il servit de mess à l'armée anglaise et fut le seul endroit servant de l'alcool (alors que tout le Nord Highlands était *dry* !).

Où manger ?

Bon marché
(plats £ 5-10 ; 6-12 €)

|●| *La Mirage : 7, Dunrobin St.* ☎ *821-615. Tlj 11h (12h dim)-20h45h sans interruption.* Une adresse singulière qui semble s'être figée dans les années 1970. Décor kitsch à mourir avec faux arbre, un Bambi en vitrine, une entraîneuse devenue lampadaire, lustres et flic en plastique, chaises ringardes, le tout sur fond criard rose, rouge et blanc. Faut dire que feue Nancy Sinclair se prenait pour Barbara Cartland. Voir sa photo sur le mur. Côté cuisine, le concept est simple, c'est le *fish and tea.* On y mange des beignets de haddock honorables accompagnés d'une tasse de thé, sans avoir besoin de lever le petit doigt, vu le côté blasé du service. Une curiosité plutôt qu'une adresse vraiment gastronomique (pourtant c'est toujours plein !).

|●| Juste à côté, un *fish & chips,* l'un des 6 meilleurs d'Écosse d'après des publications régionales... Même maison !

|●| *Thyme and Plaice : 10, Dunrobin St.* ☎ *929-200. En saison, tlj midi et soir jusqu'à 21h.* On aime bien ce petit bistrot sans chichis, avec un choix restreint mais la garantie de produits frais (notamment le poisson) ; petits plats servis généreusement et sandwichs bien concoctés. En prime, plutôt bon marché et accueil familial.

SUR LA ROUTE DE WICK

🎿 *Le village fantôme de Badbea : sur l'A 9, vers Wick (bien indiqué).* Il fut construit par des paysans victimes des sinistres *clearances* au début du XIXe s. Chassés par les *landlords* qui ne voulaient faire que du mouton de façon extensive, ils s'établirent sur cette côte extrêmement inhospitalière et tentèrent de survivre en devenant pêcheurs (métier dangereux ici), plus rarement ouvriers dans les petites usines locales. Une vache, quelques poules qu'il fallait attacher par jour de grand vent (les enfants aussi, d'ailleurs, sous peine de les retrouver en bas de la falaise), quelques arpents de patates... et c'est bien tout.
En 1841, 12 familles (61 personnes)... Plus que 16 en 1901. Certaines émigrèrent en Nouvelle-Zélande. Le dernier habitant partit peu après. En 1911, on érigea un monument en l'honneur des héroïques villageois. Un petit chemin traverse des paysages amples et émouvants (ne pas se rapprocher trop de la falaise). Quelques vestiges de demeures envahies par la végétation témoignent de l'âpreté de la vie à l'époque...

🎿 *Berriedale :* minuscule village au bord de la mer. De grands rochers accueillent des milliers de goélands. On accède à la plage par une petite passerelle suspendue, un trampoline, devrions-nous dire. Au début de l'été, colonies de macareux.

🎿 *Laidhay Croft Museum : à Dunbeath, sur l'A 9, entre Helmsdale et Wick.* ● laidhay.co.uk ● *Juin-sept, tlj sf dim 10h-17h. Entrée : £ 2 ; réduc.* Certes,

vous ne serez pas impressionné par cette fermette de 1802, resta...
années 1950, car vous en avez vu tant et tant dans votre propre pa...
ça a valeur de patrimoine. Et puis elle a du charme avec son toit de...
étable, sa chambre avec lit clos, son vieux piano, son atelier et sa cui...
de vieux mobilier, une sécheuse à l'ancienne et puis une grange à foin...
charrues à l'extérieur. L'occasion de faire une pause sur la route, d'autant qu'on y
trouve aussi un salon de thé.

🦌 **Dunbeath Heritage Centre :** *dans le village de* **Dunbeath** *(bien indiqué).*
☎ *731-233.* ● *dunbeath-heritage.org.uk* ● *Tlj en saison 10h-17h (16h dim).*
Nov-Pâques, tlj sf dim 11h-15h. Installé dans l'ancienne école, un minicentre
d'interprétation. Histoire locale, un peu d'archéologie, notamment une *rune stone*
et, surtout, la *Ballachly Stone* (pierre chrétienne du XIIe s découverte dans les
années 1990), des souvenirs vikings, quelques objets familiers et des portraits de
gens locaux. En particulier de *Neil M. Gunn,* l'un des écrivains écossais les plus
importants, qui étudia enfant dans cette école...

Où dormir ? Où manger dans le coin ?

🛏 **Farmhouse B & B** (Mary Mac-
Donald) **:** *Tormore, juste en dessous
du* Laidhay Croft Museum, *en bord
de route.* ☎ *(01593) 731-240.* Double
avec sdb £ 60. 2 chambres toutes
simples, mais correctes.

|●| ☕ **Laidhay Tea Room :** *sur le
parking du* Laidhay Croft Museum.
☎ *(01593) 731-270. Avr-oct, tlj 10h-
16h.* Un *tearoom* tout simple, proposant, sur ses toiles cirées à carreaux,
petit déj, soupe du jour, sandwichs et
gâteaux maison.

🦌🦌🦌 **Grey Cairns of Camster :** *au nord de Dunbeath ; juste après Lybster prendre à gauche et poursuivre sur env 5 miles (8 km). Panneaux explicatifs en anglais.*
Vous ne pourrez pas les manquer, et ça vaut vraiment la route ! Ces grands cairns,
ou chambres funéraires, datent du Néolithique, soit environ 5 000 ans, et figurent
parmi les mieux conservés et restaurés du Royaume-Uni. Celui de gauche est
rond : il mesure 18 m de diamètre et 3,50 m de haut. Un passage très étroit mène
à l'antichambre, puis à la chambre principale éclairée par une ouverture au sommet. Mais on ne peut plus les visiter. On raconte que le toit fut abîmé lors de
recherches archéologiques en 1865. Il est probable que l'aventure qui arriva à une
touriste française en 1880 y fut aussi pour quelque chose. En effet, une fois à l'intérieur, probablement corpulente ou paniquée, elle refusa de repartir dans le tunnel
d'entrée. On dut alors élargir l'ouverture dans le tumulus et la sortir par une échelle.
Plus complexe, le grand cairn incorpore deux anciens cairns et deux cours intérieures. Pourquoi des cairns ici ? Parce que, au Néolithique, le climat était meilleur et la
terre plus fertile. Ceux qui les ont bâtis étaient donc des paysans installés dans la
région. Le climat a bien changé depuis ! Beau paysage avec moutons et chevaux.

WICK

7 300 hab.   IND. TÉL. : 01955

● Plan *p. 383*

**Petit port-étape qui tente de se reconvertir dans le pétrole depuis la dispari-
tion des bancs de harengs. Au temps de sa splendeur, plus de 300 bateaux de
pêche au hareng mouillaient à Wick. C'est peu de dire que la ville vivait pour
et par le hareng, procurant du travail à une grande partie de la population. Les**

(golden herrings) devaient être traités dans les 24h suivant leur capture. Les vider, puis les fumer et les conditionner en tonneaux après salaison demandaient une main-d'œuvre nombreuse, constituée majoritairement de femmes. Ne manquez pas le magnifique *Wick Heritage Museum*.

Arriver – Quitter

En bus

➤ *Thurso-Wick-Inverness :* lun-ven avec *Stagecoach*, env 6 bus/j. (3 le w-e), 7h27-19h05. ☎ *0871-200-22-33.* ● *stagecoachbus.com* ●
➤ *John O'Groats :* lun-sam avec

Stagecoach, env 9 bus/j. en saison, 8h40-17h40.

En train

➤ *Thurso-Wick-Inverness :* env 4 trains/j., 6h20-16h. ☎ *0845-755-00-33.* ● *scotrail.co.uk* ●

Adresses utiles

🛈 *Point information* (plan A1) : *66, High St.* ☎ *602-547.* Au 1er étage de la boutique Mac Allans. *Lun-sam 9h-17h30.* Pas vraiment un office de tourisme mais un magasin de vêtements qui en fait office, c'est le cas de le dire ! Brochures à disposition au dernier étage.

@ *Internet* (plan A2) : *Wick Carnegie Library,* Sinclair Terrace. *Après le pont et le Mackay Hotel, sur la gauche. Tlj sf dim 10h-18h (13h mer et sam, 20h mar et ven).* Gratuit 30 mn, sur présentation d'une pièce d'identité.

Où dormir dans le coin ?

Camping

⋏ *Wick Caravan & Camping Site* (hors plan par A1-2, **10**) : *Riverside Dr.* ☎ *605-420.* 📱 *079-017-611-992.* ● *wickcaravansite.co.uk* ● *Depuis le sud, prendre l'A 882 en direction de Thurso ; c'est à env 800 m, sur la droite. Attention, accès spécial pour les camping-cars (se renseigner). Ouv de mi-avr à fin oct. Emplacement £ 10-12 selon saison. CB refusées.* Camping familial. Belle pelouse moelleuse plantée d'arbres, au bord de la rivière. Quelques lapins, mais ne comptez pas dessus pour vos repas ! Mini-épicerie en dépannage. Un chemin mène au centre-ville. Laverie et *Public Library* (Internet) à 5 mn à pied.

Prix moyens
(£ 50-85 ; 60-102 €)

🛏 *Bay View B & B* (plan B1, **11**) : *14, Port Dunbar.* ☎ *604-054.* De

High St, continuer tt droit sans traverser le pont, longer l'eau jusqu'à un grand virage à gauche qui grimpe, c'est dans la 1re à droite. Double env £ 50. Dans un banal quartier résidentiel face à la mer, à 10 mn du centre à pied, un petit *B & B* pas cher chez une mamie sympa. 3 chambres dont 2 avec vue sur l'eau, propres et coquettes. Petite douche commune avec w-c. Vue sur la pelouse, le trampoline et la mer.

🛏 *Seaview Guesthouse* (plan B1, **12**) : *14, Scalesburn.* ☎ *602-735.* ● *wickbb. co.uk* ● *june@burnsseaview.wanadoo. co.uk* ● *De High St, continuer tt droit sans traverser le pont, longer l'eau jusqu'à un grand virage à gauche qui grimpe, c'est la maison dans le virage, au bord de l'eau. Double env £ 60 (avec sdb partagée), familiale avec sdb £ 65.* 🛜 Drôle d'endroit pour un *B & B...* Isolée au pied du quartier résidentiel, la maison regarde la mer et les environs immédiats qui font un peu terrain vague au premier abord. En fait, c'est tout simplement une maison sur

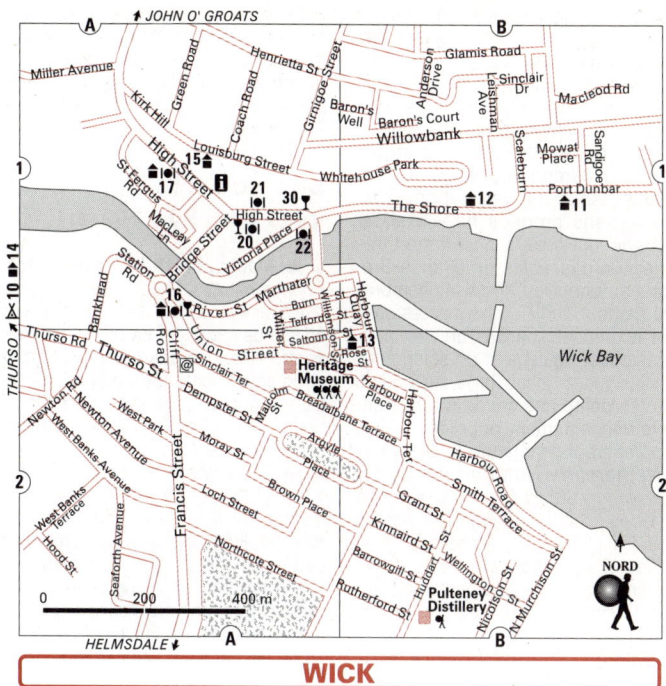

WICK

- **Adresses utiles**
  - **i** Point information
  - **@** Wick Carnegie Library

- **Où dormir ?**
  - 10 Wick Caravan & Camping Site
  - 11 Bay View B & B
  - 12 Seaview Guesthouse
  - 13 Harbour Guest House
  - 14 Bilbster House
  - 15 Nethercliffe Hotel
  - 16 Mackays Hotel
  - 17 The Norseman Hotel

- **Où manger ?**
  Où boire un verre ?
  - 16 N° 1 Bistrot et Bar du Mackays Hotel
  - 20 Pub Alexander Bain
  - 21 Morags
  - 22 Bord de l'Eau
  - 30 The Camps Bar

---

un quai avec un jardin soigné où l'on se prend les embruns en pleine poire ! La souriante June tient ses 3 chambres aux couleurs pimpantes, dont 1 familiale, avec beaucoup de sérieux. Une vraie bonbonnière kitschounette, finalement assez originale.

Harbour Guest House (plan B2, **13**) : 6-7, Rose St. ☎ 603-276. • harbourguesthouse.co.uk • Double avec sdb £ 60. B & B tout simple, mais fort bien situé (le plus proche du centre), dans un quartier de caractère et très

calme (ancien quartier du port construit en style georgien, œuvre du même architecte). Solide demeure de pierre offrant 5 chambres mansardées au confort correct et tenues méticuleusement. Seul p'tit truc : accès par un escalier un poil raide et chambres pas bien grandes. Breakfast classique et bon accueil.

Bilbster House (hors plan par A1-2, **14**) : à Bilbster, à 5,4 miles (8,7 km) de Wick, sur l'A 882 (route de Thurso). ☎ 621-212. • accommodationbilbster.

com ● *bilbsterhouse@fsmail.net* ●
*Vous verrez sur la droite une pancarte
indiquant le* B & B. *Ouv avr-sept ; sur
résa le reste de l'année (sf Noël-Jour
de l'an). Doubles env £ 58-65 sans ou
avec sdb.* Bienvenue dans la maison
familiale de Ian, une immense et jolie
demeure campagnarde du XVIIᵉ s,
enfouie sous la végétation. L'un
des anciens proprios fut *Alexander
Macleay,* qui créa la plus importante
collection d'insectes de Grande-Bretagne au début du XIXᵉ s. 4 chambres
à la hauteur du lieu, charmantes sans
être luxueuses, parfois un rien ana-
chroniques. Également un salon avec
un vieux piano désaccordé. Au fond du
parc serpente une calme rivière, véritable enchantement pour les oreilles.
Excellent rapport charme-qualité-prix.
🛏 *Nethercliffe Hotel (plan A1, 15) :
Louisburgh St.* ☎ 602-044. ● *nether
cliffehotel.co.uk* ● *Bien placé. À pied,
passer par l'impasse à droite du* post
office *sur High St (par Mowat Lane également) ; en voiture, contourner la poste
et la boutique* Mac Allans *par la gauche
et prendre la rue qui grimpe à droite
(parking devant l'hôtel). Double £ 75,*

petit déj inclus. 📶 Un petit hôtel très
central de 6 chambres, petites, simples
mais bien entretenues. Toutes avec
douche/w-c et TV écran plat. *Lounge
bar* avec piano. Jardinet fleuri devant.
Accueil sympa.

De chic à très chic
(plus de £ 85 ; 102 €)

🛏 I●I *Mackays Hotel (plan A1, 16) :* 1,
Ebenez Pl. ☎ 602-323. ● *mackaysho
tel.co.uk* ● *Doubles £ 110-150.* Dans un
édifice de caractère en pierre, en plein
centre-ville, des chambres plaisantes
et de grand confort. En prime, un chaleureux pub à l'ancienne et un resto de
bonne réputation (voir « Où manger ?
Où boire un verre ? »).
🛏 I●I *The Norseman Hotel (plan A1,
17) : Riverside.* ☎ 603-344. ● *norse
manhotelwick.co.uk* ● *Doubles à partir
de £ 90.* Hôtel de style contemporain
plutôt horizontal et pas d'un charme
fou, mais proposant une cinquantaine
de chambres fonctionnelles et confortables. Très central, l'un des favoris des
hommes d'affaires. Bar et resto.

Où manger ? Où boire un verre ?

LES HIGHLANDS

Bon marché
(plats £ 5-10 ; 6-12 €)

I●I 🍷 *Pub Alexander Bain (plan A1,
20) : Market Pl.* ☎ 609-920. *Au cœur
de Wick, dans la rue piétonne. Tlj
7h-23h env.* Immense pub de la chaîne
Wetherspoon, situé dans une belle maison en pierre et proposant une grande
variété de plats peu chers. Qualité
parfois inégale. Conviendra avant tout
aux petits budgets peu regardants
côté papilles. Se contenter de choses
simples. Avantage, c'est l'un des restos
servant le plus tard, et le *Sunday roast*
du dimanche *(servi 12h-23h)* est très
correct.
I●I *Morags (plan A1, 21) :* 100, High St.
☎ 605-161. *Face au pub* Alexander
Bain. *Lun-sam 9h-19h, dim 11h-16h.*
Deux décors : une salle avec des
tableaux dits « parisiens » côté resto,
et un décor style amerloque fifties côté

bar à milk-shakes. Rien de formidable
mais un *all day breakfast* honnête et
tout le toutim habituel (sandwichs,
salades, *baked potatoes, rolls*). Et
même un dessert appelé *Death by
chocolate* ! À voir, l'énorme comptoir
de bonbons à l'entrée, l'un des restos
favoris des familles.

Prix moyens
(plats £ 8-18 ; 10-22 €)

I●I *Bord de l'Eau (plan A1, 22) :* 2,
Market St. ☎ 604-400. *Tlj sf dim
midi et lun (et le 14 juillet).* Un resto
français, une fois n'est pas coutume.
Une terrasse en bois toute simple
avec vue sur l'eau, ou une salle intime
mais un peu sombre. À la carte, de
bons classiques. Le patron, originaire d'Agen (à jeun, un comble pour
un gastronome !), fait souvent le tour
des tables. Service un peu lent, mais

c'est le meilleur rapport qualité-prix du centre-ville.

|●| ♟ **Nº 1 Bistrot** (Mackays Hotel ; plan A1, **16**) : *voir « Où dormir ? De chic à très chic ».* Belle cuisine de pro à prix intéressant, notamment pour le *lunch*. Certes, salle du bistrot au cadre assez banal (moins séduisante en tout cas que celle du resto derrière). Mais les 2 menus du midi s'en tirent bien. Légumes frais, poisson du jour, mon tout élaboré et présenté avec une touche assez personnelle.

♟ **Bar du Mackays Hotel** (plan A1, **16**) : *voir « Où dormir ? De chic à très chic ».* Ne pas manquer d'aller avant ou après

tester ce chaleureux pub à l'ancienne... Ameublement cossu, lourds tissus, profonds fauteuils et, surtout, une superbe collection de nectars tourbés ou pas...

♟ **The Camps Bar** (plan A1, **30**) : *128-132, High St.* ☎ *603-273.* C'est le premier pub qui a rouvert en 1947 après la longue période d'abstinence d'alcool qui frappa les Highlands (ce qui en fait le plus ancien de la ville). Pas d'un charme torride, mais toujours dans son jus. Il n'a guère changé depuis, avec sa clientèle populaire, ses berniques bavardes de comptoir et ses beaux concerts de rock et de blues de temps à autre...

À voir. À faire

🏃🏃🏃 **Wick Heritage Museum** (plan A2) : *20, Bank Row.* ☎ *605-393.* ● wickheri tage.org ● *Pâques-dernier sam d'oct : lun-sam 10h-15h45. Entrée : £ 4 ; réduc. Compter 1h de visite. Livret en français (payant).* Très beau musée d'histoire locale ! Consacré en grande partie à la pêche, il expose une foule d'objets intéressants et des scènes reconstituées. Au plus fort de l'activité, il y eut jusqu'à 1 100 bateaux dans le port. En vrac, des barques de pêche joliment mises en scène avec filets et cordages, une reconstitution du séchage des harengs, de vieux outils, des tonneaux, une chambre typique de marin et celle d'une famille bourgeoise du début du XXᵉ s. Toujours au rez-de-chaussée, la cuisine (curieuse machine à repasser les draps, machines à laver vintage, objets domestiques, etc.), et une imprimerie complète. Surtout, ne pas manquer, au sous-sol, la fabrique de tonneaux et le bureau des ventes (pays de la Baltique, Allemagne, Russie...). Enfin, de superbes photos anciennes de la famille Johnston (trois générations de photographes !) dont le musée conserve 52 000 négatifs sur films ou plaques de verre... Les plus belles sont exposées au 1ᵉʳ étage et elles forment un ensemble extrêmement émouvant. Pour les initiés, c'est de la qualité d'Atget, d'André Kertész ou de Willy Ronis ! On peut d'ailleurs acheter photos et posters. Bref, un musée ethnographique qui vaut pour la richesse des collections et la passion des organisateurs (tous bénévoles).

🏃 **Le quartier des marins** (plan A-B1-2) : nos lecteurs poètes et amoureux d'architecture urbaine apprécieront la balade dans ce quartier compris entre *River St, Union St* et *Harbour Quay,* avec *Williamson St* comme épine dorsale (le quartier de l'*Heritage Museum*). Longtemps quasi abandonné, il reprend un peu vie et montre une certaine homogénéité architecturale. À l'époque, chaque bloc de rues abritait la même activité ou une corporation (les cordiers, les mécaniciens, etc.). Imperceptiblement, surtout la nuit, dans le halo des réverbères, il continue d'y flotter une atmosphère évoquant le Wick du XIXᵉ s.

🏃 **Pulteney Distillery** (plan B2) : *Huddard St.* ☎ *602-371.* ● oldpulteney.com ● *Mai-sept : tlj sf dim 10h-17h (16h sam) ; oct-avr : lun-ven 10h-13h, 14h-16h. Fermé Noël-Jour de l'an.* Visite guidée à 11h et 16h : £ 6 (dont £ 2,50 remboursables pour l'achat d'une bouteille) ; des visites guidées plus longues (et plus chères) sont organisées régulièrement (en principe à 11h et 14h, se renseigner). À l'époque de sa construction (1826), elle n'était accessible qu'en bateau ! Pendant la visite guidée, on découvre une vieille machine *Porteus* à tirer le malt, l'« ascenseur à malt » *(malt elevator),* les belles cuves à distiller en cuivre, le *spirit safe* qui sert à redistiller la « tête », et enfin le stockage des fûts de bourbon américain. Dégustation en fin de visite.

DANS LES ENVIRONS DE WICK

🎯🎯 *Sinclair Castle : à 15 mn en voiture de Wick. Assez difficile à trouver car ce n'est pas du tt fléché. Du centre de Wick, prendre Willowbank et George St, vers Papigoe ; à Staxigoe, tourner à gauche vers Noss Head ; à l'embranchement, tourner à droite ; on finit par l'apercevoir, près du phare, au bord de la mer ; il faut continuer à pied et emprunter les passerelles qui enjambent les clôtures.* De loin, le château, en ruine, ne paie pas de mine, mais sur place ça vaut le coup. Il est au bord de la falaise qui lui sert de fondations, dans un coin totalement sauvage (déconseillé d'emmener des enfants, falaises à pic !). La belle pierre usée du château se confond presque avec le paysage. S'il fait beau et que l'on est tout seul (à deux, quoi !), c'est un enchantement.

🔁 Dans la *Sinclair's Bay*, **Keiss** est un joli village avec de belles plages et de grandes dunes.

Manifestations

– **Pipe Band Week :** *début juil, plus ts les mer en juil-août.* ● *wickpipeband.org* ● Animations en soirée sur Market Square. Concerts de cornemuses à travers les rues, danses traditionnelles et *ceilidhs* le soir.
– **Caithness Agricultural Show :** *vers mi-juil, les années impaires à Wick, les années paires à Thurso.* Rencontre des fermiers.

JOHN O'GROATS   260 hab.   IND. TÉL. : 01955

La racine du nom du village vient du Hollandais Jan de Groot, premier passeur régulier à la fin du XVᵉ s pour les îles Orcades. Mais le nom actuel provient de l'ancienne monnaie écossaise, le *groat* (prix de la traversée). Endroit qui ne doit sa célébrité qu'à sa position, et se présente comme la fin des routes écossaises. Eh bien nous, on vous dit la vérité : l'aventure et les routes continuent bien plus au nord ! Voir les îles Orcades et Shetland. Vue superbe par beau temps sur les falaises à angle droit des Orcades, juste en face. Bien sûr, vous verrez aussi *the last house in Scotland*, bourrée de cartes postales et de souvenirs idiots, comme tous les commerces locaux. Plus intéressant à voir, les phoques qui se prélassent sur la côte, selon la saison.

Arriver – Quitter

En bus

➤ **Wick :** bus nº 77, env 8 bus/j. lun-ven et 4 bus/j. sam.
➤ **Thurso :** prendre le nº 80, env 8 bus/j. lun-ven et 3 bus/j. sam.
– Avec la compagnie *Stagecoach.* Attention, pas de service le dimanche ! ☎ *0871-200-22-33.* ● *stagecoachbus. com* ●

Adresse utile

ℹ **Visitor Information Centre :** *County Rd ; sur le parking, dans un magasin de souvenirs.* ☎ *611-373.* ● *visitjohnogroats.com* ● *Pâques-juin et sept-oct : lun-sam 10h-17h, dim 11h-16h ; juil-août : tlj 9h-18h.* Accueil compétent entre deux clients à encaisser.

Où dormir dans le coin ?

Camping

⛺ **John o'Groats Caravan & Camping Site :** à **John o'Groats**. ☎ 611-329 ou 744. ● johnogroatscampsite.co.uk ● Ouv avr-sept. Compter £ 17 pour 2-4 pers avec tente. Douches payantes. ▭ (lent). « The first and last campsite », en bordure de mer, avec l'archipel des Orcades à l'horizon. 90 emplacements. Infrastructures moyennes et emplacements souvent très ventés. Machine à laver et sèche-linge. Quelques améliorations prévues... Accueil inégal.

Prix moyens (£ 50-85 ; 60-102 €)

🛏 **The Farmhouse :** à **Freswick**. ☎ 611-254. ● thefarmhousebb@ yahoo.co.uk ● À 2,8 miles (4,5 km) de John o'Groats. Sur la route de Wick, prendre à gauche direction Skirza, puis suivre le fléchage. Tte l'année, mais hors saison mieux vaut téléphoner avt. Env £ 50 pour 2. Grande demeure de pierre. Quelques chambres petites et croquignolettes. Jolie vue sur la mer, les falaises et la campagne. Salle de bains commune. Accueil quelconque, mais l'un des B & B les moins chers du coin.

🛏 **John o'Groats Guest House :** The Broo, sur la gauche, peu avt d'arriver au port. ☎ 611-251. ● johnogroats guesthouse.com ● Double £ 65. Offre 5 chambres cosy et d'excellent confort. Salle de bains nickel. Surtout, tenu par un très sympathique couple qui a fort bien mis en valeur la guesthouse et reçoit chaleureusement. Copieux breakfast.

Où dormir chic ? Où manger dans le coin ?

Pour un simple en-cas, on trouve des cafétérias sur le parking de John o'Groats.

🛏 |●| **Castle Arms Hotel :** à **Mey**. ☎ (01847) 851-244. ● castlearmshotel.co.uk ● À 7 miles (11,3 km) de John o'Groats, en direction de Thurso. Doubles £ 95-110. Lunch autour de £ 10. Au dîner, plats £ 10-20. Belle auberge de village du XIXᵉ s. À l'intérieur, nombreuses photos de Queen Mother. Chambres de grand confort donnant sur une courette verdoyante derrière. Pour se restaurer, ne pas hésiter, c'est une belle adresse. Au choix, le lounge ou la confortable salle à manger. À midi, du classique en portions généreuses. Le soir, c'est bien sûr, plus élaboré. Service souriant et diligent.

|●| 🍴 **Cafétéria du Castle of Mey :** à **Mey**. ☎ (01847) 851-473. À 7 miles (11,3 km) de John o'Groats, en direction de Thurso. Le bus n° 80 s'arrête à 1 km env (sf dim). Mai-sept, tlj le midi. Plats env £ 4-9. Vous nous croirez ou pas, mais le self-service du château d'été de la reine est vraiment excellent. On vous recommande, s'il y en a ce jour-là, le seafood platter ou l'Angus beef salad, 2 salades décorées comme les chapeaux de la reine mère ! Également des soupes, des sandwichs et un délicieux crumble aux fruits rouges. Le maximum de fruits et légumes proviennent du château. À l'heure du teatime, scones et gâteaux maison.

LES HIGHLANDS

DANS LES ENVIRONS DE JOHN O'GROATS

🍴 🚶 **Castle of Mey :** à **Mey**. ☎ (01847) 851-473. ● castleofmey.org.uk ● À 7 miles (11,3 km) de John o'Groats, en direction de Thurso. Le bus n° 80 s'arrête à 1 km env (sf dim). Mai-sept : tlj 10h20 (!)-16h (dernière admission) ; jardins et animal farm ouv 10h-17h. Visite guidée du château en anglais et obligatoire (durée : 50 mn) ttes les 20 mn sf affluence importante ; fiches en français dans chaque *salle. Attention, fermeture 2 sem fin juil-début août, car le prince Charles est là en vacances. Entrée : £ 11 ; £ 6,50 pour les jardins slt ; réduc. Photos interdites à l'intérieur.*

Château le plus au nord du Mainland, acquis en ruine en 1952 par la reine mère après la mort de son mari. Elle entreprit sa restauration complète pour en faire une résidence de villégiature où elle résidait 6 semaines par an, en août et en octobre. Aujourd'hui, le prince Charles veille à ce que la propriété garde son âme.

Le site est splendide, et le château, construit en 1572, ressemble à un bouquet de tourelles et d'échauguettes face aux Orcades. L'intérieur n'a pas bougé d'un poil. Avec l'aide des guides, la visite devient vraiment intéressante pour saisir la personnalité de feu la reine mère. Sinon, c'est moins pittoresque... Voir notamment le portrait des Sinclair, dans l'entrée, les fondateurs du château au XVIᵉ s. Entre autres détails à noter ou signalés par les guides, le CD d'Édith Piaf, la grande sobriété de la chambre et de la salle de bains de la reine, très années 1950, les huiles du prince Philip, l'aquarelle du prince Charles...

Voir aussi le beau potager qui alimente en partie le restaurant du château. Un miracle sous ces latitudes, où les vents arrachent les choux hors de la terre ! Il est protégé des intempéries et du sel marin par un grand muret dont une partie, surnommée *the great wall of Mey,* date de 1661. Enfin, emmenez vos enfants visiter l'*animal farm,* ils y verront quelques espèces de moutons et de poules assez rares.

🐾🐾 ***Duncansby Head :*** *à 1 km de John o'Groats. Venir de mi-avr à mi-juil.* Falaises de grès rose où nichent fulmars, cormorans, guillemots et macareux (les fameux *puffins*). Criques de sable entre les parois vertigineuses, et, un peu au sud, en partant du phare, un sentier surplombe les *Stacks of Duncansby,* arêtes rocheuses de plus de 60 m de haut. Impressionnant.

🐾 ***Canisbay :*** *sur l'A 836, direction Thurso.* C'est l'église du village où la regrettée mère de la reine Élisabeth venait assister à l'office quand elle était en vacances dans son château à côté. À l'entrée, voir la pierre tombale sculptée de Jan de Groot (à l'origine du nom John o'Groats), datant du XVᵉ s.

🐾🐾🐾 ***Les îles Orcades*** (Orkney Islands) *: ferry au départ de John o'Groats.* ☎ 611-353. ● *jogferry.co.uk* ● *Mai, départs à 9h et 18h ; juin-août, 9h, 10h30, 16h et 18h ; sept, 9h et 16h30. Excursions env £ 15-46 selon durée ; réduc.* Organise des excursions à la journée sur les Orcades. Pratique si vous ne disposez pas de beaucoup de temps. Pour plus de détails sur ces îles, voir plus loin le chapitre « Les archipels du Nord ».

THURSO

8 500 hab.   IND. TÉL. : 01847

● Plan *p. 389*

La patrie de sir William Smith, fondateur de la Boy's Brigade dans le sillage des scouts de Baden-Powell, est une petite ville dont le charme réside surtout dans sa proximité avec Scrabster, l'un des ports d'embarquement pour les îles Orcades, à 2,5 miles (4 km) à l'ouest. La ville elle-même est plutôt agréable, mais pas de quoi se réveiller la nuit en Thurso... Encore qu'on y trouve pas mal de bons hébergements, y compris dans ses environs. Jolies balades derrière le phare : belles falaises peuplées d'oiseaux. Coin assez dangereux toutefois en raison des profondes ravines et du vent. Soyez prudent.

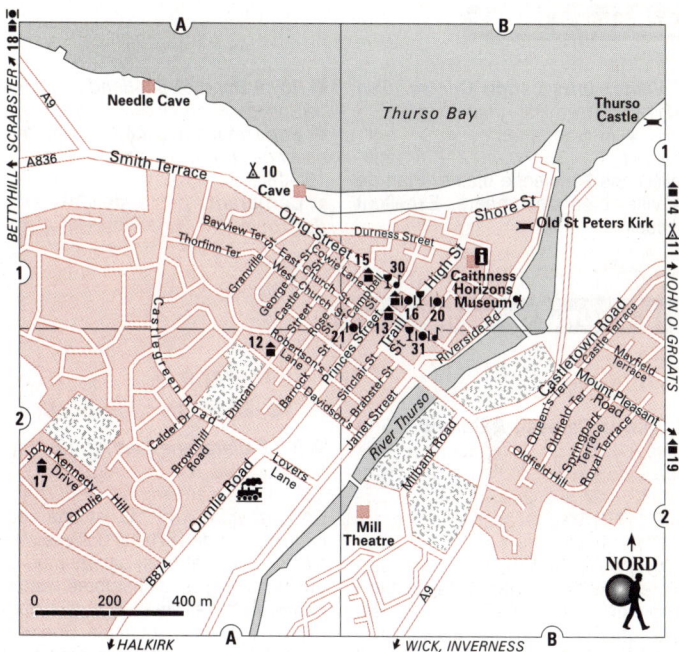

THURSO

■ **Adresse utile**

🛈 Visitor Information Centre

⚐ ⌂ **Où dormir ?**

10 Thurso Caravan & Camping Site
11 Dunnet Bay Caravan Club Site
12 B & B Claradene
13 Sandra's Hostel
14 Valleyview House
15 Murray House
16 The Holborn
17 Sheigra B & B

18 Ferry Inn
19 Skara B & B

|●| 🍷 **Où manger ?**
Où boire un verre ?

16 The Red Pepper
18 Upper Deck Restaurant
20 Le Bistro
21 Resto du Pentland Hotel

🍷 ♪ |●| **Où sortir ?**

30 Commercial Bar
31 Mr C's

Arriver – Quitter

En bus

➤ *Inverness-Wick-Thurso :* 5-6 bus/j. avec *Stagecoach.* ☎ *0871-200-22-33.* ● *stagecoach bus.com* ●

➤ *Bettyhill-Tongue :* 2 bus/j. (n° 73),

l'ap.-m. Trajet : env 1h30 jusqu'à Tongue.

En train

➤ *Inverness-Thurso :* lun-sam, env 4 trains/j., 1 seul le dim. ☎ *0845-755-00-33.* ● *scotrail.co.uk* ●

Adresses utiles

ℹ Visitor Information Centre (plan B1) : Old Town Hall, High St. ☎ 893-155. ● visitscotland.com ● Avr-oct : lun-sam 10h-18h, dim 11h-16h. Installé dans l'ancienne mairie. Plan de la ville, bien documenté. Excellent accueil.

■ **Royal Bank of Scotland :** à l'angle de Princes et Campbell St. Distributeur.
■ **Supermarché :** **Lidl,** à l'entrée ouest de la ville. Lun-sam 8h-20h, dim 10h-18h.
■ **Carburant :** petite station-service **Esso** derrière le Royal Hotel, en ville.

Où dormir dans le coin ?

Campings

⚹ **Thurso Caravan & Camping Site** (plan A1, **10**) : Smith Terrace, à l'entrée ouest de la ville, route de Scrabster (A 882). ☎ 892-244.· ▯ 07775-728-342. ● thursocaravan@aol.com ● À 10 mn à pied du centre-ville. Ouv avr-sept. Nuit env £ 14-16 selon saison et taille de la tente. 📶 Vaste camping bien situé, en haut d'une falaise. Vue superbe. Machine à laver, sèche-linge et bar-resto sur place. Accueil sympa.

⚹ **Dunnet Bay Caravan Club Site** (hors plan par B1, **11**) : à Dunnet. ☎ 821-319. À 7 miles (11,3 km) sur la route de John o'Groats. Ouv avr-début oct. Réception tlj 9h-11h, 16h-18h. Env £ 18 pour 2 avec tente, plus £ 10/ nuit pour les non-membres. Un camping donc cher : il vaut mieux adhérer au Caravan Club et ne fréquenter que les campings adhérents. Il propose de bonnes infrastructures et un excellent entretien, mais seulement quelques emplacements (réserver !). Accueil plus efficace que chaleureux. S'installer au fond pour profiter de la vue sur la mer. Au fait, Il y a des dunes à Dunnet... Plage de sable fin fréquentée par des surfeurs. Réveil avec les lapins... Laverie et vente de gaz. Le poissonnier et le boucher passent régulièrement en saison. Et les rangers sont installés au-dessus de la réception. Ils organisent des sorties en mer pour voir les dauphins et les requins pèlerins (basking sharks), ainsi que des randos de mai à juillet (☎ 821-531).

Bon marché (£ 10-25/pers ; 12-30 €)

🛏 **B & B Claradene** (plan A2, **12**) : chez Mrs Kay Miller, 11, Duncan St. ☎ 892-356. Accès par Olrig St. Double env £ 50 ; réduc enfants. C'est une adorable maison de 1870, un poil vieillotte, tout en pierre et bois, agrémentée de quelques vitraux. 3 chambres vastes, claires et accueillantes. Accueil naturel de Kay, tonique et souriante. Bon petit déj. En saison, on a souvent droit à des fraises ou à des framboises du jardin... Plaira surtout à ceux qui privilégient la qualité d'accueil.

🛏 **Sandra's Hostel** (plan B1, **13**) : 24-26, Princes St. ☎ 894-575. ● sandras-backpackers.co.uk ● Tte l'année. En dortoir de 6 lits £ 16/ pers ; double £ 38 et familiales 4-5 pers £ 60-64. Petit déj continental inclus. ▯ L'AJ est à l'étage du fast-food. Tout en bois, style scandinave, correct dans l'ensemble. Chambres pas bien grandes, mais toutes ensuite. Propreté, bon accueil et situation hyper centrale. Machine à laver et sèche-linge. Cuisine équipée. Garage à vélos.

Prix moyens (£ 50-85 ; 60-102 €)

🛏 **Valleyview House** (hors plan par B1, **14**) : Murkle, à 2,5 miles (4 km) vers John o'Groats. ☎ 895-546. ● valleyviews.co.uk ● Tte l'année. Double avec sdb env £ 75. CB refusées. 📶 Maison en crépi à l'intérieur vaste, chaleureux et très confortable.

De plus, l'accueil d'Antoinette est remarquable, et elle vous donnera plein de conseils de balades dans la région, un vrai guide local ! Elle loue 4 chambres spacieuses (une seule plus petite). Grand salon cosy. Jardin avec vue sur les vaches et les chevaux. Jeux et trampoline pour les enfants. Garage à vélos. Une très bonne adresse à la campagne.

🛏 *Murray House (plan B1, 15) : 1, Campbell St.* ☎ 895-759. ● *mur rayhousebb.com* ● *À deux pas du centre-ville, au croisement d'Olrig St, en face de l'église (Free Church) et de RBS. Tte l'année. 2 nuits min avec résa en hte saison. Double avec sdb env £ 70. Parking privé.* On ne peut guère rêver mieux placé ! Dans une maison de ville d'époque victorienne, chambres coquettes et tout confort, dont une pouvant accueillir 4 adultes. Accueil chaleureux et énergique d'Angela. Adresse végétarienne, mais on ne refuse pas de servir du bacon au breakfast (bons produits locaux).

🛏 *The Holborn (plan B1, 16) : 16, Princes St.* ☎ 892-771. ● *holborn hotel.co.uk* ● *Doubles env £ 65-90, petit déj inclus.* Un petit hôtel à la déco au goût du jour dans un édifice d'architecture traditionnelle. Chambres d'excellent confort. Évitez quand même les *twins,* nettement plus petites que les doubles à grand lit. Dans l'annexe, grandes chambres pour familles. Espace jeux pour les enfants. Possède aussi un très bon resto, *The Red Pepper* (voir plus loin) et un bar agréable (le *Bar 16,* servant un bon *pub grub*). Un super rapport qualité-prix-modernité.

🛏 *Sheigra B & B (plan A2, 17) :*

MacDonald Green. ☎ 892-559. ● *sheigra-thurso.co.uk* ● *Un peu excentré (avoir sa voiture ou son vélo). De la route principale (B 874), venant du centre, tourner à droite dans Orm- lie Hill. De la patte-d'oie, à droite et, en haut, prendre la John Kennedy Dr, vous y êtes ! Doubles £ 70-75.* Dans un quartier résidentiel, voici une belle adresse de charme et au calme. Tout n'est que raffinement : meubles anciens et modernes se côtoient aimablement, fins tissus, vieux objets chinés. Accueil élégant et prévenant. L'une des chambres possède une minipièce, à côté, pour un enfant. Beau petit déjeuner. Garage à vélos.

🛏 *Ferry Inn (hors plan par A1, 18) : à Scrabster,* à 2,5 miles (4 km) au nord- ouest de Thurso. ☎ 892-814. ● *fer ryinnscrabster.co.uk* ● ♿ *Double £ 75 et familiale 4 pers £ 95 ; souvent des promos.* Pour ceux qui veulent loger face au port de Scrabster, avec vue sur les p'tits bateaux qui vont sur l'eau, un hôtel conventionnel mais propre, moderne et confortable. Fait aussi resto à l'étage (voir plus loin).

🛏 *Skara B & B (hors plan par B2, 19) :* à 1,5 mile (2,4 km) du centre. ☎ 890-062. ● *skara.freeserve. co.uk* ● *Du centre, traverser le pont sur la rivière ; au feu, à gauche direc- tion John o'Groats ; 300 m plus loin, prendre Mount Pleasant Rd à droite ; remonter la rue, et c'est à 1 mile env. Tte l'année. Résa indispensable. Dou- bles sans ou avec sdb env £ 65-70. CB refusées.* Choisir les chambres du fond pour la vue sur la campagne, les falaises et la mer au loin. Elles sont impeccables. Accueil souriant et dynamique.

Où dormir ? Où manger sur la route de Tongue ?

🛏 🍽 *Strathy Inn : à Strathy (à 21 miles, soit env 34 km à l'ouest de Thurso, par l'A 836).* ☎ *(01641) 541- 205.* ● *strathyinn.com* ● *Resto tte l'année ts les soirs sf lun-mar en hiver et Noël. Double sans ou avec sdb env £ 70. Plats £ 7-9.* Dans une jolie mai- son de bord de route (mais peu pas- sante), Heather et Craig, un couple

d'Anglais sympathiques, vous accueil- lent avec chaleur et sérieux. 3 cham- bres coquettes. Petit *lounge* très cosy. Beau *public bar* avec un salon attenant, où ils servent soupes, sand- wichs et de bons petits plats. Ne pas manquer de goûter à la bonne bière locale... Confitures maison au petit déj. Une étape agréable sur la route.

LES HIGHLANDS

Où manger ? Où boire un verre ?

Prix moyens (plats £ 8-18 ; 10-22 €)

l●l **Le Bistro** (plan B1, **20**) : 2, Traill St. ☎ 893-737. Tlj sf dim-lun midi (lun tte la journée hors saison). Un petit bistrot, en français dans le texte, au décor tout mignon. Plats et snacks vraiment pas chers le midi, cuisine plus élaborée le soir, du style cullen skink (soupe de haddock fumé) délicieuse, saumon, agneau ou sirloin steak, le tout en provenance d'une ferme locale. Desserts maison. Si vous avez oublié votre manteau, on y vend régulièrement de belles peaux de mouton...

l●l **Y** **The Red Pepper** (plan B1, **16**) : resto de l'hôtel Holborn (voir « Où dormir ? »). Service jusqu'à 21h. 🛜 C'est le resto gastro de l'hôtel. Joli décor contemporain avec du bois partout. Produits essentiellement locaux. Très bons desserts. Service impeccable. Sinon, plats moins chers au pub mitoyen, où l'on peut évidemment boire une pinte ou déguster un espresso italien en regardant la TV, en surfant sur le Net ou en jouant au billard. Populaire Sunday roast. Également une courette. Bonne musique.

l●l **Resto du Pentland Hotel** (plan B1-2, **21**) : Princess Hotel. ☎ 893-202. Ouv le midi, le soir sur résa slt. Dans la grande salle du pub. Cadre très banal, clientèle populaire et cuisine classique de brasserie à prix très modérés. C'est ce qui plaît aux familles nombreuses du coin. Ambiance animée, donc.

l●l **Upper Deck Restaurant** (hors plan par A1, **18**) : à Scrabster, à 2,5 miles (4 km) au nord-ouest de Thurso. ☎ 892-814. Pub midi et soir ; resto à l'étage, slt le soir, plus ven-dim midi. Au pub, avec banquettes rouges, TV et billard, des sandwichs, burgers et plats de pâtes assez bon marché. Au resto, décor suggérant le ponton d'un bateau, spécialités de produits de la mer fraîchement débarqués. Excellent petit seafood platter et bonne cullen skink. Service souriant.

Où sortir ?

Y **♪** **Commercial Bar** (plan B1, **30**) : à l'angle de Princes St et d'Olrig St. Tlj jusqu'à minuit. Ceilidh le mer à 21h. Pub le plus animé de la ville. Intérieur tout en lambris, avec vieilles photos noir et blanc sur les murs, roue de charrue... Image intemporelle. Tous les âges se côtoient autour d'une bière ou pour jouer au billard. Ne manquez pas le ceilidh du mercredi.

Y **l●l** **♪** **Mr C's** (plan B1-2, **31**) : Traill St, à gauche du Royal Hotel. Pub sympa avec de la musique live le samedi à partir de 22h. Cadre un peu kitsch, mobilier un poil vintage années 1960, écran vidéo géant. Du sport, bien sûr ! Quelques snacks bon marché.

À voir

⚲ **Caithness Horizons** (plan B1) : Old Town Hall, High St. ☎ 896-508. Avr-sept : lun-sam 10h-18h, dim 11h-16h (en principe). En hiver, tlj sf dim 10h-18h (17h sam). Au 1er étage. Musée d'intérêt local installé dans un élégant bâtiment néogothique. Grand espace lumineux et intéressante muséologie. Riche petite section archéologique : fossile de poisson (400 millions d'années), pierres pictes, pierre tombale viking... Plus des sections géologie, botanique, histoire naturelle, etc. Expos temporaires.

⚲ **Dunnet Head** : en route, les jolies dunes de... Dunnet. Véritable nord géographique du Mainland, marqué par un phare construit en 1831 par Robert Stevenson (grand-père de l'écrivain Robert Louis Stevenson). Perchées à près de 105 m, les vitres du phare sont régulièrement brisées par des pierres projetées par la puissance des vagues. Cela traduit bien la violence du *Pentland Firth,* bras de mer reliant l'Atlantique à la mer du Nord, un des passages les plus agités du monde, avec des courants puissants créant des tourbillons. Pour couronner le tout, la violence des vents accentue les phénomènes pour donner des vagues de près de 8 m de haut !

Manifestations

– **O'Neil Competition :** *en avr.* Compétition internationale de surf.
– **Caithness Agricultural Show :** *vers mi-juil, les années paires à Thurso, les années impaires à Wick.* Rencontre du monde agricole.
– **Halkirk Highland Games :** *le dernier sam de juil, à Halkirk (au sud de Thurso par la B 874).* Parmi les plus fameux *Highland Games,* avec des athlètes venus de tout le pays.
– **Mey Highland Games :** *en principe, début août, à proximité du château de Mey.* La reine mère avait l'habitude d'y assister, le prince Charles la remplace désormais. Musique, sport...

DE THURSO À TONGUE

BETTYHILL

À 31 miles (50 km) à l'ouest de Thurso sur la route de Tongue (A 836). Le *postbus* s'y arrête. Un petit village avec une jolie plage, qui abrite un musée très émouvant consacré aux *clearances.* On dit que Bettyhill tirerait son nom d'Élisabeth, l'épouse du terrible duc de Sutherland (voir encadré)...

🏃🏃 *Strathnaver Museum : Clachan, dans l'ancienne église située dans le cimetière local, en bas du village, derrière le café-office de tourisme.* ☎ (01641) 521-418. ● *strathnavermuseum.org.uk* ● *Avr-oct, tlj sf dim 10h-17h. Donation bienvenue.*

LE SEIGNEUR DES AGNEAUX

Grâce aux évictions de population (les tristement célèbres clearances*), le duc de Sutherland possédait environ 800 000 ha de terres aux alentours de 1820, soit un territoire privé jamais égalé dans tout l'Empire britannique. Et ce, dans le seul but d'élever des moutons... On dit que sa maison, Stafford House, était si époustouflante que la reine Victoria elle-même lui déclara : « J'ai quitté ma maison pour venir voir votre palais. »*

Ce petit musée, symboliquement situé dans une église, au cœur d'un cimetière, évoque, à travers un bric-à-brac d'objets et de documents, la sombre période des *clearances* aux XVIIIe-XIXe s. À cette époque, le duc de Sutherland, son épouse et leurs tristes commis s'illustrèrent en expulsant et en déportant des milliers de Highlanders vers les côtes, au nord, obligeant toute une population de paysans à s'improviser pêcheurs du jour au lendemain ou petits fermiers *(crofters)* à leur service, dans le but de faire de la place *(to clear)* au juteux élevage de moutons... Entre 1807 et 1821, 15 000 personnes furent ainsi contraintes de céder leur place à 200 000 moutons. À Bettyhill, le cadastre rural date toujours de cette époque. Visite chargée d'émotion, donc...

– **1re salle :** y domine toujours la chaire massive de 1774. C'est de là que David Mackenzie commença, en 1819, à lire les avis d'expulsion des paysans. C'est également en ce lieu, en 1883, devant une commission parlementaire, que les gens du coin témoignèrent de la violence et de la terrible injustice des *clearances.* Leur rapport aida fortement à améliorer les conditions de vie des petits fermiers. Dès l'entrée du musée, spectaculaires « une » de journaux, bateau traditionnel et ces curieuses bouées en peau de chien (car réputées imputrescibles). Poignants dessins d'élèves d'école primaire sur le *desesperate journey* de la famille Murray... Sur cette tragique période historique, ne pas manquer de lire le paragraphe qui lui est consacré dans la rubrique « Histoire » du chapitre « Hommes, culture, environnement », en fin de guide.

– *2e salle :* belle pierre tombale et petite section ethnographique. Au-dessus, collection de minéraux et salle consacrée aux *Mackays,* l'un des clans les plus célèbres. Un nom que vous retrouverez absolument partout dans la région (surnommée *Mackay Country*).

– Dans le **cimetière** justement, voir la *pierre de Farr,* une belle croix picte en pierre du VIIIe s, qui évoque l'implantation du christianisme dans la région. Rappelons aussi que le Strathnaver fut conquis par les Vikings au siècle suivant, et ainsi annexé au comté norvégien des îles Orcades.

➤ Pour ceux qui voudraient faire une balade en voiture ou une randonnée, le musée et l'office de tourisme distribuent gratuitement un **circuit de la région de Strathnaver** (en français), signalant de nombreux vestiges (cairns, églises, ruines) disséminés sur 21 miles le long de la B 873, vers Altnaharra, au sud. Petite route à prendre au niveau du pont à l'entrée ouest du village.

|●| ♟ *Visitor Centre – The Café at Bettyhill :* à l'entrée du cimetière-musée. ☎ *(01641) 521-244.* Visitor Centre *ouv tlj sf dim 10h30-16h ; café ouv aux mêmes horaires, plus 17h-19h30 ven-sam. Snacks et petits plats* env £ 3-7. *CB refusées.* Logé dans l'ancienne *police station,* c'est à la fois un office de tourisme et un café-resto sympathique. Bon accueil de Bob et Lindsay.

TONGUE   560 hab.   IND. TÉL. : 01847

À une centaine de kilomètres au nord d'Inverness (compter 3h de route environ ; *single track road* à partir de Lairg, dans un paysage morne), Tongue, dont le nom vient du vieux norvégien *tunga* (« langue » ou « pointe »), est un beau village avec vue imprenable sur le mont Ben Loyal, le Kyle of Tongue et les ruines d'un château se découpant avantageusement sur la colline d'en face au coucher du soleil (mais bonjour les *midges* !). Idéal pour une étape bucolique avant d'attaquer la route des Highlands de l'Ouest, superbe.

Adresses utiles

■ *Royal Bank of Scotland :* au centre du village. Lun-ven 9h15 (10h mer)-12h30, 13h30-16h45. Change les euros et accepte les cartes de paiement (mais avec commission) au guichet.

✉ *Poste :* lun-sam 9h-13h, 14h-17h30. Fermé mer ap-m et dim.

Distributeur à l'intérieur.

■ *Épiceries : Tongue Store et à la poste.*

■ *Poste d'essence :* au petit supermarché, mais attention, parfois en rupture de stock (surtout diesel). Prochaine station-service à plus de 50 km !

Où dormir ? Où manger dans le coin ?

Camping

⚑ *Bayview Campsite : à Talmine, prendre à droite après la digue sur le Kyle of Tongue. À 5,6 miles (9 km) de Tongue.* ☎ *601-225. Ouv avr-sept. Env £ 12 pour 2 avec tente.* Petit camping sommaire : on fait la vaisselle dans le lavabo, l'entretien est minimal et l'accueil très rustique !

Bon marché (£ 10-25/pers ; 12-30 €)

🛏 *Kyle of Tongue Hostel : à env 2 miles (ou 3 km ; 15-20 mn à pied) de Tongue, repérer la maison rouge et blanc sur la droite avt la digue.* ☎ *611-789.* ● *tonguehostelandholidaypark. co.uk* ● *Tte l'année. Lit en dortoir (8 pers max) env £ 18-20 ; également des doubles à partir de £ 40, familiales £ 85, petit déj non compris.* Construit en 1891 comme relais de chasse par la famille Sutherland, c'est aujourd'hui une petite auberge privée idéalement située face au Kyle of Tongue. Chambres et dortoirs de 2 à 8 personnes (filles et garçons séparés), le tout joliment décoré et très propre. Certaines très spacieuses et lumineuses pour familles de 4-6 personnes. Laverie, sèche-linge et cuisine équipée à dispo, grande salle à manger ouverte sur le paysage. Petite épicerie en dépannage et garage à vélos. Possibilité de planter la tente.

Prix moyens (£ 50-85 ; 60-102 €)

🛏 *Cloisters : à Talmine, prendre à droite après la digue sur le Kyle of Tongue.* ☎ *601-286.* ● *cloistertal.demon. co.uk* ● 🍴 *Fermé à Noël. Double avec sdb £ 65.* Si les proprios, de retour d'Australie, ont transformé l'église de 1888 en résidence principale, d'une grande originalité, les 3 chambres d'hôtes, elles, se trouvent à part. Cela dit, elles sont spacieuses et joliment décorées. Une seule dispose de la vue sur la mer, mais il suffit de sortir de sa chambre pour embrasser le sompteux paysage. Dieu merci, le petit déj se prend dans la maison familiale, occasion de jeter un œil au magnifique salon ! Accueil adorable d'Audrey (super cuisinière) et de Bob, musicien à ses heures (pianiste, clarinettiste et accordéoniste, alléluia !).

🛏 *Rhian Guesthouse : à la sortie de Tongue par un petit chemin, à env 1 mile (1,6 km) après la poste, sur la droite.* ☎ *611-257.* 📱 *07719-668-149.* ● *rhian cottage.co.uk* ● *Tte l'année. Doubles £ 76-80.* En pleine campagne, face au majestueux Ben Loyal, surnommée *The queen of Scottish mountains*, la *guesthouse* propose 4 chambres dans cet ancien relais de chasse. Toutes *ensuite* ou avec salle de bains privée extérieure. Pas de TV dans les chambres (mais, dehors, c'est *National Geographic* tous les jours). Le vaste jardin sert de terrain de jeux aux nombreux animaux en liberté (cheval, moutons, poules, chiens...) qu'on peut aussi observer de l'agréable véranda. Bon accueil de Jenny.

🛏 🍴 *Craggan Hotel : à Melness, prendre à droite après la digue sur le Kyle of Tongue.* ☎ *601-278.* ● *thecrag gan.co.uk* ● *Double env £ 70. Plats de poisson £ 12-18.* Dans un beau village en pierre, le bâtiment datant de 1865 fait face à la mer. Il abrite un resto servant de bons fruits de mer. Buffet à volonté de temps à autre et *Sunday roast* le... dimanche. Également 4 chambres petites mais coquettes avec lavabo (salle de bains commune) et TV, dont 3 bénéficient d'une vue sur la mer. Attention au bruit, car l'hôtel fait aussi pub. Poisson au petit déj. Adorable patronne. Tenu par des Mackay, le clan régional !

Chic (£ 85-125 ; 102-150 €)

🛏 🍴 *Ben Loyal Hotel : dans le village.* ☎ *611-216.* ● *benloyal.co.uk* ● *Doubles £ 100-110. Plats env £ 9 au pub et jusqu'à £ 17 au resto.* Les chambres, bien qu'un peu anciennes, restent fort correctes, et le prix, ben, loyal... enfin, pour la région. Dans l'annexe en face, elles seraient même assez fonctionnelles. Côté resto, on vous fait d'abord asseoir dans le *lounge* pour passer votre commande. Quand c'est prêt, on vous conduit à votre table. La classe, non ? En plus, c'est bon. Carte assez courte, mais langoustines fraîches et pêche du jour rapportée par le bateau du patron. Plus la vue d'un romantisme échevelé au coucher du soleil sur les ruines du château qui domine le Kyle of Tongue...

⌂ |O| *Tongue Hotel :* à l'entrée de Tongue en venant du sud. ☎ 611-206. ● tonguehotel.co.uk ● Fermé janv-fév. Doubles env £ 80-120. Snacks à partir de £ 6 le midi et plats £ 17-25 le soir. 📶 Ce relais de chasse de 1821 a du chien, y a pas à dire. Quel raffinement dans le décor et l'atmosphère ! Cela dit, tout le monde ne peut pas s'offrir les belles chambres cossues avec mobilier à l'ancienne (préférez les nos 5, 6, 18, 19 et surtout la n° 8 avec sa cheminée) ni d'ailleurs le resto, tout aussi chic. Seule la carte du midi et les plats du pub sont plus accessibles. Cuisine à base de produits frais, goûteuse et généralement servie. Bon accueil du jeune couple de proprios anglais.

À voir. À faire à Tongue et dans les environs

🚶🚶🚶 *Varrich Castle* (Caistreal Bharraich) : suivre le chemin fléché qui part à côté de la Royal Bank of Scotland. Compter 1h A/R. Ruines d'un château du XIe s, dominant le loch. À l'horizon, l'inquiétant Ben Hope. La vue est superbe, surtout le soir au coucher du soleil. Protection anti-*midges* absolument indispensable !

🚶🚶🚶 *Skinnet Beach and Ard :* sortir par la route de Durness et, juste après le pont, tourner à droite vers Talmine et suivre sur 3,8 km. Guetter le panneau à droite. Un chemin descend vers le plus beau banc de sable du *kyle,* toujours découvert. À marée haute comme à marée basse, un très beau site.

🚶🚶🚶 *Alan's View :* sortir par la route de Durness et, juste après le pont, tourner à droite vers Talmine, puis suivre le fléchage « Camping » et aller jusqu'au bout ; prendre le sentier qui longe la côte. À une vingtaine de minutes de marche, vous apercevez sur votre droite, sur une éminence, un banc installé ici en souvenir d'un notable du pays qui venait y admirer le paysage marin. On le comprend !

DE TONGUE À DURNESS

🚶🚶🚶 *Kyle of Tongue :* un estuaire qui, si la lumière est au rendez-vous, offre des vues à couper le souffle. S'il fait beau, que vous êtes d'humeur à folâtrer, que votre véhicule l'est aussi et que tout le monde est d'accord, nous conseillons vivement l'ancienne route qui le contourne par le sud. Pour rejoindre Durness, ça rallonge d'une quinzaine de kilomètres, mais quel enchantement ! Sinon, traverser à Tongue par le pont au milieu du *kyle.*

VOUS AVEZ DIT « ORRIBLE » ?

En allant sur Durness, la route contourne le loch Eriboll. La plus grande île du lac, qui, par sa taille et sa forme, ressemble à un navire de guerre, servit de terrain d'entraînement aux bombardiers de la RAF. Durant la Seconde Guerre mondiale, les marins qui stationnaient ici avaient surnommé le loch Eriboll (« orrible » avec l'accent british) en raison du climat rigoureux qui y sévissait en hiver.

🚶🚶 Après le *loch Eriboll,* quelques belles plages au sable blond et une mer turquoise avant Durness. Arrêtez-vous, par exemple, en surplomb de *Rhispond Bay* pour une vue d'anthologie... si (par chance) le soleil darde.

DURNESS

350 hab.   IND. TÉL. : 01971

À une cinquantaine de kilomètres à l'ouest de Tongue, un village aux maisons éparpillées dans un paysage d'herbe rase et de falaises battues par les vents du nord. Celles-ci abritent des colonies d'oiseaux et quelques jolies plages de sable blanc. Si vous continuez plus au nord-ouest, vous arriverez aux îles Féroé, puis en Islande... et enfin au Groenland !

Arriver – Quitter

➤ *Durness-Inverness (via Kinloch-bervie, Scourie,* avec changement à *Lairg) :* 1 bus/j. le mat au départ de Durness, dans l'ap-m depuis Inverness. Avec les compagnies *Rapson* et *Iris Mackay.* • *stagecoachbus.com* •

➤ *Durness-Inverness (via Ullapool, Lochinver, Kylesku, Scourie) :* de mi-mai à fin sept, lun-sam 1 bus/j. (tlj juil-août) dans l'ap-m au départ de Durness et le mat dans l'autre sens. Avec la compagnie *Tim Dearman.* ☎ *(01349) 883-585.* • *timdearmancoaches.*

co.uk • *Si l'espace le permet, possibilité d'embarquer le vélo pour £ 4.*

➤ *Durness-Tongue (via Smoo Cave) :* mar slt, 2 départs. ☎ *(01847) 601-238.*

➤ *Durness-Kinlochbervie :* 4 bus/j. slt les j. d'école, plus celui d'Inverness lun-sam. • *stagecoachbus.com* •

➤ *Durness-Scourie :* lun-sam, 1 bus/j. le mat depuis Durness, en début d'ap-m au départ de Scourie opéré par *Rapson.* Plus celui d'Inverness lun-sam.

Adresses et infos utiles

🛈 *Visitor Information Centre :* à *Sangomore.* ☎ *511-368 ou 511-259.* • *durness.org* • *Avr-oct :* tlj 9h30-17h30 (10h-16h dim sf en sept) ; nov-mars : lun-jeu 10h-13h30. Infos sur les hébergements (résa possible). Vend une brochure avec de nombreuses promenades dans la lande. Le mieux peut être de suivre le *ranger* qui propose 3 à 6 randonnées par semaine en été (juin-septembre). Parfois une lunette à disposition, laissée par le

ranger dans l'office pour observer la faune.

■ *Distributeur :* devant l'épicerie Spar, près de la poste et avt l'embranchement pour Balnakeil.

■ *Épiceries :* il y en a 2 dans le village.

■ *Station-service :* face au Spar qui fait office de post... office. La première depuis Tongue (à 50 km), penser à faire le plein si vous allez dans ce sens !

Où dormir ?

Camping

⛺ *Sango Sands Camping :* ☎ *511-726 et 262.* 📱 *0783-838-10-65.* • *sangosands.com* • *Ouv d'avr à mi-oct. Attention, réception ouv slt 9h-9h30 et 18h-18h30 !* Nuit env £ 14 pour 2 ; douches chaudes comprises. CB refusées. 📶 (parties communes).

Vaste et très bien situé sur la falaise, offrant une vue magnifique sur la mer depuis une plate-forme d'observation. Assez venteux. Parfois des lapins et des mouettes intéressées par les reliefs de vos repas. Bien équipé, avec machine à laver, sèche-linge et cuisine à disposition. Aire de jeux. Également une supérette à 200 m, un pub et un resto bon marché à proximité. Au pied de la falaise, 2 belles criques de sable blanc. Hors saison, possibilité d'utiliser les installations gratuitement (mais pas d'eau chaude, ça va de soi !)...

Bon marché
(£ 10-25/pers ; 12-30 €)

🏠 *Youth Hostel :* à *Smoo, 1,3 mile (env 2 km) avt Durness (centre), sur la droite de la route en venant de Tongue, juste après la Smoo Cave.* ☎ *511-264 (résa :* 📱 *0845-293-73-73).* ● *syha.org.uk* ● *De mi-avr à début sept. Résa conseillée de mi-juil à mi-août. Réception 8h-10h, 17h-21h45. Couvre-feu à 22h. Nuit en dortoir env £ 17-18/pers. Également des chambres 2-5 pers. Ajouter £ 2/pers pour les non-membres.* 2 baraques rustiques en bois bleu et rouge. Construites en 1940, elles abritèrent les ingénieurs expérimentant les radars utilisés par les bombardiers anglais pendant la Seconde Guerre mondiale. L'une accueille les dortoirs, l'autre les pièces à vivre (très grande cuisine, salle à manger). Dortoirs très simples de 11 et 12 lits. Seulement 2 douches. Cadre enchanteur avec vue sur la mer, le jardin et les champs de moutons. Service de laverie. Accueil adorable de la responsable.

🏠 *The Lazy Crofter Bunkhouse :* ☎ *511-202.* ● *durnesshostel.com* ● *Face à la poste ; s'il n'y a personne, adressez-vous au Mackays. Tte l'année. Résa conseillée en hte saison. Lit env £ 18.* Sur une butte herbeuse, une jolie baraque en bois, prolongée par une véranda agréable (vue sur mer). Intérieur très propre, clair et calme. 2 dortoirs impeccables, avec lits superposés en bois blanc, prévus pour une vingtaine de personnes, plus 2 (minuscules) chambres. Également un cottage à louer à côté. Tenu par un couple très dynamique, également propriétaire du *Mackays* (voir « Très chic »). Cuisine super bien équipée à disposition, salon, TV, terrasse, machine à laver. Jardin avec fil pour faire mouiller son linge... L'une de nos plus belles AJ !

Prix moyens
(£ 50-85 ; 60-102 €)

🏠 *Aiden House :* Durine, route de Balna-keil. ☎ *511-720.* ● *aidenhouse.co.uk* ● *Peu après la station-service, à la patte-d'oie, aller tt droit. Tte l'année. Doubles env £ 70-75. CB refusées.* 📶 Une maison en bois récente avec 4 vastes chambres contemporaines, très lumineuses et offrant une belle vue. Toutes avec TV satellite. Haddock servi au petit déj. Accueil réservé. Une belle adresse.

🏠 *Morven B & B :* route de Smoo, avt l'hôtel. ☎ *511-252.* 📱 *07761-873-202. Tte l'année. Double env £ 60. À l'entrée de la ville en venant de Tongue (sur la droite).* Une petite maison blanche avec pas mal de bois à l'intérieur. 3 chambres pour 2 à 4 personnes avec salle de bains commune. C'est propre et coquet, avec TV. La n° 3 offre une jolie vue sur les moutons (et les caravanes !). *Lounge* avec TV et véranda.

🏠 *B & B Glengolly :* route de Balnakeil. ☎ *511-255.* ● *glengolly.com* ● *Dans la même rue qu'Aiden House. Pâques-oct. Doubles env £ 75-80. CB refusées.* Dans une jolie petite maison traditionnelle, 3 chambres à l'étage : 2 *ensuite* et une avec salle de bains privée extérieure. Décoration un poil vieillotte, mais bien tenu, avec une série de chiens de berger en vitrine... Et un vrai chien, la passion de la propriétaire, une Mackay, évidemment ! Accueil rustique et sympa à la fois.

Très chic
(plus de £ 125 ; 150 €)

🏠 *Mackays :* face à la poste. ☎ *511-202.* ● *visitdurness.com* ● *De Pâques à mi-oct. Résa conseillée. Doubles £ 110-140, familiale £ 170. CB moyennant commission.* Bienvenue chez les Mackay (les Dupont du nord des Highlands), un jeune couple très dynamique qui a entièrement rénové cette maison en pierre dans un style contemporain très réussi : sisal partout, fauteuils moelleux et 7 chambres de luxe parfaitement réalisées. La n° 4 a vue sur la mer. Possède aussi un excellent resto faisant la part belle aux produits régionaux (réservé aux clients de l'hôtel).

Où dormir dans les environs ?

🏠 **Glenaladale B & B :** *loch Eriboll, à* **Laid** *(sur la A 838).* ☎ *511-329.* ● *gle naladale.org* ● *À 8 miles (13 km) à l'est de Durness sur la route de Tongue. Double avec sdb env £ 60.* Pour un bel environnement campagnard, venez donc dormir dans cette maison avec vue sur le loch Eriboll. 3 petites chambres, lumineuses côté loch. *Lounge* au canapé moelleux. Accueil courtois mais réservé.

Où manger ? Où boire un verre ?

Bon marché
(plats £ 5-10 ; 6-12 €)

🍴🍷 **Pub du Smoo Cave Hotel :** ☎ *511-227. Avt la* Smoo Cave *en venant de Tongue, tourner à droite (indiqué) ; poursuivre sur 250 m, c'est au bord de la falaise.* On y sert à manger toute la journée, ce qui peut dépanner. Cuisine de pub très correcte. Billard, piano et cheminée. Bon accueil.

🍴🍷 **Clarke :** *sur la droite en venant de Tongue, avt d'arriver au centre.* *Avr-sept.* Petit resto sans prétention délivrant une petite cuisine classique, fraîche et pas chère.

🍴🍷 **Sango Sands Oasis :** *en bordure de parking, près du camping du même nom (voir plus haut « Où dormir ? »). En saison, tlj 12h-14h30, 18h30-20h30 (max). En hiver, ouv slt le soir jeu-dim.* L'autre pub du village, avec une cuisine correcte sans plus. Son principal intérêt, outre son billard et son jeu de *darts* (fléchettes), c'est qu'on peut y entendre des petits groupes, de temps en temps, le week-end.

Où boire un bon chocolat chaud ?

☕ **Cocoa Mountain :** *au* Balnakeil Craft Village, *à l'ouest du village.* ☎ *511-233. Tlj 9h-18h. Congés : janv.* Le complexe n'en donnerait aucun à un architecte débutant, mais l'adresse est vraiment réconfortante après une bonne rando sous la bruine ! Dans un agréable décor contemporain, on déguste un excellent chocolat chaud, bien épais, que les enfants apprécieront encore plus avec le supplément marshmallow... Certes pas donné *(près de £ 4),* mais l'un des meilleurs jamais dégustés ! Également des chocolats à croquer et des viennoiseries.

DANS LES ENVIRONS DE DURNESS

🦅 **Smoo Cave :** *à env 1,3 mile (2 km) avt le centre de Durness, sur la droite en venant de Tongue.* Il s'agit d'une cavité naturelle creusée dans la roche calcaire et remplie d'eau. Cette caverne, la plus large du royaume, a été habitée par des hommes préhistoriques, puis par des Vikings. C'est aujourd'hui un paradis pour volatiles en tout genre (notamment des pétrels fulmars). Une plate-forme à l'entrée de la grotte permet de voir la cascade (ou de ne rien voir du tout s'il n'a pas plu depuis longtemps, ce qui arrive, si, si !). Colin Coventry, spéléologue local, propose de faire un tour en bateau dans la grotte *(*☎ *511-704 ; avr-mai et sept : tlj 11h-16h ; juin-août : tlj 10h-17h ; env £ 4, réduc),* sauf si la pluie est tombée au cours des derniers jours car les inondations dans la grotte sont aussi rapides que dangereuses. Prévoir de bonnes chaussures. Toute petite promenade très instructive, avec commentaire dans un français précaire mais plein de bonne volonté. Au bout du tunnel, un siphon de près de 500 m de long. L'eau y est opaque à cause de la boue en suspension, et Colin vous racontera la fois où il y est descendu, dans le noir, avec des anguilles qui lui glissaient entre les doigts, sans parvenir au bout du siphon...

Balnakeil : *à 2 km à l'ouest de Durness.* Au bout de la route, un cimetière avec une chapelle en ruine. Là commence Balnakeil Bay, anse à la courbe idéale et à la plage sublime, d'où l'on débute la balade vers Faraid Head. De toute l'Écosse continentale, probablement l'endroit où le temps est le plus instable et, en conséquence, les lumières les plus inattendues et les plus magiques.

THERE ARE PLACES I'LL REMEMBER...

John Lennon passa plusieurs étés durant son enfance à Durness, dans la maison de Bertie Sutherland, une de ses tantes. Fut-il touché par la beauté sauvage des lieux ? Il semblerait que oui, puisque sa chanson In my life évoque ce village des Highlands. En tout cas, Durness fut inspiré en créant le premier Festival John Lennon en septembre 2007 et en érigeant un monument à la gloire de l'ex-Beatle.

Faraid Head : *départ du parking de Balnakeil. Compter 2-3h de marche A/R, assez facile.* De l'autre côté de Balnakeil Bay, emprunter la route militaire qui disparaît parfois sous le sable, au milieu des dunes truffées de terriers de lapin. Caprice de la géologie, le terrain change soudainement pour laisser place à la lande, puis s'élève jusqu'aux falaises où nichent pétrels et cormorans. Hélas, l'extrémité est occupée par un camp militaire quasi désert. Retour possible en obliquant à droite et en suivant la côte, ce qui permet de voir de très près une petite colonie de macareux. Aucun risque de vous perdre, la péninsule est très étroite ; au pire, si vous êtes allé trop loin, obliquez vers la droite en sortant des dunes pour rejoindre Balnakeil.

Cape Wrath : *ferry pour piétons slt (vélos acceptés) partant de Keoldale au sud de Durness et traversant le Kyle of Durness. En mai et à partir de mi-sept, départs à 11h et 13h30 ; juin-sept, 9h30-16h ; horaires définis en fonction de la marée et de la météo, rens à l'office de tourisme ou sur place, ou appeler Mr Mather au ☎ 511-284. ▯ 07719-678-729. ● capewrathferry.co.uk ● Prend 2 fois 14 pers max. Relayé par 2 minibus conduisant au cap en 40 mn. A/R env £ 7 pour le ferry et £ 11 pour le bus ; réduc.* À première vue, vaut le déplacement : on atteint tout de même la pointe extrême du nord-ouest de l'Écosse, avec les *Clo Mor Cliffs,* les falaises les plus hautes de Grande-Bretagne. La réalité est un peu différente : on aperçoit du minibus la stèle qui indique l'emplacement des falaises, mais celles-ci ne sont accessibles que si vous descendez en route, marchez 4 km aller-retour dans les tourbières et vous faites reprendre par l'un des bus suivants... à condition qu'il reste de la place !
De plus, le site du cap lui-même est moins intéressant que beaucoup d'autres, et le temps de visite est limité à 40 mn. Enfin, le trajet se fait dans une zone militaire où de vastes étendues ont été retournées par les obus des croiseurs britanniques. Compte tenu du prix, on préférait vous avertir. Le meilleur moment de la visite est peut-être le retour vers le ferry car la vue sur le Kyle of Durness, pour peu que le soleil soit de la partie, est particulièrement belle.

➤ Les marcheurs les plus expérimentés poursuivront à pied au sud vers *Sandwood Bay* et sa fabuleuse plage de sable blanc (voir plus loin). Solitude et horizons infinis, tourbières impressionnantes. Du cap Wrath au premier hameau (Blairmore), il faut compter environ 18 km de sentiers vallonnés, pas toujours commodes. Équipez-vous donc en conséquence. Arrivé à Blairmore, il faut passer la nuit à Kinlochbervie (à 3 km) et prendre le bus *Rapson* le lendemain pour remonter sur Durness.

KINLOCHBERVIE

200 hab.   IND. TÉL. : 01971

Après avoir traversé des paysages austères, âpres et dénudés, la route A 838 venant de Durness aboutit à Kinlochbervie, un port de pêche au fond d'une baie abritée par des collines. Petit port moderne sans charme particulier, mais on trouve une belle plage bordée de dunes à Oldshoremore.

Où dormir dans le coin ?

🛏 Quelques *B & B* avant d'arriver au port.

🛏 *Old School B & B :* à *Inshegra.* ☎ 521-383. ● oldschoolklb.co.uk ● *Sur la droite de la route, à 2,5 miles (4 km env) en venant de Rhiconich. Mai-début sept. Doubles env £ 65-90. Resto pour les résidents slt.* Face à un petit loch, l'ancienne école est une très jolie maison en pierre et en ardoise. Logées dans un bungalow sans caractère à l'arrière, chambres douillettes et de bon goût, dont la plupart *ensuite,* le tout donnant sur un torrent (sommeils légers, s'abstenir). Ravissante salle à manger (pour les résidents).

À voir. À faire dans le coin

🏔🏔🏔 *Sandwood Bay :* à *Kinlochbervie, continuer en direction d'Oldshoremore et de Sheigra, où l'on trouve un petit parking, vite complet (donc, arriver tôt !). Tronc où déposer votre obole pour l'entretien du site. Camping possible.* À partir du parking, trajet facile et un peu ennuyeux de 7 km, et autant pour le retour. Cette merveilleuse plage, séparée de Sandwood Loch par un cordon de dunes, ne se dévoile qu'au tout dernier moment. Confirmerez-vous les dires de nombreux routards qui avancent que, avec sa forme parfaite, ses 2 km de sable rosé, ses lumières d'anthologie et son spectaculaire piton rocheux *(Am Buachaille),* c'est la plus belle de tout le Royaume-Uni ? Peut-être y rencontrerez-vous un amoureux du site qui vous parlera de la sirène vue ici même par un paysan, ou vous racontera les légendes du naufrage de ce galion chargé d'or et du fantôme du marin qui frappe la nuit aux fenêtres de la vieille maison...

SCOURIE

140 hab.   IND. TÉL. : 01971

Petit port situé sur la route de Durness à Ullapool. La route est fort belle et traverse une région sauvage au relief chaotique. Le village constitue une étape agréable.

Arriver – Quitter

➤ *Scourie-Durness :* fin avr-fin sept, lun-sam 1 bus/j. en début d'ap-m ; juil-août, tlj, opéré par *Tim Dearman.* ☎ (01349) 883-585. ● timdearman coaches.co.uk ● Un autre par *Rapson* ou *Iris Mackay :* ☎ (0131) 552-86-69.

● stagecoachbus.com ●
➤ *Scourie-Inverness :* 1 bus/j. avec *Tim Dearman* (via *Ullapool*) fin avr-fin sept, dim slt en juil-août. Un autre avec *Rapson* (via *Lairg*). ● stagecoachbus. com ●

Infos utiles

Dans le centre du village, on trouve une **poste,** une **supérette** et une **station-service** accessible 24h/24 par carte de paiement.

Où dormir ?

Camping

⚊ **Scourie Camping Park :** *juste à la sortie du village, sur la droite en allant vers Kylesku.* ☎ 502-060. *De mi-avr à fin sept. Ne prend pas de résa. Compter £ 15-20 pour 2 selon taille de la tente. Réduc cyclistes.* Idéalement situé face à la mer, avec quelques terrasses réservées aux tentes. Bien équipé et propre. Laverie. Épicerie à 150 m. Plats à emporter au café-resto *Anchorage,* juste à côté. Bon accueil.

Prix moyens
(£ 50-85 ; 60-102 €)

⚊ **Stonechats Croft :** *à Upper Badcall, à 1 mile (1,6 km) au sud de Scourie.* ☎ 502-429. ● *stonechatscroft.co.uk* ● *Double env £ 60 ; mobile home 4 pers £ 70, dégressif (£ 350/sem).* Après 1 mile, la petite route goudronnée débouche sur un bout du monde. L'une des situations de *B & B* les plus privilégiées qu'on connaisse. Superbe point de vue sur des îles et la côte découpée. D'ailleurs, Ron, le pittoresque proprio, possède le terrain et l'île juste en bas ! Attention, c'est un chasseur et un motard passionné de Harley-Davidson. Donc si cet univers vous rebute, passez votre chemin. Néanmoins, Ron est direct et a le sens de l'humour. Lui et sa femme Elaine proposent 2 chambres sous les toits pour une famille de 4 personnes, avec une grande salle de bains pour les parents. Également un mobile home pour 4 face au paysage. Au petit déj, pas mal de produits maison grâce aux poules, agneaux et cochons qu'ils élèvent. Nombreuses possibilités de balade, notamment vers une plage à 15 mn à pied, mais aussi des conseils pour faire des randos à vélo, de la pêche, du kayak...

⚊ |●| **Scourie Guest House :** *dans la partie résidentielle du village.* ☎ 502-001. ● *scourieguesthouse.btinternet. co.uk* ● *De la route principale, prendre à gauche au niveau de la station d'essence. Fléché « 55 Scourie Village ». Tte l'année. Double £ 80. Dîner sur résa env £ 28.* Chambres petites mais cosy, équipées de salle de bains, frigo et TV. *Lounge* avec cheminée. Petit déj pris dans la véranda. Possibilité de *lunch box* à emporter. Accueil gentil.

⚊ |●| **Scourie Lodge :** *à côté du port.* ☎ 502-248. ● *scourielodge.co.uk* ● *En venant de Durness, sur la droite, au niveau du café-resto* Anchorage. *Avr-oct. Double avec sdb env £ 90. Dîner sur résa env £ 25. CB refusées.* Au bout de la petite rue, derrière un portail, une belle demeure toute blanche, construite en 1835 sur ordre du terrible duc de Sutherland. 3 chambres spacieuses et douillettes, avec des nounours partout. *Lounge* à l'étage avec (fausse) cheminée. Quant au jardin, en 1851, un jardinier envoya des graines de palmier de Nouvelle-Zélande ; elles mirent 6 mois à atteindre l'Écosse, mais le résultat est aujourd'hui surprenant ! Bon accueil. L'une de nos belles adresses.

Où manger ? Où boire un verre ?

Le coin est vraiment pauvre en restos... Si vous ne dormez pas au *B & B* ou au *lodge* cités plus haut, qui servent des repas sur résa, il faudra vous contenter des pubs de *Scourie Guest House* (qui possède aussi un « resto ») et de l'*Anchorage.* Pas folichon, plutôt graillonneux, mais ça dépanne. Sinon, plus chic, le superbe *Shorehouse* ou alors filez à Kylesku...

|●| *The Shorehouse :* Tigh Na Mara, Tarbet. ☎ 502-251. Tlj sf dim (le soir max 20h !). Seafood platter env £ 30. À quelques kilomètres au nord de Scourie, seul au bord d'un charmant port de poche. Belle vue sur la baie. Dans la journée, on vient pour les sandwichs et les gâteaux maison. Le soir, pour les fruits de mer.

Randonnée

➢ **Balade pédestre de Scourie à Tarbet :** attention, très mal indiqué. En fait, du camping, repérer le sentier qui grimpe sur la colline. Suivre la route du port ; le sentier démarre le long du mur du *Scourie Lodge.* Tout au long, on admire une multitude de minuscules lacs. Superbe mais impraticable par endroits lorsqu'il a beaucoup plu. Environ 4h aller-retour, voire plus si le terrain est détrempé.

DANS LES ENVIRONS DE SCOURIE

⚔⚔⚔ *Handa Island :* accessible en barque à moteur depuis le petit port de Tarbet : à 3 miles (env 5 km) au nord de Scourie, prendre une petite route sur la gauche sur 3 autres miles, fléché. Départs d'avr à mi-sept tlj sf dim (selon météo) 9h-14h ; dernier retour à 17h. Rens : **Handa Ferry** au 📱 07775-625-890 ou 07780-967-800. Tarif : £ 12,50 ; réduc. Attention, le bateau ne prend pas la mer par mauvais temps, mieux vaut tél le mat même pour être sûr d'embarquer. L'île est une propriété privée, mais elle est gérée par le Scottish Wildlife Trust.

UNE REINE SUR HANDA

Au XIXe s, une soixantaine d'habitants vivaient sur Handa Island, quasi en autarcie. Pour ne pas faire les choses à moitié, ils placèrent une reine à leur tête. Un parlement se réunissait chaque matin pour discuter des affaires du jour. Une vraie démocratie à échelle réduite ! Malheureusement, la famine mit un terme à cette république du bout du monde. Les sujets de Sa Majesté émigrèrent au Canada, contraints d'abandonner leur île et leur système politique. Aujourd'hui, on peut encore voir les ruines de leurs habitations.

● swt.org.uk ● Prévoir min 2h de balade (plus si vous observez les oiseaux), vêtements de pluie et chaussures imperméables pour parcourir le sentier long de 6 km (le temps y change très vite). Une île qui ravira aussi bien les amateurs de paysages marins que les adeptes du *birdwatching,* puisque plus de 150 000 oiseaux de mer y nichent. Départ à travers la lande où vous serez peut-être attaqué par les labbes qui protègent ainsi leur progéniture. Arrivée aux falaises à oiseaux (voir la rubrique « Faune et flore » dans « Hommes, culture, environnement » en fin de guide), dans un site spectaculaire façonné par l'érosion marine (ah ! l'empilement du *Great Stack* et la manière dont les guillemots le colonisent !). Retour possible par le même chemin, mais, si le temps le permet, on conseille le retour par la côte qui offre d'autres points de vue remarquables. En cas de pluie, attendez le bateau dans l'abri où se fait le briefing initial. Ah ! à propos, si votre anglais est précaire, voici un récapitulatif des consignes : ne quittez jamais les sentiers, ne ramassez rien (ni plante ni roche) et faites très attention aux bords herbeux des grandes falaises, surtout par temps humide. Évidemment, pas de toilettes. Et les chiens sont interdits sur l'île...

➢ Possibilité de faire un tour en bateau de 1h ou 2h pour observer seulement le *Great Stack,* ce piton rocheux spectaculaire. Départ à 9h du Scourie Pier (tarif : env £ 15).

KYLESKU   110 hab.   IND. TÉL. : 01971

À une quinzaine de kilomètres environ au sud de Scourie sur la route d'Ulla-pool. Deux lochs, le Glendhu qui se jette dans le Glencoul (ça ne s'invente pas !), et qui se rejoignent à la hauteur de Kylesku pour en former un grand *(loch Chairn Bhain)* qui se jette dans la mer. Pas vraiment de village, mais un habitat dispersé. L'endroit n'en est pas moins charmant pour un court séjour, avec de jolies balades à faire aux alentours autour du *loch Glendhu* et surtout vers les *Eas-a'Chual Iluin,* les plus hautes chutes de Grande-Bretagne.

Arriver – Quitter

➢ *Inverness-Kylesku-Durness (via Ullapool) :* fin avr-fin sept, 1 bus/j. lun-sam ; juil-août, tlj. Liaison assurée par la compagnie *Tim Dearman.* ☎ *(01349) 883-585.* ● *timdearmancoaches. co.uk* ●

Adresse utile

■ *Location de vélos : Kylesku Slipway (à côté de l'hôtel éponyme).* ☎ *502-481.* ▯ *07873-418-147.* ● *mobikehire.co.uk* ● *Avr-sept. Compter £ 25/j. ; £ 40 le vélo électrique.* De Durness à Ullapool, à la demande, délivre aussi les engins (avec des frais bien sûr) dans un grand rayon d'action. Excellent matériel fourni avec carte, casque, antivol et bons conseils.

Où dormir ? Où manger ?

De prix moyens à chic (£ 50-125 ; 60-150 €)

🛏 ●l●l *Maryck B & B : 371, Unapool, Kylesku.* ☎ *502-009.* ● *maryck.co.uk* ● *Sur l'A 894, 800 m au sud du Kylesku Bridge. Double avec sdb £ 60.* Tenu par l'adorable dame qui anima long-temps le musée de poupées, juste à côté. Elle a conservé les pièces aux-quelles elle était le plus attachée, ce qui donne beaucoup de charme à son *B & B.* 2 chambres cosy comme tout, avec vue. Possibilité de *packed lunch* et de dîner d'octobre à mars (sur résa). Accueil suave.

🛏 ●l●l *Kylesku Hotel : au lieu-dit Kylestrome, sur le loch Glendhu.* ☎ *502-231.* ● *kyleskuhotel.co.uk* ● *En venant de Scourie par l'A 894, traverser le pont Caolas Dumhan et prendre la 1re à gauche. Début mars-3e w-e d'oct. Restauration non-stop mai-sept, 12h-21h. Résa conseil-lée. Doubles £ 100-140 ; familiales env £ 145-170. Petit déj inclus. Au bar, plats £ 10-14 le midi et £ 17-23 le soir.* Un petit hôtel de charme en bordure de loch, tenu par un couple franco-italien avec une équipe australienne en cuisine. Décor particulièrement chaleureux et chambres mignonnes comme tout. On aime bien la n° 1 pour sa grande fenêtre qui s'ouvre sur le lac. Quant au resto (qui collectionne les *awards*), ce sont les poissons et les fruits de mer pêchés localement qui tiennent la vedette. Pensez, Saint-Jacques et moules se ramassent tout à côté, le gibier provient des collines derrière... Un menu sans gluten ni lac-tose est même proposé à côté d'un riche choix de mets et une belle carte des vins. Accueil et service pleins d'attention.

À voir. À faire

➢ *Les chutes d'Eas-a'Chual Iluin :* les plus hautes de Grande-Bretagne, avec plus de 200 m de dénivellation. Accès difficile par des chemins de randonnée escarpés et mal indiqués. Carte *OS Explorer* n° 442 indispensable. La promenade demandera presque 2h aux bons marcheurs, et autant pour le retour.

➤ **Promenades en bateau** vers les chutes (on ne voit pas grand-chose), avec colonies de phoques au passage et parfois des aigles. ☎ 502-345. Tarif : £ 15. *Départs du* Old Ferry Pier, *face au Kylesku Hotel, mai-sept : tlj sf sam, à 11h et 15h (14h ven).*

ASSYNT

L'une des plus belles régions du nord, qui s'étire entre Kylesku et Ullapool, avec Lochinver comme « chef-lieu ». Romantisme, côtes sauvages, hébergements de qualité et pour tous budgets, restauration qui ne démérite pas, bref, voilà un beau coin de nature qu'on plébiscite haut et fort.
– À consulter aussi : ● *assynt.info* ● *historicassynt.co.uk* ●

DE KYLESKU À LOCHINVER PAR LA CÔTE

IND. TÉL. : 01571

Regardez sur la carte cette petite route insignifiante (la B 869) qui passe par Drumbeg et Clashnessie. Eh bien, c'est l'une de celles qui livrent les panoramas les plus romantiques. Route presque plus étroite que la largeur du véhicule, sinueuse à souhait (heureusement qu'il y a les *passing places*, une bien belle invention !). Vélo électrique recommandé pour les cyclistes ! À déconseiller aux camping-cars... et, pourtant, on en croise (du moins, on essaie !). Avoir fait le plein d'essence avant : une seule pompe à Lochinver.

Arriver – Quitter

➤ **Ullapool (West Link) :** bus n° 809 1 fois/j. (sf dim) tôt le mat. Passe par **Achmelvich, Lochinver** et **Inchnadamph Hotel.**

Adresses utiles

✉ **Poste :** à *Drumbeg.*
■ **Épicerie : Drumbeg Stores,** à *Drumbeg.* ☎ 833-235. *En saison, lunven 9h-17h, sam 10h-16h, fermé dim ; en hiver, tlj sf dim, mer et sam 9h-17h.*

On vous l'indique pour vous faire un bon casse-croûte le midi car le choix est très limité dans le secteur. Bons produits. Une table en terrasse !

Où dormir ? Où manger dans le coin ?

Campings

⚔ **Clachtoll Beach Campsite :** un peu *après* **Stoer,** sur la droite en venant du nord. Sinon, à 6 miles (9,6 km) de Lochinver. ☎ 855-377. ● *clachtoll beachcampsite.co.uk* ● *Ouv de Pâques à mi-sept. Résa conseillée en saison* *(par e-mail si possible). Prévoir £ 17-22 pour 2 selon taille de la tente (£ 14-20 basse saison).* 📶 Le terrain surplombe une magnifique plage de sable blanc (accès direct) qui borde une eau turquoise. On aperçoit parfois des dauphins... Mieux vaut fortement ancrer les piquets de tente car le coin peut être très venteux. Attention, l'herbe est particulièrement fragile, et il est demandé de la respecter (cessez donc de la manger ou de la fumer !). Au fait, si la plage est sûre, l'eau est réfrigérante : 14 °C en juillet... Côté services, sanitaires impeccables, machine à laver et sèche-linge, et des commerces au village.

🏕 **Shore Caravan Site :** *à* **Achmelvich.** ☎ 844-393. ● *shorecaravansite.yola. com* ● *Au bout de la route, juste devant la belle plage de sable blanc. Ouv d'avr à mi-sept. Résa conseillée en saison. Compter £ 8-14 pour 2 selon taille de la tente ; moins cher pour piétons, cyclistes et motards. Chiens refusés.* Belle situation, tout au bord du rivage, et bon accueil. Bien équipé, avec laverie et, en été, boutique de dépannage et *fish & chips* à emporter *(juil-août, mer-dim soir ; basse saison w-e slt).* En cas d'arrivée tardive, on vous enverra plus à l'intérieur, vers une *overflow zone* : vérifiez quand même s'il n'y a pas un emplacement libre tout en bas, près de la mer, c'est souvent le cas. Le soir, grimpez sur la colline qui jouxte le terrain : vue étendue sur toute la baie et coucher de soleil inoubliable.

Bon marché
(£ 10-25/pers ; 12-30 €)

🏠 **Youth Hostel :** *à* **Achmelvich.** ☎ 844-480. ● *syha.org.uk* ● *De début avr à mi-sept. Réception 8h-10h, 17h-22h. Nuitée env £ 18-20.* Cette AJ rudimentaire occupe une ancienne maison de pêcheur retapée. 22 lits répartis en 3 dortoirs (2-8 lits), plus une double. Bien tenue. Cuisine à dispo et grande salle à manger. Douche et w-c dans un autre bâtiment. Un atout : sa superbe situation, à 200 m de la plage.

Prix moyens
(£ 50-85 ; 60-102 €)

🏠 **Stac Fada :** *à* **Stoer.** ☎ 855-366. 📠 08453-455-349. ● *jmgrey@btinternet. com* ● *Presque à la sortie du village, en venant du nord, bifurquer à gauche, après le vieux cimetière, au niveau de l'étonnante église sans toit. Avr-oct. Doubles £ 70-80 selon taille. CB refusées.* On accède à ce *B & B* par une jolie route slalomant entre moutons et murets de pierre... Cette maison jaune pimpant distille une atmosphère agréable, avec ses 2 grandes chambres sous le toit joliment arrangées. Salle de bains à partager. Vue incroyable sur la baie. Œufs des poules maison au petit déj. Une dame sympathique et un grand et beau danois pour vous accueillir !

🏠 🍽 **Drumbeg Hotel :** *à l'entrée du village de* **Drumbeg,** *sur la droite.* ☎ 833-236. ● *drumbeghotel.co.uk* ● *Doubles avec sdb £ 70-80. Repas ts les soirs sf lun 17h30-20h, plus dim midi ; bar 17h-22h. Compter £ 10-12. Chiens refusés.* On aime bien cet hôtel posé devant un petit loch romantique à souhait. Préférez les chambres à l'étage, plus spacieuses et jouissant d'une meilleure vue. Toutes avec salle de bains. Le resto, en revanche, propose un choix assez limité. Cependant, les sandwichs peuvent dépanner, et le *ploughman lunch* s'avère copieux. Accueil souriant.

À voir. À faire

🥾🥾 **Nedd et Drumbeg :** entre ces deux villages, une nature d'une beauté incomparable, sur la route B 869.

🥾🥾 **Clashnessie Bay :** non moins adorable, une plage de sable rose au fond d'une baie profonde.

ⁿⁿ Point of Stoer : *suivre le panneau « Lighthouse » le long d'une route sinueuse et laisser la voiture au phare.* Très belle balade le long des falaises dans le vent et au milieu des oiseaux de mer jusqu'à la pointe de la péninsule de Stoer, à 45 mn-1h de marche du phare, mais le chemin est assez difficile d'accès et mal indiqué. Mieux vaut être motivé ! En chemin, vue sur l'*Old Man of Stoer,* aiguille rocheuse de plus de 60 m, fichée comme un minaret au milieu des vagues de l'Atlantique.

PEUPLE SOUVERAIN

En 1993, une transaction peu b a eu lieu : dans la région d'Assynt, l habitants ont racheté 21 500 ha à son propriétaire. Ils avaient en effet perdu leur souveraineté avec l'effondrement du système des clans et la politique de « privatisation » du duc de Sutherland. Pour mener à bien ce « rachat », une première dans l'histoire des Highlands, les £ 300 000 nécessaires ont été réunies grâce à des dons du monde entier.

ⁿⁿⁿ Achmelvich : hameau perdu au bout d'une route sans issue, isolé et battu par les vents, qui vaut le déplacement pour sa splendide petite plage blanche léchée par des eaux turquoise. Eau assez froide, pas un hasard si la plupart des baigneurs sont en combinaison. Belle vue en montant sur la colline près du camping (voir « Où dormir ? »).

LOCHINVER   600 hab.   IND. TÉL. : 01571

Petit port niché au bord d'une rivière, dans le fond du loch... Inver (logique !). Sympa, certes, mais ses environs ont quand même plus de charme...

Arriver – Quitter

➤ *Lochinver-Lairg :* 1 aller-retour/j. (sf dim) en *postbus.*
➤ *Inverness-Lochinver-Durness (via Ullapool et Scourie) :* fin avr-fin sept, 1 bus/j. lun-sam ; juil-août, tlj. Liaison assurée par la compagnie *Tim*

Dearman. ☎ *(01349) 883-585.* ● *tim dearmancoaches.co.uk ●*
➤ *Ullapool-Lochinver-Drumbeg :* 1 bus/j. lun-sam. ☎ *0871-200-22-33.* ● *stagecoachbus.com ●*

Adresses utiles

ℹ *Visitor Information Centre :* Assynt Visitor Centre, *Main St, dans le village, sur la gauche en venant du nord.* ☎ *844-654.* ● *lochinver@visits cotland.com ● Avr-oct : tlj 9h30h-17h (10h-16h dim en saison).* Très bien documenté et efficace. On peut même réserver gratuitement certains ferries et services. Quelques maquettes intéressantes sur l'histoire naturelle, la géologie et la faune (dont une permettant de mieux comprendre comment, dans une falaise, se fait la

répartition de l'habitat entre les différentes espèces d'oiseaux). À l'étage, bonne documentation sur la vie sauvage, l'archéologie et la géologie, plus un coin enfants. Vente de timbres.
✉ *Poste : dans la rue principale, sur la gauche. Lun-ven 8h30-13h ; 14h-17h ; sam 8h30-12h30. Fermé mar ap-m, sam ap-m et dim.* Distributeur.
■ *Royal Bank of Scotland : à 400 m après l'office de tourisme en direction du port, à gauche dans un virage, juste*

t le pont. Difficile à apercevoir (repérer le logo en étoile). Distributeur de billets (*ATM*, rare dans les parages).
■ **Station-service :** *à l'entrée du village, sur la droite.*

■ **Location de vélos :** *à la* Rose Guest House *(voir « Où dormir ? »).* ☎ 844-257. *Compter £ 15/j., dégressif. Casque et antivol fournis.*

Où dormir ?

De nombreux *B & B* mais souvent complets. On vous en signale quelques-uns quand même. Sinon, n'hésitez pas à loger plus au nord, vers Achmelvich et Stoer : voir plus haut « De Kylesku à Lochinver par la côte ».

Bon marché
(£ 10-25 ; 12-30 €)

🏠 **Lochinver Mission :** *Culag Park, au bout de Main St, en face de la gare maritime (et à côté du meilleur resto de la ville).* ☎ 844-598. ● lochinver bunkhouse.com ● *Tte l'année. Compter £ 18/pers, petit déj en sus ; £ 90 la chambre familiale.* Séparé de la route par une immense pelouse, un bâtiment récent et moderne, mais plaisant. Structure communautaire offrant 3 minidortoirs (4 et 6 personnes) impeccables et assez spacieux, excellente literie, salles de bains nickel... Au rez-de-chaussée, sympathique cafétéria (voir « Où manger ? »).

Prix moyens
(£ 50-85 ; 60-102 €)

🏠 **Tigh Lios B & B :** *19, Main St.* ☎ 844-101. 📱 07583-061-497. ● gor diechef@live.co.uk ● *Doubles env*

£ 60-70. Dîner sur résa pour les hôtes. Tigh Lios *signifie « maison avec jardin ». Pour le jardin, vous repasserez, mais cette belle maison en pierre d'angle, face à la baie, a du cachet.* Tenue par les dynamiques Gordie et Trish qui offrent 3 chambres d'excellent confort et un *bothy*. La journée, de 10h à 15h, le *B & B* fait *tearoom*.

🏠 **Davar B & B :** *venant de l'A 837 (de l'est), à l'entrée du village, tourner à droite au vieux pont de pierre, c'est la 2e maison à gauche après le haut de la colline.* ☎ 844-501. ● davar-lochinver.co.uk ● *Double £ 70, familiale £ 100.* Dans un quartier résidentiel au calme, agréable maison offrant 4 chambres coquettes, dont 3 avec vue sur la baie (parfois le lit orienté pour qu'on l'admire douillettement). Copieux petit déj et gentil accueil de Caren et Dave.

🏠 **The Rose Guest House :** *Ardglass, même route que Davar B & B.* ☎ 844-257. ● info@the-rose-bb.com ● *Tte l'année. Doubles £ 50-70, la plupart des chambres avec sanitaires communs. Dîner sur résa.* Cadre un poil vieillissant mais globalement bien tenu, et les chambres les moins chères conviendront aux petits budgets. Grand jardin. Enfants et motards bienvenus. Location de VTT.

Où manger ? Où boire un verre ?

🍴🍷 **Lochinver Mission :** *Culag Park, au bout de Main St, en face de la gare maritime.* ☎ 844-598. *Tlj sf dim 8h30 (9h sam)-19h. Plats moins de £ 10.* Structure communautaire dont les profits vont à des projets sociaux et collectifs. Grande salle agréable, mobilier de bois blanc pour recevoir les amateurs de *light meals* de bonne qualité et pas chers. Accueil sympa de Sarah

et de son équipe. Petit déj servi toute la journée...

🍴🍷 **Caberfeidh Restaurant & Lounge Bar :** *dans la rue principale, juste après le* Riverside Bistro. ☎ 844-321. *Tlj 11h-23h. Plats env £ 12-15.* Intérieur chaleureux en lambris et pierres apparentes, terrasse à l'arrière. On y sert de bonnes spécialités, inscrites sur le tableau noir ;

c'est fort bon, mais ne pas arriver trop tard, car les stocks s'amenuisent rapidement en saison ! Cependant, le plus, ce sont les soirées de musique écossaise de haute qualité. *Beer garden*. Atmosphère particulièrement chaleureuse.

|●| ♟ *Peet's :* Harbourside, Culog Rd. ☎ 844-085. Tlj 17h30-20h, plus dim 12h-14h30. Prix moyens. Résa ultra-recommandée. D'abord, lieu fort agréable, confortable, lumineux... Ensuite, poisson et fruits de mer d'une fraîcheur absolue : goûter au gratin de Saint-Jacques, aux raviolis au crabe et écrevisse, au *goulash* d'agneau, au

crumble maison... tout est finement préparé. Outre son excellent rapport qualité-prix, service efficace et attentionné. Le midi, prix encore plus raisonnables.

|●| ♟ *Riverside Bistro* (Lochinver Larder) : dans la rue principale. ☎ 844-356. Tlj 10h-20h30 en saison ; tlj sf dim 10h-16h hors saison. Pie env £ 6 le midi ; plat £ 9 ; le soir, compter £ 12-14. Un resto fréquenté pour ses *pies* (sorte de tourtes) : préférez celles au poulet, saumon ou agneau, à base de produits régionaux, et évitez celles aux fruits (en conserve !). Salle au cadre très classique.

DANS LES ENVIRONS DE LOCHINVER

🥾🥾 *Falls of Kirkaig :* quitter Lochinver vers le sud et traverser le village d'Inverkirkaig. Peu après sa sortie, lorsque la route oblique vers la droite, petit parking. Promenade assez facile de 7 km aller-retour, le long de la rivière Kirkaig puis à travers la lande, jusqu'aux chutes de 20 m de hauteur. Attention, la descente finale jusqu'aux chutes est dangereuse, surtout par temps humide. En continuant encore sur 1 km, on arrive au *loch Fionn,* dominé par le *mont Suilven* en forme de pain de sucre, objectif très prisé des randonneurs.

– À l'office de tourisme, vente de la brochure *Assynt Walking Network* décrivant d'autres balades d'intérêt très divers.

AUTOUR DU LOCH ASSYNT

À environ 6 miles (10 km) à l'est de Lochinver commence le loch Assynt, qui offre des paysages de monts à la végétation pelée et aux formes arrondies. Là, au bord de l'eau, se dressent les photogéniques ruines d'*Ardvreck Castle.* La route A 837 passe ensuite par la réserve naturelle d'*Inchnadamph,* lieu de rendez-vous des géologues au milieu d'un décor montagneux exceptionnel, tandis qu'à *Ledmore Junction* la rivière Oykel pullule de saumons.

Où dormir ?

🏠 *Inchnadamph Lodge :* à 11 miles (18 km) à l'est de Lochinver par l'A 837. ☎ (01571) 822-218. ● inch-lodge. co.uk ● Fermé fin oct-fin fév sf cottages. Résa impérative en été. Lit en dortoir env £ 20/pers ; double £ 28/pers ; familiale (lit double et 1 ou 2 lits simples) £ 22/pers, breakfast compris. Cottages 7-8 pers £ 145. 🖵 📶 Très bien située, entre le loch Assynt et les montagnes, une superbe maison

blanche de 1821, rénovée et bien équipée. Environnement extra. Très propre, avec des dortoirs de 4 ou 8 lits superposés au rez-de-chaussée, et de belles chambres privées, dont quelques *family rooms,* avec lits en bois et dessus-de-lit ton sur ton, à l'étage. Toilettes et douches sur le palier. Cuisine collective et agréable salle à manger. Laverie et épicerie. Salle TV et de jeux dans l'annexe. Billard. Les cottages offrent 3 chambres chacun (draps fournis mais pas les serviettes). Jolie balade à faire aux alentours. Et puis on aperçoit parfois des biches aux abords du *lodge...*

Où dormir loin de tout ? Où manger ?

🏠 **The Alt Motel :** *à 1 mile (1,6 km) à l'est de Ledmore, sur l'A 837 vers Inverness.* ☎ *(01854) 666-220.* ● *thealtmotel.com* ● *Avr-oct. Double env £ 70, petit déj inclus ; env £ 300/ sem en self-catering (serviettes non fournies). Bunkhouse £ 18/pers. CB refusées.* Situé sur les bords du loch Borralan (truites et ombles chevaliers), dans un paysage dépeuplé et beau. Pas une seule maison en vue. Un motel très simple, au confort correct, de 5 chambres seulement, avec une kitchenette. L'une des chambres avec *bunk beds,* assez basique mais propre. Beaucoup de pêcheurs (et souvent complet, penser à réserver). Vente de permis de pêche. Prévoir une bombe contre les *midges.* Accueil aimable.

🍴 **Altnacealgach :** *juste à côté du Alt Motel.* ☎ *(01854) 666-260. Tte l'année : en été, 10h-minuit ; en hiver, slt soir et w-e.* Surtout pub. Repas légers (soupes et sandwichs).

À voir. À faire dans le coin

🏹 **Ardvreck Castle :** *à env 10 miles (16 km) à l'est de Lochinver par la A 837.* Du parking, court trajet le long du loch Assynt jusqu'aux ruines de la forteresse. Construite au XVe s, par le puissant clan MacLeod, elle fut agrandie au XVIe s dans le style de l'époque, puis ravie par les MacKenzie en 1672 après 14 jours de siège. Ce ne sont ni les meurtres, ni les exécutions, ni même les batailles entre clans ou au sein de la famille MacLeod qui détruisirent le château au XVIIIe s. Non, la forteresse fut anéantie par... la foudre. Et il n'en reste plus grand-chose, malgré la belle silhouette qui se découpe dans le paysage au détour du virage... Ses vestiges seraient encore hantés, dit-on, par deux fantômes : celui, « triste à mourir », de la fille d'un chef MacLeod qui s'est noyée dans le lac après son mariage avec le diable, contracté pour sauver le château de son père. Et celui, plus réjouissant, paraît-il, d'un grand homme habillé de gris, qui rôde souvent près des ruines. On raconte que ce pourrait être le fantôme de Montrose, un royaliste pro-Charles Ier qui, mis en déroute, se serait réfugié chez MacLeod avant d'être livré à ses ennemis par l'épouse de ce dernier... Montrose aurait été pendu et démembré selon le sort réservé aux traîtres à cette époque.

🏹🚶 **Knockan Crag :** *entre Elphin et Drumrunie, kiosque sur la gauche en venant de Ledmore (fléché), en surplomb du loch. À 13 miles (21 km) au nord d'Ullapool.* ● *nnr-scotland.org. uk* ● *Pas du tout pratique en bus, mieux vaut être véhiculé. Brochure gratuite sur place.* Le centre d'informations (en libre accès) borde la réserve naturelle d'*Inverpolly.* Grâce à un petit itinéraire pédestre et à des illustrations assez pédagogiques, B.D., panneaux explicatifs et table d'orientation, on apprend pourquoi

BORN IN THE USA

Peut-on imaginer qu'il y a des millions d'années, le nord-ouest des Highlands était relié à... l'Amérique du Nord ? En effet, les Highlands et les Appalaches constituaient à l'origine une seule et même chaîne montagneuse. Ainsi, on peut dire que la géologie en Écosse a plus de points communs avec certaines régions des États-Unis qu'avec l'Angleterre.

les scientifiques considèrent la région comme un site témoin pour la formation géologique du nord de la Grande-Bretagne. Départ de sentiers nature bien balisés. Prévoir de bonnes chaussures et ne pas s'y aventurer par grand vent.

ACHILTIBUIE ET LA PÉNINSULE DE COIGACH

IND. TÉL. : 01854

Achiltibuie (prononcer « Areltiboui », ben oui !) est le principal village de la jolie péninsule de Coigach, entre Lochinver et Ullapool. Des monts aux versants verts en été (couleur rouille en automne) descendent là vers une plage de sable blanc (à Achnahaird), plongent ici vers une côte dont une multitude de rochers se sont détachés pour saupoudrer la mer *(Summer Isles)*. Panorama d'une belle sérénité si le temps est de la partie. Que l'on vienne de Lochinver par la route côtière ou par celle du centre qui longe les lochs Lurgainn et Bad à Ghaill, le plaisir est identique.
– Infos sur ● *coigach.com* ● *achiltibuie.net* ●

Arriver – Quitter

➤ **Achiltibuie-Ullapool :** 2 bus/j. en sem, 1 seul sam, aucun dim. Durée : 1h

env. *D & E Coaches :* ☎ *(01463) 222-444.* ● *decoaches.co.uk* ●

Où dormir ?

Bon marché
(£ 10-25/pers ; 12-30 €)

⚖ **Port a Bhaigh Campsite :** *à Altandhu, à 4 miles (6 km) env à l'ouest d'Achiltibuie.* ☎ *622-339.* ● *por tbhaigh.co.uk* ● *Tte l'année.* £ 15-20 *suivant taille de la tente.* Hyper bien situé, environnement extra, une cinquantaine d'emplacements. Camping très confortable, sanitaires impeccables, machines à laver et à sécher. Chaleureux pub au-dessus, sur la colline (même maison).

🏠 *Youth Hostel Achininver :* à *env 1 mile (1,6 km) à l'est du Summer Isles Hotel (centre du village).* ☎ *622-482.* ● *syha.org.uk* ● *Arrêt du bus d'Achiltibuie-Ullapool à 2 km. En venant du centre d'Achiltibuie, un panneau l'indique sur la droite (petit parking) ; un sentier herbeux, parfois empierré, fendant les fougères, mène jusqu'à l'auberge (500 m). Fin maiaoût. Réception 8h-10h, 17h-22h. Compter £ 18/pers.* Une adorable

maison blanche, face à la mer, pour les routards audacieux aimant les beaux paysages d'Écosse, la solitude et le vent. Intime, coquette, propre, pourvue en eau, électricité et même chauffage. Petits dortoirs proprets de 8 lits au rez-de-chaussée ou à l'étage en soupente. Coin cuisine. Épicerie la plus proche à 4 km. Accueil affable de la responsable. Un vrai coup de cœur, l'une de nos auberges les plus sauvages, un délice pour les Robinsons...

Prix moyens
(£ 50-85 ; 60-102 €)

🏠 *Tigh Uisdean B & B :* 133, Polglass, pas loin de l'hôtel Summer Isles, en contrebas. ☎ 622-401. 🖥 07814-348-553. ● achiltibuiebedan dbreakfast.co.uk ● Doubles £ 60-70. Loc d'un petit cottage également. Résa ultra-conseillée. Merveilleusement situé, voici le B & B à même de remettre sur pied le plus déprimé des humains. 3 chambres cosy *ensuite*.

Récente mais adorable maison toute blanche au toit d'ardoises, accueil sympa. L'endroit idéal pour observer au téléscope le grand large, la noria des bateaux, les oiseaux... Petit déjeuner généreux à partir de bons produits locaux. On n'arrive plus à en partir !

🛏 **Port Beag Chalets :** à *Altandhu.* ☎ *622-372.* ● *portbeag.co.uk* ●

Mars-oct, £ 440-490/sem (4-6 pers) ; nov-déc, £ 340-390 sf Noël-Jour de l'an. 1er mai-11 sept, slt à la sem (mais téléphoner au cas où...). Basse saison, à la nuitée, £ 70-100 (selon nombre de pers). 5 jolis chalets en bois en bord de mer, avec tout le confort souhaité. 2 ou 3 chambres. Cadre lumineux et cosy, superbe cuisine, sanitaires nickel...

Où manger ? Où boire un verre ?

🍴🍷 **Summer Isles Hotel :** à *Achiltibuie.* ☎ *622-282.* ● *summerisleshotel.co.uk* ● *1 mile (1,6 km) avt l'AJ. Pâques-fin sept. Sandwichs £ 6-8, plats env £ 10-25. Seafood platter à partir de £ 25.* L'une des plus belles adresses de la région. Le midi, on est servi au bar, en terrasse ou dans le jardinet aux tables en bois qui surplombe la mer. Au tableau noir, les plats du jour. Délicieux poissons – saumon fumé localement – et fruits de mer, excellentes moules. Le soir, resto également réputé mais assez cher. Pour les nantis, belles chambres face à la mer.

🍴🍷 **Fuaran Bar :** à *Altandhu, à 4 miles (6 km) env à l'ouest d'Achiltibuie.* ☎ *622-339. Tte l'année ; slt à partir de 16h l'hiver. Plats env £ 6-10 le midi et £ 10-18 le soir.* Pub à la déco chaleureuse, qui mêle la pierre et le bois, entre repaire de marins et taverne de touristes échoués. 2 cheminées, gobelets en étain suspendus, lampe tempête, flingue sous verre, faisan empaillé, photos noir et blanc... Au menu, que du frais. Si les pêcheurs ont pu sortir et si vous aimez les grosses crevettes (scampi et *prawns*), c'est ici qu'il faut venir les déguster. Sinon, on y trouve du saumon on ne peut plus local (*smokehouse* à 50 m !). Billard. Belle terrasse avec vue sur les îles Summer, même si ce n'est pas toujours l'été...

🍴🍷 **Achiltibuie Piping School Café :** *Old Village Hall.* ☎ *622-413. Avr-oct. À partir de 11h jusqu'au early dinner. Max £ 10.* En contrebas de la route, grand bungalow marron. Salle plutôt colorée et agréable (belles photos, peintures), avec vue privilégiée sur les oiseaux venant picorer dans leur mangeoire. Vous, vous picorerez un bon repas à prix fort modérés, à partir de produits frais bien cuisinés : lasagnes, *chicken curry, cheese burger* et excellents gâteaux maison...

À voir. À faire

🪴 **Achiltibuie Garden :** *en face du* Summer Isles Hotel. ☎ *622-202.* ● *thehydroponicum.com* ● *Pâques-sept : lun-ven 10h-15h. Entrée : £ 5 ; réduc.* Étonnante visite de cultures hors sol dans un jardin couvert, face à la mer. Légumes, fruits et fleurs. En fait, un beau mélange et surtout un bel exemple de ce que pourrait être l'agriculture de demain. Cette technique d'irrigation utilise en effet un minimum d'eau pour une efficacité maximum. Vente de kits sur place, avec fertilisant et mode d'emploi ; envoi par correspondance possible ! Également une démonstration sur l'efficacité de l'énergie solaire. Agréable cafétéria sous une grande serre.

➢ **Excursion en bateau :** d'Achiltibuie, possibilité de se rendre aux **Summer Isles**. Contacter Ian MacLeod : **Summer Isles Sea Tours,** Post Office, Wester Ross. ☎ *07927-920-592.* ● *summerisles-seatours.co.uk* ● *3 traversées/j. sf dim, d'Old Dorney Harbour, Badentarpet Pier, à 9h30, 12h et 14h30 ; retour à 11h45, 14h15 et 16h45. A/R env £ 25 ; réduc.* On y voit, entre autres, une belle colonie de phoques et de nombreuses espèces d'oiseaux marins.

LES HIGHLANDS

LA CÔTE OUEST

• Carte *p. 415*

ULLAPOOL   1 300 hab.   IND. TÉL. : 01854

• Plan *p. 417*

LES HIGHLANDS

Sur les rives du loch Broom, à une soixantaine de kilomètres au sud de Lochinver, ce dynamique petit port de pêche aux maisons blanches est devenu une importante étape touristique, en même temps qu'un centre de transit pour les voyageurs à destination de l'île de Lewis et Harris. Ne pas manquer le retour des pêcheurs le soir. Certains jours, on aperçoit les phoques.

Arriver – Quitter

En bus

Tous les horaires sont affichés à l'office de tourisme d'Ullapool. Plusieurs compagnies : *Scottish Citylink, Stagecoach, Spa Coaches, KSM, Westerbus...*

➤ **Inverness :** 2-3 départs/j. (1-2 le dim selon saison). Durée : env 1h30. À Inverness, correspondance pour Glasgow et Édimbourg. Liaison avec *Scottish Citylink.* ☎ *0871-266-33-33.* • *citylink.co.uk* • Également 1 départ/j. (sf dim hors saison) avec *Tim Dearman.*

☎ *(01349) 883-585.* • *timdearman coaches.co.uk* •
➤ **Achiltibuie :** 2 bus/j. sf dim. Durée : env 1h. Avec *D & E Coaches.* ☎ *(01463) 222-444.* • *decoaches. co.uk* •
➤ **Lochinver :** 2-3 bus/j. (sf dim hors saison) avec *Stagecoach.* • *stage coachbus.com* • Également 1 départ/j. (sf dim hors saison) avec *Tim Dearman.* ☎ *(01349) 883-585.* • *timdearman coaches.co.uk* •
➤ **Gairloch :** 1 bus direct le jeu en début d'ap-m ; sinon, 1 bus lun, mer et sam jusqu'à Braemore Junction, puis

taxi. Contacter *Ewen's Taxi* (☎ 612-966. 🖥 0780-135-55-10). Durée : 1h45. Avec *Westerbus*, bus n° 707. ☎ (01445) 712-255.

En bateau

➢ **Ligne Ullapool-Stornoway (sur l'île de Lewis) :** *avec Caledonian Mac-Brayne (guichet sur Shore St). ☎ 612-358 ou 0800-066-5000 (résas). ● cal mac.co.uk ●* En principe, tte l'année

1-3 fois/j. selon saison. Compter 2h45 de traversée. Arriver en voiture 45 mn avant (piéton 30 mn). On peut prendre aussi un billet circulaire pour plusieurs îles Hébrides *(Hopscotch ticket).* Compter env £ 19/pers l'A/R. En voiture, ajouter env £ 96 (ne vous plaignez pas, avant, c'était le double !) pour un A/R ; moins cher si le retour passe par l'île de Skye. Sinon, possibilité de laisser la voiture à Ullapool et d'en relouer une à Stornoway.

Adresses utiles

🛈 **Visitor Information Centre** *(plan B2) :* 6, Argyle St. ☎ 612-486. ● *ulla pool@visitscotland.com ● Une rue parallèle au port, derrière Shore St. De mi-mars à mi-mai et sept-oct : lun-sam 9h30-16h30, dim 10h-15h ; de mi-mai à fin août : lun-ven 9h30-18h, sam 9h30-16h30, dim 10h-16h. Fermé de début nov à mi-mars.* Bien documenté, sérieux et efficace. Horaires de bus affichés à l'intérieur. Vend aussi une petite brochure détaillant les sentiers balisés aux alentours.

■ **Banques et distributeurs automatiques** *(plan B2,* **1***) : Royal Bank of Scotland, Ladysmith St ; derrière l'AJ.* Pas de change. *Un autre distributeur à la Bank of Scotland, West Argyle St, angle avec Quay St.* Accepte les principales CB. Possibilité de changer à un bon taux à la *poste.* En dépannage, voir

aussi les boutiques de souvenirs sur Shore St.
✉ **Poste** *(plan A2) : sur West Argyle St.*
@ **Internet** *(plan B2,* **2***) :* **à la bibliothèque municipale** *sur Mill St, artère perpendiculaire à la côte. En été, ouv slt mar, jeu et ven. Gratuit 30 mn sur présentation d'une pièce d'identité. Sinon, chez* **Ullapool Bookshop,** *face au Seaforth.*
■ **Stations-service :** *à la sortie du village, vers le sud.*
■ **Location de vélos** *(plan A2,* **3***) : 7B, Latheron Centre, Latheron Lane. ☎ 613-467. 🖥 07516-473-320. Tlj sf dim 9h-15h (13h sam).* Bon matériel, réparations.
■ **Supermarché Tesco** *(plan A2,* **3***) : Latheron Lane. Lun-sam 8h-21h, dim 9h-18h.* Bien approvisionné.

Où dormir ?

Campings

⊠ **Ardmair Point Holiday Centre & Caravan Site** *(hors plan par A-B1,* **10***) : à 3 miles (5 km) au nord d'Ullapool. ☎ 612-054 ou 404. ● ardmair. com ● Dans le virage, face à la baie. Ouv avr-sept. Env £ 16-18 pour 2 avec tente selon saison, douches chaudes comprises. Loc de chalets 4-6 pers £ 395-600/sem.* Bien situé, sur une bande de terre qui s'avance dans le loch Broom. Bon équipement : machine à laver, sèche-linge, aire de jeux et *coffee shop*-épicerie-boutique de pêche bien approvisionné. Accueil aimable.

⊠ **Broomfield Caravan Park** *(plan A2,* **11***) : West Shore St. ☎ 612-020 ou 612-664. ● broomfieldhp.com ● Prendre la route du rivage et tourner à droite au 2ᵉ croisement. Ouv Pâques-sept. Réception 16h-17h. Compter £ 17-19 pour 2 selon taille de la tente. Réduc pour les stoppeurs et les motards. Douches payantes.* Dans la ville. Il occupe toute la pointe sur le loch. Grand terrain plat et vert, avec de l'espace pour les tentes. Machines à laver et à sécher, sanitaires nickel... Vue superbe sur le loch : on peut guetter le retour des pêcheurs.

NORD

Strathkanaird
A 835
Ardmair
Rhue
Ullapool
Loch Broom
A 835

Scoraig
Gruinard Isle
Badcaul
Little Loch Broom
Badrallach
A 832

Laide
Mungasdale
Badbea
A 832
Coast
Camusnagaul
Dundonnell
A 832

Rua Reidh Lighthouse
Aultbea

Melvaig
B 8021
Inverewe Gardens
A 832
A 832

Poolewe

A 835

Gairloch
Charlestown

Badachro

Loch Maree

Talladale
A 832

Beinn Eighe
Visitor Centre
Kinlochewe
A 832

Beinn Eighe ▲
1010
A 832

Kenmore
Torridon
A 896
Achnasheen

Shieldaig
Annat

A 896

Glen Carron
A 890
Lair

Applecross
Tornapress
Strathcarron

Kishorn
Lochcarron
A 890

Loch Carron
Stromeferry

Duirinish
Plockton
A 890

Kyle of Lochalsh
Balmacara
Ardelve
Dornie
Falls of Glomach

Auchtertyre
Eilean Donan Castle
Inverinate

Skulamus
Morvich
Shiel Bridge

A 851
Glenelg

Cluanie Inn
A 87
Glen Shiel
A 87

Isleornsay
10 km
A 87

LES HIGHLANDS

Ullapool	Lieux traités
Scoraig	Adresses et lieux dans les environs
Laide	Repères

LA CÔTE OUEST DES HIGHLANDS

Bon marché
(£ 10-25/pers ; 12-30 €)

🏠 **Clubhouse de The Ceilidh Place** (plan A-B2, **12**) : 14, West Argyle St. ☎ 612-103. • theceilidhplace.com • Congés : 2 sem en janv. Env £ 21/pers. La partie dite Clubhouse, l'annexe de l'hôtel, se trouve de l'autre côté de la rue (bâtiment tout en longueur avec arcades). Aménagée en chambres doubles ou dortoirs de 4 lits (sans breakfast et pas de cuisine à dispo). Très propre et décoration coquette. Lavabo dans les chambres, w-c à l'étage, douche en bas. Éviter de prendre une chambre près des sanitaires, système bruyant. C'est 3 fois moins cher que les chambres de l'hôtel, certes dotées d'un véritable cachet à l'ancienne mais à classer dans la catégorie « Très chic ». Accueil pro.

🏠 **Youth Hostel** (plan B2, **13**) : 22, Shore St ; sur la petite route menant à Melvaig, dans une jolie maison. ☎ 612-254. • syha.org.uk • Avr-oct. Résa conseillée de début juil à mi-août. Lit en dortoir env £ 20/pers, également des doubles et des familiales £ 42-50 ; ajouter £ 3/pers pour les non-membres. 🖥 📶 En plein centre-ville. Dortoirs (6-8 lits) assez propres. Celui de 6 lits possède sa propre salle de bains. Salon, cuisine, machine à laver et sèche-linge. En prime, jolie vue sur les bateaux qui débarquent.

Prix moyens
(£ 50-85 ; 60-102 €)

🏠 **Eileen and Simon Calder B & B** (plan B2, **14**) : 13, East Shore St. ☎ 613-265. 📱 0797-082-81-48. • whorganics@gmail.com • Résa très conseillée. Doubles £ 60-70. Une adresse originale située dans la rue au bord de l'eau. Cette maison tout en bois possède un potager en hauteur et un jardin adorable qui dévale vers le quai. À l'intérieur, chaleureuse atmosphère et 2 petites chambres croquignolettes avec une salle de bains à partager. Beau style ancien avec de jolies poutres qui, lorsqu'elles ne servent pas à soutenir le plafond (plutôt bas !), font office de lit à baldaquin (ou presque). Bon accueil d'Eileen, qui a son caractère. Elle

connaît la France, mais ne lui parlez pas de Clermont-Ferrand, elle trouve qu'il y pleut trop souvent, un comble pour une Écossaise ! Petit déjeuner extra avec les œufs et les bons produits du jardin.

🏠 **Riverview B & B** (plan A1, **15**) : 2, Castle Terrace. ☎ 612-019. • riverview wullapool.co.uk • Fév-oct. Doubles avec sdb £ 60-70 selon saison. 10 % de réduc à partir de 3 nuits. CB refusées. Maison agréable, dans une rue tranquille, à 5 mn du centre. 3 chambres pas trop grandes mais décor contemporain cosy, excellent confort. TV. Copieux petit déj et accueil cordial.

🏠 **Dromnan Guesthouse** (hors plan par B2, **16**) : Garve Rd. ☎ 612-333. • dromnan.com • Dernière maison sur la droite à la sortie du village en allant vers le sud. Compter £ 80 pour 2, en double ou twin. 🖥 📶 Cette grande maison cossue au bord du loch Broom propose des chambres à la déco soignée et tout confort. Les 2 twins et l'une des 2 chambres familiales ont une belle vue sur le loch. On aime particulièrement la grande véranda devant le loch où est servi le buffet du petit déj.

🏠 **Waterside House** (plan A-B2, **17**) : 6, West Shore St. ☎ 612-140. • waterside.uk.net • À côté de l'Arch Inn. Mars-oct. Double env £ 75. Dans une petite maison au bord du quai, 3 chambres adorables au style cabine de bateau, avec douche/w-c et vue sur l'eau. Accueil charmant.

🏠 **The Arch Inn** (plan A2, **18**) : 10-11, West Shore St. ☎ 612-454. • thear chinn.co.uk • Tlj midi et soir tte l'année. Doubles env £ 75-80, petit déj inclus. L'un des premiers bâtiments construits il y a 200 ans, ancienne auberge et entrepôt de poisson. Oyez, oyez, gentes dames et gentils messieurs, cet excellent pub-resto (voir « Où manger ?... ») loue aussi une dizaine de chambres contemporaines de bon aloi.

🏠 **Eilean Donan B & B** (plan B2, **19**) : 14, Market St. ☎ 612-524. • ullapoolholidays.com • Double £ 70. 📶 Grande demeure toute blanche dans une rue tranquille arborée, à deux pas du centre. 6 chambres pas très grandes, mais impeccables. Cheminée qui crépite aux premiers frimas, garage à vélos. Bon point de chute si tout est complet ailleurs.

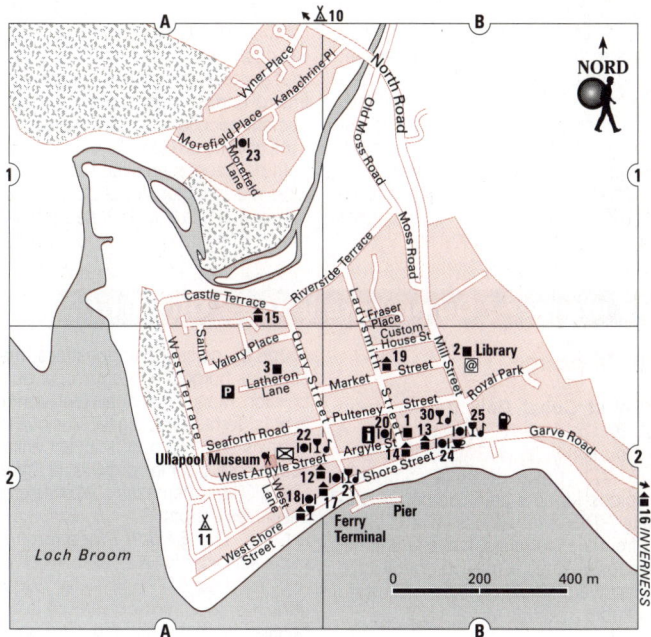

ULLAPOOL

■ **Adresses utiles**

🛈 Visitor Information Centre
1 Royal Bank of Scotland
@ 2 Internet
3 Location de vélos et Super-
  maché Tesco

⚥ **Où dormir ?**

10 Ardmair Caravan Site
11 Broomfield Caravan Park
12 Clubhouse de The Ceilidh Place
13 Youth Hostel
14 Eileen and Simon Calder B & B
15 Riverview B & B
16 Dromnan Guesthouse
17 Waterside House
18 The Arch Inn
19 Eilean Donan B & B

|●| 🍽 ♪ **Où manger ?**
  Où prendre le thé ? Où sortir ?

18 The Arch Inn
20 West Coast Delicatessen
21 Seaforth
22 The Ceilidh Place
23 Mariners
24 Dal Na Mara
25 Ferry Boat Inn

🍷 ♪ **Où boire un verre ?**
  Où écouter de la musique ?

30 Argyll Hotel

Où dormir dans les environs ?

🏠 **Suilven B & B** (hors plan par A1) :
chez Irene et Barry Chislett, à Rhue.
☎ 612-955. ● bvegb.co.uk ● À 3 miles
(5 km) au nord d'Ullapool, repérer le
panneau et le chemin à gauche, c'est
au bout à droite. Tte l'année. Double

env £ 60. Une petite adresse à l'esprit
écolo avec une belle pièce à vivre tout
en bois et une super vue sur le loch
Broom depuis le balcon et le jardinet.
2 chambres qui partagent la salle de
bains avec les proprios. Bon accueil de

la chaleureuse Irene, qui parle un peu le français, mais aussi de Barry, des chats et même du chien ! Également quelques poules, fournisseurs officiels des œufs du petit déj végétarien servi chaque matin. Jolie balade à faire sur la plage caillouteuse et jusqu'au phare. L'un de nos meilleurs souvenirs !

🏠 *Corry Lodge B & B* (hors plan par B2) : *Garve Rd.* ☎ *612-777.* ● *corrylodge-ullapool.co.uk* ● *À env 2 miles au sud d'Ullapool. Ferme parfois à l'automne. Double avec sdb env £ 60.* Ce chalet en bois lambrissé de partout abrite 2 chambres et 1 kitchenette (micro-ondes, frigo) dans un environnement bucolique, fleuri et serein style « ma cabane au Canada ». Très copieux petit déj végétarien avec pain et confitures maison, plus des œufs quand ces dames (les Ulla Poules ?) se sentent en forme. Bon accueil de Lesley et Tony.

Où manger ? Où prendre le thé ? Où sortir ?

Sur le pouce

|●| *West Coast Delicatessen* (plan B2, 20) : *5, Argyle St (à côté de l'office du tourisme).* ☎ *613-450. Tlj sf dim 8h30-17h.* Envie de vous composer un pique-nique à partir de beaux produits ? *This is the adress !* Grand choix de fromages fermiers, fine charcuterie, quiches et gâteaux maison, sandwichs, pains divers, vins du monde entier, café équitable...

Prix moyens (plats £ 8-18 ; 10-22 €)

|●| 🍷 *The Arch Inn* (plan A2, 18) : *West Shore St.* ☎ *612-454. Tlj midi et soir.* Un chouette pub au rez-de-chaussée et quelques tables sur le quai, voilà pour le décor. C'est surtout l'une des meilleures cuisines de la ville. Bon poisson frais local (la sole, par exemple), saumon, haddock, moules, tatin au fromage de chèvre et échalotes, etc. Tout est bon ! Beaucoup de monde et de bruit. Écran vidéo pour le sport et *darts.* Également une salle de resto très classe nettement plus feutrée et moins animée (et plus chère, *of course*). Attention, si vous mangez sur le quai, il faut commander et payer au bar... et s'équiper d'une crème anti-*midges* !

|●| 🍷 🍴 *Seaforth* (plan B2, 21) : *Quay St.* ☎ *612-122. Ouv non-stop 12h (11h30 dim)-21h30.* Une ancienne *smokehouse* reconvertie en un pub-resto sans fioritures. L'un des plus fréquentés de la ville. On mange au bar (tapas, snacks et plats chauds) ou au bistrot, à l'étage, les traditionnels *fish & chips,* soupe de poisson, langoustines, mais aussi les burgers à l'*Angus beef* ou au poisson. Menu en français long comme le bras. Terrasse protégée. Musique live certains soirs au pub, souvent animé. Tout à côté, pour les pressés, le *Chippy Fish & Chips* (même maison) et de grosses tables dehors.

|●| 🍷 🍴 *The Ceilidh Place* (prononcer « kaïli » ; plan A2, 22) : *14, West Argyle St.* ☎ *612-103. Dîner jusqu'à 21h. Fermé 2 sem en janv.* À la fois hôtel, resto, bar et librairie, c'est un lieu écolo, alternatif et sympa, qui centralise aussi tous les événements culturels : expos de peinture, de tapisserie, et concerts certains soirs. Le cadre est très agréable et la cuisine correcte (mais pas vraiment bon marché !). Un lieu incontournable à Ullapool.

|●| *Mariners* (Morefield Motel ; plan A1, 23) : *North Rd.* ☎ *612-161. Du centre-ville, remonter Quay St et emprunter la passerelle. Résa conseillée.* On s'installe soit dans le resto au cadre un poil daté, soit dans le *lounge bar.* Spécialisé dans les produits de la mer. Restaurant dans un hôtel sans charme particulier, mais on y mange une cuisine classique de qualité pour un prix raisonnable. Agréable véranda et bande-son « rock années 1960-70 » plutôt bien choisie...

|●| ☕ *Dal Na Mara* (plan B2, 24) : *17, East Shore St.* ☎ *613-346. Pâques-fin oct, tlj 10h-18h (11h-17h dim).* Une adorable boutique-salon de thé tenue par une mamie très souriante. On y prend le thé (avec de vraies théières) entre les portants de vêtements sud-américains et le minuscule comptoir. Ou alors sur le quai. Il est même permis

de s'installer « sur le mur d'en face ». Bons gâteaux maison *(cake it away)*, soupes et sandwichs.

Chic
(plats £ 15-25 ; 18-30 €)

l●l ❢ ♩ *Ferry Boat Inn (plan B2, 25)* : Shore St ; face au port. ☎ 612-431.

Tlj midi et soir. Musique live jeu à 20h. Un pub connu localement sous le nom de *FBI*. 2 petites salles avec bar, coin cheminée et collection de billets sur les murs. Cuisine de poisson et de fruits de mer de bonne réputation (le soir, c'est plein), mais service quelque peu dépassé en haute saison. *Lemon sole* originale.

Où boire un verre ? Où écouter de la musique ?

❢ ♩ *Argyll Hotel (plan B2, 30)* : 18, Argyll St. ☎ 612-422. *Concerts réguliers, généralement ven-sam, fév-oct.* Couvre beaucoup de genres : le folk, la musique traditionnelle écossaise, les chanteurs à texte, la country et le blues. Quelques mardis dans l'année, *country music* et blues.

À voir. À faire

🏛 *Ullapool Museum (plan A2)* : 7-8, West Argyle St. ☎ 612-987. ● *ullapoolmuseum.co.uk/museum* ● ♿ *Pâques-oct : tlj sf dim 10h-17h sans interruption. Fermé nov-mars (sf sur résa). Entrée : env £ 3 ; réduc. Petit livret en français.*
Dans une ancienne église presbytérienne. Pas d'autel, mais il subsiste la chaire et les lambris. Explique l'établissement du village d'Ullapool en 1788 par la *British Fisheries Society*. Il faut savoir qu'aux XVIIIᵉ et XIXᵉ s la compagnie *British Fisheries* a créé plusieurs ports en Écosse pour exploiter la pêche au hareng. Une stratégie qui a bien fonctionné à Wick, au nord-est des Highlands, beaucoup moins à Ullapool, qui a vite périclité. C'est grâce à l'instauration de la ligne de ferry vers Stornoway dans les années 1970 que le village a été sauvé du déclin.
Le musée évoque aussi l'épisode du voyage d'*Hector,* le premier navire à transporter des émigrants vers la Nouvelle-Écosse, en juillet 1733. Beaucoup émigrèrent dans le Montana, aux États-Unis, où ils devinrent bergers. Émouvantes anecdotes sur leur intégration là-bas. Évocation de la vie des *crofters* et leurs outils traditionnels.
Remarquer également la collection de broderies réalisées pour célébrer le bicentenaire de la ville. Au nombre de 200, elles reprennent les faits marquants de l'histoire année par année. La dernière, *Ulapul 200,* a été commencée par feu la reine mère et achevée par la princesse Anne. Reconstitution d'une salle de classe des années 1960 et belles maquettes de bateau. Vraiment très complet, on y trouve quantité de correspondances. Également un documentaire sur le peuplement de la région au lendemain de la période glaciaire jusqu'à nos jours (casque audio en français) et des expos temporaires.

➢ *Excursions en bateau : Summer Queen* au ☎ 612-472. ● *summerqueen.co.uk* ● *Rens sur le port. Si le temps le permet, Pâques-oct, départ lun-sam à 10h pour le grand tour de 4h et à 14h15 pour le tour de 2h jusqu'à l'île Martin. Compter £ 20-30 selon la durée ; réduc.* Excursions jusqu'aux îles Summer, au cours desquelles on peut apercevoir des phoques, parfois même des dauphins. Même s'il fait très beau, emporter quand même une petite laine. Autre style de navigation avec *Seascape Expeditions* : ☎ 633-708. ● *sea-scape.co.uk* ● *Départs tlj, en été slt. Résa conseillée. Prévoir £ 29 ; réduc.* Sorties en hors-bord pendant 2h jusqu'aux îles Summer via le sanctuaire ornithologique de l'île Martin. Emporter des jumelles et des vêtements chauds.

➤ **L'île de Lewis et Harris :** *rens auprès de la* **Caledonian MacBrayne,** *au terminal du ferry.* ☎ 612-358. ● *calmac.co.uk* ● *Excursions d'une journée en juil-août, mer et ven. Départ à 9h30, retour avt 22h.* Balade d'une journée en bus. Pratique pour ceux qui ont peu de temps. L'île est traitée plus loin dans le chapitre « Les Hébrides extérieures ».

Festivals

– **Beer Festival :** *2de quinzaine de mai.* Musique live.
– **Cider Celebration :** *fin juil.* On lève encore le coude, pour le cidre cette fois. Musique.
– **Loopallu Festival :** *2de quinzaine de sept.* Important événement musical, honoré par *Franz Ferdinand, Mumford & Sons, Scouting For Girls, The Fratellis* et même le *Ullapool Pipe Band.* Superbe atmosphère !
– **Cider & Blues Festival :** *2de quinzaine de sept (concerts à 21h).* Programmation sur Internet.

SUR LA ROUTE DE GAIRLOCH

La route d'Ullapool à Gairloch (90 km environ) longe une succession de lochs, de baies et de cascades : le *loch Broom,* boisé et abrité (depuis la route, remarquable panorama sur l'ample vallée menant au loch), les chutes de *Corrieshalloch Gorge,* le *little loch Broom,* la superbe *Gruinard Bay* et enfin le *loch Ewe* qui jouit d'un microclimat. Idéal pour musarder, d'autant que ce ne sont pas les étapes qui manquent.

Où dormir ?

Campings

⋋ **Badrallach Bothy & Camping Site :** Croft 9, **Badrallach.** ☎ (01854) 633-281. ● *badrallach.com* ● *Un peu avt Dundonnell, prendre une petite route sur la droite (en venant d'Ullapool) sur 7 miles, soit 11 km (c'est indiqué 8,5 miles). Aucun transport en commun. Ouv avr-sept. Env £ 15 pour 2 avec tente.* Déjà, la route qui y mène se révèle l'une des plus sauvages de la région. Très étroite (euphémisme), elle passe un pont médiéval, traverse ensuite une petite forêt aux gros arbres noueux, voire torturés, puis des paysages de grande ampleur. Le petit camping apparaît enfin sur la berge du little loch Broom, loin de tout, avec une vue imprenable sur an Teallach. Les biches ne sont jamais bien loin. Un refuge chauffé au feu de tourbe peut abriter les routards sans souci (prévoir son couchage). Le proprio habite la maison d'à côté, accueil vraiment sympa. Loue également un cottage.

Sanitaires impeccables. Premier prix du camping le plus reculé accordé sans hésitation !

⋋ **Northern Lights Camping :** *à* **Badcaul,** *le long du little loch Broom.* ☎ (01854) 713-379. *Ouv Pâques-début sept. £ 12 pour 2 avec tente. Douches payantes (à pièces !).* Une douzaine de grands emplacements sur une belle pelouse avec vue sur le little loch Broom. Sanitaires bien entretenus. Côté équipement, en revanche, juste un évier pour faire la vaisselle ! Attention aux *midges,* assez féroces ici...

⋋ **Inverewe Gardens Camping & Caravan Club :** *à* **Poolewe.** ☎ (01445) 781-249. ● *campingandcaravanningclub.co.uk* ● *À l'entrée du village, sur la gauche en venant du nord. Ouv avr-oct. Env £ 13-22 pour 2 avec tente selon saison, ajouter env £ 7 pour les non-membres.* Jolies pelouses face au loch Ewe. Bien équipé, mais les emplacements sont assez petits et le tarif un peu élevé. On n'est pas loin des jardins, néanmoins. Sanitaires bien entretenus, machine à laver et sèche-linge. Pour faire ses courses, marché local, au *Village Hall,* les mardi et jeudi.

Bon marché
(£ 10-25/pers ; 12-30 €)

🛏 **Sàil Mhór Croft Hostel :** à Camusnagaul. ☎ (01854) 633-224. ● sailm hor.co.uk ● *Après Dundonnell, à gauche de l'A 832 en allant vers Gairloch (panneau). Fermé de mi-déc à janv. Compter £ 16/pers, petit déj en sus. Chèques de voyage acceptés.* 📶 Petite maison blanche dans un bouquet d'arbres le long de la route. Dortoirs de 4 et 8 lits superposés. Intérieur tout en lambris de bois blanc, bien tenu. Écrans anti-*midges* dans les chambres. Pas de machine à laver mais une *drying room,* indispensable par ici ! Cuisine bien équipée à disposition. Accueil aimable.

Prix moyens
(£ 50-85 ; 60-102 €)

🛏 **Easter Badbea B & B :** à Badbea, *sur l'A 832.* ☎ *(01854) 633-704.* ● *easter-badbea.co.uk* ● *À 3,5 miles (5,6 km) après le* Dundonnell Hotel *en venant d'Ullapool. Double env £ 60. Cottage £ 400-450/sem. CB refusées. Dîner sur résa env £ 13.* Fort belle situation. Dans une maison moderne au bord du little loch Broom, 3 chambres très propres avec douche/w-c et beaucoup de bois blanc. Préférez la n° 1 avec baignoire et vue sur le loch, au même prix que les autres. Séchage des vêtements pour les randonneurs. Salon pour le petit déj avec baie vitrée ouverte sur l'eau et des jumelles pour observer le paysage. Joli petit cottage à louer, face à la baie, vieux de 2 siècles et d'excellent confort. Accueil courtois.

Où déguster thé et pâtisseries ?

☕ 🍴 **Bridge Cottage Café and Gallery :** Main St, à **Poolewe.** ☎ *(01445) 781-335. Tlj sf mer à la mi-saison 10h30-17h ; slt w-e en hiver.* Michael et Connie ont quitté Leeds pour ouvrir ce *coffee shop.* Ils n'utilisent que de bons produits locaux et servent thé et café dans des tasses en grès, en tablier s'il vous plaît, et toujours avec le sourire ! Pour les petits creux, bons gâteaux du jour, le tout garanti bien sûr sans OGM. Également des soupes, sandwichs et patates au four. Petite galerie à l'étage.

À voir. À faire

🥾 **Lael Forest Garden :** *à env 9 miles (14,5 km) au sud d'Ullapool. 2 parkings fléchés à gauche de la route.* Au-dessus de la vallée de la rivière Broom, un parc forestier très agréable, avec tables de pique-nique et sentiers relativement faciles. Visite indispensable aux férus de botanique, car on y trouve des essences peu communes, tant locales qu'exotiques.

🥾 **Corrieshalloch Gorge** (Falls of Measach) : *à env 12 miles (19 km) au sud d'Ullapool. Fléché.* Du parking, deux chemins, l'un plus long, part sur la gauche, l'autre descend en 5 mn jusqu'aux gorges formées à l'époque glaciaire. Traverser ensuite le pont suspendu (pas plus de six personnes dessus, à déconseiller à ceux qui souffrent de vertige : il bouge pas mal...). Puis suivre le panneau « View Point » par un sentier forestier qui surplombe la rivière. On arrive à une plate-forme (là encore, pas plus de six personnes) d'où on profite, en faisant abstraction du vide sous nos pieds (!), d'une vue panoramique grandiose sur la chute qui dévale de 40 m de haut...

🥾 **Scoraig :** *village situé sur la péninsule entre le loch Broom et le little loch Broom.* Les habitants vivent ici en retrait de la société ; aucune route ne permet d'y accéder. Longtemps sans commerce aucun, on y trouve désormais un *B & B* et une galerie d'art. L'électricité est produite à partir des éoliennes.

Si vous tenez à vous y rendre, prenez la petite route (sinueuse à souhait) au départ de Dundonnell, jusqu'à Badrallach, et continuez à pied le long de la côte ; comptez 2h l'aller. Un bateau effectue également la liaison entre Badluarach (de l'autre côté du little loch Broom) et Scoraig les lundi, mercredi et vendredi. Il existe aussi une embarcation appartenant à la communauté qui peut vous faire traverser *(rens auprès de l'office de tourisme d'Ullapool).*

🏃🏃 *Gruinard Bay : entre Ullapool et Gairloch.* Une magnifique baie, ornée d'une bien belle plage et d'une île qui fut le théâtre d'une expérimentation militaire sinistre...

🏃🏃 *Inverewe Gardens (NTS ; prononcer « Ineverriou ») :* **Poolewe,** *Achnasheen, à 7,5 miles (12 km) de Gairloch.* ☎ 0844-493-21-00 *et 22-25.* ● *nts.org. uk* ● *Pour s'y rendre : juin-sept, 3 bus/j. relient les jardins à Gairloch (compagnies Scotbus et Westerbus). Visitor Centre ouv avr-oct : tlj 10h-16h (17h de mi-juil à fin sept). Jardins ouv avr-août tlj 10h-18h ; sept-oct tlj 10h-16h. Nov-mars, jardins ouv tlj 10h-15h, mais Visitor Centre fermé (dans ce cas donation de £ 3 demandée dans la boîte prévue à cet effet). Visite guidée gratuite avec un jardinier de mi-mai à mi-sept, lun-sam à 13h30. Entrée (chère) : £ 10,50 ; réduc. Et parking payant ! À ce prix-là, mieux vaut être motivé.*

L'ÎLE MAUDITE

En 1942, les Britanniques, craignant une attaque bactériologique nazie, firent exploser une bombe à l'anthrax sur l'île de Gruinard, pour tester les dégâts. Tous les moutons furent tués en 3 jours. L'île fut interdite pendant près d'un demi-siècle avant d'être décontaminée efficacement.

On vous conseille évidemment de venir au printemps, surtout quand les rhododendrons sont en fleur, c'est le moment le plus spectaculaire de l'année. Cela dit, cet élégant jardin botanique sur 22 ha renferme des plantes et arbres de tous les continents, dont on ne sait si l'acclimatation est due à la proximité du Gulf Stream ou à l'existence d'un microclimat. On se demande comment de telles plantes arrivent à pousser dans un tel endroit. La balade, fort agréable, peut durer des heures, avec de beaux points de vue sur le loch Ewe. Un bol d'air reposant. Ceux qui ont le coup de foudre pour certaines plantes peuvent en acheter les graines à la boutique (choix parfois limité à certaines périodes). Quelques animations sont proposées pour les enfants.
– Pensez à emporter de quoi vous protéger contre les *midges,* car ces petits moucherons peuvent gâcher la visite, notamment de mai à septembre.

➤ *Loch Kernsary : départ du parking de* **Poolewe.** *En arrivant par le sud dans le village, tourner à droite après le pont. Balade en boucle de 10 km (3h min), essentiellement en basse altitude. Prévoir de bonnes chaussures. Cartes OS Landranger nº 19 ou OS Explorer nº 434 indispensables.* Au début, on longe la rivière Ewe, peuplée de saumons et de truites de mer les premiers mois de l'été. Ensuite, on traverse une forêt de bouleaux et de chênes. Ne pas manquer la bifurcation à gauche indiquée *Kernsary Estate.* Le paysage se révèle d'une exceptionnelle beauté. La fin de l'itinéraire suit le loch Kernsary pour rejoindre la route entre les jardins et le village.

GAIRLOCH

2 300 hab.

IND. TÉL. : 01445

● Plan p. 425

À 56 miles (90 km) au sud d'Ullapool, une bourgade au bord du loch Gairloch qui s'étire sur plusieurs kilomètres : le quartier de *Strath* correspond au village proprement dit, avec ses boutiques et sa poste, et continue plus à l'ouest vers une zone résidentielle le long de la belle route qui conduit à Melvaig ; le quartier d'*Auchtercain* abrite l'office de tourisme et le musée, entre autres ; enfin, le quartier de *Charleston* se situe près du port (autre poste). Plages de sable fin, oiseaux de mer et maisons typiquement écossaises. Signalons enfin que l'eau qui sort du robinet est jaune car elle est sulfureuse !

– *Highland Gathering :* 1er *sam de juil (parfois fin juin).* Danses, épreuves de force, etc.

Arriver – Quitter

En bus et train

➤ *Gairloch-Inverness :* 1 bus/j., le mat (juin-sept, sf dim) avec *Westerbus.* ☎ 712-255. Départ du *Gerloch Old Inn.* Également 1 bus/j., mai-sept avec *Scotbus.* ☎ (01463) 224-410. Compter 2h20 de trajet. Enfin, liaison possible en train entre Inverness et Achnasheen, puis correspondance en bus 2 fois/j. jusqu'à Gairloch.

➤ *Gairloch-Ullapool :* 1 bus lun, mer et sam avec correspondance à Braemore Junction ; 1 bus direct jeu. Avec *Westerbus.* Compter 1h45 de trajet.

Adresses utiles

🔢 **The Gale Centre (Tourist Information** ; plan B1-2) : ☎ 712-071. *Mars-avr et oct : tlj sf dim 10h-16h ; mai-sept : lun-sam 9h30-17h30, dim 10h30-15h30 ; nov-fév : tlj sf dim 10h-15h.* Moderne, très spacieux. Infos sur les hébergements (d'ailleurs affichés en vitrine) et les activités : golf, pêche en mer et en rivière, poney, vélos, etc. Choix de musique écossaise à écouter sur place. Boutique de souvenirs et *coffee shop.* Les lundi et jeudi, dans le centre, petit marché de 10h à 14h30 (produits locaux et artisanat).

■ *Distributeurs :* **Bank of Scotland,** *sur la route en direction du loch Maree, avt le port à gauche.*

– Également dans quelques commerces comme **McColl.**

Où dormir ?

Campings

⛺ *Sands Caravan & Camping (hors plan par A1, 10) :* *sur la route de Melvaig.* ☎ 712-152. ● sandscaravanandcamping.co.uk ● À env 2,5 miles (4 km) de Gairloch, peu après l'AJ. Ouv avr-oct. Résa conseillée. Compter £ 15-17 selon saison pour 2 avec tente ; huttes en bois (wigwams) 3-4 couchages env £ 32-42 pour 2 pers, suivant taille et saison. Caravanes à louer à la sem. 📶 (prohibitif). Site exceptionnel : dans les dunes, derrière la plage. Tentes d'un côté, caravanes de l'autre. Très spacieux : interdiction de planter à moins de 7 m de la tente voisine ! Petit supermarché (mai-septembre) bien approvisionné, petit resto (The Barn Cafe), très agréable. Tables de pique-nique, coin cuisine (payant), laverie, salle de jeux et location de vélos. Beaucoup d'habitués.

⛺ *Gairloch Holiday Park (plan A1, 11) :* *au centre de Gairloch, derrière l'hôtel Millcroft.* ☎ 712-373. ● gairlochcaravanpark.com ● Ouv fin mars-fin oct. Env £ 16 pour 2 avec tente en été. Également 1 dortoir 4 lits £ 15/pers, des mobile homes et 1 cottage 6 pers à louer à la sem. 📶 Dans un environnement très vert, de grandes pelouses avec vue sur la mer et les montagnes. Camping bien équipé, avec machine à laver, sèche-linge et même des fers à repasser pour ceux qui s'ennuieraient un peu ! Accueil sympathique.

Bon marché
(£ 10-25/pers ; 12-30 €)

🛏 **Carn Dearg Youth Hostel** (hors plan par A1, **12**) : *sur la petite route menant à Melvaig (la B 8021).* ☎ 712-219. ● syha. org.uk ● *À env 2 miles (3 km) de Gairloch. Fin avr-fin sept. Env £ 19/pers en hte saison. Également des chambres privées autour de £ 50.* Jolie maison isolée en granit, datant de 1880 et surplombant superbement la mer. Toit tout neuf (l'ancien fut emporté par la terrible tempête de 2013). Dortoirs de 6 ou 8 lits, non mixtes. Salle commune agréable avec cheminée, vieux piano et vue sur la mer. Cuisine bien équipée. Chambres un peu sombres mais assez spacieuses et correctement tenues. Sanitaires impeccables. Laverie. Superbe plage *(Big Sands Beach)* à 5 mn de marche et plein de balades à faire dans le coin. On aperçoit parfois des baleines...

Prix moyens
(£ 50-85 ; 60-102 €)

🛏 **Solas B & B** (hors plan par A1, **13**) : *1, Big Sand, en direction de Melvaig, après avoir dépassé le Sands Camping (sur la B 8021).* ☎ 712-753. 📱 07917-088-819. ● solasbandb.co.uk ● *À peine à 10 mn en voiture du centre. Pancarte indiquant Big Sands ½ mile (à la T-junction, prendre à gauche). Double £ 65.* Merveilleusement situé dans un coin sauvage surplombant la mer, pas loin de la plage, voici un séduisant *B & B* qui mérite bien son titre d'« eco-house ». Construit en bois suivant des normes écologiques, il propose des espaces lumineux totalement ouverts sur l'horizon avec ses grandes baies, une déco chaleureuse, 3 chambres de charme nanties de tout le confort espéré. Terrasse pour des couchers de soleil d'anthologie, beau petit déj, accueil au diapason de Mrs Isabelle Steel. Une belle adresse à prix modérés, c'est dit !

🛏 **Easan Beag** (hors plan par A1, **14**) : *4, Fasaigh Strath, en direction de Melvaig (sur la B 8021).* ☎ 712-296. 📱 07584-812-800. ● easanbeag. com ● *Un peu avt d'arriver à la Youth Hostel, sur la droite. Mai-sept. Double sans ou avec sdb £ 60.* Agréable maison moderne sur une butte avec vue sur l'océan, Skye et les *Torridon Hills.* Chambres cosy, jardin bucolique, environnement serein et accueil gentil comme tout de Mrs Louise McKenzie.

🛏 **Mountain Coffee Company** (plan A1, **15**) : *Strath Sq, Gairloch Village Sq.* ☎ 712-316. ● mountainlodge@gmail. com ● *Doubles avec sdb £ 40-55, petit déj en sus.* Au-dessus du salon de thé éponyme, chambres plaisantes et de bon confort (une avec vue). Excellent rapport qualité-prix, l'aubaine des petits budgets...

🛏 **Lochview** (plan A1, **16**) : *41, Lonemore.* ☎ 712-676. 📱 07719-794-712. ● lochviewgairloch.co.uk ● *À env 1 mile (1,6 km) à l'ouest de la ville, sur la route de Melvaig, fléché sur la droite (ça grimpe), la maison est plus haut, sur la droite. Double avec sdb env £ 70. Également 2 triples.* 📶 Maison moderne perchée à flanc de colline, avec un grand champ devant. 3 chambres spacieuses et parquetées. Sauna et billard. Accueil cordial.

🛏 **B & B Mrs Mackay** (plan A1, **17**) : *Slioch, Lonemore.* ☎ 712-110. ● sylviamackay1@hotmail.co.uk ● *De Gairloch, partir vers Melvaig à l'ouest ; 1 mile (1,6 km) plus loin, prendre la petite route sur la droite (B & B indiqué) ; 800 m plus loin, à flanc de colline, se trouve la maison des Mackay. Fin mai-début sept. Env £ 52 pour 2 ; réduc en mai-juin.* 2 chambres confortables, style jeune fille romantique, donnant sur le jardin ou sur la mer. Salle de bains et w-c dans le couloir. Belle vue et nuits calmes. *Shortbread* maison au petit déj. Accueil très aimable d'un couple de retraités, et l'un des *B & B* les moins chers du coin.

🛏 **Kerrysdale House** (hors plan par B2, **18**) : *à 1 mile (1,6 km) au sud de Gairloch en direction d'Inverness, sur l'A 832.* ☎ 712-292. ● kerrysdalehouse.co.uk ● *Tte l'année. Doubles avec sdb (une à l'extérieur de la chambre) env £ 75-80 selon confort.* Belle et grande ferme du XVIIIe s, retapée avec goût, où règne un esprit très écolo, au milieu des moutons et du bétail. Produits bio et équitables servis au petit déj, recyclage, etc. Les 3 chambres

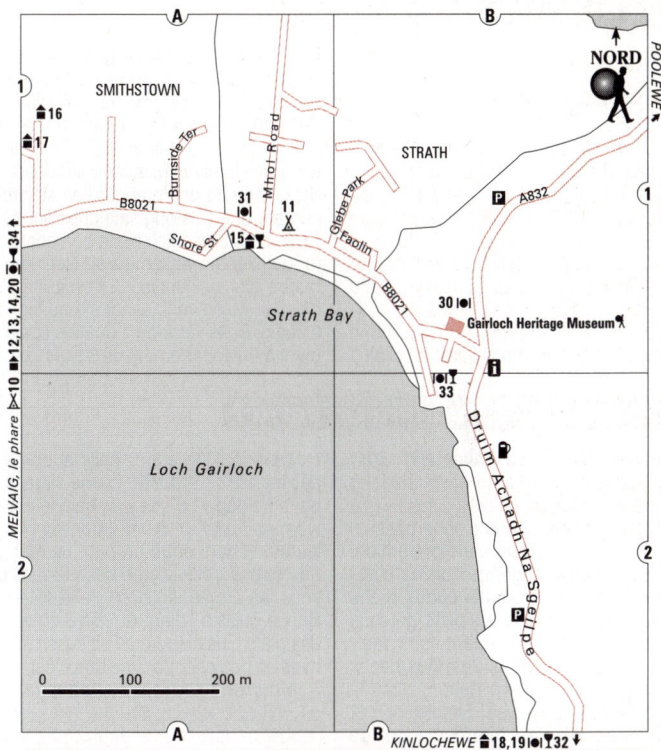

GAIRLOCH

LES HIGHLANDS

■ **Adresse utile**

🛈 The Gale Centre (Tourist Information)

⛺🏠 **Où dormir ?**

10 Sands Caravan & Camping
11 Gairloch Holiday Park
12 Carn Dearg Youth Hostel
13 Solas B & B
14 Easan Beag
15 Mountain Coffee Company
16 Lockview
17 B & B Mrs Mackay
18 Kerrysdale House
19 Heatherdale B & B
20 Rua Reidh Lighthouse Guesthouse

|●| 🍷 **Où manger ?**
Où boire un verre ?

15 Mountain Coffee Company
30 The Steading
31 Spiral Café and Bistro
32 The Old Inn
33 The Myrtle
34 Melvaig Inn

---

sont impeccables. Jardin soigné. Bon accueil des proprios, natifs du coin.

🏠 *Heatherdale B & B (hors plan par B2, 19)* : *Charleston (A 832 sortie sud, sur la gauche venant de Gairloch). Bien indiqué.* ☎ 712-388. ● *heatherda lebandb.co.uk* ● *Double avec sdb £ 75.*

Une solide demeure perchée sur sa colline, à bonne distance de la route. Environnement fleuri et verdoyant, avec une miniterrasse pour les crépuscules flamboyants. Chambres spacieuses et confortables, accueil discret et souriant.

Où dormir dans les environs ?

Plus chic
(plus de £ 125 ; 150 €)

🏠 **Rua Reidh Lighthouse Guest-house** *(hors plan par A1, 20)* : *au bout de la péninsule ; à 12 miles (19 km) de Melvaig.* ☎ *771-263.* ● *stayataligh thouse.co.uk* ● *Pâques-fin oct. Résa indispensable longtemps à l'avance (2 nuits min). Doubles £ 110-140, triple £ 160, familiale £ 200. Appart £ 425-525/sem selon saison.* Au bout d'une des plus belles mais aussi des plus étroites routes des Highlands (éviter absolument les arrivées de nuit !), un phare du bout du monde datant de 1910. Sur une falaise, entre ciel et mer, battues par les vents et baignant dans une lumière éclatante, les dépendances de ce phare encore en activité abritent une très originale *guesthouse*. Chambres agréables et de bon confort (double, triple et familiale). Petit déj-buffet (avec pain maison). Possibilité de dîner, mais prévenir avant (menu fixe à 2 plats). Belle véranda. Location également d'un appartement de 3 chambres.

Où manger ? Où boire un verre ?

🍽️ **The Steading** *(plan B1, 30)* : *Achtercairn (juste à côté du Gairloch Heritage Museum).* ☎ *712-382. Tlj 11h-21h.* Dans une ancienne bâtisse, un petit resto coloré sans prétention, mais offrant une bonne cuisine n'utilisant que des produits locaux d'une belle fraîcheur. 95 % des plats, gâteaux et pain sont entièrement faits maison. Petits box tranquilles. Aux beaux jours, grosses tables dehors dans la mignonne cour pavée. Simple, bon et à prix abordables, que demander de plus ?

🍽️ **Spiral Café and Bistro** *(plan A1, 31)* : *Strath, Gairloch Village Sq (la place du vieux village).* ☎ *712-397. Tlj 12h-21h. Compter £ 20.* Petite salle au cadre moderne, sans style particulier. Après quelques tâtonnements, semble voguer vers une cuisine cherchant à sortir des recettes battues, genre saumon à la vodka sur lit de betterave rouge. Bons haddock de ligne et *sticky toffee pudding*. Service jeune et souriant.

🍽️🍷 **The Old Inn** *(hors plan par B2, 32)* : *à Flowerdale.* ☎ *712-006. Face au port, au sud du village, de l'autre côté de l'A 832. Tlj en saison. Plats £ 6-10 à midi ; formules 2-3 plats £ 25-30 le soir.* On commande au comptoir et on paie tout de suite. Belle auberge, ancien relais de poste, qui se situe au point de départ d'une jolie balade *(Flowerdale Falls)* de 5 km. Intérieur chaleureux réparti entre un pub, un resto, des salons cosy et une belle terrasse, sous les arbres, au bord de la rivière. Bonne cuisine, allant du *fish & chips* à des plats plus élaborés. Fait aussi hôtel mais un peu cher pour ce que c'est.

🍷 **Mountain Coffee Company** *(plan A1, 15)* : *Strath Sq.* ☎ *712-316. Dans le village, dans la partie gauche d'une maison, la droite étant occupée par la librairie-carterie Hillbillies. Avr-oct : tlj 9h-17h30.* Bien pour venir siroter un café et grignoter quelques gâteaux dans l'agréable véranda à l'arrière.

Chic
(plats £ 15-25 ; 18-30 €)

🍽️🍷 **The Myrtle** *(plan B2, 33)* : *Low Rd.* ☎ *712-004. Tlj midi et soir jusqu'à 21h. Compter £ 25.* C'est le resto du *Myrtle Bank Hotel.* Dans une salle au cadre assez banal, découvrez une fine cuisine aux saveurs délicates à prix abordable. Pour un repas plus *light*, bar accueillant. *Beer garden.*

Où manger ? Où boire un verre dans les environs ?

🍽️🍷 **Badachro Inn** : *par l'A 832 (sortie sud), à **Badachro**, sur la rive* | *face à Gairloch.* ☎ *741-255. En été : tlj 12h-minuit ; le reste de l'année :*

tlj 18h-20h30. Résa conseillée. Plats env £ 11-16. L'une de nos adresses préférées dans le coin. Un chouette pub-resto au bord de l'eau dans un tout petit village. Jolie terrasse en bois, grosses tables et environnement idyllique aux beaux jours, véranda et salle pleines à craquer le week-end. Excellente atmosphère et bonne cuisine, avec un menu qui change quasi tous les jours. Un régal. Pour les budgets serrés, sandwichs, burgers et *hot potatoes*.

|●| ♟ *Melvaig Inn (hors plan par A1, 34) : à Melvaig, sur la route du phare,* côté gauche. ☎ 771-212. *Pâques-oct : tlj sf lun-mar 12h-15h, 18h-20h30. Plats env £ 10-18.* Perché sur la falaise. Intérieur tout en bois et fenêtres ouvertes sur le large. Coin salon décoré d'un tas d'objets bizarres et insolites, billard, juke-box, vieux piano et une riche (voire impressionnante) collection de centaines de pochettes de vinyles. Sert notamment du poisson local. Correct globalement. Bons gâteaux et sympathique accueil des proprios anglais (mais d'origine écossaise, tiennent-ils à préciser !).

À voir. À faire

♟ ♟ *Gairloch Heritage Museum (plan B1) : à l'intersection de la route nationale A 832 et de la petite route qui conduit dans le village.* ☎ 712-287. ● gairlochheritagemuseum.org ● *Avr-oct : tlj sf dim 10h-17h (sam 11h-15h). Entrée : £ 4 ; réduc.* Musée intime et chaleureux. Présentation de la préhistoire, l'artisanat, la faune (le fameux chat sauvage des forêts écossaises) et la vie locale d'antan (reconstitution d'un intérieur paysan, d'une salle de classe, d'un comptoir d'épicerie, etc.). Quelques objets et outils insolites, comme les bouées en peau de chien (réputée imputrescible), la polisseuse à pied du cordonnier, l'antique brouette à tourbe, l'alambic clandestin... On peut aussi y voir les différentes façons de tricoter des chaussettes écossaises, des pierres pictes gravées (avec figures de poisson) ou encore le mécanisme et l'impressionnante lampe d'un phare.

■ ♟ *Gairloch Marine Wild Life Centre & Cruises :* ☎ 712-636. ● porpoise-gairloch.co.uk ● *Visitor Centre tlj en saison 9h45-15h. Du port, 2-3 départs/j. en saison (avr-oct). Sorties en mer (d'une durée de 2h) à 10h, 12h30 et 15h. Traduction en français assurée. Résa indispensable. Compter £ 20 ; réduc.* Sur le bateau, ils embarquent de temps en temps une caméra sous-marine. Observation des cétacés (surtout des baleines mink et de rares orques), marsouins, phoques, oiseaux marins et parfois des requins pèlerins *(basking sharks),* le deuxième plus grand poisson au monde après le requin baleine, avec ses 12 m de long et ses 5 t. Au printemps et en été, on l'observe parfois au large de Gairloch, généralement en surface, seul ou en groupe, à la recherche de son alimentation... Que les baigneurs se rassurent, il ne représente aucun danger pour l'homme puisqu'il se nourrit exclusivement de plancton !

■ ♟ *Gairloch Trekking Centre :* chemin privé qui part près du resto The Old Inn, face au port. Le centre équestre est tt au bout. ☎ 712-652. ● gairlochtrekkingcentre.co.uk ● *Mars-oct : tlj sf jeu, 9h30-17h30. Résa indispensable. Prévoir env £ 21/h.* Une trentaine de poneys et de chevaux. Trekking, balade au pas. Cours débutants et activités enfants sur la journée. Environnement charmant.

DANS LES ENVIRONS DE GAIRLOCH

♟♟ *Les plages de Red Point :* après le port, suivre la direction de Shieldaig et la route côtière jusqu'au bout ; c'est à 9 miles (14,4 km) de l'intersection avec l'A 832. De la route, belle vue sur les montagnes de l'île de Lewis et Harris, et de l'île de Skye. Au bout se trouvent deux plages de sable rougeâtre, l'une au niveau du parking, l'autre après environ 1 km de marche le long d'un sentier. Un bel endroit pour pique-niquer.

🏶🏂 *Le loch Maree :* *plusieurs parkings se suivent le long du loch, ils abritent des panneaux explicatifs sur l'histoire de la région ou la faune, et servent de point de départ pour des balades. Mais seul le dernier en venant de Gainloch offre une vue sur le loch.* Il personnifie à lui seul la beauté des Highlands, faite de rudesse et de majesté. Apprécié par la reine Victoria qui séjourna sur ses berges et à qui l'on fit la grâce de donner son nom à de modestes chutes, le loch Maree s'étend sur 20 km. Son nom vient d'un moine du VIIe s (Maol Rubha) qui christianisa la région. Le lac a fait ensuite l'objet d'un pèlerinage, et les malades venaient boire son eau et s'y ressourcer. D'ailleurs, il s'agit d'un des derniers lacs dont l'eau n'est pas polluée, notamment par des élevages de poissons. Ses environs pullulent de cerfs, de *midges*... et de cars de touristes l'été.

🏃 🏂 *Beinn Eighe Visitor Centre :* *le long du loch Maree, côté droit en direction d'Inverness (fléché). En hte saison : tlj 10h-17h.* Centre d'information bien fait, qui apporte tous les éclaircissements sur les montagnes des environs. Petits sentiers familiaux et pédagogiques tout autour. Tables pour pique-niquer. Vous trouverez le long du loch Maree les parkings d'où partent les sentiers de randonnée vous menant sur les pentes du *Beinn Eighe (1 010 m).*

TORRIDON
90 hab.　　　　　IND. TÉL. : 01445

La route qui part de Kinlochewe vers Torridon est fantastique. Large vallée pour randonneurs, encaissée entre de hauts massifs granitiques semés d'une lande austère. C'est tellement beau que, pour mieux assurer la protection du site, on en a fait un parc naturel.

Arriver – Quitter

➢ *Torridon-Achnasheen* (sur la ligne de chemin de fer Inverness-Kyle of Lochalsh) *: Postbus* n° 91, 1 fois/j. (sf dim).
➢ *Torridon-Shieldaig* et

Applecross : avec le *Postbus* n° 92, 1 bus/j. (sf dim).
➢ *Torridon-Shieldaig :* *Postbus* n° 131 qui relie Lochcarron et Strathcarron, 1/j. (sf dim). Trajet : 50 mn.

Infos utiles

– *Infos touristiques :* ● *visittorridon. co.uk* ●
– *Attention,* les stations-service les plus proches se trouvent à Kinlochewe

et Lochcarron !
– *Ravitaillement :* épicerie bien fournie à Shieldaig *(à 7 miles, soit 11 km, de Torridon).*

Où dormir ?

Camping

⚠ *Terrain de camping municipal :* *juste avt l'AJ et en face du Countryside Centre. Tentes slt. Gratuit.* Un coin de champ souvent boueux avec un bloc sanitaire à l'extérieur (douches chaudes). Un coin à *midges.*

Bon marché
(£ 10-25/pers ; 12-30 €)

🛏 *Torridon Youth Hostel :* *à l'entrée est du village.* ☎ 791-284 ou 0870-004-11-54. ● *syha.org.uk* ● *Ouv mars-oct. Env £ 20-23/pers, twin £ 46. Petit déj et dîner possibles. Résa longtemps* à l'avance en saison. 🖥 📶 (payant). Auberge très bien tenue et agréable à vivre. C'est spacieux, donc on ne se marche pas dessus, et bien équipé. Mention spéciale pour la grande cuisine et le séchoir à vêtements, bienvenu pour les randonneurs dans ces contrées à la météo capricieuse. Personnel accueillant.

Chic
(£ 85-125 ; 102-150 €)

🛏 **Torridon Inn :** à **Annat,** à 1,5 mile (2,5 km) de Torridon en direction de Lochcarron. ☎ 700-300 et 791-242. ● thetorridon.com ● En fév-mars et nov, ouv slt jeu-sam. Fermé déc-janv. Double env £ 110, petit déj inclus ; dégressif à partir de 3 nuits. Également des familiales (jusqu'à 3-6 pers avec lits superposés). Établie dans les communs du relais de chasse, derrière

le Torridon Inn Restaurant, l'auberge compte une douzaine de chambres avec salle de bains, épurées mais confortables (excellente literie).

Coup de folie !

🛏 **The Torridon :** à **Annat,** à 1,5 mile (2,5 km) de Torridon en direction de Lochcarron. ☎ 700-300 et 791-242. ● thetorridon.com ● De mi-mars à oct. Doubles classiques £ 200-235 selon saison, petit déj inclus ; promos et forfaits sur Internet. D'autres chambres plus chères. Planté face au loch, ce lodge de chasse aux allures de château a été bâti dans les années 1880 pour le comte de Lovelace. L'établissement abrite des chambres ultra-confortables classiques ou contemporaines et aux associations de couleurs et de motifs parfois... osées. Également un bar doté de quelques beaux flacons (voir plus loin « Où boire un verre ? »).

Où manger ? Où boire un verre dans le coin ?

|●| 🍷 **Torridon Inn Restaurant :** à **Annat.** ☎ 791-242. Tlj. Plats £ 11-17 le soir ; attention slt fish & chips, sandwichs et soupes le midi. La carte fait honneur aux produits locaux ; d'ailleurs, rien ne vient de plus de 100 km à la ronde ! Les fruits et légumes sont cultivés sur place, dans le grand jardin clos qui s'étire derrière l'hôtel (une balade sympa). Cadre chaleureux, surtout dans la partie donnant sur le parc et le loch en arrière-plan. Vins au verre et bonne sélection de bières. Le côté pub s'anime chaque soir près du billard.
|●| 🍷 **The Whistle Stop Café :** Hickman Park, à **Kinlochewe,** à 10 miles (16 km) à l'est de Torridon. ☎ 760-423. Au début de la route de Torridon. Avr-oct slt, tlj sf dim 9h-21h sans interruption. Résa conseillée le soir. Plats env £ 10-18. Pas d'alcool, mais on peut apporter sa propre bouteille. Un petit café-resto en tôle ondulée de couleur verte, plus un intérieur chaleureux

avec parquet, vieux poêle à bois, coin canapé et jeux pour enfants. La proprio, une femme de caractère, a du métier : elle propose de très bons plats du jour, inventifs, frais et préparés à la commande. Poisson délicieux et desserts succulents (le recommander pour le teatime). On n'a vraiment pas envie de siffler la fin de la partie !
🍷 **The Torridon :** dans l'hôtel de luxe (voir coordonnées plus haut dans « Où dormir ? Coup de folie »). Bar ouv aux non-résidents 11h-18h, mais, en saison, ils doivent dîner au resto. Demandez les prix, en principe autour de £ 10 le single shot, les plus rares dépassent même £ 30 ! Les amateurs de whisky feront un tour au magnifique bar avec son cadre cossu et ses fauteuils en cuir, où ils trouveront une sélection de quelque 350 single malt. Belle collection de gin également. Accueil un peu guindé, normal c'est quand même une adresse très classe.

LES HIGHLANDS

À voir. À faire

🥾 🚶 **Countryside Centre** (NTS) : en face du camping, au bord de la route principale. ☎ 0844-493-22-29. Pâques-sept : tlj sf sam 10h-17h. Donation bienvenue.

Mini-expo agrémentée d'un audiovisuel un peu scolaire sur la faune et la flore de la région. Une courte balade (10 mn) mène jusqu'au bord du loch, à un *deer park* où s'ébattent des cerfs et à un enclos où paissent vaches des Highlands et chevaux.

➤ Nombreuses autres **balades** possibles : roches style canyon, montagnes pelées, torrents. Possibilité de promenade pour une journée avec ranger en juillet-août. S'adresser au *Countryside Centre* ci-avant.

DANS LES ENVIRONS DE TORRIDON

𝆏𝆏𝆏 *La route Torridon-Shieldaig-Applecross,* qui longe la côte puis s'élève dramatiquement, est superbe. Stop difficile, mais paix garantie. En voiture, compter 2h30, voire plus selon la fréquentation en été : il faut alors attendre son tour aux *passing places.*

SHIELDAIG *(IND. TÉL. : 01520)*

Adorable village de pêcheurs, avec une île au milieu d'une jolie baie et des moutons qui déambulent dans les rues ! Le site est un véritable paradis pour les amoureux de la nature ; on aperçoit de temps en temps des marsouins s'ébattre dans les eaux. On peut photographier des phoques, pêcher le saumon en eau douce et la morue en eau salée. Bouquins, topos et cartes à l'*épicerie* : *lun-sam 9h-13h, 14h (13h30 sam)-19h ; dim 10h-13h, 13h30-17h30.*

Où dormir ? Où manger ? Où boire un verre ? Où écouter de la musique à Shieldaig et dans les environs ?

⛺ Possibilité de **camper** sur une terrasse dominant le village et le loch Shieldaig. Eau potable, mais toilettes publiques en bas de la côte, au début de Main St. Terrain non payant, on compte sur votre bon cœur.

🛏 |●| **Guesthouse Rivendell :** *chez Mr et Mrs Taylor, Main St ; juste après l'hôtel.* ☎ *755-250.* ● *stevecarter. com/ansh/rivendell.htm* ● *Tte l'année. Double avec sdb £ 70.* Longue maison couleur crème au bord du loch, qui propose 6 chambres, quasi toutes avec vue sur le loch Torridon. La plus grande, au-dessus du resto, possède beaucoup de charme, un salon et une vue privilégiée (et même prix). Au menu du resto (ouvert à tous) : langoustines, saumon fumé, plateau de fruits de mer et viandes locales. Accueil délicieux et aristocratique de Tom et Marylin Taylor.

🛏 **Hillcroft B & B** *(chez Carolyn McCulloch) :* **sur la route principale, une des premières maisons sur la** gauche en venant de Torridon, repérer une maison blanche avec véranda. ☎ 755-313. 📱 07595-433.921. ● ste vecarter.com/JS/hillcroft.htm ● Tte l'année. Double £ 70. CB refusées. Bien situé, à 10 m de la route, accroché à la montagne. Carolyn, l'adorable propriétaire, propose 2 chambres pimpantes plus ou moins spacieuses avec salle de bains (l'une attenante, l'autre privée à l'extérieur) et à la déco moderne. Elles possèdent une vue sur le loch au loin. Agréable véranda où est servi le petit déj pour un réveil en douceur, les yeux tournés vers le large, et terrasse sur *deck* pour l'apéro au coucher du soleil.

|●| 🍷 ♪ **Tigh an Eilean Hotel :** *Main St.* ☎ *755-251. Pâques-fin oct. Tlj en été 12h-14h30, 18h-20h30. Au bar, sandwichs et snacks £ 5-8 ; également de délicieux plats chauds £ 9-15.* Maison blanche abritant un bar à prix doux et un resto un poil plus cher servant une cuisine locale. Plats

du jour au tableau noir. Musique live, en principe le samedi soir en saison, et billard : enfin un peu d'animation à Shieldaig !

Plus à l'ouest

⌂ |●| *B & B Chracaich*, **MacIver Shellfish** *(Tigh a' Chracaich) :* à env 8,5 miles (13,6 km) à l'ouest de Shieldaig, 500 m avt **Kenmore**, sur la droite (repérer le panneau « Shellfish »). ☎ 755-367. ● lochtorridon.net ● Avr-oct. Résa conseillée : dans cette région, les B & B ne courent pas les routes. Double env £ 60. Pas de dîner.

Cottage £ 500-750/sem selon saison. Maison familiale où l'on vous accueille à bras ouverts. Environnement extra, vaste pelouse devant, et l'un des plus beaux panoramas du coin. Seulement 2 petites chambres avec salle de bains (l'une de l'autre côté du couloir). Du salon, on aperçoit le bateau de pêche du chef de famille. Bien sûr, saumon fumé maison et haddock au petit déjeuner. La famille a également construit un cottage abritant 2 chambres, salle de bains et salon avec vue privilégiée sur la mer. Infos sur ● lochtorridon.co.uk ●

APPLECROSS *(IND. TÉL. : 01520)*

À 25 miles (40 km) au sud-ouest de Shieldaig. Posé au bord de la mer, Applecross s'intègre dans un beau coin de nature. Deux plages de sable, l'une à 8 km avant le village en venant du nord, l'autre à l'entrée, offrent une belle halte pour observer les oiseaux ou tout simplement pour pique-niquer si le temps est de la partie (épicerie dans le village). À moins d'opter pour l'un des bons restos du coin.
– Infos sur le site ● applecross.uk.com ●

Adresses utiles

🛈 *Visitors Centre :* à l'entrée du village, dans la rue principale, sur la gauche. Juil-août : lun-sam 10h-17h30, dim 10h30-17h ; horaires plus restreints avr-juin et sept-oct. Fermé nov-mars.

■ *Station-essence :* face au Visitors Centre. Paiement par carte.

Où dormir ? Où manger ?

⚐ *Applecross Campsite :* à la sortie du village en direction de Lochcarron. ☎ 744-268. ● applecross.uk.com/campsite ● Ouv avr-oct. Réception 9h-12h, 15h-20h. Selon saison, £ 15-20 pour 2 avec tente ; cabins £ 45 pour 1-2 pers selon j. de la sem (plus cher le w-e). ▭ Belle pelouse où planter sa tente. Les cerfs viennent s'y promener certains matins. Atmosphère relax (pas de réseau pour les portables !). En revanche, les amateurs de silence éviteront le dernier w-e de juillet because of les Applecross Games (les autres adoreront !). Les cabins en bois ne sont rien d'autre qu'une « tente en dur », comme dit le proprio : matelas, table et chauffage. Tearoom (tlj 9h-22h mai-sept) sous une grande serre fleurie (parfait quand il pleut...). Plats à emporter, et même croissants au petit déj !

⌂ *Hartfield House :* à 2 miles (env 3 km) d'Applecross. Accessible par une route sur la gauche avt l'entrée du village quand on vient du nord (attention, route un poil rough et quelques nids-de-poule). ☎ 744-333. ● syha.org.uk ● ♿ Ouv de Pâques à mi-oct. Réception 8h-10h, 16h-21h. Dortoirs ou chambres £ 22-30/pers selon nombre de lits (1-4). Petit déj en sus. 📶 AJ installée dans une vaste résidence en crépi blanc et huisseries bleues (ancien relais de chasse), en pleine campagne de rêve, au pied de la montagne. Les hébergements sont répartis entre la maison principale et le cottage. Bonne literie, cuisine, salon TV. Tout est impeccable. Et même les cerfs qui s'invitent dans

LES HIGHLANDS

le décor en fin de journée. Accueil très avenant.

🏠 ⓘⓞⓘ **The Applecross Inn :** *en bordure de mer.* ☎ 744-262. ● *applecross. uk.com/inn* ● *Double £ 130 ; réduc à partir de 2 nuits ; ttes avec vue sur la mer. Plats £ 10-23.* LE pub du coin, simple, avec quelques bancs et tabourets en bois, mais réputé pour sa table, le chef aurait fait ses armes dans quelques grandes maisons londoniennes (collectionne les *awards*). 7 belles chambres également. L'adresse est fréquentée autant par les touristes que par les locaux (en haute saison, parfois des embouteillages devant !). Difficile parfois de se frayer un chemin et attente dans ce cas (très) longue, mais une fois les plats arrivés, c'est un festival : *haggis* flambé, langoustines, huîtres et autres magnifiques fruits de mer pêchés dans le coin. Légumes du jardin. Pas donné mais vraiment bon et extra-frais. Par beau temps, on s'attable au bord de l'eau, avec une vue magnifique sur Skye et Raasay. Souvent, le soir, le pub est super animé, et des concerts de musique écossaise

réchauffent encore plus l'atmosphère (info indispensable pour les sommeils légers).

ⓘⓞⓘ **The Potting Shed Café** *(Walled Garden) : avt le village en venant du nord, fléché sur la gauche.* ☎ 744-440. *Ouv avr-sept, tlj 8h30-20h30 (à partir de mi-sept, petit déj à 10h),* Café Menu *12h-20h30. Plats £ 11-15 midi, £ 17-20 soir.* 🛜 Le projet a débuté par la restauration d'un vieux potager clos de hauts murs, façon jardin de curé. Superbement fleuri, planté d'arbres fruitiers et de légumes, il approvisionne aujourd'hui directement le restaurant : difficile de faire plus frais et le circuit plus court ! Les poissons et fruits de mer ne viennent pas de beaucoup plus loin. Et les desserts sont maison. Tables à l'intérieur pour les jours de pluie ou grosses tables en bois à l'extérieur. Musique live certains soirs en saison. Une halte sympa, pleine de sérénité. Possibilité de louer aussi un joli cottage à 3 km, avec 2 chambres, cuisine équipée et tout le confort espéré *(£ 120 la nuit).*

À faire

■ **Mountain and Sea Guides :** *kiosque à l'entrée d'Applecross, sur la droite.* ☎ 744-394. ● *applecross.uk.com/msg* ● *Avr-oct.* Location de kayaks de mer simples ou doubles, de VTT, sorties escalade, randos en montagne... des activités de plein air pour profiter au maximum d'une nature généreuse.

➢ **La route Applecross-Lochcarron :** magnifique panorama sur les îles de l'ouest (Rona, Raasay et Skye) au col de *Bealach-na-bo,* entre Applecross et Kishorn, à condition qu'il fasse beau, bien sûr. C'est l'une des routes les plus élevées d'Écosse, à plus de 600 m d'altitude. Route spectaculaire, très étroite, tout en lacet, émotions garanties... Du coup, en hiver, la section entre Applecross et Lochcarron est souvent fermée.

LOCHCARRON   900 hab.   IND. TÉL. : 01520

Petite bourgade charmante de la région du Wester Ross, nichée au bord du loch du même nom. Tout un éventail de belles balades autour. Golf en bordure du cimetière et des soirées très (trop ?) tranquilles.

Infos utiles

– Vous trouverez la **poste**, la **supérette**, la **Bank of Scotland**, la **station-service**, ainsi que la plupart des **B & B** sur Main St.

Où dormir ? Où manger ?

Prix moyens
(£ 50-85 ; 60-102 €)

🛏 *The Old Manse Guest House :* Church St. ☎ 722-208. ● *theoldman selochcarron.com ● À West End, à 500 m env de la route principale, sur la gauche, direction Slum Bay. Doubles avec sdb £ 65-75. Repas (sur résa) à base de produits frais, £ 12-15.* Une *manse* désigne un ancien presbytère. Idéalement située face au loch et avec devant un jardin au gazon fraîchement tondu, la maison, aux pierres apparentes, abrite 5 chambres. Les 2 plus chères, nettement plus spacieuses, bénéficient de la plus belle vue ; l'une d'elles dispose même d'une baignoire à pieds. Accueil stylé.

🛏 *Pathend B & B :* Main St. ☎ 722-109. ● *pathend-lochcarron.co.uk ● Tte l'année. Double £ 80. Possibilité de dîner et packed lunch.* 🛜 Dans une maison jumelée, à l'architecture victorienne typique, face au loch Carron. Atmosphère très XIXᵉ s, avec son vénérable mobilier ancien, la cheminée en bois sculpté, les murs tendus de velours rouge... 2 chambres assez spacieuses et douillettes, avec salle de bains privée à l'extérieur ou attenante. L'une peut accueillir 3 personnes. Au petit déj, pain et confitures maison pour changer du *full Scottish breakfast.* Accueil charmant du jeune couple Helen et Adrian.

🍽 *Waterside Café :* Main St. ☎ 722-303. Lun-sam 9h-20h, dim 10h-16h. Sandwich env £ 5, plat autour de £ 9. CB refusées. Resto populaire et animé, au décor banal. Au petit déj, les affamés opteront pour le méga *Scottish breakfast.* Le midi, misez sur les sandwichs, *baked potatoes* et autres burgers (grand choix) ; à 4 heures, sur les pâtisseries ; le soir, sur les petits plats maison. Tout est fait à la commande, alors soyez un peu patient. Terrasse en bord de loch sympa.

Où dormir ? Où manger dans les environs ?

🛏 *Gerry's Achnashellach Hostel :* Craig Achnashellach, à env 10 miles (16 km) de Lochcarron, sur l'A 890 en direction d'Inverness. ☎ 766-232. ● *gerryshostel-achnashellach. co.uk ● Bien signalé sur la route. Tte l'année, mais oct-avr sur résa slt. Env £ 17/pers avec son propre duvet (sinon, ajouter £ 1) ; double env £ 20/pers. Également des familiales (5 pers).* 🛜 AJ privée, genre gîte, où la salle commune sent bon le feu de bois. Fauteuils pour accueillir cyclistes et randonneurs harassés. Gerry, qui a ouvert ce havre de paix il y a déjà un bail, est très sympa. Certes, confort très rudimentaire, mais on retrouve ici le véritable état d'esprit *roots* de la randonnée et de la route. Petite épicerie de dépannage installée sur 2 rayons de bibliothèque ! Attention aux *midges* l'été.

🍽 *Kishorn Seafood Bar :* Kishorn, à 4 miles (6,5 km) à l'ouest de Lochcarron. ☎ 733-240. Avr-oct : tlj 10h-21h (17h dim). Pas de résa possible en journée, slt pour le soir. Petite baraque en bois bleu ciel, posée au bord de la route et spécialisée dans le poisson et les fruits de mer. Goûter au *Blasan Bradan* (4 façons d'accommoder le bon saumon local). Une vraie cure d'iode ! Une poignée de tables à l'intérieur ou une agréable petite terrasse avec vue sur le loch Carron.

LES HIGHLANDS

DANS LES ENVIRONS DE LOCHCARRON

🍴 *Attadale Gardens :* à Strathcarron, à env 7 miles (11 km) de Lochcarron vers Kyle of Lochalsh. ☎ 722-603. ● *attadalegardens.com ● Tlj sf dim avr-oct 10h-17h30. Entrée : £ 6 ; réduc.* Commencés à la fin du XIXᵉ s. Pour les fans de jolis jardins, dans un environnement idéal, une sympathique halte pour admirer des arbres du monde entier, des rhododendrons centenaires, un jardin japonais, de nombreuses variétés de plantes subtropicales et aquatiques, etc. Mon tout enrichi de sculptures diverses et d'un immense cadran solaire.

PLOCKTON
380 hab.   IND. TÉL. : 01599

Plockton est un joli petit port, arrimé à l'un des plus beaux paysages d'Écosse (d'où la fréquentation très touristique des lieux). Une baie nichée à l'intérieur du vaste loch Carron, tournant le dos aux vents d'ouest. Le site est protégé par des collines boisées d'où émergent les tours crénelées d'un château. Le site de Plockton jouit d'un microclimat et d'une certaine douceur que l'on ne retrouve pas près des autres lochs. L'unique rue de ce coquet village est bordée d'une poignée de maisons aux jardinets verts et fleuris où poussent même des palmiers – maisons d'un côté de la rue, jardinets de l'autre, contre le loch. Deux petites îles somnolent dans la baie. L'une est accessible à pied à marée basse.

Arriver – Quitter

La gare est située à env 1 km du centre, et les bus s'arrêtent non loin, face au lycée. Après, on finit à pied (10 mn).
➢ **En bus : Plockton-Kyle of Lochalsh,** pour Plockton, il faut déjà rejoindre Kyle depuis Inverness ou Fort William (avec *Citylink*), puis 3 bus/j. avec *Stagecoach*, 8h30-15h20 ; sens retour 8h45-15h45. ☎ *0871-200-22-33.* ● *stagecoachbus.com* ● De Kyle, on peut aussi prendre le petit train jusqu'à *Plockton* (voir ci-après).
➢ **En train : Plockton-Inverness,** 3-4 trains/j. lun-sam selon saison, 2 le dim. La *Kyle Line* est réputée comme étant l'une des plus belles du Royaume-Uni. Superbes paysages. Billet moitié moins cher en réservant à l'avance. ● *scotrail.co.uk* ●

Où dormir ?

Bon marché
(£ 10-25/pers ; 12-30 €)

🛏 **Station Bunkhouse :** *Nessum Dorma,* face à la gare. ☎ *544-235.* ● *plockton.com* ● *mickcoe@btinternet.com* ● *Tte l'année. Compter £ 15/pers.* Pile poil face à la gare (de l'autre côté de la voie ferrée), cette AJ privée (une petite maison), à l'intérieur vieillot, abrite des dortoirs de 4 ou 6 lits (chacun sa salle de bains), une cuisine et un salon donnant sur les rails. Possibilité de laver son linge et *drying room.* Rassurez-vous, le dernier train passe vers 20h ! La proprio fait également *B & B* dans la maison d'à côté.

Prix moyens
(£ 50-85 ; 60-102 €)

🛏 **B & B chez Jane Mackenzie :** *32, Harbour St.* ☎ *544-306.* ● *plocktonbandb.co.uk* ● *Doubles £ 70-80 selon saison.* 📶 Petite maison en pierre brune toute mignonne, abritant 3 chambres mansardées dont une petite *single* partageant une salle de bains avec l'une des 2 doubles. C'est charmant et cosy et, surtout, la vue sur le port est superbe ! De plus, bon accueil et très bon petit déj, avec salade de fruits frais et gaufres maison !

🛏 **B & B an Caladh :** *25, Harbour St.* ☎ *544-356.* ● *plockton.com* ●

Compter £ 65-80 pour 2. 🛜 Face au loch, dans une maison blanche aux fenêtres vertes. Madame parle le gaélique et monsieur... un peu le français. 3 chambres mansardées aux meubles anciens en pin, fort agréables. 2 d'entre elles regardent la mer. Également un joli jardin face à la mer, avec une table et des chaises pour rêver et/ou boire l'apéro à son aise.

🛏 **Tomacs :** *chez Mrs Jones, Frithard Rd.* ☎ *544-321.* ● *plockton. com* ● *Double £ 60 avec sdb (extérieure ou attenante).* En grimpant vers ce paisible quartier pavillonnaire (dans le prolongement de Harbour St), on perd la vue sur le port, mais pas celle de la mer (au loin), depuis l'une des 2 chambres. Petites, elles sont toutefois très bien tenues. Un bon rapport qualité-prix et un accueil chaleureux.

🛏 **B & B Sheiling :** *à Rhu, The Sheiling.* ☎ *544-282.* ● *lochalsh.net/ shieling* ● *De Harbour St, prendre sur la droite Cooper St, puis encore à droite en passant devant la poste, jusqu'au bout de la pointe de terre. Pâques-oct. Double £ 65 avec sdb (extérieure ou attenante). CB refusées.* Maison fort bien située et entourée d'un jardinet fleuri. À l'intérieur, 2 chambres colorées, avec moquette et TV. Pas de problème de choix : les 2 ont vue sur l'eau (du moins à marée haute), même si ce n'est pas du même côté ! Juste à côté, beau cottage au toit de chaume, le dernier dans le coin.

Où manger ? Où boire un verre ?

Prix moyens (plats £ 8-18 ; 10-22 €)

|●| **Plockton Shores :** *30, Harbour St ; contre l'épicerie du même nom.* ☎ *544-263. En saison : tlj sf dim-lun, midi et soir ; mars-nov : mer-sam.* L'un des bons restos du village. On y sert aussi bien de la viande que des poissons et fruits de mer, ainsi que des options végétariennes. Accueil agréable, service efficace et cadre un poil design avec parquet, banquettes noires et chaises couvertes de suédine, mon tout égayé de quelques tableaux. Parfait pour un bon dîner en amoureux, mais aussi pour un *scone* et un cappuccino dans la journée.

|●| 🍷 **Plockton Inn :** *Innes St ; à l'entrée du village, dans la rue menant au port.* ☎ *544-222. Musique live mar (à partir de Pâques) et jeu (tte l'année), au bar, à 21h.* Hôtel-resto sympa avec une petite salle à manger chaleureuse, où l'on se presse autour de grosses assiettes de fruits de mer. Si c'est complet, on peut manger dans la salle du bar (très animée certains soirs !) avec le même menu. On a bien apprécié les langoustines du loch et le *haggis* (disponible en version végétarienne). De plus, ils possèdent leur propre fumoir.

|●| 🍷 **Plockton Hotel :** *41, Harbour St.* ☎ *544-274. Tlj. Musique traditionnelle le mer à 21h en été.* Encore un hôtel qui possède un pub bien vivant, notre endroit préféré du village, en fait, pour boire un coup, d'autant qu'on peut aussi s'installer dans le petit jardin de l'autre côté de la route, face au loch. Également une partie resto bien sûr, correcte, avec au menu plateau de fruits de mer et steak au whisky !

À faire

■ **Calum's Plockton Sealtrips :** *32, Harbour St.* ☎ *544-306.* 📱 *07761-263-828.* ● *calums-sealtrips.com* ● *Adulte : £ 10 ; réduc. Avr-oct, tlj, 4 départs/j.* Balade en mer de 1h sur le *MV Sula Mhor* pour observer les phoques. On vous rembourse si vous n'en voyez pas.

KYLE OF LOCHALSH

740 hab.   IND. TÉL. : 01599

Petit bourg sans intérêt particulier, au centre d'une région renommée pour la beauté de son littoral particulièrement montagneux et entrecoupé de lochs très semblables aux fjords norvégiens. Kyle of Lochalsh est surtout connu comme point de passage vers l'île de Skye grâce à son pont. Si vous arrivez par le train, un bus vous conduira pour une somme modique de l'autre côté du détroit. Vous pouvez aussi le faire à pied (compter alors un peu moins de 10 km).

Arriver – Quitter

🚂 *Pour Inverness :* par *Plockton, Strathcarron, Achnasheen.* En principe 4 trains/j. (2 le dim). Env 2h30 de trajet.

Adresse utile

🛈 *Kyle Tourist Info Centre : en plein centre du bourg, sur une placette piétonne un peu en retrait de la route principale (côté gauche en venant de l'est par l'A 87). Pâques-oct, tlj 10h-17h.* Infos sur la région et achat des tickets pour le *Seaprobe Atlantis* (voir « À faire »).

Où manger ?

|●| *The Seafood Restaurant : dans la gare de Kyle, quai n° 1 ; au bord du loch.* ☎ *534-813. Ouv slt le soir, tlj sf dim. Résa obligatoire. Plats £ 16-20.* Spécialités de la mer avec pêche du jour au menu (affiché à l'ardoise), dans une petite salle accueillante et coquette. Le tout bien présenté, la table en devient trop petite ! Petit bémol, le service parfois un peu long ! En attendant l'ouverture, vous pourrez jeter un coup d'œil au musée du Train, à côté...

|●| *Hector's Bothy : Station Rd, face à l'office de tourisme.* ☎ *534-248. En saison : tlj 9h-21h ; en hiver : tlj, mais horaires plus restreints. Plats £ 10-13. Intéressant early bird steak de 17h à 19h pour slt £ 10.* Cafétéria au décor banal mais idéale pour une pause-café ou un plat chaud classique, à base de produits locaux. D'autant plus que l'accueil est familial et sympathique, la cuisine sérieuse et de qualité : portions de moules généreuses et parfumées (mais seulement le soir), bonnes pizzas.

|●| *The Waverley : Main St (en face du Kyle Hotel).* ☎ *534-337. Tlj sf mer-jeu 17h30-21h30. Plats £ 13-21.* Porte discrète, salle du resto à l'étage. Un cadre intime, familial, un poil romantique pour une très belle cuisine réalisée essentiellement à partir de beaux produits. Cuisine simple, respectant les saveurs, avec de réjouissantes pointes d'inspiration. Jolie présentation des mets. Goûter aux Saint-Jacques copeaux de bacon croustillant et au haddock fumé farci aux crevettes. Probablement, le meilleur resto du coin (toujours plein, est-ce un hasard ? Penser à réserver).

À faire

■ *Seaprobe Atlantis :* ☎ *0800-980-48-46.* 📱 *07765-435-424.* ● seaprobeatlantis. com ● *Plusieurs départs/j. ; les horaires, qui dépendent des marées, varient (voir le site internet). Billets en vente au Kyle Tourist Info Centre (voir plus haut « Adresse*

utile ») : £ 13-25 pour 1h-2h ; réduc. Un « semi-submersible », comme ils 'e
lent. En fait, un bateau équipé d'un fond vitré permettant d'observer, pendant.
la faune sous-marine du coin, essentiellement poissons, méduses et phoque.
parfois aussi des dauphins (40 % de chance d'en voir !). Le plus long itinéraire rend
visite à une épave de navire coulé lors de la Seconde Guerre mondiale. Le bateau
fait aussi escale sur un îlot qui abrite pas mal d'espèces d'oiseaux.

DORNIE 360 hab. IND. TÉL. : 01599

À 8 miles (13 km) à l'est du pont de Kyle of Lochalsh, sur l'A 87 en direction de Fort William. Escale recommandée pour le très romantique château en pierre grise d'Eilean Donan, entouré de montagnes et dont la silhouette austère se reflète dans les eaux du loch Alsh. L'un des plus photographiés de toute l'Écosse. Paysage magnifique, des *B & B* presque dans toutes les maisons... bienvenue dans l'Écosse touristique !

Où dormir ? Où manger ?

Prix moyens
(£ 50-85 ; 60-102 €)

🛏 *Glennan House :* à *Bundalloch,* à 1,5 mile (env 2 km) de Dornie en remontant le long du loch (passer devant l'hôtel Dornie à main droite et suivre la route jusqu'au bout). ☎ 555-318. ● glennanhouse@btinternet. com ● Résa impérative en été. Doubles £ 55-60. 📶 Bel environnement pour cette grande maison moderne qui abrite 3 belles chambres impeccables et spacieuses, aux tons clairs, avec grosse moquette et mobilier en bois.

Chacune a sa propre salle de bains et TV satellite. Également un salon très cosy, pourvu d'un télescope, et une salle à manger bien chaleureuse. Un excellent rapport qualité-prix.

🛏 |●| *Dornie Hotel :* au centre du village. ☎ 555-429. ● dornie-hotel. co.uk ● Resto ouv tlj 12h-14h30, 18h-21h. Doubles £ 65-75 sans ou avec sdb et selon saison, petit déj inclus. Le *Dornie Hotel* est un peu le centre névralgique du bourg. On y dort, on y mange, et le château n'est qu'à 5 mn à pied. Chambres sans prétention, pas désagréables avec leurs meubles en pin (toutes avec TV).

Où dormir dans le coin ?

Campings

⚷ *Camping Ardelve :* sur l'A 87 vers Kyle, bifurquer à gauche après le pont vers le village d'*Ardelve.* ☎ 555-231. ● ardelvecaravanandcampingpark. co.uk ● Ouv Pâques-oct. Le proprio passe le soir pour récolter son dû. Env £ 10-12 pour 2 selon taille de la tente ; douche payante. Petit camping au bord de l'eau, à moins de 1 km du château d'Eilean Donan (vue distante). Le terrain est assez sommaire, en pente, qui plus est, avec w-c et douches installés

dans de petits bâtiments vétustes en tôle ondulée...

⚷ *Morvich Caravan Club :* à 7 miles (11 km) au sud-est de Dornie par l'A 87 direction Fort William. ☎ 511-354. Ouv mars-nov, selon météo. £ 17-20 pour 2 selon taille de la tente. Bien situé (environné de montagnes !), bien équipé (mini-épicerie, laverie, billard), bien tenu... et même bien fléché ! Un côté est réservé aux camping-cars, l'autre, plus petit mais au superbe gazon, aux tentes. Bonne base pour une balade aux Falls of Glomach (voir plus loin).

Hostel : à 10 miles par l'A 87 direction bord du loch Duich. Prendre à droite à Shiel Bridge et poursuivre sur 1,5 mile. ☎ 511-543. ● syha.org.uk ● Desservi 1 fois/j. en sem par les minibus MacRae Kintail *depuis Kyle of Lochalsh, via Dornie.* Infos :

☎ *(01599) 511-384.* ● *aliceandfin@btinternet.com* ● *Réception fermée 10h30-17h. Compter £ 17/pers en dortoir ; env £ 45 la double.* 🖥 Voici une AJ superbement située, sur la berge d'un loch aux airs de fjord dominé par de hauts sommets. Marsouins et phoques fréquentent régulièrement les lieux. Dortoirs de 4-10 lits et quelques doubles. Salon, grande cuisine et machines à laver. Une bonne base, en somme.

À voir

🏯🏯🏯 *Eilean Donan Castle :* ☎ *555-202.* ● *eileandonancastle.com* ● *Tlj 10h-17h (dernière admission), jusqu'à 16h nov-déc. Fermé en janv. Entrée : £ 7 ; réduc.* Ce château, érigé au XIIIᵉ s pour interdire l'accès du loch aux pirates scandinaves, occupe un site exceptionnel, sur un îlot accessible seulement par un pont de pierre. En 1539, trois hommes réussirent à le défendre contre une flotte de 50 galères, c'est dire sa position stratégique ! Rasé en 1719, il fut reconstruit en 1932 d'après les plans originaux conservés à Édimbourg. Siège du clan MacRae, il abrite de nombreux souvenirs de famille, dispersés au fil des pièces. Les plus belles : la salle des banquets et les cuisines meublées comme dans les années 1930. Le château servit de cadre au film *Highlander,* dans lequel Christophe Lambert tient le rôle principal, et abrita, quelques années plus tard, le QG du film *Le Monde ne suffit pas,* un *James Bond* sorti en 1999. En fin de journée, les photographes traverseront le pont pour un superbe point de vue depuis la rive opposée.

🏯🏯 *Falls of Glomach :* *chemin d'accès derrière le Morvich Caravan Club (voir « Où dormir ? ») ; on se gare un peu avt le pont de bois.* ● *walkhighlands.co.uk* ● 17,5 km de randonnée, qui vous prendra 6h (aller-retour) car elle est éprouvante ! Pour marcheurs avertis uniquement (prévoir une bonne carte et... de grandes bottes !). En revanche, le paysage est magnifique (le sentier longe un ravin où coule le torrent en contrebas).

SPEAN BRIDGE   560 hab.   IND. TÉL. : 01397

Au nord de Fort William, carrefour des routes vers Fort Augustus et le loch Ness au nord, et vers Aviemore à l'est. Peu d'intérêt si ce n'est une belle perspective sur le massif du Ben Nevis et un point de chute au calme pour rayonner dans les alentours.

Arriver – Quitter

En bus

➤ *Inverness :* 8 bus/j. avec *Scottish Citylink* et *Stagecoach Highland.* Durée du trajet : env 1h45.
➤ *Fort William :* env 8 bus/j. Mêmes compagnies que pour Inverness. Durée du trajet : 15 mn.

En train

➤ *Fort William et Glasgow :* env 5 trains/j. (moins le dim). Durée du trajet : 10 mn pour Fort William, env 3h30 pour Glasgow.

Où dormir à Spean Bridge et dans les environs ?

Camping

⛺ **Bunroy Park :** à *Roy Bridge,* à env 3 miles (5 km) à l'est de Spean Bridge. ☎ 712-332. ● *bunroycamping.co.uk* ● *Pour les piétons, gare de Roy Bridge à 500 m. En voiture, prendre à droite au niveau du* Stronlossit Inn. *Avr-oct. £ 15 pour 2 avec tente. En* pod, *compter £ 35-40 pour 2-4 pers.* 🛜 *(payant).* Grand et beau terrain verdoyant, bien tenu et paisible, au bord de la rivière Roy. Également une poignée de *pods,* des cabanons qui disposent d'une plaque électrique et d'un micro-ondes. Sanitaires absolument impeccables. Livres et jeux de société à la réception. Accueil très agréable.

Bon marché (£ 10-25/pers ; 12-30 €)

🏠 **Aite Cruinnichidh :** *Achluachrach,* Roy Bridge. ☎ 712-315. ● *highland-hostel.co.uk* ● *À 2 miles (env 3 km) après Roy Bridge en direction d'Aviemore, pancarte sur la droite (en face du Glen Spean Lodge Hotel) ; attention, c'est indiqué au dernier moment et la sortie est un peu raide. Nuit £ 16/pers en chambre 4-6 lits ; également des doubles sans ou avec sdb £ 38-46.* 🛜 Dans un beau coin protégé et isolé, une auberge indépendante tout en bois et lambris (avec sauna). Les chambres se révèlent simples mais très bien tenues et la cuisine est parfaitement équipée. Pas de télé, pour privilégier les rencontres. Y a plus qu'à taper dans le ballon sur la grande pelouse ou emprunter un jeu de société. En contrebas, pont suspendu au-dessus des gorges de Monessie. On peut aussi bifurquer vers l'adorable chapelle à 10 mn de là. Sur demande, on vient vous chercher à la station de bus ou à la gare de Roy Bridge. Atmosphère conviviale et accueil a-do-ra-ble de Gavin et Nicola.

🏠 **Station Lodge :** *Tulloch,* Roy Bridge. ☎ 732-333. ● *stationlodge. co.uk* ● *Sur la route vers Aviemore, à 5 miles (8 km) de Roy Bridge, route à droite de la cabine téléphonique. Env £ 18/pers en dortoir (6-8 lits) et £ 19 en twin. Petit déj env £ 6.* Plutôt originale comme AJ, puisqu'il s'agit d'une charmante gare construite en 1894 et toujours en activité (peu de trains par jour, donc pas de quoi perturber votre tranquillité). Chambres très propres, dotées de lits superposés au matelas épais. Notez que la *twin,* en fait 2 lits superposés, est surnommée la *cupboard* (l'armoire), ça donne une idée de la taille de la pièce ! Attention, il peut faire frisquet. Cuisine bien équipée. Accueil qui devient vite familier.

De prix moyens à chic (£ 50-125 ; 68-170 €)

🏠 **Faegour House :** à *Tirindrish.* ☎ 712-903. ● *faegour.co.uk* ● *Sur l'A 86, en direction de Newtonmore, juste à la sortie de Spean Bridge (sur la gauche). Fermé nov-janv. Doubles £ 70-85.* 🛜 Dans une grande maison moderne, face aux champs et aux monts boisés au loin. 2 chambres romantiques et très confortables : la bleue et la rose immense avec un *king size bed,* dont les larges baies vitrées donnent sur les montagnes. Accueil particulièrement chaleureux de Sadie et Roberto, un adorable couple italo-écossais, qui collectionnent les bibelots rapportés de leurs nombreux voyages. Une excellente adresse, kitsch à souhait.

🏠 **Spean Lodge Country House :** *dans le centre de Spean Bridge, fléché.* ☎ 712-004. ● *speanlodge.co.uk* ● *Doubles avec sdb £ 90-99. Loue également 1 appart de 2 chambres dans la maison d'à côté.* 🛜 De cette maison victorienne du XIXe s, Glen et Suzanne essaient de conserver le caractère, l'histoire et l'atmosphère. D'ailleurs, le salon des *guests,* où crépite le feu en hiver, regorge d'objets et de photos ayant appartenu aux anciens propriétaires. De cette pièce, belle vue sur le grand jardin de la propriété. 2 chambres mansardées avec grandes salles de bains et 1 familiale, spacieuse (salle de douche petite, en revanche), à peine plus chère. On aime beaucoup le beau mobilier ancien et les rideaux à fleurs et oiseaux. Très bon petit déj. Beaucoup de charme et accueil particulièrement avenant.

Où manger ?

De prix moyens à chic (£ 10-25 ; 12-30 €)

I●I **Old Pines :** *sur la B 8004. De Spean Bridge, suivre la direction d'Inverness et tourner à gauche au niveau du Commando Memorial ; c'est un peu plus loin sur la droite.* ☎ 712-324. *Tlj midi et soir, salon de thé en continu. Snacks le midi £ 6-10, plats £ 15-22.* 📶 Entouré de pins avec les montagnes en toile de fond, le lieu bénéficie d'un environnement privilégié dont on profite depuis les tables joliment dressées derrière les larges fenêtres. Intérieur chaleureux, couleur miel et bonne cuisine écossaise. Formule snack au déjeuner ; dîner plus élaboré avec de belles pièces de viande ou une version végétarienne. Accueil attentionné pour cette adresse à l'excellente réputation.

I●I **The Old Station Restaurant :** *Station Rd.* ☎ 712-535. *En été : ts les soirs sf mar ; j. d'ouv restreints le reste de l'année. Plats £ 11-18.* La petite gare de Spean Bridge s'est transformée en resto. Salle tout en longueur, quelques vieilles malles pour faire joli et de belles cheminées. Cuisine classique correcte autour des produits locaux. Vue sur les voies et, éventuellement, un train qui passe...

I●I **Russell's Restaurant** *(Smiddy House)* **:** *dans le centre, après le pont en direction d'Inverness, tt de suite à droite.* ☎ 712-335. *Avr-oct : mar-dim pour l'afternoon tea et le soir ; en hiver, slt le soir mer-sam et dim pour l'afternoon tea. Résa très conseillée. Plats £ 17-23 et vins chers. Menu 2-3 plats £ 30-35.* Ambiance vieille Écosse pour LE resto chic du village. Tables bien mises, cuisine raffinée et goûteuse à base de produits locaux, avec de temps à autre une incursion vers des saveurs d'outre-Manche. Accueil gentiment guindé.

Où manger ? Où boire un verre dans les environs ?

I●I 🍴 **The Eagle Barge Inn – Floating Boat :** *à Laggan, à 12 miles (env 19 km) au nord de Spean Bridge, sur l'A 82 en direction d'Invergarry et de Fort Augustus. Tourner à gauche en arrivant à South Laggan, au panneau Laggan Locks.* 📱 07789-858-567. *Avr-oct : tlj 11h (12h30 dim)- 23h. Tél avt 15h pour réserver. Plats £ 4-8 le midi, £ 12-25 au dîner. Musique live parfois. CB refusées.* Cette ancienne barge, construite en 1926, termine sa carrière transformée en resto fixe sur le canal Calédonien. À l'intérieur, coin salon avec fauteuils en cuir et maquette de navire, mais si le temps le permet, installez-vous plutôt sur le pont, moins pour les embruns que pour profiter du soleil. Le midi, on y mange des plats simples, type lasagnes, saucisses-purée, sandwichs (rien de mémorable) ; des fruits de mer et autres mets plus élaborés le soir. Bien aussi pour une pause goûter dans l'après-midi ou un p'tit pot en soirée. Bonne ambiance, surtout quand les musiciens viennent faire le show.

DANS LES ENVIRONS DE SPEAN BRIDGE

🎎 **Clan Cameron Museum :** *à Achnacarry.* ☎ 712-480. ● clancameron museum.co.uk ● *À env 5 miles (8 km) du carrefour de la B 8004 et de l'A 86. Au Commando Memorial, prendre la B 8004, puis à droite après le pont sur le Caledonian Canal. Début avr-début oct : tlj 13h30 (11h juil-août)-16h30. Sur demande*

LES HIGHLANDS

le reste de l'année. Entrée : env £ 4 ; réduc. Joli musée installé dans un cottage du XVIIe s et relatant l'histoire du puissant clan Cameron, originaire des environs et dont les membres sont éparpillés dans le monde entier. À l'entrée, des gommettes sur un planisphère permettent de visualiser cette diaspora : de Sydney à Los Angeles en passant par la Tanzanie. On y découvre notamment le rôle joué par les Cameron dans la révolte des jacobites et pendant la bataille de Waterloo, ainsi que durant la Seconde Guerre mondiale. En France, en 1940, les *Cameron Highlanders* formèrent le dernier régiment à combattre en kilt ! Plus anecdotique mais ça en amusera certains : le musée compte quelques pièces de vaisselle (copies) utilisées dans le film *Titanic* de James Cameron, avec un mot sympathique de la maison de production américaine, ainsi que la robe d'une des demoiselles d'honneur (encore une petite Cameron !) de Lady Diana à son mariage. Dans une jolie boîte est aussi exposée une part du gâteau de mariage de Kate et William, envoyé à Donald Cameron of Lochiel, 27e chef du clan Cameron, invité au *royal wedding.*

🏃🏃 *Chia-Aig Falls :* depuis le Clan Cameron Museum, *continuer sur la B 8005 en direction du loch Akraig ; après Clunes, tourner à gauche, c'est env à 2 km.* Cascade qui servit de lieu de tournage pour une scène du film *Rob Roy.* Un endroit qui donne envie de se baigner. Un chemin monte le long du cours d'eau et deux tables de pique-nique invitent à casser la croûte au soleil (si soleil il y a).

🏃 *Commando Memorial :* sur l'A 82 vers Inverness, à env 2 km de Spean Bridge, sur la gauche. Imposante statue en bronze commémorant les soldats entraînés pendant la Seconde Guerre mondiale dans la petite localité d'Achnacarry (quelques miles plus loin). Le site offre une belle vue sur le massif du Ben Nevis.

FORT WILLIAM   10 500 hab.   IND. TÉL. : 01397

> ● Plan *p. 443* ● Carte La région de Fort William *p. 448-449*

S'étalant au débouché du Great Glen et au pied du Ben Nevis, le point culminant de Grande-Bretagne (1 344 m), Fort William est une ancienne ville de garnison. Son nom gaélique, *an Gearasdan,* signifie précisément ça. Pas follement attrayante, en saison, elle fait pourtant le plein de touristes en été, venus s'attaquer à l'ascension de ce (petit sommet). En juillet et août, l'hébergement est pris d'assaut, venir de préférence en dehors du rush d'été, sinon réserver longtemps à l'avance... Par ailleurs, on dit que Fort William est la ville la plus arrosée d'Écosse, avec 300 jours de pluie par an pour 2 000 mm de précipitations... On a eu la chance de la visiter sous un grand soleil alors croisez les doigts ou... sortez votre imperméable.

Arriver – Quitter

En train

Billetterie dans la gare. *Lun-ven 7h-20h, sam 7h-17h45 et dim 10h30-20h ou sur* ● scotrail.co.uk ●
➤ *Mallaig :* 2 possibilités, en train classique ou à vapeur (pour ce dernier, voir plus loin la rubrique « À faire »). En train classique, env 4 départs/j. lun-sam et 3 le dim. Trajet en 1h20 env.

➤ *Glasgow :* c'est la même ligne que le train de Mallaig. 3 départs/j. lun-sam et 2 le dim. Compter env 3h45 de trajet.

En bus

Billetterie à côté de l'entrée de la gare ferroviaire. *Lun-ven 8h15-13h, 14h-17h ; sam 9h13h, 14h-17h.* L'été, mieux vaut acheter son billet la veille car certains bus sont vite complets.

➤ **Glasgow :** 8 liaisons/j. avec *Scottish Citylink*, 7h-19h. Les bus passent par **Glen Coe**. Durée du trajet jusqu'à Glasgow : un peu plus de 3h. Nombreuses correspondances pour Édimbourg.

➤ **L'île de Skye :** même ligne que celle de Glasgow. Env 3 bus/j. vers *Portree* dont 2 qui continuent vers *Uig*. Les bus passent par **Dornie (Eilean Donan Castle).**

➤ **Inverness-Fort William-Oban :** 5 bus/j. 8h45-16h45 d'Inverness. Compter 2h de trajet jusqu'à Fort William. Correspondance pour Oban avec certains bus, compter 1h30 en plus.

➤ **Fort William-Kilchoan (péninsule d'Ardnamurchan) :** 1 bus tlj en début d'ap-m sf dim depuis Fort William (au supermarché *Morrisons*), avec *Shiel Buses*. Retour le mat. ☎ *(01397) 700-700 ou (01967) 431-272.* ● *shielbuses. co.uk* ●

➤ Même fréquence et compagnie à destination de **Lochaline** (ferry pour Mull).

➤ **Mallaig :** 3 bus/j. (sam slt en été, 1 fois/j.) avec *Shiel Buses*, 8h55-17h40 depuis Fort William, 7h10-15h40 dans le sens inverse. Attention, pas de bus le dim. En s'asseyant côté droit du bus en direction de Mallaig, on peut apercevoir le viaduc de Glenfinnan.

Adresses utiles

🛈 @ **Visitor Information Centre** (plan A2) : *15, High St.* ☎ *701-801.* ● *visitfortwilliam.co.uk* ● *De début juil à mi-sept : lun-sam 9h-18h30, dim 9h30-18h ; mai-juin : tlj 9h-18h (17h dim) ; de mi-sept à fin avr : lun-sam 9h-17h, dim 10h-16h.* 🖥 📶 Très bien documenté et efficace. Horaires des bus et des trains affichés, Nombreux guides de rando... Ordis à dispo gratuitement et possibilité d'imprimer un billet d'avion, par exemple.

■ **Glen Nevis Visitor Centre** (hors plan par B1) : *prendre l'A 82 vers Inverness, puis vers Glen Nevis au rond-point ; c'est env 1,5 mile (2,5 km) plus loin, sur la gauche.* ☎ *705-922.* ● *glen. nevis@highland.gov.uk* ● *Juin-août : tlj 8h30-18h ; nov-Pâques : tlj 9h-15h ; le reste de l'année : tlj 9h-17h.* Excellent accueil et plein d'infos pratiques : météo du jour affichée, itinéraires et conseils sur les sentiers de randonnée. On peut y acheter cartes, boussole, équipement de marche et même des snacks. Pour consulter la météo en ligne avant d'entreprendre une randonnée : ● *mwis.org.uk/wh.php* ●

■ **Morrisons Supermarket** (plan B1, 1) : *à côté de la gare routière. Lun-sam 7h-22h, dim 8h-20h.*

Où dormir ?

Plusieurs dizaines de *B & B* à la sortie vers Glencoe, sur Achintore Road (A 82), beaucoup installés dans de belles maisons victoriennes. Cette route jouit d'une jolie vue sur le loch, mais elle est aussi très passante en journée.

Bon marché
(£ 10-25/pers ; 12-30 €)

🛏 **Bank Street Lodge** (plan A2, 10) : *Bank St.* ☎ *700-070.* ● *bankstreetlodge. co.uk* ● *Lit en dortoir (3-7 pers) env £ 17, double avec sdb £ 62. Également des familiales avec sdb (3-6 pers) £ 75-135.*

Parking. Petit *hostel* économique très central et bien équipé (cuisine, laverie). Les dortoirs de 3, 4 ou 7 lits sont propres et clairs mais plutôt petits, avec sanitaires collectifs. Les chambres privées disposent de leur propre salle de bains mais manquent de charme. Une adresse basique et sans éclat, qui conviendra aux budgets serrés.

🛏 **Fort William Backpackers** (plan B1, 11) : *Alma Rd.* ☎ *700-711.* ● *fort williambackpackers.com* ● *Accès en sens unique ; arriver par Belford Rd, la grande rue qui mène au centre-ville depuis le nord. Prévoir £ 17-19/pers en dortoir ; twin £ 45-50.* 📶 AJ privée

FORT WILLIAM

LES HIGHLANDS

■ **Adresses utiles**

🏛 @ Visitor Information Centre
1 Morrisons Supermarket

🛏 **Où dormir ?**

10 Bank Street Lodge
11 Fort William Backpackers
12 Hillview Guesthouse
13 St Andrews Guesthouse
14 Myrtle Bank Guesthouse

🍴 **Où manger ?**

20 Hot Roast Company
21 The Grog & Gruel
22 The Great Glen
23 Crannog Seafood

🍷 🎵 **Où boire un verre ?**

21 The Grog & Gruel
30 Maryburgh Inn

située dans une charmante vieille baraque sur les hauteurs. À pied, ça grimpe sec mais on est à 10 mn de marche du centre-ville. Intérieur coloré un peu fouillis et patiné, où règne une vraie ambiance de *backpackers*. Jolie vue du salon-salle à manger et petite terrasse où lézarder au soleil. On regrette les sanitaires peu nombreux et plus tous jeunes. Cuisine commune, vieillotte elle aussi. Pour ceux qui préfèrent être à quelques minutes des pubs plutôt qu'en face du Ben Nevis.

Prix moyens (£ 50-85 ; 60-102 €)

🛏 *Hillview Guesthouse (hors plan par A2, 12) : Achintore Rd.* ☎ *704-349.* ● *hillview-fortwilliam.com* ● *À 2 km du centre-ville. Fermé hors saison. Double avec sdb £ 65-90, selon saison.* 📶 Un peu éloignée du centre mais on a été conquis par l'accueil de Jane et le soin qu'elle porte à sa maisonnée. Les chambres, aux tons clairs, parfaitement tenues, et décorées avec goût. Jolie vaisselle au petit déjeuner et vue sur le loch.

🛏 **St Andrews Guesthouse** (plan A-B2, 13) : Fassifern Rd. ☎ 703-038. ● fortwilliam-accommodation.co.uk ● Mars-oct. *Doubles sans ou avec sdb £ 65-75.* 🛜 Cette imposante maison-manoir, de 1880, propose des chambres assez cossues et bien tenues, au style un peu ancien. Moquette épaisse et tons boisés confèrent au tout une ambiance très cocooning. Vue côté port ou sur l'arrière. Pour ceux qui recherchent un style « vieille Écosse » !

🛏 **Myrtle Bank Guesthouse** (plan A2, 14) : Achintore Rd. ☎ 702-034. ● myrtlebankguesthouse.co.uk ● Fermé en janv. *Doubles sans ou avec sdb £ 50-90 selon confort et saison, petit déj inclus.* 🛜 3 belles maisons victoriennes contiguës, abritant des chambres à la déco un peu XIXe s, dans les tons jaunes (la couleur fétiche de la proprio), très bien tenues. Les plus économiques se partagent une salle de bains. Également une annexe dans le jardin avec 2 chambres familiales pouvant accueillir jusqu'à 4 personnes. Si le budget n'est pas un problème, réservez la *master bedroom,* la plus classe ! Dès l'entrée, l'allée de rosiers et le beau jardin fleuri nous ont conquis. Excellent accueil de Dora.

Où dormir dans les environs proches ?

Campings

⛺ **Glen Nevis Caravan & Camping Park** (hors plan par B1) : prendre l'A 82 vers Inverness, puis vers Glen Nevis au rond-point ; c'est à env 2 miles (3 km). ☎ 702-191. ● glen-nevis.co.uk ● Ouv de mi-mars à début nov. *£ 20 pour 2 avec tente et voiture. Logement en dur à partir de 3 nuits min.* 🛜 (payant). En plein dans le Glen Nevis, dominé par les montagnes, immense camping très bien équipé, au superbe environnement arboré, animé par les familles qui plébiscitent le lieu. Beaux espaces gazonnés réservés aux tentes, certains en légère pente. Laverie, aire de jeux et épicerie. Également un bar un resto pas très cher à 400 m de là. Sinon, un *food truck* officie sur place en pleine saison, pour les paresseux. Gare au *midges* !

⛺ **Lochy Holiday Park** (hors plan par B1) : à Lochy. ☎ 703-446. ● lochy-holiday-park.co.uk ● À env 2 miles (3,2 km) au nord-ouest de Fort William par l'A 830 vers Mallaig ; prendre à droite 400 m après le rond-point, direction Camaghael et Cam Dhail. Loc de chalets tte l'année ; camping fermé oct-mars. Arriver avt 22h. Compter env £ 17 pour 2 avec tente. 🛜 (payant). Très grand et bien équipé (laverie, épicerie, jeux pour enfants, *drying room,* etc.). Beaucoup de caravanes, bungalows et autres mobile homes, mais l'immense espace herbeux réservé aux tentes, avec les montagnes et la rivière en toile de fond, est agréable. Sanitaires nickel et accueil attentionné.

Bon marché (£ 10-25/pers ; 12-30 €)

🛏 **Glen Nevis Youth Hostel** (hors plan par B1) : prendre l'A 82 vers Inverness, puis vers Glen Nevis au rond-point ; c'est à moins de 2 miles (3 km) sur la droite, après le Glen Nevis Visitor Centre. ☎ 702-336. ● syha. org.uk ● De la gare, le bus n° 41 passe ici 1 fois/j. Faut pas le louper ! *Résa impérative en été, notamment pour les familiales (3-6 pers). Env £ 25/pers en hte saison ; double avec sdb env £ 56. Compter £ 3 en sus pour les non-membres.* 🛜 Face à la montagne et au bord d'une rivière traversée par une passerelle. De là, les marcheurs peuvent prendre le très beau sentier qui mène, entre cailloux et moutons, au sommet du Ben Nevis. Grande cuisine bien équipée, belle salle commune, machines à laver, appentis pour les vélos, possibilité de petit déj et *packaged lunch.* Un *hostel* plus tout jeune, qui aurait besoin d'un coup de frais, mais à la situation idéale.

🛏 **Achintee Farm Hostel** (hors plan par B1) : au pied du Ben Nevis, à env 2 miles (3 km) de Fort William. ☎ 702-240. ● achinteefarm.com ● En voiture, suivre l'A 82 vers Inverness ; avt le feu, tourner à droite ; plus loin, prendre à *droite au niveau du Spar, c'est tt au bout. En bus (n° 41), demander au chauffeur de s'arrêter au Glen Nevis Visitor Centre ; du parking, prendre le pont suspendu, puis longer le chemin de droite sur 300 m et grimper le sentier à gauche. Résa indispensable. Lit env £ 25/pers ; doubles £ 90-100.* Autour d'une maison posée dans un cadre magnifique, 3 unités d'hébergement avec chacune leurs sanitaires et cuisine, qui abritent une douzaine de lits répartis en chambres de 2 à 5 personnes. Plutôt pour les familles ou les petits groupes que pour les individuels. Propose aussi des chambres doubles en *B & B*. Un peu cher, mais elles sont bien aménagées, soignées et confortables. Accueil charmant.

🏠 **Ben Nevis Inn** *(hors plan par B1) : au pied du* **Ben Nevis***, à 50 m de l'Achintee Farm Hostel (voir ci-avt).* ☎ 701-227. ● ben-nevis-inn.co.uk ● *Résa conseillée. Fermé nov. Lit env £ 16.* AJ rustique, type refuge de montagne. Il s'agit d'une ancienne grange retapée, dont le rez-de-chaussée a été divisé en 3 dortoirs de 8 lits superposés séparés par de fines cloisons (pas de porte). Sanitaires rudimentaires mais propres. Cuisine et cadre extérieur magnifique. À l'étage, un superbe pub (voir « Où manger dans les environs ? »).

🏠 **Chase the Wild Goose Hostel :** *à* **Banavie,** *à 3 miles (env 5 km) au nord de Fort William, sur l'A 830, juste à côté des écluses de Neptune's Staircase.* ☎ 748-044. ● great-glen-hostel.com ● *Indiqué depuis le parking de Banavie. Réception fermée 10h-17h. Compter env £ 17-21/pers selon la taille du dortoir. Petit déj £ 2.* 📶 Pas de toute première fraîcheur, cette AJ propose des dortoirs de 4 à 8 lits sans grand éclat, mais propres. Chaque dortoir dispose d'un évier sinon c'est salles de bains partagées (et rénovées) pour tous. Espaces communs classiques et basiques mais cuisine bien équipée. Une adresse pour les routards qui ne chipotent pas.

🏠 **The Smiddy Bunkhouse et Blacksmith's Backpackers Lodge :** *à 4,5 miles (env 7 km) du centre de Fort William, presque collé à la gare de* **Cor-pach** *(sur la ligne Fort William-Mallaig).* ☎ 772-467. ● accommodation-fortwilliam.co.uk ● *Suivre l'A 82 vers Inverness, puis l'A 830 vers Mallaig. Compter £ 15-20/pers selon saison. Également 3 apparts pour 4 (min 2 nuits).* Bâtiment divisé en 2 unités abritant des chambres de 4 à 8 lits. Attention, celles-ci ne fonctionnent pas comme des dortoirs : ne les occupent que des gens qui voyagent ensemble. Chaque unité dispose d'une cuisine et de sanitaires à partager. Machine à laver et sèche-linge. Le proprio (guide de montagne) possède une agence et propose de nombreuses activités de plein air, été comme hiver. Aucun charme mais ça peut dépanner.

Où manger ?

De bon marché
à prix moyens
(plats £ 5-18 ; 6-22 €)

|●| **Hot Roast Company** *(plan A2,* **20***) : 127, High St. Lun-sam 9h-16h, dim 11h-15h. Formule déj env £ 6.* Petit café, style caf'', qui sert des breakfasts pas chers, genre toasts et œufs brouillés. Prépare également, le midi, des *hot rolls*, de bons sandwichs ronds garnis de tranches de dinde, bœuf ou porc rôtis découpées devant vous. Pour un en-cas vite fait.

|●| **The Grog & Gruel** *(plan A2,* **21***) : 66, High St.* ☎ 705-078. *Cuisine non stop côté pub 12h-21h ; slt le soir côté resto.* À la fois un pub chaleureux (voir « Où boire un verre ? ») et un resto plutôt bon marché, où l'on peut s'enfiler un burger de sanglier, un *poached salmon*, un *fish & chips* ou encore un de leurs nombreux plats tex-mex. Côté saveur, on n'en ressort pas avec un souvenir impérissable. Préférez le pub plutôt que le resto à l'étage, moins gai.

|●| **The Great Glen** *(plan A2,* **22***) : 98-104, High St.* ☎ 709-910. *Tlj 7h-minuit ; cuisine non-stop jusqu'à 23h.* Mi-pub, avec son bar tout en longueur, mi-caf'', immense, à la déco post-industrielle et aérée. On

s'installe, on choisit ses plats et on commande au comptoir. Pâtes, grillades, chili con carne, rien d'exceptionnel mais il y en a pour tous les goûts, et les prix sont très compétitifs. De plus, ça ferme tard. Résultat : c'est souvent plein et l'attente peut être un peu longue.

Chic
(plats £ 15-25 ; 18-30 €)

|●| *Crannog Seafood* (plan A2, 23) : *sur le Waterfront.* ☎ 705-589. *Tlj 12h-14h30, 18h-21h30. Résa conseillée. Formule* Lunch special *2 ou 3 plats £ 15-19 ou carte.* Blanc et rouge, posé sur un ponton au-dessus du loch, il a été créé à la base par une coopérative de pêcheurs ayant décidé de servir directement le poisson frais dans les assiettes. Le seul resto à jouir d'une aussi belle vue sur l'eau, on en profite même depuis les toilettes ! Spécialités de la mer, donc, mais un peu cher tout de même.

Où manger ? Où boire un verre dans les environs ?

|●| 🍷 *Ben Nevis Inn* (hors plan par B1) : *au pied du Ben Nevis (pour l'accès, voir « Où dormir dans les environs proches ? »).* ☎ 701-227. *Tlj midi et soir ; fermés certains jours hors saison. Plats £ 10-13. Concerts 1 ou 2 fois/sem.* Sur les grandes tables de bois de cette salle rustique, on se régale d'une cuisine simple (hamburgers, moules, steaks, poisson frais, etc.) mais bonne, fraîche, généreuse et même pas chère ! Ambiance chaleureuse, accueil et service adorables. Si vous avez la chance d'occuper la table juste devant la baie vitrée, vous aurez droit à une vue magnifique sur la vallée. Terrasse extérieure dans un cadre 100 % nature. Concerts en été.

|●| 🛒 *Lochaber Farm Shop* (hors plan par B1) : *à 6 miles (9,6 km) au nord-est de Fort William. Prendre l'A 82 et bifurquer à droite vers le Ben Nevis Range.* ☎ 708-686. *Mar-sam 10h-17h, dim 12h-16h. Fermé en janv.* Ce café haut perché, propose à la carte des petits plats à base des produits bio et/ou locaux (les mêmes que l'on retrouve à la boutique voisine). Sandwichs, soupes mais aussi délicieux *scones* et gâteaux maison, on s'en lèche encore les babines. Terrasse ensoleillée, mais attention, ça souffle là-haut !

Où boire un verre ?

🍷 ♪ *The Grog & Gruel* (plan A2, 21) : *66, High St.* ☎ 705-078. *Bar ouv jusqu'à minuit.* On en parle dans « Où manger ? », mais n'hésitez pas à venir y écluser une bonne *cask ale,* ils ont un large choix ! Concerts certains soirs, le pub est bondé et on y danse facilement.

🍷 *Maryburgh Inn* (plan A2, 30) : *34, High St. Tlj 11h-1h (minuit dim).* 📶 Un escalier descend dans une ruelle étroite qui aboutit à ce pub très animé. Table de billard et musique rock, en général assez forte. Les *Spice Girls* côtoient Jim Morrison. Concerts certains soirs. Avant de partir, n'oubliez pas de jeter une pièce au pauvre bougre jeté au fond du puits.

À voir. À faire

🎎 *West Highland Museum* (plan A2) : *Cameron Sq.* ☎ 702-169. ● *westhighlandmuseum.org.uk* ● *Tlj sf dim 10h-17h (16h janv-mars et nov-déc). GRATUIT.* Établi dans le plus vieux bâtiment de la ville, une ancienne banque, le musée regroupe sur deux étages des collections un peu fourre-tout mais pas inintéressantes. Plusieurs petites salles, chacune tournant autour d'un thème : histoire naturelle, archéologie, Inverlochy et Fort William, les jacobites et le soulèvement de 1745... Dans une vitrine, quelques objets provenant d'un galion espagnol de l'Invincible Armada, coulé dans la baie de Tobermory (île de Mull) en novembre 1588. Des bizarreries aussi, comme ce *travelling cellar*, une « cave portable » contenant six bouteilles, dont la petite histoire dit qu'elle a connu le champ de bataille de Waterloo.

THE SECRET PORTRAIT

Cette peinture anamorphose représente Bonnie Prince Charlie. Visible seulement grâce au reflet du cylindre central, le portrait du prétendant au trône n'apparaît que sous un certain angle. Ses fidèles portaient des toasts devant ce Secret Portrait, *en cas d'irruption on ne pouvait démasquer leur loyauté. De Vinci utilisait aussi cette technique de peinture, riche en mystères et secrets.*

➢ **Le train à vapeur de Fort William à Mallaig :** ● *westcoastrailways.co.uk* ● *De début mai à fin oct : lun-ven (plus w-e de mi-juin à mi-sept), 1 départ/j., le mat, de Fort William ; retour de Mallaig dans l'ap-m ; un départ supplémentaire l'ap-m de mi-mai à fin août, lun-ven. Résa indispensable en été par tél ou sur Internet, le plus longtemps à l'avance possible (la vente des sièges est close la veille à 15h). Sinon, vous pouvez toujours tenter votre chance en vous rendant directement à la gare au moins 1h30 avt le départ du train, le guard conserve une trentaine de places. Coût du billet : £ 29 l'aller simple, £ 34 l'A/R ; réduc. Compter 6h en tout : 2h pour arriver à Mallaig, 2h passées sur place et 2h pour revenir.* Surnommé The Jacobite, il effectue entre les deux villes un trajet aux paysages grandioses, qui ont d'ailleurs servi de décors (avec les loco !) à quelques scènes des films Harry Potter. Si le steamer ne manque pas de charme et si la lenteur permet d'apprécier les paysages, le voyage peut sembler un peu longuet et c'est deux fois plus cher que le train normal qui traverse les mêmes paysages !

Manifestations

– **Moutain Festival :** *1 sem en fév.* ● *moutainfestival.co.uk* ● Conférences, films, activités, expositions, pièces de théâtre et concerts sur le thème de la montagne.
– **UCI Moutain Bike World Cup :** *1er w-e de juin.* ● *fortwilliamworldcup.co.uk* ● La station de ski Nevis Range accueille une étape de la coupe du monde de VTT.
– **Ben Nevis Race :** *1er sam de sept.* ● *bennevisrace.co.uk* ● Entre 400 et 500 coureurs s'élancent chaque année à l'assaut du Ben Nevis (1 344 m). Départ de Fort William pour 14 miles (22 km) de folle course. Records : 1h25 chez les hommes, 1h43 pour les femmes (rappel : 7h en marchant). À vos marques !

DANS LES ENVIRONS DE FORT WILLIAM

🏃 **Nevis Range :** *à 7 miles (11,2 km) au nord de Fort William, par l'A 82.* ☎ *705-825.* ● *nevisrange.co.uk* ● *Tlj 10h-17h (9h30-18h juil-août) ; en saison de ski tlj 9h30 (8h30 ou 9h w-e selon la fréquentation)-17h. Ceilidh night jeudi soir et un soir fin juil-août (danse et concerts). Prix du téléphérique : £ 12,50 A/R (pas d'aller simple) ; réduc. 4-5 bus/j. de Fort William (2 le dim). Infos auprès de* Stagecoach *:* ● *stagecoachbus.com* ● Il s'agit d'une station de ski dont la principale attraction, en été, est de prendre le téléphérique jusqu'à la station supérieure, à 650 m d'altitude. De là-haut, où se trouve une cafétéria, panorama assez fantastique sur la région et départ de 2 sentiers de randonnée d'environ 40 mn chacun.

Mallaig — Lieux traités
Arisaig — Adresses et lieux dans les environs
Morar — Repères

Skye

Knoydart

Inverie

Rhum

Mallaig

Morar

Loch Morar

B 8008

A 830

Arisaig

Eigg

Loch Nan Uamh

A 830

Lochailort

Sound of Arisaig

A 861

Roshven

Loch Shiel

Loch Moidart

Tioram Castle

Dorlin

A 861

Ardnamurchan Point

Kilmory

Ockle

Loch Mudle

Achatele

Sanna

Ardnamurchan

Salen

Resipole

Kilchoan

Ben Hiant 528▲

B 8007

Ardnamurchan Natural History Visitor Centre

Loch Sunart

A 861

Strontian

Glenborrodale

B 8007

Glen

A 884

Tobermory

Drimmin

B 8043

B 8073

A 848

Sound of Mull

B 849

A 884

Gleann Geal

Calgary

Île de Mull

B 8073

Lochaline

Loch

Salen

A 849

Ardtornish Point

Fishnish

B 8073

B 8035

A 849

B 8035

NORD

Newtownmore

A 82

A 87

Invergarry

Laggan

A 82

B 8005

Loch Arkaig

Strathan

Bunarkaig

Achnacarry
Clan Cameron
Museum

Gairlochy

Roy
Bridge

A 86

B 8004

B 8004

Tulloch

Glenfinnan

Fassfern

A 830

**Spean
Bridge**

A 82

Corpach

Banavie

Nevis Range

Drumsallie

A 861

Torlundy

Neptune's Staircase

Achaphubuil

Fort William

Stronchreggan

A 861

▲ 1344
Ben Nevis

Loch Linnhe

A 82

Glen

Nevis

Corran

Onich

B 863

Kinlochleven

A 861

A 861

N. Ballach

Loch Lev

Glencoe

A 861

Inversanda

A 82

Tarbert

B 804-3

Kentallen

Ballachulish

Glen Coe

Duror

A 828

Glencoe
Visitor Centre

A 82

Linnhe

Port
Appin

Portnacroish
Tynribbie

Bridge of Orchy

Castle Stalker

A 828

Benderloch

Connel

10 km

A 85

A 82

A 85

◂ **OBAN**

LA RÉGION DE FORT WILLIAM

Nevis Range est également réputé pour sa piste de descente de VTT prestigieuse (elle accueille d'ailleurs les championnats du monde). Elle est ouverte de juin à septembre. Les pros parcourent ses 3 km en 4 mn ! Pour les moins chevronnés, il y a aussi une piste moins difficile mais plus longue (5 km). *Loc de VTT en bas et forfaits spéciaux pour monter avec en téléphérique : £ 14 le trajet unique, £ 32 en illimité pour tte la journée.*
Pour ceux qui préfèrent grimper aux arbres plutôt que sur un vélo, un parcours d'accrobranche se faufile au pied de la station.

🥾 **Neptune's Staircase** (les Escaliers de Neptune) : *à 3 miles (5 km) de Fort William par l'A 830 (bien indiqué).* Il s'agit d'un groupe de huit écluses consécutives, construites en 1822 sur le canal Calédonien pour permettre aux bateaux de descendre les 19 m de dénivellation séparant les lochs Linnhe et Lochy. Si vous passez par là, mais ne faites pas le détour exprès.

🥾 🚶 **Treasures of the Earth** : *à **Corpach**, sur la route principale.* ☎ 772-283. ● *treasuresoftheearth.co.uk* ● *Mars-juin et sept-oct, tlj 10h-17h ; juil-août, tlj 9h30-18h ; nov-fév, tlj 10h-16h. Entrée : £ 5 ; réduc.* Petit musée exposant une collection de pierres, minerais et cristaux en provenance du monde entier, mais aussi de la côte ouest de l'Écosse. On y voit la reproduction de la plus grosse pépite d'or jamais découverte. Elle a été trouvée par hasard en Australie en 1869. Éclatée en petits morceaux, on a évalué son poids initial à 71 kg ! Certains des minéraux sont rares, d'autres de taille impressionnante, comme les améthystes, quartz, citrines ou cristaux de roche. Les pierres sont présentées de l'état brut au produit monté en bijou, quel boulot pour les transformer en de tels joyaux. À voir aussi, des morceaux de bois pétrifiés et des fossiles, le tout présenté avec une muséographie qui plaît aux enfants, avec bruits de jungle et répliques de squelettes de dinosaures.

Randonnées

Si vous comptez vous baladez dans le superbe **Glen Nevis**, l'office de tourisme et le *Glen Nevis Visitor Centre* regorgent de livres, de cartes et de dépliants sur les sentiers alentours. Très bien fait également, le site ● *walkinghighlands.co.uk* ● décrit toutes les balades à faire en Écosse, leur difficulté, le temps estimé... À vous les paysages qui ont inspiré des artistes et servi de lieux de tournage à des films comme *Braveheart, Highlander, Harry Potter* et bien d'autres...

➤ **Ascension du Ben Nevis** (1 344 m) : *compter 7h de marche A/R (16 km). Le chemin, balisé et très fréquenté, part du Glen Nevis Visitor Centre (ou face à l'AJ mais moins conseillé car très raide et parking plus difficile).* L'ascension, un peu dure à la fin en raison de la pierraille, révèle un panorama unique et des couleurs irréelles si le soleil batifole un peu avec les nuages. Attention, il y a souvent de la neige au sommet mais surtout beaucoup de vent. En effet, sous ses airs anodins de gros caillou massif, le Ben Nevis cache des conditions atmosphériques équivalentes à celles de la haute montagne : il fait 8,5 °C de moins en haut qu'en bas, et il y pleut deux fois plus. Sans oublier le brouillard, présent plus de la moitié du temps, et la neige qui recouvre le sommet les deux tiers de l'année... Équipez-vous donc en conséquence, comme si vous partiez randonner dans les Alpes (vraies chaussures de marche, pull, coupe-vent, etc.). Renseignez-vous impérativement sur les conditions météo avant de grimper (● *mwis.org.uk/wh.php* ●) et n'oubliez pas de prendre une boussole ainsi qu'une carte détaillée (le *Glen Nevis Visitor Centre* en vend une, publiée par Harvey). Très utile pour éviter les falaises lorsque le temps s'assombrit et qu'on se retrouve dans la purée de pois... En chemin pas de poubelles, prévoyez de quoi remporter vos déchets. Et pas de toilettes non plus.

LA ROUTE DES ÎLES

Itinéraire obligé au départ de Fort William pour rejoindre Mallaig et le ferry pour Skye. Route très encombrée en été. C'est aussi une étape immanquable pour les fans d'*Harry Potter*, qui découvriront sur cette route plusieurs lieux de tournage du film. Le plus magique (c'est le cas de le dire !) c'est d'apercevoir le train à vapeur cracher sa fumée sur le splendide viaduc. Le *Poudlard Express* défile sous vos yeux.

GLENFINNAN

Où dormir ? Où manger ?

🛏 **Glenfinnan Sleeping Car :** *derrière le musée.* ☎ *(01397) 722-295. Env £ 15/pers (draps non compris ; £ 5 en sus) ; réduc enfants. S'adresser au gardien du musée (voir ci-avt) ou tél si le musée est fermé.* Accro du *Crime de l'Orient-Express* ? Voilà qui vous donnera un avant-goût, stewards en livrée en moins... Une dizaine de couchettes, une cuisine et une douche se répartissent dans un wagon datant de 1958. Au choix, compartiments de 2 lits superposés et un familial pour 4. Spartiate mais amusant.

🍽 **Glenfinnan Dining Car :** ☎ *(01397) 722-300. Mai-oct : tlj 9h-16h30. Compter £ 6-8. Tearoom* installé dans un wagon des années 1950, voisin du *Sleeping Car.* Bonne petite restauration à base de produits locaux : sandwichs, soupes, salades, assiettes composées... le tout servi avec un grand sourire !

🍽 **Glenfinnan House Hotel :** *après le Glenfinnan Monument.* ☎ *(01397) 722-235. De mi-mars à fin oct. Bar ouv tlj 12h-21h, resto slt le soir. Plats £ 7-17, steaks £ 18-30. Résa recommandée.* Un hôtel cossu du XVIIIe s au bord du loch Shiel et, surtout, un pub avec pas mal de cachet et d'atmosphère (bow-window et trophées de chasse). On s'attend à voir surgir Hercule Poirot ! Cuisine fine et copieuse : snacks et sandwichs le midi, plus élaboré le soir. Au dîner, même carte au pub et au resto, mais on a préféré la décontraction côté bar.

À voir. À faire

🎯 **Glenfinnan (Gleann Fhionnainn) Monument** (NTS) : *sur l'A 830, à 18 miles (une trentaine de km) à l'ouest de Fort William. Visite guidée obligatoire pour monter dans la tour. Ticket : £ 5 (à acheter au Visitor Centre). Avr-oct : tlj 10h (9h30 juil-août)-17h ; visite ttes les 30 mn. Compter 30 mn env.* Une tranche de l'histoire mouvementée de l'Écosse. Sur ce rivage, par un beau matin d'août 1745, débarqua Bonnie Prince Charlie en provenance de Brest pour tenter de restaurer les Stuarts sur le trône d'Angleterre et d'Écosse. En ralliant les clans, il rassembla près de 1 300 Highlanders, puis entreprit sa marche sur Londres. Tout se corsa passé la frontière de l'Angleterre. Bientôt la campagne de reconquête se mua en retraite, et elle s'acheva par la tragique déroute de la bataille de Culloden après 14 mois d'errance. Bonnie Prince Charlie rembarqua près d'ici, définitivement évincé. Une colonne fut érigée en 1815 au bord du loch en souvenir des vaillants Highlanders qui accompagnèrent « *the Young Pretender* » dans son épopée. Bonnie Prince Charlie a marqué les esprits écossais, et les visiteurs viennent en masse en août commémorer le soulèvement. Ce n'est pas la tour qui mérite le déplacement, mais le paysage. On peut grimper à l'intérieur de la colonne (par groupe de six personnes maximum) pour embrasser la vue magnifique sur le loch Shiel. Pour les accros, il s'agit du lac de Poudlard, dans lequel le célèbre sorcier plonge pour une épreuve de la *Coupe de feu.* La production a planté l'imposante école de sorcellerie sur ces collines... en image de synthèse seulement (snif !).

🍴 **Glenfinnan Visitor Centre** *(NTS) :* ☎ *(01397) 722-250. Avr-oct : tlj 10h (9h30 juil-août)-17h. Expo gratuite mais parking payant :* £ 2.
Pour les amateurs d'histoire, toute la saga du malheureux prétendant jacobite au trône, dont la légende continue d'alimenter la nostalgie des partisans du nationalisme écossais. Commentaires sonores en français qui résument en 7 mn toute son l'épopée, très bien fait pour ceux qui se mélangent un peu les pinceaux.

➤ Du centre, un sentier grimpe en 5 mn vers le viaduc où passe le train à vapeur, en principe vers 10h45 et aussi l'été en semaine vers 15h. Le petit promontoire est alors pris d'assaut par les cars de touristes, ce n'est pas le meilleur spot. On le voit aussi du parking mais d'en dessous, donc pas sensationnel pour la prise de vue. Sinon, autre point de vue accessible en 30-40 mn de marche à partir du *Glenfinnan Station Museum* (voir plus loin). Poste d'observation privilégié pour apercevoir le train, beaucoup moins fréquenté.

🍴🍴 Un peu plus loin, sur la gauche, ne manquez pas la **Glenfinnan Church.** Adorable église catholique à la pointe du loch Shiel, avec sa cloche caractéristique, à l'ombre d'un sapin...

🍴 **Glenfinnan Station Museum :** *un peu en retrait de l'A 830 (indiqué), après le* Glenfinnan House Hotel. ☎ *(01397) 722-295.* ● *glenfinnanstationmuseum.co.uk* ● *Mai-oct : tlj 9h-17h. Entrée sur donation et 10 % de réduc au* Dining Car *(voir plus loin).* Pour les amoureux des vieux tchou-tchous, un tout petit musée dans la gare restaurée, où s'arrête le train à vapeur de la *West Highland Line,* inaugurée en 1901. Histoire du viaduc, vieilles machines et ancien guichet de la station. Le viaduc, non loin de là, ainsi que certaines parties de cette voie ferrée et plusieurs locomotives furent utilisés pour le tournage de quelques *Harry Potter.* Le train vapeur s'arrête ici en été à 11h et 15h15 (pour ceux qui l'auraient raté sur le viaduc !).

➤ Possibilité de rejoindre un **point de vue** qui surplombe le viaduc en 30-40 mn de marche. Départ entre le *Sleeping Car* et le *Dining Car.* Prévoyez de bonnes chaussures.

ARISAIG

Tapi dans la petite baie de loch Nan Ceall, c'est le point de départ des excursions vers les îles d'Eigg, Rum et Muck. Rencontre peu probable, mais possible, de grands cétacés en chemin. Charmant et bien moins touristique que Mallaig ; on avoue un petit coup de cœur.

Où dormir à Arisaig et dans les environs ?

⛺ Pour les campings autour d'Arisaig, se reporter à Mallaig.

🏠 **Old Library Lodge :** *à* **Arisaig.** ☎ *(01397) 450-651.* ● *oldlibrary. co.uk* ● *Fermé en janv. Double* £ 120. Paisible, dans la petite rue qui fait face à la mer, ce *B & B* abrite 6 chambres, dont 2 côté mer. Spacieuses, impeccables et décorées dans un style des plus classique, certaines profitent même d'une baignoire. Cher, mais les prestations sont à la hauteur.

🏠 **Glebe Barn Hostel :** *île d'Eigg.* ☎ *(01687) 315-099.* ● *glebebarn. co.uk* ● *Avr-oct. Compter* £ 20/pers *en dortoir ;* doubles ou triples £ 45-60. Une vieille grange du XIXe s reconvertie en AJ qui abrite à la fois des dortoirs et des chambres doubles ou triples. La cuisine est bien équipée et la cheminée dans le salon sympa. Bref, une bonne base pour partir à la découverte de l'île. Appelez tout de même avant de prendre le ferry pour être sûr qu'il y ait de la place ! Vous pourrez en profiter pour passer votre commande à l'épicerie et demander à ce qu'on vienne vous chercher avec vos bagages.

À voir. À faire à Arisaig et dans les environs

🛈 🏃 *Land-Sea and Islands Centre :* à Arisaig, à l'entrée du village, sur la gauche. ☎ (01687) 450-771. Mars-oct : lun-sam 10h-18h, dim 12h-17h. Ouv slt w-e en hiver. Pas mal d'infos sur la côte et les îles (Rum, Eigg et Muck ; consulter également ● road-to-the-isles.org.uk ●), ainsi qu'une exposition sur l'histoire naturelle, sociale et militaire de la région. On y apprend ainsi que le coin a été choisi pendant la Seconde Guerre mondiale comme l'un des camps d'entraînement des forces alliées à partir de juillet 1940. Les agents britanniques, mais aussi français, norvégiens et tchèques, se préparaient aux missions clandestines (en particulier la destruction des moyens de communication), ainsi qu'aux techniques de survie et de combat. La zone, enclavée, permettait de s'entraîner dans le plus grand secret. De grandes baies vitrées et des jumelles permettent d'observer la faune, on a même vu un phoque ! Accueil adorable des bénévoles et ventes de produits locaux, notamment de délicieuses confitures maison.

ON N'EST PLUS BROUILLÉ À EIGG

La répartition et l'organisation des terres en Grande-Bretagne répondent encore souvent à un système foncier quasi féodal. Ainsi, l'île d'Eigg fut la propriété jusqu'en 1996 d'une seule personne, peu soucieuse du développement de l'île et de la vie de sa soixantaine d'habitants. Ces derniers, suite à de nombreux conflits avec leur propriétaire et en partenariat avec le Highland Council *et le* Scottish Wildlife Trust, *décidèrent, en 1997, de racheter leur île, qu'ils gèrent désormais en coopérative.*

■ *Arisaig Marine :* ☎ (01687) 450-224. ● arisaig.co.uk ● Fin avr-fin sept : 1 départ/j. vers Eigg ; 5 départs/sem vers Muck et 2 départs/sem vers Rum. Départ à 11h. Prévoir £ 18-25/pers selon destination. Traversées 1h-2h, pour 2h-5h passées dans les îles. Les billets s'achètent au café du port (lun-sam 9h-16h). Cette compagnie assure des traversées vers les petites îles au large d'Arisaig. Seulement pour les piétons.

🏃🏃 *Le loch Morar* et ses *silver sands* immaculés se trouvent entre Arisaig et Mallaig, à l'embouchure de l'une des plus petites rivières britanniques, la *Morar River*. Le loch Morar abriterait *Morag*, une petite cousine de *Nessie*, du loch Ness (pour les Écossais, les monstres sont en effet des « monstresses »... pas misogynes, avec ça !). Avec plus de 305 m de profondeur, le loch le plus profond d'Europe a de quoi aiguiser l'imagination.

LES HIGHLANDS

MALLAIG (MALAIG) 800 hab. IND. TÉL. : 01687

À 47 miles (75 km) à l'ouest de Fort William, cette petite ville portuaire est un cul-de-sac et le terminus de la ligne de chemin de fer de Glasgow. Quand le train à vapeur y fait escale pour 2 heures, restos et boutiques se remplissent, puis les rues retrouvent leur calme (trop calme ?). C'est aussi un port de pêche actif et le départ du ferry pour l'île de Skye et les petites Hébrides. Très belles plages de sable blanc dans les environs.

Arriver – Quitter

En bus

➤ **Fort William :** 3 bus/j., lun-ven (7h10-15h40 de Mallaig), sam slt en été, 1 fois/j. avec *Shiel Buses* via **Arisaig** et **Glenfinnan**. Attention, pas de bus le dim. Trajet en moins de 1h30.

En train

🚃 **Gare ferroviaire :** *en plein centre.* Consigne.
➤ **Fort William et Glasgow :** 3 trains/j. lun-sam, 2 le dim. À vous de voir si vous préférez le train normal ou le tortillard à vapeur (qui fait 2h d'escale à Mallaig avant de repartir vers Fort William), plus pittoresque mais deux fois plus cher.

En bateau

➤ **Eigg, Rum et Muck :** *avec*

Caledonian MacBrayne. ☎ *0800-066-5000.* ● *calmac.co.uk* ● 5 liaisons/sem pour Eigg ; 4 pour Rum et 4 pour Muck. Durée : 1h15 pour Eigg ; 1h30 pour Rum et env 2h pour Muck. Piétons slt. A/R env £ 8-9 selon destination.
➤ **Armadale (île de Skye) :** même compagnie. En saison (fin mars-fin oct), 9 traversées/j. lun-sam ; 6 dim. Embarque les véhicules. Durée de la traversée : 30 mn. Prévoir env £ 3 par passager ; env £ 10 pour une voiture l'aller simple.
➤ **Vers la péninsule de Knoydart :** au nord de Mallaig, accessible seulement par bateau. *Western Isles Cruises,* sur le port. ☎ *462-233.* ● *westernislescruises.co.uk* ● Mai-oct : 5-6 traversées/j. en sem ; 3-4 fois/j. le w-e. Durée : 30 mn. Tarif : £ 18-20 A/R.

Infos utiles

Station-service à l'entrée de la ville, supermarché *(tlj 7h-22h)* et banque avec distributeur dans la rue principale.

Où dormir ?

Campings

On trouve une densité de campings surprenante entre Mallaig et Arisaig par la route côtière B 8008 (en partie parallèle à l'A 830). Et pour cause, elle offre de bien jolies plages de sable blanc aux eaux claires. Voici l'un de nos préférés :

⚞ **Camusdarach :** *env 4,5 miles (7 km) au sud de Mallaig par la route côtière. Le plus au nord.* ☎ *(01687) 450-221.* ● *camusdarach.co.uk* ● *Ouv de mi-mars à début oct. Résa très conseillée en été. Env £ 20 pour 2 avec petite tente.* 📶 La réception se trouve dans la jolie maison fleurie au bout du chemin en contrebas. Terrain dans un adorable coin de verdure entre mer et campagne, avec accès à la plage où furent tournées des séquences des films *Local Hero* et *Highlander*. Un côté réservé aux tentes, un autre aux camping-cars et caravanes. Laverie et petite épicerie. Fait aussi vente de pizzas en été. Très bon accueil.

De bon marché à prix moyens (£ 10-85 ; 12-102 €)

🏠 **Mallaig Backpackers Lodge :** *face au port, à l'étage du Tea Garden.* ☎ *462-764.* ● *mallaigbackpackers. co.uk* ● *Pâques-oct. £ 18/pers.* AJ indépendante à l'étage d'une maison très mignonne, avec juste 2 chambres de 6 lits. Le tout assez compact mais sympa. Cuisine bien équipée, petit salon TV. Au rez-de-chaussée, *tea-room* avec une jolie terrasse noyée de fleurs (voir plus loin « Où manger ? Où faire une pause sucrée ? »). Une belle adresse conviviale.
🏠 **Seaview B & B :** *Main St.* ☎ *462-059.* ● *seaviewguesthousemallaig. com* ● *Depuis le port, sur la droite*

en longeant la baie. Fermé de mi-nov à fin fév. Doubles £ 75-80. Fiona accueille les visiteurs avec le sourire dans sa maison centenaire en pierre grise posée face au port. 3 des 5 chambres ont une salle de bains, les 2 dernières (une avec lavabo), un peu moins chères, en partagent une autre. Mais toutes sont bien, cossues et agréablement arrangées avec une jolie déco. Adresse charmante, assez unique en son genre. Bon petit déj.

🛏 **Western Isles Guest House :** *Main St. À l'autre bout de la baie.* ☎ *462-320. À 10 mn à pied du centre. Double avec sdb £ 80.* Maison moderne sans cachet particulier aux 5 chambres plutôt grandes, confortables et soignées. L'ensemble manque d'un brin de modernité mais s'avère parfaitement tenu. Un peu cher tout de même, mais accueil très serviable de Jeanette, une dynamique mamie.

Où manger ? Où boire un verre ? Où faire une pause sucrée ?

De prix moyens à chic (£ 8-25 ; 10-30 €)

I●I **The Cabin :** *face au port, dans la rue qui monte vers le* West Highland Hotel. ☎ *462-207. Ouv de Pâques à mi-oct, tlj sf sam midi et dim. Venir tôt, le resto ne prend pas de résa. CB refusées.* On y sert des produits de la mer à peine sortis des filets des pêcheurs, ainsi que de succulents plats de viande et de pâtes, le tout à prix très étudiés. Petite salle, donc pas toujours facile de trouver une place. Accueil et service charmants.

I●I **The Cornerstone Restaurant :** *Main St.* ☎ *462-306. Tlj midi et soir. Fermé nov-fév.* Installé à l'étage, dans une salle élégante, on profite d'une vue sur le port d'où proviennent la plupart des produits servis à table. Fraîcheur indéniable, dommage que certaines assiettes plus « cuisinées » manquent de saveurs. Mieux vaut opter pour les fruits de mer, au moins on n'est pas déçu. Bon service.

I●I 🍷 **Steam Inn :** *dans la rue qui monte vers le* West Highland Hotel.

☎ *462-002. Tlj.* Ce pub fait souvent le plein, au comptoir ou sur de grandes tablées. On y sert de généreux plats de brasserie, aux notes souvent iodées : pâtes aux fruits de mer, moules, poisson frais. Également des burgers et autres steaks-frites pour les viandards. Dommage que le service soit parfois si long. Agréable *beer garden* pour siroter une mousse au grand air.

I●I 🍷 **Chlachain Inn :** *dans la rue qui monte face au port, vers le* West Highland Hotel. ☎ *460-289. Tlj.* Si le bar occupe une bonne place, tout comme le petit coin salon où crépite le feu de cheminée, il serait dommage de se contenter d'une *ale.* Cette brasserie propose une carte variée de plats de pub : *fish & chips,* burgers, mais aussi des fruits de mer et du poisson extra-frais. Une belle adresse.

🍵 🍴 **The Tea Garden :** *face au port.* ☎ *462-764. Tlj 9h-18h.* Ce resto-salon de thé profite d'une agréable terrasse donnant sur le port. On a été conquis par leurs gâteaux maison. Succulent *carrot cake* et croquant crumble. Déception en revanche côté resto. On le réserve pour une pause goûter.

Où dormir ? Où manger ? Où boire un verre sur la péninsule de Knoydart ?

Au nord de Mallaig, une péninsule sauvage et inaccessible par la route (voir plus haut « Arriver – Quitter »). Pour les amateurs de « hors piste » !

⛺ **Knoydart Campground :** *à* **Long Beach,** *à 10 mn à pied d'Inverie.* ☎ *462-242. Compter £ 7 pour 2 avec tente, à payer le mat au ranger ou au*

LES HIGHLANDS

siège de la Knoydart Foundation. Basique : eau et toilettes chimiques. S'il n'y a pas trop de monde à l'AJ voisine, aussi gérée par la fondation, le gardien vous laissera peut-être profiter des douches – demandez toujours.

⌂ *Torrie Sheiling Hostel :* à *Inverie.* ☎ *462-669.* ● *torriecottage@gmail. com* ● *Env £ 27/pers.* AJ indépendante. 3 chambres de 4 lits chacune, dont une avec sa propre salle de bains. Sanitaires communs pour les 2 autres. On vient vous chercher au bateau si vous prévenez – ce qui est préférable pour ne pas vous casser le nez. Tranquillité garantie. Pas de petit déj mais cuisine commune.

⌂ *Knoydart Foundation Bunkhouse :* à *Inverie,* à env 1 km au sud du village, près du camping. ☎ 462-242. ● knoydart-foundation.com ● *Env £ 17/ pers.* Cette petite AJ, gérée par l'association des résidents et propriétaires de la péninsule, compte 3 dortoirs de 7, 8 et 10 lits. Bien équipée : cuisine, salon avec poêle à bois, machines à laver.

À voir. À faire

🏃 *Mallaig Heritage Centre :* Station Rd. ☎ 462-085. ● mallaigheritage.org.uk ● À *côté de la gare. Juil-sept : lun-ven 10h-17h, w-e 12h-16h ; horaires restreints le reste de l'année. Entrée : £ 2,50 ; réduc.* Histoire et traditions des environs connus sous le nom de « Rough Bounds », l'épopée de la construction du chemin de fer et l'activité portuaire. Nombreuses photos anciennes, notamment celles d'une photographe écossaise qui, dans les années 1900, parcourut le pays à pied en traînant tout son matériel dans un petit chariot. Amusantes photos des classes locales de 1906 à 1982 ! Pour compléter la visite, jetez un coup d'œil au *Steam Train* lorsqu'il entre en gare (vers 12h30 et 16h30 en été).

⩗ *Les plages :* entre Arisaig et Mallaig, la route côtière borde une succession de plages de sable blanc entrecoupées de rochers. Celle de *Camusdarach,* au nord, est la plus longue. Magnifique, elle est protégée par des dunes, mais l'écosystème y est fragile. Les plus courageux peuvent tenter de piquer une tête...

LA PÉNINSULE D'ARDNAMURCHAN

Prononcer « Arnamourrran ». Paradis des amateurs de nature, cette péninsule avec ses grands espaces glissant doucement vers la mer donne envie de s'y poser. Ce point géographique le plus à l'ouest de la Grande-Bretagne (îles mises à part) était presque inaccessible à la fin du XIXᵉ s, jusqu'à ce qu'on y construise un phare. Aujourd'hui, on roule patiemment jusqu'à ce promontoire sauvage, et prudemment, car les routes sont à une voie. En chemin se livrent au regard paysages côtiers éthérés, bois de grands chênes tapissés de mousses ou de fougères, petits cottages épars et moutons qui gambadent sur le ruban de goudron, avec de fréquents arcs-en-ciel en toile de fond. Un peu d'Écosse éternelle.

Arriver – Quitter

➤ Depuis *Fort William,* en voiture, faire 9 miles (env 14,5 km) vers le sud jusqu'à *Inchree,* avant Onich. Traverser en 5 mn le goulet du loch Linnhe en ferry jusqu'à Ardgour. Départs ttes les 20-30 mn, 6h30-21h30 ; dim ttes les 30 mn, 8h45-21h30. Gratuit pour les piétons et leurs vélos ; env £ 8 pour une voiture et ses occupants (prévoir l'appoint). On peut aussi aborder la péninsule en prenant l'A 830 en direction de Mallaig ; tourner alors à

Lochailort pour longer le sound of Arisaig. C'est plus long, mais sans ferry et la route est encore plus belle face à l'océan.

➢ De **Lochaline,** de Pâques à mi-oct, un ferry rejoint **Fishnish** (île de Mull)

ttes les 45 mn-1h, 7h-18h35 (dim, ttes les 1h-2h, 8h45-17h45) ; env £ 7 l'aller en voiture et £ 3 par passager. ☎ *0800-066-5000.* ● *calmac.co.uk* ● Tandis qu'un bus quotidien (en été) relie Lochaline à **Fort William.**

STRONTIAN *(SRON an T-SITHEIN)*

C'est à Strontian que fut découvert en 1791 le *strontium* (un métal rare utilisé en pyrotechnie et en médecine). En dehors de cette particularité géologique, c'est sa situation en bordure du magnifique *loch Sunart* qui mérite une escale.

Adresse utile

🛈 *Visitor Information Centre :* ● *info@ardnamurchan.com* ● *Pâques-oct, tlj 10h-16h.* Vend des cartes détaillées de la région. Distributeur

dans l'épicerie voisine et *cashback* (en contrepartie d'un achat par CB, vous obtenez quelques livres en dépannage). Également un *tearoom* à côté.

Où dormir ? Où manger dans le coin ?

⚠ *Resipole Farm Caravan & Camping Park : loch Sunart, à Resipole ; à 7,8 miles (12,5 km) à l'ouest de Strontian et à 2,5 miles (4 km) à l'est de Salen.* ☎ *(01967) 431-235.* ● *resipole. co.uk* ● *Site fermé aux tentes nov-Pâques. Compter £ 20 pour 2 avec tente ; loc de jolis chalets £ 360-540/ sem.* 📶 *(payant).* Au bord de la route peu passante et tout près du loch, avec une vue magnifique. Très bien aménagé et équipé (laverie, boutique, plage de galets) et bel accueil. Un emplacement rêvé pour observer la faune du coin.

🏠 I●I *Ariundle Centre : à Strontian.* ☎ *(01967) 402-279.* ● *ariundlecentre. co.uk* ● *Prendre la route de Bellsgrove et Polloch sur 1 mile (1,6 km), puis à droite vers Aryundle, c'est tt de suite après. Tte l'année. Lit £ 20/pers (£ 28 avec petit déj). Salon de thé et resto ouv tlj. Plats £ 11-13.* 📶 *(au tearoom).* Cette AJ fort bien tenue s'organise derrière un *tearoom,* en pleine campagne. On y trouve de belles chambres pour 2 à 8 personnes, à lits superposés, chacune avec sa propre salle de bains. Certains dortoirs sont vraiment immenses. Cuisine et machine à laver à disposition. Le *tearoom,* tout en bois, est lumineux, avec de grandes baies vitrées et un coin salon. Le rouet n'est

pas là que pour la déco : Kate, la proprio, carde et file la laine pour faire des pulls ! Vraiment un bel endroit.

🏠 *An Sean Tigh « The Old House » : Anaheilt, à Strontian.* ☎ *(01967) 402-253.* ● *craigrowancroft.co.uk* ● *Prendre la route de Bellsgrove et Polloch ; peu après le carrefour, sur votre gauche. Loc à la sem : £ 295-525, selon la saison.* Plongée dans le vert, cette fermette restaurée abrite 2 chambres, une double et une twin. Cuisine parfaitement équipée, salon et salle à manger. Un bon point de chute pour écumer le coin. Les *French froggies* y seront en très bonne compagnie ! Accueil agréable.

I●I *Whitehouse Restaurant : à Lochaline (Loch Alainn), dans la région du Morvern, au sud d'Ardnamurchan, à quelque 20 miles (29 km) de Strontian.* ☎ *(01967) 421-777. Tlj sf dim-lun. Congés : janv-Pâques. Résa indispensable. Plats £ 16-20.* Ne vous fiez pas à la façade neutre et fermée de cette maison effectivement blanche. Non seulement l'intérieur aux lignes douces et pures se révèle coquet, mais la réputation du lieu dépasse les frontières d'Ardnamurchan ! Au menu : une excellente cuisine de terroir à base de produits locaux, souvent bio, tant *surf* (côté mer) que *turf* (côté terres).

À voir. À faire dans les environs

🎬🏃 De Strontian, on peut bifurquer vers le sud par l'A 884 et traverser le *Gleann Geal,* désert de toute présence humaine depuis les *clearances,* jusqu'à *Lochaline (Loch Alainn),* où les ruines du château d'Ardtornish agrémentent les berges du Sound of Mull.

🎬🏃 Depuis *Salen (An Sailean),* prendre l'A 861 vers le nord, direction le *loch Moidart* et l'extraordinaire baie du Sound of Arisaig. Peu après Acharacle, faites un crochet par le *Tioram Castle* (direction Doirlin), rien que pour la photo ! Adorable petite route s'insinuant entre les murets de pierre moussus et les grands arbres (pas très reposante pour le conducteur). Magnifiquement situé sur un îlot rocheux, le château (du XIIIe s) contrôlait l'accès au loch Moidart. Désormais en ruine, on y accède seulement à marée basse. Au *Sound of Arisaig,* paysage remarquable : le rivage parsemé de petites criques et d'îlots rocheux abrite nombre de hérons, de phoques et de cerfs.

KILCHOAN *(CILLE CHÒMHGHAIN ; IND. TÉL. : 01972)*

Depuis *Salen (An Sailean),* une superbe petite route, tortueuse à souhait, mène à travers les forêts de vieux chênes jusqu'au village endormi de *Kilchoan.*

Arriver – Quitter

En bus

➢ **Fort William :** 1 bus/j., le mat, de Kilchoan ; retour en début d'ap-m avec la compagnie *Shiel Buses.* ☎ *(01967) 431-272.* ● shielbuses.co.uk ● À Kilchoan, le bus se prend devant le *Ferry Stores.* Trajet : 2h20.

En bateau

⛴ **Ferry Terminal :** compagnie *Caledonian MacBrayne.* ☎ *0800-066-5000.* ● calmac.co.uk ● *Pas de résa possible, arrivez au moins 30 mn avt le départ si vous êtes en voiture.*
➢ **Tobermory :** de Pâques à mi-oct, 7 traversées de 35 mn lun-sam 7h20-18h depuis Tobermory, 8h-18h40 depuis Kilchoan ; 5 le dim mai-août slt. Le reste de l'année, 3-4 traversées/j. ; aucune le dim. Prix pour un aller simple : env £ 8,50/voiture et £ 3/pers.

Adresses utiles

ℹ️ *Visitor Information Centre :* au Kilchoan Community Centre. ☎ *510-711 en été slt. Avr-oct : lun-sam 9h (9h30 sam)-17h ; nov-mars : lun-ven 10h-16h (15h sam).* Pas vraiment un office de tourisme, plutôt un espace communal où l'on trouve de bonnes infos sur le coin.
■ *The Ferry Stores : épicerie, bureau de poste et station-service. Lun-sam 9h-13h, 14h-17h30 (16h30 le sam hors saison) ; dim 11h30-14h.* Pas une seule banque à la ronde ! Mais on pourra vous dépanner ici par *cashback* (en contrepartie d'un achat par carte de paiement, vous obtenez quelques livres en dépannage).

Où dormir ? Où manger ?

⛺ *Ardnamurchan Camp Site : prendre la route qui longe le Ferry Stores, c'est à 0,7 mile (1 km) sur la gauche.* ☎ *510-766.* ● ardnamurchanstudy centre.co.uk ● *Pâques-sept. Compter £ 18 pour 2.* Petit camping au bord de l'eau, avec du gazon bien vert et une vue superbe, mais pas mal en pente. Sanitaires corrects dans une cabane de fortune, machine à laver et petit frigo à disposition. Si Trevor n'est pas là, installez-vous. Si vous ne l'avez toujours pas vu au moment de repartir, glissez les sous dans la boîte aux lettres...

🛏 ▐●▌ *Kilchoan House Hotel :* à l'entrée du village, sur la gauche. ☎ 510-200. ● kilchoanhousehotel. co.uk ● Tte l'année. Resto ouv tlj midi et soir en été, slt le soir en hiver. Double env £ 100 ; également de belles familiales. Plats £ 11-15. Passé le bar à l'entrée se cache à l'arrière une agréable petite salle de resto qui donne sur le jardin et la baie. Côté cuisine, c'est simple : fish & chips, poisson des environs... Pas de quoi vous laisser un souvenir impérissable, mais c'est correct. Quant aux chambres, elles sont assez charmantes avec leur déco à l'ancienne et la vue verte et paisible dont jouissent la plupart. De certaines, on aperçoit même la mer. Les prix n'en restent pas moins un poil élevés et la plomberie un rien vieillissante dans certaines d'entre elles.

Où dormir ? Où manger dans les environs ?

🛏 *The Ardnamurchan Bunkhouse :* à **Glenborrodale ;** à 12,4 miles (env 20 km) à l'est de Kilchoan. ☎ (01972) 500-742. ● theardnamurchanbunk house.co.uk ● En arrivant de Kilchoan, passer le Glenborrodale Castle et prendre à droite le sentier rocailleux qui grimpe sec vers la gauche. Tte l'année. Chambres 2-4 pers £ 50-80. Isolée en pleine nature, cette auberge ravira les amoureux de nature, qui seront aux premières loges pour observer la faune locale. Les chambres affichent une grande simplicité niveau déco, mais le confort est bien là. On se partage la cuisine (super équipée) et le salon, sinon chacun a sa propre salle de bains. Accueil parfait des proprios qui organisent aussi des excursions nature (● wildhighlandtours.co.uk ●). Achetez des vivres avant de venir, il n'y a rien à des miles à la ronde. Et en cas de pluie : billard, table de ping-pong et babyfoot devraient occuper les plus énergiques.

🛏 ▐●▌ *Sonachan Farmhouse B & B :* à 2,7 miles (4 km) de Kilchoan, sur la route du phare. ☎ (01972) 510-211. ● sonachan.com ● Dortoir de 2 lits superposés £ 15/pers (£ 20-25 avec le petit déj continental ou écossais). Doubles avec sdb £ 50-70, familiales 3-4 pers £ 80-100. Au resto, snacks à partir de £ 7 ; plats £ 11-15. Dans un décor majestueux de collines austères, avec la mer en toile de fond. Chambres simples, mais plutôt claires, spacieuses et bien tenues, situées dans une maison récente au-dessus du pub ; certaines jouissent d'une jolie vue. Côté resto (tlj 10h30-18h, le soir sur résa), le cadre est cosy avec de grosses tables en bois, des fauteuils club et de larges fenêtres sur la nature. Billard pour ceux qui s'ennuient le soir. Carte pas trop longue, mais qui couvre un large spectre : du local à l'Inde avec un détour par le Mexique. Correct.

🍴🍴 🚶 *Ardnamurchan Natural History Visitor Centre :* à **Glenmore,** à env 10 miles (16 km) à l'est de Kilchoan. ☎ (01972) 500-209. ● ardnamurchannatu ralhistorycentre.com ● Avr-oct : tlj 10h-17h30 (16h dim) ; fermé hors saison. Entrée sur donation. Exposition sur la vie sauvage et l'environnement de la péninsule dans une maison au toit de mousse, conçue pour attirer au plus près les animaux, que l'on observe à sa guise. À l'entrée, un panneau référence les derniers spécimens aperçus dans le coin. L'écosystème d'une mare (avec anguilles et grenouilles) est recréé et visible derrière une vitre, un coin est consacré aux aigles dans la région, plus loin, projection d'un film d'environ 15 mn sur la péninsule et sa faune. L'ensemble est vivant et très bien conçu. Un endroit qui plaît aux petits comme aux grands. Belle boutique où l'on peut acheter des graines pour les oiseaux, entre autres.

LES HIGHLANDS

|●| ▼ Bon petit café-resto où l'on déguste du fait-maison. Snacks, plats chauds et délicieux gâteaux, tout est fait à base de produits frais. À déguster si possible dehors devant le loch et les moutons ou derrière les grandes baies vitrées en cas de pluie.

⚒⚒ *Ardnamurchan Point Visitor Centre : à env 6 miles (10 km) à l'ouest de Kilchoan.* ☎ *510-210.* ● *ardnamurchanlighthouse.com* ● *Avr-oct, visite guidée du phare ttes les 30 mn, tlj 11h-16h. Entrée : £ 7 pour la visite du phare ; réduc. Résa conseillée en hte saison. Expo gratuite. Coffee shop sympa à l'accueil, dans un vieux bâtiment en pierre (tlj 10h-17h en saison).* Vous voici à l'extrême ouest de la péninsule, dans un paysage désolé, à proximité de plages de sable fin. Ce Finistère de la Grande-Bretagne, coiffé d'un phare, offre une belle vue sur les petites îles de Coll, d'Eigg et de Rum, ainsi que sur celle de Skye en arrière-plan. Attention, ça souffle ! Expo consacrée aux phares, aux familles qui ont habité celui-ci mais aussi aux cétacés, qu'on peut venir scruter chaque hiver depuis ce poste d'observation idéal.

⚒ *Sanna Bay : à 5 miles (8 km) au nord-ouest de Kilchoan.* Plage de sable blanc plantée dans un bel environnement sculpté par d'anciens volcans. Au milieu des dunes, des moutons, quelques cottages et la mer d'un bleu profond.

➢ *Randonnée : à quelques miles à l'est de Kilchoan, la route file vers la montagne et le Ben Hiant (528 m).* Une marche de 2h30 (aller-retour) jusqu'au sommet permet de profiter des plus beaux panoramas. Départ depuis la route entre l'entrée du *loch Mudle* et la barrière à bétail. Pour plus de détails ou d'autres itinéraires de randos, se renseigner auprès du *Visitor Information Centre.*

GLENCOE

2 800 hab.   IND. TÉL. : 01855

À 16,5 miles (26,5 km) au sud de Fort William, sur la rive sud du loch Leven, dominé par d'imposants sommets verdoyants, Glencoe est une surprise que l'on découvre au débouché du Glen Coe (logique !). Un de nos coins préférés (davantage que le Ben Nevis). Par le nombre et la beauté sauvage de ses montagnes, la région est considérée comme le haut lieu et le rendez-vous favori des alpinistes en Écosse. Après l'agitation de Fort William, voilà un village d'une simplicité enfantine : une rue bordée de maisons mignonnes et fleuries, autour d'une église aux pierres sombres. Le village est tristement célèbre pour le massacre de Glencoe (voir la rubrique « Histoire »). Un mémorial a été dressé à la sortie du village. On y dépose des fleurs chaque 13 février.

Arriver – Quitter

➢ *En bus :* Glencoe se trouve sur la ligne de *Scottish Citylink* **Glasgow-Fort William-île de Skye**, env 8 liaisons/j. 7h-18h de Glasgow. Compter un peu plus de 2h30 de trajet depuis Glasgow.

Adresses utiles

ℹ *Visitor Information Centre : à Ballachulish (Baile a'Chaolais), à 1 mile (1,6 km) du village de Glencoe, sur la* route de Fort William. ☎ *811-866.* ● *glencoetourism.co.uk* ● *Tlj 9h (10h dim en hiver)-17h.* 📶 Infos et docs sur le coin, notamment sur les balades à faire. C'est aussi un agréable café.

■ *Distributeurs automatiques :* à la Cooperative Food, devant le Visitor Centre et à l'intérieur de la station-essence de Glencoe.

■ *NISA Village Store :* dans la rue principale de Glencoe. Tlj 8h-19h (20h jeu-sam). Petit supermarché, point de ravitaillement le plus proche des hostels et campings du village.

■ *Location de vélos : Rank It Up,* petite cabane dans la rue principale de Glencoe. ☎ 811-694. ● crankitupgear. com ● Loue des VTT, £ 20/j.

Où dormir à Glencoe et dans les environs ?

Campings

⚲ *Invercoe Caravan & Camping Park :* à la sortie de Glencoe en allant vers Kinlochleven. ☎ 811-210. ● invercoe.co.uk ● Tte l'année. Env £ 22 pour 2 avec tente. 🛜 (payant). Cher mais très agréablement situé au milieu des montagnes et au bord de l'eau, face au soleil couchant, il est aussi à 5mn à pied de la rue principale du village. Les campeurs y trouveront un petit espace abrité, bien pratique quand il pleut. Bien équipé aussi (épicerie, machines à laver). Aire de jeux pour enfants. En revanche, pas mal de caravanes et emplacements petits.

⚲ *Red Squirrel Campsite :* ☎ 811-256. ● redsquirrelcampsite.co.uk ● À 1,8 mile (3 km) après la sortie de Glencoe en venant de Fort William, peu après l'AJ, par un chemin – parallèle à l'A 82 – qui s'enfonce dans les bois. À pied, compter 30 mn de marche depuis l'arrêt de bus. Tte l'année. Env £ 22 pour 2 avec tente. 🛜 (à la réception). Éparpillé au milieu de 9 ha de bois, le long de la rivière, ce camping sans chichis offre un cadre naturel très plaisant. Espaces herbeux sous les arbres, jolis panoramas et... midges à gogo (quoique pas plus que dans les autres campings). Les sanitaires sont installés dans des petits préfabriqués. Les familles ont leur espace à elles, pour éviter aux enfants de traverser l'allée de l'entrée.

⚲ *Caolasnacon Caravan & Camping Park :* sur la rive sud du loch Leven, à mi-chemin de Glencoe et Kinlochleven. ☎ 831-279. ● kinlo chlevencaravans.com ● Pâques-oct. Emplacements £ 11-22 selon taille de la tente. 🛜 (payant). Réception dans la maison blanche sur la droite en arrivant. Belle situation en bordure de loch, en contrebas d'une ancienne ferme, les tentes ont presque les sardines dans l'eau. Sorte de camping sauvage amélioré de quelques équipements, voilà le concept revendiqué par la proprio. Le lieu conserve un aspect aussi naturel que possible (dommage pour la vue des mobile homes, pas très esthétique quand même). Sanitaires pas hyper nickel. Machine à laver et sèche-linge. Accueil très gentil.

Bon marché
(£ 10-25/pers ; 12-30 €)

🏠 *Glencoe Independent Hostel :* ☎ 811-906. ● glencoehostel.co.uk ● À 1,5 mile (2,4 km) après la sortie du village, avt le camping Red Squirrel. À pied, compter 30 mn de marche depuis l'arrêt de bus. Hostel et bunk-house fermés nov-déc (+ janv pour les caravanes), log cabin ouv tte l'année. Sdb partagées pour ts. Prévoir £ 13-18/ pers selon confort, saison et j. de la sem (plus cher le w-e). Log cabin 3 pers £ 50-80 et caravanes 4 pers £ 55 ; min 2 nuits. 🛜 Au milieu des montagnes, dans un vallon où coule une petite rivière, on a le choix entre un hostel bien tenu (dortoirs de 6 lits et salon-cheminée), l'Alpine bunkhouse assez rustique (dortoirs de 4 et 8 lits autour d'une salle avec cuisine), une charmante log cabin (petit chalet) pour 2-3 personnes (avec douche, cuisine et TV), et des caravanes ; bref, de quoi contenter tout le monde ! Chouette adresse dont les randonneurs nous ont dit le plus grand bien.

🏠 *Glencoe Youth Hostel :* juste après le Glencoe Independent Hostel. À pied, compter 30 mn de marche depuis

l'arrêt de bus. ☎ 811-219. ● syha.org.
uk ● *Réception ouv 15h-23h. Compter
£ 22-25/pers selon saison. Également
1 twin et 2 familiales.* ⌨ 📶 AJ officielle
un peu rustique et sombre, surtout
fréquentée par des marcheurs, aux
dortoirs bien tenus de 3 à 7 lits. Cuisine bien équipée, salon avec jeux. Si
l'ambiance fait défaut, il y a un pub à
15 mn de marche. Plus cher et moins
sympa que l'*Independent Hostel* mais
tout à fait correct aussi.

🏠 ***Inchree Centre :*** *à **Inchree**, entre
Glencoe et Fort William. De l'A 82 en
venant de Glencoe, bifurquer à droite
au panneau « Inchree ».* ☎ 821-287.
● *inchree.co.uk* ● *Compter £ 50-90
pour 2, jusqu'à £ 110 pour les chalets individuels (6 pers). Petit déj en
sus.* 📶 Dans un chalet tout en longueur, des chambres doubles ou familiales (avec lits superposés), propres et
confortables (salle de bains privée et
TV), au bon rapport qualité-prix. Également 2 cuisines à dispo. Loue aussi
des chalets bien équipés pour 4 ou
6 personnes, chacun possédant cuisine, salon et salle de bains. Resto-pub
(possibilité de petit déj) sur le site.

🏠 ***Corran Bunkhouse :*** *à **Corran**, à
côté du quai du ferry, côté Glencoe, à
7 miles (11 km) au nord de Glencoe et
à moins de 1 km après l'Inchree Centre.* ☎ 821-000. ● *corranbunkhouse.
co.uk* ● *Résa conseillée. Compter
£ 20/pers en chambre avec sdb de 2 à
5 lits.* 📶 Stratégiquement située à mi-
chemin entre Glencoe et Fort William,
cette petite structure, qui abrite des

chambres nickel équipées de bons lits,
est scindée en 2, chaque côté ayant
ses propres cuisine parfaitement équipée, machine à laver, lave-vaisselle
(grand luxe !) et espace commun.
Vraiment une bonne affaire à l'accueil
parfait.

Prix moyens (£ 50-85 ; 60-102 €)

🏠 ***Heatherlea B & B :*** *à **Glencoe**, en
retrait de la rue principale.* ☎ 811-519.
● *heatherleaglencoe.com* ● *Double
avec sdb £ 75 ; chambre avec lits
superposés et sdb partagée £ 60.* Au
centre du village, cette adresse nous
a conquis pour l'accueil chaleureux
de Jo, la souriante proprio. Maison
moderne et nickel, comme les chambres, qui sont aussi lumineuses que
confortables. Agréable salon avec vue
sur le jardin.

🏠 ***Camus House :*** *sur l'A 82 direction
Fort William, à la sortie d'**Onich** en
venant de Glencoe, juste après l'église
sur la droite ; bien signalé.* ☎ 821-200.
● *camushouse.co.uk* ● *Ouv de début fév
à mi-oct. Double avec sdb £ 75.* Grande
maison victorienne, cossue et un peu en
hauteur pour que les 3 grandes chambres doubles puissent mieux admirer le
loch. La *twin* et la familiale (pour 4) ont,
quant à elles, vue sur l'agréable jardin.
On a aimé le salon où l'on se réchauffe
au coin du feu durant les fraîches soirées. Un bon rapport qualité-prix et un
accueil chaleureux de Louise et Alistair.

Où manger ? Où boire un verre à Glencoe et dans les environs ?

De bon marché à prix moyens (moins de £ 18 ; 22 €)

🍴 ***Craft and Things :*** *avant l'entrée
de Glencoe, en arrivant d'Oban.*
☎ 811-325. *Tlj 9h30-17h30.* Adorable café, au style campagnard mais
clair et spacieux. On y sert une cuisine simple à base de bons produits :
sandwichs, patates garnies, soupes...

ainsi que d'excellents *scones* et
gâteaux maison. Fait aussi boutique
d'artisanat.

🍴 ***Glencoe Café :*** *dans la rue principale de Glencoe.* ☎ 811-168. *Tlj 10h-
17h ; horaires variables hors saison.*
Un petit café idéal pour la pause-déj :
soupes, sandwichs, pommes de terre
au four ou l'une ou l'autre suggestion,
mais prix un peu musclés pour ce
qui est servi... Bons cafés, que l'on
peut accompagner d'une part de

gâteau. Microterrasse pour les jours ensoleillés.

I●I ⛄ *The Clachaig Inn* : *auberge à 2,5 miles (4 km) de Glencoe par la même petite route forestière qui conduit au* Youth Hostel *et au* Glencoe Hostel. ☎ 811-252. *Tlj 11h-21h (23h pour le pub). Plats £ 10-15 (plus pour les steaks).* 📶 En pleine nature, cadre grandiose. C'est le rendez-vous des amateurs de montagne. Bonne cuisine à commander au comptoir : *haggis* végétarien (ou non), poulet pané à l'avoine sauce moutarde et, pour conclure (s'il reste de la place), bons et copieux desserts maison (on a adoré le crumble). À l'arrière du resto, le bar avec son vieux poêle et son billard. Quelque 350 whiskies et un vaste éventail de bières en provenance de microbrasseries de la région. Concerts le samedi en saison.

Chic (£ 15-25 ; 18-30 €)

I●I *Lochleven Seafood Café* : *sur la rive nord du* **loch Leven**. ☎ 821-048. *En venant de Glencoe sur l'A 82, prendre à droite après le pont, direction Kinlochleven, puis faire 4,5 miles (7,2 km). Ouv de mi-mars à mi-oct : tlj 12h-15h, 18h-21h, résa conseillée ; fermé le reste de l'année. Compter £ 15-20 le midi et £ 30-40 le soir pour un repas* *complet. Plateau de fruits de mer env £ 40.* Avis aux amoureux de fruits de mer : ce café, à la déco design et épurée, égaré dans la nature, face au loch Leven, offre tout ce qu'il y a de plus frais en la matière. La pêche du jour est livrée dans le bâtiment attenant où l'on peut jeter un oeil. Dans l'assiette, moules, huîtres, langoustines et autres plats délicieux. Les plus fortunés s'offriront un plateau de fruits de mer – non, pardon, on devrait plutôt dire une montagne de fruits de mer. Jolie terrasse avec vue sur le loch mais gare aux *midges*.

I●I *The Holly Tree* : *à* **Kentallen**. ☎ 740-345. *À env 6,5 miles (10 km) au sud de Glencoe en allant vers Oban. Tte l'année, tlj 18h-21h30. Plats £ 12-18 au pub. Un peu plus cher au resto.* Au bord du loch Linnhe, les 2 salles se suivent et déclinent leur style, ambiance pub contemporain pour l'un, chic et moderne pour l'autre. Les deux s'ouvrent par de larges baies vitrées sur le loch et le pub jouit d'une chouette terrasse. Une vue qui inspire visiblement le chef, qui concocte ses plats en majorité à base des produits de la mer. Dans tous les cas, cuisine réussie et présentation soignée. Une des bonnes tables du coin. Une formule *swimming lunch* donne accès à la piscine couverte de l'hôtel en plus du déjeuner.

À voir. À faire à Glencoe et dans les environs

🥾 🧗 *Glencoe Visitor Centre* (NTS) : *sur la droite de l'A 82, à 1,5 mile (2,4 km) de Glencoe en allant vers Glasgow.* ☎ 811-307. ● nts.org.uk ● *Pâques-oct : tlj 9h30-17h30 ; nov-Pâques : jeu-dim 10h-16h. Dernière entrée 45 mn avt fermeture. Entrée : £ 6,50 ; réduc. Quiz pour les enfants à demander à la caisse.* Le bâtiment, de conception écolo, héberge une expo interactive sur les phénomènes géologiques du coin, l'histoire de l'alpinisme écossais et de la région avec, bien sûr, le célèbre massacre de Glencoe de 1692 (voir la rubrique « Histoire. Vers la réunification » dans « Hommes, culture, environnement » en fin de guide). Version audio disponible en français en différents endroits de l'expo. On poursuit par la faune, les espèces en danger, l'équilibre de l'écosystème et le changement climatique avec des écrans interactifs. Ne pas hésiter à consulter le site internet pour connaître le programme estival (balades thématiques, ateliers pour enfants...). Également un café et une boutique.

– *Bureau de rangers* à l'accueil. Infos sur les randonnées dans le coin. Ils en organisent également.

🧗 *Glencoe and North Lorn Folk Museum* : *dans la rue principale du village.* ☎ 811-664. ● glencoemuseum.com ● *De Pâques à fin oct, tlj sf dim 10h-16h30 (plus tôt s'il n'y a personne). Parfois fermé faute de personnel bénévole. Entrée :*

£ 3 ; réduc ; gratuit jusqu'à 16 ans. La vie du village, évoquée à travers une collection d'objets du quotidien : vaisselle, outils agricoles, armes, vieux albums photos, le tout dans une *croft house* traditionnelle des années 1700 (et ses « dépendances »). Une partie de l'expo est consacrée au massacre de Glencoe mais la bande son en anglais n'est pas compréhensible par tous.

⚔️ Castle Stalker : *à **Port Appin,** 25 km au sud de Glencoe, sur la route d'Oban.* ☎ *(01631) 730-354.* ● *castlestalker.com* ● *Visite sur résa ; compter £ 20 (réduc) pour 2h.* Flottant sur le loch Linnhe, c'est l'un des châteaux les plus photographiés d'Écosse ! La bâtisse d'origine (un petit fort) aurait été construite par le clan Mac-Dougall vers 1320. Depuis, le château est apparu dans le film *Monty Python : Sacré Graal !,* dans *Highlander* et sur des milliers de photos de touristes.

➤ **Sorties en bateau : *Sea Explorer*** au Isles of Glencoe Hotel, à **Ballachulish.** ☎ *413-203.* ● *seaxplorer.co.uk* ● *Env £ 27-40 selon durée ; réduc.* Balades de 1h ou 2h en bateau rapide pour aller observer marsouins, dauphins, phoques et oiseaux de mer.

➤ **Ice Factor :** *Leven Rd, à **Kinlochleven.** ☎ 831-100.* ● *ice-factor.co.uk* ● *Tlj 9h-18h (22h mar et jeu en été). Cours d'escalade (1h) ou initiation sur le mur de glace : env £ 30/pers. Enfants à partir de 5 ans. Résa conseillée.* Sous la conduite de moniteurs, on peut s'initier à l'escalade et à l'alpinisme, soit sur des parois artificielles, soit sur un haut mur de glace, dans une chambre froide. On y trouve aussi un parcours en l'air (style accrobranche mais sans les arbres), une cafétéria et des jeux pour ceux qui ne trouveraient pas leur bonheur haut perché...

Randonnées dans le Glen Coe

Le Glen Coe est le berceau de l'alpinisme en Écosse. La première ascension répertoriée remonte à 1868, et le sport se développa rapidement dans les années 1900. Les possibilités de randonnées y sont nombreuses, et, bien qu'elles ne soient pas aussi ardues que dans les Alpes, il ne faut pas les sous-estimer. Le climat, en particulier, est très capricieux. Ne vous aventurez donc que si vous êtes sûr de votre coup. Sinon, vous pouvez vous joindre à des excursions avec guides. Se renseigner au *Glencoe Visitor Centre* (bureau des *Rangers*). On y trouve aussi toutes les cartes des sentiers détaillés. Faire aussi un tour sur ● *walkhighlands.co.uk* ●

➤ **Lochan Trails :** *parking à la sortie du village (en direction des AJ), prendre à gauche après le petit pont.* Trois boucles forestières d'environ 2 km chacune, que l'on peut combiner. Ce sont les balades les plus faciles, à faire sans problème avec des enfants. On y croise des espèces d'arbres importées au XIXe s d'Amérique du Nord par lord Strathcona. L'homme d'affaires voulait que le coin ressemble au Canada pour sa femme indienne, qui avait le mal du pays. On peut également faire le tour d'un petit loch en 30 mn. Une belle balade, qui devient magique lorsque le soleil brille et que les arbres se reflètent dans l'eau.

➤ **Pap of Glencoe** *(742 m) : départ à 1 mile (1,6 km) du village, en direction de l'AJ. Aucune pancarte ne l'indique. Compter 3h30 à 4h A/R. Ne pas s'y aventurer quand il pleut ou s'il risque de pleuvoir. Bonnes chaussures de randonnée indispensables.* Faute de s'engager sur les arêtes de Glencoe, cette rando assez ardue – la plus ardue des quatre – offre un panorama mémorable. Vue sur le loch Leven et l'ouest (génial au coucher du soleil).

➤ **Signal Rock :** *départ à 2,5 miles (4 km) de Glencoe sur l'A 82, 1 mile (1,6 km) après le Glencoe Visitor Centre. Prévoir env 45 mn A/R.* C'est ici, affirme la légende, que fut allumé le feu signalant le début du massacre de Glencoe. Vues sur la vallée et le village, un peu cachées par les arbres. Avant tout une marche forestière, où l'on peut emmener les enfants.

➤ **The Lost Valley :** *départ d'un parking à 5-6 miles (9 km) du village de Glencoe (par l'A 82). Env 2-3h A/R.* Dans le Coire Gabnail, une vallée formée il y a 10 000 ans par un éboulement de pierres. Une bonne intro au massif de Glencoe. C'est ici que les MacDonald cachaient leur bétail volé. Chemin caillouteux par endroits, se chausser en conséquence.

Où dormir ? Où manger ?
sur la route de Glencoe à Oban ?

⚓ **Achindarroch Touring Park :** *à Duror. À env 9 miles (14,5 km) au sud de Glencoe.* ☎ *(01631) 740-329.* ● *achindarrochtp.co.uk* ● *Tte l'année. Compter env £ 20 pour 2 avec tente. Camping pod 2 pers £ 40.* 🛜 Petit terrain tranquille et à la vue dégagée. Plein de gazon pour s'installer. Également des *pods* (sorte de petits cabanons) au confort basique : 2 lits de camp avec matelas gonflables et plaques électriques à l'extérieur. Sanitaires très bien tenus, laverie et cuisine.

⚓ **Pineapple House :** *à Duror, côté droit de la route en venant de Glencoe.* ☎ *(01631) 740-350.* ● *pineapple house.co.uk* ● *Ouv de mi-avr à fin oct. Doubles £ 80-95 selon confort. Également 1 familiale (pour 4 ; 2 pièces).* Chambres douillettes à la moquette épaisse dans les tons beiges, reposant. Elles sont toutes différentes, les supérieures bénéficiant de plus d'espace. Mais toutes invitent au cocooning. Bon accueil de Jan et Jimmy.

I●I **Pierhouse Hotel :** *à Port Appin.* ☎ *(01631) 730-302. Face à l'embarcadère des bateaux vers Lismore (île dans le loch Linnhe). Tlj midi et soir jusqu'à 21h30 (21h pour le bar). Plats £ 10-15 au bar ; bien plus cher au resto.* Adorable pub aux larges baies vitrées et petites tables bistro proposant une cuisine fraîche et bien présentée, à moindres frais. Sandwichs, *fish & chips,* moules et poisson frais, l'assiette nous régale et le cadre repose. De l'autre côté, excellent resto de poisson, plusieurs fois primé. Évidemment cher *(£ 95 le plateau de fruits de mer pour 2 pers),* mais quel cadre et quel service ! On peut aussi faire une escale pour un *tea & cake* dans l'après-midi. Jetez un œil aux petits salons, on y passerait des heures.

LES HIGHLANDS

L'ARGYLL

● Carte Le sud-ouest des Highlands *p. 467*

Cette région transitoire entre les Lowlands et les Highlands présente un paysage de petite montagne. Si la majorité des visiteurs parcourt les rives du loch Lomond, l'Argyll, plus à l'ouest, permet de sortir des sentiers battus.

OBAN

8 600 hab.   IND. TÉL. : 01631

> ● Plan *p. 469*

Mise à la mode par la reine Victoria qui trouvait le climat propice au soin de ses rhumatismes, Oban a su conserver son charme balnéaire et la beauté intrinsèque de sa petite baie (*oban* en gaélique), encerclée de collines l'orientant vers les silhouettes des îles de Kerrera et de Mull. D'ailleurs, si son dynamisme lui vaut une collection de surnoms comme *West Highland capital* ou *Seafood capital*, c'est bien *Gate to the Isles* (« porte vers les îles ») qui lui convient le mieux. On le comprend en s'y promenant, irrésistiblement attiré par le petit port coloré qui précède le quai des ferries desservant les Hébrides.
– À votre arrivée, pensez à consulter l'*Oban Times* et le gratuit *Holiday West Highland*.

Arriver – Quitter

En train

➢ **West Highland Line Glasgow (Queen Street Station)-Oban :** env 5 trains/j. selon la direction et les jours (moins le dim). Arrêts, entre autres, à **Tyndrum** et **Taynuilt.** Trajet : env 3h. *Scotrail :* ☎ *0344-811-0141.* ● *scotrail. co.uk* ●

En bus

Pas de gare routière, les tickets de bus des 2 compagnies s'achètent à l'agence *West Coast Motors (Queen's Park Pl ; lun-ven 9h-17h)* ou à l'agence *West Coast Tours* voisine quand la 1ʳᵉ est fermée.
■ Avec **Scottish Citylink.** ☎ *0871-266-33-33.* ● *citylink.co.uk* ●
➢ **Ligne Glasgow-Oban :** arrêts à **Tyndrum** ou **Inveraray.** Env 5 bus/j. Trajet : env 3h.
➢ **Ligne Glasgow-Campbeltown :**

env 6 bus/j. Arrêts à **Inveraray, Lochgilphead** et **Kennacraig.**
➢ **Ligne Oban-Fort William :** 3 bus/j. Correspondance pour Inverness.
■ Avec **West Coast Motors.** ☎ *(01586) 552-319.* ● *westcoastmotors.co.uk* ●
➢ Bus locaux pour le ferry de **Kerrera,** le **Scottish Sea Life Sanctuary** au nord d'Oban et **Clachan-Seil** sur l'île de Seil.

En bateau

Si vous êtes véhiculé, réserver votre traversée au moins 1 sem avt. Pour les piétons, il suffit d'arriver 30 mn avant le départ. *Infos et résas au rdc du terminal des ferries (plan A3).*
■ Avec **Caledonian MacBrayne.** ☎ *0800-066-5000.* ● *calmac.co.uk* ●
➢ **Craignure** (île de Mull) *:* 10 liaisons/j. en été, 3-4 en hiver. Compter 50 mn de traversée.

Adresses et infos utiles

🛈 *Visitor Information Centre (plan B2) :* 3, North Pier. ☎ 563-122. ● *info@oban. visitscotland.com* ● *Avr-juin : lun-sam 9h-17h (18h juin), dim 10h-17h ; juin-août : lun-sam 9h-19h, dim 10h-17h ; sept-oct : lun-sam 9h-18h, dim 10h-17h ;* *nov-mars : lun-sam 10h-17h, dim 11h-16h.* 🛜 Très bien fourni en cartes et nombreuses infos, notamment sur les îles. Vend des billets de bus et de ferry, et peut réserver des hébergements (avec une commission).

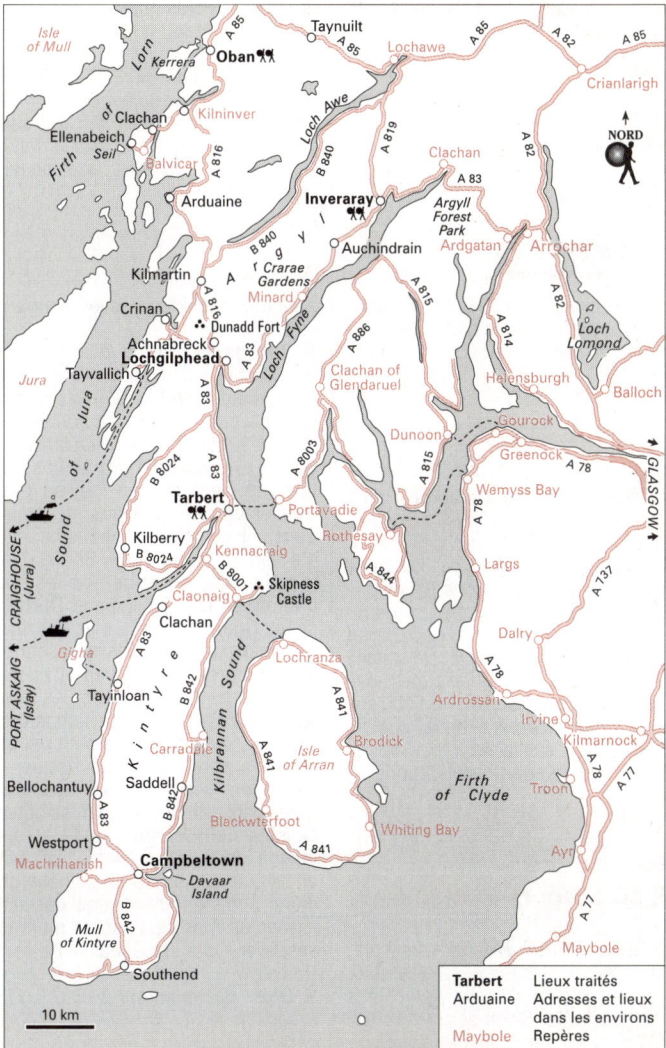

Isle of Mull · Lorn · Kerrera · **Oban** · Taynuilt · Lochawe · Crianlarigh

Clachan · Kilninver · A 85 · A 85 · A 82 · A 85

Ellenabeich · Seil · Balvicar · A 816 · A 83 · B 840 · A 819 · A 819 · Clachan · NORD · A 82

Firth of · Arduaine · A 83 · B 840 · **Inveraray** · Auchindrain · *Argyll Forest Park* · Ardgatan · Arrochar

Kilmartin · A 816 · *Crarae Gardens* · Minard · A 815 · A 82 · A 814 · *Loch Lomond*

Crinan · Dunadd Fort · A 886 · Helensburgh · Balloch

Achnabreck · **Lochgilphead** · *Clachan of Glendaruel* · Gourock

Tayvallich · A 83 · Dunoon · A 815 · Greenock · A 78

Jura · Sound of Jura · B 8024 · A 83 · A 8003 · Wemyss Bay · A 78 · A 737 · GLASGOW

Tarbert · Portavadie · Rothesay · Largs

CRAIGHOUSE (Jura) · Kilberry · B 802A · Kennacraig · B 8001 · A 844 · Skipness Castle

PORT ASKAIG (Islay) · Claonaig · Clachan · *Kintyre* · *Kilbrannan Sound* · Lochranza · Dalry · A 78

Gigha · A 83 · B 842 · Tayinloan · A 841 · Ardrossan · Irvine · Kilmarnock · A 78 · A 77

Carradale · *Isle of Arran* · Brodick · *Firth of Clyde* · Troon · A 77

Bellochantuy · Saddell · B 842 · A 841 · *Blackwterfoot* · Whiting Bay · Ayr

Westport · A 83 · **Campbeltown** · *Davaar Island* · A 841 · A 77

Machrihanish · B 842 · *Mull of Kintyre* · Southend · Maybole

10 km

Tarbert	Lieux traités
Arduaine	Adresses et lieux dans les environs
Maybole	Repères

LE SUD-OUEST DES HIGHLANDS (L'ARGYLL-KINTYRE)

– Consulter ● *oban.org.uk* ● Site conçu par une association touristique d'Oban.

✉ **Poste** (plan A-B3) : *dans le super-marché Tesco. Lun-ven 8h30-18h, sam 10h-16h. L'épicerie Mc Coll's* *dans George St fait aussi bureau de poste.*

@ **Library** (plan A3) : *à l'angle de Drimvargie Rd et Albany St. Tlj sf mar, sam ap-m et dim. Ordis à dispo et connexion Internet avec possibilité* d'imprimer des documents. Également une connexion wifi.

■ **Tesco Supermarket** *(plan A-B3, 1)* : *Lochavullin Dr. Lun-sam 6h-minuit, dim 8h-20h.* Un grand supermarché à 5 mn à pied du centre-ville.

■ **Lorn Medical Centre** *(plan B3, 2)* : *Soroba Rd.* ☎ *563-175. Lun-ven 8h30-18h, sam 9h-13h ; fermé dim.*

■ **Oban Cycles** *(plan B2, 3)* : *87, George St.* ☎ *566-033. Mar-sam 10h-17h. Compter env £ 25/j.* Loue également des vélos enfants £ 15/j.

■ **Waterstone's** *(plan B2, 4)* : *12, George St. Tte l'année lun-sam 9h-17h30 (19h juil-août), dim 11h-17h.* Librairie bien fournie en cartes de randos et guides régionaux.

Où dormir ?

Une profusion de *B & B* ont essaimé sur Corran Esplanade, Breadalbane Street et Dunollie Road (nord de la ville).

Camping

⚊ **Oban Caravan & Camping Park** : *Gallanachmore Farm, Gallanach Rd.* ☎ *562-425.* ● *obancaravanpark.com* ● *À 3 miles (5 km) d'Oban, au bout de la route qui dessert le port de Gallanach-more. 2-4 bus/j. sf dim. Ouv de début avr à mi-oct. Compter £ 16 pour 2 avec tente.* 🛜 *(à la réception).* Juste en face de l'île de Kerrera (le ferry n'est pas loin), au milieu des collines. Fabuleux pour l'emplacement mais cuisine inexistante et sanitaires un peu cracra. Épicerie et laverie. Parfois bondé en été.

Bon marché
(£ 10-25/pers ; 12-30 €)

⌂ **Oban Youth Hostel** *(plan A1, 10)* : *Corran Esplanade.* ☎ *562-025.* ● *syha.org.uk* ● *Tte l'année. Résa très conseillée. Selon saison : dortoir (4-6 lits) £ 24/pers ; doubles avec sdb £ 54-60 ; chambres 3-4 pers dans le lodge £ 80-110 + £ 3 pour les non-membres.* 🛜 AJ bien installée dans l'une des généreuses villas victoriennes du bord de mer. Bonne tenue générale mais on regrette le manque de charme. Dortoirs et chambres privées sont séparés dans 2 bâtiments différents, tous disposent de leur propre salle de bains. Vue sur la mer et les îles depuis la salle à manger et le salon. 2 cuisines

à dispo, machines à laver, hangar à vélos.

⌂ **Backpackers Plus** *(plan B1, 12)* : *Breadalbane St. En face d'Oban Backpackers.* ☎ *567-189.* ● *backpac kersplus.com* ● *Env £ 17-20/pers en dortoir (3-12 lits), £ 52-58 en chambre double sans ou avec sdb.* 🖥 Les routards doivent venir à l'église pour trouver un peu de repos, du moins dans ses ex-murs. L'ambiance, elle, n'a rien de monastique. Billard dans la belle salle commune où les rencontres se font facilement. Dortoirs assez grands pour la plupart, mais qui manquent de clarté. Chaque lit a ses propres lumières et prises. 2 autres bâtiments dans les rues adjacentes proposent des chambres doubles, style *B & B*. Le petit déj est compris pour tous (pas fréquent). Également des réductions dans certains restos de la ville pour les hôtes. Cuisine dans chaque unité et une laverie dans la principale. Un bon choix quel que soit le type d'hébergement. Comme tous ceux qui passent, laissez un message sur les murs de l'escalier. On a signé, qui saura nous trouver ?!

⌂ **Oban Backpackers** *(plan B1, 11)* : *Breadalbane St.* ☎ *562-107.* ● *oban backpackers.com* ● *Fermé de début nov à mi-mars. Dortoir (6-12 lits) £ 18-20/pers selon saison.* On a bien aimé la salle commune accueillante avec ses canapés zébrés de toutes les couleurs et le billard dans le fond. Laverie, sanitaires irréprochables et cuisine bien équipée. Seul bémol, les lits aux matelas de mousse pas bien épais. À part ça, accueil chaleureux. Mais on préfère quand même le *Back-packers Plus*, en face.

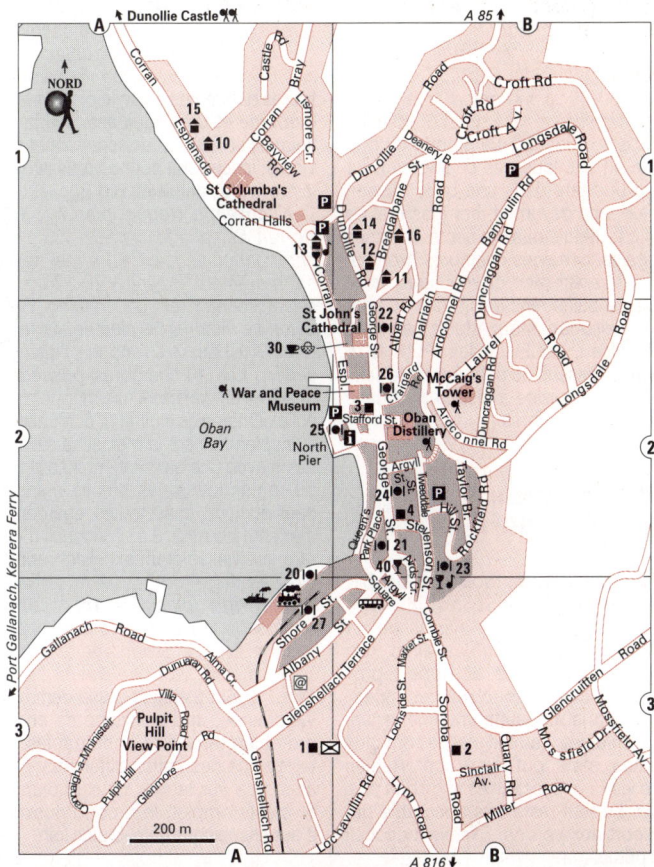

OBAN

■ **Adresses utiles**	|◉| **Où manger ?**

Adresses utiles

- 🛈 Visitor Information Centre
- @ Library
- 1 Tesco Supermarket
- 2 Lorn Medical Centre
- 3 Oban Cycles
- 4 Waterstone's

🛏 **Où dormir ?**

- 10 Oban Youth Hostel
- 11 Oban Backpackers
- 12 Backpackers Plus
- 13 Corran House
- 14 B & B Dana Villa
- 15 Kilchrenan House et Glenrigh
- 16 Sandvilla Guesthouse

|◉| **Où manger ?**

- 20 Local Shellfish
- 21 George St. Fish & Chips
- 22 Oban Fish & Chips
- 23 The Lorne
- 24 The Kitchen Garden Delicatessen
- 25 Ee-Usk
- 26 Coast
- 27 Waterfront Fishouse Restaurant

☕ **Où boire un bon chocolat chaud ou un café ?**

- 30 Oban Chocolate Company

🍸♪ **Où boire un verre ? Où sortir ?**

- 13 Markie Dans
- 23 The Lorne
- 40 Aulay's Bar

⬧ *Corran House* (plan A1, *13*) : Victoria Crescent. ☎ 566-040. ● corran houseoban.co.uk ● Dortoir sans ou avec sdb (4-6 lits) £ 18-20, doubles env £ 50-70 selon confort, vue et saison, familiales (3-5 pers) £ 80-105. Serviettes fournies. Le proprio du pub juste en bas loue des chambres pour tous budgets dans une belle maison victorienne devant la mer (pas mal de trafic toutefois dans le secteur). Assez inégales, certaines chambres profitent de la vue sur mer, de moulures et de salle de bains rénovées, d'autres sont plus vieillottes, moquette et peintures font grise mine. Évitez les n°s 14 et 15 juste au-dessus du pub. Agréable salle commune, cuisine à dispo et TV dans toutes les chambres.

De prix moyens à chic (£ 50-125 ; 60-150 €)

⬧ *Sandvilla Guesthouse* (plan B1, *16*) : Breadalbane St. ☎ 564-483. ● holidayoban.co.uk ● Fermé de fin oct à mi-mars. Doubles avec sdb £ 70-75. Josephine et Robert proposent 5 chambres, claires et impeccables, à la moquette imprimé tartan. La twin et les 2 au toit incliné sont plus petites, mais tout aussi confortables que les king, spacieuses et un brin plus chic. Le tout reste très abordable par rapport aux voisins. Excellent accueil en prime.

⬧ *B & B Dana Villa* (plan B1, *14*) : Dunollie Rd. ☎ 564-063. ● danavilla. co.uk ● Tte l'année. Doubles avec sdb £ 60-85 selon saison. 6 chambres toutes différentes au style classique ou moderne et bien équipées. Joli jardin fleuri à l'arrière. Accueil souriant et service efficace. Une bonne adresse dans la rue la plus dense en B & B.

⬧ *Kilchrenan House* (plan A1, *15*) : Corran Esplanade. ☎ 562-663. ● kil chrenanhouse.co.uk ● Fermé de fin oct à mi-mars. Prévoir £ 70-120 selon saison, confort et vue. Parking. Belle demeure victorienne plantée sur le littoral. Si la bâtisse en impose, l'intérieur séduit. Les 14 chambres possèdent chacune un caractère, un charme particulier. Originales (voir la n° 5, immense, vue splendide sur la mer, et sa salle de bains avec une baignoire noire à pieds) ou romantiques (les pièces mansardées du haut), quasi toutes regardent la mer sauf les n°s 2, 3 et 7. Accueil d'une rare gentillesse et un excellent rapport qualité-prix.

⬧ *Glenrigh* (plan A1, *15*) : Corran Esplanade. ☎ 562-991. ● glenright. co.uk ● Avr-oct. Selon type et saison, doubles £ 90-120. Également 2 familiales. 🛜 Sur 2 étages d'une demi-villa victorienne, une quinzaine de chambres bien tenues et confortables, de taille et de décoration différentes mais avec vue sur la mer pour la plupart. Si c'est complet, le proprio possède 2 autres maisons un peu plus loin.

Où manger ?

Bon marché (plats £ 5-10 ; 6-12 €)

|●| *Local Shellfish* (plan A2-3, *20*) : sur le quai, entre les ferries et le complexe Waterfront. Fév-oct : tlj 9h-18h. Cette cabane en bois est un célèbre take-away tenu par un ancien pêcheur qui a pour seul credo la fraîcheur des produits. Excellents sandwichs (crabe, saumon, crevettes), large palette de fruits de mer en portion dégustation ou véritables assiettes, parfois chaudes, accompagnées de beurre à l'ail.

Spécialités : le dressed crab, assaisonné et servi dans sa carapace ; le saumon fumé chaud et le sweet herring (hareng sucré). Par beau temps, faites comme les habitués : pique-niquez « urbain » sur les tables juste à côté ou sur le muret en face !

|●| *George St. Fish & Chips* (plan B2, *21*) : George St. ☎ 566-664. Tlj 11h-23h à emporter, midi et soir au resto. Il se dispute le prix du meilleur fish & chips de la ville avec l'Oban Fish & Chips (voir plus bas). Pour les départager : poulet, saucisses, boudins, tous les classiques de la cuisine

LES HIGHLANDS

écossaise. Plats plus élaborés côté resto, juste à côté, où l'on décline les spécialités de la mer. Lumières tamisées, décor marin et musique douce, à vous de choisir votre ambiance.

|●| Oban Fish & Chips (plan B2, **22**) : George St. Tlj 11h30-21h (resto) ou 23h (à emporter). Comme son concurrent, une salle permet de déguster son poisson frit à l'abri de la bruine. Mais ici, la déco est moins léchée et le service plus familier. Lui aussi étend sa carte aux poulet, *pies* et autres burgers. Bien pour caler un creux à tout moment de la journée.

|●| The Lorne (plan B2, **23**) : Stevenson St. ☎ 570-020. Tlj, cuisine ouv jusqu'à 21h et bar jusqu'à 1h (2h w-e). Plats £ 5-15. Cuisine de pub classique, tout comme la salle aménagée autour d'un gros comptoir carré à l'ancienne. Entre 12h et 17h, piochez parmi les plats à £ 5, copieux et délicieux, au prix imbattable. Très bonne ambiance, surtout lors des concerts du samedi soir.

|●| The Kitchen Garden Delicatessen (plan B2, **24**) : 14, George St. ☎ 566-332. Lun-sam 9h-17h30, dim 10h-16h30 ; horaires restreints en hiver. À l'étage, le *coffee shop* compose divers sandwichs et salades avec les bons produits en vente à l'épicerie fine du rez-de-chaussée. Gâteaux et *scones* également.

De prix moyens à chic (plats £ 8-25 ; 10-30 €)

|●| Ee-Usk (plan A-B2, **25**) : North Pier. ☎ 565-666. Tlj midi et soir. Menu déj 2-3 plats £ 15-18 ; menu early dinner (avt 18h45) 2 plats : £ 15. Résa recommandée. Excellente cuisine de la mer s'alliant bien à l'architecture et à l'atmosphère moderne, sobre et élégante de ce pavillon aux larges baies donnant sur le port. Service (trop) efficace, du coup on ne s'éternise pas.

|●| Coast (plan B2, **26**) : 104, George St. ☎ 569-900. Tlj midi et soir. Résa conseillée. Menus 2-3 plats £ 15-18 ou carte. Dans un cadre chic et sobre, aux lumières tamisées, on savoure une cuisine *scottish* traditionnelle et travaillée. Pêche du jour, agneau de l'Argyll et légumes frais (c'est rare !) composent des assiettes colorées et savoureuses. De la gastronomie, à prix d'ami, à condition de piocher dans les menus. Desserts tout aussi alléchants.

|●| Waterfront Fishouse Restaurant (plan A3, **27**) : 1, Railway Pier. ☎ 563-110. Tlj midi et soir. Résa conseillée. Lunch et early evening menus 2 plats £ 14 ou carte. Dans l'ancienne *Fishermen's Mission,* le resto à l'étage sert une cuisine de la mer soignée, délicieuse et copieuse, dans un cadre moderne baigné par la vue sur l'océan.

Où boire un bon chocolat chaud ou un café ?

☕ 🍫 **Oban Chocolate Company** (plan B2, **30**) : Corran Esplanade. ☎ 566-099. Dim-jeu 9h30-17h30, ven-sam 9h30-21h. 📶 Les larges baies vitrées face à la mer permettent de siroter un chocolat chaud noir (ou blanc !) à l'abri des embruns. Les *chocolate addicts* ne sauront plus où donner de la tête (et du porte-monnaie) entre les desserts et la boutique alléchante. Thés et bon *espresso* également, à accompagner de gâteaux maison. Une adresse spéciale « goules sucrées ».

Où manger sur l'île de Seil ?

|●| 🍷 Tigh-an-Truish Inn : à Clachan. ☎ (01852) 300-242. Au débouché du « pont sur l'Atlantique ». D'avr à mi-oct : tlj 12h-14h, 17h-20h ; slt le midi ven-dim en hiver. Bar tlj en continu. Plats £ 9-15. Célèbre auberge datant du XVIIIe s, servant d'excellents déjeuners, du poisson frais, de la bière locale et des gâteaux. En gaélique, son nom signifie « la maison des pantalons ». On raconte que, suite à l'interdiction de porter le kilt dans les Highlands en 1746 (après la défaite des jacobites à Culloden), les insulaires se changeaient dans cette auberge avant de traverser le pont sur l'Atlantique. On peut aussi se contenter d'emporter sa bière dehors et de la siroter face à l'étroit bras de mer.

🍴 🍷 *Oyster Brewery Restaurant :* à *Ellenabeich*, à 2 miles (3 km) du pont, bifurquer à droite à la fourche, c'est encore *2 miles plus loin.* ☎ *(01852) 300-121. Avr-oct : tlj 12h-14h, 18h-20h ; bar 11h-22h. Resto fermé hors saison et bar slt ouv ven-dim 17h-22h. Fruits de mer £ 10-20.* Une salle de pub bien îlienne avec, en été, une terrasse à l'arrière donnant sur la mer et une plage d'ardoise. *Real ale* maison, cuisine de pub (*baked potatoes* et burgers), fruits de mer et *scones* sortis du four.

Où boire un verre ? Où sortir ?

🍷 🎵 *The Lorne* (plan B2, **23**) : *voir « Où manger ? ». Ferme vers 1h (2h w-e).* Pub populaire, souvent plein et carrément bondé quand les autres bars ferment, surtout le dimanche soir. Tout le monde se retrouve alors ici pour écluser une dernière bière et écouter la musique. Concerts en principe le samedi soir.

🍷 🎵 *Markie Dans* (plan A1, **13**) : *Victoria Crescent. Tlj 11h-1h. Concerts ven soir et sam soir.* Pub traditionnel avec billard et écran géant pour visionner les matchs. Petite terrasse devant la mer et le coucher du soleil. Boxes, photos anciennes, tonneaux, billard et lampes de bateaux plantent un décor chaleureux.

🍷 *Aulay's Bar* (plan B2, **40**) : *8, Airds Pl. Tlj jusqu'à 1h env.* Pub à la façade débordant de fleurs, avec d'innombrables photos de bateaux aux murs. 2 salles contiguës, l'une recevant le trop-plein de clients de l'autre...

À voir. À faire

🚶🏛 *Dunollie Museum, Castle and Grounds* (hors plan par A1) : *au nord de Corran Esplanade, à 2 mn en voiture du centre ou 20 mn à pied.* ☎ *570-550.* ● *dunollie.org* ● *Pâques-oct, tlj 10h (13h dim)-16h. Entrée : £ 5,50 ; réduc.* De l'imposant château du clan MacDougall, il ne reste que des ruines, mais on visite ici la maison des domestiques, datant de 1745. Cuisine, laverie, chambre à coucher, le mobilier et les ustensiles d'époque nous plongent dans le passé de ce puissant clan de la région. Dans une autre salle, vêtements, chaussures et photos collectionnées par l'une des filles MacDougall garnissent l'expo « Miroir d'histoire ». Allez aussi jeter un œil au métier à tisser du XIXᵉ s, un modèle miniature permet d'ajouter son propre fil, une chouette idée ! Enfin, baladez-vous sur le domaine et grimpez jusqu'aux ruines pour admirer la panorama.

🏛 *McCaig's Tower* (plan B2) : *à pied, emprunter Craigard Rd, perpendiculaire à George St. Sinon, monter les escaliers* Jacob's Ladder *au bout d'Argyll St (144 marches tout de même) ; en voiture, remonter Hill St.* Pour donner du travail aux chômeurs à la fin du XIXᵉ s et ériger un mémorial pour sa famille, le banquier McCaig fit construire cette réplique inachevée du Colisée de Rome en surplomb de la ville ! Les travaux se sont arrêtés en 1902, à la mort du banquier. Malgré son diamètre de 30 m, la tour est plus petite que son modèle, ronde (au lieu d'ovale) et pas très esthétique... mais pleine de fleurs, de couples d'amoureux et de touristes en quête de l'ultime photo de la baie. De là-haut, superbe point de vue au coucher de soleil.

🏛 *Oban Distillery* (plan B2) : *Stafford St.* ☎ *572-002 ou 004.* ● *discovering-distilleries.com* ● *Juil-sept : lun-ven 9h30-19h30 (17h w-e) ; mars-juin et oct-nov : tlj 9h30-17h ; déc-fév : tlj 12h30 (12h déc)-16h30. Dernière entrée 1h15 avt. Résa conseillée. Visite guidée de 45 mn ttes les 15 mn en été. Tarif : £ 8 ; réduc.* Seule distillerie de whisky écossais située dans le centre d'une ville, on y produit le fameux breuvage depuis 1794. Elle appartient aujourd'hui à *Diageo*, du puissant groupe *Guinness*. Peu d'ouvriers y travaillent. La visite guidée, intéressante et dynamique, suit les différentes étapes de fabrication du whisky, sauf le maltage et l'embouteillage, effectués ailleurs. Dégustation. Supports d'explications en français.

⚞ **War and Peace Museum** *(plan B2) : Corran Esplanade. Mai-oct : tlj 10h-18h (16h dim) ; mars-avr et nov : tlj 10h-16h. Fermé déc-fév. GRATUIT (donation appréciée).* Pendant la Seconde Guerre mondiale, Oban abritait une base pour les navires marchands qui traversaient l'Atlantique, escortés par les avions de la RAF. Le modeste musée expose des maquettes d'avion et de bateaux, mais s'intéresse aussi à l'histoire de la ville depuis la fin du XIXe s à travers de vieilles photos (voir à quoi ressemblait George St dans les années 1870 ou encore les impressionnantes photos de l'inondation de 1968), et l'arrivée du chemin de fer en 1880. Petit film touristique de 15 mn sur les attraits de la région. Accueil adorable des bénévoles, qui répondront avec joie à vos questions.

➢ **Balades :** depuis *Corran Esplanade (plan A1)*, on peut rejoindre **Dunollie Castle** (XIIIe s) en 20 mn environ, en passant par la cathédrale *Saint Columba* (années 1930), en granit bleu et rose. Pour les amateurs de points de vue, grimper jusqu'à **Pulpit Hill** *(plan A3)*.

➢ **Balades en mer :** quelques petits bateaux sur North Pier *(plan A-B2)*, juste en face de l'office de tourisme et avant le terminal des ferries *(plan B2)*, proposent d'aller observer une colonie de phoques, ainsi qu'une ferme d'élevage de saumons. Même circuit, même prix *(compter env £ 15/pers pour 1h d'excursion)*.

➢ **Puffin Dive Centre** *(hors plan par A3) :* **Port Gallanach,** *à 2,5 miles (4 km) au sud d'Oban.* ☎ *566-088.* ● *puffin.org.uk* ● *Tte l'année, tlj 8h-17h. Baptême £ 90 et plongée £ 85.* Grand centre de plongée organisant des sorties de tout niveau dans le Sound of Mull et la réserve de Gallanach.

Manifestations

– **Highlands and Islands Music and Dance Festival :** *fin avr-début mai. Tarif par spectacle : £ 3-6 ; réduc.* ● *obanfestival.org* ● Consacré aux arts traditionnels.
– **Oban Games :** *dernier jeu d'août. Tarif : env £ 10 ; réduc.* ● *obangames.com* ● Compétition sportive où la discipline la plus populaire est le *caber toss*, qui consiste à lancer, en un demi-tour parfait, un tronc d'arbre ou une poutre de plus de 4 m ! La veille de ces festivités, un concours de cornemuse est organisé.

DANS LES ENVIRONS D'OBAN

⚞ **L'île de Kerrera :** *accès par ferry, à 2 miles (3 km) au sud d'Oban sur la route de Gallanach. Rotations du ferry Pâques-oct : à 8h45, puis ttes les 30 mn 10h30-12h30, 14h-17h, et à 18h. Tarif : env £ 5 A/R ; réduc. Traversée : 5 mn.* Longue d'une dizaine de kilomètres, c'est l'île la plus proche d'Oban. Elle se visite idéalement à vélo. On n'y dénombre qu'une trentaine d'habitants. Pas de boutiques, pas de voitures, mais des chemins de randonnée, une ruine, le *Gylen Castle,* datant du XVIe s et un romantique salon de thé *(Pâques-sept, tlj 10h30-16h30)* qui fait aussi hostel.

⚞⚞⚞ **Les îles de Seil et d'Easdale :** *à 12 miles (19 km) au sud d'Oban, par l'A 816 jusqu'à Kilninver, puis la B 844.*

Ces deux îles appartiennent au groupe des *Slate Islands* (îles de l'Ardoise). L'exploitation de cette roche connut son âge d'or aux XVIIIe-XIXe s. Aujourd'hui, c'est l'occasion d'une excursion pittoresque et recommandée (voir aussi plus haut « Où manger sur l'île de Seil ? »).

C'EST AUSSI UN SPORT !

Chaque année fin septembre, Easdale organise le Championnat du monde de ricochet (World Stone Kimming Championship). Quel meilleur lieu que cet endroit presque entièrement constitué d'ardoise, où les munitions ne manquent pas ? N'empêche que le comité organisateur les sélectionne rigoureusement. Fastoche ? Pas si sûr !

– *L'île de Seil :* assez cocasse, on y accède en franchissant le « seul pont de l'Atlantique ». Datant de 1792, sa jolie courbure au-dessus d'un bras de mer de 10 m de large (d'où son surnom !) en fait l'un des plus photographiés d'Écosse. Tout de suite face au pont, le village de *Clachan-Seil.* 2 miles (3 km) au-delà, prendre à droite à *Balvicar* pour rejoindre le pittoresque hameau d'*Ellenabeich*. Attention, celui-ci est également appelé *Easdale*, du nom de l'îlot voisin. Ici, c'est « total ardoise », des murs des maisons aux digues, même si c'est la blancheur du crépi des cottages alignés à l'ombre d'une colline grignotée par une ancienne carrière qui lui donne son adorable cachet ! Le *Highland Arts Exhibition (tte l'année, tlj 10h-17h30)* vaut une visite pour sa délirante collection d'objets kitsch. Ici, tout s'achète, de la loutre empaillée aux fleurs en plastique en passant par les statues grecques ! Le fils de John Taylor y expose les œuvres de son père, un petit Dalí du coin...

– *L'île d'Easdale :* séparée d'Ellenabeich par un détroit d'à peine 100 m franchi par un bac. Rotations régulières tte l'année, tlj. Infos et résas : ☎ (01852) 300-559. ● easdale.org/hall/gettingthere.htm ● Compter 2 mn de traversée et £ 2 A/R. Pour parfaire l'excursion... deux klaxons servent à héler le bateau desservant la plus petite île habitée des Hébrides intérieures. Cottages du XIXe s tout aussi blancs qu'à Seil, *tearoom,* petit musée sur la vie locale *(tlj 11h-16h).* On est conquis par le charme de ce coin isolé et paisible. Belle collection de brouettes multicolores à l'embarcadère, faut bien charrier ses vivres jusqu'ici !

🏌️🚶 *Scottish Sea Life Sanctuary :* à 10 miles (16 km) au nord de la ville, sur l'A 828. ☎ (01631) 720-386. ● visitsealife.com/oban ● Bus n° 405 depuis Oban. Ouv tte l'année : tlj 10h-16h (dernière entrée) ; ouv 1 j. sur 2 en hiver. Entrée : £ 13,20 ; réduc. Env 20 % de réduc en achetant les billets à l'office de tourisme d'Oban et 30 % pour l'achat en ligne. Cher, ce musée océanographique plaira surtout aux enfants. Situé dans une réserve naturelle au bord du loch Creran, il permet de se faire une bonne idée de la faune aquatique, principalement écossaise, ainsi que des dangers qu'elle encourt. En dehors de l'instructive et variée collection de bassins, l'attraction favorite se déroule à l'heure des repas quand phoques et loutres font leur *show.*

🌿 *Arduaine Garden (NTS) :* à 12,5 miles (20 km) au sud d'Oban. ☎ (01852) 200-366. ● nts.org.uk ● Réception ouv avr-sept tlj 9h30-16h30. Jardins ouv tte l'année, tlj de 9h30 au coucher du soleil. Tarif : £ 6,50 ; réduc. En dehors des horaires, contribution à déposer dans une boîte. Superbes jardins de 8 ha où, par la magie d'un microclimat, les plantes se développent à des tailles inhabituelles. La baie en contrebas abrite une mignonne marina de maisons colorées : *Craobh Haven.*

🏭 *Bonawe Historic Iron Furnace (HES) :* à *Taynuilt,* à 12 miles (19 km) à l'est d'Oban sur l'A 85. ☎ (01866) 822-432. Avr-sept : tlj 9h30-17h30. Entrée : £ 4,50 ; réduc. Des ruines, pas d'un château, pour changer, mais d'une aciérie. Le site date de 1753. À son apogée, l'usine employait près de 600 ouvriers. On y fabriquait notamment des boulets de canon pour les guerres napoléoniennes. Des panneaux explicatifs relatent les 120 ans d'activité du lieu et le processus de fabrication. Si vous passez dans le coin.

¶ ⊀ Cruachan Power Station : *au nord du loch Awe, à 5,5 miles (9 km) à l'est de Taynuilt.* ☎ *(0141) 614-91-05.* ● *visitcruachan.co.uk* ● *Avr-oct, tlj 9h30-16h45 ; nov-mars, lun-ven 10h-15h45. Fermé en janv. Visite guidée : £ 7 ; réduc. Expo gratuite.* Mais à quoi servent les barrages ? La réponse ici grâce à une expo ludique pour que petits (et grands !) comprennent comment est créée l'électricité. Visite à compléter si on le souhaite par un tour guidé de 30 mn où l'on s'enfonce sous terre à la découverte d'une salle des machines, planquée sous le mont Ben Cruachan.

¶¶ Saint Conan's Kirk : *à la pointe nord du loch Awe, à 10 km de Taynuilt. À l'entrée de Lochawe en venant d'Oban. GRATUIT.* Conçue comme une synthèse de l'architecture religieuse des siècles passés, cette église, construite entre 1881 et 1886, fut consacrée en 1930. Nef couverte d'une savante charpente, délicat gisant de Robert de Bruce au visage d'albâtre et surprenant cloître miniature. Sans oublier le magnifique déambulatoire dont les vitraux donnent sur le loch. Pour profiter de cette jolie vue, offrez-vous un bon gâteau maison à l'adorable *tea room (tlj 11h-17h en saison).*

¶ Kilchurn Castle : *à l'extrémité nord du loch Awe. Parking non indiqué à droite de l'A 85, après Lochawe en venant d'Oban, juste après le 1ᵉʳ pont. GRATUIT. Le château est à 10 mn de marche du parking.* Composé d'une haute tour de garde et d'une cour fortifiée, ce château du XVᵉ s, transformé plus tard en caserne, s'élevait à l'origine sur un îlot à peine plus grand que lui. Désormais rattachées à la terre ferme, ses ruines entre lac et pâturages ont une allure bien romantique. On peut y pénétrer et grimper dans la tour.

Excursions en mer

¶¶¶ L'île Staffa : pour plus d'informations, se reporter plus loin à la partie consacrée aux îles Staffa et Treshuish depuis l'île de Mull.

¶¶ Faune marine, tourbillon du golfe de Corryvreckan et Iona : non loin d'Oban, une colonie de phoques fait l'objet de petites sorties en mer. D'autres vont à la chasse (pacifique) aux baleines ou poussent jusqu'au tourbillon de Corryvreckan. Ceux qui n'ont pas le temps de se rendre sur Mull (dommage !) peuvent visiter **Iona** directement depuis Oban.

UN TOURBILLON D'ENFER !

Entre les îles de Jura et Scarba, la marée montante qui s'engouffre dans le détroit de Corryvreckan crée de forts courants qui, en heurtant un pic sous-marin, génèrent de puissants tourbillons. Ils peuvent atteindre 8 m et le vacarme s'entend parfois jusqu'à 5 km à la ronde.

Agences

Elles opèrent de Pâques à octobre. Deux points de vente principaux à Oban pour les excursions :

– **Agence West Coast Tours :** *Queen's Park Place. Mar-sam 6h45-17h30, dim-lun 8h30-17h30.*
– **Tourshop :** *terminal des ferrys. Lun-sam 7h15-17h, dim 8h30-17h.*
■ **Staffatours** et **West Coast Tours :** *agence West Coast Tours ou guichet au terminal des ferries. Contacts respectifs :* 🖥 *07831-885-985.* ● *staffatours.*

com ● *et* ☎ *566-809* ● *westcoast tours.co.uk* ● *Compter £ 35-65 (réduc) selon excursion. Repas non compris.* Ces 2 agences travaillent ensemble et organisent des excursions journalières « ferry + bus + bateau » vers Mull, Staffa, Iona et les Treshnish Isles. Également faisable depuis l'île de Mull pour ces 3 destinations (moins cher).

■ **Turus Mara :** *guichet au terminal des ferries.* ☎ *0800-858-786,* ● *turusmara. com* ● *Compter £ 40-65 (réduc) selon excursion.* Mêmes types d'excursions vers Staffa et les Treshnish Isles.

■ **Seafari Adventures :** *à Ellena-beich (île de Seil).* ☎ *(01852) 300-003.* ● *seafari.co.uk/oban* ● *Avr-oct*

en principe, sur résa le reste de l'année. Tarifs : selon option £ 42-80. Excursion « baleine » (fin mai-début septembre ; durée : 2h30), Corryvreckan *Wildlife* pour observer phoques, aigles ou dauphins (2h) et Iona et Staffa (6h).

AUTOUR DE LOCHGILPHEAD

Sur un bras du loch Fyne, la ville de Lochgilphead ne possède pas d'attrait particulier, si ce n'est sa situation au bout d'un repli du loch Fyne et sa proximité avec le *Glen Kilmartin,* le charmant petit port de Crinan et son canal. Sites à ne pas manquer si vous traversez la région.

Où dormir ? Où manger ?

⚐ **Leachive Caravan Park :** *à Tayval-lich.* ☎ *(01546) 870-206.* ● *leachive. co.uk* ● *À la sortie de Lochgilphead, suivre direction Oban, puis Cairnbaan le long du canal avt de bifurquer sur la gauche. Prévoir £ 14 pour 2 avec tente et voiture.* 🛜 Bien situé dans une anse du loch Sween – sur lequel seuls les mobile homes bénéficient de la vue – ce camping intéressera surtout les routards pour une étape avant l'île de Jura *(liaison ferry tlj sf mer).* Les tentes sont reléguées au fond, sur un carré de pelouse cerné de collines. *Coffee shop* plus loin, dans le village.

🛏 **The Corran :** *Poltalloch St, à Lochgilphead.* ☎ *(01546) 603-866.* ● *lamonthoy.co.uk* ● *Au rond-point à l'entrée de la ville, sur la droite en venant de Tarbert. Tte l'année. Double avec sdb £ 75.* De la plupart des pièces de cette agréable maison, la vue file sur le grand jardin, puis le loch Fyne. Les 5 chambres (dont 1 familiale) sont toutes différentes, confortables et coquettes. Demandez les n°s 2 ou 3, à l'étage, pour leur vue imprenable !

🛏 |●| **Empire Travel Lodge :** *Union St, à Lochgilphead.* ☎ *602-381.* ● *empirelodge.co.uk* ● *Rue parallèle au front de mer. Double avec sdb £ 65. Au resto (mer-sam soir), plats £ 9-17.* Maison

impersonnelle et chambres au confort simple, dont certaines peuvent accueillir les familles. Peut néanmoins dépanner, tout comme le resto, car le choix est mince dans le coin...

|●| **The Smiddy :** *Smithy Lane, à Lochgilphead.* ☎ *603-606. Impasse parallèle à la rue principale Argyll St. Lun-sam 12h-16h pour déj, 10h-17h pour le café. Plats £ 8-10.* Maison en pierre et poutre qui attire beaucoup d'habitués venus avaler un burger classique ou végétarien, un sandwich ou une salade. Également un choix alléchant de gâteaux !

|●| **The Seafood Bar de l'hôtel Crinan :** *à Crinan.* ☎ *830-261. Tlj 12h-14h30, 18h-20h30. Résa conseillée en saison. Plats £ 10-20, menu env £ 40 le soir.* 🛜 Cuisine gastro côté resto chic, sympathique pour les papilles, beaucoup moins pour le porte-monnaie. Rassurez-vous, on peut largement se contenter de la carte du bar, dans un décor boisé et chaleureux, avec vue sur le port. Plats raffinés à la présentation soignée, à base de produits extra-frais. Service pro.

|●| **Coffee Shop de l'hôtel Crinan :** *en contrebas de l'hôtel, sur le port de Crinan. Pâques-oct : tlj 8h30-18h.* Idéal pour déguster des snacks légers ou d'excellents gâteaux, en salle ou devant les bateaux.

À voir. À faire

Kilmartin Glen : une vallée aux paysages doux et vastes, berceau de l'Écosse. Les premiers Scots (venus d'Irlande) débarquèrent dans cette région, en terre picte, et donnèrent plus tard le nom de *Scotland*. La densité des sites historiques est surprenante, de part et d'autre de la route A 816 reliant Lochgilphead à Oban. Toute une série de cairns, pierres levées et châteaux. Parmi ces sites, **Dunadd Fort** *(GRATUIT),* capitale et carrefour commercial du royaume écossais de Dalriada, occupé du VIe au VIIe s. Au sommet d'un éperon rocheux, il profitait d'une excellente défense naturelle. Vue magnifique. Il n'en reste rien, si ce n'est l'empreinte de pied d'un roi, marque symbolique de son autorité sur le royaume. Plus en amont, halte intéressante dans le **cimetière de Kilmartin** pour sa remarquable série de pierres funéraires sculptées datant pour la plupart des XIVe et XVe s, ornées de motifs celtiques.

Achnabrek : *à 3 km de Lochgilphead en direction de Kilmartin.* Pétroglyphes âgés de 5 000 ans. Trois sites accessibles après environ 500 m de marche dans la forêt. On peut distinguer ces gravures étonnantes (cercles concentriques) depuis des barrières qui les protègent de trop de curiosité.

Kilmartin Museum : *dans le village de* **Kilmartin.** ☎ *(01546) 510-278.* ● *kilmartin.org* ● *Mars-oct : tlj 10h-17h30 ; nov-veille de Noël : tlj 11h-16h ; fermé Noël-fév. Entrée : £ 5 ; réduc. En été, visite guidée (gratuite) de 2h30 le mer (horaires variables).* Centre d'interprétation retraçant 5 000 ans d'histoire dans la vallée de Kilmartin. Pour tout comprendre sur le paysage, l'occupation préhistorique, les sites archéologiques... Visite pédagogique, et diaporama très réussi. Carte des sites à visiter gratuite.

|●| **Coffee shop et resto :** *ouv jusqu'à 17h (15h30 pour le déj).* Dans une ancienne grange ou sur une charmante terrasse-jardin. Sandwichs, soupe du jour, *baked potatoes* et quelques plats chauds à prix raisonnables. Simple, frais et bon. Impeccable pour une pause-déjeuner quand on est dans le coin.

Crinan : adorable petit port paisible, dont la baie abrite des dizaines de voiliers en saison. Ne pas manquer le sentier sur les berges du canal, autrefois chemin de halage.

TARBERT   1 300 hab.   IND. TÉL. : 01880

À ne pas confondre avec son homonyme sur l'île de Lewis et Harris, ni avec Tarbet, village situé en face d'Arrochar ! Tarbert se déploie avec grâce autour d'une anse du loch Fyne, fermée par un îlot et adossée à la pointe de l'échancrure du loch Tarbert. Le cirque presque complet du port, surmonté des ruines d'un château, ne manque ni de charme ni d'originalité avec le clocher de son église aux allures de fusée.

Arriver – Quitter

On précise ici comment accéder à la région du Kintyre et comment la quitter pour les îles.

En bus

➤ *Scottish Citylink* relie quotidiennement **Glasgow** à **Tarbert, Kennacraig,** **Clachan** et **Campbeltown** (5 bus/j.). Pour Oban, changement à Lochgilphead. À Tarbert, l'arrêt se trouve sur Campteltown Rd, dans le parking en face de l'église. *Infos et résas :* ☎ *08712-00-22-33 et 0871-266-33-33.* ● *citylink.co.uk* ●

➤ Pour rejoindre **Claonaig** et

Skipness depuis Tarbert, 3 bus/j., 7h40-17h10 en sem, 3 le sam et pdt les vac scol (aucun le dim). Avec *West Coast Motors.* ☎ *(01586) 552-319.* ● *westcoastmotors.co.uk* ●

En bateau

– Avec *Caledonian MacBrayne.* ☎ 08000-66-5000. *Bureau de Kennacraig :* ☎ *(01880) 730-253.* ● *calmac. co.uk* ●

➢ **Kennacraig (loch Tarbert)-île d'Islay :** 3-5 ferries/j. Tlj 7h (7h45 mer et 9h45 dim)-18h en été, pour **Port Ellen** (sud de l'île) ou **Port Askaig** (est de l'île, correspondance pour Jura et Colonsay). Compter 2h20 de traversée pour *Port Ellen* et 2h05 pour *Port Askaig.*

➢ **Claonaig-île d'Arran :** bac-ferry pour **Lochranza.** Env 10 traversées/j., 8h50-17h50 (19h en été).

En avion

✈ **Aéroport de Campbeltown :** *à env 37 miles (près de 60 km) de Tarbert.* ☎ *(01586) 553-797.* ● *hial.co.uk/ campbeltown-airport.html* ●

➢ 2 liaisons/j. (mat et ap-m) *Glasgow-Campbeltown* assurées par *Flybe.* ☎ 08717-00-20-00. Compter 40 mn de vol.

Adresses utiles

ℹ Visitor Information Centre : *Harbour St.* ☎ *820-429.* ● *info@visitscotland.com* ● *Pâques-juin et sept-oct : tlj 10h (11h w-e)-17h ; juil-août : lun-sam 9h-18h, dim 10h-17h.*

✉ **Poste :** *Harbour St.* *Lun-ven* 9h-13h, 14h-17h30 ; sam 9h-12h30.

■ **Bank of Scotland :** *Harbour St, au niveau du carrefour.* Distributeur.

■ **The Co-op :** *face au port, au carrefour.* Lun-sam 8h-22h, dim 9h-19h. Épicerie bien fournie.

Où dormir à Tarbert et dans les environs ?

Campings

⚕ **Port Bàn Holiday Park :** *à Kilberry (15 miles, soit 24 km, de Tarbert), sur la côte ouest du Kintyre.* ☎ *770-224.* ● *portban.com* ● *Quitter Tarbert par l'A 83 ; après 2 km, prendre la B 8024 sur la droite ; le camping se situe à 1,6 km après Kilberry. Ouv avr-sept. Compter £ 17-22 pour 2 selon saison et taille de la tente.* 📶 Camping en bord de mer, peuplé de nombreux mobile homes comme c'est désormais le cas un peu partout. Mais bonne nouvelle, les campeurs sont installés tout au fond, près de l'eau et face à l'île de Jura. Superbe ! Sanitaires dans un préfabriqué. Comme c'est loin de tout, on trouve sur place : location de vélos, petite épicerie, *tearoom*, terrains de foot et de volley, jeux pour enfants, activités le soir en été, petite plage... *Ceilidh* (musique et danses traditionnelles) généralement le vendredi en juillet et août. L'un de nos campings préférés dans la région.

Prix moyens (£ 50-85 ; 60-102 €)

🛏 **Barr Na Criche :** *à 8 miles (13 km) de Tarbert sur la route de Kilberry.* ☎ *820-833.* ● *barrnacriche.com* ● *Double avec sdb £ 70.* Dans une maison isolée en pleine nature, l'aimable propriétaire propose une chambre très confortable (entrée indépendante) et mignonnette, prolongée d'une vaste terrasse offrant une vue magnifique sur la campagne et la mer. Barbecue possible. Calme !

🛏 **The Old Smithy :** *à Clachan.* ☎ *740-635.* ● *refreshingscotland. co.uk* ● *Charmant village à 10,5 miles (17 km) de Tarbert sur l'A 83 direction Campbeltown. Tte l'année. Double avec sdb £ 55.* 📶 Un côté bonbonnière pour ces petites chambres, dont 2 communiquent ; pratique en famille. Une adresse qui conviendra plus aux routards en quête d'une atmosphère authentique qu'aux maniaques du ménage... Loue également un cottage à la semaine, juste à côté.

🛏 **Dunivaig B & B :** *East Pier Rd, à Tarbert.* ☎ *820-896.* ● *dunivaig.co.uk* ● *À 1 mile (1,6 km) du centre en longeant la côte. Doubles sans ou avec sdb £ 60-80 selon saison et confort ; réduc à partir de 3 nuits. Petit déj continental.* Cette jolie maison édouardienne abrite 3 chambres coquettes, dont 1 familiale. Si elles jouissent toutes d'une belle vue sur le loch, l'une bénéficie de plus de clarté grâce à ses larges fenêtres. Accueil courtois.

🛏 **Knap Guest House :** *à Tarbert, au carrefour à l'entrée du port, en face de la Co-op.* ☎ *820-015.* ● *knapgues thouse.co.uk* ● *Doubles avec sdb £ 70-100 selon taille et saison.* 📶 En plein centre, une maison victorienne du XIXe s dont subsistent quelques beaux éléments, comme les vitraux et quelques carrelages. Dans les 4 chambres et les parties communes, une déco simple mélangeant tartans, meubles en pin et... souvenirs glanés en Thaïlande. Bon confort malgré des salles de bains un peu exiguës, et jolie vue sur le port.

🛏 **Ardglass :** *à Tarbert.* ☎ *820-884.* ● *johnmacdougall11@yahoo.com* ● *En direction de Glasgow ; c'est une maison grise sur la gauche, dans un virage. Double £ 65 avec sdb.* 📶 On accède à cette maison sans charme par un escalier raide. Seulement 2 chambres, ni très grandes ni très coquettes mais bien tenues, qui se contentent d'offrir une jolie vue sur le loch. Peut dépanner.

Plus chic
(plus de £ 125 ; 150 €)

🛏 **Stonefield Castle Hotel :** *loch Fyne.* ☎ *820-836.* ● *celticcastles. com/castles/stonefield* ● *À 3 km env au nord de Tarbert, sur l'A 83 (direction Glasgow). Tte l'année. Doubles £ 130-180 selon vue (parking et jardin ou loch).* 📶 Un charmant château de style baronial, construit au XIXe s, serti d'un vaste parc boisé qui glisse en pente douce jusqu'au loch Fyne. Les chambres, bien que confortables, manquent un peu d'espace pour la plupart et ne bénéficient pas du faste des parties communes. Mais l'ensemble a fière allure et, de la salle du restaurant où est servi le petit déj, la vue sur le loch est absolument grandiose (voir ci-après « Où manger ? »).

Où manger ?

De prix moyens à chic
(plats £ 8-25 ; 10-30 €)

|●| **Café Ca'dora :** *Harbour St. Tlj 8h-21h.* Bien pour le petit déj, un repas vite fait, style pizzas, snacks, *steak pie* ou sandwichs. Bon café (*espresso,* cappuccino).

|●| **Stonefield Castle Hotel :** *loch Fyne. Voir « Où dormir ? ». Résa conseillée pour le resto panoramique. Moins cher dans la partie bar.* Un cadre exceptionnel pour une cuisine soignée, présentée avec élégance. Quant à la vue sur le parc et le loch... difficile de trouver plus beau ! Côté bar – évidemment moins formel et moins spectaculaire mais délicieusement feutré – une cuisine de pub honnête, sans plus. En revanche, c'est le lieu idéal pour boire un verre ou sacrifier au rituel d'un délicieux *afternoon tea* ! Plaisante terrasse aux beaux jours.

|●| **The Starfish :** *Castle St (rue perpendiculaire à Harbour St).* ☎ *820-733. Tlj 18h-20h30, plus ven-sam 12h-14h.* La déco marine modernisée, fraîche et épurée, laisse augurer une cuisine à son image, et c'est le cas ! Les assiettes arrivent joliment dressées, les poissons sont parfaitement cuits, les légumes *al dente* et les coquillages traités avec respect. Une très bonne adresse, menée par une équipe aussi joyeuse qu'efficace.

|●| **The Anchorage Restaurant :** *Harbour St.* ☎ *820-881. Tlj 12h-14h30, 17h-21h.* Un autre resto de bonne réputation, à la petite salle accueillante, pour savourer une cuisine de la mer bien faite et généreusement servie. Quelques fantaisies qui font voyager, comme les moules à la citronnelle et

LES HIGHLANDS

lait de coco. Les desserts feront craquer les becs sucrés... Un bon *Sticky toffee pudding* peut-être ? Accueil attentionné.

I●I *Sea Food Cabin :* à *Skipness,* au sud de Tarbert, au pied du château. ☎ 760-207. Mai-sept, tlj sf sam 11h-19h. Avant tout, croiser les doigts pour que la météo soit clémente ! Car l'intérêt du lieu, c'est de s'installer dehors, dans un écrin champêtre qui a tout de la carte postale : vue sur les ruines du château, les moutons, les chevaux, la mer et l'île d'Arran au loin. Comme son nom l'annonce, cette *cabin* propose exclusivement des produits de la mer, des *rolls* aux plateaux, en passant par quelques poissons et crustacés simplement cuisinés. Sans chichis et très sympa. Chapeaux chinois (!) à disposition, bienvenus pour patienter (attente interminable en été) sous le soleil écossais... si, si !

À faire

➤ *Tarbert Castle :* longer le quai au-delà de l'office de tourisme. On rejoint rapidement mais abruptement les ruines du château, d'où la vue s'ouvre sur Tarbert et son port. Construit au XIIIe s et agrandi par Robert the Bruce, seul son donjon érigé par James IV au XVe s perce à jour parmi la végétation. Plusieurs jolies balades aux abords du château, de 45 mn ou 2h.

➤ *Randonnées :* pour les plus courageux, il existe plusieurs parcours balisés pour s'aventurer dans les collines au sud de Tarbert. L'un d'eux part du château et vous mène jusqu'à *Skipness Point* en 4-5h, soit près de 18 km. Voir le descriptif auprès de l'office de tourisme.
Pour une rando de plusieurs jours, le *Kintyre Way* offre un parcours magnifique à travers la péninsule sur environ 108 miles (173 km) depuis Tarbert. On peut bien sûr n'en faire qu'une partie. Renseignements et brochures à l'office de tourisme de Tarbert.

Manifestations

– *Scottish Series Yacht Races :* le dernier w-e de mai. Les courses ont lieu sur le loch Fyne et autour de l'île d'Arran. Cette course de voiliers est l'événement le plus important du calendrier. Attire environ 200 voiliers et de nombreux visiteurs.
– *Tarbert Seafood Festival :* 1er w-e de juil. Poissons, coquillages et crustacés sont à l'honneur... au son des cornemuses, évidemment.
– *Tarbert Music Festival :* mi-sept pdt 3 j. La ville résonne alors au son des *pipe bands* et autres musiques pop et folk.

DANS LES ENVIRONS DE TARBERT

🏹 *Skipness Castle* (HES) : à *Skipness,* au sud de Tarbert. Direction Campbeltown, puis Claonaig (ferry pour Arran). Le château se dresse 2 miles (3 km) après l'embarcadère. GRATUIT.
Ce château, dont les plus vieux éléments datent de la première moitié du XIIIe s, n'offre guère plus que ses ruines aux visiteurs. Observez la porte principale et ses blocs de grès rose érodés. Le donjon, du XVIe s, est la partie la mieux conservée. Les deux étages abritaient les appartements du lord. Du toit, vue étonnante sur les reliefs de l'île d'Arran.
– Au sud-est du château, l'ancienne *chapelle de Saint Brendan* (XIIIe s), privée de sa toiture, participe aussi au charme fou de l'endroit. Quelques sentiers balisés permettent de combler, si besoin, l'attente avant la traversée vers l'île voisine.

AUTOUR DE CAMPBELTOWN

Campbeltown, ville grise et morne, possède peu d'atouts pour retenir les touristes. Quelques édifices témoignent de la prospérité passée de cette agglomération au bout de l'Argyll, où le revenu par tête d'habitant fut un temps le plus élevé de Grande-Bretagne. À son apogée, au XIXe s, la ville comptait pas moins de 34 distilleries. On raconte que les marins pouvaient rentrer au port grâce à l'odeur du whisky ! Aujourd'hui, la reconversion est difficile, et les habitants attendent toujours une hypothétique liaison par ferry vers l'Irlande.

Adresse utile

ℹ️ Visitor Information Centre : *sur le port de* **Campbeltown.** ☎ *(01586) 552-056. Avr-juin : tlj 9h (12h dim)-17h ;* *juil-août : lun-sam 9h-18h, dim 11h-17h ; sept-oct : lun-sam 10h-17h, dim 12h-16h ; nov-mars : lun-ven 10h-16h.* Ouf !

Où manger ?

|●| Argyll Hotel : *à* **Bellochantuy.** *À 10 miles (16 km) au nord de Campbeltown, sur la côte ouest.* ☎ *(01583) 421-212. Tlj midi et soir. Menus £ 10-13 midi, £ 14-17 soir. Pas de carte.* 📶 Entre Tarbert et Campbeltown, voici LE resto où il faut s'arrêter ! D'abord parce qu'il n'y a quasi rien d'autre sur cette route... Ensuite pour le plaisir de s'attabler (voire s'attarder !) au bord d'une plage de sable, dans un coin sauvage, à l'abri des grandes baies vitrées ou sur la terrasse posée au bord de l'eau. Enfin, pour la cuisine goûteuse qui se passe volontiers d'assaisonnements indigestes ou de sauces cache-misère ! Juste de bons produits, travaillés dans la simplicité. Coup de chapeau également pour les prix, plus que raisonnables au regard du cadre et de la qualité.

À voir

🏛 Springbank Distillery : *Well Close, à* **Campbeltown.** *Résas auprès de* Cadenheads Whisky Shop, *sur Bolgam St, 1re rue à droite en venant de l'office de tourisme (lun-sam 9h-17h).* ☎ *(01586) 551-710, ext 1. Visites (sur résa) mai-sept, lun-ven 10h et 14h. Tarif : £ 6,50.* La seule distillerie encore en activité à Campbeltown. On voit tout le procédé, excepté la mise en bouteilles.

🏛🏛 Mull of Kintyre : la chanson de Paul McCartney, vous vous souvenez ? Pour mieux comprendre ses paroles et l'émotion de son auteur, on vous propose une boucle d'une trentaine de kilomètres, au départ de Campbeltown. Pour rejoindre Southend, emprunter la route qui suit la côte plutôt que la B 842, directe et sans intérêt. Cette route passe près de *Davaar Island,* que l'on peut gagner à pied à marée basse pour admirer les peintures rupestres au fond de ses caves (demander les horaires de marée à l'office de tourisme). C'est dans cette partie de la péninsule que l'on trouve des paysages les plus surprenants, souvent considérés comme la quintessence du Kintyre : un petit bout du monde. En s'approchant de Southend, l'extrémité nord-est de l'Irlande devient visible. Au terminus de la route, le *Mull of Kintyre* est coiffé d'un phare, construit en 1788, distant d'à peine 20 km de la côte irlandaise ! Vous devrez faire une bonne trotte à pied si vous voulez l'approcher au plus près.
Pour la petite histoire, une statue a été érigée à Campbeltown en mémoire de Linda McCartney...

IOI ✆ *Muneroy Tearoom & Stores :* *à Southend.* ☎ *(01586) 830-221. Tlj 10h-17h30 (17h dim). Plat env £ 10.* Un *tearoom* au charme désuet-kitsch, attenant à l'épicerie du village. Dépanne bien pour une pause déjeuner ou le *teatime,* car on est un peu au bout du monde.

– *Mull of Kintyre Music Festival :* le 3e w-e d'août. ● mokfest.com ● Le meilleur de la musique traditionnelle écossaise, mais aussi parfois irlandaise (du fait de sa proximité). Ne pas manquer la *survivors night,* la dernière soirée, le dimanche, dans le Victoria Hall (entrée payante).

🏃 Sur la côte est du Kintyre, à environ 9 miles (15 km) au nord de Campbeltown, le village de *Saddell* vaut le détour. Non seulement Paul McCartney a tourné son clip *Mull of Kintyre* sur cette plage, mais les ruines de l'*abbaye* méritent aussi une visite. Fondée en 1148 par des moines cisterciens, elle abrita la *Kintyre School,* une école de sculpture célèbre au XVe s pour ses gravures de pierres. Douze sont ainsi exposées, dont trois grandes stèles sculptées à Iona, qui représentent des Highlanders. À l'origine, il est probable qu'elles étaient peintes.

⌂ Sur la côte ouest du Kintyre, quelques grandes plages comme celle de *Westport,* située à 5 miles (8 km) au nord de Campbeltown et 1 mile après Kilkenzie (fléché, sur la gauche).

INVERARAY

580 hab.   IND. TÉL. : 01499

À 40 km au nord-est de Lochgilphead et 52 km au sud-est d'Oban, Inveraray, ancien bourg royal et capitale des ducs d'Argyll depuis le XVe s, se situe en bordure du loch Fyne. Mais la ville n'occupe sa situation actuelle que depuis le milieu du XVIIe s. À l'origine, la bourgade avait été établie sur l'autre rive. De l'ancienne cité ne subsiste que la croix sculptée, rapportée sur le port. C'est en 1744 que le duc d'Argyll, chef du clan Campbell, décide de construire un nouveau château de ce côté-ci. La ville a suivi, blottie autour de sa rue principale qui n'a guère changé depuis. Encadrée d'un côté par le loch, de l'autre par un temple protestant de style néoclassique, elle forme le cœur de cette petite cité, au charme certain.

– *Highland Games :* une journée en principe mi-juil. ● inveraray-games.co.uk ● *Pipes & Drums,* concours, bien sûr, et activités pour enfants.

Arriver – Quitter

En bus

➤ Inveraray est desservi env 4 fois/j. par la ligne *Glasgow-Campbeltown,* et 3 fois/j. par la ligne *Glasgow-Oban.* Compter 1h45 de trajet pour Glasgow, 1h10 pour Oban. *Scottish Citylink :* ☎ *0870-550-50-50.* ● *citylink.co.uk* ●

Adresses utiles

ℹ *Visitor Information Centre :* Front St. ☎ *302-063.* ● *inveraray@ visitscotland.com* ● Avr-mai et sept-oct : tlj 10h-17h ; juin-août : tlj 9h-17h30 ; nov-mars : tlj sf j. fériés 10h-16h.

✉ *Poste :* Main St South. Lun-mar et jeu-ven 9h-13h, 14h-17h30 ; mer et sam 9h-12h30. Fait également change.
■ *Banques :* 2 sur Church Sq.

Où dormir à Inveraray et dans les environs ?

Bon marché
(£ 10-25/pers ; 12-30 €)

🛏 *Inveraray Hostel :* Dalmally Rd. ☎ 302-454. ● inverarayhostel.co.uk ● À la sortie de la ville, sur l'A 819, à côté d'une station-service. Pâques-oct. Réception 8h-10h, 17h-21h. En dortoir (2-4 lits), env £ 18/pers. 📶 Construction en bois, chambres en enfilade, sanitaires un peu vieillots mais propres. Petite cuisine à disposition bien équipée. Tables dans le jardin, barbecue. Simple, tranquille et bon esprit.

De prix moyens à chic
(£ 50-125 ; 60-150 €)

🛏 *Killean Farmhouse :* sur la route de Lochgilphead, à env 4 miles (6 km) d'Inveraray. ☎ 302-474. ● killean-farmhouse.co.uk ● Prendre le chemin sur la droite juste avt le panneau « B & B ». Avroct. Doubles avec sdb £ 55-60. 📶 Belle maison datant du XVIIIe s, au milieu d'un vaste et beau jardin, dans un cadre reposant. Dans les 5 chambres spacieuses et toutes différentes (dont 1 familiale), meubles anciens et confort douillet. Salle très plaisante pour le petit déj, face au jardin. Une charmante adresse à l'accueil agréable, d'un excellent rapport qualité-prix.

🛏 *The George Hotel :* en haut de Main St. ☎ 302-111. ● thegeorgehotel.co.uk ● Résa conseillée. Doubles avec sdb £ 80-100 pour les standard et masters, d'autres encore plus chères. 📶 (réception). Vénérable demeure du XVIIIe s, qui abrite 24 chambres à la déco parfois extravagante, archicossues et spacieuses, meublées d'antiquités, avec baignoire trônant parfois dans la chambre. Un endroit unique, à ne pas manquer si vous en avez les moyens.

🛏 *The First House :* juste à l'angle du pier. ☎ 302-170. ● thefirsthouseinveraray.co.uk ● Tte l'année. Même prix que le George Hotel, dont elle est une annexe. Voici le plus vieux bâtiment de la ville, de style georgien, idéalement situé en bordure du loch. Les 8 chambres, plus sobres qu'au *George,* révèlent une déco raffinée.

🛏 *Newton Hall Guest House :* à l'entrée de la ville en venant de Lochgilphead. ☎ 302-484. ● newtonhallguesthouse.co.uk ● Doubles avec sdb £ 70-120. 📶 De l'extérieur, aucun doute, il s'agit bien d'une église. En revanche, peu d'indices à l'intérieur, hormis quelques fenêtres de style gothique dont profitent certaines chambres et l'agréable salle pour le petit déj. Les 7 chambres (dont 4 avec vue sur le loch), toutes très différentes – épurées pour certaines et assez kitsch pour d'autres avec leurs tissus un brin... scintillants – ont en commun le confort. Salles de bains assez spacieuses avec, pour certaines, douche et baignoire. Accueil tout doux.

🛏 *Thistle House Guest House :* à **Saint Catherines.** ☎ 302-209. ● thistlehouseguesthouse.com ● Sur la rive opposée du loch Fyne, en face d'Inveraray. Prendre direction Glasgow, puis tourner à droite vers Dunoon ; compter 20 mn en voiture pour contourner la pointe nord du loch. Doubles avec sdb £ 90-100. 🖥 📶 Maison à la haute façade en pierre, face au loch, avec un grand jardin. S'y abritent 7 jolies chambres très confortables (super literie !), déclinant une déco assez moderne. Salon cosy équipé de TV et DVD, où crépite un bon feu. Accueil aux petits oignons de Jennifer, qui soigne ses hôtes avec un petit déj écossais à caler son touriste jusqu'au soir. Environnement tranquille propice à l'observation de la faune locale.

Où manger ? Où boire un verre ?

🍴 🍷 *Pub The George Hotel :* voir « Où dormir ? ». Plats £ 6-15. Le soir en saison, venir tôt ! Le *George,* comment l'oublier ! Pièces qui se succèdent avec poutres au plafond, cheminées, mobilier d'époque, vieilles horloges, ambiance tamisée, terrasses couvertes ou non... Ce vieux pub est une véritable institution depuis le XIXᵉ s. Entre autres, il a accueilli les rassemblements religieux jusqu'à ce que l'église paroissiale soit construite. Et, malgré quelques tentatives concurrentes, il reste la meilleure table de la ville. Service efficace et charmant. Salle pour mariages... l'occasion d'admirer les beaux Écossais sur leur trente et un !

|●| Mr Pia's et Royal Burgh Café : *3, Main St.* ☎ *302-323. Mêmes proprios. Plats £ 6-13.* Mr Pia's est populaire pour ses *fish & chips.* Côté *Royal Burgh Café,* sandwichs et burgers, mais aussi quelques plats. Pas léger léger, mais ça nourrit. On peut choisir les ingrédients pour réaliser sa propre pizza. Bien aussi juste pour boire un *espresso.*

Où acheter un bon whisky ?

⊛ Loch Fyne Whiskies : *Main St West.* ☎ *302-219. Lun-sam 10h-17h30, dim 12h-17h.* Une liste impressionnante de breuvages, pour toutes les bourses. Nous avons repéré une bouteille de 1939 ! On ne vous parle même pas du prix... un peu de décence, tout de même !

À voir. À faire

⚔⚔ Le château d'Inveraray : *au nord du village.* ☎ *302-203.* ● *inveraray-castle. com* ● *Avr-oct : tlj 10h-17h (dernière entrée). Fermé nov-mars. Entrée : £ 10 ; réduc. 10 % de réduc sur présentation du billet de la prison. Fiche en français dans chaque pièce.* Ce château, à l'étrange couleur qui hésite entre le gris et le vert, n'est autre que la résidence familiale du 13ᵉ duc et de la duchesse d'Argyll, 27ᵉ chef de la branche aînée du clan Campbell. Les Campbell s'établirent à Inveraray en 1474. Ils étendirent leur influence sur l'Argyll, luttant contre les clans rivaux des îles (MacLeod, MacLean, MacDonald), et se rangèrent finalement du côté des intérêts de la couronne d'Angleterre en Écosse. Le bâtiment actuel, sans utilité défensive, fut construit de 1746 à 1786 pour remplacer un donjon fortifié plus primitif, marquant le début d'une période d'accalmie dans le pays. Intérieur riche et intéressant : célèbre collection de 1 300 pièces dans la salle d'armes (prétendument la pièce la plus haute d'Écosse), étonnante par sa luminosité inhabituelle dans un château. Nombreux portraits de famille (certains réalisés par Gainsborough), tapisseries de Beauvais magnifiques et moult souvenirs historiques. Dans la salle à manger, aux plafonds peints, des galions en argent plaqué or, d'origine allemande. Dans le salon, la charte accordée en 1648 par Charles Iᵉʳ, faisant d'Inveraray un bourg royal. La « pièce du Clan », avec tartans de la famille et arbre généalogique vertigineux. Ne manquez pas les superbes cuisines, utilisées jusqu'en 1953.

⚔ Inveraray Jail : *dans le centre.* ☎ *302-381.* ● *inverarayjail.co.uk* ● *Avr-oct : tlj 9h30-18h ; nov-mars : tlj 10h-17h ; fermeture des caisses 1h avt. Entrée : £ 9,50 ; réduc. 20 % de réduc sur présentation d'un flyer délivré par l'office du tourisme. Visite d'env 1h. Quelques fiches en français.* Une « belle » prison du XIXᵉ s, aux remparts baignant dans le loch, est venue effacer les conditions de vie déplorables de l'ancienne prison utilisée jusqu'en 1857, que l'on visite aussi. On se retrouve ainsi dans les conditions d'incarcération propres aux deux prisons. Les guides jouent le rôle de prisonniers et de gardiens, des mannequins miment le déroulement d'un procès en 1820, etc. Des montages sonores et sensitifs signent l'authenticité du lieu. En prime, expo sur les châtiments infligés aux détenus jusqu'à la fin du XVIIIᵉ s et une présentation du *treadwheel,* que les prisonniers faisaient inlassablement tourner en marchant ; âmes jeunes et sensibles, s'abstenir... Chasse aux fantômes régulièrement organisée.

⚔ Bell Tower : *The Avenue. Fléché du centre-ville. Mai-sept : tlj 10h30-16h30. Entrée : £ 5 ; réduc.* Beffroi de 38 m de haut, tout en granit, construit de 1925 à 1931 sur ordre du 8e duc d'Argyll, pour sa seconde épouse Amelia. Abrite un mécanisme de 10 cloches de près de 8 t, actionné une fois par mois, généralement un samedi à 11h. Un escalier en colimaçon (176 marches, on attrape vite le tournis !) permet l'accès à une terrasse panoramique. Sachez qu'une cloche est souvent ornée d'un proverbe, permettant de l'identifier, du genre : « *A trusty friend is harde to fynde* » (« Un ami de confiance est difficile à trouver »)...

➤ *Argyll Adventure :* Dalchenna Farm. ☎ 302-611. ● argylladventure.com ● 2 miles (3 km) avt Inveraray en venant de Lochgilphead. Pâques-oct. Balades à cheval sur les bords du loch Fyne.

DANS LES ENVIRONS D'INVERARAY

🏹 🚶 *Auchindrain Township :* à 5,5 miles (9 km) d'Inveraray, sur l'A 83 en direction de Campbeltown. ☎ 500-235. ● auchindrain.org.uk ● Avr-oct : tlj 10h-17h (dernière admission à 16h). Entrée : env £ 6,50 ; réduc. Pour ce musée de plein air, un hameau des Highlands a été entièrement restauré. C'est l'un des rares à avoir traversé les siècles en gardant son plan d'origine : on le voit tel qu'il fut avant l'époque des *clearances* et la planification d'Inveraray. Cottages aux toits rouges, d'autres en chaume. La plupart réunissent mobilier d'époque, outillage agricole, charrue...

🏹 *Crarae Gardens* (NTS) *:* à 10 miles (16 km) en suivant l'A 83 en direction de Campbeltown, avt le village de Minard. ☎ 0844-493-22-10. Tte l'année tlj de 9h30 au coucher du soleil. Visitor Centre ouv avr-oct : tlj (sf mar-mer août-sept), 10h-17h. Entrée : £ 6,50 ; réduc. Honesty box le reste de l'année. Considéré comme l'un des jardins les plus séduisants de l'ouest. À visiter à partir du printemps et en automne. Collection unique de rhododendrons, d'azalées et d'eucalyptus dans un parc de 50 ha. Promenades balisées de 20 mn à 1h15.

LES ÎLES

Nous traitons les îles, du sud au nord, en longeant la côte ouest, en commençant par l'île d'Arran et en remontant par les Hébrides intérieures (Gigha, Islay, Jura, Mull et Skye), puis extérieures (l'île de Lewis et Harris), pour finir avec les archipels au nord de l'Écosse : les Orcades et les Shetland. À chaque île, son caractère et son histoire.

L'ÎLE D'ARRAN   5 000 hab.   IND. TÉL. : 01770

● Carte p. 487

Coincée entre l'Ayrshire et l'Argyll, Arran offre une grande variété de paysages, avec son relief escarpé, ses landes sauvages et ses plages parfois protégées de falaises. Sa géologie s'explique par une faille, la *Boundary Fault*, qui traverse l'île en son milieu. Quant à sa végétation riche en essences subtropicales, elle la doit à la douceur du Gulf Stream. Ajouter à cela quelques sites datant du Néolithique, un beau château, une distillerie et une brasserie... et vous aurez un aperçu de l'Écosse en modèle réduit !
– Pour se tenir informé de la vie insulaire, lire l'*Arran Banner*.

Arriver – Quitter

🚢 *Ferry Terminal :* à *Brodick.* Caledonian MacBrayne : ☎ 302-166 (Brodick). Résas au ☎ 08000-66-5000. ● *calmac.co.uk* ●
➤ *Ardrossan-Brodick :* liaison la plus empruntée, jusqu'à 7 allers-retours/j. en été. Fréquences et horaires très variables selon jours et saisons, bien se renseigner.

Tarifs : £ 6,80/pers, £ 41 pour une voiture. Résa recommandée en été.
➤ *Claonaig (péninsule de Kintyre)-Lochranza :* env 10 traversées/j. en été. Dernier départ autour de 17h50 de Claonaig, 17h15 de Lochranza (respectivement 19h et 18h25 en été). Tarifs : £ 6,50/pers, £ 27 pour une voiture. Compter 30 mn.

Comment circuler ?

En bus

🚌 *Stagecoast West Scotland :* à

Brodick, ferry terminal. ☎ 302-000.
➤ 3 lignes, par l'intérieur pour *Blackwaterfoot,* le sud via *Lamlash-Whiting*

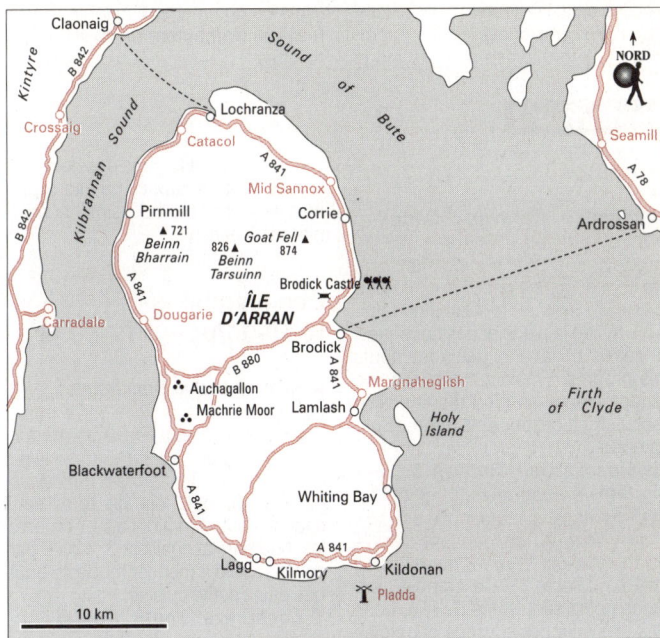

L'ÎLE D'ARRAN

Bay ou le nord via *Lochranza.* On peut donc effectuer une boucle à sa guise. Le *Arran Day Rider* permet la libre circulation à la journée, le *Arran Mega Rider* à la semaine. On les achète directement au chauffeur. Intéressant.

Adresses et infos utiles

🛈 *Visitor Information Centre :* à l'arrivée du ferry à *Brodick.* ☎ 303-774. ● ayrshire-arran.com ● Mai-sept : tlj 9h (10h dim)-17h ; oct-avr : tlj sf dim 9h-17h.

✉ *Poste :* en retrait de la rue principale en allant vers le nord, avt le golf. *Lun-sam 9h-17h (12h30 sam).* Change les espèces et les chèques de voyage sans commission.

■ *Banques :* à *Brodick,* sur Shore Rd. Les seuls et uniques distributeurs de billets de l'île, avec celui situé dans l'épicerie Co-op (voir plus loin).

@ *Internet :* Arran Library, à *Brodick,* près du Brodick Hall et du golf, au nord du village. Mar 10h-17h, jeu-ven 10h-19h30, sam 10h-13h. Gratuit.

✚ *Médecin :* à *Brodick,* au *Medical Centre,* Shore Rd. ☎ 302-175.

■ *Location de vélos :* The Boat-house, à *Brodick,* sur la plage, à env 600 m de l'embarcadère, avt le golf. ☎ 302-868. Pâques-oct : tlj 9h30-18h ; hors saison, ouverture restreinte. VTT adultes et enfants à prix très intéressants. *Arran Adventure Centre,* à *Brodick,* dans le complexe hôtelier d'Auchrannie. Accès au nord de la ville, par une rue perpendiculaire à Shore Rd, sur la gauche (fléché). ☎ 303-349. ● arranadventure. com ● Tlj 9h-18h. Également escalade, canyoning, kayak de mer, etc.

⊗ *The Co-op :* Shore Rd, à *Brodick.* Lun-sam 8h-22h, dim 9h-20h. Plusieurs épiceries dans l'île (notamment à Lamlash), mais celle-ci est la plus importante. On y trouve des produits bio et issus du commerce équitable. Également un distributeur de billets et des toilettes.

Où dormir ?

Campings

⚊ **Middleton Caravan & Camping Park :** *à Lamlash, à la sortie sud du village.* ☎ 600-251. ● *middletonscamping.com* ● *Ouv de début avr à mi-oct. £ 14 pour 2 avec tente.* Camping familial à 5 mn de la plage et des boutiques. Sanitaires et laverie pas tout neufs mais propres. Emplacements sur une grande pelouse au pied d'une colline arborée. Petit déj possible, préparé par la proprio.

⚊ **Lochranza Golf Caravan & Camping Site :** *à Lochranza.* ☎ 830-273. *Avt la distillerie, sur la gauche à la sortie du village en descendant vers le sud. Ouv avr-oct. £ 15-18 pour 2 selon taille de la tente.* 📶 Ce camping est l'un des plus séduisants de l'île, posé dans une jolie petite vallée encerclée de montagnes, à 20 mn de marche de la mer. Vous y verrez probablement quelques cerfs, des moutons, bien sûr, des hérons graciles, sans oublier les fameux *midges* ! Sanitaires simples mais propres et fonctionnels. Laverie.

⚊ **Sealshore Camping & Touring Site :** *à Kildonan, dans le sud de l'île.* ☎ 820-320. ● *campingarran.com* ● *Ouv Pâques-oct. £ 14-22 pour 2 avec tente (selon taille).* 📶 Une quarantaine d'emplacements pour ce camping tout simple et tranquille, au bord de la mer, face à l'îlot de Pladda et son phare. Laverie, frigo, micro-ondes, bouilloire à disposition, et petite épicerie d'appoint. Très bon accueil.

⚊ **Glenrosa Campsite :** *à 2 miles (env 3 km) de Brodick, prendre la direction Glenrosa après le croisement pour Blackwaterfoot.* ☎ 302-380. ● *glenrosa.co.uk* ● *Tte l'année. Signaler sa présence à la ferme située 500 m avt le terrain. Tarif unique : £ 4/pers.* Site reposant, en bordure d'un ruisseau et encerclé de collines, mais camping spartiate : un champ avec un bloc sanitaire, sans douche, sans eau chaude ni électricité. Parfois très venté : installez votre tente près des haies. On le recommande aux campeurs à pied ou à vélo, car il n'y a quasiment pas de places de parking.

Bon marché
(£ 10-25/pers ; 12-30 €)

🛏 **Kilmory Lodge Bunkhouse :** *à Kilmory, dans le bâtiment de la poste. À env 5 miles (8 km) de Blackwaterfoot et de Kildonan.* ☎ 870-345. ● *kilmoryhall.com* ● *Tte l'année. Env £ 20/pers.* 📶 Un peu loin de tout, sans charme, juste fonctionnels et propres, les 4 dortoirs accueillent 3, 4 ou 8 personnes. Salle à manger modeste équipée d'une petite cuisine.

🛏 **Lochranza Youth Hostel :** *à... Lochranza.* ☎ 830-631. ● *syha.org.uk* ● *Ouv tte l'année mais slt le w-e en hiver. Réception fermée 10h-17h. Compter £ 21-23/pers. Doubles £ 50-56. Également des quadruples et des familiales.* 📶 *(payant).* Posée dans une nature superbe, cette belle maison propose des dortoirs de 4 à 8 lits et des chambres impeccables, certaines avec vue sur la mer. Grande cuisine et laverie. Mini-épicerie pour dépanner. La meilleure adresse de l'île dans cette catégorie.

Prix moyens
(£ 50-85 ; 60-102 €)

🛏 **Allandale House :** *Corriegills Rd, à Brodick.* ☎ 302-278. ● *allandalehouse.co.uk* ● *De l'embarcadère, monter en direction de Lamlash, puis 2e rue à gauche ; c'est la 1re maison à gauche. Mars-nov. Double avec sdb £ 80.* Sur les hauteurs de Brodick, Ann, volubile et adorable, propose 4 chambres classiques et douillettes dans sa maison proprette. Également 2 chambres dans une petite annexe située dans le jardin.

Copieux petit déj pour bien démarrer la journée !

🏠 **B & B The Greannan :** à *Blackwaterfoot.* ☎ *860-200 (demander Susan Murchie).* ● *thegreannan.co.uk* ● *À la sortie du village, sur les hauteurs, direction Lochranza. Mars-oct. Double avec sdb £ 70.* Chambres correctes mais dépourvues de charme, de taille variable (grande chambre ou grande salle de bains, il faut choisir), dont 3 profitent d'une jolie vue sur la mer. Également 2 apparts à louer à la semaine pour 5-6 personnes.

De prix moyens à chic (£ 50-125 ; 60-150 €)

🏠 **Altachorvie Island Retreat :** à *Lamlash.* ☎ *600-468.* ● *altachorvie.com* ● *En venant de Brodick, longer la côte sur la gauche. Indiqué ensuite. Double avec sdb £ 110, petit déj compris.* 📶 Même si l'extension récente dénature un peu cette maison du XIXe s, l'ensemble ne manque pas d'allure avec ce vaste jardin, quasi tropical, dominant la baie. Seules les chambres donnant sur la mer (la plupart, ça tombe bien !) justifient le prix demandé. Confort douillet et calme bienvenu. Les parties communes, dans un esprit plus contemporain, sont étonnamment encombrées de fauteuils... peut-être pour s'attarder sur la jolie vue !

🏠 ▮●▮ **Lagg Hotel :** à *Lagg.* ☎ *870-255.* ● *lagghotel.com* ● *Avr-oct. Doubles avec sdb £ 70-120, petit déj compris.* 📶 *(réception).* Lovée dans un vallon bucolique, une solide auberge du XVIIIe s, dans un superbe parc où court une petite rivière. L'intérieur est moins convaincant, avec une déco lourde et bien datée, à laquelle, après tout, on peut trouver un certain charme. Attention, les chambres les moins chères sont au-dessus du système de ventilation : bruyantes et à éviter ! Une adresse de caractère, mais tout de même pas donnée. Resto classique, un brin prétentieux.

Sur le pouce

▮●▮ 🍷 **Golf Club :** *dans la partie nord de Brodick, entrée (bien cachée) par le parking, dans le virage, sur la droite. Tlj 11h30-19h (jeu, dim) ou 20h (lun, ven, sam), 21h (mar), 23h (mer).* On s'y rend moins pour les repas légers, sandwichs et *pub grub* proposés le midi, que pour sa terrasse aux beaux jours, offrant une vue magnifique sur le Goat Fell. On peut aussi se contenter d'y boire un verre...

▮●▮ 🍷 **The Coffee Pot :** à *Whiting Bay, au sud du village. Repérer la théière sur la façade.* ☎ *700-393. Tlj sf dim 10h-17h.* Petite salle ou terrasse devant la mer pour manger sur le pouce un sandwich, un burger ou une salade. Snack à terminer par un bon dessert et un *espresso.* Personnel très aimable.

De prix moyens à chic (plats £ 8-25 ; 10-30 €)

▮●▮ 🍷 **The Wineport :** *après Brodick, au nord, un peu avt le château, au niveau de la brasserie.* ☎ *302-101. Tlj 10h-18h.* Les plats, principalement à base de produits de la région, bio pour certains, sont inscrits à l'ardoise. Simples mais plutôt bons. Agréable aux beaux jours, installé autour des tables de pique-nique en terrasse.

▮●▮ **The Lighthouse :** à *Pirnmill.* ☎ *850-240. Tlj sf lun 10h-16h, 17h-20h.* Cuisine qui affiche au tableau aussi bien les grands classiques (*steak pie,* haddock) que des plats plus élaborés à base de produits locaux de qualité (excellent agneau !). Cadre sobre mais plaisant, et quelques tables dehors devant la mer.

▮●▮ **Brodick Bar & Brasserie :** à *Brodick, en face de la poste.* ☎ *302-169. Tlj sf dim midi 12h-15h, 17h30-21h.* Resto sans caractère particulier, qui se contente de proposer une cuisine traditionnelle et généreusement servie. Service rapide, efficace et souriant.

▮●▮ 🍷 **The Drift Inn Tavern :** à *Lamlash.* ☎ *600-608. Resto tlj 12h-21h. Bar ouv jusque... tard.* Ce pub, plus fonctionnel que charmant, devancé par une agréable petite terrasse posée

LES ÎLES

au bord de l'eau, offre une bien jolie vue sur Holy Island. Cuisine elle aussi tournée vers la mer, avec poissons et crustacés soigneusement préparés. Ambiance bon enfant.

|●| Felicity's : *à* **Blackwaterfoot,** Shiskine Golf Club. ☎ 860-777. *Ouv en principe tlj midi, plus mar-sam soir. Dernière commande à 20h (parfois 18h) ; mieux vaut tél avt car les horaires varient svt.* 📶 Rien d'ampoulé ou de feutré dans ce *club house* du golf local, mais une grande salle toute simple et vitrée sur l'océan, qui s'étire sur la terrasse dès que le soleil se pointe. Quelques belles salades, des plats frais et faits maison, et de délicieux cakes ou *scones* pour le *teatime*. Ambiance familiale pas compliquée.

|●| Kinloch Hotel : *à* **Blackwaterfoot.** ☎ 860-444. *Ouv midi et soir. Dernière commande à 20h30. Au resto, le soir, slt sur résa ; sinon, opter pour la partie bar.* Grand hôtel austère, à l'intérieur vieillissant. Mais le resto, sans faire d'éclats, reste très correct. Tant mieux, car il n'y a pas grand-chose à se mettre sous la fourchette dans le secteur.

Achats

⊕ **Arran Cheese Shop :** *à la sortie de* **Brodick** *vers le nord, bifurquer à droite en direction de Corrie ; c'est avt le château.* ☎ 302-788. *Lun-sam 9h-17h15, dim 10h-16h30.* Si le lait est importé du « continent », la fabrication du fromage se fait bien sur l'île. Produit marketing par excellence, leur cheddar est ici aromatisé à la moutarde, au whisky, aux oignons caramélisés, au gingembre ou encore aux framboises !

⊕ **Arran Aromatics :** *à côté de l'*Arran Cheese Shop. ☎ 302-595. *Tlj 9h30-18h. Visite du laboratoire de fabrication jeu 18h-20h (gratuit).* Bougies, savons, parfums et autres lotions pour le corps, autant de produits (quelques-uns bio) fabriqués sur place.

À voir

🎭🎭🎭 🎭 **Brodick Castle** *(NTS) : sur la route de Corrie, à 3 km du centre.* ☎ 0844-493-21-52. *Pâques-oct : tlj 11h-16h30 (15h30 oct) pour le château ; dernière entrée 30 mn avt fermeture. Parc accessible tte l'année de 9h30 au crépuscule, gratuit avt 10h. Entrée : £ 12,50 ; £ 7 pour les jardins slt ; réduc. Livret-quiz pour enfants. Un guide dans chaque salle se tient à la disposition des visiteurs.*

Le château de Brodick, en grès rouge, s'aperçoit dès l'arrivée du ferry, avec la masse du *Goat Fell* (860 m) en arrière-plan. Propriété des Hamilton depuis le XVIe s, la forteresse a connu pas mal de transformations. La dernière en date (au XIXe s) lui confère cette allure de style « baronial ».

En entrant, un escalier monumental, où sont accrochées les têtes de dizaines de cerfs chassés par les proprios. Les appartements exposent une ribambelle de portraits de famille, un mobilier élégant et de la porcelaine délicate. Noter le lit en cuivre dans la chambre du duc, mobilier très prisé à l'époque victorienne, car on croyait (dur comme fer ?) que le cuivre repoussait les puces. Dans la *dining room* et la bibliothèque, des peintures intéressantes sur le thème du sport et des courses. Au rayon toiles de maîtres, une *Tentation de saint Antoine* de David Teniers, des paysages de Gainsborough, un portrait du duc d'Alençon par Clouet et deux petits Watteau. Rutilante quincaillerie de cuivre dans les cuisines. Enfin, à défaut d'avoir croisé le fantôme de la Grey lady (dans le couloir du bas), il y a la *Bruce Room,* un cachot qui renferme bien sûr un prisonnier-mannequin, d'où montent des bruits inquiétants.

À la sortie, une adorable maison de poupée et une collection d'argenterie. Très beaux jardins, plantés de rhododendrons, fuchsias, hortensias, arbres multicentenaires et essences subtropicales. Voir aussi la maison d'été, de style autrichien, construite au XIXe s par le onzième duc de Hamilton pour sa femme, la princesse

Marie de Baden, par ailleurs petite-fille de Bonaparte et arrière-arrière-grand-mère de l'actuel prince de Monaco.

|●| **Brodick Castle Tea Room :** salades, snacks et grand choix de pâtisseries délicieuses. Ne pas manquer la vue superbe depuis la terrasse.

➤ Plusieurs sentiers de randonnée partent du château (brochures à l'accueil), dont un monte à l'assaut du *Goat Fell*. Record à battre : 1h16 aller-retour. Pour un randonneur moyen, compter plutôt 5h aller-retour !

🎌 **Arran Heritage Museum :** *à Rosaburn, au nord de Brodick, sur la droite après le golf.* ☎ 302-636. ● arranmuseum.co.uk ● Avr-oct : tlj 10h30-16h30. *Entrée : £ 3 ; réduc.* Musée constitué d'un hameau datant des XVIIIe et XIXe s, dont les petits cottages sont aménagés selon les us et coutumes de l'époque. Certains évoquent les métiers traditionnels ; d'autres rassemblent des témoignages histo-riques et géologiques, comme le *Dalradian shist* (la pierre la plus vieille de l'île), les travaux de James Hutton (géologue du XVIIIe s) et des objets retrouvés à *Machrie Moor* (voir « À faire. Le tour de l'île », plus loin).

|●| 🍵 Petit resto *(ouv le midi slt, tlj sf mar)* et salon de thé sur place, avec quelques tables dans le jardin aux beaux jours.

🍺 **Isle of Arran Brewery :** *un peu avt le château de Brodick, sur la gauche.* ☎ 302-353. ● arranbrewery.co.uk ● Mars-oct : lun-sam 10h-17h, dim 12h30-16h30. Horaires restreints le reste de l'année. Visite guidée (£ 5) à 14h (env 45 mn). Il s'agit de la seule brasserie de l'île. Elle produit neuf bières différentes, que vous pourrez goûter à l'issue de la visite.

🍺 **Isle of Arran Distillery :** *un peu avt le village de Lochranza, sur la gauche en venant de Brodick.* ☎ 830-264. ● arranwhisky.com ● De mi-mars à oct : tlj 10h-17h30 (dernier tour à 16h15) ; nov-fév : tlj sf dim 11h-16h. Entrée gratuite à l'expo-sition permanente ; visite guidée de 45 mn avec dégustation : £ 6 (d'autres tours plus longs et plus chers). Au XVIIIe s, Arran comptait une cinquantaine de distil-lateurs, bien cachés dans les collines pour échapper aux collecteurs d'impôts. Plus tard, quelques distilleries légales virent le jour, mais la dernière ferma au XIXe s face à la rude concurrence du reste de l'Écosse. Après 150 ans sans production sur l'île, celle-ci fut créée en 1995. On suit tout le processus de fabrication pendant la visite, qui se termine évidemment par une dégustation. Café à l'étage.

🧀 **Torrylinn Creamery :** *à Kilmory, au sud de l'île.* ☎ 870-240. Tte l'année. Meil-leurs moments pour visiter : lun-ven 11h-14h. On peut alors voir les ouvriers à l'ouvrage derrière les baies vitrées. C'est la seule crémerie qui utilise le lait de vache de l'île pour un cheddar 100 % *made in Arran*. Vente à la boutique, sans oublier les *oat cakes,* biscuits d'avoine parfaits pour accompagner ce fromage.

À faire

➤ **Le tour de l'île :** *env 90 km, à vélo pour les plus sportifs.*
En partant de Brodick vers le sud, on longe les baies et les plages agréables de **Lamlash** et **Whiting Bay,** d'où l'on aperçoit **Holy Island,** connue depuis le VIIe s pour héberger des communautés religieuses. Service régulier de ferries au départ de Lamlash *(traversée £ 11/pers ; réduc).* Pas de voiture sur l'île, des animaux endémiques en liberté, et un centre bouddhiste qui accueille des visiteurs. Infor-mations (● holyisle.org ●).
Retour sur Arran et la route en corniche du sud de l'île jusqu'à *Drumadoon Bay.* Au passage, vue sur le phare de Pladda et l'impressionnante silhouette d'Ailsa Craig, l'île aux oiseaux. Dans la partie sud-ouest, plusieurs sites préhistoriques et alignements de pierres sont accessibles. *Machrie Moor* (âge du bronze) et *Aucha-gallon* en sont les plus impressionnants (au nord de **Blackwaterfoot**). Un sentier au départ du golf de Blackwaterfoot vous mène à *Machrie* via *Kings Cave.*

En remontant vers le nord, on longe le *Kilbrannan Sound* qui sépare Arran de la péninsule de Kintyre (repérer les phoques bruns paressant sur les rochers), jusqu'à **Lochranza.** Les ruines du château, aménagé du XIIIe au XVIIIe s, se visitent.

La route qui revient vers Brodick traverse le *Glen Chalmadale,* lande austère au pied des montagnes. Après *Sannox* et sa jolie plage, on atteint **Corrie,** notre village préféré, avec ses cottages peints à la chaux.

– Le retour à Brodick se fait à proximité des jardins du château.

➤ **Pony Trekking :** *entre Lochranza et Sannox, fléché sur la gauche en venant du nord.* ☎ *810-222. Tlj sf dim. Compter £ 25-45 pour 1h ou 2h.* Propose des balades à cheval pour découvrir les majestueux paysages de cette magnifique vallée de Glen Sannox.

Randonnées

En matière de randos, l'île d'Arran, bien dotée en sentiers balisés, comblera tous les marcheurs. Le massif du Goat Fell offre une multitude d'itinéraires, et Lochranza est un point privilégié pour s'aventurer dans les *glens* comme celui de Catacol. Se procurer la carte *Superwalker* de l'éditeur Harvey, échelle 1/25 000. Quelques itinéraires, parmi les meilleurs (par ordre croissant de difficulté) :

➤ **Giants' Grave et Glenashdale Falls :** à **Whiting Bay,** une rando populaire sur l'île d'Arran. Balade de 8 km. Le sentier grimpe une colline pour atteindre *Giants' Grave.* Marche éprouvante : 265 marches sur 1 km, courage ! En récompense, vue sur *Whiting Bay* et *Holy Island.* S'enfoncer en forêt pour gagner la cascade de Glenashdale.

➤ **Beinn Bharrain :** dans la partie ouest de l'île (721 m). Départ à côté de la poste de **Pirnmill.** Une randonnée moins impressionnante que celle du massif du Goat Fell et plus accessible. Compter 3h pour atteindre le sommet. Panorama jusqu'aux îles de Islay et Jura.

➤ **Goat Fell** *(NTS) :* point culminant de l'île (874 m), dans la partie nord. Une expérience unique, et l'une des excursions les plus prisées de toute l'Écosse. La marche débute à **Cladach,** peu avant le château de Brodick. Le sommet se trouve à 5,5 km, soit une moyenne de 5h pour l'aller-retour. D'en haut, la vue s'étend de l'Irlande à l'île de Mull, en fonction de la météo.

➤ **Beinn Tarsuinn :** un pic voisin du Goat Fell (826 m), sur l'arête centrale du massif. Départ du **Glen Rosa.** Sommet bien moins fréquenté mais tout aussi intéressant. Compter un minimum de 7h l'aller-retour. Possibilité d'effectuer une traversée en direction du nord, vers le *Glen Sannox.* Réservé aux plus expérimentés.

➤ La randonnée vers **Beinn Nuis,** proche de Beinn Tarsuinn, est aussi très prisée, tout comme les balades sur le sentier côtier. Renseignements et quelques cartes gratuites à l'office de tourisme.

Manifestation

– **Arran Folk Festival :** *1 sem en juin (dates variables). Rens :* ☎ *302-668.* ● *arra nevents.com* ● L'événement le plus animé de l'année. Musique traditionnelle à travers toute l'île.

LES HÉBRIDES INTÉRIEURES

Sous cette appellation sont regroupées les îles de l'ouest allant de Gigha à Skye. Plus au nord s'étirent les Hébrides extérieures.

LES ÎLES

L'ÎLE DE GIGHA   110 hab.   IND. TÉL. : 01583

Prononcez « Gui-ya ». Petite île à l'est d'Islay, au large du Kintyre. *Gigha* signifierait « *God's Island* » (l'« île de Dieu »). Jusqu'en 2002, l'île était à vendre. Grâce à une forte mobilisation et à l'aide financière de deux organismes publics œuvrant pour la mise en valeur de l'Écosse, les îliens ont pu racheter leur bout de terre. Aujourd'hui, les habitants sont donc tous copropriétaires de l'île. On y vient pour visiter les jardins d'Achamore, ou tout simplement pour apprécier sa tranquillité. Longue de 11 km et dotée d'une unique route du nord au sud, elle se visite facilement à pied ou, mieux, à vélo. Quelques belles plages de sable blanc où l'on peut apercevoir des phoques et des loutres.
– N'hésitez pas à consulter le site • gigha.org.uk •, assez bien fait.

Arriver – Quitter

➤ Ferry quotidien ttes les heures 8h-19h (10h-17h dim) entre *Tayinloan* (dans le Kintyre) et *Ardminish* (20 mn de traversée). *Rens et résas à **Kennacraig**, auprès de **Caledonian MacBrayne** :* ☎ *(01880) 730-253.* • calmac.co.uk •

Adresses utiles

■ *Location de vélos :* **Gigha Boats & Bikes Activity Centre,** non loin de l'embarcadère, sur la gauche en remontant vers l'intérieur de l'île. Avr-sept, 10h-17h (18h en été). 📱 07876-506-520. • gighaboatsactivitycentre.

co.uk ● *Compter £ 12/j.* Loue également kayaks de mer et combinaisons.
✿ *Épicerie : dans le bureau de poste.*

Lun-sam 9h-13h, 15h-18h30 ; dim 12h-15h.

Où dormir ? Où manger ?

Camping

⚐ Possibilité de planter sa tente au-dessus du resto *Boathouse (voir plus loin ; rens au resto : ☎ 505-123),* à quelques enjambées de la mer et sa micro-plage. Terrain herbeux, un peu en pente. Très bon marché *(£ 4/pers ; douches payantes).* Machine à laver et sèche-linge.

Prix moyens

🛏 I●I *Gigha Hotel : en haut de la route du débarcadère (10 mn à pied), prendre à gauche.* ☎ 505-254. ● gigha.org.uk ● *Tte l'année. Doubles avec sdb £ 70-80 selon saison. ½ pens possible (intéressante en basse saison). Plats à partir de*

£ 10. 📶 Cet hôtel, égaré sur une lande sauvage, abrite une dizaine de chambres simplement décorées mais confortables et plaisantes. Quasi toutes les pièces offrent une superbe vue sur la baie d'Ard-minish. C'est aussi le seul resto de l'île ouvert toute l'année. Accueil chaleureux.
I●I *The Boathouse : en sortant du ferry, prendre la 1ʳᵉ à gauche.* ☎ 505-123. *Slt mai-sept : tlj 11h30-23h ; dernières commandes à 15h30 et 20h45. Résa indispensable le soir. Plats £ 10-22.* 📶 Quelques tables devant la mer et la petite plage de sable blanc, ou dans une minuscule salle. Autant que faire se peut, les produits sont locaux et les plats faits maison. Cuisine assez classique, naturellement tournée vers la mer.

À voir

🌿 *Achamore Gardens : en haut de la route du débarcadère, tourner à gauche ; c'est après le Gigha Hotel. Compter 15-20 mn de marche depuis le ferry. Tte l'année, du lever au coucher du soleil. Entrée : £ 4,50 ; réduc. Il n'y a personne au guichet : on vous fait confiance pour laisser la monnaie dans la honesty box !* Deux parcours fléchés de 1h à 2h permettent de visiter ces jardins à la végétation sub-tropicale luxuriante. Particulièrement beau au printemps quand rhododendrons, azalées et camélias croulent sous les fleurs ! Vélos interdits.

L'ÎLE D'ISLAY   3 500 hab.   IND. TÉL. : 01496

● Carte p. 495

Prononcer « Aïe-la », c'est l'île la plus méridionale des Hébrides intérieures. On l'appelle parfois *Queen of the Hebrides* (la reine des Hébrides), en référence à ses célèbres whiskies au goût de tourbe si caractéristique. On dénombre encore huit distilleries en activité sur l'île, toutes très réputées. La richesse ornithologique de la réserve naturelle du *loch Gruinart,* la beauté de ses plages et l'accueil chaleureux de la population sont autant d'invitations à s'y rendre !

Arriver – Quitter

En bateau

⛴ *Ferry Terminal : Caledonian Mac-*

Brayne, ☎ *302-209 (Port Ellen). Résas :* ☎ *08000-66-5000 et (01880) 730-253.* ● calmac.co.uk ●

LES ÎLES D'ISLAY ET DE JURA

Légende de la carte :
- **Bowmore** / **Port Askaig** : Lieux traités
- Adresses et lieux dans les environs
- Gortantaoid : Repères

NORD

OCÉAN ATLANTIQUE

LES ÎLES

➤ Env 4 ferries/j. (selon jours et saison) depuis **Kennacraig** (sur Kintyre) vers **Port Ellen** (sud de l'île) ou **Port Askaig** (nord-est de l'île, bac pour Jura). Compter 2h20 de traversée pour Port-Ellen et 2h jusqu'à Port Askaig.

Comment circuler ?

En bus

■ **Islay Coaches :** ☎ 840-273.
➤ 2 lignes : **Ardbeg, Port Ellen, Bowmore, Portnahaven** et **Ardbeg, Port Ellen, Bowmore, Port Askaig.**

En avion

✈ **Islay Airport :** à 3 miles (5 km) au nord de Port Ellen. Infos auprès de British Airways. ☎ 302-361 ou 0870-850-98-50. ● ba.com ●
➤ **Glasgow :** 2 vols/j. (1 sam). Compter 40 mn.

Env 8 bus/j. au départ de Port Ellen, 8h15-17h45, pour rejoindre Portnahaven ou Port Askaig ; 5-6 bus/j. (sf dim) depuis Port Askaig, 8h15-15h35. Changement parfois à Bowmore.

BOWMORE *(870 hab.)*

« Capitale de l'île », elle a donné son nom à l'une des distilleries les plus célèbres d'Écosse. La culture du coin s'est indéniablement forgée autour du whisky ; même l'école possède un toit en forme de pagode ! L'église mérite également un détour, blanche et arrondie pour empêcher le diable de se cacher dans un coin... On trouve ici le seul office de tourisme de l'île, ainsi que tous les commerces de base.

Adresses utiles

🛈 *Visitor Information Centre :* *The Square.* ☎ *810-254. Juil-août :* *lun-sam 9h30-17h30, dim 12h-15h ;* *avr-juin et sept-oct : lun-sam 10h-17h ;* *nov-mars : lun-ven 10h-15h.* ■ *Banques :* sur Shore St et The Square *(Morrison Court).* Distributeurs.

✚ *Islay Hospital :* ☎ *301-000.* ✉ ■ *Poste et location de vélos :* dans le même bâtiment, sur Main St, près de l'église. ☎ *810-366. Lun-sam 9h-17h30 (13h jeu, 12h30 sam). Compter £ 10/j. pour la loc d'un vélo.*

Où manger chic ?

|●| *The Harbour Inn :* The Square, au centre-ville. ☎ *810-330. Fermé à Noël. Résa conseillée. Plats £ 22-28.* Le must sur Islay. Salle à la déco marine, simple et avenante, toute vitrée pour profiter de la jolie vue. Produits locaux, dont gibier et poisson du jour. Présentation soignée pour une cuisine raffinée. Sélection de malts impressionnante.

À voir

🏛 *Bowmore Distillery :* School St. ☎ *810-441.* ● *bowmore.com* ● *Visite guidée £ 6 (env 1h avec dégustation). Avr-sept : lun-sam à 10h, 11h, 14h et 15h (plus dim juil-sept à 13h et 14h) ; oct-mars : lun-ven à 10h30 et 15h, sam à 10h.* Fondée en 1779, la distillerie produit la moitié de son malt. Visite particulièrement intéressante, où l'on nous décrit les méthodes traditionnelles de maltage. La maturation du whisky se fait dans des caves situées au niveau de la mer. Cela expliquerait l'un des secrets de son goût équilibré, ni trop fumé ni trop tourbé. À l'entrée de l'établissement, un ancien entrepôt abrite aujourd'hui la piscine communale, chauffée par le surplus d'énergie émis par la distillerie. Astucieux, non ?

Manifestation

– *Islay Festival :* une sem fin mai. Infos : ☎ *302-413.* Festival autour du whisky au programme chargé : visite de distilleries, concerts, *ceilidh,* démonstration du découpage de la tourbe, dîners...

BRIDGEND *(760 hab.)*

Au cœur de l'île, village plaisant à la jonction des routes pour Port Ellen au sud et Portnahaven à l'ouest. On y trouve aussi toutes les commodités.

Adresses utiles

✉ **Poste :** *au niveau de la station d'essence. Lun-mer et ven 9h-13h, 14h-17h30 ; jeu et sam 9h-13h.*
■ **Épicerie Spar :** *près de la poste. Tlj 7h30 (11h dim)-18h.* Distributeur de billets dans le magasin (avec commission).
■ **Putting** *(golf) : près de la station d'essence. Tlj 10h-21h en été.* Parcours familial pour s'entraîner avant de passer au parcours supérieur.

Où dormir ? Où manger ?

🏠 **Sornbank B & B :** *à l'angle avec la route pour Portnahaven.* ☎ *810-544.* ● *sornbank.co.uk* ● *Double avec sdb £ 85.* Quasi au cœur de l'île et du village, au bord d'une rivière. Seulement 2 chambres, plutôt spacieuses, claires et cosy, dont l'une avec grande salle de bains, l'autre avec douche minuscule.
🏠 |●| **Bridgend Hotel :** *à l'intersection avec Portnahaven.* ☎ *810-212.* ● *bridgend-hotel.com* ● *Fermé fév. Resto tlj 12h30-14h30, 18h-21h. Doubles £ 130-160. Plats £ 9-22.* La jolie maison du XVIIIᵉ s, flanquée d'un charmant jardin sur l'arrière, abrite une dizaine de chambres modernes, décorées avec soin et délicieusement douillettes. Les moins chères sont vraiment exiguës pour le prix demandé, mais les parties communes, claires et accueillantes, dégagent une atmosphère vraiment plaisante. Côté resto ou dans le *Katie' bar* (un peu moins cher), une cuisine goûteuse à base de produits locaux de qualité. L'une des meilleures adresses de l'île.

À voir dans les environs

🧵 **Islay Woollen Mill :** *à env 1 mile (1,6 km) de Bridgend, sur la route de Ballygrant. Chemin sur la droite, fléché.* ● *islaywoollenmill.co.uk* ● *Lun-ven 9h-17h, sam 10h-16h.* Il s'agit d'un des ateliers de tissage à vapeur les plus anciens de Grande-Bretagne. Tenu par la famille Covell depuis 1883. Sa réputation a pris des galons avec le choix de ses tartans pour habiller Mel Gibson dans *Braveheart.* Vaste et superbe choix de vêtements et accessoires dans la boutique.

🧵 **Finlaggan :** *entre Bridgend et Port Askaig, 2 miles (3 km) après Ballygrant (fléché sur la gauche), sur l'île d'Eilean Mor.* ● *finlaggan.com* ● *Visitor Centre ouv Pâques-oct, tlj 10h30 (13h30 dim)-16h30. Entrée : £ 3 ; gratuit lorsque le Visitor Centre est fermé.* On y accède par une passerelle. Il s'agit du site historique le plus important de l'île, siège des *lords of Isles,* seigneurs qui gouvernaient l'Argyll et les îles Hébrides. *Eilean Mor,* l'« Île large », abritait déjà une vingtaine de bâtiments au Moyen Âge.

SALE TEMPS POUR LES ESPIONS

D'Eilean Mor, on aperçoit la seconde île où se tenait l'assemblée des lords. Toutes les précautions étaient prises pour garder ces réunions secrètes. Un passage immergé reliait les deux îles. Mais ne l'empruntait pas qui voulait : en effet, une pierre, mal positionnée à escient, basculait dès qu'un étranger marchait dessus. L'imprudent finissait dans le lac et l'alerte était ainsi donnée.

Aujourd'hui subsistent quelques ruines, celles de la chapelle et du *Great Hall* étant les plus reconnaissables. D'impressionnantes pierres tombales sculptées reposent toujours au sein de la chapelle. Petite expo sur les lords dans le *Visitor Centre.*

PORT CHARLOTTE

Village le plus mignon de l'île, avec ses façades blanchies qui lui donnent un air bien singulier. Il abrite une petite communauté de pêcheurs et de fermiers.

Où dormir ? Où manger ?

⏌ @ **Port Mòr Campsite :** *à la sortie sud de Port Charlotte.* ☎ *850-441 (097 pour le* Bistro*).* ● *islandofislay. co.uk* ● *Ouv mars-nov. Env £ 9/pers avec tente et voiture. Plats £ 5-10. CB refusées.* 🖥 📶 *(accessible aux non-résidents).* Vaste pelouse devant la mer, presque aussi nette qu'un *green* de golf, avec jeux pour les enfants et terrain de foot pour tout le monde. Bien amarrer les tentes, car le coin est plutôt venteux, et pas un arbre à l'horizon pour se protéger ! Noter l'écobâtiment conçu pour être quasi autosuffisant. L'électricité provient de l'énergie renouvelable (à la fois éolienne, solaire et géothermique). *Au* **Bistro** *(mars-oct), petit déj, snacks, repas et plats d'emporter (pratique).*

🛏 **Youth Hostel :** *après le pont, 1ᵉʳ bâtiment à gauche ; dans un ancien entrepôt de whisky.* ☎ *850-385 ou 0845-293-73-73 (central de résas).* ● *syha.org.uk* ● *Pâques-oct. Env £ 18/pers, plus £ 3 pour les non-membres.* 🖥 📶 *(payant).* 30 lits en dortoirs non mixtes de 3 à 6 lits, très propres et confortables. Également 2 *twins*. Salle commune plaisante avec vue sur mer. À disposition, cuisine bien équipée, machine à laver et abri pour les vélos. En prime, accueil très aimable des *wardens*.

🍴 **Port Charlotte Hotel :** *dans le village, après le pont.* ☎ *850-360. Résa conseillée le soir en été. Plats £ 8-20.* On a le choix de s'installer soit côté pub cosy, soit dans une salle plutôt élégante, ou encore en bas, sous l'agréable véranda. Bonne cuisine traditionnelle qui n'hésite pas à emprunter quelques saveurs à l'Asie. Une adresse appréciée des locaux.

🍴 **The Yan's Kitchen :** *à l'entrée de Port Charlotte (face au musée).* ☎ *850-230. Mar-sam 10h30-21h, dim 11h-15h30. Plats £ 7-21.* Une grande salle très simplement équipée de meubles en pin, avec quelques photos du coin comme unique déco. La cuisine emboîte le pas au lieu, sans prétention. Des poissons, bien sûr, et aussi quelques propositions carnées, parfois aux accents d'ailleurs, comme le *chicken thaï curry,* ou des plats plus classiques à base de mouton. Quelques tables dehors, face à la mer.

Où dormir ? Où manger ? Où boire un verre dans les environs ?

🛏 **The Monachs :** *à env 3 miles (5 km) au sud de Port Charlotte. Au niveau de* Nerabus, *grimper sur la droite par un chemin privé (enseigne très discrète sur une pierre posée au sol) ; c'est au bout, 500 m plus haut.* ☎ *850-049.* ● *islayguesthouse.co.uk* ● *Avr-sept. Résa conseillée. Double avec sdb £ 125.* Les proprios, adorables, ont aménagé dans leur vaste maison surplombant la mer de grandes chambres archi-douillettes, aux couleurs chaudes et à la moquette épaisse. Une adresse au confort cossu, pour ceux qui en ont les moyens et rêvent de moutons pour voisins !

🍴 🍸 **An Tigh Seinnse :** *à* **Portnahaven,** *au port.* ☎ *860-224. Tlj 12h-20h (23h pour le bar). Plats £ 9-16.* Habitués à l'année et touristes de passage se réfugient dans les 2 minuscules salles de l'unique pub du village, décorées de quelques tableaux et vieilles photos. La carte change tous les jours, style lasagnes et pizzas maison, *beef pie, haggis* à la crème de whisky, et poisson rapporté par les pêcheurs du port. Bon accueil.

À voir

🏃🏃 **Museum of Islay Life :** *dans une ancienne église, en arrivant à Port Charlotte.* ☎ 850-358. ● *islaymuseum.org* ● *Pâques-sept : lun-ven 10h30-16h30. Entrée : £ 3 ; réduc.* Musée un peu brouillon mais très documenté sur l'histoire naturelle et sociale de l'île. On y trouve la reconstitution d'une cuisine et d'une chambre de style victorien, toutes sortes d'outils agricoles des campagnes d'autrefois. Toutes les pièces proviennent de prêts ou de dons des habitants d'Islay. Ce musée est leur mémoire collective. Pièces archéologiques au fond du musée, et bibliothèque en libre accès.

Dans le cimetière attenant, collection de pierres tombales gravées datant du XVIe s.

🏃 🏃 **Islay Natural History Trust :** *en dessous de l'AJ de Port Charlotte.* ☎ 850-288. *Pâques-oct : lun-ven 10h30-16h30. Entrée : £ 3 (valable 1 sem) ; réduc.* Un petit centre modeste mais bien conçu, pour les amateurs de vie sauvage et de géologie. En été, nombreuses activités pour faire découvrir le rivage aux enfants.

À voir dans les environs

🏃 **Bruichladdich Distillery :** *au nord de Port Charlotte, sur la route principale en allant à Bridgend.* ☎ 850-190. ● *bruichladdich.com* ● *Lun-ven 9h-17h, sam 10h-16h (14h nov-Pâques). Tours à 10h, 11h, 13h, 14h et 16h ; en hiver, à 11h et 14h (sam slt 11h). Visite : £ 5 avec dégustation.* C'est ici qu'on distille le whisky le plus fortement tourbé au monde. Mais les fûts en recueillent aussi du beaucoup moins fort et même un bio. Équipée de caméras vidéo, cette distillerie a même été surveillée par les experts avisés du Pentagone, qui croyaient y voir des installations ressemblant à celles des usines d'armes de destruction massive !

🏃 **Loch Gruinart Nature Reserve :** *au nord de Port Charlotte.* ☎ 850-505. *Tlj 10h-17h. Mai-oct : visite guidée (sur résa) ts les jeu à 10h (£ 3), durée 3h.* Composée de marais salants et de landes de bruyère, cette réserve de 1 700 ha est le refuge de nombreux échassiers et oiseaux de proie. À l'automne, oies venues du Groenland et bernaches s'y installent pour passer l'hiver au chaud (!). Plate-forme d'observation à proximité du *Visitor Centre.*

🏃🏃 **Kilnave Chapel :** *au* Visitor Centre *du loch Gruinart, prendre à droite direction Ardnave ; après 4 km, c'est sur la droite.* Ruines d'une chapelle et petit cimetière au bord du loch Gruinart. Une majestueuse croix, datant de 750 av. J.-C., est plantée à l'entrée. Panorama somptueux.

🏃 **Portnahaven :** *un village de pêcheurs tout mignon, à l'extrémité ouest de l'île,* avec sa rangée de cottages à touche-touche qui encerclent un petit port. La communauté de Portnahaven et sa jumelle *Port Wemyss* (en face de la baie) partagent la même église, avec deux portes séparées, une pour chaque village, pour le moins insolite. En fait, l'église fut construite bien avant la création de Port Wemyss.

➤ Entre Portnahaven et **Kilchiaran,** route dépaysante à souhait, riche de verts pâturages et de quelques fermes perdues. En chemin, des aigles, des lièvres... et des moutons ! Au nord de Kilchiaran se déploie la majestueuse **Machir Bay.**

PORT ELLEN *(870 hab.)*

Le port le plus actif de la partie sud de l'île. Les bateaux acheminent aussi bien des visiteurs que de l'orge destinée aux distilleries. Le village en lui-même, austère, présente peu d'intérêt. On y passe surtout pour visiter les distilleries alentour. D'ailleurs, une forte odeur de malt flotte dans les ruelles, vous invitant au voyage...

Adresse utile

@ *Cybercafé :* Mactaggart Community Centre, *Mansfield Pl. Dans la rue* longeant la baie, tourner entre l'épicerie et l'église. Tlj 8h-22h.

Où dormir ?

🛏 **The Oystercatcher B & B :** 63, Frederick Crescent. ☎ 300-409. ● *islay-bedan dbreakfast.com ● Double avec sdb £ 80.* Dans cet alignement de maisons face à la mer, ce *B & B* à l'atmosphère chaleureuse abrite 2 chambres (dont une plus petite). Le proprio, dynamique, réserve à ses hôtes un petit déjeuner dantesque à base de saumon et de haddock fumés... de quoi tenir jusqu'au *teatime.*

🛏 **40 Pier Road :** *devant le port.* ☎ 300-502. ● *40pierroad.co.uk ● Doubles avec sdb £ 70-90 selon saison ; réduc à partir de 3 nuits.* Si la façade revêt un aspect plutôt sévère, l'intérieur est clair et arrangé avec goût. Une adresse très prisée des familles pour l'une des chambres qui peut accueillir 3 personnes, et aussi pour la cuisine mise à disposition (rare dans les *B & B*). Accueil charmant.

🛏 **The Trout-Fly Guesthouse :** 8, Charlotte St. ☎ 302-204. ● *the troutflyb-b.co.uk ● Tte l'année. Double avec sdb £ 80.* Seulement 3 petites chambres, un peu fades mais confortables. Peut dépanner en cas d'arrivée tardive par le ferry.

À voir

À l'est de Port Ellen, une jolie petite route mène à ces trois célèbres distilleries, entre des pâturages vallonnés et la côte, parsemée d'îlots rocheux.

🍴🍴 **Laphroaig Distillery :** *la 1ʳᵉ d'entre elles.* ☎ 302-418. ● *laphroaig.com ● Mars-déc : tlj 9h45-17h ; jan-fév : fermé le w-e. Sur résa, 4 visites/j. en été et 2 en hiver, suivies d'une dégustation : £ 6.* On raconte que ce serait la marque préférée du prince Charles... En tout cas, c'est l'une des rares distilleries (avec celle de Bowmore) à exécuter son propre maltage. Il n'en reste que cinq en Écosse ! D'ailleurs, pendant l'époque de la prohibition aux États-Unis, ce malt continuait d'être importé légalement pour ses « vertus médicinales ». Cinq whiskies sont distillés ici, tous très tourbés. Plus les alambics sont petits, plus la note est fruitée.

🍴 **Lagavulin Distillery :** ☎ 302-749. *Visites guidées suivies d'une dégustation : £ 6. Sur rdv en sem à 9h30, 11h30 et 14h30.* Site incomparable. Distillerie établie en 1816, célèbre pour son *single malt* de 16 ans d'âge, très tourbé, et pour son *blend, White Horse,* qui ne représente toutefois que 10 % de sa production.
– De la distillerie, on aperçoit le **Dunyveig Castle,** une ruine érigée sur un éperon rocheux.

🍴🍴 **Ardbeg Distillery :** *la dernière de la série.* ☎ 302-244. ● *ardbeg.com ● Mai-sept : tlj 9h30-17h ; oct-avr : lun-ven. Résa conseillée. Visites (1h ou 1h30) suivies d'une dégustation : £ 5-12.* Distillerie réputée là encore, rachetée en 1997 par le groupe Glenmorangie après une longue période d'interruptions répétées.
🍴 Pour une pause, le *Old Kiln Café* sert snacks et plats simples *(12h-15h45).*

🍴🍴 **Kildalton Cross** (HES) : *à 10 km env à l'est de Port Ellen. GRATUIT.* Elle se dresse dans un cimetière dont les tombes datent du Moyen Âge. La chapelle du XIIIᵉ s, quant à elle, a perdu sa toiture. Il s'agit de la croix celtique la mieux conservée de toute l'Écosse, gravée à la fin du VIIIᵉ s par un sculpteur d'Iona. Sur la face ouest de la croix sont représentés quatre lions, tandis qu'à l'est apparaît la Nativité.
– Sur la route entre *Ardbeg Distillery* et *Kildalton Cross,* une large crique abrite une petite colonie de phoques, que l'on peut observer depuis la route.

¶¶ **The Mull of Oa :** *prononcez « o ». Au sud-ouest de Port Ellen.* Une route étroite traverse un paysage quasi désertique, peuplé de craves à bec rouge et d'aigles royaux y chassant les lièvres. La *RSPB* (ligue de protection des oiseaux) organise des visites guidées dans la réserve de Oa. *Ts les mar en été à 10h ; sur résa slt en hiver. Rens :* ☎ *850-505.* ● *rspb.org.uk/datewithnature* ● *Tarif : £ 3.*
Au sud-ouest du Mull, un monument américain érigé en mémoire des 266 soldats morts en 1918 à bord d'un bâtiment torpillé par un sous-marin allemand. Balades possibles aux abords des falaises, à condition d'être prudent.

PORT ASKAIG

Au nord-est de l'île, dans une petite crique, rien de plus qu'une pincée de maisons, un hôtel et une épicerie. Minuscule, donc, mais absolument charmant, et une vue superbe sur l'île de Jura, juste en face. C'est ici que l'on prend le bac pour s'y rendre.

Où dormir dans les environs ?

⌂ **Kilmeny Country House :** *à env 4 miles (6 km) de Port Askaig et 0,8 mile (1,3 km) de Ballygrant, en direction de Bridgend (bien indiqué).* ☎ *840-668.* ● *kilmeny.co.uk* ● *Doubles avec sdb £ 110-160.* Isolée au sommet d'une colline, voici l'une des adresses les plus authentiques et les plus séduisantes de l'île. Margaret, la charmante propriétaire, a non seulement aménagé ses 5 chambres avec un goût certain (meubles anciens, ciels de lit, tableaux), mais son sens du confort semble quasi obsessionnel ! Espace pour les bagages, salles de bains avec baignoire ET douche, moquettes d'une épaisseur XXL, literie ultra-douillette... Ravissant jardin. Un petit goût de luxe dans un cadre de bout du monde.

À voir dans les environs

¶¶ **Caol Ila Distillery :** *à env 2 miles (3 km) au nord de Port Askaig.* ☎ *302-769.* ● *discovering-distilleries.com/caolila* ● *Tte l'année. Plusieurs visites/j. (horaires très variables selon les mois) : £ 6-15 selon l'âge des whiskies servis lors de la dégustation en fin de visite.* Site très pittoresque, au pied d'une côte escarpée, avec ses quais juste en face de l'île de Jura. Cette distillerie – la plus grande de l'île – produit 7 millions de litres par an ! Les amateurs de *single malt* vous parleront de son caractère tourbé et fumé avec gourmandise...

¶ **Bunnahabhain Distillery :** *à env 5 miles (8 km) au nord de Port Askaig.* ☎ *840-646.* ● *bunnahabhain.com* ● *Tte l'année. Visites guidées (slt sur résa) : £ 6-20 (selon dégustation), tlj à 10h, 11h30, 14h et 15h45. Bunnahabhain* signifie « l'embouchure de la rivière » en gaélique. En 1883, les frères Greenlees décident en effet de construire leur distillerie à l'embouchure de la rivière Margadale.

LES ÎLES

L'ÎLE DE JURA   180 hab.   IND. TÉL. : 01496

● Carte *p. 495*

Pourtant toute proche de sa voisine Islay, Jura se révèle très différente et beaucoup plus sauvage. Son nom viendrait d'un mot norrois signifiant *Deer*

Island, ce qui paraît pertinent puisque l'île abrite 6 000 cerfs ! Une unique route parcourt 45 km le long de la côte est, dominée par ces *Paps* (mamelons) si caractéristiques. Le paysage n'est que montagnes et plaines tourbeuses, se reflétant au nord dans le loch Tarbert. Un paradis pour randonneurs endurcis ! Jura retiendra aussi les voyageurs en quête de solitude ou d'inspiration, à l'instar de George Orwell, qui rédigea ici, dans le cottage de Barnhill, son célèbre *1984.*

Selon le dicton, on trouve son cheval sur Mull, sa vache sur Islay et sa femme sur Jura. Bonne chance tout de même... elles sont peu nombreuses !

Arriver – Quitter

➢ **Port Askaig** (île d'Islay)-*Feolin* (Jura) : liaisons tte l'année par un bac quotidien qui embarque une petite dizaine de voitures. Ttes les 45 mn env (suivant météo et saison), 7h30-18h30. Compter 5 mn de traversée.

➢ **Tayvallich** (à l'ouest de Lochgilphead)-*Craighouse* (Jura) : 2 liaisons/j.

(1 le dim et aucune le mer). 📞 *07768-450-000.* Résa conseillée, car slt 12 places. Durée : 1h. Ne prend pas de voiture. Gratuit pour les vélos. Service de bus entre Lochgilphead et Tayvallich. *Anderson Coaches :* ☎ *(01546) 870-354.*

Comment circuler ?

➢ **En bus :** env 4 bus/j. relient **Feolin** à **Craighouse.** 2 bus slt continuent jusqu'à **Inverlussa.**

Adresses et infos utiles

■ @ **Jura Service Point :** *près de l'école de* **Craighouse.** ☎ *820-161. Lun-ven 10h-13h.* 💻 📶 Infos sur les randonnées. Se renseigner ici avant d'entreprendre une balade en période de chasse (en principe, de juillet à février). ✉ ■ Une *poste,* une *pompe à*

essence et quelques *commerces* à Craighouse.
■ **Jura Bike Hire :** *à* **Craighouse**, *en face du resto* The Antlers. 📞 *07768-450-000. Compter £ 12/j.* Nicol, très aimable, peut venir vous récupérer au ferry de Craighouse.

Où dormir ? Où manger ?

⚕ 🏠 |●| **Jura Hotel :** *à* **Craighouse.** ☎ *820-243.* ● *jurahotel.co.uk* ● *Camping £ 5. Doubles avec sdb £ 100-120. Compter £ 20-25 pour le resto.* 📶 Derrière la façade austère se cache un délicieux hôtel, à la déco fraîche, moderne et joyeuse. Les 17 chambres, bien douillettes, offrent presque toutes une superbe vue sur la mer et les îlots. Les campeurs peuvent planter leur toile dans le petit terrain attenant (sanitaires dans l'hôtel). Resto de qualité proposant des produits locaux, poisson évidemment et gibier en saison. La très sympathique propriétaire, qui a vécu dans l'Hexagone, vous parlera en

français si votre accent vous démasque... Un bon test !
🏠 **B & B Oran Na Mara :** *à 3 miles (5 km) au nord de* **Craighouse.** ☎ *820-067. Maison à droite, juste après le panneau* Lowlandmans Bay. *Doubles £ 60-70, avec sdb sur le palier (mais privée) ou attenante.* 📶 Cette maison, à priori sans charme, abrite 2 petites chambres bien plus coquettes et confortables que la façade ne le laisse supposer. Et surtout, quelle vue magnifique sur la mer tachetée de petits îlots ! Ruth, pas compliquée et accueillante, confectionne de délicieux petits déj, bio de préférence, avec pain

maison et produits locaux. Une adresse simple et sincère, dans un coin isolé et magnifique !

|●| The Antlers : *à Craighouse, côté gauche en allant vers le nord. ☎ 820-123. Tlj 9h30-15h, puis à partir de 18h30. Résa conseillée pour le dîner.*

Les caprices du ciel vous feront vous installer dans l'agréable salle ou sur les quelques tables en terrasse. Cuisine sans prétention aucune qui cale son bonhomme ! Sur place, vente de produits et d'artisanat de la région. Également plats à emporter.

À voir. À faire

🏹 **Jura Distillery :** *à Craighouse. ☎ 820-385. ● jurawhisky.com ● Avr-oct : lun-sam 9h30-16h30 ; nov-mars : lun-ven 11h-14h. Prix : £ 6. Visites guidées (45 mn avec dégustation) à 11h et 14h en été ; sur résa le reste de l'année.* Après moult péripéties tout au long de ses 2 siècles d'histoire, cette distillerie a finalement rouvert ses portes dans les années 1950, pour enrayer le chômage sur l'île. La taille de ses alambics (parmi les plus grands d'Écosse) donne un whisky léger, parfumé et moins tourbé que ceux produits à Islay.

➤ **Randonnées :** un guide de randonnée est en vente à l'office de tourisme de *Bowmore* (sur Islay). Sinon, au *Jura Service Point,* plusieurs fiches en libre-service. On vous conseille notamment la randonnée près du **loch Tarbert,** un loch de près de 10 km de long, situé au centre de l'île, et qui la couperait presque en deux. Compter 3h de marche aller-retour pour découvrir ses plages, ses grottes et atteindre la colline de *Cruib,* avant de revenir vers la route et le hameau de *Tarbert.* Les plus motivés peuvent rejoindre à pied le cottage de George Orwell, **Barnhill.** Compter 4,4 miles (7 km) de marche depuis le parking situé à 1,2 mile (2 km) après *Lealt,* dernier village accessible par la route. Encore plus fort : aller jusqu'au tourbillon de **Corryvreckan,** 3 miles (5 km) après Barnhill, surtout spectaculaire par grand vent. Avec 15 miles (24 km) aller-retour, cette balade est réservée aux plus sportifs. De plus, le retour peut s'avérer épuisant en cas de vent contraire. En fait, la sortie jusqu'à Corryvreckan s'effectue le plus souvent par la mer. Nicol McKinnon organise des virées (☎ 07768-450-000). Renseignements aussi auprès du *Service Point* ou du *Jura Hotel.* Départs également depuis Crinan (voir plus haut) ou l'île de Seil (voir « Dans les environs d'Oban »).

Les randonneurs peuvent aussi passer la nuit dans quelques *bothies* (des refuges) implantés à plusieurs endroits de l'île. Se renseigner au *Service Point* de Jura ou à l'office de tourisme de Bowmore sur Islay.

LES ÎLES

L'ÎLE DE MULL

2 700 hab.

● Carte *p. 505*

Deuxième plus grande île des Hébrides intérieures (après Skye) avec ses 40 km du nord au sud et près de 42 km d'est en ouest. Les Écossais la considèrent comme la plus variée et, accessoirement, la plus arrosée. Il est vrai que les criques et hameaux perdus de la côte ouest et du *Ross of Mull,* propices aux randonnées, offrent un parfait contrepoint aux légitimes vedettes touristiques que sont l'abbaye d'Iona ou le port de Tobermory. N'y passez pas moins de deux jours pleins, sous peine de revenir frustré. Ou fatigué : les distances sont trompeuses sur les pittoresques routes *single track* de Mull.

Arriver – Quitter

🚢 *Ferry Terminal :* Caledonian Mac-Brayne. À *Tobermory,* ☎ 302-017 ; à *Craignure,* ☎ 812-343. *Résas :* ☎ 08000-66-5000. ● *calmac.co.uk* ● En sem, traversées de tôt le mat jusqu'au début de soirée ; amplitude moindre le w-e.

➤ *Oban-Craignure :* avr-oct, env 9 liaisons/j. ; nov-mars, 2-4 liaisons/j.

Durée : 45 mn. Résa obligatoire avec un véhicule.

➤ *Lochaline-Fishnish :* avr-oct, env 1 bac/heure ; nov-mars, moins fréquents et pas de bac le dim.

➤ *Kilchoan-Tobermory :* avr-oct, 5-7 traversées/j. ; nov-mars, 3-4 départs/j. sf dim. Durée : 35 mn.

Comment circuler ?

En bus

■ *Compagnie Bowmans :* ☎ (01546) 604-360. ● bowmanstours.co.uk ●

➤ *Craignure-Tobermory* via *Fishnish et Salen* (ligne n° 495) : avr-oct, 4-7 bus/j. ; nov-mars, 2-3 bus/j. sf dim.

➤ *Craignure-Fionnphort* via *Bunessan* (ligne n° 496) : avr-oct, 3-4 bus/j., 1 le dim ; nov-mars, 2-3 bus/j., dim slt 1 bus Fionnphort-Craignure.

➤ *Calgary-Tobermory* via *Dervaig* (ligne n° 494) : 2-4 bus/j. sf dim.

TOBERMORY *(880 hab. ; IND. TÉL. : 01688)*

Ce petit port à l'extrémité nord de l'île est considéré comme le plus beau de la côte écossaise occidentale. Maisons pastel se reflétant dans l'eau sous la frange haute du village et horloge égrenant son tic-tac sur Main Street depuis 1905 lui confèrent une touche unique. Difficile d'y manquer une photo, même l'église du port transformée en épicerie ne parvient pas à gâcher le tableau !
– Consulter le gratuit *Round & About* pour les événements à ne pas manquer.

Adresses utiles

ℹ️ *Information Point :* au bout du port, au terminal de ferry, Main St. ☎ 302-017. Tte l'année, lun-ven 9h-17h30 (+ sam mai-sept). Autre *Point Infos* (privé), au bout de la baie. Avr-oct : tlj 9h-19h (17h avr et oct). Vend aussi (surtout) les excursions en mer des différentes compagnies, des brochures et des cartes.

✉️ *Poste :* Main St. Lun-sam 10h-13h, 14h-17h30 (sf mer et sam ap-m).

■ *Clydesdale Bank :* Main St. Lun-ven 9h15-16h45. La seule banque de l'île. Distributeur.

✚ *Centre médical :* Tobermory Surgery, Rockfield Rd. ☎ 302-013. Sur les hauteurs de la ville.

■ *Location de vélos :* Brown's Shop, 21, Main St. ☎ 302-020. Tlj 8h-17h30.

■ *Supérette :* Main St. Tlj 7h (12h30 dim)-22h.

■ *Laverie* (laundry) : au Harbour Visitor Centre, au bout du port (côté distillerie) et près du Point Infos privé. Tlj 7h-21h. Peu cher. Également des *toilettes publiques* (payantes).

Où dormir ?

Bon marché
(£ 10-25/pers ; 12-30 €)

🏠 *Tobermory Youth Hostel :* Main St. ☎ 302-481. ● syha.org.uk ●

De mi-mars à mi-oct. Dortoir (4-6 lits) env £ 15-18/pers. Également des familiales (2-4 pers). 🖥️ Idéalement située sur le front de mer, cette grande maison saumon est la seule adresse bon marché de Tobermory.

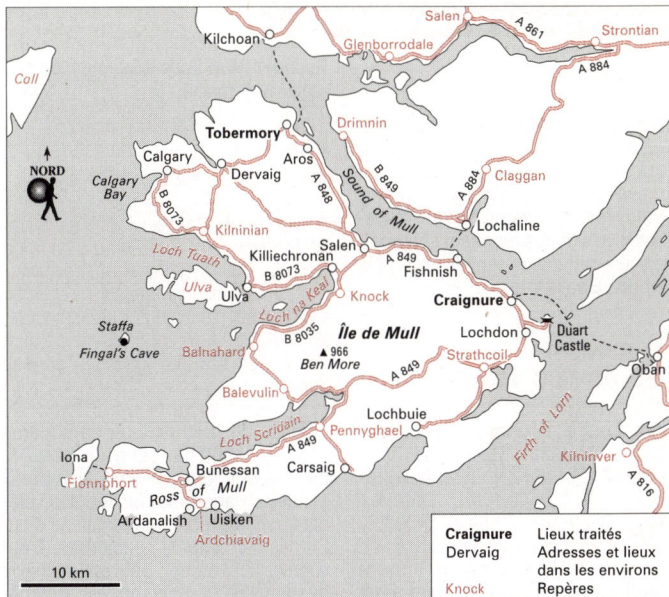

L'ÎLE DE MULL

Ensemble bien tenu et équipé (laverie, cuisine). Accueil amical.

De prix moyens à chic (£ 50-125 ; 60-150 €)

🏠 **Copeland House :** *Viewmont Dr.* ☎ 302-049. ● *copelandhouse.com* ● *Partie haute du village, par une petite perpendiculaire grimpant non loin du Arts* Centre. *Doubles £ 52-55.* 3 chambres confortables et assez spacieuses. La n° 3 profite d'une superbe vue sur le Sound of Mull, tout comme la salle à manger.

🏠 **Harbour Guesthouse :** *59, Main St.* ☎ *302-209.* ● *harbour-guesthouse-tobermory.com* ● *Fermé en janv. Double env £ 80, familiales £ 100-130 (3-4 pers).* Dans une maison vert amande située sur le port, 10 chambres nettes et confortables avec vue sur la mer ou le jardin à l'arrière. L'originalité de cette *guesthouse* tient à sa *bird table* dans la salle de petit déj, dont la baie vitrée donne sur la paroi rocheuse, permettant d'assister à un véritable ballet d'oiseaux venus picorer les graines laissées à leur intention. Autant être prévenu, les habitués se lèvent tôt pour être aux premières loges. Accueil attentionné.

🏠 **Carnaburg :** *55, Main St.* ☎ *302-479.* ● *carnaburg-tobermory.co.uk* ● *Doubles sans ou avec sdb £ 55-95 selon confort et saison.* Une petite dizaine de chambres sans charme particulier, de taille différente, dont plus de la moitié bénéficie d'une vue sur la mer. Salles de bains assez petites.

🏠 **Sonas House :** *sur les hauteurs de Tobermory.* ☎ *302-304.* ● *sonashouse. co.uk* ● *Double env £ 125.* 3 chambres, dont 1 studio familial et moderne, au-dessus du garage. Les 2 autres, situées dans la maison, sont claires et possèdent un *king size bed* et une terrasse avec vue sur la mer (préférer la chambre du haut). Mais le gros atout qui justifie son prix est la piscine intérieure chauffée. Un vrai luxe ! Accueil discret.

Où dormir dans les environs ?

Camping

⋊ **Tobermory Campsite :** *sur la route de Dervaig, à 2 km.* ☎ *302-525.* ● *tobermory-campsite.co.uk* ● *Mars-oct. Prévoir £ 15 pour 2 avec tente. CB refusées.* Petit camping familial installé sur un site très reposant et arboré. Une seule cabane de sanitaires. Simple et propre. Bon accueil.

Prix moyens (£ 50-85 ; 60-102 €)

🏠 **Arle Lodge :** *Aros.* ☎ *(01680) 300-299.* ● *arlelodge.co.uk* ● *À 5 miles (8 km) de Tobermory sur la route de Salen. Tte l'année. Doubles sans ou avec sdb £ 55-65, petit déj compris ; réduc en hiver. Familiales (3-6 pers).* 📶 Éco-auberge impeccable d'une dizaine de chambres. Petit déj uniquement continental, mais une cuisine équipée est à disposition. Salle commune spacieuse. Machine à laver. BBQ dans le jardin où paissent les moutons noirs de la propriété. Accueil très courtois et vue irrésistible sur le Sound of Mull. Loue également un cottage à la semaine.

Plus chic (plus de £ 125 ; 150 €)

🏠 **Glengorm Castle :** *à 5 miles (8 km) de Tobermory, d'abord en direction de Dervaig, puis à droite vers Glengorm. Env 1 mile plus loin, prendre à gauche à la fourche, c'est tt au bout de la route.* ☎ *302-321.* ● *glengormcastle.co.uk* ● *De mi-mars à mi-nov (gîtes tte l'année). Selon standing et vue, doubles £ 130-180 ; réduc à partir de 2 nuits.* Ce château de 1860 occupe un superbe parc de 2 500 ha, situé en bord de mer dans le nord de Mull. Nombreux sentiers, panorama sur les îles, élégant *coffee shop* et petite galerie d'art. Sur les 5 chambres spacieuses, 3 ont vue sur l'océan et 4 peuvent accueillir des familles (3-4 personnes). Aménagement luxueux (lit à baldaquin pour l'une, baignoire à pieds, etc.), salle à manger, bibliothèque, une vraie vie de château, somme toute ! Des cottages disséminés dans la propriété se louent en *self-catering*.

Où manger ? Où boire un verre ?

Bon marché (moins de £ 8 ; 10 €)

|●| **Fisherman's Pier :** *camion sur la jetée. Tlj midi et soir en saison.* On fait souvent la queue pour acheter ses *fish & chips,* coquilles Saint-Jacques ou, pour les carnivores, des saucisses et du poulet. Bon et pas cher. Impeccable pour avaler un morceau face à la mer (quand il fait beau).

De prix moyens à chic (plats £ 8-25 ; 10-30 €)

|●| **Cafe Fish :** *au bout du port, au-dessus de l'office du tourisme.* ☎ *301-253. Tlj sf dim-lun en hiver, midi et soir. Résa indispensable en saison.* L'institution de la ville pour ses produits de la mer, ultra-frais, d'où leur slogan « *the only thing frozen is our fishermen* » (« seuls nos pêcheurs sont congelés »). La petite salle blanc et bleu ornée de marines et la terrasse bercée par les flots mettent tout de suite dans l'ambiance.

|●| **Galleon Grill :** *dans une ruelle perpendiculaire à Main St, juste à côté de la poste.* ☎ *301-117. Ouv slt le soir, plus sam midi et dim midi.* Hautes banquettes créant des box, tables classiques ou surélevées, le tout dans des tons noir et rouge. Cuisine appliquée, même le *fish & chips* s'en sort avec les honneurs et les moules marinière sont copieuses. Pas de terrasse.

|●| 🍷 **The Mishnish Hotel :** *au bout du port (côté ferry).* ☎ *302-009. Cuisine jusqu'à 20h30.* Maison de famille

depuis 1869, à la façade noire. Ambiance très chaleureuse dans la salle du pub. Petite terrasse à l'arrière. Salle de resto plus classique, à l'image de la cuisine. **|●| ♟ MacGochans :** *dans une grande bâtisse au bout du port (côté distillerie).* ☎ 302-350. *Tlj 11h-1h (2h sam quand concerts ; ferme plus tôt en hiver) ; cuisine ouv jusqu'à 22h.* La salle principale du « complexe » *MacGochans* joue bien son rôle de grand pub où tout le monde est bienvenu. Rations copieuses de haddock, *steak and Guinness pie,* médaillon de chevreuil *(venison)* et steaks, dont le redoutable *Tobermory*

Bay. Grande terrasse. Groupes le samedi soir. Service décontracté.
|●| ♟ The Gallery : *Main St. Tlj 9h30 (10h dim)-18h30.* Une ancienne église transformée en café-boutique pour une pause thé-gâteaux. Ça finance les travaux de restauration de ce bâtiment de la fin du XIXe s, abandonné pendant 3 ans, assez pour que le vent occasionne quelques dommages sur le toit et les structures. Avant, l'édifice accueillait un atelier de tissage et, encore avant, un supermarché. Réhabilité, il a retrouvé sa belle rosace et ses pierres apparentes. Quelques tables dehors.

À voir. À faire

🔫🔫 ♟ An Tobar : *Argyll Terrace, partie haute de Tobermory.* ☎ 302-211. ● *anto bar.co.uk* ● *Mars-avr et oct-déc : mar-sam 10h-16h ; mai-sept : lun-sam 10h-17h, plus dim juil-août 13h-16h.* Cette école longtemps désaffectée est devenue une source (*tobar* en gaélique) de découvertes artistiques grâce aux expositions et concerts qui y sont régulièrement organisés. Également un café avec une belle vue sur la baie.

🔫 🏃 Marine Visitor Centre : *tt au bout du port (côté distillerie), près du Point Infos privé. Tlj 9h-17h. Donations bienvenues.* Panneaux sur la vie marine dans la baie, aquarium avec quiz (en français) pour les enfants et écrans interactifs, ainsi qu'une partie sur l'éducation à l'environnement.

🔫🔫 Croisières : *rens et résas centralisés au Sea Life Visitor Centre dans Harbour Building, grand bâtiment blanc au sud du port.* ☎ 302-916. *Tlj 9h-17h.* Deux compagnies proposent de découvrir la riche faune marine du Sound (détroit) of Mull où vivent dauphins, rorquals, requins, orques et phoques, ainsi qu'une foule d'oiseaux.

■ **Sea Life Surveys :** ☎ 302-916. ● *sealifesurveys.com* ● *Avr-oct, tlj.* | *Plusieurs types de sorties, durée 30 mn-7h. Tarifs : £ 30-80 ; réduc.*

🔫 Tobermory Distillery : *à l'extrémité sud du port.* ☎ 302-647. ● *tobermorymalt. com* ● *Avr-oct : tlj 10h-17h (16h w-e) ; visites guidées ttes les heures. Pas de production pdt l'été, mais les visites continuent. Interdit aux enfants de moins de 9 ans. Résa conseillée. Entrée : £ 6.* Fondée en 1823, l'unique distillerie de Mull est joliment située dans la baie de Tobermory. Elle produit notamment un whisky *unpeated* (non filtré à la tourbe), d'où sa couleur claire, ses tonalités fruitées et un nez moins fumé que les autres whiskies des îles. Dégustation.

🔫 Mull Museum : *sur Main St. De Pâques à mi-oct : lun-ven 10h-16h, la plupart des sam et certains dim (tenu par des bénévoles). GRATUIT.* Cette ancienne boulangerie abrite une collection d'objets, maquettes et photos relatant l'histoire locale et la vie de ses grands personnages.

Manifestations sur l'île

– **Mull Music Festival :** *fin avr-début mai.* Festival de musique folk dans les pubs et autres lieux publics.

LES ÎLES

– **Rencontres internationales de Rugby à 7 :** *en mai. Entre Salen et Craignure.* Équipes en provenance des îles britanniques, mais aussi du Canada ou d'Hawaï. Le soir, BBQ et camping sur le terrain. Super ambiance.
– **Highland Games :** *le 3e jeu de juil.* Jeux écossais traditionnels.
– **Tour of Mull Rally :** *un w-e mi-oct.* Rallye auto extrêmement populaire. Attention, certaines routes sont alors fermées.

DE TOBERMORY AU ROSS OF MULL PAR LA CÔTE OUEST

Enchaînant la route B 8073 puis la B 8035 sur environ 80 km au total, voici un itinéraire vraiment panoramique. Jugez-en plutôt : passé Dervaig, coin le plus champêtre de l'île, la voie unique *(single track)* retrouve la mer (et comment !) à Calgary, se fraye un passage à flanc de falaise, musarde dans les forêts de chênes le long du loch Tuath, dépasse Ulva Ferry, se retrouve à seulement 2 miles de Salen (côte est) au niveau de Killiechronan-Gruline, souligne des plages de galets noirs et moussus striés d'orange, s'insère sous des corniches spectaculaires, s'élève sur les flancs du Ben More, puis redescend jusqu'à l'A 849 qui pénètre le Ross of Mull.

Où dormir ?

Camping

⚊ On peut camper de manière rustique à **Calgary** *(slt les tentes, gratuit).* Également à **Killiechronan :** ☎ *(01680) 300-403. Mars-oct. Très peu cher.* Blocs sanitaires rudimentaires.

Où manger ?

I●I Cafe@Calgary Arts : *à Calgary, devant la Carthouse Gallery.* ☎ *(01688) 400-256. Tlj 10h30-16h45, petits plats £ 3-5.* Salades, sandwichs, *rolls* et gâteaux maison. Terrasse.

I●I Am Birlinn : *à 2 miles (3 km) après Dervaig, sur la gauche.* ☎ *400-619. Tlj sf lun-mar, midi et soir. Résa conseillée le soir en saison. Plats £ 13-20.* Architecture moderne et écolo aux façades en verre. Ici, on table sur les produits de la mer, locaux. Très bonnes préparations. Une excellente adresse de l'île, doublée d'un service aimable.

À voir. À faire

Décrit dans le sens Tobermory-Ross of Mull.

🏔🚶 **Cheese Farm :** ☎ *(01688) 302-627.* ● *isleofmullcheese.co.uk* ● *À la sortie de Tobermory, d'abord direction Dervaig, puis à droite vers Glengorm et enfin suivre un petit chemin sur la gauche (fléché). Prix : £ 3. Visites guidées en saison 3 fois/j. 10h15, 11h30 et 14h. Durée : 30 mn.* Fondée en 1979, il s'agit de la seule fromagerie de l'île. Elle fabrique essentiellement deux types de fromage de vache, le *Blue Cheese* et le *Isle of Mull Cheese* (à pâte dure). Visite de la crèmerie avec démonstration de fabrication de beurre et de fromage, observation du travail des employés avant de se rendre dans les caves où les meules de 25 kg vieillissent au moins 1 an et demi.
🍷 Café et atelier pour enfants dans la serre tapissée de vignes et chauffée par un poêle à bois.

🗡 **Dervaig :** *à 8 miles (env 13 km) de Tobermory.* Bled le plus campagnard de l'île, son église arbore un curieux clocher rond. Une rivière noyée dans les roseaux se déverse dans un mignon petit loch.

🗡🗡 **Calgary Bay :** *à 12 miles (env 19 km) de Tobermory.* La plus belle plage de Mull, immaculée, est nichée dans une magnifique baie tournée vers un horizon embelli par les îles de Coll et Tiree.

🗡🗡 **Art in Nature :** à **Calgary.** *Début du sentier au fond de la cour de la* Carthouse Gallery *(voir plus haut « Où manger ? »). Durée : 30 mn.* Nature et culture ne font plus qu'un dans ce joli bois à flanc de colline où les sculptures se mêlent aux multiples essences d'arbres tout au long d'un parcours enchanteur. Surprises et beaux points de vue ponctuent la balade que l'on peut prolonger jusqu'à la plage.

🗡 **De Calgary à Ulva Ferry :** passage d'un petit col, puis route à flanc de falaise et bosquets de chênes noueux. À 11 miles (7 km) environ de Calgary, peu avant l'embranchement pour Ulva Ferry, une cascade pittoresque se trouve à la hauteur d'un petit parking juste après un pont.

🗡 **De Killiechronan au Ross of Mull :** spectaculaire incursion dans la péninsule d'Ardmeanach. Falaises d'un côté, mer de l'autre.

➤ **Pony trekking :** à **Killiechronan.** 📠 *0774-880-74-47.* ● *freewebs.com/mull-ponytrekking* ● *Prévoir env £ 30 pour 1h30.* Balade en forêt ou le long du loch Na Keal. Débutants acceptés.

🗡 **Ben More :** haut de 966 m, cet ancien volcan est le seul *munro* (montagne de plus de 914 m) des Hébrides au sud de Skye. La rando part de *Dhiseig,* sur la B 8035. Prévoir au moins 5h de marche (13 km, 950 m de dénivelée). Vue magnifique par beau temps.

CRAIGNURE *(IND. TÉL. : 01680)*

Le plus gros ferry desservant l'île accoste dans ce village, en provenance d'Oban. Pas grand-chose à faire ni à voir, à part le seul office de tourisme ouvert à l'année.

Adresses utiles

🛈 **Visitor Information Centre :** *en face de l'embarcadère.* 📞 *812-377.* ● *mull@ visitscotland.com* ● *Juil-août : tlj 8h30 (9h lun, 10h dim)-19h ; sept-juin : jusqu'à 17h.*

■ **Location de vélos :** *au* Visitor Information Centre *ou au camping* **Shieling Holidays.**

LES ÎLES

Où dormir à Craignure et dans les environs ?

Camping

⚖ **Camping Shieling Holidays :** *à gauche en sortant du ferry, puis 1ʳᵉ rue à gauche avt l'église.* 📞 *812-496.* ● *shielingholidays.co.uk* ● *Pâques-fin oct. Env £ 20 en été pour 2 avec tente ; réduc à partir de 2 nuits. Tente fixe « shieling » (capacité 2-6 pers) avec coin cuisine et sdb (ou pas) £ 40-60, min 2 nuits. Pour une seule nuit, « chambre » dans un* shieling *avec*

possibilité de cuisiner dans la pièce commune, £ 15/pers (draps en loc). Cottage £ 70-90 pour 2, min 3 nuits. Beau terrain entre mer et forêt. Laverie, location de vélos. Équipement, entretien et accueil irréprochables.

Chic (£ 85-125 ; 102-150 €)

🏠 **Old Mill Cottage :** à **Lochdon,** *3 miles au sud de Craignure.* 📞 *812-442.* ● *oldmillmull.com* ● *Doubles avec* *sdb £ 80-90.* 3 grandes chambres dans une portion de ferme reconvertie, tandis que l'activité continue dans la propriété. Style rustique soigné, avec des fleurs du jardin qui égaient partout la maison, donnant une atmosphère champêtre. Accueil chaleureux.

Où manger ? Où boire un verre à Craignure et dans les environs ?

|●| ♟ *Craignure Inn :* *sur la route principale, quasi en face du débarcadère du ferry.* ☎ *812-305.* Tte l'année. Cuisine jusqu'à 21h30. Bar meals £ 8-15. Intérieur chaleureux et rustique, comme ce poêle typique dans la cheminée. Attachante cuisine maison : burgers, *haggis*, produits de la mer et spécialités du jour. Nombreuses bières dont celle de l'île. Ambiance musicale.

|●| *Mediterranea :* *à Salen, entre Tobermory et Craignure.* ☎ *300-200.* Ouv slt en saison et le soir, 17h-20h30. Menus early bird £ 15-19. Sinon, plats £ 15-20. Les proprios italiens passent l'été en Écosse avant de retourner dans leur Italie natale dès la saison terminée. Un pont allègrement jeté entre deux cultures culinaires : *seabass* en croûte, coquilles Saint-Jacques à la *pancetta*, poulet farci au mascarpone et aux tomates séchées. Des produits locaux associés au savoir-faire transalpin pour un mariage nord-sud parfaitement réussi.

À voir. À faire dans les environs

🎒🍴 🚶 *Duart Castle :* ☎ *812-309.* ● *duartcastle.com* ● *Embranchement à 2 miles (env 3 km) au sud de Craignure, puis 2 miles encore sur une route étroite. Service de bus depuis Craignure. Avr : dim-jeu 11h-16h ; de début mai à mi-oct : tlj 10h30-17h. Venir de préférence 1h avt fermeture. Durée : 45 mn. Entrée : £ 6 ; réduc. Dans chaque salle, quelques explications en français avec petit quiz pour les enfants.* Au bout d'une langue de terre à l'extrémité orientale de l'île, ce donjon occupe depuis 1350 une position stratégique au-dessus des flots. Place forte du clan MacLean, l'un des plus anciens d'Écosse, il fut attaqué par la flotte de Cromwell en 1653, puis déserté, avant d'être restauré en 1911. On y visite la cuisine, les geôles, la salle des banquets ornée de portraits de famille, d'une belle collection d'armes et d'argenterie, des chambres et même une salle de bains datant de 1911 avec toilettes et chasse d'eau ! L'histoire du château, des MacLean et du scoutisme (passion du 27e chef du clan !) est retracée au dernier étage. Au-dessus, un vivifiant chemin de ronde !

AUCUN SCRUPULE

Au XVIe s, l'un des chefs du clan avait attaché sa première femme, Elisabeth, au rocher (qu'on aperçoit de la pièce située après la cuisine), en espérant qu'elle se noierait. La bougresse ne lui avait pas donné d'héritier ! Sauf que la rebelle n'a pas voulu mourir en silence : ses cris ont alerté les pêcheurs, qui l'ont secourue. Croyant sa femme morte, le criminel adressa ses condoléances à sa belle-famille, et accompagna même le cercueil (vide) chez le frère de la « défunte » ! Il se remaria deux fois, mais mourut assassiné par l'un de ses ex-beaux-frères.

LE ROSS OF MULL

Le Ross (« cap » en gaélique écossais) of Mull forme une longue péninsule traversée par la route menant à l'île et l'abbaye d'Iona, véritables aimants pour les visiteurs. En chemin, il serait dommage de ne pas prendre le temps de profiter des paysages très variés et d'explorer la côte méridionale, très sauvage. On y parvient par de sinueuses routes à voie unique, desservant des hameaux et criques reliés entre eux par des sentiers. Autant de belles opportunités d'évasion.

Où dormir ?

Campings

⋇ **Fidden Farm Campsite :** *à 2 km au sud de Fionnphort.* ☎ *(01681) 700-427. Compter £ 13 pour 2 avec tente.* Vaste terrain découvert donnant sur une jolie petite plage avec vue sur Iona. Bloc sanitaire impeccable.

⋇ **Uisken Croft :** *côte sud, à 3 miles (5 km env) au sud de Bunessan. Demander la permission, petit droit à payer.*

⋇ **Lochbuie :** camping sauvage autorisé.

De bon marché à prix moyens (£ 10-85 ; 12-102 €)

🛏 **Iona Hostel :** *dans le nord de l'île d'Iona, env 1 km après l'abbaye.* ☎ *(01681) 700-781.* ● *ionahostel.* *co.uk* ● *Tte l'année. £ 20/pers.* Coquette AJ de plain-pied dans les champs, avec vue sur le large. Cuisine à disposition.

🛏 **Barrachandroman :** *à Lochbuie.* ☎ *(1680) 814-220.* ● *barrachandroman.co.uk* ● *À 15 miles (24 km) de Craignure et 30 miles (39 km) d'Iona. Doubles env £ 65.* 🛏 Dans une grange convertie en habitation (salle à manger et beau salon avec cheminée au 1er), 2 petites chambres dont une est transformable en familiale avec bains à l'extérieur. La ferme adjacente loge jusqu'à 8 personnes en formule *self-catering.* Aux alentours, une petite forêt, des plages et la montagne en face, rien que pour vous. Le coin idéal pour décompresser. Accueil rustique et franc. VTT et canoë disponibles.

Où manger ? Où boire un verre ?

|●|☿ **Argyll Arms Hotel :** *à Bunessan.* ☎ *(1681) 700-240. Tlj 12h-23h. Restauration 12h-14h30, 18h-21h ; petite carte sinon. Plats £ 8-18.* La grande salle de cet hôtel-resto-pub réunit locaux et touristes autour d'un verre, d'un petit plat, d'une table de billard ou devant une cible de fléchettes. Cuisine de pub honorable, gâteaux et thés.

À voir. À faire

D'est en ouest

🏃 **Lochbuie :** *à 8 miles (13 km) de l'A 849 par une petite route.* Paysage ravissant en route quand la météo est de la partie, notamment en mai-juin, période de floraison des rhododendrons ! Ruines de château, plage.

🏃 **Carsaig :** *à 4 miles (6,5 km) de Pennyghael par une bifurcation.* Une route raide et délicate descend à travers des bois magnifiques jusqu'à cette photogénique petite baie, seulement habitée par les ruines d'un port construit par des prisonniers des guerres napoléoniennes. Au large, les îles de Jura et d'Islay. Point de départ d'une rando (passages techniques) vers les arches où se réfugièrent les nonnes d'Iona pendant la Réforme.

🏃 **Bunessan, Uisken :** *15 miles (env 19 km) avt Fionnphort.* Plus gros bourg du Ross of Mull, Bunessan se niche à l'intérieur d'une profonde baie. Pub-resto parfait pour la pause et bifurcation vers la côte sud (Ardanalish, Uisken).

🏃 **Ardalanish Organic Farm :** *non loin de Bunessan, panneau sur la route d'Uis-ken.* ☎ *(01681) 700-265.* ● *ardalanish.com* ● *Tlj.* En approchant, vous entendrez peut-être le battement des vieux métiers industriels sauvés de la casse. Car pour redynamiser un peu la région, l'accueillant Mr Mackay a relancé la production de lainages dans une optique 100 % bio. Stylistes et grandes marques s'arrachent les étoffes, dont un large choix de tweed. Des teintures 100 % végétales sont utilisées quand la diversité des coloris naturels des toisons n'est pas suffisante. Petite sélection d'articles sur place. La qualité a un prix mais aussi une récompense, comme cette présence au National Museum of Scotland d'Édimbourg. Les belles écharpes restent abordables (environ £ 25).

🏃🏃🏃 **L'île d'Iona :** *accessible en ferry depuis Fionnphort (piétons slt).* ☎ *700-559. Mars-oct, liaisons très régulières ; nov-fév, fréquence moindre. Tarif A/R : env £ 5.* En 563, l'Irlandais saint Colomba débarque sur l'île avec 12 compagnons (tiens, tiens !). Il y fonde un monastère d'où il organise l'évangélisation de l'Écosse. Iona devient alors un grand centre religieux et le lieu de sépulture des rois : la légende veut que Macbeth y repose. Affaiblie par les raids vikings, la communauté reprend vie au XIIIe s avec la construction de l'abbaye bénédictine et de la nonnerie augustinienne, hauts lieux de pèlerinage jusqu'à la Réforme. Aujourd'hui, on ne voit de la nonnerie que de belles ruines, tandis que l'abbaye a été entièrement restaurée au XXe s.
– **L'abbaye** *(HES) : à env 15 mn de marche du port, au-delà de la nonnerie. Avr-sept : tlj 9h30-17h30 ; oct-mars : tlj sf dim 9h30-16h30. Entrée : £ 7,50.* On y appré-cie de très beaux détails d'architecture dans l'église et, derrière le prieuré aux élé-gantes colonnes couplées, un remarquable musée de stèles et de croix de pierre sculptées, illustrant le savoir-faire des artisans de l'île au Moyen Âge.
– Sur les plages nord et ouest de l'île, une curiosité : la roche d'Iona, sorte de galet marbré dont on fait des bijoux.

LES ÎLES STAFFA ET TRESHNISH

Comment y aller depuis l'île de Mull ?

■ **Turus Mara :** *départ tlj d'Ulva Ferry sur l'île de Mull.* ☎ *08000-858-786 ou (01688) 400-242.* ● *turusmara. com* ● *Avr-oct. Résa obligatoire. Tarifs : £ 28-55 selon formule ; réduc.* Diverses sorties combinant les îles Staffa, Tresh-nish et Iona.
■ **Gordon Grant Tours :** *départ de Fionnphort.* ☎ *(01681) 700-338.*

● *staffatours.com* ● *Pâques-oct. Tarifs : £ 30-60 selon formule ; réduc.* Sorties vers Staffa ou les îles Treshnish.
■ **Staffa Trips :** *départs 2 fois/j. d'Iona et de Fionnphort.* ☎ *(01681) 700-358.* ● *staffatrips.co.uk* ● *Prix : £ 30 ; réduc.* Sorties vers Staffa, les grottes de Fin-gal et Iona.

À voir. À faire

🏃🏃🏃 **L'île Staffa :** îlot désertique, propriété du *National Trust for Scotland* depuis 1986. C'est seulement en l'abordant à marée basse qu'on peut distin-guer la **Grande Chaussée,** composée de blocs de basalte prismatique. Ceux-ci forment les parois de l'immense **grotte de Fingal** (Fingal's Cave), immortalisée par Mendelssohn. Comme à la Chaussée des Géants en Irlande du Nord, ces blocs résultent d'un brusque refroidissement de coulées de laves basaltiques au contact de l'eau. Phoques et macareux peuplent ce formidable décor.

🏃🏃 **Les îles Treshnish :** *à 4 miles (6,5 km) env au nord-ouest de Staffa.* Elles servent de refuge à une importante population d'oiseaux de mer.

L'ÎLE DE SKYE

9 300 hab.

● Carte *p. 515*

Proche du continent et très facilement accessible par un pont entre Kyle of Lochalsh et sa pointe sud-est à **Kyleakin**, Skye est non seulement la plus grande île des Hébrides intérieures, mais aussi la plus visitée. Il faut dire que celle que l'on surnomme l'« île des brumes » déploie des paysages grandioses, faits d'une alternance de landes et de tourbières, de falaises et de côtes basses, au relief tantôt vertigineux, tantôt à la courbe caressante.

Occupée jusqu'au XIIIe s par les Norvégiens, l'île fut ensuite peuplée par des petits fermiers qui cultivaient la terre, élevaient du bétail et pêchaient pour survivre.

Après l'échec de la rébellion jacobite, les habitants aidèrent Bonnie Prince Charlie dans sa fuite. Du coup, Skye, au même titre que les Highlands, a beaucoup souffert des représailles anglaises. On y a introduit des moutons et chassé les paysans pour développer l'élevage. Beaucoup ont émigré dans le sud de l'Écosse et en Australie.

Aujourd'hui, Skye se repeuple et arbore fièrement son identité gaélique. On y enseigne toujours la langue celte, et les panneaux lui font une place au côté de l'anglais – parfois même prioritairement. Un exotisme de plus, qui ne fait qu'ajouter à son charme.

– *Avertissement :* de juin à septembre (et surtout en août) sévissent les *midges*. Pour avoir une idée de ce qui vous attend, reportez-vous à la rubrique « Dangers et enquiquinements » dans « Écosse utile », en début de guide.

– *Avertissement bis :* c'est vrai pour une bonne partie de l'Écosse, mais sur Skye plus qu'ailleurs ; bien que chaque maison de l'île semble être transformée en *B & B,* **il est vraiment très conseillé, voire indispensable, en saison, de réserver sa chambre, son lit, même sa place de camping, longtemps à l'avance,** la plupart affichant complet tout l'été. Cela est d'autant plus vrai pour les familles, car il existe peu de chambres familiales. Quant aux locations saisonnières *(self catering),* les réservations s'effectuent parfois d'une année sur l'autre.

Arriver – Quitter

En voiture

Rien de plus simple avec le pont reliant Kyle of Lochalsh à l'île, d'autant qu'il est gratuit.

En bateau

➢ **Glenelg-Kylerhea (sur Skye) :** Glenelg est à env 10 km au sud de Kyle of Lochalsh (à vol d'oiseau) et 9 miles (15 km) à l'ouest de Shiel Bridge, par une route montagneuse superbe. Liaisons de Pâques à mi-oct, tlj 10h-18h (19h juin-août), ttes les 20 mn. C'est un petit bac qui ne prend que 6 véhicules. Compter £ 15 pour la voiture et ses occupants (£ 25 A/R). Traversée très courte (5 mn slt). Infos : *Skye Ferry,* 🖀 *07881-634-726.* ● *skyeferry.co.uk* ●

➢ **Mallaig-Armadale (sur Skye) :** en saison, 9 traversées/j. lun-sam (5 traversées le dim), 7h40-18h10 de Mallaig. Traversée : 30-40 mn. Embarque les véhicules. Env £ 3/pers (aller) et £ 10 (£ 20 A/R) pour une voiture. Infos : *Caledonian MacBrayne,* ☎ *08000-66-5000.* ● *calmac.co.uk* ●

En bus

➢ **Inverness-Portree-Uig :** 3 liaisons/j. avec *Scottish Citylink* (bus n° 917) fin mai-début oct. Durée : 3h15.

Dessert Drumnadrochit (loch Ness), Dornie, Kyle of Lochalsh et Broadford. Correspondance assurée vers Uig (embarcadère pour Harris) pour les 2 premiers bus. Sinon, depuis Portree, 4 bus/j. pour Inverness, dont un avec changement à Invergarry. Infos : ☎ 0871-266-33-33. ● citylink.co.uk ●
➤ **Glasgow-Fort William-Portree-Uig :** 3 bus/j. avec *Scottish Citylink,* les 2 premiers allant jusqu'à Uig (le dernier s'arrête à Portree). Compter 6h30-7h15 de trajet pour Portree.
➤ **Kyle of Lochalsh-Broadford (via Kyleakin) :** 7-10 liaisons/j. lun-ven ; sam 5-6 départs fin mai-fin oct (pas de bus le dim), avec *Stagecoach* (☎ 0871-200-22-33. ● stagecoachbus. com ●). Durée : 25 mn. De là, correspondances pour **Portree.**

Comment se déplacer dans l'île ?

➤ **En bus :** avec les bus *Stagecoach.* Le réseau est plutôt bon (même si les bus ne passent pas ttes les 30 mn) et couvre une grande partie de l'île. Les horaires sont disponibles dans les offices de tourisme (ou sur Internet : ● stagecoachbus.com ●). Il existe également des *passes* à la journée (dayrider) ou à la semaine (mega-rider), permettant d'utiliser tous les bus *Stagecoach.*
➤ **En stop :** malgré le nombre assez important de voitures qui passent sur les axes principaux en été, on peut rester en rade quelque temps...

KYLEAKIN (IND. TÉL. : 01599)

Port de débarquement du ferry qui effectuait jadis la liaison avec Kyle of Lochalsh, son *pier,* aux bateaux de pêche colorés, ne sert plus aujourd'hui que pour les balades en mer. Certes dominé par les ruines d'un château viking, c'est avant tout une ville-étape. On y trouve quelques *hostels.*

Adresse utile

🛈 **Information Centre :** *The Harbour.* ☎ 530-040. *Pâques-fin sept : lun-ven 10h-16h.* Tenu par des bénévoles. Petite expo (*Bright Water Centre,* donation bienvenue) sur la faune et la flore des environs. Organise aussi des visites guidées de l'îlot d'Eilean Ban (sous le pont ; lun-ven 14h) pour visiter le musée consacré à Gavin Maxwell, naturaliste et écrivain, qui consacra une partie de sa vie à l'études des loutres d'eau douce. Elles sont encore nombreuses autour de l'île.

Où dormir ? Où manger ? Où boire un verre ?

Bon marché
(£ 10-25/pers ; 12-30 €)

🛏 **Skye Backpackers :** *sur la grande place du village, à droite en venant du pont.* ☎ 534-510. ● skyebackpackers.com ● Réception 7h-12h, 17h-22h. Env £ 16-20/pers en dortoir ; £ 11-14 en caravane ; doubles avec lavabo £ 40-52. 🖥 (payant). Chambres mignonnes de 2 à 8 lits dans une maison de style traditionnel, sympa, à taille très humaine. Possibilité de dormir dans l'une des 2 caravanes installées dans l'agréable jardin, en version AJ « rustique ». Salon cosy avec feu dans l'âtre. Belle cuisine équipée. Accueil et ambiance jeunes et toniques. Intéressants *Day Tours.*
🛏 🍽 🍸 **Saucy Mary's Lodge :** *sur la grande place du village, à droite en venant du pont.* ☎ 534-845. ● saucymarys.com ● Tte l'année. Nuit en dortoir (4, 6 ou 8 lits) £ 21 ; doubles sans ou avec sdb £ 60-65 et des familiales, petit

L'ÎLE DE SKYE

Légende de la carte :

Portree	Lieux traités
The Storr	Adresses et lieux dans les environs
Luib	Repères

---

déj en sus. Pas de serviettes. Les 2 maisons abritent des chambres toutes simples, propres et très correctes. En outre, compte tenu de la capacité, on a une chance d'y trouver de la place. Une quinzaine avec vue, notamment quelques doubles. Cuisine à disposition, lounge où on peut s'attabler et le jardin pour les beaux jours. Pub et resto sur place également. Les proprios possèdent deux autres *guesthouses* aux chambres plus spacieuses, toutes équipées d'une salle de bains (serviettes fournies) et petit déj inclus.

|●| Café Harry's : *devant la jetée. Tlj sf lun 10h-17h (18h ven). Fermé janv-fév. Plats £ 4-14.* Burgers, *fish & chips* ou *all-day-breakfast* sans chichis, à s'envoyer aux 2-3 tables en terrasse ou dans une petite salle aux murs à colombages ornés de quelques photos anciennes. On y croise les gens du coin. Pas beaucoup d'autres options à Kyleakin.

Ⓨ |●| King Haakon Pub : *sur la place. Cuisine ouv 12h30-14h30, 18h-20h30* *(dernière commande), pub aux horaires habituels.* On sirote une *pinte* sur la grande terrasse face au pont dans l'une des originales chaises en bois en forme de main : le pied, en somme... surtout par beau temps ! Sinon, cuisine classique qui peut dépanner car pas grand-chose d'ouvert le soir dans le coin.

Prix moyens
(£ 50-85 ; 60-102 €)

🛏 *White Heather Hotel :* à deux pas de la jetée. ☎ 534-577. ● whitehea

Où dormir dans les environs ?

⛺ *Ashaig Campsite :* 8, Ashaig. ☎ (01471) 822-771. ● ashaig-campsite-skye.co.uk ● *Au bord de l'A 850, entre Kyleakin et Broadford, sur la gauche peu après la route pour Kylerhea. Slt pour les membres du Camping and Caravanning Club. Env £ 8/pers (réduc à partir de 2 nuits) ; douche payante.* 📶 *(payant).* C'est vraiment le camping familial tel qu'on les aime, sans chichis, basique mais bien tenu. Ne conviendra pas à ceux qui font la fête ou possèdent des critères de confort trop stricts ! Accueil

therhotel.co.uk ● *Mars-oct. Doubles avec sdb env £ 80-110, également des triples et familiales, petit déj compris.* 🖥 On aime bien ce petit hôtel qui abrite des chambres, certaines pas bien grandes, mais toutes impeccables dans les tons brun, avec moquette et mobilier en bois. De plus, kitchenette commune et machines à laver (gratuites !). Le petit déj se prend dans une salle avec vue sur les bateaux et les ruines du château. Et comme si tout ça ne suffisait pas, l'accueil est des plus chaleureux !

très sympathique de Tom, le souriant patron. Pour les campeurs, 2 vastes champs qui ondulent ; on y plante sa tente dans de grands espaces bien tondus. Dans l'un le silence est demandé à partir de 23h, et dans l'autre (notre préféré) à partir de 22h. Terrain moins sympa pour les camping-cars. Même si le camping ne le laisse pas forcément présager de la route (que l'on entend en journée), il est planté dans un très beau décor... où le vent s'en donne à cœur joie !

BROADFORD *(IND. TÉL. : 01471)*

La première ville après Kyleakin, dont le principal mérite est de posséder un (petit) office de tourisme, une station-service ouverte 24h/24, un grand supermarché et une laverie attenante.

Où dormir ? Où manger ?

Bon marché
(£ 10-25/pers ; 12-30 €)

🛏 *Broadford Youth Hostel :* à la sortie de la ville en direction de Portree, prendre une petite route à droite (bien indiqué). ☎ 822-442. ● syha.org.uk ● *Réception 7h30-10h, 17h-22h30. Fermé nov-fév. Compter £ 22-27/pers. Doubles (lits superposés) env £ 55. Réduc pour les membres.* 🖥 📶 *(payant).* Dortoirs de 4 à 6 lits. C'est une maison bien grise mais située en surplomb d'un joli jardin, environnement extra, belle vue sur la

baie. Calme et propre. Cuisine équipée, laverie (payante). Excellent accueil.
🛏 *The Broadford Backpackers Hostel :* High Rd. ☎ 820-333. ● broadfordbackpackers.blogspot.com ● *À la sortie de la ville en direction de Portree, par une petite route sur la droite (fléché), situé juste après celle pour la Broadford Youth Hostel. Tte l'année. Dortoirs 3-7 lits £ 19-20/pers, double près de £ 60 en hte saison.* Après le parking, l'entrée se trouve derrière le bâtiment. Coin très calme pour cette bâtisse en bois, déjà un peu à la campagne, à défaut d'être vraiment charmant. L'intérieur se révèle bien tenu et plutôt

agréable, notamment la belle salle commune toute vitrée à l'étage et les chambres doubles colorées (avec *lockers* et des lits moelleux). Laverie et cuisine à disposition. Réception accueillante et efficace.

|●| *Creelers :* *Lower Harrapool. ☎ 822-281. Venant du sud, c'est à gauche à l'entrée de ville, à 30 m de la route. Mar-sam 12h-20h30. Plats env £ 9 le midi, £ 15-20 le soir. Résa conseillée.* Maison blanche avec tuiles rouges toute simple, mais cuisine renommée, pleine de saveurs, à partir de superbes produits locaux. Quelques recettes françaises rapportées par le chef, qui a souvent séjourné dans l'Hexagone, et des plats d'autres contrées qu'on vous laisse découvrir.

De prix moyens à chic (£ 50-125 ; 60-150 €)

🛏 *Tigh an Dochais :* *13, Harrapool. ☎ 820-022. ● skyebedbreakfast. co.uk ● À l'entrée de Broadford en venant de Kyle, côté droit. Mars-nov. Double £ 105, petit déj inclus. Résa conseillée longtemps avt.* Superbement

posée face à la baie de Broadford, cette maison d'architecte détonne par ses lignes résolument contemporaines ouvrant grand le bâtiment aux éléments marins. Ses 3 chambres sont de haut standing et possèdent toutes une vue superbe grâce à leurs larges baies vitrées. À l'étage (par lequel on entre), le salon-bibliothèque, très clair, n'est pas en reste avec son poêle et ses moelleux canapés. Petit déj très complet.

🛏 *Carrick B&B :* *4, Black Park. ☎ 822-794. ● lochalsh.net/carrick ● En venant du sud, tourner à gauche au panneau du restaurant Creelers, puis à droite et à nouveau à gauche dans la petite rue qui monte ; c'est la seconde maison à gauche. Doubles avec sdb env £ 65-80.* Perchée sur les hauteurs de Broadford dans un coin résidentiel et bucolique, la belle maison semble admirer la mer au loin, comme les hôtes venus se faire cocooner dans ce cadre à la fois doux et paisible. Les chambres impeccablement tenues s'ouvrent sur un jardin joliment paysagé, presque zen, qui descend vers la rivière. On comprend les proprios hollandais conquis par le lieu.

SLIGACHAN *(IND. TÉL. : 01478)*

Village carrefour des routes nord et ouest, essentiellement une étape. Cependant, point de départ d'intéressantes et faciles balades. Voir aussi le vieux pont de pierre et le bar de l'hôtel alignant pas moins de... 350 grands whiskies !

Où dormir ? Où manger ?

⛺ *Sligachan Campsite :* *sur la route de Broadford. ☎ 650-204 (à l'hôtel). De Pâques à mi-oct (selon météo). Compter £ 15 pour 2 avec tente, douche comprise.* Non loin de la route principale (on l'entend), dans un site montagneux et venteux, avec parfois des moutons au milieu des tentes. Très couru en été et assez bruyant. Sanitaires plutôt bien équipés. Laverie. Accueil rustique. Possibilité de manger au bar du *Sligachan Hotel* voisin (même maison). Cependant, pour une balade dans les Cuillins, préférer le camping de Glenbrittle.

🛏 *Sligachan Bunkhouse :* *sur*

une butte au-dessus du vieux pont. ☎ 0750-837-186. ● sligachanselfcate ring.com ● Compter £ 18-22/pers, cottages £ 80/sem (pour 8 pers). Réception 16h-21h.* Belle maison en bois offrant 4 dortoirs (4-6 lits). Chambres et sanitaires impeccables. *Lounge* sympa avec feu dans l'âtre. Cuisine équipée. Machine à laver. Possibilité également de louer 2 cottages bordant la rivière.

🛏|●| 🍽 *Sligachan Hotel :* *Altdarach, au centre du village. ☎ 650-204. ● sli gachan.co.uk ● Doubles £ 100-160. Mars-oct ; bar 11h-21h. Plats £ 9-15.* Gros hôtel traditionnel dans un environnement arboré, plutôt d'architecture plaisante. Chambres de bon confort (normal, vu le prix). Au bar, cuisine correcte avec un bon choix de burgers et même de la tartiflette, servie dans une vaste et non moins chaleureuse salle à manger. Pour faire glisser, il y a les bières issues de leur propre brasserie et surtout une incroyable sélection des 430 meilleurs whiskies du monde, digne du *Record Guinness Book*. Le bar a d'ailleurs été élu meilleur bar à whiskies en 2016 !

PORTREE *(IND. TÉL. : 01478)*

C'est la « capitale » de l'île. Si ses abords n'ont rien de palpitant, son petit port est mignon, avec ses maisons aux tons pastel, ainsi peintes pour que les pêcheurs retrouvent facilement leur *home sweet home* dans le brouillard. De plus, il occupe un bien beau site, en bordure d'un loch qui s'enfonce à l'intérieur des terres. Pour une vue d'ensemble, grimper jusqu'à l'église sur la colline. Portree se révèle, au final, une excellente base pour découvrir l'île, d'autant que les possibilités d'y loger et de s'y restaurer ne manquent pas.

Arriver – Quitter

En bus

➢ **La péninsule de Trotternish :** les bus *Stagecoach* font le tour de la péninsule dans les deux sens, en passant d'abord par **Uig** (n° 57C), le port des ferries pour l'île de Harris et Lewis ou par **Staffin** (n° 57A). Env 5-6 bus/j. à chaque fois (4-5 sam, 1-2 dim en été).

– Enfin, 2 bus/j. de *Citylink* assurent aussi la liaison entre Portree et Uig.
➢ **Dunvegan :** 3 bus/j. (10h15-15h25), aucun le dim. Ils vont jusqu'au château.
➢ **Broadford :** en été, 7 bus/j. (7h10-18h30 de Portree). De là, env 10 bus/j. (6 sam, rien dim) pour **Kyle of Lochalsh** et 5 bus/j. (4 dim) pour **Armadale** (ferries pour Mallaig).

Adresses utiles

🛈 **Tourist Information Centre :** *entre la place principale et le port.* ☎ 612-137. ● portree@visitscotland.com ● *De juin à mi-sept :* lun-sam 9h-18h, dim 10h-16h ; *fin sept-fin mai :* lun-sam 9h-17h. Bien organisé et plein de doc, avec une grande carte de l'île affichée. Vente de billets des bus *Citylink* et de bateaux, plus résa d'hébergement.
■ **Location de vélos :** *Island Cycles,*

*The Green, près de l'*Independent Hostel. ☎ 613-121. *Tlj sf dim, 9h-17h. Compter £ 9 la ½ journée et £ 18/j.* Vend aussi de l'équipement de pêche.
■ **Distributeur de billets :** *Clyside Bank, place principale, à côté du resto* Granary.
■ **Laundrette** *(laverie automatique) : juste en dessous de l'*Independent Hostel. *Tlj 11h-20h.*

Où dormir ?

Bon marché
(£ 10-25/pers ; 12-30 €)

🏠 **Portree Independent Hostel :** *en plein centre, face à la place principale.* ☎ 613-737. ● hostelskye.co.uk ● ⚒ *Tte l'année. Env £ 19-22/pers en dortoir 4-12 lits, une* twin. *Également 2 familiales (4-5 pers).* Dans une grande demeure traditionnelle. Intérieur peint de couleurs vives et plutôt propre. Immense cuisine bien équipée, avec longues tables et vue sur mer, plutôt sympathique et conviviale, comme l'accueil. Salle de séchage et location de vélos juste à côté.
🏠 **Youth Hostel :** *Lisigarry Court, dans le centre, en contrebas de l'*Independent Hostel. ☎ 612-231. ● syha.org.uk ● *Tte l'année. Résa impérative en saison. Env*

£ 17-25/pers, petit déj continental possible. Au bord du loch, dans une maison rouge au toit noir. Petite AJ très bien tenue et tranquille. Dortoirs (4-8 lits) avec *lockers* dans la plupart (apporter son cadenas) et salle de bains dans tous. Grande cuisine moderne bien équipée, laverie et très jolie vue sur l'eau depuis la baie vitrée de la salle commune.

Prix moyens (£ 50-85 ; 60-102 €)

🛏 *B & B Auch-an-Doune :* Viewfield Rd. ☎ 611-734. ● joanneskyelady@aol.com ● À l'entrée de Portree en venant du sud, côté droit. À 10 mn à pied du village. Pâques-fin sept. Double avec sdb £ 80. À peine 2 chambres, pas très grandes mais impeccables, avec salle de bains étincelante et des matelas qui épousent la forme du corps, de quoi faire des nuits bien douces ! Le petit déj, composé de poisson, œufs, etc., se prend dans une petite véranda avec vue sur le loch Portree. Excellents conseils pour les balades dans l'île. Tenu par Joanne à l'humour pince-sans-rire et son mari, tous deux très sympas.

🛏 *Marine House B & B :* 2, Beaumont Crescent. Sur le port. ☎ 611-557. Tte l'année. Double £ 76. Parking privé. Fiona, la proprio, est charmante et loue 2 chambres très agréables, l'une *ensuite* et l'autre avec salle de bains sur le palier. Dans chacune, un fauteuil tourné vers la grande fenêtre donnant sur les bateaux.

🛏 *Duirinish Guesthouse :* Viewfield Rd ; à l'entrée de Portree en venant du sud, côté gauche, quasi en face du B & B Auch-an-Doune. ☎ 613-728.

● duirinish-bandb-skye.com ● Pâques-fin sept. Double avec sdb £ 80. Cette belle maison au toit mauve abrite des chambres élégantes avec double-vitrage côté rue (même si le soir les passages diminuent). Sinon, en choisir une sur l'arrière. Accueil à la fois pro et aimable.

🛏 *Tor-nan-Gillean :* Viewfield Rd ; à l'entrée de Portree en venant du sud, compter 10 mn à pied du village. ☎ 612-206. ● christinamacdougall@btinternet.com ● Pâques-fin sept. Doubles avec sdb privée (dans ou à l'extérieur de la chambre) £ 70-75. 🛜 Au bord de l'eau et en retrait de la route, au calme donc, voilà son meilleur atout (et pas des moindres). Mais le confort et l'accueil sont aussi au rendez-vous. Ce qui permet d'occulter (mais est-ce possible ?) la déco, qui n'a pas changé quelques décennies...

🛏 *Coolin View Guesthouse :* 2, Bosville Terrace. ☎ 611-280. ● coolinview.co.uk ● Tte l'année. Doubles £ 70-110 (hte saison 2 nuits min). Une gentille *guesthouse* offrant des chambres aux murs blanc immaculé, la plupart avec vue, lumineuses, insonorisées et cosy. Bon accueil.

🛏 *The Pink Guesthouse :* 1, Quay St, sur le port. ☎ 612-263. ● pinkguesthouse.co.uk ● Mars-oct. Double avec sdb £ 85, familiale £ 140, petit déj inclus. Si vous ratez sa façade, rose comme son nom l'indique, il est temps de prendre rendez-vous chez l'ophtalmo. Rassurez-vous, l'intérieur n'a rien de la maison de Barbie ! Les parties communes, sobres, sont plutôt dans les tons neutres. Quant aux chambres, une douzaine au total, elles sont simples, plaisantes et douillettes, dont la majorité avec vue sur le port. Une affaire qui tourne !

Où dormir dans les environs ?

Camping

⛺ *Torvaig Campsite :* en dehors de la ville. À 1,3 mile (2 km) du centre de Portree sur la route de Staffin (A 855). ☎ 611-849. ● portreecampsite.co.uk ● De début avr à mi-oct. Env £ 16 pour 2 avec tente. Vaste terrain herbeux en pente, bien tenu, et très fréquenté en haute saison. D'ailleurs, en plein été, mieux vaut arriver avant 18h, sous peine de devoir aller camper ailleurs (le camping ne prend pas de résas). Patron accueillant et serviable.

Prix moyens (£ 50-85 ; 60-102 €)

🛏 *Ballintoy B & B :* Staffin Rd. ☎ 611-719. ● ballintoyskye.com ● Sortir de Portree vers le nord par la Staffin Rd

LES ÎLES

(A 855), et prendre à gauche après env 1 mile (1,6 km), c'est fléché ; la maison est au bout. Doubles avec sdb env £ 70, plus 1 chambre pour 4. Petit déj continental slt. Non loin de Portree et déjà à la campagne. Cette maison moderne, de plain-pied, est particulièrement accueillante avec ses chambres claires, spacieuses et cosy. Les familles y trouveront leur compte grâce à la chambre familiale, l'aire de jeux aménagée dans le jardin et l'accueil charmant de Gillian, la jeune proprio.

🏠 **Dunalasdair :** *à Sluggans, à moins de 1 mile au nord-ouest de Portree ; sur la route de Dunvegan, au premier rond-point, tourner dans la 1re rue à gauche (panneau B & B).* ☎ 612-893. ● *christina@dunalasdair-skye.com* ● *Juin-début sept. Double avec sdb env £ 76.* Sur les hauteurs de Portree. Intérieur impeccablement tenu par Christina, qui a arrangé ses 4 chambres avec soin, chacune sa couleur (papier assorti aux tissus), toutes bénéficiant d'une tonalité moderne. Bon accueil.

🏠 **Avonlea :** *à Sluggans, à côté de Dunalasdair.* ☎ 612-238. ● *avonlea-skye.co.uk* ● *Juin-début sept. Double avec sdb env £ 70.* En bordure d'un vaste jardin perché sur une butte, on apprécie là encore les chambres soignées et la belle salle de bains de la *twin*. Donna, la proprio, est très avenante.

Où manger ? Où boire un verre ?

En haute saison, il est fortement conseillé de réserver pour le dîner, surtout dans les adresses un peu plus chic.

Bon marché
(£ 5-10 ; 6-12 €)

|O| 🍸 **Cafe Arriba :** *Quay Brae.* ☎ 611-830. *Tt en haut de la rue qui descend vers le port, au 1er étage de la maison blanche aux fenêtres bleues. Tlj 7h-17h en continu (fermé dim et lun en basse saison).* Agréable petit café tout coloré proposant chaque jour une dizaine d'« assiettes composées » : du hamburger végétarien à la tarte accompagnée de salade, voire un plat de viande. Les influences sont multiples : mozzarella, sauces tandoori, houmous, couscous, chili et haricots rouges se côtoient sans complexe. Plats du jour au tableau noir. C'est frais, varié, et ça change un peu. Également de bons cafés et des gâteaux pour une pause en journée. Et si vous êtes chanceux, peut-être aurez-vous droit à l'une des 2 tables jouissant d'une belle vue sur le port.

Prix moyens
(£ 8-18 ; 10-22 €)

|O| 🍴 **The Granary :** *Somerled Sq (sur la place principale).* ☎ 612-873. *Mars-oct, tlj 9h-16h30, 17h30-21h.* Une adresse prisée aussi bien par les touristes que par les habitués : sandwichs, burgers et autres petits plats un peu plus élaborés sont bons et abordables (arrosés à la bonne bière de Skye). Propose aussi des petits déj et de bons cafés. Agréable terrasse prise d'assaut. À côté, la **MacKenzie's Bakery** fait des sandwichs, chaussons salés et pâtisseries traditionnelles à emporter.

|O| **Caledonian Café :** *Wentworth St.* ☎ 612-553. *Tlj midi et soir jusqu'à 22h30. Petit déj servi jusqu'à midi. Ne prend pas de résa. Cali* pour les intimes est l'un des restos les plus abordables de la ville. Clientèle familiale, atmosphère ronronnante. Rien que de l'éprouvé, du classique, mais c'est très correct pour le prix !

|O| **N° 1 Bosville Terrace Restaurant :** *l'adresse est dans le nom ! Même proprio que la Coolin View Guesthouse (voir plus haut).* ☎ 613-717. *Pas de résa. Ouv le soir slt (dernière commande à 20h30), mais ouverture le midi en projet.* Juché à l'étage mansardé d'une maison qui fait face au port, on s'attable devant des plats assez classiques mais très corrects. Boissons en revanche un peu chères.

|O| **Sea Breeze :** *sur le port.* ☎ 612-016. *Presque au bout de la jetée. Tlj midi et soir (dernière commande à 21h30 en saison).* Une petite salle, dense, qui affiche une carte, pas très grande elle non plus, faisant la part belle au poisson. Au final, une cuisine à base de bons

produits, relativement fine mais sans fioritures. Même topo pour l'ambiance : c'est beaucoup plus soigné qu'un pub mais beaucoup moins coincé qu'un resto chic ! Accueil agréable.

🍷 I●I *The Isles : sur la place.* ☎ 612-129. *Tlj 10h-1h.* Vieille *croft house* où crépite le feu dans la cheminée en hiver. Style vieux pub un peu modernisé. L'ambiance est au rendez-vous en été, avec parfois de la musique live. Mais en saison, on ne vous laisse pas trop traîner à table et la grignote ne laisse pas un souvenir impérissable, mais comme la cuisine ferme à 22h en saison, ça peut dépanner.

Chic
(plats £ 15-25 ; 18-30 €)

I●I 🍷 *The Cuillin Hills Hotel : en périphérie de Portree, suivre la direction de Staffin (A 855), puis le fléchage sur la droite.* ☎ 612-003. *Tlj 12h-14h, 18h-21h.* Grosse bâtisse cossue, recommandable à la fois pour sa cuisine fraîche et goûteuse et sa situation. On y profite d'une vue superbe sur l'eau, le port et ses maisons colorées. S'il fait beau, on s'installe à l'extérieur, sur la pelouse. Service agréable dans un cadre chic. C'est aussi un sympathique bar à whisky. En revanche, les chambres sont hors de prix.

Manifestation

– *Highland Games : le 1er mer d'août.* Si vous y allez, entraînez-vous d'abord à dormir sur la plage.

LA PÉNINSULE DE TROTTERNISH *(IND. TÉL. : 01470)*

L'un des plus beaux coins de l'île. Du château de Duntulm à l'Old Man of Storr en passant par le Quiraing et Kilt Rock, on découvre un paysage sauvage et grandiose, théâtre d'une histoire dominée par les MacDonald.

La route A 855, qui longe la côte est et aboutit à Uig (Ùige), point d'embarquement pour l'île de Lewis et Harris et celle de North Uist, permet de découvrir des chaumières traditionnelles et aussi de très beaux points de vue sur le littoral, parfois très échancré ou plongeant abruptement dans la mer, ainsi que sur le relief du centre de la péninsule.

Arriver – Quitter

En bus

➤ *De Portree :* un bus *Stagecoach* circule autour de la péninsule (via Uig et Staffin) et un bus *Citylink* relie Portree à Uig. Voir plus haut, à Portree.

En bateau

➤ *Entre Uig et l'île de Lewis et*

Harris (Tarbert) : 1-2 ferries/j. Si vous êtes motorisé, réservez à l'avance en été. Billet aller : env £ 6/pers et £ 30 pour la voiture. Traversée : 1h40. Infos : *Caledonian Mac-Brayne,* ☎ *0800-066-5000 ou (01470) 542-219 (à Uig). ● calmac. co.uk ●*

Où dormir ?

Camping

⚊ *Staffin Caravan & Camping Site : à 26 km au nord de Portree, 200 m à gauche après la petite église blanche de Staffin en venant du sud.* ☎ 562-213. *● staffincampsite.co.uk ● Bus depuis Portree lun-sam (s'arrête à la jonction du camping). Pâques-sept. Env £ 15 pour 2 avec tente et voiture, douche comprise (réduc pour randonneurs et cyclistes).* Une partie du terrain est bien en pente, mais on arrive toujours à trouver un peu de plat. Sanitaires nickel. Bien équipé. Pas mal de vent, en revanche. De là, belles excursions dans la baie et les montagnes du Quiraing (demander conseil au proprio).

LES ÎLES

Loue également à la semaine une *croft house* de 3 chambres. Location de vélos. Proprio de bon conseil.

Bon marché
(£ 10-25/pers ; 12-30 €)

▲ ⌂ *Dun Flodigarry Hostel :* à *Flodigarry.* ☎ 552-212. ● flodigarry-hostel.scot ● À env 3 miles (5 km) au nord du village de Staffin, en contrebas de l'A 855. Bus n° 57. Fermé nov-fév. Env £ 19/pers en dortoir ; £ 45-50 la double (ou twin) ; 2 nuits min. Randonneurs et cyclistes peuvent planter leur tente : £ 10/pers avec usage de l'AJ. CB acceptées (£ 1 de commission). Dans une grande maison surplombant la baie de Staffin (super vue sur celle-ci !), une AJ toute colorée avec des dortoirs de 4-6 lits. Vaste et agréable cuisine communiquant avec une salle à manger toute couverte de cartes de la région. Les campeurs s'installent sur un beau terrain entouré de sapins. Pour tous, machine à laver et *drying room,* petite épicerie de dépannage. Accueil très sympa des proprios, très engagés sur le plan écolo (éolienne produisant l'électricité, station de recharge pour les voitures électriques). De plus, ils pourront vous filer plein d'infos sur les randonnées dans le Quiraing et sur le *Skye Trail,* qui passe juste devant.

⌂ *Cowshed :* à *Uig,* sur la route de Portree. ▯ 07917-536-820. ● skye cowshed.co.uk ● À 1,5 mile (2,4 km) au sud d'Uig. Demandez au chauffeur du bus de vous arrêter pas trop loin. Tte l'année. Réception 7h30-10h30, 17h-23h30. Env £ 16-20/pers en dortoir (4-6 lits). Wigwams pour 4 (dont 2 enfants) avec sdb et kitchenette £ 60-70 (chauffés en hiver). ▯ 📶 (payant). Une des AJ les plus modernes de Skye aussi bien dans sa déco contemporaine que dans ses installations. Chaque lit (superposé) est fermé par un rideau (écossais, of course !), équipé d'un éclairage et d'une étagère. On profite aussi de la cuisine très pratique et de la salle commune vintage, lumineuse grâce aux larges baies vitrées face à la mer au loin. Petite épicerie, machine à laver,

drying room. Également des *wigwams* à l'arrière, en hauteur, qui bénéficient d'une vue grandiose sur la baie. Ils ont même pensé à la niche pour le chien. Excellent accueil. Une vraie boutique *bunkhouse,* en somme.

Prix moyens
(£ 50-85 ; 60-102 €)

⌂ *B & B an Cnoc :* à *Maligar,* à moins de 2 miles (3 km) de Staffin, dans l'intérieur des terres. ☎ 562-258. ● anc nocskye.com ● Du centre de Staffin sur l'A 855, prendre une route qui part sur la gauche en venant du sud, juste après Columba 400 (c'est indiqué). Fermé nov-fév. Double env £ 70. CB refusées. Situation très romantique, entre mer et montagnes, pour ce *B & B* qui plaira, c'est sûr, à ceux qui cherchent la tranquillité et l'évasion ! Il propose 3 chambres, coquettes et parfaitement tenues, avec salle de bains, bonne literie et TV. Petit déj complet et bon accueil de Dianne. Vraiment une bonne base pour explorer la péninsule !

⌂ *Hallaig Guest House :* 7, Marishadder, *Staffin.* ☎ 562-250. ▯ 07916-646-682. ● hallaig.com ● Même embranchement que le B & B an Cnoc et poursuivre sur 2 miles (3 km). Tte l'année. Doubles £ 72-80. Dîner sur résa. CB acceptées. En pleine campagne, en marge d'un minuscule hameau avec une ferme, encore une adresse pour Robinson. Maison moderne sur une petite butte livrant un ample panorama. 4 chambres de bon confort, et bon accueil. Beau petit déjeuner avec omelette au saumon fumé et *short-bread* maison.

De chic à très chic
(plus de £ 85 ; 102 €)

⌂ *Glenview :* à *Culnacnoc.* ☎ 562-248. ● glenviewskye.co.uk ● À 12 miles (19,2 km) au nord de Portree, sur l'A 855. Tlj sf dim. Fermé déc-fév. Doubles avec sdb £ 85-95, petit déj inclus. Min 2 nuits en hte saison. Cette auberge nichée dans une *croft house* des années 1900 abrite 3 chambres très cosy, avec radio et réveil anciens et coiffeuse à miroir. Voir aussi le *Skye Pie Café* cité plus loin.

≜ Ferry Inn : *à **Uig**. À 1 mile de l'embarcadère, sur la route de Portree.* ☎ 542-300. *Env £ 135 la double avec petit déj.* Déco très coquette pour cette auberge rénovée : chambres élégantes aux tons clairs, plus grandes côté forêt (ou « jungle » comme l'appelle le proprio) que côté mer, vaste salle de bains moderne avec carrelage en damier. Une belle adresse, pas donnée tout de même. Pub en dessous (voir plus loin).

≜ I●I Flodigarry Country House Hotel : *à **Flodigarry**. ☎ 552-203. ● hotelintheskye.co.uk ● À env 4 miles (6,5 km) au nord de Staffin, un peu avt le Dun Flodigarry Hostel. Doubles standard £ 215-280, petit déj compris. Plats £ 12-22 le midi, £ 22-30 le soir.*

Pour ceux qui en auraient les moyens, 2 bâtisses en pierre idéalement situées face à la mer, avec de belles chambres cossues meublées à l'ancienne, certains avec lit à baldaquin... On peut aussi opter pour les chambres de style « bateau », dans l'annexe, en fait un long cottage où vécut Flora MacDonald pendant 7 ans après sa libération d'Angleterre ! Boire un verre au *lounge* au charme suranné (cheminée en bois et céramique, profonds fauteuils et canapés, escalier à balustre). *The Skye Bar* le midi et le *High Tide* le soir assurent une très bonne cuisine basée sur des produits presque exclusivement locaux (une spécialité : le filet de bœuf vieilli 35 jours), à des prix toutefois peu démocratiques.

Où manger ? Où boire un thé ?
Où boire un verre ?

I●I Skye Pie Café : *à **Culnacnoc**. Resto du* Glenview *(voir plus haut « Où dormir ? De chic à très chic »).* ☎ 562-248. *Lun-ven 11h-17h. Fermé janv-fév.* Pour sûr, il faut aimer les pies (tourtes) en version salée (poisson et moules, bœuf, végétarienne...) ou sucrée, mais toutes excellentes. Et puis il y a la déco, qui recrée « une petite maison dans la prairie » avec un plafond tendu de faux gazon et de marguerites brodées, des tasses suspendues dans la véranda. *Charming !* Avant de partir, faites un tour à la *Art Gallery* exposant des textiles et des objets réalisés en matériaux naturels par des artistes locaux ou par la proprio *herself*. Très bon accueil.

I●I ♀ ♟ Columba 1400 : *dans le village de **Staffin**. ☎ (01478) 611-400. Tlj sf dim 10h-19h45 (dernière commande). Plats £ 9-10.* Ce grand bâtiment en forme de rotonde appartient à la fondation *Columba 1400*. Son but est d'offrir des stages de réinsertion sociale à des jeunes en difficulté. Intérieur en bois clair, spacieux et lumineux. Petits plats honnêtes genre burgers, *baked potatoes,* salades, *haggis* ou haddock pané.

Excellentes glaces. Un lieu épatant à soutenir !

I●I ✑ Ella's Café (The Sheiling) : *derrière l'embarcadère, en montant la petite rue, côté gauche. ☎ 542-797. Mar-sam 10h-17h.* Un lieu vintage extra avec d'un côté un dépôt-vente de bouquins, de vêtements et d'objets divers réalisés par les gens du coin, de l'autre un salon de thé où tout est préparé par Ella : que ce soit le pain, les très bonnes soupes ou les excellents gâteaux... à faire glisser grâce à une belle sélection de thés. Pas étonnant que les tables soient occupées autant par les touristes que par les voisins venus aussi écouter les curiosités musicales dégotées par le proprio. Sur sa *music machine,* plus de 2 000 titres, surtout des années 1940 à 1960, mais le plus vieil enregistrement date de 1903... étonnant !

I●I ✑ Single Track : *à **Kilnamag**, au nord de Flodigarry, côté droit de la route. Pâques-oct dim-jeu 10h30-17h.* Facilement repérable à sa curieuse construction en bois surmontée d'un toit végétalisé. Un bon *coffee shop* qui tombe à pic dans ce coin de la péninsule désertique sur le plan culinaire. Fait aussi galerie d'art. Baies vitrées pour profiter du panorama face à la mer et même quelques tables dehors.

🍷 *Ferry Inn :* voir plus « Où dormir ? De chic à très chic ». Petit bar chaleureux avec son poêle à bois, sans l'âme des vieux pubs toutefois, mais proprio très accueillant.

À voir

En suivant l'A 855 vers le nord depuis Portree, on passe d'abord, au bout de 6-7 miles (10 km), devant l'*Old Man of Storr* (voir plus loin « Randonnées »), un caillou d'une cinquantaine de mètres de haut, planté comme un menhir et entouré d'un chaos rocheux, bien visible de la route (côté gauche). Une petite dizaine de miles (15 km) plus loin, ne pas rater non plus la cascade de *Kilt Rock,* qui se jette directement dans la mer du haut d'une falaise. Assez impressionnant ! Puis on arrive à la *baie de Staffin,* magnifique. Peu après le village, une petite route *(single track)* va vers Uig en traversant la spectaculaire chaîne de *Quiraing* (lire plus loin « Randonnées »).

🎭🎭 Toujours plus au nord par l'A 855, après avoir garé sa voiture sur le bord de la route, on peut se promener jusqu'aux ruines du vieux *château de Duntulm* (le site lui-même n'est pas accessible au public), fief du clan MacDonald, qui fait face à la mer. On y rendait autrefois justice en enfermant l'accusé dans un tonneau bardé de clous, que l'on faisait rouler du haut de la colline. S'il en sortait vivant, il était innocent ! On dit aussi que le château est hanté par le fantôme d'un enfant qu'une nurse maladroite (!) aurait laissé tomber de la fenêtre. Là-haut, par grand vent, on pourrait presque s'envoler !

🎭🎭 *Skye Museum of Island Life :* à *Kilmuir,* peu après le château de Duntulm. ☎ 552-206. ● skyemuseum.co.uk ● *Pâques-fin sept : tlj sf dim 10h-16h (9h30-17h en juil-août). Entrée : £ 2,50 ; réduc.* Groupe de maisons typiques en chaume, des XIXe et XXe s. Deux d'entre elles, originellement sur ce site, furent habitées jusque dans les années 1950 ; les autres furent transportées vers d'autres endroits de l'île. Intéressant, on est plongé dans l'atmosphère de l'Écosse rurale d'il y a un siècle, grâce aux intérieurs reconstitués, de la vieille forge à la chambre à coucher en passant par la remise à outils, ainsi que la maison du tisserand. Pittoresque cuisine de la *croft house* où le feu de tourbe ronronnait nuit et jour, toute l'année, pour cuire les mets. La *Old Ceilidh House* relate notamment l'histoire de Flora MacDonald, illustrée par des objets lui ayant appartenu.

– *La tombe de Flora MacDonald :* dans le cimetière au-dessus du musée. Héroïne locale qui permit à Bonnie Prince Charlie de s'enfuir après la défaite de Culloden. Cinq mois durant, il erre de cachette en cachette, aidé par ses partisans. Parmi eux, Flora MacDonald ne trouve rien de mieux que de le déguiser en... bonne irlandaise ! Convaincant, sans nul doute, puisque le prince parvient à quitter finalement l'Écosse le 20 septembre 1746. Il mourra à Rome, sa patrie d'adoption, en 1788.

Dans la partie récente du cimetière (celle entourée d'un grillage et non d'un muret de pierre), sans même la chercher, le regard est attiré par une grande stèle qui se démarque par sa forme et son style (très sobre sans être modeste) : c'est celle d'Alexander McQueen, le célèbre couturier qui s'est donné la mort en 2010. Suivant sa volonté, sa famille a dispersé ses cendres sur Skye en souvenir des merveilleux moments qu'il avait passés sur l'île.

🎭 *Le port d'Uig (Uige) :* on y trouve l'embarcadère pour les bateaux à destination de l'île de Lewis et Harris et de celle de North Uist (Hébrides extérieures), une cafétéria qui vend quelques souvenirs, une station-service, un pub-restaurant (le *coffee shop* (*Ella's Café,* voir plus haut) et la boutique de la *Isle of Skye Brewery,* la seule brasserie de l'île (*lun-sam 10h-18h, dim 12h30-16h30),* où l'on trouve une dizaine de bières, dont certaines ont la particularité d'être faites avec des myrtilles et même de l'avoine.

Randonnées

Si vous comptez vous balader un peu dans l'île (c'est vivement conseillé !), procurez-vous le petit livret *Walks Isle of Skye, 31 Walks*, de Paul Williams, disponible dans les offices de tourisme. Il est bien fait, pas cher *(£ 3)* et décrit les balades les plus intéressantes, avec petit plan et indications sur la longueur et le niveau de difficulté du parcours. Les deux itinéraires ci-dessous sont parmi les plus beaux de l'île. À ne pas manquer, d'autant qu'ils ne sont pas trop difficiles.

➤ *Old Man of Storr : départ d'un parking à env 6,5 miles (10 km) au nord de Portree, sur la gauche. Compter env 1h pour y aller et 30-45 mn pour revenir. Prévoir un vêtement imperméable et de bonnes chaussures.* Étrange menhir de 49 m de haut, appelé *Old Man* et faisant partie du massif de Storr, qui culmine à 719 m. On l'atteint après un parcours autrefois forestier, dont il ne reste malheureusement plus rien (le chemin devient donc vite glissant, prudence). Attention, ça grimpe dur par endroits. Puis on en fait le tour à pied, pour de superbes points de vue sur la péninsule. Pour ceux qui n'ont pas le temps de s'y rendre, possibilité de l'apercevoir depuis l'*Apothecary Tower* (accessible par le chemin derrière l'hôpital).

➤ *Quiraing : moins fréquenté que le Storr. Compter env 2h30 A/R. Départ du parking situé à env 2 miles (3 km) de l'A 855, au sommet de la petite route qui relie Staffin à Uig.* De là, suivre le sentier pour arriver au pied d'escarpements rocheux, avant d'atteindre le cœur des Quiraing. Ensuite, à vous de faire votre itinéraire. Les plus expérimentés pourront, par exemple, grimper jusqu'à *The Table,* une terrasse gazonnée, parfaite. Attention toutefois à la météo : le mauvais temps arrive vite et on peut tourner un bon moment dans le brouillard avant de se repérer.

LA PÉNINSULE DE WATERNISH (IND. TÉL. : 01470)

C'est une jolie péninsule de 12 km un peu ignorée, fief du clan McLeod (d'ailleurs, jadis, théâtre de belles batailles de clans). L'une des victimes aussi des infâmes *clearances,* elle ne retrouva jamais sa population d'antan. Quelques hameaux de-ci, de-là, et des images d'un monde oublié. On y trouve le plus ancien de l'île (1790). Sympa d'aller jusqu'à *Geary,* au bout du bout de la péninsule : pitoresque village tout en longueur. Des fermes rustiques, des élevages d'oies, de vénérables chaumières et quelques *crofts* encore habités.

Où dormir ? Où manger ?

🏠 *Redwood House : au bout de la péninsule de Greshornish, petite excroissance de celle de Waternish.* ☎ 582-203. *Depuis la A 850, prendre à droite sur env 2,5 miles (4 km), c'est fléché. Pour 2 £ 75-160 selon vue, min 2 nuits ; 1 nuit possible selon dispo.* Pour ceux qui recherchent le calme et la sérénité, cette belle maison posée au bord du loch abrite des chambres de plain-pied ou à l'étage distribuées autour d'une cour agrémentée d'une petite fontaine. Grand confort avec vue sur l'eau pour certaines.

🏠 🍽 🍷 *Stein Inn : à Stein.* ☎ 592-362. ● *stein-inn.co.uk* ● *À 8 miles (13 km) au nord de Dunvegan par l'A 850, puis à gauche la B 886.* *Cuisine tlj 12-16h, 18h-21h30. Doubles £ 80-115. Appart £ 290-475/sem (basse saison, possibilité 2 j. £ 75/j.) ou £ 325-550 pour 4. Prix moyens au resto ou au bar (pas de résa au bar).* Cette ancienne auberge rurale date de 1790 et offre 5 chambres assez petites mais bien tenues. Elle abrite aussi un charmant vieux pub, patiné par le temps, plus chaleureux que la partie resto. On y mange un plat écossais bien dans la tradition. Rien d'extravagant, mais tout est correct. Quelques tables dehors face aux bateaux pour siroter par exemple un *single malt* parmi une sélection de 125 bouteilles. Service affairé en saison et malheureusement accueil inégal.

|●| **Loch Bay Restaurant :** à **Stein.** ☎ 592-235. Presque à côté du Stein Inn. Menus £ 28-55. Mer-ven 12h15-13h45, 18h15-20h45 (plus le mar et sam soir et le dim midi) ; nov-déc et mars mer-sam soirs slt. Fermé janv-fév et 1 sem en août. Résa obligatoire (peu de couverts). Le chef écossais, connu pour avoir brillé au resto The Three Chimneys, concocte ici une cuisine locale d'inspiration française à base de produits régionaux. L'occasion de se faire plaisir pour ceux qui en ont les moyens. Service en français de madame.

À voir. À faire

🏃🏃 **Stein :** à 10 miles (16 km) à l'ouest d'Edinbane par l'A 850, puis à droite par la B 886 sur env 3 miles (5 km). Dans la péninsule de Waternish, au bord du loch Bay, minuscule village de pêcheurs aux maisons blanches, remontant à la fin du XVIIIe s. En contrebas d'une falaise, avec quelques bateaux colorés et des voiliers ancrés dans une magnifique baie. Superbe au coucher du soleil.

🏃 **Trumpan :** à 4 miles (6,5 km) au nord de Stein. Les ruines d'une église témoignent d'un des épisodes les plus sanglants de Skye, mettant en scène les deux clans ennemis de l'époque, les MacLeod et les MacDonald. Le paysage y est aussi tourmenté que l'histoire avec ses hautes falaises d'un côté, un littoral très découpé de l'autre, où chacun peut imaginer la forme qu'il veut (une baleine ?). Balade possible le long d'un sentier.

UNE GUERRE QUI FIT LONG FEU

La rivalité entre les deux clans remonte à la fin du XVe s, chacun ne perdant pas une occasion de mener des raids contre le groupe adverse. Ainsi, en 1577, les MacLeod enfumaient l'entrée de la grotte dans laquelle les MacDonald s'étaient réfugiés sur l'île d'Eigg, causant la mort de 395 personnes. Quelques mois plus tard, par vengeance, alors que les MacLeod se trouvaient dans l'église de Trumpan, enveloppée dans un épais brouillard, les MacDonald mettaient le feu au toit de chaume. Seule une petite fille parvint à s'échapper et rejoindre le château de Dunvegan, d'où l'alerte fut lancée. Les MacLeod massacrèrent leurs ennemis. La vendetta ne prit fin qu'en 1601.

L'OUEST DE L'ÎLE (IND. TÉL. : 01470)

Cette région est belle, sauvage et relativement peu fréquentée en dehors des abords de Dunvegan, connu pour son grand château (retapé au ciment...), et de Neist Point, le point le plus à l'ouest de l'île, matérialisé par une spectaculaire pointe de terre terminée par un phare. Les côtes, très découpées, sont soulignées tantôt par des falaises impressionnantes, tantôt par des plages de galets et des pâturages.

Arriver – Quitter

➤ De Portree, 3 bus/j. (aucun le dim) vers **Dunvegan** (village et château).

Où dormir ?

Campings

⛺ **Skye Camping & Caravanning Club Site :** à **Loch Greshornish,** à env 12 miles (20 km) de Portree. ☎ 582-230. ● campingandcarava ningclub.co.uk/skye ● Sur la droite de l'A 850 en allant vers Dunvegan, *avt Edinbane. Début avr-début oct. Env £ 20-29 pour 2 avec tente (moins cher pour les membres). Résa très recommandée en saison.* ☎ *(payant).* Camping à la ferme bien situé au bord du loch Greshornish, avec de vastes espaces gazonnés. En contrepartie, vous aurez les *midges*. Bien tenu (sanitaires étincelants !), avec machines à laver et quelques produits alimentaires à la réception, dont œufs de poules et de canes, ainsi que du lait frais (pas de magasin dans les environs proches). Accueil charmant. Dommage qu'il soit assez cher.

⚊ **Kinloch Campsite :** *à la sortie de* **Dunvegan** *en allant vers Glendale.* ☎ *521-531.* ● *kinloch-campsite. co.uk* ● *Avr-oct. Réception jusqu'à 21h. Env £ 16 pour 2 avec tente, douche comprise.* ☎ *(payant).* Un de nos campings préférés, pour sa situation, au bord d'un loch d'un côté et face aux montagnes de l'autre. De plus, on y est particulièrement bien accueilli et on s'installe où on veut ; le lieu est vaste et on trouve facilement un emplacement à son goût. Sanitaires nickel, eau chaude partout. Machine à laver et séchoir.

Chic
(£ 85-125 ; 102-150 €)

🛏 **Roskhill House :** *à 3 miles (env 5 km) de Dunvegan sur l'A 863 vers Sligachan.* ☎ *521-317.* ● *roskhillhouse.co.uk* ● *Mars-oct. Doubles £ 90-100, petit déj inclus.* Beau *B & B* installé dans une ancienne *croft house,* aux chambres élégantes. Le salon pour les hôtes occupe l'ancienne poste du hameau ! Accueil pro. Plein d'infos sur les balades à faire dans le coin, avec prêt de cartes et de guides de randos. Option végétarienne au petit déj.

🛏 **Foxwood on Skye :** Ullinish, **Struan.** ☎ *572-248.* ● *foxwoodonskye.co.uk* ● À env 7 miles (11 km) au sud-est de Dunvegan par l'A 863, prendre à droite au panneau indiquant Ullinish et Eabost, et suivre le fléchage sur la gauche à l'entrée d'Ullinish, B & B au bout du chemin. Doubles £ 80-90. Également des triples. La maison de Catherine et David, est à l'image de ces jeunes proprios, vraiment accueillante. Un vrai nid où l'on se sent tout de suite bien... ah, le chaleureux salon avec vue sur les Cuillin Hills ! La mer n'est pas loin non plus. Reste à poser ses valises dans les chambres spacieuses, agréables et tout confort. Et profiter de ce cocon avant ou au retour de balades.

Où manger ? Où boire un verre ?
Où prendre un café ?

Bon marché
(plats £ 5-10 ; 6-12 €)

🍴 🍵 **Jann's Cakes :** *à Dunvegan, près du carrefour central.* ☎ *521-730. Mars-oct. Lun-sam 10h-17h (16h dim en saison).* Sandwichs, salades et quelques « *hot organic meals* ». Cappuccinos servis dans de grandes tasses, à siroter par exemple avec un onctueux petit chocolat et les bons gâteaux maison. Mon tout à petits prix.

🍴 🍵 **Dunvegan Bakery :** *Main St.* ☎ *521-326. Tlj sf dim 12h-16h.* Décorées d'une grosse maquette de bateau, véranda et petite terrasse pour des *fishcakes, fish & chips,* sandwichs et *toasties* divers... Plus de 150 ans d'expérience !

Prix moyens
(plats £ 8-18 ; 10-22 €)

🍴 **The Old School Restaurant :** *à la sortie de* **Dunvegan** *en allant vers le sud.* ☎ *521-421. Tlj 12h-15h, 18h-22h (une rareté !). Fermé nov-mars. Prix fourchette hte. Résa très conseillée.* Dans une ancienne école, d'où le nom. C'est l'un des restos les plus appréciés de l'île. La carte change périodiquement et affiche le meilleur des produits locaux. Portions copieuses et suggestions au tableau noir, notamment des fruits de mer (plus chers). Atmosphère rugissante, dans une grande salle sous plafond en pente. Bon accueil. Vraiment bien pour le dîner !

🎥🎥 **Dunvegan Castle :** ☎ 521-206. ● *dunvegancastle.com* ● *De début avr à mi-oct, tlj 10h-17h (dernière admission, 17h45 pour les jardins). Fermé Noël et Boxing Day, 1er et 2 janv. Entrée : château et jardins £ 12 ; jardins slt £ 10 ; réduc.* Haute bâtisse en bordure du loch Dunvegan, résidence du célèbre clan MacLeod depuis le XIIIe s. Le château en lui-même n'a pas beaucoup de charme vu de l'extérieur : ses murs ont été entièrement cimentés, mais les jardins sont agréables et les intérieurs intéressants, quoique pauvres en explications. Dans le grand salon est exposé le *Fairy Flag*, pièce de

CHEERS !

Considérée comme l'un des plus grands trésors du clan MacLeod, la corne de Dunvegan est à l'origine d'une drôle de tradition : pour prouver sa virilité, chaque héritier mâle doit vider d'un trait la corne remplie de... bordeaux. Mine de rien, sa contenance atteint presque un demi-gallon (2,27 l) ! Le dernier héritier du clan, John MacLeod, s'est acquitté de cette tâche en 1956 en... 1 mn et 57 s, without setting down or falling down (« sans fléchir ni tomber »), comme l'exige la tradition... qui a parfois bon dos !

soie originaire de Syrie ou de Rhodes, qui daterait du IVe au VIIe s (les experts ne sont pas plus précis). Ce morceau d'étendard en mauvais état aurait été rapporté au temps des croisades. Réputé pour sa force mystique, il aurait servi de porte-bonheur au clan MacLeod dans des situations périlleuses, lui permettant de gagner de grandes batailles. La légende affirme qu'il fut donné à la famille par une fée – d'où son nom ! Ne pas manquer non plus, dans la North Room, juste à côté, la coupe de Dunvegan (de 1493), offerte aux MacLeod par un clan irlandais en remerciement de leur soutien lors d'une rébellion, et la corne de Dunvegan *(Rory Mor's Horn)*, datant du XIVe s, que Malcolm MacLeod sectionna au taureau qui l'avait attaqué.

➤ Ceux qui se sont acquitté du droit d'accès au château et aux jardins pourront aussi faire une *balade en bateau* autour des petites îles du loch Dunvegan, pour observer les phoques qui y vivent. L'embarcadère se trouve derrière le château de Dunvegan (accès à pied par les jardins). *De début avr à mi-oct : départs 10h-16h30. Essayez de venir tôt, car beaucoup de monde en été. Durée de l'excursion : 25 mn. Billet : env £ 8 ; réduc.*

🎥 **Folk Museum :** à **Colbost.** *Avr-oct : tlj 10h-18h. S'il n'y a pas de gardien, un message demande gentiment de payer l'entrée (£ 1,50).* Juste une chaumière, remeublée comme autrefois, avec un feu de tourbe qui enfume la pièce ! On y a même reconstitué une distillerie clandestine. Articles de journaux racontant les luttes des petits paysans pour la terre. Ce sont les seuls qui résistèrent aux expulsions et les seuls qui... gagnèrent.

🎥🎥🎥 **Neist Point :** à 11 miles (17,6 km) de Dunvegan en passant par Colbost (très belle route, surtout sur la fin). On laisse sa voiture à 1 km. Neist Point est un cap tout vert, dominé par un vertigineux promontoire rocheux, et qui a servi de lieu de tournage au film *Breaking the Waves,* de Lars von Trier. C'est aussi le point le plus à l'ouest de Skye. Site inoubliable, qu'on découvre par un chemin qui conduit jusqu'à un phare (entouré de barbelés), tout au bout de la pointe. Superbe, surtout si le soleil et les nuages s'entendent pour créer de beaux effets de lumière.

Où dormir ? Où manger vers Neist Point ?

Paisibles paysages vallonnés, routes sereines, croquignolettes petites adresses à prix modérés.

🏠 **Maggie B & B :** *Fern Park, sur les* hauteurs de **Glendale.** ☎ (01470) 511-342. ● *m_macphee@btinternet.com* ● *Tte l'année. Double avec sdb commune au rdc £ 70.* Dans un environnement extra, une maison toute simple, genre *croft* (avec un petit charme rustique), offrant 3 chambres tenues méticuleusement (dont une *single*). Jardin (et 3 gros chiens heureusement enfermés à l'extérieur). Accueil tout à fait charmant de Maggie.

I●I **Red Roof :** *Holmisdale (plus haut que Maggie B & B, coin encore plus sauvage).* ☎ 511-766. *Pâques à mi-oct : tlj sf ven-sam 11h-17h. Bon marché.* Dans une vieille demeure de 250 ans (une dame y vivait encore, dans les années 1950, avec une vache et quelques poules) joliment rénovée

et, bien sûr, avec un toit rouge. Petite salle intime pour une fraîche et légère cuisine concoctée strictement à partir de produits locaux naturels : soupes maison, bons fromages et belles salades, savoureux *scones* géants sucrés ou salés, petits plats (mais peu de choix), gâteaux divers. Douce musique folk au fond. Enfants bienvenus.

I●I **Cafe Lephin :** *à* **Glendale.** ☎ 511-465. *Tlj sf lun 10h30-17h.* Maison tout en longueur, pour une nourriture classique de *coffee shop*. Quelques produits locaux en vente. Bon accueil.

LE SUD-OUEST DE L'ÎLE *(IND. TÉL. : 01478)*

Merveilleuse route de Merkadale à Glenbrittle. Étroite, bien sûr, traversant d'amples vallées et une nature qui fait toute la richesse de Skye : les Cuillins Hills, bien sûr, mais aussi les Fairy Pools, de populaires chutes d'eau et la plage de Glenbrittle. L'occasion d'entreprendre de magnifiques randonnées dans la région.

Arriver – Quitter

➤ Env 4 bus/j. lun-ven (2 le sam) entre **Broadford** et **Elgol,** et 4-5 bus/j. entre **Broadford** et **Armadale** (départ de

Portree en plein été) lun-sam (2 bus le dim en très hte saison).

Où dormir ?

Camping

⚠ **Campsite :** *à* **Glenbrittle.** ☎ 640-404. ● *glenbrittle@dunvegancastle. com* ● *En venant de Portree par l'A 863, tourner à gauche env 1 mile (1,6 km) avt d'arriver à Carbost et poursuivre sur 8 miles (13 km), c'est tt au bout de la route. Avr-sept. Compter £ 9/pers.* Situé en bord de mer et au pied des départs de rando vers les Cuillins, le site occupe un cadre magnifique, avec de vastes espaces herbeux, parfaits pour planter la tente (ne pas craindre le vent, cependant !). Sanitaires propres mais excentrés (ça peut faire une trotte selon l'emplacement), épicerie très bien fournie à l'accueil (8h-18h) avec du pain frais quotidien et même des croissants, du matériel de trek et de camping... L'un des sites les plus séduisants d'Écosse, c'est dit !

Bon marché
(£ 10-25/pers ; 12-30 €)

🛏 **Waterfront Bunkhouse :** The Old Inn, *à* **Carbost.** ☎ 640-205. ● *theol dinnskye.co.uk* ● *À droite juste avt la distillerie* Talisker. *Env £ 20-22/pers sans ou avec sdb.* Maison bien conçue, comme un bateau, au bord du loch. On y entre par l'étage et un agréable salon-cuisine, bien aménagé, qui profite d'une vue sur le loch. Petits dortoirs de 4 à 6 lits colorés et nickel, avec vue, et une chambre quadruple avec salle de bains un peu plus chère. Attention toutefois à l'insonorisation, pas optimum. Terrasse donnant, telle la proue d'un esquif, sur l'eau, et pub à côté (même proprio).

🛏 **Glenbrittle Youth Hostel :** *à* **Glenbrittle.** ☎ 640-278. ● *glenbrittle@syha. org.uk* ● *Pâques-fin sept. Réception 8h-10h, 17h-22h. Compter £ 22-23/pers* (réduc pour les membres). Double env £ 60 en saison, plus des familiales. AJ couverte de bardeaux, dans un environnement idéal, au pied des monts Cuillins. C'est le grand rendez-vous des marcheurs. Bon accueil. Dortoirs de 3 à 10 lits (lockers), cuisine, agréable salle à manger et salon avec jeux. Salle de séchage. Possibilité de laver son linge. Également une petite épicerie à la réception, pratique étant donné la situation. Garage à vélos.

🏠 **Skyewalker Independent Hostel :** Fiscavaig Rd, à **Portnalong.** ☎ 640-250. ● skyewalkerhostel.com ● À Portnalong, prendre à gauche la route qui va vers Fiscavaig. Pâques-fin sept. Prévoir £ 17-20/pers. Twin room avec sdb ou Jedi Huts pour 2 dans le jardin et sans sdb à £ 60. Dans un bâtiment en tôle ondulée vert sombre, une ancienne école (qui ferma dans les années 1970) reconvertie en AJ dédiée à Star Wars, même si le nom de Skyewalker n'avait, à l'origine, rien à voir avec la célèbre saga. Les fans apprécieront. D'une façon générale, la déco est assez marrante. On aime bien aussi les chalets de Jedi, plutôt style Walt Disney, d'ailleurs. Le reste est à l'avenant : dortoirs de 4 à 10 lits, très corrects, quelques twins, sanitaires impeccables (voire cosy). Grand jardin et même un solarium. Les proprios organisent régulièrement les soirées de musique celte en été. Pour ceux que ça tente, des guitares sont à dispo (atmosphère exceptionnelle !). Une belle adresse, d'où son succès en saison, réserver.

🏠 **The Croft Bunkhouse, Bothies & Wigwams :** 7, **Portnalong.** ☎ 0771-923-13-02. ● skyehostels. com ● À Portnalong, continuer tt droit sur la route, c'est un peu plus loin, sur la gauche. Congés : 3 sem en nov. Compter £ 16/pers en dortoir, £ 40 pour 2 en cabin avec w-c (douche dans la bunkhouse), £ 40-60 en wigwams pour 2-4 pers (sdb dans la bunkhouse) et £ 70 pour 4 en chalet tt équipé (Bothy Beag). Possibilité de camper aussi : £ 10/pers. Intéressant pour les familles : 3 bothies (avec sdb) à louer pour 5-6 pers £ 85-95. Ancienne grange transformée en AJ indépendante, rénovée dans des couleurs pimpantes. Elle offre différentes formules d'hébergement dans plusieurs bâtiments contigus alignant de 2 à 12 lits (plutôt serrés pour le dortoir de 12, avec la fenêtre donnant sur le salon). Ils sont équipés d'une cuisine privée ou d'une salle de bains. Theresa peut dépanner de quelques livres (moyennant une petite participation). Environnement agréable et plein de conseils à glaner pour se balader dans la région.

Chic (£ 85-125 ; 102-150 €)

🏠 **The Old Inn :** à **Carbost.** ☎ 640-205. ● theoldinnskye.co.uk ● À côté du Waterfront Bunkhouse ; au-dessus du pub. Mars-oct. Double £ 90, petit déj inclus. Les chambres, qu'elles se trouvent dans la partie B&B ou dans la lodge, sont agréables et plutôt coquettes. Toutes possèdent la vue sur le loch. Le petit déj se prend au pub ou sur la délicieuse terrasse au bord de l'eau.

Où manger ? Où boire un verre ?

🍽🍷 **The Old Inn :** voir « Où dormir ? ». Plats « Prix moyens ». Pub assez populaire dans le coin (il y a foule en été), à l'intérieur chaleureux, avec musique écossaise plusieurs soirs par semaine en saison ou, quand le temps le permet, une agréable terrasse. Propose aussi une cuisine traditionnelle convenable.

🍽 **The Oyster Shed :** à **Carbost.** ☎ 640-383. À 1 petit km tt en côte de la Talisker Distillery (bien fléché). Mars-oct, tlj 11h-18h ; en hiver lun-ven 12h-16h. C'est en fait un éleveur d'huîtres qui ouvre son atelier aux visiteurs. On consomme les huîtres (vendues à l'unité) que l'on shuck (ouvre) pour vous, puis on s'installe sur une longue table abritée. Évidemment, l'été n'est pas la meilleure saison puisque les huîtres sont laiteuses ; n'empêche, les amateurs apprécieront ! Vous pouvez aussi vous y approvisionner en moules, saumon fumé, homard et autres produits de la mer provenant de Skye, ainsi qu'en fromages et terrines diverses. Possibilité de visiter le parc à huîtres sur résa (longtemps à l'avance).

À voir. À faire

The Cuillins Hills : *au sud-ouest de l'île.* Les monts Cuillins (ou *Black lins*, à cause de leur couleur sombre) constituent l'un des plus beaux paysages de Skye. Le massif montagneux, aux cimes hérissées et dentelées (point culminant 992 m), dévale vers la mer, décrivant un paysage austère et majestueux qui inspira de nombreux artistes, comme Sir Walter Scott et Turner.

En l'an 2000, pour réparer la toiture de son château de Dunvegan, John MacLeod, le chef du clan MacLeod, mit en vente « ses » montagnes pour 10 millions de livres, avançant des titres de propriété remontant au XVIᵉ s. Il ne trouva pas d'acquéreur, le *National Trust* jugeant le prix demandé exorbitant, et provoqua, en prime, l'indignation des habitants de Skye, attachés à leurs montagnes comme à des bijoux de famille. Aujourd'hui, un projet est à l'étude pour que les Cuillins soient incluses dans un parc naturel.

La mer, la montagne, les moutons et la lande font de cet endroit un lieu exceptionnel, qui attire de nombreux randonneurs. Si l'expérience vous tente, le livret *Walks Isle of Skye,* de Paul Williams (voir plus haut « Randonnées » dans « La péninsule de Trotternish »), décrit plusieurs balades dans le coin. Partir avec une carte détaillée, une boussole, quelques vivres et, surtout, des vêtements de pluie.

Pour une vue d'ensemble des monts, on peut tout simplement prendre les petites routes qui mènent à Elgol ou à Glenbrittle. Autre possibilité : le bateau au départ d'Elgol jusqu'au loch Coruisk (voir plus loin).

Fairy Pools : *entre Merkadale et Glenbrittle. Petit parking insuffisant compte tenu de la popularité du site, si bien que les voitures se garent le long de la route sur des centaines de mètres. Prévoir 15 mn pour atteindre les premières chutes, env 45 mn-1h de marche si vous voulez toutes les voir. Pas d'indication, suivre le flot de marcheurs. Et plus on monte, moins il y a de monde, évidemment.* Au pied des Cuillins Hills, dans un cadre idyllique, un torrent dévale en une succession de chutes, eaux fraîches et limpides dans des tonalités presque hawaïennes... Rien ne vient rompre l'harmonie de cette nature exceptionnelle. Sous le soleil, sérénité totale ; ne pas oublier son pique-nique. Les courageux ne craignant pas l'eau froide s'y baignent avec délice.

➤ **Plage de Glenbrittle :** superbe plage où là encore les plus téméraires piqueront une tête et ils auront raison, car l'eau y est en principe plus chaude qu'aux Fairy Pools (c'est dire !). Lors de notre passage, on y a compté au moins 15 personnes se baignant, un record !

➤ **Randonnée d'Elgol à Camasunary :** départ d'Elgol (sentier en haut de la colline, juste à l'entrée du village ; garer sa voiture sur les parkings plus bas, près des cafés). Environ 12 km aller-retour ; dénivelée : 90 m. Magnifique balade sur un sentier côtier avec vue sur les Cuillins. Facile car assez plat mais un peu éprouvant pour les sujets au vertige et déconseillé avec les petits : le sentier, très étroit, tombe à pic dans l'eau. À Camasunary, les marcheurs peuvent passer la nuit dans un refuge. – Grande fête début juillet, lors de la *Glamaig Hill Race* ; le record (ascension et descente), établi en 1997, est de 45 mn... Tout cela en souvenir de l'ascension d'un *Gurkha* (soldat népalais) qui, si l'on en croit la tradition, au début du XXᵉ s, aurait fait le même trajet en moins de 1h... pieds nus, à la suite d'un pari du chef du clan MacLeod !

➤ **Excursions en bateau** vers le **loch Coruisk** au cœur des *Cuillins Hills.* Compter 1h30 de traversée aller-retour et 1h30 (ou plus si vous le désirez) sur place, pour faire une petite randonnée autour du loch. Au départ d'Elgol, deux compagnies : *Misty Isle* (☎ 866-288 ; ● mistyisleboattrips.co.uk ● *Pâques-oct, tlj sf dim plusieurs départs/j. en fonction des marées)* et *Bella Jane Boat Trips* (☎ 866-244 ; ● bellajane.co.uk ● *Avr-oct. Là encore plusieurs départs/j.).*

Talisker Distillery : *à Carbost.* ☎ 614-308. *Pâques-oct : lun-sam 9h30-17h (17h30 juil-août), plus dim en juin-sept 11h-17h ; nov-Pâques : lun-ven 10h-16h30. Dernière visite à 16h (15h30 en hiver) ; pas de tours de début fév à début mars. Résa conseillée en juil-août jusqu'à 2 j. avt, faute de quoi l'attente peut être longue, voire*

LES ÎLES

possible. Entrée : £ 8, dégustation comprise ; réduc ; avec le ticket de la visite, £ 5 *e réduc offert pour l'achat d'une bouteille de 70 cl. Durée : 45 mn-2h selon le tour et le nombre de dégustation (résa obligatoire pour celui de 2h). Les enfants de moins de 8 ans ne sont admis en raison des vapeurs d'alcool. Possibilité de déguster sans faire la visite.* Fondée en 1830, c'est la seule distillerie de l'île. Au XIX⁰ s, l'orge et les provisions étaient apportées par un petit bateau à vapeur qui repartait ensuite avec les fûts. Ce n'est qu'au siècle suivant que le laird accepta l'idée de la construction d'une jetée, qu'on peut encore voir aujourd'hui. Le *Talisker*, élaboré à partir d'un *single malt* fumé à la tourbe (qui lui donne une odeur particulière), est classé parmi les plus grands whiskies d'Écosse. Dans un poème intitulé *The Scotsman's Return from Abroad*, Robert Louis Stevenson (l'auteur de *L'Île au trésor*) ne mentionne-t-il pas le whisky *Talisker* comme le « roi des breuvages » ? Vous en aurez vite le cœur net : la visite retrace la totalité du processus de fabrication dudit breuvage. La visite se termine à la boutique et par une dégustation. Certes, les bouteilles sont chères, mais on trouve ici des bouteilles peu ou pas vendues en France.

🌾🏃 *Talisker Bay :* se rendre au bout de la route de Talisker. De là, une piste accessible à pied mène à cette magnifique baie flanquée de falaises. Un endroit de rêve.

À LA POINTE SUD DE L'ÎLE *(IND. TÉL. : 01471)*

Correspond à la **péninsule de Sleat** (prononcer « Slète »). Souvent nommée « le jardin de Skye » pour sa richesse florale. Bien protégé des vents dominants, c'est le seul côté de l'île qui soit boisé.

Où dormir ? Où manger ? Où faire ses provisions ?

🏠 *Flora MacDonald Hostel :* The Glebe, à Kilmore. ☎ 844-272 et 844-440. ● skye-hostel.co.uk ● *Env 2 miles (3 km) avt Ardvasar, tourner à droite au niveau de l'église (fléché ; arrêt du bus Broadford-Armadale à 300 m). Mars-oct. En dortoir (8-10 pers) avec sdb, env £ 18/pers, double £ 40, plus des triples et quadruples. CB refusées.* L'ancienne grange reconvertie propose des dortoirs et des chambres privées à lits superposés. Sanitaires communs partout. Cuisine équipée. Machine à laver, salle de séchage. Le *lounge*, tout en longueur, regarde un pré où broutent les chevaux, avec la mer et les montagnes en arrière-plan. Y a pire comme situation !

🏕🏠⚜ *Skye Forest Garden :* face à l'embarcadère d'Armadale. ☎ 844-700. ● skyeforestgarden.com ● *Épicerie bio à l'entrée lun-ven 10h-17h, w-e 12h-15h (ouv à tous). Pour les différents hébergements, toujours très basiques, prévoir env £ 30 pour 2 ; le wigwam accueille jusqu'à 5 pers (+ £ 10/pers supplémentaire), bothies (£ 20 pour le plus rustique). Apporter son sac de couchage. Compter env £ 8/campeur avec voiture, £ 7 pour les marcheurs.* Ce lieu étonnant, dédié à la permaculture (chacun agit et interagit au mieux avec les écosystèmes environnementaux), est né de la volonté d'une femme. Pendant 3 décennies, elle a façonné avec l'aide de bénévoles ce terrain en bord de mer, tracé des sentiers jalonné de panneaux sur les usages médicinaux des herbes, construit des cabanes en bois et des observatoires noyés dans la forêt, installé des toilettes sèches, mis en place un élevage de poules et de... vers de terre pour contribuer au compostage des déchets. Résultat : un « finistère » en quasi autonomie. À chacun d'y trouver sa place pour une nuit, plus, ou juste pour s'y balader (voir plus loin).

🍴 🥄 *Cafe 1925 :* à Ardvasar. Lun-mer et ven 9h30-16h, w-e 10h-15h30. Fermé jeu. Env £ 20 le repas complet. Cette petite maison bleue abrite un café charmant et inespéré dans ce coin perdu. On se régale de délicieuses assiettes composées : salades colorées, saumon fumé, tartines de guacamole... tout est fait maison, à base de produits frais. À arroser d'un vitaminé *smoothie* au gingembre et finir en douceur avec un *carrot cake* moelleux. Si le soleil brille, les tables dans le jardin compléteront ce tableau parfait.

À voir. À faire

🏹🏹🏹 *Clan MacDonald Centre et Museum of the Isles : à Armadale, à env 17 miles (27 km) au sud de Broadford par l'A 851.* ☎ *(01471) 844-305.* ● *clandonald.com* ● *Avr-oct : tlj 9h30-17h (dernière admission). Entrée : £ 8,50 ; réduc. Nov-mars, les jardins et les ruines du château sont ouverts au public librement du lever au coucher du soleil. Audioguide en français inclus dans le prix. Compter 45 mn de visite. Cours de tir à l'arc sur résa.* Dans un parc splendide où il ne reste plus qu'un manoir (à l'entrée) et, surtout, l'impressionnante ossature (ni toit ni fenêtres) du château d'Armadale. Un bâtiment récent y abrite un musée bien conçu contant 1 500 ans d'histoire des Highlands, et celle du clan MacDonald of Sleat, propriétaire des lieux, l'une des familles les plus puissantes de Skye. C'est très bien fait, complet, clair. L'endroit constitue un bon réca-pitulatif de l'histoire régionale et mérite vraiment le détour. De plus, les jardins sont très beaux. Se renseigner sur les dates du concours de tir à l'arc du clan, très prisé sur l'île.

🏹🏹 *Skye Forest Garden : à Armadale, face à l'embarcadère. Coordonnées plus haut. Ouv à tous.* Très vite, on a un peu l'impression d'arpenter la forêt de Brocéliande version permaculture. Un brin de poésie, une belle nature et la surprise au bout de chaque chemin : un point de vue, un observatoire pour attendre patiemment l'apparition d'une loutre ou l'accès à un littoral rocheux et découpé, impeccable pour un pique-nique.

🏹🏹🏹 *Point of Sleat (Rubha Shlèite) : à l'extrémité sud de Skye.* Départ de la balade au bout de la route, à *Aird of Sleat,* à 4 miles (6,5 km) d'Ardvasar. Garer la voiture sur le petit parking et continuer le chemin à pied. Compter 1h10 (environ 2 miles, soit 3,2 km) de marche pour arriver à une plage magique. Sous le soleil, on s'est cru aux Maldives (avec quelques degrés de moins !). En chemin, les moutons vous tiendront compagnie et vous aurez des points de vue magnifiques sur les Cuillins.

LES HÉBRIDES EXTÉRIEURES

LES ÎLES

L'ÎLE DE LEWIS ET HARRIS   21 000 hab.

● Carte *p. 535* ● Plan de Stornoway *p. 539*

Deux îles en une : bizarre comme les Écossais ont pris l'habitude de dési-gner sous deux noms différents deux parties de la même île, comme si elles étaient séparées par la mer. Au nord, Lewis occupe de loin le plus vaste territoire. Au sud, Harris déborde de la grosse péninsule à laquelle elle aurait pu logiquement donner son nom. Mais, bien étrangement, la « frontière » est située à quelques kilomètres plus au nord, en pleine montagne... Ensemble, donc, Lewis et Harris forment l'île britannique la plus grande en dehors de la Grande-Bretagne et de l'Irlande : 2 180 km² d'espaces sauvages à explorer. Au physique comme au caractère, l'île se distingue du reste de l'Écosse par ses vastes paysages marins, balayés par les vents d'ouest, et sa culture gaélique encore très forte. En arrivant de la mer, cette île ne se montre pourtant pas sous plus beau visage. Entre un littoral oriental rocailleux et pauvre, avec quelques criques protégées, et l'intérieur de Lewis, plat et dénudé, avec ses étendues de landes tourbeuses et de marécages couleur rouille, ce paysage dépeuplé peut provoquer un sentiment de tristesse chez le voyageur, par temps gris. Une averse, un rayon de lumière, et tout change, tout est coloré, jusqu'à la lande qui s'empourpre à l'approche de l'automne. Le plus beau des Hébrides extérieures se trouve toutefois à l'ouest, et surtout à l'ouest de South Harris (notre secteur préféré). Là se cachent les plus belles plages des Hébrides, au sable fin et aux eaux turquoise, une vision quasi méditerranéenne sur une terre de nuages et de pluie !

UN PEU D'HISTOIRE

« Les îles aux limites de la mer »

Kirkibost, Garrabost, Benbecula, Borve ! Cette ribambelle de noms étranges rappelle peu les consonances celtiques. D'où viennent alors ces mots bizarres ? Tout droit du norvégien, ou plutôt de la langue parlée autrefois par les Vikings, quand ceux-ci furent les maîtres des îles de l'Ouest. Le nom même de l'archipel – Hébrides – est d'origine scandinave et signifierait « les îles aux limites de la mer ».
Les tout premiers habitants de l'archipel sont probablement des chasseurs nomades du Mésolithique, venus du sud de l'Europe (il y a 6 000 ans). Comme à Carnac, ces peuples aiment planter de grosses pierres dans la terre et les contempler en pensant à l'au-delà. Ce sont eux qui semblent avoir dressé les alignements de pierres de Callanish (côte ouest de Lewis). Les choses commencent à devenir sérieuses vers le VIIIe s, quand les îles reçoivent la visite de rudes gaillards aux cheveux blonds venus de Scandinavie. Au IXe s, la présence viking est si forte qu'elles s'appellent *Innsigal,* c'est-à-dire « les îles des étrangers ».

Do not trespass

Deux branches d'un même clan, les MacLeod de Lewis et les MacLeod de Harris et de Skye (ou MacLeod de MacLeod) ont traditionnellement régné sur l'île. Descendants probables des Vikings ou d'un roi de l'île de Man, leur nom signifierait peu ou prou « fils de l'affreux » ! Ennemis jurés des MacDonald, ils les ont maintes fois combattu au fil des siècles pour tenter d'imposer leur suprématie sur les îles de l'Ouest. Mais les innombrables querelles familiales ont fini par porter atteinte à la branche principale, qui s'est éteinte vers 1600...
Au XIXe s, Lewis est encore propriété privée : elle est achetée dans son intégralité par sir James Matheson, qui fait édifier le château de Lews, à Stornoway. L'île et la bâtisse sont revendues en 1918 à Lord Leverhulme, le fondateur d'*Unilever* (les lessives), qui décide d'y installer des poissonneries modernes qui doivent révolutionner le modèle économique de l'île. Mais le projet échoue, principalement en raison de la peur du changement des insulaires et des autorités écossaises. En 1923, lord Leverhulme propose finalement de faire don de ses propriétés aux différents districts. Croyez-le ou non, tous refusent, sauf celui de Stornoway !

Harris Tweed

Comme la Guinness en Irlande, le *Harris Tweed* fait partie des produits de réputation mondiale. Des tissus en laine auraient déjà été fabriqués sur l'île il y a 2 500 ans ! C'est en 1842 que tout commença véritablement, lorsque la comtesse de Dunmore décida de promouvoir cet artisanat. Son mari, fort de son titre,

PLUMEZ-MOI CE MOUTON !

Traditionnellement, à Lewis et Harris, les moutons n'étaient pas tondus, mais leur laine arrachée comme on plumerait un oiseau avant de le manger... Cruel ? Pas tant que ça. Si l'on attend la bonne période, elle se détache toute seule.

L'ÎLE DE LEWIS ET HARRIS

Stornoway	Lieux traités
Rodel	Adresses et lieux dans les environs
Achmore	Repères

Site inscrit au Patrimoine mondial de l'Unesco

OCÉAN ATLANTIQUE

NORD

Butt of Lewis
Eoropie
Port of Ness
Galson
Arnol
Barvas
Tolsta
A 858
Shawbost
A 857
B 895
Garenin
Carloway
Dun Carloway Broch
Tiumpan Head
Valtos
Great Bernera
Miavaig
Newmarket
Callanish
Standing Stones
Stornoway
Plage de Uig
Kneep
Carishader
A 858
A 866
Achmore
Eye Peninsula
Mangersta
LEWIS
Balallan
A 859
ULLAPOOL
Kershader
Scarp
Hushinish
Ardvourlie
Clisham 799▲
HARRIS
B 887
Loch Seaforth
Amhuinnsuidhe Castle
North Harris
ST KILDA
Taransay
Ardhasaig
Urgha
Rhenigidale
Luskentyre
Tarbert
Horgabost
Seilebost
Scalpay
Toe Head
South Harris
Drinishader
A 859
Scarista
Golden Road
Geocrab
Northton
Leverburgh
Finsbay
Rodel
Renish Point
UIG, SKYE

10 km

entretenait sa propre armée privée, qu'il venait de faire habiller en kilt par un tisserand local... Après quelques années, la notoriété de la production en fit une véritable industrie. Sur toute l'île, les femmes cardaient et filaient – étapes les plus laborieuses –, et les hommes tissaient. Sur un métier manuel, il était possible de produire environ 6 m de tweed par semaine. Aujourd'hui, bien que le produit soit mondialement connu pour son extraordinaire qualité, l'activité générée par sa production reste fragile et n'emploie qu'environ 250 personnes sur l'île.

Précisons enfin que le fameux tweed est le seul tissu au monde à être régi par une loi du Parlement, le *Harris Tweed Act,* qui précise que le *Harris Tweed* doit être constitué à 100 % de pure laine vierge teinte, filée dans les îles Hébrides extérieures, et tissée à la main, à la maison, par les habitants des îles de Lewis et Harris, Uist et Barra. C'est le *Harris Tweed Authority* qui est chargé de certifier les produits finis par l'apposition d'un timbre Certification Mark ou bien ORB Mark.

Bien que le *Harris Tweed* soit originaire de Harris, c'est sur Lewis que se trouvent les trois filatures encore existantes : *Harris Tweed Scotland* est à Stornoway, *Harris Tweed Hebrides* à Shawbost, et *Carloway Mill,* sur la côte ouest. Quant aux tisserands, ils sont répartis sur les deux parties de l'île.

Pour tout connaître du *Harris Tweed,* son histoire et sa production : ● harristweed.org ●

UN RÉSERVOIR DE CULTURE GAÉLIQUE

Plus que les Hébrides intérieures, les Hébrides extérieures constituent une enclave pour la culture gaélique. Environ 60 % de la population est bilingue (69 % à Harris). Vous le sentirez dès votre descente du ferry. Tous les panneaux sont écrits en gaélique avec, pour la plupart mais pas toujours, un sous-titrage en anglais. Nous vous indiquons les deux noms, sachant tout de même que l'anglais est plus facile à prononcer ! Radio BBC Gael, sur 104.3 FM, diffuse des informations et une très bonne musique gaélique.

LE DIMANCHE, UN JOUR PRESQUE TOUJOURS CHÔMÉ

Autre caractéristique importante de cette île de l'Ouest, la conviction religieuse de ses habitants. On ne compte plus le nombre d'églises et de temples calvinistes. Il y aurait 43 congrégations presbytériennes, dont une dizaine rien qu'à Stornoway. Du coup, le dimanche, presque tout s'arrête : les bus ne circulent pas, les stations-service, les cafés, les musées, les magasins gardent portes closes. Toutefois, avec l'arrivée récente de voyageurs par le ferry, certains restaurants (surtout d'hôtels) ont ouvert, au grand dam des presbytériens les plus fervents. Mais, comme les adresses sont encore peu nom-

UN DIMANCHE MORTEL

Jusqu'en 2009, aucune activité n'était tolérée sur l'île le dimanche. Même les aires de jeux étaient fermées, au cas où les enfants aient l'idée saugrenue de s'en servir ! Encore aujourd'hui, on ne tond pas son gazon, on n'étend pas son linge et on ne joue même pas au golf ce jour-là ! Les habitants vont au temple, voilà tout. Imaginez la consternation lorsque Caledonian MacBrayne *décida d'accoster à Stornoway TOUS les jours. Si les jeunes se sont montrés plutôt favorables à cette évolution, les plus religieux s'y sont fermement opposés, en vain.*

breuses, mieux vaut réserver ou... faire vos courses la veille ! Car malgré cette « révolution », le rythme évolue lentement et il faudra sans doute encore quelques années pour que le dimanche permette de s'adonner à des loisirs ou de commercer comme les autres jours.

Arriver – Quitter

En bateau

La compagnie *Caledonian MacBrayne* assure ttes les liaisons maritimes. ☎ 0800-066-5000. ● calmac.co.uk ● En saison, si vous êtes motorisé, mieux vaut réserver quelques jours à l'avance, surtout si le trajet retour a lieu un dimanche. ➤ *Ullapool-Stornoway* (sur Lewis) : 2 ferries/j. (1 le dim) tte l'année.

Traversée : 2h30. Prix aller : env £ 10/pers et £ 50/voiture. ☎ *(01854) 612-358 à Ullapool ;* ☎ *(01851) 702-361 à Stornoway.*
➤ **Skye :** 1-2 ferries/j. entre **Uig** (nord-est de Skye) et **Tarbert** (sur Harris), tte l'année. Traversée : 1h40. Prix aller : env £ 7/pers et £ 30/voiture. ☎ *(01470) 542-219 à Uig.* ☎ *(01859) 502-444 à Tarbert.*

En avion

Stornoway est relié à **Édimbourg, Inverness, Glasgow,** l'île de **Benbecula,** avec *Flybe.* ● *flybe.com* ● Ainsi qu'à **Aberdeen** avec *Eastern Airways.* ● *easternairways.com* ●
➤ De l'aéroport, bus pour **Stornoway.**

Quelques infos pratiques et conseils pour garder un bon souvenir de votre séjour sur l'île

– N'attendez pas le dernier moment pour chercher de l'essence, sachant que sur Harris vous ne trouverez des pompes qu'à Tarbert, Ardhasaig et Leverburgh ; elles sont un peu plus nombreuses sur Lewis et un peu mieux réparties, mais restez prudent. Par ailleurs, les horaires d'ouverture sont limités : elles n'ouvrent que vers 9h-10h, ferment dès 17h-18h, et toutes sont fermées le dimanche. Seule exception, la **Engebrets Filling Station** à Stornoway *(tlj 10h-16h),* qui dispose d'une pompe 24h/24, ainsi que d'une petite boutique pour vous dépanner pendant les horaires d'ouverture.
– En saison, il est indispensable de réserver votre hébergement avant votre arrivée sur l'île (sauf si vous campez), car les logements affichent très vite complet.
– En saison toujours, le dîner se transforme souvent en galère : peu d'endroits pour vous restaurer et tout est réservé à l'avance. Deux options : faire les courses suffisamment tôt ou réserver vous aussi...

LEWIS *(IND. TÉL. : 01851)*

Correspond à la partie nord de l'île, dont Stornoway est la principale ville. Paysage de landes et de marécages, sous lesquels dorment depuis 10 000 ans des couches de tourbe noire. Une fois découpée en mottes (nombreuses tranchées), celle-ci est empilée et mise à sécher à l'air ou sous des bâches pour servir de combustible. D'usage quasi exclusif autrefois, elle l'est moins aujourd'hui, car son exploitation est désormais réglementée et son rendement relativement faible. Sans oublier un inconvénient de taille : la lourde fumée qui se dégage de sa combustion... Celle-ci a d'ailleurs donné son nom à l'habitat traditionnel : les charmantes *black houses* avaient leurs murs de pierre noircis par la fumée au fil du temps ! Cette belle architecture a cédé le pas à une cohorte de pavillons modernes grisâtres, dressés à travers toute l'île.
La partie la plus intéressante de Lewis est la côte ouest, où se trouvent le principal site archéologique et des plages sauvages. Les cinéphiles, quant à eux, pourront découvrir la côte est, dont les paysages arides et rocailleux ont inspiré Stanley Kubrick pour une scène de son film *2001 : l'Odyssée de l'espace.* Dans le scénario, l'action se passe sur la planète Jupiter !

Stornoway *(Steornabhagh ; 9 000 hab.)*

Capitale administrative des Hébrides extérieures, la ville de Stornoway est un petit port pas désagréable qui a l'avantage de concentrer tous les services au même endroit. Vous y trouverez notamment des supermarchés (ravitaillement problématique sur le reste de l'île !). C'est aussi là qu'arrivent les ferries venant d'Ullapool.

LES ÎLES

Arriver – Quitter

➤ **De/vers Tarbert** (plan A-B2) :
5-6 bus/j., sf dim, avec Hebridean
Transport. Infos : ☎ 705-050.

Également des liaisons avec **Port of
Ness, Uig** et **Bernera.**

Adresses utiles

🛈 @ **Visitor Information Centre** (plan
A2) : 26, Cromwell St. ☎ 703-088.
● visithebrides.com ● Pâques-fin oct,
tlj sf dim 9h-16h45 (17h45 juin-août) ;
hors saison, fermé aussi le sam. Service
de résas d'hébergement (payant).
■ **Bank of Scotland** (plan A2, **1**) :
Cromwell St. Lun-ven 9h15 (9h30 mer)-
16h45. Distributeur à l'extérieur.
■ **Location de voitures : Lewis Car
Rentals** (plan A2, **2**), Bayhead St.
☎ 703-760. ● lewis-car-rental.com ●

Lun-sam 8h-17h. Env £ 41/j. pour une
petite voiture (catégorie A), assurance
incluse ; tarif dégressif à partir de 4 j.
Frais d'abandon non négligeables pour
laisser le véhicule à Tarbert (mieux vaut
donc le rendre ici et prendre le bus).
■ **Location de vélos : Alex Dan's
Cycle Centre** (plan A2, **3**), 67, Kenneth St. ☎ 704-025. Lun-sam 9h30
(10h mer)-17h30 (16h mer). Env £ 20/j.
et £ 60/sem.

Où dormir ?

Camping

⛺ 🏠 **Laxdale Holiday Park & Bunkhouse** (hors plan par A-B1, **10**) : 6,
Laxdale Lane. ☎ 706-966. ● laxdale
holidaypark.com ● À 1 km au nord de
la ville, direction Barvas. Mars-oct.
Env £ 9 pour 2 pers en tente ; £ 18/pers
en dortoir (ouv tte l'année), wigwams
£ 36-45 (3-5 pers). 🛜 (payant). Sans
grand charme ni intimité, ce camping
est loin d'être notre préféré mais il est
plutôt bien équipé. Le terrain est herbeux mais un peu en pente et le parking plus étendu que le gazon... Les
4 dortoirs comptent chacun deux fois
2 lits superposés séparés par des
rideaux. Ceux qui y dorment ont accès
à une cuisine et un salon commun. Les
wigwams sont chauffés et équipés
d'une kitchenette. Laverie et drying
room à disposition de tous.

Bon marché
(£ 10-25/pers ; 12-30 €)

🏠 **Heb Hostel** (plan A2, **11**) : 25, Kenneth St. ☎ 709-889. ● hebhostel.
com ● En hiver, sur résa slt. Lit £ 18,
petit déj léger inclus. AJ privée centrale et très bien tenue, avec 3 dortoirs

de 7-8 lits chacun (hommes, femmes
et mixte) et une quadruple. Le dortoir
des filles dispose de sa propre salle de
bains, digne d'un hôtel de luxe avec
son parquet et sa grande baignoire à
pieds ! Salon TV avec cheminée (feu de
tourbe) et cuisine équipée d'un vieux
poêle en fonte, où l'on se sert pour
le petit déj, mais trop petite pour le
nombre d'occupants. Machine à laver,
abris à vélos et même un minijardin à
l'arrière, avec 2 tables de pique-nique
et un abri à la Walt Disney pour le BBQ.
Une belle adresse.

Prix moyens
(£ 50-85 ; 60-102 €)

🏠 **The Rowans** (plan B1, **13**) : 1 B,
Sand St. ☎ 704-607. ● anne@ama
clean100.freeserve.co.uk ● À 15 mn
à pied du centre. Double avec sdb
£ 75, petit déj inclus. 🛜 Petit nid douillet tenu avec grand soin. Ambiance
feutrée, avec 4 chambres (dont une
single), de belle taille pour certaines
et toutes bien équipées (cela va de la
très bonne literie à la salle de bains
pratique, jusqu'au lecteur DVD qui
accompagne la télé et la DVDthèque
bien fournie). Accueil gentil et discret.

LES ÎLES

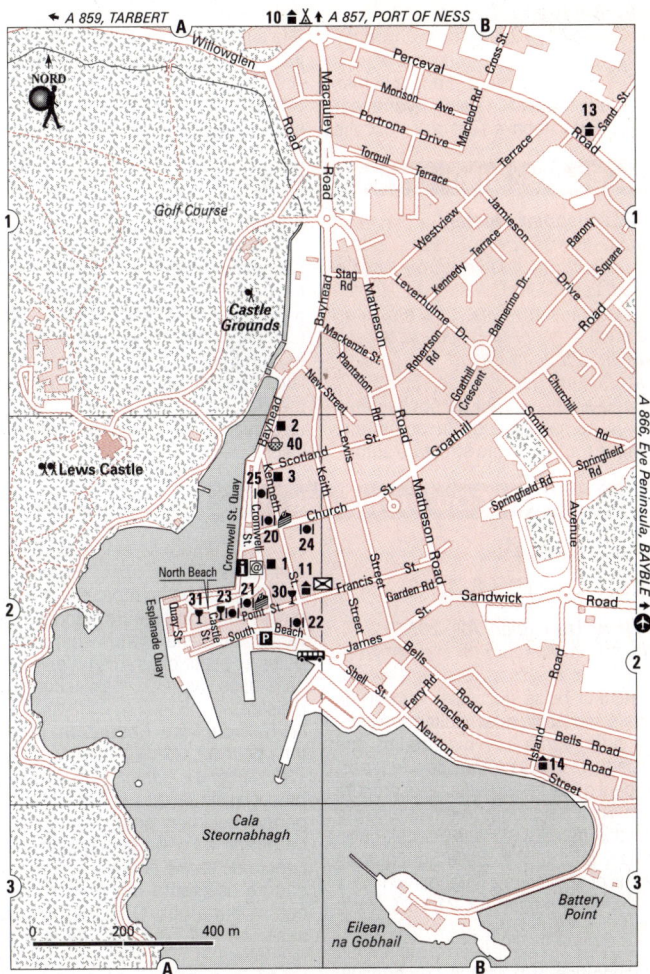

STORNOWAY

■	**Adresses utiles**
	🅱 @ Visitor Information Centre
	1 Bank of Scotland
	2 Lewis Car Rentals (location de voitures)
	3 Alex Dan's Cycle Centre (location de vélos)

⚠ 🏠	**Où dormir ?**
	10 Laxdale Holiday Park & Bunkhouse
	11 Heb Hostel
	13 The Rowans
	14 27 B & B

|○|🍴	**Où manger ? Où prendre le thé ?**
	20 Artizan

	21 Delights et Digby Chick Restaurant
	22 An Lanntair Arts Centre
	23 Harbour View Restaurant (Crown Inn)
	24 Thaï Café
	25 HS-1

🍷	**Où boire un verre ?**
	23 Crown Inn
	30 MacNeills
	31 Lewis Bar

⚙	**Achats**
	40 Lewis Loom Centre

🛏 **27 B & B** (plan B2, **14**) : 27, Newton St. ☎ 701-782. ● stornowaybedandbreakfast.com ● Doubles avec sdb £ 70-80. CB acceptées. Face à la mer, mais aussi devant l'usine hydroélectrique. Petit inconvénient qu'on occulte grâce à l'accueil adorable de Margaret. Vue sur le port depuis les 4 chambres joliment aménagées et confortables. Autre avantage : on est à 5 mn à pied du ferry... pratique ! Elle loue aussi une maison pour 2.

Où dormir dans les environs ?

🛏 **Ravenspoint Hostel :** à **Ravenspoint, Kershader,** South Lochs. ☎ 880-236. ● ravenspoint.net ● À 20 miles (32 km) au sud de Stornoway en allant vers Tarbert. Au niveau de Balallan, prendre la B 8060 vers l'est, qui longe le loch Erisort (sur 6 miles, soit 9,6 km). Tte l'année. Env £ 20/pers. Double £ 45. AJ de poche gérée par la coopérative de la commune, comme toute la petite structure autour.

Environnement splendide, au bord d'un bras de mer aux eaux calmes. Le bâtiment, qui abritait jadis une école, accueille aujourd'hui un dortoir de 5 lits et des chambres privées. La salle commune offre une vue magnifique sur le loch Erisort. Cuisine et machine à laver, ainsi qu'une petite épicerie (fermée le dimanche), un musée local et un agréable café tout vitré. Location de vélos.

Où manger ? Où prendre le thé ?

Bon marché
(plats £ 5-10 ; 6-12 €)

🍴 🌿 **Artizan** (plan A2, **20**) : 12-14, Church St. ☎ 706-538. Lun-ven 10h-18h, sam 9h-23h. Sert de l'alcool. L'intérieur boisé accueille une cuisine autant écossaise que méditerranéenne. Et, pour varier les plaisirs, si une assiette de tapas ne vous convient pas, on peut mixer les ingrédients et prendre le meilleur de chaque. On finit bien sûr par des gâteaux ou des scones on revient pour le thé. Belle boutique de bijoux et souvenirs à l'étage.

🌿🍵 **Delights** (plan A2, **21**) : 18, North Beach. ☎ 701-472. Tlj sf dim 10h-17h (18h pour la boutique). Pas d'alcool. Épicerie fine et boutique de cadeaux, doublée d'un coffee shop à l'accueil féminin prévenant. La plupart des habitués achètent une part de gâteau à emporter, mais on peut aussi s'attabler à l'une des 2 tables et choisir tranquille parmi une belle sélection de thés et de cafés. Profitez-en aussi pour faire quelques emplettes.

Prix moyens
(plats £ 8-18 ; 10-22 €)

🍴 **An Lanntair Arts Centre** (plan A2, **22**) : South Beach. ☎ 703-307. Tlj sf dim 10h-20h. Le 1er étage, au-dessus des salles d'expo, abrite un café aux fauteuils clubs sympa et un resto ouvert sur le port par de grandes baies vitrées. Au menu : sandwichs, soupes, pâtes et petits plats. Rien d'extraordinaire dans l'assiette, mais le cadre est plaisant.

🍴 **Harbour View Restaurant** (Crown Inn ; plan A2, **23**) : Castle St. ☎ 703-734. Tlj sf dim, midi et soir. Cadre plus classique que le menu, qui se permet quelques originalités, comme ce burger à l'oie ou les spaghettis à l'encre de sèche et huile de truffe, ou encore ce risotto aux patates douces et butternut. Quelques salades aussi. Le tout bien exécuté et à prix raisonnables.

🍴 **Thaï Café** (plan A2, **24**) : 27, Church St. ☎ 701-811. Tlj sf dim 12h-14h30, 17h-23h. Pas d'alcool servi, mais possibilité de BYOB (Bring Your Own Bottle). On va au MacDonald ? Non, mais chez Mme MacDonald, épouse authentiquement thaïe d'un authentique Mac local ! Carte variée proposant de bons plats thaïs, même s'ils sont débarrassés de l'essentiel de leurs épices pour satisfaire les palais locaux. La salle est un peu défraîchie mais pas désagréable avec sa déco ramenant au pays des éléphants. Bon accueil.

Chic
(plats £ 15-25 ; 18-30 €)

|●| Digby Chick Restaurant (plan A2, **21**) : 5, Bank St. ☎ 700-026. Tlj sf dim. Intéressants menu le midi et early bird (17h30-18h30). Petit intérieur élégant à l'ambiance chaleureuse. La simple lecture du menu aiguise la curiosité. Dans l'assiette, une délicieuse cuisine aux saveurs subtiles. Les plats de résistance ont beau être copieux, garder une place pour le dessert : c'est le bouquet final !

|●| HS-1 (plan A2, **25**) : Royal Hotel, Cromwell St. ☎ 702-109. Tlj 12h-16h, 17h-21h. Formule déj à prix moyens. Grand choix de plats copieux pour toutes les bourses, traditionnels ou plus exotiques. Ce n'est pas extrêmement fin, mais copieux et varié. Le cadre est agréable, aussi branché qu'il est possible de l'être à Stornoway, avec un mur en brique apparente semé de toiles colorées, et un fond de musique pop pas trop envahissant.

Où boire un verre ?

Voici l'exception qui confirme la règle : une bonne moitié des pubs de Stornoway ouvrent le dimanche... Ben, normal, faut bien trouver quelque chose à faire ! Ils ferment en général vers 23h en semaine et minuit ou 1h le week-end.

🍸 MacNeills (plan A2, **30**) : 11, Cromwell St. Vieux pub à la façade décrépie mais à l'ambiance chaleureuse, surtout le jeudi soir (open mike à 21h30, pour ceux qui ont envie de pousser la chansonnette) et les samedis d'été

(musique live). Salle chauffée au feu de bois. Pour les soirs de grande pluie.

🍸 Crown Inn (plan A2, **23**) : Castle St. Pub cosy-chic, doté de fauteuils clubs et d'un billard face à un long comptoir. Personnel sympathique. Pour les soirs de grand vent.

🍸 Lewis Bar (plan A2, **31**) : 7, North Beach St. Un classique de chez classique, fondé en 1829, aux banquettes rouges et aux tabourets en bois alignés face au bar. Et là encore, un billard. Pour les soirs de brume.

Achats

🧶 Lewis Loom Centre (plan A2, **40**) : Old Grainstore, 3, Bayhead. ☎ 704-500. Avr-sept : lun-sam 9h30-17h30. Le patron de cette boutique bric-à-brac est un amoureux du fameux Harris Tweed,

réputé dans le monde entier. Il vous en dira long sur sa fabrication et ses secrets. La boutique croule sous les coupons, les pièces et les vêtements, les bibelots et les vieux trucs façon vide-greniers.

À voir

⚔ 🚶 Lews Castle (plan A2) : ☎ 822-746. ● lews-castle.co.uk ● Avr-sept : mar-sam 10h-17h ; oct-mars : mer-sam 13h (10h sam)-17h. GRATUIT. Cet ancien hôpital militaire, puis collège jusque dans les années 1980, a été restauré pour accueillir le musée de l'île. Quelques salles au rez-de-chaussée du château se visitent également.
Le musée, fort bien conçu et particulièrement vivant, est consacré à la culture gaélique et insulaire. Nombreux témoignages

NI OUI NI NON

L'alphabet gaélique ne compte que 18 lettres et la langue aucun mot pour dire « oui » ou « non ». Ça oblige à fleurir son vocabulaire. On rétorque ainsi par des expressions du genre : That's smashing, qui d'ailleurs vient du gaélique Is math sin et signifie « C'est bon » ou « C'est bien ». Au « Ni oui ni non » ils gagneraient à tous les coups...

LES ÎLES

audio comme ce touchant kaléidoscope de portraits d'hommes, de femmes et d'enfants, natifs de l'île depuis des générations ou immigrés récents : un véritable hymne au vivre ensemble sur ce bout de terre âpre. D'autres volets sont consacrés à l'économie et aux liens commerciaux avec la Scandinavie, l'Irlande et l'Angleterre, à la production ainsi qu'à la religion.

Le temps fort du musée reste (on l'espère pour longtemps) l'exposition exceptionnelle de six pièces d'échec issus de jeux norvégiens datant du XIIe s et découvertes 7 siècles plus tard sur la plage d'Uig (lire plus loin l'encadré « Souvenir viking »). La taille de ces célèbres « Lewis Chessmen » étonne, petite et replète, mais la finesse des détails suscite l'admiration. Notez les symboles celtiques au dos des sculptures. On disait des échecs que c'était un jeu de roi, car si le souverain se révélait talentueux, alors il était perçu comme fin stratège, fort dans la bataille et solide sur son trône !

Enfin, les enfants (et les grands) pourront porter les vêtements caractéristiques des métiers de l'île. En revanche, la magnifique robe de mariée en tweed, fabriquée à Lewis, ne s'admire que du regard.

– Du château, on visite, entre autres, la bibliothèque aux murs jaunes et la salle à manger, tout au bout, derrière la grande porte. L'étage abrite désormais de luxueux appartements.

|●| *Coffee shop* sur place.

🗡 *Castle Grounds* (ou *Lady Lever Park* ; plan A1) : accessible par un pont réservé aux piétons à la hauteur de New St. Grande variété d'arbres plantés par James Matheson (qui a également mis au jour le site de *Callanish Stones* en découpant de la tourbe) au milieu du XIXe s. Jolie vue sur Stornoway et son port.

🗡 *An Lanntair Arts Centre* (plan A2, **22**) : South Beach. ☎ 703-307. Tlj sf dim 10h-21h (minuit jeu-sam). Ce centre culturel accueille un théâtre, un cinéma, des concerts de temps à autre, des soirées *ceilidhs* au bar et des expos temporaires de qualité (gratuites).

🗡 *Stornoway Churches* : autour de la principale rue piétonne s'étend une série d'édifices témoignant de l'emprise de l'Église protestante. Celui de la *Free Church*, apparue au XIXe s d'une scission de la *Church of Scotland* évangélique, regroupe plus de 1 500 personnes à l'office du dimanche, le plus important de Grande-Bretagne !

Manifestations

– *Hebridean Celtic Festival* : pdt 4 j. mi-juil. Infos : ● hebceltfest.com ● Festival de musique celte se déroulant essentiellement dans les jardins du Lews Castle. Stornoway est littéralement envahie de groupes de musique se produisant partout à travers la ville et même dans les pubs. Un événement majeur dans le calendrier celtique européen.

– *Hebridean Maritime Festival* : pdt 1 sem mi-juil. ● sailhebrides.info ● Un festival dédié à la voile.

Le nord de Lewis

Comment circuler ?

➢ *En bus* : 6-8 bus/j. (sf dim) dans les 2 sens avec la ligne n° W1 assurée par *Galson Motors*. ☎ 840-269. ● cne-siar. gov.uk/travel/ ● Ils desservent tous les villages jusqu'à **Port of Ness** (via Barvas) et les abords du **Butt of Lewis**. Dernier retour vers 20h20 lun-jeu, 21h20 ven et sam.

Où dormir ?

🏠 **Galson Farm Bunkhouse & Guest House :** à **South Galson.** ☎ 850-492. ● galsonfarm.co.uk ● *À 20 miles (32 km) au nord de Stornoway, sur la route menant au Butt of Lewis, extrémité nord de l'île ; au village de Galson, un panneau l'indique sur la gauche.* Tte l'année. *Nuitée en dortoir (3-8 lits) £ 20/pers. Doubles £ 91-105 selon le type de chambre.* 📶 Cette ferme tricentenaire avec vue sur l'Atlantique abrite des chambres joliment aménagées (mais chères), ainsi qu'un sympathique dortoir de 4 lits superposés, avec coin cuisine bien équipé. Idéal pour les familles ou un groupe d'amis. Accueil sympa du proprio anglais, origine que l'on devine notamment à la déco (voir les *lounges*). Fait aussi resto mais uniquement pour les hôtes. À noter que la maison abrite un tout petit bureau de poste.

À voir

⛺ Juste au nord de **Tolsta,** vers la fin de la route B 895, *plage* la plus longue de Lewis.

➢ Et, tout au bout de la route, départ de randonnée vers *Port of Ness.* L'**Heritage Trail** (10 miles, soit 16 km) passe à proximité d'anciennes habitations et d'une chapelle. Compter au moins 4h de marche. Chemin très tourbeux.

🎣 **Butt of Lewis :** phare marquant l'extrême pointe nord de l'île de Lewis et Harris. À environ 3 miles (4,8 km) du petit Port of Ness, on se croirait au bout du monde... En fait, on y est pour de bon ! Continuez tout droit vers le nord et vous arriverez aux îles Féroé et en Islande. Les collines d'herbe rase, la côte rocheuse et découpée bardée de falaises, le vent qui rugit, les nuages qui vont à toute vitesse, l'écume des vagues au loin, quelque chose de troublant rappelle la Bretagne, en plus violent, en plus sauvage. Oubliez vos antidépresseurs et respirez du Butt of Lewis : c'est le meilleur décapant naturel des Hébrides. Sachez que les oiseaux nichés dans les falaises apprécient aussi le site. Attention à ne pas s'approcher du rebord lorsque le vent se lève : il souffle très fort. Même en été, la mer peut être mauvaise.

🎣 **Saint Moluag's Church** (Teampall Mholuaidh) : à **Eoropie** (Eoropaidh), sur la gauche en allant vers Port of Ness. Chapelle très bien restaurée, toujours en activité. Si elle est fermée, jetez un coup d'œil par la chapelle latérale : bel intérieur en pierres apparentes.

🎣 **Port of Ness :** *petite crique abritée à 2 miles (3,2 km) au sud-est de Butt of Lewis.* Là vit une communauté de pêcheurs ; à côté du port, belle plage vous invitant à faire une petite marche.

L'ouest de Lewis

Comment circuler ?

➢ **Ligne circulaire** (n° W2) au départ de **Stornoway** desservant **Barvas, Shawbost, Carloway, Callanish.** Lun-sam 2-4 bus/j. dans chaque sens. Départs plus fréquents de Barvas. Avec entre autres *Galston Motors,* ☎ (01851) 840-269, ou *Maclennan Coaches,* ☎ (01851) 702-114.
➢ Également des lignes vers Bernera (W3) et Uig (W4). Plus d'infos sur : ● cne-siar.gov.uk/travel/busservice/ ●

LES ÎLES

Où dormir ?

Campings

⚕ *Kneep Campsite (ou Reef Beach Campsite)* : à *Reef.* ☎ 672-332. 📠 07951-188-712. *Près de Valtos ; accès par la Circular Scenic Route au départ de Miavaig (Miabhaig), avt Uig (voir plus loin dans « À voir »). Ouv mai-oct. Env £ 10-15/ tente (selon taille), occupants inclus ; douche payante.* Un cadre idyllique : les collines verdoyantes, la roche, une superbe plage... et, régulièrement, un vent à décorner les bœufs. Le site a beau être vaste, on ne s'installe pas où on veut, le nombre d'emplacements étant limité. Petit bloc sanitaire. Bref, le grand luxe selon les standards de l'île !

⚕ *Ardoil Caravan Site (ou Uig Sands Campsite)* : à *Ardoil Beach.* ☎ 672-255. *Mars-oct. Compter £ 2/pers. Paiement à la maison n° 6, située face au chemin d'accès.* On peut difficilement parler de camping, plutôt d'une vaste étendue de *machair* (prairie littorale à l'herbe épaisse) pour planter la tente ou garer le camping-car... Point d'eau et w-c. À part cette rusticité, le lieu est tout simplement enchanteur : sous vos yeux se déroule un immense tapis de sable blanc.

⚕ *Eilean Fraoich Campsite* : 77, *North Shawbost.* ☎ 710-504. ● eileanfraoich. co.uk ● *De Stornoway, prendre l'A 857 vers Barvas (Bharabhas), puis à gauche sur l'A 858 au niveau de l'école ; continuer sur 6 miles (9,6 km). Mai-sept. Env £ 14 pour 2 avec tente ; douche payante.* 📶 *(payant).* Petit camping familial simple, version carré de gazon autour de la maison des proprios, mais qui a la particularité d'avoir une salle commune pour manger (avec cuisine) à l'abri du vent et de la pluie. Machine à laver.

Bon marché (£ 10-25/pers ; 12-30 €)

🏠 *Gearrannan Hostel* : *dans le* Garenin Blackhouse Village *(voir plus loin).* ☎ 643-416. ● gearrannan.com/hostel ● *Tte l'année. Env £ 15/pers et £ 47 pour la triple.* Une auberge dans un des lieux les plus originaux qui soient, puisqu'on dort dans une *blackhouse,* qui fait aujourd'hui partie d'un

village touristique, face à la mer. Impeccablement restaurée, elle abrite 2 dortoirs (4-6 lits, attention, celui pour 4 est vraiment exigu) et 1 chambre familiale pour 3. Cuisine bien équipée, mais pensez à faire vos provisions avant. D'autres maisons sont aussi à louer dans le village, à des prix toutefois sans commune... mesure (!).

🏠 *Otter Bunkhouse* : à *Carishader, avt la Scenic Road.* 📠 07942-349-755. ● *otter bunkhouse.com* ● *Tte l'année. Env £ 20/ pers. Pas facile à repérer. Essayez d'apercevoir côté droit (en venant de Stornoway) le discret panneau au niveau du sol (pratique !). La maison en bois se trouve en contrebas de la route (peu visible, donc), mais face au loch, on va donc arrêter de râler !* Bien intégrée dans le paysage, on l'aura compris, la *bunkhouse* possède un intérieur dépouillé composé d'une seule chambre de 8 lits superposés (avec lumière individuelle) et d'une cuisine-salon. La situation, dont on profite de la terrasse, reste exceptionnelle.

Chic (£ 85-125 ; 102-150 €)

🏠 |●| *Baile-Na-Cille* : *Timsgary (Timsgearraidh), à Uig.* ☎ 672-242. ● *baile nacille.co.uk* ● *Mai-sept. Doubles avec sdb intérieure ou extérieure £ 110-130. Dîner (4 plats) sur résa £ 30 ; selon dispo pour les non-résidents.* La grande maison blanche, perchée sur un terre-plein dominant la superbe plage d'Uig, abrite des chambres confortables, appréciées des amoureux des paysages marins. Les lieux ont vécu, c'est ce qui fait tout son charme. On ne feuillette pas un magazine de déco. D'ailleurs, tout est fait pour que vous vous sentiez comme chez vous, à tel point qu'on a vite l'impression de faire partie de la famille. Pas de chichis, donc, ni de TV (si ce n'est dans 2 chambres seulement et dans la salle commune prévue à cet effet) : on ne vient pas ici pour passer son temps sous la couette, mais pour affronter les grands vents et les kilomètres de sable immaculé qui se déroulent sous nos yeux, éventuellement pour jouer au tennis... sur gazon, *of course* (et se prendre pour Andy Murray). Le dîner, pas donné, est excellent, ultra-copieux et pris en commun dans la salle panoramique, face au court de tennis et à la mer. Le menu est fixe mais peut être adapté sur demande préalable.

Où manger ?

|●| Doune Braes Hotel : *juste après le Carloway Broch en venant du nord, au bord d'un petit lac, le long de la route.* ☎ 643-252. *Tte l'année. Tlj 12h-14h30, 18h-20h30 (dernière commande, jusqu'à 19h dim).* Fish & chips, *pâtes* £ 8-13 ; *compter £ 13-20 au déj ou au dîner.* Une adresse pour se restaurer au cours d'une balade dans l'Ouest. Au menu, plats simples ou plus élaborés : *seafood,* burgers, etc. Accueil très gentil.

À voir. À faire

🎥🎥 **Arnol Blackhouse** (HES) **:** *à **Arnol** (Arnoil).* ☎ 710-395. *Avr-sept : tlj sf dim 9h30-17h (dernière admission) ; oct-mars : tlj sf mer et dim 10h-15h30. Entrée : £ 4,50 ; réduc.* Plusieurs habitations permettent de réaliser l'évolution des conditions de vie des insulaires. L'habitation au toit de chaume traditionnel fut construite en 1880. Entièrement meublée, elle reflète la vie quotidienne d'autrefois. D'un côté, la chambre avec des lits clos ; de l'autre, l'écurie ; au centre, le « salon » avec son feu de tourbe dont l'odeur imprègne l'atmosphère. La famille y a vécut jusqu'en 1966. De l'autre côté de la route, on déambule entre les ruines d'une maison encore plus ancienne. Enfin, une troisième habitation, *whitehouse,* bien plus moderne a été laissée en l'état depuis le départ de ses occupants dans les années 1970.

🎥🎥 **Garenin (Gearrannan) Blackhouse Village :** *à env 1,5 mile (2,4 km) au nord du village de Carloway (Carlabhagh).* ☎ 643-416. ● gearrannan.com ● *Avr-sept : tlj sf dim 9h30-17h30. Entrée : 3,50.* Habités jusqu'en 1974, les vieilles *black houses* de Garenin ont été restaurées, composant le dernier ensemble de ce type encore visible sur l'île. On y trouve désormais une maison à l'intérieur typique du début du XXe s, avec un film sur la fabrication du tweed, une salle d'exposition, un *coffee shop* et des appartements en location. Le lieu est donc très touristique.
L'architecture des *black houses* de Lewis et Harris rappelle étrangement les *longhouses* vikings. Une unique porte basse permet d'accéder à ces longs bâtiments aveugles destinés à conserver la chaleur et à se protéger des ennemis. Souvent, la pièce centrale était dévolue au bétail, qui jouait le rôle de chauffage central. Par manque de forêts, les charpentes étaient faites en bois flotté, parfois même en os de baleines, recouverts de mottes d'herbe, puis de chaume, lui-même arrimé à l'aide de grosses cordes pour éviter qu'il ne s'envole !

🎥🎥 **Dun Carloway Broch** (HES) **:** *peu après Carloway (Carlabagh), à env 6 miles (9,6 km) au nord de Callanish. GRATUIT.* Ruine d'une tour défensive de l'âge du fer *(broch),* où vivaient également des gens. Entouré de deux cercles de pierres concentriques, l'ensemble est étonnamment bien conservé vu son grand âge et assez impressionnant, certains des murs atteignant encore 8 m de hauteur.
– *Dun Broch Centre : à l'entrée du site. Mai-sept : lun-sam 10h-17h. GRATUIT (heureusement !).*

🎥🎥🎥 **Callanish (Calanais) Standing Stones** (HES) **:** *à **Callanish** (Calanais). GRATUIT.* Cercle de pierres impressionnant, prolongé par deux alignements en forme de croix celtique. À ne pas manquer, surtout au crépuscule. Des études datent le site entre 2900 et 2600 av. J.-C. On sait que les pierres ont été déplacées à l'aide de rondins et de structures en bois pour former un cercle légèrement « écrasé » sur son flanc oriental. Il ne reste rien de la chambre funéraire placée à l'intérieur vers 2600 av. J.-C., disparue lorsque les fermiers se sont installés dans le coin pour cultiver la terre entre les XVe et X[e] s av. J.-C. Aujourd'hui, le site attire les adeptes du New Age, en particulier au moment du solstice d'été ! Une balade de 2 miles (environ 3 km) permet de voir d'autres lieux similaires.

– *Callanish (Calanais) Visitor Centre :* *à l'entrée du site.* ☎ *621-422. Avr-oct : tlj sf dim, 10h-18h (20h juin-août) ; nov-mars : mar-sam 10h-16h. Entrée : env £ 3.* Petite exposition (avec livret en français) évoquant l'histoire de l'occupation du site à travers la géologie, l'habitat et l'astronomie. Beaucoup de lecture pour parfaire votre anglais. Agréable *coffee shop* sur place avec vue sur le loch.

🏃🏃 **Great Bernera Island :** *accès depuis la route d'Uig (B 8011) par la B 8059.* L'île, entourée de toutes parts par les lochs mais reliée à Lewis par un pont, mérite le détour pour sa jolie plage de sable blanc, à Bosta (Bosthad). Au détour de la crique, on peut voir la *Bosta Beach Iron Age House,* une reconstitution très réussie d'une maison de l'âge du fer (800-400 av. J.-C.). ☎ *612-331. Ouv de mi-mai à mi-sept. Visite : lun-ven 12h-16h ; entrée : env £ 3.* C'est une tempête hivernale qui, dans les années 1990, mit au jour les vestiges des cinq habitations en ce lieu, qu'il fut malheureusement impossible de conserver à cause des intempéries et du terrain sablonneux, d'où cette reconstitution.

➤ **Circular Scenic Route :** *juste après Carishader et avt Uig, à Miavaig (Miabhaig).* Bien étroite, cette jolie route vous promène entre collines verdoyantes, plages superbes et ports de pêche croquignolets, en passant par les hameaux de Cliff (Cliobh), Valtos (Bhaltos), Kneep (Cnip) et Reef (Riof).

🏃🏃🏃 **Uig Beach :** *à Uig.* Certains affirment qu'il s'agit de la plus belle plage du Royaume-Uni. Cernée de collines basses couvertes de *machair* et de dunes plantureuses, tapissée d'un sable fin d'un blanc éclatant, elle se découvre à marée basse sur plusieurs kilomètres, s'immisçant dans tous les recoins de la baie. Même les mers du Sud n'en ont pas d'aussi belles ! En toile de fond se détache la vallée oasis d'Uig, une grosse tache de verdure ponctuant une côte autrement austère, où gambadent les moutons et les goélands.

SOUVENIR VIKING

En arrivant près de la plage d'Uig, au bord de la route, se dresse une étrange pièce d'échecs géante. C'est en effet dans une anfractuosité rocheuse de cette plage que l'on a découvert, en 1831, 93 pièces en ivoire de morse et dents de baleine, provenant de quatre jeux d'échecs norvégiens du XIIe s. Souvenir d'un temps où l'île était sous domination viking. Six d'entre elles se trouvent actuellement au musée Lews Castle, à Stornoway.

HARRIS *(IND. TÉL. : 01859)*

Contrairement à sa voisine Lewis, plate et marécageuse à l'intérieur, Harris est assez accidentée. Monts escarpés, collines arrondies, lochs encaissés alternent sans discontinuer. Dans la partie nord de Harris *(North Harris)*, le mont *Clisham* culmine à 799 m. La partie sud de Harris *(South Harris)* cache plusieurs plages immenses, parmi les plus belles d'Écosse. Une occasion unique pour effectuer quelques randonnées, face à l'océan.

Tarbert (an Tairbeart)

Le plus grand village de Harris, sans charme particulier, s'amarre sur un isthme marquant la frontière entre North Harris et South Harris. La rue principale est bordée de maisons surplombant le port, d'où partent les ferries vers l'île de Skye. Vous y trouverez de quoi vous ravitailler : une épicerie, une pompe à essence et un distributeur automatique de billets, des « denrées » plutôt rares dans la région.

Adresse et info utiles

🛈 Visitor Information Centre : *Pier Rd.* ☎ *502-011.* • *tarbertharris@ visitscotland.com* • *De Pâques à mi-oct : lun-sam 9h15-16h45 (17h45 en* *juil-août) ; horaires réduits et variables le reste de l'année.*

⚓ Terminal Ferry Caledonian Mac-Brayne : ☎ *502-444.*

Où dormir à Tarbert et dans la région ?

De bon marché à prix moyens (jusqu'à £ 85 ; 102 €)

🏠 The Backpackersstop : *à Tarbert, Main St.* ☎ *502-163.* 📱 *07708-746-745.* • *thebackpackersstop.yolasite. com* • *Prévoir £ 20/pers.* Cette maison jaune canari propose des dortoirs de 6-8 lits, confortables et correctement équipés. Cuisine à dispo, laverie.

🏠 Tigh Na Mara, chez Mrs Flora Morrison : *à Tarbert, à 500 m du port, en suivant la route de Scalpay (Scalpaidh), bifurquer à droite dans une ruelle, env 200 m après l'église.* ☎ *502-270. Tte l'année. Doubles sans ou avec sdb £ 60-70.* Cette maison propose 3 chambres coquettes et confortables avec une belle vue sur le loch Tarbert. Très bon accueil.

Où manger ?

De bon marché à prix moyens (plats £ 5-18 ; 6-22 €)

🍽 AD'S Takeaway : *Main St.* ☎ *502-700. Tte l'année, tlj sf dim 12h-14h, 17h-19h. Dans la rue principale.* Toute petite échoppe pas vraiment inspirante mais proposant de bons *fish & chips*.

🍽 Firstfruits Tearoom : *derrière l'office de tourisme, sur la place principale.* ☎ *502-439. Avr-sept ; horaires un brin compliqués : en gros, lun-ven 10h-16h jusqu'à 15h ts les sam, ainsi que les mar et jeu en avr, mai et sept. CB refusées.* Mignonne petite maison blanche, avec quelques tables aménagées sur des pieds en fonte d'anciennes machines à coudre. Quiches, sandwichs, gâteaux, soupe du jour, bons cafés, thés et smoothies. Bref, l'endroit parfait pour une petite pause, avec un fond de musique gaélique pour faire glisser le tout.

🍽 Hotel Hebrides : *Pier Rd.* ☎ *502-364. Tlj. Bar menu (servi jusqu'à 15h), plats env £ 10-13 et formules 2 ou 3 plats £ 14-16 ; à la carte le soir, £ 15-25.* On s'étonne presque de trouver un endroit aussi animé sur Harris ! Bar, café, resto (et hôtel, mais cher) à la déco chic et contemporaine, dans les tons boisés. On s'y restaure sans dépenser une fortune et c'est ouvert tous les jours ! À la carte : indétrônables *fish & chips* et burgers, mais aussi du poisson frais.

À voir

🏛 Isle of Harris Distillery : *sur le port.* ☎ *502-212.* • *harrisdistillery.com* • *Avr-sept : lun-ven 10h (sf lun), 12h et 14h. Tours £ 10 ; enfants admis. Durée : 1h15. Résa à l'avance très conseillée.* Le bâtiment ressemble un peu à une église, sauf qu'on y prêche une autre religion, celle du whisky. Mais la patience reste mère de toutes les vertus et il vous en faudra pour pouvoir déguster le 1er dram de malt. Cette structure récente ne le tirera pas avant... 2020. En attendant, on déguste le *newmake spirit,* ce qui sort de l'alambic. En revanche, la production de gin fonctionne déjà... ouf !
🍽 *Canteen* sur place pour avaler soupes et gâteaux.

LES ÎLES

Manifestation

– **Harris Mountain Festival :** *1 sem début sept.* Les sports de plein air sont à l'honneur : randos guidées, kayak ou sorties en bateau.

Le nord de Harris

Comment circuler ?

➢ Service de bus très limité. En période scolaire, avec la ligne n° W12, 3 allers-retours/j. (sf dim) de Tarbert à Hushinish ; pdt vac scol : slt mar et ven. Avec *Hebridean Transport,* ☎ *705-050.*

Où dormir ? Où manger ?

Bon marché (£ 10-25/pers ; 12-30 €)

⚰ 🏠 **Rhenigidale Youth Hostel :** à **Rhenigidale** *(Reinigeadal), tt au bout de la route.* ☎ *0345-293-73-73.* ● *syha.org.uk* ● *ou* ● *gatliff.org.uk* ● *À 13 miles (21 km) au nord de Tarbert, par l'A 859, direction Stornoway ; après 7,5 miles (12 km env), prendre sur la droite une petite route qui longe le loch Seaforth et permet d'atteindre ce havre de paix. Les randonneurs expérimentés peuvent également rejoindre l'auberge depuis Tarbert par un sentier de 3,5 miles (5,6 km). Ne pas s'aventurer sur le chemin à la nuit tombée. Tte l'année. Ne prend pas de résa et enfants de moins de 5 ans non acceptés. Env £ 14/pers. Loc de draps possible. Camping £ 9/pers.* Au pied des montagnes, sur la côte est de l'île, rien dans les environs (la première épicerie est à une dizaine de kilomètres !). Installée dans une ancienne *croft house* blanche, elle ressemble encore aujourd'hui davantage à un refuge rustique qu'à une véritable AJ. Petite salle commune avec fauteuils autour du poêle, cuisine au rez-de-chaussée et 2 dortoirs à l'étage (capacité de 11 lits en tout), mais un seul w-c et une seule douche.

|●| **Hebscape :** à **Ardhasaig** *(Aird Asaig), env 3 miles (4,8 km) au nord-ouest de Tarbert, direction Stornoway,* côté droit. ☎ *502-363. Avr-oct, tlj sf dim et lun 10h30-16h30 (12h-14h30 pour les snacks) ; nov-déc, sam slt 11h-16h. Bon marché.* Même si la maison en bois posée seule au bord de la route a du caractère, on lui préfère l'intérieur chaleureux et douillet avec ses canapés confortables, sa galerie de photos, sa musique douce et son atmosphère feutrée qui contraste avec l'environnement ; la vue sur la mer et la côte est à couper le souffle. On y grignote un morceau (rillettes de saumon, scones au fromage, gâteaux) en sirotant un thé *fairtrade,* au chaud, dans ce refuge, au milieu d'une nature qu'on imagine aisément déchaînée.

|●| **North Harbour Bistro and Tearoom :** *sur l'île de* **Scalpay,** *accessible par un pont, à 6,5 miles (env 10 km) à l'est de Tarbert.* ☎ *540-218. Entrée par l'épicerie. Tlj sf mer et dim 10h-21h. Plats £ 10-12 le midi, £ 16-25 au dîner. Pas d'alcool, mais on peut apporter sa bouteille. Résa conseillée le soir.* On ne débarque pas sur cette île par hasard, mais la réputation de ce *bistro* mérite bien le chemin parcouru. Ambiance iodée et chaleureuse dans cette petite salle où se pressent les habitués. Si le midi les plats restent traditionnels (saucisse-purée, lasagne, *fish & chips*), le soir, l'inspiration du chef s'envole. Plats savoureux, aux belles associations... De la bonne cuisine écossaise qui sait se réinventer.

À voir

🏃 Amuinnsuidhe (Abhainn Suidhe) Castle : *sur la route conduisant à Hushinish. Ne se visite pas.* Château de style « baronial » construit en 1868 par le comte de Dunmore (qui avait acheté Harris en 1834). La route passe à l'intérieur même du domaine, sous les fenêtres du château !

🏃 Hushinish Bay *(Huisinis)* **:** magnifique plage au bout de la route B 887. De l'autre côté de la colline, vue sur l'île de *Scarp,* habitée jusqu'en 1971.

> ## SERVICE EXPRESS
>
> *En juillet 1934, l'île de Scarp, au large de North Harris, fut le théâtre d'une expérience postale originale : on y envoya le courrier par fusée ! Sans suite, car elle explosa avant d'atterrir... Aujourd'hui, les échantillons de ces* rocket post covers *valent quelques centaines de* pounds *auprès des collectionneurs.*

Randonnées

L'office de tourisme de Tarbert vend des petits topoguides. On peut aussi s'y procurer le *Harris Guided Walks,* une brochure indiquant toutes les infos pratiques (jour, itinéraire, lieu de rendez-vous, durée) sur les randos guidées organisées plusieurs fois par semaine d'avril à septembre. De 3 à 8 miles et de difficultés variables, elles vous permettent de découvrir Harris sous un nouvel angle, avec des gens du coin comme guides. Elles sont en principe gratuites, sauf la Eagle Walk.

➤ **L'ascension du Clisham** *(An Cliseam)* **:** *rens à l'office de tourisme. Départ du sentier depuis un parking situé sur l'A 859.* Point culminant de Harris, à 799 m. Compter environ 8h de marche aller-retour pour 9 miles (14,4 km). Ne pas oublier que le temps change très vite.

➤ Le **Harris Walkway** relie les anciens sentiers de l'île, de Clisham à Seilebost via Tarbert pour un total de 20 miles (32 km), qu'il est possible de faire en deux fois. La deuxième partie se déroule dans le sud de Harris et comprend la *Coffin Road,* qui peut aussi être arpentée seule (compter alors 14,5 km). Plus d'infos sur : ● *walkhighlands. co.uk* ●

> ## À TOMBEAU OUVERT
>
> *On ne peut pas installer un cimetière n'importe où. Tout dépend de la nature du sol. Sur Harris, pas moyen d'enterrer les morts sur la côte est, la terre étant trop rocailleuse. On transportait donc les corps à travers l'île, jusque sur la côte ouest, près de Losgaintir (Luskentyre), où le terrain était plus meuble. Le chemin était alors connu sous le nom de* Coffin Road *(« La route du cercueil »). C'est aujourd'hui un sentier de randonnée qui n'a rien de mortel, tant les paysages traversés restent saisissants.*

Le sud de Harris

Comment circuler ?

➤ Service de bus avec *Hebridean Transport.* ☎ (01851) 705-050. La ligne n° W13 part de Tarbert, suit la *Golden Road* (côte est), pour terminer à Leverburgh. 5 bus/j. max en période scolaire (2 le sam et pdt les vac scol et toujours aucun le dim). La n° W10 relie Stornoway à Rodel en passant par la côte ouest (Northton et Leverburgh). Env 7 bus/j. (4 le sam, aucun le dim). De quoi faire une boucle.

Où dormir ?

Camping

🏕 *Traigh Horgabost Campsite :* à *Horgabost, au sud de Luskentyre.* ☎ *550-386* 📱 *0739-342-41-71. Env £ 9 pour 2 avec tente et voiture ; douche payante. On dépose l'argent dans la boîte.* On a rarement vu moins cher et situation plus belle... On s'installe où l'on veut au milieu des collines de *machair* avant d'aller traîner sur une splendide plage de sable blanc. Douches, w-c, eau chaude et évier, petite épicerie et même des tables de pique-nique (amarrez bien vos provisions !). Bref, il ne manque rien à l'essentiel, et vraiment, quel cadre !

Bon marché
(£ 10-25/pers ; 12-30 €)

🏠 *Nº5 :* 5, *Drinishader (Drinisiader).* ☎ *511-255.* ● *number5.biz* ● *Sur la Golden Rd. Le bus s'arrête à 100 m de là. Avr-nov. À l'hostel, £ 21/pers en dortoir de 4 lits, £ 45 la twin ; dans la* guesthouse, *studio £ 90. Propose un service de plats à emporter, ainsi que le petit déj.* Dominant la mer, d'un côté, l'*hostel,* dans une *croft house* croquignolette qui, à défaut d'espace, ne manque pas de caractère, avec un dortoir de 4 lits au rez-de-chaussée (avec salle de bains) et, à l'étage, 2 *twins.* Juste à côté, une maison plus récente, avec moins de caractère mais plus de confort. Quand elle n'est pas prise en tant que gîte complet (16 personnes max), les proprios louent les 4 chambres séparément (elles accueillent 2-4 personnes). 2 d'entre elles (avec lit double) jouissent d'une très belle vue. Là encore, une grande cuisine et un salon lumineux à disposition, mais une seule salle de bains pour 3 chambres (2 toilettes, en revanche !). Seule la familiale profite de ses propres sanitaires. Également un studio pour 2 avec salle de bains et kitchenette. Laverie sur place,

épicerie la plus proche et 1er pub à Tarbert (6 km).

🏕 🏠 *Am Bothan Bunkhouse :* Brae House, *Ferry Rd, Leverburgh.* 📱 *077-665-200-07.* ● *ambothan.com* ● ♿ *Village situé à 20 miles (33 km) au sud de Tarbert, sur la route pour accéder au débarcadère. Env £ 23/pers et £ 15/pers pour camper (dissuasif !). Familiales 4-6 pers. Laverie.* Dans un grand chalet moderne rouge, intérieur agréable et convivial : poêle chauffé à la tourbe, barque suspendue au plafond, dortoir à l'étage dans une cabine de bateau, cuisine bien équipée... Cher mais vraiment confortable, original et agréable. Organise aussi des sorties en bateau. Épicerie la plus proche à 800 m.

Prix moyens
(£ 50-85 ; 60-102 €)

🏠 *Sorrel Cottage :* à *1 mile du supermarché (1,6 km) au nord-ouest de Leverburgh, en direction de Scarista. C'est la dernière maison du village.* ☎ *520-319.* ● *sorrelcottage. co.uk* ● *Mars-oct. Double avec sdb £ 85. Une triple possible.* Paula Williams a donné un coup de jeune à la vieille *croft house,* revue et corrigée façon magazine de déco. Couleur, matières naturelles, touches modernes et sympas font des 3 chambres de petits havres de paix accueillants. Jardinet tout fleuri pour égayer encore un peu plus le tout. Location de vélos.

🏠 *Taylor Hill B & B :* à *0,5 mile du supermarché (800 m env) au nord-ouest de Leverburgh, en direction de Scarista.* ☎ *520-266.* ● *taylorhill. co* ● *Tte l'année. Double avec sdb env £ 70.* Les chambres (2 seulement), les salles de bains, la salle commune, tout est mini dans ce *B & B !* Mais c'est mignon, le lit douillet à souhait et, surtout, les propriétaires savent recevoir. Leur accueil est fait de délicates attentions, comme les gâteaux maison pour accompagner le thé offert dans l'après-midi. Sans parler du petit déj préparé avec grand soin. Une belle adresse pour qui ne rêve pas de grands espaces.

▲ *Sandview House B & B :* 6, Scaristavore, *à* **Scarista** *(Sgarasta)*. ☎ 550-212. ● *sandview-house@ fsmail.net* ● *À 25 km au sud de Tarbert, sur la gauche de la route, 500 m avt l'église et le cimetière de* Scarista. *Double avec sdb env £ 80. Plus 1 familiale.* 📶 Certes, la déco des 3 chambres date un peu (quand fanfreluches et autres motifs fleuris envahissaient sols, murs et literie...), mais la maison, confortable et bien équipée, jouit d'une vue superbe sur les montagnes et, au loin, la grande baie de Sgarasta.

Où manger ?

|●| *Skoon Art Café :* à **Geocrab**, *sur la Golden Rd.* ☎ 530-268. *Avr-sept, marsam 10h-16h30 ; oct-mars, jeu 11h-16h ; fermé de début déc à mi-janv. Env £ 8.* Une superbe halte à mi-chemin de Tarbert et de Rodel pour grignoter un plateau de fromages et de bonnes pâtisseries maison dans une *croft house* mignonnette, aux murs tapissés des toiles colorées du proprio. Musique gaélique douce et ambiance étonnante au fin fond de Harris. Et quand il fait beau, on s'installe dehors, au bout du monde. Pour ne rien gâcher, l'accueil est charmant.

|●| *The Anchorage :* The Pier, à **Leverburgh.** ☎ 520-225. *À côté de l'embarcadère des ferries pour Uist. Tlj sf dim. Plats £ 11-19. Résa conseillée le soir.* Une salle lumineuse, en pin, avec des fenêtres offrant une jolie vue sur le port, la mer... et, accessoirement, les moutons qui passent juste devant ! Au menu, des assiettes généreusement garnies des produits pêchés aux alentours : *fish & chips,* coquilles Saint-Jacques bien préparées ou carrément le homard. Également quelques plats de viande... Ce n'est pas d'une grande finesse, mais c'est copieux et le lieu est agréable.

|●| *The Temple Café :* à **Northton.** 📱 07876-340-416. *Pâques-sept, tlj sf lun 10h30-17h.* Dans une construction qui se fond dans le paysage, entre la *Blackhouse* et l'observatoire à oiseaux, avec une grande baie arrondie offrant une vue sublime. Si la vue ne suffit pas à vous régaler, les cafés, petits plats et gâteaux maison, eux, devraient y parvenir.

Achats

✿ *Bays of Chocolate :* à **Finsbay,** *à l'intersection avec la petite route qui rejoint Leverburgh.* ☎ 530-354. ● *baysofchocolate.co.uk* ● *De mi-fév à mi-déc, lun-sam 10h-18h.* Voilà bien un endroit qu'on ne s'attend pas à trouver ici. D'une passion, Nellie Morrison en a fait son métier, si bien qu'elle fait tout désormais chez elle, du conchage à l'empaquetage. Ses chocolats sont aussi vendus dans certaines boutiques de Stornoway.

À voir. À faire

🏃🏃 *Saint Clement's Church :* à **Rodel** *(Roghadal)*, pointe sud de Harris. GRATUIT en été, ou bien demander les clés au Rodel Hotel Bar. Église du début du XVIe s, particulièrement charmante, sur une petite butte gazonnée, construite à l'origine pour abriter le caveau des MacLeod. Elle tomba en ruine au moment de la Réforme protestante en 1560, fut reconstruite 2 siècles plus tard, incendiée, puis à nouveau restaurée... elle revient de loin ! À l'intérieur se trouve le cénotaphe en pierre d'Alexander MacLeod, ancêtre de la lignée MacLeod de Harris, qu'il avait conçu lui-même en 1528, 19 ans avant sa mort !

Ce charmant personnage était surnommé le « Bossu » en raison d'une blessure d'épée reçue dans le dos lors d'un combat avec les MacDonald de Skye... Son gisant, avec armure et épée, est glissé dans une niche ornée de superbes hauts-reliefs mêlant éléments religieux et symboles du pouvoir du clan (château, galère, cerfs, etc.). Magnifique. À deux pas se trouvent les tombeaux de ses fils et petit-fils. Remarquez le plafond en coque de bateau renversée, avant de grimper dans la tour. Petit cimetière autour de la chapelle, avec un bon paquet de MacLeod !

🏃🏃🏃 *Golden Road :* route à une voie, tortueuse à souhait, qui longe la côte est de Harris. Paysage très rocheux, voire lunaire, parsemé de petits lochs. Son nom vient du coût de sa construction pour desservir quelques petites communautés de pêcheurs !
À *Finsbay,* ne manquez pas la longue-vue bleue qui fixe... un îlot peuplé de phoques ! Pas si éloignés du bord, on voit aussi bien ces gros paresseux à l'œil nu ou avec un zoom d'appareil photo. Sinon, munissez-vous d'une pièce de £ 1 pour utiliser (pour un temps minime) la longue-vue.
– *Outdoor Harris :* à Leverburgh, face au port. ☎ 520-486. 📱 07788-425-175. Sur Facebook. Avr-sept, tlj 9h30-19h. Loc de vélos (£ 15/j.), kayak (£ 50/pers pour env 2h30-3h). Résa à l'avance conseillée. Tenu par un Néerlandais, qui organise des sorties en kayak, des cours de tir à l'arc à l'intérieur (par mauvais temps) ou à l'extérieur, du *speedsailing* à Luskentyre et des balades en bateau.

🏃 *Seallam ! Visitor Centre :* à *Northton* (Taobh Tuath). ☎ 520-258. ● hebrides people.com ● Tte l'année : lun-sam 10h-17h. Entrée expo : £ 2,50. Ce centre culturel se consacre d'une part aux recherches généalogiques des multiples descendants d'habitants expatriés de Harris et Lewis, d'autre part à l'histoire et à la culture locales – ce qui, au fond, revient un peu au même. À sa tête, Bill Lawson, la mémoire vivante de l'île. L'exposition permanente, intéressante, passe en revue tous les aspects de la vie en ces lieux, ainsi que sur l'île isolée de Saint Kilda, abandonnée dans les années 1930.

➤ *Randonnée de Rubh' an Teampaill* (Temple de Northton) : *début de la rando au bout de la route de Northton après le* Temple Cafe. *Se garer le long de la chaussée, avt l'espace réservé aux camions qui font demi-tour, et débuter à la barrière. Compter 3,5 miles (5,5 km) A/R et env 2h de marche.* Chemin de terre, dunes, herbe épaisse, le sentier convient à toutes les formes physiques et ne présente pas de difficulté. Au début de la rando, la magique plage de Scarista plante un décor de carte postale. Bifurquer ensuite vers la gauche (pas de sentier dessiné, on passe où l'on veut) pour rejoindre le côté ouest de cette petite péninsule et marcher vers la chapelle qui se dessine au loin. Impossible de se perdre, il suffit de longer la côte. Et quelle côte ! Succession de plages splendides bordant une mer aux palettes de bleus incroyables. Après environ 1h de marche, on arrive au ruines d'une chapelle du XVe s, mais certains éléments architecturaux laissent penser qu'un cimetière viking se trouvait là, il y a bien longtemps. Retour par le même chemin.

🏃🏃🏃 *La côte ouest :* par l'A 859. Itinéraire longeant l'une des plus belles successions de plages de sable blanc d'Écosse. Grandes baies avec, en toile de fond, les montagnes abruptes du nord de Harris, panorama inoubliable par beau temps.

🏃🏃🏃 *La baie de Luskentyre* (Losgaintir) : *à 8 miles (12,8 km) au sud de Tarbert, une petite route à une voie se détache sur la droite de la route principale A 859 et conduit en un peu moins de 3 miles (4,8 km) à la baie de Luskentyre.* Celle-ci s'avance de plusieurs kilomètres à l'intérieur des terres, grande échancrure dans un paysage de monts arrondis et de collines cailleuses. Elle est réputée pour sa splendeur naturelle. Si réputée qu'un timbre-poste du Royaume-Uni la représente vue d'avion : c'est la fierté de ses rares habitants. De longues plages de sable fin et blanc, soulignées par endroits de dunes, épousent la forme du littoral. À marée basse, la baie entière devient une immense plage. Mirage ou miracle ? La mer n'est pas grise ou noire mais d'un bleu turquoise avec de subtils dégradés vert émeraude. L'effet est d'autant plus surprenant que la baie donne à l'ouest, donc au vent. Hormis la température de l'eau et de l'air (impossible de se baigner), rien n'indique à première vue que l'on se trouve en Écosse. On dirait presque un morceau de Méditerranée, la Corse par exemple ou un coin de la côte dalmate, en Croatie (sans les pins et les oliviers). Derrière les plages, il y a le vert pâle du *marram grass*, l'herbe qui fixe le sable ; puis la bande de terre fertile appelée le *machair*, où s'étendent des prés et des pâturages parsemés de toutes sortes de plantes et de fleurs (pâquerettes, boutons d'or, primevères). Les moutons y paissent en liberté.

– Parking pour les voitures (et toilettes pour ses occupants !) au bout de la route, près d'un cimetière. Puis sentier qui conduit à la plage (5 mn de marche).

À faire dans les environs

⊘ ✈✈✈ *L'archipel de Saint Kilda :* **Kilda Cruises** *organise des excursions quotidiennes (sf dim) à la belle saison sur des bateaux de 12 places. Bureau à Tarbent, ouv en saison lun-sam 10h-16h. Infos :* ☎ *502-060.* ▯ *07760-281-804.* ● *kildacruises.co.uk* ● *Départ de Leverburgh vers 8h, arrivée sur place vers 11h en fonction des conditions météo ; départ de Saint Kilda vers 17h, arrivée à Leverburgh vers 19h30 (soit 6h sur place). Tarif : £ 210/pers ; réduc. Hors de prix mais exceptionnel. Également avec* **Sea Harris** *(☎ 502-007 ; ● seaharris.co.uk ● Avr-sept ; 3 fois par sem). 12 passagers slt. £ 185/pers ; réduc enfants moins de 16 ans. Accès à l'île : £ 5. Prévoir son pique-nique. En raison de la traversée, l'excursion est déconseillée aux enfants de moins de 10-12 ans.*

Quelle que soit la période à laquelle vous vous y rendez, couvrez-vous bien : la température peut chuter de 20 °C dans la journée. Sachez aussi qu'on a enregistré à Saint Kilda la rafale de vent la plus forte de l'histoire des mesures britanniques : 320 km/h ! Inutile de préciser que la traversée peut secouer...

Avez-vous jamais entendu parler de cet archipel austère et solitaire, semé en plein Atlantique, à plus de 60 km des côtes de l'Écosse ? Depuis des temps immémoriaux, les hommes ont bravé les mers démontées, les vents violents, l'isolement extrême, le manque de vivres, l'inconfort quotidien, s'agrippant au principal de ses cailloux, baptisé Hirta (6,4 km²). Il semble que la population, de langue exclusivement gaélique, n'ait jamais dépassé 180 habitants, vivant chichement d'élevage. Elle chuta encore au XIXe s avec le départ de nombreux insulaires vers l'Australie, à la recherche d'une vie meilleure, et à cause de plusieurs épidémies. En 1930, après un terrible hiver, les 36 derniers habitants demandèrent à être évacués.

Classé au Patrimoine mondial de l'Unesco, l'archipel de Saint Kilda appartient désormais au *National Trust.* Son originalité culturelle se double d'une splendeur naturelle rarement égalée. Les falaises, peuplées d'un demi-million d'oiseaux marins, dressent de véritables herses tombant en mer sur plus de 300 m ! De loin en loin sont semés des centaines de *cleits,* des sortes de garde-manger en pierre, où les habitants entreposaient jadis paille, œufs et oiseaux marins – leur pain quotidien, uniquement enrichi de viande de mouton et de lait de brebis.

On visite le village en ruine, avec l'église et l'école restaurées. Les seuls habitants de l'archipel sont désormais quelques militaires et les volontaires qui, en été, viennent participer aux campagnes de restauration (un bon plan pour séjourner sur place).

LES ARCHIPELS DU NORD

LES ÎLES ORCADES
(ORKNEY ISLANDS)

● Carte *p. 555*

20 000 hab.

Les Orcades forment un archipel de 70 îles, dont une vingtaine sont inhabitées. D'ailleurs, la définition d'une île selon
les Orcadiens serait « un morceau de terre sur lequel on peut
laisser paître un mouton une année entière ; sinon, c'est un
rocher ».

Les terres sont donc surtout vouées à l'élevage (vaches,
poneys, moutons), même si certains champs sont cultivés, ce qui donne
un paysage assez différent des Highlands. Avec ses quelque 300 espèces
d'oiseaux migrateurs qui font escale dans les îles de mai à août, les Orcades
représentent un vrai paradis pour les ornithologues. La Société royale de
protection des oiseaux a ainsi créé 13 réserves sur l'archipel.
C'est d'ailleurs la faune locale *(Orkney* viendrait d'un mot islandais signifiant
« île aux phoques ») tout autant que la flore et la nature (magnifiques paysages de falaises) et des sites archéologiques en nombre qui attirent chaque
année de plus en plus de touristes.

Infos utiles

– Avant de partir, on peut trouver plein
d'infos sur le site internet des Orcades :
● *visitorkney.com* ●
– La carte *Orkney Explorer Pass (HES)*
permet de visiter les monuments des
Orcades. Coût : £ 18 ; réduc. En vente
dans les propriétés *Historic Environment
Scotland* et dans les offices de tourisme.
– Sur l'archipel, peu de campings. Mais
d'une manière générale le camping

sauvage est bien accepté tant que l'on
demande la permission au propriétaire
(plus d'infos sur ● *outdooraccess-
scotland.com* ●)
– Se procurer également la brochure
The Islands of Orkney, un guide gratuit pour visiter toutes les petites îles
des Orcades, avec les horaires des
ferries.

LES ÎLES ORCADES

Arriver – Quitter

En bus

■ **John o'Groats Ferries :** ☎ (01955) 611-353. ● jogferry.co.uk ● *Départ de la gare routière d'Inverness, arrivée à Kirkwall.* Vente des billets directement dans le bus.

➤ Juin-août : la compagnie de ferry affrète des bus entre **Inverness** et **Kirkwall** (via le ferry) : 2 bus/j. Durée : env 5h.

En bateau

Les départs d'Aberdeen et de Scrabster sont de loin les plus pratiques. À noter que, de John o'Groats, il n'est pas possible d'embarquer en voiture.

■ *Northlink Ferries :* *Kiln Corner, Ayre Rd à Kirkwall, et sur le port à Stromness.* ☎ *0845-6000-449.* ● *northlinkferries.co.uk* ● Départs tte l'année. Résa obligatoire.

➢ *Aberdeen-Hatston (Kirkwall) :* 3-4 bateaux/sem. Durée : env 6h.

➢ *Lerwick-Hatston (Kirkwall) :* 2-3 bateaux/sem. Durée : 5h30.

➢ *Scrabster-Stromness :* 2-3 départs/j. Durée : 1h30. Scrabster est à 2,5 miles (4 km) de Thurso. Bon plan : au retour, pour le 1er bateau de la matinée entre Stromness et Scrabster, il est possible de dormir à bord la veille du départ pour un prix très raisonnable.

– *Pour rejoindre la ville du terminal de Hatston,* bus pour Kirkwall et Stromness. Bon marché.

■ *Pentland Ferries :* *Pier Rd, à Saint Margaret's Hope.* ☎ *(01856) 831-226 et 0800-688-89-98 (résas).* ● *pentland ferries.co.uk* ● Départs tte l'année. Résa obligatoire.

➢ *Gills-Saint Margaret's Hope :* 3-4 bateaux/j. Durée : 1h. Gills se trouve à l'ouest de John o'Groats, sur l'A 836.

■ *John O'Groats Ferries :* *à John O'Groats.* ☎ *(01955) 611-353.* ● *jog ferry.co.uk* ●

➢ Mai-sept : 2-3 bateaux/j. Passagers à pied slt. Liaison avec *Burwick* sur South Ronaldsay (durée : 40 mn) ; de là, bus pour Kirkwall à la sortie du ferry. Résa obligatoire.

En avion

L'aéroport se trouve à 3,5 miles (5,5 km) à l'est de Kirkwall. Compter env 10 mn en voiture. Bus nº 4 ttes les 30 mn de la *Bus Station* de Kirkwall, 6h15-19h30. Pas de distributeurs dans l'aéroport.

■ *Flybe :* ☎ *0371-700-2000.* ● *flybe. com* ●

➢ Vols quotidiens pour *Édimbourg, Inverness, Aberdeen, Glasgow* et *Sumburgh (Shetland).*

Transports intérieurs

– *La bicyclette :* loueurs à Stromness et Kirkwall. Le plus beau moyen de découvrir les Orcades mais surtout le plus endurant, car pas mal de vent.

– *Le bus :* liaisons entre Stromness, Kirkwall et Saint Margaret's Hope via la compagnie *Stagecoach Orkney.* ● *stagecoachbus.com* ● Forfait *Dayrider* env £ 9/j. ; *Orkney Megarider* env £ 19 pour 7 j. Kirkwall est relié à tous les départs de ferries interîles (Houton Ferry, Tingwall Ferry et Burwick Ferry via Saint Margaret's Hope). Pour le reste, service irrégulier, voire pas du tout les dimanche et jours fériés ; renseignements aux offices de tourisme. En rase campagne, n'hésitez pas à faire signe au bus, même sans être à un arrêt : la consigne veut que le conducteur s'arrête.

– *La voiture :* certains véhicules loués sur les îles Orcades ne peuvent pas quitter l'archipel. À vous faire bien préciser par votre agence. En fonction du temps que l'on passe ici, il peut être intéressant d'arriver avec sa voiture (personnelle ou louée), qui aura voyagé en ferry.

■ *Orkney Car Hire (plan Kirkwall B1, 1) :* *Junction Rd, à Kirkwall.* ☎ *(01856) 872-866.* ● *orkneycarhire.co.uk* ●

■ *Stromness Car Hire :* *North End Rd, à Stromness.* ☎ *(01856) 850-850.* ● *stromnesscarhire.co.uk* ●

■ *Tullock (plan Kirkwall B1, 5) :* *Castle St, à Kirkwall.* ☎ *(01856) 875-500.* ● *orkneycarrental.co.uk* ●

🚕 *Taxis :* deux compagnies sur *Junction Rd, à Kirkwall.* Orkney Taxis : ☎ *(01856) 875-511.* ● *ork neytaxis.co.uk* ● Et Craigies Taxis : ☎ *(01856) 878-787.* ● *craigiestaxis. co.uk* ● *À Stromness,* Brass's Taxis : ☎ *(01856) 850-750.*

– *Le ferry :* un réseau bien développé de ferries permet de visiter bon nombre d'îles. En voiture, on vous recommande de réserver systématiquement les traversées, au minimum un jour à l'avance.

■ *Orkney Ferries Ltd (plan Kirkwall B1,*

3) : Shore St, Kirkwall. ☎ (01856) 872-044. • orkneyferries.co.uk • Lun-ven 7h-17h ; sam 7h-12h, 13h-15h. Fermé dim. Les départs pour les îles de l'archipel s'effectuent en principe depuis Kirkwall. Quelques exceptions : pour Hoy, départ de Stromness et Houton. Pour Rousay : départ de Tingwall. Le *Island Explorer Pass* s'adresse aux cyclistes et aux piétons et est valable 10 jours.

– *L'avion :* les Orcades vues de haut, un vrai bonheur par beau temps.

■ *Loganair :* rens à l'aéroport de Kirkwall au ☎ (01856) 886-210. • loganair.co.uk • De Kirkwall, liaisons régulières avec *Westray, Papa Westray, North Ronaldsay.* Pour *Eday :* slt 1/sem.

MAINLAND

STROMNESS   3 000 hab.   IND. TÉL. : 01856

Au sud de Mainland, Stromness est une ville paisible, bien loin de l'animation d'autrefois, quand son port était le plus bouillonnant d'activités des Orcades. Le havre naturel d'Hamnavoe a accueilli moult bateaux de pêche, des baleiniers, les navires de commerce de la mythique *Hudson Bay Company.* C'est également de Stromness que le capitaine Cook a hissé les voiles pour son ultime voyage... De cette époque, la ville, construite en terrasse, a conservé un certain charme, notamment le long de sa sinueuse rue principale, laquelle a la particularité de changer de nom au fur et à mesure que l'on s'y promène.

Adresses utiles

🅸 *Visitor Information Centre :* sur le port. ☎ 850-716. • stromness@visitorkney.com • Juin-août, tlj 9h-17h ; sept-mai, tlj sf dim 10h-16h (15h sam). On peut s'y procurer un plan de Mainland (gratuit).

■ *Location de vélos : Orkney Cycle Hire,* 54, Dundas St. ☎ 850-255. Dans la rue principale, près du musée. Prêt de casques et de cartes.

Où dormir ?

Camping

⚿ *Point of Ness Caravan & Camping :* à 10 mn de marche vers le sud, au bout de la rue principale, après le chantier naval. ☎ 873-535 (ext 2430). Avr-sept. Dernière arrivée à 20h. Compter env £ 8 pour 2 avec tente. Douche payante. 📶 Situation magnifique entre le golf et la mer, mais très exposé au vent. Salle TV, laverie, micro-ondes et douches (en nombre insuffisant).

De bon marché à prix moyens (£ 10-85 ; 12-102 €)

🛏 *Hamnavoe Hostel :* 10 A, North End Rd. ☎ 851-202. 🖥 0771-774-53-60. • hamnavoehostel.co.uk • En sortant du port, à droite, presque au bout de la rue principale. Résa quasi obligatoire (pas d'accueil sur place). Env £ 22-23/pers selon le type de chambres (1 à 4 lits) sans ou avec sdb. 🖥 📶 La façade côté rue ne donne pas vraiment envie de

LES ÎLES

pousser la porte. Mais c'est de l'autre côté que ça se passe. Chambres et dortoirs propres et nets, largement ouverts sur le port. Une seule chambre avec salle de bains, et lits superposés pour quasi tout le monde. Cuisine équipée et laverie.

≜ Brown's Hostel : 45-47, Victoria St. ☎ 850-661. ● brownsorkney.co.uk ● En sortant du port, à 100 m à gauche dans la rue principale. Résa conseillée. Compter £ 18-25/pers. 🖳 🛜 Style AJ mais privée, bien placée au centre-ville, qui occupe 2 bâtisses. Ambiance très familiale. Cuisine équipée pour préparer ses repas. Les chambres sont petites, un peu sombres au rez-de-chaussée du bâtiment principal, plus claires dans la maison familiale. La proprio loue également 2 maisons au bord de l'eau (donc assez humides) composées respectivement de 2 et 4 chambres, plus une cuisine. Possibilité de louer juste une chambre (avec salle de bains) dans la 2e maison.

Laverie à dispo. Un bon rapport qualité-prix.

≜ Orca Guesthouse : 76, Victoria St. ☎ 850-447. ● orcahotel.moonfruit. com ● Dans la rue piétonne, non loin du débarcadère. Résa conseillée. Doubles avec sdb env £ 60-70 ; également des familiales. 🛜 Chambres toutes simples, et petit déj délicieux à base de pain maison et de l'excellent miel produit par les ruches de Doris, la proprio autrichienne. Ambiance cool. Machine à laver et sèche-linge à disposition.

≜ Ferry Inn : réception dans le pub-resto, face au terminal des ferries. ☎ 850-280. ● ferryinn.com ● Doubles avec sdb env £ 90-95. Le pub loue des chambres dans plusieurs maisons de la ville, d'un certain cachet. Elles se trouvent non loin du débarcadère. Le confort se vaut, toutefois, préférer les annexes à celles au-dessus du bar, forcément plus bruyantes.

Où manger ? Où boire un verre ? Où écouter de la musique ?

De bon marché à prix moyens (plats £ 5-18 ; 6-22 €)

|●| 🍷 🎵 **Ferry Inn :** face au terminal des ferries. Formule déj intéressante. Salle de resto ou de pub et quelques tables en terrasse où les habitués commandent leur plateau de fruits de mer. Sinon, quelques plats simples et bons, type quiche et steack & ale pie. Bons gâteaux aussi, mais un peu chers. Le soir, le bar-pub est souvent plein à craquer. Organise des concerts, soirées karaoké...

|●| 🍴 **Julia's :** 20, Ferry Rd. ☎ 850-904. Sur le port. Tlj en saison 9h (10h dim)-17h. Maisonnette prolongée par une véranda et une terrasse où sont dressées quelques tables. Fish cake, rolls et sandwichs. Fait également tearoom avec breakfast, thé, café et gâteaux.

|●| **Stromness Hotel :** Victoria St. ☎ 850-298. En face du port, au 1er étage.

Tlj midi et soir. Cuisine très classique, servie dans une ambiance pub.

🍷 **The Flattie :** pub du Stromness Hotel. Tlj 12h-minuit ou 1h du mat. Déco chaleureuse avec parquet et cheminée. Un flattie est une barque à fond plat utilisée autrefois pour atteindre les bateaux de pêche, embarcation typique de la région. Vous en trouverez une relique suspendue au plafond.

Chic (plats £ 15-25 ; 18-30 €)

|●| **Hamnavoe Restaurant :** 35, Graham Pl. ☎ 850-606. Accès par Victoria St, puis à droite (c'est fléché). Ouv mar-dim, le soir slt. Résa indispensable. Petite salle chaleureuse où brûle un feu de bois. La déco date un peu mais la cuisine, plutôt inventive, est bien d'aujourd'hui. Jolis produits, à commencer par ceux de la mer. Mais les prix ont un peu tendance à s'affoler...

LES ÎLES

À voir. À faire

Stromness Museum : *52, Alfred St ; dans l'ancien hôtel de ville.* ☎ *850-025. Avr-oct : tlj 10h-17h ; nov-mars : lun-sam 11h-15h. Entrée : £ 5 ; réduc.* Construites en 1837, les galeries ont ouvert au public en... 1862. Pas tout jeune, donc, mais lors de sa récente rénovation le caractère original a été préservé, c'est donc volontairement que le musée conserve une présentation « à l'ancienne » : vieilles affiches de la *Hudson Bay Company* et vêtements traditionnels des Indiens Cree, photos des fouilles sur le site de Nass of Brodgar (lire plus loin), bateau pneumatique de l'explorateur arctique John Rae et maquettes de bateaux anciens... À l'étage, section d'histoire naturelle, l'occasion de voir de près ces oiseaux qu'on se contente souvent d'observer de loin.

The Pier Arts Centre : *Victoria St.* ☎ *850-209.* ● *pierartscentre.com* ● *À deux pas du port, au début de la rue principale. De mi-juin à fin août : lun-sam 10h30-17h ; le reste de l'année, fermé en plus le lun. GRATUIT.* Petit musée d'Art contemporain à la carrure internationale, installé dans un ancien entrepôt habilement restauré. Les œuvres sont présentées de manière très claire. La collection est celle de Margaret Gardiner, qui aura toute sa vie soutenu bon nombre d'artistes reconnus mondialement aujourd'hui. Notamment le sculpteur britannique Barbara Hepworth, son mari, Ben Nicholson, un des maîtres britanniques de l'abstraction, et encore Keith Vaughan, Alfred Willis, Terry Frost... Jolies expos temporaires.

➤ **Balade côtière :** au-delà du camping, un chemin se dessine le long de la côte. Au bout de 2 miles (3,2 km), on aboutit à la plage de Warebeth. Belle vue sur Hoy.

– **Plongée :** *avec Scapa Scuba, Dundas St.* ☎ *851-218.* ● *scapascuba.co.uk* ● *Au milieu de la rue principale. Club affilié PADI.* Une spécialité locale : la plongée sous-marine dans la baie de Scapa Flow, au milieu d'épaves des guerres mondiales. S'adresse à tous, du débutant au plongeur confirmé.

Manifestation

– **Orkney Folk Festival :** *fin mai, pdt 4-5 j. Rens sur* ● *orkneyfolkfestival.com* ● Festival de musique folk qui draine les meilleurs groupes de l'archipel (sinon d'ailleurs...). Grosse affluence et une occasion de faire la fête.

L'OUEST DE MAINLAND

IND. TÉL. : 01856

Région largement cultivée, longée par une côte ici ou là plutôt spectaculaire, percée de deux lochs, Steness et Harray. L'ouest de Mainland est surtout connu pour abriter les sites archéologiques les plus impressionnants des Orcades. Autant dire que vous n'y serez pas seul, surtout en été...

Où dormir ?

De bon marché à prix moyens (£ 10-85 ; 12-102 €)

⛺ ⌂ ●I●I **Birsay Outdoor Centre :** *sur la B 9056.* ☎ *873-535 (ext 2416) ou 721-470 (warden).* ● *hostelsorkney. co.uk* ● *Env £ 15/pers. Prévoir £ 7/ emplacement.* Cette grosse maison isolée dans la campagne n'a pas un charme fou, mais ses dortoirs de 4 lits superposés avec lavabo et cabine de douche sont plutôt confortables. Une grande pelouse où planter sa tente. Bloc sanitaire très basique.

⌂ *Hyval Farm :* à Qoyloo, légèrement au nord de Skara Brae. ☎ 841-522. ● hyval.co.uk ● Double avec tte petite sdb £ 65. Dans une ferme isolée et un peu en hauteur, non loin du site archéologique, 3 chambres confortables, dont une avec vue magnifique sur la mer. Les autres en profiteront depuis le salon ou la véranda, où est servi le petit déjeuner.

Où manger ? Où boire un verre ?

Bon marché
(plats £ 5-10 ; 6-12 €)

|●| *Snack Van :* régulièrement garé sur le parking d'accès au **Brough of Birsay,** présent en principe le w-e. Une toute petite camionnette verte qui propose sandwichs, *rolls,* hot-dogs, gâteaux maison et fromages locaux à aller grignoter face au *brough.* Tout simple mais très bon.

|●| *Birsay Bay Tearoom :* The Palace, à Birsay. Au bout du village (c'est fléché). ☎ 721-399. Mai-sept, tlj sf mar 11h-18h ; avr, tlj sf lun-mar 11h-16h ; le reste de l'année ven-dim 11h-16h. Fermé en janv. Résa conseillée en saison. Salle avec une jolie vue sur la baie et le *brough* de Birsay. Jeune équipe accueillante et petits trucs frais et sympas pour un repas rapide : soupes, sandwichs, gâteaux maison.

|●| ▼ *Merkister Hotel : Harray.* ☎ 771-366. Bien fléché depuis l'A 986. Tlj 18h30-20h30 (dernière commande) pour le resto, 18h-21h pour les bar meals. Résa conseillée. Plat £ 13,20. Juste au-dessus du loch of Harray dont les eaux miroitent derrière les fenêtres. Les pêcheurs sont d'ailleurs nombreux à faire un sort aux *bar meals,* aussi soignés que l'accueil et la déco. Beaux ingrédients provenant de producteurs locaux. Le resto est un peu plus cher, mais de très bonne tenue également. Bien aussi pour boire un verre en journée, soit au pub, soit dans la véranda idéalement orientée vers le loch.

À voir. À faire

◈ ⚔⚔⚔ *Skara Brae* (HES) : dans la baie de Skaill. ☎ 841-815. Au nord de Stromness (bus n⁰ˢ 7 et 8). Avr-sept : tlj 9h30-17h30 ; oct-mars : tlj 9h30-16h30 ; fermeture des caisses 45 mn avt. Prix : £ 7,50 avec la visite de Skaill House ; réduc. Compter 1h de visite (2h avec Skaill House).

Construit en 4000 av. J.-C., Skara Brae n'est rien moins qu'un des plus vieux villages néolithiques de la façade atlantique ! En tout cas, l'un des mieux conservés. Et pour cause, il est resté enfoui dans les dunes, jusqu'à ce qu'une tempête révèle son existence pendant l'hiver 1850. La visite débute dans un espace muséographique résolument contemporain : évocation du site, film et produits des fouilles (superbes pierres taillées, probablement utilisées dans le cadre de rites religieux). On pénètre ensuite dans une reconstitution de la maison la mieux préservée. Le mobilier (buffets, lits clos...) est fait de lourdes dalles de pierres : surprenant ! Les habitants disposaient même, à priori, de latrines avec un système d'égouts (le luxe, quoi !).

Par un sentier, on gagne enfin le village, posé au bord de la mer. Des passages couverts pour se protéger des intempéries relient les habitations, on découvre un atelier, une petite place...

⚔⚔ *Skaill House :* à 200 m de Skara Brae. ☎ 841-501. ● skaillhouse.co.uk ● Visite (avr-sept slt) avec le même billet. Changement d'atmosphère avec cette immense maison bourgeoise construite en 1620 et propriété de la famille Graham, dont un des membres a découvert Skara Brae. Au hasard des vastes pièces, nombreux souvenirs de famille, donc : d'un service en porcelaine qui a appartenu au capitaine Cook à des peaux de tigre rapportées des Indes.

🏃 **Marwick Head :** *à côté de Birsay. Bus n° 7D jusqu'à Birsay, puis 30 mn de marche.* Réserve naturelle où grouillent les oiseaux de mer. Falaises vertigineuses où se dresse un mémorial. Spectacle saisissant (l'odeur aussi, parfois !).

🏃 **Earl's Palace :** *à* **Birsay,** *au centre du village (immanquable !). GRATUIT.* Construit au milieu du XVIe s par Robert Stewart (enfin, il a surtout utilisé la main-d'œuvre – gratuite – des habitants du coin), pour son plaisir personnel. Même s'il n'en reste que d'imposantes ruines, il n'est pas très difficile (quelques dessins à l'appui) d'imaginer la somptuosité de cet édifice qui porte bien son nom de palace.

🏃🏃 **Brough of Birsay** *(HES) :* *sur un îlot à la pointe nord-ouest de Mainland.* ☎ *841-815. Bus n° 7 depuis Stromness ou Kirkwall. De mi-juin à fin sept : tlj 9h30-17h30 ; mais, de fait, il n'est accessible à pied qu'à marée basse (horaires à l'office de tourisme de Kirkwall). Entrée : £ 4,50, réduc ; payable au Visitor Centre de l'autre côté du pont. Du coup, hors saison ou si la marée basse tombe en dehors des horaires d'ouverture, l'accès est libre (et en été, il fait nuit tard !).* Site occupé de longue date, probablement dès le Ve s, par des missionnaires chrétiens. On est sûr, ensuite, de la présence aux VIe et VIIIe s d'une forteresse picte, peuple de l'Écosse ancienne, grâce aux nombreux bijoux et autres pierres gravées retrouvés sur le site. On pourra notamment voir sur place une réplique de la « pierre de Birsay » ornée de guerriers armés. Les Norses y ont laissé un ensemble fort complet de maisons traditionnelles. Vestiges également d'une église romane du XIIe s. Petit musée des fouilles dans le *Visitor Centre.*

🏃 **Barony Mills :** *à quelques km de Birsay, en direction de Dounby, à l'intersection avec Kirbuster.* ☎ *771-276. Mai-sept : tlj 10h-13h, 14h-17h. GRATUIT.* Moulin à eau du XIXe s, remis en état en 1997 par le *trust* du village. Le clou de la visite : la mise en route de ce vieux mécanisme en bois d'époque, qui fait vibrer le sol ! D'ailleurs, on y fabrique encore de la farine pendant les longs mois d'hiver...

🏃🏃 **Corrigal Farm Museum :** *sur la route de Dounby.* ☎ *771-411. Mars-oct : lun-sam 10h30-13h, 14h-17h ; dim 12h-17h. GRATUIT.* Ferme du XVIe-XVIIIe s, restaurée et transformée en musée : cuisine aux murs de chaux avec feu dans la cheminée, poissons en train de sécher. Chambres avec lits clos, vieux métier à tisser, armoire remplie de vêtements. La nette impression d'avoir remonté le temps et que les propriétaires vont arriver d'une minute à l'autre !

🏃🏃 **Kirbuster Farm :** *dans le hameau de* **Kirbuster.** ☎ *771-268. Près de Birsay. Bus n° 7D. Mars-oct : tlj sf dim mat 10h30-13h, 14h-17h. GRATUIT.* Ferme habitée depuis la fin du XIXe s, unique en son genre. Beaucoup d'objets d'époque ; noter les petites chaises aux longs dossiers, un artisanat typique des Orcades. À ne pas manquer, le *firehoose,* resté intact. Le feu de tourbe y brûle encore. Là encore, l'impression que ses habitants ne vont pas tarder à venir vous tenir compagnie...

🏃🏃 **Broch of Gurness** *(HES) :* *vers Evie, village à env 20 miles (32 km) de Stromness.* ☎ *751-414. Bus n° 6 ; demandez au chauffeur de vous arrêter au plus près, puis 20 mn de marche. Avr-sept : tlj 9h30-17h30 (pause déj 12h30-13h30, mais site accessible, on paie après). Ticket : £ 5,50 ; réduc.* Découvert par hasard, en 1929, par un habitant qui, assis paisiblement à contempler le paysage, perdit un pied de son tabouret sous terre ! Et hop, un village de l'âge de fer ! Les ruines du *broch,* construit entre 200 et 100 av. J.-C. (peut-être même avant selon les dernières interprétations), matérialisent le centre d'un ancien village agricole, plutôt important et peu commun pour les îles du Nord. Les remparts et fossés tendraient à prouver que la construction originale suivait un but défensif, mais la fonction a évolué au cours des siècles, car faute d'ennemis les protections étaient plutôt entretenues pour les signes de richesse et de pouvoir qu'elles représentaient face à la tribu voisine. Aujourd'hui, le travail de l'érosion de la mer a bien empiété sur le site. Le coin est charmant, face à l'île de Rousay, mais on en a vite fait le tour...

⊚ ✸✸✸ *Maeshowe Chambered Cairn* (HES) : *sur l'A 965.* ☎ *761-606. À 7 miles (11,3 km) à l'est de Stromness (bus n° X1). Visite guidée slt, ttes les heures 10h-16h (15h oct-mars ; en anglais, quelques panneaux explicatifs en français) ; très prisée en été. Résa obligatoire tte l'année, arriver 15 mn avt le début de la visite. En été, 3 tours supplémentaires certains soirs de la sem 18h-20h, sur résa il encore. Entrée : £ 5,50 ; réduc.* Tombe mégalithique construite vers 2750 av. J.-C. (Néolithique), au ras du sol. Le seul moyen d'y accéder, c'est plié en deux le long d'un étroit passage. L'orientation de ce couloir a été choisi selon l'axe d'ensoleillement du solstice d'hiver. Et en effet, tous les ans à cette date, au moment du coucher du soleil, les rayons pénètrent au cœur de la tombe. Un endroit assurément magique. On sait que les Norses ont découvert cette chambre funéraire puisque quelques dalles de mur sur le côté sont recouvertes d'inscriptions en alphabet runique datant du XIIe s. Cette concentration de runes se retrouve rarement en dehors de Scandinavie. Noter également, de part et d'autre de l'entrée interne, deux menhirs du cercle de pierres de Stenness qui ont été récupérés et repositionnés ici en guise d'apparat.

⊚ ✸✸✸ *Stones of Stenness* (les pierres levées de Stenness) : *à 6 miles (9,5 km) au nord-est de Stromness. Non loin du Maeshowe. Bus n°s 1 et 8A.* Ces pierres dressées datant du Néolithique (autour de 3000-2900 avant notre ère) faisaient partie d'un cercle de 12 menhirs et entouraient un foyer, peut-être allumé à l'occasion de cérémonies particulières, mais la fonction de ce cercle n'est pas encore tout à fait avérée. On aurait pu ne jamais en entendre parler car, en 1814, un paysan du coin, dérangé par les visiteurs de plus en plus nombreux, avait commencé à faire sauter les pierres à la dynamite ! Les pierres sauvées ont été redressées en 1906 par des archéologues passionnés. Le site reste néanmoins splendide, surtout quand des moutons broutent au pied des pierres millénaires.

✸ *Ness of Brodgar* : *à 6,5 miles (env 10,5 km) au nord-est de Stromness, entre les* Stones of Stenness *et le* Ring of Brodgar. *Bus n°s 1 et 8A. Ouv slt pdt les fouilles de mi-juil à fin août. Rens au Visitor Centre pour les visites organisées (en principe le dim).* Ce village néolithique datant de 3300 à 2200 av. J.-C. se trouve dans un état de conservation remarquable, ce qui est plutôt rare sur la façade atlantique, car la plupart des habitations de cette période étaient construites en bois. Ici, elles l'ont été en pierre. Ce qui a aussi permis aux archéologues de dégager un système de drainage, des outils utilisés quotidiennement par ces premiers agriculteurs sédentaires, de la vaisselle en céramique, étonnante par la grande variété de formes et par les techniques de façonnage jusqu'alors inconnues, et même des éléments organiques, tels que des os ou encore des résidus alimentaires dans des poteries. Des découvertes qui révolutionnent la perception du mode de vie au quotidien à cette époque. Par ailleurs, des vestiges plus anciens remontant à 4000 av. J.-C. ont été révélés sous le village, ce qui tendrait à prouver que le site a fait l'objet d'une occupation ininterrompue pendant plusieurs milliers d'années. Étonnant !

⊚ ✸✸✸ *Ring of Brodgar* (le cercle de Brodgar) : *à 7 miles (11,3 km) au nord-est de Stromness. Juste après les* Standing Stones of Stenness. *Bus n°s 1 et 8A.* À l'origine, 60 mégalithes répartis sur la circonférence d'un cercle de 103 m de diamètre, une dimension jusqu'alors inégalée. Aujourd'hui, il ne reste que la moitié des pierres levées. Construit en 2600-2500 av. J.-C., cet ensemble témoigne d'une forte activité sociale et culturelle à l'âge du bronze. Très agréable les soirs de beau temps, à l'heure où le soleil se couche.

KIRKWALL

9 000 hab.   IND. TÉL. : 01856

● Plan *p. 565*

Ville principale de l'archipel, fondée au début du XIe s. Son nom en norvégien signifie l'« église de la baie ». D'ailleurs, on peut y visiter la cathédrale Saint Magnus, dont les fondations datent de cette époque. Tout autour se croisent des ruelles étroites, bordées de maisons de pierre grise. Kirkwall peut s'avérer la base idéale pour partir à la découverte des îles du Nord.

Adresses utiles

🛈 **Visitor Information Centre** *(plan B1):* Travel Centre, *West Castle St ; au croisement de Junction Rd.* ☎ *872-856. Juin-août : tlj 9h-18h (dim 17h à la mi-saison) ; en hiver : tlj sf dim 9h-17h.* Accueil efficace et souriant.

✉ **Poste** *(plan B1): 15, Junction Rd. Lun-ven 8h45-17h30 ; sam 8h45-11h, 13h-15h. Fermé dim.*

🚌 **Bus Station** *(plan B1) :* Travel Centre, *West Castle St ; au croisement de Junction Rd. Service plus irrégulier le dim.*

■ **Location de vélos** *(plan B1, 2):* **Cycle Orkney,** *Tankerness Lane.* ☎ *875-777. Tlj sf dim 9h-17h30.*

■ **Laverie** *(plan B1, 4): 47, Albert St.* ☎ *872-982. Tlj sf dim 9h-17h30 (17h sam).*

Où dormir ?

Camping

⛺ **The Pickaquoy Centre Caravan Park** *(plan A1, 10): sur Pickaquoy Rd.* ☎ *879-900.* ● *pickaquoy.co.uk* ● *À la sortie de la ville. Avr-oct. Emplacements £ 14-20 pour 2. Wigwam £ 40 pour 2 (max 5 pers). CB acceptées.* Face au centre sportif, idéal donc en famille. Belle pelouse pour les tentes. Salle pour manger à l'abri. Laverie. Loue également des *wigwams* pour être plus au sec.

Bon marché
(£ 10-25/pers ; 12-30 €)

🛏 **Peedie Hostel** *(plan A1, 11): Ayre Rd.* ☎ *875-477.* ● *kirkwallpeediehostel.com* ● *Maison grise à la pancarte très discrète, à l'entrée de la ville, sur la droite en venant du port. Tte l'année. Compter £ 15/pers. Bungalows à louer pour 3 nuits min £ 45-75/ nuit selon capacité (2-4 pers).* 🛜 *Dans*

d'anciennes maisons de pêcheurs. Chambres *single* ou doubles (lits superposés) et dortoirs de 4 lits, équipés de tables, lavabos et TV ; douche et w-c sur le palier. Petit et un peu bruyant mais très clean.

🛏 **Youth Hostel** *(plan A2, 12): Old Scapa Rd, à 1 mile (1,6 km) du centre.* ☎ *872-243.* ● *syha.org. uk* ● *À la sortie sud de la ville, sur l'A 964 ; bifurquer à droite en direction d'Orphir, bien fléché. Avr-sept. Réception 17h-23h30. Env £ 17-18/ pers.* 🖥 Chambres familiales bien tenues. Cuisine à disposition, laverie. Une AJ un peu excentrée où la convivialité l'emporte sur le charme. Très bon accueil.

🛏 **Orcades Hostel** *(plan A1, 17): Muddisdale Rd, derrière le Pickaquoy Centre.* ☎ *873-745.* ● *orcadeshostel. com* ● *En dortoir, £ 20/pers ; double avec sdb £ 50.* 🛜 *AJ indépendante bien aménagée et au vert. Dortoirs de 4 et 6 lits, cuisine équipée et salon cosy.*

De prix moyens à chic (£ 50-125 ; 60-150 €)

🏠 *Lerona B & B (plan B1, 13) :* Cromwell Crescent ; bien indiqué. ☎ 874-538. Tte l'année. Résa conseillée. Double sans ou avec sdb env £ 70. Dans un quartier résidentiel où vous ne pouvez pas louper le jardin, un monument du kitsch avec ses nains et autres copies de statues antiques. L'intérieur est un peu dans le même « goût », mais les chambres situées à l'étage sont plutôt grandes, lumineuses et parfaitement tenues (elles offrent même une petite vue sur le port). Petit déj servi sous une véranda. Et accueil chaleureux de l'adorable proprio.

🏠 *B & B (chez Mrs Ruth Muir ; plan B2, 14) :* 2, Dundas Crescent (pas d'enseigne). ☎ 874-805. ● twodundas.co.uk ● Double £ 75. Juste derrière la cathédrale et le château, une maison victorienne, amusante avec ses 2 façades jumelles. Grandes chambres avec meubles anciens et salles de bains aux normes d'aujourd'hui. Bel accueil.

🏠 *St Ola Hotel (plan B1, 15) :* Harbour St. ☎ 875-090. ● stolahotel.co.uk ● Résa conseillée. Doubles £ 70-80 selon confort. 📶 Si la réception et les parties communes datent un peu, les chambres ont été récemment rajeunies, toutes avec (petite !) salle de bains. Vue sur le port, côté... port. Personnel bien accueillant. Bon rapport qualité-prix, au final. Attention, en fin de semaine on profite de la chaude ambiance du bar du rez-de-chaussée.

🏠 🍴 *Foveran Hotel (hors plan par A2, 16) :* à env 3 miles (5 km) du centre-ville par l'A 964, sur la route d'Orphir, après la distillerie. ☎ 872-389. ● thefoveran.com ● Résa conseillée. Doubles £ 110-120, petit déj compris. Niché sur les bords de Scapa Flow, sur un vallon constellé de moutons et de vaches. Les chambres sont agréables mais sans vue. Le bon point de cette adresse est sa situation au vert. Petit déj devant la baie. Accueil courtois (Voir aussi « Où manger ? De chic à plus chic »).

Où manger ?

Bon marché (plats £ 5-10 ; 6-12 €)

🍴 🍷 *Trenabies Bistro (plan B1, 20) :* 16, Albert St. ☎ 874-336. Lunsam 8h30 (9h sam)-17h30, dim 12h-16h. Une des adresses incontournables de la ville. Café à l'esprit victorien, idéal pour un lunch ou un goûter en famille. Cuisine fraîche, vrai café et gâteaux appétissants. Toujours bondé.

🍴 🎵 *The Reel (The Wrigley Sisters ; plan B1, 21) :* Castle St. ☎ 871-000. Tlj 9h-18h. Concerts réguliers organisés, en principe mer-sam soirs (programme : ● wrigleyandthereel.com ●). Au rez-de-chaussée de ce qui est avant tout une école de musique, on grignote d'originaux sandwichs dans une atmosphère forcément très cool. Si vous avez une mélodie au bout des doigts, un piano vous tend ses touches.

Prix moyens (plats £ 8-18 ; 10-22 €)

🍴 *The Kirkwall Hotel (plan B1, 23) :* Harbour St. ☎ 872-232. Résa conseillée. Une institution locale ouverte depuis 1890. Belle cuisine dans la tradition locale avec un ton d'aujourd'hui. Le lounge bar (ou le Skipper's Bar, voir « Où boire un verre ? ») affiche des plats plus simples, corrects, mais aussi moins chers.

🍴 *Helgi's (plan B1, 24) :* 14, Harbour St. ☎ 879-293. Tlj. Puisqu'il s'agit officiellement d'un bar et non d'un resto, les mineurs ne sont pas admis. Résa conseillée. Sur 2 étages, un pub contemporain (avec cheminée) pour une cuisine dans la tradition mais pleine de bonnes petites idées.

🍴 *Judith Glue (plan B1, 22) :* 25, Broad St. ☎ 874-225. Tlj, tte l'année, horaires étendus juin-août : lun-sam 9h-22h (dernière commande 20h45),

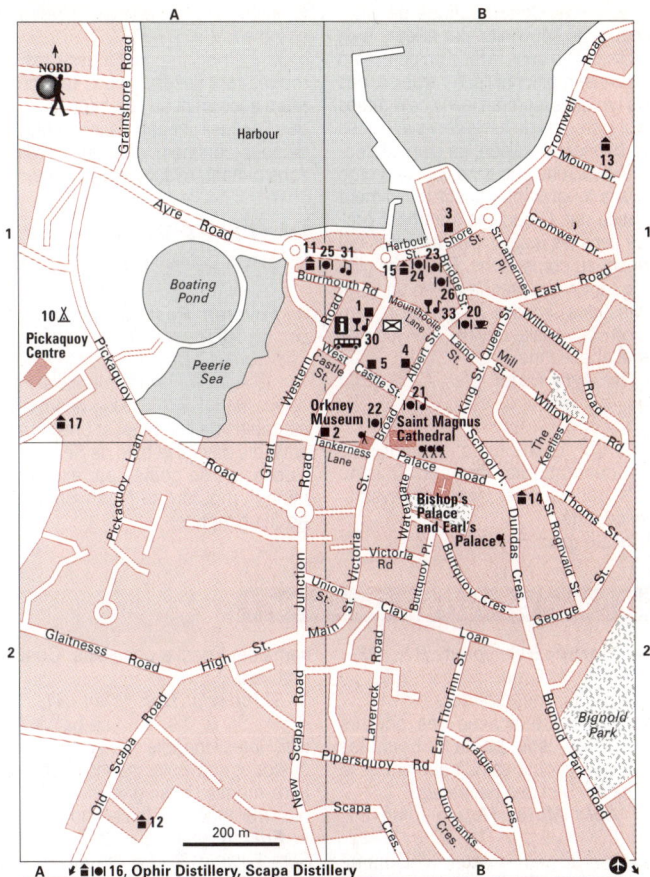

KIRKWALL

A ✈ 🏠 ⦿ 16, Ophir Distillery, Scapa Distillery

■ Adresses utiles

- 🛈 Visitor Information Centre
- 1 Orkney Car Hire
- 2 Cycle Orkney (location de vélos)
- 3 Orkney Ferries Ltd
- 4 Laverie
- 5 Tullock

⚐ 🏠 Où dormir ?

- 10 The Pickaquoy Centre Caravan Park
- 11 Peedie Hostel
- 12 Youth Hostel
- 13 Lerona B & B
- 14 B & B (Chez Mrs Ruth Muir)
- 15 St Ola Hotel
- 16 Foveran Hotel
- 17 Orcades Hostel

⦿ 🍴 Où manger ?

- 16 Foveran Restaurant
- 20 Trenabies Bistro
- 21 The Reel (The Wrigley Sisters)
- 22 Judith Glue
- 23 The Kirkwall Hotel
- 24 Helgi's
- 25 The Ayre Hotel
- 26 Dil Se

🍷 🎵 Où boire un verre ?
Où sortir ?

- 30 Auld Motor House
- 31 Fusion
- 32 Skipper's Bar
- 33 Bothy Bar

dim 10h-20h. Cette boutique de vêtements et de souvenirs, par ailleurs bien
fournie, cache dans le fond un petit resto
de cuisine traditionnelle. À l'ardoise, des
plats typiques, comme le *mince & tatties*
(bœuf-pommes de terre) servis avec des
bere bannocks maison, un pain confec-
tionné avec une ancienne variété d'orge
et qui a longtemps constitué l'aliment
de base des Orcadiens (rarement proposé dans les restos). Des assiettes qui
tiennent au corps, donc. Pour faire glisser le tout, vous prendrez bien un verre
de vin... des Orcades ? Sans raisin, bien
sûr, on vous laisse deviner. Service discret et attentionné.
IOI *The Ayre Hotel* (plan A-B1, *25*) :
Ayre Rd ; au bout du port. ☎ *873-001.*
*Tlj midi et soir (dernière commande à
20h45).* 📶 Vaste mais chaleureuse
salle ou agréable véranda. Cuisine
locale, généreuse et pleine de saveurs.
Service rodé.
IOI *Dil Se* (plan B1, *26*) : *7, Bridge St.*

☎ *875-242. Tlj à partir de 16h (dernière
commande à 21h30, 22h30 pour les
plats à emporter).* Salle dans les tons
rouges avec tissus indiens tendus aux
murs accordant au lieu plus de chaleur
que l'accueil (inégal). Cuisine classique
du sous-continent, dont quelques plats
sans piment. Avantage : sert tard.

De chic à plus chic
(plats à partir de £ 15 ; 18 €)

IOI *Foveran Restaurant* (hors plan
par A2, *16*) : *pour les coordonnées, voir
« Où dormir ? De prix moyens à chic ».
Ouv le soir slt. Fermé janv. Résa impérative. Plats £ 23-30.* Une des meilleures tables de l'archipel et une situation
enviable devant la baie de Scapa Flow.
L'occasion de goûter, par exemple, le
fameux mouton de North Ronaldsay.
Addition replète.

Où boire un verre ? Où sortir ?

Y ♪ *Bothy Bar* (plan B1, *33*) :
Mounthoolie Lane. ☎ *876-000. Tlj
11h-minuit. Concert parfois le dim soir.*
Pub de caractère avec ses poutres
apparentes, son poêle à bois, les
anciennes photos en noir et blanc et la
cheminée. Sert des *bar meals.*
Y *Auld Motor House* (plan B1,
30) : *26, Junction Rd.* ☎ *871-422.
Tlj 11h (12h dim)-minuit.* 📶 Comme
son enseigne l'indique, un bar dont
la déco tourne autour de l'automo-
bile. Il est d'ailleurs installé dans un
ancien garage. Clientèle plutôt jeune
et ambiance vite débridée en fin de

semaine. Snacks possibles. Concerts
réguliers.
Y *Skipper's Bar* (plan B1, *32*) :
Bridge St. ☎ *872-232.* Le bar du *Kirkwall Hotel.* Une jolie déco pierre et bois,
quelques souvenirs marins pour ne pas
faire mentir l'enseigne et la clientèle
bien mélangée qui fait les bons pubs.
♪ *Fusion* (plan B1, *31*) : *Ayre Rd.
Sam jusqu'à 2h. Entrée payante.* La
seule discothèque des Orcades mais
énorme, avec un bar carré au milieu.
Musique très généraliste sur laquelle
se trémousse une clientèle frôlant la
vingtaine.

À voir. À faire

🏹🏹🏹 *Saint Magnus Cathedral* (plan B1-2) : *avr-sept : tlj 9h (13h dim)-18h ; hors
saison : tlj sf dim 9h-13h, 14h-17h. GRATUIT. Visites guidées les mar et jeu, sur résa
(*☎ *874-894), £ 8. En anglais (accent orcadien !) slt. Plan et petit guide (en français) à
l'entrée.* Remarquable monument de style roman et gothique primitif, auquel la pierre
rose confère un charme particulier. C'est une vraie cathédrale, d'une ampleur surprenante pour une aussi petite ville. Elle possède aussi une particularité : la nef et le chœur
sont symétriques (voir de l'extérieur, de profil). Nombreuses pierres tombales du XVIIe s
posées contre les murs de la nef, aux gravures très symboliques. Visite possible (sur
résa) des « coulisses » de la cathédrale et notamment des étages supérieurs. On termine
par le mécanisme de l'horlogerie et la montée au clocher avec un panorama à 360°.

🏃 *Bishop's Palace and Earl's Palace* (HES ; plan B2) **:** ☎ 871-918. Avr-sept : tlj 9h30-17h (dernière admission). Entrée : £ 4,50 ; réduc. Ticket valable pour les 2 sites. Bishop's Palace, ancien palais épiscopal, se résume presque à une tour. On peut y grimper pour avoir une jolie vue sur la cathédrale et la ville. Earl's Palace (XVIIᵉ s), construit, comme son homologue de Birsay, par le tyranneau local, Earl Patrick Stewart, est nettement mieux conservé. Cela dit, on ne vous en voudra pas si vous vous contentez de découvrir ces ruines depuis le jardin (accès libre).

🏃 *Orkney Museum* (Tankerness House ; plan B1-2) **:** *en face de la cathédrale.* ☎ 873-191. *Lun-sam 10h30-17h. Fermé dim. GRATUIT.* La plus vieille maison de la ville (1574) abrite un musée racontant 5 000 ans d'histoire. Nombreuses pièces archéologiques évidemment, des poteries de l'âge du fer à un étonnant peigne viking en os de baleine. Reconstitution de pièces à vivre du début du XIXᵉ s. Vidéo sur The Ba'. Sympathique jardin où flâner les journées ensoleillées.

LA GRANDE BA'STON

C'est à Noël et au Jour de l'an que la ville s'enflamme pour des parties de Ba'. Un jeu de balle extrêmement violent, sans règle ni temps limité, qui oppose ville haute et ville basse. Comme pour la soule pratiquée en France, le but consiste à porter une balle de cuir dans le camp adverse par tous les moyens. Un seul point marqué et c'est la victoire. Certains cachent le ballon, d'autres passent par les toits, tout est permis !

■ *The Pickaquoy Centre* (plan A1) **:** *Muddisdale Rd.* ☎ 879-900. ● *pickaquoy. co.uk* ● *Lun-ven 7h-22h, w-e 9h-20h.* Ce vaste centre regroupe des activités aussi variées que l'escalade (sur résa), une piscine avec sauna et jacuzzi, un cinéma, une aire de jeux pour enfants... Voilà de quoi occuper petits et grands par temps de pluie (ce qui arrive rarement, on sait bien !).

Manifestations

– *Saint Magnus Festival :* *mi-juin, pdt les journées les plus longues de l'année.* ● *stmagnusfestival.com* ● Festival de musique et d'art, plus classique que le Folk Festival de Stromness.
– *Orkney International Science Festival :* *début sept.* ● *oisf.org* ● Animations vivantes mettant en lumière les applications de la science sur toutes les facettes de la vie quotidienne, dans l'art, la musique, l'histoire ou encore la philosophie.
– *Rock Festival :* *1ʳᵉ sem de sept.* Concerts dans les pubs de Kirkwall et Stromness.
– *Orkney Blues Festival :* *fin sept.* ● *orkneybluesfestival.co.uk* ● Comme son nom l'indique, un festival de blues qui égrène ses notes à travers tout l'archipel.

DANS LES ENVIRONS DE KIRKWALL

🏃 *La baie de Scapa Flow* servit longtemps de mouillage à la Royal Navy, dès l'époque napoléonienne, et surtout pendant les deux guerres mondiales.
Sur les 52 navires sabordés par les Allemands, 8 épaves se trouvent toujours au fond de la baie, celle-ci devenant aujourd'hui un site privilégié pour la plongée et la pêche aux crabes. Les autres

SABORDAGE !

Après l'armistice, en 1918, la flotte allemande fut entreposée à Scapa Flow. Furieux que ces navires puissent être utilisés par les vainqueurs, le vice-amiral von Reuter réussit à faire couler 52 des 74 navires le 21 juin 1919. C'est aujourd'hui un paradis pour la plongée sous-marine.

LES ÎLES

bateaux ont été renfloués, pour la plupart entre le milieu des années 1920 et la Seconde Guerre mondiale (le reste dans les années 1970), et la ferraille a été revendue... à l'industrie allemande ! Un site permet de voir les épaves gisant au fond de la mer : ● *scapaflowwrecks.com* ●

🏹 *Scapa Distillery :* sur la route d'Orphir, à 2 miles (env 3 km) de Kirkwall, entre l'auberge de jeunesse et le Foveran Hotel. ☎ 873-269. ● *scapamalt.com* ● *Visites guidées mai-sept, tlj à partir de 9h30 (12h dim), ttes les heures, dernier tour à 15h. Hors saison, sur rdv slt. Interdit aux moins de 18 ans. Résa conseillée car pas plus de 10 pers. Tarif : £ 8.* Cette distillerie fondée en 1885 a depuis été rachetée par le groupe Pernod-Ricard. Le *single malt* qui sort des fûts est un breuvage doux, non tourbé, avec un goût de miel et de fougères en bouche. Ne vous précipitez pas pour l'acheter ici, il sera bien moins cher dans une grande surface française ; c'est comme ça !

🏹🏃 *Highland Park Distillery :* à la sortie sud de la ville en allant vers Burwick. ☎ 874-619. ● *highlandpark.co.uk* ● *Visites guidées ttes les heures. Mai-août : tlj 10h (12h dim)-17h ; avr et sept : lun-ven 10h-17h ; oct-mars : lun-ven 13h-17h (visites à 14h et 15h ; fermé pdt les fêtes). Dernier tour 1h avt fermeture. De début juil à mi-août, la production est suspendue pour raison climatique, mais la visite est ouv. Entrée : £ 7,50 ; d'autres formules plus chères pour les connaisseurs.* Petite distillerie qui utilise les moyens de fabrication traditionnels. Les procédés n'ont pas beaucoup changé depuis deux bons siècles. Ils vendent surtout du vieux whisky (12 ans d'âge minimum). Deux cheminées superbes en forme de pagode.

🏹 *Mull Head :* à 13 miles (env 21 km) de Kirkwall. Prendre l'A 960 en direction de l'aéroport ; c'est après Deerness. Circuit en boucle de 3,5 miles (5,6 km) dans une réserve naturelle. Première étape : « the Gloup », un phénomène naturel assez spectaculaire. La mer a profité d'une faille dans la falaise pour s'engouffrer sur une longueur de 50 m à l'intérieur des terres en laissant une arche intacte. Un peu plus loin (attention en vous promenant le long du précipice où nichent des pétrels, c'est très dangereux) se dévoilent les ruines du *Brough of Deerness,* vestiges d'un village norse (peuple scandinave). De la pointe de Mull Head, jolie vue sur l'île déserte de Copinsay. Splendides ensembles rocheux battus par les vagues.

LES ÎLES DU SUD

SOUTH RONALDSAY ET BURRAY

IND. TÉL. : 01856

L'île de South Ronaldsay est reliée à Mainland par les *Churchill Barriers* (des digues). On peut aussi débarquer directement à Saint Margaret's Hope (principal village de l'île) en ferry depuis Gills, à l'ouest de John o'Groats (voir plus haut « Arriver – Quitter » au début du chapitre sur les Orcades). Logé au fond d'une baie, où quelques maisons s'alignent à flanc d'océan, Saint Margaret's Hope est assurément l'un des plus jolis ports des Orcades. Au programme : tranquillité et

LE « REMPART CHURCHILL »

En 1939, un navire de guerre britannique, le Royal Oak, est torpillé par un sous-marin allemand dans la baie de Scapa Flow. Pas moins de 833 marins périssent dans l'attaque, mais près de 400 hommes parviennent à s'en sortir. Pour empêcher de nouvelles invasions ennemies dans la baie, Churchill décide alors de construire des digues (appelées Churchill Barriers). Bonne reconversion : elles servent aujourd'hui de ponts pour relier les îles entre elles.

bon air marin ! On indique également quelques adresses à Burray, petite île coincée entre Mainland et South Ronaldsay. Ne pas manquer non plus l'*Italian Chapel,* un endroit tout à fait étonnant.

Où dormir ? Où manger ?

Camping

⏚ ⌂ **Wheems :** *à Eastside, sur South Ronaldsay.* ☎ 831-556. ● *wheemsor ganic.co.uk* ● *Accès fléché (à gauche) depuis l'A 961 à la sortie de Saint Margaret's Hope, direction Burwick. Ouv tte l'année pour les tentes, avr-oct pour les cottages. Emplacement pour 2 avec tente et voiture £ 12 ; cottages (min 2 nuits) £ 55/nuit ; bothies jusqu'à 4 pers £ 35 (mieux pour 2).* Une ferme bio, perdue en pleine nature, sur la côte est. Petit camping bien équipé, avec une vue superbe (bien exposé au vent), qui propose une large gamme d'hébergements, dont 1 yourte pour 6 personnes. Cuisine ouverte, petite épicerie et galerie de peintures. Pratique le *woofing.*

Prix moyens

⌂ **Bankburnhouse B & B :** *à la sortie de Saint Margaret's Hope, sur South Ronaldsay sur la route de Burwick, côté gauche.* ☎ 831-310. ● *bankburnhouse.co.uk* ● *Doubles env £ 65-80 selon confort ; réduc à partir de 2 nuits.* 📶 Une belle petite maison du XIXe s avec un gazon à faire pâlir le green du golf voisin ! Chambres confortables ; on préfère les moins chères avec les salles de bains à l'extérieur. Accueil aimable.

|●| **Sands Hotel :** *sur le port, sur l'île de Burray.* ☎ 731-298. *Plats env £ 9-12. Bar meals* ordinaires mais copieux. Établissement logé dans un ancien entrepôt à harengs du XIXe s (il faut le savoir). Très animé le week-end.

À voir

🏸 **Italian Chapel :** *en venant de Mainland, juste après avoir franchi la 1re digue qui traverse la mer. Bus no 10 depuis Kirkwall. Ouv (en principe !) avr-sept : tlj 9h-22h. GRATUIT.* Pendant la Seconde Guerre mondiale, entre 1942 et 1945, l'armée de Sa Gracieuse Majesté avait installé ici un camp de prisonniers italiens ; complètement isolés, ceux-ci tentaient de retrouver un peu de leur pays et ont construit cette chapelle avec des matériaux de récupération : tôles, papier goudronné, bois d'épaves... De l'extérieur, on voit une façade blanche telle une « vraie » chapelle, sauf que le reste du bâtiment est en fait constitué de deux hangars mis bout à bout. La porte franchie, c'est le miracle ! Toutes les décorations, l'autel, les bat-flanc, les pierres, même, sont en trompe l'œil. En mai 1945, alors que les prisonniers sont déplacés en Angleterre avant d'être libérés, le prêtre à l'initiative du projet est resté pour terminer le travail.

🏸 **Tomb of the Eagles :** *à Isbister, au sud de South Ronaldsay (le fléchage est immanquable).* ☎ 831-339. ● *tomboftheeagles.co.uk* ● *Mars : tlj 10h-12h ; avr-sept : 9h30-17h30 ; oct : 9h30-12h30. Dernier tour 45 mn avt fermeture. Entrée : £ 7 ; réduc. Compter env 1h30 de visite.* Une chambre funéraire du Néolithique, datant de 3150 av. J.-C., a été découverte par hasard en 1958 par un paysan du coin. La famille, toujours propriétaire du site, a développé un gentil petit business tout autour. La visite guidée commence par le musée qui expose les objets découverts dans la tombe et qui permet d'en apprendre un peu plus sur la vie des premiers agriculteurs. On peut même – et c'est exceptionnel – toucher quelques objets (crâne, pierres polies) découverts dans la sépulture.

Puis on se rend à la tombe, à 1 km de là (prêt de bottes et de ponchos possible) : 15 mn de marche dans un superbe décor de prairies et de falaises, jusqu'au sommet

LES ÎLES

d'une colline. Quelque 16 000 os humains y ont été découverts, ce qui témoigne d'une longue utilisation de la nécropole (800 ans). Plus surprenant, cette tombe abritait également les squelettes d'une vingtaine d'aigles, déposés là un bon millénaire après la création de la sépulture pour une raison que les archéologues ignorent encore...

HOY

IND. TÉL. : 01856

Hoy serait dérivé du norrois et signifierait la « haute île ». C'est la deuxième de l'archipel par sa taille. Le nord et l'ouest, très vallonnés, ressemblent aux Highlands, tandis que le reste de l'île présente un paysage bien typique des Orcades. Ne pas manquer les falaises de la côte ouest, parmi les plus impressionnantes d'Écosse. Sentiers bien signalés, qui permettent la découverte de l'île à pied. Tout à côté de Hoy, dans la baie de Scapa Flow, l'île de Flotta abrite un terminal pétrolier. Une flamme gazeuse y brûle en permanence.
➤ Hoy est relié en ferry à *Houton* (sur Mainland) ou *Stromness* (pour les piétons).

Où dormir ? Où manger ?

À Hoy, il y a 2 AJ gérées par *Orkney Islands Council* à Kirkwall *(résas : ☎ 873-535. ● syha.org.uk ●).*
🏠 *Hoy Centre :* au-dessus de *Moaness, près de l'église.* ☎ 791-315 ou 📠 07778-177-929 (warden). Tte l'année. Env £ 20/pers. Dans une ancienne école primaire, bien rénovée. Dortoirs de 4 lits qui disposent tous d'une douche. Cuisine équipée, laverie. Impeccable.
🏠 *Rackwick Hostel :* à... *Rackwick, sur les hauteurs du hameau, au début de la balade pour l'Old Man of Hoy.* 📠 07858-208-120. De début mai à mi-sept. Env £ 13/pers. Petits dortoirs de 4 lits et coin cuisine.
🏕 *Burnside Bothy :* sur la plage de *Rackwick.* ☎ 791-316. Gratuit ! Dans

un coin superbe, une petite maison ouverte à tous, avec quelques emplacements de camping dans le jardin. Aucun confort, on dort à même la pierre souvent humide, avec pour seule consolation le paysage aussi rude que sublime (attention, les *midges* semblent également trouver le coin à leur goût).
– Pour manger, prévoir des victuailles, car il n'y a sur Hoy qu'une seule épicerie (à *Longhope*) et quelques restos au sud de l'île. Pour ceux qui arrivent de Moaness par le ferry, un café :
🍴 *Beneth'ill Cafe :* à *Moaness.* Avr-sept, tlj 10h-18h (18h30 w-e). Propose sandwichs, paninis et gâteaux, arrosés d'un bon thé bien chaud.

Randonnées

Aux piétons arrivant à *Moaness* (depuis Stromness), il existe un bus pour relier *Rackwick* et sa superbe baie. Les plus sportifs opteront pour une marche à travers les collines. Compter env 2h30 pour parcourir 4,5 miles (7,2 km).

🪓 *Scapa Flow Visitor Centre :* en face du débarcadère de Lyness. ☎ 791-300. Avr-oct, lun-ven 10h-16h30, plus le w-e mai-sept. GRATUIT. Évocation, à travers de nombreuses pièces et documents (vieilles photos, armes...), du rôle joué par la base de Scapa Flow, essentiellement pendant la Première et Seconde Guerre mondiale. Lyness abritait un dépôt de pétrole et une cale pour réparer navires, tankers et torpilles. Jusqu'à 12 000 personnes ont travaillé sur le site. Dans l'ancien réservoir à essence, un film d'environ 30 mn retrace l'histoire de cette base, la plus importante de Grande-Bretagne et la plus stratégique à partir de 1939.

➢ *Ward Hill* (479 m) : colline la plus haute des Orcades. Sa voisine Cuilags culmine presque à la même altitude. Vue sur tout l'archipel des Orcades.

➢ *Old Man of Hoy :* départ de **Rackwick***. Compter 3h A/R en marchant tranquillement.* Piton rocheux qui surplombe la mer, très connu parce que franchement spectaculaire. Les alpinistes ne l'ont vaincu qu'en 1966 (et l'exploit était télévisé). Mérite le déplacement, comme on dit.
Sur le chemin, juste avant de quitter Rackwick, après l'*hostel,* de typiques petites maisons en pierre aux toits gazonnés abritent le *Crow's Nest Museum (gratuit).* L'intérieur, qui n'a pas bougé depuis le début du XVIIIe s, est tout mignon (articles et photos).

➢ *Saint John's Head :* en prolongeant le chemin du Old Man of Hoy. Balade fantastique le long des falaises. Sentier vertigineux et parfois dangereux. Ne pas y emmener les enfants et éviter les journées ventées.

LES ÎLES DU NORD

Chaque île possède son charme propre et sa petite histoire. Prenez le temps d'en visiter une ou deux, vous ne le regretterez pas !
– Peu d'hébergement toutefois : s'adresser directement auprès des fermes pour camper. Et prévoir des provisions, car les épiceries sont rares et l'alimentation est très chère.

Arriver – Quitter

La plupart du temps, il est possible de faire l'aller-retour dans la journée. Pour Westray, Papa Westray et Rousay, on vous conseille vivement de passer une nuit sur place pour profiter pleinement du lieu.

■ *Orkney Ferries* (plan Kirkwall B1, 3) : ● orkneyferries.co.uk ● Forfait intéressant, voir plus haut la rubrique « Transports intérieurs » au début du chapitre « Les îles Orcades ». Départs quasi quotidiens pour ttes les îles. En voiture, résa indispensable.
➢ *Kirkwall :* pour Westray, Papa Westray, Sanday, Eday, Shapinsay et North Ronaldsay.
➢ *Tingwall :* pour Rousay.

■ *Loganair :* ☎ (01856) 872-494. ● loganair.co.uk ● Avions réguliers au départ de Kirkwall pour Westray, Papa Westray, North Ronaldsay. Pour Eday : slt 1 vol/sem.

LES ÎLES

WESTRAY ET PAPA WESTRAY   IND. TÉL. : 01857

Elles font partie des îles les plus septentrionales justifiant une visite. Vous serez là-bas vraiment au bout du monde. Très belle réserve ornithologique, avec la plus grande colonie au monde de sternes arctiques. Au nord de Westray, la balade jusqu'au phare est grandiose, aussi bien pour sa colonie de macareux que pour la découpe de ses falaises. Impressionnant !

UN VOL ÉCLAIR

Avis aux amateurs de records, la ligne Westray-Papa Westray est la ligne commerciale la plus courte du monde : le vol dure moins de... 2 minutes ! À peine le temps d'attacher et de détacher sa ceinture.

Papa Westray doit son nom aux nombreux religieux, ou « pères », qui y vivaient en solitaires au Moyen Âge. On y a découvert deux maisons préhistoriques, vieilles d'environ 5 000 ans.

Arriver – Quitter

Un ferry, pour passagers seulement, relie Westray à Papa Westray (plusieurs fois/j. mai-sept, en hiver cargo 2 fois/sem). Sur Westray, un bus relie en été le terminal des ferries de Rapness à Pierowall (env 10 miles, soit 16 km).
– Voir le site des deux îles : ● *wes traypapawestray.co.uk* ●

Où dormir ? Où manger ?

Bon marché (£ 10-25/pers ; 12-30 €)

🛏 🏕 *Papa Westray Youth Hostel :* *Beltane House, sur Papa Westray.* ☎ *644-321. Tte l'année. Env £ 13/pers en dortoir et £ 25 en chambre double. ½ pens possible.* Possibilité de camper.

🏕 🛏 *The Barn :* à *l'entrée de Pierowall, sur Westray.* ☎ *677-214.* ● *the barnwestray.co.uk* ● *Tte l'année. Résa conseillée. Prévoir £ 20/pers ; double £ 40, quadruple £ 60 ; £ 10-15 pour 2 selon taille de la tente.* 📶 À la ferme, grange d'une centaine d'années, rénovée en logement style AJ. Dortoirs avec lits superposés. Salon très chaleureux et cuisine bien équipée. L'ensemble est confortable et face à la mer.

🍴 *Wheeling Steen Gallery and Tearoom :* sur *Westray, à la sortie de Pierowall, lorsque la baie forme un arc de cercle vers la droite, monter la rue en face, c'est en haut d'une colline, sur la droite.* ☎ *677-292. Tlj sf dim 11h-17h. Fermé janv-fév.* C'est un bel endroit, qui fait à la fois office de galerie photos (prises par le père et sa fille), boutique et salon de thé (beaux choix de gâteaux). Au bout trône une vraie cabine de pont provenant d'une épave du XIXe s, transformée plus tard en masure, comme ça se faisait autrefois. Ambiance zen.

🍴 *Haff Yock :* sur *Westray, 2, Quarry Rd, à la sortie de Pierowall, face au cimetière, sur la gauche. Ouv de début mai à mi-sept, 9h (12h30 dim)-16h (dernière commande).* Pour un repas léger à base de soupe (maison et bonne), sandwichs et gâteaux (comme d'hab'). Ça a le mérite d'exister.

De prix moyens à chic (plus de £ 50 ; 60 €)

🛏 🍴 *Pierowall Hotel :* en *plein centre de Pierowall, sur Westray.* ☎ *677-472.* ● *pierowallhotel.co.uk* ● *Doubles sans ou avec sdb (petite) £ 85-100. Au resto, £ 10-18.* Adresse familiale (on a même droit aux photos de famille sur les meubles de la salle à manger) aux chambres bien arrangées à prix correct pour le coin. Certaines possèdent même une vue sur la mer. La cuisine est tout aussi familiale, les poissons sont d'une belle fraîcheur, et les prix des plats savent rester aussi gentils que l'accueil. Loue des vélos.

À voir

🗝 🚶 *Westray Heritage Centre :* au *centre de Pierowall.* ☎ *677-414.* ● *wes trayheritage.co.uk* ● *Mai-sept : lun 11h30-17h ; mar-sam 10h-12h, 14h-17h ; dim 13h30-17h30. Entrée : £ 3 ; réduc.* Ce petit musée d'intérêt a priori uniquement local expose une pièce qui trouverait sa place dans de bien plus prestigieux endroits : la *Westray Wife,* une Vénus du Néolithique, mesurant... 4 cm de haut, dénichée en 2009 dans les dunes et qui est, mine de rien, la plus ancienne représentation humaine découverte en Écosse ! Autre pièce d'exception : la pierre de Westray, ornée d'élégantes spirales et vieille de 5 000 ans, provenant d'une tombe.

⚔ **Notland Castle :** *non loin de Pierowall, sur la route de Noup Head. Tlj 8h-20h. GRATUIT.* Ces imposantes ruines du XVIe s font davantage penser à une forteresse qu'à une demeure seigneuriale. Il faut dire que sir Balfour s'était distingué dans plusieurs affaires, notamment le meurtre de lord Darnley, second époux de la reine Marie Stuart. Il partit se réfugier en Suède, où il tenta ni plus ni moins d'assassiner le roi de Suède. Une vraie manie ! Ce qui lui valut d'être finalement exécuté en 1576. Voir au rez-de-chaussée l'immense cuisine et la cheminée monumentale. S'y préparait-il des festins acheminés vers la salle de réception à l'étage ? En tout cas, l'ensemble (extérieur et intérieur) paraît bien spartiate, même pour l'époque.

⚔⚔ **Noup Head :** une réserve naturelle, encore une, qui abrite une foule d'oiseaux. Très jolie balade en boucle (4 miles, soit 6,4 km ; compter un peu plus de 1h). On longe, à l'aller, d'impressionnantes falaises (prudence...) avant de grimper, au milieu des prairies à moutons, jusqu'au phare, posé sur une pointe rocheuse (prudence, là encore). Le retour se fait par une route carrossable moins agréable (mais rien ne vous empêche de reprendre le même chemin qu'à l'aller).

LES AUTRES ÎLES

SHAPINSAY

Une île sans intérêt majeur hormis quelques vestiges très orcadiens : un *broch,* des pierres dressées. On y exilait autrefois, paraît-il, voleurs et sorcières. Aujourd'hui, Shapinsay, largement cultivée, est d'une vraie tranquillité.

EDAY

Île désertique au centre de l'archipel – un habitant au kilomètre carré – mais tellement bonne pour la méditation. Plages avec phoques.

Où dormir ?

🏠 **Eday Youth Hostel : London Bay.** 📠 0797-728-10-84 ● edayhostel@hotmail.co.uk ● À 5 miles (8 km) du ferry ; faire du stop ou prendre un taxi. Téléphoner pour prévenir de son arrivée car le gérant peut s'absenter. Sinon, s'annoncer au magasin à 2 km de l'AJ. Tte l'année. Env £ 17/pers. Un simple baraquement en bois au centre de l'île. Confort de base. Attention, à l'épicerie, denrées à des prix prohibitifs.

ROUSAY, EGILSAY ET WYRE

Rousay est parfois appelée l'« Égypte du Nord » pour sa densité de sites archéologiques. Un petit musée (gratuit) en présente l'essentiel dans la salle d'attente du ferry. On vous conseille de faire le *Westness Walk,* décrit comme « le mile historique le plus important d'Écosse ». Le sentier démarre à *Western Farm,* 4 miles à l'ouest de l'arrivée du ferry. On découvre, chemin faisant, Traversoe Tuick, Blackhammar Cairn, Knowe of Harso, Midhowe Cairn et enfin le Midhowe Broch, d'où l'on a une gentille vue sur l'île d'Eyhnallow et les vestiges de son monastère bénédictin.

Les petites îles voisines d'Egilsay et Wyre sont plus discrètes, avec quelques vestiges médiévaux : la *Saint Magnus Chapel* sur Egilsay, ou le *Cubbie Roo's Castle* sur Wyre, deux édifices du XIIᵉ s. ● *visitrousay.co.uk* ● Location de vélos à la *Trumland Farm*.

Où dormir ? Où manger ?

⊼ 🏠 *Trumland Farm : sur l'île de Rousay.* ☎ *(01856) 821-252.* ● *trum land@btopenworld.com* ● *À 10 mn à pied du débarcadère. Tte l'année. Env £ 14/pers en dortoir (draps en sus) ; £ 6/pers pour camper. Logements £ 30-70 selon le nombre de pers.* Une toute petite auberge privée à la ferme : 2 dortoirs (4-6 lits) et 1 minuscule chambre *single.* Hommes et femmes séparés. Laverie. Cuisine bien équipée. Également des logements très modernes et lumineux aménagés dans les anciennes granges, dont les baies vitrées s'ouvrent sur la mer. Très bien équipés, ils accueillent entre 1 et 5 personnes, ce qui en fait un excellent rapport qualité-prix. C'est l'occasion d'apprécier la vie rurale des Orcades, loin de tout...

|●| *Pier Restaurant : devant le débarcadère.* ☎ *(01856) 821-359. Tlj 11h (12h30 dim)-1h (20h pour la cuisine). En hiver, tlj sf mer à partir de 16h30. Repas env £ 10.* 📶 Ambiance pub avec son billard. Snacks et plats simples qui dépannent.

À voir

🎋 *Trumland House Gardens : suivre la route à la sortie du débarcadère jusqu'à la route principale, l'entrée est pile en face.* ● *trumlandhouse.com* ● *Mai-oct : tlj 10h-17h. Entrée : £ 2 (honesty box).* Remonter l'allée centrale vers la maison (en travaux, ne se visite pas), la contourner pour rejoindre un sous-bois (carrément !) et le jardin en lui-même. Balade agréable.

SANDAY ET NORTH RONALDSAY

Comme son nom l'évoque, Sanday regorge de plages de sable blanc. C'est aussi la plus grande île du nord de l'archipel. Endroit reposant, qui nécessite un peu de temps pour en apprécier le charme. Quant à North Ronaldsay, c'est la plus isolée de toutes et la plus septentrionale. Le phare se visite. C'est de là que proviennent les moutons au label si réputé. Certains restaurants des Orcades en proposent.

RÉGIME IODÉ

North Ronaldsay abrite une variété de mouton unique, élevée dans des conditions qui ne le sont pas moins : des murets le long du littoral cantonnent les ovins au bord de l'eau pour les empêcher de paître l'herbe tendre de l'intérieur de l'île. Ainsi, ils ne peuvent se nourrir que d'algues. D'où le goût si particulier de leur viande. La raison est simple : pour remédier au manque d'espace qui ne permettait pas d'utiliser les terres à la fois pour le pâturage et le maraîchage, les animaux ont été relégués sur la côte. Pas bête !

Arriver – Quitter

Depuis *Kirkwall*, un ferry rejoint Sanday 1 à 2 fois/j. et North Ronaldsay 2 fois/sem en été (1 fois le reste du temps).

LES ÎLES

Où dormir ? Où manger ?

⚎ 🏠 |●| *The Observatory Hostel :* à North Ronaldsay. ☎ (01857) 633-200. ● nrbo.co.uk ● *Tte l'année. Compter £ 19 en dortoir ; £ 65 pour 2 dans la* guesthouse. *Petit déj en sus. ½ pens possible. Tente £ 5.* À côté d'une ancienne ferme convertie en station d'observation ornithologique fonctionnant à l'énergie solaire et éolienne, une maison moderne qui accueille 3 dortoirs et une *guesthouse.* On peut y dîner et parfois goûter au mouton de North Ronaldsay.

LES ÎLES SHETLAND

● Carte p. 577

23 000 hab.

À la même latitude que Bergen en Norvège, c'est un archipel d'une centaine d'îles, dont à peine une quinzaine sont habitées. Battues par les vents de l'Atlantique qui peuvent atteindre parfois les 250 km/h, ces îles ne voient pas beaucoup d'arbres pousser. Mais cette déforestation serait plutôt le fait d'anciens habitants de l'île, il y a plus de 2 000 ans. À moins que l'appétit des moutons – qui ne laissent aucune chance à la moindre pousse – n'en soit la cause. En tout cas, ces robustes ovins à laine fine vous offriront l'occasion d'acquérir un de ces inestimables et si réputés lainages.

Le climat, même en été, peut parfois s'avérer rude : du vent, de la pluie... Mais le soleil est aussi souvent de la partie, révélant alors de flamboyants paysages. Un dicton local dit : « Si le temps ne te plaît pas, attends cinq minutes ! », ce qui se vérifie : il peut faire beau plusieurs fois par jour ! Surtout si les jours sont longs, comme c'est le cas autour du 21 juin, lorsqu'on enregistre jusqu'à 19h de soleil (euh ! disons de clarté) dans la journée. Le soleil se lève alors vers 4h et se couche vers 23h.

Les Shetland, c'est un voyage grandeur nature. Les fanas d'ornithologie *(birdwatchers)* et de sites préhistoriques seront aux anges. Tandis que les sympathiques et courageux petits poneys attendriront les enfants.

Pas de panique si, au hasard d'une rencontre au bord d'un *voe* (fjord) ou au comptoir d'un pub, vous ne comprenez pas votre interlocuteur. La population parle volontiers un dialecte qui emprunte autant à l'anglais qu'au scot et au norn (du norvégien ancien). Une conséquence directe de l'histoire des Shetlandais, qui assument un caractère scandinave fortement ancré, depuis le VIIIe s et l'arrivée des guerriers vikings sur les îles.

L'archipel entre dans le giron écossais au XVe s, alors que le roi du Danemark offre les îles Orcades et Shetland pour compléter la dot de sa fille, qui doit épouser Jacques III, futur roi d'Écosse. D'ailleurs, le drapeau non officiel des Shetland fait allusion à l'héritage de ces deux cultures : une croix nordique blanche sur les couleurs écossaises (bleu). On le voit flotter devant certaines maisons.

Infos utiles

– On peut préparer son voyage en consultant le **site officiel** : ● shetland. org ●
– **Hébergement bon marché :** les **böds.** Rens et résas auprès de Shetland Amenity Trust. ☎ (01595) 694-688. ● camping-bods.co.uk ● Avr.-sept. Résa préférable, au risque de trouver porte close. Compter env £ 10-12/pers. Les böds sont de petites maisons utilisées autrefois comme refuges par les pêcheurs au cours de leurs campagnes. Ils sont situés le long des côtes. Chacun possède sa propre atmosphère et sa petite histoire. Confort de base, pas toujours chauffés, prévoir nourriture et couchage. Ambiance conviviale, c'est le rendez-vous des archéologues, ornithologues et des routards.
– Sur l'archipel (sauf sur Noss et Fair Isle), on peut **camper** librement, à condition de demander la permission au propriétaire du terrain. Mais franchement, le vent pourrait poser quelques problèmes d'arrimage. Parmi nos sites préférés : Sumburgh Head et Scousburgh Sands. On aime bien aussi les pelouses d'Eshaness vers le nord.
– Pour faciliter le voyage, on vous conseille de faire le plein d'argent et de carburant à Lerwick. En dépannage, quelques pompes à essence disséminées sur l'île et cashback possible auprès de certaines boutiques.

Quand y aller ?

Sans aucun doute dès le mois de mai, lorsque les oiseaux marins viennent nicher dans les falaises. Juin et juillet permettront de profiter d'une clarté maximale. Mais prévoir une bonne laine et un coupe-vent, les Shetland sont à la même latitude que la pointe sud du Groenland.

Arriver – Quitter

En bateau

■ **Northlink Ferries :** ☎ 0845-6000-449. ● northlinkferries.co.uk ● Résa obligatoire (large gamme de tarifs). Restauration sur le bateau, à prix abordables. Consigne gratuite à l'embarcadère pour déposer ses bagages dès le matin. Liaisons avec :
➤ **Aberdeen :** tlj. Départ le soir. Durée : env 12h si direct (4-5 fois/sem), 13h30 si le ferry fait escale à Kirkwall.
➤ **Kirkwall :** 2-3 bateaux/sem. Durée : env 5h30.

En avion

✈ **Aéroport de Sumburgh :** situé à la pointe sud de la péninsule, à 25 miles (40,2 km) de Lerwick. ☎ (01950) 460-905. Office de tourisme ouv en fonction des vols. Accueil très compétent. Bonnes cartes routières et de randos. Distributeur d'argent en dépannage (taxe supplémentaire, en plus de la com' habituelle). Bus pour Lerwick. Location de voitures.
Petite curiosité : la piste est traversée par l'A 970, ce qui occasionne la fermeture de la route avec un passage à niveau pour avion ! Il n'en existe qu'un autre dans le monde, à Gibraltar.
➤ Liaisons avec **Aberdeen, Édimbourg, Glasgow, Inverness** et **Kirkwall (les Orcades).** Les vols sont opérés par :
■ **Loganair/Flybe :** ☎ 0371-700-20-00 (slt depuis le Royaume-Uni). ● loganair.co.uk ● flybe.com ●

Transports intérieurs

Tous les horaires des bus, ferries et vols sur ● zettrans.org.uk ●
– **Les bus :** services réguliers sur les grands axes desservant la plupart

LES ÎLES

Mainland | Lieux traités
Voe | Adresses et lieux
 | dans les environs
Isbister | Repères

NORD

1°
Hermaness
Burrafirth   Skaw
Unst   Haroldswick
Baltasound
Uyeasound
Gloup
Gutcher   Belmont
Yell   Oddsta
Isbister   **Fetlar**
Mid Yell   Houbie
Ronas Hill 450   West Sandwick
Hamnavoe
Eshaness   Ulsta
Stenness   Burravoe
Tangwick Hillswick
Toft
Saint Magnus Bay
Busta Brae
Papa Stour   Laxo   *Whalsay*
Muckle Roe
Voe
Sound of Papa
Sandness
West Burrafirth   **Mainland**
Walls   Weisdale Mill
Whiteness
Skeld   Tingwall
Scalloway
Lerwick *Noss*
Bressay
A 970
Cunningsburgh
Sandwick
Mousa
60°   60°
Bigton
Saint Ninian's Isle   Levenwick
Scousburgh
Loch of Spiggie
Quendale   Boddam
Sumburgh
Jarlshof   *Sumburgh Head*
FOULA
1°
ABERDEEN, STROMNESS

10 km

LES ÎLES

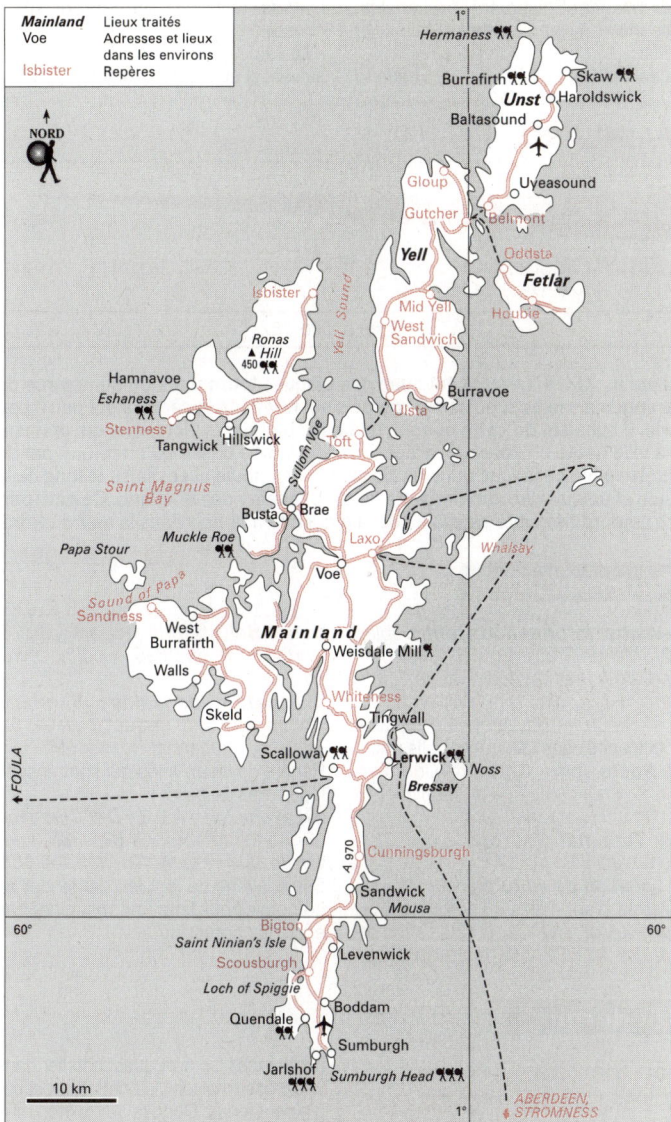

LES ÎLES SHETLAND

des villages. Également, de Lerwick, liaisons vers les îles de Yell, Unst et Fetlar.
– **Les ferries :** gérés par le *Shetland Islands Council.* En voiture, résa conseillée.
– **Le vélo :** toujours possible, mais gare au vent et au relief ! Location à Lerwick.

MAINLAND

LERWICK

IND. TÉL. : 01595

● Plan *p. 580-581*

Jusqu'au XIXᵉ s, Lerwick fut l'une des plaques tournantes du commerce du hareng, mais le petit poisson argenté s'est raréfié et la pêche s'est peu à peu tarie. Il subsiste de cette époque de beaux bâtiments victoriens qui donnent à la ville haute un charme particulier. Dans la ville basse qu'on rejoint par de pittoresques passages appelés *closes,* on déambule avec plaisir le long de la seule et unique rue commerçante de la « capitale » des Shetland. Ce petit port tire aujourd'hui toute sa vitalité de la présence d'or noir dans la mer du Nord.

Adresses utiles

ℹ️ Visitor Information Centre *(plan C2)* : Market Cross. ☎ 693-434. ● shet land.org ● Près du port. Avr-sept : lun-sam 9h-17h, dim 10h-16h ; en hiver : tlj sf dim 10h-16h. Accueil de qualité et efficacité sans faille. Très belle doc.
✉️ **Poste** *(plan C2)* : 46, Commercial St. Près de l'office de tourisme. Tlj sf dim 9h-17h (12h30 sam).
🚌 **Terminal des bus** *(plan C2)* : Commercial Rd.
■ **Location de voitures :** sur résa slt, voitures disponibles à l'aéroport. **Star Rent-a-Car** *(plan C1, 1)* : 22, Commercial Rd. ☎ 692-075. ● starrentacar.

co.uk ● **Bolts Car Hire** *(plan B1, 2)* : 26, North Rd. ☎ 693-636. ● boltscarhire. co.uk ●
■ **Location de vélos : Shetland Community Bike Project** *(plan C2, 5)* : 16-18, Commercial Rd. ☎ 690-077. Répare de vieux vélos qui sont ensuite loués. Pas de gaspi !
■ **Laverie** *(plan A3, 6)* : **Dry Cleaners,** 43, Kantersted Rd. ☎ 695-335. Lun-ven 8h (9h mer-ven)-17h, sam 10h-13h. Seule laverie de la ville ; demander au comptoir pour faire une machine. Fait également pressing.

Où dormir ?

Bon marché
(£ 10-25/pers ; 12-30 €)

🏠 **Islesburgh House Hostel** *(plan B2, 11)* : Islesburgh House, King Harald St. ☎ 745-100. ● islesburgh.org.uk ● Tte l'année. Env £ 21/pers. 🖥️ (avec imprimante). 📶 Petits veinards, voilà l'AJ la plus moderne des îles britanniques, élue meilleur *hostel* au monde il n'y a pas si

longtemps ! Confort quasi hôtelier dans une grosse maison victorienne impeccablement tenue. Dortoirs 12 lits (non mixtes) ou chambres privées (2-6 personnes), parfois utilisées comme dortoirs si ces derniers sont pleins. Grande cuisine à dispo, belle salle à manger avec frises moulurées, salon, billard. Café *(8h30-19h)* dans le *Community Center* juste à côté servant le petit déj et des plats simples en journée. Le grand luxe, quoi !

LES ÎLES

De prix moyens à chic
(£ 50-125 ; 60-150 €)

🛏 **Fort Charlotte Guest House** (plan C2, 12) : 1, Charlotte St. ☎ 692-140. • fortcharlotte.co.uk • Double env £ 75. 📶 Joliment située, juste au-dessus de la rue principale, sous les remparts du fort. Chambres mignonnettes et lumineuses. Jardin en terrasses. Accueil amical et plein de bons conseils pour visiter les îles.

🛏 **Rockvilla Guest House** (plan B2, 13) : 88, Saint Olaf St. ☎ 695-804. • rockvillaguesthouse.com • Double avec sdb £ 80. 📶 Avec un B & B dans une maison victorienne, on est au moins sûr de trouver du cachet et de l'espace. Anona, la souriante maîtresse des lieux, apporte en plus une excellente tenue et une touche de modernité qui fait de sa demeure un très bon point de chute, bien situé dans la capitale.

🛏 **The Aurora Guest House** (plan B2, 14) : 89, King Harald St. ☎ 690-105. • aurora-guest-house.co.uk • Doubles avec sdb env £ 70-90 ou £ 35/pers en chambre familiale. Chambres spacieuses, à la déco contemporaine et bien équipées. Pratique, l'espace familial abrite 2 chambres et 1 salle de bains.

🛏 **Breiview Guesthouse** (plan A3, 15) : 43, Kantersted Rd. ☎ 695-956. • breiviewguesthouse.co.uk • Dans un quartier résidentiel du sud de la ville, à 1,2 mile (2 km) du centre. Tte l'année. Double avec sdb £ 80. 📶 Les chambres sont réparties dans 2 maisons récentes. L'ensemble est propre et sobrement décoré. Du salon, vue sur l'eau. Accueil souriant de Christine et Dieter, qui parle le français. Prix un peu surévalué tout de même.

🛏 **Westhall B & B** (hors plan par A3, 16) : Sea Rd. ☎ 694-247. • bedandbreakfastlerwick.co.uk • Doubles £ 100-110. Dîner £ 25-30. L'extérieur en impose déjà : ancienne maison du shérif construite en 1839, face à une belle pelouse et surtout face à la mer ; l'intérieur séduit encore plus : il y a certes les grandes chambres très cosy, toutes différentes, la plupart regardant l'océan et l'une possédant un petit balcon (utilisable... 3 jours dans l'année ?), mais il y a surtout le sourire de Julie, pleine d'attention et de gentillesse. Pour chacun des hôtes étrangers flotte le drapeau de son pays. Elle fleurit avec soin sa maison pour en faire un « jardin intérieur », le vent ne favorisant pas la passion du jardinage dans cette contrée. Une très belle adresse.

Où manger ?

De très bon marché à bon marché
(moins de £ 10 ; 12 €)

🍽 **Peerie Stop Cafe** (plan C2, 20) : Esplanade. ☎ 692-816. Tlj sf dim 9h-18h. Une petite adresse moderne sinon design, sur 2 niveaux d'un ancien lodberrie (habitation de pêcheurs). Le cappuccino a ses accros, les petits plats malins et les gâteaux maison font toujours le plein à midi : normal, c'est simple, pas cher et bon. Quelques tables en terrasse.

🍽 **Coffee & Keetchin** (plan C2, 21) : 2, Harrison Sq. ☎ 690-606. Tlj sf dim sam (10h 10h sam)-17h (dernière commande à 16h). Sur place ou à emporter. Salle grande comme un mouchoir de poche où les habitués attrapent un journal et avalent un sandwich (garnitures choisies en vitrine) puis un gâteau frais. Sympa et sans façon.

🍽 **Fort Cafe** (plan C2, 22) : 2, Commercial St. ☎ 693-125. Tlj sf dim midi, 11h-22h30 (19h sam). Un fish & chips plutôt bon. Quelques tables à l'intérieur si le temps ne vous incite pas à aller vous léchouiller les doigts sur le port.

🍽 **Havly Café** (plan C2, 23) : 9, Charlotte St. ☎ 692-100. Tlj sf dim 9h-17h. Une adresse dédiée aux familles, avec coin pour enfants pendant que les parents commandent un sandwich, et surtout de bons gâteaux

LES ÎLES

Terminal ferry

Ladies
Drive
Norstane
Staney Hill
Holmsgarth Road

Supermarché

North Road
Lochside
2
Freefield Rd
Shetland Museum
King
Commercial Rd
St Magnus St
St Olaf
Market
Burgh
24

St Sunniva St.
14
Harbour
Anderson Rd
Gilberston Road
Gilberson Park
Road
Harald St.
13
Robertso Cres.
King Erik St.
AITKENS PL.
Hillhead
Lower Hillhead
Town Hall
North
Lochside
Hayfield Lane
Bell's
Burgh
11
Union St.
St Olaf
Hillhead
Lochside
Gilberston Rd
Rd
Road
Scalloway Rd
North Lochside
Cairnfield Rd
Hôpital
South
South Road
Brewick
Westerloch Drive
Clickimin Broch
Road
South
6
25
15
Kantersted Rd
Supermarché
Sea Rd
South Nedersund Rd
16

A
B
1
2
3

C

0   200   400 m

NORD

1

2

26

1

5

St.

Fort
Charlotte

23 12

Charlotte
St.

31

20

22

21

30

Esplanade

Commercial St.

27

Hillhead

Church Rd

Knab

Ronald

Road

OLD
CEM

Lover's Loan

Twageos Road

Gressy Loan

The Knab

Commercial St.

Commercial St.

Road

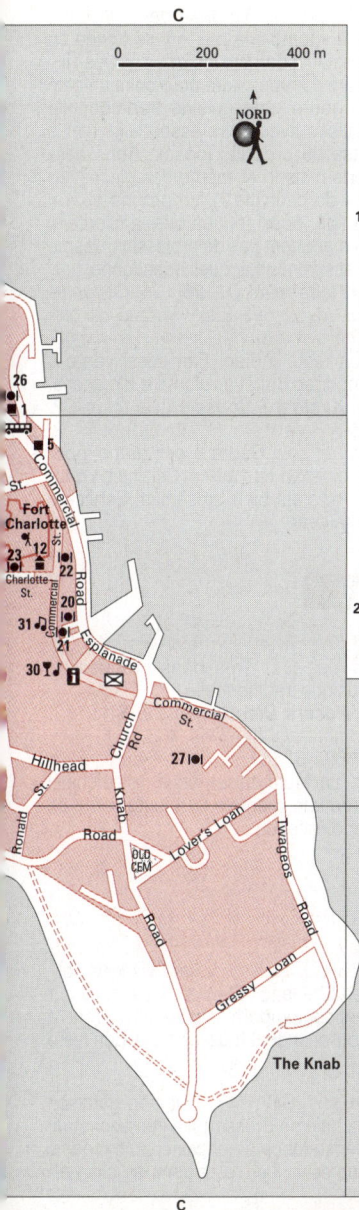

■ **Adresses utiles**

- 🛈 Visitor Information Centre
- 1 Star Rent-a-Car
- 2 Bolts Car Hire
- 3 Grantfield Garage Ltd
- 5 Shetland Community Bike Project
- 6 Laverie

🛏 **Où dormir ?**

- 11 Islesburgh House Hostel
- 12 Fort Charlotte Guest House
- 13 Rockvilla Guest House
- 14 The Aurora Guest House
- 15 Breiview Guesthouse
- 16 Westhall B & B

🍽 **Où manger ?**

- 20 Peerie Stop Cafe
- 21 Coffee & Keetchin
- 22 Fort Cafe
- 23 Havly Cafe
- 24 Hay's Dock
- 25 Fjara Cafe
- 26 Raba
- 27 Kveldsro House Hotel

🍷♫♪ **Où boire un verre ? Où sortir ?**

- 11 Islesburgh Community Centre
- 30 The Lounge
- 31 Posers Disco

3

LES ÎLES

C   D

LERWICK

bien alléchants posés sur le comptoir. Atmosphère pleine de vie.

Prix moyens (plats £ 8-18 ; 10-22 €)

I●I Hay's Dock (plan B1, **24**) : *Shetland Museum, Hay's Dock.* ☎ *741-569. Tlj 10h30 (12h dim)-16h30 ; mar-sam 17h-21h (early bird menu jusqu'à 18h30). Prix « chic » pour la carte du soir.* Au 1er étage du musée, salle tout en longueur d'un design discret (scandinave, quoi). D'un côté, les comptoirs ; de l'autre, de larges baies vitrées ouvertes sur le port. Au centre, des tables où l'on s'installe pour une cuisine locale fraîche et sincère.

I●I ☕ ▼ Fjara Cafe (plan A3, **25**) : *Sea Rd, en face de Tesco, à l'entrée de Lerwick en venant du sud.* ☎ *697-388. Tlj 8h-22h (dernière commande cuisine 20h).* Enfoncé dans un sofa, on contemple la mer qui se donne en spectacle derrière les baies vitrées : il y a pire comme cadre pour boire un café ou goûter une cuisine traditionnelle réalisée avec soin, essentiellement à base de produits locaux. Bons desserts maison et même des glaces (en cas de canicule ?). Le proprio et son équipe, aussi jeunes que la clientèle, ne manquent pas de professionnalisme et assurent un accueil attentionné.

I●I Raba (plan C1, **26**) : *26, Commercial Rd.* ☎ *695-585. En face du terminal des bus. Tlj 12h-14h, 17h-minuit.* Bon resto indien. Fait aussi vente à emporter. Buffet à volonté le dimanche.

I●I Kveldsro House Hotel (plan C2, **27**) : *Greenfield Pl.* ☎ *692-195. Tlj midi et soir.* Cadre assez formel pour un dîner en tête à tête. Cuisine de qualité et plats bien présentés. Service à la hauteur.

Où boire un verre ? Où sortir ?

▼ ♪ The Lounge (plan C2, **30**) : *Mounthooly St. Salle à l'étage. Musique mer et ven à 21h30.* Au rez-de-chaussée, un pub pur et dur avec une jolie galerie de trognes locales. Clientèle mixte à l'étage (touristes et locaux) venue écouter le violon des Shetland.

♪ Islesburgh Community Centre (plan B2, **11**) : *King Harald St., à côté de l'AJ. Ts les lun (mai-sept) 19h30. Entrée : £ 6.* Très bons groupes de musique traditionnelle.

♫ Posers Disco (plan C2, **31**) : *149, Commercial St, dans le* Grand Hotel. ☎ *692-826. Ouv slt ven-sam, 22h-3h.* La seule discothèque de l'archipel attire une clientèle tout juste sortie de l'adolescence.

À voir

🎭🎭🎭 🚶 Shetland Museum (plan B1) : *Hay's Dock.* ☎ *695-057.* ● *shetland-museum.org.uk* ● *Tlj 10h (12h dim)-17h. GRATUIT. Livret enfants.* 📶 Visite obligatoire préalablement à tout séjour dans les Shetland ! De beaux espaces sur deux niveaux et une muséographie résolument contemporaine pour retracer toute l'histoire de l'île, plus des expos temporaires qui changent tous les mois. Bon resto à l'étage (le *Hay's Dock*, voir « Où manger ? »).

🏯 Le fort Charlotte (plan C2) : *dominant le port. GRATUIT.* Place de garnison construite en 1665 dans le but de défendre la baie de Bressay. Il a été reconstruit entre 1781 et 1787, pendant la guerre d'Indépendance américaine, puis modifié sous l'époque victorienne. Il n'a pas beaucoup servi. Il en reste donc de jolis vestiges, à commencer par ses solides remparts.

🏯 Town Hall (l'hôtel de ville ; plan B2) : *sur Hillhead. Lun-ven 9h-17h.* Magnifique bâtiment, de style néogothique, datant du XIXe s. Demander à voir le *Main Hall*, avec ses splendides vitraux. Chacun évoque un personnage célèbre de l'histoire des Shetland.

🏃 ***The lodberries :*** terme donné aux habitations traditionnelles de pêcheurs, avec leurs embarcadères privés. Les plus beaux exemples se trouvent à l'extrémité sud de Commercial Street. Voir la balade du Knab ci-après dans « À faire ».

🏃 ***Clickimin Broch*** *(plan A3) : à la sortie de la ville vers le sud. Tjs accessible. GRATUIT.* Sur une presqu'île qui pointe au milieu d'un tout petit loch, une fortification de l'âge du bronze, bien conservée (mais un peu cernée par la ville moderne).

À faire

➢ ***Noss :*** îlot rocheux face à l'île de Bressay, en face de Lerwick. Réserve naturelle classée, avec 2 km de falaises de grès où se nichent quelque 100 000 oiseaux. On dit même que « visiter les Shetland sans voir la réserve naturelle de Noss, c'est comme aller en Égypte sans visiter les pyramides ».
– *Pour y aller : ferry (mai-août, tlj sf lun et jeu, si la météo le permet)* de Lerwick à Bressay, île qu'on traverse pour prendre un gros bateau gonflable pour Noss qui se visite ensuite à pied. *Rens : ☎ 0800-107-78-18.*
– *Above Water Under Water Shetland :* 📱 *07788-665-565. ● underwatershetland.com ● Prévoir £ 30-45/pers. Résa possible auprès du* Visitor Centre. Balade de 3h30 à Bressay et Noss *(tlj juin-août, sf conditions météo défavorables).* Également des excursions de 2h autour de Bressay de jour ou à la tombée de la nuit (pour les plus de 16 ans).

➢ ***The Knab*** *(plan C3) : départ au-delà du* Queens Hotel*, à l'extrémité sud de Commercial St. Compter largement 15 mn aller.* Le sentier longe la mer, passe à côté d'un cimetière marin du XIXᵉ s, avant de déboucher sur cette toute petite pointe rocheuse, posée au milieu de la baie, face à l'îlot rocheux de Holeycraig. Joli site que les phoques donnent l'impression d'apprécier.

Manifestations

– ***Up Helly Aa :*** *le « festival du Feu » ; le dernier mar de janv.* Cérémonie qui se prépare pendant des mois. Cortège de torches à travers la ville et mise à feu du drakkar. À défaut de vous rendre aux Shetland en janvier, vous pouvez toujours passer au musée dédié à cette cérémonie :

■ ***Up Helly Aa Exhibition :*** *Saint Sunniva St (plan B2). De mi-mai à mi-sept :* | *mar 14h-16h, 19h-21h ; ven 19h-21h ; sam 14h-16h. Entrée : £ 3 ; réduc.*

– ***Folk Festival :*** *fin avr-début mai. Rens au ☎ 694-757. ● shetlandfolkfestival. com ●* Démarre un jeudi et dure une semaine, à travers tout l'archipel. Musique traditionnelle. Accueille des artistes de tous les continents. À ne pas manquer.
– ***Shetland Wool Week :*** *fin sept-début oct. ● shetlandwoolweek.com ●* Pendant 2 semaines, tout sur les lainages de Shetland. Expos, ateliers dans tout l'archipel.
– ***Shetland Accordion and Fiddle Festival :*** *2ᵉ sem d'oct.* Festival célébrant les instruments traditionnels de la vie des Shetland : le violon et l'accordéon. Musique entraînante.

LES ÎLES

LE SUD DE MAINLAND

IND. TÉL. : 01950

Une longue et étroite bande de terre qui chute dans la mer avec les falaises de Sumburgh Head et Fitful Head. Superbe nature, donc, et quelques sites archéologiques d'importance.
➢ La majeure partie des adresses sont accessibles par le bus n° 6.

Où dormir ?

Camping

⛺ **Levenwick Campsite :** *sur l'A 970, à la sortie de* **Levenwick** *vers Sumburgh.* ☎ 422-320. ● *levenwick.shetland. co.uk* ● *Mai-sept. Emplacement tente env £ 10. Le gardien passe collecter son dû entre 19h et 20h.* Emplacements en terrasses avec la mer à perte de vue. Machine à laver, sèche-linge, coin cuisine et laverie, le tout un peu vieillot. Les jours de grand vent, difficile de ne pas transformer sa tente en cerf-volant, et, par temps de pluie, le tapis de sol en éponge (terrain bien imbibé) ! Bloc sanitaire acceptable.

De prix moyens à chic (£ 50-125 ; 60-150 €)

🏠 **B & B chez Janette Stove :** *à* **Sandwick,** *sur les hauteurs ; pas d'enseigne, mais la maison s'appelle « Solebrekke ».* ☎ 431-410. ● *janette. stove@btintnet.com* ● *Double env £ 60.* Dans sa maison à la déco un rien chargée, Janette propose, avec gentillesse, 2 chambres toutes simples, dont l'une avec vue sur l'île de Mousa.

🏠 **Setterbrae :** *sur les rives du* **loch of Spiggie,** *à l'opposé du Spiggie Hotel.* ☎ 460-468. ● *setterbrae.co.uk* ● *Double £ 90 avec sdb ; réduc à partir de 2 nuits.* Isolée au cœur d'un jardin fleuri au-dessus du loch, une adresse aussi jolie qu'accueillante. Chambres confortables, mignonnes avec leurs meubles de bois blond et la vue sur le loch. Véranda réservée aux invités. Idéal pour observer les oiseaux de la réserve du loch of Spiggie.

🏠 **Sumburgh Lighthouse :** *voir accès au Sumburgh Head, plus loin, dans « À voir. À faire ».* ☎ (01595) 694-688. ● *shetlandlighthouse.org* ● *Compter £ 75-100/nuit, min 3 nuits, + £ 20 pour un séjour de moins de 7 nuits.* La maison du gardien a été rénovée de façon cosy, tout en conservant son caractère original. Elle accueille jusqu'à 5 personnes (3 chambres). L'occasion de vivre des levers de soleil d'anthologie ou des tempêtes mémorables dans un lieu unique.

Où manger ? Où boire un verre ?

🍴 🍸 **Spiggie Hotel :** *au cœur du village de* **Spiggie.** ☎ 460-409. *Prix moyens.* Cuisine avec de l'idée, parfois voyageuse, dans une salle de resto avec vue sur le loch of Spiggie ou dans le chaleureux petit pub avec bière locale à la pression. Ambiance très décontractée des deux côtés.

🍴 🍸 **Sumburgh Hotel :** *devant le site archéologique de Jarlshof.* ☎ 460-201. *Tlj midi et soir au Lounge Bar (moins cher que le resto). Prix moyens.* Cet imposant manoir du XIXe s, un rien austère, mériterait à coup sûr un petit rafraîchissement intérieur. Mais ça n'a pas l'air de perturber le chef, qui s'en sort plutôt bien avec des plats classiques, parfois plus originaux, tous présentés avec soin et franchement pas mauvais du tout. Snacks également le midi pour une addition plus *light.* Une halte stratégique avant (ou mieux, après) une visite de Jarlshof, histoire de se revigorer.

À voir. À faire

🏯 **Mousa Broch :** *île sur la côte est. Départ de* **Sandwick.** *Bus n° 6 et 10 mn de marche.* 📱 079-01-87-23-39. ● *mousa.co.uk* ● *De début avr à mi-sept : 1 départ/j., sf sam. Env 3h sur place. Prix : £ 16 ; réduc. De fin mai à mi-juil : mer et sam départ à 22h30 ou 23h (retour 0h30) pour profiter des dernières lueurs du soleil (£ 20). Résa impérative pour les excursions en soirée.* Arriver un peu avant le départ pour visiter la **petite expo** dans le hangar, où trône un vieux rafiot qui effectuait autrefois la liaison avec l'île. Nombreux panneaux sur les *brochs* de Mousa et de Burland, l'activité minière et l'histoire incroyable de Betty Mouat.

On effectue 15 mn de traversée sur un petit bateau avant de découvrir le *broch,* haut de 13 m, le plus bel exemple de tour défensive de l'âge du fer et le mieux conservé au monde. Il fut construit en 100 av. J.-C. dans un but défensif, mais on pense qu'il servait aussi d'entrepôt. Autour, colonie nombreuse de phoques en prime, parfois des loutres et des dauphins.

L'ÉTOFFE DES HÉROS

À la fin du XIXᵉ s, Betty Mouat, alors âgée de 59 ans, monta dans une petite embarcation pour rejoindre Lerwick et y vendre ses tricots. À la suite d'une tempête, elle se retrouva seule à bord (le capitaine était tombé à l'eau et les deux autres membres d'équipage purent rejoindre le canot de sauvetage). Elle dériva pendant 8 jours avant d'échouer en Norvège. Elle finit par rentrer saine et sauve aux Shetland où elle fut accueillie en véritable héroïne. Elle vécut encore 30 ans !

🏃🏃🏃 *Saint Ninian's Isle :* une superbe île qui n'appartient plus qu'aux moutons depuis 1775. Saint Ninian est reliée au continent par un tombolo (qui n'est pas le masculin de tombola ! Il s'agit d'un pont de sable reliant des îles entre elles) d'une élégance remarquable. L'île abrite également de presque exotiques petites plages de sable blanc. On y a découvert un trésor du VIIᵉ s, exposé au *Shetland Museum* de Lerwick.

🏃🏃🏃 *Jarlshof* (HES) *:* à la pointe sud de Mainland. ☎ 460-112. Tlj 9h30-17h (derniers tickets) ; jusqu'au coucher du soleil en hiver (à cette période, achats des tickets auprès du Sumburgh Hotel, juste à côté). Entrée : £ 5,50 ; réduc. Audioguide (en anglais).
Site archéologique de première importance puisqu'il a été occupé à cinq époques successives : Néolithique, âge du bronze, âge du fer, période norse (des colons du nord-ouest de l'Europe – Danois, Norvégiens, Suédois du sud – installés dans les Shetland entre le VIIIᵉ et le XIIIᵉ s) et Moyen Âge. Au *Visitor Centre,* une maquette et une vidéo bien faite (en anglais) permettent de se rendre compte des différentes occupations du lieu. Il fallut attendre la fin du XIXᵉ s pour qu'une violente tempête fasse apparaître les premières ruines. Durant 3 ans, les bourrasques successives finirent par révéler une grande partie des vestiges visibles aujourd'hui, pour certains extrêmement bien conservés (on peut même pénétrer dans quelques maisons).
Au milieu des buttes herbeuses, percées ici et là de trous, un chemin suit la chronologie des occupations, du Néolithique jusqu'au XVIIᵉ s. Il est jalonné de panneaux très didactiques expliquant les particularités de certaines maisons, comme la « *round house* ». Ne manquez pas non plus la « *wheel house* », construite en rayon autour d'un âtre central : il s'agit de l'exemple le mieux préservé d'Europe. Quant au bâtiment en ruine qui domine l'ensemble, il servait de centre d'impôts au comte Robert Stewart, demi-frère de Marie. Son « sommet » (si l'on peut dire) constitue le point le plus haut et offre une belle vue d'ensemble sur le site.

🏃🏃🏃 🏃🏃 *Sumburgh Head (Lighthouse, Visitor Centre and Nature Reserve) :* à l'extrémité sud de l'île. ☎ 461-966. ● sumburghhead.com ● Avr-sept : tlj 10h (11h avr-mai, sept)-17h30. Visite : £ 6 ; réduc. Compter 5-10 mn de grimpette depuis le parking.
Point de rencontre des eaux de l'Atlantique et de la mer du Nord, c'est un lieu de passage pour de nombreuses espèces. Et, en été, la falaise abrite un véritable paradis pour les oiseaux : fulmars, macareux, guillemots et autres mouettes crient à tout va. Mieux vaut donc y aller par temps clair pour profiter pleinement du spectacle, à défaut, on aura le bruit, éventuellement l'odeur et surtout pas mal de frustration. Et si le temps est vraiment dégagé, on apercevra aussi peut-être baleines, orques et dauphins au large (prévoir des jumelles, quand même !).

LES ÎLES

Comme la plupart des phares écossais, celui-ci fut édifié par un membre de la famille Stevenson, en l'occurrence le grand-père du célèbre auteur. C'est le premier à avoir été construit aux Shetland, en 1821. Le site est divisé en trois parties : l'histoire du phare (visite de l'ancienne salle des machines) et la vie de gardien d'une part, le *Marine Life Centre* d'autre part, qui évoque l'écosystème de la faune marine, la protection des oiseaux de mer, les gros mammifères marins

SAUVÉS PAR LES ONDES

La nuit du 8 avril 1940, les bombardiers allemands se dirigeaient vers Scapa Flow, une baie sensible des Orcades où la flotte britannique avait jeté l'ancre. Là, un radar, une toute nouvelle technologie, détecta les avions et alerta la batterie antiaérienne. Une revanche sur le drame survenu quelques mois plus tôt dans la baie, alors qu'un sous-marin allemand avait torpillé un navire, causant la mort de 833 passagers...

(avec écrans tactiles). Enfin, une dernière partie est consacrée au rôle joué par les radars pendant la Seconde Guerre mondiale. La reconstitution de postes de surveillance à l'intérieur des bâtiments d'origine remet dans l'ambiance. On se croirait ici un certain 8 avril 1940...
Ne pas manquer de contempler la vue jusqu'à Fair Isle depuis la véranda circulaire au bout du site. Café sur place.

🍴🍴 **Quendale Water Mill :** *à Quendale.* ☎ *460-969.* ● *quendalemill.co.uk* ● *Non loin du loch of Spiggie. De mi-avr à mi-oct, tlj 10h-17h. Visite : £ 3 ; réduc.* Moulin datant de 1867. Aujourd'hui complètement restauré, il se visite en compagnie du gardien, qui se fera un plaisir de vous expliquer tout le processus de fabrication de la farine. Pancartes très pédagogiques.

🍴 **Shetland Crofthouse Museum :** *à Boddam,* sur la route de Sumburgh. Mai-sept : tlj 10h-13h, 14h-17h. GRATUIT (donations bienvenues).* Une chaumière du XIXᵉ s comme on les aime, murs blanchis à l'intérieur, outils agricoles et beau mobilier d'époque (berceau, lits clos...) fabriqué avec le bois trouvé sur la plage, apporté par la mer... car, comme vous l'aurez remarqué, les arbres poussent peu dans la région ! Les animaux étaient installés dans les pièces d'à côté. On peut demander au gardien la clé d'un moulin qui se visite, en contrebas.

LE CENTRE ET L'OUEST DE MAINLAND

IND. TÉL. : 01595

Le centre de Mainland n'est pas la destination première d'un voyage dans les Shetland, mais il n'est qu'à quelques kilomètres de Lerwick. L'Ouest est plus séduisant, plus spectaculaire aussi, avec une côte échancrée de plusieurs *voes* (fjords).
➤ La majeure partie des adresses sont accessibles par le bus n° 9, sauf Scalloway, bus n° 4.

Où dormir ?

Camping

⛺ **Camping :** *sur le port, à Skeld.* ☎ *860-287. Prévoir £ 12 pour 2 avec* *une tente (douche payante).* Simple et reposant. La pelouse est tendre et le cadre tranquille. Machine à laver. La gérante habite sur les hauteurs et passe collecter son dû matin et soir.

Bon marché
(£ 10-25/pers ; 12-30 €)

🏠 **Böd of Skeld :** *à Skeld.* ☎ *(01595) 694-688* (Shetland Amenity Trust). ● *camping-bods.com* ● *Mars-oct.* Petite maison blanche très coquette, juste au-dessus du camping. Confort basique (pas de chauffage).

🏠 **Voe House Böd :** *à Walls.* ☎ *(01595) 694-688* (Shetland Amenity Trust). ● *camping-bods.com* ● *Avr-sept. Dans une maison au-dessus du village, repérer le portail bleu. Prévoir de la monnaie pour l'électricité, compteur à pièces dans l'escalier.* Intérieur sympa, joliment rénové, avec parquet et poutres apparentes. Plusieurs dortoirs.

Chic
(£ 85-125 ; 102-150 €)

🏠 I●I **Burrastow House :** *à 3 miles (5 km) env de Walls.* ☎ *809-307.* ● *burrastow house.co.uk* ● *Avr-oct. Doubles £ 100-120. Dîner sur résa pour non-résidents £ 35. CB acceptées (avec com').* 📶 Imposante maison, dont les origines remontent au XVIIIᵉ s, idéalement posée au bord de l'eau, face à la petite île de Vaila. Chambres toutes différentes : romantiques (avec d'inévitables baldaquins) pour certaines, résolument contemporaines pour d'autres. Le proprio, qui s'appelle Pierre Dupont, parle donc le français (même s'il est belge) ! Et comme c'est un fondu de cuisine, on vous conseille de rester dîner : produits locaux et vins bio.

Où manger ? Où boire un verre ?

I●I **Walls Shop :** *à Walls.* ☎ *809-281. Dans le centre du bourg, au-dessus de l'épicerie. Lun-sam 7h-18h, dim 14h-16h. Cashback possible.* Cette épicerie-poste-station-service... sert aussi de point de vente à la boulangerie du village. Pain et tourtes à réchauffer éventuellement au micro-ondes, machine à café (et à thé). De quoi se faire un bon en-cas, devant le loch par temps clair.

I●I **Mill Café :** *au nord de Whiteness, dans le* Weisdale Mill *(lire plus loin « À voir »). Dernière commande à 16h. Env £ 6.* Sous une véranda qui donne sur la rivière, pour une pause sandwichs, quiches et gâteaux.

I●I **Herrislea House Hotel :** *à* Tingwall.* ☎ *840-208. En allant vers Lerwick, bifurquer dans la 1ʳᵉ à droite après l'aéroport de Tingwall. Plats env £ 16-18.* Petite salle à manger à la déco éclectique. Une adresse simple et bonne. Service décontracté.

I●I **Scalloway Hotel :** *à Scalloway, sur Main St.* ☎ *880-444. Déj au bar, dîner au restaurant. Plat env £ 20.* La salle, tout en longueur et bien mise avec ses nappes blanches, accueille les hôtes pour déguster une des bonnes cuisines de la région. Produits de qualité, souvent nobles, présentation soignée, service pro et attentif ; la table bénéficie d'une belle réputation justifiée dans l'île. Mais tout de même pas donné.

À voir

🐦🐦 **Scalloway :** *à 6 miles (env 10 km) à l'ouest de Lerwick.* Capitale des Shetland jusqu'au XVIIIᵉ s, c'est à présent un village paisible face à la mer, qui mérite une halte au moins pour deux raisons : son musée et son château.

– **Scalloway Museum :** *Castle St, face au château.* ☎ *880-734.* ● *scallowaymuseum.org* ♿ *Mai-sept, tlj 11h (14h dim)-16h.* Un musée aménagé dans une ancienne usine de tricots, monté et géré par des bénévoles. À ne pas manquer : riche et dense, il passe en revue l'histoire de la région, sa culture, ses inventeurs (un fermier construisit un avion en 1940, qui n'a jamais décollé : aujourd'hui, juste revanche, il survole l'expo). Y sont évoqués aussi les premiers occupants, les Norses, ainsi que les sorcières, dont la dernière fut brûlée en... 1700. L'activité économique occupe une bonne place. Grâce à la pêche, Scalloway connut une longue période de prospérité jusqu'à la Première Guerre mondiale.

Mais c'est surtout l'évocation du **Shetland Bus** qui constitue le principal intérêt du musée. Après l'invasion de la Norvège par les nazis en 1940, la résistance norvégienne monta une opération avec les Shetlandais qui dura tout au long de la guerre. Les bateaux transportaient armes et munitions vers la Norvège et retournaient vers l'archipel avec des réfugiés.

Les premiers débarquements eurent lieu à Lunna, au nord-est de Mainland, avant de s'effectuer à Scalloway, qui possédait une cale pour réparer les rafiots. Malgré la relative proximité des Shetland, la traversée durait tout de même 2 à 3 jours sur des bateaux de pêche, dans des conditions, on l'imagine, particulièrement périlleuses. Jusqu'en 1942, de nombreuses embarcations firent naufrage, jusqu'à ce que les États-Unis fournissent des bateaux plus performants (sub-chasers). Aujourd'hui encore, cette histoire reste très vivace chez les Shetlandais et les Norvégiens, les Scandinaves venant même souvent en pèlerinage à Scalloway pour commémorer cette coopération.

– **Scalloway Castle :** *Castle St. Mêmes horaires que le musée où l'on récupère les clés.* Le château fut construit en 1600 par Patrick Stewart, comte des Orcades et Shetland, à un emplacement qui lui permettait de contrôler le trafic portuaire. Son architecture devait impressionner en tant que résidence et tribunal. Il y rendait justice, donc, et en matière de justice, l'homme, aussi lugubre que sa demeure, s'y connaissait ! Pour la construction, il exigea de chaque paroisse qu'elle lui envoie des hommes, qui, bien sûr, ne furent jamais payés. Ceux qui refusaient étaient tout bonnement emprisonnés. Ses jugements orientés vers ses propres intérêts et son comportement brutal lui valurent l'opprobre de ses concitoyens, qui portèrent plainte contre lui. Il fut à son tour enfermé à plusieurs reprises avant d'être décapité peu après son fils (du même acabit) en 1615.

Les ruines en bon état laissent deviner une habitation plutôt confortable, avec une grande pièce au 1er étage percée de neuf fenêtres et, au 2e étage, deux chambres avec chacune leurs propres cheminée et toilettes. Quelques panneaux explicatifs tentent de donner une idée de l'ensemble.

🍴 **Weisdale Mill :** *au nord de Whiteness. De la route principale, au bout du voe, suivre la direction Kergord, passer devant l'église ; c'est un peu après sur la gauche.* ☎ 745-750. *Mai-oct : tlj 10h30 (11h30 dim)-17h30 (19h30 jeu) ; nov-avr : tlj sf lun-mar 11h-15h (16h w-e). GRATUIT.* Moulin du XIXe s, dont l'étage est occupé par la *Bohonga Gallery* qui expose des artistes contemporains locaux : peinture, sculpture, photo... Sympathiques *Mill Café* (voir « Où manger ? ») et boutique aux articles originaux.

🍴 **Papa Stour :** *île située à l'ouest de Mainland. Accès par ferry au départ de* **West Burrafirth,** *4 fois/sem (en principe, mer, ven-dim).* ☎ 745-805. *Résa obligatoire.* On y trouve comme partout ici, ou presque, des vestiges archéologiques et des oiseaux en pagaille, mais aussi et surtout des grottes à moitié submergées, accessibles en bateau par temps calme seulement.

LE NORD DE MAINLAND

IND. TÉL. : 01806

C'est au-delà de Voe, dans cette région également appelée Northmavine, que s'ouvrent des paysages d'une beauté inouïe, les plus caractéristiques des Shetland.

Où dormir ?

Camping

⛺ 🍴 *Braewick Caravan Park :* *sur la route du phare d'Eshaness.* ☎ 503-345. ● *eshaness.moonfruit. com* ● *Mars-sept. Empl. tente £ 8 pour 2. Wigwams 3-6 pers £ 40-45.* Terrain sans prétention, mais vue sublime. Si vous avez peur du vent, louez un *wigwam* (toute petite hutte en bois). Sanitaires nickel. Accueil souriant. Resto sur place (voir « Où manger ? »).

Bon marché
(£ 10-25/pers ; 12-30 €)

🛏 **Sail Loft Böd :** *à* **Voe,** *dans le quartier de Lower Voe.* ☎ *(01595) 694-688* (Shetland Amenity Trust). ● *camping-bods.com* ● *Avr-sept. Bus n° 23. Il est possible de tenter sa chance et de venir à l'improviste ; demander au pub qui contactera Clive, le* warden, *très arrangeant.* Maison rouge et blanc de style scandinave sur un plus que pittoresque petit port de pêche. 2 dortoirs (dont un immense) avec fenêtres au bord de l'eau prisés des cyclistes qui peuvent rentrer leurs vélos. Pub et *bar meals* au *Pierhead,* à deux pas. Boulangerie en face (et depuis 1915), c'est royal (ouvert quand il y a de la lumière, en principe fermé le dimanche) !

🛏 **Johnie Notions' Böd :** *à* **Hamnavoe.** ☎ *(01595) 694-688* (Shetland Amenity Trust). ● *camping-bods.com* ● Située dans un hameau déserté par la majorité de ses habitants, la maison natale d'une gloire locale accueille aujourd'hui le plus rudimentaire de tous les *böds* et le plus isolé. Un évier en guise de salle de bains et de cuisine, ni douche ni électricité (mais des toilettes). Intérieur en bois et poêle à la tourbe.

De prix moyens à chic
(£ 50-125 ; 60-150 €)

🛏 **Eshaness Lighthouse :** *à* **Eshaness.** ☎ *694-688* (Shetland Amenity Trust). ● *shetlandlighthouse.com* ● *L'appart du gardien se loue min 3 j. ou à la sem. Il peut accueillir 6 pers. Env £ 280 les 3 j. en hte saison ; £ 600 la sem.* Comme la plupart des phares d'Écosse, il a été conçu au début du XXe s par un Stevenson, de la famille du célèbre écrivain. Forcément original et forcément dans un cadre naturel grandiose. Celui-ci surplombe la falaise au milieu d'un paysage battu par les vents. Il abrite 2 chambres doubles, plus une avec lits superposés, dans une déco chaleureuse qui contraste avec l'extérieur. Bien équipé. Pas d'inquiétude, on ne vous demandera pas de veiller la lumière, la lanterne est informatisée. Une adresse fabuleuse.

🛏 **Vadsdal B & B :** *sur* **Muckle Roe.** ☎ *522-480.* ● *vadsdalbedandbreakfast.shetland.co.uk* ● *À env 3 miles (5 km) de Brae. Suivre la route de Muckle Roe et tourner à droite après le petit pont (fléché). La maison moderne est sur la droite après un* cattle grid *(pas d'enseigne). Doubles sans ou avec sdb £ 70-80.* C'est le jardin fleuri face à un bras de mer qui fait la fierté de la proprio. Sans cela, l'environnement apparaîtrait encore plus désolé. Elle propose 3 chambres mansardées et bien tenues, dont une plus petite. Accueil réservé au premier abord. Très belles balades à faire sur cette petite île.

🛏 |●| **Busta House Hotel :** *à* **Busta,** *village au bord de la mer près de Brae.* ☎ *522-506.* ● *bustahouse.com* ● *Doubles £ 120-140.* La maison déjà, dont les origines remontent au XVIIe s, est séduisante. Le grand et luxuriant (pour les Shetland) jardin, tout autant. Jolies chambres, dont une avec baldaquin, chères, certes, mais finalement pas tant que ça pour le secteur. Excellent resto (voir « Où manger ? »).

Où manger ? Où boire un verre ?

Bon marché
(plats £ 5-10 ; 6-12 €)

|●| **Frankie's :** *à* **Brae.** ☎ *522-700. Tlj 9h30 (12h dim)-19h30 (dernière commande). Pas d'alcool. Sur place ou à emporter. Attention au rush de 18h. Résa conseillée.* Le resto remporte régulièrement le prix du meilleur *fish & chips* du Royaume-Uni (excusez du peu !). Rançon du succès : les clients font la queue dès le début de la soirée pour déguster du haddock d'une belle fraîcheur (issu de pêche responsable de surcroît), à la panure (ou friture) impeccable. Belles coquilles Saint-Jacques également. Salle toute simple et sympathique terrasse devant la mer.

|●| ⏲ *Mid Brae Inn : à Brae.* ☎ *522-634. Bus n° 23. Tlj midi et soir.* Cuisine familiale et roborative, au rapport qualité-prix très correct. On mange dans une salle tout en longueur, plutôt chaleureuse, avec sa charpente apparente. L'endroit est fréquenté par les locaux. Pub dans la pièce d'à côté.

|●| ⏲ *Braewick Café : resto du Brae-wick Caravan Park (lire plus haut).* ☎ *503-345. Ouv mars-sept 10h-17h, tlj juin-août, fermé mar et mer en moyenne saison.* Certes, c'est une des rares adresses où se restaurer dans le coin, mais on a d'autres bonnes raisons de se poser ici : la salle est éclairée par de larges baies qui s'ouvrent sur les *drongs* très photogéniques, pour la cuisine locale – le bœuf et le porc proviennent même de la ferme des proprios. Et enfin pour l'accueil, parfois en français, lorsque Aurore, une compatriote, officie avec gentillesse, efficacité et discrétion.

⏲ |●| 🏠 *Saint Magnus Bay Hotel : à Hillswick. Tlj midi et soir.* Étonnante destinée que cette maison en bois du début du XXᵉ, construite en Norvège, remontée à Édimbourg pour être finalement transportée ici. Après ces allées-venues et un ravalement moutarde, elle semble avoir trouvé sa place, tout comme les visiteurs qui apprécient de siroter une bière ou un thé face à la baie. On peut aussi y manger *(bar meals,* plus resto le soir) et y dormir, mais les chambres, meublées à l'ancienne, ponctionnent sacrément le portefeuille *(env £ 135 pour 2).*

Chic
(plats £ 15-25 ; 18-30 €)

|●| *Busta House Hotel : à Busta, village au bord de la mer près de Brae.* ☎ *522-506. Plats au bar env £ 10-13 ; resto le soir £ 35.* Excellente cuisine, servie avec distinction dans une salle à manger dotée d'un charme suranné. Une des belles tables de la région.

À voir

➢ Les bus nᵒˢ 21 et 23 sont les plus pratiques pour visiter les lieux suivants.

🏃 *Tangwick Haa Museum : à Tangwick, près de Hillswick. De mi-avr à fin sept : tlj 11h-17h. GRATUIT.* ● *tangwickhaa.org.uk* ● Sorte de petit musée participatif auquel les habitants prêtent des objets pour illustrer l'exposition annuelle. D'autres, derniers détenteurs d'un savoir-faire particulier, en fabriquent spécialement pour l'occasion. On peut vous montrer les vieilles photos de classe, les recensements depuis 1841 ou les interviews des anciens, bref toute la mémoire de l'île. Et on se laisse prendre par ce lieu, certes modeste, mais profondément humain et touchant. Vente d'artisanat local également.

🏃🏃 *La côte d'Hillswick à Eshaness : au nord-ouest.* Portion de côte splendide jusqu'au phare d'*Eshaness,* avec au passage une vue grandiose sur des plages magnifiques, les *drongs* (intraduisible ; gros rochers, type dolmens jetés à la mer), très photogéniques, et enfin sur les falaises déchiquetées recouvertes de tourbières herbeuses. La mer est parfois tellement forte que l'on retrouve des coquillages dans l'herbe 200 m au-dessus des vagues. Eshaness est dominé par un phare (où l'on peut loger, lire plus haut « Où dormir ? ») et abrite une réserve d'oiseaux.

🏃🏃 *Ronas Hill (450 m) : à l'extrémité nord-ouest de Mainland.* Le plus haut sommet des îles Shetland. Au solstice d'été, on peut apercevoir au loin le soleil de minuit. Un panorama inoubliable. Pas de vrai chemin pour y accéder.

🏃 *Sullom Voe :* localement, un *voe* désigne un fjord, bras de mer pénétrant dans les terres. Celui-ci abrite un terminal pétrolier, énorme (c'est même le plus gros d'Europe) mais pas si impressionnant que ça, vu de loin.

LES AUTRES ÎLES DU NORD

Bienvenue au bout de la terre d'Écosse. Pour rejoindre Unst, la plus septentrionale, il faut emprunter deux ferries et traverser l'île de Yell. *Fetlar*, accessible également depuis Yell, est surnommée le jardin des Shetland. Elle abrite une réserve d'oiseaux avec quelques espèces des plus rares.

➤ Ferries réguliers en été (6h45-22h) pour Yell, Unst et Fetlar. Peu de bus : n° 24 jusqu'au nord de Mainland, puis n°s 24 et 30 pour

CADEAUX DE NOËL EN SOLDE

En 1752, l'ensemble du Royaume-Uni décida d'adopter le calendrier grégorien. Les habitants de Foula, l'île la plus isolée de l'archipel, firent de la résistance et restèrent fidèles au calendrier romain dit « julien ». Aujourd'hui, à Foula, comme dans les monastères du mont Athos en Grèce, on fête Noël le 7 janvier et la Saint-Sylvestre le... 13 janvier.

Yell, n° 28 sur Unst. La traversée entre Yell (port de Gutcher) et Unst (Belmont) est gratuite si le trajet Mainland-Yell est effectué le même jour. En voiture, réservation recommandée au ☎ *(01595) 745-804.*

YELL

IND. TÉL. : 01957

Yell est une île à l'atmosphère sauvage et solitaire, la deuxième plus grande des Shetland. On se contente en principe de la traverser pour atteindre Unst... en faisant bien attention aux moutons qui sont ici chez eux, jusqu'au milieu de la route ! Mais pourquoi ne pas en profiter pour faire quelques haltes en chemin, ou mieux, s'y poser ?

Où dormir ?

⚐ *Burravoe Caravan & Campsite :* à *Burravoe, au sud-est de l'île.* Une *honesty box recueille l'argent des campeurs : £ 4/tente.* Petit terrain à l'herbe tendre en bord de mer. Le bâtiment, dont le toit est une coque de bateau renversée (un recyclage fréquent par ici) abrite des sanitaires impeccables, un coin cuisine avec micro-ondes et même une machine à laver. Pas mal pour un camping à priori très modeste et imbattable côté tarif.

⌂ *Quam B & B : au niveau de* *Westsandwick, en contrebas de la route principale, côté gauche en allant vers le nord (fléché).* ☎ 766-256. ● *quambandbyellshetland.co.uk* ● *Double env £ 70. Dîner £ 15 (intéressant, car pas grand-chose autour).* Cette grande maison en bois traditionnelle domine la plage de Westsandwick, un des plus beaux coins de l'île, accessible en 15 mn à pied. Les chambres sont confortables, la plupart possèdent une salle de bains et certaines une vue sur la mer. Bon accueil d'Anne.

À voir

⚑ *Old Haa Museum :* à *Burravoe, au sud-est de l'île.* ☎ *722-259. Fin avr-fin sept : mar-sam 10h-16h, dim 12h-17h ; fermé lun, ven. GRATUIT.* Installé dans une belle maison du XVIIe s, bien restaurée (voir notamment la grande cheminée d'époque découverte derrière les lambris au moment de la rénovation), le musée retrace l'histoire locale : l'industrie baleinière, la pêche, les épaves datant de la Seconde Guerre mondiale, mais aussi la faune et la flore. Pas mal d'infos à glaner de-ci, de-là pour qui s'intéresse à la région.

Sur place, *tearoom* et boutique d'artisanat. Et s'il fait beau, pourquoi ne pas pique-niquer dans le très beau jardin, toujours accessible ?

🍴 *Shetland Gallery :* *au nord de l'île, à la sortie de* **Sellafirth** *en allant vers* **Gutcher.** ☎ *744-386 ou 259. Ouv tte l'année, mais mieux vaut appeler avt. En été, ouv en principe tlj sf lun 11h-16h. GRATUIT.* Deux bâtiments : l'un accueille des expos de peinture d'artistes essentiellement locaux, présentées par le sympathique Allan ; le second abrite un atelier de tissage piloté par Andy, qui a développé ce projet pour faire revivre le savoir-faire des Shetland, un temps disparu. Il explique comment la contribution d'artistes en résidence pendant 4 mois permet chaque année de renouveler les designs et de garder vivante la spécificité de l'île.

UNST

IND. TÉL. : 01957

L'île la plus au nord des Shetland. C'est d'ailleurs la première motivation des visiteurs de passage ! Les autres préfèrent prendre le temps de se promener et d'observer la faune et la flore locales, abondantes dans les réserves naturelles.

➤ À 2h30 de voiture de Lerwick. Bus n° 24.

Où dormir ? Où manger ?

Bon marché

⚔ 🏠 *Gardiesfauld Youth Hostel :* *à* **Uyeasound.** ☎ *755-279.* ● *gardiesfauld.shetland.co.uk* ● *Avr-sept. En dortoir, £ 15/pers ; camping £ 12 pour 2 avec tente. Douche payante (prévoir des pièces de 20 p).* 📶 AJ confortable et bien équipée. Dortoirs de 2-11 lits et possibilité de camper à côté. À vos maillets, le terrain est venteux. La gardienne ne fait qu'une apparition par jour.

🏠 *Saxa-Vord :* à **Haroldswick.** ☎ *711-711.* ● *saxavord.com* ● *Ouv mai-sept. Env £ 21/pers, sans petit déj. Également des maisons à louer à la sem (ou moins selon dispo).* 📶 Ancienne base militaire de la RAF, très active pendant la guerre froide. Si d'extérieur cet ensemble de bâtiments n'incite pas à sauter de joie, l'intérieur est beaucoup plus riant. L'ancien mess accueille des chambres à 1 ou 2 lits, propres et nettes (avec sanitaires communs), TV dans la plupart. Cuisine à dispo, snooker, bar et resto ouvert aux non-résidents. Accueil adorable.

🍽 *Skibhoul Store :* *dans le centre de* **Baltasound,** *près de la poste.* ☎ *711-304. Demander, tt le monde connaît. Lun-sam 9h-17h30 (18h jeu, 17h sam).* 🖥 Une épicerie-boulangerie-station-service où l'on peut consommer ses achats sur place (*rolls* et pizzas, entre autres). Micro-ondes et tables dans l'arrière-boutique ; en prime, vue sur la baie.

🍽 *Victoria's Vintage Tea Rooms :* *à* **Haroldswick,** *en bord de mer.* ☎ *711-885. Mar-sam 11h-16h.* Vous en rêviez ? Ça y est, vous avez atteint le salon de thé le plus au nord du Royaume-Uni (du moins, tant qu'il n'est pas détrôné). Ça tombe bien, les adresses ne sont pas légion dans le coin et l'endroit possède un charme suranné qu'on aime bien, surtout une fois au chaud derrière les baies vitrées face à la mer. Large sélection de thés, sandwichs (au saumon notamment) et bons gâteaux. Service attentionné.

🍽 🏠 *Baltasound Hotel :* *à la sortie de* **Baltasound,** *sur la droite en allant vers le nord.* ☎ *711-334.* ● *baltasoundhotel.co.uk* ● Plus que l'hôtel, c'est le resto que nous conseillons :

intérieur en bois, produits locaux bien présentés et goûteux. Une adresse très correcte, et heureusement, car le soir, sur Unst, c'est un peu la misère. Côté hébergement, l'ensemble de petits bungalows en bois est distribué autour d'une pelouse, certains accueillent des familles, mais la literie est moyenne.

À voir

🗡 **Muness Castle** (HES) : *à env 3 miles (5 km) à l'est de* **Uyeasound**. *Ouv en saison ; sinon, demander les clés au sympathique propriétaire de la maison blanche. Lampes électriques à l'entrée. GRATUIT (participation bienvenue).* Partez à la découverte du château le plus au nord de l'Écosse. Une bonne occasion pour passer le costume de lord ou lady MacRoutard et jouer au châtelain... du château en ruine, certes, mais du XVIe s tout de même ! De quoi égayer l'atmosphère assez lugubre qui y règne, surtout par temps de pluie. Faut dire que l'ancien proprio n'était pas un tendre. De là-haut, belle vue sur les environs, néanmoins.

⌇ Revenir ensuite vers Uyesound et, à mi-chemin (environ 1,5 mile, soit 2,4 km), bifurquer à droite vers Sandwick (fléché) ; la petite route se termine au niveau d'une barrière, qu'on enjambe pour suivre le chemin côtier. Il mène à la magnifique *plage de Sandwick,* complètement déserte.

🗡 **Bus shelter :** *à la sortie de* **Baltasound,** *sur la droite en direction de Keen of Hamar.* Un arrêt de bus des plus insolite puisqu'il est meublé ! Tous les ans, le thème et la couleur changent. De quoi attendre le bus dans les meilleures conditions du monde... Ne pas oublier de laisser un mot dans le livre d'or.

🗡🗡 **Keen of Hamar :** *réserve à l'est de Baltasound, facilement accessible à pied depuis le parking. Compter 30 mn de marche jusqu'au sommet.* Paysage lunaire et désolé, abritant quelques plantes parmi les plus rares de Grande-Bretagne. Un endroit ordinaire pour le simple visiteur, mais un paradis pour le botaniste.

🗡 **Sur la route d'Haroldswick :** juste avant Haroldswick, en venant de Baltasound (immanquable), héritage viking oblige, les *répliques d'un bateau* du Xe s *et d'une habitation* de la même époque sont exposées au bord de la route.

🗡 **Unst Boat Haven :** *à* **Haroldswick.** ☎ 711-809. *Mai-sept : tlj 11h (14h dim)-16h. Ticket : £ 3 ; £ 5 combiné avec le* Unst Heritage Centre *; réduc.* Une collection unique de bateaux de pêche des Shetland et panneaux sur l'industrie du hareng, qui fit la prospérité de la région. Baltasound était alors le port d'Europe le plus important pour la pêche aux harengs.

🗡 **Unst Heritage Centre :** *derrière le* Boat Haven. ☎ 711-528. *Mêmes horaires, billet combiné.* Dans l'ancienne école du village, le musée retrace l'histoire de la communauté locale ; ça va de la collection d'œufs d'oiseaux marins au matériel de l'ancien bureau de poste de 1920 en passant par une collection de pièces en dentelle *(lace knitting),* dont Unst s'est fait une spécialité.

🗡 **Valhalla Brewery :** *à* **Haroldswick.** ☎ 711-398. ● valhallabrewery.co.uk ● *Visite sur rdv, mais pour un achat seul on peut toujours tenter sa chance.* Tout comme la distillerie de gin juste à côté, la brasserie occupe les anciens bâtiments de la RAF, utilisés jusqu'en 2006. Excellentes, pour tous les goûts, ces bières sont vendues partout dans les Shetland. Très bon accueil.

🗡🗡 **Skaw Beach :** *à l'extrême nord-est de l'île.* La plage la plus au nord du Royaume-Uni, bordée par la maison – devinez quoi ? – la plus au nord, *of course !*

Endroit sauvage où l'ocre du sable se détache du littoral verdoyant, où la rivière rejoint la mer. Mérite le détour en particulier si un rayon de soleil illumine la côte.

🎣🎣 🚶 ***Burrafirth Beach :*** le long fjord de Burrafirth se termine par une belle plage de sable blond. Magnifique perspective. Un peu plus loin, en surplomb, par la route qui conduit à Hermaness, le phare abrite un ***Visitor Centre*** avec une petite expo pas mal faite sur la faune et la flore locales, les dernières observations recensées, etc. Pédagogique et ludique.

🎣🎣 ***Hermaness :*** *réserve naturelle à l'extrémité nord de l'île. Du parking, compter 3 miles (5 km) pour rejoindre les falaises par un sentier peu clair, mais balisé.* Observation d'oiseaux dans des paysages époustouflants.

HOMMES, CULTURE, ENVIRONNEMENT

BOISSONS

– **Thé et café :** nombreux *tearooms* et *coffee shops.* Si vous désirez un café noir *(black coffee),* précisez-le, sinon on vous le servira au lait. De plus en plus de cafés servent du vrai *espresso.*

Notez qu'une loi interdit la vente d'alcool avant 10h, où que ce soit.

– **Bières :** avec le whisky, la boisson emblématique de l'Écosse. On vous fait un petit topo plus loin. Pour un demi, commander *half a pint* (prononcer « haffe-païnte ») et non juste *half* qui désigne une mesure de whisky ; *a pint* (0,57 l) revient moins cher mais demande un entraînement à la course aux w-c. *A lager shandy* est un panaché (moitié-moitié), tandis qu'avec un *lager top* on vous sert trois quarts de bière et un quart de limonade. *A snakebite* est un mélange cidre-bière. Quant au *cidre* lui-même, il est parfois servi à la pression.

– **Whiskies :** le breuvage national ! On vous en parle longuement plus loin. Sachez toutefois que le whisky est taxé en Écosse à près de 65 %. Si bien qu'on conseille de s'initier là-bas mais d'acheter sa marque préférée en... France. Cela dit, vous dénicherez sur place des bouteilles que vous trouveriez difficilement ailleurs. Si vous tenez à rapporter un souvenir, optez plutôt pour des millésimes particuliers (20 ans d'âge et plus) ou des whiskies rares.

– **Vins :** les amateurs de vin se réjouiront de trouver de plus en plus de *wine bars,* très tendance depuis quelques années, mais chers. Et, si surprenant que cela puisse paraître, les Britanniques consomment plus de vin que de bière depuis le milieu des années 1990 ! C'est l'occasion de découvrir les vins du Nouveau Monde (États-Unis, Argentine, Chili, Afrique du Sud, Australie...). On peut parfois apporter sa bouteille dans certains restos ou à la table d'hôtes de son *B & B,* une disposition abrégée *BYOB* en vitrine *(Bring Your Own Bottle).*

– **Vins doux :** il y a le porto *(port)* et le xérès d'Espagne *(a glass of medium sherry, please !),* délicieux, pas très cher et très apprécié des vieilles dames.

– **Liqueurs douces :** si vous aimez, goûtez le *Drambuie* ou l'*Irish cream,* au café. Si vous préférez les mélanges, essayez un *dry martini* (pas du tout ce à quoi vous vous attendiez) ou une *vodka and lime* (prononcer « laïme »). *Lime* signifie à la fois une rondelle de citron vert et du sirop de citron. Pour une rondelle de citron jaune, préciser *lemon.*

– **Boissons non alcoolisées :** que ceux qui n'aiment pas l'alcool (ou qui conduisent !) demandent un *babycham* (sorte de mousseux) dans les pubs, ou un jus de fruits (souvent plus cher que l'alcool). La très répandue **ginger ale** (genre de *Canada Dry)* est un excellent rafraîchissement. Essayez aussi la boisson écossaise rivale du Coca, le *Irn-Bru.* Sa couleur orange a les faveurs des teenagers. Depuis 1901, sa formule est restée secrète (ben, tiens !). On peut juste vous dire que c'est bien sucré.

Conseils du même tonneau (de bière)

Tout d'abord, dans un pub, on ne demande pas simplement *a beer.* Le mot est trop vague. Ce serait un peu comme commander « du vin rouge » en France dans un bon resto. Bref, sachez qu'il y a plusieurs types de bière :

La *lager,* bière à basse fermentation, souvent blonde, bien pétillante et servie fraîche. On la trouve en bouteille ou à la pression *(on tap).* La plus répandue est la *Tennent's lager,* brassée à Glasgow.

La *ale,* qui désignait autrefois une bière sans houblon. Aujourd'hui, c'est le mot utilisé pour toute bière à haute fermentation, moins gazeuse *(just fizzy)* que la *lager.* Demandez par exemple la *70* (ou *80*) *Shillings* ou la *Tartan Special Heavy* (plus forte), ou essayez la *ale* du coin (les serveurs vous feront volontiers goûter un fond de verre avant de choisir). À signaler aussi : la délicieuse *real ale,* servie à la pompe (c'est-à-dire à la force du bras) plutôt qu'à la pression et, en principe, à température ambiante.

La *stout,* ou bière noire, comme la *Guinness.* La plupart sont irlandaises, mais il en existe des écossaises, comme la *Belhaven,* la *Sweetheart Stout,* l'*Isle of Arran Dark Premium* ou la *Orkney Dark Island* (extra !).

Pour la petite histoire, sachez que les Écossais, en évoquant la mousse des bières anglaises, parlent de liquide vaisselle tant, pour eux, elle manque d'épaisseur. Et tac !

Le whisky : le bien et le malt

Le whisky, c'est un peu comme le cognac, ce n'est pas une boisson de soif. On le consomme dans un verre tulipe, au col resserré, pour libérer les arômes, éventuellement allongé d'un peu d'eau plate.

L'étranger se trahit quand il commande « *a whisky* » dans un pub, même si le garçon le comprend, le terme habituel étant *a dram* ou *a half,* une mesure de whisky ordinaire.

Distillé au moins à partir du XVe s par les moines, le nom même du breuvage vient de *uisgebeatha,* signifiant « eau-de-vie » en gaélique. Par glissement linguistique, *uisgebeatha* serait devenu *uisce* puis *fuisce,* et enfin *whisky.*

La première distillerie fut fondée en 1775, alors que l'on estime les premières productions dans les Highlands à plus de 500 ans. La distillation de ce breuvage, pratiquée depuis longtemps de manière clandestine, fut réglementée dès le XVIIIe s. Enfin, le *Scotch whisky,* comme son nom l'indique, ne peut être produit qu'en Écosse.

Les différentes catégories de whisky

– *Malt whisky :* l'élite des whiskies, fabriqués pour la plupart dans les Highlands. Au mieux, ils sont *single malt* (100 % d'orge maltée, une seule distillerie), voire issus d'un seul tonneau *(single-cask)* ; sinon, ils peuvent être *pure malt* (100 % d'orge maltée) mais résultant d'un assemblage de plusieurs *single malts* provenant de différentes distilleries (on l'appelle aussi *vatted malt*). Dans le cas de mélange, l'année inscrite sur la bouteille correspond toujours au whisky le plus jeune. Le suivi du vieillissement par le maître de chai est donc primordial, le breuvage perdant avec les années une partie de son taux d'alcool. Or, pour porter le nom de whisky, il faut titrer au minimum 40°. Un tonneau trop vieux qui serait descendu sous la barre fatidique des 40° devra donc être mélangé avec un whisky plus jeune pour le remonter en alcool. Et il perdra au passage le bénéfice commercial d'afficher sur l'étiquette un âge canonique. Une fois mis en bouteille, un whisky ne vieillit plus. Inutile donc de le remiser 15 ans de plus dans la cave...

Le malt est le nom donné à l'orge germée, généralement séchée à la tourbe *(peat)* en raison de l'humidité... ce qui lui ajoute du caractère et ce fameux goût de fumé si typique des whiskies écossais. Seule une poignée de malteurs fournissent toutes les distilleries d'Écosse, proposant un malt adapté à chaque marque. Le moût qui résulte de son mélange, une fois broyé, avec de l'eau, est fermenté et refroidi. Devenu *wash,* il est distillé deux fois (l'Auchentoshan est distillé trois fois, comme les whiskeys irlandais). Seul le cœur *(heart)* du breuvage est mis en fût. La tête *(head),* trop forte, et la queue *(tail),* trop faible, sont de nouveau distillées.

Par ailleurs, plus les *alambics* sont hauts, plus l'alcool aura de contact avec le cuivre et plus le goût sera doux (et inversement, comme de bien entendu !). Si un *Scotch whisky* peut être légalement vendu après 3 ans, le *malt whisky* vieillit parfois dans des barriques en chêne pendant plusieurs dizaines d'années, en général des anciens tonneaux de sherry ou de bourbon (le « whisky » ricain), parfois de vin. Et ce sont ces tonneaux – mais aussi l'eau et les alambics,

TROUBLANT...

Comble de l'ironie, le secret d'un whisky est lié, en partie, à la nature de l'eau ! En s'infiltrant à travers les sols tourbeux des montagnes écossaises, l'eau se charge en particules qui lui donnent goût et couleur. Elle a d'ailleurs parfois un aspect jaunâtre au sortir du robinet. La tourbe est noire au nord de l'Écosse, brune et iodée sur les îles de Skye et d'Islay, cette dernière produisant les whiskies les plus tourbés au monde !

donc – qui donnent à un whisky tout son caractère. L'élaboration du whisky n'a ainsi rien à voir avec celle du vin. C'est surtout la technique qui fait le breuvage, plus que la plante. Enfin, il faut savoir qu'au bout de 15 ans de vieillissement un quart du tonneau s'est évaporé, c'est ce qu'on appelle l'*angel share* (la part des anges). Un phénomène qui explique, en partie, le prix élevé des whiskies les plus âgés. L'occasion ici de rappeler l'excellent film de Ken Loach, *La Part des anges*.
– *Grain whisky :* les vrais amateurs ne reconnaissent pas à ce breuvage bon marché, peu goûteux et destiné aux mélanges de *blended,* le droit de porter le nom de « whisky ». Généralement, il est fabriqué avec 10 à 20 % d'orge ainsi qu'avec d'autres céréales telles que le maïs ou le blé.
– *Blended whisky :* de tous les whiskies écossais consommés dans le monde (1 milliard de bouteilles par an), 90 % sont des *blended,* composés de 60 à 80 % de *grain whisky* et 20 à 40 % de *malt whisky.* Plus de 2 500 marques sont enregistrées en Grande-Bretagne. On ne s'étonnera pas, bien sûr, que ces dernières années on mette dans le *blended* de plus en plus de *grain whisky* et de moins en moins de *malt.* Peu à peu, les différences de goût s'estompent afin de satisfaire un maximum de gens. Certaines marques vont jusqu'à modifier le mélange en fonction du pays acheteur (le *Ben Nevis* aurait été adapté au goût nippon depuis qu'une société japonaise a racheté la distillerie !).

Infos pratiques

– Les distilleries n'acceptent pas les enfants en dessous de 8 ans (à cause des vapeurs d'alcool), certaines refusent les mineurs, au moins, c'est clair. Quoi qu'il en soit, en dessous de 18 ans, pas de dégustation !
– Il existe deux cartes à thème sur le whisky : *Collins* et *Bartholomew.* Un petit guide très bien fait, *Whisky,* de Carol P. Shaw, dans la collection Collins Gem, répertorie les distilleries qu'on peut visiter et vous aidera à choisir entre les nombreuses marques.
– Pour en savoir plus : *ABCdaire du whisky,* de Thierry Bénitah (Flammarion, 1996). À lire avant toute initiation. Carte bien faite avec localisation des distilleries. L'auteur est directeur de la *Maison du whisky* à Paris ● whisky.fr ● et fondateur de la revue *Whisky magazine.* ● whiskymag.fr ●
– En souscrivant aux « Amis des Classic Malts », vous visitez gratuitement les 12 distilleries du groupe, comme celle de Talisker (sur l'île de Skye) ou de Cardhu dans les Grampians. Plus d'infos sur ● malts.com ●
– On peut goûter gratuitement bon nombre de whiskies au duty-free de l'aéroport d'Édimbourg. Sympa pour écluser un dernier gorgeon avant de monter dans l'avion et pour faire son choix si on n'est pas encore décidé.

La route des distilleries écossaises (notre best of)

Voir également « La route du Whisky » dans le chapitre sur « Les Grampians ». Bonne route !

– *La distillerie Edradour à Pitlochry (Perthshire) :* une des plus petites d'Écosse. Propriété d'un indépendant qui travaille de façon artisanale, elle produit en un an ce que des grandes marques comme *Glenfiddich* produisent en une semaine.
– *La distillerie Glenturret à Crieff (Perthshire) :* ce serait la plus vieille distillerie officielle d'Écosse, datant de 1775. Très mignonne. Les trois quarts des whiskies produits sont vendus sur place.
– *La distillerie Glenfarclas à Ballindalloch (Speyside) :* visite sérieuse et très pointue. Une distillerie indépendante et sympathique, perdue dans la lande.
– *La distillerie Glenlivet à Glenlivet (Speyside) :* fondée en 1824, c'est l'une des distilleries les plus importantes de la *Speyside.* À présent, elle appartient au groupe *Pernod-Ricard* (comme *Strathisla* et *Aberlour*). Très moderne, avec un ascenseur pour handicapés. Visite gratuite.
– *La distillerie Strathisla à Keith (Speyside) :* la plus élégante, avec ses toitures en forme de pagode.
– *La distillerie Glen Grant à Rothes (Moray, Speyside) :* la plus exotique avec son jardin aux essences américaines et asiatiques. Un ancien propriétaire avait adopté un jeune Kenyan qui devint lord et distillateur !
– *La distillerie Aberlour à Aberlour (Speyside) :* la plus pédagogique. Les amateurs peuvent tester leurs connaissances lors de dégustations très pointues.
– *La distillerie Benromach à Forres (Speyside) :* la plus petite de la région, et une des rares à proposer un whisky bio !
– *Les distilleries de l'île d'Islay (Argyll) :* toutes renommées, connues pour leurs whiskies très tourbés.

CHÂTEAUX ET FANTÔMES

Carte postale de l'Écosse, le château en ruine au bord d'un loch a toujours stimulé l'imagination des âmes romantiques. Les Écossais, en gens avisés, ont bien exploité le filon. Ils ont préservé chaque pierre, restauré les châteaux les moins délabrés et les ont ouverts à un public plein d'admiration pour les vieilles reliques de l'aristocratie et leurs occupants... fussent-ils fantomatiques.

Les châteaux

Tous les châteaux ne ressemblent pas à des donjons lugubres survolés par des corbeaux croassant. Un petit descriptif des différents styles peut vous aider : vous en trouverez dans les dépliants du *National Trust of Scotland (NTS)* ou de *Historic Environment Scotland (HES),* deux organismes qui en gèrent chacun plusieurs dizaines.
Déjà à l'âge du fer, les anciens habitants de l'Écosse ont élevé de mystérieuses tours rondes et creuses, maçonnées de pierres, les « brochs ». On peut en voir aux Shetland, dans les Orcades et aux Hébrides.
Il fallut attendre la Renaissance pour voir les seigneurs écossais se préoccuper de décoration et de raffinement. La couronne d'Écosse, bien stable sur ses assises, se permit quelques fantaisies inspirées de l'Angleterre voisine comme à Stirling, Linlithgow et Falkland. Après la Réforme, où les terres de l'Église furent distribuées, on assista à une prolifération de petits châteaux, toujours inspirés du donjon : les *tower houses* au plan en forme de L ou de Z. La technique de l'encorbellement arrondit alors les formes carrées, et les constructions se dotèrent d'une multitude de détails purement décoratifs : tourelles, pignons, clochetons, plafonds peints et cheminées monumentales. Tous ces éléments contribuèrent à donner aux châteaux écossais ce style pittoresque et inimitable, le « baronial », qui s'étendit bientôt à toute la Grande-Bretagne, et qui perdura jusqu'au XIXe s, avec le « Gothic revival ». Les demeures de prestige se parèrent de plus en plus d'intérieurs influencés par le classicisme et le style palladien. Une lignée d'architectes de haute volée, la famille Adam, rassembla toutes ces tendances dans un style propre qu'on qualifie aussi

de georgien, en référence aux longs règnes de George II et George III (1727-1820). On leur doit Hopetoun House, Haddo House, Mellerstain et Culzean. Inspirées de ses voyages en Italie, les réalisations de Robert Adam allient rigueur classique et raffinement des décorations.

Sans parvenir à retrouver la veine du « baronial » du XVIIe s, les palais de Scone, Abbotsford, Dalmeny House et Balmoral sous Victoria furent les porte-drapeaux d'un style authentiquement britannique face aux influences continentales.

Les fantômes

Les fantômes, quant à eux, naissent au XIXe s de la fièvre spéculative et du romantisme ambiant. Les maisons hantées se vendent plus chères. Conduite à tenir en cas de rencontre fortuite avec un de ces fantômes : selon les spécialistes, il convient, une fois l'effet de surprise dissipé, d'engager la conversation d'une manière courtoise et respectueuse. Puis d'écouter avec intérêt leur histoire : ils adorent raconter leur triste destinée. Puis de les saluer et de continuer tranquillement sa route.

HANTE QUI PEUT

Le château de Glamis détient un drôle de record ! En plus du monstre de Glamis, sorte de Quasimodo enfermé dans un cachot, de pièces secrètes et d'une chambre des tortures, il héberge quelques fantômes réguliers : Jack the Runner arpente le domaine en courant, et Beardie, joueur invétéré, erre à la recherche d'un partenaire de jeu à plumer. Serez-vous le prochain pigeon de Beardie ?

CINÉMA ET ÉCOSSE

➢ Depuis quelques décennies, les producteurs se sont pris de passion pour les époustouflants *décors naturels* du pays :

– Le Glen Nevis en 1968 pour quelques scènes de *2001 : l'Odyssée de l'espace,* de Stanley Kubrick.

– La nature vierge des Highlands pour évoquer les débuts de l'humanité dans *La Guerre du feu,* de Jean-Jacques Annaud en 1981 (souvenez-vous : « Graoumpff aargh... »... dialogues inoubliables !).

– Le Glen Coe et le Glen Uig pour le premier des *Highlander* avec Christophe Lambert en 1986, où Conor McLeod traverse les Highlands et les siècles sans une égratignure et finit par tomber sur plus immortel que lui !

– Le Ben Nevis et les Mamore Mountains pour *Braveheart,* de et avec Mel Gibson, qui, en 1995, met en scène le héros médiéval William Wallace qui flanqua la raclée aux Anglais au pont de Stirling à la fin du XIIIe s.

– Le Glen Nevis encore, le loch Etive et Tioram Castle ainsi que les jardins de Drummond Castle pour *Rob Roy* où, toujours en 1995, Liam Neeson incarne le légendaire Robin des Bois écossais.

– La côte ouest et l'île de Skye, toujours la même année, dont la beauté sauvage et tourmentée fait écho à la folie des sentiments dans *Breaking the Waves,* de Lars von Trier.

– Les environs de Fort William pour les trois premiers *Harry Potter* de 2001 à 2005 (à Glenfinnan, on reconnaît l'aqueduc filmé dans *La Chambre des secrets*).

– Les châteaux de Balmoral et de Fraser dans *The Queen,* de Stephen Frears, sorti en 2006. Et la reine, en fichu, se balade ses chiens sur ses terres écossaises.

– Les inusables lochs pour *Le Dragon des mers* en 2008, conte fantastique qui explique l'origine de Nessie !

– Les montagnes de Glencoe dans l'une des dernières scènes de *Skyfall* : James Bond y fait exploser la demeure familiale.

➤ Autre filon habilement exploité, les **sites historiques** :
– Le champ de bataille de Culloden en 1964, pour **La Bataille de Culloden,** « reconstitution documentaire » d'après son réalisateur Peter Watkins, avec des acteurs amateurs tous descendants d'hommes morts au cours de ce combat.
– Le « Royal Mile » d'Édimbourg en 1996 pour **Mary Reilly** (héroïne qui devient servante du Dr Jekyll), de Stephen Frears, avec Julia Roberts et John Malkovich.
– **Rosslyn Chapel** près d'Édimbourg en 2006, pour **Da Vinci Code,** best-seller de Dan Brown adapté par Ron Howard.

➤ D'autres **sites remarquables,** que les routards cinéphiles reconnaîtront au gré de leurs pérégrinations :
– Les poutrelles d'acier du pont sur le Firth of Forth avec, dès 1935, le grand « Hitch » y filmant une fuite éperdue pour **Les 39 Marches.**
– Le canal de Crinan pour le James Bond de **Bons baisers de Russie** en 1964 (avec Sean Connery, un Écossais).
– Le château de Doune (dans les environs de Stirling), lieu de culte pour les fervents de **Monthy Python Sacré Graal** (1975) et les plus récents amateurs de la série **Outlander** (2014), qui s'est également choisi pour décor les villes de Falkland et de Culross dans la péninsule de Fife.
– Le décor urbain un peu vieillot de Glasgow où, en 1980, Bertrand Tavernier situe une œuvre de science-fiction, **La Mort en direct,** avec Romy Schneider et Harvey Keitel.
– La voie ferrée Dumfries-Annan pour une scène de poursuite haletante du thriller **Mission impossible** de Brian De Palma, avec Tom Cruise, Emmanuelle Béart et Jean Reno, en 1996.
– La ville d'Édimbourg pour **Jude** (avec Kate Winslet), de l'Anglais Michael Winterbottom.
– La ville de Glasgow pour **Carla's Song** (1996), **My Name is Joe** (1998), **Sweet Sixteen** (2002), **Just a Kiss** (2004) et enfin **La Part des anges** (2012), de Ken Loach. Pour l'anecdote, à Cannes, où La Part des anges a reçu le prix du Jury en 2012, le film a dû être sous-titré en anglais pour que les publics anglais et américain puissent le comprendre !
– Édimbourg toujours, Glasgow encore et le Rannoch Moor en 1997 pour **Trainspotting,** de Danny Boyle, film culte qui lança de jeunes talents écossais aujourd'hui confirmés, notamment Ewan McGregor et Robert Carlyle.
– Les rapides du village de Killin pour de nouveaux exploits de James Bond dans **Casino Royale** en 2006.

➤ Pour terminer, signalons trois **films engagés** (en plus des opus de Ken Loach, bien sûr) :
– **Local Hero** (1983, avec Burt Lancaster), fable écologique dans laquelle un village de pêcheurs est convoité par une multinationale de la pétrochimie et consacra le cinéaste écossais Bill Forsyth. À Pennan, dans le Banffshire, la cabine téléphonique rouge qui joue un rôle dans le film est une véritable attraction touristique (même si ce n'est pas l'originale !).
– **The Magdalene Sisters,** de Peter Mullan, tourné autour de Dumfries et Galloway. Ce film a fait souffler un vent de polémique, et s'insurger le Vatican, qui n'a pas du tout apprécié la vision donnée de ces « couvents-prisons ». Résultat : Lion d'or à Venise.
– **Le Dernier Roi d'Écosse,** de Kevin Macdonald, sorti en 2007, inspiré d'un fait réel : un jeune toubib écossais part en Ouganda

LES KILTS OUGANDAIS

Idi Amin Dada, dictateur sanguinaire d'Ouganda et ancien gardien de chèvres, se fit proclamer roi d'Écosse pour provoquer ses ennemis anglais. Il avait du mal à situer l'Écosse sur une carte et pourtant, il équipa un de ses régiments de kilts et de cornemuses. En 1979, il se réfugia en Arabie Saoudite... comme Ben Ali quelques années plus tard.

où il devient le médecin personnel d'Idi Amin Dada. Il assiste à la prise du pouvoir et à la démence du tyran. Forest Whitaker, remarquable dans son interprétation du despote, reçut un oscar bien mérité.

CLANS ET TARTANS

Les clans

Le type de relations qui existe entre les Écossais constitue l'un des traits fondamentaux de la société celte.

Le clan, bien sûr, en émane directement. Le mot gaélique *clann* signifie « enfants », « descendance ». Le clan, ce fut d'abord une famille avec le père pour chef. Son fils lui succédait ; de là vinrent les noms de famille commençant par *Mac,* qui signifie « fils ». Puis les liens parentaux se sont desserrés, et le terme s'étendit à tous les membres de la famille reconnaissant l'autorité du chef. Les divisions naturelles de l'Écosse celte ont sans doute favorisé cette organisation sociale des clans érigée en système tribal. Entre eux, les guerres étaient fréquentes et leur puissance gênait parfois les rois qui, à maintes reprises, tentèrent de réduire leur influence. La répression atteignit son paroxysme après la défaite jacobite à la bataille de Culloden, en 1746 : nombre de clans furent accusés, souvent à raison, parfois à tort, d'avoir soutenu Bonnie Prince Charlie. La Couronne confisqua alors les terres appartenant aux clans. Le port du tartan et les signes d'appartenance à un clan furent interdits pendant presque 1 siècle.

– Chaque clan revendiquait sa **devise** en gaélique, en anglais ou parfois en français. Les clans aux devises françaises étaient les plus proches de la reine Marie Stuart.

Les tartans

Le particularisme des clans s'est manifesté dans le port du tartan, un tissu écossais dont les motifs et les couleurs varient d'un clan à l'autre. L'obligation de porter le tartan du clan est une invention de la fin du XVIIIe s.

À l'origine, les tissus arboraient un dessin très simple à deux ou trois couleurs. Les teintures étaient obtenues à partir de plantes, de racines, de mousses, d'escargots, bref, de produits naturels ; chaque vallée avait ses produits, donc ses couleurs, et les gens d'une même région portaient souvent des étoffes semblables. À chaque clan correspondait aussi une plante que l'on accrochait à son chapeau. Avec l'apparition des couleurs chimiques, les dessins sont devenus plus élaborés et plus variés. Aujourd'hui, l'industrie du tartan génère plus de 500 millions d'euros de chiffre d'affaires par an.

Notez qu'il existe, aux éditions Collins, un petit guide (en anglais) très bien fait, *Clans & Tartans,* qui explique à travers les tartans l'histoire d'une centaine de clans.

CORNEMUSES

One, two, three ! Lorsque des centaines de cornemuses attaquent à l'unisson les premières mesures de *Scotland the Brave* aux championnats mondiaux de cornemuse à Glasgow, c'est le cœur de l'Écosse qui se gonfle de fierté nationale. Cet instrument à la sonorité puissante fut pourtant longtemps mis au ban des réprouvés. Le « Highland bagpipe », assimilé par les Anglais à la révolte jacobite, fut en effet interdit, jusqu'à ce que l'état-major britannique en reconnaisse les vertus entraînantes et guerrières, et l'impose dans tous les régiments écossais.

La cornemuse standard, à ne pas confondre avec le biniou breton et la *uiellan pipe* irlandaise, plus douce, se compose d'un sac en peau de chèvre *(bag),* de flûtes (*pipes*) et du *chanter*, tuyau sur lequel se joue la mélodie. Les trois tuyaux percés (*drones*) produisent l'accompagnement et le *blow pipe* permet de souffler dans le sac pour le gonfler à pression constante.

Art écossais par excellence, la cornemuse est jouée sur deux registres traditionnels : le *ceol mor*, grande musique écrite pour elle, et le *ceol beag*, musique légère inspirée des marches, gigues et autres danses populaires ou événements festifs. Des concours se déroulent durant les *Northern Meeting Piping Competitions* à Inverness en septembre, et à Oban pour les *Argyll Gatherings*.

CUISINE

En Écosse, on mange plus tôt qu'en France. Du coup, pas toujours évident de trouver un resto servant après 21h voire 20h, surtout dans les campagnes. Il est également conseillé de prendre son déjeuner avant 14h, sous peine d'être réduit à manger ses derniers biscuits. Les grandes villes comme Édimbourg ou Glasgow, où l'on peut s'attabler jusqu'à 22h, voire un peu plus tard en fin de semaine, échappent évidemment à la règle.

Le ***breakfast***, servi en général de 8h à 9h, commence le plus souvent par des *cereals* ou du porridge (bouillie d'avoine au lait, bien meilleure avec un peu de crème et du sucre roux) et un jus de fruits. Vient ensuite le *cooked breakfast* avec des œufs – au plat (*mirror* ou *sunnyside up*), brouillés (*scrambled*) ou pochés (*soft poached*) –, du bacon, des saucisses et parfois un *potato scone* (typiquement écossais). On pourra aussi vous proposer des tomates poêlées, champignons, *baked beans* (haricots en sauce sur toast), haddock, kippers (harengs), saumon (parfois fumé) ou du *black pudding* (boudin noir poêlé). Le tout accompagné de toasts sur lesquels on étale beurre et marmelade. Et, pour arroser le tout, thé ou café (généralement pas terribles). Avec un tel bombardement au lever, on peut souvent oublier le déjeuner. La plupart des B & B et des hôtels servent ce généreux petit déj, appelé *full Scottish breakfast*.

Où manger ?

En gros, vous avez le choix entre les pubs (qui ont parfois une partie restaurant, souvent plus chère) et les restaurants proprement dits. Les deux proposent, en principe, une carte différente pour le midi et le soir. Le prix du *lunch* est plus doux, la plupart des plats, en particulier dans les pubs, tournant alors autour des £ 8-12... Le soir, il faut prévoir plus, mais on a droit à une assiette plus travaillée. Les deux types d'établissements sont pour la plupart ouverts tous les jours.

Pensez aussi aux snacks et aux célèbres ***fish and chips***. Pour déjeuner léger, on trouve également de nombreux *teashops* (ou *tearooms*), en particulier dans les musées et châteaux, proposant pour le *lunch* une soupe du jour accompagnée de pain beurré, des sandwichs toastés ou non, des salades et des pâtisseries. Et puis signalons les restaurants chinois et surtout indiens, souvent à prix modérés, qui servent une cuisine authentique et se distinguent par des horaires d'ouverture plus souples. Certains proposent des buffets à volonté (*all you can eat*) abordables.

Enfin, si vous fréquentez les campings ou les AJ (où il est presque

LES PREMIERS FAST-FOODS DU MONDE

Dès le XVIIe s, les fish & chips envahirent les quartiers populaires. Le poisson frit fut importé par les juifs séfarades du Portugal. La morue était pêchée au large de l'Islande. Cette nourriture bon marché, assaisonnée d'un peu de vinaigre et emballée dans du papier journal, empêcha bien des famines. Mais l'encre d'imprimerie n'est pas géniale pour la santé. En 1980, le papier journal fut interdit au profit des petites barquettes. Depuis, la presse va mal !

toujours possible de cuisiner), faites vos courses dans les supermarchés. Outre les boîtes de conserve, on y trouve aussi des sandwichs, *pies* (tourtes) et quiches.

Le repas classique

Difficile à définir... Pour commencer, impossible de faire l'impasse sur le *fish & chips,* dont les bonnes adresses proposent plusieurs choix de poissons et de panure. La plus typique est « *battered* », très bonne et pas trop graillonneuse (rien de bien diététique non plus !). On trouve aussi le **haggis,** plat national écossais par excellence (voir plus loin « Les spécialités écossaises »). Sans oublier les **baked potatoes,** le filet de **haddock,** le **sausage and mash** (saucisse-purée, appelé aussi *bangers and mash*) et leur *gravy sauce,* le **steak'n'ale pie** (bœuf dans une sauce à la bière), les scampi, le **macaroni and cheese...** Les restos, généralement plus chers que les pubs, servent des plats plus élaborés, sorte de nouvelle cuisine écossaise qui mêle des saveurs glanées de-ci, de-là. Parfois, on est (très) agréablement surpris. Attention, on sert rarement du **pain** (sauf avec la soupe), ou alors facturé en supplément.

En famille (dans un *B & B,* par exemple), le repas se compose traditionnellement d'une viande ou d'un poisson accompagné de pommes de terre et de deux légumes, **two veg,** bouillis, avec une prédilection pour les pois et les haricots verts très... verts, la plupart du temps cuits *al dente.*

Parfois, on sert aussi un hors-d'œuvre (*pie* ou soupe), puis un dessert cuisiné, type **trifle.** Plus alléchants, l'**apple pie,** le **sticky toffee pudding,** le **banoffee pie,** les glaces, le **cheese cake** (base de biscuit et mousse au fromage blanc) et autres **carrot cakes.** Notons aussi, typiquement écossais, l'excellent **cranachan,** mêlant crème, flocons d'avoine,

LE DESSERT DES FÊTARDS

Dessert typique, le trifle contient de la génoise, des fruits, de la crème et, bien sûr, de la gelée. Les Écossais ont souvent tendance à y ajouter du whisky et l'appellent alors tipsy laird, *soit... « propriétaire éméché ».*

whisky et framboises. On s'en lèche encore les doigts ! À signaler encore, en famille ou dans certains salons de thé, le **high tea,** c'est-à-dire le thé qui remplace le dîner, car il s'accompagne de sandwichs, **crumpets, pancakes, buns** et **scones,** puis de gâteaux crémeux.

Le fromage (généralement à pâte cuite, type cheddar) existe bien, mais on vous le servira... après le dessert, avec des *oatcakes* (biscuits à l'avoine) et non du pain. Essayez le **stilton,** en sirotant (mais oui !) un verre de porto. Avec de la chance, on vous offrira peut-être un **night cap** : une goutte de whisky, signe de l'hospitalité écossaise. Avec ça, si vous ne faites pas de beaux rêves...

Les spécialités écossaises

L'Écosse possède quelques délicieuses spécialités. D'abord le fameux **haggis.** Il s'agit d'une panse de mouton farcie avec la fressure de l'animal, sel, poivre, oignons, avoine, longuement cuite et en général accompagnée de purée de navets et de pommes de terre. Il existe aussi une version végétarienne : la viande est remplacée par un mélange de haricots noirs, lentilles, champignons, carottes et autres épices, et le tour est joué. Même forme, même couleur, et à chacun sa saveur. Rassurez-vous : on ne vous servira pas la panse entière dans votre assiette, juste une portion ! D'ailleurs, le *haggis* est souvent proposé comme entrée. Autre précision : c'est un plat et uniquement un plat... On le dit, car les Écossais adorent faire croire aux touristes que c'est un animal et vous invitent à venir le chasser, comme le dahu de chez nous ! Pour la viande, goûter le bœuf **Aberdeen Angus** (une des meilleures viandes au monde, chère, évidemment), le mouton et l'agneau, bien sûr, la *grouse* (le coq de bruyère d'Écosse), le *pheasant* (faisan) et le délicieux *venison* (cerf), qu'on peut aussi trouver en tourte. Essayez également les *stovies* (sorte de hachis parmentier), les délicieux *tattie scones* (à base de pommes de terre) servis au petit déj et le *lorne sausage,* une sorte de steak haché carré et aromatisé. Le *Scotch broth* et le *cok a leekie* sont des bouillons de mouton ou de bœuf pour le premier, de poulet pour le second.

Pour finir, n'oubliez pas les produits de la mer : le *cullen skink,* (soupe crémeuse à base de haddock et de pommes de terre) mais aussi saumon bien sûr (d'élevage, ne pas se faire d'illusion), saint-jacques *(scallops),* moules, crabe, huîtres et autres fruits de mer. Les langoustines sont très populaires dans les ports de la côte ouest, généralement revenues dans du beurre.

Enfin, pensez à goûter la délicieuse marmelade de Dundee, dont la renommée remonte au XVIIIe s !

CURIEUX, NON ?

– On ne serre pas la main d'un Écossais, sauf quand on le voit pour la première fois. On lui claque encore moins la bise, surtout si on ne le connaît pas, *shocking !*

– Faire la queue est une institution sacrée, à respecter absolument. On ne resquille pas dans une file d'attente... ce qui peut paraître curieux à certains tempéraments plus latins !

– Les prises électriques comportent toujours trois fiches (adaptateur nécessaire) et sont surtout munies d'interrupteurs. Pensez à presser sur « *on* » avant d'aller vous plaindre à la réception ou au proprio !

ILS EN SONT TOUS JA-LOO

Les toilettes (« loo » en anglais) publiques sont une institution datant de l'époque victorienne qui provoque la jalousie du reste du monde civilisé. Elles sont gratuites, bien entretenues, parfois parfumées, et on en trouve partout. Alors, vous n'avez aucune excuse pour uriner contre un mur, d'autant que cette attitude choquera les Écossais. Au contraire, vous aurez une petite pensée émue pour la louable BTA (British Toilet Association, ● britloos.co.uk ●), *qui lutte pour la survie et l'adaptabilité à tous de ces lieux d'aisance.*

– Les femmes sont dingues du bingo, surtout les vieilles dames. Ce jeu qui ressemble au loto est typique du Royaume-Uni. Chaque ville a le sien, en centre-ville (demander). L'animateur énonce les nombres tirés au sort. Si jamais vous gagnez grâce à « *two fat ladies* », pas de méprise, c'est que vous aviez le numéro 88.

– Les Français sont les premiers consommateurs de whisky au monde (devant l'Uruguay et les États-Unis) ! Mais, attention, en Écosse, on ajoute éventuellement quelques gouttes d'eau de source (non gazeuse !) pour révéler les arômes mais certainement pas du Coca, ce serait une faute de goût impardonnable !

– Le sport en Grande-Bretagne est invariablement associé aux paris. Les Écossais sont prêts à parier n'importe quoi sur tout. Les *bookmakers* prennent même des paris sur le pays qui accueillera les prochains Jeux olympiques, ou sur le temps qu'il fera demain (là, les optimistes ont une mauvaise cote !).

– La présence d'un fantôme dans une demeure devient une plus-value et les agents chargés de la vente d'une habitation hantée sont tenus d'informer l'acheteur des habitudes et petites manies du spectre !

ÉCONOMIE

Comparable à celui du Portugal, le PIB écossais s'appuie sur la mise en valeur des *ressources naturelles.* D'un côté, une agriculture fondée sur l'élevage et ses débouchés, associée à l'exploitation des richesses de la mer ; de l'autre, l'exploitation pétrolière, qui a pris le relais de l'activité minière, moteur de la grande révolution industrielle écossaise (qui précéda celle de l'Angleterre). Mais c'est, de loin, le secteur des **services** qui rapporte le plus, incluant le **tourisme,** à l'impact économique toujours significatif (environ 5 % du PIB). Côté emploi, l'Écosse comptabilisait environ 5,8 % de chômeurs en 2016, un chiffre nettement en dessous de la moyenne européenne, mais supérieur à celle du Royaume-Uni.

Une dépendance au pétrole

Face au déclin de l'industrie lourde, la découverte des **gisements de pétrole de la mer du Nord,** considérés comme les plus importants d'Europe, a relancé le secteur industriel, avec 40 milliards de barils extraits depuis les années 1970. Et les retombées économiques du boom pétrolier furent nombreuses (construction de plates-formes de forage et raffineries, mais aussi transports, commerce...) jusqu'à ce que **l'effondrement des cours du brut** vienne perturber la donne, le baril perdant plus de la moitié de sa valeur entre 2014 et 2016. De quoi bouleverser les plans des indépendantistes, qui misaient sur le pétrole pour assurer leur autonomie économique. Conséquence immédiate, 10 000 emplois ont été détruits dans la région d'Aberdeen, cœur de l'industrie pétrolière écossaise. Malgré la chute des revenus pétroliers dont il tirait une bonne part de ses ressources, le gouvernement écossais entend poursuivre son ambitieux programme de développement des **énergies renouvelables,** avec pour objectif de couvrir 100 % de ses besoins en électricité d'ici 2020 (voir aussi plus loin la rubrique « Environnement »).

Enfin, autres secteurs industriels importants : l'électronique et les nouvelles techniques de communication (on parle même de Silicon Glen, soit une Silicon Valley écossaise entre Glasgow et Édimbourg). Quant à **l'industrie financière,** jadis florissante, elle fut balayée par la crise de 2008, et pour cause, elle en était à l'origine ! Principale banque écossaise, la *Royal Bank of Scotland,* qui croulait sous les actifs toxiques, fut nationalisée par le Premier ministre britannique d'alors, Gordon Brown, promettant de la revendre plus tard au privé. Sauf que, depuis, la banque n'en finit plus d'accumuler les pertes. L'État n'est pas près de retrouver sa mise...

Laine, saumon et whisky

Du côté de l'agriculture, la relative pauvreté des terres a toujours constitué une entrave, que seul combat un drainage fastidieux des sols tourbeux. L'**élevage d'ovins** a donc naturellement constitué la source de revenus la plus attractive pour les propriétaires terriens, qui n'ont pas hésité au XVIIIe s à chasser les fermiers pour les remplacer par des troupeaux de moutons. C'est le tragique épisode des **clearances** qui ont désertifié les Highlands et contraint nombre d'habitants à s'exiler vers le Nouveau Monde. La laine de ces millions de moutons a permis à l'armée britannique d'équiper ses soldats lors des conquêtes de l'empire, et les filatures des vallées de la Clyde et de la Tweed ont constitué, dès le début du XIXe s, le creuset de l'industrialisation écossaise. Ce sont les moines des grandes abbayes qui, dès le XIIIe s, importèrent de France et des Flandres les techniques du tissage et du filage : rouet, puis tricoteur et métier à tisser à vapeur. Si les **tartans** sont produits à l'échelle industrielle, les fameux lainages des Shetland, tissés de manière artisanale, reproduisent des motifs traditionnels. Quant au **tweed,** il est né au début du XIXe s, lorsque des tisserands de Jedburgh introduisirent des mouchetures dues à la torsion de fils de couleurs différentes. Des générations entières de gentlemen ont fait du tweed (du nom de la rivière écossaise) le symbole du confort et de l'élégance décontractée. Les mauvaises langues ajoutent aussitôt que son succès est dû à sa qualité de tissu inusable et donc diablement économique.

Fjords, lochs et rivières constituent le biotope idéal pour l'élevage du **saumon,** de la truite et des crustacés. Largement encouragées par les subventions européennes, les « fermes marines » fleurissent et exportent avec succès leurs produits frais ou fumés – peu importe, semble-t-il, qu'elles causent de graves dommages à l'environnement marin, les rejets des poissons, bien trop nombreux, provoquant une eutrophisation des eaux. Et on ne parle même pas des problèmes sanitaires soulevés par des conditions d'élevage plus que suspectes...

Pêche et chasse attirent les amateurs fortunés, qui n'hésitent pas à débourser des sommes faramineuses pour avoir le droit de tirer sur la fameuse *grouse* (coq de bruyère d'Écosse) ou un des 40 000 *red deers* (cerfs) abattus chaque année. Double gain pour le proprio : il encaisse le droit de chasse et garde la viande. Les droits de pêche sont moins onéreux, mais, sachant qu'un lord possède une rivière de la source à l'embouchure, les aristos écossais ont encore de beaux jours devant eux...

Activité traditionnelle de l'Écosse, la **pêche en haute mer** à l'aide de petits chalutiers subit la concurrence des navires-usines des autres nations européennes. Pourtant, des villes entières ont prospéré, dans le Nord, voilà un siècle, grâce aux *silver darlings,* les harengs que l'on fumait et conditionnait en tonneaux.

Enfin, première exportation et principale ressource en taxes du gouvernement, le **whisky** et ses secrets vous sont exposés plus haut dans « Boissons ». Il rapporte près de 4 millions de livres par an à l'économie !

ENVIRONNEMENT

Un patrimoine naturel mis à mal

« Écosse, terre des grands espaces vouée à la nature et à sa protection » : l'écologie est devenue une préoccupation majeure pour les Écossais. Et il était temps, car les activités humaines ont fait perdre à l'Écosse la quasi-totalité de sa forêt primitive. La régénération de cette forêt est d'autant plus difficile que la population de cerfs (grands amateurs de jeunes pousses) augmente. De même, la culture de conifères à but commercial entraîne une acidification des sols et leur appauvrissement. Même la couverture de bruyère des Highlands est en régression. Voilà pourquoi il était urgent qu'une politique de conservation se mette en place. Elle met notamment l'accent sur la création de parcs nationaux et régionaux. Ceux du loch Lomond, les Trossachs et le massif du Cairngorm ont vu le jour en 2002 suite à une décision du Parlement écossais. Les réserves naturelles se multiplient : gérées par le **Scottish Natural Heritage,** elles sont ouvertes au public et parcourues par des chemins balisés. Le **National Trust for Scotland** et le **Scottish Wildlife Trust** en administrent plusieurs autres. La **Royal Society for the Protection of Birds** s'occupe des réserves ornithologiques et des sites où nichent les oiseaux marins. Dans l'agriculture, le Parlement écossais a voté l'interdiction des OGM sur l'ensemble du territoire, profitant d'une directive européenne votée en 2015.

Un plan pour le tourisme vert

Pas loin de 16 millions de touristes visitent chaque année l'Écosse, soit quatre fois sa population résidente. Le « Green Tourism Business Scheme », un plan d'actions environnemental sur tout le Royaume-Uni, permet de mobiliser hôteliers, campings, sites touristiques, restaurants... soit plus de 1 400 membres. À noter que les bons points vont aussi à ceux qui proposent des aménagements pour les personnes handicapées et aux voyageurs à pied ou à vélo. Liste des membres écossais, classés par comtés, sur le site ● *green-business.co.uk* ●

Le pari des énergies renouvelables

Les besoins en électricité de la Grande-Bretagne sont si importants que le réseau actuel n'arrive pas à y subvenir convenablement. D'où la volonté du gouvernement britannique de développer les énergies nucléaires. Ce qui n'est pas du goût du gouvernement écossais qui mise, lui, sur les énergies renouvelables et entend bien devenir une région de référence en la matière, à l'échelle européenne. Un véritable bras de fer est donc engagé avec Londres afin de freiner l'implantation de nouvelles centrales en Écosse. Le ministre local de l'Énergie a d'ailleurs confirmé en 2012 que le nucléaire disparaîtrait à moyen terme du mix énergétique écossais. Pour y parvenir, l'Écosse s'appuie sur plusieurs technologies :

– **La biomasse :** il s'agit de matières organiques dont la décomposition produit de l'énergie. Près de Lockerbie (sud de l'Écosse), la plus grande centrale britannique alimentée à la biomasse est opérationnelle depuis 2007.

– **Les éoliennes :** il est question d'installer la plupart d'entre elles sur la côte ouest de l'Écosse. Mais ne souhaitant pas sacrifier leurs ressources environnementales pour « l'éolien à tout prix », les autorités ont rejeté la construction d'un des plus grands

LE WHISKY QUI RÉCHAUFFE

À Rothes, dans les Grampians, une centrale produit de l'électricité en mélangeant les résidus de la fabrication du whisky (l'orge) à des copeaux de bois ! Elle permet à 8 000 foyers de se chauffer. Certains déchets de la distillation servent aussi de compléments alimentaires pour les animaux. Par ailleurs, un projet d'agrocarburant, toujours à base de whisky, est à l'étude... Un dernier verre pour la route ?

parcs éoliens d'Europe sur l'île de Lewis. Motif : l'impact négatif sur des espèces d'oiseaux menacées.

– **L'hydrolienne :** pionniers dans ce secteur, les Britanniques ont installé au nord de l'Écosse ce qui sera le plus grand parc d'hydroliennes d'Europe. Par ailleurs, des contrats prévoient l'ouverture d'une dizaine de **centrales houlomotrices et marémotrices.** L'énergie créée par les courants marins a l'avantage d'être beaucoup plus régulière que celle des éoliennes. Parallèlement, des prototypes de bouées sous-marines sont aussi expérimentés.

FAUNE ET FLORE

Espèces protégées

Le faible peuplement, le relief accusé, la proximité de la mer et la découpe de ses rivages font de l'Écosse un paradis pour la vie animale et végétale, d'autant qu'elle bénéficie aujourd'hui d'une politique de protection efficace (voir ci-avant la rubrique « Environnement »).

Sur les versants escarpés des montagnes, on trouve des plantes arctiques-alpines, vestiges des périodes glaciaires. Les forêts de pins d'Écosse, qui ont subsisté après l'exploitation intensive du bois, servent de refuge aux coqs de bruyère (tétras et lagopèdes ou *grouses*), aux martres et à l'écureuil roux – concurrencé par l'invasif écureuil gris (que l'on mange en Grande-Bretagne !). Les landes de bruyère voient s'ébattre des troupeaux de cerfs et de daims, et au sommet des montagnes planent aigles royaux et faucons pèlerins. Les loutres, qui faillirent bien disparaître, repeuplent aujourd'hui tant l'intérieur des terres que les côtes.

Dans les îles et sur la côte ouest, on rencontre couramment des phoques gris se prélassant au soleil sur un rocher, et parfois, au large de Mull ou dans l'estuaire du Moray Firth, des dauphins vous font un brin de conduite. Apercevoir des orques, des rorquals ou des baleines tient plus du coup de chance, mais quelques excursionnistes de la côte

MÉDAILLE D'OR

Quand on observe leur incroyable migration, on conclut que les saumons sont les athlètes les plus performants du monde animal. En fait, leurs muscles absorbent 50 fois plus d'oxygène que ceux de l'homme. D'où des prouesses exceptionnelles et sans dopage.

ouest vous promettent la bonne surprise. Pour limiter le stress engendré chez les animaux par ces « safaris marins », des chartes de « bonne conduite » ont été mises en place. Ainsi dans le Moray Firth, par exemple, avant d'opter pour un prestataire, assurez-vous qu'il adhère au *Dolphin Space Programm*. Pour plus d'infos : ● *wdcs.org* ● (protection des baleines et des dauphins). En revanche, les saumons sauvages se font de plus en plus rares.

Espèces emblématiques

L'Écosse peut se targuer de posséder au moins deux espèces emblématiques (et on ne parle même pas du mouton). La *Highland cattle*, appelée aussi *kyloe*, vache des Highlands archiphotogénique, qui, avec sa frange et sa tignasse, ferait passer le moindre adolescent aux cheveux longs pour un amateur capillaire. Ajoutez-lui une robe rouge, noire ou crème, deux cornes longues et pointues, et vous verrez une sorte de grosse peluche en robe de chambre ! Adaptées à la rudesse du climat des Highlands, ces vaches, ainsi fagotées, peuvent supporter le froid, le vent et la pluie du nord.

Même résistance pour les shetlands. Ces petits poneys bien connus font preuve d'une puissance incroyable compte tenu de leur taille. Ils étaient autrefois utilisés pour tirer les wagonnets de charbon dans les galeries de mines. Ils descendraient d'une espèce arrivée de Scandinavie pendant la dernière glaciation.

Des oiseaux et des hommes

Seules les populations d'oiseaux de mer sont en important déclin, notamment les mouettes tridactyles et les grands labbes. Ce serait la conséquence d'une diminution de la population de petits poissons, les lançons, eux-mêmes touchés par le réchauffement climatique. Au total, 52 espèces nicheuses sont, à terme, menacées de disparition en Écosse.

Le voyageur ne s'en aperçoit pas encore. Il est même souvent frappé par l'omniprésence des oiseaux le long des côtes. Cette faune suscite un véritable engouement de la part des Britanniques. Pour preuve, le nombre d'adhérents à la *RSPB* (l'équivalent de notre LPO, *Ligue pour la protection des oiseaux*) – pas moins de 1 million –, qui a donné lieu à une activité à part entière : le *birdwatching* (observation des oiseaux). Dans l'Hexagone, on en est loin (environ 45 000 adhérents à la LPO) ! Ce respect pour l'avifaune vient peut-être de la réglementation au Royaume-Uni et particulièrement en Écosse, où les espèces d'oiseaux que l'on est autorisé à chasser sont moitié moins nombreuses qu'en France. Le droit de chasse n'a en effet été accordé qu'en 1831 et uniquement pour les lapins, lièvres et gallinacés. Rien à voir donc avec la pratique française, héritage de l'abolition des privilèges de la noblesse française en 1789, qui a donné à chaque citoyen la possibilité de tirer n'importe quel animal comme le faisaient autrefois les seigneurs.

Une jolie colonie de vacances...

En Écosse, l'observation d'une colonie d'oiseaux de mer est un spectacle étonnant, pour la vue, l'ouïe... et l'odorat ! Imaginez le vacarme et la quantité de guano que peuvent produire jusqu'à 50 000 oiseaux nicheurs sur une même falaise ! On les approche soit par bateau (par exemple, les îles Shiant, May, Staffa, Treshnish..., mais le temps d'observation est limité et la distance aléatoire car dépendante de la force du vent), soit par la terre, dans des conditions d'observation alors exceptionnelles (comme sur l'île de Handa et dans les archipels des Orcades et des Shetland). Pour les jumelles, privilégier les 8x40.

Une grande colonie se présente toujours ainsi : sur les falaises sont installés, squattant la moindre petite corniche, les guillemots de Troïl *(guillemots)* et les petits pingouins *(razorbills)*, à ne pas confondre avec les manchots de l'Antarctique car ces pingouins volent et ne recherchent pas les étendues glacées. Ils se mêlent aux mouettes tridactyles, reconnaissables à leur cri.

PINGOUINS OU MANCHOTS ?

Les pingouins habitent l'hémisphère Nord et peuvent voler. Les manchots, eux, ne vivent que dans l'hémisphère Sud et ne volent pas (ce sont de vrais manchots). Les anglophones, eux, ne font pas cette distinction et appellent tous les manchots « penguins ». Nos voisins sont de drôles d'oiseaux !

Sur les rochers plats nichent les cormorans, le grand *(cormorant)* et le huppé *(shag)*. Tout près du sommet, le pétrel gracile *(fulmar)*. Sur les pentes herbeuses, dans des terriers, les patauds macareux *(puffins)* au gros bec bigarré de bleu, jaune et rouge.

Un aristocrate de la mer ne fréquente que rarement cette plèbe : le fou de Bassan *(gannet)*, majestueux oiseau blanc qui pullule par exemple sur l'îlot de Bass Rock (voir « North Berwick » dans « L'East Lothian »).

Cas à part, les sternes *(terns)*, à qui leur silhouette a valu le surnom d'hirondelles de mer. Elles nichent en colonies teigneuses dans des espaces ouverts où elles accueillent le visiteur à coups de bec acéré sur le haut du crâne ! Enfin, les labbes *(skuas)* nichent aussi en terrain ouvert, en général des tourbières peu accessibles (sauf sur Handa), et accueillent le visiteur avec le même zèle !

Pour plus d'infos, n'hésitez pas à consulter le *Guide Ornitho, les 848 espèces d'Europe en 4 000 dessins,* de Lars Svensson, Peter Grant et Guilhelm Lesaffre. À compléter éventuellement par un guide terrain tel *Where to Watch Birds in Scotland,* de Mike Madders.

GÉOGRAPHIE

La superficie de l'Écosse avoisine les 79 000 km², soit sept fois moins que la France. Située aux marges de l'Europe, elle est séparée de l'Angleterre par les monts Cheviot, bordée par la mer du Nord sur sa façade est, et par l'Atlantique à l'ouest.

Pour simplifier, l'Écosse est formée de massifs anciens relevés au Tertiaire, où l'empreinte des anciens glaciers forme de profondes vallées en auge, appelées *straths* ou *glens*. La proximité de la mer ne fait qu'accentuer le relief en s'insérant profondément dans les terres, formant ainsi une multitude d'estuaires (appelés *firths* dans le sud, *kyles* dans le nord) et de lacs *(lochs)*. De ce fait, le littoral représente près de 10 000 km et plusieurs centaines d'îles ou îlots.

À l'intérieur des terres, on distingue quatre grands ensembles :

– **Les Southern Uplands** au sud, « hautes terres du Sud », dont l'altitude varie de 300 à 843 m au Merrick, dans le Sud-Ouest. Malgré leur faible altitude et leur forme arrondie, elles présentent déjà certaines caractéristiques des Highlands.

– **Les Central Lowlands,** « basses terres du Centre », constituent une plaine d'effondrement au sol fertile. Elles sont bordées par les failles du *Southern Upland Fault* au sud et du *Highland Boundary Fault* au nord, traversant l'Écosse en diagonale. C'est aussi dans cette zone que coulent les plus longs fleuves d'Écosse, la Clyde et en partie la Tay.

– **Les Highlands,** « hautes terres », couvrent plus de la moitié du pays. C'est ici que l'on trouve les plus grands lacs d'Écosse : le loch Lomond (le plus grand), le loch Ness (le plus connu), mais aussi le loch Tay et le loch Katrine, très impressionnants. Cette zone est divisée en deux par le Great Glen, une ligne de faille suivant un axe sud-ouest/nord-est, c'est-à-dire de Fort William à Inverness, où se niche le loch Ness. C'est au nord de cet axe que s'étendent à l'infini les vastes paysages de la solitude écossaise.

– **Le massif des Grampians :** le relief montagneux, qui se trouve à l'est de la faille du loch Ness, forme le massif des Grampians, courant de Fort William à Stonehaven. Il se compose de hauts plateaux à l'est culminant au Ben MacDui (1 309 m). Au fur et à mesure que l'on progresse vers l'ouest, le paysage devient de plus en plus accidenté, s'élevant jusqu'à 1 343 m au Ben Nevis, le sommet le plus haut de Grande-Bretagne. Le réseau hydrographique se limite à quelques rivières comme la Spey, la Dee ou le Don.

– Pour compléter l'ensemble, ajoutons les *îles*. Au sud, dans l'estuaire de la Clyde, se trouve l'île d'Arran, facile d'accès et donc très visitée. Les îles de l'Ouest, **Western Isles,** se divisent en **Hébrides,** dites intérieures (de Gigha à Skye) et extérieures (de Barra à Lewis et Harris). Enfin, au nord se situent deux importants archipels, les **Orcades** et les **Shetland.** Chacune de ces îles, de par son isolement, conserve fièrement son identité.

HIGHLAND GAMES

Ces manifestations estivales, version moderne des douze travaux d'Hercule, se déroulent dans les Highlands. La plus prestigieuse a lieu à Braemar en présence de la reine, rien que ça ! Les concurrents sont professionnels ou amateurs, mais ces derniers, soumis aux lois de l'olympisme, prennent les jeux très au sérieux. Les participants portent tous l'indispensable kilt et se livrent à des épreuves à la mesure de leur virilité : le lancer de tronc *(tossing the caber),* le tir à la corde, le jet de pierre, les épreuves d'athlétisme, la lutte, le lancer de poids *(weight throwing)* ou de marteau. Seule la *Highland dancing,* danse traditionnelle écossaise, avec son style comparativement aérien, rompt avec la puissance des autres disciplines.

Mais n'allez pas croire que tout est affaire de biscotos : le lancer de tronc exige un savoir-faire indéniable. Jugez plutôt : un tronc de sapin long de 6 m, pesant pas moins de 60 kg, est placé à la verticale entre les mains du lanceur. Celui-ci court chargé du lourd fardeau, s'arrête et le lance le plus haut possible. Le tronc doit toucher le sol de son extrémité supérieure... et retomber de l'autre côté. Quand on vous disait que c'était tout un art...
Le tout se déroule dans une ambiance joyeuse, rythmée par le son des cornemuses.

UNE BONNE FARCE !

À l'origine, un humoriste écossais suggéra, par provocation, l'idée saugrenue d'un lancer de panse de brebis farcie. C'est vrai que ça manquait ! Bien évidemment, notre farceur était persuadé que l'épreuve serait jugée shocking. Que nenni ! Les organisateurs furent séduits, et des championnats eurent lieu. Le haggis de compétition pèse 680 g, et le record est de 55 m. Et que fait-on de ladite panse une fois lancée ? Un festin, sans doute !

Petite précision : quand on compte se rendre dans un village qui accueille les *Highland Games,* réserver l'hébergement très longtemps à l'avance. Les jeux sont très populaires, et l'on vient de partout pour y assister.

HISTOIRE

La préhistoire et les Romains

Les premiers Indo-Européens à s'établir en Grande-Bretagne sont vraisemblablement les Pictes. Du VIe au IIIe s av. J.-C., d'autres tribus celtes débarquent. Ayant refoulé les Pictes au nord, dans les hautes terres d'Écosse, les nouveaux venus se répandent dans l'île et prennent le nom de **Bretons. L'île, peu peuplée, représente alors une proie réputée facile pour le grand César,** vainqueur des Gaulois. Soucieux d'acquérir du prestige à bon compte, l'empereur lance deux expéditions – en 55 et 54 av. J.-C. – vers cette terre inconnue (on doutait même de son existence). La véritable invasion a lieu sous Claudius, 1 siècle plus tard. Rome se heurte aux Gallois, retranchés dans leurs collines. Du coup, elle abandonne l'Écosse aux Pictes, qui, s'ils n'ont aucune envie de se laisser « civiliser », sont assez évolués pour apprécier les richesses de l'empire : ils pillent sans relâche les riches plaines du nord de l'Angleterre. Après sa visite en l'an 122, l'empereur Hadrien, exaspéré, tente de les contenir en construisant le fameux mur qui porte son nom. Ce vaste ouvrage, hérissé de fortins à intervalles réguliers et de tours de défense, s'étend sur 116 km d'une côte à l'autre, de Wallsend (« Fin du mur », près de Newcastle-upon-Tyne) à Bownes-on-Solway. **En 407 apr. J.-C., les derniers Romains quittent l'Angleterre,** chassés par des révoltes de plus en plus fréquentes.

La naissance de l'Écosse

Les Scots avaient déjà débarqué sur la côte ouest, chassant les Pictes « invincibles » dans le nord et le nord-est des Highlands. Maintenant, les Bretons, fuyant les Germains, se pressent dans les Lowlands du Sud : un grand royaume germanique, la Northumbrie, s'édifie à leur porte... Durant 6 siècles, ils vont tous se disputer l'Écosse.

Il faut attendre le IXe s pour que Kenneth MacAlpine, un Picte, réunisse sous une même bannière les différents royaumes. Il devient le premier roi d'Écosse et érige Dunkeld au rang de capitale ecclésiastique de son royaume. Mais **les Vikings mènent la vie dure aux Écossais.** Et la victoire (grâce au chardon, lire l'encadré) ne représente qu'un simple répit : les Norvégiens conquièrent peu à peu de vastes pans du territoire (tout en s'y intégrant complètement).

En 1040, **Macbeth** (rendu célèbre

LE CHARDON, UN EMBLÈME HISTORIQUE

Depuis le VIIIe s, les Vikings menaient leurs raids sur l'Europe. Or, une nuit, en voulant attaquer un camp écossais, ils se retrouvèrent dans un champ de chardons... Aïe ! Dommage pour l'effet de surprise ! Les cris de douleur réveillèrent les Écossais, qui infligèrent une sévère défaite aux assaillants. Le chardon devint alors l'emblème du pays (on lui devait bien ça !).

par Shakespeare) **assassine le roi scot Duncan Ier pour lui rafler le trône.** À la mort de Macbeth, son successeur et beau-fils Lulach règne à peine 1 an avant de succomber à son tour aux ambitions de **Malcolm,** le fils aîné de Duncan. Celui-ci **est « enfin » couronné en 1058.**

Son habileté politique confère au pays paix et prestige, une période de stabilité qui durera jusqu'au règne de son arrière-petit-fils, William Ier. Fait prisonnier par une patrouille anglaise, celui-ci est retenu à Falaise en Normandie. Henri II le relâche en échange d'un traité par lequel William se place sous l'autorité du roi d'Angleterre (1174). Coup de bol néanmoins, Richard Cœur de Lion, contraint par une trésorerie défaillante, revend à l'Écosse son indépendance (1189).

À la fin du XIIIe s, la lignée des Canmore s'éteint. Robert the Bruce, un cousin, est alors désigné comme héritier, ce que lui conteste un autre cousin, John Baillol. Les partisans de ce dernier demandent l'arbitrage d'Édouard Ier d'Angleterre, qui, en échange – exige la reconnaissance de sa suzeraineté en Écosse. John Baillol devient l'homme de paille d'Édouard. Mais le faible roi écossais finit par se révolter. Son échec déclenche **l'invasion de l'Écosse par les troupes anglaises.** C'est alors (en 1295) qu'est signée **l'Auld Alliance entre la France et l'Écosse.** La plus vieille alliance européenne se justifie par l'identification d'un ennemi commun : l'Angleterre (elle deviendra caduque lorsque Jacques VI réunit les deux couronnes anglaise et écossaise en 1603). Face à l'envahisseur, *William Wallace prend la tête de la rébellion* et écrase en 1297 l'armée rivale à Stirling. La revanche ne tarde pas. Lâché par les nobles, Wallace s'enfuit, mais il est fait prisonnier. Jugé traître à l'Angleterre, il est pendu, écartelé et décapité, « écossé » en quelque sorte... Les différentes parties de son corps sont ensuite dispersées dans autant de grandes villes, pour l'exemple !

Robert the Bruce suit le chemin tracé par Wallace. Il se fait couronner à Scone et, *en 1314, boute les Anglais hors du territoire, lors de la célèbre bataille de Bannockburn.* En 1320, les barons de Robert the Bruce établissent la déclaration d'Arbroath, dans laquelle ils prêtent allégeance au roi, spécifiant « que jamais en aucune manière » ils ne consentiront à se « soumettre au gouvernement des Anglais ». *L'indépendance de l'Écosse n'est reconnue qu'en 1328* par le traité de Northampton. La mort de Robert the Bruce est suivie d'une période de troubles, d'insécurité, qu'aucun des monarques ne parvient à maîtriser. Devant l'incompétence de la royauté, les clans des Highlands se renforcent et les pillages se multiplient. Au moment où les Stuarts (du clan Stewart) arrivent au pouvoir, l'Écosse est ruinée.

Les Stuart

Il y a des prénoms difficiles à porter... Les quatre Jacques qui se succèdent connaissent tous une mort violente. Quant au cinquième, il meurt de chagrin d'avoir engendré une fille, Marie, qui n'aura pas une fin plus heureuse. Après avoir épousé, puis enterré François II (qui fut roi de France et roi consort d'Écosse pendant seulement un an et demi !), elle regagne l'Écosse en 1560. Son retour coïncide avec la victoire des réformateurs, enlevée de haute lutte par *John Knox. Le disciple de Calvin prêche un retour à la parole divine, sans idolâtrie et surtout sans roi.* Tournés contre la royauté et s'opposant à la réunification des deux Églises anglaise et écossaise, les partisans de John Knox (on les appelait « presbytériens » – peut-être à cause de leur courte vue !) signent le « Convenant de Dieu », une promesse faite à Dieu d'« établir Sa Très Bénie Parole ». Après quelques émeutes (Knox est loin d'être un tendre), notamment à Perth où la plupart des monastères sont détruits en deux jours, la nouvelle Église est enregistrée au Parlement sans sourciller. John Knox, qui avait dénoncé le « monstrueux régime des femmes » (!), met tout en œuvre pour déstabiliser Marie Stuart.

Pour la reine, ce n'est qu'un affrontement parmi tous ceux qui conduiront à sa chute. Elle épouse tout d'abord son cousin lord Darnley. Jaloux comme pas deux, celui-ci fait assassiner le secrétaire préféré de sa « bien-aimée », Rizzio, de 56 coups de poignard ! Mais le tendre époux succombe à son tour. La reine est soupçonnée, ce qui ne l'empêche pas de convoler avec l'assassin de son mari, le comte de Bothwell. À cette époque, ses ennemis s'acharnent, John Knox en tête, qui enrage contre cette catholique au pouvoir. *Les barons se révoltent, le comte s'enfuit et la reine abdique.*

Après un bref emprisonnement, *elle s'évade pour se réfugier en Angleterre auprès de sa cousine (et rivale de toujours) la reine Élisabeth Ire.* Celle-ci trouve la réfugiée gênante. Elle-même est sans descendance et craint pour son trône, d'autant que Marie a toujours des partisans en Écosse. Pourtant, Élisabeth n'est pas une « sanglante » et elle refuse de se débarrasser de Marie. Du coup, elle la maintient en captivité pendant 18 ans. Elle finira pourtant par la faire exécuter en 1587. En effet, Marie, manipulée et encouragée dans l'ombre par Walsingham (le « maître-espion » d'Élisabeth), finit par se compromettre dans des lettres et sera condamnée pour complot.

L'impensable se produit alors : l'Écosse conquiert l'Angleterre. Plus exactement *Jacques VI, le fils de Marie Stuart, alors roi d'Écosse, accède au trône d'Angleterre à la mort d'Élisabeth en 1603.* Il prend le nom de Jacques Ier d'Angleterre. Les deux couronnes reposent dorénavant sur la même tête. Promettant de revenir en Écosse, Jacques Ier s'installe pourtant dans le confort londonien et n'en bougera pas. L'Écosse capitule, abandonnée par son roi.

La guerre civile et Oliver Cromwell

Avec l'avènement de Charles Ier (1625-1649), l'Angleterre connaît une guerre civile, puis *une quasi-dictature militaire dirigée par Oliver Cromwell.* Charles est un roi assoiffé de pouvoir et il essaie de gouverner en passant outre le Parlement. Le conflit politique dégénère en *guerre civile* avec, d'un côté, l'armée du Parlement menée par Cromwell, et, de l'autre, celle de Charles Ier, soutenue par l'Écosse. De 1642 à 1651, les combats font rage et se soldent par l'exécution de Charles Ier le 30 janvier 1649. L'Angleterre devient ainsi le premier État européen moderne à décapiter son roi et à proclamer la suprématie des droits parlementaires sur un pouvoir de droit divin. Cromwell prend alors le titre de Lord Protector ! Terminator aurait mieux convenu.

Les Écossais, partisans de l'héritier de Charles Ier, Charles II, donnent du fil à retordre à Cromwell en 1650 et 1651. En 1653, celui-ci fait publier l'*Instrument of Government,* la première Constitution écrite de l'Angleterre. Cinq ans plus tard, à la mort de Cromwell, son fils le remplace brièvement avant *la restauration de la monarchie, en 1660,* marquée par le retour du roi Charles II. Une justice postmortem est rendue et les corps de Cromwell et de deux de ses compagnons sont exhumés puis pendus comme traîtres dans Hyde Park, à Londres.

Charles II poursuit la lutte contre les presbytériens. Son successeur, en 1685, Jacques II, tente une nouvelle fois de remettre en question l'autorité du Parlement. Cette politique ne tarde pas à provoquer une nouvelle rébellion, et 3 ans plus tard, le souverain est déposé. Le Parlement choisit alors d'appeler William III, qui est à la fois neveu et gendre de Jacques Ier, et roi de Hollande !

William III, docile, signe le *Bill of Rights en 1689,* un acte qui limite officiellement les prérogatives du roi. À partir de cette date, la monarchie britannique ne remettra plus jamais en question l'autorité du Parlement, et son pouvoir déclinera pour se retrouver dans les mains des ministres.

Vers la réunification

Si l'union des deux couronnes s'est effectuée sans trop de heurts, la lune de miel entre l'Angleterre et l'Écosse est houleuse. D'abord parce que *les Highlands, fidèles aux Stuarts, rechignent à reconnaître le nouveau roi.* Pire, certains osent se révolter... La rébellion est vite matée et un pardon promis à condition de prêter allégeance. Un des chefs du clan MacDonald de Glencoe, moins empressé que les autres (mais surtout bloqué par les intempéries), s'exécute avec une semaine de retard. La réaction anglaise est, elle, immédiate. Voulant faire un exemple, le roi charge les Campbell (ennemis jurés des MacDonald) d'exécuter pour insubordination la plupart des MacDonald, le 3 février 1692 (carnage connu sous le nom de « massacre de Glencoe »).

Économiquement, l'Écosse n'est pas dans un meilleur état. L'Angleterre réduit les importations écossaises et ferme aux *Scots* les portes de ses colonies. Au bord de la ruine, *l'Écosse signe l'Acte d'union en 1707.* Le Parlement écossais est aboli, la Province conservant toutefois une certaine indépendance en matière religieuse, judiciaire et scolaire. La capitulation horrifie les jacobites (partisans des Stuarts car fidèles à Jacques II, dont le prénom en latin est *Jacobus*). *Un premier soulèvement échoue en 1715. Une deuxième tentative a lieu en 1745 sous la bannière de Bonnie Prince Charlie* (descendant des Stuarts, prétendant à la Couronne, dont la famille est exilée en France depuis 1688). Soutenu par les Highlanders et la France, il franchit la frontière, atteint Derby et menace Londres. Mais les dissensions internes et l'absence d'un réel engagement français conduisent les jacobites à se retirer jusqu'à **Culloden,** près d'Inverness. *La bataille d'avril 1746 est une débandade :* les jacobites sont écrasés par l'armée gouvernementale du duc de Cumberland, alias *the Butcher,* et Bonnie Prince Charlie est contraint à la fuite. La Couronne fait alors payer aux Highlanders leur rébellion, démantèle les clans et interdit kilt et cornemuse.

Les *clearances,* l'histoire sociale des Highlands

Grâce à la période de paix qui s'ensuit, l'Écosse entre dans une période de prospérité économique, tandis que *les Highlands se vident de leurs habitants.* En 1792, *la population gaélique du nord des Highlands, qui a presque doublé, est chassée de ses terres vers les côtes... pour laisser la place à des moutons.* Les grands propriétaires terriens, comme le duc de Sutherland, veulent récupérer leurs terres et s'enrichir grâce à l'élevage, expulsant les fermiers à tour de bras. Les habitants « déplacés » sont censés devenir pêcheurs du jour au lendemain, sans bateau ni équipement. Ou alors *crofters,* c'est-à-dire de petits fermiers au service des grands propriétaires. Cette année noire est appelée « l'année des moutons », et ce drame humain et social gravé dans les mémoires locales, « *clearances* ». Le terme *clearances* vient du verbe *to clear* signifiant « dégager » ou « éclaircir ».
Une seconde vague d'évictions encore plus dure, consécutive à la chute des prix du *kelp* (varech), du poisson et du bétail, et faisant du mouton le seul produit rentable, a lieu au XIXe s, aggravant la famine et poussant *nombre de Highlanders à émigrer* aux Amériques (notamment au Canada), en Australie ou en Nouvelle-Zélande. Aujourd'hui, il y a plus de Highlanders à l'étranger que dans les Highlands... Certains éleveurs à la solde du duc et de la duchesse de Sutherland faisaient brûler les maisons afin que leurs habitants ne reviennent pas. On dit que pour la seule période de 1807 à 1821, *15 000 personnes furent déportées pour faire place à 200 000 moutons.* Finalement, le *Crofter's Party,* créé à la suite d'une nouvelle chute des cours, en 1880, et s'inspirant de l'exemple irlandais, obtint petit à petit l'arrêt des expulsions et de nouvelles garanties à travers *The Crofters Act.* Mais, depuis cette époque, il naît toujours plus de moutons que d'hommes dans cette région. Les beaux paysages désolés des Highlands s'expliquent aussi par leur histoire sociale. Parallèlement, Glasgow connaît l'une des situations les plus désastreuses d'Europe : conditions de travail précaires, insalubrité et chômage. Ni l'Église ni le gouvernement basé à Londres ne s'épuisent à résoudre les problèmes de l'Écosse. Tandis que l'intégration progressive de la province à la Grande-Bretagne se fait, un mouvement nationaliste se développe dès la fin du XIXe s. *En 1934, le parti nationaliste écossais (SNP) est créé.*

Un fort désir d'autonomie

Les mauvaises langues prétendent qu'entre Anglais et Écossais les rapports sont un peu... tendus.
Tout en faisant partie intégrante de la Grande-Bretagne, *l'Écosse n'en conserve pas moins des particularismes forts,* qui font d'elle une nation à part entière. Elle a ses propres systèmes juridique et éducatif, son Église (l'Église presbytérienne), sans oublier bien sûr son équipe nationale de football et celle de rugby. Sur le plan politique, ce fort sentiment national est représenté par le parti national écossais (le SNP), soutenu, entre autres, par l'acteur

PETITE BLAGUE SUR LES RAPPORTS ANGLO-ÉCOSSAIS

Dieu était en train de créer la Terre. Il dit à son assistant : « Maintenant, nous allons créer l'Écosse. Mettons-y des paysages de rêve, des montagnes majestueuses, des lacs magnifiques, une nature enchanteresse... » Son assistant lui répondit : « Dieu, n'êtes-vous pas un peu trop généreux avec ces Écossais ? » Et Dieu lui répliqua : « Attends un peu de voir les voisins que je vais leur donner. »

Sean Connery. En 1979 est organisé un premier référendum sur l'autonomie qui se solde par un refus. Mais ce n'est que partie remise. Mécontents de subir la politique conservatrice de Londres, de ne pas profiter davantage des revenus du pétrole de la mer du Nord, et globalement plus pro-européens que les Anglais, les Écossais réclament plus de décentralisation. Au-delà d'une question culturelle, il s'agit surtout pour les Écossais de pouvoir gérer les questions socioéconomiques à leur manière. Devant tant d'aspirations à l'autonomie et, conformément à ses promesses électorales, Tony Blair (né à Édimbourg) présente devant la Chambre des communes, en juillet 1997, son projet de *devolution* pour l'Écosse. En septembre de la même année, *les Écossais se prononcent par référendum, approuvant à 74 % la création d'un Parlement autonome siégeant à Édimbourg.* Celui-ci est élu en 1999 et inauguré par la reine. La nouvelle assemblée est dotée de tous les pouvoirs à l'exception de la monnaie, du recouvrement des impôts, des relations extérieures, de la politique énergétique, de la défense et des questions de mœurs (avortement).

Ironie de l'Histoire : les Écossais ont voté pour avoir leur propre assemblée 700 ans, jour pour jour, après la bataille de Stirling, où William Wallace avait vaincu les Anglais...

Non à l'indépendance, mais...

Destinée à atténuer le sentiment nationaliste, la *devolution* sert en fait de tremplin au SNP, le parti national écossais, qui gouverne depuis 2007. Reconduit en 2011 avec la majorité absolue, *le Premier ministre indépendantiste, Alex Salmond,* applique aussitôt sa promesse électorale et obtient *la tenue d'un nouveau référendum en septembre 2014.*

La campagne est passionnée et passionnante, et l'écart entre les indépendantistes et les partisans du « No thanks » se resserre. Londres *multiplie les promesses d'un surcroît d'autonomie* en cas de victoire du non : gestion de la fiscalité, de la sécurité sociale... Le tout assorti de diverses cajoleries et déclarations d'amour poignantes envers l'Écosse. Un grand marchandage de dernière minute qui s'avérera payant.

Le *18 septembre 2014,* les bureaux de vote enregistrent un *taux de participation record de 84,6 %* ! Toutes les personnes de plus de 16 ans résidant en Écosse, y compris les ressortissants d'autres pays de l'UE et ceux du Commonwealth, ont le droit de voter, mais pas les Écossais résidant dans le reste du Royaume-Uni ou à l'étranger (Sean Connery, par exemple, pourtant fervent défenseur de l'indépendance, n'a pas pu voter).

Le résultat mine les espoirs indépendantistes (une vraie douche écossaise, pour le coup !) : *55,3 % pour le non. L'Écosse reste britannique.* Le Royaume-Uni est sauf, mais la marge est bien plus serrée que prévu : avec 44,7 % des votants en faveur du oui, les concessions promises devront être accordées. L'Écosse sort donc plutôt gagnante du scrutin, puisqu'elle peut espérer une autonomie au cadre très élargi. *Alex Salmond démissionne* à la fois de la tête du SNP et de son poste de Premier ministre, après 7 ans passés aux commandes.

Nouvelle leader du SNP, *Nicola Sturgeon* prend sa suite, remportant à nouveau les élections en mai 2016 (même si le SNP perd alors sa majorité absolue). Mais c'est un autre vote qui remet déjà la question de l'indépendance sur la table. En juin 2016, alors que le Royaume-Uni dans son ensemble se prononce pour le *Brexit,* c'est-à-dire la sortie du pays de l'Union européenne, *62 % des suffrages écossais s'expriment à l'inverse pour le maintien dans l'Union,* le camp du *in* l'emportant dans toutes les circonscriptions. Arguant que l'Écosse ne peut pas quitter l'UE contre sa volonté, et que le Royaume-Uni dont les Écossais n'ont pas voulu se séparer en 2014 n'est plus celui de 2016, Nicola Sturgeon réclame un *nouveau referendum sur l'indépendance.* Option rejetée par la nouvelle Première ministre britannique, Theresa May, dès son entrée en fonction début juillet. Reste que, devant cette situation inédite, toutes les perspectives restent ouvertes ...

Principales dates historiques

– **55 av. J.-C. :** Jules César débarque en Grande-Bretagne. Colonisation romaine.
– **450 :** début des invasions anglo-saxonnes.
– **843 :** Kenneth MacAlpine devient le premier roi des Scots et des Pictes.
– **Fin du IXe s :** raids des Vikings.
– **1295 :** signature de l'*Auld Alliance* entre la France et l'Écosse.
– **1297 :** William Wallace se révolte contre l'occupant anglais et remporte la bataille de Stirling.
– **1314 :** victoire de Robert the Bruce à Bannockburn. Les Anglais sont en fuite.
– **1320 :** déclaration d'Arbroath, récusant toute éventualité de soumission à l'Angleterre.
– **1328 :** l'indépendance de l'Écosse est reconnue.
– **1587 :** exécution de Marie Stuart, héritière du trône d'Angleterre, accusée de complot contre la reine Élisabeth Ire.
– **1603 :** union des couronnes d'Angleterre et d'Écosse avec Jacques VI d'Écosse, fils de Marie Stuart, devenu Jacques Ier d'Angleterre.
– **1650-1651 :** l'Écosse est rattachée au nouveau régime du Commonwealth, suite à la guerre victorieuse menée par Cromwell.
– **1707 :** Acte d'union. Les deux royaumes d'Angleterre et d'Écosse sont définitivement réunis.
– **1715 :** révolte des jacobites qui refusent l'Acte d'union.
– **1745 :** Charles Édouard Stuart, surnommé Bonnie Prince Charlie, mène la seconde révolte jacobite.
– **1746 :** les jacobites sont écrasés à Culloden.
– **Début XIXe s :** révoltes populaires durement réprimées.
– **1837 :** avènement de la reine Victoria. Naissance du mouvement chartiste, qui demande le droit de vote pour tous.
– **1884 :** réforme électorale. Le droit de vote est accordé à toutes les classes du pays.
– **1914 :** le gouvernement britannique se range aux côtés de la France contre l'Empire germanique.
– **1934 :** création du parti national écossais (Scottish National Party – SNP).
– **Septembre 1939 :** la France et la Grande-Bretagne déclarent conjointement la guerre à Hitler.
– **1945-1951 :** gouvernement travailliste d'Attlee, marqué par des nationalisations et des mesures sociales.

> ## UNE MINUTE DEUX FOIS PLUS LONGUE
>
> *Au lendemain de la Première Guerre mondiale, la tradition de la minute de silence fut instituée. Mais en Grande-Bretagne et dans la plupart des pays du Commonwealth, ce n'est pas une, mais deux minutes de silence qui sont respectées : une pour les défunts et une pour les survivants en deuil.*

– **1952 :** avènement de la reine Élisabeth II.
– **1964 :** découverte de pétrole en mer du Nord.
– **1973 :** adhésion de la Grande-Bretagne à la Communauté économique européenne.
– **1974-1979 :** gouvernement travailliste.
– **1979 :** gouvernement conservateur de Margaret Thatcher. Premier référendum sur la *devolution* (décentralisation). Le non l'emporte.
– **1987 :** pour la 3e fois, le parti conservateur, sous la houlette de Mrs Thatcher, remporte les élections législatives.
– **1990 :** Margaret Thatcher démissionne, après 11 années d'exercice du pouvoir. John Major, chancelier de l'Échiquier du précédent gouvernement, la remplace.
– **1991 :** John Major et le parti conservateur remportent la Chambre des communes. Un an plus tard, la Grande-Bretagne, avec quelques dérogations, signe le traité européen de Maastricht.

– **1997 :** l'élection de Tony Blair, leader du parti travailliste (natif d'Édimbourg), met fin à 18 ans de pouvoir conservateur. Les Écossais plébiscitent à 74 % la création d'un Parlement autonome.

– **1999 :** le gouvernement britannique octroie une autonomie limitée à l'Écosse. Un Parlement est élu en mai.

– **2002 :** un incendie ravage une partie du centre historique d'Édimbourg, classé au Patrimoine mondial de l'Unesco. Heureusement, les dégâts sont limités. Décès de la reine mère.

– **2003 :** Tony Blair engage la Grande-Bretagne dans le conflit irakien aux côtés des États-Unis, malgré l'opposition du peuple britannique et la démission de membres de son gouvernement.

– **2004 :** le nouveau Parlement écossais est inauguré en octobre, œuvre de l'architecte catalan Enrico Miralles, sur le site de Holyrood.

– **2007 :** le SNP arrive en tête aux élections parlementaires. Alex Salmond devient le premier Premier ministre nationaliste d'Écosse. En juin, Gordon Brown, un autre Écossais, devient Premier ministre de Grande-Bretagne.

– **2009 :** comme partout, la crise frappe durement la population... et les banques. En moins de 1 an, l'action de la *Royal Bank of Scotland* a perdu plus de 80 % de sa valeur ! Résultat : 9 000 emplois supprimés, mais une rente annuelle de £ 700 000 pour sir Fred Goodwin, son P-DG démissionnaire.

– **2010 :** Gordon Brown perd les élections parlementaires au profit du conservateur David Cameron. Ce dernier est contraint de sceller une alliance avec le libéral-démocrate Nick Clegg. C'est le premier gouvernement britannique de coalition depuis 1945.

– **2011 :** le SNP remporte la majorité absolue au Parlement d'Édimbourg. Alex Salmond se trouve ainsi en position d'organiser un référendum sur l'indépendance avant la fin de son mandat.

– **2014 :** la campagne référendaire passionne les Écossais, inquiète les Britanniques et retient l'attention du monde entier. Le 18 septembre, 55,3 % des votants s'expriment pour le non : l'Écosse reste dans le Royaume-Uni. Mais Londres a promis une autonomie accrue et des négociations s'engagent pour en définir les contours. Alex Salmond démissionne de la tête du parti national écossais et de son poste de Premier ministre. Nicola Sturgeon lui succède... C'est la première femme à occuper ces fonctions en Écosse.

– **2015 :** législatives britanniques gagnées par David Cameron, qui durcit les mesures d'austérité et prépare un référendum sur une éventuelle sortie de l'Union européenne.

– **2016 :** le *Brexit* l'emporte, sauf en Écosse, qui se prononce pour le maintien dans l'UE. En conséquence, Nicola Sturgeon entend proposer un nouveau référendum d'indépendance.

KILT ET TRADITION DU COSTUME

« Il est remarquable de constater que le kilt, qui était à l'origine le costume traditionnel highlandais, est désormais associé à toute l'Écosse. En fait, les Gaëls portèrent d'abord un *plaid* ceinturé à la taille, une grande pièce de tartan qui leur servait de couverture la nuit et de manteau le jour. La tenue s'élabora : le plaid était enroulé autour de la taille, une première forme de kilt, et rejeté sur l'épaule gauche. Le kilt doit sa renommée aux régiments highlandais qui l'ont porté dès leur insertion dans l'armée. Il est fait d'une pièce de tartan plissée, de 7 à 8 m de long, et descend jusqu'aux genoux. Le kilt n'est porté que par les hommes, et c'est un art. Ils attachent en effet une importance particulière aux accessoires. La bourse, portée sur le devant du kilt, le *sporran,* est de cuir. Les écussons, les *crest badges,* aux armoiries du clan, sont arborés avec fierté ; mal les utiliser serait les dévaloriser, et chacun a souci de faire respecter la règle. Enfin, le couteau *(Skean Dhu),* glissé dans la chaussette, complète la tenue. »

Ce paragraphe est extrait d'un ancien *Guide évasion Écosse* (Hachette), écrit par Aude Bracquemond. Ce qu'elle ne dit pas, c'est que, sous le kilt, les Écossais ne portent généralement pas de culotte. D'ailleurs, au XIXe s, les cadets écossais de l'armée des Indes devaient marcher sur un miroir pour prouver qu'ils ne portaient rien sous le kilt ! Aujourd'hui, cette tradition a inspiré la

SLIP OU CALEÇON ?

À la question « Que portez-vous sous votre kilt ? », les Écossais aiment répondre : « Des chaussures et des chaussettes ! » Mais une enquête parue dans Evening Standard *révèle que 69 % des Écossais ne portent rien, 14 % un caleçon, 10 % un slip et 7 %... « autre chose » !*

population gay de Glasgow, qui remet le kilt au goût du jour... Il se porte mini, paré d'accessoires qu'un respect pour leurs ancêtres highlanders interdit d'évoquer, le tout rehaussé de l'indispensable marcel... sexy ! Mais le nec plus ultra consiste à se faire offrir pour ses 18 ou 21 ans un kilt sur mesure. Souvenir typique, en somme, mais le porterez-vous comme il se doit ?

MÉDIAS

Votre TV en français : TV5MONDE, la première chaîne culturelle francophone mondiale

Avec ses 11 chaînes et ses 14 langues de sous-titrage, TV5MONDE est distribuée dans plus de 190 pays du monde par câble, satellite et sur IPTV. Vous y retrouverez de l'information, du cinéma, du divertissement, du sport, du documentaire... Grâce aux services pratiques de son site voyage (● *voyage.tv5monde.com* ●) vous pouvez préparer votre séjour, et une fois sur place, rester connecté avec les applications et le site ● *tv5monde.com* ●. Demandez à votre hôtel le canal de diffusion de TV5MONDE et contactez ● *tv5monde.com/contact* ● pour toutes remarques.

Presse

Les Britanniques sont très fiers de leur presse écrite, et pour rien au monde ils ne se passeraient de leurs quotidiens favoris. On en trouve une multitude, région par région, qui pourrait se diviser en deux catégories : d'une part, les journaux écossais d'information, *broadsheets,* comme *The Scotsman* d'Édimbourg, *The Herald* de Glasgow, *The Press & Journal* d'Aberdeen (le plus vendu dans les Highlands sous ses différentes éditions). Et, d'autre part, la presse à scandale, plus communément appelée *tabloïds (The Daily Record, The Express...),* qui se distinguent par le colportage de ragots people et par leur petit format. Certains des journaux d'information impriment également une édition du dimanche, dite *Sunday Paper,* très populaire, et comportent de nombreux suppléments sur des thèmes variés comme le spectacle, la vie artistique, la politique, le voyage... Autrement, il est toujours possible d'acheter des quotidiens nationaux, *The Times, The Daily Telegraph, The Guardian,* exactement comme à Londres. Dans les grandes villes et les principales gares, vous vous procurerez aisément des journaux étrangers.

Radio

Sur les ondes, nous vous recommandons les programmes de *BBC Radio Scotland.* Une actualité interprétée à l'écossaise, relayée par de nombreuses plages de musique traditionnelle. Propose aussi des informations en gaélique. Il existe également de nombreuses radios locales, toutes plus ou moins intéressantes. Évidemment, vous trouverez toutes les autres radios de BBC, Radio 1 branchée pop music, Radio 2 avec une sélection musicale pour les plus âgés, Radio 3 pour du classique, Radio 4 avec beaucoup d'actualités et Radio 5 pour le sport. Cela dit, capter une station de radio dans les Highlands peut devenir un véritable cauchemar ! On peut aussi capter France Inter, mais pas toujours très clairement, sur 162 Khz.

Télévision

BBC diffuse des programmes télévisés pour tous les goûts, d'une réalisation remarquable. Ceux qui veulent savoir à quoi ressemble le gaélique écossais peuvent se caler sur BBC Alba. Quant à ITV, elle propose des émissions régionales, formant ainsi un réseau à l'échelle écossaise. Par satellite, ce n'est pas le choix qui manque.

PERSONNAGES CÉLÈBRES

– **John Logie Baird :** le père de la télévision naît en 1888 à Helensburgh. Cet ingénieur commence par reproduire des formes géométriques, puis un visage. En 1926, il invente la première image télévisée, puis la transmission d'images animées par ligne téléphonique entre Londres et Glasgow. Dans la foulée, il ose la diffusion transatlantique par ondes courtes. Quand la BBC lance sa première chaîne en 1936, elle préfère le système de Marconi au sien. Il meurt en 1946 alors qu'il travaillait sur un procédé de télévision en relief... ce que nous appelons aujourd'hui la 3D !

– **Iain Banks :** cet auteur, né en 1954 dans le Fife et décédé en 2013, a bousculé la littérature écossaise avec un premier roman aussi délirant que génial, *The Wasp Factory* (« Le Seigneur des guêpes »). Le style percutant, décalé, ironique et souvent drôle lui apporte un succès immédiat. Iain Banks est aussi connu pour ses ouvrages de science-fiction comme *Entrefer* qui nous embarque dans le monde halluciné d'un personnage plongé dans le coma. Homme engagé, il a envoyé son passeport déchiré au 10 Downing Street pour protester contre les positions de Tony Blair en Irak. Il était aussi l'un des signataires de la *Déclaration de Calton Hill* appelant à l'indépendance de l'Écosse.

– **J. M. Barrie :** cet auteur, né en 1860 à Kirriemuir, est moins connu que le personnage de son œuvre la plus célèbre, *Peter Pan*, l'enfant qui ne voulait pas grandir. Apparue pour la première fois en 1902 dans un roman, jouée au théâtre à Londres en 1904 puis réécrite sous forme de conte, l'histoire s'adresse aux enfants comme aux parents : pour vivre heureux, n'oubliez pas votre aptitude à l'émerveillement et à l'insouciance. Une recommandation qui nous plaît bien !

– **Tony Blair :** l'ex-Premier ministre britannique est né à Édimbourg en 1953. Avocat de formation, il prend la tête du parti travailliste en 1994 et lui fait prendre un tournant libéral, avant de diriger le gouvernement de 1997 à 2007. C'est lui qui, en 1999, instaure la *devolution* en Écosse (un parlement autonome) puis engage, en 2003, le Royaume-Uni dans la guerre en Irak alors que des manifestations monstres

BROUILLAGE SUR LA LIGNE

Graham Bell, Écossais d'origine, n'est plus considéré comme le père du téléphone. Il a tout simplement repris le prototype d'Antonio Meucci, un inventeur italien de génie, qui, dès 1834, avait mis au point un premier système, baptisé Il Telettrofono. *Bell a présenté « sa » découverte révolutionnaire lors de l'Exposition universelle de Philadelphie en 1876. Il fallut attendre 2002 pour que la Chambre des représentants des États-Unis reconnaisse officiellement Meucci comme l'inventeur du téléphone.*

s'y opposent. Un choix lourd de conséquences, et dénoncé par une commission d'enquête en 2016, après 7 ans de travaux... Pas de quoi empêcher le meilleur allié de George W. Bush d'être nommé en 2007 émissaire du quartet pour le Moyen-Orient, chargé de relancer les négociations de paix entre Israéliens et Palestiniens. Un poste qu'il abandonne en 2015, sans avoir obtenu aucun résultat. Il continue en revanche à faire fortune en donnant des conférences.

– **Robert the Bruce :** le père de l'indépendance écossaise. Il prête tout d'abord allégeance au roi d'Angleterre avant de se retourner contre lui et de raviver le mouvement nationaliste écossais. Noble cause ? Non, intéressée : bon moyen d'accéder au trône, pense-t-il. Son éclatante victoire à Bannockburn en 1314 face aux Anglais le propulse au pouvoir. Après de nombreuses batailles, l'indépendance de l'Écosse est finalement reconnue en 1328. Par la suite, Robert Ier the Bruce s'affirme comme un roi plein de sagesse, ramenant le calme dans son pays et accordant des droits au petit peuple. On l'appelait le Bon roi Robert (à ne pas confondre avec la culotte de l'autre). Il meurt en 1329, emporté par la lèpre.

– **Robert Burns :** ce poète du XVIIIe s, né près d'Ayr, trempait sa plume dans de l'acide, exprimant toute son opposition face à la suprématie anglaise. Il écrivait ses poèmes en écossais, réveillant par là même l'identité culturelle de l'Écosse. Aujourd'hui, on fête toujours l'anniversaire de Robert Burns le 25 janvier, occasion de déclamer ses poèmes.

– **Sean Connery :** de son vrai prénom Thomas, il est né à Édimbourg en 1930. Avant d'endosser le célèbre costard de 007, il accumule les petits boulots : polisseur de cercueils, maçon et crémier ! En 1962, il est retenu pour le rôle de James Bond dans *Dr No,* notamment en raison du faible salaire réclamé par l'acteur alors inconnu ! On le retrouve dans *Pas de printemps pour Marnie, L'homme qui voulut être roi, Le Nom de la rose, Indiana Jones et la dernière croisade* ou *À la rencontre de Forrester...* Le succès ne lui est pas monté à la tête, à en croire un cinéaste : « À l'exception de Lassie, c'est la seule personne que je connaisse qui n'a pas été pourrie par le succès. » C'est en tout cas un champion du nationalisme écossais.

– **Arthur Conan Doyle :** né à Édimbourg en 1859, médecin et surtout auteur des célèbres *Sherlock Holmes.* Il tua son héros en 1893, mais dut le faire ressusciter 10 ans plus tard, suite aux pressions de ses lecteurs orphelins. L'écrivain contribua lui-même à résoudre plusieurs affaires, dont celle de George Edalji, victime de racisme, et celle d'Oscar Slater, accusé à tort de meurtre : ce dernier fut relâché après 19 ans de détention. Ces deux célèbres erreurs judiciaires furent en grande partie à l'origine de la création de la cour d'appel en 1907.

– **Mark Knopfler :** né à Glasgow en 1949, il « émigre » en Angleterre, où il fonde avec son petit frère David, John Illsey et Pick Withers les *Dire Straits,* nom qui, en argot londonien, signifie « raide fauché ». Ils ne le resteront pas longtemps puisque, dès 1979, ils entonnent leur premier tube, « Sultans of Swing ». 10 ans plus tard, le groupe devient l'un des plus gros vendeurs du monde de la pop. Comment dit-on « plein aux as » en anglais ?

– **Macbeth :** tellement de choses ont été écrites sur son compte qu'on ne sait plus s'il s'agit d'un personnage réel ou de fiction. Se fondant sur des chroniques des XVe et XVIe s déjà pas mal romancées, Shakespeare apporte une dimension encore plus dramatique au personnage, pour en faire une pièce vivante, susceptible de distraire son roi. D'ascendance royale, Macbeth a vécu au début du XIe s. Il épouse Gruoch (un nom pareil, ça ne s'invente pas !), petite-fille du roi Kenneth III, dont le premier mari et le père sont tués par le roi Duncan Ier. Décidé à venger sa femme avec l'arrière-pensée de monter sur le trône, Macbeth défie Duncan Ier sur un champ de bataille (vous suivez toujours ?) ; ce dernier meurt à la suite de ses blessures au château d'Elgin. Donc rien à voir avec le château de Glamis, dans lequel Shakespeare a situé son action. Macbeth est alors couronné grand roi des Écossais à Scone Palace. Il meurt en 1057 et est enterré à l'île d'Iona.

– **Rob Roy MacGregor :** il commence une carrière tardive de hors-la-loi, après s'être fait exproprier de ses terres par le duc de Montrose. Juste retour des choses : il vole les troupeaux et attaque les hommes du duc. Le Robin des Bois jacobite redistribue ce qu'il dérobe jusqu'au jour où il est capturé et relâché presque aussitôt. Il passe le reste de sa vie sur les terres de Balquhidder, près de Stirling, où il est enterré. Son histoire est immortalisée en 1817 par le roman de Walter Scott, *Rob Roy*, et en 1995 par Hollywood.

– **Charles Rennie Mackintosh :** à Glasgow, impossible de l'ignorer ! Cet architecte et décorateur d'avant-garde, né en 1868, est l'un des plus grands interprètes de l'Art nouveau. Son œuvre est influencée par la pureté des lignes japonaises et par sa femme, Margaret, qui va adoucir son style plutôt rectiligne avec des motifs floraux. À 28 ans, il signe la Glasgow School of Art, l'une de ses réalisations majeures. Sa réputation s'étend alors dans toute l'Europe, en particulier en Autriche, où son talent rencontre un plus grand succès que dans son propre pays. Glasgow lui confie néanmoins plusieurs réalisations importantes, mais non sans heurts et nombreux projets refusés. En 1914, il quitte l'Écosse, découragé par le manque de reconnaissance. Il s'exile en France, puis à Londres, où il meurt en 1928, quasiment ruiné. Aujourd'hui, des musées lui sont consacrés, et certaines de ses chaises font figure d'icônes dans le milieu du design !

– **Joanne Kathleen Rowling :** écrivain rendue célèbre par le phénomène Harry Potter, dont l'idée lui est venue au milieu d'un train bondé quittant Londres. Née à Bristol, elle s'installe en 1994 à Édimbourg. Elle achève d'écrire *Harry Potter à l'école des sorciers* dans les cafés d'Édimbourg. En 10 ans, elle écrit sept tomes sur le petit magicien et y met un point final en 2007. Traduits dans près de 70 langues, les livres se sont vendus à environ 450 millions d'exemplaires. Écossaise d'adoption, elle figure désormais parmi les femmes les plus fortunées de Grande-Bretagne.

J. K. QUI ?

Après la fin de Harry Potter, *J. K. Rowling s'est attaquée aux romans pour adultes. Une place à prendre, publié en 2012, est moyennement reçu par la critique (mais n° 1 des ventes). Pour évacuer toute la pression et le battage médiatique qui entourent la sortie de chacun de ses livres, elle publie en 2013* L'Appel du coucou *sous le pseudonyme de Robert Galbraith. Mais le* Sunday Times *révèle l'imposture. Résultat : après la révélation, cette enquête policière caracole en tête des ventes, libérant l'écrivain de l'emprise de son (trop) célèbre sorcier.*

– **Walter Scott :** écrivain, poète romantique et historien, né à Édimbourg en 1771, il est à l'origine d'un tout nouveau style littéraire, le roman historique. Se destinant comme son père à la magistrature, il devient shérif du Selkirkshire, puis chancelier à la cour d'Édimbourg. Son premier roman, paru sans nom d'auteur, *Waverley* (1814), connaît un succès immédiat. Reconnu au-delà des frontières de l'Écosse, son style exerce une influence considérable sur Victor Hugo et Balzac. Parmi ses œuvres majeures, on lui doit *Ivanhoé* (1819), *Rob Roy* (1817) et une série de poèmes, dont le plus connu demeure « La Dame du lac ».

– **Robert Louis Stevenson :** né en 1850 à Édimbourg. Issu d'une famille d'ingénieurs (on doit à son grand-père et à ses oncles la construction d'une trentaine de phares sur les côtes écossaises), le petit Robert Louis, d'une santé très fragile, laisse tomber une carrière scientifique prometteuse pour se consacrer aux voyages et à la littérature. Routard avant l'heure, il rapporte de France le beau récit *Voyages avec un âne dans les Cévennes. L'Île au trésor,* écrit en 1883, à Braemar, pour distraire son beau-fils, lui procure la célébrité. Mais c'est avec la publication du *Strange Case of Doctor Jekyll and Mister Hyde* (1886) qu'il connaît son plus grand succès. Inspiré de la vie de Deacon Brodie (artisan respecté et homme public le jour, il se transformait en joueur et voleur la nuit), le livre reflète en réalité son propre malaise. Après avoir vécu aux États-Unis, Stevenson termine ses jours dans les îles Samoa, emporté par une congestion cérébrale à l'âge de 44 ans.

– **Prince Charles Edward Stuart,** dit **Bonnie Prince Charlie :** symbole de la résistance face à l'envahisseur, son succès est aussi fulgurant que son échec.

Prétendant au trône, il tente de reconquérir le pouvoir au nom des Stuarts. En 1745, il lève une armée dans les Highlands et marche sur Édimbourg, qui capitule. Londres commence à paniquer. Mais les chefs highlanders refusent de continuer plus au sud, et les renforts Français n'arrivant pas, il se résout à la retraite. En 1746, le duc de Cumberland rattrape l'armée à Culloden, près d'Inverness. Il s'ensuit un véritable carnage. Le prince Charles s'exile en France, notamment grâce à l'aide de Flora MacDonald, devenue une véritable héroïne nationale. Il passe le reste de sa vie en France et en Italie, sombrant dans l'alcoolisme.

– **Marie Stuart :** veuve de François II, roi de France au règne éphémère (1559-1560), Marie monte sur le trône d'Écosse. À la mort de son mari lord Darnley (on l'y a un peu aidé, mais l'implication de la reine n'est pas prouvée), elle épouse le comte de Bothwell (et de trois !). Mais ses opposants infligent à son armée de sérieuses défaites. Marie abdique en faveur de son fils et s'enfuit en Angleterre. Idée funeste puisque, dès son arrivée sur le sol anglais, elle est jugée pour le meurtre de Darnley. Pour s'assurer de sa chute, on lui tend un piège en l'impliquant dans un complot fomenté contre sa cousine, la reine Élisabeth Ire. Reconnue coupable de tentative d'assassinat, elle est exécutée en 1587.

– **William Wallace :** connu comme le plus grand patriote écossais, « Bill » combattit les Anglais avec ferveur. Après une écrasante victoire au pont de Stirling en 1297, il devint « Gardien de l'Écosse ». Titre qu'il abandonna l'année suivante, après sa défaite face au roi Édouard Ier d'Angleterre. Il partit en France pour gagner le soutien du roi et du pape. À son retour, en 1303, le nombre de ses compagnons avait sévèrement diminué. Trahi par l'un des siens, il est jugé comme traître, pendu, décapité, éventré puis écartelé (pour être bien sûr !). Ses membres furent ensuite dispersés en signe d'avertissement.

– **James Watt :** né à Greenock en 1736, il est le père de la révolution industrielle grâce à ses améliorations déterminantes de la machine à vapeur. Utilisée dans les usines textiles et les manufactures, celle-ci propulsa la Grande-Bretagne, puis l'Europe dans une ère nouvelle. L'unité de puissance, le watt, vient de son nom.

– Sans oublier : **MacAdam,** inventeur du revêtement en goudron ; **Peter Thomson,** inventeur du pneumatique ; **Alexander Fleming,** qui découvre les vertus de la pénicilline ; l'explorateur **David Livingstone** ; **Alexander Garden,** botaniste qui donna son nom au gardénia ; **Charles Macintosh,** qui met au point le vêtement imperméable (les mauvaises langues assureront que ça ne pouvait venir que d'un Écossais !) ; les acteurs **David Niven, Ewan McGregor, Gerald Butler** et **Robert Carlyle** ; le réalisateur **Kevin MacDonald** ; l'économiste **Adam Smith** ; en musique, **Rod Stewart, Simple Minds, Annie Lennox** (ex du groupe The Eurythmics), **Texas, Cocteau Twins, Amy MacDonald, AC/DC** (du moins les frères Young), **Travis, Belle and Sebastian,** les très celtiques **Capercaillie** et **Franz Ferdinand** ; le tennisman **Andy Murray...**

POPULATION

Règle de base : ne pas dire d'un Écossais qu'il est anglais. Misère ! British passe encore, English non...
L'Écosse compte un peu plus de 5 millions d'habitants (dont 500 000 Anglais), regroupés aux deux tiers entre Glasgow et Édimbourg, ainsi que sur la frange est remontant vers Aberdeen. Les Highlands et les Uplands voient leur densité tomber à environ 5 hab./km². Un vide

UNE RÉPUTATION COLLANTE

Pourquoi dit-on ruban Scotch ? La marque fut déposée par la société (américaine !) 3M en 1925. Ce ruban adhésif était d'abord utilisé par les carrossiers pour délimiter les zones à peindre. À l'époque, la colle n'était apposée que sur les rebords du ruban, pour des raisons pratiques. On surnomma alors ce ruban Scotch en référence à la réputation de radinerie des Écossais.

humain qui s'explique par la rigueur du climat, le médiocre rendement des terres, mais aussi par le régime des propriétés. La région subit toujours les conséquences des *clearances* du XVIIIᵉ s, époque à laquelle les fermiers furent chassés des Highlands au profit de l'élevage de moutons. Beaucoup d'Écossais émigrèrent, de sorte qu'aujourd'hui 5 millions d'Écossais vivent en Amérique du Nord... soit autant qu'en Écosse !

Les immigrés – principalement d'Inde, du Pakistan, d'Irlande, d'Europe de l'Est et d'Italie – se sont surtout installés dans les villes, formant un joyeux creuset de cultures.

Enfin, signalons que l'Écosse est une des régions d'Europe les plus *gay-friendly*.

PUBS

Le pub (abréviation de *public house*) est le lieu de rencontre par excellence. On y vient entre copains, entre copines, entre collègues après le boulot ou en famille pour y passer un joyeux moment de détente et de discussion. Pas question, dans un pub, de rester isolé. Les clients vous intègrent facilement à leur conversation, on parle de tout et de rien. Vous ressentirez cette extraordinaire atmosphère de fusion des âges et des classes ; l'origine sociale est laissée au vestiaire. Le pub, en général, offre plusieurs salons dont les différences sont de moins en moins sensibles : *public bar, lounge bar, saloon bar, private bar*. Beaucoup proposent régulièrement concerts et scènes ouvertes. Rappelons que les pubs ferment à minuit et que, depuis mars 2006, il est interdit de fumer dans tous les lieux publics, pubs compris, sauf en terrasse.

Un peu d'histoire

Cercles paroissiaux durant le Moyen Âge, plus opportunément situés sur les routes des pèlerinages, enfin lieux de réunion des ouvriers qui, au XIXᵉ s, commencent à se syndiquer, les pubs ont souvent conservé leur vitrine en verre dépoli, de vieilles boiseries noircies et patinées, des lumières faiblardes comme au temps de la bougie. Les amateurs perspicaces remarqueront que certains noms de pubs reviennent souvent. Parmi ceux-ci, *King's Head,* en souvenir de Charles Iᵉʳ que Cromwell fit décapiter, *Red Lion,* qui rappelle les guerres coloniales, *Royal Oak,* qui commémore la victoire de Cromwell sur Charles II, qui se réfugia sur un chêne (!). Fin de l'intermède culturel.

Jusqu'à la Première Guerre mondiale, les pubs étaient ouverts l'après-midi. Les ouvriers, qui n'avaient jusque-là connu que la pauvreté la plus abjecte, pour la première fois de leur vie gagnèrent un peu d'argent, grâce à la fabrication en masse d'armes. Ils allèrent le dépenser au seul endroit procurant du plaisir à cette époque : le pub. Puis ils prirent l'habitude d'y rester la plus grande partie du week-end et d'être complètement « raides » le lundi matin. Le gouvernement légiféra alors en nationalisant tous les pubs (jusqu'aux années 1970) et imposa des heures réglementaires. Ce n'est qu'en 2005 que la vente d'alcool fut autorisée 24h/24. Terminé le fameux *last call* de 23h annonçant à la cloche la dernière commande, qui a fait des Britanniques les champions du monde en matière de quantité de bière ingurgitée en un temps record !

Pubs et coutumes

Les Britanniques pratiquent beaucoup le *pub crawl.* Lorsqu'ils sortent à plusieurs, le premier paie une tournée dans un premier pub, le deuxième en paie une autre dans un pub différent, et ainsi de suite. Le but est de se rapprocher de chez soi pour être sûr de pouvoir rentrer, surtout si l'on est quinze !

Règle nº 1 : on commande et on paie tout de suite au comptoir. Pas de contestation de fin de beuverie sur le nombre de tournées à payer : sitôt reçu, sitôt payé !

Par tradition, et sûrement par goût, les hommes commandent toujours une *pint* (environ un demi-litre) et les femmes *half a pint,* parce que « *it's more socially acceptable* ». De plus en plus, elles prennent plutôt un verre de vin blanc... ou une *pint.* C'est ça aussi l'égalité des sexes !

– **Les clients mineurs :** de 16 à 18 ans, admission à la discrétion du patron mais interdiction de consommer de l'alcool. En dessous, ça dépend : si le pub fait resto et que le patron a souscrit une *children licence,* les enfants sont acceptés s'ils mangent et jusqu'à une certaine heure (en général 20-21h ; dans tous les cas, avant les concerts). Certains poussent le zèle jusqu'à les placer loin du comptoir ou à leur interdire de le toucher (pour éviter de les dépraver, sans doute !), même en pleine journée. Bref, en famille, c'est vraiment au cas par cas.

Les fléchettes

Si plus personne ne crache dans la sciure comme autrefois, en revanche on joue toujours aux fléchettes dans les pubs. Voici les grandes lignes.

– On peut jouer individuellement ou par équipes.

– Le but est de partir d'un chiffre donné (301 à deux joueurs, 501 à deux équipes) et d'arriver le premier à zéro, en déduisant à chaque fois les points obtenus.

– Chaque joueur dispose de trois fléchettes et tente de les placer dans une cible posée à 1,73 m du sol et située à 2,74 m d'une ligne appelée *hockey line.* Cette cible ressemble à une grosse tarte coupée en vingt secteurs. Elle était autrefois en bois d'orme, et pour la conserver on la plongeait chaque soir dans un tonneau de bière. On utilise aujourd'hui le sisal, une fibre végétale compressée et cerclée de fer.

– Chaque fléchette marque les points correspondant au point d'impact. Le cercle extérieur double les points. Celui du milieu les triple, le centre *(bullseye)* vaut 50 points et le petit cercle autour 25 points. Les fléchettes qui se plantent mais finissent par tomber ne comptent pas.

– La fin de la partie est souvent héroïque ! Il ne faut pas dépasser le zéro et finir par un double, toujours très difficile à atteindre...

Et si vous ne vous y retrouvez pas parmi les nombreuses variantes propres à chaque pub, ne soyez pas mauvais joueur : de toute façon, cela se termine toujours par une pinte de bière.

Les « Quiz »

Sorte de *Scottish Trivial Pursuit* : un crieur pose une quarantaine de questions de culture générale. On y répond par écrit en équipe autour d'une table. Les vainqueurs ont généralement droit à des consommations gratuites. Pour un étranger, le jeu consiste déjà à comprendre la question !

RELIGIONS ET CROYANCES

La religion la plus répandue est le christianisme, établi dès le Ve s par des moines missionnaires irlandais. L'Église presbytérienne *The Church of Scotland* (« *The Kirk* »), protestante de doctrine calviniste, est l'Église officielle du pays.

Fondée par John Knox au XVIe s, son originalité réside dans le fait que les pasteurs sont élus par les membres de l'Église. La population est dans l'ensemble assez croyante et par endroits très pratiquante. Ainsi, vers le nord-ouest de l'Écosse et les îles, la conviction religieuse est tellement forte que tous les services sont suspendus le dimanche !

Les catholiques (16 % de la population) se regroupent plus vers le sud-ouest du pays, du fait de la proximité de l'Irlande. D'ailleurs, Glasgow possède deux équipes de football rivales, l'une protestante, les *Rangers,* et l'autre catholique, le *Celtic.* Avec tous les problèmes qui s'ensuivent...

SITES INSCRITS AU PATRIMOINE MONDIAL DE L'UNESCO

UNESCO
Organisation
des Nations Unies
pour l'éducation,
la science et la culture

En coopération avec
le centre du patrimoine mondial de l'UNESCO

Pour figurer sur la liste du Patrimoine mondial, les sites doivent avoir une valeur universelle exceptionnelle et satisfaire à au moins un des dix critères de sélection. La protection, la gestion, l'authenticité et l'intégrité des biens sont également des considérations importantes.

Le patrimoine est l'héritage du passé dont nous profitons aujourd'hui et que nous transmettons aux générations à venir. Nos patrimoines culturel et naturel sont deux sources irremplaçables de vie et d'inspiration. Ces sites appartiennent à tous les peuples du monde, sans tenir compte du territoire sur lequel ils sont situés.

Pour plus d'informations : ● *whc.unesco.org* ●

En Écosse sont inscrits l'*île de Saint Kilda* (1986) au large de Lewis et Harris, la vieille ville et la nouvelle ville d'*Édimbourg* (1995), le cœur néolithique des *Orcades* (1999), la cité ouvrière de *New Lanark* (2001), le *mur d'Hadrien* (2008), bâti par l'empereur du même nom pour tenir les Barbares en respect – un classement à l'échelle du continent dans le cadre des « frontières de l'Empire romain » –, et le *pont du Forth* (2015), près d'Édimbourg, à l'architecture unique au monde.

SPORTS ET LOISIRS

Parce que l'Écosse se prête à merveille à la découverte via une activité sportive, *VisitScotland* valorise particulièrement le tourisme actif. Pour encore plus d'infos, voir leur site ● *visitscotland.com/fr* ●

Randonnées

Des promenades familiales aux longues marches de chevronnés, les Highlands font le bonheur de tous les randonneurs. Les chemins sont praticables d'avril à octobre, avec parfois encore de la neige en début de saison. Les *Munros*, baptisés du nom de leur compilateur (à la fin du XIXe s), désignent quelque 282 sommets d'une altitude supérieure à 3 000 pieds (soit 914 m), que tout montagnard écossais se fait un devoir de gravir au cours de son existence. Celui qui s'attaque à ces montagnes pratique donc le *munro bagging* !

– Éplucher aussi *le site* ● *walkhighlands.co.uk* ●. Très bien fait, c'est une référence pour de nombreux offices de tourisme et randonneurs. Une carte interactive

TU TIRES OU TU POINTES ?

Dans presque tous les villages d'Écosse, on joue aussi à la pétanque, mais sur un green. Le lawn bowls *(boulingrin en français, déformation de* bowling green*) consiste à jeter de grosses boules sur une pelouse le plus près possible d'une cible.*

permet de choisir une région, de sélectionner une rando selon sa difficulté, sa durée...

Signalons quelques itinéraires bien balisés (comme les GR chez nous) :

➤ **West Highland Way,** *96 miles (154 km) :* accessible d'avril à octobre. Prévoir une semaine. Balisé par le chardon, de Glasgow à Fort William à l'ombre du Ben Nevis, le plus haut sommet de Grande-Bretagne (1 344 m). Facile à suivre à ses débuts, sur la rive du loch Lomond, l'itinéraire monte progressivement à l'approche de Crianlarich, puis suit une route militaire avec des tronçons plus corsés, comme de Glencoe à Kinlochleven en passant par le Devil's Staircase. Nombreuses possibilités d'hébergement sur le parcours (campings, *B & B*) ; penser à réserver en haute saison. ● *west-highland-way.co.uk* ●

– *Convoyage de sac d'une étape à l'autre : Travel-Lite,* une compagnie basée à Milngavie. Certains penseront que c'est de la triche, mais à chacun son plaisir ! *Infos :* ☎ *(0141) 956-78-90.* ● *travel-lite-uk.com* ● *Prévoir £ 45 pour ce service sur tte la balade.*

➤ **Affric-Kintail Way,** *44 miles (77 km) :* chemine de Drumnadrochit, sur les rives du Loch Ness, à Morvich, sur la côte ouest, en passant par le Glen Urquhart et le Glen Affric. Pour randonneurs aguerris. Et pour ceux qui n'en auraient pas assez, combinaison possible avec le Great Glen Way. ● *affrickintailway.com* ●

➤ **Great Glen Way,** *73 miles (117 km) :* suit le canal Calédonien, de Fort William à Inverness. Prévoir de 5 à 6 jours. Les plus costauds peuvent donc prolonger l'itinéraire précédent. Certains tronçons empruntent d'anciens chemins de halage, d'autres sinuent en pleine forêt. Nombreuses écluses en route.

➤ **Southern Upland Way,** *212 miles (341 km) :* le plus long d'Écosse. D'ouest en est, il va de Portpatrick, près de Stranraer, à Cockburnspath dans les Borders. Vallées, forêts et collines sans trop de difficultés jalonnent l'itinéraire qui nécessite pourtant une préparation soignée sur les tronçons dépourvus d'hébergement. Compter 12 à 16 jours au total. ● *southernuplandway.gov.uk* ●

➤ **Speyside Way,** *65 miles (env 105 km) :* au cœur des Grampians, part de Spey Bay sur la côte du Moray Firth et remonte le cours de la Spey jusqu'à Aviemore. Variante vers Tomintoul. Pas de difficulté particulière. Sentiers campagnards (cyclables sur certains tronçons) en bordure du massif du Cairngorm, avec arrêt possible dans les distilleries avant de repartir d'un pas allègre. ● *speysideway. org* ●

➤ **Kintyre Way,** *100 miles (161 km) :* dans le comté d'Argyll, de Tarbert à Machrihanish, tout le long de la péninsule de Kintyre. Prévoir 7 à 10 jours. ● *kintyreway. com* ●

Quelques conseils

– Le *Scottish Outdoor Access Code* permet à chacun de fréquenter la quasi-totalité du territoire écossais à condition de respecter le milieu naturel, les activités agricoles, forestières, la pêche et la chasse. Grosso modo, les seules zones d'exclusion sont la proximité immédiate des maisons, jardins et territoires du ministère de la Défense (MOD), les carrières et réservoirs d'eau potable. Plus d'infos sur ● *outdooraccess-scotland.com* ●

– Attention à la *période de chasse,* du 1er juillet au 20 octobre pour les cerfs et du 21 octobre au 15 février pour les biches. Le mieux est de se renseigner sur le site ● *outdooraccess-scotland.com/hftsh* ● qui répertorie les dates et les zones de chasse. Dans le doute, se cantonner aux sentiers et chemins, aux crêtes et arêtes, et suivre les cours d'eau les plus importants en descendant les versants découverts.

– Les randonnées dans les Highlands nécessitent des *aptitudes sportives.* Si les montagnes écossaises ont l'air de simples collines, gardez à l'esprit que la latitude n'est pas la même qu'en France et que les changements de temps y sont très brusques : une journée commencée sous un soleil radieux peut s'achever sous une pluie torrentielle ! Consultez les bulletins météo avant de partir. En multipliant les altitudes écossaises par 2 ou même 2,5, vous aurez une idée de la sévérité du terrain et des conditions météo que vous trouveriez en France à une altitude équivalente. Évidemment, boussole, bonnes chaussures, vêtements chauds et de pluie sont indispensables. Un bon randonneur en Écosse est un randonneur mouillé ! Voilà pourquoi la plupart des AJ, campings et chambres d'hôtes situés le long des chemins disposent d'une *drying room* pour tout sécher avant le lendemain matin ! – Côté **cartographie,** il existe un bon découpage au 1/50 000 dans la série *Landranger* (couverture rose) de la compagnie nationale *Ordnance Survey* (● *ordnancesurvey.co.uk* ●). Du même éditeur, les cartes de la série *Explorer* au 1/25 000 sont plus détaillées mais moins lisibles. Signalons également les cartes *Harveys* (● *harveymaps.co.uk* ●), un éditeur spécialisé dans les activités de plein air (vélo, escalade, rando). Quant aux topos, difficile de faire un choix, les ouvrages étant nombreux (en vente dans les offices de tourisme).

Cyclotourisme, VTT

Pour ceux qui préfèrent rouler, *Sustrans* est un organisme chargé, entre autres, de baliser les pistes cyclables. Plus d'infos sur les parcours (par thèmes, difficultés, etc.) : ● *sustrans.org.uk* ● Sinon, le site ● *visitscotland.com* ● présente une foultitude de circuits de tous niveaux.

Quelques itinéraires, parmi les classiques

➤ **Great Glen Cycle Route :** 80 miles (128 km) ; entre Fort William et Inverness, dans le Great Glen. C'est la balade rêvée, avec pistes forestières et chemins de halage le long du canal.

➤ **Barra** à **Butt of Lewis :** dans les Hébrides extérieures. Bien choisir sa saison, car le vent est redoutable ! C'est un classique, sur près de 130 miles (209 km !). Il existe des *passes* pour se rendre d'une île à l'autre (voir *Caledonian MacBrayne* dans « Transports intérieurs »).

➤ **North Sea Cycle Route :** sur sa section écossaise, l'itinéraire emprunte la piste n° 1 du *National Cycle Network,* d'Aberdeen à John O'Groats. Pour les plus entraînés, il se poursuit en boucle, sur près de 3 850 miles (env 6 200 km), joignant les sept pays de la mer du Nord et les îles Féroé. ● *northsea-cycle.com* ● Ça en fait des tours de roue !

➤ **Sustrans 7 :** l'une des plus réputées et des plus longues (601 miles soit 967 km !). Elle relie Sunderland (côte nord-est de l'Angleterre) à Inverness, via Gretna, Dumfries, Glasgow, les Trossachs, Pitlochry et Aviemore. ● *sustrans.org.uk/ncn/map/route/route-7* ●

Golf

Marie Stuart était une fana de golf et scandalisa les Écossais puritains en s'adonnant à son jeu favori peu de temps après la mort de son mari. Un édit de la même époque l'interdit momentanément parce qu'il distrayait les Écossais de l'entraînement militaire. Les prestigieux *golf clubs* d'Édimbourg et de Saint Andrews ont été fondés dès le

DES PÂTURAGES AU GREEN...

Les Écossais affirment que le golf fut inventé par un berger du pays. Au lieu de compter ses moutons, il tuait le temps en visant les terriers de lapin avec des cailloux et des crottes de mouton séchées qu'il propulsait à l'aide de son bâton. Un sport était né !

milieu du XVIIIe s par des gentlemen qui se côtoyaient assidûment dans les loges maçonniques. En 1868, enfin, les dames furent autorisées à arpenter les greens.

L'Écosse compte près de 580 parcours de golf et, contrairement à la perception que l'on en a sur le continent, ce n'est nullement un sport élitiste. Les greens les plus anciens et les plus sélects entretiennent une tradition rigoureuse et exigent un parrainage, mais vous trouverez des terrains municipaux où un parcours ne vous coûtera que quelques livres (certains sont même gratuits).

Rugby

L'origine de ce sport remonte au XIXe s, lorsqu'un lycéen (futur pasteur) prit la balle dans ses bras au cours d'un match de balle au pied dans la ville anglaise de... Rugby ! L'Écosse participe au tournoi des Six-Nations. Les matchs à domicile de l'équipe du Chardon se jouent au stade de Murrayfield, à Édimbourg. Pour les amateurs, reportez-vous à « Édimbourg », rubrique « Comment assister à un match de rugby ? ».

Football

Après le ballon ovale, le ballon rond et son derby électrique à Glasgow, les Celtic contre les Rangers (lire aussi l'introduction de Glasgow), qui se partagent la quasi-totalité des titres de champion : 53 pour les Rangers, 47 pour le Celtic ! Une rivalité mise entre parenthèses depuis 2012, suite à la rétrogradation des Rangers en 4e division pour cause de dette abyssale. Retour attendu du derby en 2016, avec la remontée du club dans l'élite. Il aura entre-temps battu le record d'affluence en 4e division (les Rangers sont en moyenne suivis par 45 000 spectateurs !).

AU BOUE DU COMPTE

On savait les Écossais grands amateurs de foot, mais voilà une catégorie qui gagne du terrain : le foot dans la boue (swamp soccer), *un sport à part entière. Ils parviennent même à organiser une Coupe du monde depuis 2013 ! Parmi les meilleures, citons l'Unathletico Mudrid, Mudchesthair United ou Ar-mud-Geddon (mud = « boue »). Les règles sont un peu différentes, puisque l'équipe, mixte, est composée de cinq joueurs et que tous les coups sont permis. Qualités requises : endurance, dextérité et... une bonne machine à laver ?*

Ski

Pour les plus courageux de nos lecteurs visitant l'Écosse en hiver, et qui auraient une envie irrépressible d'y skier, sachez que c'est possible dans cinq stations... même si le relief ne garantit pas de grands émois aux plus experts ! Activité assez onéreuse toutefois. Infos (dont enneigement) : ● *visitscotland.com/see-do/active/skiing-snowsports/* ●
En revue :
- **Cairngorm** (près d'Aviemore) **:** très fréquenté, avec un funiculaire !
- **Glencoe :** station pionnière d'Écosse, avec les pistes les plus raides.
- **Glenshee :** la plus grande station ; centre de ski de fond à proximité.
- **The Lecht :** petite station idéale pour les débutants, dans le Nord-Est.
- **Nevis Range :** face au Ben Nevis, équipement ultramoderne.
Enfin, on peut même glisser en indoor au **Snow Factor,** complexe installé dans la *Braehead Arena*, à Glasgow (● *snowfactor.com* ●).

les ROUTARDS sur la FRANCE 2017-2018

(dates de parution sur • *routard.com* •)

Découpage de la FRANCE par le ROUTARD

ANGLETERRE

NORD

MANCHE

PAYS-BAS

BELGIQUE

ALLEMAGNE

LUX.

Nord-Pas de Calais

Pas-de-Calais

Nord

Week-ends autour de Paris

Somme

Hauts-de-France

Aisne

Ardennes

Picardie

Oise

Seine-Maritime

Normandie

Calvados

Meuse

Moselle

Manche

Normandie

Eure

Paris

Marne

Lorraine

Meurthe-et-Moselle

Bas-Rhin

Orne

Île-de-France

Grand-Est

Bretagne Nord

Côtes-d'Armor

Finistère

Ille-et-Vilaine

Bretagne

Rennes Métropole

Morbihan

Mayenne

Sarthe

Eure-et-Loir

Haute-Marne

Aube

Vosges

Haut-Rhin

Alsace

Bretagne Sud

Loire-Atlantique

Maine-et-Loire

Pays de la Loire

Loir-et-Cher

Loiret

Yonne

Haute-Saône

Doubs

Terr. de Belfort

Nantes et ses environs

Indre-et-Loire

Châteaux de la Loire

Bourgogne

Nièvre

Côte-d'Or

Franche-Comté

Pays de la Loire

Vendée

Deux-Sèvres

Vienne

Centre-Val de Loire

Indre

Cher

Allier

Bourgogne-Franche-Comté

Saône-et-Loire

Jura

Jura franco-suisse

Poitou

Les Charentes

Charente-Maritime

Charente

Haute-Vienne

Creuse

Limousin

Corrèze

Auvergne

Puy-de-Dôme

Loire

Rhône

Lyon

Ain

Isère

Haute-Savoie

Savoie Mont Blanc

SUISSE

OCÉAN ATLANTIQUE

Nouvelle-Aquitaine

Périgord-Dordogne

Dordogne

Auvergne-Rhône-Alpes

Cantal

Haute-Loire

Savoie

Isère, Alpes du Sud

ITALIE

Bordelais, Landes, Lot-et-Garonne

Lot-et-Garonne

Lot

Ardèche, Drôme

Ardèche

Drôme

Hautes-Alpes

Gironde

Landes

Tarn-et-Garonne

Aveyron

Lot, Aveyron, Tarn

Lozère

Gard

Vaucluse

Alpes-de-Haute-Provence

Alpes-Maritimes

Gers

Tarn

Provence

Bouches-du-Rhône

Var

Nice

Toulouse Métropole

Occitanie

Haute-Garonne

Hérault

Montpellier Métropole

Marseille

Côte d'Azur

Pays basque, Béarn

Pyrénées-Atlantiques

Hautes-Pyrénées

Ariège

Aude

Languedoc et Roussillon

Pyrénées-Orientales

Provence-Alpes-Côte d'Azur

Haute-Corse

Corse

Midi toulousain (Pyrénées, Gascogne)

ESPAGNE

MER MÉDITERRANÉE

Corse du Sud

0   100   200 km

Autres guides nationaux

- Hébergements insolites en France (mars 2017)
- La Loire à Vélo
- La Vélodyssée (Roscoff-Hendaye)
- Nos meilleurs campings en France
- Nos meilleures chambres d'hôtes en France
- Nos meilleurs restos en France
- Les visites d'entreprises

Autres guides sur Paris

- Paris
- Paris balades
- Restos et bistrots de Paris
- Le Routard des amoureux à Paris
- Week-ends autour de Paris

les ROUTARDS sur l'ÉTRANGER 2017-2018

(dates de parution sur • *routard.com* •)

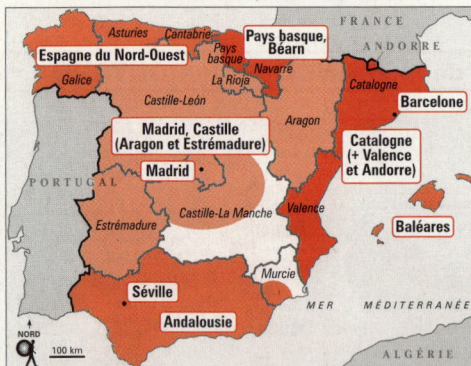

Découpage de l'ESPAGNE par le ROUTARD

Asturies — Cantabrie — **Pays basque, Béarn** — FRANCE — ANDORRE

Espagne du Nord-Ouest — Pays basque — Navarre

Galice — La Rioja — Catalogne

Castille-León — Aragon — **Barcelone**

Madrid, Castille (Aragon et Estrémadure) — **Catalogne (+ Valence et Andorre)**

Madrid — PORTUGAL

Castille-La Manche — Valence — **Baléares**

Estrémadure — MER MÉDITERRANÉE

Murcie

Séville

Andalousie — ALGÉRIE

NORD — 100 km

Canaries — OCÉAN ATLANTIQUE — 100 km

Découpage de l'ITALIE par le ROUTARD

SUISSE — AUTRICHE — HONGRIE

Val d'Aoste — **Lacs italiens et Milan** — SLOVÉNIE

Milan — Lombardie — Vénétie — **Venise** — CROATIE

FRANCE — Piémont — **Italie du Nord** — BOSNIE-HERZÉGOVINE

Émilie-Romagne

Ligurie — **Florence** — MER ADRIATIQUE

Toscane

Toscane, Ombrie

Ombrie

NORD — **Rome** — Latium

Campanie — Pouilles

Italie du Sud

Basilicate

Sardaigne

MER TYRRHÉNIENNE — Calabre

Sicile

100 km

Autres pays européens

- Allemagne
- Angleterre, Pays de Galles
- Autriche
- Belgique
- Budapest, Hongrie

- Pays baltes : Tallinn, Riga, Vilnius (avril 2017)
- Crète
- Croatie
- Danemark, Suède
- Écosse
- Finlande
- Grèce continentale
- Îles grecques et Athènes
- Irlande

- Islande
- Madère
- Malte
- Norvège
- Pologne
- Portugal
- République tchèque, Slovaquie
- Roumanie, Bulgarie
- Suisse

Villes européennes

- Amsterdam et ses environs

- Berlin
- Bruxelles
- Copenhague
- Dublin
- Lisbonne
- Londres

- Moscou
- Prague
- Saint-Pétersbourg
- Stockholm
- Vienne

les ROUTARDS sur l'ÉTRANGER 2017-2018

(dates de parution sur • *routard.com* •)

Découpage des ÉTATS-UNIS par le ROUTARD

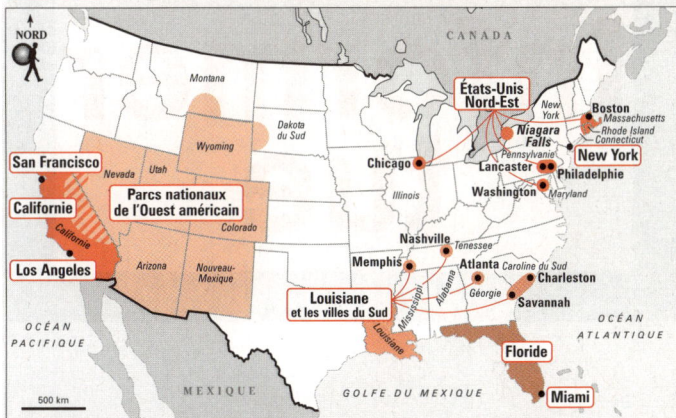

Autres pays d'Amérique

- Argentine
- Brésil
- Canada Ouest
- Chili et île de Pâques

- Costa Rica (nouveauté)
- Équateur et les îles Galápagos
- Guatemala, Yucatán et Chiapas

- Mexique
- Montréal
- Pérou, Bolivie
- Québec, Ontario et Provinces maritimes

Asie et Océanie

- Australie côte est + Red Centre
- Bali, Lombok
- Bangkok
- Birmanie (Myanmar)
- Cambodge, Laos
- Chine

- Hong-Kong, Macao, Canton
- Inde du Nord
- Inde du Sud
- Israël et Palestine
- Istanbul
- Jordanie
- Malaisie, Singapour

- Népal
- Shanghai
- Sri Lanka (Ceylan)
- Thaïlande
- Tokyo, Kyoto et environs
- Turquie
- Vietnam

Afrique

- Afrique du Sud
- Égypte

- Kenya, Tanzanie et Zanzibar
- Maroc

- Marrakech
- Sénégal
- Tunisie

Îles Caraïbes et océan Indien

- Cuba
- Guadeloupe, Saint-Martin, Saint-Barth

- Île Maurice, Rodrigues
- Madagascar
- Martinique

- République dominicaine (Saint-Domingue)
- Réunion

Guides de conversation

- Allemand
- Anglais
- Arabe du Maghreb
- Arabe du Proche-Orient
- Chinois

- Croate
- Espagnol
- Grec
- Italien
- Japonais

- Portugais
- Russe
- G'palémo (conversation par l'image)

Les Routards Express

Amsterdam, Barcelone, Berlin, Bruxelles, Budapest, Dublin, Florence, Istanbul, Lisbonne, Londres, Madrid, Marrakech, New York, Prague, Rome, Venise.

Nos coups de cœur

- Les 50 voyages à faire dans sa vie (nouveauté)
- Nos 52 week-ends dans les plus belles villes d'Europe
- France   - Monde

Informer
tue

**Plus de 850 journalistes ont été tués
dans le monde depuis 15 ans.
Défendez la liberté de la presse en soutenant
Reporters sans frontières.**

www.rsf.org

**REPORTERS
SANS FRONTIERES**
POUR LA LIBERTE DE L'INFORMATION

NOS NOUVEAUTÉS

COSTA RICA
(paru)

Costa Rica, littéralement la Côte riche. Ce pays est le royaume de la biodiversité planétaire. Un grand bain de nature, voilà la promesse de cette bande de terre qui s'étend entre la mer des Caraïbes et l'océan Pacifique. Un quart du territoire est classé en parcs nationaux ou zones protégées. Alors ouvrez grand vos yeux pour ne pas en perdre une miette ! De la paisible côte caraïbe aux rouleaux agités du Pacifique, le Costa Rica égrène ses richesses. Plantations de cafés, champs de bananiers, cordillères piquées de volcans, lacs et forêts impénétrables, sans oublier ses plages splendides, Mère Nature dévoile ici toutes ses merveilles. Paresseux, iguanes, oiseaux, tortues ou singes, le pays offre de belles rencontres. Et n'oubliez pas que depuis 1948, le Costa Rica abolit son armée pour investir dans l'éducation et la santé. On adopte vite la maxime locale : *pura vida !*

MADRID
(paru)

Madrid me mata ! Toujours tuante, Madrid, comme le proclamait l'époque Movida ? Oui, de plaisir, et plus que jamais. Madrid se joue des extrêmes. La capitale de l'Espagne aligne des musées stupéfiants et propose aussi des ambiances de village dans chaque quartier, aux identités bien marquées. On plonge dans l'univers de Picasso au Museo Reina Sofia *(Guernica !)* ou une journée d'éblouissement au Prado (Goya, Velázquez, et l'incroyable Jérôme Bosch) ou au Museo Thyssen-Bornemysza, les bars à tapas, traditionnels ou osés. Et la nuit se prolonge souvent : entre deux placettes autour de la plaza Mayor, au long du barrio de Las Letras, en dévalant La Latina et les ruelles cosmopolites de Lavapiés, de Malasaña la rebelle ou du gay-friendly Chueca… Autant de mondes à savourer ! Plus que jamais capitale et dynamique, la ville prend le tournant durable en développant un vaste réseau de pistes cyclables et en aménageant ses rives de bouffées d'espaces verts. À découvrir entre potes, en famille ou en couple, définitivement.

Cour pénale internationale :
face aux dictateurs et aux tortionnaires,
la meilleure force de frappe,
c'est le droit.

L'impunité, espèce en voie d'arrestation.

Fédération Internationale des ligues des droits de l'homme.

fidh

www.fidh.org

NOS NOUVEAUTÉS

AUSTRALIE CÔTE EST + AYERS ROCK
(paru)

Le pouvoir attractif de l'Australie est évident. Des terres arides à l'emblématique Ayers Rock, cet immense « rocher » émergeant au milieu de rien, des îlots paradisiaques sur la Grande Barrière de corail... Les animaux, parfois cocasses – kangourous, koalas, crocodiles, araignées Redback... –, côtoient la plus vieille civilisation du monde, celle du peuple aborigène. Pour les adeptes de la mer, il faudrait 27 ans pour visiter toutes les plages du pays, à raison d'une par jour ! La plus longue autoroute du monde suit 14 500 km de côtes, sans jamais lasser. Pour les accros de culture, l'Opéra de Sydney s'impose, avant de découvrir de fabuleux musées. Sans oublier l'ambiance des cafés de Melbourne, véritable petite San Francisco locale. Vous saurez tout sur le fameux Programme Vacances Travail (Working Holiday Visa), permettant se trouve dans la franche convivialité du peuple australien.

LA VÉLODYSSÉE
(RESCOFF-HENDAYE ; paru)

Suivant la façade Atlantique, la plus longues véloroute de France pénètre de charmants villages sur plus de 1 200 km. À vous de choisir votre parcours parmi les 12 itinéraires d'une centaine de kilomètres, divisés en étapes d'une journée. Un parcours écologique, caractérisé par la diversité des milieux traversés : eau salée de l'Atlantique et eau douce des lacs aquitains, forêts bretonnes de feuillus et pinèdes landaises, marais salants et parc à huîtres, plages de sable et zones humides où viennent nicher les oiseaux... La Vélodyssée prend racine dans la végétation sauvage du Finistère, suit les berges tranquilles du canal de Nantes à Brest. La piste longe ensuite le littoral atlantique, ses plages à perte de vue et ses stations balnéaires...
Un guide pratique avec, pour chaque étape, une carte en couleurs, sans oublier des adresses utiles pour chaque itinéraire.

RÉPARER LES VIES

HANDICAP
INTERNATIONAL

routard assurance

Selon votre voyage* :

ROUTARD ASSURANCE COURTE DURÉE
pour un voyage de moins de 8 semaines

routard
assurance
COURTE DURÉE

> Lieu de couverture : tout pays en dehors du pays de résidence habituelle.
> Durée de la couverture : 8 semaines maximum.

> **FORMULES**

Individuel / Famille** / Séniors

OPTIONS :

Avec ou sans franchise

Consultez le détail des garanties

Souscrivez en ligne sur www.avi-international.com

ROUTARD ASSURANCE LONGUE DURÉE
« MARCO POLO »
pour un voyage de plus de 2 mois

routard
assurance
LONGUE DURÉE

> Lieu de couverture : tout pays en dehors du pays de résidence habituelle.
> Durée de la couverture : 2 mois minimum à 1 an (renouvelable).

> **FORMULES**
Individuel / Famille** / Séniors

> **SANS FRANCHISE**

> **TARIFS JEUNES 2016**
À partir de 29 € par mois
Bagages inclus

Consultez le détail des garanties

Souscrivez en ligne sur www.avi-international.com

SOUSCRIVEZ EN LIGNE ET RECEVEZ IMMÉDIATEMENT TOUS VOS DOCUMENTS D'ASSURANCE PAR E-MAIL :

• votre carte personnelle d'assurance avec votre numéro d'identification

• les numéros d'appel d'urgence d'AVI Assistance

• votre attestation d'assurance si vous en avez besoin pour l'obtention de votre visa.

**Souscrivez en ligne
sur www.avi-international.com
ou appelez le 01 44 63 51 00***

AVI
Travel insurance
and much more

Nous tenons à remercier tout particulièrement Loup-Maëlle Besançon, Thierry Bessou, Gérard Bouchu, François Chauvin, Grégory Dalex, Fabrice Doumergue, Cédric Fischer, Carole Fouque, Michelle Georget, David Giason, Claude Hervé-Bazin, Emmanuel Juste, Dimitri Lefèvre, Fabrice de Lestang, Romain Meynier, Éric Milet, Pierre Mitrano, Jean-Sébastien Petitdemange et Thomas Rivallain pour leur collaboration régulière.

Emmanuelle Bauquis
Jean-Jacques Bordier-Chêne
Michèle Boucher
Sophie Cachard
Lucie Colombo
Agnès Debiage
Émilie Debur
Jérôme Denoix
Flora Descamps
Louise Desmoulins
Tovi et Ahmet Diler
Clélie Dudon
Sophie Duval
Alain Fisch
Romain Fossurier

Bérénice Glanger
Adrien et Clément Gloaguen
Marie Gustot
Bernard Hilaire
Sébastien Jauffret
Jacques Lemoine
Amélie Mikaelian
Caroline Ollion
Martine Partrat
Odile Paugam et Didier Jehanno
Émilie Pujol
Prakit Saiporn
Jean-Luc et Antigone Schilling
Caroline Vallano

Direction: Nathalie Bloch-Pujo
Contrôle de gestion: Jérôme Boulingre et Adeline Cazabat Barrere
Secrétariat: Catherine Maîtrepierre
Direction éditoriale: Catherine Julhe
Édition: Matthieu Devaux, Olga Krokhina, Gia-Quy Tran, Julie Dupré, Emmanuelle Michon, Sarah Favaron, Ludmilla Guillet, Coralie Piron, Flora Sallot, Elvire Tandjaoui, Quentin Tenneson, Clémence Toublanc et Sandra Vavdin
Préparation-lecture: Hélène Meurice
Cartographie: Frédéric Clémençon et Aurélie Huot
Fabrication: Nathalie Lautout et Audrey Detournay
Relations presse France: COM'PROD, Fred Papet. ☎ 01-70-69-04-69.
● *info@comprod.fr* ●
Illustration: Anne-Sophie de Précourt
Direction marketing: Adrien de Bizemont, Clémence de Boisfleury et Charlotte Brou
Contacts partenariats: André Magniez (EMD). ● *andremagniez@gmail.com* ●
Édition des partenariats: Élise Ernest
Informatique éditoriale: Lionel Barth
Couverture: Clément Gloaguen et Seenk
Maquette intérieure: le-bureau-des-affaires-graphiques.com, Thibault Reumaux et npeg.fr
Relations presse: Martine Levens (Belgique) et Maureen Browne (Suisse)
Régie publicitaire: Florence Brunel-Jars

INDEX GÉNÉRAL

LISTE DES CARTES ET PLANS

☎ **112** : c'est le numéro d'urgence commun à la France et à tous les pays de l'UE, à composer en cas d'accident, d'agression ou de détresse. Il permet de se faire localiser et aider en français, tout en améliorant les délais d'intervention des services de secours. Mais cela pourrait changer avec le processus de sortie de l'UE. Se renseigner.

INDEX GÉ

Remarque importante aux hôteliers et restaurateurs

Les enquêteurs du *Routard* travaillent dans le plus strict anonymat. Aucune réduction, aucun avantage quelconque, aucune rétribution n'est jamais demandé en contrepartie. Face aux aigrefins, la loi autorise les hôteliers et restaurateurs à porter plainte.

Avis aux lecteurs

Le Routard, ce n'est pas comme le bon vin, il vieillit mal. On ne veut pas pousser à la consommation, mais évitez de partir avec une édition ancienne. Les modifications sont souvent importantes.

Les réductions accordées à nos lecteurs ne sont jamais demandées par nos rédacteurs afin de préserver leur indépendance. Les hôteliers et restaurateurs sont sollicités par une société de mailing, totalement indépendante de la rédaction, qui reste donc libre de ses choix. De même pour les autocollants et plaques émaillées.

Avec routard.com, choisissez, organisez, réservez et partagez vos voyages !

✓ Rejoignez la plus grande communauté francophone de voyageurs : plus de **2 millions** de visiteurs !

✓ Échangez avec les routarnautes : forums, photos, avis d'hôtels.

✓ Retrouvez aussi toutes les informations actualisées pour choisir et préparer vos voyages : plus de 200 fiches pays, une centaine de dossiers pratiques et un magazine en ligne pour découvrir tous les secrets de votre destination.

✓ Enfin, comparez les offres pour organiser et réserver votre voyage au meilleur prix.

Les **Routards** *parlent aux* **Routards**

Faites-nous part de vos expériences, de vos découvertes, de vos tuyaux. Indiquez-nous les renseignements périmés. Aidez-nous à remettre l'ouvrage à jour. Faites profiter les autres de vos adresses nouvelles, combines géniales... On adresse un exemplaire gratuit de la prochaine édition à ceux qui nous envoient les lettres les meilleures, pour la qualité et la pertinence des informations. Quelques conseils cependant :
– Envoyez-nous votre courrier le plus tôt possible afin que l'on puisse insérer vos tuyaux sur la prochaine édition.
– N'oubliez pas de préciser l'ouvrage que vous désirez recevoir, ainsi que votre adresse postale.
– Vérifiez que vos remarques concernent l'édition en cours et notez les pages du guide concernées par vos observations.
– Quand vous indiquez des hôtels ou des restaurants, pensez à signaler leur adresse précise et, pour les grandes villes, les moyens de transport pour y aller. Si vous le pouvez, joignez la carte de visite de l'hôtel ou du resto décrit.
– N'écrivez si possible que d'un côté de la lettre (et non recto verso).
– Bien sûr, on s'arrache moins les yeux sur les lettres dactylographiées ou correctement écrites !
En tout état de cause, merci pour vos nombreuses lettres.

122, rue du Moulin-des-Prés, 75013 Paris

● guide@routard.com ● routard.com ●

Routard Assurance *2017*

Née du partenariat entre *AVI International* et le *Routard*, Routard Assurance est une assurance voyage complète qui offre toutes les prestations d'assistance indispensables à l'étranger : dépenses médicales, pharmacie, frais d'hôpital, rapatriement médical, caution et défense pénale, responsabilité civile vie privée et bagages. Présent dans le monde entier, le plateau d'assistance d'*AVI International* donne accès à un vaste réseau de médecins et d'hôpitaux. Pas besoin d'avancer les frais d'hospitalisation ou de rapatriement. Numéro d'appel gratuit, disponible 24h/24. *AVI International* dispose par ailleurs d'une filiale aux États-Unis qui permet d'intervenir plus rapidement auprès des hôpitaux locaux. À noter, *Routard Assurance Famille* couvre jusqu'à 7 personnes, et *Routard Assurance Longue Durée Marco Polo* couvre les voyages de plus de 2 mois dans le monde entier. *AVI International* est une équipe d'experts qui répondra à toutes vos questions [p]ar téléphone : ☎ 01-44-63-51-00 ou par mail ● routard@avi-international.com ● [con]ditions et souscription sur ● avi-international.com ●

ette Livre (58, rue Jean-Bleuzen, CS 70007, 92178 Vanves Cedex, Fran*ce*)
r Jouve (45770 Saran, France)
/Quai n° 2, 733, rue Saint-Léonard, BP 3, 53101 Mayenne Cedex,

mars 2017
on n° 01

-279937-0
rs 2017

PAPIER À BASE DE
FIBRES CERTIFIÉES